2024 | NCS | 직무수행능력평가

고시넷
공기업

공기업 통합전공

사무직 핵심이론 + 문제풀이

(경영학/경제학/행정학/법학)

최신 공기업
출제경향
완벽 반영

모의고사
20회분
수록

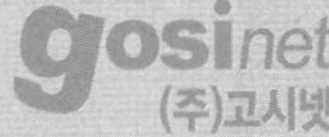

(주)고시넷

스마트폰에서 검색 고시넷

www.gosinet.co.kr

최고 강사진의
동영상 강의

수강생
만족도
1위

류준상 선생님

- 서울대학교 졸업
- 응용수리, 자료해석 대표강사
- 정답이 보이는 문제풀이 스킬 최다 보유
- 수포자도 만족하는 친절하고 상세한 설명

고시넷 취업강의
수강 인원
1위

김지영 선생님

- 성균관대학교 졸업
- 의사소통능력, 언어 영역 대표강사
- 빠른 지문 분석 능력을 길러 주는 강의
- 초단기 언어 영역 완성

공부의
神

양광현 선생님

- 서울대학교 졸업
- NCS 모듈형 대표강사
- 시험에 나올 문제만 콕콕 짚어주는 강의
- 중국 칭화대학교 의사소통 대회 우승
- 前 공신닷컴 멘토

PREFACE

정오표 및 학습 질의 안내

정오표 확인 방법

고시넷은 오류 없는 책을 만들기 위해 최선을 다합니다. 그러나 편집 과정에서 미처 잡지 못한 실수가 뒤늦게 나오는 경우가 있습니다. 고시넷은 이런 잘못을 바로잡기 위해 정오표를 실시간으로 제공합니다. 감사하는 마음으로 끝까지 책임을 다하겠습니다.

고시넷 홈페이지 접속 > 고시넷 출판-커뮤니티 > 정오표

www.gosinet.co.kr

모바일폰에서 QR코드로 실시간 정오표를 확인할 수 있습니다.

학습 질의 안내

학습과 교재선택 관련 문의를 받습니다. 적절한 교재선택에 관한 조언이나 고시넷 교재 학습 중 의문 사항은 아래 주소로 메일을 주시면 성실히 답변드리겠습니다.

이메일주소 **qna@gosinet.co.kr**

contents 차례

공기업 통합전공 정복

파트 1 경영학

테마 유형 학습

파트 2 경제학

테마 유형 학습

파트 3 법학

테마 유형 학습

파트 4 행정학

테마 유형 학습

파트 5 최근 주요 공기업 기출문제

책 속의 책 정답과 해설

구성과 활용

1

주요 기업 필기시험 안내

건강보험심사평가원, 공무원연금공단, 국민연금공단 등과 같은 공사·공단과 신한은행, 우리은행 등과 같은 금융기관의 필기시험을 한눈에 볼 수 있도록 구성하였습니다.

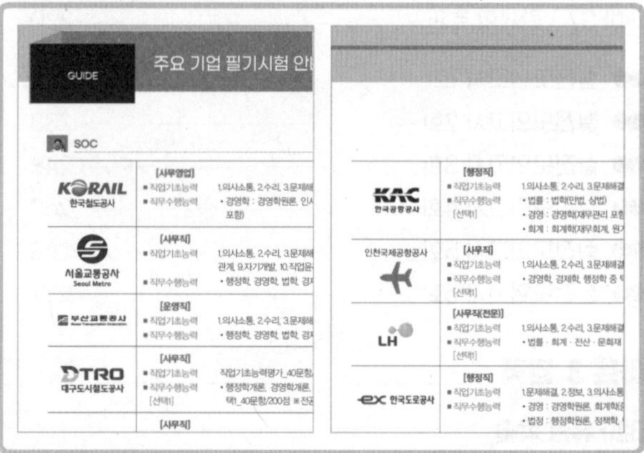

2

전공시험 출제 개념 분석

최근 전공시험의 기출문제를 과목별로 정리하였으며 필기시험에서 출제된 주요 개념을 분석하여 최근 시험의 흐름을 파악할 수 있도록 하였습니다.

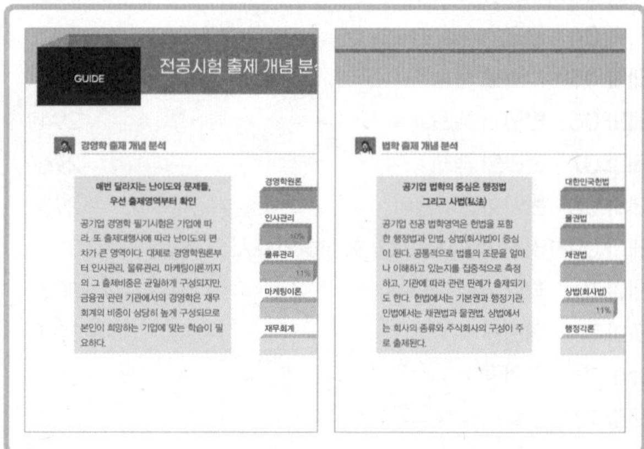

3

테마 유형 학습

주요 공기업에서 필기시험을 대비하기 위해 각 영역별로 주로 다뤄지는 내용을 테마별로 수록하여 핵심 이론을 빠르게 학습할 수 있도록 구성하였습니다.

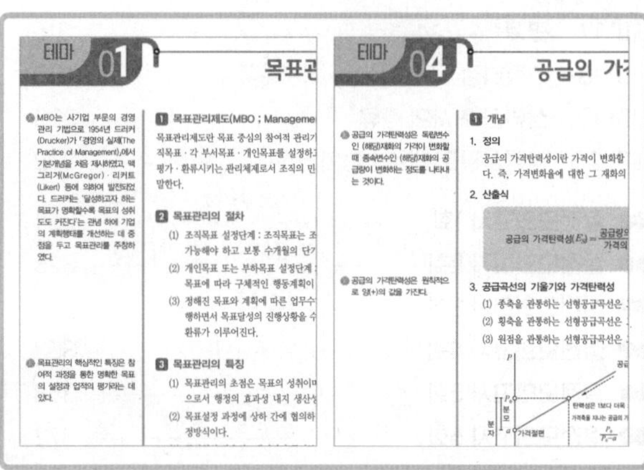

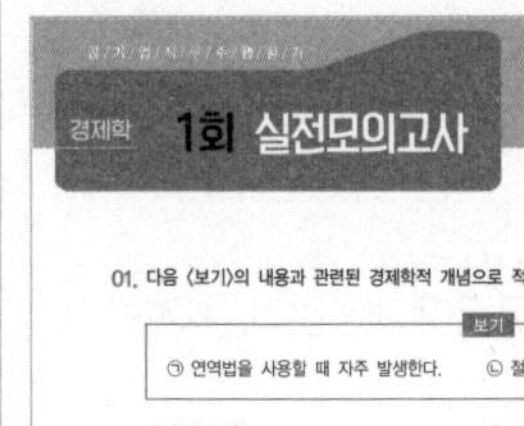

4

영역별 실전모의고사

각 영역별 실전모의고사를 통해 핵심이론과 그 심화내용을 문제풀이와 함께 학습할 수 있도록 구성하였습니다.

5

주요 공기업 기출문제

최근 출제된 공기업 기출동형문제를 통해 실제 공기업 직무수행능력평가의 출제유형을 학습하고 실전에 대비할 수 있도록 구성하였습니다.

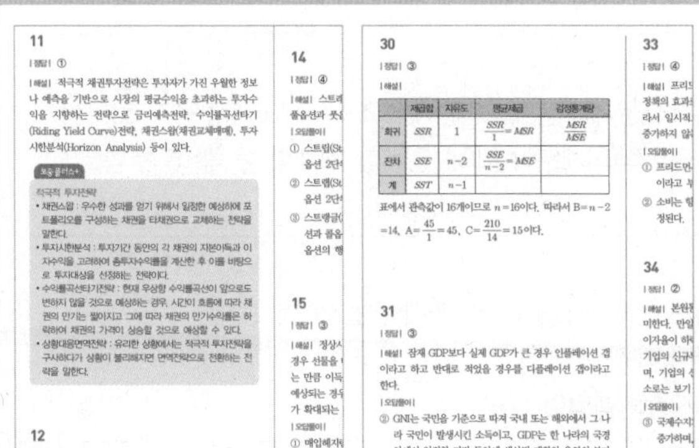

6

상세한 해설과 오답풀이가 수록된 정답과 해설

기출문제의 상세한 해설을 수록하였고 오답풀이 및 보충 사항들을 수록하여 문제풀이 과정에서의 학습의 효과가 극대화될 수 있도록 구성하였습니다.

GUIDE

주요 기업 필기시험 안내

SOC

KORAIL 한국철도공사	[사무영업]	
	■ 직업기초능력	1.의사소통, 2.수리, 3.문제해결
	■ 직무수행능력	• 경영학 : 경영학원론, 인사관리, 생산관리, 마케팅관리(재무관리, 회계학 미포함)
서울교통공사 Seoul Metro	[사무직]	
	■ 직업기초능력	1.의사소통, 2.수리, 3.문제해결, 4.자원관리, 5.조직이해, 6.정보, 7.기술, 8.대인관계, 9.자기개발, 10.직업윤리_40문항
	■ 직무수행능력	• 행정학, 경영학, 법학, 경제학 중 택1_40문항
부산교통공사 Busan Transportation Corporation	[운영직]	
	■ 직업기초능력	1.의사소통, 2.수리, 3.문제해결, 4.자원관리, 5.정보_50문항
	■ 직무수행능력	• 행정학, 경영학, 법학, 경제학, 회계학 중 택1_50문항
DTRO 대구도시철도공사	[사무직]	
	■ 직업기초능력	직업기초능력평가_40문항/200점
	■ 직무수행능력 [선택1]	• 행정학개론, 경영학개론, 회계학개론, 법학개론, 전산학개론, 교통공학 중 택1_40문항/200점 ※전공과목 조정점수제
대전광역시도시철도공사 DAEJEON METROPOLITAN RAPID TRANSIT CORPORATION	[사무직]	
	■ 공통필수	직업기초능력평가_50문항/100점
	■ 직무능력 [선택1]	• 경제학원론, 경영학원론, 법학개론, 행정학원론 중 택1_50문항/100점
인천교통공사	[사무직]	
	■ 직업기초능력	1.의사소통, 2.문제해결, 3.대인관계, 4.정보_40문항/100점
	■ 직무수행능력 [선택1]	• 행정학원론, 경영학원론, 경제학원론, 법학개론, 통계학개론, 전산학개론, 전자일반 중 택1_40문항/100점
SH 서울주택도시공사	[사무직]	
	■ 직업기초능력	1.의사소통, 2.수리, 3.문제해결, 4.대인관계, 5.조직이해, 6.직업윤리_50문항
	■ 직무수행능력 [선택1]	• 법학, 행정학, 경영학(회계분야 제외), 경제학, 회계학 중 택1_50문항
KR 국가철도공단 KOREA NATIONAL RAILWAY	[사무직]	
	■ 직업기초능력	1.의사소통, 2.수리, 3.문제해결, 4.자원관리, 5.조직이해_50%
	■ 직무수행능력 [선택1]	• 경영 : 경영학, 경제학, 회계학 • 법정 : 헌법, 행정법, 행정학_50%

기관	구분	내용
KAC 한국공항공사	[행정직] ■ 직업기초능력 ■ 직무수행능력 [선택1]	 1.의사소통, 2.수리, 3.문제해결, 4.정보, 5.자원관리_50문항 • 법률 : 법학(민법, 상법) • 경영 : 경영학(재무관리 포함) • 회계 : 회계학(재무회계, 원가 및 관리회계)
인천국제공항공사	[사무직] ■ 직업기초능력 ■ 직무수행능력 [선택1]	 1.의사소통, 2.수리, 3.문제해결, 4.자원관리, 5.정보, 6.조직이해, 7.기술_50점 • 경영학, 경제학, 행정학 중 택1_50점
LH	[사무직(전문)] ■ 직업기초능력 ■ 직무수행능력 [선택1]	 1.의사소통, 2.수리, 3.문제해결 등_60% • 법률 · 회계 · 전산 · 문화재 등 전문별 전공과목_40%
ex 한국도로공사	[행정직] ■ 직업기초능력 ■ 직무수행능력	 1.문제해결, 2.정보, 3.의사소통, 4.자원관리, 5.조직이해_30% • 경영 : 경영학원론, 회계학(중급 재무회계), 경제학원론 • 법정 : 행정학원론, 정책학, 헌법, 행정법
LX 한국국토정보공사	[기획 경영직] ■ 직업기초능력 ■ 직무수행능력 [필수3통합]	 1.의사소통, 2.문제해결, 3.자원관리, 4.조직이해_60문항/60분 • 기획행정 : 행정학(20)+경제학(20)+기초통계학(20)_60문항/70분 • 경영회계 : 경영학(20)+회계학(20)+기초통계학(20)_60문항/70분 • 건축행정 : 건축계획(20)+건축시공(20)+건축관계법규(20)_60문항/70분
항만공사 (부산, 인천, 울산, 여수광양)	[사무직] ■ 직업기초능력 ■ 직무수행능력	 1.의사소통, 2.자원관리, 3.수리, 4.조직이해, 5.문제해결_50문항/60분 • 경영학, 경제학_50문항/170분

주요 기업 필기시험 안내

고용보건복지

기관	직렬 / 구분	내용
건강보험심사평가원 HEALTH INSURANCE REVIEW & ASSESSMENT SERVICE	[행정직] ■ 직업기초능력 ■ 직무수행능력 [필수5통합]	1.의사소통, 2.문제해결, 3.수리, 4.정보_40문항 • 법학, 행정학, 경영학, 경제학 등 통합전공지식_30문항 • 보건의료지식_10문항
공무원연금공단	[사무직] ■ 직업기초능력 ■ 직무수행능력	1.의사소통, 2.수리, 3.문제해결, 4.자원관리, 5.대인관계, 6.정보_60문항 • 전문지식(40%) [선택 1] 경영 · 경제 : 경영학, 경제학 [선택 2] 행정 · 법학 : 행정학, 법학 [기타] 사회복지, 사회학, 통계학
NPS 국민연금	[사무직] ■ 직업기초능력 ■ 직무수행능력 [필수5통합]	1.의사소통, 2.문제해결, 3.수리, 4.조직이해, 5.정보, 6.직업윤리_60문항 • 경영학, 경제학, 법학, 행정학, 국민연금법 등 사회보장론 관련 지식_50문항
근로복지공단	[일반직] ■ 직업기초능력 ■ 직무수행능력 [필수5통합]	1.의사소통, 2.문제해결, 3.자원관리, 4.수리_70문항 • 법학, 행정학, 경영학, 경제학, 사회복지학_30문항
한국산업인력공단 HUMAN RESOURCES DEVELOPMENT SERVICE OF KOREA	[일반행정] ■ 직업기초능력 ■ 직무수행능력 [필수3]	1.조직이해, 2.의사소통, 3.수리, 4.문제해결, 5.직업윤리, 6.자원관리_40점 • 한국사(전 범위)_20점, 영어(문법, 어휘, 독해, 비즈니스 영어)_20점

에너지

기관	직렬 / 구분	내용
한국가스공사	[사무직] ■ 직업기초능력 ■ 직무수행능력 [전공선택1]	1.의사소통, 2.수리, 3.문제해결, 4.자원관리, 5.정보 등_50문항/100점 • 경영, 경제, 회계_50문항/100점
 KPX 전력거래소	[사무직(상경)] ■ 직업기초능력 ■ 직무수행능력 [선택1]	1.의사소통, 2.문제해결, 3.수리, 4.조직이해, 5.자원관리 • 사무(상경) : 경제, 경영 중 택1

기관	구분	내용
친환경 에너지 기업 한국수력원자력(주)	[사무직] ■ 직업기초능력 ■ 직무수행능력 [필수5통합]	1.의사소통, 2.수리, 3.문제해결, 4.자원관리, 5.조직이해_70% • [기초전공지식] 법학, 행정학, 경제학, 경영학(회계학 포함)_25% • 회사상식, 한국사 등 일반상식_5%
KOEN 한국남동발전 KOREA ENERGY	[4급(나)] ■ 직업기초능력 ■ 직무수행능력 [필수2통합]	1.의사소통, 2.문제해결, 3.자원관리, 4.정보, 5.수리 • 없음.
KOMIPO 한국중부발전	[4급(나)] ■ 직업기초능력 ■ 직무수행능력 [필수]	1.의사소통, 2.조직이해, 3.수리, 4.자원관리_80문항_50% • 한국사 및 직무지식평가_70문항/50% – 직군별 전공지식 : 법, 행정, 경영, 경제, 회계_60문항 – 직무수행능력평가 : 직군별 직무상황 연계형_10문항
KWP 한국서부발전(주)	[사무직] ■ 직업기초능력 ■ 직무수행능력 [필수2통합]	1.의사소통, 2.수리, 3.문제해결, 4.기술, 5.자원관리_100점 • 법정/상경 중 택1_한국사 포함(100점) • 법정 : 법학개론, 행정학원론 • 상경 : 경영학원론, 경제학원론, 회계원리 • 한국사 : 한국사능력검정시험 고급(1, 2급) 수준_10문항
한국남부발전(주)	[사무직] ■ 직업기초능력 ■ 직무수행능력 [필수7통합]	• 직무능력평가(K-JAT) : 100점 만점 환산 • 법정 : 법(헌 · 민 · 상 · 행 · 노), 행정학 분야 지식_50문항 • 상경 : 경영학, 경제학, 회계학 분야 지식_50문항
EWP 한국동서발전(주)	[사무직] ■ 직업기초능력 ■ 직무수행능력 [필수3통합]	1.의사소통, 2.수리, 3.문제해결, 4.자원관리_50문항/60분 • 법정/상경 중 택1_전공(90점)+한국사(10점)=100점 • 공통 : 한국사_10점 • 법학(헌/민/행정/상법), 행정학, 경영학, 경제학, 회계학 등_50문항
한국전력기술(주)	[일반직] ■ 직업기초능력 ■ 직무수행능력 [필수]	1.의사소통, 2.조직이해, 3.자원관리, 4.수리(인지요소 80문항)_50% • 기술/연구 : 해당분야 전공지식(기사수준, 공업수학 포함) • 사무 : 사무분야 전공지식(통합전공)
한국지역난방공사 KOREA DISTRICT HEATING CORP.	[사무직] ■ 직업기초능력 ■ 직무수행능력 [선택1]	1.의사소통, 2.직업윤리, 3.수리, 4.문제해결, 5.정보, 6.조직이해_50점 • 상경 : 경영학원론, 재무관리, 마케팅, 경제학원론, 재정학, 경제정책, 회계원리, 원가 · 관리회계 등 • 법정 : 행정학원론, 정책학, 행정조직론, 헌법, 민법(가족법 제외), 형법, 상법

GUIDE

주요 기업 필기시험 안내

금융

농협중앙회	[6급 일반직]	
	■ 직무능력평가	1.의사소통, 2.수리, 3.문제해결, 4.정보_45문항
	■ 직무상식평가	• 농업 · 농촌관련 시사상식, 디지털 상식 및 직무별 용어 및 기초지식_25문항
참! 좋은 은행 IBK기업은행	[일반직(금융일반)]	
	■ 직업기초능력	1.의사소통, 2.수리, 3.문제해결, 4.자원관리, 5.정보, 6.조직이해_25문항
	■ 직무수행능력 [필수통합]	• 경영 · 경제 · 시사 · 디지털 기초_객관식(40문항)/주관식(5문항)
KB 국민은행	[UB(일반)]	
	■ 직업기초능력	1.의사소통, 2.문제해결, 3.수리_40문항/40점
	■ 직무심화지식	• 금융영업, 디지털 부분 활용_40문항/40점
	■ 상식	• 경제/금융/일반 상식_20문항/20점
신한은행	[일반직 /Retail Service]	
	■ 직업기초능력	1.의사소통, 2.수리, 3.문제해결, 4.금융상식
	■ 직무수행능력 [필수통합]	• 디지털 리터러시 평가 : 논리적 사고, 알고리즘 설계, 상황판단 평가
하나은행	[일반직]	
	■ 인 · 적성검사	• 개인별 온라인 인성검사
	■ 직무수행능력	• NCS, 경영/경제상식, TOPCIT 비즈니스 영역
MG새마을금고 새마을금고중앙회	[일반직]	
	■ 필기	1.의사소통, 2.수리, 3.문제해결
	■ 논술	• 직무적공(경영, 경제, 민법) • 금융상식_30문항
HUG 주택도시보증공사	[일반직]	
	■ 직무적합도	1.의사소통, 2.수리, 3.문제해결, 4.조직이해, 5.대인관계_40문항/100점
	■ 직무능력	• 채용분야별 전공필기_80문항/200점 경영 : 경영학 일반, 중급회계, 재무관리 경제 : 미시, 거시, 국제경제학 법학 : 민법, 상법, 민사소송법 전산 : SW 설계, SW 개발, DB 구축, 프로그래밍 언어 활용, 정보시스템 구축 관리
HF 한국주택금융공사	■ 직업기초능력	1.의사소통, 2.수리, 3.문제해결_30문항
	■ 직무수행능력	• 경영, 경제 중 택1_60문항
KODIT 신용보증기금 KOREA CREDIT GUARANTEE FUND	[정규직 5급]	
	■ 직업기초능력	1.의사소통, 2.문제해결, 3.수리_20문항/20점
	■ 직무수행능력 [필수5통합]	• 경제, 경제 중 택1_60문항/80점 • 논술 : 직무상황과 관련된 경영 · 경제 · 금융 · 사회 · 기술 이슈 등_약술 2문항, 서술 1문항/100점

기관	구분	내용
캠코 한국자산관리공사	[청년인턴]	
	■ 직업기초능력	없음(6급 고졸 : 의사소통, 수리, 문제해결, 정보, 조직이해)
	■ 직무수행능력 [선택1]	[금융일반] • 경영학, 경제학 중 택1_70문항
Ksure 한국무역보험공사	[일반직]	
	■ 직업기초능력	1.의사소통, 2.수리, 3.문제해결_60점
	■ 직무수행능력	• 직무능력평가_140점 : 경영학, 경제학 중 택1 • 직무능력논술_100점, 영어(TOEIC, TOEFL, TEPS로 대체_100점)
kibo 기술보증기금	[일반직]	
	■ 직업기초능력	1.의사소통, 2.수리, 3.문제해결, 4.정보, 5.조직이해_40점
	■ 직무수행능력 [필수/선택]객관식 +단답 · 약술형	[기술보증 및 기술평가] 경제학/경영학 중 택1 • 경제학(미시, 거시, 계량경제학) • 경영학(중급회계, 재무관리, 경영학)
한국은행 THE BANK OF KOREA	[종합 기획직]	
	■ 전공학술 [선택1]	• 경제학 : 미시, 거시, 계량, 화폐금융 · 국제경제학_300점 • 경영학 : 인사, 재무, 마케팅, MIS, 회계학(고급회계 제외), 경영전략, 경영과학_300점 • 법학 : 헌법, 민법, 형법, 상법, 행정법, 민소법, 형소법_300점 • 통계학 : 기초통계학, 수리통계학, 회귀분석, 실험계획법, 표본조사론, 시계열분석_300점
	■ 논술	• 공통_100점
	※ 주요 경제 · 금융이슈, 인문학 등이 분석형, 서술형, 논문형으로 출제(객관식X)	

농림수산

기관	구분	내용
한국농어촌공사 kr Clean & Green	[행정직]	
	■ 직업기초능력	1.의사소통, 2.문제해결, 3.수리, 4.정보, 5.자원관리_50문항/100점
	■ 직무수행능력 [선택1]	• 경상 : 경영학, 경제학 중 택1 • 법정 : 법학(헌법, 민법, 민소법, 행정법), 행정학 중 택1
국립공원공단	[일반직]	
	■ 직업기초능력	1.문제해결, 2.의사소통, 3.자원관리, 4.조직이해
	■ 직무수행능력 [선택1]	• 환경생태학, 교육학 등

문화예술

기관	구분	내용
 한국관광공사	[일반직]	
	■ 직업기초능력	1.의사소통, 2.수리, 3.문제해결, 4.자원관리
	■ 직무수행능력 [선택1]	• 경영, 경제, 회계, 법 중 택1

GUIDE

전공시험 출제 개념 분석

경영학 출제 개념 분석

매번 달라지는 난이도와 문제들, 우선 출제영역부터 확인

공기업 경영학 필기시험은 기업에 따라, 또 출제대행사에 따라 난이도의 편차가 큰 영역이다. 대체로 경영학원론부터 인사관리, 물류관리, 마케팅이론까지의 그 출제비중은 균일하게 구성되지만, 금융권 관련 기관에서의 경영학은 재무회계의 비중이 상당히 높게 구성되므로 본인이 희망하는 기업에 맞는 학습이 필요하다.

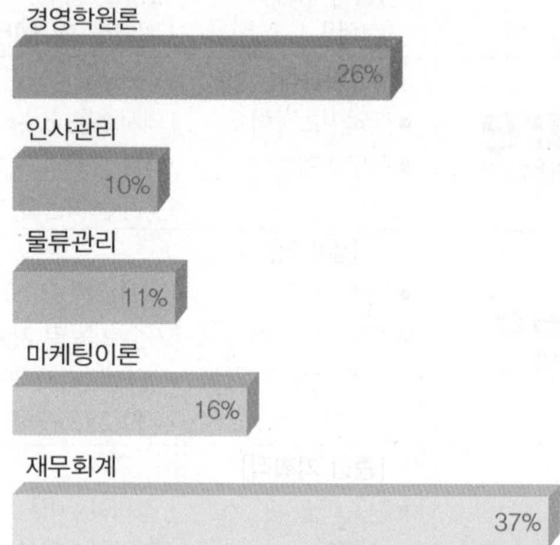

경제학 출제 개념 분석

경제주체들의 관계에 관한 다양한 이론을 학습하자

시장의 변화로 누군가는 이득을, 누군가는 손해를 보는 것이 경제의 세계이다. 공기업 경제학은 수험생들에게 시장의 구조변화, 그에 따른 경제주체의 우열관계와 등락관계를 이해하고 있는지를 묻는다. 미시경제에서는 시장 내에서의 경제 주체들의 관계를, 거시경제에서는 국가와 금융기관, 기업과의 관계를 이해하기 위한 다양한 이론들이 출제된다.

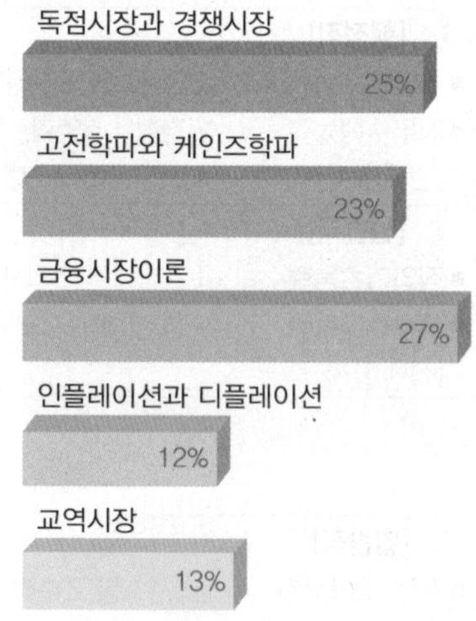

법학 출제 개념 분석

공기업 법학의 중심은 행정법 그리고 사법(私法)

공기업 전공 법학영역은 헌법을 포함한 행정법과 민법, 상법(회사법)이 중심이 된다. 공통적으로 법률의 조문을 얼마나 이해하고 있는지를 집중적으로 측정하고, 기관에 따라 관련 판례가 출제되기도 한다. 헌법에서는 기본권과 행정기관, 민법에서는 채권법과 물권법, 상법에서는 회사의 종류와 주식회사의 구성이 주로 출제된다.

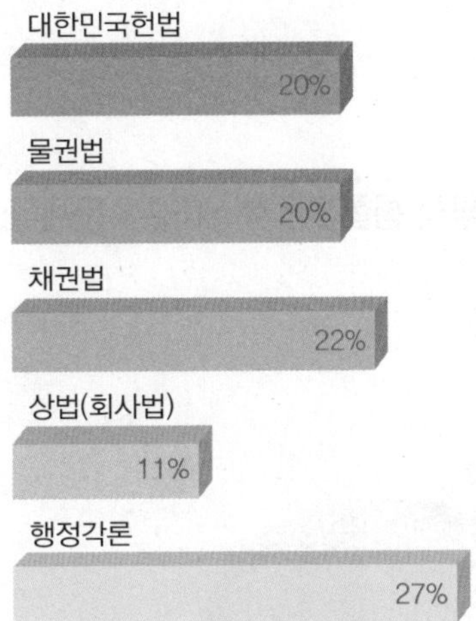

행정학 출제 개념 분석

행정학의 난점은 다양한 영역과 넓은 출제범위

수험에서의 행정학 시험은 특히 출제범위가 광범위하다는 특징을 가진다. 국가행정이론의 발달역사와 정책학, 인사행정, 조직이론, 재무행정과 지방자치론에서 행정학 고유의 영역뿐만 아니라 경영이론과 사회이론과 내용의 상당 부분을 공유하며, 행정구조와 그 절차에 관하여 행정법 조문까지 직접 묻는 질문이 출제된다.

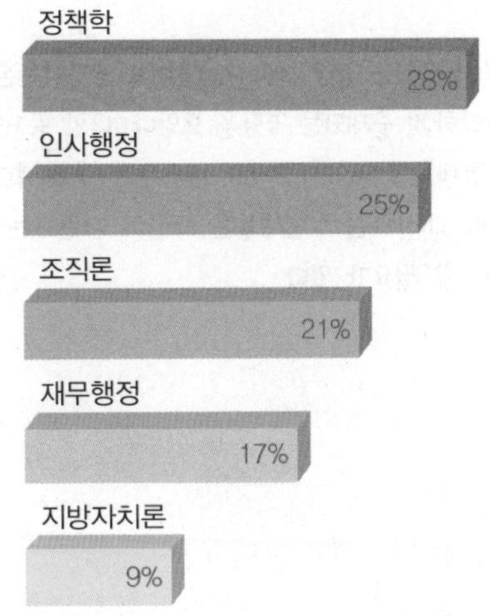

유형별 출제비중

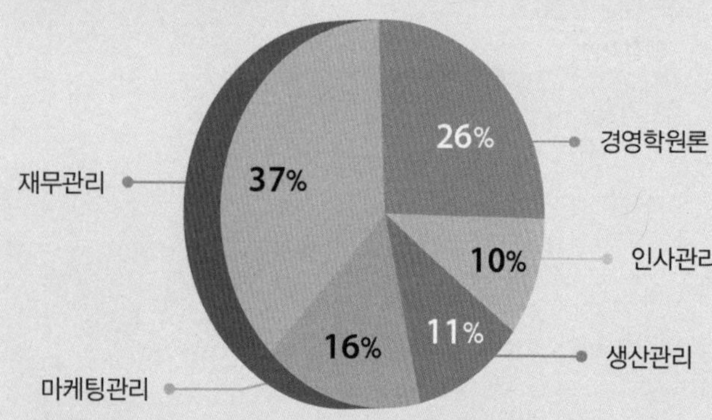

분석

공기업 직무수행능력평가로 출제되는 경영학에서는 대체로 경영학원론과 인사관리, 생산관리, 마케팅관리와 재무관리까지 경영학 전 범위에 걸쳐 다양하게 출제되는 경향을 보인다. 다만 공기업에 따라 재무관리만을 제외하거나, 특히 금융권에서는 직무수행능력평가로 경제학과 마케팅관리와 재무관리, 특히 회계에 높은 비중을 두고 출제한다. 이 때문에 공기업 직무수행능력평가 경영학에 대비하는 수험생들은 자신이 지원하는 공기업의 경영학 내 출제비중을 사전에 확인하고, 그에 따른 수험계획을 마련할 필요가 있다.

공기업 NCS

직무수행능력평가[통합전공]

파트 1

경영학

테마 01

목표관리

1 목표관리제도(MBO ; Management By Objectives)의 개념

목표관리제도란 목표 중심의 참여적 관리기법으로, 조직 상하구성원의 광범위한 참여 · 합의하에 조직목표 · 각 부서목표 · 개인목표를 설정하고 그에 따라 사업이나 생산활동을 수행한 후 활동결과를 평가 · 환류시키는 관리체제로서 조직의 민주성 · 효과성의 제고에 이바지하는 총체적인 관리기법을 말한다.

> MBO는 사기업 부문의 경영관리 기법으로 1954년 드러커(Drucker)가 「경영의 실제(The Practice of Management)」에서 기본개념을 처음 제시하였고, 맥그리거(McGregor) · 리커트(Likert) 등에 의하여 발전되었다. 드러커는 '달성하고자 하는 목표가 명확할수록 목표의 성취도도 커진다'는 관념 하에 기업의 계획행태를 개선하는 데 중점을 두고 목표관리를 주창하였다.

2 목표관리의 절차

(1) 조직목표 설정단계 : 조직목표는 조직구성원의 참여를 통해 설정되며, 목표는 최대한 측정 가능해야 하고 보통 수개월의 단기적인 목표를 말한다.

(2) 개인목표 또는 부하목표 설정단계 : 목표는 상관과 부하의 쌍방적인 참여를 통해 설정된다. 목표에 따라 구체적인 행동계획이 입안된다.

(3) 정해진 목표와 계획에 따른 업무수행 및 환류단계 : 구성원들은 실행계획에 따라 직무를 수행하면서 목표달성의 진행상황을 수시로 평가하며 업무가 종료된 다음에는 다시 최종평가와 환류가 이루어진다.

3 목표관리의 특징

> 목표관리의 핵심적인 특징은 참여적 과정을 통한 명확한 목표의 설정과 업적의 평가라는 데 있다.

(1) 목표관리의 초점은 목표의 성취이며 이는 업적의 평가를 전제로 하는 결과지향적 관리기법으로서 행정의 효과성 내지 생산성을 높인다.

(2) 목표설정 과정에 상하 간에 협의하며 특히 부하의 참여가 강조되는 분권적 · 상향적 의사결정방식이다.

(3) 구성원의 자율성 · 내면적인 동기부여 및 자아실현을 전제로 하는 Y이론적인 탈전통적 관리모형이다.

(4) MBO는 특히 환류가 중시된다. 즉 목표를 고정 불변의 것으로 보지 않고 집행과정에서 목표와 성과를 비교하며 목표를 수정할 수 있다.

4 MBO의 성공요건

(1) 최고관리층의 지원과 솔선수범이 요구된다. 최고관리층이 MBO의 목적과 취지를 이해하고 지원해야 한다.

(2) 다른 관리기능과 상호통합적인 운영이 필요하다. MBO는 조직의 총체적인 관리기법이므로 다른 조직관리기능들과 연결될 때만 효용이 크기 때문이다.

(3) 상하계층 간의 원활한 의사전달 및 환류장치의 마련이 필요하다. 또한 정확한 평가를 위해서 측정기술 · 조사연구활동이 촉진되어야 한다.

(4) MBO는 구성원의 태도 · 행태의 개선을 지향하는 조직발전(OD)의 노력이 선행적 혹은 동시적으로 추진되어야만 효과가 있다.

(5) 조직내 · 외 여건의 안정성이 필수적이다. 환경의 급격한 변동 상황에서는 명백하고 구체적인 목표설정이 어렵기 때문이다.

5 장점

(1) 조직구성원들이 프로그램의 결정사항이나 기관의 방향선택에 참여할 수 있다. 개인별 혹은 팀별 목표들을 제시하는 과정을 통해서 참여가 가능하게 된다.

(2) 목적과 목표설정에 구성원들의 참여를 장려함으로써 구성원들의 자발적인 동기를 증진시키고, 기관에 대한 개인별 기여를 확인할 수 있게 한다.

(3) 개인별 목표들이 취합되어 각 팀별로 목표들이 설정되고 이것들을 공동으로 추구해나가는 과정을 강조한다.

(4) 체계적인 평가를 가능하게 한다. 구체화된 목표들이 제시됨으로써 구성원들이나 팀별로 제시되었던 목표들이 성취되고 있는지의 여부를 확인 가능하게 한다.

(5) 장 · 단기 목표들을 설정하는 것을 장려함으로써 주어진 서비스 요청에 그때그때 수동적으로 반응하는 식의 기획을 막을 수 있다. 목표는 비교적 장기적으로 설정하며 목표들은 궁극적으로 조직의 임무와의 결부를 가능하게 한다.

6 MBO의 한계

(1) 목표의 무형성 때문에 계량적인 목표설정 및 성과 측정이 곤란하다.

(2) 단기목표 · 양적목표에 집착하게 되면 장기적 · 질적 목표가 경시된다.

(3) 권위주의적이거나 비민주적이고 저급한 조직문화적 풍토에서는 적용이 어렵다.

(4) 변화하는 외부환경의 변화에 대응하기 어렵다.

(5) 시간과 노력이 과중하게 소요되는 등의 비효율이 발생할 수 있다.

대표기출유형

다음 중 각자가 자신의 업무와 관련한 목표를 설정하고 그 과정과 결과를 정기적으로 상사와 검토하는 방식으로 평가와 의욕의 향상을 모두 촉진시키는 인사관리 기법은?

① 다면평가제도
② 테일러 시스템
③ 균형성과표(BSC)
④ 목표관리제도(MBO)

정답 ④

해설 목표관리제도(MBO)는 조직 전체의 목표와 개인의 목표를 관련시켜 목표달성이 인간으로서의 흥미나 욕구를 만족시키도록 목표달성에 대한 각자의 자주(自主)와 창의(創意)를 기대하는 관리방법이다.

오답풀이

① 다면평가제도는 한 구성원을 둘러싸고 있는 여러 사람들이 여러 측면을 두루 평가하는 것이다.
② 테일러 시스템은 생산능률을 향상시키기 위해 작업 과정에서 시간연구와 동작연구를 행하여 과업의 표준량을 정하고, 그 작업량에 따라 임금을 지급함으로써 태업을 방지하며 생산성을 향상시키려는 관리방식이다.
③ 균형성과표(BSC)는 조직의 비전과 경영목표를 각 사업 부문과 개인의 성과측정지표로 전환해 전략적 실행을 최적화하는 경영관리 기법이다.

테마 02

다양한 마케팅 개념

맥커시는 마케팅 관리자의 프레임워크를 '고객을 만족시키기 위해 제품(Product), 가격(Price), 유통경로(Place), 촉진(Promotion)과 같은 통제 가능한 변수들을 잘 조절하여 기업으로서 통제 불가능한 요소인 마케팅 환경(경제적, 정치적, 기술적 환경 등)에 창조적으로 적응하는 것'이라 설명한다.

1 PPL 마케팅(Product Placement Marketing)

1. 대가를 받고 특정 기업, 제품을 영화나 드라마에 노출시키는 마케팅 전략이다.
2. 드라마 속 주인공이 입고 나오는 의상과 가방, 타고 다니는 차, 사용하는 핸드폰 등이 모두 PPL에 해당한다.

2 노이즈 마케팅(Noise Marketing)

1. 의도적으로 구설수를 일으켜 소비자의 이목을 집중시키는 마케팅 전략이다.
2. 노이즈 마케팅의 예로 중저가 화장품 브랜드 ○○기업은 고가의 수입화장품과 제품으로 경쟁하겠다며 법정 다툼을 벌여 손해를 입었지만 대외적으로는 ○○기업의 에센스가 출시 3개월 만에 40만 개가 넘게 팔리는 높은 매출을 기록하였다.

3 니치 마케팅(Niche Marketing)

1. '틈새시장'이라는 뜻으로, 시장의 빈틈을 공략하는 새로운 상품을 잇따라 시장에 내놓음으로써 다른 특별한 제품 없이도 시장점유율을 유지해 가는 판매전략이다.
2. 대량생산, 대량유통, 대량판매와는 대립되는 마케팅 개념이다.
3. 니치 마케팅의 예로 2005년 창립한 제주항공은 타 항공사 대비 70 ~ 80% 수준의 저렴한 가격 정책을 선보이며 서울 ~ 제주 노선에 이어 부산, 청주 등의 국내선 운항 편수를 지속적으로 늘렸고 2012년 대한민국 LCC 최초 누적 탑승객 1천만 명을 돌파하였다.

4 코즈 마케팅(Cause Marketing)

1. 코즈는 대의, 즉 사람으로서 마땅히 해야 할 도리를 뜻하는 것으로 기업이 사회 구성원으로서 마땅히 해야 할 책임을 다함으로써 이를 마케팅에 활용하는 전략이다.
2. 코즈 마케팅의 예로 고객이 신발 한 켤레를 구매할 때마다 신발이 필요한 아이들에게도 한 켤레씩 전달하는 'One for One' 기부 활동을 펼치고 있는 탐스는 고객들로부터 많은 사랑을 받았고 약 1천만 켤레의 신발을 아이들에게 전달하였다.

5 바이럴 마케팅(Viral Marketing)

1. 소비자들이 자발적으로 이메일, 페이스북, 블로그, 트위터 등에 상품에 대한 긍정적인 입소문을 내게 하는 마케팅 기법으로 최근 SNS가 보편화되면서 확산속도가 빨라졌다.
2. 바이럴 마케팅의 예로 프린트 제조기업 HP는 브라질에서 매해 열리는 페스티벌 콘서트를 활용해 바이럴 마케팅에 성공했다.

6 디마케팅(Demarketing)

1. 기업들이 자사의 상품 판매를 의도적으로 줄이려는 마케팅 활동이다.
2. 수익에 도움이 안 되는 고객을 밀어내는 마케팅으로 돈 안 되는 고객을 의도적으로 줄여 판촉비용 부담을 덜고 특정 고객들의 충성도(기업 수익에 대한 기여도)를 강화시키는 '선택과 집중' 판매 방식이다.

3. 소비자들의 건강 및 환경 보호 등 기업의 사회적 책임을 강조함으로써 오히려 기업의 이미지를 긍정적으로 바꾸는 효과를 기대할 수 있다. 또한 해당 제품이 시장에서 독과점이라는 비난을 받을 위험이 있을 때에 마케팅 전략으로 사용될 수 있다.

7 데이터베이스 마케팅(DB 마케팅, Database Marketing)

1. 정보 기술을 이용하여 고객에 대한 다양한 정보를 데이터베이스(DB)로 구축하고 이를 바탕으로 고객 개개인과의 장기적인 관계 수립을 위한 마케팅전략을 수립, 집행하는 활동이다.
2. 고객 정보를 과학적으로 분석, 고객 중심 및 수익성 중심의 효율적인 마케팅활동을 수행하고 고객에 대한 방대한 자료를 바탕으로 경영전반에 걸쳐 신속, 정확하게 의사를 결정함으로써 기업의 경쟁력을 높이는 데 목적이 있다.
3. DB 마케팅은 카탈로그를 이용한 통신판매업체들에 의해 도입되기 시작했으며 이후 개별 고객의 중요성에 대한 인식 증대와 정보 기술의 발달에 따라 소매 금융 제조 통신업 등으로 급속히 확산되었다.

8 내부 마케팅(Internal Marketing)

내부 마케팅은 기업 내부의 종업원들을 최초 고객으로 보고 종업원이 고객지향적 사고를 실행할 수 있게 하여 외부고객을 만족시키도록 동기를 부여하는 활동이다. 내부 마케팅의 실행 시 중요한 점은 종업원들이 마케팅 지향적 요원으로서 행동하게끔 동기를 부여하는 것인데 이는 종업원들과의 커뮤니케이션, 보상제도, 교육 등의 수단을 통해 이루어진다.

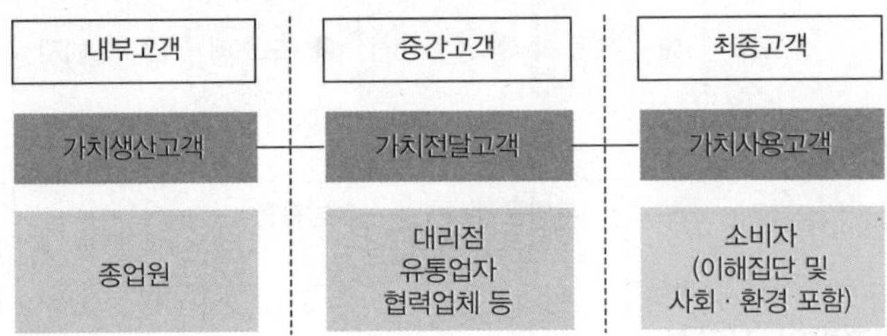

대표기출유형

자원의 부족문제, 공해문제, 사회복지문제가 대두됨에 따라 자연환경보전이나 생태계 균형 등을 중시하는 마케팅은?

① 그린 마케팅 ② 국제 마케팅
③ 심바이오틱 마케팅 ④ 사회 마케팅

정답 ①

해설 그린 마케팅(Green Marketing)은 기존의 상품판매전략이 단순히 고객의 욕구나 수요충족에만 초점을 맞추는 것과는 달리, 자연환경보전 · 생태계 균형 등을 중시하는 시장접근전략을 말한다. 인간의 삶의 질을 높이려는 기업활동을 포괄적으로 지칭하기도 한다.

테마 03

수직 통합전략

> 완전통합 전략
> 기업이 원재료의 투입부터 최종 소비자에게 판매되는 과정에 필요한 투입요소 전체를 모두 생산하거나 산출물을 모두 처리하는 전략이다.

> 부분통합 전략
> 기업이 소유한 공급업체와 더불어 독립된 공급업체로부터 투입요소를 사들이고 산출도 마찬가지로 기업이 소유하고 있는 유통업체뿐만 아니라 다른 유통업체를 통해서도 유통시키는 전략이다.

1 후방통합과 전방통합

1. 후방통합(Backward Integration)

(1) 후방통합은 원재료 공급업자의 사업을 인수하거나 원재료 공급자가 공급하던 제품이나 서비스를 직접 생산, 공급하는 방식의 전략이다.

(2) 후방통합은 공급업자의 사업을 인수하거나 공급업자가 공급하던 제품이나 서비스를 직접 생산, 공급하는 방식의 전략이다.

(3) 제조업체에서 부품의 안정적 확보를 위해 부품회사를 인수하는 경우, 자동차 생산회사가 생산에 필요한 강판을 안정적으로 확보하기 위해 철강회사를 인수하는 것, 선박 제조회사가 생산에 필요한 철판을 안정적으로 공급받기 위해 철강회사를 인수하는 것은 후방통합의 예이다.

2. 전방통합(Forward Integration)

(1) 전방통합은 도소매 등 유통 단계로의 진입을 의미한다.

(2) 제품 판매를 위해 유통회사를 인수하는 경우, 제조기업이 유통센터나 소매점포와 같은 유통채널을 보다 많이 확보하는 것은 전방통합에 해당한다.

〈원재료에서 소비자까지의 단계〉

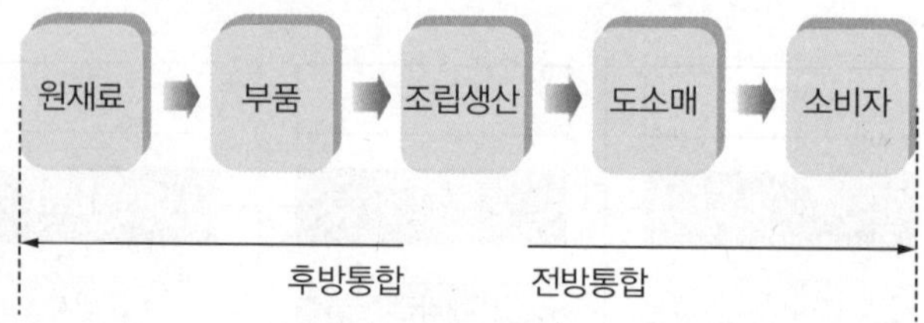

2 수직 통합전략의 장단점

1. 수직 통합전략의 장점

(1) 생산비용 절감 : 원재료나 부품을 생산공정에 유리한 조건으로 투입함으로써 생산의 효율성이 높아질 뿐만 아니라 용이한 생산공정 계획 · 조정으로 생산비용을 절감할 수 있다.

(2) 시장비용과 거래비용 절감 : 외부시장을 통해 원재료를 구입하고 제품을 판매하는 경우 발생하는 시장거래와 같은 거래비용을 절감할 수 있다.

(3) 제품의 품질 향상

① 후방통합을 통해 양질의 원재료를 공급받게 되면 고품질을 유지할 수 있고 그 결과 소비자의 신뢰를 확보할 수 있다.

② 전방통합을 통해 다양한 유통채널을 확보함으로써 고객에게 보다 좋은 서비스를 제공하여 소비자의 신뢰를 확보할 수 있다.

(4) 추가적인 가치 창출 : 외부로부터 독점기술을 보호함으로써 추가적인 가치를 창출할 수 있다.

2. 수직 통합전략의 단점

(1) 잠재적 원가의 상승 : 낮은 가격의 외부 부품업체가 존재함에도 불구하고 기업이 소유하고 있는 공급자로부터 투입을 받아야 하는 경우, 오히려 비용이 증가하기도 한다. 이러한 위험으로 인해 기업들은 수직 통합보다 시장거래의 신뢰성 확립을 전제로 전략적 아웃소싱을 하기도 한다.

(2) 급속한 기술 변화에 따르는 위험 : 수직통합은 기술 진부화로 인한 위험을 분산시키지 못하는 치명적인 단점을 가진다.

(3) 수요가 예측 불가능한 경우의 위험 : 수직통합은 불안정하고 예측불가능한 수요조건 하에서 매우 위험하다.

3 다각화 전략의 유형

1. 수평적 다각화 전략(Horizontal Diversification Strategy)

기업이 기존 고객들을 깊이 이해하고 있다는 점을 활용하여 기술적으로는 기존 제품과 관계가 없지만 기존의 고객에게 다른 욕구를 충족시키는 방법으로 신제품을 추가하는 전략이다.

예 냉장고를 만들던 회사가 신제품으로 에어컨을 추가하는 것

2. 복합적 다각화 전략(Conglomerate Diversification Strategy)

기존 제품 및 고객과 전혀 관계없는 이질적인 신제품으로 새로운 고객에게 진출하려는 전략이다.

예 커피를 만들던 회사가 전자제품 분야에 진출하는 것

3. 집중적 다각화 전략(Concentric Diversification Strategy)

기업이 이미 보유하고 있는 생산 · 기술 · 제품 · 마케팅 등의 분야의 노하우를 활용하여 새로운 고객 · 시장을 겨냥하여 신제품을 추가적으로 내놓음으로써 성장을 추구하는 전략이다.

예 배를 만들던 회사가 중장비 제작 분야에 진출하는 것

대표기출유형

다음 중 도로건설 회사가 아파트건설 분야에 진입하는 것과 관련한 전략은?

① 수직적 다각화 전략 ② 수평적 다각화 전략 ③ 집중적 다각화 전략
④ 후방적 통합화 전략 ⑤ 복합적 다각화 전략

정답 ③

해설 이미 보유한 기술 등 노하우를 기반으로 새로운 고객 · 시장을 대상으로 신제품을 추가적으로 출시하는 것이므로 집중적 다각화 전략에 해당된다.

테마 04

서비스

미국마케팅학회(AMA)에 따르면 서비스란 판매목적으로 제공되거나 상품판매와 연계되어 제공되는 모든 활동, 효익 및 만족이라고 정의한다.

1 서비스의 특징

무형성	• 실체가 없기 때문에 보거나 만질 수 없으며 쉽게 전시되거나 전달할 수도 없음. • 견본이 없으므로 경험 전까지는 그 내용과 질을 판단하는 것이 매우 어려워서 사용자의 능력과 신뢰감이 중요한 요인이 됨.
비분리성 (생산과 소비의 동시성)	• 대부분 생산과 동시에 소비되는 특징을 가지고 있기 때문에 수요와 공급을 맞추기가 어려우며 서비스는 반품할 수 없음. • 유형제품은 일반적으로 대량생산이 가능한 반면 서비스는 대량생산이 어려우며 고객 접촉 요원의 선발 및 훈련이 중요함.
이질성	• 서비스를 제공하는 사람이나 고객, 시간, 장소에 따라 즉 누가, 언제, 어떻게 제공하느냐에 따라 내용과 질에 차이가 발생함. • 개인적 선호경향을 기초로 기대감이 형성되며 개별적인 감성 차이 때문에 서비스의 품질에 대한 평가가 다름.
소멸성	판매되지 않은 서비스는 사라지므로 서비스는 일시적으로 제공되는 편익으로서 생산되고 그 성과를 저장하거나 다시 판매할 수 없음.

2 서비스의 유형

구분	사람 중심	제공물 중심
유형성	**신체중심형 서비스 :** 서비스 자체가 주로 서비스를 제공받는 사람의 신체와 직접적인 관련성이 있는 서비스 예 건강관리, 승객 운송, 미용, 식당 등	**설비중심형 서비스 :** 사람의 노력이 어느 정도 필요하지만 서비스를 제공하기 위한 설비가 요구되는 것 예 화물 운송, 수리, 세탁 서비스 등
무형성	**심리중심형 서비스 :** 서비스를 제공받는 사람의 정신 또는 감정적 변화를 유발시킬 수 있는 서비스 예 방송, 공연, 음악회, 교육 등	**정보중심형 서비스 :** 서비스의 정보적 가치를 중요시하며 초기를 제외하고는 서비스 제공자와 서비스 수용자 간의 직접적인 접촉이 필요하지 않은 서비스 예 법률자문, 정보처리, 자산관리 등

3 서비스 마케팅 믹스

서비스를 판매하기 위해서는 전통적인 마케팅믹스 변수인 4P에 3가지 변수를 추가하여 마케팅전략을 수립하는 것이 일반적이다. 이에 서비스 마케팅믹스 변수는 7P로 구성되며 3가지 추가적인 믹스 변수로는 사람, 물적증거, 전달과정이 포함된다.

4Ps	서비스 믹스전략
제품 전략	• 소비자의 욕구 충족을 위한 새로운 서비스나 차별화된 서비스 개발(예 호텔 객실의 부가서비스) • 제품믹서 관리 및 수명주기 관리 • 무형의 서비스에 로고 및 시그니처 등의 브랜드 관리. 즉, 무형에 유형의 아이디어 첨가 • 표준화된 서비스 제공을 위한 기기 도입(예 은행 ATM, 키오스크)

가격 전략	• 서비스 특성상 가격차별화가 용이하고 소비자는 서비스 품질이 가격에 비례한다고 판단하는 경향으로 있으므로 가격의존도가 매우 높음. • 수요의 탄력성을 고려한 다양한 가격정책이 가능(예 영화관의 조조할인)
유통 전략	• 생산과 동시에 소비되는 특성으로 유통의 중요성은 낮음. • 소비자가 원하는 시간과 장소에서 서비스가 제공될 수 있도록 하는 입지 선정이 매우 중요 • 서비스 이전을 용이하게 하는 예약시스템이 중요 • 중간상이 존재하는 서비스의 경우 중간상의 관리가 필요
촉진 전략	• 서비스는 구매자와 판매자의 대면 접촉을 통해 주로 이루어짐으로 판매원에 대한 관리가 매우 중요 • 이질성과 무형성으로 인한 구전 커뮤니케이션이 매우 중요 • 수요의 변동성을 조절하기 위한 촉진 수단들의 중요성 인식이 필요

4 서비스 품질 결정요소

1988년 PZB(Parasuraman, Zeithaml, Berry)에 의해 개발되었으며 표적집단인터뷰를 통해 고객이 서비스 품질을 평가하는 기준을 제시한다.

1. **유형성** : 서비스기업의 외부환경, 종업원의 외양 등 다양한 요소로 구성되며 시설과 장비, 종업원과 커뮤니케이션의 2가지 차원으로 설명된다.
2. **신뢰성** : 서비스 제공자가 약속한 서비스를 시종일관 정확하게 수행하는 능력을 의미한다.
3. **응대성** : 서비스를 즉각적으로 제공하겠다는 서비스기업의 의지와 준비성을 뜻한다.
4. **확신성** : 기업의 능력, 소비자에게 베푸는 예절, 운영상의 안전성 등을 뜻한다.
   (1) 능력 : 서비스를 수행함에 있어서 드러나는 기업의 지식과 기술을 의미한다.
   (2) 예절 : 정중함, 친근함, 소비자의 소유물품에 대한 배려를 의미한다.
   (3) 안전성 : 금전적인 위험이 없고 사생활이 보호되는 것에 대한 확신을 의미한다.
5. **공감성** : 소비자의 필요를 이해하고 개별화된 서비스를 제공하려는 노력을 말한다.

대표기출유형

다음 중 서비스의 특징으로 가장 적절하지 않은 것은?

① 서비스의 무형성이란 서비스 실체를 보거나 만질 수 없다는 것이다.
② 탐색속성은 서비스 구매 이전에 원하는 정보를 찾아봄으로 평가되는 서비스의 속성을 의미한다.
③ 서비스의 품질평가는 제품의 품질평가보다 쉽다.
④ 생산과 소비의 동시성은 제공과 동시에 소비가 되는 서비스의 특징을 말한다.
⑤ 종업원에 따라 서비스의 질이 달라지는 것을 서비스의 이질성이라 한다.

정답 ③

해설 서비스의 이질성, 개인적 선호경향을 기초로 한 기대감, 개별적인 감성 차이 등으로 서비스의 품질에 대한 평가가 달라지기 때문에 제품의 품질평가보다 어렵다.

테마 05

채찍효과

팁 채찍효과란 소를 몰 때 긴 채찍을 사용하면 손잡이 부분에서 작은 힘이 가해져도 끝부분에서는 큰 힘이 생기는 데에서 붙여진 것으로, 고객의 수요량 변동이 상부단계(소매상 → 도매상 → 제조업체)로 유통채널을 거슬러 올라갈수록 증폭되는 현상을 말한다. 예를 들어 소비자가 가게의 특정 상품이나 브랜드를 10개 주문하면 그 주문이 소매상, 도매상을 거쳐 생산자에게 도달했을 땐 주문량이 50개 또는 100개 정도로 증대되는 것을 말한다.

1 채찍효과의 의의

1. 채찍효과의 개념

(1) 하류의 고객 주문 정보가 상류방향으로 전달되면서 정보가 왜곡되고 확대되는 현상을 말한다.

(2) 기업의 생산 프로세스가 수요자와 공급자의 반응 행태에 따라 영향을 받기 때문에 생기는 낭비 요인이다.

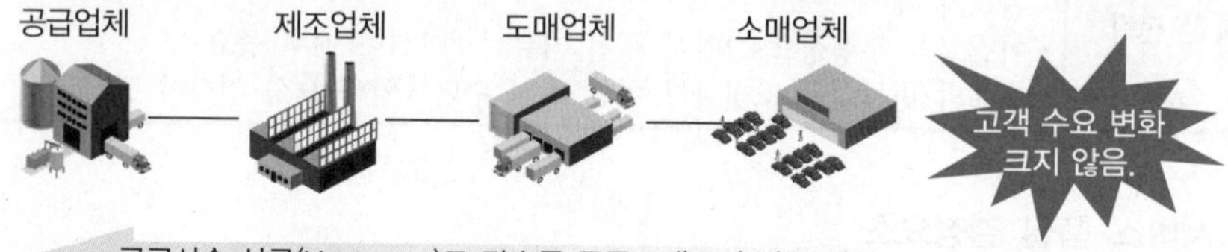

2. 채찍효과의 현상

공급망상에 내재되어 있는 채찍효과는 소비자의 실제수요에 대한 약간의 변화나 계절적인 변화가 소매상－도매상－제조업체－원재료 공급자의 공급량을 대폭적으로 확대시키게 되는 현상이다. 그 결과 공급망의 조정이 잘되지 않고 공급망 수익성이 저하되는 결과를 가져온다.

(1) 수요왜곡 : 공급망에 있어서 소매상－도매상－제조업체의 주문현상이 실제 소비자가 구매하는 실제수요보다 더 큰 규모의 변화를 유도하게 된다.

(2) 변화확산 : 주문량의 변화가 공급망을 따라가면서 증대된다.

2 채찍효과의 원인

1. 전통적인 수요예측의 문제

시장에서 재고 관리는 소비자들의 실제 수요에 근거를 하지 않으며 과거 방식대로 자사에 들어온 예전 주문량을 근거로 수요예측이 이루어진다.

2. 긴 리드타임

리드타임(제품의 제조 시간)이 길면 그 리드타임 안에 어떤 변동 요인이 작용될지 모르므로, 리드타임이 길어질수록 변동요인에 대비하기 위해서 안전재고를 더 많이 두게 된다.

3. 일괄주문

평소에는 수요가 없다가 일정 시점에 수요가 집중되는 일괄주문현상도 원인이 된다.

4. 가격변동

가격이 낮을 때 재고를 더 많이 확보하려는 성향이 있다.

5. 과잉주문

제품을 사려고 하는 수요가 공급에 비해 많아져서 제품 품절이 발생하게 되는 경우 과잉주문이 발생한다. 이미 한번 품절을 경험하게 되면 소매업체에서는 원래의 수요보다 과장된 주문을 할 수 있다.

3 채찍효과의 해결 방안

1. 수요정보의 집중화(SCM, 전산화)

(1) 수요정보의 공유와 집중화를 통해 공급사슬상의 불확실성을 감소시킨다.

(2) 공급사슬의 모든 단계들이 실제 고객수요에 대한 정보를 공유한다.

(3) 각 단계가 동일한 수요데이터를 이용하더라도 서로 다른 예측기법을 사용하거나 서로 다른 구매관행이나 기법을 가지고 있다면 채찍효과가 발생할 수 있다.

2. 가격의 변동성 감소

(1) EDLP(Every Day Low Pricing, 경쟁사와 비교해 최저가를 유지하는 전략) 방식과 같은 수요관리 전략을 통해서 고객의 수요 변동을 막을 수 있다.

(2) 공급사슬의 상류에 위치하는 도매업체나 제조업체에 대한 수요의 변동을 감소시키는 데 기여한다.

3. 전략적 파트너십

(1) 제조업체와 소매업체의 매점 간의 전략적 파트너십을 통해서 재고 조절을 더 완벽하게 할 수 있다.

(2) 수요정보의 중앙집중화도 공급사슬의 상류 단계에서 관찰되는 변동을 획기적으로 감소시킬 수 있다.

(3) 소매업체는 고객수요정보를 공급사슬의 나머지 단계에게 제공하고 상류업체는 소매업체에게 인센티브를 제공하는 전략적 파트너십의 형성을 통해 상호 편익을 얻을 수 있다.

4. 리드타임의 단축

(1) 리드타임에는 제품의 생산과 인도에 소요되는 주문리드타임과 주문처리에 소요되는 정보리드타임이 포함된다.

(2) 주문리드타임은 크로스도킹(Cross-Docking)의 도입을 통해, 정보리드타임은 적절한 정보시스템의 도입을 통해 효과적으로 감소시킬 수 있다.

파트1 경영학
파트2 경제학
파트3 법학
파트4 행정학
파트5 공기업 기출문제

대표기출유형

다음 내용에서 설명하고 있는 것은?

> 거슬러 올라갈수록 재고량이 증가한다는 이론으로, 최종소비자로부터 공급체인을 거슬러 올라갈수록 재고량이 급증한다.

① 지렛대효과(Leverage Effect) ② 채찍효과(Bullwhip Effect)
③ 풍선효과(Balloon Effect) ④ 거품효과(Bubble Effect)

정답 ②

해설 채찍효과(Bullwhip Effect)는 공급사슬에서 최종 소비자로부터 멀어지는 정보가 지연되거나 왜곡되어 수요와 재고의 불안정이 확대되는 현상을 말한다.

테마 06 아웃소싱

1 아웃소싱의 형태

1. 비용절감형 아웃소싱

비용절감만을 위해 중요하지 않은 기능을 아웃소싱하는 형태로 현재 우리나라 기업들이 주로 이용하는 아웃소싱 방식이다.

2. 분사형 아웃소싱

기업 내의 기능을 분사화하는 것으로 이익추구(Profit-Center)형과 스핀오프(Spin-Off)형이 있다.

(1) 이익추구형 : 사내에서는 크게 주요하지 않으나 나름대로 전문성을 확보하고 있는 기능을 분사화해서 외부경쟁에 노출시켜 스스로 수익을 창출할 수 있게 하는 방법으로 분사화된 기업이 모기업에 서비스를 공급하면서 외부 기업과도 거래하도록 한다. 이 같은 분사를 통한 아웃소싱은 업무의 전문화와 함께 인력구조조정의 한 수단으로 활용할 수 있다.

(2) 스핀오프형 : 자사가 보유한 일정 기술, 공정제품, 역량 등을 분사화하여 비즈니스화함으로써 조직을 슬림화하는 방법이다. 정보통신업계의 경우 사업부 조직 자체를 분리해 별도 법인으로 독립시키거나 협력기업에 이관하는 등 스핀오프형 아웃소싱이 늘고 있다.

3. 네트워크형(가상기업형) 아웃소싱

핵심역량이나 핵심제품 이외의 모든 기능을 아웃소싱하고 이들 공급업체와 수평적 네트워크를 형성하여 시너지 효과를 제고시키는 형태로서 복수의 주체가 각각 서로의 경영자원을 공유하고 상호보완적으로 활용하는 아웃소싱이다.

4. 핵심역량 자체의 아웃소싱

핵심역량 자체를 외부화하여 경쟁에 노출시킴으로써 핵심사업의 경쟁력을 더욱 높이려는 아웃소싱이다.

> **아웃소싱의 목적**
> 1. 주력업무에 대한 경영자원 집중과 핵심역량을 강화
> 2. 경영환경 변화에 대한 리스크를 분산
> 3. 조직의 슬림화, 유연화
> 4. 시너지 효과에 의한 새로운 부가가치를 창출
> 5. 비용절감
> 6. 비용의 외부화로 경기변동에 대응
> 7. 혁신의 가속화
> 8. 서비스업무의 전문성 확보
> 9. 정보네트워크 확대
> 10. 복지후생의 충실화와 효율성 극대화

2 아웃소싱의 장단점

1. 아웃소싱의 장점

(1) 핵심역량에 내부자원을 집중시킴으로써 생산성을 높이고, 단순하고 반복적이며 정형화된 업무는 외부에 맡김으로써 불필요한 자원 낭비를 막을 수 있다.

(2) 외부의 전문능력을 활용함으로써 내부인력으로 불가능한 업무를 수행할 수 있으며 업무에 정확성과 신속성을 높일 수 있다.

(3) 불필요한 부문을 외부화함으로써 기업의 성장과 경쟁력을 높이고 핵심역량을 강화할 수 있다.

(4) 상품검사, 환경평가, 시장조사, 재고관리, 업무의 표준화, 인사평가 등 업무에 외부의 중립적인 기관을 활용함으로써 평가의 객관성을 확보할 수 있고 벤처기업의 성장을 독려할 수 있다.

2. 아웃소싱의 단점

(1) 특정 분야를 아웃소싱할 경우 조직 축소와 인력 감축이 뒤따르고 고용에 대한 불안감이 심화된다.

(2) 지속적으로 특정 기능, 프로세스, 제품 등을 아웃소싱했을 때, 기업은 해당 기능이나 제품을 다시 사내에서 공급할 능력을 잃는다.

(3) 중요한 기능이나 프로세스를 아웃소싱한 경우, 공급업체가 적극적으로 협력하지 않는다면 전략상 유연성을 잃어버릴 위험이 있다.

(4) 아웃소싱한 기능을 다시 자체조달해 역류하는 인소싱(Insourcing) 현상이 나타난다.

(5) 아웃소싱으로 인한 품질불량과 납기지연의 문제가 발생할 수 있고 아웃소싱에 의존함으로써 핵심기술을 상실할 수 있다.

(6) 아웃소싱이 기업문화 및 직업문화를 와해시켜 업무에 대한 의욕이나 열정을 감소시킬 수 있다.

(7) 서비스의 질이 떨어지는 업체와의 장기계약에 발이 묶이는 경우가 있다.

(8) 아웃소싱에 너무 의존함으로써 공급업체에 대한 통제를 상실할 수 있다.

(9) 사내 기밀 및 노하우가 공급업체로 누설될 염려가 있다.

(10) 아웃소싱의 효과가 기대에 미치지 못할 수도 있다.

대표기출유형

경영혁신에 관하여 다음에서 설명하는 기법은?

> 기업 활동 중 특정 영역을 외부 기업에 대행시킴으로써 경영집중도를 높이기 위해 활용한다. 이는 자체적으로 수행할 능력이 없는 영역만 아니라 능력이 있더라도 외부기업이 수행하는 것이 더 효율적인 경우에 이루어진다.

① 크레비즈 ② 아웃소싱 ③ 벤치마킹
④ 리스트럭처링 ⑤ 리엔지니어링

정답 ②

해설 아웃소싱이란 기업의 다양한 활동 중 전략적이고 핵심적인 사업에 모든 자원을 집중시키고, 나머지 업무의 일부를 제3자에게 위탁해 처리하는 것을 말한다.

오답풀이

① 크레비즈(Crebiz)란 크리에이티브 비즈니스(Creative Business)의 줄임말로 '창조사업'을 뜻하며, 정보 · 지식, 바이오 등 새로운 경제자원과 기존의 사업지식, 전문기술을 융합해 창의적인 아이디어와 발상의 전환으로 새로운 사업을 창출하는 신종 고부가가치 사업이다.

③ 벤치마킹이란 경제주체가 자신의 성과를 제고하기 위해 참고할 만한 가치가 있는 대상이나 사례를 정하고, 그와의 비교 분석을 통해 필요한 전략 또는 교훈을 찾아보려는 행위이다.

④ 리스트럭처링이란 한 기업이 여러 사업을 보유하고 있을 때 미래 변화를 예측하여 어떤 사업을 핵심사업으로 하고 어떤 사업을 축소 · 철수하고 어떤 사업을 새로이 진입하고 중복 사업을 통합함으로써 사업구조를 개혁하는 것이다.

⑤ 리엔지니어링은 인원삭감, 권한이양, 노동자의 재교육, 조직의 재편 등을 함축하는 말로서, 비용 · 품질 · 서비스와 같은 핵심적인 경영요소를 획기적으로 향상시킬 수 있도록 경영과정과 지원시스템을 근본적으로 재설계하는 기법이다.

테마 07

마이클 포터의 가치사슬

가치사슬

1. 고객에게 가치를 제공함에 있어서 부가가치 창출에 직·간접적으로 관련된 일련의 활동·기능·프로세스의 연계를 의미한다.
2. 전략에 있어서 일반화된 가치사슬은 기업의 전략적 단위활동을 구분하여 강점과 약점을 파악하고 원가발생의 원천, 경쟁기업과의 현존 및 잠재적 차별화 원천(가치창출 원천)을 분석하기 위해 마이클 포터가 개발한 개념이다.

1 가치사슬(Value Chain)의 개념

회사가 행하는 모든 활동들과 그 활동들이 어떻게 서로 반응하는가를 살펴보는 시스템적 방법이다.

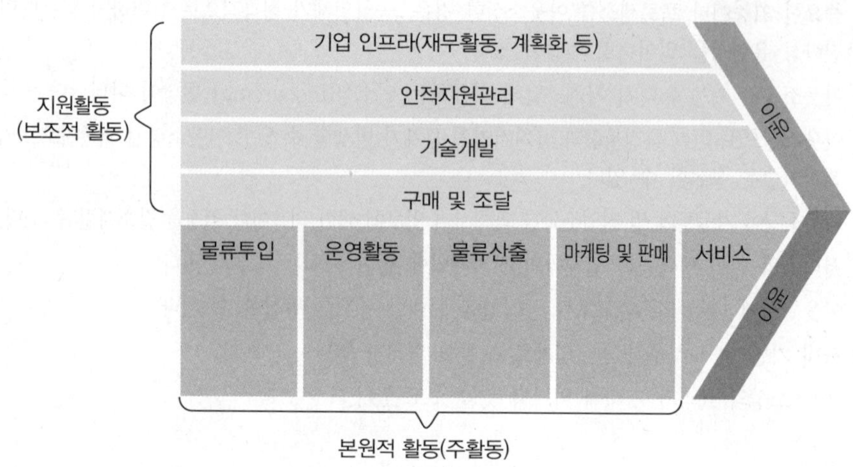

2 가치창출 활동

1. 본원적 활동(Primary Activities, 주활동)

제품·서비스의 물리적 가치창출과 관련된 활동들로서 직접적으로 고객들에게 전달되는 부가가치 창출에 기여하는 활동을 의미한다.

(1) 물류투입
① 핵심 포인트 : 원재료 및 부품의 품질
② 제품의 생산에 사용되는 투입물의 획득·저장·보급과 관련된 활동
③ 원재료 취급, 창고저장, 재고관리, 운송 스케줄, 공급자로의 반품 등의 활동

(2) 운영활동
① 핵심 포인트 : 무결점 제품, 다양성
② 투입물의 최종 제품으로의 전환과 관련된 활동들
③ 기계가공, 패키징, 조립, 장비 유지, 테스팅, 프린팅, 설비운영 등의 활동

(3) 물류산출
① 핵심 포인트 : 신속한 배송, 효율적인 주문 처리
② 구매자·고객을 위하여 제품을 수집·저장·물리적으로 배분하는 것과 관련된 활동
③ 완성품 창고 저장, 원재료 취급, 배송차량 운영, 주문 처리, 스케줄링 등의 활동

(4) 마케팅 및 판매
① 핵심 포인트 : 브랜드 평판 구축
② 구매자가 제품을 구매할 수 있는 수단 제공과 관련된 활동 및 이를 포함하는 모든 활동
③ 광고, 프로모션, 영업력 확보, 유통채널 선택, 유통채널 관계, 가격정책 등의 활동

(5) 서비스

① 핵심 포인트 : 고객 기술지원, 고객 신뢰, 여분 이용성

② 제품의 가치를 향상 또는 유지하기 위한 서비스 제공과 관련된 활동

③ 설치, 수리, 훈련, 부품 공급, 제품 적응 등의 활동

2. 지원활동(Support Activities, 보조적 활동)

본원적 활동이 발생하도록 하는 투입물 및 인프라를 제공하는 것으로, 직접적으로 부가가치를 창출하지는 않지만 이를 창출할 수 있도록 지원하는 활동을 의미한다.

(1) 기업 인프라

① 핵심 포인트 : MIS(경영정보시스템)

② 경영관리, 총무, 기획, 재무, 회계, 법률, 품질관리 등과 관련된 활동

③ 하부구조는 다른 지원 활동들과는 달리 일반적으로 개개의 활동이 아닌 전체사슬(Entire Chain)을 지원한다.

(2) 인적자원관리

① 핵심 포인트 : 최고의 고객서비스 제공을 위한 교육훈련

② 채용, 교육훈련, 경력개발, 배치, 보상, 승진 등과 관련된 활동

(3) 기술개발

① 핵심 포인트 : 차별화된 제품, 신속한 신제품 개발

② 제품 및 비즈니스 프로세스 혁신, 신기술 개발 등의 활동

(4) 구매 및 조달

구매된 투입물의 비용이 아니라 회사의 가치사슬에서 사용된 투입물을 구매하는 기능과 관련된다.

가치사슬의 한계성

1. 하나의 산업은 서로 다른 프로세스에 대한 요구 및 서로 다른 경제적 상호관계와 역동성(Relationships & Dynamics)을 포함하는 다른 부문들을 많이 내포하고 있다.
2. 가치사슬 분석은 참여자들 사이에 정적인 상호관계를 평가하는 데 매우 유용하나 끊임없이 가치사슬 관계를 재정의하는 산업의 역동성을 이해하기에는 어려움이 있다.
3. 각 가치사슬 활동에 대하여 쉽게 활용할 수 있는 데이터 획득이 실무적으로 매우 어렵다.

대표기출유형

다음 중 포터의 가치사슬에서 본원적 활동이 아닌 것은?

① 획득 활동 ② 생산 활동

③ 서비스 활동 ④ 판매 및 마케팅 활동

정답 ①

해설 획득 활동은 보조적 활동(지원활동)에 속하는 것으로 부가가치를 창출할 수 있도록 지원하는 활동을 말한다.

오답풀이

②, ③, ④ 포터의 가치사슬에서 직접적으로 고객에게 전달되는 부가가치 창출에 기여하는 활동인 본원적 활동에 속한다.

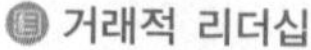

08 거래적 리더십과 변혁적 리더십

> **거래적 리더십**
> 교환관계에 기초를 둔 것으로 리더는 부하가 바라는 것을 제공해 줌으로써 부하의 행동을 유도하고, 리더와 부하의 상호 욕구가 교환관계를 통해 만족되는 한 지속되는 관계를 말한다.

1 거래적 리더십

1. 거래적 리더십의 특징

리더가 상황에 따른 보상에 기초하여 부하들에게 영향력을 행사하는 과정에서 리더가 행동, 보상, 인센티브를 사용해 부하들로부터 바람직한 행동을 하도록 만들고 이 과정은 리더와 부하 간의 교환이나 거래관계에 기초한다.

2. 거래적 리더십의 구성요소

(1) 상황적 보상(Contingent Reward) : 성과기준에 부합되는 경우 이에 대한 보상을 강조하며 적극적인 거래적 성격을 지닌 보상을 약속한다.

(2) 예외에 의한 관리(Management by Exception) : 성과기준에 부합되지 않는 경우에만 수정 조치를 취하는 소극적인 성격을 지닌 보상을 인정한다.

(3) 자유방임적 리더십

① '손은 떼고 일이 돌아가는 대로 두고 본다'는 의미로 책임을 포기하고 의사결정을 지연시키며 부하들에게 피드백을 제공하지 않고 부하들의 욕구를 만족시키거나 그들을 지원하는 데에도 별다른 노력을 기울이지 않는 리더다.

② 소극적 예외에 의한 관리와 합쳐 비리더십(Non-Leadership) 또는 소극적 리더십(Passive Leadership)이라고 부르기도 하며, 효과성과 만족도 측면에서 부정적인 결과를 산출한다.

> **변혁적 리더십**
> 부하의 현재 욕구수준을 중심으로 한 교환관계에 의한 것이 아니라 부하의 욕구수준을 높여 더 높은 수준의 욕구에 호소함으로써 리더는 부하들로 하여금 자신의 이익을 초월하여 조직의 이익을 위해 공헌하도록 동기 부여하는 리더십이다.

2 변혁적 리더십

1. 변혁적 리더십의 특징

(1) 특정한 이상적인 목표의 가치와 중요성에 대한 부하들의 의식수준을 끌어올린다.

(2) 부하들이 자신들의 조직과 그들이 속한 집단을 위해서 자신들의 이익을 초월하도록 만든다.

(3) 부하들의 욕구를 매슬로우의 욕구계층을 따라 올라가도록 하여 상위수준의 욕구에 호소하고 부하들이 보다 높은 수준의 욕구에 관심을 갖도록 만든다.

2. 변혁적 리더십의 구성요소

(1) 카리스마 또는 이념적 영향력(Idealized Influence)

① 변혁적 리더십의 가장 핵심적이고 필수적인 구성요소다.

② 카리스마 : 다른 사람들로 하여금 리더가 제시한 비전을 따르도록 만드는 특별한 능력을 가진 사람을 가리키며, 부하들이 리더에 대해 어떻게 인식하고 행동하는지 정의되기도 한다.

③ 이념적 영향력 : 카리스마는 영향력의 관점에서 이념적 영향력이라고도 하고 부하들이 리더에 대해 자부심과 존경심을 갖고 리더와 동일시하며 부하들에게 신뢰할 만하고 활동적인 역할모델의 표상이 되는 것이다.

(2) 영감적 동기부여(Inspirational Motivation) : 부하에게 비전을 제시하고 열정을 불러일으키며 격려를 통해 에너지를 북돋우고 업무에 매진하도록 만드는 행동이다.

(3) 개별화된 배려(Individualized Consideration) : 부하 개개인이 가지고 있는 욕구 및 능력의 차이를 인정하고 개인이 가지고 있는 욕구 수준을 보다 높은 수준으로 끌어올리며 부하들로 하여금 높은 성과를 올릴 수 있도록 잠재력을 개발해 주는 행동이다.

(4) 지적 자극(Intellectual Stimulation) : 부하들이 업무수행의 옛 방식에 대해 의문을 제기하고 새로운 방식을 사용하도록 도와주며 부하의 가치관, 신념, 기대뿐만 아니라 리더나 조직의 가치관, 신념, 기대에 대해서도 끊임없이 의문을 제기하도록 지원해 주는 행동이다.

대표기출유형

다음 이건희 회장의 어록에서 나타나는 리더십의 유형은?

1987년 12월 1일 취임사	"미래지향적이고 도전적인 경영을 통해 30년대까지는 삼성을 세계적인 초일류기업으로 성장시킬 것이다."
1993년 6월 프랑크푸르트 회의	"결국 내가 변해야 한다. 바꾸려면 철저히 바꿔야 한다. 극단적으로 얘기하면 마누라와 자식만 빼고 다 바꿔야 한다."
1993년 7·4제 실시를 지시하면서	"과장에서 부장까지는 5시까지는 정리하고 모두 사무실을 나가세요. 이것은 명령입니다."
2010년 3월 경영복귀	"지금이 진짜 위기다. 글로벌 일류기업이 무너지고 있다. 삼성도 언제 어떻게 될지 모른다. 앞으로 10년 내에 삼성을 대표하는 사업과 제품은 대부분 사라질 것이다. 다시 시작해야 한다. 머뭇거릴 시간이 없다."
2013년 10월 신경영 20주년 만찬	"자만하지 말고 위기의식으로 재무장해야 한다. 실패가 두렵지 않은 도전과 혁신, 자율과 창의가 살아 숨 쉬는 창조경영을 완성해야 한다."

① 변혁적 리더십 ② 지시적 리더십 ③ 거래적 리더십
④ 참여적 리더십 ⑤ 자유방임적 리더십

정답 ①

해설 변혁적 리더십은 장기적인 비전을 가지고 집단의 욕구체제를 바꾸려는 리더십을 의미한다.

오답풀이

② 지시적 리더십 : 부하들에게 규정을 준수할 것을 요구하고 구체적인 지시를 통해 그들이 해야 할 일이 무엇인지를 명확히 설정해 주는 리더십
③ 거래적 리더십 : 지도자와 부하 사이에서 비용과 효과의 거래 관계로서 수행되는 리더십
④ 참여적 리더십 : 부하직원들을 의사결정과정에 참여시키고 그들의 의견을 적극적으로 반영하고자 하는 리더십
⑤ 자유방임적 리더십 : 리더가 책임을 포기하고 피드백 없이 의사결정권을 부하들에게 맡기는 리더십

테마 09 재무상태표(대차대조표)

(팁) 재무상태표는 일정 시점 현재에 기업실체가 보유하고 있는 경제적 자원인 자산과 경제적 의무인 부채 그리고 자본에 대한 정보를 제공하는 재무보고서다. 재무상태표에 나타난 자산과 부채로 기업의 가치를 직접적으로 평가할 수 있는 것은 아니지만 다른 재무제표와 함께 기업가치 평가에 유용한 정보를 제공해준다.

1 재무상태표의 개념

1. 재무상태표의 내용

(1) 회계정보 이용자들이 기업의 유동성, 재무적 탄력성, 수익성과 위험 등을 평가하는 데 유용한 정보를 제공한다.

(2) 항목의 구분과 통합 표시 : 자산, 부채, 자본 중 중요한 항목은 재무상태표 본문에 별도 항목으로 구분하여 표시한다. 중요하지 않은 항목은 성격 또는 기능이 유사한 항목에 통합하여 표시할 수 있으며 통합할 적절한 항목이 없는 경우에는 기타 항목으로 통합할 수 있다.

(3) 자산과 부채의 총액 표시 : 자산과 부채는 원칙적으로 상계하여 표시하지 않는다.

자산 = 부채 + 자본

2. 재무상태표의 작성방법

기업회계기준에서는 계정식과 보고식의 두 가지 방법을 모두 허용하고 있으며 일반적으로 자산, 부채 및 자본을 동시에 파악할 수 있는 계정식을 주로 사용하고 있다. 기업회계기준에서는 대차대조표를 당해연도와 전년도를 비교하는 형식으로 보고하고 있다.

(1) 재무상태표의 작성기준

① 구분표시원칙 : 자산, 부채, 자본 항목으로 구분하고, 자산은 유동자산과 비유동자산으로, 부채는 유동부채와 비유동부채로, 자본은 자본금, 자본잉여금, 자본조정, 기타포괄손익누계액, 이익잉여금으로 구분하여 표시한다.

② 총액주의원칙 : 자산, 부채, 자본 항목은 각각 총액으로 보고하는 것을 원칙으로 한다. 자산, 부채, 자본항목을 상계함으로써 그 전부 또는 일부를 재무상태표에서 제외하여서는 안 된다.

③ 1년 기준 : 자산과 부채는 1년을 기준으로 유동자산, 비유동자산, 유동부채, 비유동부채로 구분하는 것을 원칙으로 한다.

④ 유동성배열법 : 자산과 부채는 유동성이 높은 계정부터 배열한다.

⑤ 잉여금구분원칙 : 자본거래에서 발생한 자본잉여금과 손익거래에서 발생한 이익잉여금을 구분하여 표시한다.

⑥ 미결산 항목 및 비망계정의 표시 : 가지급금이나 가수금 등 미결산항목과 비망계정은 그 내용을 나타내는 적절한 계정으로 표시하여 자산 또는 부채항목으로 표시하지 않도록 한다.

(2) 계정식 : 중앙을 중심으로 좌측에는 자산을, 우측에는 부채와 자본을 보고하는 방법이다.

〈계정식 대차대조표〉

대차대조표
제X(당)기 20XX년 XX월 XX일 현재
제X(당)기 20XX년 XX월 XX일 현재

㈜ XX (단위 : 원)

	당기	전기		당기	전기
자산	XXX	XXX	**부채**	XXX	XXX
유동자산	XXX	XXX	유동부채	XXX	XXX
당좌자산	XXX	XXX	비유동부채	XXX	XXX
재고자산	XXX	XXX	**자본**	XXX	XXX
비유동자산	XXX	XXX	자본금	XXX	XXX
투자자산	XXX	XXX	자본잉여금	XXX	XXX
유형자산	XXX	XXX	자본조정	XXX	XXX
무형자산	XXX	XXX	기타포괄손익누계액	XXX	XXX
기타비유동자산	XXX	XXX	이익잉여금	XXX	XXX
자산총계	XXX	XXX	**부채와 자본총계**	XXX	XXX

(3) 보고식 : 좌우의 구별 없이 재무상태표 상단으로부터 자산, 부채 그리고 자본의 순서대로 연속표시하여 보고하는 방법이다.

재무상태표
제5기 2020년 12월 31일 현재
제4기 2019년 12월 31일 현재

㈜ XX (단위 : 원)

과목	당기	전기
자산		
유동자산	XXX	XXX
당좌자산	XXX	XXX
재고자산	XXX	XXX
비유동자산	XXX	XXX
투자자산	XXX	XXX
유형자산	XXX	XXX
무형자산	XXX	XXX
기타비유동자산	XXX	XXX
자산총계	XXX	XXX
부채		
유동부채	XXX	XXX
비유동부채	XXX	XXX
부채총계	XXX	XXX
자본		
자본금	XXX	XXX
자본잉여금	XXX	XXX
자본조정	XXX	XXX
기타포괄손익누계액	XXX	XXX
이익잉여금	XXX	XXX
자본총계	XXX	XXX
부채 및 자본 총계	XXX	XXX

재무상태표의 유용성

1. 기업의 경제적 자원인 자산과 경제적 의무인 부채 그리고 소유주지분에 대한 정보를 제공해 준다.
2. 기업의 유동성에 따라 장·단기 부채의 상환 능력에 대한 정보를 제공해 준다.
3. 기업의 재무구조 건전성에 대한 정보를 제공해 준다.
4. 기업의 장·단기 계획 등에 대한 정보를 제공해 준다.

재무상태표의 한계점

1. 기업의 정확한 실질가치를 반영하지 못하기 때문에 잘못된 정보의 제공으로 잘못된 의사결정을 도울 수 있다.
2. 비계량적인 정보인 능력 있는 경영자, 우수한 연구인력 등의 인적자원, 브랜드의 가치 측정 등을 평가하는 데 어려움이 있다.
3. 회계기준에 따른 대체적 회계처리방법을 이용한 측정과 원가배분에 있어서 경영자의 주관적인 판단이 개입할 가능성이 존재한다.
4. 기업의 재무구조가 부실할 경우, 이를 은폐하기 위하여 가공의 자산을 증가하거나 부채를 숨기는 부외부채의 위험이 존재한다.

2 재무상태표의 구성

재무상태표는 자산, 부채, 자본으로 구성되어 있다.

자산이란 기업이 소유하고 있는 경제적 자원으로 과거 거래나 사건의 결과로 기업이 보유하고 있다고 기대되는 자원이며 미래의 경제적 효익 또는 용역의 잠재력을 의미한다. 자산은 1년을 기준으로 유동자산과 비유동자산으로 구분한다.

1. 자산(Assets)

(1) 유동자산(Current Assets) : 결산일로부터 1년 이내에 현금으로의 전환이 가능한 자산으로, 그 형태에 따라서 당좌자산과 재고자산으로 세분된다.

① 당좌자산 : 1년 이내에 판매의 과정을 거치지 않고 현금화할 수 있는 자산을 말한다.

② 재고자산 : 1년 이내에 제조 또는 판매의 과정을 거쳐 현금화할 수 있는 자산을 말한다.

(2) 비유동자산(Non-current Assets) : 투자목적 또는 영업활동에 사용하기 위하여 보유하고 있는 장기(1년 이상) 자산으로 투자자산, 유형자산 및 무형자산으로 구분된다.

① 투자자산 : 여유자금의 증식 또는 다른 회사의 지배 · 통제를 위해 장기간 투자한 자산을 말한다.

② 유형자산 : 영업활동에 장기간 사용할 목적으로 보유하고 있는 실물자산을 말한다.

③ 무형자산 : 영업활동에 장기간 사용할 목적으로 보유하는 형태가 없는 자산을 말한다.

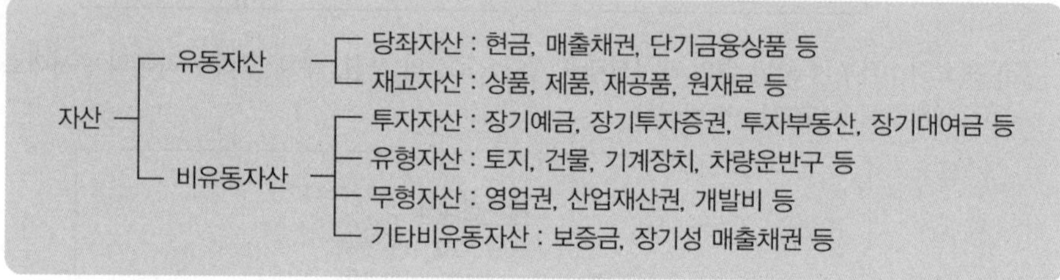

부채란 기업이 출자자 이외의 자로부터 빌리고 있는 자금으로 타인자본이라고도 한다. 부채는 재무상태표상에서 결산시점을 기준으로 1년 이내에 지급의무가 발생하는 유동부채와 1년이 지나서 지급의무가 발생하는 비유동부채로 구분된다.

2. 부채(Liabilities)

(1) 유동부채(Current Liabilities) : 결산일로부터 1년 이내에 만기일이 도래하는 부채를 의미한다.

(2) 비유동부채(Non-current Liabilities) : 결산일로부터 1년 이후에 만기일이 도래하는 부채를 의미한다.

부채
- 유동부채 : 매입채무, 미지급금, 단기차입금, 미지급비용 등
- 비유동부채 : 사채, 장기차입금, 퇴직급여충당부채 등

3. 자본(Stockholder's Equity)

기업실체의 자산총액에서 부채총액을 차감한 잔여액 또는 순자산으로 자산에 대한 소유주의 잔여청구권을 말한다. 자본은 주주의 출자지분으로 주주 또는 출자자가 납입한 납입자본(액면금액×총 발행주식 수)과 경영활동의 결과로 생겨난 이익의 유보금액 합계액이다.

자본
- 자본금 : 보통주자본금, 우선주자본금
- 자본잉여금 : 주식발행초과금, 감자차익, 기타자본잉여금 등
- 자본조정 : 주식할인발행차금, 배당건설이자, 자기주식, 미교부주식배당금 등
- 기타포괄손익누계액 : 매도가능증권평가손익, 해외사업환산대 등
- 이익잉여금 : 이익준비금, 기타법정적립금, 임의적립금, 차기이월이익잉여금 등

(1) 자본금 : 기업이 유지하여야 할 최소한의 자본으로, 이를 법정자본금이라고 하며 발행 주식의 액면금액에 해당되는 금액이다. 자본금은 보통주자본금과 우선주자본금으로 나누어진다.
   ① 보통주자본금=보통주 발행주식수×보통주 액면가
   ② 우선주자본금=우선주 발행주식수×우선주 액면가

(2) 자본잉여금 : 자본적 거래인 증자활동이나 감자활동 등 주주와의 거래에서 발생하여 자본을 증가시키는 잉여금을 말한다. 자본잉여금은 주주들에게 배당을 할 수 없고 자본의 전입이나 손실의 보전에만 사용할 수 있다.

(3) 자본조정 : 자본거래 등에서 발생하였으나 자본금, 자본잉여금, 이익잉여금 중 어느 항목에도 속하지 않는 임시적인 항목을 말한다.

(4) 기타포괄손익누계액 : 보고기간 종료일 현재의 매도가능증권평가손익 등의 잔액이다.

(5) 이익잉여금(또는 결손금) : 손익계산서에 보고된 손익과 다른 자본항목에서 이입된 금액의 합계액에서 주주에 대한 배당, 자본금으로의 전입 및 자본조정 항목의 상각 등으로 처분된 금액을 차감한 잔액이다.

대표기출유형

다음 중 재무상태표 작성기준에 대한 설명으로 알맞지 않은 것은?

① 재무상태표에 기재하는 자산과 부채의 항목배열은 유동성배열법을 원칙으로 한다.
② 자산과 부채는 1년을 기준으로 하여 유동자산 또는 비유동자산, 유동부채 또는 비유동부채로 구분하는 것을 원칙으로 한다.
③ 가지급금 및 가수금 등의 미결산항목은 그 내용을 나타내는 적절한 과목으로 표시하고 재무상태표의 자산 및 부채항목으로 표시하여야 한다.
④ 자산, 부채 및 자본은 총액에 의하여 기재함을 원칙으로 하고 자산의 항목과 부채 또는 자본의 항목을 상계함으로써 그 전부 또는 일부를 재무상태표에서 제외하여서는 아니 된다.

정답 ③

해설 가지급금 및 가수금 등의 미결산항목은 그 내용을 나타내는 적절한 과목으로 표시하고 재무상태표의 자산 및 부채항목으로 표시해서는 아니 된다.

테마 10 CVP 분석

> CVP 분석의 기본가정
> - 원가는 변동비와 고정비로 구분할 수 있다.
> - 단일제품을 대상으로 하며, 복수제품 생산 시 그 매출배합은 일정하다.
> - 생산량과 판매량은 동일하다. 즉 재고액은 일정하다.
> - 원가요소와 판매가격, 생산설비의 생산성은 일정하다.

1 CVP 분석의 기본개념

1. 개념

원가－조업도－이익 분석(CVP 분석 ; Cost-Volume-Profit Analysis)이란 판매량 등 조업도의 변화가 기업의 원가, 수익, 이익에 미치는 영향을 분석하는 기법이다.

2. 공헌이익(Contribution Margin)

매출액에서 변동비를 차감한 금액을 말하며, 매출액 중에서 고정비를 회수하고 이익을 획득하는 데 공헌하는 금액을 의미한다.

$$\text{공헌이익} = \text{매출액} - \text{변동비}$$

3. 단위당 공헌이익(Unit Contribution Margin)

단위당 판매가격에서 단위당 변동비를 차감한 금액으로, 판매한 제품 1단위가 고정비를 회수하고 이익을 획득하는 데 얼마나 공헌하였는가를 나타낸다.

$$\text{단위당 공헌이익} = \text{단위당 판매가격} - \text{단위당 변동비}$$

4. 공헌이익률(Contribution Margin Ratio)

매출액에 대한 공헌이익의 비율을 말하며, 매출액 중에서 몇 %가 고정비를 회수하고 이익을 획득하는 데 공헌하는가를 나타낸다.

$$\text{공헌이익률} = \frac{\text{공헌이익}}{\text{매출액}} = \frac{\text{단위당 공헌이익}}{\text{단위당 판매가격}}$$

5. 변동비율(Variable Cost Ratio)

매출액에 대한 변동비의 비율로, 매출액 중에서 몇 %가 변동비인가를 나타낸다.

$$\text{변동비율} = \frac{\text{변동비}}{\text{매출액}} = \frac{\text{단위당 변동비}}{\text{단위당 판매가격}}$$

6. 공헌이익률과 변동비율의 관계

$$\text{공헌이익률} + \text{변동비율} = 1$$

2 손익분기점(BEP ; Break-Even Point)

1. 개념

(1) 일정 기간 내의 생산량과 매출액(조업도)이 그 생산 또는 매출을 실현하기 위하여 지출된 총비용과 수익이 일치되는 점에서의 생산량 또는 매출액이다.

(2) 손익분기점에서는 '총수익＝총비용'이므로 '영업이익＝0'이 된다.

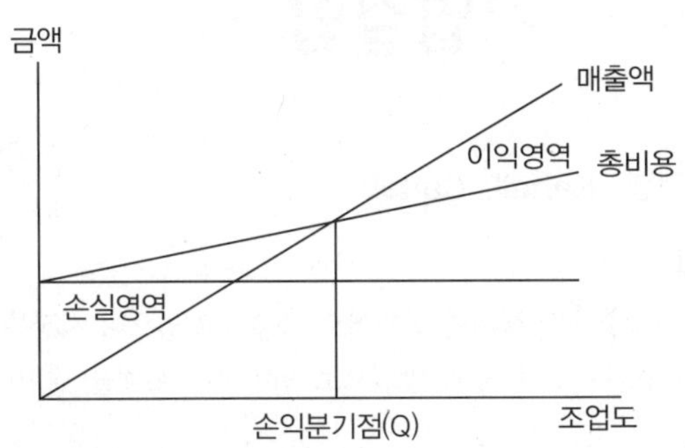

2. 손익분기점의 계산

- 매출액－변동원가－고정원가＝순이익
- (단위당 판매가격－단위당 변동원가)×매출량－고정원가＝순이익

〈손익분기점 매출량〉

- 매출액－변동원가＝고정원가
- 손익분기점 매출량×(단위당 판매가격－단위당 변동원가)＝고정원가
- 손익분기점 매출량＝$\dfrac{\text{고정원가}}{\text{단위당 공헌이익}}$

〈손익분기점 매출액〉

- 손익분기점 매출액＝손익분기점 매출량×단위당 판매가격
- 손익분기점 매출액＝$\dfrac{\text{고정원가}}{\text{단위당 공헌이익}}$×단위당 판매가격

$$=\dfrac{\text{고정원가}}{\left(\dfrac{\text{단위당 공헌이익}}{\text{단위당 판매가격}}\right)}=\dfrac{\text{고정원가}}{\text{공헌이익률}}$$

파트1 경영학
파트2 경제학
파트3 법학
파트4 행정학
파트5 공기업 기출문제

대표기출유형

작년 매출액은 500만 원이고, 생산량은 2,500단위, 단위당 변동비 1,600원, 월간 총 고정비가 50만 원인 회사의 손익분기점에 해당하는 연간 매출은?

① 150만 원
② 180만 원
③ 200만 원
④ 230만 원
⑤ 250만 원

정답 ⑤

해설 손익분기점 판매량＝총 고정비÷단위당 공헌이익＝50(만 원)÷400＝1,250(단위)
단위당 공헌이익＝단위당 판매가격－단위당 변동비＝2,000(＝500(만 원)÷2,500)－1,600＝400
단위당 판매가격＝매출액÷생산량＝500(만 원)÷2,500＝2,000(원)
손익분기점 판매액＝손익분기점 판매량×단위당 판매가격＝1,250(단위)×2,000(원)＝250(만 원)

테마 11

기업결합

용어 기업결합의 형태

1. 합일적 결합 : 회사의 합병 및 영업의 전부 양도
2. 기업 집중화
   - 자본적 결합 : 주식의 상호 보유, 의결권 신탁, 지주 지배
   - 기술적 결합 : 콤비나트
   - 인적 결합 : 임원 파견 및 동종 관계
3. 제휴적 결합 : 기술제휴, 판매제휴, 카르텔

용어 신디케이트(Syndicate)

동일한 시장 내 여러 기업이 출자해서 공동판매회사를 설립한 것으로, 가장 고도화된 카르텔의 형태다. 공동판매소를 통해 판매가 이루어지며 가맹기업의 모든 판매가 이 기관을 통해 이루어진다(기업의 직접 판매는 금지).

용어 조인트벤처(Joint Venture, 합작투자)

2개국 이상의 기업·개인·정부기관이 특정 기업 운영에 공동으로 참여하는 국제경영방식으로 전체 참여자가 공동으로 소유권을 가진다. 주로 현지 정부의 제한으로 인해 단독투자방식을 이용할 수 없거나 현지 파트너에서 자원 및 원료를 독점 공급해야만 하는 경우에 많이 활용되며 무역장벽 극복, 경쟁완화, 기술 및 특허활용 측면으로 전략적 이점을 가진다.

용어 콩글로메리트(Conglomerate, 복합기업)

타 업종 기업을 매수·합병하여 경영을 다각화하는 기업형태를 말하며, 수평(동종업)이나 수직(원료에서 최종제품 판매까지)의 합병이 독점 및 과점금지법에 의해서 규제되고 있기 때문에 기술혁신을 위해서 기업의 성장전략으로 추진되는 경향을 가진다.

1 카르텔(기업연합, Kartell, Cartel)

1. 카르텔의 의의

기업연합 또는 부당한 공동행위와 동의어로 사용되고 있으며 시장통제(독점화)를 목적으로 동일 산업 분야의 기업들이 협약 등의 방법으로 연합하는 형태를 말한다.

2. 카르텔의 특징

(1) 동종기업 간 경쟁을 제한하기 위해 상호 협정을 체결하는 형태로서 참가기업들이 법률적·경제적으로 독립된 상태를 유지한다는 점에서 트러스트·콘체른과 구별된다.

(2) 경쟁기업들은 카르텔을 통해 시장을 인위적으로 독점함으로써 가격의 자율조절 등 시장통제력을 가지게 되고 이윤을 독점하는 등 폐해가 발생하게 된다.

(3) 공정거래법은 카르텔을 부당한 공동행위로 금지하고 있다.

(4) 카르텔은 국가 간 행해지기도 하며 OPEC(석유수출국기구)에 의한 석유나 커피, 설탕 등의 국제상품협정이 국가 간에 형성되는 카르텔(국제카르텔)의 대표적인 예다.

3. 카르텔이 발생 또는 유지되기 위한 조건

(1) 참가기업이 비교적 소수다.

(2) 참가기업 간의 시장점유율 등에 차이가 적다.

(3) 생산 또는 취급상품이 경쟁관계에 있다.

(4) 다른 사업자의 시장진입이 상대적으로 어렵다.

4. 카르텔의 종류

구분	내용
생산카르텔	생산과정에서 경쟁을 제한하는 협정으로 가맹기업 간 과잉생산과 관련한 문제를 해결하기 위해 체결
구매카르텔	원료나 반제품의 구매에 따른 경쟁을 제한하여 구매를 용이하게 하기 위해 체결
판매카르텔	• 유사 산업에 종사하는 기업 간 판매경쟁을 피하기 위해 체결 • 가격카르텔, 지역카르텔, 공동판매카르텔 등

2 트러스트(기업합동, Trust)

1. 트러스트의 의의

동일 업종의 기업이 자본적으로 결합한 독점 형태를 말하며 자유경쟁에 의한 생산 과잉·가격 하락을 피하고 시장독점에 의한 초과 이윤의 획득을 목적으로 형성된다.

2. 트러스트의 특징

카르텔보다 강한 기업집중의 형태로, 시장독점을 위하여 각 기업체가 법적으로 독립성을 포기하고 자본적으로 결합한 기업합동 형태다.

3. 결합의 방식

(1) 여러 주주의 주식을 특정 수탁자에 위탁함으로써 경영을 수탁자에게 일임한다.

(2) 지배 가능한 주식지분의 확보를 통하여 지배권을 행사한다.

(3) 기존의 여러 기업을 해산시킨 다음 기존 자산을 새로 설립된 기업에 계승한다.

(4) 기업을 흡수 · 병합한다.

3 콘체른(기업제휴, Konzern, Concern)

1. 콘체른의 의의

자본결합을 중심으로 한 다각적인 기업결합으로 모회사를 중심으로 한 산업자본형 콘체른과 재벌과 같은 금융자본형 콘체른이 있다.

2. 형성 방식

(1) 리프만(R. Liefmann)은 콘체른이 형성되는 방식으로 자본참가, 경영자 파견 및 자본교환, 다수 기업이 계약에 의해 이익협동관계를 형성하는 이익공동체, 위임경영과 경영임대차의 네 가지를 들었다.

(2) 자본참가의 방식을 보면 주식을 취득하는 경우도 있으나 지배회사를 정점으로 피라미드형 지배를 가능하게 하는 지주회사방식이 많다.

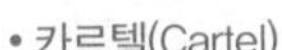

A, B, C, D
각각 독립기업

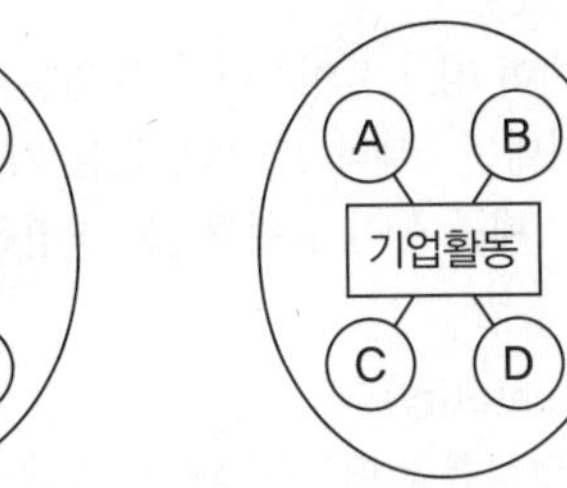

A, B, C, D
각각 비독립기업

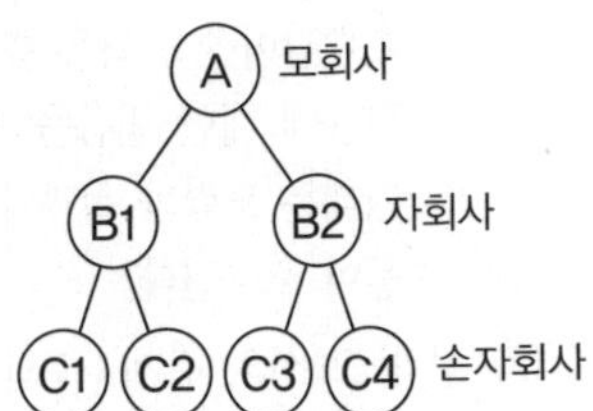

B1, B2, C1, C2, C3, C4
형식상 독립기업

콤비나트(Kombinat)
기술적 연관성이 있는 여러 생산부문이 근접 입지하여 형성하는 지역적 결합체를 의미한다. 예를 들어 자동차 생산에 필요한 부품공장이 콤비나트를 이루고 있을 경우 생산 및 물류이동에 소모되는 시간과 비용을 최소화할 수 있고 이를 통해서 경쟁력을 가질 수 있다.

기업집중의 제한
기업집중의 심화를 제한하기 위하여 한국의 경우 「독점규제 및 공정거래에 관한 법률」을 제정하여 공정하고 자유로운 경쟁을 촉진하고 불공정거래 행위를 규제하고 있다.

대표기출유형

기업결합형태 중 기능적 관련이 없는 이종기업 간의 매수합병은?

① 카르텔(Cartel) ② 콘체른(Concern)
③ 기업집단(Business Group) ④ 콩글로메리트(Conglomerate)

정답 ④

해설 콩글로메리트는 서로 업종이 다른 이종기업을 합병 · 매수하여 다각적 경영을 하는 기업집단을 말한다.

테마 12

동기부여 과정이론

◉ 동기부여의 과정이론은 동기가 유발되는 과정을 분석하는 이론이며, 인간과 외부환경의 상호작용을 밝히려 하는 동기발생과정에 관한 이론으로서 외부환경적 요소가 인간의 자극선택과정(동기)에 어떻게 영향을 주는가를 밝히고자 하는 이론이다.

1 브룸의 기대이론

1. 기대이론의 기본가정

(1) 개인의 행동은 의식적인 선택의 결과다.

(2) 동기란 여러 자발적인 행위들 가운데서 개인의 선택을 지배하는 과정이다.

(3) 인간은 각자 자신의 욕구, 동기, 과거의 경험에 의한 기대를 가지고 조직에 들어오며 인간은 조직에 대하여 각기 다른 것을 원한다.

2. 동기의 구성요소

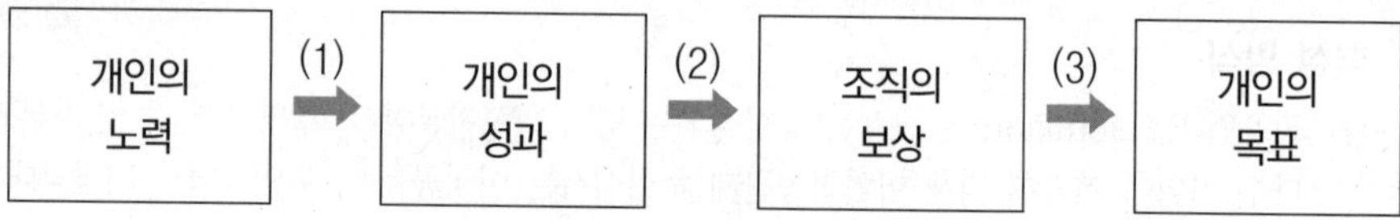

(1) 노력－성과의 관계 : 기대감(Expectancy)
(2) 성과－보상의 관계 : 수단성(Instrumentality)
(3) 보상－개인의 목표 관계 : 유의성(Valence)

(1) 노력－성과의 관계 : 기대감(Expectancy)

① 기대감이란 노력을 했을 경우 노력이 성과로 이루어질 수 있는 가능성에 대한 주관적인 확률에 대한 믿음을 의미하며, 기대는 0부터 1까지의 값을 가진다.

② 기대는 노력과 성과와의 관계로 기대를 높이기 위해서는 종업원의 교육훈련, 동기부여 등이 요구된다.

(2) 성과－보상의 관계 : 수단성(Instrumentality)

① 수단성은 개인이 특정한 성과를 달성했을 때 최종적인 보상을 받을 수 있는 가능성에 대한 주관적 믿음이다. 수단성의 값은 －1에서 ＋1의 값을 가지게 된다.

② 수단성과 유의성은 관계가 없으며, 수단성이 높아진다고 유의성이 증가하는 것은 아니다.

(3) 보상－개인의 목표 관계 : 유의성(Valence)

① 유의성은 보상에 대한 선호도를 의미하는 것으로 개인의 선호도에 따라 달라진다. 예를 들면 어떤 개인은 새로운 부서로 이동하는 것보다는 급료인상을 선호할 수도 있다.

② 개인의 유의성은 선호될 때 양의 값을 가지며, 선호되지 않거나 회피될 때 음의 값을 가진다. 그리고 개인이 어떤 결과를 가지든지 어느 것에 대해서도 무관심하게 될 때, 0의 값을 가진다.

3. 동기부여의 강도

(1) 동기부여의 강도는 유인성(V)×수단성(I)×기대(E)로 구할 수 있다.

(2) 기대이론에서 각 요소는 서로 독립적으로 동기부여 상태를 설명하는 것이 아니라 서로 상호작용을 통해 동기부여 수준이 결정된다. 따라서 셋 중 하나라도 0이 되면 동기부여의 강도는 역시 0이 된다.

2 아담스의 공정성이론

1. 개인들이 자신의 투입 대비 산출의 비율을 타인과 비교해서 현격한 차이가 날 때 불공정을 느끼고, 이때 공정성을 추구하는 과정에서 동기부여가 작용하게 된다는 이론이다.
2. 공정성이론은 인지부조화이론에 기초하여 절차적 공정성과 상호작용적 공정성을 고려하지 않고 분배적 공정성의 측면에서 연구한 이론이다.
3. 공정성이론에 따르면 개인이 불공정성에 대한 지각에서 오는 긴장을 감소시키는 방법(개인이 느끼는 불공정성을 공정성으로 바꾸기 위한 노력)으로는 자신의 투입의 변경, 산출의 변경, 투입과 산출의 인지적 왜곡, 비교대상의 변경, 비교대상에 영향력 행사 등이 있다.
4. 만약 그러한 노력에도 불구하고 불공정성이 해결되지 못하면 개인은 조직이탈이라는 극단적 방법을 사용하기도 한다.

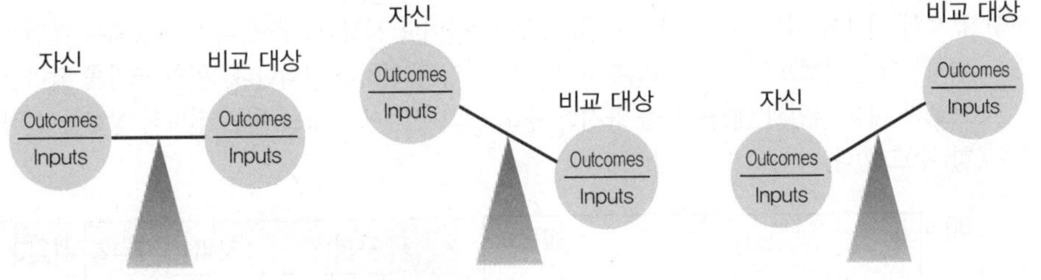

3 로크의 목표설정이론

1. 테일러의 과학적 관리법에 근거하여, 종업원에게 실현가능한 적절한 목표를 부여함으로써 성과를 향상시킨다.
2. 로크의 목표설정이론에 의하면 구체적인 목표, 당사자가 목표설정 과정에 참여하여 수용한 목표, 도전적인 목표가 동기부여에 효과적인 목표로 작용한다.

4 포터와 롤러의 기대이론

브룸의 이론을 기초로 하고 있으며 외재적 보상인 임금, 승진 등에 비해 성취감이나 책임감 같은 내재적 보상이 성과에 더 많은 영향을 준다고 하였다.

대표기출유형

다음 중 인지부조화이론에서 관련 근거를 찾을 수 있는 동기이론은?

① 알더퍼(Alderfer)의 ERG이론
② 매슬로우(Maslow)의 욕구단계이론
③ 브룸(Vroom)의 기대이론
④ 허즈버그(Herzberg)의 2요인이론
⑤ 아담스(Adams)의 공정성이론

정답 ⑤

해설 아담스의 공정성 이론은 인지부조화이론에 기초하고 있다.

테마 13 사업 포트폴리오 분석-BCG 매트릭스

각 사업부의 매력도 분석과 전략수립, 자원배분 등을 목적으로 가장 많이 사용되어지는 도구 중에 하나가 사업 포트폴리오 분석이며, 대표적인 사업 포트폴리오 분석 도구로는 BCG 매트릭스, 맥킨지가 개발한 GE 매트릭스가 있다.

1 BCG 매트릭스의 개념

1. BCG 매트릭스의 의의

(1) 1970년대 초에 보스턴 컨설팅 그룹(BCG ; Boston Consulting Group)에 의해 개발된 기법으로서 성장-점유율 분석이라고도 한다.

(2) 기업은 BCG 매트릭스가 제공하는 두 가지 기준에 의해 자사의 전략적 사업단위(SBU ; Strategic Business Unit) 혹은 제품의 전략적 위치를 분류하고 분류된 위치를 기준으로 미래의 전략방향과 자원배분 방안을 결정하는 분석방법이다.

(3) 분석의 대상이 되는 사업부나 제품을 시장성장률이나 시장점유율에 따라 해당되는 분면에 위치시키는 방법으로, 해당 사업부나 제품의 전략적 위치를 파악한다. 원의 크기를 달리함으로써 해당 사업의 매출규모를 표시할 수도 있고 미래에 목표로 하는 전략적 방향을 설정할 수도 있다.

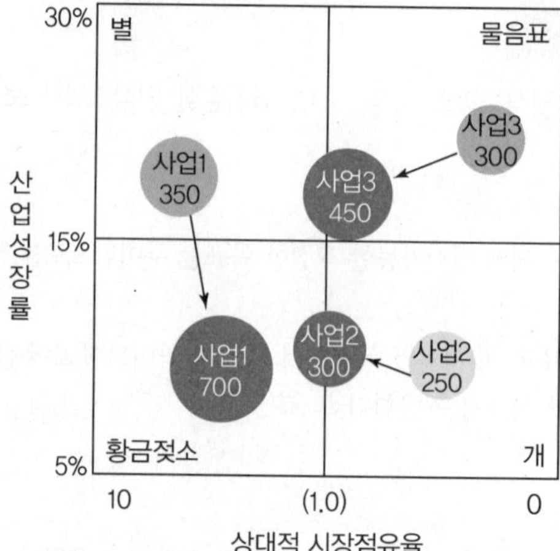

구분		사업1	사업2	사업3
과거	매출액	350	250	300
	상대적 시장점유율	8	0.5	0.3
목표	매출액	700	300	450
	상대적 시장점유율	5	1.0	0.9

2. BCG 매트릭스의 기준

BCG 매트릭스의 두 가지 기준은 상대적 시장점유율과 시장(산업)성장률이며, 기준의 높고 낮음에 따라 매트릭스가 생성된다.

2 해당 사분면별 특징

1. 물음표(Question Mark)

(1) 시장점유율은 낮으나 산업성장률이 높은 사업부로서 문제아(Problem Child) 사업부라고도 한다.

(2) 제품수명주기상 도입기에 해당되는 경우가 많으며 통상적으로 수익보다 비용이 더 많으므로 음(-)의 현금흐름이 발생한다.

(3) 사업부가 전략적 가치 또는 수익성이 있다고 판단하면 지속적으로 투자하여야 하지만 그렇지 않다면 수확이나 철수 전략을 고려하여야 한다.

(4) 투자를 선택한다면 브랜드 강화나 가격 및 시장 선점 전략 등을 통해 시장에서의 지배력을 창출하는 데 초점을 두어야 한다.

2. 별(Star)

(1) 높은 시장점유율과 높은 산업성장률에 해당하는 사업부이며 성장하는 시장에서의 경쟁과 사업확장을 위해 많은 자금이 필요한 경우가 많다.

(2) 수익과 비용 측면에서 균형을 이루거나 약한 음(-)의 현금흐름이 발생된다.

(3) 전략적 목표는 시장점유율 유지나 향상으로, 이를 위해서 적극적인 투자와 공격적인 마케팅 전략이 필요하다.

3. 황금젖소(Cash Cow)

(1) 낮은 성장률과 높은 시장점유율의 사업부로서 성숙기 산업에서 유리한 시장지위를 구축한 경우다.

(2) 높은 점유율과 높은 매출로 인해 유입되는 현금이 많으며 저렴한 원가구조를 달성한 경우가 많고 설비투자 요구도 많지 않다.

(3) 고객충성도가 높기 때문에 마케팅 비용이 높지 않으므로 강한 양(+)의 현금흐름을 갖게 된다.

(4) 황금젖소 사업부에서 창출된 현금흐름은 더 많은 자원을 필요로 하는 물음표 사업부나 별 사업부를 지원하는 데 사용될 수 있다.

(5) 황금젖소 사업부의 전략적 목표는 시장점유율을 방어하는 것이다.

4. 개(Dog)

(1) 낮은 성장률과 낮은 시장점유율을 갖는 사업부이며 더 이상의 성장과 수익개선을 기대하기 힘든 경우가 많으므로 신규 투자는 신중하게 하는 것이 좋다.

(2) 지출을 최소화함으로써 잠재적인 이익을 최대화하려는 수확 전략이나 손실 최소화를 위한 신속한 철수 전략이 적절하다.

(3) 쇠퇴 산업이기는 하지만 일정 수준의 매출이 지속적으로 발생될 가능성이 있다면 경쟁자를 조기에 퇴출시킴으로써 시장지배력을 강화하는 전략을 실행할 수도 있다.

전략의 설정

1. 향상(Build) : 점유율 등을 향상시키기 위해 사업단위에 더 많은 투자를 함.
2. 유지(Hold) : 현재 수준의 시장점유율을 유지할 만큼의 투자를 함.
3. 수확(Harvest) : 장기적 관점과 관계없이 단기적으로 현금흐름을 높이려는 것
4. 철수(Divest) : 사업단위를 매각하거나 단계적으로 축소하여 다른 부분에 자원을 사용함.

대표기출유형

다음 중 BCG 매트릭스에 대한 설명으로 옳지 않은 것은?

① 상대적 시장점유율과 시장성장률을 양대 축으로 하여 표시한 매트릭스다.
② 상대적 시장점유율이 높을수록 회사는 경험효과로 인하여 많은 자금유입이 가능하게 된다.
③ 기업의 전략을 너무 단순하게 파악하였고 자금의 외부조달 가능성을 고려하지 않았다는 한계가 있다.
④ 물음표 중 시장점유율 확대에 성공한 사업부는 곧바로 황금젖소로 이동하게 된다.
⑤ 황금젖소는 다른 사업부의 성숙을 위한 자금원 역할을 수행한다.

정답 ④

해설 물음표(Question Mark) 단계에서는 적극적 투자를 통해 별(Star) 영역으로 키울지, 사업을 접을지를 결정해야 한다. 별(Star)을 잘 키워 안정궤도에 올리면 나중에 황금젖소(Cash Cow)가 될 수 있다.

테마 14 브랜드

> 미국마케팅협회(AMA)는 브랜드를 '판매업자가 자신의 제품이나 서비스를 식별시키고 경쟁업자의 제품이나 서비스와 차별화할 목적으로 사용하는 이름, 용어, 기호, 상징, 디자인 혹은 이들 모두의 결합체'라고 정의한다.

1 브랜드(Brand)의 개념

1. 브랜드의 정의

제품이나 서비스를 소비자에게 식별시키고 경쟁자들과 차별화하기 위해 사용되는 독특한 이름과 로고, 디자인 등 상징물의 결합체다. 브랜드는 유사제품을 판매하는 경쟁사들로부터 소비자와 생산자를 보호하고, 기업 간의 기술격차가 없어지면서 브랜드만이 경쟁사들과 차별화할 수 있는 도구가 된다.

2. 브랜드 구성요소 선택의 평가기준

(1) 기억용이성 : 구매 · 소비상황에서 쉽게 눈에 띄거나 회상될 수 있는 브랜드명, 심벌, 로고

(2) 유의미성 : 브랜드요소의 제품군, 브랜드 속성, 편익 전달 가능성

(3) 전이성 : 브랜드요소의 지리적 범위 확대 가능성과 다른 제품으로의 확장 가능성

(4) 적응가능성 : 시장환경 변화에 대한 적응 가능성

(5) 보호가능성 : 법적 보호 가능성

> 브랜드와 상표
> 브랜드는 판매자가 자신의 상품을 다른 상품과 구별하기 위하여 붙인 이름, 문자, 기호, 도형 또는 이들의 결합을 가리키지만 상표(Trademark)는 브랜드 사용에 대한 독점 배타권이 부여되고 민 · 형사상 보호를 받을 수 있게 특허청에 등록된 것이다.

3. 일반 상품과 브랜드 제품

(1) 일반 상품이란 속명(Generic Name)으로 불리는 일반 기능 표시의 상품과 브랜드 네임이 있더라도 브랜드 이미지가 형성되지 못한 상품을 일컫는다. 일반 상품은 경쟁 상품과 차별화가 거의 불가능하지만 브랜드 제품은 브랜드로 차별화가 쉬워진다.

(2) 브랜드 제품은 경쟁 브랜드와 차별성이 있고 그 브랜드만이 갖고 있는 특별한 이미지가 형성되어 있는 제품으로 마케팅 기능과 효과뿐만 아니라 가격과 이익도 큰 차이가 있다.

일반 상품명	브랜드명
맥주	하이트
자동차	GENESIS

4. 브랜드의 역할

소비자	기업
• 제품 출처 확인 • 제품 생산자에 대한 책임 부여 • 제품 선택의 위험이 감소 • 탐색비용이 절감 • 제품 생산자와의 약속, 보증, 계약 • 상징적 도구 • 품질표시	• 제품 취급이나 관리를 간편하게 하는 확인 수단 • 제품 고유의 특징을 법적으로 보호하는 수단 • 소비자를 만족시키는 품질 수준 표지 • 제품에 독특한 연상을 부여하는 수단 • 경쟁우위의 원천 • 재무적 이익의 원천

2 브랜드 계층구조에 의한 분류

한 기업이 판매하는 여러 제품들에 적용되는 브랜드명 유형들 간의 서열을 보여 주는 것이다.

1. 기업 브랜드

기업명이 브랜드 역할을 하는 것으로 기업의 모든 활동, 기업의 비전, 기업의 책임, 기업의 정체성을 기업의 이름으로 커뮤니케이션하는 브랜드다.

2. 패밀리 브랜드

기업 브랜드의 하위 브랜드로 제품카테고리를 대표하여 여러 가지 상품에 부착되는 브랜드다.

3. 개별 브랜드

(1) 한 가지 상품에 부착되는 브랜드로 모든 제품마다 각각의 고유브랜드를 붙이는 경우를 말한다.

(2) 장점 : 소비자들에게 브랜드마다 각각의 신선한 이미지와 소비자 효익을 직접 전달한다.

(3) 단점 : 제품 개발 때마다 개별 브랜드를 개발하고 마케팅을 하는 등 많은 비용이 발생한다.

4. 브랜드 수식어

구형 모델과 구분하기 위하여 붙이는 숫자나 수식어를 말한다.

상표법 제2조에서의 상표, 서비스표, 단체표장

1. '상표'란 자기의 상품(지리적 표시가 사용되는 상품의 경우를 제외하고는 서비스 또는 서비스의 제공에 관련된 물건을 포함한다. 이하 같다)과 타인의 상품을 식별하기 위하여 사용하는 표장(標章)을 말한다.
2. '표장'이란 기호, 문자, 도형, 소리, 냄새, 입체적 형상, 홀로그램 · 동작 또는 색채 등으로서 그 구성이나 표현방식에 상관없이 상품의 출처(出處)를 나타내기 위하여 사용하는 모든 표시를 말한다.
3. '단체표장'이란 상품을 생산 · 제조 · 가공 · 판매하거나 서비스를 제공하는 자가 공동으로 설립한 법인이 직접 사용하거나 그 소속 단체원에게 사용하게 하기 위한 표장을 말한다.

대표기출유형

다음 중 브랜드에 대한 설명으로 알맞지 않은 것은?

① 강력한 상표는 상표인지도와 충성도를 가지게 한다.
② 상표주는 제조업자 상표, 사적 상표, 라이선스 상표, 협동 상표의 4가지가 있다.
③ 복수상표전략이란 새로운 범주의 제품을 출시할 경우 새로운 상표를 창조하는 상표전략이다.
④ 경쟁자들에게 남용되지 않게 하기 위해서 상표를 등록해야 한다.

정답 ③

해설 복수상표전략이란 본질적으로 동일한 제품에 대하여 두 개 이상의 상이한 상표를 설정하여 별도의 품목으로 차별화하는 전략이다. 새로운 범주의 제품을 출시할 경우 새로운 상표를 창조하는 상표전략은 신상표전략이라고 한다.

테마 15

소비심리에 따른 소비현상

> 밴드웨건 효과는 하비 라이벤스타인(Harvey Leibenstein, 1922~1994)이 1950년에 발표한 네트워크효과의 일종으로, 서부개척시대의 역마차 밴드왜건에서 힌트를 얻은 것이다.

1 밴드웨건 효과(Bandwagon Effect)

특정 상품에 대한 어떤 사람의 수요가 다른 사람들의 수요에 의해 영향을 받는 현상으로, 특히 어떤 재화의 수요가 증가하면 사람들이 덩달아 움직이면서 수요가 더욱 증가되는 현상을 의미하는 것이다.

2 스놉 효과(Snob Effect)

1. 어떤 상품에 대한 사람들의 소비가 증가하면 오히려 그 상품의 수요가 줄어드는 현상을 말한다. '스놉(Snob)'은 잘난 체하는 속물을 의미하며, 스놉 효과는 마치 까마귀 떼 속에서 혼자 떨어져 고고하게 있는 백로의 모습과 같다고 해서 '백로 효과' 라고도 한다.
2. 고급스러운 제품이 시장에 처음 나왔을 때 그 제품을 신속하게 구매하는 형식으로 나타나며, 제품의 시장점유율이 어느 수준 이상으로 늘어나서 일반 대중이 사용하는 제품이 돼 버리면 그 제품을 더 이상 구매하지 않는 형식으로 나타난다.

> 베블런 효과란 베블런이 1899년 출간한 저서 「유한계급론」에서 "상층계급의 두드러진 소비는 사회적 지위를 과시하기 위하여 자각 없이 행해진다."고 말한 데서 유래하였다.

3 베블런 효과(Veblen Effect)

상류층 소비자들에 의해 이루어지는 소비 행태로 가격이 오르는 데도 수요가 줄어들지 않고 오히려 증가하는 현상을 말한다. 제품 구매 시 소비자들은 제품의 본질에 집중하지 않고 오로지 가격만 생각하기 때문에 불필요한 소비와 낭비가 이루어지는 현상이다.

4 디드로 효과(Diderot Effect)

1. 하나의 물건을 구입한 후 그 물건과 관련된 다른 제품들을 계속 구매하는 현상으로 '디드로 통일성(Diderot Conformity)'이라고도 부른다.
2. 사람들은 구매한 물품들 사이의 기능적인 동질성 보다는 정서적, 문화적인 측면에서의 동질성 혹은 통일성을 추구하므로, 시각적으로 관찰이 가능한 제품일수록 이 효과가 더 커진다.
3. 명품가방을 구매한 소비자에게 같은 제품군의 열쇠고리, 지갑 등을 구매하도록 유도하거나, 인기 캐릭터와의 컬래버레이션을 통해 해당 캐릭터의 팬들이 제품을 구매하도록 하는 경우 등이 여기에 해당한다.
4. 미국의 사회학자이자 경제학자인 줄리엣 쇼어(Juliet Schor)는 디드로 효과의 부정적 측면에 대하여 비판하였으며 과소비와 불필요한 재화에 대한 지나친 욕심은 환경운동가, 녹색 소비자들로부터 부정적인 평가를 받았다.

5 파노플리 효과(Panoplie Effect)

소비자가 특정 제품을 사면 그 제품을 소비하는 집단 또는 계층과 자신과의 동질감을 느끼기 위해 소비하는 현상으로, 주로 다른 사람들에게 스타일, 품격, 사치, 권력 등 자기의 특수한 가치를 표현(신호)하기 위해 사치품을 소비하는 형태로 나타난다. 이는 특정한 기능이 필요해서라기보다는 트렌드를 선도하는 계층에 속하는 사람으로 보이고 싶은 욕구라고 볼 수 있다.

6 립스틱 효과(Lipstick Effect)

1. 경제적 불황기에 나타나는 특이한 소비패턴으로 소비자 만족도가 높으면서도 가격이 저렴한 사치품(기호품)의 판매량이 증가하는 현상이다.
2. 불황기에 돈을 최대한 아끼면서도 품위를 유지하고 심리적 만족을 추구하는 소비자의 소비성향으로, 최저비용으로 사치욕구를 충족할 수 있는 모든 상품과 서비스에 적용할 수 있다.

(팁) 립스틱 효과란 1930년대 미국의 대공황 시절, 산업별 매출 통계에서 경제가 어려운데도 불구하고 립스틱 매출은 오르는 기현상이 확인되어 경제학자들이 붙인 용어이다.

7 보상소비(Pent-up) · 보복소비(Revenge Spending)

1. 소비자가 마음의 안정이나 스트레스나 상실감을 경험하고 부정적인 감정을 해소하기 위해 소비에서 나오는 행복을 위한 소비를 하거나, 긍정적인 사건의 경험에 대한 기념으로 소비를 하는 심리를 의미한다.
2. 보상소비 혹은 보복소비를 발생시키는 원인이 되는 사건은 배우자에게 과소비로 보복하기 위한 목적 등 소비자 개인의 사건에서부터 저임금 노동자층의 낮은 사회적 지위에서의 보상심리, 질병이나 재난 등 다양한 형태로 나타난다.
3. 2020년대 코로나 사태로 인한 격리와 통제에 따른 소비 위축과 결핍을 해소하기 위해 일시적으로 소비가 급증하는 현상과 같이 보상소비가 사회 전체 단위의 소비패턴으로 나타나기도 한다.

대표기출유형

다음에서 설명하는 효과는?

> 처음 구매한 제품보다 연관된 다른 제품을 사기 위해 더 많은 돈을 지출하는 현상을 일컫는다. 이 현상은 소비자가 제품을 구입할 때 제품들의 단순한 기능적인 연계 이외에도 물품 간의 정서적, 심미적, 동질성까지 중요하게 생각하기 때문에 나타난다. 미국 애플 제품 소비자들로 하여금 브랜드에 대한 우월감을 가지고 '맥'시리즈나 '아이'시리즈를 지속적으로 구매하도록 유도하는 전략도 이 현상을 이용한 마케팅 사례이다.

① 대체 효과　　② 소득효과
③ 디드로 효과　　④ 언더독 효과

정답 ③

해설 디드로 효과(Diderot Effect)는 하나의 상품을 구입함으로써 그 상품과 연관된 제품을 연속적으로 구입하게 되는 현상으로 '디드로 통일성(Conformity)'이라고도 부른다.

오답풀이

④ 언더독 효과(Underdog Effect)는 어려운 환경에 있거나 경쟁에서 지고 있는 사람이 이기길 바라는 심리 현상이다.

테마 16

설비배치

㉧ 설비배치란 공장 또는 서비스 시설 내에서 부서의 위치와 설비의 배열을 결정하는 것을 말한다.

㉧ 배치선택 시 고려요소
1. 제품의 유형
2. 생산공정의 유형
3. 생산량

1 공정별 배치(Process Layout)

1. 의의

공정별 배치란 작업 기능의 종류에 따라 공정(기계 · 인원)들을 분류하고, 같은 종류의 작업 기능을 갖는 공정들을 한 곳에 모아 배치하는 형태를 말한다. 즉 설비와 장비를 동일한 기능을 갖는 것끼리 묶어 집단으로 배치하는 것이다.

2. 공정별 배치의 특징

(1) 유사한 기계설비나 기능을 한 곳에 모아 배치하므로 기능별 배치(Functional Layout)라고도 한다.
(2) 다품종 소량생산의 주문생산방식에 적합하다.
(3) 범용설비를 주로 사용한다.
(4) 제품별로 생산경로가 다양할 수 있어 경로계획과 작업일정계획을 자주 수립해야 한다.
(5) 단속생산이나 개별주문생산과 같이 다양한 제품이 소량으로 생산되고 각 제품의 작업흐름이 서로 다른 경우에 적합하다.
(6) 각 주문작업은 가공요건에 따라 필요한 작업장이나 부서를 찾아 이동하므로 작업흐름이 서로 다르고 혼잡하다.
(7) 신제품의 경우 제품별 배치보다는 공정별배치가 바람직하다.
(8) 공정별 배치가 제품별 배치보다 생산의 효율성이 낮은 경향이 있다.

3. 공정별 배치의 예

일반 기계가공공장, 부서별로 배치된 일반사무실, 놀이 공원 등

4. 공정별 배치의 장단점

(1) 장점
① 인적자원과 설비의 높은 이용률 때문에 기계고장으로 인한 생산중단이 적고 쉽게 극복할 수 있다.
② 고도의 기술과 경험을 적용하는 데서 오는 긍지를 가진다.
③ 일정하지 않은 작업속도에서 비롯되는 작업흐름의 상대적인 독립성은 직무만족과 동기를 부여해 준다.
④ 범용설비로 비교적 저렴하고 정비가 용이하다.

(2) 단점
① 각 주문마다 특별한 작업준비 및 공정처리 요건의 필요성으로 인하여 단위당 높은 생산원가가 든다.
② 로트 생산 시 대량의 재공품 재고가 발생할 수 있다.
③ 다양한 제품 형태, 크기 등에 따른 추가공간과 물량 이동에 필요한 통로, 융통성 있는 운반장비가 필요하다.
④ 생산일정계획 및 통제가 복잡하다.
⑤ 공정처리시간이 비교적 길고 설비이용률이 낮다.

2 제품별 배치(Product Layout)

1. 제품별 배치의 의의

제품별 배치란 제품이나 고객이 일정한 흐름에 따라 움직이며 생산설비와 자원은 해당 제품이나 서비스의 완성경로에 따라 배치되는 것을 의미한다. 즉 생산될 제품의 작업순서에 따라 기계설비를 배치한다.

2. 제품별 배치의 특징

(1) 제품별 배치 형태는 대량생산에 유리하고 소품종생산방식에 적합하다.

(2) 연속생산(흐름생산, 라인생산)방식에 적합하다.

(3) 설비는 제품 작업순서에 따라 배치하고, 컨베이어 벨트 등 자재운반장치가 필요하다.

(4) 제품별 배치는 주로 특정 작업을 위한 전용설비들로 생산라인이 구성된다.

(5) 제품별 배치에서는 공정별 배치에 비해 설비의 고장이나 작업자의 결근 등이 발생할 경우 생산시스템 전체가 중단될 가능성이 높다.

(6) 라인밸런싱은 제품별 배치의 설계를 위해 사용한다. 라인밸런싱의 목적은 조립라인에서 각 작업의 소요시간과 각 작업장의 생산능력이 차이가 있음으로써 발생하는 공정흐름의 불균형을 조정하여 유휴시간을 최소화하는 것이다.

3. 제품별 배치의 예

자동차 조립공장, 맥주 생산공장, 기타 소품종대량생산공장 대부분

4. 제품별 배치의 장단점

(1) 장점

① 기계화·자동화로 자재취급시간과 비용이 절감된다.

② 원활하고 신속한 이동으로 공정 중 재고량이 감소한다.

③ 재공품 저장공간의 소요 및 고정된 이동통로 공간활용이 증대된다.

④ 생산일정계획 및 통제의 단순화가 도모된다.

(2) 단점

① 제품 및 공정특성의 변경이 곤란하고 융통성이 결여된다.

② 전용장비의 이용으로 고액의 설비투자가 필요하다.

③ 생산라인상의 한 기계가 고장나면 전체공정의 유휴로 고가의 지연과 높은 정비비용이 든다.

④ 단순화되고 반복적인 과업과 빠른 생산속도로 종업원의 사기가 저하될 수 있고 높은 결근율과 이직률이 발생할 수 있다.

3 고정위치 배치(Fixed-Positional Layout)

1. 개념

고정위치 배치란 생산될 제품이 한 장소에 고정되고 장비, 공구, 재료, 인력이 이동하면서 작업하는 형태를 말한다.

2. 고정위치 배치의 특징

(1) 생산활동 및 인적·물적 자원 조달을 위한 일정계획, 조정 및 통제가 중요하며, 이를 위한 기법으로는 PERT/CPM이 있다.

(2) 고정위치배치는 제품(작업물)의 이동이 없이 고정된 위치에서 장비와 작업자 등이 생산 제품으로 이동하면서 생산하는 작업방식을 사용한다.

3. 고정위치 배치의 예

댐, 교량, 항공기, 선박 등 이동이 어려운(거의 불가능) 생산대상물

4 혼합형 배치(Hybrid Layout)

1. 혼합형 배치의 개념

제품 중심과 공정 중심 전략의 요소를 결합하는 위치전략에 따라 일부는 공정별로, 일부는 제품별로 배치하는 중간적 전략이 혼합형 배치이다.

2. 혼합형 배치의 특징

(1) 혼합형 배치에서는 가공공정과 조립 공정이 다 같이 필요하게 된다.

(2) 원자재를 가공하여 부품을 만드는 공정에는 공정별 배치를 적용하고, 공정별로 배치된 생산설비에서 생산된 이들 부품을 조립하는 공정은 제품별 배치를 적용하게 된다.

3. 혼합형 배치의 방법

대표적인 혼합형 배치의 방법에는 유연생산 방식, 다수기계보유 작업방식 등이 있다.

(1) 유연생산 방식(FMS ; Flexible Manufacturing System)

① 유연생산시스템은 자재들이 자동으로 운반되고 또한 기계에 자동으로 적재하여 가공하는 반독립의 컴퓨터제어 시스템이다.

② 이는 산업용 로봇과 같은 유연자동화의 한 형태이며 CIM(Computer-Integrated Manufacturing)의 구성 요소이다.

(2) 다수기계보유 작업방식(OWMM ; One Worker, Multiple Machine)

① 다수기계보유 작업방식은 여러 명의 작업자들이 계속적으로 한 라인에 종사해야 할 만큼 생산량이 많지 않을 경우 한 작업자가 지속적으로 일할 수 있을 만큼 라인을 작게 만들어서 한 작업자가 여러 대의 기계를 동시에 운영하여 흐름생산을 달성하게 된다.

② 작업자는 원을 따라 이동하며 적하와 하적 등 자동화되지 않은 작업을 수행한다.

③ 다수기계보유 작업방식을 도입함으로써 얻을 수 있는 이점은 노동력의 절감과 자재가 대기상태로 묶여 있지 않고 바로 다음 공정으로 이동하기 때문에 재고를 줄일 수 있다.

5 새로운 설비배치 방법

1. GT배치(Group Technology Layout)

(1) 의의

① GT(Group Technology)란 가공할 부품의 형상, 치수, 재질, 가공순서, 사용설비 등의 유사성이나 동질성에 따라 그룹(Grouping)화하는 방법이다.

② GT는 유사한 제조를 동일한 셀에서 작업하게 하여 학습효과를 높이고 범위의 경제를 높게 하려는 생산방식이다

(2) 특징

① GT는 제품 생산방식을 개별 생산시스템에서 제품별 생산시스템으로 변환하여 이점을 얻는 방식이다.

② 빠른 학습효과로 인해 작업자의 능률을 향상 시키며 소규모 작업팀의 작업자 간에 더 좋은 인간관계를 형성한다.

③ 상대적으로 적은 종류의 제품으로 가동 준비횟수와 가동준비시간을 줄일 수 있다.

④ 셀은 몇 가지 생산단계를 결합하기 때문에 재공품 재고가 감소하고 부품의 이동과 대기 시간을 감축시킨다.

⑤ 서로 다른 기계를 같은 셀에 할당하므로 라인배치와 유사한 형태를 가지며 금속조립과 컴퓨터 칩 제조 그리고 조립작업에 널리 활용된다.

⑥ GT배치는 순수한 공정별 배치와 순수한 제품별 배치의 혼합 형태이다.

⑦ GT배치를 이용하면 다양한 부품을 소규모 로트로 생산하는 기업도 제품의 표준화 없이 제품별 배치의 경제적 이점을 취할 수 있다.

⑧ 그 외의 특징으로는 생산시간 단축, 품질향상, 원가절감, 자재취급비용 절감 등을 들 수 있다.

2. 모듈러 셀 배치(Modular Cell Layout)

(1) 의의 : 모듈화된 부품을 생산하기 위해 각 작업장을 하나의 셀(Cell) 형태로 구성하는 배치형태이다.

(2) 특징

① 모듈러 셀 배치는 제품별 배치의 변형이다.

② 대부분의 경우 하나의 셀에는 소수의 작업자가 셀 전체의 작업을 담당함으로써, 자신이 만든 모듈에 대한 책임의식 및 자긍심을 갖게 된다.

3. 셀 생산(CM ; Cellular Manufacturing) 방식

(1) 최초공정에서 최종공정까지를 한 사람 또는 소수의 작업자가 담당하여 완제품을 만들어내는 자기완결형 생산방식이다.

(2) 단순한 조립제품의 경우 부품 하나하나를 조립하여 생산한다.

(3) 복잡한 조립제품의 경우 개별 부품별로 조립되는 경우보다 이들 부품들이 미리 조립된 모듈 형태로 공급되고 이들 모듈들을 조립하여 생산한다.

제조셀
다수의 유사 부품이나 부품군의 생산에 필요한 서로 다른 기계들을 가공진행 순서에 따라 모아 놓은 것을 말한다.

셀룰러 배치
제조셀을 이용한 제조를 셀룰러 제조라 하고, 제조셀에 의한 설비배치를 셀룰러 배치라고 한다.

대표기출유형

다음 중 설비배치에 대한 설명으로 알맞지 않은 것은?

① 공정별 배치는 기능별 배치, 작업장별 배치라고도 한다.

② 공정균형은 공정별 배치의 실행에 있어서 가장 핵심개념이다.

③ 제품고정형 배치는 조선업, 토목업 등 대규모 프로젝트형태의 생산활동에 적합하다.

④ 제품별 배치는 제품 제조공정의 순서로 설비와 작업자를 배치하여 대량생산체제에 적합한 시스템이다.

⑤ 공정별 배치는 제품의 운반거리도 길고 자재취급비용도 많아, 대량생산 시 제품별 배치보다 생산성이 떨어진다.

정답 ②

해설 공정균형은 각 공정의 역할을 분담하여 생산성을 높이고 공정 간의 균형을 최적화하기 위한 방법으로 제품별 배치의 중심개념이다.

테마 17 레버리지 분석

> 레버리지
> - 사전적 의미로는 지렛대 작용 또는 어떤 목적에 영향을 미치는 추가된 수단으로 지렛대원리를 기업경영에 활용하여 나타나는 현상을 의미한다.
> - 기업경영에서 레버리지란 고정영업비용(Fixed Operating Costs)과 고정금융비용(Fixed Financial Costs)을 말한다.

1 레버리지(Leverage)

1. 개념

(1) 총비용 중에서 고정영업비용의 비중을 높게 조정함으로써 판매량의 변화에 따라 그보다 높은 비율로 영업이익의 변화효과를 얻을 수 있으며, 고정금융비용의 비중을 높게 조정함으로써 영업이익의 변화에 따라 순이익이 그보다 높은 비율로 변화하는 효과를 얻을 수 있다.

(2) 고정영업비용 : 매출량에 관계없이 일정하게 발생하는 비용을 말한다(감가상각비, 임차료, 경영진의 보수 등).

(3) 변동영업비용 : 매출량에 비례하여 발생하는 비용을 말한다(직접재료비, 직접노무비, 판매수수료 등).

2. 레버리지의 종류

종류	내용	효과
영업레버리지	비유동자산을 보유함으로써 고정영업비용을 부담한다.	매출액의 증감률보다 영업이익의 증감률이 크게 확대된다.
재무레버리지	타인자본을 사용함으로써 고정금융비용을 부담한다.	영업이익의 증감률보다 세후순이익의 증감률이 크게 확대된다.
결합레버리지	비유동자산과 타인자본을 동시에 사용함으로써 고정영업비용과 고정금융비용을 부담한다.	매출액의 증감률보다 세후순이익의 증감률이 크게 확대된다.

2 영업레버리지(Operating Leverage) 분석

1. 의의

(1) 영업레버리지는 총영업비용 중에서 고정영업비용이 차지하는 비중으로 영업레버리지 효과는 매출의 변화율보다 높은 영업이익이 발생하는 것을 말한다.

(2) 영업레버리지 분석은 매출액, 고정영업비용, 그리고 영업이익의 변화 사이에 나타나는 영향의 관계를 분석하는 것이다.

2. 영업레버리지도(DOL ; Degree of Operating Leverage)

(1) 매출액 또는 판매량이 변동할 때 영업이익이 어느 정도 변동할 것인가를 측정하는 지표로 매출액 증감률에 대한 영업이익 증감률의 비율을 말한다.

$$\text{영업레버리지도(DOL)} = \frac{\text{영업이익 증감률}}{\text{매출액 증감률}} = \frac{\dfrac{\Delta \text{영업이익}}{\text{영업이익}}}{\dfrac{\Delta \text{매출액}}{\text{매출액}}}$$

(2) 영업레버리지가 높다는 의미는 영업이익의 변동성(Volatility)인 영업위험이 높음을 의미한다. 높은 영업레버리지는 매출액이 증가하면 영업이익도 급속도로 증가하지만 매출액이 감소하면 영업이익도 빠르게 감소함을 뜻한다.

3 재무레버리지(Financial Leverage) 분석

1. 의의

재무레버리지는 재무활동에서 발생하는 고정비(이자비용)의 비중으로, 총자본에 대한 부채의 비율이 증가함에 따라 증가한다는 점에서 투자자와 채권자들은 재무레버리지와 재무위험을 동일하게 간주한다.

2. 재무레버리지도(DFL ; Degree of Financial Leverage)

(1) 재무레버리지도는 영업이익 증감률에 대한 당기순이익 또는 주당순이익의 증감률에 대한 상대적인 비율을 의미한다.

$$\text{재무레버리지도(DFL)} = \frac{\text{주당순이익 증감률}}{\text{영업이익 증감률}} = \frac{\frac{\Delta \text{주당순이익}}{\text{주당순이익}}}{\frac{\Delta \text{영업이익}}{\text{영업이익}}}$$

(2) 일반적으로 타인자본의존도가 클수록 이자비용의 부담도 늘어남으로써 재무레버리지도 높게 나타나는 경향이 있다.

(3) 경기변동으로 영업이익이 변동하더라도 재무활동의 고정비용이라 할 수 있는 이자비용은 이에 비례하여 변동하지 않고 일정수준을 유지한다.

(4) 재무레버리지가 높다는 의미는 그 기업의 재무위험이 높음을 의미한다.

재무레버리지 효과
부채의존도가 높을수록 고정금융비용(이자비용)의 부담이 증가하기 때문에 영업이익의 변동에 비해 순이익이나 주당순이익의 변동이 큰 폭으로 확대되는 현상이다.

대표기출유형

다음 기사에서 A 기업에게 제시할 평가 전략으로 가장 적절하지 않은 것은?

B 증권 재무분석가는 A 기업에 대해 시장의 기대보다 더 큰 레버리지 효과라며 투자의견을 매수(유지), 목표주가는 70,000원을 제시했다. 이에 "동사의 4분기 호실적의 배경은 롱패딩 효과에 힘입어 다른 전반적인 브랜드들의 판매호조와 정상가 판매율 상승에 따른 매출액 고성장으로 영업이익 레버리지 효과를 나타낸 점이다." 라고 밝혔다.

① 저가 제조 대신 아웃소싱 확대
② 기본금 축소 대신 성과급 확대
③ 매출액 성장에 따른 고정비 부담 완화
④ 한파 지속 시 높은 판매율 지속

정답 ①

해설 영업이익 레버리지 효과가 높다는 것은 매출액이 증가하면 영업이익도 급속도로 증가하지만, 매출액이 감소하면 영업이익도 빠르게 감소함을 의미하므로 제조운영에서의 안정성을 확보하여 재정안정성을 구축할 것을 권고하는 것이 적절하다.

테마 18

생산능력

생산능력이란 작업자, 기계, 작업장, 공정, 공장 또는 조직이 단위 시간당 산출물을 생산할 수 있는 능력을 말한다.

1 생산능력(Capacity)의 개념

1. 생산능력의 정의

(1) 생산능력은 정상적인 조건에서 주어진 기간 동안 어떤 프로세스의 최대 산출량을 의미한다.

(2) 일반적으로 생산능력은 프로세스를 기준으로 하며, 전체 공장의 생산능력은 생산능력이 가장 작은 프로세스에 의해 결정된다.

2. 생산능력과 수요와의 관계

(1) 공급과잉 : 생산능력 > 실제수요
설비투자비를 회수하기 어려워지며, 과도한 생산은 업체간 출혈경쟁을 유발하게 된다.

(2) 공급부족 : 생산능력 < 실제수요
공급이 부족하여 판매기회를 놓칠 수 있으며, 장기화되면 후발업체로 고착화될 수 있다.

2 생산능력의 분류

1. 생산능력의 종류

(1) 설계생산능력(Design Capacity, 설계능력)
① 현재의 제품설계, 제품혼합, 생산정책, 인력, 시설 및 장비를 가지고 공정에서 일정 기간 동안에 가능한 최대 생산량이다.
② 제품 설계 시에 고안된 최적의 생산능력으로 이상적인 조건하에서 일정 기간 달성할 수 있는 최대 생산량이다.

(2) 유효생산능력(Effective Capacity, 유효능력) : 주어진 여건(제품혼합, 기계보전, 점심시간, 휴식시간, 일정계획의 어려움, 품질요소 등) 하에서 일정 기간 동안에 가능한 최대 생산량을 의미한다. 즉 정상적으로 작업할 경우 달성할 수 있는 최대 생산량이다.

(3) 실제생산능력(Actual Capacity, 실제능력) : 일정 기간 동안 실제로 달성한 생산량을 의미하고 생산시스템의 고장, 재료 부족 등이 고려되어 실제로 달성한 생산량으로, 보통 장비고장, 결근, 원자재 부족, 품질문제 등 기타 생산운영관리자가 통제할 수 없는 요인들 때문에 유효생산능력보다 더 낮아진다.

2. 생산능력의 관계

피할 수 없는 손실과 피할 수 있는 손실
- 피할 수 없는 손실 : 설비의 보수유지, 신상품연구개발, 수요변동대응, 생산계획변경으로 인해 발생하는 손실
- 피할 수 있는 손실 : 고장이나 작업자 실수 등으로 인한 생산능력 손실

(1) 생산능력은 '설계생산능력 > 유효생산능력 > 실제산출량'의 관계가 성립한다.

(2) 실제산출량 = 설계생산능력 − 총손실
= 설계생산능력 − (피할 수 없는 손실 + 피할 수 있는 손실)
= (설계생산능력 − 피할 수 없는 손실) − 피할 수 있는 손실
= 유효생산능력 − 피할 수 있는 손실

3. 유효능력결정요소

(1) 시설(Facilities) 요인
- 시설의 규모와 확장을 위한 대비를 포함한 시설의 설계
- 시설내의 난방, 조명, 환기와 같은 환경요인
- 입지요인
- 작업장의 배치

(2) 제품과 서비스 요인(Product and Service Factors)
- 제품과 서비스 설계 : 제품들이 균일할수록 원자재와 처리방법의 표준화 기회가 높아져서 생산능력이 커질 가능성이 높다.
- 제품이나 서비스 믹스

(3) 프로세스 요인(Process Factors)
- (생산)프로세스의 양적 능력
- 산출의 품질 : 품질이 기준에 못미치면 검사와 재작업이 증가하여 산출이 느려진다(단위시간당 산출감소).

(4) 인적 요인(Human Factors) : 직무내용, 직무설계, 훈련과 경험, 동기유발, 보상, 학습률, 결근 및 퇴직률

(5) 정책 요인(Policy Factors) : 연장근무와 3교대 근무 등 생산능력 대안의 허용 여부와 같은 경영정책

(6) 운영요인(Operational Factors) : 일정계획, 자재관리, 품질보증, 보전정책, 장비고장

(7) 공급사슬요인(Supply Chain Factors) : 생산능력이 변화될 경우 공급사슬요인도 반드시 생산능력 계획에 반영해야 한다.

(8) 외부요인(External Factors) : 제품표준, 안전규제, 노동조합, 공해관리기준

3 생산능력측정 지표

1. 가동률(Utilization)

(1) 가동률(이용률)$=\frac{\text{실제생산능력}}{\text{설계생산능력}}\times 100\%$

(2) 높은 가동률은 구축된 설비 · 인력 · 자원이 효율적으로 활용됨을 의미한다.

2. 효율성(Efficiency)

(1) 효율성$=\frac{\text{실제생산능력}}{\text{유효생산능력}}\times 100\%$

(2) 실제 생산현장에서는 가동률 대신 효율성을 더 중시하며, 유효생산능력은 목표산출량이라고 할 수 있다.

(3) 유효생산능력=설계능력(이론적 생산능력)−피할 수 없는 생산능력 손실

팁 생산능력측정의 기준
1. 제조업은 상품표준화 정도가 높으므로 '산출물' 기준으로 측정하며, 현재의 설비를 이용하여 만들어낼 수 있는 산출물의 양을 생산능력으로 인식한다.
2. 서비스업은 제공되는 서비스가 이질적이므로(표준화 정도가 낮으므로) '투입물' 기준으로 측정한다.

대표기출유형

다음 생산능력의 분류에서 그 생산량이 작은 것부터 순서대로 연결한 것은?

① 실제생산량－설계능력－유효능력　② 설계능력－실제생산량－유효능력
③ 유효능력－설계능력－실제생산량　④ 실제생산량－유효능력－설계능력

정답 ④

해설 실제생산량(일정기간 실제로 달성한 생산량)－유효능력(주어진 여건에서 일정기간 달성할 수 있는 최대 생산량)－설계능력(이상적인 조건에서 일정기간 달성할 수 있는 최대 생산량)의 순서이다.

테마 19

인적자원관리

④ 인적자원관리의 개념
- 경영관리자들이 조직목표의 달성에 필요한 종업원을 선발하고 육성하여 그들이 조직을 위하여 자발적으로 최선을 다해 일하도록 만드는 것이다.
- 대상과 주체는 인간과 인간 상호작용의 관계에 관심을 기울이며 자발성과 자율성이 강조되는 활동이다.

1 유형별 인적자원관리(HRM ; Human Resourse Management)

구분	방어형	혁신형	분석형
제품/시장전략	• 소수의 안정된 제품계열 • 규모의 경제에 의한 비용효율성 • 시장침투	• 다수의 변동적 계획계열 • 제품혁신과 시장에 대한 즉각적 반응 • 신시장에 최초 진입	• 안정적, 변동적 제품 계열 • 공정변화와 계획적 혁신 • 개선된 제품으로 시장에 후발진입
연구개발	공정기술과 제품개선	• 제품설계 • 시장조사	제품 및 공정변화
생산	• 대량생산 • 저가의 전용장비와 공정	유연한 장비와 프로세서	저가생산으로 전환하기 위한 프로젝트
조직구조	기능식 조직	사업부 조직	프로젝트, 매트릭스 조직
통제과정	• 중앙집권적 통제 • 계획에 의한 통제	• 분권과 • 결과에 의한 통제	• 안정적 단위는 계획에 의한 통제 • 프로젝트는 결과에 의한 통제
인적자원 관리활동 계획과정	계획 → 실행 → 평가	실행 → 평가 → 계획	평가 → 실행 → 계획
기본역할	유지	혁신	조정
인력계획	공식적이고 철저함.	비공식적이고 제한적임.	공식적이고 철저함.
충원, 선발, 배치	육성	영입	육성 및 영입
훈련 및 개발	기능형성	기능 확인과 적용	기능형성과 적용
보상	• 내적공정성 • 기본급 비중 큼.	• 외적경쟁성 • 성과급 비중 큼.	내적공정성과 외적경쟁성
인사고과	• 과정지향, 개발에 초점 • 개인 및 부서평가 • 단기적 결과 중시	• 결과지향, 외부충원에 초점 • 기업 및 부서평가 • 장기적 결과 중시	• 과정지향 • 개발 및 충원에 초점 • 개인 · 부서 · 조직평가

2 조직의 라이프사이클에 따른 인적자원관리

구분	도입기	성장기	성숙기	쇠퇴기
중심가치 (지배가치)	기업가 정신	영업	경쟁력	비용통제
고용	우수인력 및 전문가 영입	적절한 양적·질적 공급, 경영자승계계획, 급속히 성장하는 내부노동시장관리	이직 장려, 배치전환 장려	인력 감축의 계획과 실행, 종업원 배치전환
평가 (인사고과)	사업계획 달성도 기준	시장점유율 등 성장성 기준	효율성 및 이윤 기준	원가절감 기준
보상	고임금 또는 경쟁적 임금 수준으로 인력 유인, 주식배분	대외경쟁력 유지, 대내공정성 확립, 공식적 임금구조 확립	비용통제	엄격한 비용통제
개발관리	미래의 기능요건 확인과 경력경로 설정	경영자 개발을 통한 효과적인 경영, 팀 개발, 조직개발	고령인력의 기능과 유연성 유지	재훈련 실시와 경력상담
노사관계	노사관계의 기본철학 정립과 조직계획	산업평화의 유지와 종업원 동기부여 및 사기의 유지	노무비 통제와 산업평화의 달성, 생산성 개선	작업규칙의 유연성 확보, 직무안전과 고용조정정책의 협상

파트1 경영학
파트2 경제학
파트3 법학
파트4 행정학
파트5 공기업 기출문제

대표기출유형

조직의 라이프사이클상의 각 단계와 인적자원관리 활동의 관계에 있어서 이직장려를 통해 일시해고를 기피함과 동시에 배치전환을 장려할 수 있는 방안을 설정해야 하는 고용정책이 적합한 시기는 언제인가?

① 도입기　② 성장기　③ 성숙기
④ 쇠퇴기　⑤ 폐쇄기

정답 ③

해설 성숙기는 이미 인재가 확보된 상태로서 이직관리와 내부 배치전환 장려가 중요시된다.

테마 20

회계원칙과 기업회계기준의 제정

일반적으로 인정된 회계원칙이란 기업에 영향을 미치는 경제적 사건을 재무제표 등에 보고하는 방법으로 대다수 사람들에 의해 광범위하게 받아들여지고, 권위 있는 전문가의 합의에 의해 정립된 기준으로 회계기준이라고도 한다.

1 일반적으로 인정된 회계원칙

1. 의의

일반적으로 인정된 회계원칙(GAAP ; Generally Accepted Accounting Principles)은 회계 실무를 이끌어가는 지도 원리이며, 감사인의 회계 감사에 있어서도 지침이 된다. 또한 일반적인 타당성을 지니고 있고 기업을 둘러싼 이해관계자 집단의 이해를 조정하는 성격도 지니고 있다.

2. 연혁

(1) 2011년부터는 기업 활동이 국제화되고 자본 시장의 세계화 추세에 따라 전 세계적으로 단일 기준, 즉 국제회계기준(IFRS)이 전 세계적 회계표준으로 자리를 잡아가고 있다.

(2) 우리나라는 강제적으로 상장 기업은 한국채택국제회계기준(K-IFRS)을 따라야 하며 비상장 기업은 일반회계기준(K-GAAP)을 따를 수 있도록 이원화하였다. 한국채택국제회계기준(K-IFRS)은 국제회계기준을 한국어로 번역한 것이기 때문에 국제회계기준을 그대로 따르고 있다.

2 기업회계기준

과거에 가장 기본이 되었던 회계 원칙으로 「주식회사의 외부 감사에 관한 법률」을 근거로 증권선물위원회의 심의를 금융감독위원회가 제정, 공표하였던 회계처리기준이다. 따라서 과거 공기관인 금융감독위원회가 담당한 내용이다.

3 기업회계기준서

1. 2000년 7월 이후부터는 한국회계기준원에서는 종전의 법조문 형식의 기업 회계 기준을 항목별로 세부 사항을 자세하게 설명하는 별도 기준서 형식으로 변경해서 제정해 갔다.
2. 한국회계기준원은 우리나라의 기업 회계 기준을 국제적 수준으로 개선하기 위하여 수익 인식, 유 · 무형 자산, 유가 증권, 재고 자산 등에 관한 회계 처리를 규정하는 기준서를 제정, 공표하였다.

4 한국채택국제회계기준서(K-IFRS)

1. 한국회계기준원 회계기준위원회는 국제회계기준위원회가 국제회계기준 제32조(IAS 32) '금융상품 표시'와 국제회계기준 제1호(AS 1) '재무제표 표시'를 개정함에 따라 이 기준서를 개정하기로 결정하였다.

2. 한국채택국제회계기준

한국회계기준원 회계기준위원회가 국제회계기준을 근거로 제정한 회계기준으로 다음과 같이 구성하였다.

- 기업회계기준서 : 총 38개의 기준서
- 기업회계기준 해석서 : 총 26개 해석서

참고

국제회계기준(IFRS ; International Financial Reporting Standards)

IFRS는 영국 등 유럽 국가들이 사용 중인 회계기준법으로, 기업의 회계 처리와 재무제표에 대한 국제적 통일성을 높이기 위해 IASB(International Accounting Standards Board ; 국제회계기준위원회)가 제정한 국제회계기준서(Standards) 및 국제회계기준서해석서(Interpretations)를 통칭한다.

IFRS의 가장 특징 중 하나는 기업의 주 재무제표가 연결재무제표를 기준으로 삼는다는 점이다. 이에 따라 연결기준으로 실적과 자산가치가 나타나므로 계열사의 실적이 관계회사의 실적에도 영향을 미치게 된다.

대표기출유형

다음 글에서 설명하는 것은?

이것은 각 국가별 기업 회계처리 및 재무제표의 통일성을 높이기 위해 제정한 국제회계기준이다. 우리나라는 연결재무제표를 주 재무제표로 하는 이 기준을 도입하고 있다. 2020년부터 보험사의 부채를 시가로 평가하는 개정안 시행을 앞두고 보험사들의 부채관리와 자본 확충이 시급하다는 논란이 제기되고 있다.

① FRS ② GAAP
③ IASB ④ IFRS

정답 ④

해설 IFRS(International Financial Reporting Standards)는 기업의 회계 처리와 재무제표에 대한 국제적 통일성을 높이기 위해 국제회계기준위원회에서 마련해 공표하는 회계기준이다.

오답풀이

① FRS(Federal Reserve System)는 미국의 중앙은행제도로 1913년 연방준비법에 의하여 설립되었다.
② GAAP(Generally Accepted Accounting Principles)는 재무제표의 작성에 있어 기준이 되는 지침 · 규칙이다.
③ IASB(International Accounting Standards Board)는 국제회계기준위원회(IASB)는 국제적인 재무회계기준을 제정할 목적으로 각국의 회계전문단체들이 1973년 영국 런던에 설립한 국제회계 기준위원회이다.

테마 21

회계변경과 오류수정

1 회계변경

1. 회계변경의 의의

(1) 기업이 지금까지 사용해 오던 회계 처리 방법을 변경하는 것을 말한다.

(2) 회계변경을 하는 근본적인 이유는 기업의 경제환경이 계속적으로 변화하기 때문에 이에 맞추어 이해관계자의 의사 결정에 필요한 정보의 유용성을 증대시키기 위해서이다.

2. 회계변경의 유형

(1) 회계원칙(정책)의 변경 : 지금까지 사용해오던 일반적으로 인정된 회계원칙에서 다른 일반적으로 인정된 회계원칙으로 변경하는 것이다.

① 재고자산평가방법을 선입선출법에서 후입선출법으로 바꾸는 경우

② 감가상각방법을 정액법에서 정률법으로 바꾸는 경우

③ 장기공사의 수익인식에 있어서 완성기준으로부터 공사진행기준으로 바꾸는 경우

④ 유가증권 취득단가의 산정방법을 바꾸는 경우

(2) 회계추정의 변경 : 지금까지 사용해오던 회계추정치를 변경하는 것이다.

① 매출채권의 대손추정률을 바꾸는 경우

② 유형자산의 내용연수와 잔존가치를 바꾸는 경우

③ 무형자산의 상각기간을 바꾸는 경우

④ 천연자원의 추정매장량을 바꾸는 경우

(3) 보고실체의 변경 : 재무제표를 작성하는 회계 주체가 변경되는 것이다.

① 개별 재무제표를 작성하던 회사가 연결재무제표 작성으로 바꾸는 경우

② 연결재무제표를 작성하는 회사가 변동이 생기는 경우

③ 회사 간에 합병이 발생하는 경우

3. 회계변경의 회계처리

(1) 소급법

① 새로운 회계처리방법을 적용하여 누적효과액을 계산하고 이를 전기손익 수정항목으로 하여 이익잉여금에 가감한 후 재무제표를 재작성하는 방법이다.

② 회계변경의 누적효과란 회계변경연도 이전의 기간에 새로운 회계처리방법을 처음부터 적용한 경우 변경 전과 변경 후의 순이익 차이를 말한다.

(2) 당기일괄처리법 : 당기일괄법은 기초시점에서 새로운 회계처리방법의 적용으로 인한 누적효과를 계산하여 이를 당기의 손익에 반영시키는 방법이다. 과거의 재무제표는 수정하지 않으며 누적효과를 특별항목 등으로 당기의 손익계산서에 보고한다.

(3) 전진법(미래적 처리법) : 새로운 회계처리방법의 적용으로 인한 효과를 당기와 당기 이후의 기간에 반영한다.

2 오류수정

1. 회계오류의 유형

(1) 자동조정적 오류(상계적 오류) : 두 회계기간을 통하여 오류의 효과가 자동적으로 조정되는 오류로, 재고자산, 미지급비용, 선급비용, 미수수익, 선수수익 등 경과계정의 과소, 과대평가가 여기에 해당한다.

(2) 비자동조정적 오류(영구적 오류) : 두 회계기간의 경과만으로 자동적으로 조정되지 않는 오류로 감가상각비의 과소 · 과대계상, 자본적 지출과 수익적 지출의 분류 잘못 등이 여기에 해당한다.

2. 오류수정의 회계처리

(1) 원칙 : 전기오류로 인한 특정기간에 미치는 영향이나 오류의 누적효과를 실무적으로 결정할 수 있다면 재무제표를 소급재작성하여 전기오류를 수정하며, 비교표시되는 모든 과거기간의 재무정보를 재작성한다.

(2) 예외 : 전기오류의 영향을 실무적으로 결정할 수 없는 경우에는 실무적으로 적용할 수 있는 가장 이른 회계기간부터 전진적으로 오류를 수정하며, 수정시점 이전 기간의 비교목적 전기재무제표는 수정할 필요가 없다.

회계오류와 오류수정
회계기준 적용의 오류, 회계추정의 오류, 계산상의 오류, 사실의 누락, 사실의 오용 등으로 인하여 재무제표가 잘못 작성되는 것을 회계상의 오류라고 하고, 재무제표에 포함된 회계상의 오류를 당기에 발견하여 수정하는 것을 오류의 수정이라 한다.

대표기출유형

회계변경에 있어서 회계변경연도 이전 기간에 대하여 변경 이후의 방법으로 회계처리 했을 경우와 변경 이전의 방법으로 회계처리 했을 경우 순이익에 미치는 영향의 차액이 발생하는 것을 무엇이라 하는가?

① 회계변경의 누적효과
② 회계변경의 추정효과
③ 회계변경의 기준효과
④ 회계변경의 추가효과
⑤ 회계변경의 원가효과

정답 ①

해설 회계변경이 있으면 비용이나 수익에 미치는 효과를 통하여 이익에 영향을 미치고 이익에 미치는 영향은 그와 관련되는 자산 또는 부채에 대한 영향을 수반한다. 회계변경의 누적효과는 이처럼 회계변경이 자산 또는 부채에 미치는 효과를 말한다.

테마 22

자본변동표와 현금흐름표

> 자본변동표는 한 회계 기간 동안 발생한 소유주지분인 자본의 변동을 표시한다. 따라서 자본변동표는 자본을 구성하고 있는 자본금, 자본잉여금, 자본조정, 기타 포괄손익누계액, 이익잉여금(결손금) 각각의 변동을 나타낸다.

> 자본변동표의 유용성
> 1. 자본의 변동내용에 대한 포괄적인 정보 제공
> 2. 재무제표 간 연계성 제고 및 재무제표의 이해 가능성 증진
> 3. 포괄적인 경영성과에 대한 정보 제공

1 자본변동표

1. 자본변동표의 개념

자본은 주주들과의 거래로 인하여 변화하거나 영업활동에 따라 발생하는 손익에 의해 변화한다. 자본변동표는 일정 기간 동안 재무상태표상 자본의 변동에 관한 자세한 내용을 나타내는 재무보고서이다.

2. 자본변동표의 구성항목

(1) 자본금 : 자본금 변동은 기중에 유상증자(감자), 무상증자(감자)와 주식배당 등이 있을 경우에 발생한다. 만약 기업이 우선주를 발행하였다면 보통주자본금과 우선주자본금을 구분하여 표시하여야 한다.

(2) 자본잉여금 : 자본잉여금은 유 · 무상증자 또는 결손금의 처리 등에 의하여 발생한다. 구체적으로는 주식발행초과금, 감자차익, 기타자본잉여금의 변동이 있다.

(3) 이익잉여금 : 자본변동표상의 이익잉여금은 이익잉여금 전체의 변동에 관한 내용을 표시해 준다.

(4) 자본조정의 변동 : 자본조정 항목은 자기주식, 주식할인발행차금 등이 있다.

(5) 기타 포괄손익누계액의 변동 : 포괄손익이란 일정 기간 동안 주주와의 자본거래를 제외한 모든 거래나 사건에서 인식한 자본의 변동을 말하는 것으로 매도가능증권평가손익, 해외사업환산손익 등이 있다.

> 현금흐름표의 유용성
> 1. 미래 현금흐름의 예측과 평가에 유용한 정보를 제공한다.
> 2. 배당지급능력 · 부채상환능력과 자금조달의 필요성에 대한 정보를 제공한다.
> 3. 투자 및 재무활동에 대한 정보를 제공한다.
> 4. 당기순이익에 대한 보완 정보를 제공한다.

2 현금흐름표

1. 현금흐름표의 개념

(1) 현금흐름표는 기업의 현금흐름을 나타내는 표로, 현금의 변동내용을 명확하게 보고하기 위하여 당해 회계기간에 속하는 현금의 유입과 유출 내용을 적정하게 표시하여야 한다.

(2) 여기에서 현금이라 함은 현금 및 현금등가물(통화 및 통화대용증권, 당좌예금 · 보통예금과 같은 요구불예금)이다.

2. 현금흐름표의 구분

(1) 영업활동으로 인한 현금흐름 : 일반적으로 제품의 생산과 상품 및 용역의 구매 · 판매활동을 말하며 투자활동과 재무활동에 속하지 않는 거래를 말한다.

현금유입	현금유출
제품 등의 판매(매출채권 회수포함), 이자수익과 배당금수익	원재료 · 상품 등의 구입(매입채무의 결제), 공급자와 종업원에 대한 지출, 법인세 및 이자의 지급

(2) 투자활동으로 인한 현금흐름 : 현금의 대여와 회수, 유가증권 · 투자자산 · 유형자산 및 무형자산의 취득과 처분과 같이 영업활동과 관련이 없는 자산의 증가 · 감소 거래를 말한다.

현금유입	현금유출
대여금의 회수, 금융상품(유가증권 · 투자자산)의 처분, 유형자산의 처분	대여금(현금)의 대여, 금융상품(유가증권 · 투자자산)의 취득, 유형자산의 취득

(3) 재무활동으로 인한 현금흐름 : 현금의 차입 및 상환활동, 신주발행이나 배당금의 지급활동 등과 같이 부채 및 자본계정에 영향을 미치는 거래로 영업활동과 관련이 없는 부채 및 자본의 증가 · 감소 거래를 말한다.

현금유입	현금유출
현금(단기 · 장기차입금)의 차입, 어음 · 사채의 발행, 주식의 발행, 자기주식의 매각	차입금의 상환, 배당금의 지급, 유상감자 및 자기주식의 취득

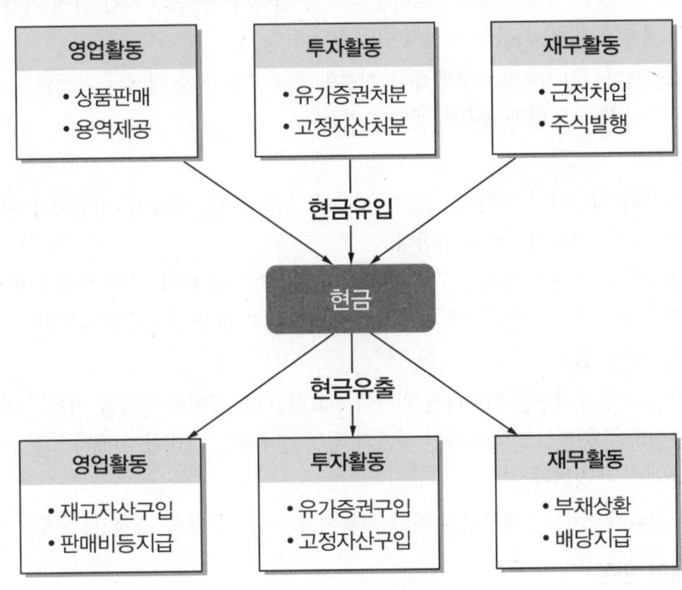

대표기출유형

다음 중 현금흐름표에서 현금유입에 해당하지 않는 것은?

① 배당금 수익　② 상품의 구입　③ 대여금 회수
④ 금융상품의 처분　⑤ 사채의 발행

정답 ②

해설 상품의 구입은 현금유출에 해당한다.

테마 23

충당부채와 우발부채

> **부채**
> 과거사건에 의해 발생하였으며 경제적 효익이 유출됨으로써 이행될 것으로 기대되는 현재의무이다.

> **충당부채**
> 지출하는 시기 또는 금액이 불확실한 부채

1 충당부채

1. 충당부채의 인식요건

(1) 충당부채는 다음의 요건을 모두 충족하는 경우에 인식한다.

① 과거사건의 결과로 현재의무가 존재한다.

② 해당 의무를 이행하기 위하여 경제적 효익이 있는 자원을 유출할 가능성이 높다.

③ 해당 의무를 이행하기 위하여 필요한 금액을 신뢰성 있게 추정할 수 있다.

(2) 현재의무의 존재 여부가 불분명한 경우에는 사용할 수 있는 모든 증거를 고려하여 보고기간 말에 현재의무가 존재할 가능성이 존재하지 않을 가능성보다 높은 경우에는 과거사건이 현재의무를 생기게 한 것으로 본다.

2. 충당부채의 측정

(1) 최선의 추정치 : 충당부채로 인식하는 금액은 현재의무를 보고기간 말에 이행하기 위하여 필요한 지출에 대한 최선의 추정치여야 한다.

(2) 위험과 불확실성 : 충당부채에 대한 최선의 추정치를 구할 때에는 관련된 사건과 상황에 따르는 불가피한 위험과 불확실성을 고려한다.

(3) 현재가치

① 화폐의 시간가치 영향이 중요한 경우에 충당부채는 의무를 이행하기 위하여 예상되는 지출액의 현재가치로 평가한다.

② 할인율은 부채의 특유한 위험과 화폐의 시간가치에 대한 현행 시장의 평가를 반영한 세전 이율이다. 이 할인율에 반영되는 위험에는 미래 현금흐름을 추정할 때 고려한 위험은 반영하지 않는다.

(4) 미래사건 : 현재의무를 이행하기 위하여 필요한 지출 금액에 영향을 미치는 미래사건이 일어날 것이라는 충분하고 객관적인 증거가 있는 경우에는 그러한 미래사건을 감안하여 충당부채 금액을 추정한다.

(5) 예상되는 자산처분 : 예상되는 자산 처분이익은 충당부채를 측정하는 데 고려하지 않는다.

3. 충당부채의 변동

보고기간 말마다 충당부채의 잔액을 검토하고, 보고기간 말 현재 최선의 추정치를 반영하여 조정한다. 의무의 이행을 위하여 경제적 효익이 있는 자원을 유출할 가능성이 높지 않게 된 경우에는 관련 충당부채를 환입한다.

4. 충당부채의 사용

충당부채는 최초 인식과 관련 있는 지출에만 사용한다.

5. 인식기준과 측정기준의 적용

(1) 미래의 예상 영업손실은 충당부채로 인식하지 아니한다.

(2) 손실부담계약을 체결하고 있는 경우에는 관련된 현재의무를 충당부채로 인식하고 측정한다.

(3) 기업이 매각의 이행을 확약하기 전까지, 즉 구속력 있는 매각계약을 체결할 때까지는 사업매각과 관련된 의무가 생기지 않는다.

(4) 구조조정충당부채로 인식할 수 있는 지출은 구조조정에서 생기는 직접비용만 포함하고 다음의 요건을 모두 충족하여야 한다.

① 구조조정 때문에 반드시 생기는 지출

② 기업의 계속적인 활동과 관련 없는 지출

2 우발부채

1. 의의

(1) 과거사건으로 생겼으나 기업이 전적으로 통제할 수는 없는 하나 이상의 불확실한 미래 사건의 발생 여부로만 그 존재 유무를 확인할 수 있는 잠재적 의무이다.

(2) 과거사건으로 생겼으나 다음의 경우에 해당하여 인식하지 않는 현재의무이다.

① 해당 의무를 이행하기 위하여 경제적 효익이 있는 자원을 유출할 가능성이 높지 않은 경우

② 해당 의무의 이행에 필요한 금액을 신뢰성 있게 측정할 수 없는 경우

2. 우발부채를 부채로 인식하지 않는 이유

(1) 기업이 경제적 효익이 있는 자원을 유출할 현재의무를 가지고 있는지가 아직 확인되지 않은 잠재적 의무이다.

(2) 현재의무이지만 이를 이행하기 위하여 경제적 효익이 있는 자원을 유출할 가능성이 높지 않거나 해당 금액을 신뢰성 있게 추정할 수 없으므로 이 기준서의 인식기준을 충족하지 못한다.

파트1 경영학
파트2 경제학
파트3 법학
파트4 행정학
파트5 공기업 기출문제

대표기출유형

재무상태표상 충당부채를 부채로 인식하기 위한 이론적 배경과 가장 관련이 없는 것은?

① 신뢰성과 검증가능성 있는 회계정보의 제공 목적

② 과거 사건의 결과로 존재하는 현재의 의무

③ 높은 자원의 유출가능성

④ 수익-비용 대응의 원칙

⑤ 금액에 대한 신뢰성 있는 추정

정답 ①

해설 충당부채는 결제에 필요한 미래 지출의 시기 또는 금액에 불확실성이 있다는 점에서 매입채무와 미지급비용과 같은 그 밖의 부채와 구별된다.

오답풀이

④ 수익과 비용은 그 발생원천에 따라 명확하게 분류하고 각 수익항목과 이에 관련되는 비용항목을 대응표시하여야 하는데 이를 '수익-비용 대응의 원칙'이라 한다. 충당부채의 계상은 수익－비용 대응원칙에 의하여 인식한다.

테마 24 자산손상

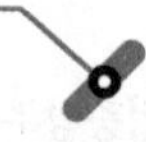

> 자산손상에서의 '자산'
> 자산손상에서 '자산'은 재고자산, 고객과의 계약에서 생기는 수익에 따라 인식하는 계약자산과 계약을 체결하거나 이행하기 위해 든 원가에서 생기는 자산, 이연법인세자산, 종업원급여에서 생기는 자산, 금융자산 등을 제외한 모든 자산의 손상에 관한 회계처리를 대상으로 한다.

1 자산손상

1. **정의** : 자산손상은 장부금액이 자산을 매각하거나 사용하여 회수될 금액을 초과하여 장부금액이 회수가능액보다 더 많은 금액으로 표기된 것을 의미한다.

2. **자산손상의 징후**

(1) 회계기간 중에 자산의 가치가 시간의 경과나 정상적인 사용에 따라 하락할 것으로 예상되는 수준보다 유의적으로 더 하락하였다는 관측 가능한 징후가 있다.

(2) 기업이 영업하는 기술 · 시장 · 경제 · 법률 환경이나 해당 자산을 사용하여 재화나 용역을 공급하는 시장에서 기업에 불리한 영향을 미치는 유의적 변화가 회계기간 중에 일어났거나 가까운 미래에 일어날 것으로 예상된다.

(3) 시장이자율이 회계기간 중에 상승하여 자산의 사용가치를 계산할 때 사용하는 할인율에 영향을 미쳐 자산의 회수가능액이 중요하게 감소할 가능성이 높다.

(4) 기업의 순자산 장부금액이 기업의 시가총액보다 많다.

(5) 자산이 진부화하거나 물리적으로 손상된 증거를 얻을 수 있다.

(6) 자산의 사용 범위나 사용 방법에서 기업에 불리한 영향을 미치는 자산의 유휴화, 영업부문의 중단 혹은 구조조정계획, 예상 시점보다 앞서 자산을 처분할 계획, 비한정 내용연수를 유한 내용연수로 재평가하는 등의 유의적 변화가 회계기간 중에 일어났거나 가까운 미래에 일어날 것으로 예상된다.

(7) 자산의 경제적 성과가 예상 수준에 미치지 못하거나 못할 것으로 예상되는 증거를 내부보고에서 얻을 수 있다.

2 개별 자산의 손상검토와 손상차손 인식

1. 보고기간 말마다 자산손상의 징후를 검토, 징후가 있다면 해당 자산의 회수가능액을 추정한다.
2. 다음의 경우 자산손상 징후가 있는지에 관계없이 회수가능액을 추정하고 손상검사를 하여야 한다.

(1) 내용연수가 비한정인 무형자산이나 아직 사용할 수 없는 무형자산은 일 년에 한 번은 손상검사를 한다. 손상검사를 매년 같은 시기에 수행한다면 연차 회계기간 중 어느 때에라도 할 수 있다. 서로 다른 무형자산은 각기 다른 시점에 손상검사를 할 수 있다. 다만 해당 회계연도 중에 이러한 무형자산을 처음 인식한 경우에는 해당 회계연도 말 전에 손상검사를 한다.

(2) 사업결합으로 취득한 영업권은 일 년에 한번은 손상검사를 한다.

3. 자산손상의 징후가 있는지를 검토할 때는 외부정보원천와 내부정보원천을 고려한다.
4. 자산의 회수가능액이 장부금액에 못 미치는 경우에 자산의 장부금액을 회수가능액으로 감액한다. 해당 감소금액은 손상차손이다.

3 현금창출단위 손상검토

1. 자산손상 징후가 있다면 개별 자산별로 회수가능액을 추정한다. 개별 자산의 회수가능액을 추정할 수 없다면 그 자산이 속하는 현금창출단위의 회수가능액을 산정한다.
2. 현금창출단위의 장부금액은 현금창출단위의 회수가능액을 산정하는 방법과 일관된 기준으로 산정한다.

4 손상차손의 인식과 측정

1. 손상차손은 곧바로 당기손익으로 인식한다. 다만 자산이 다른 한국채택국제회계기준서에 따라 재평가금액을 장부금액으로 하는 경우에는 재평가자산의 손상차손은 그 다른 한국채택국제회계기준서에 따라 재평가감소액으로 처리한다.
2. 재평가되지 않는 자산의 손상차손은 당기손익으로 인식한다. 그러나 재평가자산의 손상차손은 해당 자산에서 생긴 재평가잉여금에 해당하는 금액까지는 기타포괄손익으로 인식한다.

5 영업권 손상검사

1. 손상검사 목적상 사업결합으로 취득한 영업권은 취득한 날부터 사업결합의 시너지 효과에서 혜택을 받게 될 것으로 예상되는 각 현금창출단위나 현금창출 단위집단에 배분한다.
   (1) 내부관리 목적상 영업권을 관찰하는 기업 내 최저 수준이어야 한다.
   (2) 통합 전 영업부문보다 크지 않아야 한다.
2. 영업권이 관련되어 있지만 영업권을 배분하지는 않은 현금창출단위는 손상 징후가 있을 때마다 영업권을 제외한 현금창출단위의 장부금액을 회수가능액과 비교하여 손상검사를 한다.

현금창출 단위 손상차손 배분의 경우
현금창출 단위(영업권이나 공동 자산이 배분된 최소 현금창출 단위집단)의 회수가능액이 장부금액에 못 미치는 경우에는 손상차손을 인식한다.

대표기출유형

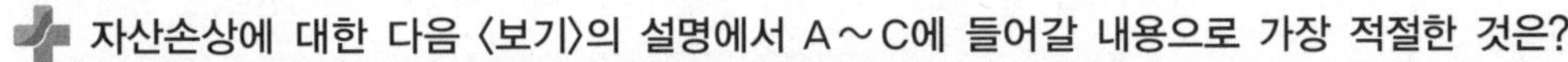

자산손상에 대한 다음 〈보기〉의 설명에서 A ~ C에 들어갈 내용으로 가장 적절한 것은?

보기

- 자산손상을 인식할 때 가능한 한 개별자산별로 (A)을 추정하며, 현금 흐름이 개별자산별로 창출되지 않는다면 당해 자산이 속해 있는 현금 창출단위별로 (A)을 측정해야 한다.
- 내용연수가 비한정인 (B)은 자산손상을 시사하는 징후가 없어도 반드시 매년 자산손상을 검토해야 한다.
- 재평가되지 않는 자산의 손상차손은 당기손익으로 인식한다. 그러나 재평가자산의 손상차손은 해당 자산에서 생긴 (C)에 해당하는 금액까지는 기타포괄손익으로 인식한다.

	A	B	C
①	회수가능액	유형자산	재평가잉여금
②	인식가능액	무형자산	이익잉여금
③	회수가능액	무형자산	이익잉여금
④	인식가능액	유형자산	이익잉여금
⑤	회수가능액	무형자산	재평가잉여금

정답 ⑤

해설
- A : 자산손상 징후가 있다면 개별 자산별로 회수가능액을 추정한다. 개별 자산의 회수가능액을 추정할 수 없다면 그 자산이 속하는 현금창출단위(자산의 현금창출단위)의 회수가능액을 산정한다.
- B : 내용연수가 비한정인 무형자산이나 아직 사용할 수 없는 무형자산은 자산손상 징후가 있는지에 관계없이 일 년에 한 번은 손상검사를 한다.
- C : 재평가되지 않는 자산의 손상차손은 당기손익으로 인식한다. 그러나 재평가자산의 손상차손은 해당 자산에서 생긴 재평가잉여금에 해당하는 금액까지는 기타포괄손익으로 인식한다.

테마 25

재고자산

■ 재고자산의 종류
1. 판매를 목적으로 소유하고 있는 자산 : 상품, 제품, 반제품
2. 판매를 목적으로 생산과정에 있는 자산 : 재공품, 반제품
3. 제품의 생산이나 서비스의 제공과정에서 직접 또는 간접적으로 투입될 자산 : 원재료, 저장품

1 재고자산의 의의

1. 재고자산의 정의

기업의 정상적인 영업활동 과정에서 판매를 목적으로 보유하거나 판매할 제품의 생산을 위하여 사용 또는 소비될 자산을 재고자산이라 한다.

2. 재고자산의 매입과 매출

(1) 취득원가

① 재고자산은 외부로부터 매입하는 상품, 원재료 등과 자가제조하는 제품, 재공품 등으로 구분할 수 있다.

구분	취득원가
외부매입	매입금액＋매입부대비용
자가제조	직접재료비＋직접노무비＋제조간접비

② 재고자산의 매입금액이란 총 매입가액에서 매입할인액, 매입에누리액 및 매입환출액을 차감한 순매입액을 말한다.

③ 매입부대비용이란 매입운임, 매입수수료, 하역비, 보험료 등으로 취득과 관련하여 발생하는 비용이며 취득원가에 가산한다. 매입부대비용을 판매자가 부담하는 경우라면 취득원가에 가산할 수 없고 판매자의 판매비와 관리비(비용)로 처리한다.

취득원가 = 매입가액 + 매입부대비용 − 매입환출 − 매입에누리 − 매입할인

(2) 순매입액의 계산

① 총매입액에서 매입환출, 매입에누리 및 매입할인을 차감하여 순매입액을 구한다.

② 매입에누리와 매입환출액 및 매입할인은 모두 매입액에서 차감하여야 하며, 차감한 잔액을 순매입액이라 한다.

구분	내용
매입환출	매입한 재고자산을 반품한 것
매입에누리	매입한 재고자산의 파손이나 하자를 이유로 값을 깎은 것
매입할인	재고자산의 구입 대금을 조기에 지급할 때 상대방이 깎아 준 것

순매입액(취득원가) = 매입가액 − 매입환출 − 매입에누리 − 매입할인

(3) 매출원가의 계산 : 상품은 도 · 소매업으로 완성된 상품을 구입하여 마진을 붙여 판매하는 것을 말하고 제품은 회사가 직접 원재료와 노무비 등 각종 제조간접비를 통해 제품을 완성하여 판매하는 것을 의미한다.

구분	매출원가
상품매출원가	기초상품재고액＋당기매입액−기말상품재고액−타계정대체액
제품매출원가	기초제품재고액＋당기제품제조원가−기말제품재고액−타계정대체액

(4) 매출총이익의 계산 : 매출총이익은 순매출액에서 매출원가를 차감하여 구한다. 순매출액은 일정 기간 동안 판매한 모든 상품의 판매가격인 총 매출액에서 매출에누리와 환입액 및 매출할인액을 차감하여 계산한다.

매출액(순매출액) = 매출액 − 매출에누리 − 매출환입 − 매출할인

2 재고자산의 수량(Q) 파악

매출원가 = 매출된 재고자산의 수량 × 단위당 가격
기말재고자산 = 기말재고수량 × 단위당 가격

1. 계속기록법(Perpetual Inventory System)

(1) 의의

① 재고자산의 입고 및 판매 시마다 계속적으로 금액과 수량을 장부(상품재고장)에 기록하여 기말 결산 시 장부상에서 기말재고수량과 금액을 직접 파악하는 방법이다.

② 수시로 재고자산의 금액과 매출원가를 파악할 수 있으며 재고실사법과 병행하면 장부상의 수량과 실제재고수량을 비교함으로써 재고부족의 유무를 알 수 있고 동시에 그 원인을 찾아낼 수 있다.

(2) 계산방법

기초상품 + 당기매입 − 매출원가 = 기말상품

(3) 특징

① 재고관리에 용이한 방법이다.

② 재고실사법과 함께 적용하면 감모손실 파악에 용이하다.

③ 회계업무량이 과다하고 감모손실을 파악하지 않으면 재고자산이 과대계상될 가능성이 있다.

2. 실지재고조사법(Periodic Inventory System)

(1) 의의

① 결산 시에 재고조사를 실시하여 기말재고수량을 파악한 후 이 수량에 재고자산의 단위당 원가를 곱하여 재고자산의 금액을 결정하는 방법이다.

② 회계기간 중에는 입고수량(매입수량)만을 기록할 뿐 회계기간 중의 출고수량(판매수량)에 관한 기록은 하지 않는다.

(2) 계산방법

기초상품 + 당기매입 − 기말상품 = 매출원가

(3) 특징

① 재고관리를 효과적으로 할 수 없고 감모손실 파악이 곤란하다.

② 회계업무량이 적은 방법이다.

재고자산		
기초	매출원가	
당기		
	기말	
합계	합계	

계속기록법 ↓ ↑ 실지재고조사법

3 기말재고자산의 단가(P) 결정

1. 재고자산의 원가흐름에 대한 가정

매입단가가 계속하여 변동하는 경우에 판매되는 재고자산의 원가를 어떻게 결정할 것인가를 가정한 것을 말한다.

2. 개별법(Specific Identification Method)

(1) 의의 : 상품을 매입할 때마다 금액을 개별적으로 식별해 두었다가 판매할 때 판매상품의 매입원가를 확인하여 그 가액을 출고단가로 하는 방법이다.

(2) 특징

① 실제수익에 실제원가를 개별적으로 대응시켜 원가흐름과 실제흐름이 일치하게 한다.

② 경영자가 매입상품을 임의로 선택, 판매하여 이익을 조작할 가능성이 있다.

③ 개별성이 강한 고가품(골동품 등)에 적용할 수 있다.

3. 선입선출법(FiFo ; First-in, First-out Method)

(1) 의의 : 매입한 순서대로 판매(출고)된다고 가정하는 방법이다.

(2) 특징

① 실제의 물량흐름에 따라 재고자산의 원가를 결정하며 개별법과 유사하나 재고자산을 개별적으로 식별하지 않는다는 점이 다르다.

② 물가가 상승하는 경우 현행수익에 과거원가가 대응되므로 순이익이 과대 계상되는 문제가 있다.

4. 가중평균법(Weighted Average Cost Method)

(1) 총평균법(Total Average Method)

① 의의 : 상품의 매입은 수량 · 단가 · 금액을 기입하고 인도와 잔액란은 수량만 기입한 후, 월말에 총 평균단가를 구하여 총 평균단가로 재고자산의 단가를 결정하는 방법이다.

② 단가계산식

$$총평균단가 = \frac{기초상품금액 + 당기순매입액}{기초상품수량 + 당시순매입수량}$$

③ 특징 : 일정 기간 상품의 출고단가가 균일하지만 기간 말이 되어야 단가계산이 가능하다는 문제점이 있다.

(2) 이동평균법(Moving Average Method)

① 의의 : 상품의 잔액란 단가와 매입단가가 다를 때마다 이동평균단가를 구하여 기말재고자산의 단가를 결정하는 방법이다.

② 단가계산식

$$\text{이동평균단가} = \frac{\text{전일재고액} + \text{당일매입액}}{\text{전일재고수량} + \text{당일매입수량}}$$

③ 특징 : 재고자산의 입고 시마다 평균단가가 신속하게 계산되고 객관적이며 이익조작의 여지가 없으나 평균단가의 계산과정이 복잡하다.

5. 후입선출법(LiFo ; Last-in, First-out)

(1) 의의 : 선입선출법과 반대로 나중에 매입 또는 생산된 재고항목이 먼저 판매되는 것으로 가정하여 재고자산의 출고단가를 계산하는 방법이다.

(2) 특징

① 물가가 상승하는 경우 현행수익에 현행원가가 대응되어 순이익을 적절히 계상할 수 있다.

② 계속기록법과 실지재고조사법을 적용 시 기말재고자산의 평가액이 달라진다.

③ 한국채택국제회계기준(K-IFRS)에서 적용하고 있지 않는 방법이다.

6. 각 방법의 비교

재고자산의 가격이 지속적으로 상승하는 인플레이션 시에 이익과 기말재고자산 금액의 크기는 선입선출법, 이동평균법, 총평균법, 후입선출법의 순서로 크고 매출원가는 반대로 후입선출법이 가장 크게 나타난다.

대표기출유형

다음 중 후입선출법의 단점으로 옳지 않은 것은?

① 기말 재고자산이 과거의 가격으로 기록되어 현행가치를 나타내지 못한다.

② 당기순이익이 적게 계상된다.

③ 실제물량흐름과 일치하지 않는 경우가 일반적이다.

④ 당기순이익이 과대표시되며, 대응원칙에 충실하지 못하다.

정답 ④

해설 후입선출법은 현행수익에 현행원가가 대응되기 때문에 대응원칙에 충실하고 가격정책에 관한 의사결정에 유용한 정보를 제공할 수 있다. 물가가 상승할수록 과거의 원가가 매출 수익에 대응되므로 당기순이익이 과대표시되는 것은 선입선출법의 단점이다.

테마 26

사채발행 시 회계처리

1 사채의 개념

1. 주식회사가 이사회의 결의에 따라 사채권을 발행하고, 일반 투자 대중으로부터 거액의 자금을 차입하는 경우 장기 부채를 사채라고 한다.
2. 주식회사만 발행할 수 있으며, 기업의 순자산(자산 총액-부채 총액) 가액의 4배를 초과할 수 없으며, 1좌당 액면가액은 ₩10,000 이상이어야 한다.
3. **사채의 발행가액 결정**

> 사채의 발행가액 = 액면가액의 현가 + 액면이자의 현가 - 사채발행비

2 사채의 발행유형

1. 액면발행

사채의 시장이자율과 액면이자율이 같을 때에는 사채는 액면가액으로 발행된다.

> (차) 현금예금　×××　(대) 사　채　×××

2. 할인발행

사채의 시장이자율이 액면이자율보다 더 높을 때에는 사채는 액면가액 이하로 할인발행되며, 사채할인발행차금은 사채에서 차감하는 형식으로 표시한다.

(1) 할인발행 시 분개

> (차) { 현 금 예 금 / 사채할인발행차금　×××　(대) 사　채　×××

(2) 대차대조표 표시

사　채	×××	
사채할인발행차금	(×××)	×××

3. 할증발행

사채의 시장이자율이 액면이자율보다 낮을 때에는 사채는 액면가액 이상으로 할증 발행되며, 사채할증 발행차금은 사채에 가산하는 형식으로 표시한다.

(1) 할증발행 시 분개

> (차) 현　금　×××　(대) { 현　금　××× / 사채할증발행차금　×××

📖 사채 계정
사채권을 발행하여 자금을 차입한 경우 사채 계정 대변에 액면 금액으로 기입한다.

사채

차변	대변
상환액 (액면금액)	전기 이월액
미지급액 (현재잔액)	발행 가액

(2) 대차대조표 표시

사　　채	×××	
사채할증발행차금	(×××)	×××

3 사채의 발행유형 비교

구분	액면발행	할인발행	할증발행
발생원인	시장이자율＝액면이자율	시장이자율＞액면이자율	시장이자율＜액면이자율
발행가액	액면가액＝발행가액	액면가액＞발행가액	액면가액＜발행가액
사채발행차금	없음.	사채할인발행차금(선급이자)	사채할증발행차금(선수이자)
차금상각(환입)	없음.	사채이자에 가산	사채이자에서 차감
회계처리	(차) 현 금 ××× (대) 사 채 ×××	(차) { 현 금 / 사채할인발행차금 (대) 사 채 ×××	(차) 현 금 ××× (차) { 사 채 / 사채할증발행차금
B/S 표시	액면가액으로 기재	사채할인발행차금을 액면가액에서 차감하는 형식으로 기재	사채할증발행차금을 액면가액에 부가하는 형식으로 기재

대표기출유형

사채를 발행하고 이에 대한 회계처리를 하는 경우, 사채할인발행자금 또는 사채할증발행자금의 구분에 가장 큰 영향을 미치는 것은?

① 사채의 액면금액
② 사채의 액면이자율과 시장이자율의 차이
③ 사채의 만기
④ 사채의 발행 목적
⑤ 사채의 이자지급 시기

정답 ②

해설 사채를 발행했을 때 그 사채의 액면이자율과 시장이자율을 비교하여 두 이자율이 같다면 액면발행, 시장이자율이 더 높다면 할인발행, 액면이자율이 더 높다면 할증발행으로 회계처리한다.

테마 27

자본잉여금과 이익잉여금

참 회사의 순자산액(자산－부채)이 자본금(발행주식의 액면총액)을 초과하는 부분을 잉여금이라 한다. 또 잉여금은 발생 원인에 따라 자본잉여금과 이익잉여금으로 구분한다.

• 잉여금＝자산총액－부채총액－자본금

1 자본잉여금

1. 개념

(1) 영업활동과는 관계없는 자본거래, 즉 주식의 발행, 증자, 감자 등과 같이 자본 자체의 증감에 관한 거래(자본거래)에서 발생한 잉여금이다.

(2) 자본잉여금은 자본전입과 결손보전 이외에는 처분할 수 없다.

2. 분류

(1) 주식발행초과금 : 액면금액을 초과하여 주식을 발행하는 경우 액면을 초과하는 금액이다.

(2) 감자차익 : 자본금을 감소시키는 것, 감자 시 자본금의 감소액이 주식에 대한 환급(매입소각) 금액이나 결손금을 보전하고 남은 잔액을 감자차익이라 한다.

(3) 자기주식처분이익 : 자기회사가 발행한 주식을 취득해 가지고 있다가 취득원가 이상으로 처분하는 경우 발생하는 이익이다.

2 이익잉여금

1. 개념

영업활동 · 재무활동 및 투자활동과 같은 기업의 이익창출활동에 의해 축적된 이익을 사외에 유출하거나 납입자본에 대체하지 않고 사내에 유보한 것을 말한다.

2. 분류

(1) 기처분 이익잉여금

① 법정적립금 : 채권자보호를 위해 관련 법률에 의해 강제적으로 적립이 되어 사용이 제한된 이익잉여금이다(예 이익준비금).

② 임의적립금 : 과도한 현금배당으로 재무상태가 악화되는 것을 방지하기 위한 목적 등으로 주주들의 동의에 의하여 자율적으로 적립된 이익잉여금이다(예 사업확장적립금).

(2) 미처분 이익잉여금 : 회사가 창출한 실현손익 중 배당 · 적립 또는 자본조정항목의 상각 등으로 사용되지 않고 남아 있는 이익잉여금이다.

(3) 미처리결손금보전의 순서 : 미처분 이익잉여금이 (−)인 경우를 미처리결손금이라 한다. 이 금액은 결손금보전순서에 따라 처리하여 소멸시키거나 차후 연도로 이월되며 상법상 결손금은 임의적립금, 법정적립금, 자본잉여금의 순서로 보전처리한다.

3 사내유보금

1. 개념

(1) 회계적 또는 법률적 정의가 존재하지 않는 사내유보금은 세금과 배당을 통해 외부로 유출되지 않고 기업 내부에 유보된 금액의 누계액을 의미한다.

(2) 사내유보금이라는 회계계정은 존재하지 않으므로 그 정의가 명확하지 않다. 다만 일반적으로는 재무상태표상의 잉여금으로서 자본잉여금과 이익잉여금의 합 또는 이익잉여금을 지칭한다.

2. 사내유보금의 측정

(1) 측정기준(기간, 특정시점)에 따라 다르고, 하위 계정항목 포함 여부 등 세부 항목의 조정을 통해 다양한 정의가 가능하다.

(2) 한국은행의 기업경영분석에서 이용되는 사내유보금은 매해 발생하는 유량(Flow)의 개념으로 당기에 처분된 이익준비금, 기타 법정적립금, 임의적립금, 기타 이익잉여금 처분액, 차기이월이익잉여금의 합으로 정의한다.

(3) 언론 또는 연구자료에서 수치로 제시되고 있는 일반적인 저량(Stock)의 사내유보금은 특정 시점의 잉여금 전체에 해당된다.

대표기출유형

빈칸에 들어갈 단어로 옳은 것은?

(　　)은 이익잉여금과 자본잉여금을 합산한 개념으로 매출, 급여, 연구개발비, 배당 등의 영향을 받는다. 최근 국내 30대 그룹이 883조 원의 (　　)을 보유하고 있다는 보도에 논란이 일었다. 기업이 현금으로 8,833조 원을 보유하고 있는 것처럼 비춰지기 때문이다. 그러나 (　　)의 상당부분은 이미 투자되거나 기업경영에 사용되고 있어 예금, 부동산, 기계나 지적재산권 등의 형태를 보일 수 있다.

① 감자잉여금　② 사내유보금
③ 이익준비금　④ 임의적립금

정답 ②

해설 사내유보금이란 일반적으로 재무상태표상의 잉여금으로서, 자본잉여금과 이익잉여금의 합 또는 이익잉여금을 지칭한다.

오답풀이

① 감자잉여금은 감자액이 주식의 매입소각이나 주금의 환급액 또는 결손의 보전에 충당된 금액보다 많을 경우 그 초과 부분을 말하며, 감자차익이라고도 한다.

③ 이익준비금은 상법에 의해 기업이 적립해야 하는 금액을 말하며, 회사는 그 자본금의 2분의 1이 될 때까지 이익배당액의 10분의 1이상을 이익준비금으로 기업 내부에 유보해야 한다.

④ 임의적립금은 회사가 법률의 규정에 의하지 않고 정관 또는 주주총회의 결의에 의하여 이익을 유보한 것으로 그 이용목적과 방법은 회사의 자유이다.

경영학 1회 실전모의고사

문항수 | 50문항

▸ 정답과 해설 2쪽

01. 의사결정에 대한 다음 설명 중 올바르지 않은 것은?

① 합리적 의사결정 모형은 완전정보와 일관적인 선호체계를 가정한다.
② 합리적 의사결정 모형은 사이먼이 제시한 모델로 기술적 모델이다.
③ 제한된 합리성 모형에서는 결과의 최적화가 아니라 만족화를 추구한다.
④ 집단의사결정과정에서 발생하는 집단양극화현상의 주요 원인은 동조압력 때문이다.

02. 적대적인 인수합병을 방어하기 위한 수단이 아닌 것은?

① 흑기사(Black Knight)
② 독약처방(Poison Pill)
③ 왕관의 보석(Crown Jewel)
④ 황금낙하산(Golden Parachute)

03. 다음 중 SWOT 분석의 목적으로 가장 적절한 것은?

① 조직이 구성원의 성과를 평가하는 기법을 개발하는 데 도움을 준다.
② 조직이 내부 및 외부환경에 대해 가장 적합한 전략을 개발하는 데 도움을 준다.
③ 투자금액의 안전성을 확보하는 기법을 개발하는 데 도움을 준다.
④ 조직의 성장을 가능하게 하는 전략을 개발하는 데 도움을 준다.

04. 사업포트폴리오 분석방법 중 하나인 BCG 매트릭스의 최적 현금흐름의 방향으로 적절한 것은?

① Star → Cash Cow
② Dog → Question Mark
③ Question Mark → Cash Cow
④ Cash Cow → Question Mark

05. 다음에서 설명하는 용어는?

> 언제, 어디서나, 누구라도 어떤 기기를 이용해서든지 저렴한 비용으로 신속하게 처리할 수 있는 전자상거래를 뜻하는 표현으로 모든 기기나 장비를 전자상거래의 도구로 통합해 활용하며 기존의 전자상거래를 포괄하는 새로운 개념이다.

① E-Commerce
② M-Commerce
③ T-Commerce
④ U-Commerce

06. 금융시장에 대한 설명으로 옳지 않은 것은?

① 금융시장은 자금수요자와 자금공급자 사이의 유통이 이루어지는 시장이다.
② 화폐시장은 주로 단기적인 자금의 거래가 이루어진다.
③ 증권시장은 발행시장과 유통시장으로 구분된다.
④ 직접증권시장은 자금중개기관이 개입하는 금융시장이다.

07. 자본예산에 대한 설명으로 옳지 않은 것은?

① 회수기간법은 회수기간 후의 현금흐름과 화폐의 시간가치를 고려하지 않는다.
② 단일 투자안일 경우 수익성지수법은 수익성 지수가 0보다 크면 투자안을 채택한다.
③ 내부수익률은 내용연수 동안의 모든 현금흐름을 고려할 수 있다.
④ 순현재가치는 투자안으로부터 기대되는 미래순현금흐름에 할인율을 적용하여 현재가치를 계산한 후 현재시점에서 투자되는 비용을 차감한 값이다.

08. 할인율이 20%라고 할 때 1년 후에 600만 원, 2년 후에 720만 원의 현금유입이 발생하는 투자안의 현재가치는 얼마인가?

① 1,000만 원
② 1,100만 원
③ 1,200만 원
④ 1,300만 원

09. 효율적 시장가설을 설명하는 주장 중 틀린 주장은?

① 차익거래는 비합리적 투자자들에 의한 시장왜곡현상을 바로잡는 역할을 한다.
② 투자자는 가능한 모든 정보를 활용하여 주가를 예측한다.
③ 효율적 시장가설은 합리적 기대가설이 아닌 적응적 기대가설에 근거를 둔다.
④ 시장참가자에게 공개된 정보로 증권의 미래가격의 변동을 예측할 수 있다면 시장은 그 정보 집합에 대해 비효율적이다.

10. 자본자산가격결정모형(CAPM)의 가정으로 옳지 않은 것은?

① 모든 투자자는 단일의 투자기간을 가지며, 미래증권수익률의 확률분포에 대해 동질적 기대를 가지는 것으로 가정한다.
② 세금, 거래비용과 같은 마찰적 요인이 없는 완전자본시장을 가정한다.
③ 투자자들은 자신의 기대효용을 극대화하고자 하는 위험중립적인 평균－분산 기준에 따라 투자 결정을 한다고 가정한다.
④ 무위험자산이 존재하며, 모든 투자자는 무위험이자율로 제한없이 차입과 대출이 가능하다고 가정한다.

11. 다음 중 적극적 채권투자전략에 해당하는 것은?

① 투자시한분석
② 채권지수펀드
③ 순자산면역전략
④ 현금흐름대응전략

12. 상품이나 유가증권 등 기초자산을 미리 정해진 가격으로 팔 수 있는 권리는?

① 콜옵션
② 선도거래
③ 스왑
④ 풋옵션

13. 다음 중 선도거래와 비교하여 선물거래의 특성에 해당하는 것은?

① 장외거래
② 결제소에 의한 일일정산
③ 당사자 간 직접거래
④ 낮은 유동성

14. 옵션투자전략 중 콤비네이션(Combination)에 대한 설명으로 옳지 않은 것은?

① 스트립(Strip)은 만기일과 행사가격이 같은 콜옵션 1개와 풋옵션 2개를 결합하는 전략이다.
② 스트랩(Strap)은 만기일과 행사가격이 같은 콜옵션 2개와 풋옵션 1개를 결합하는 전략이다.
③ 스트랭글(Strangle)은 만기일이 같으나 행사가격이 서로 다른 콜옵션과 풋옵션을 결합하는 전략이다.
④ 스트래들(Straddle)은 행사가격이 같으나 만기일이 서로 다른 풀옵션과 풋옵션을 결합하는 전략이다.

15. 선물거래를 통한 위험헤지에 대한 설명 중 관계가 가장 먼 것은?

① 매입헤지는 미래에 구입할 예정인 현물의 가격 상승으로 인한 손해를 방지하기 위하여 선물을 매입하는 것이다.
② 만기일의 베이시스는 0이다.
③ 베이시스가 예상보다 축소되는 경우 매입헤지가, 예상보다 확대되는 경우 매도헤지가 유리해진다.
④ 교차헤지에서는 선물과 현물의 기초자산 간의 물량차로 인해 베이시스위험이 발생한다.

16. 경쟁자 분석법 중 마케터(기업) 중심의 경쟁자 분석법에 대한 것은?

① 상표전환 매트릭스
② 제품/시장 매트릭스
③ 지각도
④ 수요의 교차탄력성

17. 시장세분화에 대한 설명 중 옳지 않은 것은?

① 효과적인 시장세분화를 위해서는 세분시장의 규모가 측정 가능하여야 한다.
② 시장세분화를 통해 소비자들의 다양한 욕구를 보다 정확하게 파악할 수 있다.
③ 동일한 세분시장 내에 있는 소비자들은 이질성이 극대화되며, 세분시장 간에는 동질성이 존재한다.
④ 시장을 욕구가 비슷하거나 동일한 일부를 묶어서 세분화한 것으로 소비자들의 다양한 욕구를 충족시키기에 적합하다.

18. 다음 중 제품의 구매나 사용이 사회적 관계 속에서 특정 사용자 계층에 적절한 포지셔닝 유형은?

① 제품 속성에 의한 포지셔닝
② 제품군에 의한 포지셔닝
③ 제품 가격에 의한 포지셔닝
④ 제품 사용자에 의한 포지셔닝

19. 신제품의 가격 책정 방법으로 스키밍 가격전략(Skimming Pricing Strategy)을 채택하기에 가장 부적절한 상황은?

① 생산량이 축적될수록 제로원가와 유통비용이 빨리 하락할 때
② 법령에 의해 신제품의 독점판매권이 보장될 때
③ 신제품의 확산속도가 매우 느릴 것으로 예상될 때
④ 표적시장의 규모가 작아 규모의 경제 실현이 어렵다고 예상될 때

20. 다음의 현상을 가장 적절하게 설명할 수 있는 용어는?

1,000원의 가격인상이 10,000원인 제품에서는 크게 느껴지는 반면 100,000원짜리 제품에 대해서는 작게 느껴진다.

① 베버의 법칙(Weber's Law)
② 유인가격(Loss Leader)
③ 유보가격(Reservation Price)
④ 가격 · 품질 연상(Price－Quality Association)

21. 제품 및 브랜드전략에 대한 설명으로 옳지 않은 것은?

① 카테고리 확장은 낮은 비용으로 신상품의 성공 가능성을 높일 수 있다.
② 개별브랜드전략은 각 제품에 대하여 한 상표가 시장에서 실패하더라도 다른 상표에 영향을 적게 주거나 주지 않는다.
③ 라인확장된 신상품이 기존 브랜드의 이미지 또는 브랜드 자산을 약화시키는 것을 희석효과라 한다.
④ 기존브랜드와 다른 상품범주에 속하는 신상품에 기존브랜드를 붙이는 것을 라인 확장이라고 한다.

22. 다음 중 촉진믹스(Promotion Mix)에 해당하지 않는 것은?

① 광고
② PR
③ 제품
④ 인적판매

23. 일반적으로 유통경로의 단계수가 증가하는 경우가 아닌 것은?

① 고객이 최소판매 단위에 대한 유통서비스 요구가 클수록
② 고객의 공간편의성 제공요구가 클수록
③ 고객의 상품정보 제공에 대한 요구가 클수록
④ 고객의 배달기간에 대한 서비스요구가 클수록

24. 다음 중 마케팅을 위한 통계분석에 있어서 빈도분석의 주요 사용 용도로 가장 적합한 것은?

① 대푯값
② 산포도
③ 왜도
④ 상관관계

25. 일반적으로 마케팅의 추진절차를 '분석 → 목표 → 전략 → 전술 → 실행 → 평가' 단계로 진행된다고 볼 때, 마케팅믹스가 속하는 단계는?

① 목표 ② 전략
③ 전술 ④ 실행

26. 대상고객 선정을 위한 효과적인 시장세분화의 기준으로 적합하지 않은 것은?

① 세분시장은 크기, 구매력 등에 대해 측정 가능해야 한다.
② 세분시장은 마케팅 활동을 통해 접근 가능해야 한다.
③ 세분시장이 너무 작으면 안 된다.
④ 세분시장 내에 있는 고객들은 서로 이질적이어야 한다.

27. 벤치마킹에 대한 설명으로 올바르지 않은 것은?

① 기능적 벤치마킹은 사업영역이나 동일한 기능이나 운영과정인 활동을 조사하여 분석하는 활동이다.
② 외부 벤치마킹은 자신의 기업과 직접적인 경쟁 관계가 있는 기업의 제품이나 서비스, 작업 프로세스를 분석하는 활동으로 경쟁적 벤치마킹이라고도 한다.
③ 기능적 벤치마킹의 특징은 최상의 업무수행이 무엇인가를 가려내는 데 있으며, 벤치마킹의 대상이 되는 기업은 대개 특정 벤치마킹 분야에서 탁월함을 인정받은 기업이다.
④ 내부 벤치마킹은 적과의 동침이 가능하고 데이터 수집이 용이하며, 비교할 수 있는 실적과 기준이 명확하다는 장점이 있는 반면, 상반된 태도로 왜곡된 정보가 될 수 있다.

28. 다음 품질보증의 발전단계의 ㉠에 들어갈 내용으로 적절한 것은?

검사 중심 → (㉠) 중심 → 설계 중심 → 사회적 책임

① 제품관리 ② 공정관리
③ 구매관리 ④ 시장관리

29. 강화이론(Reinforcement Theory)에 대한 설명 중 올바르지 않은 것은?

① 바람직한 결과를 제거하는 것은 소극적 강화이다.

② 회피학습(Avoidance Learning)은 어떤 자극에 적절히 반응하지 않으면 혐오자극이 온다는 것을 알려줌으로써 원하는 행동을 하게끔 학습시키는 과정이다.

③ 연속강화법은 초기학습단계에 효과적이다.

④ 강화이론은 인간 내부의 인지 과정에는 관심을 보이지 않는다.

30. 다음에서 설명하는 리더십의 유형은?

> 구성원 스스로가 자기 자신을 리드할 수 있는 역량과 기술을 갖도록 하는 지도나 통제보다 자율성 강화에 초점을 두는 리더십이다.

① 카리스마적 리더십 ② 셀프 리더십

③ 변혁적 리더십 ④ 참여적 리더십

31. 기업의 경쟁력을 확보하기 위한 방법인 전략적 제휴의 동기에 해당하지 않는 것을 〈보기〉에서 모두 고르면?

> 보기
>
> ㉠ 기술이나 생산능력을 획득하기 위하여
> ㉡ 신제품 개발과 시장진입의 속도를 단축하기 위하여
> ㉢ 규모의 경제 추구
> ㉣ 산업에서 기술표준화와 유연성을 확보하기 위해서
> ㉤ 비교우위를 획득하기 위해

① ㉠ ② ㉡ ③ ㉢

④ ㉤ ⑤ ㉢, ㉣

32. 기업 내부의 마케팅 역량평가에 관하여 코틀러가 제시한 마케팅 성과 측정 지표에 해당하지 않는 것은?

① 마케팅조직의 통합성　　② 전략적 지향성
③ 운영효율성　　④ 고객집단의 상대적 수익성

33. 주가에 영향을 미치는 요인에 대한 설명 중 가장 올바르지 않은 것은?

① 급격한 물가상승은 실물자산에 대한 선호를 증가시켜 주가상승의 요인이 될 수 있다.
② 디플레이션 상황에서는 실물자산보다는 금융자산의 선호도가 증가하여 주가가 상승한다.
③ 이자율의 상승은 자금조달을 감소시켜 주가하락의 가능성을 높인다.
④ 환율이 하락하면 수입이 증가하고, 수출이 감소한다.

34. 장내파생상품과 장외파생상품을 비교한 설명으로 옳지 않은 것은?

① 장내파생상품은 거래의 이행을 거래소가 보증하지만, 장외파생상품은 별도의 보증기관이 없어 당사자 간의 신용도에 의존한다.
② 장내파생상품은 거래소가 규정한 시간에만 거래가 가능하지만, 장외파생상품은 언제든지 거래가 가능 하다.
③ 장내파생상품은 계약 조건이 비정형화되어 있지만, 장외파생상품은 계약조건이 정형화되어 있다.
④ 장내파생상품의 종류에는 선물, 옵션 등이 있고, 장외파생상품에는 선도, 옵션, 스왑 등이 있다.

35. 한국 주식시장은 크게 유가증권 시장과 코스닥 시장, 코넥스 시장이 있다. 다음 중 한국거래소에서 주식이 거래될 수 있는 상장 요건이 까다로운 시장부터 순서대로 나열한 것은?

① 유가증권 – 코스닥 – 코넥스 시장　　② 유가증권 – 코넥스 – 코스닥 시장
③ 코스닥 – 코넥스 – 유가증권 시장　　④ 코넥스 – 코스닥 – 유가증권 시장

36. 다음 〈보기〉는 자산배분의 수립과정을 정리한 것이다. 순서가 바르게 나열된 것은?

보기

A. 투자성과 점검 및 투자수정
B. 투자제약조건, 위험허용도, 투자기간 등 결정
C. 투자지침서 작성
D. 전략적, 전술적 자산배분
E. 고객정보수집, 재무목표와 우선순위 파악

① A – B – C – D – E
② B – C – E – D – A
③ E – D – A – B – C
④ E – B – C – D – A

37. 제품 판매전략의 하나로 구매가 실제 발생하는 장소에서의 광고를 무엇이라고 하는가?

① 티저 광고
② 이미지 광고
③ 증언형 광고
④ 구매 시점 광고

38. 다음 중 개발한 광고 콘셉트의 평가를 위해 사용할 수 있는 조사방식은?

① 표적집단면접법
② 쌍대비교법
③ 영화관 테스트
④ DAR

39. 다음 중 브랜드의 자산가치를 측정하는 방법으로 거리가 먼 것은?

① 매출액 배수를 이용한 측정
② 초과가치 분석을 통한 측정
③ 무형자산의 가치추정을 통한 측정
④ 브랜드 플랫폼 분석을 통한 측정

40. **MPR(Marketing PR)에 대한 설명으로 옳지 않은 것은?**

① 회사의 마케팅을 돕는 데 주력하는 현대적인 개념의 PR이다.

② 기업의 인지도 제고, 신뢰구축, 동기부여 등 마케팅 목표를 지원하기 위해 설계된 PR 활동이다.

③ 조직과 관련된 공중들 중 소비자에 초점을 맞추어 마케팅 활동을 지원할 목적으로 수행하는 PR 활동이다.

④ 직접적인 마케팅의 지원보다는 공중 전체를 대상으로 기업의 전반적인 이미지와 위상을 높이고 신뢰를 획득하는 보편적 PR 방법이다.

41. **자금운용 시에 고려하는 사항으로 관련성이 적은 것은?**

① 유동성 ② 안정성

③ 유연성 ④ 수익성

42. **고정예산과 변동예산의 차이에 대한 설명으로 옳은 것은?**

① 변동예산에서는 권한이 하부 경영자들에게 위양되나 고정예산에서는 그렇지 않다.

② 변동예산은 변동원가만을 고려하고, 고정예산은 변동원가와 고정원가 모두를 고려한다.

③ 고정예산의 범위는 회사 전체인 반면, 변동예산의 범위는 특정 부서에 한정된다.

④ 고정예산은 특정 조업도 수준에 대하여 편성한 예산이고, 변동예산은 관련범위 내의 여러 조업도 수준에 대하여 편성한 예산이다.

43. △△기업의 매출액 순이익은 5%이고, 총자산 회전율이 1.2이며, 부채비율(부채/자기자본)이 100%일 때, △△기업의 ROE는? (단, 제시된 내용 이외의 요소는 고려하지 않는다)

① 6%　　② 9%
③ 11%　　④ 12%

44. 금융자산에 관한 설명 중 옳지 않은 것은?

① 현금자산이 계약상 현금흐름 특성 조건을 충족하면서 기업이 계약상 현금흐름의 수취와 금융자산의 매도 둘 다를 사업모형으로 하는 경우 당해 금융자산은 기타포괄손익－공정가치측정 금융자산으로 분류한다.
② 단기매매목적도 아니고 조건부 대가가 아닌 지분상품만 기타 포괄손익－공정가치측정 금융자산으로 분류할 수 있다.
③ 취득 시 신용이 손상되어 있는 금융자산은 보고기간 말에 최초 인식 이후 전체기간 기대신용손실기회 누적변동분만을 손실충당금으로 인식한다.
④ 신용이 손상되지 않았지만 신용위험이 발생한 경우는 금융자산의 이자수익은 손실충당금 차감 후 금융자산의 실적후평가액 유효 이자율을 곱한 금액으로 측정한다.

45. 부동산 시장의 영향요인에 대한 설명으로 옳지 않은 것은?

① 일반적으로 대출금리가 낮을 경우에는 부동산 수요자의 대출금 상환능력을 높여 주어 구매력 보충효과가 있다.
② 구매력은 수요자의 소득 대비 부동산을 매입할 수 있는 여력이다.
③ 유동성은 금융시장과 주식시장 그리고 부동산시장 간 시차에 따라 일정부분 지분을 공유한다.
④ 세금은 중과세와 비과세의 양면성이 있으나 부동산 시장에 영향력은 없다.

46. 다음 중 대차대조표의 계정과목과 그 내용의 연결로 옳은 것은?

① 당좌자산 – 투자부동산, 반제품, 매출채권

② 유형자산 – 건물, 구축물, 차량운반구, 공구와 기구, 비품, 시설장치

③ 비유동부채 – 퇴직급여충당금, 주임종단기채권, 장기임대보증금

④ 유동부채 – 외상매입금, 미지급금, 부가세예수금, 선급금

47. A 주식회사는 선입선출법에 의한 종합원가계산제도를 채택하고 있다. 원재료는 공정 초기에 전량 투입되며, 가공원가는 전 공정에 걸쳐 평균적으로 발생한다. 다음에서 가공비의 완성품환산량은 얼마인가?

- 기초재공품 : 400개(완성도 20%)
- 당기착수량 : 2,000개
- 당기완성품 : 1,800개
- 기말재공품 : 600개(완성도 50%)

① 1,840개　② 1,920개

③ 2,000개　④ 2,020개

48. A 주식회사는 단계배분법에 의하여 보조부문원가를 제조부문으로 배부하고 있다. 다음 자료에 의하여 수선부문에서 절단부문으로 배부되는 원가는 얼마인가? (단, 동력부문원가를 먼저 배부하기로 한다)

(단위 : 원, %)

	제조부문		보조부문	
	절단부문	조립부문	동력부문	수선부문
부문원가발생액	700,000	800,000	500,000	400,000
동력부문 용역제공비율	40	40		20
수선부문 용역제공비율	35	35	30	

① 140,000원　② 180,000원

③ 200,000원　④ 250,000원

49. △△기업의 주식을 기초자산으로 만기가 1개월이고 행사가격이 10,000원인 유럽형 콜옵션의 만기일에 △△기업의 주가가 12,000원인 경우, 만기일의 옵션의 가치는?

① −2,000원
② 0원
③ 2,000원
④ 12,000원

50. 전략적 원가관리에 대한 설명으로 옳지 않은 것은?

① 병목공정의 처리능력 제약을 해결하여 생산성 및 수익성을 높이고자 하는 것이다.
② 제품 생산 후 제품을 검사하여 불량품을 찾아내는 활동을 위한 원가를 예방원가라고 한다.
③ 품질원가계산은 예방원가, 평가원가, 실패원가 간의 상충관계에 주목한다.
④ 적시생산시스템은 필요한 때 필요한 제품을 필요한 만큼 생산하는 시스템이라고도 말한다.

경영학 2회 실전모의고사

문항수 | 50문항

▸ 정답과 해설 9쪽

01. 사업포트폴리오 이론의 한계점에 대한 내용으로 옳지 않은 것은?

① 주관이 개입될 가능성이 있다.
② 상대적 시장점유율을 산업성장률과 다른 요인을 고려하는 가정의 비현실성이 있다.
③ 사업부 간의 전략적인 관계를 고려하지 못했다.
④ 자금의 외부유입에 대하여 고려하지 않았다.

02. 맥그리거의 X이론과 Y이론을 구분하는 데 있어 가장 큰 차이는?

① 리더십의 차이
② 인간관의 차이
③ 조직구조의 차이
④ 조직문화의 차이

03. 다음 중 버나드의 조직행위론(Organizational Behavior)과 부합하지 않는 것은?

① 의사소통
② 공통목적
③ 권한수용설
④ 제한된 합리성

04. 다음 중 블루오션(Blue Ocean)과 레드오션(Red Ocean)에 관한 설명으로 옳지 않은 것은?

① 블루오션이란 아무도 진출하지 않은 거대한 성장 잠재력을 지닌 시장을 말한다.
② 레드오션이란 이미 형성된 시장에 많은 경쟁자들이 있어 치열한 경쟁상황이 벌어지고 있는 시장을 의미한다.
③ 블루오션 전략은 새로운 시장의 개척을 강조하는 것이고, 레드오션 전략은 기존 경쟁에서의 승리를 강조한다.
④ 블루오션과 레드오션은 상호 배타적인 개념으로 블루오션에서 활동하는 기업과 레드오션에서 활동하는 기업은 구분이 가능하고, 상호 간의 시장으로 넘나들지 못하는 특징이 있다.

05. 여러 가지로 조합이 가능한 표준화된 호환부품으로 소품종 대량생산체제의 최적화를 실현하기 위한 기법을 무엇이라고 하는가?

① 집단관리법(GT)
② 모듈러 생산(MT)
③ 컴퓨터 통합생산(CIM)
④ 셀형 제조방식(CMS)

06. 수요예측기법에 관한 설명 중 가장 옳지 않은 것은?

① 단순이동평균법보다 최근 수요의 가중치를 높게 두는 가중이동평균법의 예측치가 수요변동을 더 빨리 따라잡을 수 있다.
② 지수평활법을 사용하려면 10년 이상의 장기간 자료가 있어야 한다.
③ 시계열분석에서 추세요인이란 중장기적인 변동을 나타내는 것이다.
④ 시계열분석은 독립변수를 시간으로 보고 있으며, 인과관계분석은 독립변수를 인과요인으로 보고 있다.

07. JIT(Just In Time) 시스템에 대한 설명으로 옳지 않은 것은?

① 생산활동에서 낭비적인 요인을 제거하는 것을 궁극적인 목표로 한다.
② JIT 시스템을 운영하기 위해서는 신뢰할 수 있는 공급자의 확보가 필수적이다.
③ 안정적인 생산을 위하여 생산 준비 시간을 충분히 확보하여 불량을 예방하는 것을 중시한다.
④ JIT 시스템을 효과적으로 운영하기 위해서는 생산의 평준화가 이루어져야 한다.

08. 다음 중 매트릭스 조직에 대한 특징으로 적절한 것은?

① 구성원들이 이중지위체계 때문에 구성원의 역할이 모호해지고, 구성원들에게 스트레스가 발생할 수 있는 단점이 있다.

② 분업과 위계구조를 강조하여, 구성원의 행동이 공식적 규정과 절차에 의존하는 조직이다.

③ 다양한 의견을 조정하고 의사결정의 결과에 대한 책임을 분산시킬 필요가 있을 때 흔히 사용되는 조직이다.

④ 전략 · 계획 · 통제 등 핵심기능 위주로 합리화하고 부수적 생산기능은 아웃소싱을 활용하는 분권화된 공동조직이다.

09. 다음 중 동기부여이론에 대한 설명으로 옳지 않은 것은?

① 허즈버그의 2요인이론은 만족요인을 중시한다.

② 알더퍼의 ERG이론은 좌절－퇴행의 요소가 포함된다.

③ 매슬로우의 욕구단계이론은 욕구에 순서가 있음을 가정한다.

④ 맥클리랜드의 성취동기이론에서는 구성원의 생존욕구를 중시한다.

10. 다음 중 M&A에 관한 다음 설명으로 옳지 않은 것은?

① 공개매수 제의 시 피인수기업 주주들의 무임승차 현상은 기업매수를 어렵게 한다.

② 우리사주조합의 지분율을 낮추는 것은 M&A 방어를 위한 수단이 된다.

③ M&A시장의 활성화는 주주와 경영자간 대립 문제를 완화시키는 역할을 한다.

④ 적대적 M&A의 경우 주가가 상승할 가능성이 있어 피인수기업 주주가 반드시 손해를 보는 것은 아니다.

11. 목표관리(MBO)에 관한 설명 중 가장 옳지 않은 것은?

① 조직계층 간의 목표를 통합하도록 도와준다.

② 종업원이 직접 자신의 목표달성에 참여하도록 한다.

③ 개개인의 성과 측정이 용이한 기업은 부적합하다.

④ 개인에게 할당된 목표의 달성여부에 따라 보상이 주어진다.

12. 유통정책에 관한 설명으로 옳지 않은 것은?

① 물적유통관리의 목적은 고객 서비스의 목표수준을 만족하는 범위 내에서 물류비용을 최소화하는 데 있다.
② 분업의 원리는 생산부문뿐만 아니라 유통부문에서도 적용될 수 있다.
③ 피기백(Piggyback) 방식은 트럭이나 트레일러 자체를 화물열차에 실어 배송하는 수송방식이다.
④ 채찍효과(Bullwhip Effect)란 수요가 예상보다 적게 발생할 경우 수요를 푸시하기 위하여 제조업자가 유통상을 압박하는 것을 의미한다.

13. 리더십에 관한 설명으로 옳지 않은 것은?

① PM이론은 리더가 집단 내 수행하여야 할 기능으로 목표달성 기능과 유지기능의 두 가지로 분류하였다.
② 블레이크와 머튼은 완전형(9,9)의 리더가 가장 이상적인 리더라고 주장하고 있다.
③ 하우스와 에반스의 경로－목표이론에 따르면 업무 난이도가 높아 부하들이 자신감이 결여되어 있을 때에는 성취지향적 리더가 효과적이지만 부하들의 능력수준이 높으면 지시적 리더가 효과적이다.
④ 허쉬와 블랜차드는 배려와 구조주도의 모형에 기초하여 리더십 이론을 전개하였다.

14. 인사고과에 대한 설명으로 옳지 않은 것은?

① 서열법이란 사전에 정해 놓은 비율에 따라 피고과자를 강제로 할당하여 고과하는 방법이다.
② 자존적 편견이란 자존욕구로 인하여 성공한 것은 내적으로 귀인시키고 실패한 것은 외적으로 귀인시키려는 오류를 말한다.
③ 현혹효과란 한 분야에 있어서의 피평가자에 대한 호의적 또는 비호의적인 인상이 다른 분야에 있어서의 그 피평가자에 영향을 미치는 것을 의미한다.
④ 인사고과시 강제할당법을 사용할 경우 규칙적 오류를 예방할 수 있다.

15. 균형성과표(BSC)에 대한 설명 중 가장 옳지 않은 것은?

① 카플란과 노턴(Kaplan & Norton)이 주장한 이론이다.
② 균형성과표의 기준으로는 재무적 관점, 고객 관점, 내부경영프로세스 관점, 학습과 성장 관점이 있다.
③ 재무적인 측정이기 때문에 비재무적 성과평가에는 한계점이 있다.
④ 단기적 성과평가와 장기적 성과평가의 균형을 강조한다.

16. 제품 및 서비스를 구입한 고객에게 자신의 선택이 옳았다는 인식을 심어주고 사용상의 가치를 지속적으로 제공하기 위하여 하는 마케팅 활동은?

① 내부마케팅
② 애프터 마케팅
③ 감성 마케팅
④ 후행적 마케팅

17. 다음 〈보기〉에서 설명하는 척도의 형태는?

보기

시장점유 등과 같이 구분과 준비, 산술적 의미뿐만 아니라 숫자 간의 비율계산이 가능한 척도

① 명목척도(Nominal Scale)
② 서열척도(Ordinal Scale)
③ 비율척도(Ratio Scale)
④ 등간척도(Interval Scale)

18. 피쉬바인의 다속성 태도모형에 대한 설명 중 옳지 않은 것은?

① 각 대안별 평가를 하고 그 평가결과가 가장 큰 대안을 선택하는 모형이다.
② 소비자의 신념(Belief)이 대상에 대한 태도에 영향을 준다.
③ 보완적 평가방식이 대표적인 방법이다.
④ 평가점수가 동일한 대안은 소비자가 느끼는 속성이 동일한 것이다.

19. 〈보기〉에서 시장세분화의 장점으로만 모두 묶은 것은?

보기

가. 소비자의 다양한 요구를 충족시키며 매출액의 증대를 꾀할 수 있다.
나. 시장세분화를 통하여 마케팅 기회를 탐지할 수 있다.
다. 시장세분화를 통하여 규모의 경제가 발생한다.
라. 제품 및 마케팅 활동이 목표시장의 요구에 적합하도록 조정할 수 있다.

① 가, 나, 다
② 가, 나, 라
③ 가, 다, 라
④ 나, 다, 라

20. 상표전략에 대한 설명으로 옳지 않은 것은?

① 기존의 제품범주에 속하는 신제품에 기존 브랜드명을 그대로 사용하는 것을 라인 확장이라고 한다.
② 브랜드 자산이 형성되려면 독특하거나 강력한 브랜드 이미지가 있어야 한다.
③ 브랜드는 소비자가 상품을 전체적으로 떠오르는 이미지로 인지하게 하여서 소비자의 사고비용을 증가시킨다.
④ 무상표전략은 유상표전략에 비하여 원가부담이 더 낮아서 저렴한 가격으로 공급할 수 있다.

21. 〈보기〉에서 설명하는 인사관리제도는?

보기

업무시간 중에 실제 업무를 수행하면서 직속상사로부터 직무훈련을 받는 것으로 직무를 수행하면서 동시에 교육을 수행할 수 있다.

① 종업원지주교육
② 업적관리교육
③ 직장 내 교육
④ 직장 외 교육

22. 고객관계관리(CRM)에 대한 설명으로 옳지 않은 것은?

① CRM는 시장 점유율보다 고객 점유율이 중요하다.
② 교차판매, 연쇄판매 등 대상품과 연계한 판매가 가능하다.
③ 고객 획득보다는 고객유치에 중점을 둔다.
④ 모든 소비자를 대상으로 대량유통 및 대량촉진정책을 중요 전략으로 한다.

23. 마이클 포터의 산업구조분석기법에 대한 설명으로 옳지 않은 것은?

① 차별화된 산업일수록 수익률이 낮고, 차별화가 덜 된 산업일수록 수익률은 높아진다.
② 산업구조분석은 측정기업의 과업환경에서 중요한 요인을 이해하고자 하는 기법이다.
③ 포터의 산업분석구조틀에 의하면 5가지의 요인 즉, 경쟁 정도, 잠재적 진입자, 구매자, 공급자, 대체재에 의한 산업 내의 경쟁 정도와 수익률이 결정한다.
④ 전환비용(Switching Cost)이 높은 산업일수록 그 산업의 매력도는 증가한다.

24. 제품수명주기에서 성장기의 특징에 해당하지 않는 것은?

① 마케팅 목표는 시장 점유율 극대화 전략을 사용한다.
② 가격전략으로는 시장 침투 가격 전략을 사용한다.
③ 시장세분화가 극대화된다.
④ 주요고객층은 조기 수용층이다.

25. 선발진입제에 대한 설명으로 옳지 않은 것은?

① 후발주자들이 자신의 노하우를 모방할 수 있다는 위협이 있다.
② 조기에 시장에 진입하게 되면 경쟁자가 없으므로 시장 위험을 최소화할 수 있다.
③ 학습효과를 통하여 원가우위를 빨리 달성할 수 있다.
④ 산업의 리더로서 명성을 획득할 수 있다.

26. 다음 중 마케팅 활동의 궁극적인 목표로 가장 적절하지 않은 것은?

① 소비자의 요구만족
② 경쟁시장에서의 우위
③ 기업의 이윤극대화
④ 사회정의의 실현

27. 시스템이론에 대한 설명으로 옳지 않은 것은?

① 시스템은 투입, 처리, 산출, 피드백의 과정이 모두 포함되어 있다.
② 기업은 폐쇄시스템의 속성을 갖기 때문에 외부와의 상호작용이 중요하지 않다.
③ 조직의 여러 구성인자들이 유기적으로 상호작용하여 시너지를 창출할 수 있다.
④ 하나의 시스템은 다수의 하위시스템으로 구성된다.

28. 조직구조에 대한 설명으로 옳지 않은 것은?

① 우드워드(J. Woodward)는 기업이 사용하는 기술복잡성에 따라 조직을 나누었다.
② 페로우(C. Perrow)는 부서수준의 기술이 조직구조에 미치는 영향을 연구하였다.
③ 톰슨(J. D. Thompson)은 조직구조에 영향을 주는 상호의존성과 그에 따른 집합적 · 순차적 · 교호적 기술을 제시하였다.
④ 번스와 스토커(T. Burns & G. M. Stalker)는 안정적인 환경에서는 유기적 조직이 더 효과적이고, 격동적 환경에서는 기계적 조직이 더 효과적이라고 주장하였다.

29. 민츠버그(H. Mintzberg)의 다섯 가지 조직구조 중 기계적 관료제의 특징으로 적절한 것은?

① 중간관리층의 역할이나 중요성이 매우 크다.
② 기술의 변화속도가 빠른 동태적인 환경이 적합하다.
③ 많은 규칙과 규제가 필요하여 공식화 정도가 매우 높다.
④ 강력한 리더십이 필요한 경우에 적합하다.

30. 수직적 통합에 대한 다음 설명 중 옳지 않은 것은?

① 후방통합의 경우 시장비용을 절감할 수 없다.
② 후방통합의 경우 생산비용을 절감할 수 있다.
③ 수직적 통합으로 기업의 활동범위가 넓어지면 경영 등 위험요소가 더 커진다.
④ 유통기능을 내부화하면 관료적 지배구조에서 기인한 비능률이나 조직 내 정치현상이 나타날 수 있다.

31. 경영혁신기법 중 기존의 프로세스를 처음부터 다시 생각하고 최신의 기술과 지식을 바탕으로 프로세스를 재설계하는 방법은?

① BPR
② TQM
③ ERP
④ ABC

32. 수요가 공급을 초과하여 수요의 감소를 목적으로 하는 마케팅은 무엇인가?

① 디마케팅
② 전환마케팅
③ 자극마케팅
④ 개발마케팅

33. A 사는 TV 시장을 추구하는 편익, 사용량, 상표애호도, 사용여부로 세분화했다. 이와 같은 시장 세분화는 어떤 기준을 적용한 것인가?

① 지리적 세분화
② 행동적 세분화
③ 인구통계학적 세분화
④ 심리적 세분화

34. 서비스의 특징에 대한 설명으로 가장 옳지 않은 것은?

① 서비스는 무형성이 강조된다.
② 서비스는 생산과 소비가 동시에 일어난다.
③ 서비스는 유형의 제품에 비하여 생태적으로 품질관리가 쉽다.
④ 서비스는 생산자와 고객 간의 상호작용이 생산공정에 반영된다.

35. 다음 중 광고에서 매력적인 모델을 기용함으로써 소비자의 주의를 끄는 것을 설명하는 현상은?

① 최근효과(Recency Effect)
② 백로효과(Snob Effect)
③ 초기효과(Primacy Effect)
④ 후광효과(Halo Effect)

36. 피터 드러커가 제시한 경영시각과 가장 거리가 먼 것은?

① 모든 기업들은 목표와 가치관에 몰입할 것을 요구한다.
② 경영은 기업과 구성원들이 성장하고 개발하도록 만들어야 한다.
③ 성과는 외부에 의해 존재가치가 있게 된다.
④ 급진적인 스트레스는 구성원들을 분발시킨다.

37. 연속생산공정의 특징에 해당하지 않는 것은?

① 표준화 정도가 높다.
② 재고관리, 품질관리가 쉽다.
③ 다른 생산공정보다 원가가 낮고, 균일한 제품을 신속하게 납품할 수 있다.
④ 과업의 형태가 비반복적이다.

38. 재고관리에 대한 설명으로 옳지 않은 것은?

① EOQ, EPQ 모형은 재고관련 비용의 최소화를 목적으로 하는 고정주문모형에 속한다.
② ABC 관리법은 재고품목을 연간 사용량에 따라 구분하고 차별적으로 관리하는 기법이다.
③ 작업의 독립성을 유지하고 생산활동을 용이하게 하기 위해 재고가 필요하다.
④ MRP 기법은 독립수요품의 재고가 확정되어 있을 때 종속수요품의 재고관리 및 통제를 위한 기법이다.

39. 순현가법과 내부수익률법에 대한 설명 중 가장 옳지 않은 것은?

① 재투자율의 가정에 있어 순현가법보다 내부수익률법이 더 합리적이다.
② 순현가법은 가치가산의 원리가 적용되나 내부수익률법은 적용되지 않는다.
③ 내부수익률법에서는 내부수익률로 재투자됨을 가정한다.
④ 두 방법 모두 현금흐름 할인모형이다.

40. 자본자산가격결정모형(CAPM)에 대한 가정 중 가장 옳지 않은 것은?

① 단일기간모형이다.
② 완전자본시장을 가정하므로 세금이나 거래비용 등 마찰적 요소가 존재하지 않는다.
③ 무위험자산은 존재하지 않는다.
④ 모든 투자자들은 자산의 기대수익률과 분산에 대해서 동질적 기대를 한다.

41. 주식가치평가에 대한 설명 중 가장 옳지 않은 것은?

① 요구수익률은 현재의 주가와 관계없이 정해진다.
② 주식가치는 현재보다는 미래의 정보가 반영되어 있다.
③ 단기순이익이 높은 회사는 당기순이익이 낮은 회사보다 주가가 높다.
④ 배당평가모형은 주식의 내재가치를 배당의 현재가치로 인식한다.

42. 선물거래에 대한 설명 중 가장 옳지 않은 것은?

① 거래상대방의 신용위험을 고려할 필요가 없다.
② 선물시장은 현물시장의 유동성을 감소시킨다.
③ 선물시장은 위험회피의 수단으로 의미가 있다.
④ 옵션시장과 달리 선물시장은 가격에서 예시기능이 존재한다.

43. 기업에서 부채를 많이 사용할 경우 발생할 수 있는 미래비용에 대한 설명으로 가장 옳지 않은 것은?

① 과도한 배당이나 재산도피가 발생할 수 있다.
② 과도하게 위험한 투자안을 선택할 가능성이 작아진다.
③ NPV가 0보다 큰 투자안도 기각할 수 있다.
④ NPV가 0보다 작은 투자안도 선택할 수 있다.

44. 자본비용에 대한 설명 중 가장 옳지 않은 것은?

① 기업에 대해서 투자자들이 요구하는 최소한의 수익률이다.
② 기업이 사용하는 개별자본의 비용을 모두 고려하여 산출하여야 한다.
③ 다른 조건이 동일할 때, 우선주를 발행한 기업에 비하여 그렇지 않은 기업의 보통주주들의 자기자본비용이 더 낮다.
④ 일반적으로 자기자본은 타인자본보다 그 위험이 낮으므로 자기자본비용이 타인자본비용보다 낮게 나타난다.

45. 재무제표의 작성과 표시를 위한 개념체계에 대한 설명으로 옳지 않은 것은?

① 한국채택국제회계기준 개념체계는 질적 특성을 근본적 실적 특성과 보강적 질적 특성으로 구분하고 있다.
② 중요성은 개별 기업 재무보고서 관점에서 해당 정보와 관련된 항목의 성격이나 규모 또는 이 둘 모두에 근거하며 해당 기업에 특유한 측면의 목적적합성을 의미한다.
③ 재고자산은 취득원가와 순실현가능가치 중 큰 금액으로 측정한다.
④ 한국채택국제회계기준 개념체계는 계속기업을 기본가정으로 하고 있다.

46. 다음은 무엇에 대한 설명인가?

당기에 현금으로 수입된 수익은 일단 수익계정으로 처리하고, 결산 시에 그 수익 중 차기에 속하는 부분을 계산하여 당기의 수익계정에서 차감하는 선수금의 성질을 가진 일종의 부채로 차기로 이월하는 것이다.

① 비용의 이연
② 수익의 이연
③ 비용의 발생
④ 수익의 발생

47. 화폐의 시간가치가 존재하는 이유에 대한 설명으로 가장 옳지 않은 것은?

① 투자자는 유동성이 높은 자산을 선호한다.
② 미래에는 불확실성이 존재하고 현재는 확실하다.
③ 인플레이션이 발생한다.
④ 실질금리가 양(+)의 값을 갖기 때문이다.

48. 경제적 부가가치(EVA)에 대한 설명으로 옳지 않은 것은?

① EVA는 고객만족도나 내부평가, 성장성에 대해서도 알 수 있다.

② EVA는 기업입장에서 타인자본과 자기자본비용을 대등하게 파악하고자 하는 경영성과의 지표이다.

③ EVA는 기존 손익계산서의 문제점을 보완하기 위하여 만든 개념이다.

④ EVA는 주주의 입장에서 기업이 주주의 위험부담에 대하여 보상을 고려하고 있다.

49. 증권특성선(Security Characteristic Line)에 대한 설명으로 옳지 않은 것은?

① 증권특성선의 기울기는 체계적 위험을 나타내는 지표이다.

② 비체계적 위험은 분산투자를 통해 제거 가능하다.

③ 총위험에서 체계적 위험이 차지하는 비중이 커질수록 증권특성선의 설명능력이 커진다.

④ 총위험 중 체계적 위험이 차지하는 비율을 결정계수라 하며 결정계수는 −1에서 0 사이에 존재한다.

50. 일시상환사채의 사채발행자금을 상각 또는 환입할 경우 사채발행차금상각액은 매년 어떻게 변하는가? (단, 사채발행자금은 유효이자율법을 적용한다)

	할인발행의 경우	할증발행의 경우
①	감소	감소
②	감소	증가
③	증가	증가
④	증가	감소

경영학 3회 실전모의고사

문항수 | 30문항

▸정답과 해설 17쪽

01. 상법상의 회사 중 하나인 유한회사에 대한 설명으로 옳은 설명은?

① 사원총회는 최고의 의사결정기관이다.
② 감사는 필수적 상설기관이다.
③ 무한책임사원이 경영을 담당한다.
④ 3인 이상의 이사가 필요하다.
⑤ 기관의 구성이 주식회사보다 개방적이다.

02. 다음 중 무한책임사원으로만 구성되는 회사의 형태는?

① 합자회사　② 유한회사　③ 주식회사
④ 합명회사　⑤ 유한책임회사

03. 〈보기〉의 내용과 가장 관계가 깊은 제품수명주기상의 단계는?

보기

- 주 고객은 조기수용층이다.
- 시장에서 제품의 판매가 급격히 증가하면서 순이익이 발생한다.
- 시장침투가격을 설정한다.
- 브랜드 강화 전략을 실시한다.

① 도입기　② 성장기　③ 성숙기
④ 쇠퇴기　⑤ 포화기

04. 다음 중 어떤 대상이나 사람에 대한 일반적인 견해가 그 대상이나 사람의 구체적인 특성을 평가하는 데 영향을 미치는 현상은?

① 후광효과 ② 중심화 경향 ③ 최근효과
④ 관대화 경향 ⑤ 상품적 평가

05. 다음 중 허즈버그의 2요인이론을 근거로 한 직무설계방법은?

① 직무몰입 ② 직무확대 ③ 직무충실화
④ 직무순환 ⑤ 직무특성이론

06. 현대 사회에서는 기업의 사회적 책임이 점차 증대되고 있다. 기업의 사회적 책임 영역 중에서 가장 기본적인 수준의 책임은 어느 것인가?

① 법적 책임 ② 윤리적 책임 ③ 도덕적 책임
④ 자발적 책임 ⑤ 경제적 책임

07. 다음 중 수요가 공급을 초과하는 상태에서의 마케팅 과업은 어느 것인가?

① Counter-Marketing ② Unselling
③ Maintenance Marketing ④ Stimulational Marketing
⑤ Demarketing

08. 다음 중 기업의 마케팅활동 중 상품소비자를 대상으로 하는 PR에 해당하지 않는 것은?

① 퍼블리시티(Publicity) ② 보도자료
③ 협찬 ④ 이벤트
⑤ 컨퍼런스 콜(Conference Call)

09. 총자산순이익률이 20%이고 매출액순이익률이 8%일 때, 총자산회전율은 얼마인가?

① 1.8회 ② 2.0회 ③ 2.2회
④ 2.5회 ⑤ 3.0회

10. 다음 중 마케팅전략에서 활용되는 4P에 해당하지 않은 것은?

① 제품 ② 유통 ③ 촉진
④ 가격 ⑤ 원가

11. 다음 중 조직을 설계하는 과정에서 영향을 미치는 요인으로 거리가 가장 먼 것은?

① 기업전략 ② 경영전략 ③ 시장 여건
④ 조직의 규모 ⑤ 직무의 공식화

12. 다음 중 생산유연성을 제고시키는 공장자동화와 관련된 용어가 아닌 것은?

① CIM ② FMS ③ JIT
④ CAD/CAM ⑤ Robotics

13. 다음 중 무형자산에 해당하는 계정과목은?

① 임차료 ② 선수금 ③ 개발비
④ 임대료 ⑤ 수도광열비

14. 다음 중 마이클 포터의 산업구조분석모형에서 활용하는 Five Forces에 해당하지 않는 것은?

① 전통적 경쟁자 ② 잠재적 경쟁자 ③ 대체가능한 제품과 서비스
④ 공급자 교섭력 ⑤ 원가경쟁력

15. 다음 〈보기〉 중 목표에 의한 관리(MBO)에서의 목표설정 방법으로만 묶인 것은?

보기

a. 업무가 완전히 종료된 후에야 비로소 그 결과를 수행 담당자에게 알린다.
b. 약간 어려운 목표를 설정해야 한다.
c. 목표설정 과정에 목표를 수행할 당사자가 참여한다.
d. 목표와 관련한 범위, 절차, 기간 등을 구체적으로 설정한다.
e. Top-Down 방식으로 목표가 설정되어야 한다.

① a, b, c ② b, c, d ③ c, d, e
④ a, c, e ⑤ b, d, e

16. 다음 중 BCG 매트릭스의 Cash Cow에 해당하는 설명은?

① 시장성장률은 낮지만 시장점유율이 높은 경우이다.
② 시장성장률은 높지만 시장점유율이 낮은 경우이다.
③ 시장성장률과 시장점유율이 모두 높은 경우이다.
④ 시장성장률과 시장점유율이 모두 낮은 경우이다.
⑤ 시장성장률과 시장점유율이 모두 중간인 경우이다.

17. 다음은 무엇에 대한 설명인가?

> 이것은 예측하고자 하는 특정 문제에 대하여 전문가들을 한 자리에 모으지 않은 상태에서 전문가 집단의 다양한 의견을 취합하고 조직화하여 합의에 기초한 하나의 최종 결정안을 도출하는 시스템적 의사결정 방법이다.

① 브레인스토밍
② 시뮬레이션
③ 명목집단기법
④ 의사결정나무
⑤ 델파이 기법

18. 다음 중 마이클 포터의 가치사슬(Value Chain) 분석에서 본원적 활동(Primary Activities)에 해당하지 않는 것은?

① 서비스
② 운영
③ R&D
④ 마케팅
⑤ 물류유통

19. 시장을 세분화 하는 과정에서의 기준 중 인구통계적 변수에 해당하지 않는 것은?

① 가계소득
② 가족 규모
③ 교육 수준
④ 직업
⑤ 라이프스타일

20. A 기업은 전혀 다른 산업에 속하는 이종기업인 B 기업을 합병하였다. 이는 다음 중 어디에 속하는 상황인가?

① 수직적 합병 ② 수평적 합병 ③ 다각적 합병
④ 적대적 합병 ⑤ 관계기업 합병

21. 포트폴리오와 관련된 다음의 설명 중 올바르지 않은 것은?

① 완전한 정(+)의 상관관계에서는 위험분산 효과가 존재하지 않는다.
② 효율적 투자선상의 포트폴리오에 더 우월한 포트폴리오가 존재한다.
③ 상관계수가 작을수록 분산투자효과는 크게 나타난다.
④ 포트폴리오의 구성 종목 수가 늘어날수록 포트폴리오의 위험은 감소한다.
⑤ 포트폴리오의 기대수익률은 개별 주식의 기대수익률로부터 계산할 수 있다.

22. 다음 중 레버리지와 직접 관련된 재무비율은 무엇인가?

① 자기자본비율 ② 영업이익률 ③ 당좌비율
④ 유통비율 ⑤ 총자산증가율

23. 다음 중 인지부조화이론에서 관련 근거를 찾을 수 있는 동기이론은 어느 것인가?

① 알더퍼의 ERG이론 ② 매슬로우의 욕구단계이론
③ 브룸의 기대이론 ④ 허즈버그의 2요인이론
⑤ 아담스의 공정성이론

24. 다음 중 정보의 순환과정에서 중시되는 정보보안의 목표에 해당하지 않은 것은?

① 이행성(Transitive) ② 무결성(Integrity) ③ 기밀성(Confidentiality)
④ 가용성(Availability) ⑤ 인증성(Authentication)

25. 최대다수의 최대행복을 지향하는 기업윤리 접근법은 무엇인가?

① 상대적 접근 ② 절대적 접근 ③ 정의적 접근
④ 공감적 접근 ⑤ 공리적 접근

26. 다음 중 기술적으로는 기존 제품과 관계가 없지만 기존 고객에게 호소할 수 있는 제품으로 다각화하는 전략은?

① 차별적 다각화 ② 수평적 다각화 ③ 시너지스틱 다각화
④ 콘글로메리트 다각화 ⑤ 수직적 다각화

27. 인간의 고차원 욕구는 저차원의 욕구가 충족될 때 동기부여 요인으로 작용한다는 욕구단계이론을 제시한 사람은?

① 매슬로우 ② 페이욜 ③ 버나드
④ 맥그리거 ⑤ 사이먼

28. 다음 동기부여와 관련된 이론 중에서 내용이론에 해당하지 않는 것은?

① 공정성이론　② 2요인 이론　③ ERG이론
④ 성취동기이론　⑤ 욕구단계이론

29. 기업 전체에 중요한 영향을 미치는 것으로 경쟁우위를 달성하기 위한 자원배분과 관련된 계획은 무엇인가?

① 전략적 계획　② 전술적 계획　③ 운영적 계획
④ 분석적 계획　⑤ 지속적 계획

30. 어느 기업이 생산하는 제품의 단위당 직접재료원가는 300원, 단위당 직접노무원가는 150원, 단위당 제조간접원가는 200원일 때, 이 제품의 단위당 가공원가는 얼마인가?

① 300원　② 350원　③ 450원
④ 500원　⑤ 650원

경영학

4회 실전모의고사

문항수 | 15문항

▸ 정답과 해설 21쪽

01. 어떤 문제가 발생하기 전에 이 문제를 막기 위한 통제활동은 어떠한 경영통제에 속하는가?

① 사전통제
② 진행통제
③ 사후통제
④ 내부통제

02. 다음 중 벤치마킹에 대한 설명으로 옳지 않은 것은?

① 벤치마킹이란 다른 사람이나 조직이 어떻게 잘하고 있는지를 파악하는 활동이다.
② 자산 또는 자기 기업에게 어떻게 적용할 것인지를 분석하는 활동이다.
③ 같은 업종 내에서 경쟁자나 우량기업을 대상으로 한다.
④ 이질적인 조직은 상황이 다르므로 벤치마킹 효과가 없다.

03. 다음 중 제품 · 시장믹스를 통해 취할 수 있는 전략 유형이 아닌 것은?

① 시장침투
② 제품수명주기 관리
③ 시장개발
④ 신제품 개발

04. 조직의 방향설정과 관련된 설명으로 옳지 않은 것은?

① 기업이 존재하는 목적이나 이유를 설명하고 타기업과 해당 기업을 구별시켜주며, 기업의 활동영역을 규정해준다.
② 비전의 설정에 따라 미션을 수립하고, 전략도출을 통해 활동성향과 자원배분을 결정한다.
③ 비전이란 조직이 장기적으로 구현하고자 하는 바람직한 미래상이다.
④ 전략체계도를 통해서 조직이 나아가야할 방향을 확인할 수 있다.

05. 다음 중 기업의 사회적 책임이 요구되는 이유로 가장 옳지 않은 것은?

① 시장의 불완전성
② 외부불경제
③ 환경요인과의 상호의존성
④ 무한경쟁시대의 도래

06. 다음 중 작업을 분화하고 전문화하여 수행하는 것을 일컫는 말은?

① 협업
② 조업
③ 과업
④ 분업

07. 기업은 자금조달을 위해 채권을 발행하는데, 여기에 투자한 사람을 채권자라 한다. 다음 중 채권자에 대한 올바른 설명은?

① 주총에서 이사 선임권한을 갖는다.
② 기존금리에 따라 이자를 지급받는다.
③ 잔여재산청구권에서 주주보다 우선한다.
④ 투자금은 기업의 자기자본으로 계상된다.

08. 잠재 고객인 구매자나 소비자의 필요와 욕구를 파악하고, 그들의 기대를 충족시키는 재화와 서비스를 제공하는 과정을 무엇이라고 하는가?

① 제품기획
② 시장조사
③ 판매
④ 마케팅

09. 기업의 경영활동에 직접적인 영향을 미치는 환경요인은?

① 국민경제규모
② 법률 · 제도 · 규정
③ 관습 · 전통
④ 소비자

10. 조직의 특성에 대한 설명으로 옳지 않은 것은?

① 조직은 달성하기 위한 목표가 있다.
② 조직 계층별 책임자에게 책임이, 구성원에게는 역할이 주어진다.
③ 조직의 구조와 운영에 필요한 규정이나 규칙을 보유하고 있다.
④ 조직이 성숙 및 쇠퇴단계에 이르면 기존의 조직문화는 주로 조직혁신을 촉진하는 기능을 한다.

11. 다음 중 재무제표를 구성하는 일반적인 유형이 아닌 것은?

① 투자성과표
② 재무상태표
③ 포괄손익계산서
④ 현금흐름표

12. 미리 정해놓은 일정한 시점에 양, 등급, 가격, 만기일 등에 대하여 계약을 맺고, 이 계약의 만기일 이전에 반대매매를 행하거나 만기일에 현물을 인수 및 인도함으로써 그 계약을 종결하는 거래형태는?

① 교환사채 거래
② 선물거래
③ 스왑거래
④ 워런트 거래

13. 다음 중 재무관리의 주요활동이라고 보기 어려운 것은?

① 기업의 재무상태 및 경영성과가 어떤 상황이고 어떻게 변화될 것인가?
② 벌어들인 이익을 채무자, 배당, 유보에 어떻게 배분할 것인가?
③ 재무담당 임원의 권한과 책임을 어떻게 설정할 것인가?
④ 자금을 언제, 어디서, 얼마만큼 조달해 언제, 어디에, 얼마만큼 사용할 것인가?

14. 울산석유화학단지와 같이 여러 개의 생산부문이 유기적으로 결합된 다각적 결합공장 혹은 공장 집단은?

① 트러스트(Trust)
② 콘체른(Concern)
③ 콤비나트(Kombinat)
④ 콩글로메리트(Conglomerate)

15. 배당정책에 대한 설명으로 옳지 않은 것은?

① 기업이 창출한 이익을 배당금과 유보이익으로 나누는 결정이다.
② 차기년도 배당을 위해서 이익금의 일부를 내부적으로 적립하는 것을 유보이익이라고 한다.
③ 발생한 이익 중 일부를 주주들의 소유지분에 따라 나눠 주는 것을 배당이라고 한다.
④ 배당은 현금배당과 주식배당으로 구분할 수 있다.

경영학 5회 실전모의고사

문항수 | 30문항

▶ 정답과 해설 24쪽

01. 다음 글에서 설명하는 마케팅의 종류는?

> 이것은 기업이 고객에 관한 정보를 수집하여 컴퓨터에 입력하여 저장한 후 이 자료를 이용하여 마케팅활동을 하거나 고객관계 관리를 위하여 사용하는 마케팅정보시스템 기법이다.

① 다이렉트 마케팅 ② 텔레마케팅 ③ 데이터베이스 마케팅
④ 터보 마케팅 ⑤ 노이즈 마케팅

02. 다음 중 서비스의 특징에 대한 설명으로 올바르지 않은 것은?

① 서비스의 무형성이란 서비스는 실체를 보거나 만질 수 없는 것을 의미한다.
② 탐색속성이란 서비스의 구매 이전에 원하는 정보를 찾아봄으로 평가되는 속성을 의미한다.
③ 서비스의 품질평가는 제품의 품질평가보다 쉽다.
④ 생산과 소비의 동시성은 서비스는 제공과 동시에 소비가 된다는 의미이다.
⑤ 종업원에 따라 서비스의 질이 달라지는 것을 서비스의 이질성이라 한다.

03. 계획된 프로젝트가 기술적 및 경제적으로 시행이 가능한가를 조사, 검토하는 과정을 무엇이라고 하는가?

① 타당성 검토 ② 시장성 검토 ③ 경제성 검토
④ 판매가능성 검토 ⑤ 기술 검토

04. 다음 마케팅에 대한 설명 중 가장 부적절한 것은?

① 내부 마케팅이란 종업원에 대한 마케팅 활동을 의미하며, 외부 마케팅이란 고객에 대한 마케팅 활동을 말한다.

② 기업의 마케팅 순서는 외부 마케팅을 먼저하고 내부 마케팅을 해야 한다.

③ 고객생애가치란 고객으로부터 얻게 되는 현금흐름의 총합을 의미하는 것으로 고객이 평생 동안 창출해 줄 수 있는 현금흐름의 합계를 의미한다.

④ 자극적 마케팅이란 잠재적 시장에서 전혀 관심이나 수요가 없는 무수요를 환경의 변화나 제품에 관한 정보를 유도하여 관심을 불러일으키는 마케팅이다.

⑤ 그린마케팅이란 기업의 사회적 책임과 관련되어 환경을 강조하는 마케팅 전략이다.

05. 다음 중 효과적인 인사고과의 요건이 아닌 것은?

① 합리적인 평가기준을 설정하여야 한다.

② 구성원으로부터 요구되는 성과를 구체화하며 고과결과가 보상과의 상관성을 지녀야 한다.

③ 사람별로 세분화된 객관적이고 공정한 평가요소를 지녀야 한다.

④ 내재적 만족과 외재적 보상이 동기강화요인으로 작용할 수 있어야 한다.

⑤ 공정한 평가절차가 구성되고 운영되어야 한다.

06. 블레이크와 머튼의 리더십 관리격자모델에서 인간에 대한 관심은 높고 과업에 대한 관심은 낮은 리더십 스타일은 무엇인가?

① 팀형　② 절충형　③ 방관형
④ 과업형　⑤ 컨트리클럽형

07. 다음 중 강화이론에서 강화의 유형에 해당하지 않은 것은?

① 소멸　② 처벌　③ 긍정적 강화
④ 부정적 강화　⑤ 중립적 강화

08. 다음 중 직무평가에 대한 설명으로 옳지 않은 것은?

① 직무평가는 수행업무 분석과 수행요건 분석을 통해 누가 어떤 직무를 해야 하는가에 대한 평가이다.

② 직무기술서와 직무명세서를 활용하며 직무평가의 결과는 직무급 산정의 기초자료가 된다.

③ 서열법은 직무의 수가 많고 직무의 내용이 복잡한 경우에는 적절하지 않은 평가방법이다.

④ 직무평가를 통하여 직무의 절대적 가치를 산출한다.

⑤ 요소비교법은 핵심이 되는 몇 개의 기준 직무를 산정하고 평가하고자 하는 직무의 평가요소를 기준 직무의 평가요소와 비교하는 방법이다.

09. 다음 중 직무충실화에 대한 설명으로 옳지 않은 것은?

① 직무의 기술수준이 높고 과업종류도 다양할수록 높은 성과를 얻을 수 있다.

② 직원의 자율성과 책임, 의사결정 권한을 증대시킨다.

③ 매슬로우의 욕구단계이론이 이론적 기반이 되고 있다.

④ 직무가 보다 다양하고 흥미 있도록 하고 직무만족도를 높이기 위하여 수행해야 할 업무와 기술의 수를 증대시킨 것이다.

⑤ 직무수행에 있어 개인 간의 차이를 무시한다.

10. 임금과 복리후생제도에 대한 설명으로 옳지 않은 것은?

① 연봉제는 1년 단위로 개인의 실적, 공헌도 등을 평가하여 계약에 의해 연간 임금액을 결정하는 임금형태로 실적을 중시한다.

② 직무급은 담당자의 직무에 대한 태도와 직무적성, 직무성과에 따라 결정한다.

③ 순응임금제도는 물가, 판매가격 등 특정대상 기준을 정한 후 기준이 변함에 따라 자동적으로 임금률이 순응하여 변동하는 제도를 말한다.

④ 법정복리후생이란 종업원과 그들 가족의 사회보장을 위하여 법에 의하여 보호해 주는 것을 의미한다.

⑤ 임금은 노동의 질이나 양에 따라 차등이 발생하는 개별적 보상 성격이지만 복리후생은 노동의 질이나 양에 무관하게 종업원을 대상으로 지급하는 집단적 보상의 형태이다.

11. 다음 중 생산시스템의 일정계획에 대한 설명으로 옳지 않은 것은?

① 프로젝트 생산시스템의 일정관리는 PERT/CPM 등을 이용한다.
② 연속생산시스템의 일정계획은 라인밸런싱의 유지 및 제조공정의 지속적 가동 등을 통해서 할 수 있다.
③ 긴급률이란 납기일까지 남은 기간을 작업처리일수로 나눈 값으로 긴급률이 1보다 큰 값을 갖는 것은 이미 납기를 만족시킬 수 없는 상태임을 의미한다.
④ 존슨법과 잭슨법은 작업장이 2개인 경우에만 사용할 수 있는 작업순서결정기법이다.
⑤ 전진부하할당은 작업시간 현재일자부터 시작하여 시간상 앞으로 작업을 할당해 나가는 방법이다.

12. 다음 중 금융에 대한 설명으로 옳은 것은?

① 자금은 수요자로부터 공급자로 흐른다.
② 기업은 언제나 자금의 수요자이다.
③ 직접금융은 금융기관과 같은 중개기관을 사이에 두고 자금의 거래가 이루어지는 방식이다.
④ 단기금융시장의 대표적인 예로 콜시장을 들 수 있다.
⑤ 간접금융은 주로 증권시장에서 주식, 회사채 등을 통해 이루어진다.

13. 순현가법(NPV)과 내부수익률(IRR)법에 대한 설명으로 옳지 않은 것은?

① NPV법은 투자의 평균수익률을 고려한 분석기법이고, IRR법은 투자의 한계수익률을 고려한 분석기법이다.
② 단일투자안을 평가할 경우 현금흐름의 유형에 관계없이 NPV법과 IRR법에 의한 평가결과가 항상 일치한다.
③ NPV법이 IRR법에 비해 재투자수익률에 대한 가정이 더 합리적이다.
④ 투자규모가 현저히 상이한 상호배타적 투자안의 경우 NPV법과 IRR법에 의한 평가가 상반될 수 있다.
⑤ NPV법과 IRR법에 의한 평가결과에 차이가 발생하는 이유는 투자기간 내 현금흐름에 대한 묵시적인 재투자수익률의 가정이 서로 다르기 때문이다.

14. 다음 중 비용의 발생과 자산의 감소에 해당하는 거래는?

① 거래처에 현금 2,000만 원을 대여하다.
② 여비교통비 15만 원을 현금으로 지급하다.
③ 현금 2억 원을 출자하여 영업을 개시하다.
④ 정기예금에 대한 이자 120만 원을 현금으로 받다.
⑤ 영업용 자동차 1대를 현금 2,000만 원에 구입하다.

15. 다음 중 유동성비율의 산식은?

① 총매출액÷당좌자산
② 유동자산÷유동부채
③ 유동부채÷유동자산
④ 당좌자산÷당좌부채
⑤ 유동자산×유동부채

16. ○○기업은 자동화된 기계장치를 이용하여 자동화부품을 생산하는 회사로서 기계장치의 수선유지에 5명의 작업자를 고용하여 파손되었거나 정상적으로 작동되지 않는 기계수리 업무에 투입하고 있다. 각 수선유지 작업자는 하루에 8시간씩 200일을 작업하고 있으며 각각 6,000만 원의 연봉 계약으로 고용되어 있다. 당해 연도에 7,000시간의 수선유지 작업을 수행하였다면 미사용 활동원가는 얼마인가?

① 2,500만 원
② 2,500만 원
③ 2,750만 원
④ 3,150만 원
⑤ 3,750만 원

17. 포드 시스템에 대한 설명으로 옳지 않은 것은?

① 생산원가를 절감하기 위한 방식으로 소량생산방식을 도입했다.
② 작업자는 고정된 자리에서 작업을 하고 작업대상물이 작업자에게로 이동하게 하여 생산의 효율성을 극대화하였다.
③ 작업자의 활동이 자동적으로 통제되고 모든 작업은 컨베이어의 계열에 매개되어 하나의 움직임으로 동시화 시킨다.
④ 저가격－고임금의 원리를 컨베이어 벨트에 의한 이동조립 맵으로 실현시켰다.
⑤ 동시관리를 기본원리로 하여 자동화 생산과정에 적용하기 위한 수단으로 추진한 관리기법이다.

18. 경영학 이론에 관한 설명으로 옳지 않은 것은?

① 인간관계론은 조직 내 비공식조직의 중요성을 부각시켰다.
② 지식경영은 기업의 내 · 외부로부터 지식을 체계적으로 축적하고 활용하는 경영기법을 말한다.
③ 상황이론에서는 조직구조가 조직이 처한 상황에 적합해야 한다.
④ 시스템이론에서는 상위시스템과 하위시스템들 간의 독립성이 강조되고 있다.
⑤ 과학적 관리법에서는 효율과 합리성을 강조한다.

19. 다음 BCG 매트릭스에 대한 설명으로 옳지 않은 것은?

① 상대적 시장점유율과 시장성장률을 양대 축으로 하여 표시한 매트릭스이다.
② 상대적 시장점유율이 높을수록 회사는 경험효과로 인하여 많은 자금유입이 가능하게 된다.
③ 기업의 전략을 너무 단순하게 파악하였고 자금의 외부조달 가능성을 고려하지 않았다는 한계가 있다.
④ 시장성장률은 높지만 시장점유율이 낮은 사업의 경우 안정적 현금 확보가 가능하다.
⑤ 매트릭스 안의 원의 크기는 해당 사업단위의 매출액을 의미한다.

20. 다음 중 현대의 경영전략으로 가장 적절하지 않은 것은?

① 기업가치를 평가하는 과정에서 질을 더 중요시 한다.
② 의사결정과정에서 신속한 의사결정이 중요시되고 있다.
③ 경영전략은 대게 중요사업부서를 관심 대상으로 한다.
④ 기업경영활동에서 사용되는 자본요소 중에서 인적자본이 차지하는 비중이 점차 커지고 있다.
⑤ 하드웨어 중심 조직보다는 사고의 유연성과 창의성을 극대화할 수 있는 소프트웨어 중심 조직으로 전환한다.

21. 다음 기업의 이해관계자들 중 그 분류가 다른 하나는?

① 고객 ② 경쟁자 ③ 노동조합
④ 공급자 ⑤ 언론매체

22. 다음 중 PZB의 서비스 품질 평가기준에 대한 설명으로 옳지 않은 것은?

① 기업 내 서비스시설 환경은 서비스 품질의 유형성에 해당한다.
② 신뢰성은 기업이 약속한 서비스를 정확하게 전달하는 능력을 의미한다.
③ 고객을 직접 응대하는 직원의 외양은 서비스 품질의 확신성에 해당한다.
④ 소비자에 대한 개인적 이해을 바탕으로 하는 서비스의 제공은 서비스 품질의 공감성에 해당한다.
⑤ 고객의 요청에 즉시 서비스를 제공하기 위한 기업의 서비스 준비는 서비스 품질의 응대성에 해당한다.

23. 다음 지각과정에 대한 설명으로 옳지 않은 것은?

① 지각과정은 선택, 조직화, 해석화의 단계로 구성된다.
② 선택은 외부의 여러 정보 중 의미가 있는 것을 받아들이는 과정으로 유사한 지성을 가진 사람들은 항상 동일한 선택을 하게 된다.
③ 선택에 영향을 주는 요인으로는 지각대상의 특성, 지각자의 특성, 지각 당시의 상황 등이 있다.
④ 지각이란 환경으로부터 자극이 투입되어 이에 대한 반응을 형성하는 과정이다.
⑤ 조직화의 형태에는 집단화, 폐쇄화 등이 있다.

24. 다음 브룸의 기대이론에 대한 설명으로 옳지 않은 것은?

① 유의성이란 어떤 결과에 대해 개인이 가지는 가치나 중요성을 의미하는 것으로 승진, 표창 등을 예로 들 수 있다.
② 선택은 개인이 결정하는 특정한 행동양식으로 개인은 행동대안과 기대되는 결과 및 그 중요성을 비교 평가하여 자신의 행동을 선택하게 된다.
③ 자기 효능감이 높고 목표의 난이도가 높으면 기대가 커진다.
④ 성과와 보상 간에 연결을 분명히 해야 동기부여의 정도가 높아지게 된다.
⑤ 경영자는 종업원들이 노력하면 성과가 있다는 믿음을 주어야 한다.

25. 다음 중 사업부조직의 특징에 해당하지 않은 것은?

① 제품라인 간 통합과 표준화가 용이하지 않다.
② 사업부 간 연구개발, 회계, 판매, 구매 등의 활동이 조정되어 관리비가 줄어든다.
③ 사업부 내 관리자와 종업원의 밀접한 상호작용으로 효율이 향상된다.
④ 제품의 제조와 판매에 대한 분업이 촉진된다.
⑤ 제품에 대한 책임과 담당자가 명확하기 때문에 고객만족을 높일 수 있다.

26. 인간의 욕구는 학습을 통해 형성되며 이 욕구는 내면에 잠재되어 있다가 주위환경에 적합하게 될 때 표출되는 것이라고 주장한 사람은?

① 베버(Weber) ② 머레이(Murrey) ③ 맥클리랜드(McClelland)
④ 아담스(Adams) ⑤ 허즈버그(Herzberg)

27. 다음 제시문이 설명하는 집단의사결정 기법은?

> 일정한 주제에 관하여 회의형식을 채택하고 10명 내외의 구성원들의 자유발언을 통한 아이디어의 제시를 요구하여 창의적인 발상을 찾아내려는 방법이다. 이 기법은 개인의 창조적 사고를 저해하는 구성원 상호 간의 동조현상을 극복하고 소수 의견이 무시되지 않으면서 또한 소수 구성원에 의한 지배도 불가능해진다. 그리고 다른 구성원의 아이디어를 알게 됨으로써 학습의 기회와 새로운 시각을 자극받을 수 있다.

① 통계적 통합기법 ② 팀빌딩 기법 ③ 명목집단 기법
④ 브레인스토밍 기법 ⑤ 델파이 기법

28. 다음 유통에 관한 설명 중 가장 적절하지 않은 것은?

① 중간상인이 있으면 총 거래수가 최소화되며 생산자와 소비자 간의 시공간의 제약이 극복된다는 장점이 있다.
② 중간상은 생산자에게 적정 이윤을 보장하는 역할을 한다.
③ POS 시스템이란 판매된 상품에 대한 정보를 판매시점에서 즉시 기록함으로써 판매정보를 관리하는 시스템을 의미한다.
④ 편의품의 경우 개방적 유통경로를 사용하는 것이 일반적이다.
⑤ 제품의 기술적 복잡성이 클수록 직접유통이 유리하다.

29. 다음 가격정책에 관한 설명 중 가장 적절하지 않은 것은?

① 유보가격이란 구매자가 어떤 상품에 대해 지불할 용의가 있는 최대가격을 말한다.
② 준거가격이란 소비자들이 특정제품을 구매할 때 싸다, 비싸다의 기준이 되는 가격을 말한다.
③ 가격 인상 시에는 JND 범위 내에서 인상하고, 인하 시에는 JND 범위 밖으로 인하하는 것이 유리하다.
④ 관습가격이란 일반적인 사회관습상 용인된 가격을 의미한다.
⑤ 베버의 법칙이란 소비자가 가격변화에 대하여 느끼는 정도가 가격수준에 따라 모두 동일하다는 것을 의미한다.

30. 제품수명주기상 다음의 내용과 가장 관계가 깊은 단계는?

- 가격전략은 시장침투가격을 사용한다.
- 제품과 서비스를 확대한다.
- 시장점유율 극대화를 목표로 한다.
- 고객층은 조기수용중이다.

① 도입기　② 성장기　③ 포화기
④ 성숙기　⑤ 쇠퇴기

[고시넷 **공기업 사무직 통합전공** 핵심이론 + 문제풀이]

유형별 출제비중

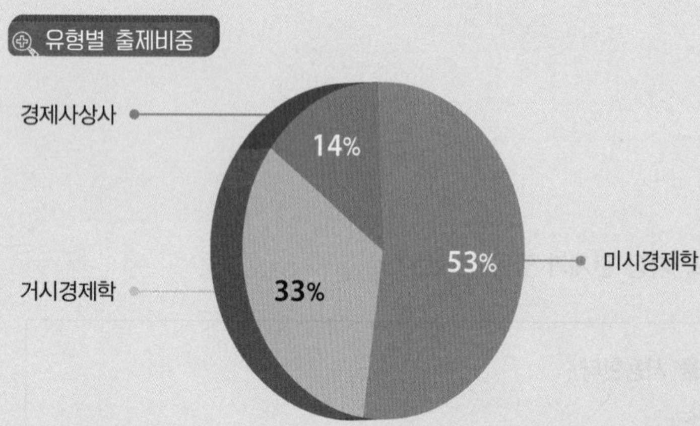

분석

공기업 직무수행능력평가로 출제되는 경제학은 미시경제학, 거시경제학과 경제사상사 중심으로 출제된다. 미시경제학에서는 수요와 공급관계, 완전경쟁시장과 독점시장에서의 가격균형 등의 시장구조에 관한 문제가 빈출되고, 거시경제학에서는 GDP와 인플레이션과 함께 고전학파와 케인즈주의를 중심으로 그에 관한 이론과 그 비교에 관한 거시경제의 경제사상사가 함께 출제된다.

공기업 NCS
직무수행능력평가[통합전공]

파트 2

경제학

테마 01

경제학 기초

> 경제학이란 사회과학의 한 영역으로서 희소한 경제자원을 활용하는 최선의 방법을 선택하는 것과 관련된 학문을 말한다.

1 경제학의 의의

1. 경제적 자원

(1) 광의로는 경제적 자원이란 우리가 아껴 써야 하는 모든 것을 말하고, 협의로는 노동이나 자본 같이 생산과정에 투입되는 상품으로 변화될 수 있는 생산요소를 말한다.

(2) 경제적 자원은 생산과정을 거쳐 상품으로 변화하며, 생산된 상품은 시장에서 매매되며, 상품은 눈에 보이는 재화와 보이지 않는 서비스로 구분된다.

2. 경제재와 자유재

경제재란 그 재화를 얻기 위해 일정한 대가를 치러야 하는 재화를 의미하고, 자유재란 아무런 대가없이 자유롭게 획득 가능한 재화를 의미한다.

> 경제모형의 구비조건
> 1. 가정의 현실적합성
> 2. 논리적 일관성
> 3. 예측 정확성
> 4. 일반화 가능성

3. 경제모형의 구성요소

(1) 가정 : 경제현상의 추상화, 단순화를 위해서 변수들의 형태 혹은 경제주체의 동기 등에 대한 가정으로부터 출발한다.

(2) 외생변수와 내생변수

① 외생변수 : 경제모형에 사용되는 변수 중 그 값이 모형과 관계없이 외부적 요인에 의해 결정되는 변수이다. 거시모형에서 정부에 의해 결정되는 정부지출이 그 예이다.

② 내생변수 : 외생변수가 일정하게 주어질 때 변수들 간의 상호관계에 의하여 그 값이 결정되는 변수이다. 수요량, 공급량, 물가 등이 그 예이다.

2 유량과 저량

1. 개념

(1) 유량(Flow) : 일정 기간을 기준으로 그 양을 측정하는 개념이다. 즉, 일정 기간 내의 변화를 나타내는 것이 유량이다.

(2) 저량(Stock) : 일정 시점을 기준으로 그 양을 측정하는 개념이다. 즉, 일정 시점의 존재량을 나타내는 것이 저량이다.

2. 구분

(1) 유량

① 국내총생산(GDP)은 1년 동안 한 나라 안에서 생산된 모든 재화와 서비스의 시장가치를 화폐 단위로 환산하여 더한 값이다. 즉 GDP는 1년이라는 '일정 기간' 동안 모아 측정한 값이므로 유량이 된다.

② 국제수지는 '일정 기간' 동안 한 나라가 다른 나라와 교역한 모든 경제적 거래에 따른 수입과 지출의 차이를 말한다.

③ 유량변수는 GDP · 국제수지 · 생산 · 소득 · 소비 · 저축 · 이윤 · 투자 · 수요 · 공급 등과 같이 '일정 기간' 동안 측정하는 변수이다.

(2) 저량

① '일정 시점'에 우리나라의 경제주체가 보유하고 있는 경제적 자산의 합인 국부는 저량이 된다.

② 외환보유액은 통화당국(중앙은행과 정부)이 언제든지 사용 가능한 대외자산으로서 '일정 시점'에서 한 국가가 보유하고 있는 외환채권의 총액을 의미한다.

③ 저량변수는 외환보유액 · 통화량 · 인구 · 부(Wealth) · 자산 · 부채 등과 같이 '일정 시점'에 측정하는 변수이다.

유량(Flow)	저량(Stock)
기간 임대료, 지대 소득, 수익 거래량, 국민총생산 주택공급-신규생산량 저량 변동(분)	시점 가격, 가치, 지가 인구, 재산, 자산(자본+부채), 국부 외채, 외환보유액, 통화량 주택 재고량
공급량 - 기간(신규택지공급량) 수요량 - 기간	공급량 - 시점(미분양주택수) 수요량 - 시점

대표기출유형

다음 중 유량(Flow) 개념의 변수에 해당하는 것은?

① 물가상승률 ② 화폐수요
③ 종합주가지수 ④ 시장이자율

정답 ①

해설 물가상승률은 물가가 전년 대비 올해 얼마나 상승했는지를 나타내는 지표로서 일정 기간을 기준으로 양을 측정하는 유량 개념이다.

테마 02

비용의 개념

합리적 선택을 위해서는 비용을 정확히 계산해야 한다. 비용이 과소평가되면 비용대비 편익이 크게 나타나고, 비용이 과대평가되면 좋은 대안이 높은 비용으로 인해 선택되지 않을 수 있다.

1 명시적 비용과 암묵적 비용

1. 명시적 비용

명시적 비용(Explicit Cost)이란 현금 지출이 필요한 요소비용, 즉 실제로 화폐를 지불한 비용으로 회계적 비용이라고도 한다.

2. 암묵적 비용

암묵적 비용(Implicit Cost)이란 현금 지출이 필요하지 않은 요소비용으로 장부에 기록되지는 않지만 실제로 대가를 지불한 비용이다.

2 기회비용과 매몰비용

1. 기회비용

(1) 기회비용(Opportunity Cost)이란 그것을 선택함으로 포기할 수밖에 없는 많은 선택가능성 중에서 가장 가치 있는 것이 보유하고 있는 가치이다.

(2) 선택에 따른 진정한 비용으로 여러 대안들 중 하나의 대안을 선택할 때 선택하지 않은 대안들 중 가장 좋은 것, 즉 차선의 가치이다.

> 기회비용 = 명시적 비용 + 암묵적 비용

2. 매몰비용

이미 투입되어 다시 회수할 수 없는 비용을 말하며 의사결정에 영향을 미치지 못한다. 본전 생각으로 매몰비용에 연연하면 더 큰 손해를 볼 수 있다.

3 경제적 비용과 회계적 비용

1. 경제적 비용

(1) 경제적 비용(Economic Cost)이란 명시적 비용과 암묵적 비용을 합한 것이다.

(2) 경제학에서는 기업가가 보유하는 생산요소에 대한 기회비용인 잠재적 비용을 고려한다는 점에서 회계적 비용과 구별된다.

> 경제적 비용(기회비용) = 회계적 비용(명시적 비용) + 암묵적 비용

2. 회계적 비용

회계적 비용(Accounting Cost)이란 직접 대금을 지불하고 구입하는 자원에 소요되는 비용으로 명시적 비용이라고도 한다.

> • 경제학적 이윤 = 총수입 − 기회비용(명시적 비용 + 암묵적 비용)
> • 회계학적 이윤 = 총수입 − 명시적 비용

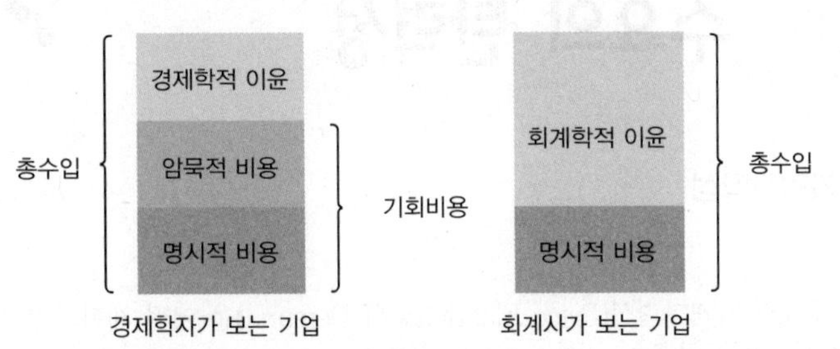

4 생산비용과 거래비용

1. 생산비용

생산비용이란 어떤 재화 또는 서비스를 생산하는 데 드는 비용으로 생산공장 내에서 발생하는 비용이다.

2. 거래비용

거래비용(Transaction Cost)이란 어떤 재화 또는 서비스를 거래하는 데 수반되는 비용으로 생산공장을 떠난 상태에서 발생하는 비용이다.

대표기출유형

각종 거래행위에 수반되는 비용으로 정보수집, 협상 비용과 정보의 비대칭 등으로 인한 비용은?

① 거래비용　② 기회비용
③ 매몰비용　④ 경제적 비용

정답 ①

해설 거래비용이란 기업 간 거래 과정에서 발생하는 비용으로 거래 전에 정보 수집이나 협상을 위해서 소요되는 비용과 계약 준수에 대한 감시 비용이나 재계약 비용 등을 포함한다.

오답풀이

② 기회비용은 어떤 자원이나 재화를 이용하여 생산이나 소비를 하였을 경우, 다른 것을 생산하거나 소비했었다면 얻을 수 있었을 잠재적 이익을 말한다.
③ 매몰비용은 지출한 비용 중 회수할 수 없는 비용을 말한다.
④ 경제적 비용은 명시적 비용에 잠재적 비용을 더한 비용으로 기업가가 보유하는 생산요소에 대한 기회비용인 잠재적 비용을 고려한다는 점에서 회계적 비용과 구분된다.

테마 03 수요의 탄력성

◉ 탄력성(Elasticity)의 개념

1. 탄력성은 소비자와 생산자가 시장환경의 변화에 어떻게 반응하는가를 보여주는 지표이다.
2. 현실 경제에는 무수히 많은 현상들이 원인과 결과로 연결되어 있는데, 탄력성이란 결과변수(종속변수)의 변화율을 원인변수(독립변수)의 변화율로 나누어 구한다.
3. 수요의 가격탄력성이란 가격이 변화할 때 수요량이 얼마나 변화하는가를 나타내는 지표로, 가격이 1% 변화할 때 수요량은 몇 % 변화하는가이다.

1 수요의 가격탄력성

1. 개념

(1) 정의 : 수요의 가격탄력성(Price Elasticity of Demand)은 어떤 재화의 가격이 변할 때 그 재화의 수요량이 얼마나 변화하는가를 나타내는 지표이다. 수요량의 변화율을 가격의 변화율로 나눈 값이다.

(2) 계산식

$$\text{수요의 가격탄력성}(E_d) = -\frac{\text{수요량 변화율(\%)}}{\text{가격 변화율(\%)}} = -\frac{\frac{\Delta Q}{Q}}{\frac{\Delta P}{P}} = -\frac{\Delta Q}{\Delta P}\cdot\frac{P}{Q}$$

(수요곡선의 기울기의 역수×균형의 위치)

(3) 수요의 법칙을 만족하면 가격과 수요량의 변화방향이 반대로 나타나므로, 계산된 탄력성의 값에 음의 부호(−)를 붙이거나 절댓값을 취해 양수로 만들어 사용한다.

2. 수요곡선의 형태와 탄력성의 값

$E_d=\infty$	완전 탄력적	가격이 약간만 변해도 수요량이 무한대로 변화(수평선)
$E_d>1$	탄력적	가격의 변동률보다 수요량의 변동률이 큼.
$E_d=1$	단위 탄력적	모든 점에서 가격 변화율과 수요량 변화율이 일치(직각쌍곡선)
$E_d<1$	비탄력적	가격의 변동률보다 수요량의 변동률이 작음.
$E_d=0$	완전 비탄력적	가격이 아무리 변해도 수요량은 불변(수직선)

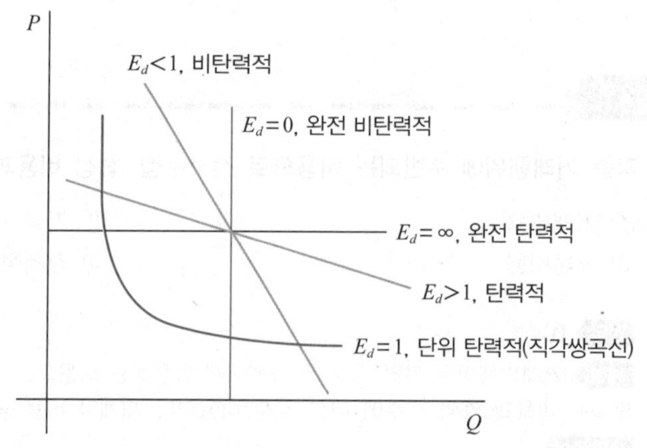

3. 수요곡선이 직선일 때의 탄력성

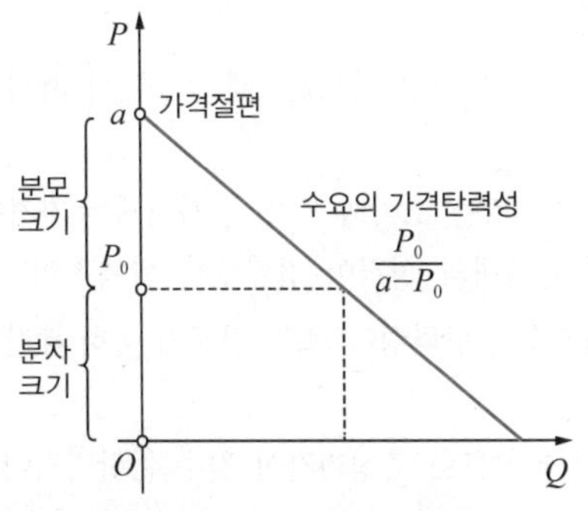

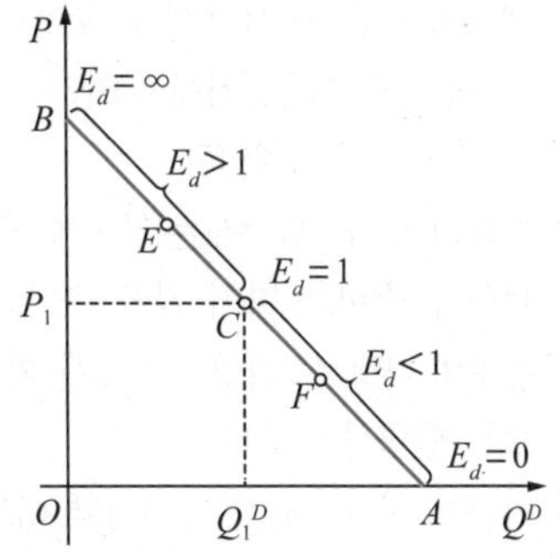

4. 수요의 가격탄력성과 판매수입(매출액)

수요의 가격탄력성의 크기	판매수입(매출액)	
	가격 하락 시	가격 상승 시
$E_d>1$ (탄력적) (수요량의 변화율 > 가격의 변화율)	수요량 증가	수요량 감소
$E_d=1$ (단위탄력적) (수요량의 변화율 = 가격의 변화율)	가계의 지출금액 불변	
$E_d<1$ (비탄력적) (수요량의 변화율 < 가격의 변화율)	가계의 지출금액 감소	가계의 지출금액 증가

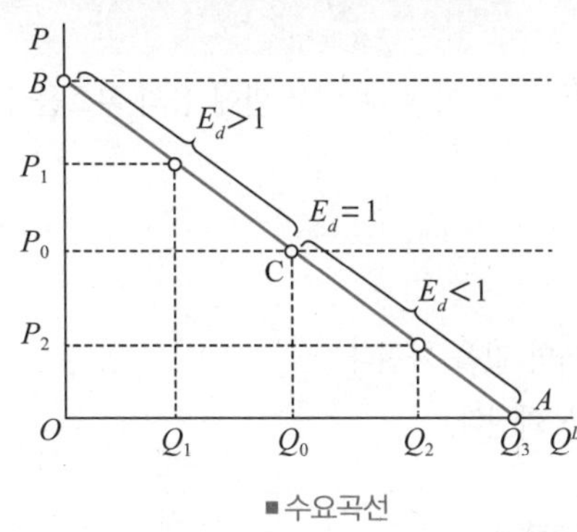

■ 수요곡선

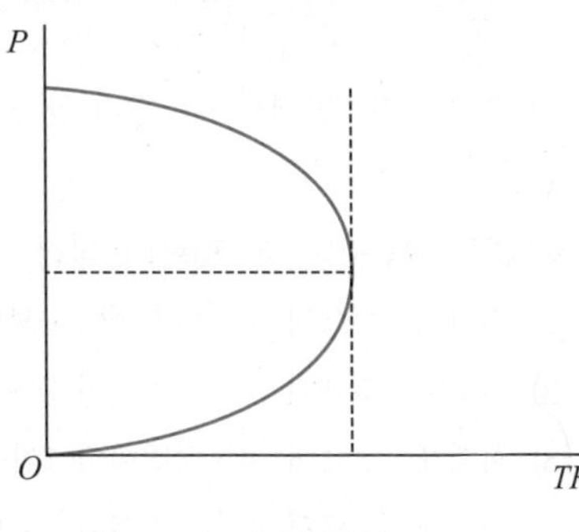

■ 총수입곡선

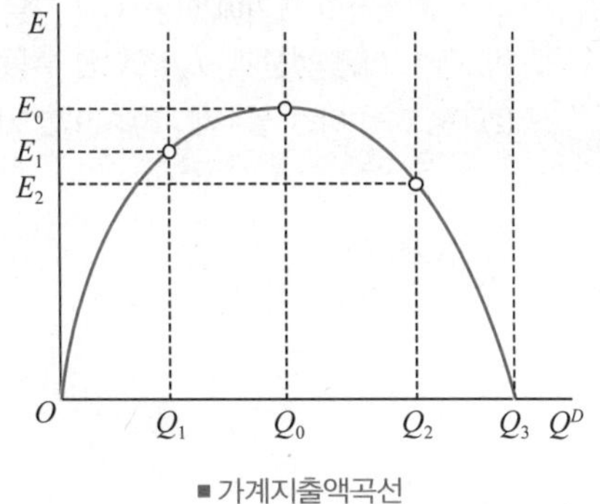

■ 가계지출액곡선

수요가 가격탄력적인 경우 ($E_d>1$)

- 가격 하락에 따른 수요량의 증가 변화가 큰 경우 : 가격 하락분보다 수요량 증가분이 커서 가계의 지출금액(기업 판매수입) 증가
- 가격 상승에 따른 수요량의 감소 변화가 큰 경우 : 가격 상승분보다 수요량 감소분이 커서 가계의 지출금액(기업 판매수입) 감소

5. 수요의 가격탄력성 결정요인

(1) 대체재의 존재 : 대체재가 많을수록 탄력적이다.

(2) 소득점유율(소득총액에서 차지하는 비율) : 여타조건이 일정할 때 소득에서 차지하는 비중이 클수록 탄력적이다.

(3) 재화의 성격 : 필수재는 가격에 상관없이 일정량을 소비해야 하나, 사치재는 가격이 오르면 더이상 소비를 하지 않을 수 있으므로 사치재의 성격이 강할수록 탄력적이다.

(4) 용도의 다양성 : 다양한 용도를 가진 상품일수록 탄력성이 크고, 용도가 극히 제한된 상품일수록 탄력성은 낮다.

(5) 기간의 장단(長短) : 장기에는 대처능력이 커지므로 측정기간이 길수록 탄력적이다.

(6) 가격변화의 성격 : 일시적일수록 비탄력적이고, 항구적일수록 탄력적이다.

2 수요의 소득탄력성

1. 개념

(1) 정의 : 수요의 소득탄력성(Income Elasticity of Demand)이란 소득의 변화율에 대한 수요량의 변화율을 의미하며, 소득 1%의 변화에 대한 수요량의 변화정도를 나타낸다.

(2) 계산식

$$\text{수요의 소득탄력성}(E_I)=\frac{\text{수요량의 변화율}}{\text{소득의 변화율}}=\frac{\frac{\Delta Q}{Q}}{\frac{\Delta M}{M}}=\frac{\Delta Q}{\Delta M}\cdot\frac{M}{Q}$$

(3) 수요의 가격탄력성과는 달리 양과 음의 값을 모두 가질 수 있어 앞에 음의 부호를 붙이지 않는다.

2. 수요의 소득탄력성과 재화의 성격

(1) 정상재 : 수요의 소득탄력성이 0보다 크다.

(2) 필수재 : 수요의 소득탄력성이 0에서 1 사이의 값을 가진다.

(3) 사치재 : 수요의 소득탄력성이 1이상의 값을 가진다.

(4) 열등재 : 수요의 소득탄력성이 0보다 작다.

탄력성의 크기에 따른 재화 구분

(1) $E_I>0$이면 정상재, $E_I<0$이면 열등재

(2) $0<E_I<1$이면 필수재, $E_I>1$이면 사치재

3 수요의 교차탄력성

1. 개념

(1) 정의 : 수요의 교차탄력성(Cross Elasticity of Demand)이란 다른 재화(Y)의 가격 변화가 해당 재화(X)의 수요에 미치는 변화의 정도를 나타내는 지표이다. X재의 수요량 변화율을 Y재의 가격 변화율로 나누어 계산한다.

(2) 계산식

$$\text{수요의 교차탄력성}(E_{XY}) = \frac{X\text{재의 수요량 변화율}}{Y\text{재의 가격 변화율}} = \frac{\frac{\Delta Q_X}{Q_X}}{\frac{\Delta P_Y}{P_Y}} = \frac{\Delta Q_X}{\Delta P_Y} \cdot \frac{P_Y}{Q_X}$$

2. 교차탄력성과 재화의 성질

(1) 교차탄력성>0 : 대체재의 관계
Y재 가격이 상승하면 X재 수요 증가(예 커피와 우유)

(2) 교차탄력성<0 : 보완재의 관계
Y재 가격이 상승하면 X재 수요 감소(예 커피와 설탕)

(3) 교차탄력성=0 : 독립재의 관계
Y재 가격이 상승해도 X재 수요 불변(예 커피와 연필)

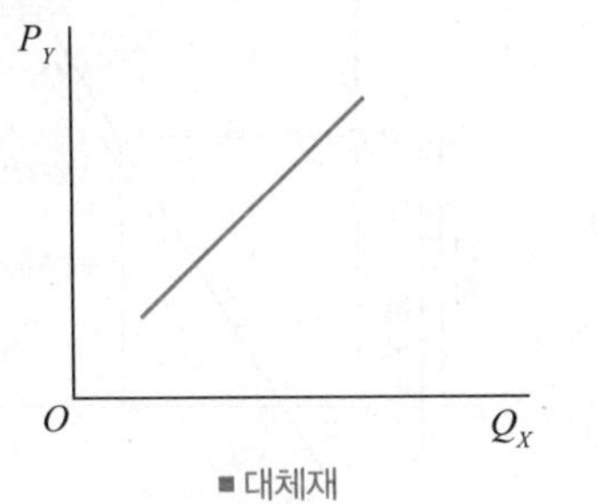

■ 대체재

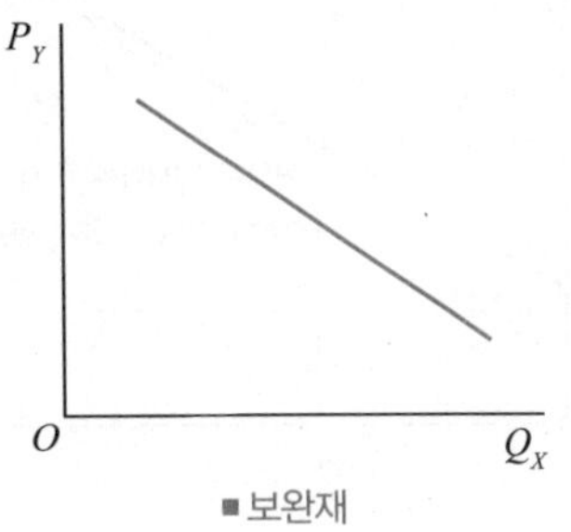

■ 보완재

대표기출유형

다음 중 수요의 가격탄력성에 대한 설명으로 적절하지 않은 것은?

① 수요에 대한 가격탄력성은 대체재가 많을수록 큰 값을 갖는다.
② 탄력성이 1보다 크면 가격이 하락함에 따라 공급자의 총수입은 증가한다.
③ 탄력성이 1보다 작으면 가격이 상승함에 따라 소비자의 총지출은 감소한다.
④ 수요의 가격탄력성은 어떤 재화의 가격이 변할 때 그 재화의 수요량이 얼마나 변하는지 나타내는 척도이다.

정답 ③

해설 수요의 가격탄력성이 1보다 작으면 가격이 상승할 경우 가격상승률에 비해 상대적으로 수요량의 감소율이 작기 때문에 소비자의 총지출은 증가하게 된다.

공급의 가격탄력성

1 개념

⊕ 공급의 가격탄력성은 독립변수인 (해당)재화의 가격이 변화할 때 종속변수인 (해당)재화의 공급량이 변화하는 정도를 나타내는 것이다.

1. 정의

공급의 가격탄력성이란 가격이 변화할 때 공급량이 얼마나 변화하는가를 나타내는 지표를 말한다. 즉, 가격변화율에 대한 그 재화의 공급량의 변화율을 의미한다.

2. 산출식

$$\text{공급의 가격탄력성}(E_S) = \frac{\text{공급량의 변화율(\%)}}{\text{가격의 변화율(\%)}} = \frac{\dfrac{\text{공급량 변화분}(\Delta Q)}{\text{원래 공급량}(Q)}}{\dfrac{\text{가격 변화분}(\Delta P)}{\text{원래 가격}(P)}} = \frac{\Delta Q}{\Delta P} \cdot \frac{P}{Q}$$

⊕ 공급의 가격탄력성은 원칙적으로 양(+)의 값을 가진다.

3. 공급곡선의 기울기와 가격탄력성

(1) 종축을 관통하는 선형공급곡선은 모든 점에서 탄력적(공급탄력성>1)

(2) 횡축을 관통하는 선형공급곡선은 모든 점에서 비탄력적(공급탄력성<1)

(3) 원점을 관통하는 선형공급곡선은 모든 점에서 단위탄력적(공급탄력성=1)

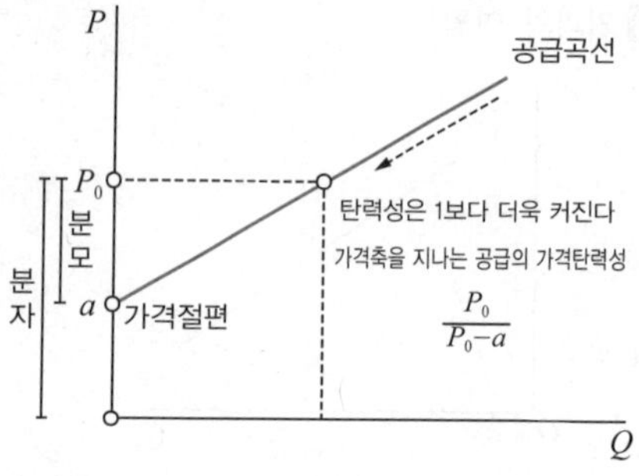

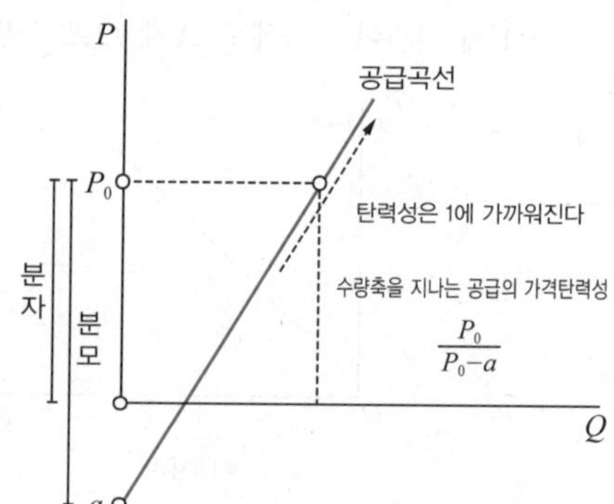

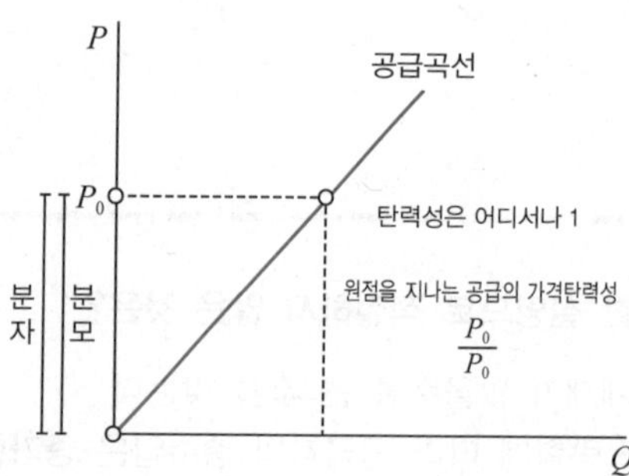

완전비탄력적	$E_S=0$	가격이 변화하여도 공급량이 전혀 변화하지 않는 경우
비탄력적	$E_S<1$	가격의 변화율보다 공급량의 변화율이 작은 경우
단위탄력적	$E_S=1$	가격의 변화율과 공급량의 변화율이 같은 경우
탄력적	$E_S>1$	가격의 변화율보다 공급량의 변화율이 큰 경우
완전탄력적	$E_S=\infty$	미세한 가격변화에 대하여 공급량이 매우 크게 변화

2 공급의 가격탄력성에 영향을 주는 요인

1. 생산량의 증가에 따른 비용의 변화

생산량을 증가시키려 할 때 시설용량의 확장이나 추가적인 투입요소 구입 등의 측면에서 평균생산비가 급격히 상승하면 가격 상승에 비하여 공급 증대가 상대적으로 작을 것이므로 공급의 가격탄력성은 작은 값을 가진다.

2. 다른 상품으로의 전환

어떤 기업이 한 상품의 생산으로부터 다른 상품의 생산으로 쉽게 전환할 수 있을 경우 공급의 가격탄력성이 클 것이다.

3. 가격변화에 적응하기 위한 기간

고려대상이 되는 기간이 단기보다 장기로 갈수록 공급의 가격탄력성이 커지는 경향이 있다.

4. 유휴설비

유휴설비가 많으면 가격 상승 시 공급량이 쉽게 증가할 수 있어 공급의 가격탄력성이 커진다.

5. 저장비용

저장비용이 많이 소요되거나 저장가능성이 낮은 재화는 가격변화에 신축적으로 대응하기 어려우므로 비탄력적이다.

대표기출유형

다음 중 공급의 가격탄력성을 가장 크게 늘릴 수 있는 것은?

① 생산요소의 부족 ② 완전고용의 실현
③ 유휴설비의 존재 ④ 완전경쟁에서의 공급 부족

정답 ③

해설 유휴설비는 생산요소의 투입으로 인한 요소가격의 상승요인이 적으므로 요소가격의 부담 없이 공급을 늘릴 수 있다.

테마 05

소비자잉여와 생산자잉여

- 소비자잉여
 =소비자가 누리는 가치−소비자가 지불한 금액
- 생산자잉여
 =공급자가 받는 금액−공급자가 치르는 비용
- 총잉여
 =소비자잉여+생산자잉여
 =소비자가 누리는 가치−공급자가 치르는 비용

1 소비자잉여

1. 소비자잉여(Consumer Surplus ; CS)는 소비자의 최대지불용의 금액에서 실제로 지불한 금액을 뺀 나머지 금액으로, 소비자가 시장 참여로부터 받는 혜택의 크기이다.
2. 소비자 A는 물건 B에 1만 원까지 지불할 용의가 있는데 7천 원만 주고 구입했다면 3천 원의 소비자잉여가 발생한 것이다.
3. 소비자의 최대지불용의는 소비로부터 예상되는 총효용(Utility)의 금전적 가치로 총편익(Total Benefit)이라고도 한다.

2 생산자잉여

1. 생산자잉여(Producer Surplus ; PS)는 공급자의 총수입에서 생산비용(기회비용)을 뺀 나머지 금액으로, 생산자가 시장에 참여하여 얻게 되는 이득을 말한다.
2. 생산비용은 공급자가 받아들일 수 있는 최저가격으로, 생산자의 판매용의이다.

수요폐색가격 (Demand Choke Price)
구매하려는 소비자가 없고 수요량이 0이 되는 가격 수준으로 역수요곡선의 수직축 절편이다.

공급폐색가격 (Supply Choke Price)
생산하려는 기업이 없고 공급량이 0이 되는 가격 수준으로 역공급곡선의 수직축 절편이다.

3 시장균형

1. 시장의 효율성

(1) 완전경쟁시장에서 외부효과가 없다면 한 사회의 경제적 후생은 소비자잉여와 생산자잉여의 합(즉, 경제적 잉여의 합)으로 표시할 수 있다.

(2) 경제적 잉여가 극대화될 때 시장의 효율성이 달성되며, 이때의 자원배분은 (파레토)효율적이라고 한다.

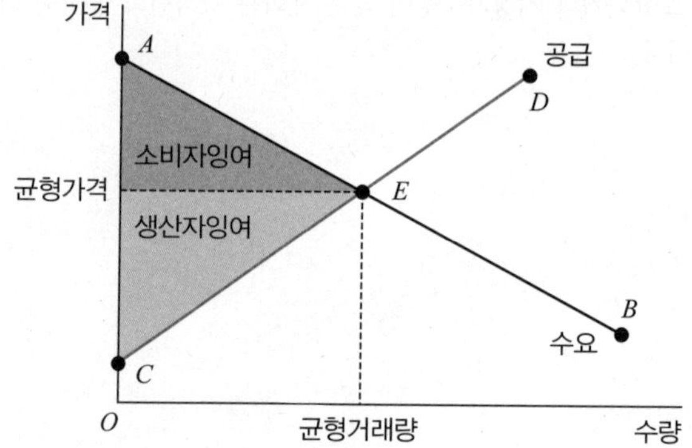

2. 시장실패의 원인

(1) 시장지배력(Market Power)

① 공급자나 수요자가 시장가격에 영향을 미칠 수 있는 능력을 의미한다.

② 시장지배력이 존재하면 시장에서 생산 및 소비되는 재화의 수량이 경제적 잉여를 극대화하는 수량과 달라져 시장의 효율성이 저하된다.

(2) 외부효과(Externalities)

① 시장거래의 결과, 거래 당사자가 아닌 다른 사람이 영향을 받고 그에 대한 보상이 이루어지지 않는 경우를 의미한다.

② 외부효과가 존재하면 시장에 의한 자원배분이 비효율적으로 이루어진다.

4 탄력성과 사회 잉여

1. 수요가 완전탄력적

수요가 완전탄력적인 경우 수요곡선은 수평이므로 소비자잉여는 없고 공급곡선이 우상향하면 사회적 잉여는 생산자잉여와 일치한다.

2. 수요가 완전비탄력적

수요가 완전비탄력적인 경우 수요곡선은 수직이므로 소비자잉여는 무한정 증가하고 공급곡선이 우상향하면 생산자잉여는 변함이 없다.

3. 공급이 완전탄력적

공급이 완전탄력적인 경우 공급곡선은 수평이므로 생산자잉여와 소비자잉여는 변함이 없고, 수요곡선이 우하향하면 사회적 잉여는 소비자잉여와 일치한다.

4. 공급이 완전비탄력적

공급이 완전비탄력적인 경우 공급곡선은 수직이므로 소비자잉여는 변함이 없고 생산자잉여는 무한정 증가한다.

파트1 경영학
파트2 경제학
파트3 법학
파트4 행정학
파트5 공기업 기출문제

대표기출유형

소비자 a, b, c, d가 커피를 구입할 때 지불할 용의가 있는 가격이 아래의 표와 같다. 커피가격이 4,000원일 때 사회 전체의 소비자잉여는?

구분	a	b	c	d
지불용의	3,000원	4,000원	5,000원	6,000원

① 2,000원 ② 3,000원 ③ 4,000원
④ 5,000원 ⑤ 6,000원

정답 ②

해설 소비자잉여(Consumer Surplus ; CS)는 소비자가 지불할 용의가 있는 최대가격과 실제 지불한 가격 간의 차이를 말한다.

• a : 구입하지 않았으므로 소비자잉여는 없다.
• b : 4,000－4,000＝0
• c : 5,000－4,000＝1,000
• d : 6,000－4,000＝2,000

따라서 사회전체의 소비자잉여는 1,000＋2,000＝3,000(원)이다.

테마 06

조세부과의 효과

1 조세의 경제적 기능

1. 자원배분 기능

조세는 자원배분에 영향을 미친다. 일반적으로는 세율이 높아지면 수요와 공급이 모두 감소하고, 세율이 낮아지면 수요와 공급이 모두 증가한다.

2. 소득재분배 기능

고소득자에게는 높은 세율을 적용하고, 저소득층에는 낮은 세율을 부과하는 누진세율은 소득의 재분배 기능을 수행할 수 있다. 또한 생필품의 경우에는 세율을 낮게 조정하고 사치품과 기호품에는 높은 세율을 적용하는 등 특정 재화에 세율을 조정하여 소득의 재분배 효과를 거둘 수 있다.

3. 경기안정화 기능

경기 침체기에는 세율을 낮추어 경기를 부양할 수 있으며, 경기 과열기에는 세율을 높여 소비를 감소시키는 효과로 과도한 인플레이션을 막을 수 있다.

> **조세부담의 전가**
> 실제 조세가 부과되었을 때 경제주체들이 경제활동의 과정에서 조세부담을 다른 경제주체에게 이전시키는 행위를 말한다.

> **조세부담의 귀착**
> 정부가 부과한 조세의 전가가 이루어져 실질적으로 각 경제주체의 조세부담액이 결정되는 것을 의미한다.

2 조세부과의 효과 분석

1. 조세부담의 귀착

(1) 수요자의 조세부담분과 공급자의 조세부담분의 상대적 크기는 탄력성에 반비례한다. 즉 상대적으로 비탄력적인 쪽이 많이 부담하므로 탄력성에 반비례하고, 수요곡선과 공급곡선의 기울기에 비례한다.

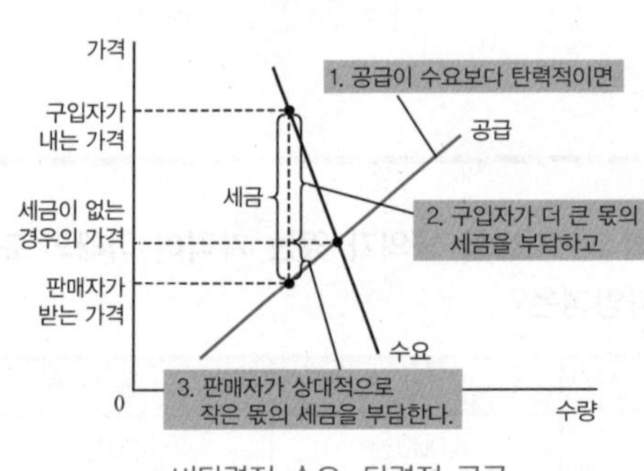

■ 비탄력적 수요, 탄력적 공급

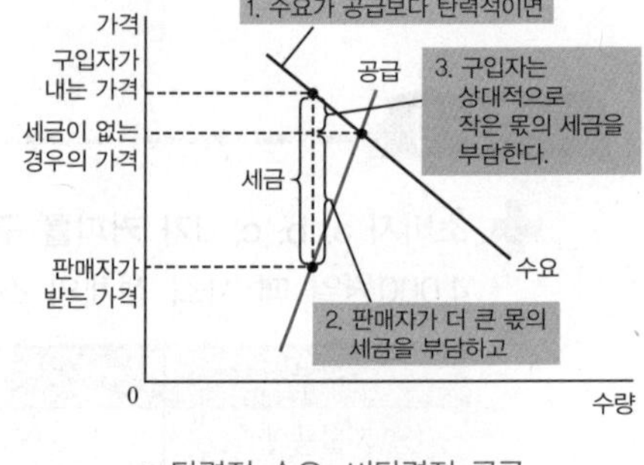

■ 탄력적 수요, 비탄력적 공급

(2) 조세부과 후의 가격상승폭은 수요의 가격탄력성이 클수록 작아지고, 공급의 가격탄력성이 클수록 커진다.

(3) 법적 귀착과 경제적 귀착 : 조세부담은 법적으로 소비자에게 부과하거나 생산자에게 부과하거나 그 경제적 결과는 동일하다.

> **예외적인 경우의 조세부담의 귀착**
> 1. 공급이 완전탄력적인 경우 : 수요자가 전액부담
> 2. 수요가 완전탄력적인 경우 : 생산자가 전액부담
> 3. 공급이 완전비탄력적인 경우 : 생산자가 전액부담
> 4. 수요가 완전비탄력적인 경우 : 수요자가 전액부담

2. 조세에 따른 최대 지불의사 및 최소 수취의사의 변화

구분	종량세	종가세
생산자에게 부과될 때	생산자가 소비자로부터 받고자 하는 가격이 T원만큼 상승하게 되고, 공급곡선이 단위당 조세액만큼 상방으로 평행이동한다. 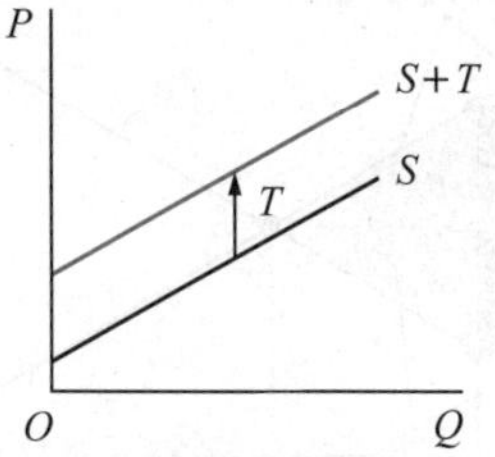 	생산자가 소비자로부터 받고자 하는 가격이 $t\%$ 상승하게 되고, 이에 따라 공급곡선이 회전하면서 상방으로 이동하게 된다. 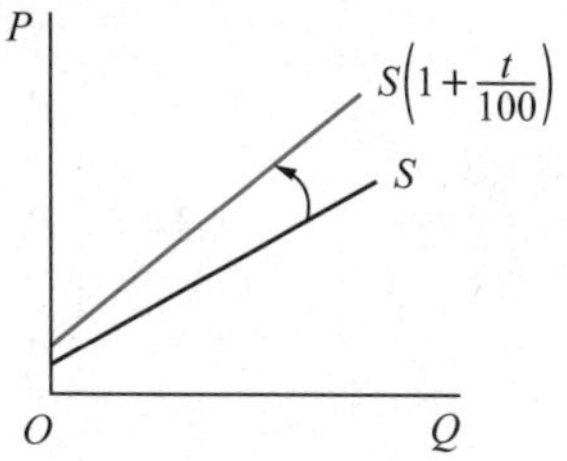
소비자에게 부과될 때	소비자가 생산자에게 지불할 용의가 있는 금액이 T원만큼 하락하고, 수요곡선이 단위당 조세액만큼 하방으로 평행이동한다. 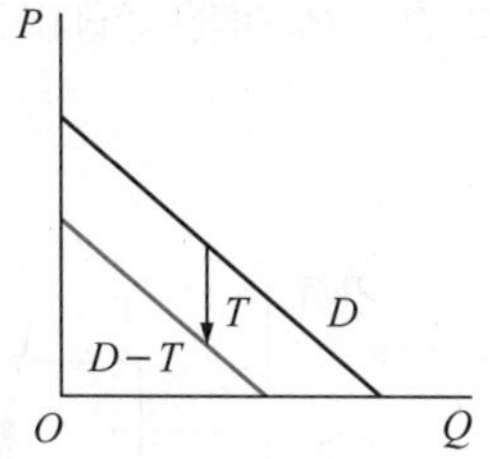 	소비자가 생산자에게 지불할 용의가 있는 금액이 $t\%$ 하락하게 되고, 이에 따라 수요곡선이 회전하면서 하방으로 이동한다. 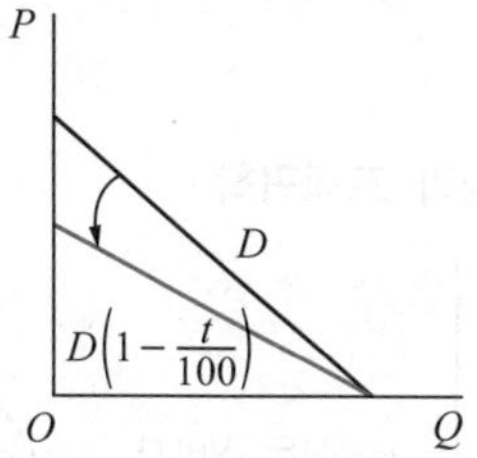

3 조세부과와 자중손실

1. 자중손실의 개념

(1) 의의 : 자중손실(Deadweight Loss)이라는 것은 경제에서 균형이 최적상태가 아닐 때 발생하는 효율성 상실분($DL=B+F$)을 의미하는데, 대개 독점가격, 외부효과, 세금이나 보조금 그리고 가격상한제, 가격하한제 등이 있다.

(2) 조세의 부과

① 공급자에게 T원만큼의 종량세를 부과할 경우 : 공급자의 최소수취의사가 T원만큼 위로 이동 ⇒ P_C(공급자가 최소한 받아야 하겠다는 금액에 T원만큼을 더 받아야 세금납부가 가능하므로)

② 수요자에게 T원만큼의 종량세를 부과할 경우 : 수요자의 최대지불의사가 T원만큼 아래로 이동 ⇒ P_P(수요자가 최대한 낼 용의가 있다는 금액에서 T원만큼은 세금이므로 공급자에게 돌아가는 금액은 그만큼 감소)

③ 조세의 귀착

㉠ 물품세를 공급자에게 부과하는 것과 소비자에게 부과하는 것은 동일한 결과를 나타낸다.

물품세의 부과방식
1. 종량세 : 상품 단위당 일정액의 조세를 부과하는 방식
2. 종가세 : 상품 단위당 일정세율의 조세를 부과하는 방식

자중손실이란 효율적인 시장 거래량 아래로 거래량이 감소하면서 발생하는 총잉여의 손실을 말하며, 사중비용, 후생손실/비용, 초과부담이라고도 한다.

㉡ 탄력적인 경제주체의 경제적 귀착은 작고, 덜 탄력적인 경제주체의 귀착은 크다(역탄력성). 수요곡선이 상대적으로 완만하면 수요가 더 탄력적이므로 수요자의 부담은 작고, 공급자의 부담은 크다. 공급 곡선이 상대적으로 완만하면 공급이 더 탄력적이므로 공급의 부담은 작고, 수요자의 부담은 크다.

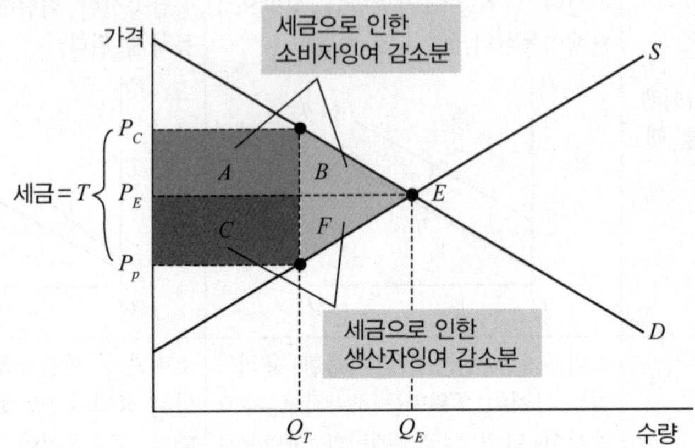

제품 한 단위당 T원만큼의 세액 중 $P_C - P_E$만큼은 소비자가 부담하고 $P_E - P_P$만큼은 공급자가 부담

2. 탄력성과 조세귀착

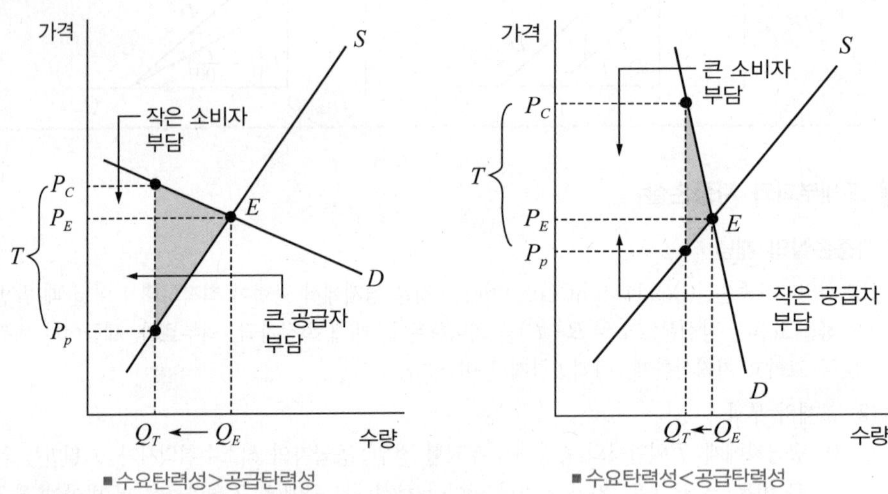

■수요탄력성>공급탄력성 ■수요탄력성<공급탄력성

3. 탄력성과 자중손실

(1) 수요의 탄력성과 자중손실(동일한 공급곡선)

① 수요가 탄력적일 때가 비탄력적일 때보다 자중손실이 크다.

② 수요가 탄력적일 때 조세의 소비자 부담이 작고, 생산자 부담이 크다.

③ 수요가 비탄력적일 때 조세의 생산자 부담이 작고, 소비자 부담이 크다.

(2) 공급의 탄력성과 자중손실(동일한 수요곡선)

① 공급이 탄력적일 때가 비탄력적일 때보다 자중손실이 크다.

② 공급이 탄력적일 때 조세의 소비자 부담이 크고, 생산자 부담이 작다.

③ 공급이 비탄력적일 때 조세의 생산자 부담이 크고, 소비자 부담이 작다.

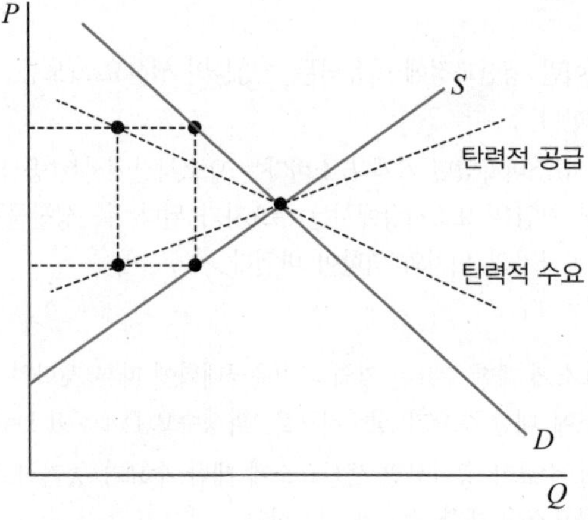

• 수요와 공급이 탄력적일수록 자중손실이 증가한다.
• 수요와 공급이 덜 탄력적일수록 자중손실이 감소한다.

대표기출유형

수요가 가격에 탄력적인 재화에 개별물품세가 부과될 때 올바른 것은?

① 소비자가격이 큰 폭으로 증가하여 소비자부담이 크다.

② 사치적 심리의 재화이므로 고소득층의 부담이 큰 폭으로 증가한다.

③ 고가(高價)이므로 낮은 세율을 적용해도 정부가 확보하는 조세수입이 많아진다.

④ 과세 이후 자중손실(Deadweight Loss)이 대폭 증가할 것이다.

⑤ 생산자에 비해 소비자부담이 클 것으로 예상된다.

정답 ④

해설 수요와 공급이 탄력적일수록 조세부과 시 거래량이 크게 감소하므로 자중손실(사회적인 후생손실)이 증가한다.

테마 07

생산요소시장

> 생산요소란 재화와 서비스를 생산하기 위해 투입되는 노동, 토지, 자본을 말한다.

> 생산요소에 대한 수요는 재화나 서비스의 생산·공급을 위한 기업의 선택으로 유도되는 파생수요이다.

1 생산요소시장의 개념

1. 의의와 특징

(1) 생산요소시장이란 생산과정에 이용되는 투입물인 생산요소(노동, 자본, 토지 등)가 거래되는 시장을 말한다.

(2) 생산물시장에서 소비자였던 가계나 소비자는 요소시장에서는 공급자가 되고, 생산물시장에서 공급자였던 기업은 요소시장에서는 수요자가 된다. 즉 생산물시장과 생산요소시장에서는 수요자와 공급자의 위치와 역할이 바뀐다.

2. 파생수요

(1) 기업의 생산요소에 대한 수요는 기업의 이윤극대화에 따른 재화의 생산량이 결정되면 2차적으로 생산요소에 대한 수요가 정해지므로, 파생수요(Derived Demand)의 성격을 가진다.

(2) 생산물에 대한 수요가 증가하면 생산요소에 대한 수요가 증가하고, 생산물에 대한 수요가 감소하면 생산요소에 대한 수요가 감소한다.

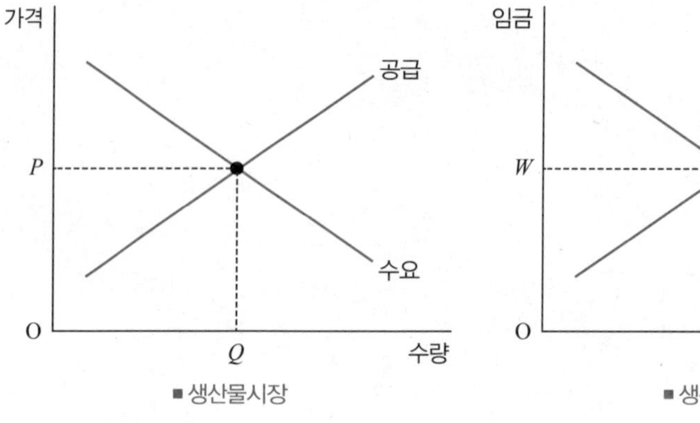

■ 생산물시장 ■ 생산요소시장

> 노동투입량이 증가함에 따라 한계생산물(MP_L)이 감소하므로 산출물가격이 일정하다면 VMP_L는 감소한다. 따라서 노동의 한계생산물가치 곡선은 노동에 대한 수요곡선으로 우하향한다.

> 생산요소시장에서의 기업의 행동원리
> 1. 생산요소시장에서 기업은 생산요소의 고용을 결정할 때, 그 생산요소를 고용할 때의 추가적인 비용과 그 요소를 구입함으로 발생하는 추가적인 수입을 비교하여 결정한다.
> 2. 적정요소고용량은 한계수입생산물(MRP_L) = 한계요소비용(MFC_L)일 때 성립한다.

2 생산요소시장에서의 기업의 행동원리

1. 한계생산물가치

한계생산물가치(Value of The Marginal Product ; VMP_L)란 요소의 한계생산에 산출물의 시장가격을 곱한 금액으로 $VMP_L = MP_L$(한계생산물)$\times P$(가격)가 된다. 즉 추가적으로 고용한 노동의 한 단위가 생산한 재화를 시장에 판매할 때의 시장가치를 말한다.

2. 한계수입생산물

(1) 한계수입생산물(Marginal Revenue Product ; MRP_F)이란 생산요소를 1단위 추가적으로 고용할 때 총수입의 증가분을 말한다.

$$MRP_F = \frac{dTR}{dL} = \left(\frac{dQ}{dL}\right) \cdot \left(\frac{dTR}{dQ}\right) = MP_F \cdot MR$$

(2) 여기서 MRP_F는 다른 생산요소 투입량은 고정한 채 생산요소 F의 투입량을 1단위 증가시킬 때의 총수입 증가분이고, $\frac{dQ}{dL}$는 생산요소의 한계생산물, $\frac{dTR}{dQ}$는 추가적 생산물에 대한 한계수입(MR)이다.

(3) 한계수확체감의 법칙에 의해 MP_L이 감소하므로 한계수입생산곡선은 우하향한다.

3. 한계요소비용

(1) 한계요소비용(Marginal Factor Cost ; MFC)이란 생산요소를 1단위 추가적으로 고용할 때 총비용의 증가분을 말한다.

$$MFC=\frac{dTC}{dL}=\left(\frac{dQ}{dF}\right)\cdot\left(\frac{dTC}{dQ}\right)=MPL\cdot MC$$

(2) 여기서 MFC는 다른 생산요소 투입량은 고정한 채, 생산요소 F의 투입량을 1단위 증가시킬 때 총비용 증가분이고 $\frac{dQ}{dL}$는 생산요소의 한계생산물, $\frac{dTC}{dQ}$는 추가적 생산물에 대한 한계비용(MC)이다.

(3) 한계요소비용곡선은 시장의 형태에 따라 다르다. 완전경쟁적 요소시장에서 기업이 인식하는 요소공급곡선은 수평이고, 독점적 요소시장에서는 우상향한다.

4. 평균요소비용

(1) 평균요소비용(Average Factor Cost ; AFC_L)이란 요소 단위당 평균비용을 말한다.

$$AFC_L=\frac{TFC_L}{L}=\frac{w\cdot L}{L}=w$$

(2) 평균비용곡선은 요소공급곡선과 일치한다.

3 생산요소시장의 균형

1. 생산요소시장에서의 이윤극대화조건

(1) 기업의 생산요소에 대한 이윤극대화조건은 생산요소의 한계수입생산물(MRP_L)과 한계요소비용(MFC_L)이 일치하는 수준에서 결정된다.

$$MRP_L=MFC_L$$

(2) 생산물시장에서의 이윤극대화조건

$MRP_L=MP_L\times MR$, $MFC_L=MP_L\times MC$이므로 $MR=MC$이다.

(3) 따라서 생산요소를 기준으로 하든 생산물을 기준으로 하든 기업의 이윤극대화 조건은 동일하다.

생산요소시장에서의 이윤극대화조건과 생산물시장에서의 이윤극대화 조건은 동일하다.
- 생산요소시장에서의 이윤극대화조건 : $MRP_L=MFC_L$
- 생산물시장에서의 이윤극대화조건 : $MR=MC$

2. 이윤극대화조건과 생산요소수요

생산물시장	생산요소시장
한계수입 $MR=\dfrac{\Delta TR}{\Delta Q}$	한계수입생산물 $MRP_L=\dfrac{\Delta TR}{\Delta L}=MP_L\cdot MR$
한계비용 $MC=\dfrac{\Delta TC}{\Delta Q}$	한계요소비용 $MFC_L=\dfrac{\Delta TC}{\Delta L}=\dfrac{\Delta Q}{\Delta L}\times\dfrac{\Delta TC}{\Delta Q}$ $=MP_L\cdot MC$
이윤극대화 생산량 $MR=MC$	이윤극대화 요소고용량 $MRP_L=MFC_L$

4 생산요소에 대한 수요와 공급

1. 개별기업의 가변요소에 대한 수요

(1) 노동(L)이 유일한 가변요소라고 할 때 생산물시장에서 완전경쟁기업의 이윤극대화 고용수준은 다음과 같다.

$$w=MP_L\cdot P=VMP_L$$

(2) 우하향하는 노동의 한계생산물가치곡선(VMP_L)이 완전경쟁기업의 노동수요곡선이 된다.

(3) 임금과 노동고용량이 서로 반대인 이유는 수확체감의 법칙(=한계생산량체감의 법칙) 때문이다.

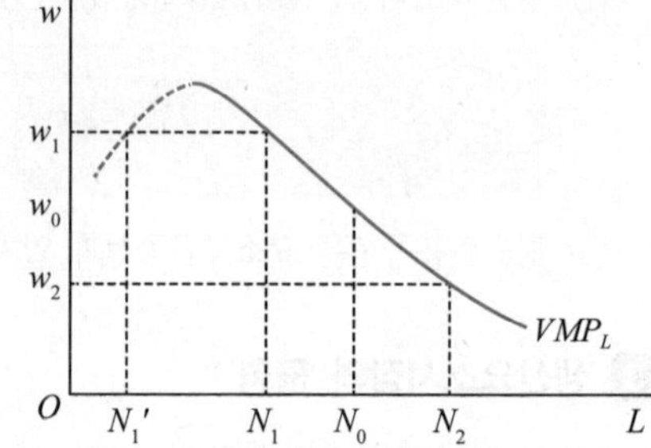

2. 생산요소에 대한 시장수요곡선

(1) 생산물시장을 고려하지 않는 경우

① 생산요소에 대한 시장수요곡선은 개별기업의 수요곡선들을 수평으로 단순 합계하여 도출한다.

② 일반적으로 시장수요곡선은 개별기업의 수요곡선보다 탄력적인 형태이다.

(2) 생산물시장을 고려하는 경우

① 개별기업의 수요곡선이 주어졌을 때 임금이 하락하면 요소(노동)고용량이 증가한다.

② 요소고용량의 증가는 산출량 증가를 통하여 재화의 가격을 하락시킨다.

③ 재화가격의 하락은 VMP_L곡선을 하방으로 이동시킨다.

④ 생산물시장을 고려하는 경우 수요곡선은 단순 수평합계보다 비탄력적이다.

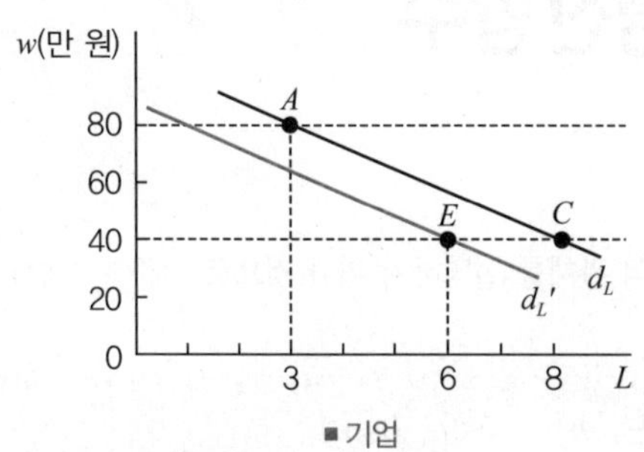

■ 기업

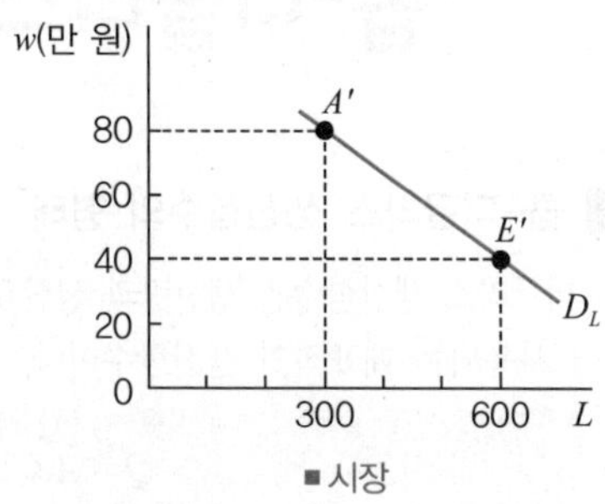

■ 시장

3. 생산요소의 공급

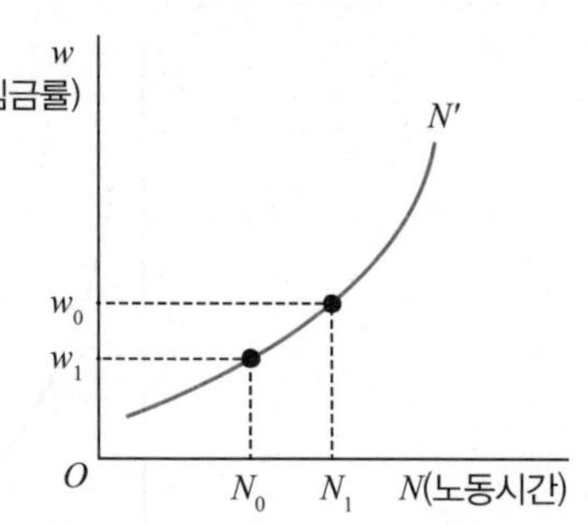

(1) 개별노동자의 합리적인 근로(소득) – 여가선택을 통해 우상향하는 노동공급곡선이 도출된다.

(2) 개별노동자의 노동공급곡선은 임금이 상승할 때 노동공급량은 증가하기 때문에 우상향의 기울기이다.

(3) 임금이 일정수준 이상으로 상승하면 노동공급량은 감소하기 때문에 노동공급곡선은 좌상향의 기울기를 갖는다.

4. 생산요소의 시장공급곡선

시장공급곡선은 개별노동자의 노동공급곡선을 수평으로 합하면 된다.

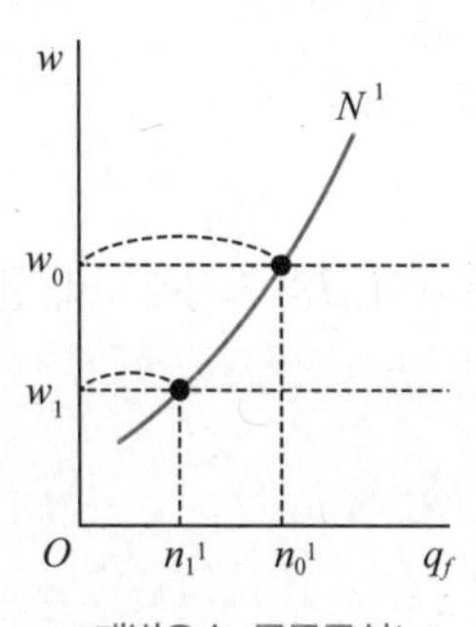

■ 개별요소 공급곡선1

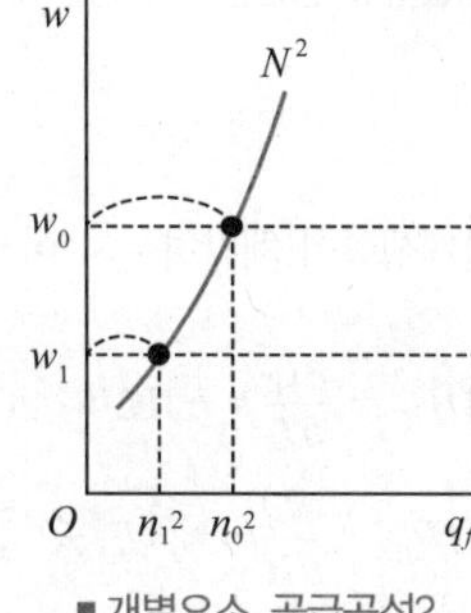

■ 개별요소 공급곡선2

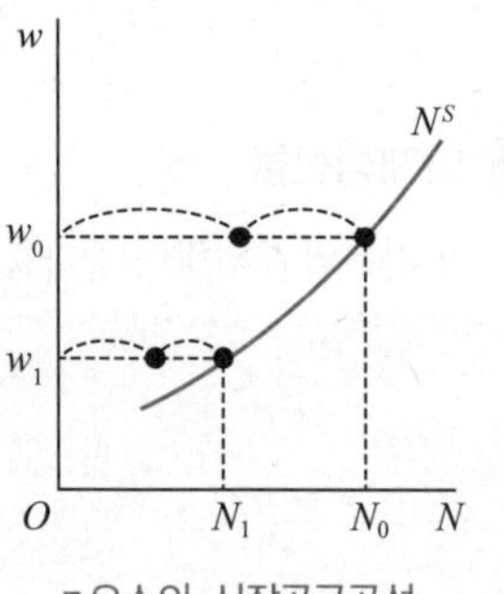

■ 요소의 시장공급곡선

대표기출유형

다음 중 생산요소에 대한 수요를 파생적 수요(Derived Demand)라고 하는 이유로 타당한 것은?

① 정부수요가 민간수요를 보완하기 때문이다.
② 생산요소의 수요곡선이 우하향하기 때문이다.
③ 생산요소에 대한 수요는 생산물에 대한 수요에 의존하기 때문이다.
④ 생산자들이 값이 비싼 생산요소를 싼 생산요소로 대체하기 때문이다.

정답 ③

해설 생산요소에 대한 수요는 생산물에 대한 수요발생으로 인해 이를 생산하려는 기업에 의해서 파생적으로 발생하기 때문에 파생적 수요라고 한다.

테마 08

콥-더글라스 생산함수

> 생산함수는 재화를 생산하기 위해 투입된 생산요소의 양과 생산된 재화의 양 사이에 존재하는 관계를 나타내는 함수이다.

> 콥-더글라스 생산함수의 특성
> - 가장 대표적인 일차동차생산함수이다.
> - 단기적으로는 수확 체감의 법칙이 나타난다.
> - 장기적으로 규모에 따른 수익이 불변한다.

1 콥-더글라스 생산함수의 형태

콥-더글라스 생산함수는 생산량과 생산요소 간의 관계를 설명하기 위한 것으로 실증분석에서 가장 많이 사용되는 대표적인 생산함수이다.

$$Q = AL^{\alpha}K^{\beta} \quad (\text{단, } A>0,\ 0<\alpha,\ 0<\beta)$$

** A : 효율계수　α, β : 분배계수

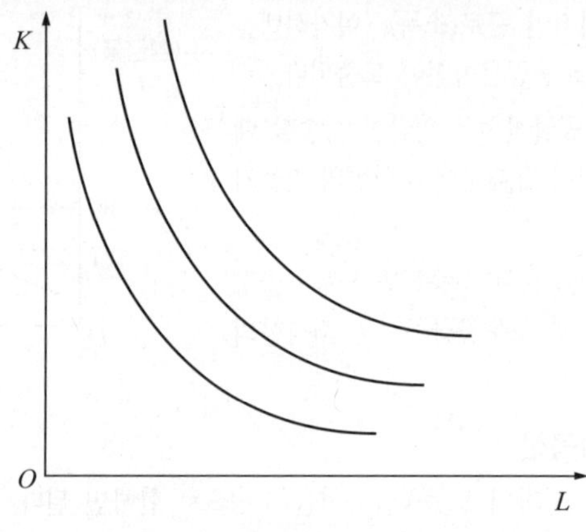

■ 콥-더글라스 생산함수의 생산무차별지도

2 한계생산물

노동과 자본의 투입량이 증가할 때 한계생산이 체감하는지 여부는 α와 β의 크기에 따라 달라진다.

$$MP_L = \frac{\partial Q}{\partial L} = \alpha AL^{\alpha-1}K^{\beta}$$

$$MP_K = \frac{\partial Q}{\partial K} = \beta AL^{\alpha}K^{\beta-1}$$

1. 노동의 한계생산

α가 1보다 크면 노동의 한계생산이 체증, α가 1보다 작으면 노동의 한계생산이 체감한다.

2. 자본의 한계생산

β가 1보다 크면 자본의 한계생산이 체증, β가 1보다 작으면 자본의 한계생산이 체감한다.

3 요소소득 분배율

1. 총소득에 대한 노동소득 분배율

노동소득 $= MP_L \times L = \alpha Q$

2. 총소득에 대한 자본소득 분배율

자본소득 $= MP_K \times K = \beta Q$

4 한계기술대체율

한계기술대체율은 다음의 자본-노동비율$\left(\frac{K}{L}\right)$의 함수로 나타난다.

$$MRTS_{L,K} = \frac{aAL^{a-1}K^b}{bAL^aK^{b-a}} = \frac{a}{b}\left(\frac{K}{L}\right)$$

따라서 L이 증가하고 K가 감소하면 한계대체율은 체감한다.

5 일반형 $Q=AL^{\alpha}K^{\beta}$

- $\alpha+\beta>1$: 규모에 대한 수확 체증
- $\alpha+\beta=1$: 규모에 대한 수확 불변
- $\alpha+\beta<1$: 규모에 대한 수확 체감

파트1 경영학
파트2 경제학
파트3 법학
파트4 행정학
파트5 공기업 기출문제

대표기출유형

생산함수가 다음과 같이 콥-더글라스 생산함수의 형태로 주어졌다. 이민자가 증가함에 따라 노동량이 10% 증가했다고 할 때, 자본의 실질임대가격의 변화로 가장 적절한 것은? (단, $\sqrt{1.1} \fallingdotseq 1.05$로 계산하고 소수점 아래 셋째 자리에서 반올림한다)

$$Y = AK^{0.5}L^{0.5}$$

(단, A, K, L은 각각 총요소생산성, 자본량, 노동량을 나타낸다)

① 약 5% 감소한다. ② 약 5% 증가한다. ③ 약 10% 감소한다.
④ 약 10% 증가한다. ⑤ 변화 없음.

정답 ②

해설 각 생산요소의 가격(임대가격과 임금)은 각 생산요소의 한계생산물과 같으므로 $Y=AK^{0.5}L^{0.5}$에서 자본의 한계생산물(MP_k)은 Y를 K에 대하여 미분하면 다음과 같다.

$MP_{K_1} = 0.5AK^{-0.5}L^{0.5} = 0.5A(L/K)^{0.5}$

노동량이 10% 증가한 생산함수는 $Y=AK^{0.5}(1.1L)^{0.5}$가 되고 이것의 한계생산물은 다음과 같다.

$MP_{K_2} = 0.5AK^{-0.5}(1.1L)^{0.5} = 0.5A(1.1L/K)^{0.5} = 0.5A \times 1.05(L/K)^{0.5}$

$MP_{K_2} - MP_{K_1} = 0.5A(1.1L/K)^{0.5} - 0.5AK^{-0.5}L^{0.5} = 0.5A \times 1.05(L/K)^{0.5} - 0.5A(L/K)^{0.5}$

$= (1.05-1) \times 0.5A(L/K)^{0.5} = 0.05 \times 0.5A(L/K)^{0.5}$

따라서 0.05, 즉 5% 증가하였다.

테마 09

규모에 대한 보수

규모에 대한 보수의 유형

모든 생산요소의 투입량을 λ배($\lambda > 0$) 증가시키는 경우 생산량의 변화로 구분한다.

- 규모에 대한 보수 불변(규모의 수확 불변) : λ배로 증가
- 규모의 경제(규모에 대한 보수 증가) : λ배보다 크게 증가
- 규모의 불경제(규모에 대한 보수 감소) : λ배보다 작게 증가

1 규모에 대한 보수의 개념

1. 규모에 대한 보수는 모든 생산요소를 똑같은 비율로 변동시킬 때 산출량이 어떤 비율로 변하는가를 나타낼 수 있다.

$$Q(\lambda L, \lambda K) = \lambda^k Q(L, K) \gtreqless \lambda Q(L, K)$$

2. 기업이 규모를 확대할 때 반드시 모든 생산요소들은 똑같은 비율로 증가하는 것은 아니다.
3. 현실에서는 규모에 대한 보수 불변을 흔히 볼 수 있다.
4. 생산규모를 늘려나가는 경우 생산규모가 너무 작으면 규모에 대한 보수가 증가(규모의 경제)하다가 규모에 대한 보수 불변을 거쳐 생산규모가 너무 커지면 규모에 대한 보수 감소(규모의 불경제)로 돌아서는 것이 일반적이다.

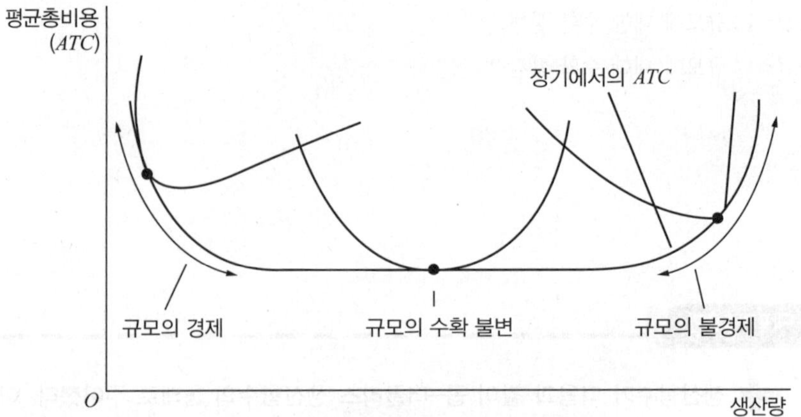

2 규모에 대한 보수의 종류

1. 규모에 대한 보수 불변

$Q = AL^{\alpha}K^{\beta}$에서 $\alpha + \beta = 1$인 경우, 노동과 자본을 똑같이 k배 증가시키면 $A(kL)^{\alpha}(kK)^{\beta}$이고 생산량($Q$)은 $k^{\alpha+\beta}Q$가 된다.

2. 규모에 대한 보수체감

$Q = AL^{\alpha}K^{\beta}$에서 $\alpha + \beta < 1$인 경우, $\alpha + \beta = \frac{1}{2}$이라면 생산요소를 k배 증가시키더라도 생산량(Q)은 k배보다 적게 증가한다. 이는 생산요소 투입에 비해 생산량의 증가가 따라오지 못한다는 의미이며 전체 생산량의 감소를 의미하는 것은 아니므로 총생산량은 증가한다.

3. 규모에 대한 보수체증

$Q = AL^{\alpha}K^{\beta}$에서 $\alpha + \beta > 1$인 경우, $\alpha + \beta = 2$라면 생산량(Q)은 k^2Q가 된다. 즉, 생산요소를 똑같이 k배 증가시키면 생산량은 k배보다 더 많이 증가함을 알 수 있다.

3 규모에 대한 보수의 원인

1. 보수체증(규모의 경제) 원인

(1) 분업에 따른 전문화 : 조직이 커질수록 세분화되고 생산성이 증대되며 작업의 반복에 의한 숙련도 증가로 작업의 효율성이 증대되고 전문화된다.

(2) 고정비용 분산효과 : 증가된 생산량에 고정비용이 분산되어 고정비용이 절감된다.

(3) 비용의 공유효과 : 규모가 커질수록 공동활동을 통해 비용이 절감된다.

(4) 경영의 효율성 : 경영자의 능력에 부합하는 기업의 규모가 필요하다.

(5) 대량구매 할인 : 생산요소를 대량으로 구매하는 경우 할인을 받을 수 있고, 제품을 도매할 경우 판매 · 운영비가 절약되어 기술이나 경영측면과 무관한 금전상의 이득을 얻을 수 있다.

2. 보수체감(규모의 불경제) 원인

(1) 노동의 지나친 전문화는 일을 단순반복적으로 만들어 사기저하와 인간소외를 초래하고, 기계의 지나친 전문화는 기계 고장 시 전체 공정을 멈추게 한다.

(2) 경영측면에서 생산규모가 지나치게 커지면 각 부문의 활동을 효과적으로 통제하고 조정하는 일이 어려워져 관료주의 폐단이 발생한다.

3. 규모에 대한 보수와 규모의 경제성과의 관계

(1) 일반론에서는 규모에 대한 보수는 규모의 경제성과는 관련성이 없다.

(2) 그러나 생산함수가 동차함수인 경우 규모에 대한 보수체증이 규모의 경제와 일치하는 관련성을 가지게 된다.

(3) 규모에 대한 보수체감은 규모의 불경제로 이어지지만, 규모의 불경제가 반드시 규모에 대한 보수체감을 의미하지는 않는다. 만일 생산요소시장이 완전경쟁시장이 아닌 독점시장인 경우에는 규모에 대한 수익 불변에도 규모의 비경제가 나타나기도 한다.

대표기출유형

다음 중 규모의 경제(Economy of Scale)가 나타나는 사례로 적절한 것은?

① 제품시장의 수요독점일 경우

② 생산요소 시장이 공급독점일 경우

③ 고정비용이 높고 가변비용이 낮을 경우

④ 제품의 가격이 평균비용보다 낮을 경우

정답 ③

해설 규모의 경제는 투입규모가 커질수록 장기평균비용이 줄어드는 현상을 말하며, 생산량을 증가시킴에 따라 평균비용이 감소하는 현상을 의미한다. 규모의 경제가 실현되는 산업들은 전기, 철도, 가스 등과 같이 고정비용이 매우 크고 상대적으로 가변비용이 작은 산업들이다.

테마 10

경쟁과 시장

1 시장

1. 의의

시장이란 상품에 관한 정보가 수요자와 공급자 사이에 교환되고 그 결과로 상품의 거래가 이루어지는 제도 및 기구 등 추상적인 매개체를 의미한다.

> 시장이론에서의 단기와 장기
> 1. 단기 : 기존 기업이 산출량 변화를 통한 공급의 반응은 가능하지만, 진입이나 이탈을 통한 공급량 조절은 불가능한 기간을 말한다.
> 2. 장기 : 신규 기업의 진입이나 기존 기업의 이탈이 가능할 만큼 충분히 긴 기간을 의미하며, 산업에 따라 달라 질 수 있다.
> 3. 초단기 : 기간이 아주 짧아 상품의 공급량이 고정되어 있는 기간을 말하며, 초단기에 공급곡선은 수직이다.

2. 시장의 분류

시장의 구분	기업의 수	재화의 동질성	가격통제정도	진입장벽
완전경쟁시장	무수히 많음.	동질적	전혀 없음.	없음.
독점적 경쟁시장	다수	이질	어느 정도 있음.	거의 없음.
과점시장	소수	1. 동질적 2. 이질적	상당히 큼.	높음.
독점시장	하나	동질적	매우 큼.	진입불가

2 기업의 행동준칙과 이윤극대화조건

1. 기업의 행동준칙

(1) 기업은 생산으로부터 얻은 수입이 그 생산에 따른 총가변비용에 미달하는 경우 생산을 중단한다(단기 고정비용이 모두 매몰비용일 때).

(2) 기업은 그 한계수입이 한계비용보다 클 때에 생산하며 한계수입이 한계비용과 일치될 때까지 생산을 확대한다.

2. 이윤극대화의 조건

(1) 이윤극대화 산출량

① 기업의 이윤 : $\pi(Q) = TR(Q) - TC(Q)$

② TR, TC곡선 사이의 (수직)거리가 가장 먼 Q^*의 산출량에서 이윤이 극대화된다.

(2) 이윤극대화의 1차 조건 : $MR = MC$

① $MR > MC$일 때 생산량을 증가시키면 이윤이 증가한다.

② $MR < MC$일 때 생산량을 감소시키면 이윤이 증가한다.

③ $MR = MC$일 때 이윤이 극대화 또는 극소화된다.

(3) 이윤극대화의 2차 조건 : MC곡선의 기울기$>$ MR곡선의 기울기

한계비용곡선이 한계수입곡선을 아래에서 위로 지나야 한다.

① $0 \sim Q^{**}$ 구간 : $MR < MC$이므로, 생산량이 증가하면 이윤이 감소한다.

② $Q^{**} \sim Q^*$ 구간 : $MR > MC$이므로, 생산량이 증가하면 이윤이 증가한다.

③ Q^*의 오른쪽 구간 : $MR < MC$이므로, 생산량이 증가하면 이윤이 감소한다.

④ Q^{**}에서는 손실이 극대화되고, Q^*에서는 이윤이 극대화되므로, 이윤극대화 조건으로 Q^*에서 MC곡선의 기울기$>$ MR곡선의 기울기가 성립한다.

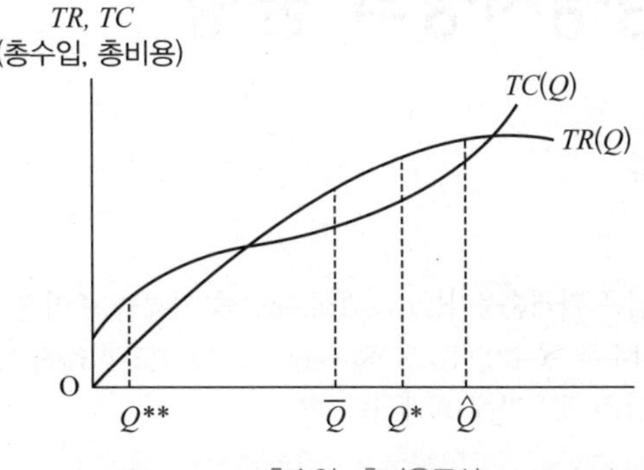

■ 총수입, 총비용곡선

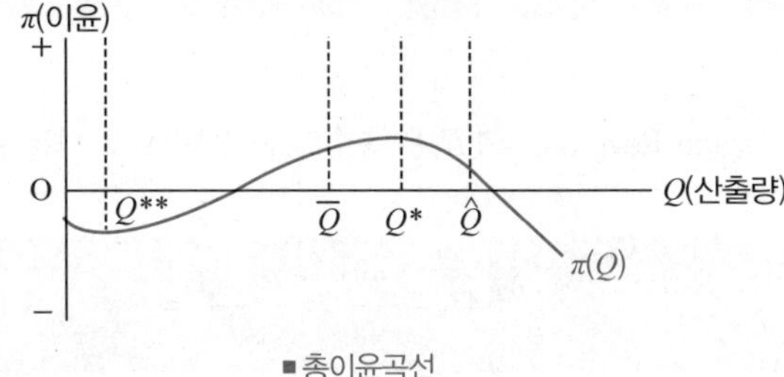

■ 총이윤곡선

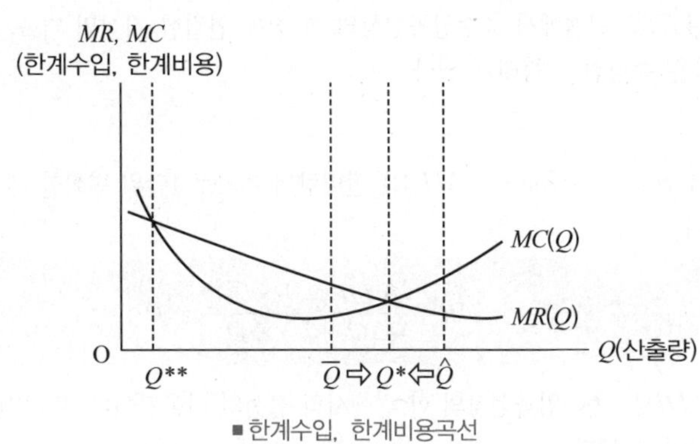

■ 한계수입, 한계비용곡선

대표기출유형

다음 중 기업의 이윤극대화 충분조건(2차 조건)으로 옳은 것은?

① MR(한계수입) = MC(한계비용) ② MR 곡선 기울기 = MC 곡선 기울기

③ MR의 변화율 < MC의 변화율 ④ TR 곡선 기울기 = TC 곡선 기울기

정답 ③

해설 이윤극대화의 필요조건(1차 조건)은 $MR = MC$, 이윤극대화의 충분조건(2차 조건)은 MR의 변화율 < MC의 변화율이다.

테마 11

완전경쟁시장의 균형

팁 완전경쟁시장의 조건
1. 다수의 공급자와 수요자(가격수용자)
2. 동질적인 상품
3. 자원의 완전한 이동성(자유로운 진입과 퇴거)
4. 완전한 정보 : 경제주체들이 거래와 관련된 모든 경제적, 기술적 정보를 가지고 있다.

1 완전경쟁기업의 수입

1. 총수입

완전경쟁시장의 개별기업은 가격순응자(Price Taker), 즉 가격을 주어진 것으로 받아들이므로 판매량(공급량)이 증가할수록 총수입(Total Revenue ; TR)도 비례적으로 증가한다. 따라서 완전경쟁쟁기업의 총수입은 생산량에 비례한다.

$$총수입(TR)=가격(P)\times 판매량(Q)$$

2. 평균수입

(1) 평균수입(Average Revenue ; AR)은 총수입을 판매량으로 나눈 것으로 항상 가격(P)과 일치한다.

$$AR=\frac{TR}{Q}=\frac{P\times Q}{Q}=P$$

(2) 평균수입(AR)은 원점에서 총수입곡선상의 한 점에 연결한 직선의 기울기이다. 따라서 평균수입곡선은 수평선의 형태가 된다.

3. 한계수입

(1) 한계수입(Marginal Revenue ; MR)은 판매량이 추가로 1단위 변화할 때 총수입의 변화분을 의미한다.

$$MR=\frac{\Delta TR}{\Delta Q}=\frac{P\times \Delta Q}{\Delta Q}=P$$

(2) 한계수입(MR)은 총수입곡선상의 한 점에서의 접선의 기울기이다. 따라서 한계수입곡선은 수평선의 형태가 된다.

(3) 완전경쟁시장에서는 시장가격이 불변이므로 Q가 한 단위 증가하면 TR은 P만큼 증가한다.

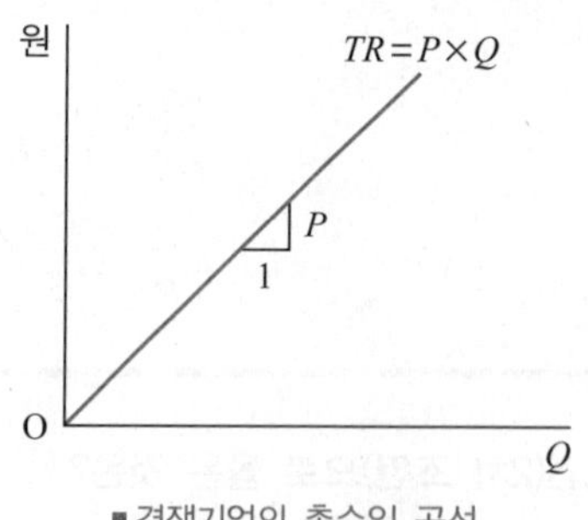

■ 경쟁기업의 총수입 곡선

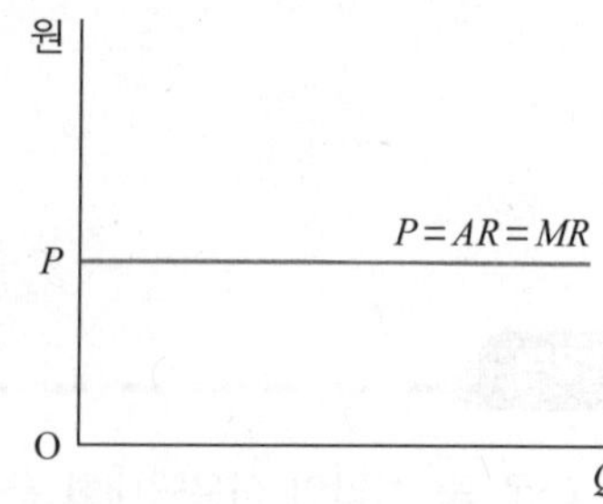

■ 경쟁기업의 평균수입 곡선

2 완전경쟁기업의 단기균형

1. 완전경쟁기업의 수요곡선

(1) 완전경쟁시장의 수요곡선은 개별소비자의 수요곡선을 수평합하여 구하므로 우하향한다.

(2) 완전경쟁시장에서 개별기업은 가격수용자로 행동하므로, 시장에서 결정된 가격수준에 순응하여 개별기업이 인식하는 수요곡선은 수평이다.

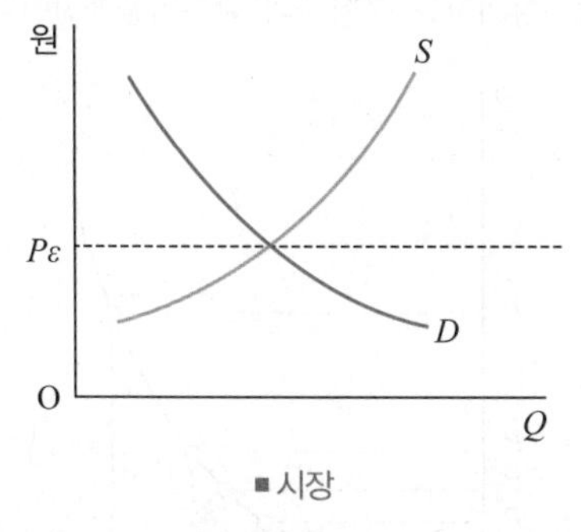

■ 시장

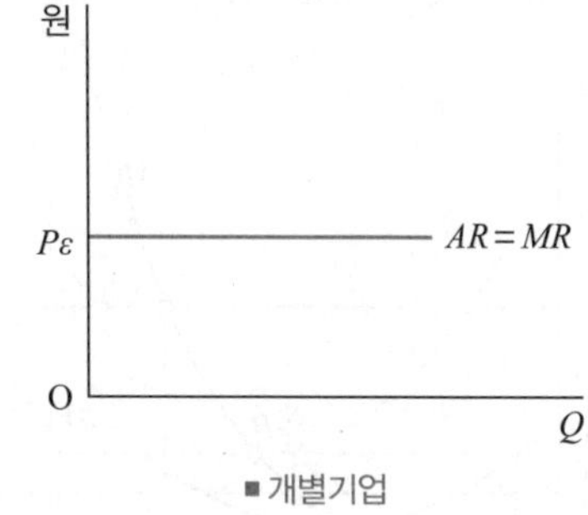

■ 개별기업

2. 완전경쟁기업의 이윤극대화

(1) 이윤극대화 생산량

이윤(π) = 총수입(TR) − 총비용(TC)

(2) 이윤극대화 1차 조건(필요조건 = 전제조건)

$MR = MC$

따라서 완전경쟁기업의 경우 $P = AR = MR \Rightarrow P = AR = MR = MC$

(3) 이윤극대화 2차 조건(충분조건) : 한계비용곡선이 상승하면서 한계수입곡선과 교차할 때

MR곡선의 기울기 < MC곡선의 기울기

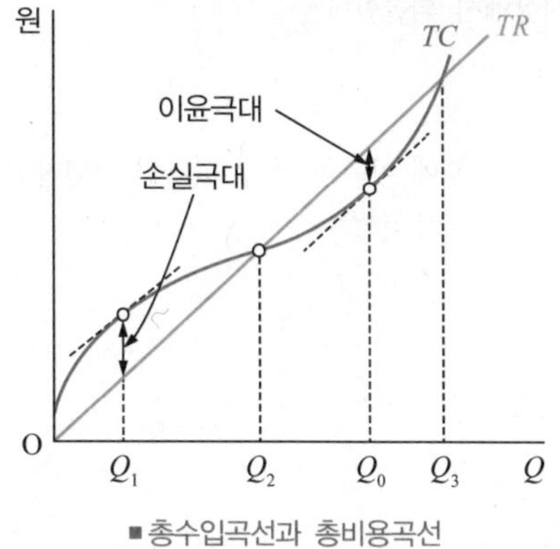

■ 총수입곡선과 총비용곡선

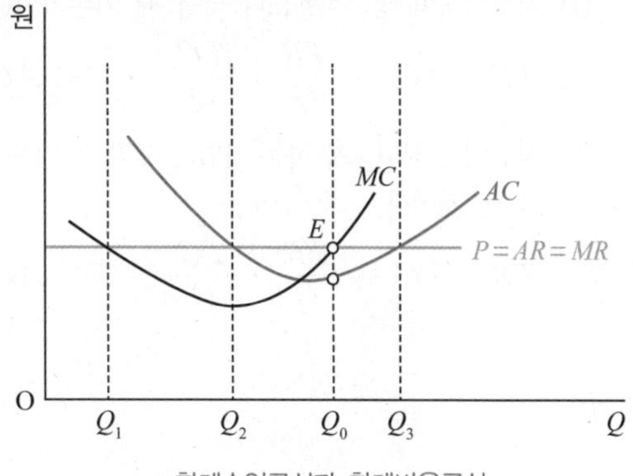

■ 한계수입곡선과 한계비용곡선

3. 완전경쟁기업의 단기공급곡선

(1) 고정비용은 모두 매몰비용으로 가정한다.

(2) 단기공급곡선의 도출 : $P > AVC$이면 생산을 지속하고, $P < AVC$이면 생산을 중단하고, $P = AVC$이면 생산중단 여부(생산중단점)를 결정한다.

(3) 가격이 평균가변비용보다 낮아지면 공급량이 0으로 떨어지기 때문에 완전경쟁기업의 단기공급곡선은 평균가변비용곡선(AVC)을 상회하는 우상향의 한계비용곡선이다.

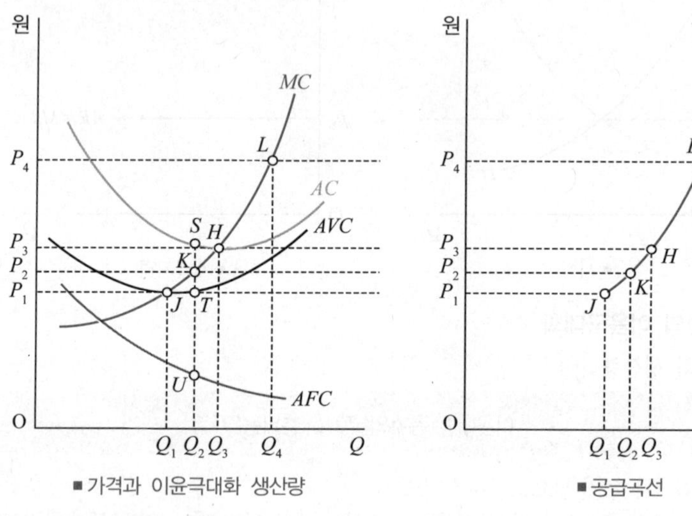

■ 가격과 이윤극대화 생산량 ■ 공급곡선

3 개별기업의 장기균형

1. 개념

생산요소는 모두 가변, 기업의 진입 및 퇴출이 자유롭다.

2. 개별기업의 장기 진입 · 퇴출 조건

(1) 시장가격이 평균비용보다 낮을 때 기존기업은 시장에서 퇴출한다.

$$TR < TC \rightarrow \frac{TR}{Q} < \frac{TC}{Q} \rightarrow P < AC$$

(2) 시장에 진입하고자 하는 기업(잠재적 기업)은 시장진입 후에 이윤을 낼 수 있다면 진입하고자 할 것이다.

$$TR > TC \rightarrow \frac{TR}{Q} > \frac{TC}{Q} \rightarrow P > AC$$

3. 개별기업의 장기균형 조건

(1) $LAC = P$: 경제적 이윤이 0이다. 즉 기업은 정상이윤만 얻는다. 또한 진입과 퇴출의 동기가 없어진다.

(2) $P = MC$: 이윤극대화 조건

(3) 장기균형점 B에서는 기업이 최적규모로서 최적산출량을 생산하고 있으며, 초과이윤은 없고 정상이윤만이 존재한다.
$P = MR = SMC = LMC = SAC = LAC$의 관계가 성립한다.

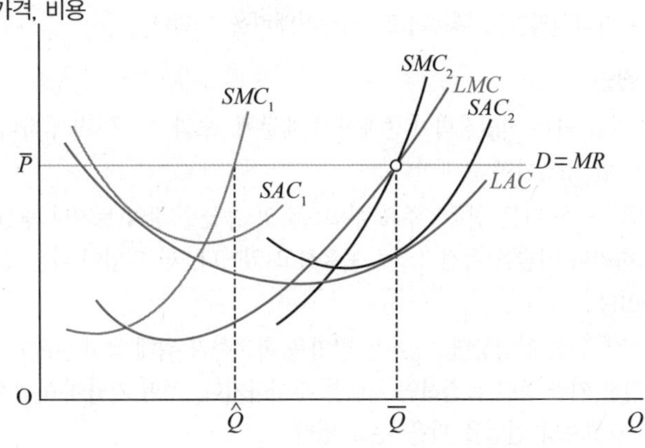

대표기출유형

단기의 완전경쟁기업에 대한 설명으로 옳지 않은 것은?

① 완전경쟁기업이 직면하는 수요곡선은 수평선이다.
② 완전경쟁기업이 받아들이는 가격은 시장수요와 공급의 균형가격이다.
③ 완전경쟁기업의 경우에 평균수입과 한계수입은 동일한 선으로 나타난다.
④ 일정한 생산량수준을 넘어서서 공급하는 경우에 총수입은 오히려 감소한다.

정답 ④

해설 완전경쟁시장에는 가격이 일정하므로 생산량(판매량)이 증가할수록 총수입도 증가하게 된다.

테마 12

독점시장의 발생원인과 특징

독점시장이란 한 재화나 서비스의 공급이 단일 기업에 의해 이뤄지는 시장조직형태를 말하며, 생산물시장이론에서 독점은 주로 공급독점(Monopoly)만을 다루지만 특수한 경우 수요독점이 존재할 수도 있다.

1 독점시장의 개요

1. 독점의 성립조건

(1) 한 기업이 그 시장에서 생산물의 유일한 판매자이다.

(2) 그 생산제품과 유사한 대체재가 없다.

(3) 독점기업은 가격설정자로 행동하고, 시장지배력을 가진다.

2. 독점 발생의 원인

다른 기업의 진입을 막는 진입장벽이 존재하기 때문에, 초과 이윤이 발생하더라도 다른 기업이 진입할 수 없어 한 기업만이 존재한다.

(1) 기업이 진입장벽을 만든 경우 : 주요 투입요소의 공급을 장악(토지나 광산, 원재료 등의 독점적 소유)하거나 기술을 독점적으로 보유하고 있거나, 한 기업이 다른 경쟁기업을 흡수 합병한 경우이다.

(2) 정부의 정책에 의한 진입장벽 : 정부는 발명을 촉진하기 위해 특허권(Patent)을 부여해 발명자에게 일정한 기간 동안 독점적인 지위를 부여하거나, 어떤 기업에 독점적 판매권, 즉 전매권을 주어 경쟁자의 진입을 막을 수도 있다.

(3) 자연발생적인 진입장벽 → 규모의 경제 : 비용함수의 특징상, 시장수요에 비해 최소효율규모가 매우 큰 경우 다른 인위적인 진입장벽이 없어도 경쟁체제의 존립이 어려울 수 있다. 이러한 경우의 독점을 자연독점이라 하는데, 규모의 경제가 크게 존재할 경우, 경쟁적으로 여러 기업이 생산할 때보다 한 기업이 생산할 때 보다 낮은 비용으로 생산이 가능해진다.

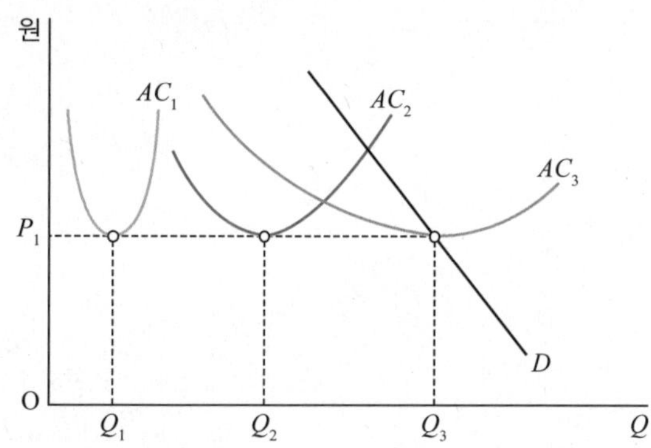

(4) 생산요소 및 원재료의 독점적 소유 : 어느 한 기업이 생산요소 및 원재료를 독점적으로 소유하면 독점이 발생한다.

2 독점의 특징

1. 독점의 일반적 특징

(1) 독점시장에서는 독점기업이 시장의 유일한 판매자이므로 가격설정자로 행동한다.

(2) 동일한 재화에 대해 서로 다른 가격을 설정하는 가격차별정책을 실시할 수 있다.

(3) 독점시장에서는 밀접한 대체재가 존재하지 않는다. 잠재적 경쟁상태는 존재하지만 진입과 이탈이 자유롭지 않은 상황을 가정한다.

(4) 경쟁의 부재 : 독점시장에서는 대체재가 존재하지 않으므로 경쟁대상기업이 없다.

2. 공급곡선과 수요곡선

(1) 시장수요를 보고 이윤극대화 판매량을 결정하므로 독점기업의 공급곡선은 따로 존재하지 않는다.

(2) 시장 내 유일한 판매자이므로 시장수요곡선이 곧 독점기업의 수요곡선이 되어 독점기업이 직면하는 수요곡선은 우하향한다.

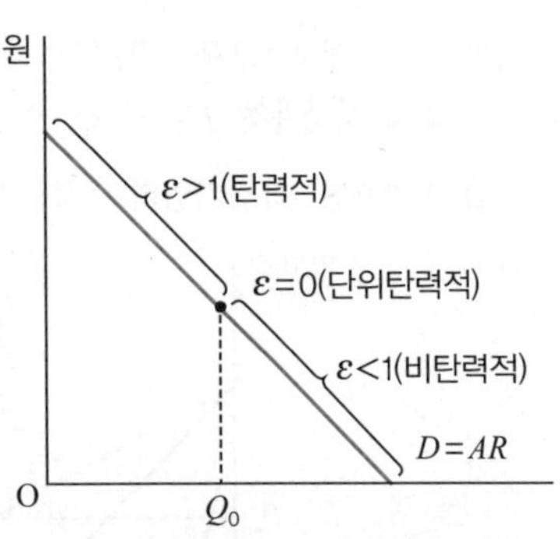

3 독점기업과 경쟁시장의 기업

독점기업	경쟁시장의 기업
• 유일한 공급자 • 기업이 직면한 수요곡선이 마이너스 기울기를 갖는다. • 가격설정자 • 판매량을 늘리려면 가격을 낮추어야 한다. • 따라서 한계수입이 가격보다 낮다.	• 무수히 많은 경쟁기업 • 무한탄력적 수요곡선 • 가격수용자 • 더 팔기 위해 가격을 낮출 필요 없다. • 따라서 한계수입과 가격은 항상 일치한다.

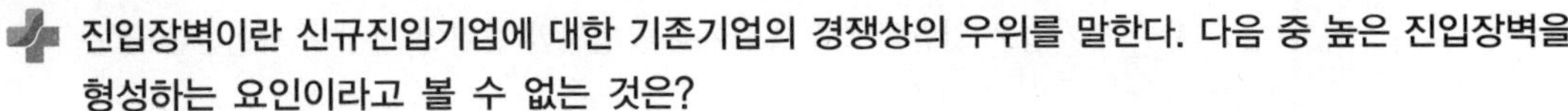

진입장벽이란 신규진입기업에 대한 기존기업의 경쟁상의 우위를 말한다. 다음 중 높은 진입장벽을 형성하는 요인이라고 볼 수 없는 것은?

① 높은 이윤율　　② 규모의 경제성

③ 판로의 배타적 소유와 지배　　④ 원료의 배타적 소유와 지배

정답 ①

해설 높은 이윤율의 존재는 오히려 다른 기업의 시장 진입을 촉진하는 역할을 한다.

테마 13 독점기업의 균형

> 완전경쟁기업과 달리 독점기업이 인식하는 수요곡선이 우하향하므로, 독점기업은 $MR=MC$인 점에서 이윤을 극대화시켜주는 산출량을 결정한 후, 수요곡선상에서 가격을 결정한다.

1 독점기업의 단기균형

1. 독점기업의 단기균형 조건(=이윤극대화조건) → 생산량 결정

(1) $MR=MC$인 점에서 이윤극대화 산출량이 결정된다.

(2) MC선의 기울기$\left(\dfrac{dMC}{dQ}\right)$ > MR선의 기울기$\left(\dfrac{dMR}{dQ}\right)$

(3) 독점기업은 $MR=MC$가 충족되는 점에서 생산량과 가격을 결정하므로 시장수요곡선에 의해 시장가격 P_m과 Q_m이 결정된다.

(4) 정리하면, 독점기업의 이윤극대화조건은 $P>MR=MC$이다.

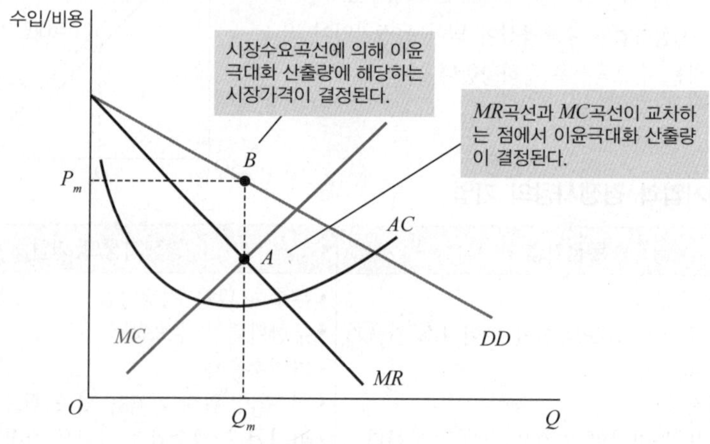

2. 독점시장 단기균형의 특징

(1) 공급곡선이 존재하지 않는다.
독점기업은 수요곡선이 주어지면 이윤이 극대가 되도록 수요곡선의 한 점을 선택하여 가격과 생산량을 결정한다.

(2) 단기균형은 수요의 가격탄력성이 1보다 큰 부분에서 발생한다.

$$MR=P\left(1-\frac{1}{\varepsilon_p}\right)>0 \Rightarrow \varepsilon_p>1$$

(3) 완전경쟁균형에서는 $P=MC$가 성립하지만, 독점기업의 균형은 $P>MC$이므로 생산량이 사회적인 최적수준에 미달한다.

(4) 독점기업은 일반적으로 초과이윤을 얻지만 단기에 항상 초과이윤을 얻는 것은 아니다.

3. 독점기업의 이윤

(1) 독점이윤 발생 : MR곡선과 SMC곡선이 교차하는 Q_m에서 독점기업의 이윤은 극대화되며, 이때의 독점가격은 P_m이다.

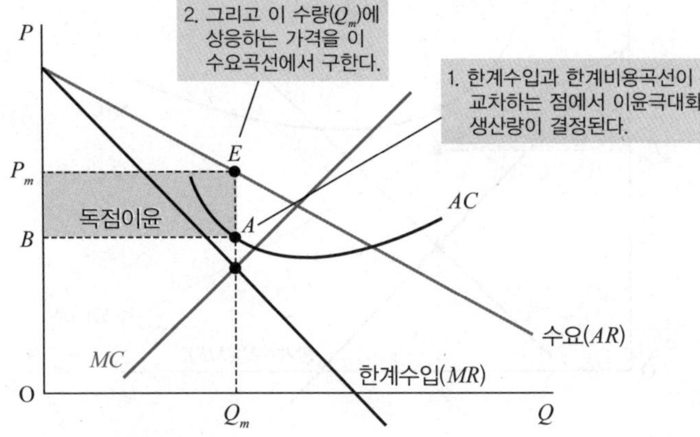

(2) 정상이윤만 발생하는 경우 : 이윤의 존재여부는 가격과 평균비용 간 차이로 측정하며, $P = AC$일 때에 정상이윤만 발생한다.

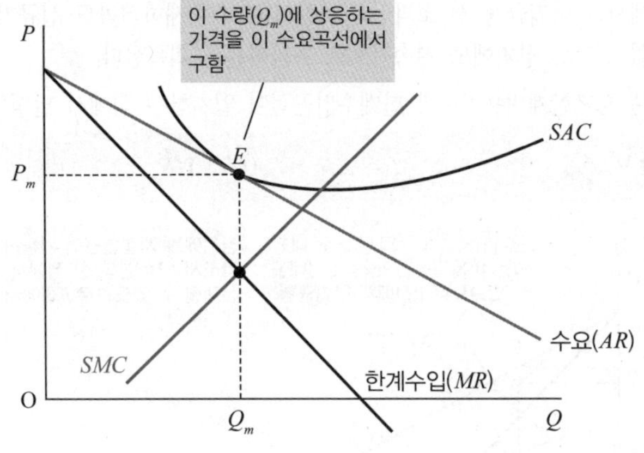

> 단기균형의 특징
> 1. 독점기업은 가격설정자로 행동한다.
> 2. 단기균형에서 $P > SMC$가 성립한다.
> 3. 독점기업이라도 단기에는 이윤을 얻을 수도 있지만, 손실을 볼 수도 있다.
> 4. 독점기업의 경우 공급곡선이 존재하지 아니한다.
> 5. 단기균형에서 수요의 가격탄력성은 1보다 크다.

(3) 손실이 발생하는 경우 : 이윤의 존재여부는 가격과 평균비용 간 차이로 측정하며, $P < AC$일 때 손실이 발생한다.

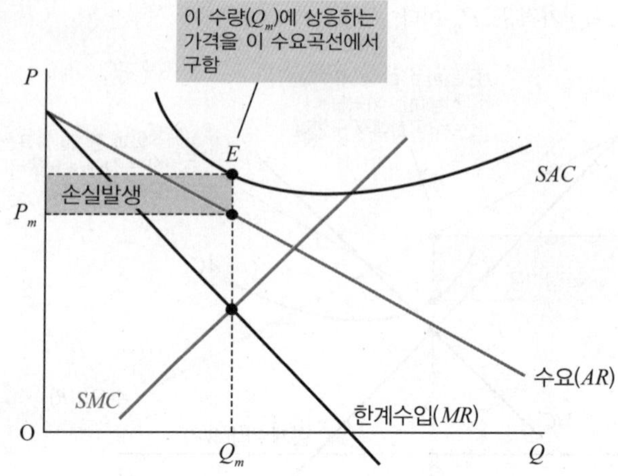

2 독점기업의 장기균형

1. 장기균형의 조건

(1) 독점시장에서는 단기균형 시 초과이윤(독점이윤)이 존재하더라도 신규기업들이 시장에 진입할 수 없으므로, 장기에도 계속적으로 초과이윤을 획득한다.

(2) 장기균형은 장기한계비용곡선과 한계수입곡선이 일치하는 점에서 달성된다.

$$P = AR > LAC = MR$$

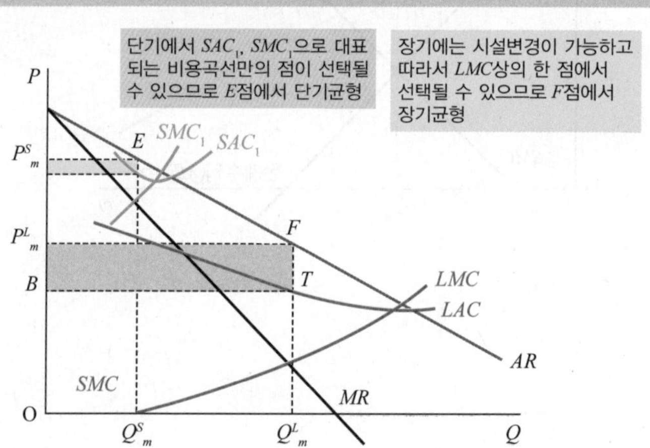

2. 장기균형의 특징

(1) 초과이윤 획득

① 독점기업이라도 단기에는 손실을 볼 수 있으나, 장기에서 손실을 보게 되면 시장에서 이탈할 것이므로, 장기에 시장에 남아 있는 독점기업이라면 최소한 0 이상의 경제적 이윤을 얻고 있다.

② 독점기업은 장기에서 시설규모를 조절할 수 있으므로 수요조건에 비추어 알맞은 시설규모로 전환함으로써 단기에서보다 더 큰 이윤을 획득할 수 있다.

(2) 초과설비의 보유

① 초과설비의 보유로 인하여 완전경쟁시장에 비해 비효율성을 유발한다.

② 수요곡선이 우하향하므로 한계수입곡선은 반드시 수요곡선에 비해 아래에 위치하고, LMC곡선은 LAC곡선의 최저점을 통과하는데, 독점기업의 장기균형에서는 반드시 $MR = MC$를 만족해야 하므로, $MR = MC$인 점에서 초과이윤을 얻기 위해서는 LAC의 극소점의 왼쪽에서 $MR = MC$가 성립해야 한다. 따라서 최적시설 규모보다 적은 상품을 생산하게 되어 초과설비를 보유하게 된다.

(3) 사회후생손실 발생 : 독점기업의 장기균형에서는 $P > MC$이므로 과소생산으로 인한 사회후생의 손실이 발생한다.

대표기출유형

독점시장에 대해서 정부가 가격을 통제하고자 한다. 이때 통제가격이 독점균형가격보다 약간 낮을 경우 일어나는 현상으로 옳은 것은?

① 공급량이 변하지 않는다.
② 공급량이 증가할 수 있다.
③ 독점자의 공급곡선이 이동한다.
④ 독점자의 한계비용곡선이 이동한다.

정답 ②

해설 독점기업은 정상이윤에 독점이윤을 더하여 판매하므로 통제가격이 독점균형가격보다 약간 낮을 경우 공급이 증가할 수도 있다.

테마 14

가격차별

⊕ 가격차별의 정의

1. 가격차별(Price Discrimination)이란 독점기업이 생산비가 동일하고 동질적인 재화에 대하여 서로 다른 가격을 책정하여 판매하는 정책을 말하며, 가격차별을 실시하는 독점을 차별독점이라 한다.
2. 독점기업이 가격차별을 실시하는 가장 큰 이유는 독점이윤의 증대에 있다.

⊕ 가격차별이 가능한 조건

1. 소비자(시장)를 수요의 가격탄력성 크기에 따라 두 개 이상으로 분리 가능해야 한다.
2. 시장분리에 소요되는 비용이 시장분리에 의해 얻는 수익보다 적어야 한다.
3. 분리된 소비자 간에 전매(재판매)가 불가능해야 한다.

1 제1급 가격차별 또는 완전가격차별

1. 의의

제1급 가격차별(First-degree Price Discrimination)이란 독과점기업이 각 소비자의 최대 지불용의에 따라 가격을 설정하는 것을 말하며 완전가격차별(Perfect Price Discrimination)이라고도 한다.

2. 특징

(1) 가격차별이 없다면 생산량은 Q_m 이지만, 각 소비자들로부터 최고 가격을 받아낸다면 수요곡선 자체가 한계수입곡선이 되므로 E 점에서 균형이 성립한다.

(2) 수요곡선과 한계비용곡선이 교차하는 점에서 생산량이 결정되고 자원배분에 있어서는 완전경쟁시장과 같아지나 독점기업이 모든 소비자잉여를 차지한다.

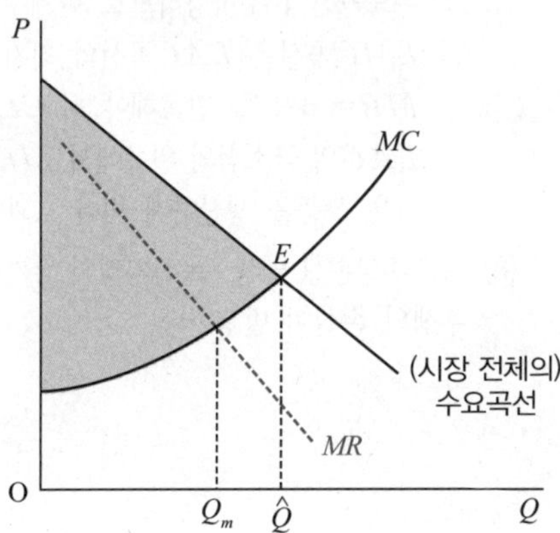

2 제2급 가격차별

1. 의의

제2급 가격차별(Second-degree Price Discrimination)이란 독과점기업이 상이한 판매수량에 대해 상이한 단위가격(평균수입)을 설정하는 것으로, 각 소비자의 보상수요곡선을 모르는 경우(정보의 비대칭성) 독점자가 사용하는 가격차별을 말한다.

2. 특징

(1) 상품을 1단위씩 나누어서 다른 가격을 매기는 것이 아니라 몇 개의 덩어리로 나누고 각각의 덩어리에 대해서 다른 가격을 매기는 것으로, 가장 흔한 형태이다.

(2) 순수 독점에 비해 생산량은 증가하므로 생산측면의 비효율성이 일부 개선된다.

(3) 소비자잉여 중 일부분은 소비자에게 남겨지며, 순수 독점에 비해 자중손실도 감소한다.

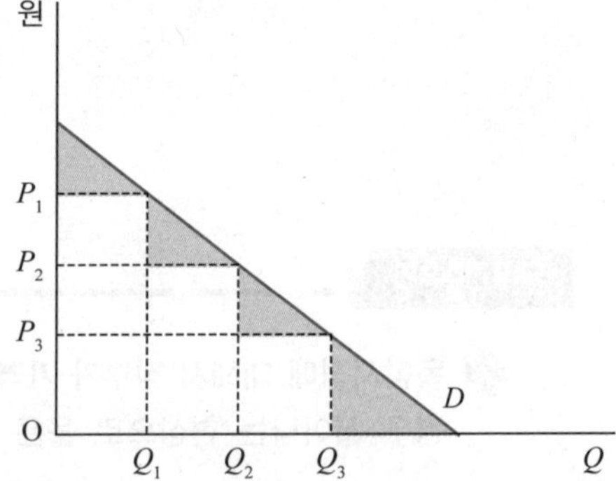

(4) 독점자가 특정한 성격의 메커니즘을 소비자에게 제시하고, 소비자로 하여금 스스로 소비유형을 드러내게 한다. 즉, 높은 가격을 낼지 낮은 가격을 낼지를 소비자가 결정한다.

(5) 교통기관의 좌석별 요금제(일반, 특실), 수량할인(대량구매할인), 사용량에 따라 적용되는 전기, 전화요금제, 극장할인제도의 경우 조조할인, 심야할인 등이 그 예이다.

3 제3급 가격차별

1. 의의

제3급 가격차별(Third-degree Price Discrimination)이란 서로 다른 수요곡선을 갖는 소비자 그룹을 구별하여 각 그룹의 소비자들에게 다른 가격을 책정하는 것으로, 가격탄력성이 서로 다른 소비자특성에 따른 가격차별을 말한다.

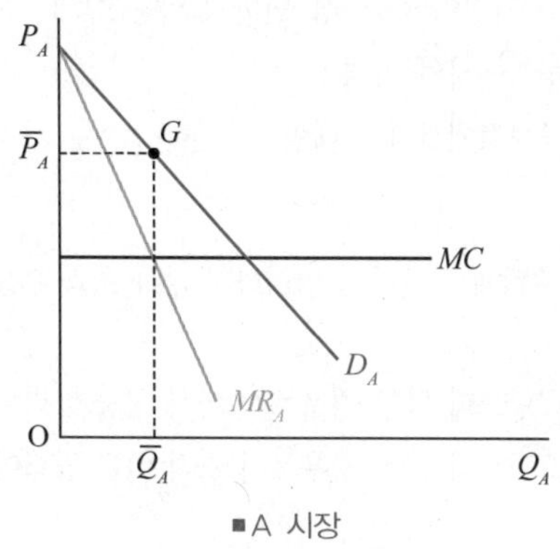

■A 시장

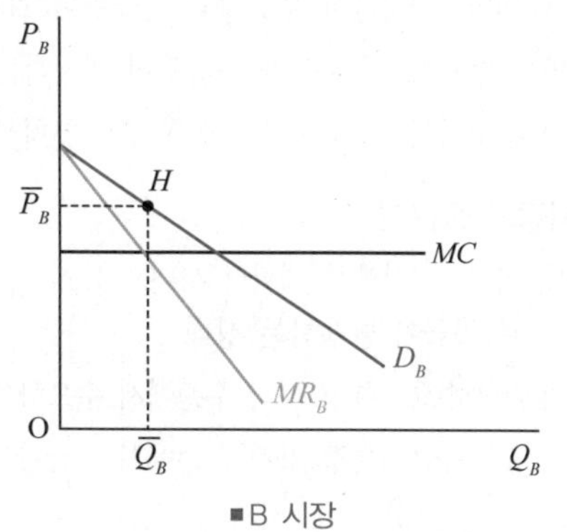

■B 시장

2. 제3급 가격차별 기업의 이윤극대화

(1) 시장을 서로 다른 가격탄력성을 가진 시장으로 분리하여 각 시장마다 서로 다른 수준의 가격을 설정한다.

(2) 제3급 가격차별의 이윤극대화조건은 $MC = MR_A = MR_B$로 한계비용이 각 시장의 한계수입과 같아야 한다.

(3) 시장별 판매량과 가격의 결정 : 각 시장별 한계수입과 한계비용이 일치하는 수준에서 판매량과 가격을 결정한다.

제3급 가격차별
1. 소비자들을 몇 개의 그룹으로 구분한다(상품은 구분하지 않음).
2. 그룹 간에는 다른 가격이 형성된다.
3. 그룹 내의 모든 소비자에게는 동일한 가격이 적용된다.

대표기출유형

가격차별과 관련된 다음 사례 중 성격이 다른 것은?

① 극장에서 아침에 상영되는 영화에 할인요금을 적용한다.
② 자동차회사는 차종에 따라 가격을 달리하여 자동차를 판매한다.
③ 구내식당의 점심메뉴는 저녁메뉴와 동일하지만 더 저렴한 가격으로 판매한다.
④ 자동차회사는 동일차종에 대해 해외시장과 국내시장에 다른 가격으로 판매한다.

정답 ②

해설 차종이 다르다는 것은 다른 재화, 즉 제품의 품질이 다른 것이므로 가격차별이 아니다.

테마 15

가격규제

> **시장균형의 결정 원리**
> - 초과수요(수요량>공급량) 상태 → 가격 상승 압력 발생 → 가격 상승 → 수요량 감소, 공급량 증가 → 시장균형 달성(수요량=공급량)
> - 초과공급(수요량<공급량) 상태 → 가격 하락 압력 발생 → 가격 하락 → 수요량 증가, 공급량 감소 → 시장균형 달성(수요량=공급량)

1 시장에서의 가격 결정

1. 시장균형

(1) 의미 : 시장에서 수요량과 공급량이 일치하여 가격이 더 이상 변하지 않는 상태

(2) 균형가격 : 수요량과 공급량이 일치하는 균형점에서의 가격

(3) 균형거래량 : 수요량과 공급량이 일치하는 균형점에서의 거래량

2. 시장의 불균형

(1) 의미 : 시장에서 재화나 서비스 등에 대한 수요량과 공급량이 일치하지 않아 초과 수요나 초과 공급이 발생하는 상태

(2) 초과수요 : 특정 가격 수준에서 수요량이 공급량보다 많은 경우로서 가격 상승 압력이 존재

(3) 초과공급 : 특정 가격 수준에서 공급량이 수요량보다 많은 경우로서 가격 하락 압력이 존재

2 정부의 가격 규제 정책

1. 의의

(1) 전세나 월세 등 부동산 임대료가 너무 비싼 경우, 임금이 지나치게 낮거나 대부업체의 이율이 너무 높은 경우, 농산물의 가격이 폭락한 경우 정부는 시장에서 결정된 가격을 무시하고 의도적으로 가격을 규제하기도 한다.

(2) 가격에 대한 정부의 규제는 가격이 일정한 수준 이상으로 올라가는 것을 막는 가격상한제(Price Ceiling)와 가격이 일정한 수준 이하로 내려가는 것을 막는 가격하한제(Price Floor)의 두 가지 형태로 실시되고 있다.

2. 최고가격제(가격상한제)

(1) 의미 : 정부가 시장의 균형가격이 너무 높다고 판단하면 시장균형가격보다 낮은 수준에서 가격상한선을 정하고 이를 초과하는 가격 수준에서 거래하지 못하도록 규제하는 정책이다.

최고가격제가 시행되는 시장	최고가격제 시행 이전과 이후 비교
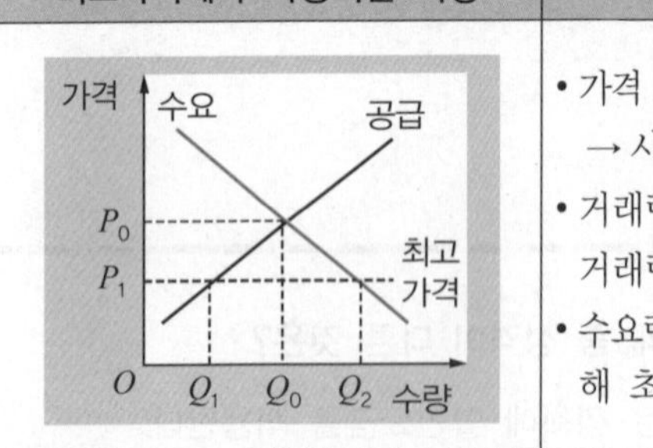 	• 가격 : 시장균형가격(P_0)>정부 결정 최고가격(P_1) → 시장 거래 가격 하락($P_0 \rightarrow P_1$) • 거래량 : 시장균형거래량(Q_0)>최고가격에 따른 거래량(Q_1) → 시장 거래량 감소($Q_0 \rightarrow Q_1$) • 수요량과 공급량 : 수요량 증가, 공급량 감소로 인해 초과수요(Q_1Q_2) 발생

(2) 사례

① 분양가 상한제 : 정부가 산정한 분양가 이하에서 아파트가 분양되도록 규제하는 제도

② 이자율 상한제 : 대출 이자율의 상한선을 정하는 정책

(3) 문제점

① 초과수요 발생 : 정부가 최고가격제를 실시하면 초과 수요가 발생하게 되어 원하는 만큼 재화가 공급되지 못하고 재화의 배분은 가격이 아니라 추첨이나 선착순과 같이 가격경쟁 이외의 다른 방식으로 해결된다.

② 생산측면의 과소설비를 유도

③ 암시장 출현

3. 최저가격제(가격하한제)

(1) 의미 : 시장에서 형성되는 균형가격이 너무 낮아서 시장균형가격보다 높은 수준에서 가격하한선을 정하고 이보다 낮은 가격 수준에서 거래하지 못하도록 규제하는 정책이다.

최저가격제가 시행되는 시장	최저가격제 시행 이전과 이후 비교
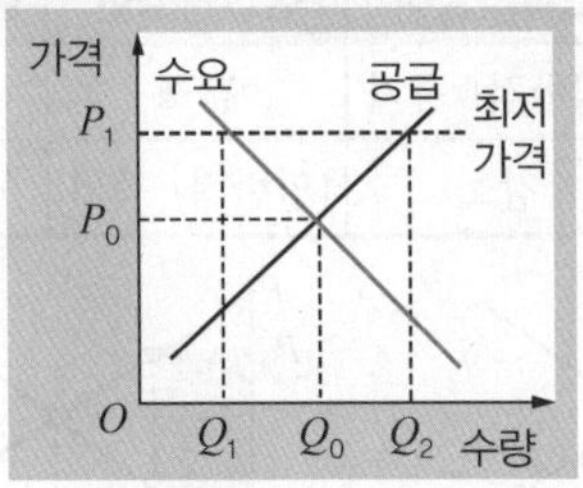 가격, 수요, 공급, 최저 가격, P_1, P_0, O, Q_1, Q_0, Q_2, 수량	• 가격 : 시장균형가격(P_0) < 정부 결정 최저가격(P_1) → 시장 거래 가격 상승($P_0 \rightarrow P_1$) • 거래량 : 시장균형거래량(Q_0) > 최고 가격에 따른 거래량(Q_1) → 시장 거래량 감소($Q_0 \rightarrow Q_1$) • 수요량과 공급량 : 수요량 감소, 공급량 증가로 인해 초과공급(Q_1Q_2) 발생

(2) 목적 : 생산자(공급자, 노동자) 보호

(3) 사례 : 임금이 일정 수준 이상으로 유지되도록 규제하는 제도인 최저임금제

(4) 문제점

① 초과공급 발생 : 최저가격제가 실시되면 일반적으로 공급량이 수요량을 초과하여 초과공급이 발생하며, 최저임금제에서 초과공급은 실업이 발생하는 것을 의미한다.

② 생산측면의 과잉설비를 유도

③ 암시장 출현

구분 \ 종류	최고가격제	최저가격제
가격설정	균형가격 아래－가격상한제	균형가격 위－가격하한제
효과	가격 인하－소비자 보호 · 물가안정	가격 상승－생산자 · 노동자 보호
사례	아파트 분양가 통제 · 전세금 통제, 법정최고이자 등	최저임금제 · 최저곡가제 등
불균형	초과수요－재화부족	초과공급－재화 · 노동의 과잉공급

암시장
정부의 가격 규제와 관련하여 정부가 통제하는 가격 범위를 벗어나서 거래가 이루어지는 경우를 의미한다. 넓은 의미로는 불법적인 거래가 이루어지는 모든 시장을 의미하기도 한다.

재화 · 서비스의 질	가격 하락으로 저하됨.	가격 상승으로 개선됨.
자원배분	과소의 자원배분에 의한 비효율성－후생손실이 발생	과잉의 자원배분에 의한 비효율성－후생손실이 발생
암시장 형성	암시장에서는 규제가격보다 더 높은 가격으로 거래가 됨.	암시장에서는 규제가격보다 더 낮은 가격으로 거래가 됨.
기타	가격기구에 의한 자원배분(×)→ 인위적 배분 : 선착순 추첨 배급제	최저임금제의 경우 노동수요의 임금 탄력성이 비탄력적일수록 효과적임.

4. 가격 규제와 경제적잉여

가격상한제를 실시할 경우 수요의 가격탄력성이 커질수록 초과수요의 값도 커진다. 가격하한제를 실시할 경우 수요의 가격탄력성이 커질수록 초과공급의 값도 커진다.

(1) 최고가격제(가격상한제)

① 최고가격제 : 가격 하락(P_C), 공급량 감소(Q_S), 실제 소비량 감소(Q_S)

② 암시장 형성 : 가격 상승(P_B), 공급량 감소(Q_S), 실제 소비량 감소(Q_S)

구분	가격	실제 생산 · 소비	소비자잉여	생산자잉여	경제적잉여
최고가격제	하락	감소	(일반적) 증가	감소	감소
암시장	상승	감소	감소	(일반적) 증가	감소

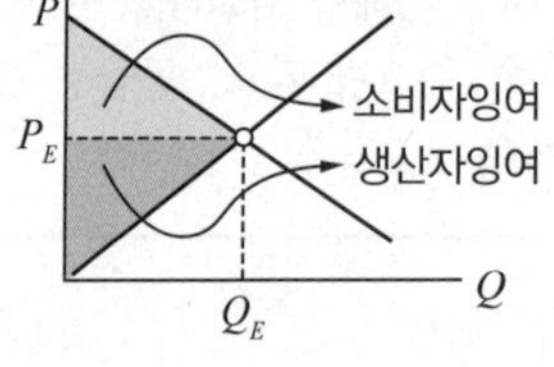

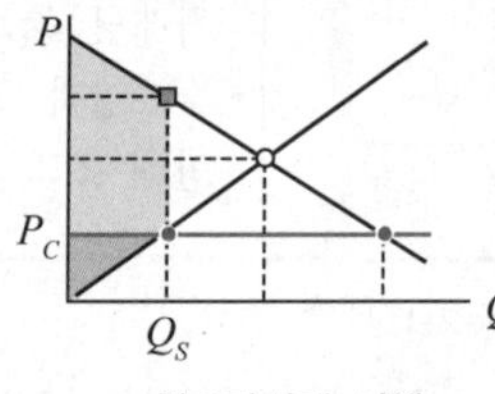

■ 최고가격제 시행

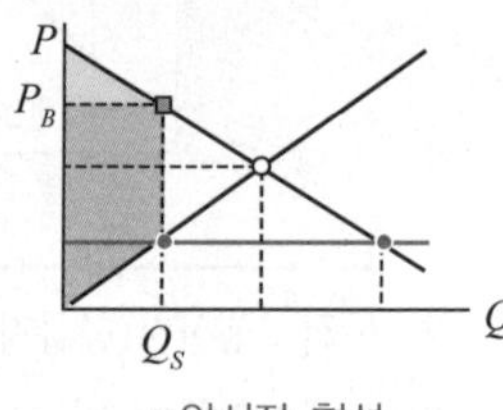

■ 암시장 형성

(2) 최저가격제(가격하한제) : 농산물 가격지지제, 최저임금제

① 최저가격제 : 가격 상승(P_C), 수요량 감소(Q_D), 실제 생산량 감소(Q_D)

② 정부수매 시 : 가격 상승(P_C), 수요량 감소(Q_D), 공급량 증가(Q_S), 초과공급분 비축

③ 이중곡가제 : 구매가격(P_S) 상승, 공급량 증가(Q_S), 판매가격(P_D) 하락, 수요량 증가(Q_D)

구분	가격	실제 생산 · 소비	소비자잉여	생산자잉여	경제적잉여
최저가격제	상승	감소	감소	(일반적) 증가	감소
정부수매	상승	소비감소, 생산증가	감소	증가	감소
이중곡가제	—	소비증가, 생산증가	증가	증가	감소

※ 정부수매와 이중곡가제 시행 시 재정지출(사각형 면적)이 필요하므로 경제적 잉여는 감소

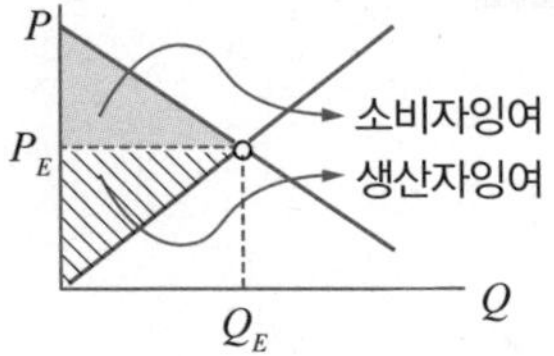

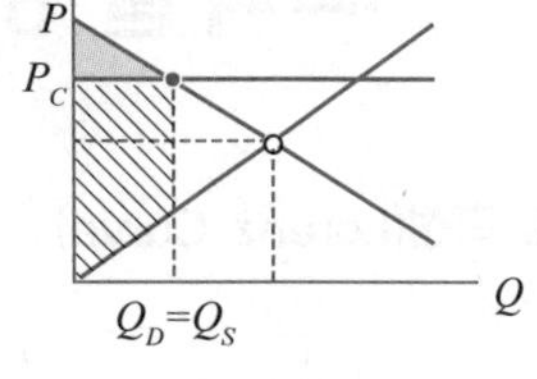

■ 최저가격제

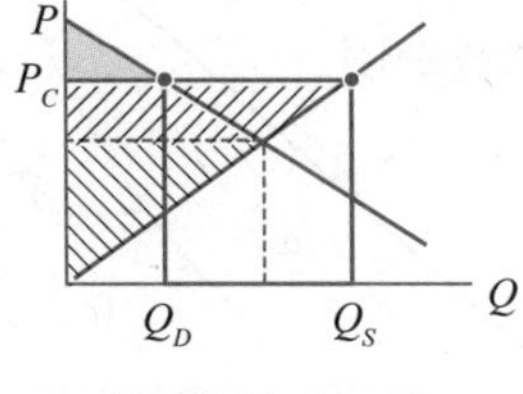

■ 정부수매 · 비축

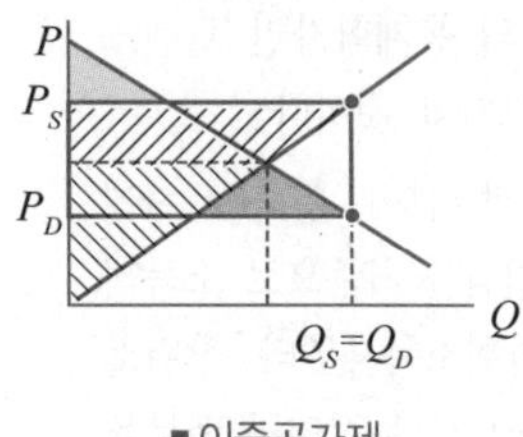

■ 이중곡가제

팁 최저임금제와 총노동소득(전체 노동자들의 소득)의 관계

- 최저임금제 실시 이후 노동자들의 총노동소득(전체 노동자들의 소득)의 증감여부는 노동수요의 임금탄력성에 달려있다.
- 노동수요가 탄력적인 경우 최저임금제가 실시되어 임금이 상승하면 고용량이 대폭 감소하므로 노동자의 총노동소득이 감소한다.
- 노동수요가 비탄력적인 경우 최저임금제가 실시되어 임금이 상승하더라도 고용량이 별로 감소하지 않으므로 노동자의 총노동소득이 증가한다.

파트1 경영학
파트2 경제학
파트3 법학
파트4 행정학
파트5 공기업 기출문제

대표기출유형

다음 중 최저임금제에 대한 설명으로 옳지 않은 것은?

① 노동시장의 초과공급으로 비자발적 실업이 발생한다.
② 노동수요의 임금탄력성이 높을수록 효과적이다.
③ 최저임금제는 노동시장의 생산자잉여를 증가시키기 위한 정책이다.
④ 최저임금제를 통한 총노동소득의 증감여부는 노동수요의 임금탄력성에 따라 결정된다.

정답 ②

해설 최저임금제는 노동수요의 임금탄력성이 낮을수록 효과적이다.

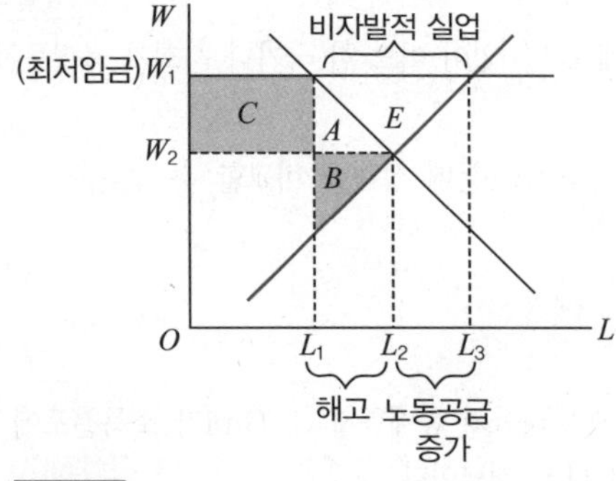

오답풀이

① 최저임금제를 실시하면 노동자들의 임금이 상승하는 효과를 가져오지만, 비자발적 실업이 발생하며 사회적인 후생손실을 초래하게 된다.

④ 임금상승
- 노동수요의 임금탄력성>1 ⇒ 임금인상률<고용량 감소율 ⇒ 총노동소득 감소
- 노동수요의 임금탄력성<1 ⇒ 임금인상률>고용량 감소율 ⇒ 총노동소득 증가

테마 16

소득불평등 지표

불평등 지표의 유용성
- 한 나라의 소득불평등 정도를 측정
- 한 나라의 소득불평등 변화를 시간적으로 비교
- 나라 간의 소득불평등 정도를 비교

소득분배불균등의 원인
- 개인 능력의 차이
- 사회제도(인종차별)
- 경제성장위주의 정책
- 조세제도(직접세 중심일수록)
- 사회복지제도
- 노동시장상황

1 로렌츠 곡선(Lorenz Curve)

1. 의미

(1) 소득분배 상태를 그림으로 한 눈에 알아볼 수 있도록 미국의 통계학자인 로렌츠가 고안한 것이다.

(2) 그림과 같이 횡축(x축)에는 원점을 기준으로 소득액 순(하위소득자부터 상위소득자)으로 누적인구 백분율을, 그리고 종축(y축)에는 소득금액의 누적 백분비를 표시한 것이다.

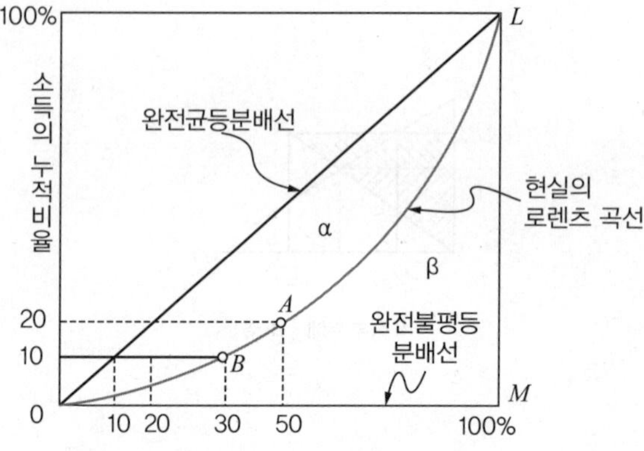

(3) 대각선인 균등분포선은 인구 누적 점유율과 소득 누적 점유율이 서로 일치하는 경우이며, 소득불평등의 정도를 인구의 누적비율과 소득의 누적점유율 사이의 대응관계를 그림으로 나타내는 방식이다.

(4) 그림에서 점 A는 소득액 하위인구 50%가 전체 소득의 20%를, 점 B는 소득액 하위인구 30%가 전체 소득의 10%를 차지한다는 의미이다.

2. 곡선의 모양

로렌츠 곡선이 대각선에서 우측으로 멀어질수록 소득분배는 불평등하고 대각선에 가까울수록 평등하게 분배됨을 나타낸다.

3. 로렌츠 곡선의 비교

두 곡선이 교차하지 않는 경우에만 가능하여 교차할 경우 지니 계수를 사용해 평가 가능하다.

4. 로렌츠 곡선의 특징

(1) 소득분배 상태를 그림으로 한눈에 볼 수 있어 어느 한 국가나 사회가 불평등한지 알아보기에 좋다.

(2) 숫자로 표시할 수 없어 여러 나라의 소득분배 상태를 비교할 수 없다.

2 지니 계수(Gini Coefficient)

1. 의미

(1) 로렌츠 곡선을 수치화한 것으로 이탈리아의 통계학자 C. Gini가 소득분포에 관해 제시한 통계적 법칙인 '지니의 법칙'에서 나온 개념이다.

(2) 로렌츠 곡선과 균등분포선(45°선) 사이의 면적(불균등면적)을 균등분포선(45°선)이 그래프 상에서 만드는 삼각의 면적으로 나눈 것이다.

2. 지니 계수의 계산

로렌츠 곡선의 그래프의 완전균등분배선(대각선)과 현실의 로렌츠 곡선($0L$) 사이의 면적(α)을 삼각형 $0ML$의 면적($\alpha+\beta$)으로 나눈 값이다.

$$\text{지니 계수} = \frac{\alpha}{\alpha+\beta}$$

3. 지니 계수의 비교

(1) 지니 계수는 0과 1사이의 값으로 나타난다.

(2) 지니 계수가 0이면 소득분포가 완전히 평등한 상태로 균등분포선과 일치하며 1에 가까울수록 곡선과 대각선 사이의 면적이 커지게 되고 불평등도가 심해지며 1일 경우에는 완전 불평등을 나타낸다.

4. 지니 계수의 한계

얼마나 소득이 균등하게 분배되었는지의 하나의 차원에서만 평가된다.

3 개츠비 곡선(Gatsby Curve)

1. 부모의 소득이 자식 소득에 영향을 미치는 탄력성 정도(세로축)와 소득 불평등 지니 계수(가로축)를 나타낸 표로 경제적 불평등과 사회 계층 이동이 상관관계를 가졌는가를 나타낸다.
2. 경제적 불평등이 높은 나라일수록 사회적 계층 이동은 어려워지고, 경제적 불평등 정도가 낮을수록 계층 이동이 용이해진다.

10분위 분배율

제1분위에서 제4분위까지의 소득이 전체 소득에서 차지하는 점유율을 제9분위와 제10분위의 소득이 전체 소득에서 차지하는 점유율로 나눈 값이다.

파트1 경영학
파트2 경제학
파트3 법학
파트4 행정학
파트5 공기업 기출문제

대표기출유형

미국의 경제 자문위원인 엘런 크루거 프린스틴대 교수가 1920년대를 배경으로 한 소설의 주인공 이름을 인용하여 발표한 경제이론으로, '경제적 불평등이 심해질수록 계층 간 이동이 어려워진다'는 내용의 이론은?

① 엥겔 곡선　　② 개츠비 곡선

③ 로렌츠 곡선　　④ 올리버 곡선

정답 ②

해설 개츠비 곡선(Gatsby Curve)에 대한 설명이다.

오답풀이

① 엥겔 곡선은 소득 수준에 따라 특정 재화의 수요량이 어떻게 변하는지를 나타내는 곡선이다.

③ 로렌츠 곡선은 소득분포의 불평등도를 나타내는 곡선이다.

테마 17

정보의 비대칭성

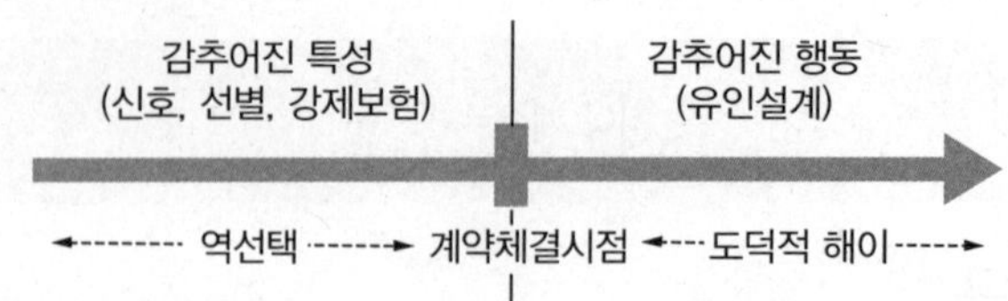

정보의 비대칭성

- 정보의 비대칭성은 양 당사자가 정보를 똑같이 공유하는 것이 아니라 어느 한 쪽이 다른 쪽보다 더 많은 정보를 갖는 현상이다.
- 대출고객의 미래 상환능력과 의지에 대한 정보는 은행보다 대출고객 자신이 더 많이 갖기 때문에 대출시장에서는 대개 정보의 비대칭성이 존재한다.
- 금융시장에서의 정보의 비대칭은 역선택과 도덕적 해이 문제를 야기하여 시장의 효율성을 저해한다.

1 역선택

1. 의의

(1) 역선택(Adverse Selection)은 정보의 비대칭성으로 인해 상대방의 특성을 알지 못하는 상황에서 불리한 선택을 하게 되는 것을 말한다.

(2) 대부자(Loaner)의 기대와 역행하는 결과를 가져올 가능성이 보다 높은 대출자(Borrower)가 대출에 적극적인 것이 일반적이므로 대부은행으로부터 선택될 가능성이 높다. 이것이 만연될 경우 부실대출자가 우량대출자를 시장에서 몰아내게 되는 현상을 레몬문제(Lemons Problem)라고도 한다.

2. 레몬문제의 예시

(1) 중고차 시장

① 중고차 구입자는 차량이 레몬(불량품)인지 복숭아(우량품)인지 잘 알지 못하므로 중고차의 시장가격은 불량품의 가격보다 높고 우량품의 가격보다 낮은 수준에서 결정되기 쉽다.

② 우량품 수준의 높은 가격이면 사는 사람이 별로 없고 불량품 수준의 낮은 가격이면 파는 사람이 별로 없게 된다. 따라서 레몬(불량품 차량)들이 거래될 가능성이 더 높아진다.

(2) 유가증권 : 투자자들이 시장에서 우량 유가증권과 불량 유가증권을 식별해 낼 수 없다면 결국 그들이 지불하고 싶은 가격은 전체의 평균 가치에 해당하는 가격이 되며 따라서 우량 유가증권은 저평가됨으로써 기업들이 발행을 꺼릴 것이고, 불량 유가증권은 고평가됨으로써 과도하게 발행될 것이다.

2 도덕적 해이

1. 의의

(1) 상대방이 자신의 행동을 관찰하지 못하는 상황에서 상대방에게 바람직하지 못한 행위를 할 수 있는 위험 또는 그러한 행위를 지칭한다.

(2) 대출자가 대부자에게 밝힌 원래의 대출목적에 맞지 않는 행위, 즉 은행에서 주택자금용으로 대출받은 돈으로 위험한 주식투자를 하는 경우 상환이 보다 어려워지게 될 위험이 있다.

2. 지분 대 채무

(1) 주인－대리인 문제

① 주인(Principal)이 대리인(Agent)의 행동을 완전히 관찰할 수 없을 때 대리인이 자신의 효용을 극대화하는 과정에서 발생한다.

② 주인과 대리인의 인센티브 불일치, 즉 대리인(경영자)이 주인(주주)의 이익을 따르기보다 자신의 개인적 이익을 쫓아 행동할 유인을 가질 때 초래되는 문제이다.

(2) 이해관계의 상충 문제

① 기관의 내부적 목표가 다수일 때 목표끼리 상호 대립하면서 발생하는 이해관계의 상충은 투자자의 관점에서 볼 때 도덕적 해이 문제로 해석될 수 있다.

② 이해관계의 갈등은 당사자들 사이에 유착관계를 형성시켜 비리로 발전할 수 있는 위험이 있다.

🅘 정보비대칭의 해결 수단

1. 역선택의 해결방법
   - 강제가입
   - 신호보내기(Signaling)
   - 걸러내기(Screening)
   - 반복거래
2. 도덕적 해이의 해결방법
   - 감시(Monitoring)
   - 동기유발
   - 적절한 유인 구조

대표기출유형

다음 중 A와 B의 대화 내용과 관련 있는 경제 현상을 올바르게 짝지은 것은?

대부자(Loaner)는 대출자(Borrower)의 신용상태를 정확히 알지 못하기 때문에 채무불이행의 위험에 직면할 수 있어.

대부자(Loaner)는 대출자(Borrower)가 자금을 대출한 이후 계약에 따라 자금을 사용하는지 알지 못하기 때문에 채무불이행의 위험에 직면할 수도 있어.

	A	B		A	B
①	역선택	외부효과	②	역선택	도덕적 해이
③	도덕적 해이	역선택	④	도덕적 해이	외부효과

정답 ②

해설 거래당사자들 사이에 정보수준의 차이가 있는 경우에서는 역선택이 발생하고, 감추어진 행동의 상황에서는 도덕적 해이가 발생한다.

테마 18

외부효과

1 외부경제와 외부불경제

1. 외부경제

(1) 어떤 경제주체의 생산이나 소비활동이 제3자에게 이익을 주는 경우를 외부경제 혹은 양(+)의 외부성이라 한다.

(2) 예시

① 양봉업자 주변의 과수원은 별도의 비용을 지불하지 않고도 꽃을 수분시킬 수 있고 정원을 가꾸는 행위는 주변 사람들에게 경제적 이득을 포함한 혜택을 줄 수 있다.

② 전염성 질병 예방을 위한 노력은 사회 전체에 긍정적인 영향을 끼치고 획기적 발견으로 인해 사회 전체의 기술 수준 향상이 이루어질 수 있다.

③ 교육을 통해 범죄율이 낮아짐으로 인한 사회 질서 유지가 가능하다.

2. 외부불경제

(1) 어떤 경제주체의 생산이나 소비활동이 손해를 입히는 경우를 외부불경제 혹은 음(−)의 외부성이라 한다.

(2) 예시

① 화석 연료의 이용으로 인해 발생한 공장 매연이나 자동차 배기가스 등의 대기 오염은 농작물에 피해를 주고 국민 건강에 악영향을 끼치고 공장 폐수, 생활하수 등의 무단 방류로 인한 수질 오염은 식물, 동물, 인간들에게 피해를 줄 수 있다.

② 지나친 음주로 인해 발생한 음주 운전 및 교통사고는 다른 사람에게 피해를 줄 수 있다.

③ 흡연으로 인한 질병, 불쾌감, 길거리 청결 유지를 위해 발생하는 비용, 지나친 항생제 사용으로 인한 항생제 내성 등이 있다.

> 외부효과(외부성, Externality, External Effect)
> 1. 개념
>   - 어떤 경제주체의 행위가 의도하지 않게 다른 경제주체에게 이익이나 손해를 주면서도 그 대가를 받지 못하거나 지불하지 않는 상태를 말한다.
>   - 이익을 주는 경우는 외부경제, 손해를 끼치는 경우를 외부불경제라고 한다.
> 2. 외부효과와 시장실패
>   - 자원배분의 비효율성이 발생한다.
>   - 생산의 외부효과가 존재하면 사적 비용과 사회적 비용이 불일치한다.
>   - 소비에 외부효과가 존재하면 사적 편익과 사회적 편익이 불일치한다.

2 생산과 소비의 외부효과

1. 생산의 외부효과

(1) 사적 한계비용(Private Marginal Cost ; PMC) : 상품생산에 실제로 지출된 한계생산비

(2) 사회적 한계비용(Social Marginal Cost ; SMC) : 상품생산에 따른 한계 외부성을 화폐적 비용으로 평가하여 사적 한계비용에 포함

(3) 외부한계비용(External Marginal Cost ; EMC) : 생산의 외부효과가 발생하면 제3자가 이익이나 손해를 입게 되는 크기

(4) 사회적 한계비용(SMC)=사적 한계비용(PMC)+외부한계비용(EMC)

- 생산의 외부경제 : $PMC > SMC (= PMC + EMC\ (-))$
- 생산의 외부불경제 : $PMC < SMC (= PMC + EMC\ (+))$

> 생산의 외부경제
> 생산과정에서 발생하는 외부효과로, 양봉업자의 접근으로 과수원업자의 과일수확량이 늘어나는 예가 있다.

2. 소비의 외부효과

(1) 사적 한계편익(Private Marginal Benefit ; PMB) : 상품소비에 따른 개별소비자의 한계효용이며, 개별소비자의 수요곡선이 사적 한계편익곡선

(2) 사회적 한계편익(Social Marginal Benefit ; SMB) : 소비에 따른 한계외부성을 포함하여 평가한 사회적 한계편익

(3) 외부한계편익(External Marginal Benefit ; EMB) : 소비의 외부효과가 발생하면 제3자가 이익이나 손해를 입게 되는 크기

(4) 사회적 한계편익(SMB)=사적 한계편익(PMB)+외부한계편익(EMB)

- 소비의 외부경제 : $PMB < SMB\,(= PMB + EMB(+))$
- 소비의 외부불경제 : $PMB > SMB\,(= PMB + EMB(-))$

3. 외부효과의 유형과 자원배분

소비의 외부효과	외부경제	과소생산	사적 한계편익<사회적 한계편익
	외부불경제	과다생산	사적 한계편익>사회적 한계편익
생산의 외부효과	외부경제	과소생산	사적 한계비용>사회적 한계비용
	외부불경제	과다생산	사적 한계비용<사회적 한계비용

소비의 외부경제
소비과정에서 발생하는 외부효과로, 어떤 집이 길에 외등을 설치함으로써 옆집도 혜택을 보는 예가 있다.

파트1 경영학
파트2 경제학
파트3 법학
파트4 행정학
파트5 공기업 기출문제

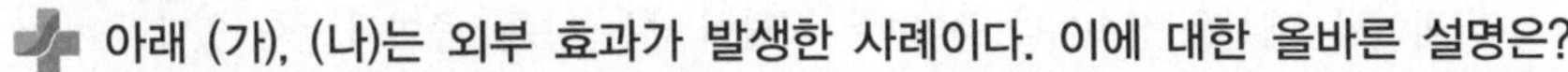

아래 (가), (나)는 외부 효과가 발생한 사례이다. 이에 대한 올바른 설명은?

(가) A 기업의 생산활동에 들어간 비용은 4억 9,000만 원인데 비해 이 기업의 생산활동으로 인한 사회 전체비용은 5억 5,000만 원이다.
(나) B 상품의 판매 시장에서 거래자들이 얻는 총 편익은 2,500만 원인데 비해 이 상품으로 인한 사회 전체의 편익은 3,500만 원이다.

① (가)는 외부경제, (나)는 외부불경제에 해당한다.
② (가)는 정부의 개입으로 해결할 수 있지만 (나)는 그렇지 않다.
③ (가)는 자원의 비효율적 배분을 야기하지만 (나)는 그렇지 않다.
④ (가)는 과다 생산의 문제를, (나)는 과소 생산의 문제를 야기한다.

정답 ④

해설 (가)는 생산의 외부불경제(사적 비용<사회적 비용)로 과다 생산, (나)는 소비의 외부경제(사적 편익<사회적 편익)로 과소 생산된다.

테마 19 조세의 종류

1 국세와 지방세

1. 국세

(1) 중앙정부의 조세인 국세는 정부가 국민 전체의 이익과 관련된 사업의 경비를 마련하기 위해 국민들로부터 거두어들이는 세금이다.

(2) 국세는 증여세와 상속세를 제외하고 1세목 1세법주의를 채택하고 있다.

2. 지방세

(1) 지방정부의 조세인 지방세는 지방자치단체가 지역의 살림을 꾸려가기 위해 지역 주민들에게 거두어들이는 세금이다.

(2) 지방세의 세목과 세율은 「지방세기본법」에서 규정하고 있다.

국세	직접세	법인세, 소득세, 상속세, 증여세, 종합부동산세
	간접세	부가가치세, 인지세, 개별소비세, 증권거래세, 주세
	목적세	교육세, 농어촌특별세
	관세	관세
지방세	보통세	취득세, 등록세, 면허세, 레저세, 주민세, 재산세, 자동차세, 도축세, 담배소비세
	목적세	공동시설세, 지역자원시설세, 지방교육세

2 직접세와 간접세

1. 직접세

(1) 세금을 납부하는 사람(납세자)과 실제로 부담하는 사람(담세자)이 같다.

(2) 노동활동을 통해 소득을 얻은 사람이 내는 소득세, 사업 활동을 통해 소득을 번 법인이 내는 법인세, 재산을 상속이나 증여받은 사람이 내는 상속·증여세 등이 있다.

2. 간접세

(1) 세금을 납부하는 사람(납세자)과 실제로 부담하는 사람(담세자)이 다르다.

(2) 부가가치세나 특별소비세 등과 같은 세금은 물건을 판 기업이 세금을 내지만 세금을 부담하고 있는 사람은 물건을 구입한 사람으로 납세자와 담세자가 일치하지 않는다.

3 누진세와 역진세

1. 누진세

(1) 소득이나 재산 등의 과세표준이 증가하면 그에 따라 평균세율이 증가하는 조세이다.

(2) 부과 대상이 되는 소득이나 재산이 많을수록 부담이 점차 커지는 소득세(누진세)는 부담 능력에 따른 공평 과세가 이루어져 소득 재분배의 효과가 있다.

2. 비례세

과세대상금액과 상관없이 평균세율이 일정하다.

3. 역진세

(1) 과세대상금액이 커질수록 평균세율이 감소한다.

(2) 소득과 관계없이 부과되는 10%의 부가가치세(비례세)는 역진적 성격을 가지나, 역진세에는 해당하지 않는다.

〈세율과 세금〉

조세종류 \ 소득(만 원)		100	200	300	400	500
비례세	세율	10.0%	10.0%	10.0%	10.0%	10.0%
	세금(만 원)	10	20	30	40	50
	평균세율	10.0%	10.0%	10.0%	10.0%	10.0%
누진세	세율	10.0%	15.0%	20.0%	25.0%	30.0%
	세금(만 원)	10	30	60	100	150
	평균세율	10.0%	15.0%	20.0%	25.0%	30.0%
역진세	세율	10.0%	9.5%	9.0%	8.5%	8.0%
	세금(만 원)	10	19	27	34	40
	세율	10.0%	9.5%	9.0%	8.5%	8.0%

※ 평균세율 = $\frac{세금}{소득}$

대표기출유형

다음 중 국세에 해당하지 않는 것은?

① 소득세　② 부가가치세　③ 담배소비세
④ 종합부동산세　⑤ 상속세

정답 ③

해설 담배소비세는 지방세이다.

테마 20

국내총생산

> 국민소득통계(National Income Statistics)
> 개별 경제지표와 달리 한 나라 경제의 전반적인 성과를 종합적으로 나타냄으로써 경제정책의 수립 및 평가와 경제분석의 기초자료로 활용되고 있다. 국민소득통계에서 세계적으로 가장 많이 인용되는 지표가 국내총생산이다.

1 국내총생산의 개념

국내총생산(Gross Domestic Product ; GDP)은 일정기간 동안 한 나라 안에서 새롭게 생산된 재화와 서비스의 시장가치를 합산한 것이다.

1. 일정기간

생산과 소득의 흐름을 1년 또는 1분기(3개월) 단위로 측정한다는 것을 의미한다.

2. 새롭게 생산

(1) GDP가 그 해 또는 그 분기에 생산된 재화와 서비스의 부가가치로 측정됨을 나타낸다. 그러나 과거에 생산된 것의 거래는 포함되지 않고 토지, 주식, 채권과 같은 금융자산의 매입을 의미하지는 않는다.

(2) 자동차 회사가 새 차를 만들어 팔면 그 금액이 GDP에 포함되지만 사람들이 사고파는 중고차의 금액은 GDP에 반영되지 않는다.

3. 재화와 서비스

사람이 살아가는 데 필요한 의 · 식 · 주와 정신적 · 문화적 욕구를 충족시키기 위하여 생산되는 것을 말한다.

※ 재화는 쌀, 의복, 자동차, 건물처럼 물질적으로 형태가 있는 상품이고, 서비스는 운송, 숙박, 금융, 의료, 교육, 문화 활동 등과 같이 형태가 없는 사람의 노력이다.

4. 시장가치 합산

최종 생산물인 각종 재화와 서비스의 양에 이들의 시장가격을 곱해서 얻은 수치를 합산한다는 의미다. GDP는 종류가 다양하고 물리적 단위도 각기 다른 생산물을 시장가격을 기준으로 합하여 하나의 경제활동 지표로 나타낸 것이다.

2 국내총생산의 측정방법

1. 부가가치의 합

GDP는 생산활동의 각 단계에서 새로 창출된 부가가치의 합으로 구한다.

> 부가가치(Value Added) = 산출액(Output) – 중간투입액(Intermediate Input)

2. 최종생산물의 가치

GDP는 최종생산물의 가치만을 측정하여 구할 수도 있다.

3 국내총생산의 측정한계

1. 가사서비스, 주택소유 및 지하경제

(1) 가사도우미는 대가를 받고 서비스를 제공하기 때문에 가사도우미의 서비스는 GDP에 포함되지만, 전업주부의 가사서비스는 GDP에 포함되지 않는다.

(2) GDP의 표준 척도를 규정하는 국민계정체계(System of National Accounts ; SNA)에서 가계의 가사나 개인서비스 활동과 관련하여 타인이 대신 수행할 수 없는 기본적인 활동(식사, 음주, 수면, 운동 등)은 생산의 범주에 포함되지 않기 때문이다.

(3) 자가소유주택이 제공하는 주거서비스는 GDP에 포함되고 임대주택의 경우 세입자가 지불하는 임대료는 주택서비스를 제공받는 대가인 동시에 집주인의 임대소득이므로 GDP에 포함된다. 자가소유주택 서비스는 유사한 주택을 임대할 경우 지불해야 할 금액을 그 가계의 소득과 지출에 포함하는 방식으로 GDP에 계상된다.

(4) 마약거래, 도박, 매춘 등 불법적 거래, 반려견 돌봄과 같이 보고되거나 기록되지 않는 경제활동도 지하경제에 포함되어 GDP에 반영되지 않는다.

2. 디지털 · 공유경제

우리나라의 경우 아직 디지털 · 공유경제 규모가 크지 않지만 이와 같은 활동이 점차 확대될 것에 대비하여 기초자료를 확충하고 추계에 반영해 나가는 한편 OECD와 IMF 등 국제기구와 협력하여 논의의 진전 상황을 지속적으로 모니터링하고 있다.

대표기출유형

국내총생산을 산출할 때 집계되는 투자지출에 해당하지 않는 것은?

① 기업의 재고 자산 증가
② 기업의 신규 기계 도입
③ 기업의 토지 신규 매입
④ 기업의 신규 주택 구입

정답 ③

해설 토지는 생산된 것이 아니므로 국내총생산을 산출할 때 포함되지 않으며, 투자는 기업의 설비 및 자본재 구입금액, 신축주택 구입금액, 재고변화분으로 구성되어 있다.
GDP 산출에 집계되는 거시경제의 투자는 실물량의 증감을 의미하는 투자를 말하며, 새롭게 만들거나, 설비를 하거나, 건물을 신축하는 것을 말한다. 주식투자, 부동산투자의 개념은 소유권의 이전에 불과하므로 거시경제에서의 투자가 아니다.

테마 21

GDP의 구분

용 명목변수
실현되는 기간의 시장가치로 측정한 변수이다.

용 실질변수
가격변화에 영향을 받지 않도록 고안된 변수이다. 경제활동이 일어날 당시의 시장가격을 이용하여 생산, 소비, 저축 등을 측정하면 서로 다른 기간에 측정한 동일한 변수의 값을 비교하고자 할 때 문제가 발생한다.

1 명목GDP와 실질GDP

1. 개념

(1) 명목GDP : 당해 연도의 시장가치로 측정한 GDP이다.

(2) 실질GDP : 가격 변화에 영향을 받지 않도록 기준연도의 시장가치로 측정한 GDP이다.

(3) 실질GDP를 이용하면 가격변동에 따른 총생산의 변동과 관계없이 서로 다른 기간에 생산된 재화와 서비스의 가치를 비교할 수 있다.

2. 산출방법

(1) 산출식 : P_0는 기준연도의 가격, P_t는 비교연도의 가격, Q_0는 기준연도의 수량, Q_t는 비교연도의 수량이라고 할 때

① (경상가격)기준연도의 명목GDP$=P_0 \cdot Q_0$, 비교연도의 명목GDP$=P_t \cdot Q_t$

② (불변가격)기준연도의 실질GDP$=P_0 \cdot Q_0$, 비교연도의 실질GDP$=P_0 \cdot Q_t$

(2) 경제성장률$=\dfrac{\text{비교연도 실질GDP}-\text{기준연도 실질GDP}}{\text{기준연도 실질GDP}}\times 100$

2 잠재GDP와 GDP갭

1. **잠재GDP** : 한 나라 안에 존재하는 모든 생산요소가 완전히 고용되었을 경우 가능한 최대한의 GDP를 의미한다. 따라서 완전고용산출량 혹은 자연실업률하의 산출량과 동일한 개념이다.

2. GDP갭

(1) GDP갭이란 잠재GDP에서 실질GDP를 뺀 값을 의미한다.

(2) GDP갭>0이면 경기침체로 실업이 존재하여 총수요의 확대 필요성이 있고, GDP갭<0이면 경기과열로 인플레이션이 존재하며 총수요를 억제할 필요가 있다.

3 GDP 디플레이터

1. 개념

GDP에 포함된 재화와 서비스의 평균적인 상승을 의미한다.

2. 산출식

$$\text{GDP 디플레이터}=\frac{\text{명목GDP}}{\text{실질GDP}}=\frac{P_t \cdot Q_t}{P_0 \cdot Q_t}$$

$$※\, P_t \cdot Q_t = P_t^1 Q_t^1 + P_t^2 Q_t^2 + P_t^3 Q_t^3 + \cdots$$

$$P_o \cdot Q_t = P_o^1 Q_t^1 + P_o^2 Q_t^2 + P_o^3 Q_t^3 + \cdots$$

3. 비교

(1) 명목GDP($P_t \cdot Q_t$) : 비교연도의 가격과 산출량 모두의 요인에 의한 변화를 반영한다.

(2) 실질GDP($P_0 \cdot Q_t$) : 산출량 변화로 인한 효과만을 반영한다.

(3) GDP 디플레이터는 산출량 변화로 인한 효과는 상쇄되고 가격변화로 인한 효과만 반영한다.

4. GDP 디플레이터의 사용과 관련하여 주의할 점

(1) 한 나라 안에서 생산되는 재화와 서비스를 모두 포함하며 가장 포괄적인 물가지수다.

(2) GDP 디플레이터는 국내에서 생산된 재화와 서비스만 포함한다.

(3) GDP 디플레이터 측정 시 가격에 곱하여지는 가중치가 매년 변화한다.

4 국민총소득

1. 국민총소득(Gross National Income ; GNI)은 일정기간 동안 한 나라 국민이 소유하고 있는 생산요소를 국내외에 제공한 대가로 벌어들인 소득의 합을 말한다.
2. 과거에는 국민소득지표로 국민총생산(GNP)이 많이 사용되었으나 GNP는 교역조건의 변화를 반영하지 못하는 단점이 있어 최근 실질GNI로 대체되어 사용된다.

실질GNI = 실질GDP + 교역조건 변화에 따른 실질무역손익 + 실질국외순수취요소소득

3. 교역조건 $= \dfrac{\text{수출상품의 가격}}{\text{수입상품의 가격}}$ 으로 수출품 한 단위와 교환되는 수입품의 수량을 의미하며 값이 클수록 교역조건이 개선되었다고 한다.
4. 교역조건 변화에 따른 실질무역손익 + 순수취요소소득 = 0이면 실질GDP = 실질GNI가 성립한다.

파트1 경영학
파트2 경제학
파트3 법학
파트4 행정학
파트5 공기업 기출문제

대표기출유형

다음은 밀, 밀가루, 빵만을 생산하는 A국의 2022년 경제활동을 요약한 것이다. 2022년 GDP 디플레이터가 2020년에 비해 10% 상승했다면 2022년 A국의 실질GDP는?

- 농부들은 밀을 생산하여 2억 원을 시장에 판매하고, 1억 원을 제분업자에게 판매했다.
- 제분업자는 밀가루를 만들어 그중 3억 원을 시장에 판매하고, 7억 원을 제빵업자에게 판매했다.
- 제빵업자는 17억 원을 시장에 판매했다.

① 16억 원 ② 18억 원 ③ 20억 원 ④ 22억 원

정답 ③

해설 GDP 디플레이터 = (명목GDP ÷ 실질GDP) × 100 ⇒ 실질GDP = 명목GDP ÷ GDP 디플레이터 × 100
명목GDP는 일정기간 동안에 국내에서 생산된 모든 최종 재화와 서비스의 시장가치 총합을 의미하므로,
명목GDP = 2억 원(농부 시장 판매) + 3억 원(제분업자 시장 판매) + 17억 원(제빵업자 시장판매) = 22(억 원)
따라서 GDP 디플레이터는 10% 증가했으므로 실질GDP = 22 ÷ 110 × 100 = 20(억 원)이다.

테마 22

환율

> Ⓔ 환율의 표시방법
> 1. 자국통화표시법(직접표시법)
>   • 외국통화 한 단위당 자국통화 단위수로 나타내는 방법
>   • 외국통화 한 단위에 상응하는 자국통화 금액을 표시하는 방법
>   • 우리나라는 자국통화표시법을 사용하고 있으며 'US $1=1,100원'과 같은 형식으로 표시
> 2. 외국통화표시법(간접표시)
>   • 자국통화 한 단위당 외국통화 단위수로 표시하는 경우
>   • 유로지역에서는 외국통화표시법을 사용하고 있으며 '€1=US $1.2'와 같은 형식으로 표시

1 환율의 정의

환율(Exchange Rate)이란 한 나라의 통화와 다른 나라의 통화 간 교환비율로서 두 나라 통화의 상대적 가치를 나타낸다.

2 환율의 종류

1. 결제시점에 따른 분류

(1) 현물환율(Spot Exchange Rate)

① 외환거래 당사자 간 매매계약 후 통상 2영업일 이내에 외환의 결제가 이루어지는 환율이다.

② 우리가 일상적으로 말하는 환율은 현물환율을 의미한다.

(2) 선물환율(Forward Exchange Rate)

① 외환의 매매계약 체결일로부터 2영업일을 초과한 장래의 특정일에 결제가 이루어지는 환율이다.

② 선물환율은 금리평가이론(Covered Interest Rate Parity)에 따라 두 통화 간의 금리차이에 의해 결정된다.

$$F = S \cdot \frac{1+i}{1+i^*} \quad \text{혹은} \quad \frac{F-S}{S} \approx i - i^*$$

F : 선물환율 S : 현물환율 i : 국내금리 i^* : 해외금리

③ 국내금리가 해외금리보다 높을 경우 일반적으로 선물환율은 현물환율보다 높은데 이를 선물환 프리미엄이라 하고 반대로 국내금리가 해외금리보다 낮아 선물환율이 현물환율보다 낮은 경우를 선물환 디스카운트라 한다.

2. 거래성격에 따른 분류

매입환율(Bid-Rate 또는 Buying Rate)	매도환율(Offered Rate 또는 Asked Rate)
은행이 외환을 매입할 의사가 있는 환율	은행이 외환의 매도가격으로 제시한 환율

매도환율과 매입환율의 차이를 매매율차(Bid-Ask Spread)라고 하며 이는 거래통화의 유동성 상황, 거래상대방의 신용도, 거래비용 등에 따라 달라진다.

3. 재정환율과 교차환율

(1) 재정환율(Arbitrage Rate)은 우리나라 외환시장에서 직접 거래되지 않는 통화의 환율로서 원/달러 환율을 기준으로 간접적으로 계산한다.

(2) 교차환율(Cross Rate)은 이러한 재정환율을 산출하는 데 사용되는 국제금융시장에서의 해당통화와 미달러화 간의 환율을 의미한다.

(3) 우리나라 외환시장에서는 미달러화와 중국위안화만 직접 거래되고 있으며 유로화, 엔화, 파운드화 등의 통화는 거래되지 않아 재정환율을 사용한다.

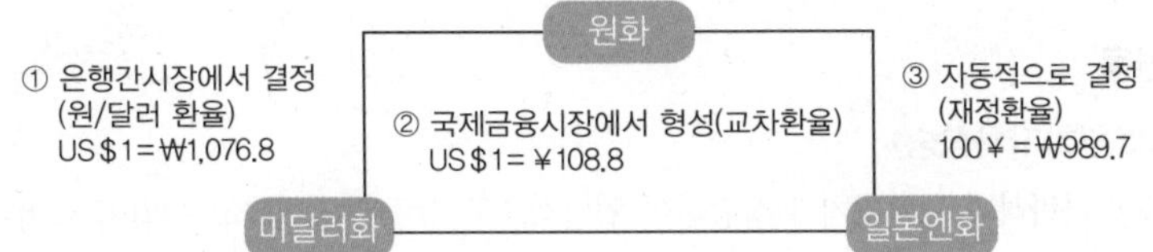

(4) 명목환율(Nominal Exchange Rate)과 실질환율(Real Exchange Rate)의 관계 : 명목환율은 수출경쟁력을 정확히 반영하지 못하는 측면이 있으나, 실질환율은 양국의 물가수준을 감안하기 때문에 외국 화폐에 대한 우리나라 화폐의 구매력을 보다 잘 반영하는 것으로 평가된다.

$$\epsilon = e \times \left(\frac{P^*}{P}\right)$$

ϵ : 실질환율　e : 명목환율　P^* : 외국 물가수준　P : 우리나라 물가수준

대표기출유형

한국과 일본의 물가상승률이 각각 3%, 5%이고, 엔화 대비 원가 가치가 하락하여 명목환율이 3% 상승하였다고 한다. 이 경우 엔화 대비 원화의 실질환율의 변화율은?

① –1%　② 2%　③ 3%
④ 5%　⑤ –6%

정답 ④

해설 실질환율 = $\frac{\text{명목환율} \times \text{외국물가}}{\text{국내물가}}$, 한국의 물가 : 103%(1.03), 일본의 물가 : 105%(1.05),

명목환율 : 103%(1.03), 기존 실질환율 $= 1 \times \frac{1}{1} = 1$

실질환율 $= \frac{\text{명목환율} \times \text{외국물가}}{\text{국내물가}} = 1.03 \times \frac{1.05}{1.03} = 1.05$

따라서 실질환율은 5% 상승한다.

테마 23

환율변동

> ◎ 고정환율제도
> 환율변동에 따른 충격을 완화하고 통화정책의 자율성을 어느 정도 확보할 수 있다는 장점이 있으나, 이를 위해서는 자본이동의 제약이 불가피하여 결과적으로 국제유동성이 부족해질 우려가 있다.

> ◎ 변동환율제도
> 원칙적으로 환율의 신축적인 변동을 허용하되 정책당국이 외환시장에 직·간접적으로 개입하여 과도한 환율변동성을 완화하는 제도를 말한다.

1 환율변동

1. 환율하락(원화가치상승)

(1) 환율이 하락하면 원화가치가 상승하여 일반적으로 수출은 줄어들고 수입이 늘어나 경상수지가 악화된다.

(2) 환율하락은 수입물가 하락을 통해 국내물가 안정을 기할 수 있고 국내기업의 외채상환부담도 경감된다.

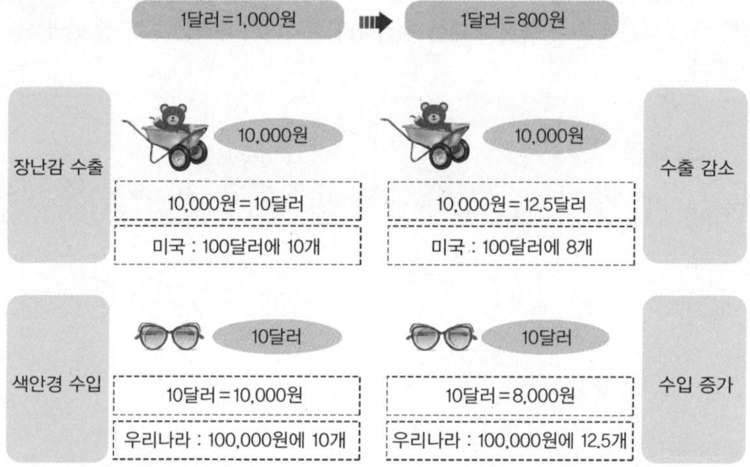

2. 환율상승(원화가치하락)

(1) 환율이 올라 원화가치가 절하되면 달러로 표시한 수출상품의 가격이 내려가 수출이 증가하고, 원화로 표시한 수입상품의 가격이 올라 수입이 감소하여 경상수지의 개선을 기대할 수 있다.

(2) 환율인상으로 수입원자재 가격이 상승하여 국내물가가 올라가게 되며 기업들의 외채상환부담이 가중되는 효과도 발생한다.

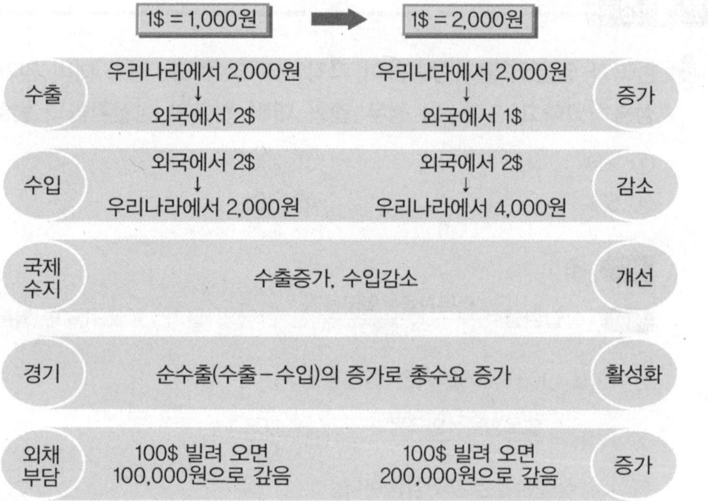

3. 환율변동의 효과

	환율하락(원화절상)	환율상승(원화절하)
수출	수출상품가격 상승(수출감소)	수출상품가격 하락(수출증가)
수입	수입상품가격 하락(수입증가)	수입상품가격 상승(수입감소)
국내물가	수입원자재가격 하락(물가안정)	수입원자재가격 상승(물가상승)
외자도입기업	원화환산 외채 감소(원금상환부담 경감)	원화환산 외채 증가(원금상환부담 증가)

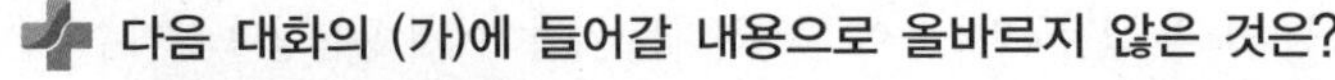

다음 대화의 (가)에 들어갈 내용으로 올바르지 않은 것은?

미국의 트럼프 대통령이 중국 환율에 대해 압박을 계속하고 있네요.

그러게, 결국 중국의 위안화가 절상되면 [(가)]은/는 유리해지겠어.

① 중국 내 미국제품 수입업체　　② 달러화로 임금을 받는 중국 근로자
③ 중국 금융 자산을 많이 보유한 미국인　　④ 미국 금융회사에 달러화로 돈을 빌린 중국인

정답 ②

해설 위안화가 평가절상되면 위안화 환율이 하락하여 화폐가치가 상승하므로 달러화로 임금을 받는 근로자는 종전과 비교하여 위안화로 표시된 금액은 줄어든다.

① 평가절상(환율↓)⇒화폐가치↑ ⇒수입↑
② 평가절상(환율↓)⇒화폐가치↑ ⇒달러가치↓
③ 평가절상(환율↓)⇒화폐가치↑ ⇒위안화로 표시되는 달러↑
④ 평가절상(환율↓)⇒화폐가치↑ ⇒달러가치↓

테마 24

고전학파와 케인스의 화폐수요이론

📖 화폐수요이론
1. 화폐수요 : 일정시점에서 경제주체가 보유하고자 하는 화폐의 양을 말하며, 저량변수이다.
2. 화폐수요이론의 흐름
   - 고전학파 : 고전적 화폐수량설(피셔) → 현금잔고수량설(마샬) → 신화폐수량(프리드만)
   - 케인스학파 : 유동성 선호설(케인스) → 재고이론(보몰)과 자산선택이론(토빈)

1 고전학파의 화폐수요이론

1. 고전적 화폐수량설

(1) 교환방정식(Equation of Exchange) : 거래개념의 교환방정식

① 화폐수량설은 물가와 통화량의 관계를 설명하는 고전학파의 이론으로 미국의 경제학자 피셔(I. Fisher)가 전개하였다.

$$MV = PT$$

** M : 통화량　V : 거래의 유통속도　P : 물가수준　T : 총거래량

② 좌변(MV)은 일정기간 동안의 총지출액, 우변(PT)은 일정기간 동안의 총거래액을 의미하며 둘은 항상 일치하므로 교환방정식은 항등식이다.

③ 화폐의 거래유통속도는 화폐가 일정기간 동안 거래에 사용된 평균 횟수, 즉 화폐 1단위의 평균 회전수를 의미한다.

④ 화폐의 거래유통속도는 총거래액을 통화량으로 나눈 값으로 측정하므로 사후적이다.

(2) 소득개념의 교환방정식

① 단기에서 거래량과 산출량은 일정한 비례관계에 있으므로 교환 방정식의 총거래량(T)을 실질국민소득(Y)으로 대체하여 사용한다.

$$MV = PY$$

- 좌변(MV) : 일정기간 동안의 명목 거래액
- 우변(PY) : 일정기간 동안의 명목 국민소득

② 화폐의 유통속도와 실질국민소득이 일정하다는 가정하에서 통화량과 물가수준은 정(+)의 관계이다.

③ 화폐는 교환의 매개수단이므로 명목국민소득이 증가(감소)하면 화폐수요는 증가(감소)한다.

④ 고전학파의 이론체계에서 유통속도는 거래와 관련한 지불습관으로 일정하며, Y는 완전고용국민소득 수준에서 고정된 값이다.

(3) 화폐에 대한 수요

① 교환방정식 $MV = PY$를 M(통화량)에 대해서 정리하면 다음과 같다.

$$M = \frac{1}{V}PY$$

② 명목국민소득인 PY만큼의 거래가 이루어지기 위해서는 명목국민소득의 일정비율($\frac{1}{V}$)만큼의 화폐가 필요하다.

2. 현금잔고수량설(Cash Balance Equation) : 케임브리지 학파의 마샬(Marshall, A.)과 피구(Pigou, A. C.)

(1) 개념

① 화폐수요는 명목국민소득에 의해 결정된다는 이론으로 개별경제주체는 명목국민소득의 일정비율만큼 화폐를 수요한다는 것이다.

② 현금잔고방정식은 화폐보유동기를 최초로 밝힌 화폐수요이론이다(명시적으로 화폐수요함수 제시).

(2) 화폐보유동기

① 개인들이 보유하고자 하는 통화량의 결정요인에 관심을 두고, 화폐보유의 동기는 수입과 지불의 시점이 일치하지 않기 때문이라 주장한다(화폐가치저장기능을 중시).

② 수익금융자산(예 채권, 주식)의 거래비용이 존재할 경우 일부를 현금으로 보유한다.

③ 화폐는 가치의 저장수단을 가지고, 명목국민소득의 일정비율만큼 현금을 보유한다.

(3) 현금잔고방정식

$$M^d = kPY \text{ 또는 } kY$$

** M^d : 현금잔고 PY : 명목국민소득 k : 마샬의 k

① 명목화폐수요(M^d)는 명목국민소득(PY)의 일정비율(k)로 결정된다.

② 실질화폐수요는 실질국민소득 중 일정비율로 결정된다.

③ 화폐수요는 물가 및 실질국민소득과 정비례관계에 있으므로 화폐수요의 물가탄력성 및 실질소득 탄력성은 모두 1이다.

④ 화폐수요는 이자율과는 관계없이 결정되므로 화폐수요의 이자율 탄력성은 0이다.

〈고전적 화폐수량설과 현금잔고수량설의 비교〉

	교환방정식	현금잔고방정식
화폐의 종류	$M1$	$M1$
화폐의 기능	교환의 매개수단	가치의 저장수단
화폐수요함수	$MV = PY\ [M = \frac{1}{V}PY]$ 묵시적 설명	$M^d = kPY$ 명시적 설명
화폐수요의 크기 및 화폐수요의 안정성	유통속도 일정, 화폐수요는 국민소득에 의해 결정	현금보유비율 일정, 화폐수요는 국민소득에 의해 결정
강조사항	화폐의 유량 측면을 강조	화폐의 저량 측면을 강조

2 케인스(Keynes)의 화폐수요이론

1. 거래적 동기와 예비적 동기

(1) 거래적 동기(Transactions Motive)

① 가계와 기업이 일상 거래를 위하여 보유하는 화폐수요로 재화나 서비스의 구매를 위한 화폐의 보유이다.

마샬의 k의 의미

- 명목국민소득 중 현금(화폐) 보유비율
- 현금보유비율인 k는 유통속도(V)의 역수
- 현금보유비율(k)은 사회의 거래관습에 의해 결정되며 천재지변이나 전쟁, 금융혁신 등이 없는 한 일정
- 현금잔고방정식에서 k는 일정하며, 고전적 화폐수량설(교환방정식)에서 V도 일정

화폐수요의 동기

- 고전학파 : 거래적 동기
- 케인스학파 : 거래적 동기, 예비적 동기, 투자적 동기로 구분

② 수입과 지출 간의 시차를 메우기 위하여 화폐를 보유하며, 거래적 동기의 화폐수요는 소득의 증가함수이므로, 소득이 증가(감소)하면 거래적 동기의 화폐수요는 증가(감소)한다.

(2) 예비적 동기(Precautionary Motive)

① 가계와 기업이 돌발적으로 발생할지 모르는 지출을 위하여 보유하는 화폐수요이다.

② 예비적 동기의 화폐수요도 소득의 증가함수이므로, 소득이 증가(감소)하면 예비적 동기의 화폐수요는 증가(감소)한다.

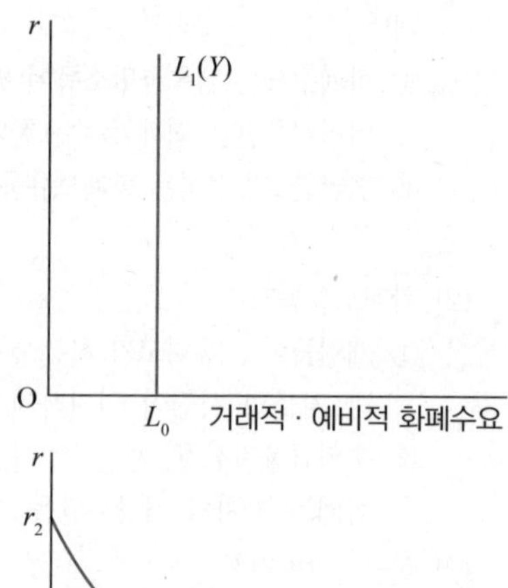

(3) 투기적 동기(Speculative Motive)

① 수익성 금융자산에 대한 투자기회를 노린 일시적 화폐수요로서, 채권의 가격이 아주 높아 가격의 하락이 예상될 때 가격하락 이후에 채권을 구입하기 위하여 채권대신 화폐를 보유하는 것이다.

② 투기적 동기의 화폐수요는 이자율의 감소함수로, 이자율이 상승(감소)하면 채권을 매입(매각)하여 투기적 화폐수요는 감소(증가)한다.

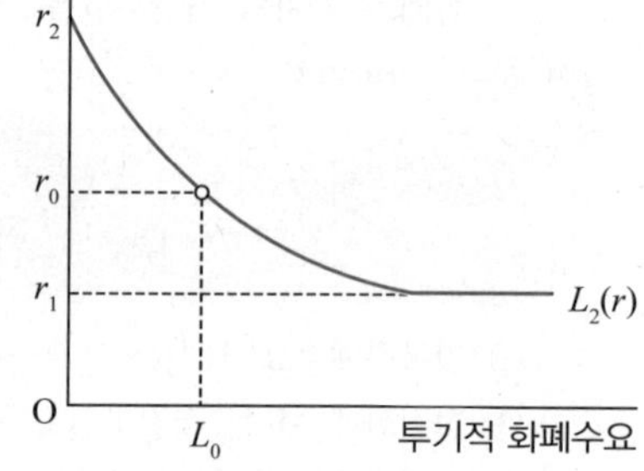

2. 유동성선호설

(1) 유동성(Liquidity)

① 화폐는 그 자체가 교환의 매개수단이다. 즉, 화폐는 항상 1 : 1로 교환되므로, 모든 자산 중에서 화폐가 유동성이 가장 크다.

② 케인스는 유동성을 화폐로 인식하고 화폐수요를 유동성선호(Liquidity Preference)라고 표현한다.

(2) 유동성선호의 동기

① 활성잔고(Active Balance) : 일상생활에서 필요하기 때문에 보유하는 화폐를 말하며 거래적 · 예비적 동기의 화폐수요이다.

② 유휴잔고(Idle Balance) : 활성잔고 이외에 추가적으로 보유하고 있는 화폐를 말하며, 투기적 동기의 화폐수요이다. 자산의 보유형태로 화폐가 상대적으로 유리하다는 관점에서 화폐보유의 동기가 된다.

(3) 유동성함정(Liquidity Trap)

① 이자율이 극단적으로 낮은 수준이 되면, 사람들이 장래에 이자율이 상승(채권가격 하락)할 것으로 생각하여 모든 자산을 화폐로 보유하려 하므로(채권을 매각하려할 것) 투기적 화폐수요는 최대가 된다.

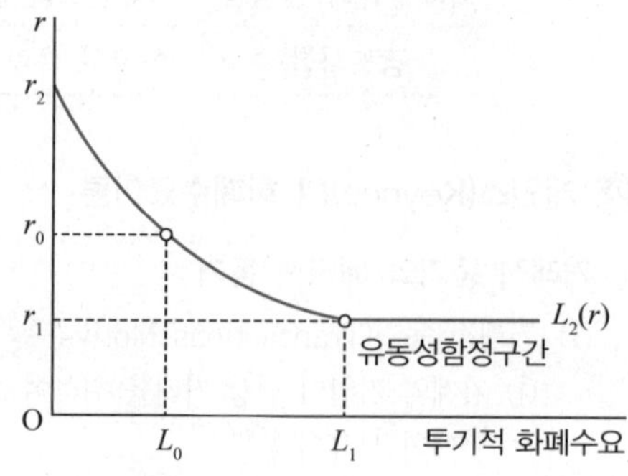

(팁) 유동성이란 자산이 가치의 손실 없이 얼마나 빨리 교환의 매개수단으로 교환될 수 있는가의 정도를 말한다.

② 최저이자율 수준(r_1)에서는 화폐수요의 이자율 탄력성이 무한대에 가까워져 화폐수요곡선은 수평이 되며 케인스는 이 구간을 '유동성함정'이라 하였다.

③ 경제가 유동성함정에 빠져 있을 때는 통화량을 증가시켜도 통화가 모두 투기적 화폐수요로 흡수되어 이자율에 영향을 미치지 못한다.

④ 화폐수요곡선이 수평인 유동성함정은 경기침체기에 주로 나타난다.

3. 케인스의 화폐수요함수

(1) 유동성선호설에 의한 화폐수요는 거래적 · 예비적 화폐수요 및 투기적 화폐수요의 합계이므로 화폐수요함수는 소득의 증가함수이고 이자율의 감소함수이다.

(2) 케인스는 물가수준이 일정하다고 가정하고 있기 때문에 화폐수요와 소득이 실질개념인지 명목개념인지가 불명확하다.

(3) 명목화폐수요(M^d)는 주어진 실질소득과 이자율에 의하여 결정되는 실질화폐수요인 $L(Y,\ r)$에 물가수준을 곱한 것이다.

$$M^d = P \times L(Y,\ r) \text{ 혹은 } \frac{M^d}{P} = L(Y,\ r)$$

(4) 화폐수요곡선의 이동 : 소득이 변화하면 화폐수요곡선이 좌측 또는 우측으로 이동하며, 이자율이 변화하면 화폐곡선상에서 이동한다.

4. 케인스의 이자율결정이론

(1) 통화공급량 : 이자율과 관계없이 중앙은행에 의해 외생적으로 결정된다(통화공급곡선은 수직).

(2) 화폐의 수요량 : 이자율은 감소함수이므로 화폐수요 곡선은 우하향한다.

(3) 화폐의 수요곡선과 공급곡선이 만나는 점에서 균형이자율이 결정된다.

이자율의 변화

1. 국민소득 증가 → 거래적 화폐수요 증가 → 수요곡선의 우측이동 → 이자율 상승
2. 통화 공급량의 증가 → 화폐공급곡선의 우측이동 → 이자율 하락
3. 물가수준의 상승 → 실질통화 공급량이 감소 → 화폐공급곡선의 좌측이동 → 이자율 상승

대표기출유형

케인스(Keynes)의 화폐수요이론에 대한 설명 중 옳지 않은 것은?

① 거래적 동기의 화폐수요는 소득과 양(+)의 관계에 있다.

② 예비적 동기의 화폐수요는 소득과 양(+)의 관계에 있다.

③ 투자적 또는 투기적 동기의 화폐수요는 이자율과 양(+)의 관계에 있다.

④ 투자적 또는 투기적 화폐수요는 토빈(Tobin)의 포트폴리오 이론에 의해 보완되었다.

정답 ③

해설 투자적 또는 투기적 동기의 화폐수요는 투자 또는 투기에 사용할 목적으로 화폐를 보유하는 것으로 유효잔고수요를 의미하는데, 투기적 화폐수요는 이자율과 역(−)의 관계에 있다.

테마 25

화폐금융정책

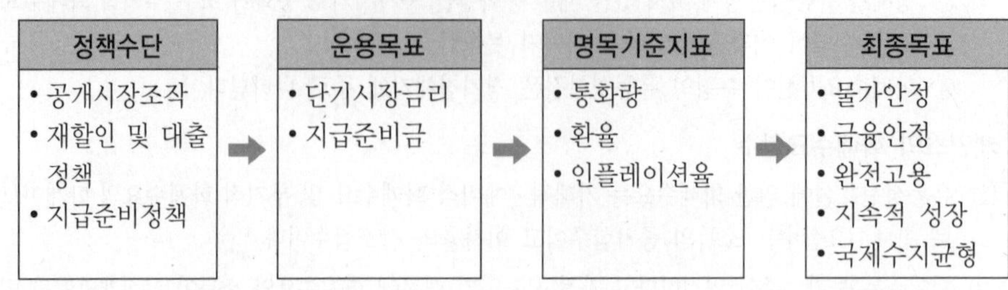

■통화정책의 체계

(더) 금융정책이란 통화량 등 이와 관련된 여러 가지 변수의 변동을 통해 국민경제활동수준을 조정함으로써 물가안정, 완전고용, 경제성장, 국재수지균형 등의 목표를 달성하기 위하여 실시하는 정책수단으로, 통화정책, 통화금융정책, 화폐금융정책 등으로도 불린다.

1 중간목표관리제

1. 금융정책의 운용체계

(1) 중간목표관리제란 중앙은행이 정책수단을 조절하여 중간목표를 일정하게 유지함으로써 최종목표를 달성하고자 하는 금융정책의 운용방식이다.

(2) 중간목표는 최종목표와 안정적인 관계를 유지하고, 중앙은행의 통제가 가능해야 하며, 측정이 가능한 변수로, 이자율과 통화량이 이에 해당한다.

(3) 최종목표는 물가안정, 완전고용, 경제성장, 국제수지균형이다.

2. 정책수단

(1) 일반적인 정책수단(간접규제수단) : 중앙은행의 창구를 통해 공급되는 일차적인 통화공급량을 조절하는 정책수단으로, 공개시장 조작정책, 재할인율정책, 지급준비율 정책 등이 있다.

(2) 선별적인 정책수단(직접규제수단) : 경제의 특정 부문에 정책효과가 선별적으로 영향을 미치는 정책수단으로, 대출한도제, 이자율규제, 창구규제, 도의적 설득 등이 있다.

3. 중간목표와 관련된 논쟁

(1) 이자율을 중시하는 케인스학파

① 투자수요에 영향을 미치는 이자율을 중간목표로 사용하는 것이 바람직하다.

② 통화량 목표 → 이자율 급변 초래 → 투자가 불안정 → 실물부문이 불안정

③ 금융부문의 발전으로 중앙은행이 통화량을 일정수준으로 유지하는 것이 어려운 현실을 고려한다.

(2) 통화량을 중시하는 통화론자

① 호황기에 화폐수요의 증가로 이자율이 상승할 때, 이자율을 낮추기 위해 통화공급량을 증가시키면 경기진폭이 확대되는 문제가 발생할 수 있다.

② 통화량을 자주 조절하게 되면 인플레이션이 발생할 가능성이 크므로 물가안정을 위해서라도 통화량을 일정하게 유지하는 것이 바람직하다.

2 일반적인 금융정책수단

1. 공개시장조작정책

(1) 공개시장조작정책이란 중앙은행이 공개시장에서 국 · 공채를 매입 또는 매각하여 통화량과 이자율을 조정하는 정책을 말하며, 가장 빈번하게 사용하는 정책수단이다.

(2) 경로

① 국공채의 매입 → 본원통화 증가 → 통화량 증가 → 이자율 하락

② 국공채의 매각 → 본원통화 감소 → 통화량 감소 → 이자율 상승

(3) 효과 및 한계

① 인플레이션 억제와 디플레이션을 완화하는 효과가 있다.

② 시중은행이 과도한 현금준비를 가지고 있으면 그 효과가 제한된다.

③ 시중은행의 이자율이 증권의 이윤율보다 높으면 공개시장조작이 불가능하다.

④ 증권시장의 충분한 발달과 유가증권이 존재해야 한다.

2. 재할인율정책

(1) 재할인율정책이란 중앙은행이 시중은행에 대하여 대출할 때 부과하는 대출이자율을 변동시켜 통화량과 이자율에 영향을 미치는 정책을 말한다.

(2) 경로

① 재할인율 인하 → 예금은행의 차입 증가 → 본원통화 증가 → 통화량 증가 → 이자율 하락

② 재할인율 인상 → 예금은행의 차입 감소 → 본원통화 감소 → 통화량 감소 → 이자율 상승

(3) 효과 및 한계

① 이자율 인하가 실물자산형성을 촉진시키고 그 인상이 실물투자를 저지시키는 경향이 있다는 전제에 입각한다.

② 재할인율정책이 효과적이라면 중앙은행에 대한 예금은행의 자금의존도가 높아야 한다. 따라서 예금은행이 풍부한 유동성을 확보하고 있을 경우 재할인율정책은 효과가 없다.

3. 지급준비율정책

(1) 중앙은행이 법정지급준비율을 변화시켜 통화승수의 크기에 영향을 미쳐 통화량과 이자율을 조정하려는 정책수단이다.

(2) 경로

① 법정지급준비율 인상 → 통화승수 하락 → 통화량 감소 → 이자율 상승

② 법정지급준비율 인하 → 통화승수 상승 → 통화량 증가 → 이자율 하락

(3) 효과 및 한계

① 지급준비율정책은 공개시장조작정책과 재할인율정책과는 달리 본원통화량에 변화를 주지 않는다.

② 지불준비금이 많은 은행에는 효과가 없으며, 고율의 지급준비율은 은행의 수입을 감소시킨다.

3 화폐금융정책의 파급경로

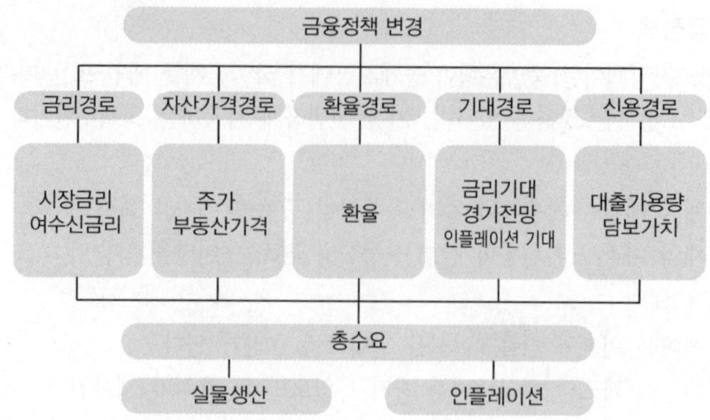

> 금리경로란 중앙은행이 정책금리를 인하하면 통화량이 증가하여 이자율이 하락하고, 그에 따라 투자와 소비 등 실물부문으로 이어지는 과정을 말한다.

1. 금리경로

(1) 경로 : 통화량 증가 → 단기금리, 장기금리, 은행금리 하락 → 기업투자와 가계소비 증가 → 총생산의 증대

(2) 효과 및 한계

① 금리경로는 통화정책이 실물부문에 영향을 미치는 대표적인 경로이며, 케인스학파가 가장 중요시하는 파급경로이다.

② 금융시장의 확대와 자유화로 개별시장 간의 연계성이 높아지면서 그 중요성이 증대하지만, 비대칭정보로 인한 신용할당이 존재할 경우 유효성이 약화될 수 있다.

> 자산가격경로란 화폐금융정책으로 인한 통화량의 변화가 주식이나 부동산 같은 자산의 가격을 변화시킴으로써 실물부문에 영향을 미치는 과정을 말한다. 통화량이 증가하면 가계의 주식이나 부동산 보유가 늘어나고 주식발행을 통한 기업의 자금조달이 늘어남에 따라 소비와 투자가 주가와 부동산 가격의 영향을 더 받게 되어 그 중요성이 증가한다.

2. 자산가격경로

(1) 경로

① 통화량 증가 → 금리 인하 → 주가 상승 → 토빈의 q 상승 → 투자 증가

② 통화량 증가 → 개인보유주식, 자산의 가격 상승 → 부 증가 → 소비 증가

(2) 효과 및 한계

① 토빈의 q 이론은 확장적 화폐금융정책이 주가상승으로 이어져야만 성립한다.

② 주가가 경제상황을 종합적으로 반영하지 못하거나, 경제가 해외요인의 영향을 크게 받거나, 주가의 단기적 변동성이 큰 경우 자산가격경로가 작동하지 않는다.

> 환율경로란 화폐금융정책으로 통화량이 변화하면 국내금리의 변화가 환율을 변화시켜 실물부문에 영향을 미치는 경로를 말한다.

3. 환율경로

(1) 경로 : 국내금리 하락 → 자본 유출 → 외화수요 증가 → 원화의 초과공급과 외화의 초과수요 → 원화가치 하락 → 환율 상승 → 수출품가격 하락 → 수입품가격 상승 → 순수출 증가(수출 증가, 수입감소)

(2) 국제화의 진전과 변동환율제를 채택한 국가가 늘어남에 따라 환율경로에 대한 관심이 증대하였다.

> 기대경로는 현재의 통화정책을 통해 경제주체들의 미래 통화정책에 대한 기대, 경기전망 및 인플레이션 기대를 변화시킴으로써 소비 및 투자의 결정과 물가에 영향을 미치는 경로이다.

4. 신용경로

(1) 경로 : 중앙은행의 화폐공급 축소→은행예금 감소→은행은 대출 축소, 채권보유 축소, 위험이 낮고 유동성이 높은 채권 보유 증가→차입기업의 대출상환

(2) 효과 및 한계

① 기업이 자본시장에서 기업어음이나 주식 발행으로 상환하면 실물경제는 영향을 받지 않는다.

② 자기신용이 취약한 기업이나 개인의 경제활동 위축으로 신용경로가 작동된다.

③ 국제금융시장을 통한 자금조달이 가능해지면 대출을 축소할 이유가 없어지므로 신용경로는 작동되지 않는다.

④ 금융자유화에 따른 은행의 자금조달방식의 다양한 신용경로의 중요성은 감소 추세이다.

⑤ 화폐금융정책은 가계와 기업의 대차대조표, 즉 자산상태와 부채상태를 변동시킴으로써 소비와 투자에 영향을 미친다.

⑥ 기업의 부채비율이 높은 경우는 긴축적 화폐금융정책으로 금리가 상승하고 기업의 금융비용이 급증하여 현금흐름이 악화되어 투자가 위축된다.

⑦ 인플레이션에 대한 우려로 긴축적 화폐금융정책이 필요하더라도 기업의 부채비율이 높으면 정책집행에 현실적 제약이 따른다.

신용경로란 화폐금융정책의 양적인 측면, 즉 은행이 대출하는 자금의 양에 영향을 미쳐 실물경제에 파급되는 과정을 말한다.

대표기출유형

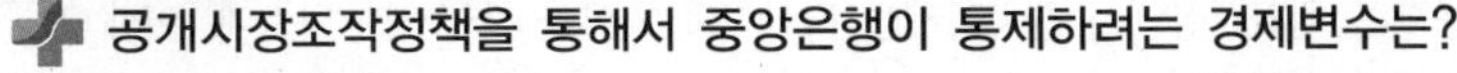

공개시장조작정책을 통해서 중앙은행이 통제하려는 경제변수는?

① 국내자산 ② 재할인율

③ 본원통화 ④ 적자재정의 폭

정답 ③

해설 공개시장조작정책이란 중앙은행이 국공채의 매입 혹은 매각을 통하여 본원통화를 증감시킴으로써 통화량을 조절하려는 정책을 말한다.

테마 26

본원통화

본원통화의 주요 구성요소
- 현금통화
- 중앙은행의 기타예금취급기관에 대한 부채
- 수시입출식 예금(필요 지급준비금, 결제자금)
- 기타 예금
- 중앙은행 발행 유가증권
- 광의통화에 포함되는 중앙은행의 예금
- 수시입출식 예금
- 기타 예금
- 광의통화에 포함되는 중앙은행 발행 유가증권

1 의의

한국은행의 창구를 통해서 시중에 나온 현금을 본원통화(Reserve Base)라고 한다.

2 본원통화의 구성

본원통화		
현금통화	예금은행 지급준비금	
현금통화	예금은행 시재금	중앙은행 지준예치금
화폐발행액		중앙은행 지준예치금

3 본원통화의 공급경로

1. 정부부문을 통한 공급

(1) 정부의 재정적자 발생 시 한국은행이 정부에 대출을 증가시키면 본원통화가 공급된다. 따라서 재정지출>재정수입(재정수지적자)이면 본원통화가 증가한다.

(2) 공개시장조작 정책을 통해서 중앙은행이 민간으로부터 국 · 공채를 매입하면 이때 공급되는 화폐가 본원통화가 된다.

2. 예금은행을 통한 공급

(1) 예금은행이 중앙은행으로부터 대출이 이루어지면 예금은행의 차입이 증가하며 본원통화가 증가한다.

(2) 민간은행이 일시적 자금부족 등으로 중앙은행에서 대출을 받는 경우 이때 지급되는 화폐가 본원통화이다.

3. 해외부문을 통한 공급

(1) 중앙은행이 민간으로부터 외환을 매입하는 경우 본원통화가 공급된다.

(2) 수출이 증가하거나 차관 등 외자도입이 이루어지게 되면 외환이 국내에 유입되고 이러한 외환은 대부분 중앙은행에서 매입이 이루어지고 중앙은행은 외환 매입 시 그 대금을 원화로 지급하기 때문에 본원통화가 증가한다.

(3) 예금은행에서 매입한 외환도 결국은 중앙은행에서 원화로 바꾸어야 하기 때문에 본원통화가 증가한다.

(4) 국제수지흑자와 차관도입 → 외환유입증가 → 원화로 교환 → 본원통화증가

(5) 중앙은행은 외환시장에서 자국화폐를 지급하고 외환을 사들이게 되는데, 이때 지급하는 자국화폐가 본원통화이다.

4. 기타자산변동을 통한 공급

(1) 중앙은행이 건물, 시설 등을 구입하거나 국공채와 같은 유가증권을 매입하는 경우 본원통화가 증가한다.

(2) 중앙은행의 고정자산 · 유가증권 매입 시 → 본원통화증가

(3) 정부가 중앙은행에 맡겨놓았던 자금을 인출할 경우 본원통화 증가, 본원통화의 크기는 개인들이 보유하고 있는 현금에 예금은행의 지급준비금을 더한 것으로 측정된다.

4 통화량

1. 본원통화와 통화량

(1) 본원통화와의 관계에서의 통화량은 중앙은행에서 공급된 본원통화가 시중은행의 신용창출과정을 거쳐 만들어지는 자금을 의미한다.

(2) 본원통화를 공급받은 시중은행은 지급준비금을 제한 나머지를 다른 은행에 빌려주고, 그 은행이 또 다른 은행에 지급준비금을 제한 나머지를 빌려주는 과정이 반복되면서 처음 공급된 금액보다 더 많은 돈이 형성되는데, 이를 신용창출과정이라고 한다.

(3) 통화승수는 신용창출과정에서 증가한 총 통화량을 본원통화로 나눈 값이다. 즉 통화량=본원통화×통화승수로 구할 수 있다.

2. 통화량과 경제지표의 관계

(1) 통화량이 많아지면 시중에 돈이 많아지고 돈의 희소성이 떨어지므로 금리는 하락한다.

(2) 통화량이 많아지면 통화를 통해 구매할 수 있는 재화의 가치가 상승하여 물가가 상승한다.

(3) 자국 통화량이 증가하면 자국의 화폐가치가 떨어지므로 환율은 상승한다.

대표기출유형

다음 중 본원통화가 증가하는 사례가 아닌 것은?

① 중앙은행이 건물을 구입　　② 중앙은행이 국고채 매각
③ 국제수지 흑자로 외환유입이 증가　　④ 중앙은행이 정부에 대출을 증가시킴

정답 ②

해설 중앙은행이 국고채를 매각하면 본원통화는 감소한다. 중앙은행으로 현금이 들어오면 본원통화는 감소하고, 중앙은행으로부터 현금이 나가면 본원통화는 증가한다.

> 본원통화의 공급경로
> • 정부부문 : 재정수지 적자 ⇒ 본원통화↑
> • 금융부문 : 예금은행의 차입 ⇒ 본원통화↑
> • 국외부문 : 국제수지 흑자, 차관도입 ⇒ 본원통화↑
> • 기타부문 : 중앙은행의 유가증권 구입, 건물구입 ⇒ 본원통화↑

테마 27

콜금리와 금융시장

1 통화정책

⊕ 통화정책은 독점적 발권력을 지닌 중앙은행이 통화량이나 금리에 영향을 미쳐 물가안정, 금융안정 등 최종목표를 달성함으로써 경제가 지속가능한 성장을 이룰 수 있도록 하는 정책을 말한다.

1. 통화정책의 파급경로

(1) 중앙은행은 통화정책의 최종목표와 밀접한 관계가 있는 통화량, 환율, 물가상승률 등과 같은 지표를 선택하여 목표수준을 결정한 다음, 이를 달성할 수 있도록 통화정책을 수행한다.

(2) 금융시장은 통화정책의 중요한 파급경로로서 시장참가자를 비롯한 경제주체들에게 정책 내용과 방향을 효과적으로 전달하는 등 중앙은행의 정책수행에 매우 중요한 의미를 가진다.

2. 통화정책 파급의 금리경로

(1) 정책수단을 통해 한국은행이 단기시장금리에 영향을 주면 장단기 금융자산 간의 재정거래 등을 통하여 장기 시장 금리와 여수신금리가 변동하고 그에 따라 소비, 투자 등 실물 부문이 영향을 받게 된다.

(2) 정책금리는 기대경로, 환율경로, 자산가격경로 등 마치 블랙박스와 같은 매우 복잡한 경로를 통하여 실물경제에 영향을 미친다.

〈금융시장과 통화정책의 파급경로〉

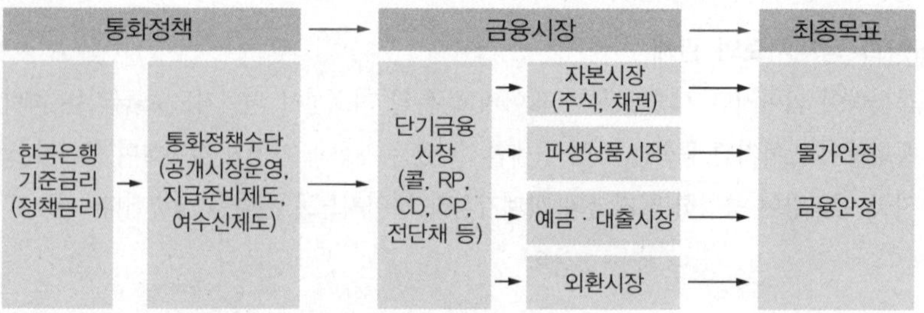

2 콜금리

⊕ 일시적으로 자금이 부족한 금융기관이 자금이 남는 다른 기관에 자금을 빌려달라고 요청하는 것이 콜이며, 이러한 금융기관 간에 발생한 과부족 자금을 거래하는 시장이 콜시장이다.

1. 콜시장은 금융시장 전체의 자금흐름을 비교적 민감하게 반영하는 곳이기 때문에 이곳에서 결정되는 금리가 통상 단기 실세 금리 지표로 활용된다.
2. 콜금리가 변동하면 장단기 금융시장 간에 연쇄적인 거래가 일어나고 이에 따라 채권수익률과 예금 및 대출 금리 등이 전반적으로 조정된다.
3. 콜금리가 올랐다는 것은 콜시장에서의 수익률이 올랐다는 것을 의미하고 시중은행들이 기존에 대출에 사용했던 자금을 콜시장에 투입하면 대출자금에 대한 공급이 감소함에 따라 대출이자는 올라간다.

3 CD금리

1. CD금리는 은행에서 단기자금이 필요할 경우 무기명으로 발행하는 양도성예금증서(Certificate of Deposit)의 금리를 의미한다.
2. CD금리는 양도성예금증서는 1년 미만으로, CD금리는 일반적으로 91일 만기로 발행된 예금증서를 기준(91일물)으로 한다.

4 한국은행과 시중은행

1. 한국은행 기준금리는 한국은행이 금융기관과 환매조건부증권(RP) 매매, 자금조정 예금 및 대출 등의 거래를 할 때 기준이 되는 정책금리로서 간단히 기준금리(Base Rate)라고도 한다.
2. 콜시장의 금리가 상대적으로 높아지면 금융기관들이 이자의 차익거래(Arbitrage)를 위해 CD 시장과 CP 시장에서 운영하던 단기자금을 콜시장으로 이동시킬 것이고, 이는 CD 시장과 CP 시장의 자금공급 감소를 의미하며, 수요에 비해 공급이 부족한 두 시장의 금리가 콜금리와 동반하여 상승한다.
3. 한국은행이 콜금리를 인하하면 통화량이 증가하므로 물가가 상승하고 시중은행의 대출이자율의 하락을 가져와 투자 증가, 소비 증가, 산출량 증가 등의 현상이 발생한다.

대표기출유형

한국은행이 콜금리를 인하할 경우 나타날 수 있는 경제 현상이 아닌 것은?

① 물가하락 ② 소비증가

③ 투자 증가 ④ 이자율 하락

정답 ①

해설 콜금리란 금융기관 상호간의 극히 단기의 자금대차인 콜에 대한 이자율을 의미하며, 한국은행이 콜금리를 인하하면 통화량이 증가하므로 물가가 상승한다. 콜금리를 인하하면 은행대출이자율의 하락을 가져와 투자 증가, 소비 증가, 산출량 증가 등의 현상이 발생한다.

테마 28 총수요와 총공급

> 🅔 한 재화시장에서 소비자들이 사려고 하는 수량을 시장의 수요라고 하고, 이것을 가격과 수량에 대해 우하향하는 형태로 그리면 수요곡선이 된다.
> 총수요는 '총'이란 표현에서 보듯이 한 나라 안에서 생산된 재화와 서비스를 사려고 하는 수요를 모두 더한 것이다.
> 한 시장에서 생산자가 생산하려고 하는 수량을 시장의 공급이라고 한다면, 한 나라의 모든 생산자들이 생산하려고 하는 재화와 서비스의 총량을 총공급이라 한다.

1 총수요곡선

1. 총수요

(1) 가계가 쓰고자 하는 소비지출, 기업이 쓰려고 하는 투자지출, 정부가 쓰려고 하는 정부지출, 외국에서 쓰려고 하는 수출을 모두 더하면 총수요가 된다.

(2) 수입재화를 소비하면 총수요가 그만큼 줄어드는 것이므로 총수요에서 수입은 (−)요인이다.

> 총수요 = 가계소비 + 기업투자 + 정부지출 + 수출 − 수입

(3) 이자율이 상승하면 기업의 투자가 감소하여 총수요가 줄어들고, 물가가 올라가면 해외재화에 비해 국내재화의 가격이 비싸져 수출이 줄고 수입은 늘어나며 또한 가계소비, 기업투자, 수출이 줄고 수입이 늘어 총수요가 감소한다.

(4) 우하향의 형태이며, 총수요를 변화시키는 물가 이외의 요인은 총수요곡선을 이동시킨다.

2. 총수요의 변동

(1) 정부가 지출을 증가시키거나 정부가 세금을 감면하면 가계가 사용할 수 있는 소득이 증가하여 총수요가 증가한다.

(2) 기업들이 미래에 대해 낙관적인 견해를 갖고 투자를 증가시키면 총수요가 증가한다.

(3) 정부가 환율을 인상하면 수출이 늘어나고 수입이 감소하여 총수요가 증가한다.

(4) 교역 상대국의 호황으로 소득이 증가하면 국내 재화와 서비스에 대한 수요(수출)가 증가해서 총수요가 증가한다.

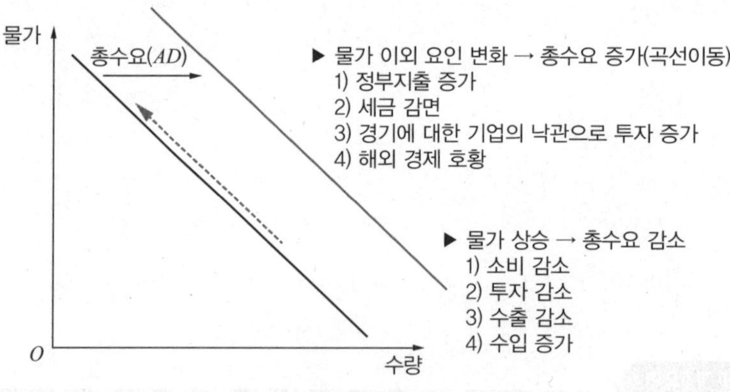

■ 총수요곡선상의 이동과 곡선의 이동

(5) 중앙은행이 통화량을 증가(감소)시키는 정책을 취하는 경우에도 총수요가 증가(감소)한다. 통화량이 증가하면 이자율이 하락하고 이자율의 하락은 투자와 소비 증가로 이어져 총수요를 자극하기 때문이다.

2 총공급곡선

1. 총공급곡선의 형태

(단기)총공급곡선도 한 시장의 공급곡선과 같이 우상향의 형태이다.

2. 총공급곡선의 이동

(1) 총공급곡선은 기업의 생산비용을 반영한다. 따라서 기업들의 생산조건에 변화가 오면 총공급곡선이 움직인다.

(2) 유가가 상승하면 기업의 생산비용이 올라가 총공급곡선이 좌측 또는 위로 이동한다.

(3) 신기술이 개발되면 같은 노동과 자본으로 더 많은 생산이 가능해져 총공급곡선이 우측 또는 아래로 이동한다.

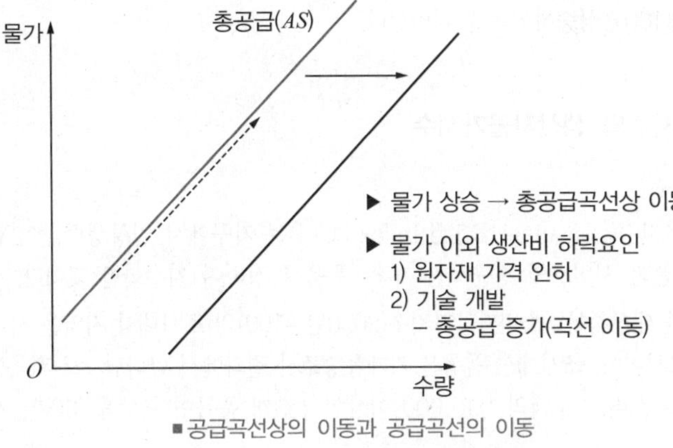

■공급곡선상의 이동과 공급곡선의 이동

균형GDP의 결정

- 한 나라의 총수요와 총공급이 만나면 균형GDP가 결정된다.
- 만약 기업들이 투자를 줄이면 총수요곡선이 좌측으로 이동하면서 물가가 하락하여 균형생산량인 GDP가 줄어드는 불황이 올 수 있고, 정부가 지출을 확대해 총수요가 증가하면 물가가 상승하고 균형생산량인 GDP가 증가하는 경기 호황이 발생할 수도 있다.
- 유가가 상승하면 총공급이 줄어 물가가 올라가고 생산이 감소한다.

대표기출유형

다음 중 총수요 감소를 초래할 수 있는 경우는?

① 정부의 개별소비세 인하 발표로 인해 소비경기가 회복되고 있다.
② 지난 1년간 환율(원/달러)이 꾸준히 증가하고 있다.
③ 중앙은행의 지급준비율 인상으로 인해 이자율이 상승하였다.
④ 정부가 기업의 투자촉진을 위해 투자기업에 대한 세금감면 정책을 실시하였다.
⑤ 정부가 경기침체를 극복하기 위해 대규모 토목사업을 실시하였다.

정답 ③

해설 총수요 = 소비(C) + 투자(I) + 정부지출(G) + 순수출($X-N$)
이자율이 상승하면 투자와 소비가 줄어 총수요가 감소하게 된다.

테마 29

물가지수

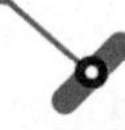

1 개념

1. 현실에서는 물가수준을 측정하기 위해 기준연도의 가격수준을 100으로 설정하여 지수화한 물가지수(Price Index)를 이용한다.
2. 우리나라의 대표적인 물가지수 기준연도는 2020년이다.
3. 어떤 해의 물가지수가 110이라면 이는 기준연도에 비해 물가가 10% 올랐음을 의미하고, 지난해의 물가지수가 110이었고 올해의 물가지수가 113.3이라면 이는 한 해 동안 물가가 3%$\left(=\frac{113.3-110}{110}\times 100\right)$ 상승하였음을 의미한다.

2 소비자물가지수와 생산자물가지수

> • 소비자물가지수는 대표적인 물가지표로서 가계의 생계비나 화폐가치를 비교하는 데 이용되며 국민연금, 공무원연금 등의 사회보장수혜금이나 노사간 임금조정 시 참고지표로 활용한다.
> • 생산자물가지수는 명목금액을 실질금액으로 환산해 주는 디플레이터(Deflator)의 용도뿐만 아니라 경기동향을 판단하는 지표로도 이용한다.

1. 소비자물가지수

(1) 소비자물가지수(Consumer Price Index ; CPI)는 가구에서 일상생활을 영위하기 위해 구입하는 상품과 서비스의 평균적인 가격변동을 측정하여 지수화한 것이다.

(2) 대상지역과 대상품목 : 소비자물가지수(2020년=100)의 조사대상 지역은 서울을 비롯한 40개 주요 도시이며, 조사대상 품목은 가계동향조사 결과에서 나타난 조사항목별 월평균 소비지출액이 총소비 지출액의 1/10,000 이상인 458개 품목이다(상품 310개, 서비스 148개).

2. 생산자물가지수

(1) 생산자물가지수(Producer Price Index ; PPI)는 국내생산자가 국내(내수)시장에 출하하는 상품 및 서비스의 종합적인 가격수준을 측정하여 지수화한 것이다.

(2) 조사대상 : 상품의 경우 모집단거래액(내수출하액)의 1/10,000 이상, 서비스의 경우 1/2,000 이상으로 소속 상품군의 가격변동을 대표할 수 있다.

3. 소비자물가지수와 생산자물가지수의 차이점

(1) 소비자물가지수는 상품부문에 소비재만을 포함하는 반면, 생산자물가지수는 소비재는 물론 자본재도 포함하고 원재료 및 중간재까지 포함한다.

(2) 서비스부문의 경우 소비자물가지수는 개인서비스만을 포함하지만 생산자물가지수는 주로 기업용서비스를 포함하며 일부 개인용서비스도 포함한다.

(3) 생산자물가지수는 가격변동이 심한 대상을 포함하기 때문에 소비자물가지수와 비교하여 상대적으로 높은 변동성을 보인다.

(4) 소비자물가지수는 부가가치세 등을 포함하여 소비자가 실제로 지불하는 소비자가격을 조사하는 반면, 생산자물가지수는 생산자가 제품 한 단위당 실제로 수취하는 기초가격(Basic Price)을 조사한다.

〈우리나라 주요 물가지수 비교〉

구분	소비자물가지수	생산자물가지수	수출입물가지수
작성기관	통계청	한국은행	한국은행
작성 목적	가계가 소비하는 상품 및 서비스의 가격수준 측정	국내생산자가 국내시장에 출하하는 상품 및 서비스의 가격수준 측정	수출 및 수입 상품의 가격수준 측정
대상 품목 선정 기준	가계동향조사 소비지출액이 총소비지출액의 1/10,000 이상인 품목	국내출하액의 1/10,000 이상인 상품 및 1/2,000 이상인 서비스 품목	전체 수출액 및 수입액의 1/2,000 이상인 품목
지수 기준연도	2020년	2015년	2015년
조사가격	소비자 구입가격	기초가격	수출입계약가격
지수산식	연쇄가중 라스파이레스식	연쇄가중 로우식	연쇄가중 로우식
이용 범위	생계비 또는 화폐가치 비교, 국민연금 수령액 및 노사 간 임금 조정 등을 위한 기초자료 등	상품 및 서비스의 전반적인 수급 파악, 실질국내총생산 산출 등	수출 채산성 및 수입원가 변동측정, 교역조건 계산, 실질 국내총생산 산출 등

수출입물가지수
(eXport and iMport Price Indexes ; XMPI)

1. 개념
   수출 및 수입상품의 종합적인 가격수준을 측정하여 지수화한 것이다.
2. 조사대상 품목(매년 재산정)
   - 수출물가지수 및 수입물가지수의 조사대상 품목은 각각 205개, 235개로 통관기준 총수출액 및 총수입액에서 차지하는 비중이 1/2,000 이상인 품목이다.
   - 선박, 항공기, 예술품, 귀금속, 무기류 등 가격조사가 곤란하거나 가격시계열 유지가 어려운 품목들은 제외한다.

대표기출유형

물가지수에 대한 설명 중 가장 적절하지 않은 것은?

① 소비자물가지수에는 수입재의 가격도 포함된다.
② 소비자물가지수는 기준연도의 수량을 가중치로 삼는 라스파이레스 방식으로 측정되며, 실제보다 물가변동을 과대평가하는 경향이 있다.
③ 생산자물가지수의 포괄범위가 소비자물가지수의 포괄범위보다 좁다.
④ 물가지수와 화폐의 구매력은 서로 역(逆)의 관계다.
⑤ 주택가격과 원자재, 자본재는 소비자물가지수에 포함되지 않는다.

정답 ③

해설 생산자물가지수는 소비자물가지수의 포괄범위보다 넓어 전반적인 상품의 수급동향이 반영된 물가지수이다.

테마 30

인플레이션

1 인플레이션의 원인

Ⓜ 수요견인 인플레이션은 국민 경제에서 전체적 수요 증가에 따른 물가 상승으로 주로 경기호황과 함께 나타난다.

1. 수요견인 인플레이션(Demand-Pull Inflation)

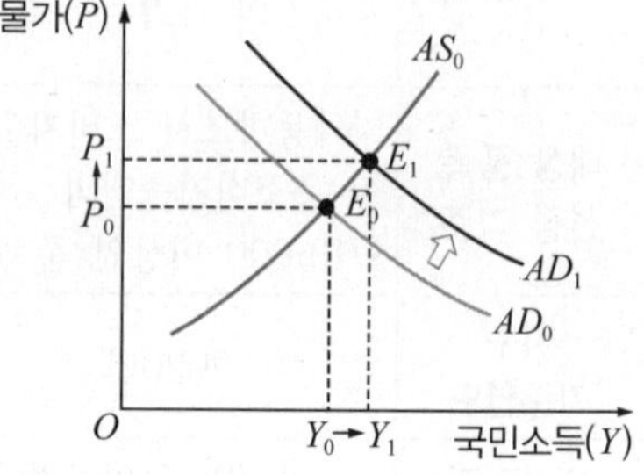

(1) 확대재정정책, 과도한 통화량 증가, 민간소비나 투자의 갑작스러운 변동에 따른 수요충격 등은 총수요를 증가시켜 수요견인 인플레이션을 발생시킨다.

(2) 국민 소득이 늘어나면서 소비, 투자, 정부 지출, 순수출 등 총수요의 증가로 인해 물가가 상승한다.

(3) 정부가 침체에 빠진 경기를 부양하기 위해서 정부지출을 확대하고 세율을 인하하는 등의 급격한 확대재정정책을 시행하면 총수요가 증가하여 수요견인 인플레이션이 발생할 수 있다. 이 경우 총수요곡선은 오른쪽으로 이동한다.

Ⓜ 비용상승 인플레이션이란 공급측 요인에 의한 인플레이션으로 재화나 서비스의 생산과 관련한 투입요소의 비용상승에 의해 물가가 지속적으로 상승하게 되는 것을 말한다.

2. 비용상승 인플레이션(Cost-Push Inflation)

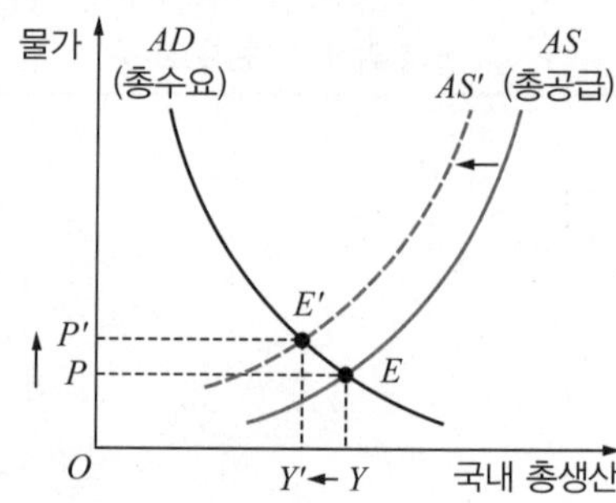

(1) 생산의 주요 투입요소인 노동, 자본 등의 비용이 상승하면 기업은 증가된 생산비용을 가격에 반영시키므로 최종 재화의 가격이 상승한다.

(2) 총수요의 변동이 없는 상황에서 원자재 가격, 임금 등의 생산비용이 상승하면 기업들은 생산비용이 상승된 만큼 제품 가격을 인상시켜 이를 보전하려 하기 때문에 물가 상승을 유발한다.

2 인플레이션의 사회적 비용

1. 예상된 인플레이션의 비용

(1) 구두창 비용(Shoe Leather Cost) : 인플레이션이 예상될 경우 사람들은 가능한 한 현금보다는 예금의 비중을 크게 하고자 한다. 이 경우 사람들은 현금을 지출할 필요가 있을 때마다 은행에 더욱 자주 방문하게 되고, 포트폴리오 구성을 바꾸기 위해 일종의 비용을 지불하게 된다. 이를 흔히 신발이 닳는다고 해서 구두창 비용이라 한다.

(2) 계산단위비용 : 인플레이션에 따라 세율을 변경할 필요가 있을 경우, 세법개정안을 마련하여 국회에 제출하거나 세법이 개정된 이후 이를 실행하는 행정적 · 사무적 절차 등의 사회적 비용이 발생한다.

(3) 메뉴 비용(Menu Cost) : 기업과 상인들은 물가상승에 맞추어 가격표를 자주 바꾸어야 하는데 가격변화에 대한 정보수집과 가격표를 교체하는 데서도 비용이 발생한다.

2. 예상하지 못한 인플레이션의 비용

(1) 채무의 실질가치 저하 : 인플레이션은 돈을 빌린 채무자가 유리해지고, 돈을 빌려주는 채권자는 매우 불리해져 재산권에 대한 신뢰가 손상된다.

(2) 미래에 대한 불확실성

① 인플레이션이 만연해지면 정상적인 경제활동의 가장 큰 적인 미래에 대한 불확실성(Uncertainty)이 커진다.

② 인플레이션이 만연해지면 사회 전반적인 근로의욕 저하나 생산을 위한 투자활동의 위축을 초래하여 결국 국민경제의 건전한 성장을 저해한다.

(3) 국제수지의 악화(수출 감소, 수입 증가) : 인플레이션이 발생하면 외국 상품에 비해 상대적으로 자국 상품의 가격이 비싸지기 때문에 상대적으로 싼 수입품을 더 많이 찾게 된다. 따라서 수입이 증가하고 수출품의 가격 상승으로 수출이 감소한다.

인플레이션의 영향

- 실물자산 소유자의 실질 소득 증가, 봉급생활자, 금융자산 소유자의 실질 소득 감소 → 빈부격차 심화, 부동산 투기 성행
- 화폐 가치 하락 → 저축 감소 → 기업의 투자 위축
- 국내 상품의 가격 상승 → 수출 감소, 수입 증가 → 국제수지 악화

대표기출유형

예상하지 못한 인플레이션이 발생할 때의 상황으로 가장 적절한 것은?

① 실질이자율이 상승한다.
② 채무자는 이익을 보지만 채권자는 손해를 본다.
③ 고정된 화폐소득을 얻는 봉급생활자에게 유리하다.
④ 정부의 조세수입은 감소한다.
⑤ 위의 상황 모두 적절하다.

정답 ②

해설 예상하지 못한 인플레이션이 발생하면 나중에 상환해야 할 원금의 가치가 하락하므로 채권자는 불리해지고, 채무자는 유리해진다.

오답풀이

① 명목이자율은 상승하고 실질이자율은 하락한다.
③ 고정된 연금, 월급을 받는 고정소득자는 인플레이션으로 실질 가계소득이 감소하기 때문에 가계의 실질 구매력이 감소한다.
④ 예상하지 못한 인플레이션이 발생하면 가계는 불리해지고 정부는 유리해진다. 즉 정부의 조세수입은 증가한다.

테마 31

디플레이션

1 디플레이션 개요

디플레이션(Deflation)이란 물가가 지속적으로 하락하는 현상을 말하며, 디플레이션 하에서는 물가상승률이 마이너스로 하락하는 인플레이션이 나타난다. 디플레이션이 발생하는 원인은 생산물의 과잉공급, 자산거품의 붕괴, 과도한 통화 긴축정책, 생산성 향상 등으로 다양하지만 궁극적으로는 유통되는 통화의 양이 재화 및 서비스의 양보다 적기 때문에 화폐가치는 상승하고 반대로 물가는 하락하는 디플레이션이 발생한다.

2 디플레이션의 발생원인

> 디플레이션이 반드시 인플레이션과 대립되는 (−)인플레이션이라는 식의 개념으로만 사용되지는 않는다. 최근에는 수요 및 산출량 감소, 실업률 증가 등으로 경제에 활력이 없어질 경우에 실물경기의 장기침체와 자산 및 금융시장의 불안상황(Distress)을 포괄해 사용되기도 한다.

1. 생산성 및 기술의 향상

생산성 및 기술의 발달로 인해 재화의 공급이 크게 증가하여 가격이 하락하는 현상으로, 1990년대 이후 우리나라 자동차에 대한 수요가 크게 증가했지만 자동차의 가격은 거의 상승하지 않고 있다는 점을 예로 들 수 있다.

2. 수요 감소 및 잠재 성장률 하락

실물 자산에 대한 수요가 줄어들고 경제 성장률이 하락하는 등 경제 활력이 감소하게 되어 발생한다. 1980년대 후반의 부동산 버블이 걷힌 이후 일본의 자산 가격이 지속적으로 하락하고 경제가 위축되었던 1990년대 초반의 일본 경제를 예로 들 수 있다.

3 디플레이션이 경제에 미치는 영향

1. 소비 감소

디플레이션 경제에서 소비자들은 전처럼 물건을 구매하려고 하지 않는다.

2. 화폐가치 상승

재화의 가격이 하락한다는 것은 화폐의 가치가 상승한다는 뜻이다. 물가하락 기대를 수반함으로써 '물가하락 ↔ 수요부진'의 악순환에 빠질 가능성이 높다.

3. 부채에 대한 부담 증가

(1) 주택 담보 대출 등 부채를 많이 지닌 사람들은 화폐의 가치 상승으로 인해 어려움을 겪을 가능성이 더 높다.

(2) 과잉부채가 심각한 상황에서는 실질 채무부담이 증가하면서 디플레이션이 만성화(Debt Deflation)될 위험이 커진다.

4. 실질임금의 상승

디플레이션 경제에서 근로자의 실질임금은 상승한다.

5. 기업의 투자위축

물가가 하락하면 실질금리가 상승하여 기업의 투자가 위축된다.

6. 고용여건 악화

수요가 감소하는 가운데 실질 임금이 상승하게 되면 기업의 수익성이 악화되어 고용을 유지하기 힘들어지기 때문에 실업률이 증가한다.

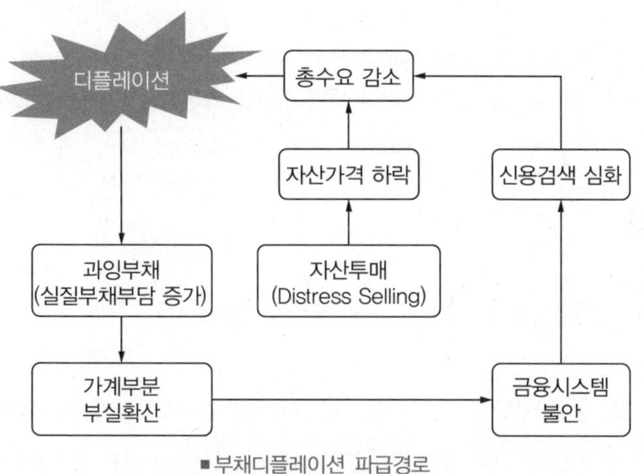

■ 부채디플레이션 파급경로

대표기출유형

다음 중 디플레이션이 경제에 미치는 영향으로 가장 거리가 먼 것은?

① 실업률 상승　　② 화폐가치 하락

③ 설비투자 감소　　④ 경제성장률 하락

정답 ②

해설 디플레이션은 시중에 통화량이 크게 줄어들어 물가가 하락하고 화폐가치가 오르면서 경제활동이 침체되는 현상을 뜻한다.

테마 32

경제성장률

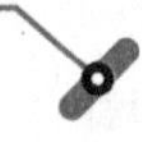

국가경제가 성장하면 새로운 일자리가 창출되고 국민의 소득이 늘어나 국민의 후생이 증진됨으로써 개인과 국가의 복리와 안정이 동시에 달성될 수 있다. 경제성장률은 국가경제가 얼마나 빠르게 확장되고 있는지 또는 전반적인 경제활동 상황이 어떤지를 나타낸다.

1 개념

경제성장률이란 일정기간 동안 각 경제활동부문이 만들어 낸 부가가치가 전년에 비하여 얼마나 증가하였는가를 보기 위한 지표로서 한 나라의 경제 성과를 측정하는 중요한 척도이며 실질 GDP의 증감률이다.

2 경제성장률

1. 명목성장률

국민총생산의 크기를 금액(화폐)표시로 한 경우의 성장률이다.

2. 실질성장률

(1) 일반적으로 경제성장률은 물가요인을 제거한 실질 GDP의 증가율을 의미한다.

실질성장률 = 명목성장률 − 물가상승률

예를 들어 어느 해의 명목성장률이 15%, 실질성장률이 10%였다고 하면 그해의 물가상승률은 5%이다.

(2) 경제성장률의 계산

$$\text{실질 경제성장률(전기비, SA)} = \left\{\frac{(\text{금분기 실질 GDP} - \text{전분기 실질 GDP})}{\text{전분기 실질 GDP}}\right\} \times 100$$

$$\text{실질 경제성장률(전년동기비, NSA)} = \left\{\frac{(\text{금분기 실질 GDP} - \text{전년 동분기 실질 GDP})}{\text{전년 동분기 실질 GDP}}\right\} \times 100$$

3. 잠재성장률(잠재 GDP)

(1) 잠재성장률은 안정적인 물가수준을 유지하며 달성할 수 있는 최대의 성장률을 의미하므로, 잠재성장률의 하락은 향후 우리경제의 실제성장률이 그만큼 낮아질 수 있음을 나타낸다.

(2) 잠재성장률의 하락을 방지하고 지속적인 경제성장을 유지하기 위해서는 노동 및 자본이 원활하게 투입될 수 있도록 하는 정책마련이 필요할 것으로 보이며 특히 생산성 제고를 위한 노력이 무엇보다 중요할 것으로 보인다.

(3) 실질 GDP와 잠재 GDP를 비교하였을 때 실질 GDP가 더 높으면 경기가 과도하게 상승한 것이며, 잠재 GDP가 더 높으면 자국 내 생산요소가 충분히 활용되지 못함을 시사한다.

(4) 잠재성장률은 관측을 통해 실제로 측정되는 개념이 아니며, 경제당국의 정책과 사회현상 등 다양한 환경적 요소를 반영하여 추정한 수치이다.

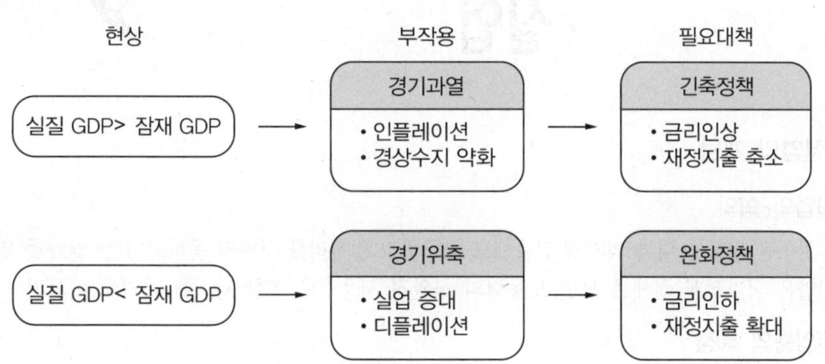

참고

리디노미네이션(Redenomination) 또는 '화폐단위 변경'이란 구매력이 다른 새로운 화폐단위를 만들어 현재의 화폐단위로 표시된 가격, 증권의 액면가, 예금·채권·채무 등 일체의 금액을 법정비율(교환비율)에 따라 일률적으로 조정하여 새로운 화폐단위로 표기 및 호칭하는 것을 의미한다. 우리나라에서는 1953년의 제1차 통화조치에 따라 100원(圓)이 1환(圜)으로, 1962년의 제2차 통화조치에 따라 10환(圜)이 1원으로 변경된 사례가 있다.

대표기출유형

한 나라 경제가 보유하고 있는 자본, 노동력, 자원 등 모든 생산요소를 사용해서 물가상승을 유발하지 않으면서도 최대한 이룰 수 있는 최적 성장률은?

① 경기성장률　　② 명목성장률
③ 실질성장률　　④ 잠재성장률

정답 ④

해설 잠재성장률은 있는 자원을 최대한 활용해서 최고의 노력을 했을 때 얻을 수 있는 최대의 경제성장치를 의미한다.

테마 33 실업

용어 경제활동인구
수입이 있는 일에 종사하고 있거나 취업을 하기 위하여 구직활동 중에 있는 사람

용어 비경제활동인구
만 15세 이상 인구 중에서 집안에서 가사 또는 육아를 전담하는 주부, 학교에 다니는 학생, 일을 할 수 없는 연로자 및 심신장애자, 자발적으로 자선사업이나 종교 단체에 관여하는 사람(전업은 제외), 그리고 구직단념자 등을 의미

1 실업의 개념

1. 실업의 의의

실업이란 일할 능력과 의지가 있음에도 불구하고 일자리를 구하지 못하고 있는 상태를 말한다. 실업은 국가경제 전체로 보면 노동력의 불완전 사용으로 인한 낭비를 가져오는 요인이 된다.

2. 실업률의 측정

실업률은 한 국가 안에서 실업자 비율이 얼마나 되는가를 측정한 것이다. 우리나라에서는 매월 통계청이 표본조사를 통해 실업에 관한 통계를 작성한다.

〈경제활동인구와 비경제활동인구의 구분〉

<table>
<tr><td rowspan="5">전체 인구</td><td rowspan="4">15세 이상 인구</td><td rowspan="3">노동 가능 인구</td><td rowspan="2">경제 활동 인구</td><td>취업자</td><td>• 수입 목적으로 1시간 이상 일한 자
• 18시간 이상 일한 무급가족종사자
• 일시휴직자</td></tr>
<tr><td>실업자</td><td>15일을 포함한 지난 1주 동안 수입을 목적으로 1시간도 일하지 않고 지난 4주간 일자리를 찾아 적극적으로 구직활동을 하였던 사람으로서 일이 주어지면 곧바로 취업할 수 있는 자</td></tr>
<tr><td colspan="2">비경제활동인구</td><td>주부, 학생, 진학 준비자, 취업준비생, 연로자, 심신장애자, 구직 단념자 등</td></tr>
<tr><td colspan="4">군인 · 재소자 · 전투경찰</td></tr>
<tr><td>15세 미만 인구</td><td colspan="4">근로기준법상 노동력 제공이 불가능한 연령</td></tr>
</table>

2 고용률과 경제활동참가율

1. 경제활동참가율

(1) 15세 이상 인구 중에서 취업자와 실업자를 합한 경제활동인구의 비율이다.

(2) 총인구나 15세 이상 인구의 규모가 같더라도 경제활동참가율이 다르면 노동시장에 공급되는 전체 노동력은 달라진다.

(3) 경제활동참가율이 높을수록 실업 여부와 상관없이 일단 일하고자 하는 사람이 많다는 것을 의미하며 이는 그 나라의 노동시장이 건전하다는 것을 보여 준다.

$$\text{경제활동참가율(\%)} = \frac{\text{경제활동인구}}{\text{15세 이상 인구}} \times 100 = \frac{\text{경제활동인구}}{\text{경제활동인구} + \text{비경제활동인구}} \times 100$$

2. 실업률과 고용률

(1) 실업률

① 경제활동인구 중에서 실업자가 차지하는 비율이다.

$$실업률(\%)=\frac{실업자}{경제활동인구}\times 100=\frac{실업자}{(실업자+취업자)}\times 100$$

② 비경제활동인구 중 조사 기간 중에 구직활동을 하지 않아 비경제활동인구로 분류되는 취업준비자나 구직단념자가 증가하는 경우 오히려 실업률이 낮아지는 경우가 발생하기도 한다.

③ 청년실업률 : 15세부터 29세에 해당하는 청년층의 실업률이다.

$$청년실업률(\%)=\frac{15\sim 29세\ 실업자}{15\sim 29세\ 경제활동인구}\times 100$$

(2) 고용률 : 15세 이상 인구 중 취업자의 비율이다.

$$고용률(\%)=\frac{취업자\ 수}{15세\ 이상\ 노동가능인구}\times 100$$

파트1 경영학
파트2 경제학
파트3 법학
파트4 행정학
파트5 공기업 기출문제

대표기출유형

다음 A국의 고용지표 변화에 대한 분석으로 가장 적절한 것은?

〈A국의 고용자료 변화〉

15세 이상 인구	경제활동인구	실업자 수
감소	증가	감소

① 실업률 상승 ② 고용률 하락

③ 취업자 수 증가 ④ 비경제활동인구 증가

정답 ③

해설 경제활동인구=실업자 수+취업자 수이므로 경제활동인구↑, 실업자수↓ ⇒ 취업자수↑

① $\frac{실업자\ 수\downarrow}{경제활동인구\uparrow}\times 100=실업률\downarrow$

② 실업자 수가 감소한다는 것은 취업자 수가 증가한다는 것이므로 $\frac{취업자\ 수\uparrow}{15세\ 이상\ 인구\downarrow}\times 100=고용률\uparrow$

④ 15세 이상 인구=경제활동인구+비경제활동인구이므로 15세 이상 인구↓, 경제활동인구↑ ⇒ 비경제활동인구↓

테마 34

절대우위와 비교우위

생산비가 타국에 비해 절대적으로 적은 상품의 생산에 각각 특화하여 교역하면 양국 모두에게 이익이 발생한다는 것이 애덤 스미스(Adam Smith)가 주장한 절대우위론이다.

1 절대우위론

1. 개념

A국 국민이 7명, B국 국민이 9명이며, A국과 B국이 모두 쌀과 밀을 1단위씩 생산하고 있다고 하자. 쌀 1단위 생산에 필요한 노동자는 A국이 5명, B국은 3명이고, 밀 1단위 생산에 필요한 노동자는 A국이 2명, B국은 6명이라고 하면,

〈A국과 B국의 생산비용〉

국가 \ 재화	쌀	밀	총 노동투입
A	5명	2명	7명
B	3명	6명	9명

특화 후 A국 보유량	0단위	3.5단위
특화 후 B국 보유량	3단위	0단위

(1) 절대우위론에 따르면 A국은 밀 생산에 특화하고, B국은 쌀 생산에 특화한다. A국은 밀 생산에 7명을 전부 투입해 3.5($=\frac{7}{2}$)단위의 밀을 생산하고, B국은 쌀 생산에 9명을 투입해 3($=\frac{9}{3}$)단위의 쌀을 생산한다.

(2) 특화 이후 A국과 B국이 쌀과 밀 1단위를 서로 교환하면 A국은 특화 전에 비해 1.5단위 밀을 더 가지게 되었고, B국은 1단위 쌀을 더 가지게 되었다. 양 국가 모두 이득을 얻은 것이다.

2. 절대우위를 가지기 위한 방법

(1) 한 국가가 극히 희소하거나 다른 어떤 곳에도 없는 물품을 보유한 경우이다.

(2) 어떤 재화와 서비스를 다른 국가에 비해 싸게 생산하는 경우이다.

(3) 절대우위론에 따르면 한 국가가 모든 분야에서 절대우위에 있는 경우에도 무역이 발생하는 현실을 설명할 수 없다.

〈특화와 교환의 이익〉

국가 \ 재화	쌀	밀
특화 전 A국 보유량	1단위	1단위
특화 전 B국 보유량	1단위	1단위
쌀과 밀을 1 : 1로 교환 후 변화		
교역 후 A국 보유량	1단위	2.5단위
교역 후 B국 보유량	2단위	1단위

비교우위론은 애덤 스미스의 절대생산비 이론의 한계를 극복하기 위해서 리카도(David Ricardo)가 그의 저서 『정치경제와 조세의 원리』에서 주장한 이론이다.

2 비교우위론

1. 개념

비교우위론이란 한 나라가 두 상품 모두 절대 우위에 있고 상대국은 두 상품 모두 절대열위에 있더라도 생산비가 상대적으로 더 적게 드는(기회비용이 더 적은) 상품에 특화하여 교역하면 상호이익을 얻을 수 있다는 이론이다.

〈표 1〉 A국과 B국의 생산성

국가 \ 상품	핸드폰	명품의류
A	8시간	9시간
B	12시간	10시간

2. 비교우위와 기회비용

(1) 〈표 1〉은 A, B 두 나라에서 핸드폰과 명품의류를 한 단위씩 생산하는데 소요되는 노동투입량을 나타낸다(단, 양국은 동일한 생산요소인 노동만을 가지고 있으며, 시간당 임금도 동일하다고 가정한다. 따라서 투입노동시간은 곧 생산비와 같다).

〈표 2〉 A국과 B국의 기회비용

기회비용 / 국가	핸드폰 1단위	명품의류 1단위
A	명품의류 0.89	핸드폰 1.125
B	명품의류 1.2	핸드폰 0.83

(2) A국은 두 상품 모두 더 적은 비용으로 생산할 수 있기 때문에 두 재화 모두 절대우위를 가지고 있다. 이 경우 절대우위론에서는 무역이 발생하지 않는다.

(3) A국이 핸드폰 한 개를 더 생산하기 위해서는 명품의류 0.89($\frac{8}{9}$)개를 포기해야하고, B국에서는 1.2($\frac{12}{10}$)개를 포기해야 한다. 한편 A국이 명품의류 한 개를 더 생산하기 위해선 핸드폰 1.125($\frac{9}{8}$)개를 포기한 반면, B국은 0.83개($\frac{10}{12}$)를 포기해야 한다. 핸드폰 생산에 있어서는 A국의 기회비용이 더 작고, 명품의류 생산에 있어서는 B국의 기회비용이 더 작다. 따라서 A국은 핸드폰 생산에, B국은 명품의류 생산에 비교우위가 있다.

대표기출유형

아래 표는 A, B 두 국가에서 손목시계와 스마트폰을 생산하는 데 필요한 노동시간을 나타낸 것이다. 이를 올바르게 분석한 것은? (단, 두 국가가 가지고 있는 생산 자원은 동일하며, 동일한 상품에 대해 두 국가 국민들이 느끼는 효용은 같다)

〈국가별 상품 생산에 필요한 노동시간〉

	손목시계	스마트폰
A국	20	100
B국	10	80

① A국은 스마트폰 생산에 절대우위를 가지고 있다.

② B국은 손목시계를 특화해 수출하는 것이 유리하다.

③ 시장이 개방되면 A국 스마트폰 시장 종사자들의 일자리는 감소할 것이다.

④ A국은 두 상품 모두 저렴하게 생산할 수 있으므로 무역을 하지 않는 것이 유리하다.

정답 ②

해설 B국은 손목시계 생산에 있어서 비교우위에 있으므로, B국은 손목시계를 특화해 수출하는 것이 유리하다. A국과 B국의 손목시계와 스마트폰 생산의 기회비용을 계산하면 다음과 같다.

	손목시계	스마트폰
A국	20/100 = 0.2	100/20 = 5
B국	10/80 = 0.125	80/10 = 8

B국은 손목시계와 스마트폰 모두 A보다 더 적은 시간으로 생산할 수 있으므로, B국은 손목시계와 스마트폰 모두 절대적 우위에 있다.

손목시계 생산의 기회비용은 B국이 더 낮고, 스마트폰 생산의 기회비용은 A국이 더 낮으므로, B국은 손목시계 생산에 있어서 비교우위에 있고, A국은 스마트폰 생산에 있어서 비교우위에 있다.

테마 35

관세

관세의 의의
일반적으로 법률이나 조약에 의한 법정의 관세영역을 통과하는 물품에 대하여 부과하는 조세로 주로 수입상품에 부과하는 것을 말한다.

관세의 특징
1. 일국의 관세영역을 통과하는 수출입물품에 부과한다.
2. 일국의 산업보호 및 재정수입을 목적으로 부과한다.
3. 반대급부 없이 법률 및 조약에 의해 한 국가가 강제적으로 부과한다.
4. 대물세이면서 수시세이다.
5. 납세자와 담세자가 다른 간접세이다.
6. 가격기능을 통해 국내 산업을 보호하지만 자유무역을 저해하는 부작용으로 후생손실이 발생한다.

1 관세의 분류

1. 과세표준에 의한 분류 : 종가세, 종량세

(1) 종가세

① 관세부과시 가격을 과세표준으로 하는 가장 일반적인 관세율의 형태로서, 과세표준가격은 보통 운임보험료 포함가격(CIF)을 적용하며, 백분율로 표시한다.

② 종가세의 장점은 관세부담이 상품가격에 비례하므로 공평하고, 시장가격의 등락에 관계없이 관세부담의 균형유지가 가능하다는 점이다.

③ 종가세의 단점은 수출국의 거리에 따라 관세액에 차이가 발생할 수 있고, 저가품의 경우 국내산업보호의 기능이 희박하다는 점이다.

④ 종가세를 적용하는데 적합한 상품은 동일상품 그룹 가운데 품질격차가 큰 것, 단기적으로 가격변동이 없는 것, 종류가 많은 것 등이다.

(2) 종량세

① 수입되는 상품의 수량(무게, 길이, 부피 등)을 과세표준으로 하여 부과되는 관세로서, 동일한 상품의 경우 가격에 관계없이 관세액은 동일하다.

② 종량세의 장점은 세액을 쉽게 산정할 수 있고, 동종동질의 상품인 경우 관세액이 동일하며, 저가품에도 국내산업의 보호효과가 강하다는 점이다.

③ 종량세의 단점으로는 품질격차가 큰 상품은 관세부담이 불공평하고, 물가가 변동할 때 과세부담의 불균형이 발생하며, 품목의 분류가 복잡하다는 점이다.

④ 종량세를 적용하는데 적합한 상품은 상품의 성질이 같은 것, 과세가격의 파악이 곤란한 것, 가격변동이 쉬운 것 등이다.

2. 과세목적에 따른 분류 : 재정관세, 보호관세

(1) 재정관세

① 의의 : 재정관세는 국가의 재정수입을 목적으로 하는 비탄력관세로, 관세부과에도 수입량이 감소하지 않는 제품에 주로 나타난다.

② 적용대상

㉠ 자국 내 생산이 불가능하거나 매우 적어 수입이 불가피할 경우

㉡ 소비를 권장할 가치가 없으면서도 구태여 수입을 억제할 필요가 없는 제품

㉢ 자국 내 산업이 매우 강한 경쟁력을 확보하여 더 이상 보호할 필요가 없는 제품

㉣ 수요의 가격탄력성이 작은 제품

㉤ 커피, 차, 담배, 향료 등 습관적으로 소비되는 기호식품 등

(2) 보호관세 : 자국산업을 보호 육성하기 위한 관세부과로 수입품의 가격이 상승하여 수입이 억제되고 경쟁력이 약화되어 국내생산의 증가를 가져오는 것을 그 목적으로 한다.

3. 과세차별에 의한 분류

(1) 차별관세(Differential Tariff) : 어느 특정 국가로부터 수입되어지는 제품에 대해 자국의 특수한 동기나 상황에 따라 다른 국가의 제품보다 높은 관세율을 적용하거나 낮은 관세율을 적용하는 관세제도를 말한다.

(2) 상계관세

① 직접적 혹은 간접적으로 수출보조금이나 장려금이 지급되어 생산된 제품이 국내에 염가로 수입되어 국내산업에 피해를 입힐 경우 그 보조금이나 장려금의 효과를 상쇄할 목적으로 염가 수입에 대해 부과하는 관세를 말한다.

② GATT 제6조에 규정된 상계관세의 내용

㉠ 상계관세의 세액은 장려금이나 보조금의 금액을 초과할 수 없다.

㉡ 생산·수출보조금과 특정품의 수송에 대한 수송보조금도 포함한다.

㉢ 자국의 기존산업의 실질적 피해 또는 신규산업이 실질적으로 방해되고 있다는 피해가 있어야 한다.

㉣ 원산국 또는 수출국에서 부과된 내국소비세의 면제 또는 환불을 이유로 상계관세가 부과되어서는 안 된다.

㉤ 덤핑 또는 수출보조금으로 발생되는 동일한 사태에 대하여 반덤핑관세와 상계관세가 병행 부과되어서는 안 된다.

(3) 반덤핑(부당염매방지)관세 : 덤핑된 외국상품이 수입되어 국내산업에 손해를 입힐 경우 수출국의 덤핑효과를 상쇄시키기 위해 부과하는 관세를 말한다.

(4) 긴급관세

① 특정물품의 수입이 급증하여 이와 경합되는 국내산업에 중대한 피해를 가져올 우려가 있어 긴급한 조치가 필요하다고 판단될 때 정부의 책임과 판단으로 신속하게 관세율을 인상할 수 있는 제도를 말한다.

② 긴급관세의 발동요건

㉠ 수입품의 가격이 급격히 하락하는 등 예상외의 사태가 발생하여 상품의 수입이 급격히 증가할 때

㉡ 외국상품의 수입증가로 인하여 동종의 국내산업에 중대한 손해를 입히거나 입힐 우려가 있을 때

㉢ 국민경제상 긴급히 필요하다고 인정될 때

(5) 보복관세 : 상대국의 관세에 대항하여 부과하는 관세를 말한다.

(6) 수입할당관세(Import Quota Tariff)

① 특정 제품의 수입량 혹은 수입금액에 대한 할당을 설정하고 할당분이 소진될 때까지의 수입분에 대해서는 기본세율보다 낮은 할인관세를 적용하고 할당분을 초과하는 수입분에 대해서는 기본세율보다 높은 할증관세를 적용하는 이중관세율제도를 말한다.

② 국내 제조업자를 보호할 필요성과 국내시장의 수급조절 및 가격하락에 의한 수요자 측의 이익을 강화해 줄 필요성이 공존할 때 양측의 입장을 고려하는 일종의 관세율조정정책의 일환이다.

(7) 조정관세(Coordinating Tariffs) : 일시적인 경제사정에 대응하기 위한 제도로 특정상품의 수입증대로 국내산업의 발전을 저해하거나 국민소비생활의 질서를 문란하게 할 우려가 있는 경우, 국민생활과 산업에서 발생하는 부작용을 시정 · 보완하기 위해 관세를 인상 부과하는 할증관세로, 적용기간은 3년이다.

(8) 계절관세(Seasonal Tariff) : 1차산품은 출하기, 성수기, 비수기에 따라 가격변동이 크기 때문에 국내물가에 미치는 영향을 약화시켜 국내 농산물보호와 소비자의 이익을 보호하기 위한 제도이다.

(9) 농림축산물에 대한 특별긴급관세(Safeguard Tariff) : 1994년 12월에 개정된 관세법에 수용된 것으로 저가농산물의 일시적 수입급증으로 인한 국내농가의 피해를 예방하기 위한 관세제도이다.

(10) 편익관세(Convenient or Beneficial Tariff) : 일국이 일방적으로 최혜국대우의 범위 내에서 관세혜택을 제공하는 것으로 상대국이 임의로 관세상의 혜택을 요구할 수는 없다.

(11) 특혜관세(Preferential Tariff) : 영연방특혜관세, 일반특혜관세제도(Generalized System of Preference ; GSP) 등 남북문제의 해결을 위한 개발도상국의 수출증대 및 공업화촉진 등을 지원하기 위해 선진국이 개도국 및 후진국으로부터의 수입공산품 및 반공산품에 부과하는 저율의 관세제도로 1971년부터 시행되었다.

(12) 공통관세(Common Tariff) : 관세동맹과 같은 경제통합단계에서 역외국가로부터 수입되는 제품에 대해 관세주권을 포기하고 공통적으로 설정한 관세를 부과한다.

(13) 탄력관세(Flexible Tariff) : 일정 범위 내에서 관세율조정권을 행정부에 이임하여 관세율을 신축적이고 탄력적으로 조정할 수 있도록 하는 관세제도이다.

2 관세정책의 일반적 수단

1. 최적관세

(1) 최적관세(Optimum Tariff)는 관세부과로 인해 교역조건 개선의 이익을 극대화하고 무역축소효과의 불이익을 최소한도로 작게 하여 관세부과국의 무역이익을 최대로 하는 국민후생극대의 관세이다.

(2) 최적관세율의 측정

$$t = \frac{1}{\epsilon - 1} \quad (\epsilon : \text{외국의 수입수요탄력성})$$

(3) 크기

① 외국의 수입수요탄력성이 1에 가까울수록 최적관세율은 무한대에 가깝고 외국의 수입수요탄력성이 무한대이면 최적관세율은 존재하지 않는다.

② 또한 외국의 수입수요탄력성이 1보다 작은 경우에는 최적관세율은 음(−)이 되어 최적관세율은 존재하지 않는다.

(4) 조건

① 자국의 독점력이 존재해야 한다.

② 상대국의 보복관세가 없어야 한다.

2. 실효보호관세율

(1) 실효보호관세율(Effective Rate of Protection)은 어느 특정 산업이 관세에 의한 보호를 받고 있을 때 그 산업이 실질적으로 받고 있는 보호가 어느 정도인가를 나타내는 관세이다.

(2) 측정

① 관세정책에 의한 국내생산의 부가가치의 변화율로 규정한다.

② 관세의 실효보호율$=\dfrac{\text{관세 후의 부가가치}(V')-\text{관세 전의 부가가치}(V)}{\text{관세 전의 부가가치}(V)}$

(3) 크기

① 관세부과 전의 부가가치가 낮은 산업일수록 실효보호관세율이 높다. 즉 효율성이 낮은 산업일수록 보호를 많이 받는다.

② 관세의 실질적인 보호효과는 최종재에 대한 관세가 높을수록, 투입중간재에 대한 관세가 낮을수록 크다.

대표기출유형

다음 중 최적관세에 관한 설명으로 옳은 것은?

① 수입상품의 공급이 무한탄력적이 아니면 최적 관세율은 0이다.

② 대부분의 상품에 대해 최적 관세는 수입을 금지시킬 만큼 높다.

③ 최적관세는 관세부과국의 후생을 증가시키거나 전세계의 후생을 낮춘다.

④ 관세를 부과하는 국가의 수입이 세계시장과 비교해서 작을 경우 최적관세는 크게 나타난다.

정답 ③

해설 최적관세란 관세부과에 따른 교역조건의 개선에서 얻는 이익을 무역량 감소에 의한 손실보다 크게 함으로써 국가의 경제적 후생을 최대로 하는 관세율을 부과하는 것을 말한다. 따라서 최적관세율의 부과는 자국의 후생은 증가시키지만 상대국의 후생은 감소시키게 된다.

테마 36 교역조건

> 교역조건에는 순상품교역조건과 소득교역조건이 있으며 기준시점을 100으로 지수화한 것이 교역조건지수이다.
>
> 수출재 가격의 상승으로 수출재 1단위와 교환되는 수입재 수량이 증가하므로 교역조건이 개선된다.
>
> 순상품교역조건지수는 수출상품 한 단위의 가격과 수입상품 한 단위의 가격 간의 비율로 한 단위의 수출로 몇 단위의 수입이 가능한지를 나타내는 지수이다.
>
> 순상품교역조건이 상승하면 한 단위 상품을 수출해서 받은 외화로 이전보다 더 많은 양의 상품을 수입할 수 있게 된다.
>
> 교역조건이 악화되면 국민경제의 실질구매력이 떨어져 실질소득이 감소하고 경상수지가 악화될 수 있다.

1 교역조건의 개념

교역조건은 한 나라가 한 단위 상품수출로 벌어들인 외화로 수입할 수 있는 상품의 양, 즉 수출품과 수입품의 수량적인 교환비율을 말한다.

$$\text{교역조건} = \frac{\text{수출재 가격}}{\text{수입재 가격}} = \frac{\text{수입량}}{\text{수출량}}$$

2 순상품교역조건지수

1. 개념

순상품교역조건지수는 수출물가지수를 수입물가지수로 나누고 100을 곱하여 산출한다.

$$\text{순상품교역조건지수} = \frac{\text{수출물가지수}}{\text{수입물가지수}} \times 100$$

2. 상승과 하락의 의미

(1) 순상품교역조건이 상승했다는 것은 수출물가가 수입물가보다 더 많이 올랐다거나 수출물가가 수입물가보다 덜 하락했다는 것을 의미한다.

(2) 순상품교역조건이 하락했다는 것은 한 단위 상품을 수출함으로써 수입할 수 있는 상품의 양이 그 이전에 비해 줄어들었음을 의미한다.

〈순상품교역조건지수 추이〉

(2015=100)

구분	순상품교역조건지수 (A=B/C×100)		수출물가지수 (B)		수입물가지수 (C)	
2017년	100.58	(−0.8)	102.64	(6.1)	102.04	(6.5)
2018년	95.37	(−5.1)	103.41	(0.8)	108.43	(6.3)
2019년	91.40	(−4.1)	99.94	(−3.4)	109.34	(0.8)
2020년	94.88	(3.8)	94.74	(−5.2)	99.85	(−8.7)
2021년	92.18	(−2.8)	108.28	(14.3)	117.46	(17.6)

※ (   )내는 전년대비 증감률(%)

※ 반올림 등으로 인해 일부 수치 간 불일치가 있을 수 있음.

3. 순상품교역조건지수의 한계

상품의 수출입가격이 변하면 통상 수출입물량이 영향을 받는데 순상품교역조건지수는 가격변화에 따른 물량변동을 반영하지 못한다.

3 소득교역조건지수

1. 개념

소득교역조건지수는 수출총액으로 수입할 수 있는 수입량을 의미하며 순상품교역조건지수에 수출물량지수를 곱하여 산출한다.

$$\text{소득교역조건지수} = \frac{\text{수출금액지수}}{\text{수입물가지수}} \times 100$$
$$= \frac{(\text{수출물가지수} \times \text{수출물량지수} \div 100)}{\text{수입물가지수}} \times 100$$
$$= \text{순상품교역조건지수} \times \text{수출물량지수} \div 100$$

2. 의미

소득교역조건이 높아졌다거나 개선되었다는 것은 현시점의 수출총액으로 수입할 수 있는 양이 이전보다 많아졌음을 의미한다.

4 교역조건의 국민경제적 의미

1. 교역조건은 수출 가격을 수입 가격으로 나눈 수출입상품 간의 교환비율로 교역조건이 변화하면 생산 및 소비가 영향을 받게 되고 그로 인해 국민소득이 변화하게 된다.
2. 교역조건이 나빠지면 동일한 수출물량으로 사들일 수 있는 수입물량이 감소하게 된다. 이는 소비나 투자에 필요한 재화의 수입량이 줄어들어 실질소득이 감소한 것을 의미한다.

소득교역조건지수는 수출입가격의 변동 이외에 수출물량의 변동까지 고려할 수 있는 지수로서 순상품교역조건지수의 단점을 보완해 준다.

대표기출유형

우리나라를 대국이라고 가정할 때, 교역조건이 악화되는 경우를 모두 고른 것은?

가. 수입재에 대한 선호도가 낮아질 때	나. 수입재에 대해 관세가 부과될 때
다. 수출재 편향적으로 경제 성장이 이루어질 때	라. 수출재에 대해 보조금을 지급할 때

① 가, 나 ② 가, 다 ③ 다, 라
④ 나, 다 ⑤ 나, 라

정답 ③

해설 교역조건이란 수입상품의 개수로 표시한 수출상품 한 단위의 교환가치를 의미한다.

다. 대국의 경우 수출편향적인 경제성장이 이루어지면 국제시장에서 초과 공급이 이루어져 교역조건이 악화된다.

라. 대국의 경우 수출보조금이 지급되면 수출이 증가하므로 수출품의 국제가격이 하락하여 교역조건이 악화된다.

오답풀이

가. 수입품에 대한 선호가 감소할 경우 수입물량이 감소하고 이로 인해 수입품의 국제가격이 하락하기 때문에 교역조건이 개선된다.

나. 대국이 수입품에 대해 관세를 부과하면 수입물량이 감소해서 국제시장에 수입품의 초과공급이 발생하고 이때 수입품의 국제가격이 하락하기 때문에 교역조건이 개선된다.

테마 37

관세의 효과

1 관세의 경제적 효과

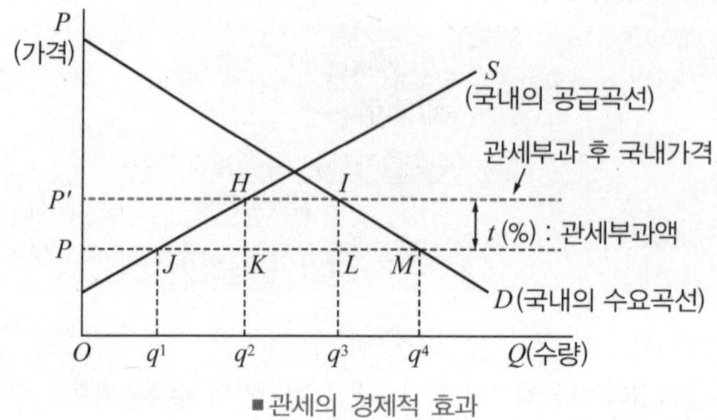

■관세의 경제적 효과

1. 소비효과(Consumption Effect)

(1) 관세의 소비효과는 관세부과로 인해 수입량이 감소하고 수입품 및 동종의 국내 물품가격이 상승되어 소비자가 불리한 영향을 받는 효과를 말한다.

(2) 소비자는 관세부과로 인해 비싼 물품을 구입하여야 하므로 효용수준이 저하되는 효과이다.

(3) [그림]에서 관세부과로 인해 수입량이 q^4에서 q^3으로 소비가 감소하는 부분이다.

2. 재정수입효과(Revenue Effect)

(1) 재정수입효과는 관세부과로 인해 국가의 재정수입이 증가하는 효과를 의미한다.

(2) [그림]에서 관세부과 후의 수입량 $q^2 q^3$에 관세를 부과한 부분이 $P P'$을 곱한 부분에 해당하며, $\square HKLI$ 부분을 말한다.

3. 소득재분배효과(Redistribution Effect)

(1) 소득재분배효과는 수입품에 대해 관세가 부과됨으로 인해 실질소득이 소비자로부터 생산자에게 재분배되는 효과를 말한다.

(2) 소비자잉여가 생산자잉여로 전환되는 효과이다.

(3) [그림]에서 생산자잉여 $\triangle PJS$에서 $\triangle P'HS$로 증가하는데, $\square PP'JH$는 관세부과 전의 소비자 이익부분에서 생산자의 몫으로 재분배된 것이다.

4. 교역조건효과(Terms-of-Trade Effect)

(1) 교역조건효과는 관세부과로 인해 수입국의 교역조건이 개선되어 그 국가의 무역이익이 관세부과 전보다 증가하는 효과를 말한다.

(2) 관세를 부과할 때의 수출량이 같은 수준을 유지하는 상태에서 수입량이 변화하면 교역조건이 개선된다.

(3) [그림]에서 관세부과로 수출량이 같은 수준을 유지하는 상태에서 수입량이 $q^1 q^4$에서 $q^2 q^3$으로 감소하면 교역조건이 개선된다.

5. 고용효과(Employment Effect)

(1) 고용효과는 관세부과로 인해 국내산업의 활동이 활발해져 고용이 증가하고 소득이 향상되는 효과를 말한다.

(2) 관세부과로 인한 생산의 증대는 생산시설의 확충으로 고용을 증대시키는 효과를 가져 온다.

(3) [그림]에서 $\triangle JHK$부분이 보호로 인한 고용증가 효과부분이다.

6. 국제수지효과(Balance of Payment Effect)

(1) 국제수지효과는 관세부과로 인해 수입량이 감소하여 국제수지가 개선되는 효과를 의미한다.

(2) 관세를 부과하는 국가에서는 수입량이 감소, 수출량이 관세를 부과하기 전의 수준을 유지하거나 증가하여야 국제수지가 개선된다.

(3) [그림]에서 관세부과 전의 수입량은 q^1q^4이고, 관세부과 후의 수입량 q^2q^3으로 감소한다. q^1q^2의 생산량 증가분이 수출, q^3q^4의 수입량이 감소하면 국제수지가 개선되는 효과가 있다.

7. 가격효과(Price Effect)

(1) 가격효과는 관세부과로 인해 소비자가 관세부과 전의 가격보다 더 높은 가격을 지급하고 수입물품을 구입하는 효과를 의미한다.

(2) 소비자가 관세부과만큼의 가격인상폭을 부담하게 되는 것을 의미한다.

8. 소득효과(Income Effect)

(1) 소득효과는 관세가 부과되고 이에 의해 대외지출이 억제되면 국내물품의 소비가 증가하기 때문에 화폐 및 실질소득과 고용이 증대하는 효과를 의미하는데 이를 수입대체효과라고도 한다.

(2) 관세가 부과되면 국내의 총수요량은 감소하고 총공급량은 증가하여 수입량이 감소하게 되어, 수입량이 감소한 만큼 수입대체효과가 발생하게 된다.

(3) 소득효과는 고용효과의 결과로 발생하는 부차적인 효과로 판단하여야 한다. 생산이 증가하면 생산시설의 확장에 따라 고용이 증가, 노동자들은 임금을 받기 때문에 소득이 증가하는 효과가 나타나는 것이다.

9. 경쟁효과(Competition Effect)

(1) 경쟁효과는 관세가 부과되어 보호받는 국내산업이 외국산업과의 경쟁을 회피하게 되는 효과를 말한다.

(2) 관세가 부과되면 보호를 받은 국내산업은 외국산업과 경쟁할 필요가 없어 경쟁력이 둔화되어 정체상태에 빠지게 된다. 즉 관세가 부과되면 국내산업은 높은 이윤을 보장받기 때문에 경쟁력에 대한 노력이 감소하게 된다.

> 소국과 대국의 차이
> 1. 소국이 관세를 부과하면 교역조건이 변하지 않지만, 대국이 관세를 부과하면 교역조건이 개선된다.
> 2. 소국이 관세를 부과하면 국내가격은 단위당 관세액만큼 상승하지만, 대국이 관세를 부과하면 국내가격은 단위당 관세액보다 작게 상승한다.
> 3. 소국이 관세를 부과하면 명백히 사회적인 후생손실이지만, 대국은 교역조건 개선에 따른 이득이 있기 때문에 관세부과 전보다 사회후생 총잉여가 증가할 수도 있다.

2 부분균형분석

1. 소국의 관세효과

(1) 기본 가정

① 소국은 수출입이 세계시장에서 차지하는 비중이 매우 작아 이 나라의 수출입의 변동은 국제가격에 전혀 영향을 미치지 못한다.

② 소국은 세계시장에서 가격 수용자이다.

③ 세계 전체 공급량이 수평으로 표시된다. 즉 수입공급곡선이 무한탄력적인 형태이다.

④ 세계 전체의 교역조건을 변화시키지는 않는다.

(2) 효과

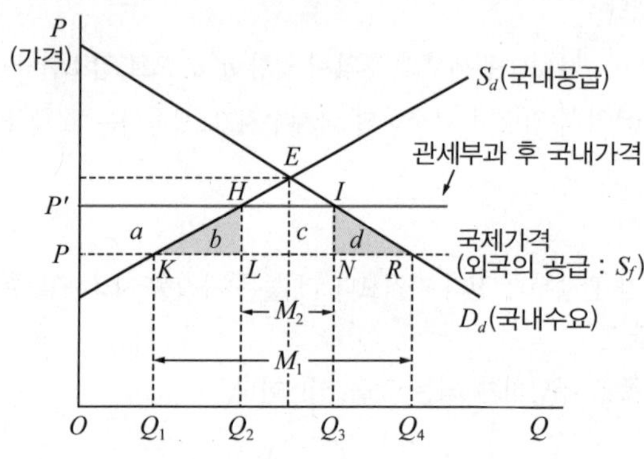

소비자손실 = $a+b+c+d$(소비자잉여감소)
생산자이익 = a(생산자잉여증가)
정부의 재정수입 = c(관세수입)

순손실 = $b+d$(수입관세부과로 인한 사중적 손실)

2. 대국의 관세효과

(1) 기본 가정

① 대국의 수출입물량의 변동은 국제교역조건에 영향을 미친다. 따라서 대국은 세계시장에서 가격 설정자이다.

② 수입량의 감소는 세계교역시장에서 수요를 감소시켜 수입재의 국제가격을 하락시키고, 수출입물량의 감소는 세계교역시장에서 공급을 감소시켜 수출재의 국제가격을 상승시킨다.

③ 국제가격에 영향을 미치므로 공급곡선은 우상향(S_f)이다.

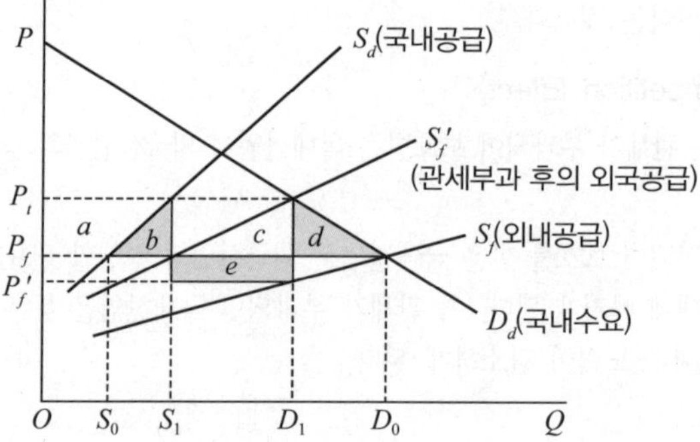

(2) 효과

① 소비자손실 = $a+b+c+d$(소비자잉여감소)

② 생산자이익 = a(생산자잉여증가)

③ 정부의 재정수입 = c(관세수입)

④ 해외생산자의 관세 부담$=e$

• $e>(b+d)$: 관세 부과국에 유리 • $e<(b+d)$: 관세 부과국에 불리

3 일반균형분석

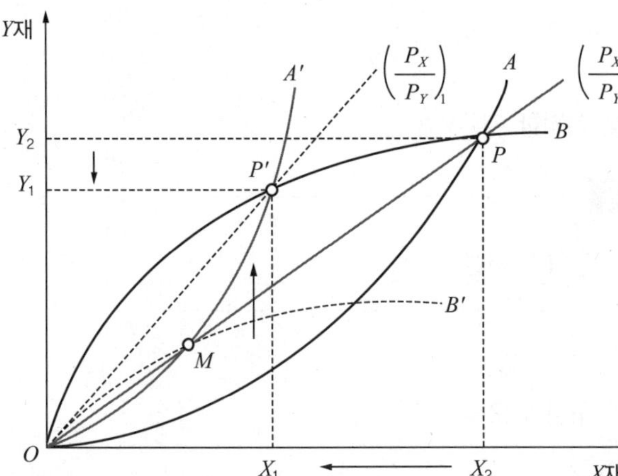

E점 : 최초의 균형점

P점 : 관세부과 후의 균형점

H점 : 보복관세 시의 균형점

관세부과로 수출국의 공급가격이 하락하여 A국의 오퍼곡선이 상방으로 이동(OA→OA')하므로 교역조건 개선효과로 A국의 교역조건은 $\left(\frac{P_X}{P_Y}\right)_0$ 에서 $\left(\frac{P_X}{P_Y}\right)_1$ 으로 개선되고, 교역량 감소효과로 교역량은 $(X_2,\ Y_2)$에서 $(X_1,\ Y_1)$으로 감소한다. 따라서 관세의 부과는 수입품의 상대수출가격의 하락을 초래한다.

대표기출유형

소국인 어느 국가의 X재가 수요함수는 $Q=140-2P$, 국내 공급함수는 $Q=-10+P$인데, X재의 국제가격은 30이다. 이 국가가 X재 수입량을 45단위로 제한하고자 할 때 단위당 부과해야할 관세의 크기를 구하면? (단, Q는 X재의 수량, P는 X재의 단위당 가격이다)

① 3 ② 5 ③ 10
④ 15 ⑤ 20

정답 ②

해설 관세부과 후의 수입량 계산은 수요함수－공급함수이다.

$140-2P-(-10+P)=45$

$3P=105$

$\therefore\ P=35$

즉 관세부과 이후 X재의 가격은 35이고 국제가격은 30이므로 관세는 5가 된다.

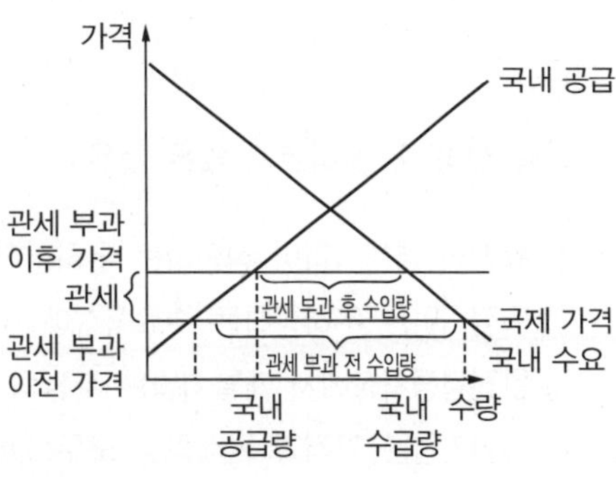

경제학

1회 실전모의고사

문항수 | 50문항

▸ 정답과 해설 28쪽

01. 다음 〈보기〉의 내용과 관련된 경제학적 개념으로 적절한 것은?

보기

㉠ 연역법을 사용할 때 자주 발생한다. ㉡ 절약의 역설

① 실증경제학
② 규범경제학
③ 인과의 오류
④ 구성의 오류

02. 다음 중 유량(Flow) 개념의 변수는 무엇인가?

① 물가상승률
② 외환보유액
③ 주택재고량
④ 도시인구의 부채

03. 생산가능곡선에 관한 다음 설명 중 올바르지 않은 것은?

① 생산가능곡선상의 모든 점에서는 생산의 효율성이 달성된다.
② 생산가능곡선 내부의 점은 현재의 기술수준과 주어진 생산요소로는 도달 불가능한 점이다.
③ 기회비용이 일정하다면 생산가능곡선은 우하향하는 직선의 형태이며 한계변환율이 일정하다.
④ 실업률의 감소는 생산가능곡선을 이동시키지 않는다.

04. 다음 설명 중 올바르지 않은 것은?

① 독점적 경쟁기업이 직면하는 우하향의 수요곡선은 독점기업의 수요곡선보다 완만하다.
② 독점기업은 우하향하는 수요곡선에 직면한다.
③ 완전경쟁시장에서 개별기업은 수평의 수요곡선에 직면한다.
④ 독점기업은 가격과 판매량을 모두 원하는 수준으로 결정할 수 있다.

05. 재화 X의 수요의 가격탄력성이 0.5이고 재화 X의 가격이 6% 상승하여 X재의 수요가 a% 변하였고, 재화 Y의 수요의 소득탄력성은 1.4이며 수요자의 소득이 5% 상승하여 Y의 수요가 b% 변하였다면, a+b의 값은?

① 6% ② 8%
③ 10% ④ 12%

06. 최고가격제에 관한 설명으로 가장 올바른 것은?

① 유효한 최고가격에서는 초과공급이 존재한다.
② 최고가격은 시장균형가격 이상에서 설정되어야 효과가 있다.
③ 시장균형가격 이상으로 지불해서라도 상품을 구입하기 위한 암시장이 형성될 수 있다.
④ 최저임금은 최고가격제의 일환이다.

07. 개방경제체제 하에 있는 소국 A는 세계시장에서 의류 한 벌을 10달러에 수입할 수 있다고 한다. A국 내 의류의 공급곡선 $S=50+5P$이고, 수요곡선 $D=450-15P$이다. 여기에 의류 한 벌당 5달러의 관세를 부과할 때, A국에 미치는 사회적 후생 순손실은? (단, P는 가격이다)

① 37달러 ② 125달러
③ 250달러 ④ 350달러

08. A, B 두 기업은 각각 협찬 공세를 하거나 중단하는 전략을 가지고 있다. 각각의 경우 보수표는 다음과 같다. 각 항목의 첫 번째 숫자는 A기업의 보수이며, 두 번째 숫자는 B기업의 보수이다. 이 게임에서 내쉬균형은?

구분		B 기업	
		협찬 공세	협찬 중단
A 기업	협찬 공세	(30,30)	(5,15)
	협찬 중단	(15,5)	(15,15)

① 협찬 공세, 협찬 공세
② 협찬 중단, 협찬 공세
③ 협찬 중단, 협찬 중단
④ ①과 ③

09. X재의 수요곡선을 우측으로 이동시키는 요인이 아닌 것은?

① X재를 소비하는 소비자의 수 증가
② X재와 보완관계인 Y재의 가격하락
③ X재와 대체관계인 Z재의 가격 상승
④ X재가 열등재일 경우, 소득의 증가

10. 어떤 재화의 수요곡선이 $P=100-2Q$이고 공급곡선이 $P=70+4Q$일 때, 균형가격(P)과 균형거래량(Q)을 구하면?

① $P=60,\ Q=20$
② $P=70,\ Q=15$
③ $P=80,\ Q=10$
④ $P=90,\ Q=5$

11. 조세부담에 관한 다음 설명 중 올바른 것은?

① 수요와 공급이 탄력적일수록 조세부과에 따른 사회적인 후생손실은 감소한다.
② 수요가 완전비탄력적이면 생산자가 조세를 전부 부담하게 된다.
③ 수요가 비탄력적이고 공급은 탄력적인 경우 소비자부담이 작아진다.
④ 조세부담의 크기는 수요와 공급의 가격탄력성의 상대적인 크기에 의해 결정된다.

12. 가격소비곡선이 수평선일 경우에 대한 다음 설명 중 올바른 것은?

① 수요곡선은 우하향의 직선이다.
② 가격이 하락하면 소비자의 총 지출액이 증가한다.
③ 수요가 비탄력적이다.
④ 소득소비곡선이 원점을 지나는 직선이다.

13. 현시선호이론에 관한 다음 설명 중 올바르지 않은 것은?

① 관측된 수요로부터 그 배경이 되는 선호관계를 설명하고자 한다.
② 현시선호의 강공리가 성립하면 약공리는 자동적으로 성립한다.
③ 재화묶음 A가 B에 대하여 간접적으로 현시선호되면 B가 A보다 간접적으로 현시선호될 수 없다.
④ 한계대체율 체감의 가정 하에 수요곡선을 도출하였다.

14. 다음 중 가격차별이 이루어지기 위한 가정으로 적절하지 않은 것은?

① 시장은 분리가 가능해야 한다.
② 분리된 각 시장 간 상품의 재판매가 가능해야 한다.
③ 분리된 각 시장의 수요의 가격탄력성은 달라야 한다.
④ 시장 분리에 소요되는 비용보다 얻게 되는 수입 증가분이 더 커야 한다.

15. 다음은 한국과 중국의 무역정책을 나타낸 자료이다. 보수를 극대화하는 표가 아래와 같을 때, 전략에 관한 설명으로 올바르지 않은 것은? (단, 괄호 안의 숫자는 (한국의 보수, 중국의 보수)를 나타낸다)

구분		중국	
		자유무역	보호무역
한국	자유무역	(15, 15)	(−15, 25)
	보호무역	(25, −15)	(10, 10)

① 한국이 보호무역을 선택하는 것은 우월전략이다.

② 두 국가가 보호무역 상태에서 어느 한 국가가 무역정책을 변경하면 두 국가에게 이익이 될 수 있다.

③ 두 국가가 모두 자유무역협정을 시행하는 것은 파레토 효율적이다.

④ 내쉬균형은 두 국가가 모두 보호무역을 선택하는 것이다.

16. 갑수의 효용함수가 $U(X, Y) = \min\{2X, 3Y\}$로 주어져 있을 때, 갑수의 X재의 수요함수를 구하면? (단, P_X는 X재의 가격, P_Y는 Y재의 가격, M은 예산을 의미한다)

① $X = \dfrac{M}{P_X + P_Y}$

② $X = \dfrac{2M}{2P_X + 3P_Y}$

③ $X = \dfrac{3M}{2P_X + 3P_Y}$

④ $X = \dfrac{3M}{3P_X + 2P_Y}$

17. 다음 독점기업에 대한 설명 중 올바르지 않은 것은?

① 독점기업에 대한 법인세 부과는 그 기업의 공급량에 영향을 주지 못한다.

② 독점기업이 공급하는 생산량은 완전경쟁시장에서의 공급량에 비해 적다.

③ 독점기업의 한계수입은 가격에 미치지 못한다.

④ 독점가격은 시장지배력을 이용하여 가격을 인상하면서 판매량을 늘릴 수 있다.

18. 지난 5년간 A사의 독점 생산을 보장한 3D 헤드폰의 특허가 올해로 만료되었을 때 3D 헤드폰 시장에서 나타날 상황에 대한 설명으로 가장 적절하지 않은 것은?

① 3D 헤드폰의 가격이 하락한다.

② 3D 헤드폰의 생산자 수가 감소한다.

③ A사의 이윤이 감소한다.

④ 3D 헤드폰의 시장 거래량이 증가한다.

19. 다음 독점적 경쟁시장에 관한 설명 중 올바르지 않은 것은?

① 장기균형에서 독점적 경쟁기업의 초과이윤은 영(0)이다.

② 장기균형도 여전히 가격이 한계비용을 상회하므로 후생손실이 발생한다.

③ 독점적 경쟁시장에서 이윤극대화를 추구하는 기업의 장기균형 생산량은 평균비용이 최소가 되는 점이다.

④ 완전경쟁시장에서의 기업과 다르게 제품을 차별화한다.

20. 어떤 상품에 대한 시장수요함수는 $P=40-2Q$, 평균비용은 10원, 생산함수는 규모에 대한 수익불변이다. 이 산업의 쿠르노 복점 총생산량은 얼마인가?

① 10　　② 12

③ 15　　④ 20

21. 다음 생산함수에 관한 설명 중 올바르지 않은 것은?

① 총생산물이 극대일 때 평균생산물이 0이 된다.

② 등량곡선의 곡률이 클수록 대체탄력성은 작아지고, 등량곡선이 우하향의 직선에 가까울수록 대체탄력성은 커진다.

③ Cobb-Douglas 생산함수의 경우 1차 동차함수 여부에 관계없이 대체탄력성은 항상 1이다.

④ 생산함수는 요소 투입과 산출량의 관계를 나타낸 함수이다.

22. 최근 직장인들에게 인기 있는 릴렉스 휴식카페는 시간대를 기준으로 이용료를 다르게 산정하여 받는다. 이용이 많은 점심시간대(11시 30분 ~ 1시 30분)의 이용객을 A 그룹, 그 이외의 시간대의 이용객을 B 그룹이라고 할 때, A 그룹의 가격탄력성이 2, B 그룹의 가격탄력성이 4이다. B 그룹의 시간당 이용료가 5,000원일 경우 A 그룹의 시간당 이용료는 얼마인가?

① 4,500원
② 6,500원
③ 7,500원
④ 9,500원

23. 비용이론에 관한 다음 설명 중 올바르지 않은 것은?

① 단기평균비용곡선과 장기평균곡선이 접하는 산출량에서 단기와 장기의 한계비용은 일치한다.
② 평균비용이 하락할 때, 한계비용은 평균비용보다 작다.
③ 장기평균비용곡선이 단기평균비용곡선의 포락선이다.
④ 한계비용곡선이 평균가변비용곡선 아래에 있는 경우 한계비용곡선은 양(+)의 기울기를 갖는다.

24. 400가구가 살고 있는 마을 내에 우물을 설치하는 데 소요되는 총비용과 우물의 수에 따른 가구당 한계이득(한계효용)은 다음 표와 같을 때, 우물을 몇 개 설치하는 것이 가장 효율적인가? (단, 우물에 대한 모든 가구의 선호체계는 동일하다고 가정한다)

우물의 수	설치 총비용	가구당 한계이득
2개	$800	$4
3개	$1,200	$3
4개	$1,600	$2
5개	$2,000	$1

① 2개
② 3개
③ 4개
④ 5개

25. (주)AA산업의 임원과 노동조합과 협상하는 중 노동자는 임금인상보다는 근무시간을 단축해 줄 것을 요구하고 있다면, (주)AA산업의 노동공급곡선의 형태는 다음 중 어느 것인가?

① 수평인 노동공급곡선 ② 우상향하는 노동공급곡선
③ 후방굴절하는 노동공급곡선 ④ L자형 노동공급곡선

26. 효율성임금가설에 대한 다음 설명 중 올바르지 않은 것은?

① 실질임금과 근로의욕 간의 양(+)의 상관관계를 가정한다.
② 높은 실질임금은 근로자의 도덕적 해이를 방지할 수 있다.
③ 효율성임금이란 실질임금 한 단위당 근로의욕을 극대로 하는 수준의 임금이다.
④ 기업이윤이 감소함에도 불구하고 노동조합의 압력을 무마하기 위해 지불한다.

27. 다음 중 외부경제의 예시에 해당하지 않은 것은?

① 공원 조성으로 인근주민들의 편익이 증대되었다.
② 양봉업자가 과수원 근처로 이사를 오자 과수원의 수확이 증가하였다.
③ 도심지역의 고가도로 건설로 인해 주변 학교의 수업에 방해가 되었다.
④ 지하철이 개통되자 지하철역 주변지역의 땅값이 올랐다.

28. 공공재에 대한 다음 설명 중 올바르지 않은 것은?

① 무임승차의 문제 때문에 과소생산이 일어나기 쉽다.
② 순수 공공재의 경우 비경합성으로 인해 똑같은 양의 공공재를 소비하고 똑같은 양의 편익을 얻게 된다.
③ 공공재에 대한 시장수요함수는 개별수요함수를 수직으로 합하여 얻어진다.
④ 공공재에 대하여 개별 수요자의 진정한 수요가 표출되지 않기 때문에 가상수요 곡선의 개념을 사용한다.

29. 어느 재화의 생산함수가 $Q=\min(\frac{K}{5}, \frac{L}{2})$이며, 자본과 노동의 가격이 각각 3만 원과 2만 원이라면 이 재화를 200개 생산하기 위해서 필요한 최소생산비는 얼마인가?

① 3,800만 원
② 3,000만 원
③ 800만 원
④ 1,000만 원

30. 관측값 16개를 가지고 수행한 단순회귀분석에서 회귀선의 유의성 검정을 위해 작성된 분산분석표가 다음과 같다. 빈칸 A, B, C에 들어갈 알맞은 값으로 짝지어진 것은?

요인	제곱합	자유도	평균제곱	검정통계량
회귀	45	1	A	3
잔차	210	B	C	

① A : 55, B : 14, C : 15
② A : 55, B : 15, C : 14
③ A : 45, B : 14, C : 15
④ A : 45, B : 15, C : 14

31. 국민소득에 관한 다음 설명 중 올바른 것은?

① 총수요확대정책을 통해서 단기적으로 잠재 GDP를 확충할 수 있다.
② GNI는 속지개념이고, GDP는 속민개념이다.
③ 잠재 GDP와 실제 GDP를 비교하여 경기의 과열 또는 침체 여부를 판단할 수 있다.
④ GDP는 GNI에 국외순수취 요소소득을 합한 것이다.

32. 물가지수에 대한 다음 설명 중 올바르지 않은 것은?

① 생산자물가지수는 실제보다 과대평가되는 경향이 있다.
② 소비자물가지수는 기준연도의 수량을 가중치로 삼는 라스파이레스 방식으로 측정된다.
③ 소비자물가지수에는 국내에서 생산된 재화와 용역만 포함된다.
④ 생산자물가지수의 조사대상 품목수가 소비자물가지수의 조사대상 품목수보다 많다.

33. 프리드먼의 항상소득가설에 관한 설명으로 가장 올바르지 않은 것은?

① 실제소득은 항상소득과 임시소득의 합으로 나타낸다.
② 항상소비는 항상소득에 의해서만 결정된다.
③ 소비는 항상소비와 임시소비의 합으로 나타낸다.
④ 일시적인 소득세율의 인하는 소비증가를 초래한다.

34. 다음 중 본원통화의 증감에 직접적인 영향을 주는 경우가 아닌 것은?

① 중앙은행의 순자산이 증가한다.
② 기업이 신규투자를 한다.
③ 국제수지 흑자가 발생한다.
④ 중앙은행이 민간 소유의 유가증권을 매입한다.

35. 다음 글의 밑줄 친 ㉠ ~ ㉣에 대한 분석으로 올바른 것은?

> 공동으로 소유하는 ㉠ 어장이 있었다. 마을 사람들은 이 어장에서 물고기를 큰 문제없이 먹고 살았다. 그러던 어느 날 마을 주민 한 사람이 욕심을 내어 평소보다 물고기를 많이 잡아 시장에 팔았다. 그의 수입이 높자 ㉡ 다른 주민들도 너 나 할 것 없이 물고기를 최대한 많이 잡았다. 그로 인해 ㉢ 어장은 눈에 띄게 황폐해졌고, 물고기는 거의 찾아볼 수가 없게 되었다. 이에 대해 마을 사람들은 ㉣ 정부의 개입이 유일한 해법이라고 생각했다. 하지만 옆 마을에서는 정부의 개입 없이 주민들이 자발적으로 어장의 물고기를 잘 간직하고 있었다.

① ㉠은 공공재이다.
② ㉡을 통해 어장의 물고기에 대한 경합성은 감소했다.
③ ㉢에서 물고기의 희소성은 감소했다.
④ ㉣의 예로 주민 각자에게 어장의 물고기를 일정량만 잡도록 하는 방법을 들 수 있다.

36. 다음 기사와 같은 경제현상이 나타난 원인으로 적절하지 않은 것은?

> 시중에 돈이 풀려도 돈이 안 도는 '돈맥경화' 현상이 갈수록 심해지고 있다. 한국은행에 따르면 지난 2월 말 한국은행 화폐발행잔액은 90조 7,942억 원으로 전년 동월 보다 12.8% 늘었다. 1년 새 약 10조 3000억 원 증가한 것이다. 화폐발행잔액이란 한은이 시중에 공급한 화폐 가운데 한국은행 금고로 다시 돌아온 금액을 빼고 현재 시중에 남아 유통되고 있는 현금을 뜻한다.

① 경제불황
② 지하경제 확대
③ 노령화
④ 투자심리 안정

37. 케인즈의 국민소득 결정이론에 관한 설명으로 가장 적절하지 않은 것은?

① 저축과 투자가 사전적으로 항상 일치하지는 않지만 사후적으로는 항상 일치한다.
② 실물과 화폐의 상호연관성을 강조한다.
③ 세이의 법칙을 수용한다.
④ 10억 원의 조세감면보다는 10억 원의 정부지출 증가가 국민소득을 더 크게 증가시킨다.

38. 다음 중 통화승수의 증가를 가져오는 요인이 아닌 것은?

① 예금이자율의 상승
② 현금선호비율의 감소
③ 전자화폐의 사용 증가
④ 법정지급준비율의 감소

39. 경기회복을 위하여 중앙은행이 통화량을 증가시킨 경우의 파급효과로 옳지 않은 것은?

① 환율이 상승해서 순수출이 증가한다.
② 이자율 하락으로 주택수요가 늘어 주택가격이 상승한다.
③ 이자율 하락으로 주식가격이 하락한다.
④ 물가가 상승한다.

40. 다음 두 가지 거래의 결과로 적절하지 않은 것은? (단, 법정지급준비율은 20%이다)

> 갑동이는 A 은행에 100만 원을 예금하고, 을순이는 A 은행에서 50만 원을 대출받았다.

① 법정지급준비금이 20만 원 증가한다.
② 초과지급준비금이 20만 원 증가한다.
③ 실제지급준비금이 50만 원 증가한다.
④ 통화량이 50만 원 증가한다.

41. 대부자금설에 따를 경우 다음 중 국민소득이 증가하는 경우의 총저축과 이자율의 변화로 적절한 것은?

① 총저축은 증가하고 이자율은 상승한다.
② 총저축은 증가하고 이자율은 하락한다.
③ 총저축은 감소하고 이자율은 상승한다.
④ 총저축은 감소하고 이자율은 하락한다.

42. 정부가 재정지출과 조세를 100만큼 늘리고, 화폐공급량을 100만큼 증가시킨 경우 IS곡선과 LM곡선의 이동으로 적절한 것은? (단, 한계소비성향은 0.75이다)

① IS곡선은 이동하지 않고, LM곡선은 우측으로 이동
② IS곡선은 좌측으로 이동, LM곡선은 우측으로 이동
③ IS곡선은 우측으로 이동, LM곡선도 우측으로 이동
④ IS곡선은 우측으로 이동, LM곡선은 좌측으로 이동

43. 다음 헥셔-오린 정리에 관한 설명 중 옳지 않은 것은?

① 두 재화의 요소집약도는 상이하다고 가정한다.
② 국가 간 생산요소의 이동은 자유롭다고 가정한다.
③ 완전경쟁시장을 가정하므로 거래비용 등이 발생하지 않는다.
④ 비교우위의 발생원인은 요소부존의 차이에 있다.

44. 다음 중 총공급곡선이 단기에 우상향하는 이유로 적절하지 않은 것은?

① 임금의 경직 ② 물가의 경직성
③ 합리적 기대 ④ 노동자들의 화폐환상

45. 다음 중 수요견인 인플레이션이 발생하는 경우는?

① 생산비의 증가 ② 국제유가의 인상
③ 수요 독점적 노동시장의 존재 ④ 정부지출의 증가

46. 다음 중 인플레이션 압력을 제거하기 위한 정책으로 가장 적절한 것은?

① 조세율 인하 ② 공공투자 확대
③ 임금과 이윤의 상승제한 ④ 보조금 지출 확대

47. 재정정책에 관한 설명으로 옳지 않은 것은?

① 일반적으로 금융정책에 비하여 내부시차가 짧다.
② 정부지출수요가 증가하여 민간투자가 늘어나는 효과는 투자 가속도 효과이다.
③ 정부지출의 승수효과는 한계소비성향이 커지면 증가한다.
④ 재정 확대는 이자율을 상승시켜 총수요 증가의 일부를 상쇄시킨다.

48. 다음 자료를 보고 추정한 내용으로 가장 적절한 것은? (단, 환율 이외의 요인은 고려하지 않는다)

일자	대미환율
201X년 6월 1일	1$=1,180원
201X년 7월 1일	1$=1,170원
201X년 8월 1일	1$=1,185원
201X년 9월 1일	1$=1,180원
201X년 10월 1일	1$=1,185원
201X년 11월 1일	1$=1,195원
201X년 12월 1일	1$=1,220원

① 201X년 9월부터는 수출업자에게 유리하였을 것이다.
② 201X년 9월부터는 외국여행자 및 유학생의 비용부담이 감소하였을 것이다.
③ 201X년 6월부터 7월까지는 원화의 가치가 하락하였다.
④ 201X년 7월부터 8월까지는 달러의 가치가 하락하였다.

49. 다음은 우리나라가 경기종합지수를 산출할 때 사용하는 경제지표들이다. 이 중 경기선행지수에 속하지 않는 것은?

① 구인구직비율
② 상용근로자 수
③ 총유동성
④ 소비자 기대지수

50. 다음 중 중앙은행이 통화량을 증대시키는 행위로 적절하지 않은 것은?

① 지불준비율을 낮춘다.
② 기준금리를 낮춘다.
③ 통화안정증권을 발행한다.
④ 환율관리를 위해 달러를 매입한다.

경제학 2회 실전모의고사

문항수 | 30문항

▸ 정답과 해설 36쪽

01. 다음 생산물과 비용에 관한 설명 중 옳은 것은? (단, 함수를 가정한다)

가. 노동의 평균생산이 극대일 때 노동의 한계생산물은 최소가 된다.
나. 노동의 평균생산이 극대일 때 노동의 한계생산물은 노동의 평균생산과 일치한다.
다. 노동의 한계생산이 극대일 때 한계비용이 최소가 된다.
라. 노동의 평균생산이 극대일 때 평균비용이 최소가 된다.
마. 노동의 평균생산이 극대일 때 평균가변비용이 최소가 된다.

① 가, 나, 다　② 나, 다, 라　③ 나, 다, 마
④ 가, 다, 라　⑤ 다, 라, 마

02. 소득(Y)과 조세수입(T) 사이의 관계가 $T=-100+0.2Y$일 때 다음 중 잘못된 것은?

① 한계세율은 20%이며 일정하다.
② 개인소득이 500원에 이를 때까지 조세부담은 없다.
③ 소득이 1,000원일 때 납세액은 100원이다.
④ 소득이 1,000원에서 2,000원으로 증가하면 평균세율이 10%에서 15%로 상승한다.
⑤ 소득의 크기와 관계없이 한계세율이 일정하므로 조세부담률은 비례적이다.

03. 홍콩은행에서 판매되는 금융상품의 명목이자율이 5%이며 이자소득세율은 30%이다. 인플레이션이 예상되면 예상 인플레이션율만큼 명목이자율이 인상된다고 가정한다. 예상 인플레이션율이 10%일 때 다음 설명 중 옳은 것은?

① 물가상승만큼 명목이자율 인상에 반영되므로 세후 실질이자율은 변화되지 않는다.
② 인플레이션율이 반영된 세전 명목이자율은 10%이다.
③ 이자소득세는 실질이자소득(율)에 대해 부과되므로 1.5%이다.
④ 세율변경이 없다면 세후 실질이자율은 세전 실질이자율에 미치지 못한다.
⑤ 물가상승에 따라 명목이자율이 상승하면 실질조세부담에 차이가 없다.

04. 프리드먼(Fridman, M)의 항상소득가설을 지지하는 사람이 세율인하정책 등 단기 재정정책을 비판하는 내용으로 가장 적절한 것은?

① 세율변화에 따른 조세수입의 변화를 예측할 수 없으므로 불확실하다.
② 세율변경은 항상소득은 물론 임시소득까지 변화시키므로 총수요증가에 기여한다.
③ 세율인하가 가처분소득의 증가 및 이자율상승에 기여하므로 구축효과가 크다.
④ 세율변경이 개인의 가처분소득에 거의 영향을 미치지 않는다.
⑤ 세율변경에 의한 단기적 소득변화는 임시소득의 변화이므로 총수요에 미치는 효과가 없다.

05. X재 가격이 상승할 때 Y재 수요가 증가한다면 두 재화의 관계는?

① 소비측면에서 대체관계에 있다.
② 소비측면에서 보완관계에 있다.
③ 생산면에서 대체관계에 있다.
④ 생산면에서 보완관계에 있다.
⑤ 상호 독립적이다.

06. 유동성 함정(Liquidity Trap)과 관련된 설명으로 옳지 않은 것은?

① 경제주체들이 돈을 움켜쥐고 시장에 내놓지 않는 상황이다.
② 이자율이 하락해도 투자가 증가하지 않는다.
③ 화폐수요 곡선이 수평, 즉 무한 탄력적이다.
④ 재정정책이 금융정책과 병행될 때 효과를 볼 수 있다.
⑤ 정책주체들이 미래를 비관적으로 보기 때문에 나타나는 현상이다.

07. 다음 중 기펜재(Giffen Goods)와 관련된 설명으로 옳은 것은?

가. 기펜재는 정상재이다.	나. 기펜재는 열등재이다.
다. 소득효과가 대체효과보다 크다.	라. 대체효과가 소득효과보다 크다.
마. 수요의 법칙을 위배한다.	바. 수요의 법칙을 충족한다.

① 가, 라, 바
② 가, 다, 마
③ 가, 다, 바
④ 나, 다, 마
⑤ 나, 다, 바

08. 수요가 가격에 탄력적인 재화에 개별물품세가 부과될 때에 관한 설명으로 옳은 것은?

① 소비자가격이 큰 폭으로 증가하여 소비자 부담이 크다.
② 사치적 심리의 재화이므로 고소득층의 부담이 큰 폭으로 증가한다.
③ 고가(高價)이므로 낮은 세율을 적용해도 정부가 확보하는 조세수입이 많아진다.
④ 과세 이후 자중손실(Deadweight Loss)이 대폭 증가할 것이다.
⑤ 생산자에 비해 소비자 부담이 클 것으로 예상된다.

09. 다음 화폐수요와 관련된 설명 중 옳지 않은 것은?

① 사람들이 일상생활의 필요 때문에 보유하는 화폐는 거래적 화폐수요이다.
② 증권투자를 목적으로 보유하는 화폐는 투기적 화폐수요이다.
③ 이자율과 투기적 화폐수요는 상호 역의 관계에 있다.
④ 증권가격과 이자율은 역관계이므로 이자율이 낮을수록 투기적 화폐수요가 많아진다.
⑤ 거래적 화폐수요는 소득에 의존하며 예비적 화폐수요 및 투기적 화폐수요는 이자율에 의존한다.

10. 수요량(Quantity Demanded)과 관련된 다음 설명 중 옳지 않은 것은?

① 소비자가 주어진 가격수준에서 구입하고자 하는 최대수량이다.
② 수요량은 구매력을 가지고 구매하려는 욕구이므로 구입능력이 뒷받침되어야 한다.
③ 수요량은 일정한 기간을 명시할 때 그 의미가 명확해진다.
④ 수요량은 소비자가 구입하고자 의도한 수량이며 저량(Stock)이다.
⑤ 수요곡선상의 한 점은 시장가격과 수요량의 관계를 의미한다.

11. **콥-더글라스(Cobb-Douglas) 생산함수가 $Q=AL^{0.4}K^{0.6}$일 때 이에 대한 설명으로 올바른 것은? (단, L은 노동투입량, K는 자본투입량, A는 기술수준 관련 파라미터이다)**

> 가. 노동소득분배율은 40%이다.
> 나. 생산의 자본탄력도는 0.6이다.
> 다. 노동과 자본에게 각각 평균생산(AP)만큼 분배하면 총생산이 부족없이 나누어진다.
> 라. 규모에 대한 보수는 일정하다.
> 마. 노동과 자본의 생산기여도는 각각 동일하다.

① 가, 나, 다　　② 가, 나, 라　　③ 가, 다, 라
④ 가, 나, 다, 라　　⑤ 가, 나, 라, 마

12. **20X1년 10월 1일 10억 원을 투자하는 프로젝트의 1년 뒤인 20X2년 10월 1일에는 11억 원의 수익이 기대된다고 할 때, 이와 관련된 설명으로 옳은 것은?**

① 기대수익률이 10%이므로 시장이자율이 10%를 초과하면 수익성이 있다.
② 내부수익률이 10%이므로 시장이자율이 10% 미만이면 투자하는 것이 타당하다.
③ 투자의 한계효율이 20%이므로 시장이자율이 20% 미만이면 투자하는 것이 타당하다.
④ 투자의 한계효율이 내부수익률과 일치하는 다른 사업에 투자해야 한다.
⑤ 시장이자율이 5% 미만이면 투자의 타당성이 있다.

13. **다음 금리(이자율)에 대한 설명 중 적절하지 않은 것은?**

① 한국은행의 기준금리는 한국은행이 금융기관과 거래할 때 적용하는 금리이다.
② 시중금리는 한국은행의 기준금리와 무관하게 결정된다.
③ 일반인이 금융기관에서 돈을 빌릴 때 적용되는 금리는 기준금리와는 다르게 개인의 담보, 신용도, 빌리는 기간 등을 고려해 결정된다.
④ 기준금리가 상승하면 일반은행의 시중금리도 따라 상승할 가능성이 크다.
⑤ 기준금리는 금융통화위원회에서 결정하며 매년 여러 차례 조정한다.

14. 효용함수 $U(X, Y)=2X+2Y$와 관련된 설명으로 옳은 것은?

① 무차별곡선은 원점에 대해 오목하다.
② 무차별곡선은 원점에 대해 볼록하다.
③ 무차별곡선은 기울기가 일정한 선형이다.
④ 한계대체율(MRS)은 $\frac{1}{2}$이다.
⑤ 소득으로 X재 하나만 구입할 때 효용이 극대화된다.

15. 오랜 기간 동안 일자리를 찾아다녔는데도 취업이 되지 않았던 K 군이 당분간 취업을 포기하기로 하였다. K 군과 같은 사람이 실업률에 미치는 영향으로 옳은 것은?

① 일자리를 찾지 못해 실업률 증가에 기여한다.
② 일시고용자로 분류되어 실업률을 낮추는 효과가 있다.
③ 경제활동인구에서 제외되므로 실업률을 낮게 만든다.
④ 비경제활동인구에 포함되므로 실업률을 높게 만든다.
⑤ 여전히 실업상태이므로 실업률을 변화시키지 않은 것이다.

16. 안정화정책과 관련하여 케인즈학파의 입장을 옹호하는 새케인즈학파의 주장으로 옳은 것을 〈보기〉에서 모두 고르면?

보기

가. 새고전학파와 마찬가지로 경제주체들의 합리적 기대를 인정한다.
나. 모든 기업의 가격조정이 같은 날 이루어지는 것이 아니므로 신축성이 없다.
다. 시장주요변동에 따라 기업의 가격변동이 즉각 이루어지는 것이 아니다.
라. 효율임금 등을 감안할 때 시장임금은 신축적인 것이 아니다.

① 가, 나　　② 가, 다　　③ 가, 나, 다
④ 나, 다, 라　　⑤ 가, 나, 다, 라

17. 다음을 참조하여 통화증가량의 크기로 옳은 것은?

가. 현금 유출은 일체 없다.
나. 본원통화 및 본원적 예금의 크기는 100억 원이다.
다. 지급준비율은 10%이다.
라. 예금은행은 일체 초과지급준비를 하지 않는다.

① 200억 원　② 400억 원　③ 600억 원
④ 800억 원　⑤ 1,000억 원

18. 총비용함수가 $TC=\frac{1}{3}Q^3-7Q^2+100Q+50$일 때, 관련된 설명으로 옳은 것은?

가. 단기생산함수이다.　나. 장기생산함수이다.
다. 한계비용은 $Q^2-14Q+100$이다.　라. 평균비용은 $\frac{1}{3}Q^2-Q+100$이다.
마. 총고정비용은 50원이다.

① 가, 다, 라　② 가, 라, 마　③ 나, 다, 마
④ 가, 다, 마　⑤ 다, 라, 마

19. 다음 중 총수요곡선(AD)에 관한 설명으로 옳지 않은 것을 모두 고르면?

가. 물가가 상승하면 실질통화량이 감소하므로 총수요가 증가한다.
나. 물가상승은 부동산 가격상승을 초래하므로 총수요가 증가한다.
다. 물가가 상승하면 민간이 보유한 현금의 소비수요가 줄어들어 총수요가 증가한다.
라. 물가상승의 결과 수출가격이 상승하고 수출량의 감소를 가져와 총수요를 감소시킨다.

① 가, 나, 다　② 가, 나, 라　③ 가, 다, 라
④ 나, 다, 라　⑤ 가, 나, 다, 라

20. 다음을 참조하여 설명한 내용으로 잘못된 것은?

> 가. 단순 케인즈 모형을 이용해 국민소득을 측정한다.
> 나. 소비는 소득의 함수이며 투자 및 정부지출은 독립적으로 이루어진다.
> 다. 한계소비성향(MPC)은 0.8이다.

① 정부지출이 100원 증가하면 국민소득은 500원 증가한다.
② 정부지출 증가 또는 조세감축은 총수요에 결정적 영향을 미친다.
③ 100원 감세하면 국민소득은 400원 증가한다.
④ 민간투자가 증가해도 정부지출증가와 마찬가지의 효과를 기대할 수 있다.
⑤ 한계소비성향이 0.8에서 0.9로 증가하면 정부지출승수는 작아진다.

21. 다음 중 고전학파 경제학자의 총공급곡선(AS)에 관한 견해를 설명한 내용으로 잘못된 것은?

① 총공급곡선은 완전고용수준에서 수직선이다.
② 시장의 신축성으로 노동시장에서 완전고용이 이루어진 결과이다.
③ 경기가 저조할 때에 총공급곡선은 수평선이다.
④ 재정정책이나 금융정책은 소득증가에 소용이 없다.
⑤ 장기적이며 산출능력증가에 영향을 주는 자본축적노력이 효과적이다.

22. 다음 중 공공재(Public Goods)에 대한 설명으로 옳은 것을 모두 고르면?

> 가. 사유재와 달리 소비자들의 선호가 드러나지 않는다.
> 나. 일단 공급되면 모든 사람이 소비편익을 공유한다.
> 다. 가격을 지불하지 않아도 소비에 참여할 수 있다.
> 라. 공동소비의 특성을 가지며 서로 소비하기 위해 경쟁할 필요가 없다.
> 마. 효율적인 생산량보다 과다 생산된다.

① 가, 라　② 나, 다　③ 나, 다, 마
④ 가, 나, 다, 라　⑤ 나, 다, 라, 마

23. 유권자 정의주, 이사철, 최고봉 세 사람의 안건 A(작은 규모의 예산), B(중간 규모의 예산), C(대 규모의 예산)에 대해 투표를 하여 과반수다수결에 의해 의사결정이 이루어진다. 세 유권자의 안건에 대한 선호가 다음과 같을 때, 이에 대한 설명으로 타당하지 않은 것은?

구분	1순위	2순위	3순위
정의주	A	B	C
이사철	C	A	B
최고봉	B	C	A

① 투표의 모순이 발생하여 중위투표자 정리가 성립되지 않는다.
② 개인선호에 의한 표결 결과 사회적 우선순위를 제대로 알 수 없다.
③ 사회전체 선호가 이행성이 충족되지 않는다.
④ 다수결에 의한 집합적 결정은 개인적 선호를 표명시키지 못한다.
⑤ 의사진행조작의 문제는 발생하지 않는다.

24. 다음 중 국내총생산(GDP)과 관련된 설명으로 옳은 것을 모두 고르면?

가. 일정 기간을 명시한 유량(Flow) 개념이다.
나. 대한민국 국경 안에서 생산된 것이면 생산주체자가 내국인이든 외국인이든 무관하다.
다. 최종생산물 가치를 대상으로 측정하므로 재화는 포함되나 서비스는 제외된다.
라. 원칙적으로 시장에서 거래된 최종생산물의 가치를 기준으로 측정한다.
마. 최종생산물 가치는 시장가격 대신 기회비용을 기준으로 평가한다.
바. 환경파괴에 따른 비용은 고려하지 않는다.

① 가, 나, 다, 라 ② 나, 다, 라, 마 ③ 가, 나, 라, 마
④ 가, 나, 라, 바 ⑤ 가, 다, 마, 바

25. 다음을 참고할 때, 과세 이후 소비자가격상승의 크기로 옳은 것은?

> 가. 독점기업이 직면하는 수요함수는 $P=500-Q$이다.
> 나. 한계비용은 100원으로 일정하다.
> 다. 단위당 100원의 조세가 부과된다.

① 50원　② 60원　③ 70원
④ 80원　⑤ 100원

26. 어떤 재화의 생산과정에서 오염물질이 방출되는 경우 나타날 수 있는 배분상의 문제점으로 가장 올바른 것은?

① 사회적 한계비용이 사적 한계비용을 초과한다.
② 사적 한계비용이 사회적 한계비용을 초과한다.
③ 시장생산량이 적정생산량을 초과한다.
④ 소비자가격이 적정가격과 일치한다.
⑤ 재화생산에 필요한 기회비용이 시장가격과 일치한다.

27. 파레토 효율성조건에 대한 설명으로 적절하지 않은 것은?

① 각 재화 생산요소들의 한계기술대체율과 각 재화의 가격비가 일치한다.
② 각 재화의 한계변환율과 한계대체율이 일치한다.
③ 소비자들의 각 재화의 한계대체율이 일치한다.
④ 각 재화 생산요소들의 한계기술대체율이 일치한다.
⑤ 각 재화의 가격비와 한계대체율이 일치한다.

28. 다음 중 정부지출이 이루어지는 근거로 옳지 않은 것은?

① 가치재(Merit Goods) 공급에 참여한다.
② 소득재분배를 위해 지출한다.
③ 시장실패의 치유를 위해 정부가 개입한다.
④ 국방서비스 및 경찰서비스 등을 정부가 직접 공급한다.
⑤ 민간부문과 경쟁하기 위해 정부가 참여한다.

29. 소비자욕망에 대한 의존효과(Dependence Effect)를 설명한 내용으로 옳은 것은?

① 민간부분의 비중이 줄어들어 정부경비가 팽창한다.
② 소비자의 자주적인 것이 아니라 광고나 선전 때문에 의존적으로 이루어진다.
③ 일반대중의 공공부문에 대한 의존비율이 높아져 공공부문도 광고의 필요성이 있다.
④ 정부가 공급하는 서비스의 질에 따라 국민들의 의존도가 달라진다.
⑤ 민간부문의 생산성향상 때문에 민간부문에 대한 의존도가 높아진다.

30. 2022년 대한민국 예산규모로 옳은 것은?

① 약 470조원 ② 약 512조원 ③ 약 558조원
④ 약 607조원 ⑤ 약 630조원

경제학

3회 실전모의고사

문항수 | 40문항

▸정답과 해설 40쪽

01. 기회비용(Opportunity)에 관한 다음 설명 중 가장 적절하지 않은 것은?

① 기회비용이란 어떤 선택으로 인해 포기된 기회들 가운데 가장 큰 가치를 갖는 기회 자체 또는 그 기회가 갖는 가치를 말한다.

② 시장에서 구입하는 재화의 기회비용은 그것의 가격이다.

③ 대학원 진학의 기회비용은 수업료와 책값 등 직접 비용과 대학원 공부를 위해 포기한 수입을 더한 것을 말한다.

④ 자신의 집을 페인트칠할 때 소요되는 기회비용은 페인트와 붓 등 직접비용과 소요된 시간비용을 포함한다.

⑤ 재화를 생산하는 기업이 생산을 증가시킬 때 추가적으로 발생하는 기회비용은 항상 고정되어 있다.

02. A 국이 주어진 자원(생산요소)을 가지고 소비재 X재와 투자재 Y재를 생산할 때의 생산가능곡선이 아래와 같을 때 다음 설명 중 옳지 않은 것은?

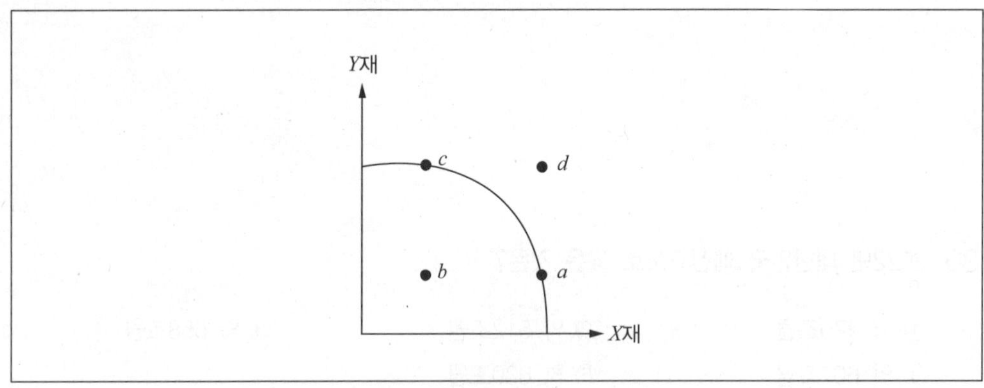

① 투자재 단위로 측정한(계산한) 소비재의 기회비용이 체증하고 있다.

② 소비재 단위로 측정한(계산한) 투자재의 기회비용이 체증하고 있다.

③ 점 a와 점 c에서 생산의 효율성이 달성되고 있다.

④ 점 a에서 생산할 때보다 점 c에서 생산할 때 생산가능곡선이 확장될 수 있다.

⑤ 급속한 노령화의 진전으로 인구가 증가할 경우 이때의 생산가능곡선이 확장될 수 있다.

03. 갑과 을은 주어진 시간을 가지고 X재와 Y재를 생산하고 있다. 각자에게 주어진 시간을 100시간이라고 하고, 갑과 을이 각각 X재와 Y재를 생산하는 데 소요되는 시간이 다음과 같다고 할 때 다음 설명 중 옳지 않은 것은?

	X재	Y재
갑	4시간	4시간
을	10시간	20시간

① 갑은 을에 비하여 X재 또는 Y재의 생산에 기술적으로 절대우위에 있다.

② 갑은 을에 비하여 Y재에 생산에 비교우위가 있다.

③ Y재 수량으로 계산된 X재의 상대가격이 $\frac{1}{2}$로 주어져 있을 때 을은 오직 X재의 생산에 전문화된다.

④ Y재 수량으로 계산된 X재의 상대가격이 $\frac{4}{3}$로 주어져 있을 때 갑은 오직 Y재의 생산에 전문화된다.

⑤ 을은 갑에 비하여 X재의 생산에 비교우위에 있다.

04. 시장의 수요곡선과 공급곡선 그리고 시장에 관한 설명 중 옳지 않은 것은?

① 가격과 구매되는 수요물량은 역의 관계에 있고 이 관계는 소비자들의 최적화 행위를 반영한다.

② 가격과 공급량은 양의 관계에 있고 이 관계는 공급자들의 최적화 행위를 반영한다.

③ 시장의 존재는 사람(경제행위자)들로 하여금 비교우위가 있는 부분에 전문화하게 하고 시장을 통하여 교역을 함으로써 후생을 증가시킨다.

④ 시장 가격이 신축적인 경우 시장은 소비자들이나 생산자들의 최적화 행위의 균형을 맞춤으로써 결핍의 문제를 해결한다.

⑤ 시장은 항상 경제적 효율성을 달성한다.

05. 한 기업이 완전경쟁시장구조에 있다고 하자. 이 기업의 생산비용함수는 $C=\frac{1}{2}Q^2+10$이라고 한다. 여기서 Q는 생산량이고, C는 생산비용이다. 이 기업이 생산하는 재화의 시장 가격이 20일 때 극대화된 생산량과 평균비용은 각각 얼마인가?

① 생산량은 20, 평균비용은 10.5이다.
② 생산량은 20, 평균비용은 20이다.
③ 생산량은 18, 평균비용은 11이다.
④ 생산량은 10, 평균비용은 11.5이다.
⑤ 생산량은 20, 평균비용은 11이다.

06. 게임이론에서 내쉬균형에 관한 설명으로 옳은 것은? (단, 순수전략이란 어떤 선택 전략에 확률 1을 더하는 것이고, 선택하고자 하는 전략들에게 0과 1사이의 확률, 즉 확률분포를 부여하는 것이다)

① 내쉬균형은 여러 개가 존재할 수 있다.
② 순수전략 내쉬균형이 존재하면 혼합전략 내쉬균형이 존재하지 않는다.
③ 혼합전략 내쉬균형이 존재하면 순수전략 내쉬균형이 존재하지 않는다.
④ 완전균형이란 내쉬조건을 만족시키는 전략의 짝을 뜻한다.
⑤ 각 경기자가 비협조적인 관계임을 가정한다.

07. 시장을 점유하고 있는 어느 기업의 수요함수는 $Q_D=1{,}000-P$(Q_D는 수요량, 그리고 P는 가격), 생산비용함수는 $C=\frac{1}{2}Q^2+100$이라고 할 때(Q는 생산량, C는 생산비용), 이 독점기업이 설정한 가격과 한계비용은 얼마인가?

① 가격은 $\frac{1000}{3}$, 한계비용은 $\frac{2000}{3}$이다.

② 가격은 $\frac{2000}{3}$, 한계비용은 $\frac{1000}{3}$이다.

③ 가격은 1000, 한계비용은 $\frac{1000}{3}$이다.

④ 가격은 $\frac{1000}{3}$, 한계비용은 $\frac{1000}{3}$이다.

⑤ 가격은 $\frac{2000}{3}$, 한계비용은 $\frac{2000}{3}$이다.

08. 다음 정부의 가격 통제에 관한 설명 중 옳지 않은 것은?

① 최고가격은 시장균형가격보다 낮으면 초과수요를 가져온다.

② 최저가격은 시장균형가격보다 높으면 초과공급을 초래한다.

③ 자원배분의 왜곡을 초래한다.

④ 최저임금이 오를 때 실업이 가장 많이 증가하는 노동자 유형은 노동에 대한 수요가 탄력적인 숙련노동자이다.

⑤ 최고가격제를 실시할 경우 암시장이 발생할 수 있고 암시장에서의 거래가격이 최고가격제 실시 전의 시장거래가격보다 더 높아질 수 있다.

09. 시장공급의 증대로 공급곡선이 이동할 때 시장의 균형수요량 또는 균형공급량에 대한 설명으로 옳지 않은 것은?

① 수요곡선이 아주 비탄력적일 때 시장 공급증가로 인한 공급곡선의 이동은 시장 균형 물량의 변화보다는 가격의 변화가 더 크게 일어난다.

② 수요곡선이 단위탄력적일 경우 공급증가로 인한 시장 공급곡선의 이동은 총지출을 증가시킨다.

③ 공급의 변화로 공급곡선이 위축되어 이동할 때 수요곡선이 비탄력적일 경우 소비자들의 총지출은 증가한다.

④ 공급의 변화로 공급곡선이 위축되어 이동할 때 수요곡선이 탄력적일 경우 소비자들의 총지출은 감소한다.

⑤ 수요곡선이 아주 탄력적일 때 공급증가로 인한 시장 공급곡선의 이동은 시장균형 물량의 변화보다 가격의 변화가 더 적게 일어난다.

10. 가솔린 시장에서 공급업자에게 리터당 세금을 부과할 경우 시장에 미치는 영향에 대한 설명으로 옳지 않은 것은?

① 시장 수요물량과 공급물량이 감소한다.

② 세금을 부과한다고 하더라도 생산과 소비는 가격에 의하여 배분된다.

③ 수요곡선이 비탄력적일수록 공급업자가 소비자보다 상대적으로 세금부담을 더 하게 된다.

④ 구매자와 공급자 모두 부과된 세금의 일정 부분을 부담하게 된다.

⑤ 가격은 세금을 부과한 것만큼 증가하지 않는다.

11. 일반균형(General Equilibrium)에 대한 설명으로 옳지 않은 것은?

① 모든 소비자가 그의 예산제약 하에서 효용을 극대화하는 상품묶음을 원하는 최적의 행위를 하고 있다.
② 모든 소비자가 원하는 만큼의 생산요소를 공급하고 있다.
③ 모든 기업이 주어진 여건 하에서 이윤을 극대화하는 최적화 행위를 하고 있다.
④ 일반균형은 소비자의 선호와 상관없이 존재한다.
⑤ 주어진 가격체계 하에서는 모든 상품 또는 요소시장에서 수요량과 공급량이 일치하고 있다.

12. 다음 중 시장실패와 관련된 설명으로 옳은 것을 모두 고르면?

가. 불완전경쟁시장은 분권화된 자원배분의 효율성을 실현할 수 없기 때문에 시장실패를 야기한다.
나. 공공재의 특성인 비경합성과 비배제성 때문에 시장 기구에 내맡길 때 적절한 수준의 공공재가 생산될 수 없다.
다. 주인과 대리인 사이의 정보 비대칭에서 유발되는 도덕적 해이의 역선택은 시장실패를 야기할 수 있다.
라. 경제행위로 인하여 외부성이 발생할 경우 이것을 해결하기 위하여 정부의 개입이 불가피하며 당사자 간 교섭 등을 통한 자치 해결 방안은 효과가 없다.
마. 교육 서비스 수요에서 양(+)의 외부효과가 있는 경우, 교육서비스의 공급을 정부가 개입하지 않고 시장 기구에 맡기면 교육서비스의 공급이 경제적 효율성 관점에서 덜 공급된다.

① 가, 나, 다 ② 가, 다, 마 ③ 가, 나, 다, 라
④ 가, 나, 다, 마 ⑤ 가, 나, 다, 라, 마

13. 두 명의 공공재 소비자 갑과 을의 공공재 수요함수가 〈보기〉와 같을 때, 공공재의 한계비용이 공급량과 상관없이 100원으로 일정하다면 사회적으로 최적의 공공재 공급물량은 얼마인가? (단, P_a는 소비자 갑의 소비가격, P_b는 소비자 을의 소비가격, Q는 수요량이다)

보기

$$P_a = 100 - Q,\ P_b = 200 - Q$$

① 100 ② 50 ③ 150
④ 200 ⑤ 300

14. 다음에서 설명하는 법칙은?

인간의 욕망은 무한한 데 반해 이를 충족시켜줄 수 있는 재화나 용역 등의 경제적 자원은 제한되어 있기 때문에 경제문제가 발생한다는 것으로, 인간의 경제생활에 있어서 선택의 문제가 발생하는 것은 이 법칙 때문이다.

① 희소성의 법칙 ② 수확 체감의 법칙 ③ 수확 체증의 법칙
④ 이윤 극대화의 원칙 ⑤ 규모의 불경제

15. 다음 중 회계적 이윤과 경제적 이윤에 관한 설명으로 옳은 것은?

① 회계적 이윤=총수입−암묵적 비용
② 경제적 이윤=총수입−명시적 비용
③ 회계적 이윤=총수입−명시적 비용−암묵적 비용
④ 경제적 이윤=총수입−명시적 비용−암묵적 비용
⑤ 경제적 이윤=총수입−암묵적 비용

16. 국민소득의 총계 및 측정에 대한 설명으로 옳지 않은 것은?

① 국외순수취요소소득이 양일 때 GDP가 GNP보다 작다.
② NNP는 GNP에서 감가상각을 뺀 것이다.
③ 지난해 누적된 재고가 올해에 판매된다면 그 판매액은 올해의 GDP에 포함된다.
④ 합법적으로 거래되는 상품과 서비스만 GDP에 포함된다.
⑤ GDP는 유량(Flow) 변수이다.

17. 자본이동이 자유로운 소규모 개별경제에서 물가가 고정되어 있고, 변동환율제도를 택하고 있다면 이러한 경제상황에서 정부의 경제정책에 대한 설명 중 가장 적절하지 않은 것은?

① 정부의 확대 재정정책은 소득을 증가시키지 못한다.
② 정부의 확대 재정정책은 자국의 통화가치를 증가시킨다.
③ 중앙은행의 확대 통화정책은 소득을 증가시킨다.
④ 중앙은행의 확대 통화정책은 통화가치를 하락시킨다.
⑤ 관세의 부과는 순수출을 증가시켜 소득을 증가시킨다.

18. 40개의 피자와 10개의 CD로 구성된 시장에서 각 연도별 가격이 다음과 같을 때 소비물가지수와 인플레이션에 관한 설명 중 옳지 않은 것은? (단, 20X2년을 기준연도로 한다)

구분	피자	CD
20X2년	10	15
20X5년	20	30
20X8년	15	22.5

① 20X2년 소비자물가지수는 100이다.
② 20X5년 소비자물가지수는 200이다.
③ 20X8년 소비자물가지수는 150이다.
④ 20X5년 인플레이션은 100%이다.
⑤ 20X8년 인플레이션은 20%이다.

19. 미국의 철강 수입에 대하여 관세를 부과하는 정책이 미국경제에 미치는 효과에 대한 〈보기〉의 설명 중 무역이론 또는 통상정책의 이론적 관점에서 적절한 것을 모두 고르면?

보기

가. 미국 경제가 대국경제라고 상정할 경우 관세의 부과는 미국의 교역조건(수출상품의 가격을 수입상품의 가격으로 나눈 것)을 향상시키고 철강 산업의 고용을 증가시킨다.
나. 미국 경제를 소국경제라고 상정할 경우 관세의 부과는 철강 산업의 생산과 소비 생산과 소비의 경제적 비효율성을 야기한다.
다. 관세의 부과는 대국이든 소국이든 상관없이 항상 미국 경제에 해를 끼친다.
라. 관세의 부과로 소비자가 손해를 보는 것보다는 생산자가 차지하는 이익이 더 크다.
마. 관세의 부과보다는 철강 산업에 생산보조금을 주는 것이 더 나은 정책일 수 있다.

① 가, 나, 마 ② 가, 나, 다, 라 ③ 가, 나, 라, 마
④ 나, 다, 라, 마 ⑤ 가, 나, 다, 라, 마

20. 총수요의 크기가 총소득의 수준을 결정한다고 할 때 이에 관한 설명으로 옳지 않은 것은?

① 정부가 정부지출과 조세를 동일한 금액만을 증가시킬 때 소득이 증가한다.
② 소비자들이 경제에 대한 신뢰가 증가할 때 소득은 증가한다.
③ 생산기술의 상용화로 기업의 투자수요가 증가할 때 소득은 증가한다.
④ 해외경제가 호황을 보일 때 소득은 감소한다.
⑤ 순수출이 증가할 때 소득이 증가한다.

21. 폐쇄경제에서 정부가 국채 발행을 증가시키고 조세를 감소시킬 때 예상되는 결과는? (단, 소비는 이자율의 영향을 받지 않는다고 가정한다)

① 소비 증가, 투자 증가 ② 소비 증가, 투자 변화 없음.
③ 소비 감소, 투자 증가 ④ 소비 감소, 투자 감소
⑤ 소비 증가, 투자 감소

22. 다음 환율에 관한 설명 중 가장 옳지 않은 것은?

① 명목환율이란 통화 간의 교환비율을 말한다.

② 자국의 명목적 통화가치가 하락할 때 국제경쟁력이 상승하고 순수출이 증가하여 소득이 증가한다.

③ 자국의 명목적 통화가치가 상승할 때 자국 통화로 계상한 대외부채가 감소한다.

④ 자국의 명목적 통화가치의 하락은 항상 자국의 실질적 통화가치의 하락을 수반한다.

⑤ 국가 간 소득수준을 비교할 때 명목환율보다는 국가 간 구매력을 반영한 구매력 평가환율을 사용하는 것이 더 낫다고 할 수 있다.

23. 2008년 미국 발 금융위기가 발생했을 때 미국은 양적완화정책을 사용하였다. 이것이 미국에 미친 영향에 대한 설명 중 가장 옳지 않은 것은?

① 양적완화정책은 이자율을 하락시키고 소비수요와 투자수요를 증가시켜 궁극적으로 실업률을 떨어뜨렸다.

② 양적완화정책이란 중앙은행의 전통적인 통화정책으로 정부의 채권만을 매입하는 확대통화정책이다.

③ 양적완화정책을 구사했는데도 불구하고 물가가 오르지 않은 것은 화폐의 유통속도가 감소하였기 때문이다.

④ 무분별한 양적완화정책은 문제가 발생하였을 경우 기업들로 하여금 궁극적으로 정부가 구제한다는 믿음을 주기 때문에 기업의 도덕적 해이를 야기할 수 있다.

⑤ 금융안정 및 경기침체 완화에 기여한 것은 사실이지만 실물경제 회복 속도가 기대에 미치지 못하였다.

24. 솔로우 성장모형에서 경제가 균제상태에 있었다. 그런데 외국인 노동자의 유입에 대한 규제가 완화되어 인구증가율이 높아졌다. 초기 균제상태와 비교할 때 새로운 균제상태에 대한 설명으로 가장 옳지 않은 것은?

① 1인당 소득 증가율의 완화
② 1인당 소득수준의 완화
③ 총소득 증가율의 상승
④ 1인당 자본의 감소
⑤ 자본 한계성의 증가

25. 국민소득계정에서 재화와 용역의 수출에 재화와 용역의 수입을 뺀 순수출에 대한 설명으로 옳지 않은 것은?

① 저축이 투자를 초과할 경우 순수출은 음(−)이다.

② 소비와 투자 그리고 정부 지출의 합계가 총소득보다 클 경우 순수출은 음(−)이다.

③ 자국의 통화가치가 실질적으로 하락할 경우 순수출은 증가하게 된다.

④ 정부의 확대 재정정책은 순수출을 감소시킨다.

⑤ 순수출이 음(−)일 경우 투자가 저축을 상회하여 일어난다.

26. 자연실업률에 관한 설명 중 적절하지 않은 것은?

① 구직률이 높을 때 자연실업률은 낮다.

② 최저임금제나 효율성임금, 노조 등은 구조적 실업을 증가시켜 자연실업률을 높이는 요인으로 작용한다.

③ 자연실업률은 경제상황에 상관없이 결정되는 것으로 불변이다.

④ 최저임금과 같은 제도적 요인에 의한 임금의 경직성은 자연실업률을 높인다.

⑤ 시장 균형임금보다 높게 책정되는 효율임금은 자연실업률을 높인다.

27. 한 나라의 경제가 주어진 자원과 노동을 이용하여 하나의 재화만 생산한다고 하자. 노동량과 자본량이 주어져 있으며 자본과 노동 그리고 생산물 시장은 완전경쟁이다. 생산함수는 규모에 대한 보수불변이고 기업들의 기술수준은 동일하다. 이러한 상황 아래에서 발생하는 분배 문제로 옳은 것을 〈보기〉에서 모두 고르면?

보기

가. 소득은 자본소득과 노동소득의 합에 의해서 결정된다.

나. 실질임금은 주어진 자본량과 주어진 노동량, 그리고 주어진 생산함수에 의해서 의존하는 노동의 한계생산성에 의해 결정된다.

다. 실질임대율은 주어진 자본량과 주어진 노동량, 그리고 주어진 생산함수에 의존하는 자본의 한계생산성에 의해 결정된다.

라. 최저임금은 실업을 유발하기 때문에 노동자들의 총소득을 감소시킨다.

① 가, 라　　② 가, 나, 다　　③ 나, 다, 라

④ 다, 라　　⑤ 가, 나

28. 보호무역에 대한 설명으로 옳지 않은 것은?

① 해외 경기변동에 큰 영향을 받지 않는다. ② 재정 수입을 올린다.
③ 유치산업을 보호, 육성한다. ④ 규모의 경제를 이용한다.
⑤ 경쟁유인이 적다.

29. 조세감면과 정부부채에 대한 설명으로 옳지 않은 것은?

① 정부가 조세를 감면하여 정부부채가 증가할 경우 조세의 감소가 소비를 자극하여 생산을 증대시키고 실업률을 감소시킨다.
② 정부가 조세를 감면하여 정부부채가 증가할 경우 이자율을 증가시키기 때문에 이자율 상승으로 투자를 위축시키고 자본유입을 가져와 자국의 통화가치를 증가시키고 국제경쟁력을 상실하게 된다.
③ 정부가 조세를 감면하면 사람들은 정부가 미래에 조세를 증가시킨다고 예상하기 때문에 소비가 증가하지 않는다.
④ 사람들이 합리적 예상을 한다고 하더라도 조세의 감면은 채용제약에 직면 하고 있는 사람들의 현재 소비를 증가시킨다.
⑤ 조세감면은 궁극적으로 정부부채를 증가시키기 때문에 정부는 조세감면 정책을 지양할 필요가 있다.

30. 독점시장에 대한 설명 중 적절하지 않은 것은?

① 독점기업의 한계수입은 체감한다.
② 독점기업의 평균수입은 한계수입보다 크다.
③ 독점기업의 이윤극대화 조건은 한계수입과 한계비용이 같은 것이다.
④ 독점기업은 공급곡선을 갖고 있다.
⑤ 독점기업이 결정하는 가격은 항상 한계비용보다 크다.

31. 다음 거시경제의 총수요곡선에 대한 설명 중 적절하지 않은 것은?

① 가격이 하락할 때 총수요는 증가한다.
② 통화량이 증가할 때 가격이 일정하게 주어진 상태에서 총수요는 증가한다.
③ 정부지출이 증가할 때 가격이 일정하게 주어진 상태에서 총수요는 증가한다.
④ 독립적 투자수요가 증가할 때 가격이 일정하게 주어진 상태에서 총수요는 증가한다.
⑤ 해외경제가 활황을 보인다고 하더라도 총수요는 변화하지 않는다.

32. 다음 중 국민소득계정에 포함되지 않는 것은?

① 총수요　② 봉사료　③ 지대
④ 월급　⑤ 국공채이자

33. 한 개에 1,000원 하던 포도 가격이 1,200원으로 오를 때 사과의 수요량이 200개에서 220개로 증가하였다면 사과 수요의 포도 가격에 대한 교차탄력성은?

① $\frac{1}{4}$　② $\frac{1}{3}$　③ $\frac{1}{2}$
④ 1　⑤ 0

34. 소비자균형에 관한 설명으로 가장 옳지 않은 것은?

① 각 재화의 한계효용이 같지 않아도 된다.
② 재화 간의 한계대체율과 가격비가 일치한다.
③ 주어진 예산제약 하에서 효용극대화가 달성된 상태이다.
④ 다른 조건이 일정할 때 소득이 변하면 한계대체율도 변화하게 된다.
⑤ 주관적 교환비율과 객관적 교환비율이 일치한다.

35. 생산함수가 $Q=2LK$일 때 노동과 자본 투입량을 3배로 늘린다면 한계기술대체율(MRTS)은 어떻게 되는가?

① 변하지 않는다. ② 2/3배로 증가한다. ③ 2배로 증가한다.
④ 3배로 증가한다. ⑤ 1/3배로 증가한다.

36. 완전경쟁시장에서 기업의 단기공급곡선이 우상향할 경우 그에 대한 설명으로 가장 옳은 것은?

① 공급곡선이 평균비용과 일치하기 때문이다.
② 공급곡선과 평균가변비용이 일치하기 때문이다.
③ 공급곡선과 한계비용이 일치하기 때문이다.
④ 공급곡선과 한계수입곡선이 일치하기 때문이다.
⑤ 공급곡선과 평균고정비용이 일치하기 때문이다.

37. 완전경쟁시장과 독점적 경쟁시장의 가장 중요한 차이점은 무엇인가?

① 시장에 참여하는 기업의 수 ② 기업이 판매하는 재화의 동질성 여부
③ 기업의 자유로운 진입과 퇴거의 가능성 ④ 시장지배력의 크기
⑤ 가격에 미치는 영향력의 정도

38. 다음 중 시장실패에 관한 설명으로 가장 옳지 않은 것은?

① 완전경쟁시장에서 발생하지 않는다.
② 공공재와 시장실패는 관계가 없다.
③ 외부효과가 시장실패를 가져온다.
④ 시장기구가 적절한 자원배분에 실패한 것이다.
⑤ 정부가 적절히 개입하지 못했을 때 발생한다.

39. 이윤극대화를 추구하는 기업이 완전경쟁요소시장에 직면하고 있을 때 다음 중 가장 옳은 것은?

① 생산요소의 추가적인 고용으로부터 얻을 수 있는 수입보다 많은 요소가격을 지불한다.
② 생산요소의 추가적인 고용으로부터 얻을 수 있는 수입보다 적은 요소가격을 지불한다.
③ 한계생산물가치(VMP)보다 낮은 요소가격을 지불한다.
④ 한계수입생산물(MRP)보다 높은 요소가격을 지불한다.
⑤ 한계수입생산물(MRP)이 한계생산물가치(VMP)와 일치한다.

40. 다음 중 비대칭정보로 인해 나타나는 현상이 아닌 것은?

① 독점적 착취　② 도덕적 해이　③ 역선택
④ 선별장치　⑤ 신호발송

경제학

4회 실전모의고사

문항수 | 20문항

▸ 정답과 해설 47쪽

01. A국에서 지속적으로 무역수지 흑자를 이어오고 있을 때 나타날 수 있는 경제현상으로 적절한 것은? (단, 다른 조건은 불변이다)

① A국 통화가치의 하락
② A국의 국가산업도산의 감소
③ 무역 분쟁 발생가능성의 감소
④ A국 외환시장에서의 외화공급 증가
⑤ 환율 상승

02. 최근 정부는 워크넷이라는 온라인 채용정보 사이트를 개설해 구직자에게는 채용정보를, 사업자에게는 인재 정보를 제공하고 있다. 이러한 채용정보 사이트가 활성화됐을 때 감소할 수 있는 실업은?

① 경기적 실업
② 구조적 실업
③ 마찰적 실업
④ 잠재적 실업
⑤ 계절적 실업

03. 각종 거래행위에 수반되는 비용으로 정보수집, 협상 이동 비용 등과 정보의 비대칭으로 인한 비용을 통틀어 말하는 것은?

① 거래비용
② 기회비용
③ 매몰비용
④ 경제적 비용
⑤ 명시적 비용

04. 다음 중 규모의 경제가 나타나는 사례로 가장 적절한 것은?

① 제품시장의 수요독점일 경우
② 생산요소 시장이 공급독점일 경우
③ 고정비용이 높고 가변비용이 낮을 경우
④ 제품의 가격이 평균비용보다 낮을 경우
⑤ 생산물의 종류가 많을수록 비용이 낮아지는 경우

05. 다음 대화에 나타난 경제 개념으로 가장 적절한 것은?

> A : 요즘 코스피가 오른다는데 내가 가지고 있는 중국 펀드는 상황이 좋지 않잖아. 향후 수익률도 코스피가 확실히 높을 것 같은데 중국 펀드는 팔고 국내 주식에 투자하는 게 어떨까?
> B : 그렇기는 하지만 지금 중국 펀드를 팔면 손실만 크단 말이야. 일단 원금을 회복할 수 있을 때까지 기다려 볼래.

① 희소성　② 한계비용　③ 매몰비용
④ 범위의 경제　⑤ 생산비용

06. 독점기업인 A는 두 개의 공장을 가지고 있으며, 제1공장과 제2공장의 한계비용곡선은 각각 $MC_1 = 80 + 3Q_1$, $MC_2 = 70 + Q_2$이다. A 기업의 이윤을 극대화하는 생산량이 총 90단위일 때 제1공장과 제2공장의 생산량을 순서대로 짝지은 것은?

① 10, 80　② 20, 70　③ 30, 60
④ 40, 50　⑤ 50, 40

07. A 기업의 비용함수가 $C = \sqrt{Q} + 650$이다. A 기업이 100개를 생산할 때 이윤이 0이 되는 가격을 구하면? (단, C는 비용, Q는 생산량이다)

① 5.2　② 5.5　③ 6.1
④ 6.6　⑤ 7.5

08. 갑, 을, 병, 정 네 사람이 커피를 구입할 때 지불할 용의가 있는 가격이 아래의 표와 같다. 커피 가격이 5,000원이라면 사회 전체의 소비자잉여는 얼마인가?

개인	갑	을	병	정
지불용의	3,000원	5,000원	7,000원	8,000원

① 2,000원　② 3,000원　③ 4,000원
④ 5,000원　⑤ 6,000원

09. 완전경쟁기업인 A 기업은 생산요소 L과 K를 구입하여 X재를 생산, 판매하고 있다. L과 K의 한계생산물이 각각 4, 3이고, 가격은 각각 800원과 600원일 때 X재의 가격을 구하면? (단, 생산물시장과 요소시장은 모두 완전경쟁이다)

① 100 ② 150 ③ 200
④ 250 ⑤ 300

10. 어떤 과점시장에 동일한 재화를 생산하는 두 기업 A와 B만이 존재하고, 각 기업의 생산량을 Q_A와 Q_B라고 할 때, 시장수요가 P=100－Q_A－Q_B이고 두 기업의 총비용함수가 각각 C_A=40Q_A, C_B=40Q_B라면, 쿠르노 내쉬균형에서 두 기업의 생산량을 합한 총생산량(Q)과 균형가격(P)은?

	총 생산량	균형가격		총 생산량	균형가격
①	20	40	②	30	50
③	40	60	④	50	70
⑤	60	80			

11. 매년 40만 원의 고정이자가 지급되는 영구채권 A의 가격이 800만 원이다. 영구채권 A의 가격이 1,000만 원으로 변할 때 이 채권의 연 수익률의 변화를 구하면?

① 1.25%p 하락 ② 1.25%p 상승 ③ 1%p 하락
④ 1%p 상승 ⑤ 변화 없음.

12. 다음 중 총수요 감소를 초래할 수 있는 경우로 가장 적절한 것은?

① 정부의 개별소비세 인하 발표로 인해 소비경기가 회복되고 있다.
② 지난 1년간 환율이 꾸준히 증가하고 있다.
③ 중앙은행의 지급준비율 인상으로 인해 이자율이 상승하였다.
④ 정부가 기업의 투자촉진을 위해 투자기업에 대한 세금감면 정책을 실시하였다.
⑤ 정부가 경기침체를 극복하기 위해 대규모 토목사업을 실시하였다.

13. **물가지수에 대한 설명 중 가장 적절하지 않은 것을 고르면?**

① 소비자물가지수에는 수입재의 가격도 포함된다.

② 생산자물가지수는 기준년도의 수량을 가중치로 삼는 라스파이레스 방식으로 측정되며 실제보다 물가변동을 과대평가되는 경향이 있다.

③ 생산자물가지수의 포괄범위가 소비자 물가지수의 포괄범위보다 좁다.

④ 물가지수와 화폐의 구매력은 서로 역(逆)의 관계다.

⑤ 주택가격과 원자재, 자본재는 소비자 물가지수에 포함되지 않는다.

14. **어떤 산업에서 노동과 자본 투입량을 각각 2배로 늘리면 산출량은 4배로 늘어난다면, 다음 중 이와 관련된 옳은 설명을 모두 고른 것은?**

가. 규모의 경제가 존재한다.	나. 범위의 경제가 존재한다.
다. 자연독점이 존재한다.	라. 외부효과가 존재한다.

① 가, 다　　② 가, 라　　③ 나, 다
④ 나, 라　　⑤ 다, 라

15. **다음 상황에서의 평균 실업기간을 구하면?**

자연실업률이 20%이고, 매월 취업자의 4%가 일자리를 떠난다.

① 5.5개월　　② 6.25개월　　③ 7.5개월
④ 8.25개월　　⑤ 9개월

16. 한국과 일본의 물가상승률이 각각 3%, 5%이고 엔화 대비 원가 가치가 하락하여 명목환율이 3% 상승하였다고 한다. 이 경우 엔화 대비 원화의 실질환율의 변화율을 구하면?

① −1%　② 2%　③ 3%
④ 5%　⑤ −6%

17. 우리나라를 대국이라고 가정할 때 다음 중 교역조건이 악화되는 경우를 모두 고르면?

> 가. 수입재에 대한 선호도가 낮아질 때
> 나. 수입재에 대해 관세가 부과될 때
> 다. 수출재 편향적으로 경제 성장이 이루어질 때
> 라. 수출재에 대해 보조금을 지급할 때

① 가, 나　② 가, 다　③ 다, 라
④ 나, 다　⑤ 나, 라

18. 소국인 어느 국가의 X재의 수요함수는 $Q=140-2P$, 국내 공급함수는 $Q=-10+P$, 국제가격은 30이다. 이 국가가 X재 수입량을 45단위로 제한하고자 할 때 단위당 부과해야할 관세의 크기를 구하면? (단, Q는 X재의 수량, P는 X재의 단위당 가격이다)

① 3　② 5　③ 10
④ 15　⑤ 20

19. 다음 중 변동환율제를 따르는 우리나라 원화의 가치가 상승하는 경우로 가장 적절한 것은?

① 해외경기가 침체되는 경우
② 우리나라 기업들의 해외투자가 늘어날 때
③ 금융통화위원회가 기준금리를 인상하는 경우
④ 미국이 경기활성화를 위해 확대적인 재정정책을 시행할 때
⑤ 확대적인 통화정책이 시행되는 경우

20. 다음 〈그림〉은 특정 상품의 수요곡선이고 최근 정부는 생산자의 수입을 보장하기 위해 상품에 대한 최저가격제를 시행했다. 〈그림〉을 근거로 상품의 가격탄력성과 생산자 수익변화를 올바르게 분석한 것은? (단, 상품의 단위당 생산비용은 불변이다)

그림

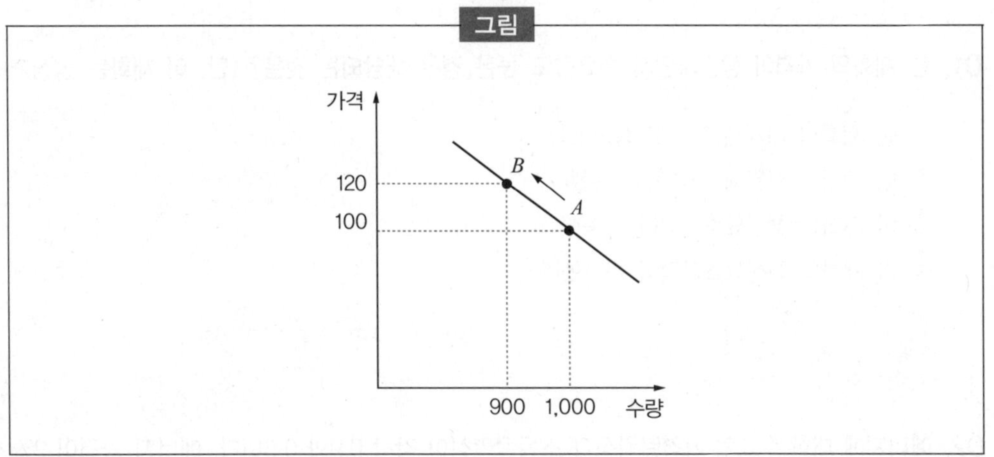

	가격탄력성	생산자 수익
①	탄력적	증가
②	탄력적	감소
③	비탄력적	증가
④	비탄력적	감소
⑤	비탄력적	변화 없음.

경제학 5회 실전모의고사

문항수 | 12문항

▸정답과 해설 51쪽

01. 한 재화의 가격이 상승하면서 수요량도 높은 경우 해당되는 것은? (단, 이 재화는 정상재이다)

① 이 재화의 대체재 가격이 상승했다.
② 이 재화의 보완재 가격이 상승했다.
③ 이 재화의 생산요소가격이 상승했다.
④ 이 재화의 생산요소가격이 하락했다.

02. 에너지에 대한 수요의 가격탄력성과 소득탄력성이 각각 0.9와 0.5이다. 에너지 가격이 2% 상승하고 소득이 4% 증가할 경우 에너지수요량의 전체 변화율은?

① 0.2% ② 1.4%
③ 1.8% ④ 2.5%

03. X, Y재의 수요데이터를 분석하여 다음과 같은 결과를 얻었다. X(Y)재의 교차탄력도는 Y(X)재 가격 변화율에 대한 X(Y)재 수요 변화율을 의미한다. 다음 〈보기〉의 설명 중 옳은 것을 모두 고르면?

재화	수요의 소득탄력도	수요의 교차탄력도
X	1.3	−0.8
Y	−0.6	−1.4

보기

가 : X재는 정상재이다.
나 : X재는 열등재이다.
다 : Y재는 정상재이다.
라 : Y재는 열등재이다.
마 : X재와 Y재는 서로 보완재이다.
바 : X재와 Y재는 서로 대체재이다.

① 가, 나, 다 ② 가, 라, 마
③ 가, 라, 바 ④ 나, 다, 마

04. 달걀의 공급곡선은 우상향하는 직선이고, 수요곡선은 우하향하는 직선이다. 달걀에 부과되던 200원의 세금이 300원으로 인상될 때 세금의 경제적 순손실은?

① 50% 미만 증가하거나 감소할 수 있다.
② 정확히 50% 증가한다.
③ 50% 이상 증가한다.
④ 공급과 수요 중 어느 것이 더 탄력적인가에 달려 있다.

05. 다음 경제 현상 중 에너지에 대한 수요를 증가시키는 것을 모두 고르면?

가. 경유에 대한 세금 인상	나. 휘발유 승용차에 대한 세금 감면
다. 휘발유 생산비용의 급격한 하락	라. 원유가격의 인하

① 가, 나
② 가, 나, 다
③ 가, 나, 라
④ 나, 라

06. 소득분배에 대한 다음 설명 중 옳지 않은 것은?

① 로렌츠 곡선을 이용해 소득의 불균등도를 측정할 수 있다.
② 소득 불평등을 해소하려면 비례세를 강화할 필요가 있다.
③ 지니 계수는 로렌츠 곡선에서 구해지는 면적 비율로 계산한다.
④ 지니 계수가 1이라는 것은 한 사람이 모든 소득을 다 갖고 있다는 의미이다.

07. 기업은 소비자로부터 보다 많은 이윤을 끌어내기 위해 가격차별을 하기도 한다. 다음 중 기업의 가격차별에 유리한 환경이 아닌 것은?

① 특성이 다른 소비자가 존재한다.
② 소비자의 특성을 파악하는 것이 기업에게 어려운 일이 아니다.
③ 재판매가 용이하다.
④ 기업이 높은 시장지배력을 가지고 있다.

08. 다음 규모의 경제에 대한 설명 중 옳지 않은 것은?

① 자연독점이 생기는 원인이다.
② 규모가 커질수록 생산단가가 낮아진다.
③ 생산물의 종류가 많을수록 비율이 낮아진다.
④ 산출량이 증가함에 따라 장기 평균비용이 감소한다.

09. A 국가의 올해 지니 계수가 작년보다 낮아졌다고 한다. 이에 대한 설명으로 옳은 것은?

① 올해 10분위 분배율이 작년보다 작아졌다.
② 올해 1인당 국민소득이 작년보다 훨씬 커졌다.
③ 생산가능곡선이 오른쪽으로(바깥쪽으로) 이동했다.
④ 로렌츠 곡선이 소득분배균등선(45도선)에 가까워졌다.

10. 다음 구축효과에 관한 설명 중 옳지 않은 것은?

① 다른 조건이 일정한 경우 LM곡선의 기울기가 커질수록 구축효과는 커진다.
② 다른 조건이 일정한 경우 투자의 이자율탄력성이 낮을수록 구축효과는 커진다.
③ 다른 조건이 일정한 경우 화폐수요의 이자탄력성이 낮을수록 구축효과는 커진다.
④ 다른 조건이 일정한 경우 한계소비성향이 클수록 구축효과는 커진다.

11. 다음은 한 기업에서 판매하는 재화의 가격과 판매량 간의 관계를 보여주는 표다. 이 기업이 4개를 판매한다면 4개째를 판매할 때 이 기업의 한계수입은 얼마인가?

가격(개당)	판매량
2,000원	1개
1,800원	2개
1,700원	3개
1,400원	4개
1,200원	5개
1,100원	6개
1,000원	7개

① 0원
② 500원
③ 1,200원
④ 1,400원

12. 다음 자료의 (가) ~ (라)에 들어갈 말을 바르게 연결한 것은?

명목이자율이 일정한 상태에서 인플레이션율이 상승하면 이자소득의 실질가치는 (가) 한다. 이와 같은 상태가 지속될 경우 사람들은 (나)보다 (다) 보유비율을 높이고 부채비율을 (라) 경향을 나타낸다.

	(가)	(나)	(다)	(라)
①	감소	금융자산	실물자산	높이려는
②	감소	실물자산	금융자산	낮추려는
③	감소	금융자산	실물자산	낮추려는
④	증가	금융자산	실물자산	높이려는

경제학 6회 실전모의고사

문항수 | 30문항

▸ 정답과 해설 53쪽

01. 다음 〈보기〉 중에서 저량(Stock)과 관련된 개념을 모두 고른 것은?

보기

ㄱ. GDP　　ㄴ. 통화량　　ㄷ. 물가지수

① ㄱ　　② ㄷ　　③ ㄱ, ㄴ
④ ㄴ, ㄷ　　⑤ ㄱ, ㄴ, ㄷ

02. 다음 〈보기〉 중에서 국내총생산(GDP)이 증가하는 경우를 모두 고른 것은?

보기

ㄱ. 중고자동차 거래량이 증가하였다.
ㄴ. 경기호전에 대한 기대감에 기업들의 주가가 상승하였다.
ㄷ. 국내 철강회사의 철근 재고가 증가하였다.

① ㄱ　　② ㄴ　　③ ㄷ
④ ㄱ, ㄴ　　⑤ ㄱ, ㄴ, ㄷ

03. 다음 BIS자기자본비율에 대한 설명 중 가장 옳지 않은 것은?

① 국제결제은행에서 정한다.
② $\frac{\text{자기자본}}{\text{위험가중자산}} \times 100$으로 구해진다.
③ 금융기관의 방만한 운영을 방지하기 위해 마련된 제도이다.
④ BIS자기자본비율을 항상 높은 수준으로 설정하는 것이 바람직하다.
⑤ BIS자기자본비율을 설정하여 규제하는 것은 갑작스런 충격에도 은행이 흔들리지 않도록 하기 위한 제도이다.

04. 시중의 예금은행이 보유한 국채를 중앙은행이 총액으로 10,000원에 매입할 경우 은행조직 전체를 통해 창출할 수 있는 대출가능총액은 얼마인가? (단, 법정지급준비율은 20%이고, 시중의 예금은행은 법정지급준비율을 준수한다.)

① 10,000원 ② 50,000원 ③ 90,000원
④ 100,000원 ⑤ 150,000원

05. 확장적인 재정정책으로 국민소득이 증가하면 화폐수요 증가로 이어진다. 화폐수요가 증가하면 이자율이 상승하는데, 이러한 이자율 상승으로 인하여 민간투자가 감소하는 현상이 발생한다. 이를 무엇이라 하는가?

① 외부경제 ② 한계생산성 체감 ③ 구축효과
④ 규모의 경제 ⑤ 리카도 대등정리

06. 유동성 함정에 대한 설명으로 옳은 것은?

① 화폐수요의 이자율 탄력성이 0인 경우에 발생한다.
② 채권의 가격이 매우 낮아서 추가적인 통화 공급이 모두 거래적 화폐수요로 흡수된다.
③ 이자율이 매우 높아 앞으로 이자율이 하락할 것으로 예상되는 경우에 유동성 함정이 발생할 수 있다.
④ 유동성 함정이 발생한 경우 확장적 통화정책이 이자율을 하락시키지 못하여 총수요 확대효과가 없다.
⑤ 통화정책경로 중 금리경로가 원활하게 작동한다.

07. A 국의 경제상황이 아래와 같을 때, 균형국민소득(F)은?

> • 총수요곡선(AD) : $Y=800+\dfrac{4,000}{P}$
>
> • 총공급곡선(AS) : $Y=1,000+P-P^e$
>
> • 기대물가수준 : $P^e=20$

① 20 ② 400 ③ 800
④ 1,000 ⑤ 4,000

08. 실질 GDP가 80이고 GDP 디플레이터가 125일 때, 명목 GDP는?

① 80 ② 100 ③ 125
④ 150 ⑤ 200

09. 다음 소비자물가지수에 대한 설명 중에서 가장 옳지 않은 것은?

① 통계청에서 작성한다.
② 물가변화를 과소평가하는 경향이 있다.
③ 소비재를 기준으로 측정한다.
④ 생계비변동 파악, 최저임금 결정 등에 이용된다.
⑤ 신제품 등장에 따른 물가하락 가능성을 잘 반영하지 못한다.

10. 실업 및 실업률에 대한 다음 〈보기〉의 설명 중에서 옳은 것을 모두 고르면?

보기

ㄱ. 경제가 완전고용 상태일 때도 실업률은 0이 아니다.
ㄴ. 실망실업자의 존재는 실업률 통계가 실제 실업률을 과소평가하는 이유가 된다.
ㄷ. 실업률이 낮아지면 취업자가 많아진다.

① ㄱ ② ㄷ ③ ㄱ, ㄴ
④ ㄴ, ㄷ ⑤ ㄱ, ㄴ, ㄷ

11. 필립스 곡선에 대한 설명으로 가장 옳지 않은 것은?

① 필립스 곡선은 실업률과 물가상승률 간의 경기 상충관계를 보여준다.
② 자연실업률이 증가하면 필립스 곡선은 오른쪽으로 이동한다.
③ 유럽의 실업률이 장기적으로 높은 수준에서 유지되는 현상을 설명하기 위해 실업의 이력가설이 제기되었다.
④ 기대물가상승률이 상승하면 필립스 곡선은 왼쪽으로 이동한다.
⑤ 물가상승률과 완전고용이라는 두 가지 경제정책목표를 동시에 달성할 수 없음을 의미한다.

12. '인플레이션은 언제 어디서나 화폐적 현상이다.'라는 말을 남긴 통화주의 경제학자는 누구인가?

① 아담 스미스(A. Smith) ② 케인즈(J. M. Keynes)
③ 밀턴 프리드만(M. Friedman) ④ 칼 마르크스(K. Marx)
⑤ 데이비드 리카도(D. Ricardo)

13. 〈보기〉에서 고전학파이론에 대한 설명으로 옳은 것을 모두 고르면?

보기

ㄱ. 정부지출이 증가하는 경우에 물가가 상승한다.
ㄴ. 세이의 법칙(Say's Law)이 성립한다.
ㄷ. 모든 가격변수는 신축적이다.

① ㄱ　② ㄷ　③ ㄱ, ㄴ
④ ㄴ, ㄷ　⑤ ㄱ, ㄴ, ㄷ

14. 다음 경기종합지수 중 경기선행지수가 아닌 것은?

① 재고순환지수　② 소비자기대지수　③ 코스피지수
④ 구인구직비율　⑤ 서비스업생산지수

15. 한 산업을 전략적으로 육성할 때, 이 산업에 원료를 공급하는 산업이 커지는 효과는 무엇인가?

① 전방연관효과　② 후방연관효과　③ 승수효과
④ 악대차효과　⑤ 먼델－토빈효과

16. 다음 글의 '이것'에 해당하는 개념은?

'이것'은 어떤 생산요소가 다른 용도로 이전되지 않고 현재의 용도에서 사용되도록 하기 위해 지불해야 하는 최소한의 금액을 말한다. '이것'은 요소공급에 따른 기회비용을 의미하며, 요소공급곡선 아래쪽 면적으로 측정할 수 있다.

① 경제적 지대　② 준지대　③ 전용수입
④ X－비효율성　⑤ 이전지출

17. 다음 중 소득불평등 정도를 측정하는 지표에 대한 설명으로 옳은 것은?

① 10분위 분배율은 0부터 2까지의 값을 가지며, 그 값이 클수록 평등하다.
② 소득5분위 배율은 0부터 1까지의 값을 가지며, 그 값이 작을수록 평등하다.
③ 로렌츠 곡선은 대각선에 가까울수록 불평등하다.
④ 지니 계수는 0부터 1까지의 값을 가지며, 그 값이 클수록 평등하다.
⑤ 애킨슨 지수는 0부터 2까지의 값을 가지며, 그 값이 작을수록 평등하다.

18. 경제학자 애로우(Arrow. K. J)는 이상적인 조건을 모두 갖춘 사회후생함수가 존재하지 않음을 증명하였는데, 이를 '애로우의 불가능성의 정리'라고 한다. 애로우가 생각하는 이상적인 사회후생함수의 조건이 아닌 것은?

① 비독재성 ② 파레토 원칙 ③ 선호의 비제한성
④ 완비성과 이행성 ⑤ 무관한 대안으로부터의 종속성

19. 다음 〈보기〉의 설명 중 옳은 것을 모두 고르면?

보기

ㄱ. 역선택(Adverse Selection)은 감추어진 행동(Hidden Action)으로 인해 발생하는 문제이다.
ㄴ. 신호발송(Signaling)이란 정보를 가진 측에서 자발적으로 자신의 특성을 알리는 노력이다.
ㄷ. 적절한 유인설계(Incentive Design)를 통해 도덕적 해이(Moral Hazard)를 예방할 수 있다.

① ㄱ ② ㄷ ③ ㄱ, ㄴ
④ ㄴ, ㄷ ⑤ ㄱ, ㄴ, ㄷ

20. 다음 '공유지의 비극'과 관련한 설명 중 옳지 않은 것은?

① 공동소유의 자원이 과다 소비되는 현상이다.
② 부정적인 외부성과 관련이 있다.
③ 사적 이익의 극대화가 사회 전체의 이익을 감소시킬 수 있다.
④ 공유지에 대한 소비가 비경합적이나 폐쇄가 불가능하기 때문에 발생한다.
⑤ 공유지에 대한 소유권 확립으로 문제를 해결할 수 있다.

21. 길동이는 소득의 전부를 X재와 Y재의 소비에 지출한다. X재의 가격은 1,000원이고, Y재의 가격은 2,000원이며, 길동이의 월소득은 11,000원이다. 길동이가 X재와 Y재 소비에서 누리는 한계효용이 아래 〈표〉와 같을 때, 길동이의 효용을 가장 극대화하는 X재와 Y재의 월소비량은 얼마인가?

〈표〉 X재 및 Y재의 소비에서 누리는 한계효용

수량	1개	2개	3개	4개	5개	6개
X재	600	550	500	450	400	350
Y재	1,000	900	800	700	600	500

	X재 월소비량	Y재 월소비량		X재 월소비량	Y재 월소비량
①	1개	5개	②	3개	8개
③	4개	2개	④	5개	3개
⑤	6개	4개			

22. 〈보기〉에서 범위의 경제에 대한 설명으로 옳은 것을 모두 고르면?

보기

ㄱ. 범위의 경제가 발생하면 생산가능곡선은 원점에 대해 오목한 형태로 도출된다.

ㄴ. 구두와 지갑의 관계처럼 생산요소를 공동으로 이용하는 경우 범위의 경제가 발생할 수 있다.

ㄷ. 범위의 경제에서는 여러 기업이 각각 한 가지 재화를 생산하는 것보다 한 기업이 여러 재화를 동시에 생산하는 것이 비용이 적게 소요된다.

① ㄱ　　② ㄷ　　③ ㄱ, ㄴ

④ ㄴ, ㄷ　　⑤ ㄱ, ㄴ, ㄷ

23. 다음 중 완전경쟁시장이 성립하기 위한 조건이 아닌 것은?

① 다수의 수요자와 공급자가 존재하여 개별기업은 가격설정자(Price Setter)의 지위를 갖는다.
② 판매조건, 무상수리조건 등을 포함하여 재화는 완전히 동질적이다.
③ 시장으로의 진입과 시장으로부터의 이탈이 자유롭다.
④ 정보가 완전하다.
⑤ 자원의 완전한 이동성이 보장되어 있어야 한다.

24. 다음 중 가격차별에 대한 설명으로 가장 거리가 먼 것은?

① 1급 가격차별은 모든 소비자들이 다른 가격을 지불한다.
② 독점 기업이 완전가격차별을 하면 균형거래량은 단일가격일 때보다 증가한다.
③ 이윤을 극대화하려는 기업은 수요의 가격탄력성이 더 높은 소비자에게 더 낮은 가격을 책정한다.
④ 가격차별이 없을 경우와 비교해 독점 기업이 완전가격차별을 하면 자원배분의 효율성은 더 악화된다.
⑤ 가격차별을 할 경우 일부 소비자는 단일가격을 책정하는 독점의 경우보다 더 낮은 가격에 재화를 구매할 수 있다.

25. 기업 A와 B의 전략 E 또는 전략 M에 따른 보수가 아래와 같은 보수행렬의 형태로 주어져 있다. 내쉬균형을 구하면? (단, [α, β]는 [기업 A의 전략, 기업 B의 전략]을 의미한다)

〈보수행렬〉

		B	
		E	M
A	E	(30, 10)	(40, 15)
	M	(35, 20)	(55, 25)

① [E, E]　　② [M, M]　　③ [M, E]
④ [E, M]　　⑤ 정답 없음.

26. 〈보기〉에서 '구성의 오류'와 관련된 설명으로 옳은 것을 모두 고르면?

보기

ㄱ. '절약의 역설'은 '구성의 오류'와 관련된 대표적인 예이다.
ㄴ. 상관관계와 인과관계를 혼동함에 따라 발생한다.
ㄷ. 귀납법으로 추론할 때 발생하기 쉬운 오류이다.

① ㄱ ② ㄷ ③ ㄱ, ㄴ
④ ㄴ, ㄷ ⑤ ㄱ, ㄴ, ㄷ

27. 어떤 상품의 시장이 완전경쟁적이고 이 시장의 수요함수는 $Q_D = 40 - 2P$, 공급함수는 $Q_S = P - 5$라면 이 시장의 균형가격과 균형거래량은? (단, Q_D는 수요량, Q_S는 공급량, P는 가격을 의미한다)

	균형가격	균형거래량		균형가격	균형거래량
①	10	10	②	15	10
③	15	15	④	20	15
⑤	20	20			

28. 재화 X에 대한 수요함수가 $Q_x = \alpha P_x{}^{\beta} P_y{}^{\gamma} M^{\delta}$라고 할 때 재화 X에 대한 수요의 소득탄력성은? (단, Q_x는 재화 X의 수요량, P_x는 재화 X의 가격, P_y는 재화 Y의 가격, M^{δ}은 소득을 의미한다)

① 1 ② α ③ β
④ γ ⑤ δ

29. 다음 〈보기〉 중 A 재화의 시장에서 공급이 증가하는 요인을 모두 고르면?

보기

ㄱ. 정부가 A 재화를 생산하는 생산자에게 종량세를 부과하였다.
ㄴ. A 재화에 대한 보조금의 지급이 높아졌다.
ㄷ. A 재화의 생산에 필요한 생산요소인 휘발유의 가격이 하락하였다.

① ㄱ ② ㄷ ③ ㄱ, ㄴ
④ ㄴ, ㄷ ⑤ ㄱ, ㄴ, ㄷ

30. 완전경쟁적인 농산물 X에 대한 시장에서의 수요곡선과 공급곡선이 아래와 같다. 농산물 X에 대한 균형가격이 지나치게 낮다고 판단한 정부는 일정가격 이하로 판매할 수 없도록 최저가격제 정책을 실시하기로 하였다. 이 정책이 유효하다고 할 때 농산물 X의 시장에서 발생하는 내용으로 옳지 않은 것은?

- 수요곡선 : $Q_D = a - bP(a>0,\ b>0)$
- 공급곡선 : $Q_S = cP(c<0)$
- Q_D : 농산물 X에 대한 수요량
- Q_S : 농산물 X에 대한 공급량
- P : 농산물 X에 대한 가격

① 정책실시 전에 비해 시장 균형가격이 상승한다.
② 정책실시 전에 비해 시장 균형거래량이 감소한다.
③ 정책실시 전에 비해 생산자잉여가 증가한다.
④ 정책실시 전에 비해 소비자잉여가 감소한다.
⑤ 정책실시로 인해 자중 손실이 발생한다.

유형별 출제비중

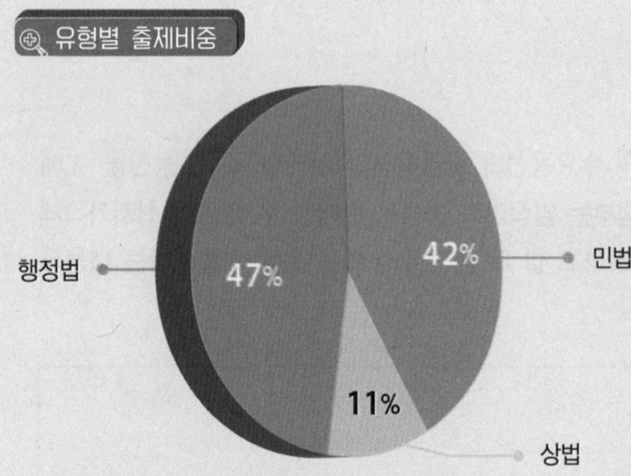

분석

공기업 직무수행능력평가로 출제되는 법학은 민법과 상법, 행정법이 주가 되어 출제된다. 민법의 경우는 가족법(친족상속법)을 제외한 부분, 즉 총론과 채권법, 물권법을 중심으로 출제되며, 상속법이 부분적으로 출제되기도 한다. 상법에서는 상법총론과 함께 회사법을 중심으로 출제되며, 행정법에서는 헌법을 포함하여 행정 관련 법률의 조문과 헌법재판소 결정례에 관한 문제가 출제된다. 그 외에 공기업에 따라 형법이나, 공기업의 구성과 사업에 관련된 특별법이 시험범위에 포함되어 있는 경우가 있다. 특히 기업 관련 특별법이 출제범위에 포함되어 있는 경우에는 조직의 구성이나 각종 제도에 관한 세부사항에 관한 규정이 출제된다.

공기업 NCS

직무수행능력평가[통합전공]

파트 3

법학

테마 01

법원

> 민법 제1조
> 민사에 관하여 법률에 규정이 없으면 관습법에 의하고 관습법이 없으면 조리에 의한다.

1 법원(法源)의 의의와 종류

1. 법원은 법의 연원을 줄인 말이며, 통설은 법의 존재형식 또는 현상 상태를 의미한다.
2. 법원에는 성문법과 불문법이 있다.
3. **성문법주의와 불문법주의의 비교**

구분	성문법주의	불문법주의
장점	• 법의 통일정비가 용이하다. • 법의 명확화가 용이하다. • 법질서가 안정적이다.	• 법질서가 유동적이어서 구체적 타당성에 보다 유효하다. • 사회사정의 변동에 대한 적응이 쉽다.
단점	• 법질서가 비유동적이어서 구체적 타당성을 저해하는 경우가 많다. • 사회사정의 변동에 대한 적응이 어렵다.	• 법의 통일정비가 곤란하다. • 법의 명확화가 곤란하다. • 법질서가 안정적이지 못하다.

2 성문민법

성문민법의 법원으로는 민법전, 민법전 이외의 법률(부동산등기법, 주택임대차보호법 등), 조약, 명령, 대법원규칙, 자치법규(조례 · 규칙) 등이 있다.

3 불문민법

1. 관습법

(1) 의의 : 관습법이란 사회의 거듭된 관행으로 생성한 사회생활규범이 사회의 법적 확신과 인식에 의하여 법적 규범으로 승인 · 강행되기에 이른 것을 말한다.

(2) 성립요건

관습법은 법원으로서 법령에 저촉되지 아니하는 한 법칙으로서의 효력이 있는 것이고, 또 사회의 거듭된 관행으로 생성한 어떤 사회생활규범이 법적 규범으로 승인되기에 이르렀다고 하기 위하여는 헌법을 최상위 규범으로 하는 전체 법질서에 반하지 아니하는 것으로서 정당성과 합리성이 있다고 인정될 수 있는 것이어야 하고, 그렇지 아니한 사회생활규범은 비록 그것이 사회의 거듭된 관행으로 생성된 것이라고 할지라도 이를 법적 규범으로 삼아 관습법으로서의 효력을 인정할 수 없다(대판 2005.7.21. 2002다1178).

① 관행이 존재할 것 : 관습이 법이 되기 위해서는 사회구성원간의 관행이 존재여야 한다.
② 법적 확신이 있을 것 : 관습이 법이 되기 위해서는 관행을 법규범으로 인지하는 의식이 있어야 한다.
③ 공서양속에 반하지 않을 것 : 관습이 법이 되기 위해서는 관습이 선량한 풍속 기타 사회질서에 반하지 않아야 한다.
④ 국가의 승인 요부 : 국가의 승인은 불필요하다(다수설).

(3) 성립시기와 소멸시기 : 관습법은 그 존재와 효력이 일치한다. 즉, 관습법은 성립과 함께 효력을 발생하고 소멸과 함께 효력을 상실한다. 그 특성상 성립 및 소멸은 각각 적용가능한 시기, 즉 구속력의 발생시점 및 종료시점과 일치한다. 관습법은 법원의 판결로 그 존재가 확인되나, 성립시기는 그 관습법이 법적 확신을 얻은 시기에 소급하여 인정된다.

(4) 효력 : 관습법은 법령에 저촉되지 않는 한 효력이 있다(보충적 효력설, 다수설 및 판례).

(5) 판례상 인정되고 있는 관습법 : 관습법상 법정지상권, 분묘기지권, 명인방법, 동산의 양도담보, 사실혼 등

(6) 사실인 관습과의 관계 : 관습법은 법으로 재판의 기준이 되지만, 사실인 관습은 법이 아니며 법률행위의 해석기준에 불과하다. 따라서 관습법은 법원의 직권조사사항이나, 사실인 관습은 그 존재를 당사자가 주장 · 입증하여야 한다.

2. 조리

조리는 실정법과 법률행위의 해석의 기준이 될 뿐만 아니라 실정법이나 관습법이 없는 경우에 최후의 보충적인 법원으로서 재판의 준거(기준)가 된다.

3. 판례

판례의 법원성은 부정된다(다수설). 상급법원의 판단이 하급심을 구속하는 것(법원조직법 제8조)은 오직 당해 사건에 한하며, 일반적으로 하급심을 구속하는 효력은 없다.

(판) 헌법재판소의 위헌결정의 효력은 위헌제청을 한 당해 사건, 위헌결정이 있기 전에 이와 동종의 위헌 여부에 관하여 헌법재판소에 위헌여부심판제청을 하였거나 법원에 위헌여부심판제청신청을 한 경우만이 아니라 당해 사건과 따로 위헌제청신청은 하지 아니하였지만 당해 법률 또는 법률의 조항이 재판의 전제가 되어 법원에 계속 중인 사건과 위헌결정 이후에 위와 같은 이유로 제소된 일반 사건에도 미치는 것이다(대판 2001. 10.9. 99다17180).

대표기출유형

다음 중 관습법에 관한 설명으로 가장 적절하지 않은 것은? (단, 다툼이 있는 경우 판례에 의한다)

① 관습이 법이 되기 위해서는 사회구성원간의 관행이 존재여야 한다.
② 관습이 법이 되기 위해서는 관행을 법규범으로 인식하는 승인이 있어야 한다.
③ 관습이 법이 되기 위해서는 관습이 선량한 풍속 기타 사회질서에 반하지 않아야 한다.
④ 분묘기지권은 판례가 인정한 관습법의 예이다.
⑤ 관습법은 성문법과 대등한 효력이 있으므로 관습법으로 성문법을 개폐할 수 있다.

정답 ⑤

해설 관습법은 성문법을 개폐할 수 없고, 성문법을 보충하는 효력이 있다.

테마 02

법률행위의 해석

1 성질

1. 법률행위의 해석이란 당사자가 그 표시행위에 부여한 객관적인 의미를 명백히 확정하는 것으로서, 그것은 당사자의 내심적 의사를 탐구하는 것이 아니라 의사의 객관적 표현이라고 볼 수 있는 표시행위를 대상으로 표시행위의 객관적 의미를 밝히는 것이다. 법률행위는 의사표시를 그 중심요소로 하므로 법률행위의 해석은 궁극적으로 의사표시의 해석으로 귀착된다.
2. 법률행위의 해석은 가치판단이므로 사실문제가 아닌 법률문제이다. 따라서 법률행위의 해석을 잘못한 경우 상고이유가 된다.

2 해석의 종류

1. 입법해석

입법기관이 법을 제정하는 권한에 기초하여 특정한 법규의 내용이나 의미를 밝히는 해석으로, 실질적으로는 하나의 입법이라고 할 수 있다.

2. 확장해석

법규의 자구의 의미를 그 입법 취지에 비추어 보통의 일반적인 의미보다 확장하는 해석을 말한다.

3. 유추해석

당해 사항에 관하여 명문의 규정이 없는 경우에 입법 이유가 동일한 유사한 규정을 찾아 적용하는 해석을 말한다.

4. 당연해석(물론해석)

법규에서 일정한 사항에 대해 일정 효과가 부과된다고 규정하고 있을 때, 그 밖의 방법에 대해서도 사물의 성질상 당연히 일정 효과가 부과된다고 보는 해석을 말한다.

5. 축소해석(제한해석)

확장해석과 반대로 법문이 가지는 뜻보다 축소시키는 해석을 말한다.

6. 반대해석

법문이 규정하는 요건과 반대의 요건이 존재하는 경우에 그 반대의 요건에 대하여 법문과 반대의 법적 판단을 하는 해석이다.

7. 해석의 방법

(1) 자연적 해석(표의자의 시각에서 해석) : 표시의 문자적 · 언어적 의미에 구속되지 아니하고 표의자의 진의(표의자의 내심의 효과의사)를 밝혀 확정하는 것이다.

예 금전을 빌려주면서 빌려주는 자나 빌리는 자가 미국 달러로 생각하면서 한국 화폐단위인 원이라고 표시한 경우에는 표시에도 불구하고 달러라고 해석한다.

(2) 규범적 해석(상대방의 시각에서 해석) : 민사에 관하여 착오인 법률 행위를 해석할 때 외부에 나타난 표시를 신뢰한 상대방을 보호하기 위하여 상대방의 시각에서 법률 행위를 해석하는 것이다.

팁 자연적 해석
1. 자연적 해석이란 어떤 일정한 표시에 관하여 당사자가 사실상 일치하여 이해한 경우에는 그 의미대로 인정하여야 하는 것을 의미한다.
2. 자연적 해석의 경우에는 그릇된 표시에도 불구하고 사실상 일치하여 이해한 의미로 합의가 인정되며, 성립한 계약은 어느 당사자에 의하여 취소될 수 없다.

(3) 보충적 해석(제3자의 시각에서 해석) : 법률 행위에 관하여 당사자의 의사가 빠진 경우에 만약 당사자가 알았다면 취하였을 가상적 의사를 탐구하여 적용하는 해석방법이다.

8. 해석기준 및 순서

(1) 민사에 관한 것 : 당사자가 의도하는 목적 → 사실인 관습 → 임의법규 → 관습법 → 조리(신의성실의 원칙) 등이 법률행위의 해석기준 및 순서가 된다.

(2) 상사적용법규(상법 제1조) : 상법에 규정이 없으면 상관습법에 의하고 상관습법이 없으면 민법의 규정에 의한다.

(3) 사실인 관습 : 법령 중의 선량한 풍속 기타 사회질서에 관계없는 규정과 다른 관습이 있는 경우에 당사자의 의사가 명확하지 아니한 때에는 그 관습에 의한다(민법 제106조).

Ⓔ 오표시무해(誤表示無害)의 원칙(Falsa demonstratio non nocet) : 쌍방의 착오
표의자가 표시를 잘못하였음에도 불구하고 상대방이 표의자의 진의를 올바르게 인식한 경우 표의자가 의도했던 대로 그 효과가 발생하므로 표의자에게 해가 되지 않는다는 원칙을 말한다. 즉, 이 경우 당사자 간에 의사의 완전한 합의가 있기 때문에 당사자의 의도대로 효력이 발생한다(유효하다). 예 계약서에 갑 토지가 아닌 을 토지로 표시한 경우 갑과 병이 그 토지를 갑 토지로 알고 있는 경우

대표기출유형

다음의 사례와 가장 관련이 깊은 법률행위의 해석의 방법은?

> 갑 소유의 금괴 20kg을 을에게 매도하면서 이를 숨기기 위해 매매계약서에는 그들만의 은어를 사용하여 사과 20kg을 매매한다는 내용으로 기재한 경우, 금괴의 매매계약으로써 효력이 있다.

① 유추적 해석　② 문리적 해석　③ 보충적 해석
④ 자연적 해석　⑤ 규범적 해석

정답 ④

해설 표시의 문자적 · 언어적 의미에 구속되지 아니하고 표의자의 진의(표의자의 내심의 효과의사)를 밝혀 확정하는 자연적 해석에 관한 내용이다.

테마 03

미성년자

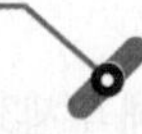

참 제한능력자 제도의 성격
1. 행위능력에 관한 규정은 강행규정이다.
2. 가족법상의 행위능력에 관해서는 총칙편의 행위능력에 관한 일반규정은 적용되지 않는다.

1 미성년자의 행위능력

1. 미성년자(19세 미만)가 법률행위를 함에는 법정대리인의 동의를 얻어야 한다(민법 제5조 본문). 법정대리인의 동의 여부에 대한 입증책임은 그 동의가 있었음을 이유로 법률행위의 유효를 주장하는 자(상대방)에게 있다.
2. 다음의 경우에는 법정대리인의 동의 없이 미성년자가 단독으로 유효하게 행위를 할 수 있다.
   (1) 단순히 권리만을 얻거나 의무만을 면하는 행위(민법 제5조 제1항 단서)
      ① 미성년자가 증여를 받는 증여계약의 체결, 채무면제의 청약에 대한 승낙, 친권자에 대한 부양료청구 등은 단독으로 할 수 있다.
      ② 그러나 부담부증여를 받는 행위, 유리한 매매의 체결, 상속의 승인, 채무변제의 수령은 단독으로 하지 못한다.
   (2) 법정대리인이 범위를 정하여 처분을 허락한 재산의 처분행위(민법 제6조) : 여기서 범위란 사용목적이 아닌, 재산의 범위를 말한다(다수설).
   (3) 법정대리인에 의하여 영업이 허락된 미성년자의 그 영업에 관한 행위(민법 제8조)
      ① 미성년자가 법정대리인으로부터 허락을 얻은 특정한 영업에 관하여는 성년자와 동일한 행위능력이 있다.
      ② 반드시 영업의 종류를 특정하여 허락하여야 한다.
      ③ 특정의 영업을 하는데 직 · 간접으로 필요한 행위를 널리 포함한다. **예** 영업을 위한 자금의 차입이나 점포의 구입, 직원의 고용 나아가 관련 소송행위 등
      ④ 허락을 받은 그 영업에 관해서는 법정대리인의 대리권이 소멸한다.
   (4) 대리행위(민법 제117조) : 대리인은 행위능력자임을 요하지 아니한다.
   (5) 유언행위(민법 제1061조) : 만 17세에 달한 자는 의사능력만 있으면 단독으로 유언을 할 수 있다.
   (6) 무한책임사원자격에 기한 행위(상법 제7조) : 법정대리인의 허락을 얻어 회사의 무한책임사원이 된 경우, 그 사원자격에 의한 행위에 대해서는 능력자로 본다.
   (7) 근로계약의 체결과 임금의 청구(근로기준법 제67조 제1항, 제68조)
   (8) 혼인을 한 미성년자의 행위(민법 제826조의2) : 미성년인 상태에서 이혼을 하여도 성년의제의 효과는 계속된다. 다만 민법 이외의 영역(**예** 선거법, 근로기준법 등)에 있어서는 여전히 미성년자이다.
   (9) 취소행위(민법 제140조) : 미성년자는 능력자가 되기 전에도 취소권이 있으나, 추인권은 없다.

2 법정대리인

1. 친권자

친권을 행사하는 부모는 공동으로 미성년자의 법정대리인이 되어 법률행위에 대해 동의 또는 이를 대리한다.

2. 후견인

(1) 미성년자에게 친권자가 없거나 친권자가 친권의 전부 혹은 일부를 행사할 수 없는 경우 미성년후견인을 두어야 한다.

(2) 미성년후견인의 수는 1명으로 한다.

3. 법정대리인의 권한

(1) 동의권

(2) 대리권 : 대리권은 동의권과 병존하는 것이므로 동의를 준 행위를 법정대리인이 대리할 수도 있다. 다만 영업을 허락한 경우에는 그 범위에서 대리권은 소멸한다. 또한 근로계약이나 임금의 청구도 법정대리인이 대리하지 못한다. 나아가 법정대리인과 미성년자 사이에 이해가 상반되는 사항에 관해서도 대리권이 제한된다.

(3) 취소권 : 취소는 친권자의 경우 일방만으로도 할 수 있고, 미성년자도 단독으로 취소권을 행사할 수 있다.

(4) 추인권

대표기출유형

미성년자의 법률행위에 대한 설명으로 옳지 않은 것은?

① 미성년자는 법정대리인의 동의를 얻어서 법률행위를 할 수 있다.
② 법률행위에 있어서 취소권자는 미성년자와 그 법정대리인이며, 추인권자도 동일하다.
③ 법정대리인이 범위를 정하여 처분을 허락한 재산은 미성년자가 임의로 처분할 수 있다.
④ 미성년자가 권리만을 얻거나 의무만을 면하는 행위의 경우에는 법정대리인의 동의 없이 단독으로 법률행위를 할 수 있다.

정답 ②

해설 추인은 미성년자의 법정대리인이 하는 경우가 아니면 취소의 원인이 소멸한 후에 하여야 하므로 미성년자는 추인할 수 없다(민법 제144조).

오답풀이
① 민법 제5조 제1항 본문 ③ 민법 제6조 ④ 민법 제5조 제1항 단서

테마 04

권리

> 권리의 본질
> 권리의 본질에 대해서는 의사설(Savigny), 이익설(Jhering), 권리부인설(Duguit), 권리법력설(Enneccerus) 등의 학설대립이 있으나, 오늘날의 다수설은 권리법력설이다. 이에 따르면 권리는 일정한 사회적 생활이익을 향수케 하기 위하여 인정된 법률상의 힘이다.

1 권리

1. 의의

권리와 의무의 주체가 될 수 있는 자격이다. 민법상 권리능력을 갖는 자는 사람, 즉 자연인과 법인에 한한다.

2. 권리능력의 시기 및 종기

(1) 시기 : 권리능력의 취득은 출생이라는 사실에 기하여 실체적으로 취득하는 것이지 호적의 기재로 취득하는 것은 아니다. 전부노출설이 민법상 통설이다.

(2) 종기 : 사망만이 유일한 권리능력의 소멸사유이다.

2 권리와 구별되는 개념

1. 권한

타인이 본인 또는 권리자를 위하여 일정한 법률효과를 발생하게 하는 행위를 할 수 있는 법률상의 자격(대리인의 대리권, 이사의 대표권, 선택채권의 선택권)

2. 권능

권리의 내용을 이루는 개개의 법률상의 힘(소유권의 내용인 사용권 · 수익권 · 처분권)

3. 권원

어떤 법률상 또는 사실상의 행위를 하는 것을 정당화시키는 원인(타인의 부동산에 물건을 부속시킬 수 있는 지상권 · 임차권)

> 내용에 따른 권리의 분류
> 1. 인격권 : 생명권, 신체권, 자유권, 명예권, 정조권, 성명권
> 2. 신분권 : 친족권, 상속권
> 3. 재산권 : 물권, 채권, 무체재산권
> 4. 사원권 : 공익권, 자익권

3 작용에 따른 권리의 분류

1. 지배권

물권, 무체재산권, 인격권, 친권, 후견권

2. 청구권

물권적 청구권, 부양청구권, 유아인도청구권, 부부동거청구권, 상속회복청구권

3. 형성권

권리자의 일방적인 의사표시에 의하여 법률관계를 발생 · 변경 · 소멸시키는 권리

(1) 권리자의 의사표시만으로 효과를 발생하는 것 : 법률행위의 동의권, 취소권, 추인권, 최고권, 철회권, 계약해제 및 해지권, 상계권, 매매의 일방예약완결권, 약혼해제권, 재산상속포기권 등

(2) 권리자의 의사표시 외에 법원의 판결이 있어야만 효과를 발생하는 것 : 채권자취소권, 친생부인권, 재판상이혼권, 혼인취소권, 입양취소권, 재판상파양권 등

(3) 청구권으로 불리지만 실질은 형성권인 것 : 공유물분할청구권, 지상권설정자 및 지상권자의 지료증감청구권, 지상권설정자의 지상권소멸청구권, 지상권설정자 및 지상권자의 지상물매수청구권, 전세권설정자의 전세권소멸청구권, 전세권설정자 및 전세권자의 부속물매수청구권, 매수인의 매매대금감액청구권, 임차인 · 전차인의 부속물매수청구권, 임차인의 차임감액청구권, 임대인 및 임차인의 차임증감청구권 등

4. 항변권

타인의 청구권 행사에 대하여 그 작용을 저지할 수 있는 권리

(1) 연기적 항변권 : 동시이행의 항변권, 보증인의 최고 · 검색의 항변권

(2) 영구적 항변권 : 한정승인의 항변권

4 권리의 충돌

1. 물권 상호간의 충돌

(1) 제한물권은 언제나 소유권에 우선한다.

(2) 제한물권 상호간에는 법률에 특별한 규정이 없으면 먼저 성립한 권리가 후에 성립한 권리에 우선한다(순위의 원칙).

2. 물권과 채권의 충돌

(1) 물권은 원칙적으로 채권에 우선한다.

(2) 등기된 부동산임차권, 대항요건과 확정일자를 갖춘 주택임대차는 물권과 동일한 효력이 있다.

3. 채권 상호간의 충돌

(1) 채권 상호간에 있어서는 먼저 채권을 행사한 자가 우선한다(선행의 원칙).

(2) 파산과 강제집행의 경우에는 채권자평등의 원칙이 적용된다.

(팁) 권리의 경합

1. 의의
권리 자체는 여러 개가 발생하지만, 여러 개의 권리가 동일한 이익을 목적으로 하므로 그중 하나를 행사하면 다른 권리는 당연히 소멸된다(불법행위로 인한 손해배상청구권과 채무불이행으로 인한 손해배상청구권).

2. 법조경합
두 개 이상의 법률조문이 존재하지만 하나의 권리규정이 다른 권리규정을 원래부터 배제하여 하나의 권리만 발생하는 경우를 말한다.
예 국가배상법과 민법 제750조 → 국가배상법 규정에 따른 권리만 발생

대표기출유형

다음 중 권리에 대한 설명으로 타당하지 않은 것은?

① 재산적 이익을 내용으로 하는 권리를 재산권이라 한다.
② 권리는 타인을 위하여 그 자에 대하여 일정한 법률효과를 발생하게 하는 행위를 할 수 있는 법률상의 자격이다.
③ 권리는 일정한 이익을 향수케 하기 위하여 법이 부여한 힘이다.
④ 형성권이란 권리자의 일방적 의사표시에 의하여 법률관계를 변동시킬 수 있는 권리이다.

정답 ②

해설 타인을 위하여 그 자에 대해 일정한 법률효과를 발생하게 하는 행위를 할 수 있는 법률상의 자격을 권한이라 한다.

테마 05

부재와 실종

1 부재자의 재산관리

1. 잔류재산의 관리

(1) 재산관리인의 선임 등

① 종래의 주소나 거소를 떠난 자가 재산관리인을 정하지 아니한 때에는 법원은 이해관계인이나 검사의 청구에 의하여 재산관리에 필요한 처분을 명하여야 한다. 본인의 부재 중 재산관리인의 권한이 소멸한 때에도 같다(민법 제22조 제1항).

② 부재자가 스스로 재산관리인을 정한 경우에도 부재자의 생사가 분명하지 아니한 때에는 법원은 재산관리인, 이해관계인 또는 검사의 청구에 의하여 재산관리인을 개임할 수 있다(민법 제23조).

(2) 재산관리인의 직무

① 법원이 선임한 재산관리인은 관리할 재산목록을 작성하여야 한다(민법 제24조 제1항).

② 법원은 그 선임한 재산관리인에 대하여 부재자의 재산을 보존하기 위하여 필요한 처분을 명할 수 있다(민법 제24조 제2항).

(3) 재산관리인의 권한

① 법원이 선임한 재산관리인이 보존행위, 이용·개량행위를 넘는 행위를 함에는 법원의 허가를 얻어야 한다(민법 제25조 전문).

② 법원의 허가결정은 장래의 처분행위뿐만 아니라 기왕의 매매를 추인하는 방법으로도 할 수 있다.

> 팁 재산관리인의 담보제공의무와 보수지급
> - 법원은 그 선임한 재산관리인으로 하여금 재산의 관리 및 반환에 관하여 상당한 담보를 제공하게 할 수 있다(민법 제26조 제1항).
> - 법원은 그 선임한 재산관리인에 대하여 부재자의 재산으로 상당한 보수를 지급할 수 있다(민법 제26조 제2항).

2. 관리의 종료

(1) 부재자가 그 후에 재산관리인을 둔 때, 본인 스스로 재산관리를 할 수 있게 된 때, 본인의 사망이 명백하게 되거나 실종선고가 있는 때에는 법원은 본인 또는 이해관계인의 청구에 의하여 처분명령을 취소하여야 한다.

(2) 법원의 허가를 받은 재산관리인의 처분행위가 그 부재자에 대한 실종선고로 인하여 사망으로 간주되는 시점 이후에 이루어졌다 하더라도 그 상속인에 대하여 효력이 있다(판례).

2 실종선고

1. 실종선고의 요건

(1) 부재자의 생사불명 : 생사불명은 청구권자와 법원에 불분명하면 된다.

(2) 실종기간의 경과 : 보통실종은 5년, 특별실종은 1년

(3) 청구권자의 청구 : 이해관계인 또는 검사의 청구가 있어야 한다. 여기서 이해관계인이란 법률상 이해관계인을 의미하므로 사실상 배우자나 제1순위의 상속인이 따로 있어 제2순위에 불과한 부재자의 종손자 등은 이해관계인에 해당하지 않는다.

(4) 절차상의 요건 : 법원은 6개월 이상의 기간을 정하여 공고하여야 한다.

2. 실종선고의 효과(민법 제28조)

(1) 사망의 의제(간주) : 실종선고가 취소되지 않으면 생존의 반증을 든다 해도 선고의 효력을 부인할 수 없다.

(2) 사망간주시기 : 실종기간이 만료한 때에 사망한 것으로 본다.

(3) 사망으로 간주되는 범위

① 실종선고는 실종자의 주소를 중심으로 사법상의 법률관계만을 종료시키는 것이며, 실종자의 권리능력을 박탈하는 제도가 아니다.

② 실종선고를 받은 자가 생존하여 신주소지에서 또는 돌아와서 새로이 형성한 법률관계에는 사망의제의 효과가 미치지 않는다.

3. 실종선고의 취소

(1) 실종선고의 취소 요건

① 실종자가 생존하고 있는 사실

② 실종기간이 만료한 때와 다른 시기에 사망한 사실

③ 실종기간의 기산점 이후의 어떤 시기에 생존하고 있었던 사실

(2) 취소청구권자 : 본인, 이해관계인, 검사

(3) 실종선고취소의 효과

① 원칙 : 실종선고로 생긴 법률관계는 소급적으로 무효가 된다. 따라서 취소의 원인이 실종자의 생존이면 그의 가족관계와 재산관계가 회복된다.

② 예외 : 실종선고 후 그 취소 전에 선의로 한 행위에는 영향을 미치지 않는다(민법 제29조 제1항 단서). 선의는 법률행위의 양 당사자 모두에게 요구된다(다수설, 판례).

③ 실종의 선고를 직접원인으로 하여 재산을 취득한 자

예 상속인, 수유자, 생명보험수익자 등)가 선의인 경우에는 그 받은 이익이 현존하는 한도에서 반환할 의무가 있고, 악의인 경우에는 그 받은 이익에 이자를 붙여서 반환하고 손해가 있으면 이를 배상하여야 한다(민법 제29조 제2항).

파트1 경영학
파트2 경제학
파트3 법학
파트4 행정학
파트5 공기업 기출문제

대표기출유형

다음은 보통실종에 관한 민법규정이다. 빈칸에 들어갈 말로 가장 적절한 것은?

> 부재자의 생사가 (　　)간 분명하지 아니한 때에는 법원은 이해관계인이나 검사의 청구에 의하여 실종선고를 하여야 한다(민법 제27조 제1항).

① 1년　　② 3년　　③ 5년
④ 10년　　⑤ 30년

정답 ③

해설 부재자의 생사가 5년간 분명하지 아니한 때에는 법원은 이해관계인이나 검사의 청구에 의하여 실종선고를 하여야 한다(민법 제27조 제1항).

테마 06

법인의 기관

1 이사

1. 의의

(1) 이사는 사단법인이든 재단법인이든 상설기관이자 필수적 집행기관이다.

(2) 이사의 수에는 제한이 없으나, 자연인만이 이사가 될 수 있다.

2. 임면과 등기

(1) 이사의 임면방법은 정관의 필요적 기재사항이다.

(2) 이사의 성명 · 주소는 등기사항이다. 따라서 등기하지 않으면 이사의 선임 · 해임 · 퇴임을 가지고 제3자에게 대항할 수 없다.

3. 직무권한

(1) 법인의 대표(대외적 권한)

① 대표권 : 이사는 각자 법인을 대표한다(민법 제59조 제1항 본문). 대표에 관하여는 대리에 관한 규정을 준용한다(민법 제59조 제2항).

② 대표권의 제한

- 이사의 대표권에 대한 제한은 정관에 기재하지 않으면 효력이 없으며(민법 제41조), 등기하지 않으면 제3자에게 그의 선의 · 악의를 불문하고 대항하지 못한다(민법 제60조).
- 이사는 정관 또는 총회의 결의로 금지하지 아니한 사항에 한하여 타인으로 하여금 특정한 행위를 대리하게 할 수 있다(민법 제62조). 그러나 포괄적 대리권의 수여는 인정되지 않는다.

(2) 법인의 업무집행(대내적 권한) : 이사가 수인인 경우에 정관에 다른 규정이 없으면 법인의 사무집행은 이사의 과반수로써 결정한다(민법 제58조 제2항).

4. 이사의 의무와 책임

(1) 이사는 선량한 관리자의 주의로 그 직무를 행하여야 한다(민법 제61조).

(2) 이사가 선관주의의무에 위반하여 법인에 손해를 준 때에는 그 배상책임을 지며, 나아가 의무를 위반한 이사가 여러 명 있는 때에는 연대하여 배상책임을 진다.

5. 직무대행자

직무대행자가 통상사무에 속하지 않는 행위를 하는 경우에는 법원의 허가를 얻어야 한다. 다만 이에 위반한 행위를 한 경우에도 법인은 선의의 제3자에 대하여 책임을 진다(민법 제60조의2).

2 감사

법인은 정관 또는 총회의 결의로 감사를 둘 수 있다(민법 제66조). 따라서 감사는 임의적 감독기관이다. 그리고 감사의 성명 · 주소는 등기사항이 아니다.

법인

1. 의의 : 법인이란 법률에 의하여 권리능력이 인정된 단체 또는 재산을 말한다. 영리법인은 상법에 의해 규율되고, 민법에서 논의되는 것은 비영리법인이다.
2. 법인의 본질 : 법인의 본질에 관한 학설로는 법인의제설 · 법인부인설 · 법인실재설이 있고, 법인실재설 중 사회적 작용설이 현재의 다수설이다.

임시이사

이사가 없거나 결원이 있는 경우에 이로 인하여 손해가 생길 염려가 있는 때에는 법원은 이해관계인이나 검사의 청구에 의하여 임시이사를 선임하여야 한다(민법 제63조).

특별대리인

법인과 이사의 이익이 상반하는 사항에 관하여는 이사는 대표권이 없다. 이 경우에는 특별대리인을 선임하여야 한다.

3 사원총회

1. 의의

사단법인만의 최고 · 필수 의사결정기관이다(민법 제68조).

2. 총회의 전권사항

사단법인의 정관의 변경 및 임의해산은 총회의 전권사항이며, 정관에 의하여서도 이를 박탈하지 못한다.

3. 총회의 결의

(1) 원칙적으로 통지한 사항에 관하여서만 결의할 수 있다(민법 제72조).

(2) 결의권 : 각 사원의 결의권은 원칙적으로 평등하다. 결의권의 행사는 총회에 직접 참석하지 아니하고 서면이나 대리인을 통해서 행사할 수도 있다(민법 제73조 제1항, 제2항).

4. 총회의 종류

(1) 통상총회

(2) 임시총회

① 이사가 필요하다고 인정하는 때(민법 제70조 제1항)

② 감사가 필요하다고 인정하는 때(민법 제67조 제4호)

③ 총사원의 5분의 1 이상의 청구가 있는 때(민법 제70조 제2항) → 소수사원권으로서 정관으로 증감할 수는 있으나 완전히 박탈할 수는 없다.

대표기출유형

민법상 법인의 기관에 관한 설명으로 옳지 않은 것은? (단, 다툼이 있는 경우 판례에 의한다)

① 법인은 이사를 두어야 한다.

② 이사의 선임행위는 위임과 유사한 계약의 성질을 갖는다.

③ 이사는 선량한 관리자의 주의로 그 직무를 행하여야 한다.

④ 법인의 정관에 법인 대표권의 제한에 관한 규정이 있으나 그와 같은 취지가 등기되어 있지 않다면 법인은 그와 같은 정관의 규정에 대하여 제3자에 대하여 대항할 수 없다. 다만 제3자가 악의인 경우에는 그러하지 아니하다.

⑤ 법인은 정관 또는 총회의 결의로 감사를 둘 수 있다.

정답 ④

해설 이사의 대표권은 정관에 의하여 제한할 수 있으나(민법 제59조 제1항 단서), 이사의 대표권에 대한 제한은 등기하지 아니하면 제3자에게 대항하지 못한다(민법 제60조). 이때 제3자의 범위에 관하여 대법원 판례는 선의 · 악의를 불문한다(대판 1992.2.14. 91다24564).

테마 07

권리의 객체

1 물건

1. 물건이라 함은 유체물 및 전기 기타 관리할 수 있는 자연력을 말한다(민법 제98조).
2. 토지 및 그 정착물은 부동산이다. 부동산 이외의 물건은 동산이다(민법 제99조).

2 주물과 종물

> 주물과 종물의 구분
> - 수족관 건물은 횟집 건물의 종물이다.
> - 백화점 건물의 지하 2층 기계실에 설치되어 있는 전화교환설비는 백화점의 종물이다.
> - 낡은 가재도구 등의 보관장소로 사용되고 있는 방과 연탄창고 및 공동변소는 본채에서 떨어져 축조되어있다 하더라도 본채의 각 종물이다.
> - 주유기는 주유소의 종물이지만, 유류저장탱크는 종물이 아니다.

1. 의의

(1) 두 개의 물건 사이에 객관적 · 경제적으로 주종적 결합관계가 있을 때 주가 되는 물건을 주물, 그 부속물을 종물이라 한다.

(2) 종물은 주물의 처분에 따른다(민법 제100조 제2항). 다만 이는 강행규정이 아니다.

2. 종물의 요건

(1) 주물의 상용에 공여되고 있더라도 주물 그 자체의 효용과 직접 관계가 없는 물건은 종물이 아니다. 따라서 책상 · TV · 식기 · 침구 · 난로 등은 가옥의 종물이 아니다.

(2) 종물은 주물의 구성부분이 아니며, 법률상 독립한 물건이다. 예컨대 정화조는 건물의 구성부분이지 종물이 아니며, 토지에 심어져 있는 수목도 그 토지의 일부이지 종물이 아니다. 그리고 종물은 부동산이든 동산이든 상관없다.

(3) 주물과 종물은 동일 소유자에게 속해야 한다. 부동산의 상용에 공하여진 물건일지라도 그 물건이 부동산의 소유자가 아닌 다른 사람의 소유인 때에는 이를 종물이라고 할 수 없다.

3 원물과 과실

1. 의의

(1) 과실 : 물건으로부터 생기는 경제적 수익물

(2) 원물 : 과실을 낳게 하는 물건

2. 천연과실

(1) 의의 : 물건의 용법에 의하여 수취하는 산출물이다(민법 제101조 제1항).
① 자연적 산출물 : 과수의 열매, 우유, 가축의 새끼
② 인공적 산출물 : 광물, 석재, 토사

(2) 소유권의 귀속

> 민법 제201조 제1항에 의하면 선의의 점유자는 점유물의 과실을 취득한다고 규정하고 있는바, 건물을 사용함으로써 얻는 이득은 그 건물의 과실에 준하는 것이므로, 선의의 점유자는 비록 법률상 원인 없이 타인의 건물을 점유 · 사용하고 이로 말미암아 그에게 손해를 입혔다고 하더라도 그 점유 · 사용으로 인한 이득을 반환할 의무는 없다(대판 1996.1.26. 95다44290).

① 분리주의 : 천연과실은 그 원물로부터 분리하는 때에 이를 수취할 권리자에게 속한다(민법 제102조 제1항).
② 천연과실의 수취권자
㉠ 원칙적인 수취권자 : 소유자(민법 제211조)
㉡ 예외적인 과실수취권자 : 선의의 점유자(민법 제201조), 지상권자(민법 제279조), 전세권자(민법 제303조), 유치권자(민법 제323조), 질권자(민법 제343조), 저당권자(민법 제359조), 목적물 인도 전의 매도인(민법 제587조), 사용차주(민법 제609조), 임차인(민법 제618조), 친권자(민법 제923조), 수유자(민법 제1079조) 등

3. 법정과실

(1) 의의 : 물건의 사용대가로 받는 금전 기타 물건이다(민법 제101조 제2항).

① 차임, 지료, 이자 등은 법정과실이다.

② 노동의 대가(임금), 권리사용대가(주식배당금, 특허권 사용료, 건설이자배당)는 법정과실이 아니다.

(2) 소유권 귀속 : 수취할 권리의 존속기간일수의 비율로 취득한다(민법 제102조 제2항).

용 수유자

유증을 받는 사람. 민법 제1079조에서는 '수증자'로 명시되어 있으나, 상속세 및 증여세법 등에서는 다른 유형의 수증자와 구분하기 위해 수유자로 명시한다.

대표기출유형

민법상 종물에 관한 설명으로 옳지 않은 것은? (단, 다툼이 있는 경우 판례에 의한다)

① 종물은 주물의 상용에 이바지하는 관계에 있어야 한다.
② 종물이 되기 위해서는 독립성이 있어야 한다.
③ 원칙적으로 종물이 되기 위해서는 독립성이 있어야 한다.
④ 주유소에 설치된 주유기는 주유소 건물의 종물이다.
⑤ 부동산은 종물이 될 수 없다.

정답 ⑤

해설 종물은 독립한 물건이면 동산·부동산 여부를 불문한다.

테마 08 반사회질서행위

> **동기의 불법**
> 법률행위의 내용은 사회질서에 위반되지 않으나, 법률행위의 동기(의사표시를 하게 된 이유)가 사회질서에 위반하는 경우가 있다. 즉, 이 경우에는 동기가 표시되어 법률행위의 내용이 된 때에 한하여 그 법률행위가 무효가 된다(통설·판례). 예 밀수입의 자금으로 사용하기 위한 소비대차, 매춘을 위한 건물임대차계약 등

1 의의

선량한 풍속 기타 사회질서에 위반한 사항을 내용으로 하는 법률행위는 무효로 한다(민법 제103조).

> 민법 제103조에 의하여 무효로 되는 반사회질서행위는 법률행위의 목적인 권리의무의 내용이 선량한 풍속 기타 사회질서에 위반되는 경우뿐만 아니라 그 내용 자체는 반사회질서적인 것이 아니라고 하여도 법률적으로 이를 강제하거나 법률행위에 반사회질서적인 조건 또는 금전적 대가가 결부됨으로써 반사회질서적 성질을 띠게 되는 경우 및 표시되거나 상대방에게 알려진 법률행위의 동기가 반사회질서적인 경우를 포함한다(대판 1994.3.11. 93다40522).

2 반사회질서행위의 유형

1. 인륜에 반하는 행위

예 자가 부모에 대하여 불법행위에 대한 손해배상을 청구하는 행위, 부부나 친자 등이 동거하지 않기로 하는 계약, 현재의 처와 이혼하고 혼인한다는 계약, 첩계약 등

2. 정의관념에 반하는 행위

예 위증의 대가로 보수를 주겠다는 약정, 장물매매계약, 밀수입을 위한 자금으로 사용하기 위한 소비대차 또는 출자행위, 부정한 청탁 약속, 입찰담합계약 등

3. 개인의 자유를 극도로 제한하는 행위

예 근무 중 결혼하지 않는 것으로 하는 독신계약, 혼인으로 임신하면 당연 퇴사하기로 하는 조건의 여비서 채용계약, 어떠한 일이 있더라도 이혼하지 않겠다는 계약, 노예계약, 인신매매 등

> 해외파견된 근로자가 귀국일로부터 일정기간 소속 회사에 근무하여야 한다는 사규나 약정은 민법 제103조 또는 제104조에 위반된다고 할 수 없고, 일정기간 근무하지 않으면 해외 파견 소요 경비를 배상한다는 사규나 약정은 근로계약기간이 아니라 경비반환채무의 면제기간을 정한 것이므로 근로기준법 제21조에 위배하는 것도 아니다(대판 1982.6.22. 82다카90).

4. 생존의 기초가 되는 재산의 처분행위

예 장래에 취득할 전재산을 양도하는 계약, 사찰의 존립에 필요한 임야를 처분하는 계약, 전답의 관개용수를 포기하는 계약 등

5. 지나치게 사행적인 행위

예 도박자금을 대여하는 계약, 도박으로 부담한 채무의 변제로 토지를 양도하는 계약, 보험금을 취득할 목적으로 체결된 생명보험계약 등

6. 부동산의 이중매매행위

(1) 원칙 : 자유경쟁의 원리상 원칙적으로 허용된다.

(2) 예외 : 매도인의 배임행위에 적극적으로 가담한 경우에는 반사회적 불법행위에 해당한다.

예 매도인이 이미 매수인에게 부동산을 매도하였음을 제2매수인이 잘 알면서도, 소유권명의가 매도인에게 남아 있음을 기회로 매도인에게 이중매도를 적극 권유하여 그 소유권이전등기를 한 경우는 무효이다(판례). 매도인이 타인에게 매도한 부동산임을 알면서 증여받는 행위도 무효이다.

3 반사회질서행위의 효과

사회질서에 위반하는 법률행위는 무효이다(절대적 무효).

1. 이행 전인 경우

이행을 할 필요가 없고 또 상대방도 그 이행을 청구할 수 없다.

2. 이행 후인 경우

사회질서에 위반하는 법률행위에 기하여 급부한 것은 불법원인급여로서 그 이익의 반환을 청구하지 못한다(수익자에게 확정적으로 귀속된다). 다만, 폭리행위에 있어서는 불법원인은 수익자에게만 있으므로 피해자는 급여한 것의 반환을 청구할 수 있다. 그러나 폭리자는 자신이 급여한 것의 반환을 청구할 수 없다(민법 제746조).

대표기출유형

다음 중 민법 제103조의 반사회적 법률행위에 관한 설명으로 옳지 않은 것은? (단, 다툼이 있는 경우 판례에 의한다)

① 노동법을 토대로 하여 그 노름빚을 변제하기로 약정하는 계약은 선량한 풍속과 사회질서에 반하여 무효이다.

② 선량한 풍속 기타 사회질서에 위반한 사항을 내용으로 하는 법률행위는 무효로 한다. 다만 선의의 제3자에게 대항할 수 없다.

③ 선량한 풍속이란 사회의 일반적인 도덕관념이나 윤리관념을 의미한다.

④ 사회질서란 평화와 질서를 유지하기 위해 국민이 지켜야 할 공공의 질서 또는 일반규범을 의미한다.

⑤ 처(妻)가 있는 남자가 타인과 혼인하기로 예약한 것은 무효이다.

정답 ②

해설 선량한 풍속 기타 사회질서에 위반한 사항을 내용으로 하는 법률행위는 무효로 한다(민법 제103조). 이는 절대적 무효로 선의의 제3자도 이에 대항할 수 없다.

테마 09

비진의의사표시와 통정허위표시

비진의의사표시	상대방이 모르는 경우 : 유효
	상대방이 알았거나 알 수 있었을 경우 : 무효 ⇨ 선의의 제3자에게 대항하지 못한다.
통정허위표시	무효 ⇨ 선의의 제3자에게 대항하지 못한다.

관련규정

- 제107조(진의 아닌 의사표시) ① 의사표시는 표의자가 진의 아님을 알고 한 것이라도 그 효력이 있다. 그러나 상대방이 표의자의 진의 아님을 알았거나 이를 알 수 있었을 경우에는 무효로 한다.
  ② 전항의 의사표시의 무효는 선의의 제삼자에게 대항하지 못한다.
- 제108조(통정한 허위의 의사표시) ① 상대방과 통정한 허위의 의사표시는 무효로 한다.
  ② 전항의 의사표시의 무효는 선의의 제삼자에게 대항하지 못한다.

1 비진의의사표시(진의 아닌 의사표시, 심리유보, 민법 제107조)

1. 원칙적으로 유효하다. ⇨ 표시된 대로 효력을 발생한다.
2. 상대방이 표의자의 진의 아님을 알았거나 알 수 있었을 경우는 무효이다. ⇨ 표시된 대로 효력이 나타나지 않는다.
3. 무효인 경우 ⇨ 선의의 제3자에게 대항하지 못한다.
4. 상대방 있는 법률행위나 상대방 없는 법률행위에 모두 적용된다.
5. 가족법상의 법률행위에는 적용되지 않는다. 당사자의 진의를 절대적으로 필요로 하기 때문이다.
6. 어음행위나 주식인수의 청약(상법 제302조 제3항), 행정처분과 같이 획일적으로 처리가 필요한 경우에는 비진의의사표시이더라도 민법 제107조 제1항 단서가 적용되지 않고 언제나 유효하다.

2 통정허위표시(가장행위, 민법 제108조)

1. 당사자 사이에는 언제나 무효이다. 즉, 이행하지 않은 경우에는 이행할 필요가 없고, 이행한 후에는 허위표시로 이익을 받은 자가 부당이득반환의무를 진다.
2. 허위표시를 하게 된 동기나 목적은 상관없다. 그리고 허위표시 그 자체는 불법이 아니기 때문에 허위표시만을 이유로 해서는 민법 제746조(불법원인급여를 한 때 반환청구금지)의 적용은 없다.
3. 선의의 제3자에게는 대항하지 못한다. 선의이면 되고 무과실은 요건이 아니다(판례).

제3자에 해당하는 경우	• 가장매매에 기한 대금채권의 양수인 • 가장매매의 매수인에 대한 압류채권자 • 통정허위표시에 의한 채권을 가압류한 자 • 가장소비대차의 대주가 파산선고를 받은 경우 그 파산관재인 • 가장매매의 매수인으로부터 그 목적부동산을 다시 매수한 자 • 가장매매의 매수인으로부터 저당권을 설정받은 자 • 가장매매의 매수인으로부터 매매계약에 의한 소유권이전등기청구권 보전을 위한 가등기를 취득한 자

제3자에 해당하지 않는 경우	• 채권의 가장양도에 있어서의 채무자 • 가장매매에 기한 손해배상채권의 양수인 • 가장양수인의 일반채권자 • 가장매매의 매수인으로부터 그 지위를 상속받은 선의의 상속인 • 채권의 가장양수인으로부터 추심목적으로 양수받은 자 • 저당권 등 제한물권이 가장 포기된 경우에 있어서 기존의 후순위제한물권자 • 가장행위로서의 제3자를 위한 계약에 있어서의 제3자

통정허위표시의 무효를 대항할 수 없는 제3자란 허위표시의 당사자 및 포괄승계인 이외의 자로서 허위표시에 의하여 외형상 형성된 법률관계를 토대로 새로운 법률원인으로써 이해관계를 갖게 된 자를 말한다(대판 1982.5.25. 80다1403).

허위의 매매에 의한 매수인으로부터 부동산의 권리를 취득한 3자는 특별한 사정이 없는 한 선의로 추정할 것이므로 위 표시를 한 부동산 양도인이 제3자에 대하여 소유권을 주장하려면 그 제3자의 악의임을 입증할 필요가 있다할 것이다(대판 1970.9.29. 70다466).

4. 계약에 한하지 않고 상대방 있는 단독행위에도 적용된다. 그러나 상대방 없는 단독행위나 합동행위는 상대방이 없으므로 적용되지 않는다.
5. 신분행위에서는 본인의 진의가 중요하므로 허위표시는 언제나 무효이며 제3자에 대해서도 무효이다.
6. 통정허위표시도 채권자취소권의 대상이 된다(판례).

신탁행위의 통정허위표시
당사자 사이에 일정한 경제적 목적에 의한 제한이 있으나, 실제로 소유권이전 또는 채권양도라는 법률효과를 의욕하고 있으므로 허위표시가 되지 않는다. 예 양도담보, 추심을 위한 채권양도, 명의신탁 등

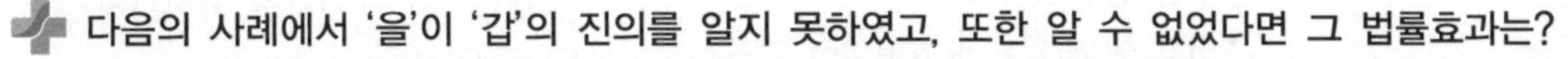

다음의 사례에서 '을'이 '갑'의 진의를 알지 못하였고, 또한 알 수 없었다면 그 법률효과는?

갑은 자신이 소유한 A 카메라를 을에게 증여한다는 의사표시를 하였다. 그러나 갑은 을에게 A 카메라를 증여할 진의가 없었다.

① '갑'의 증여의 의사표시는 유효이다.
② '갑'의 증여의 의사표시는 무효이다.
③ '갑'의 증여의 의사표시를 취소할 수 있다.
④ '갑'은 증여의 의사표시를 해제할 수 있다.
⑤ '갑'은 증여의 의사표시를 해지할 수 있다.

정답 ①

해설 의사표시는 표의자가 진의아님을 알고 한 것이라도 그 효력이 있다. 그러나 상대방이 표의자의 진의아님을 알았거나 이를 알 수 있었을 경우에는 무효로 한다(민법 제107조 제1항).

테마 10

착오

관련규정

- 제109조(착오로 인한 의사표시) ① 의사표시는 법률행위의 내용의 중요부분에 착오가 있는 때에는 취소할 수 있다. 그러나 그 착오가 표의자의 중대한 과실로 인한 때에는 취소하지 못한다.
  ② 전항의 의사표시의 취소는 선의의 제삼자에게 대항하지 못한다.
- 제110조(사기, 강박에 의한 의사표시) ① 사기나 강박에 의한 의사표시는 취소할 수 있다.
  ② 상대방있는 의사표시에 관하여 제삼자가 사기나 강박을 행한 경우에는 상대방이 그 사실을 알았거나 알 수 있었을 경우에 한하여 그 의사표시를 취소할 수 있다.
  ③ 전2항의 의사표시의 취소는 선의의 제삼자에게 대항하지 못한다.

1 착오의 유형

1. 표시상의 착오

표시행위 자체를 잘못하는 경우(오기, 오담)

예 매매계약서에 3만 원으로 기재하려고 하였으나 3천 원으로 한 경우

2. 내용상의 착오

표시행위가 가지는 내용적 의미에 착오가 있는 경우

예 임대차와 사용대차를 같은 의미로 생각하여 임대차계약으로 표시하여야 할 것을 사용대차계약이라고 표시한 경우, 오천 엔을 오천 원으로 표시한 경우

3. 동기의 착오

표의자가 의사표시를 하게 된 동기(의사형성의 과정)에서의 착오

예 신공항이 건설된다고 생각하고 토지를 매수한 경우

4. 표시기관의 착오

표시기관(중개자)이 표의자의 의사와 다르게 표시한 경우

2 착오의 효과

1. 법률행위의 내용의 중요부분에 착오가 있는 때에는 그 의사표시를 취소할 수 있다.

중요부분의 착오로 보는 경우	중요부분의 착오로 보지 않는 경우
• 토지의 현황 · 경계에 대한 착오 • 채무보증에 있어서 채무자에 대한 착오 • 담보부채권을 잘못 생각하여 무담보채권으로 갱신하는 경우 • 저당가옥의 평가를 잘못하여 다액의 저당권을 설정한 경우 • 사람 및 목적물의 동일성의 착오	• 토지의 면적 · 시가에 대한 착오 • 지적이 실제면적보다 부족이 있는 경우 • 매매목적물이 타인소유임을 알지 못하는 것 • 고리대금업자인줄 모르고 금전소비대차계약을 체결한 경우 • 매도인이 갑이라고 생각하였는데 실제는 동생인 을인 경우

본건 토지 답 1,389평을 전부 경작할 수 있는 농지인 줄 알고 매수하여 그 소유권이전등기를 마쳤으나 타인이 경작하는 부분은 인도되지 않고 있을 뿐 아니라 측량결과 약 600평이 하천을 이루고 있어 사전에 이를 알았다면 매매의 목적을 달할 수 없음이 명백하여 매매계약을 체결하지 않았을 것이므로 위 토지의 현황 경계에 관한 착오는 본건 매매계약의 중요부분에 대한 착오라 할 것이다(대판 1968.3.26. 67다2160).

2. 중요부분에 대한 착오이더라도 그 착오가 표다.
3. 동기의 착오도 동기가 표시되어 계약의 내용으로 된 경우에는 착오로 인정될 수 있다. 다만, 상대방에 의해 유발된 동기의 착오는 표시유무를 불문하고 중요부분의 착오로 취급되어 취소할 수 있다(판례).

   예 귀속재산이 아닌데도 공무원이 귀속재산이라고 하여 토지소유자가 토지를 국가에 증여한 경우, 공무원의 법령 오해에 터잡아 토지소유자가 토지를 국가에 증여한 경우, 채무자가 과거 연체가 없었다는 채권자의 진술을 믿고 신용보증기금이 신용보증을 선 경우
4. 착오에 의한 의사표시의 취소는 선의의 제3자에게 대항하지 못한다.
5. 신분행위에 대한 착오는 그 효력이 없다(무효). 즉, 중과실이라도 유효를 주장할 수 없다. 그리고 외형을 신뢰하여 행하여지는 어음 · 수표행위에는 그 적용이 제한된다.
6. 화해계약은 원칙적으로 착오를 이유로 하여 취소하지 못한다(민법 제733조).
7. 착오와 사기가 경합할 때에 표의자는 선택적으로 주장이 가능하다.
8. 착오와 하자담보책임이 경합할 때에 표의자는 하자담보책임만 주장할 수 있다.

파트1 경영학
파트2 경제학
파트3 법학
파트4 행정학
파트5 공기업 기출문제

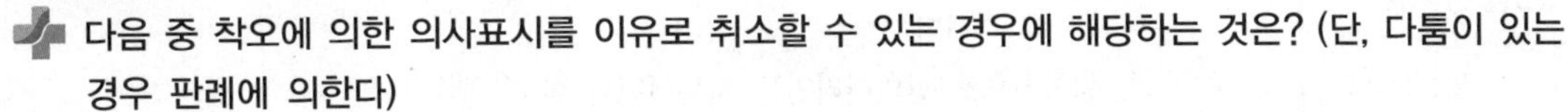

다음 중 착오에 의한 의사표시를 이유로 취소할 수 있는 경우에 해당하는 것은? (단, 다툼이 있는 경우 판례에 의한다)

① 토지매도인이 토지소유자가 아닌 경우
② 농지인 줄 알고 매수하였으나 실제로는 상당부분이 하천인 경우
③ 토지를 시가보다 비싸게 산 경우
④ 공장을 짓기 위하여 토지를 매수하였으나 이후 관할관청에 알아본 결과 공장설립허가가 허용되지 않는 토지인 경우

정답 ②

해설 토지의 현황 · 경계에 대한 착오로 취소할 수 있다(대판 1968.3.26. 67다2160).

오답풀이

① 대판 1959.9.24. 4290민상627
③ 대판 1985.4.23. 84다카890
④ 대판 1997.4.11. 96다31109

테마 11

대리권

1 대리권의 발생

구분	발생원인
법정대리	• 법률의 규정 : 친권자, 후견인 • 지정권자의 지정 : 지정후견인, 지정유언집행자 • 법원의 선임 : 부재자재산관리인, 상속재산관리인, 유언집행자
임의대리	본인의 대리권수여행위(수권행위)

2 대리의 종류

구분		법정대리	임의대리
발생원인		법률의 규정	수권행위(상대방 있는 단독행위)
대리권의 범위		법률의 규정	대리권수여범위 내(민법 제118조)
복임권	선임권	언제나 선임 가능	본인의 승낙 또는 부득이한 사유에 한해 가능
	책임	무과실책임	선임 · 감독에 관한 과실책임

3 대리권의 범위와 제한

1. 대리권의 범위

(1) 임의대리

① 임의대리에서의 대리권은 수권행위에 의해서 결정된다.

② 권한을 정하지 아니한 대리인은 다음의 행위만을 할 수 있다(민법 제118조).

㉠ 보존행위

㉡ 대리의 목적인 물건이나 권리의 성질을 변하지 아니하는 범위에서 그 이용 또는 개량하는 행위

③ 원칙적으로 임의대리인은 처분행위를 할 수 있다.

(2) 법정대리 : 법정대리는 법률의 규정에 의해 그 권한의 범위가 정하여진다.

2. 대리권의 제한

(1) 자기계약과 쌍방대리의 금지(민법 제124조)

① 자기계약과 쌍방대리는 본인의 이익도모를 위한 대리제도의 본질에 어긋나기 때문에 원칙적으로 금지되나, 본인의 허락이 있거나 본인의 이익을 해할 염려가 없는 경우(채무의 이행)에는 허용된다. 예 부동산이전등기신청, 미성년자에게 이익만이 있는 친권자의 자기계약이나 쌍방대리 등

② 법정대리 · 임의대리 모두 적용된다.

팁 대리권

1. 대리제도는 타인의 행위를 이용하여 본인의 활동범위를 확장하는 기능(사적 자치의 확장, 임의대리)과 제한능력자의 행위능력을 보충하는 기능(사적 자치의 보충, 법정대리)을 한다.
2. 대리행위를 한 자는 대리인이지만 대리행위의 효과는 법률의 규정에 의하여 본인에게 돌아가는 것이다(대리인행위설, 통설).

팁 현명주의

1. 의의
대리인의 행위가 대리인 자신이 아닌 본인에게 효과를 발생시키기 위해서는 대리인이 대리행위를 할 때에 반드시 대리의사, 즉 본인을 위한 것임을 표시하여야 하는데 이것을 현명주의라고 한다(민법 제114조).
2. 현명하지 않은 경우
① 대리인이 본인을 위한 것임을 표시하지 않고서 한 의사표시는 그 대리인 자신을 위한 것으로 본다(민법 제115조 본문).
② 상대방이 대리인으로서 한 것임을 알았거나 알 수 있었을 경우에는 그 의사표시는 대리행위로서 효력을 발생한다(민법 제115조 단서).
3. 예외
비개성적인 상행위에는 현명주의가 적용되지 않는다. ⇨ 상행위의 대리인이 본인을 위한 것임을 표시하지 아니하여도 그 행위는 본인에 대하여 효력이 있다(상법 제48조).

③ 자기계약 · 쌍방대리의 금지에 위반한 행위의 효력은 절대무효가 아니라 무권대리행위가 된다. 따라서 본인에 대하여 효력을 발생하지 않으나, 본인이 이를 나중에 추인하면 유효하게 된다.

(2) 공동대리

① 각자대리의 원칙 : 대리인이 수인인 때에는 각자가 본인을 대리한다(민법 제119조 본문).

② 공동대리의 예외 : 법률 또는 수권행위에 다른 정한 바가 있는 때에는 공동으로 대리하여야 한다(민법 제119조 단서).

4 대리권의 소멸(민법 제127조, 제128조)

임의대리 · 법정대리(공통의 소멸사유)	임의대리만의 소멸사유
• 본인의 사망 • 대리인의 사망 • 대리인의 성년후견의 개시 • 대리인의 파산	• 원인된 법률관계의 종료 • 수권행위의 철회 • 본인의 파산(다수설)

5 대리행위의 하자(민법 제116조)

1. 의사표시의 효력이 의사의 흠결, 사기, 강박 또는 어느 사정을 알았거나 과실로 알지 못한 것으로 인하여 영향을 받을 경우에 그 사실의 유무는 대리인을 표준하여 결정한다.
2. 특정한 법률행위를 위임한 경우에 대리인이 본인의 지시에 좇아 그 행위를 한 때에는 본인은 자기가 안 사정 또는 과실로 인하여 알지 못한 사정에 관하여 대리인의 부지를 주장하지 못한다.

대표기출유형

다음 중 대리권에 관한 설명으로 적절하지 않은 것은? (단, 다툼이 있는 경우 판례에 의한다)

① 미성년자의 친권자는 법정대리인이다.

② 가정법원이 선임한 부재자재산관리인은 법정대리인이다.

③ 위임과 대리권수여는 별개의 독립된 행위이다.

④ 원칙적으로 권한을 정하지 아니한 임의대리인은 처분행위를 할 수 있다.

⑤ 수권행위는 방식에 제한이 없는 불요식 행위이다.

정답 ④

해설 원칙적으로 권한을 정하지 아니한 임의대리인은 처분행위를 할 수 없다(민법 제118조).

테마 12 조건

1 조건의 종류

1. 정지조건, 해제조건

(1) 정지조건 : 법률행위 효력의 발생을 장래의 불확실한 사실에 의존시키는 조건이다.

(2) 해제조건 : 법률행위 효력의 소멸을 장래의 불확실한 사실에 의존케 하는 조건이다.

2. 불법조건

조건이 선량한 풍속 기타 사회질서에 위반한 것인 때를 말하며, 불법조건 있는 법률행위는 법률행위 전부를 무효로 한다(민법 제151조 제1항).

3. 기성조건

조건이 법률행위 성립 당시 이미 성취되고 있는 경우를 말한다. 기성조건이 정지조건이면 조건 없는 법률행위로 하고, 해제조건이면 그 법률행위는 무효이다(민법 제151조 제2항).

4. 불능조건

조건이 법률행위의 당시에 이미 성취할 수 없는 경우를 말한다. 불능조건이 해제조건이면 조건 없는 법률행위로 하고, 정지조건이면 그 법률행위는 무효로 한다(민법 제151조 제3항).

기성조건	정지조건인 경우 : 조건 없는 법률행위로 된다(유효).
	해제조건인 경우 : 무효인 법률행위로 된다(무효).
불능조건	정지조건인 경우 : 무효인 법률행위로 된다(무효).
	해제조건인 경우 : 조건 없는 법률행위로 된다(유효).

2 조건을 붙일 수 없는 법률행위

1. 공익상의 불허

가족법상의 행위, 어음 및 수표행위

2. 사익상의 불허

단독행위(취소, 추인, 해제, 선택채권의 선택, 상계). 그러나 채무면제나 유증과 같이 상대방에게 이익을 줄 뿐인 단독행위에는 조건을 붙일 수 있다.

3. 조건을 붙일 수 없는 행위에 조건을 붙인 경우

법률의 규정이 있는 경우는 그에 따르고(어음법 및 수표법 등), 법률의 규정이 없는 경우는 법률행위 전체가 무효로 된다.

용 조건의 의의
조건은 법률행위의 효력의 발생 또는 소멸을 장래의 불확실한 사실에 의존하게 하는 법률행위의 부관을 말한다.
1. 조건은 법률행위의 성립에 관한 것이 아니고, 효력의 발생 또는 소멸에 관한 것이다.
2. 조건이 되는 사실은 장래의 사실로서, 발생여부가 불확실한 것이어야 한다.
3. 조건은 법률행위의 내용의 일부이므로, 당사자가 임의로 정한 것이어야 한다. 이른바 법정조건은 조건이 아니다.

용 수의조건
조건의 성부가 당사자의 일방적인 의사에 의존하는 것을 내용으로 하는 조건을 말한다.
1. 순수수의조건
오직 당사자의 일방적 의사에만 조건성취가 의존되는 것⇨무효
예 내 마음이 내키면 자동차를 한 대 주겠다. 내가 원할 때 10만 원을 준다.
2. 단순수의조건
당사자의 일방적 의사에 의존하지만 그 외에 다른 사실상태의 성립을 요구하는 것⇨유효
예 내가 이민가면 쓰던 자동차를 주겠다.

3 조건부 법률행위의 효력

1. 조건의 성부 확정 전의 효력(조건부권리)

(1) 조건 있는 법률행위의 당사자는 조건의 성부가 미정인 동안에 조건의 성취로 인하여 생길 상대방의 이익을 해하지 못한다(민법 제148조).

(2) 조건부권리도 일반의 규정에 따라 이를 처분 · 상속 · 보존 또는 담보로 할 수 있다(민법 제149조).

2. 조건의 성부 확정 후의 효력

(1) 정지조건있는 법률행위는 조건이 성취한 때로부터 그 효력이 생긴다(민법 제147조 제1항). 불성취로 확정되면 무효로 된다.

(2) 해제조건 있는 법률행위는 조건이 성취한 때로부터 그 효력을 잃는다(민법 제147조 제2항). 불성취로 확정되면 소멸하지 않는 것으로 확정된다.

(3) 조건성취의 효력은 원칙적으로 소급하지 않는다. 그러나 당사자가 조건성취의 효력을 그 성취 전에 소급하게 할 의사를 표시한 때에는 그 의사에 의한다(민법 제147조 제3항).

조건성취 · 불성취에 대한 반신의행위

1. 조건의 성취로 인하여 불이익을 받을 당사자가 신의성실에 반하여 조건의 성취를 방해한 때에는 상대방은 그 조건이 성취한 것으로 주장할 수 있다(민법 제150조 제1항).
2. 조건의 성취로 인하여 이익을 받을 당사자가 신의성실에 반하여 조건을 성취시킨 때에는 상대방은 그 조건이 성취하지 아니한 것으로 주장할 수 있다(민법 제150조 제2항).

대표기출유형

민법상 조건과 기한에 관한 설명으로 옳지 않은 것은? (단, 다툼이 있는 경우 판례에 의한다)

① 조건이 선량한 풍속 기타 사회질서에 위반한 것일 때에는 그 법률행위는 조건 없는 법률행위로 본다.

② 당사자가 조건실행의 효력을 그 성취 전에 소급하게 할 의사를 표시한 경우에는 그 의사에 의하여 소급효가 인정된다.

③ 상가분양계약에서 중도금지급기일을 '1층 골조공사 완료 시'로 하는 것은 불확실 기한이다.

④ 민법은 당사자의 특약이나 법률행위의 실정에 비추어 반대의 취지가 명백하지 않은 한 기한은 채무자의 이익을 위한 것으로 추정한다.

⑤ 불특정사실이 발생한 때를 이행 기한으로 정한 경우에는 그 사실의 발생이 불가능한 것으로 확정한 때에는 기한은 도래한 것으로 본다.

정답 ①

해설 조건이 선량한 풍속 기타 사회질서에 위반한 것인 때에는 그 법률행위는 무효로 한다(민법 제151조 제1항).

테마 13

소멸시효

1 시효의 의의

시효는 일정한 사실상태가 일정한 기간 계속되는 경우에 이 사실상태가 진실한 권리관계와 일치하느냐의 여부를 묻지 않고, 그대로 그것을 존중하여 권리관계로까지 높이려는 제도이다. 시효에는 일정한 기간 타인의 물건을 점유하는 자에게 그 물건에 관한 권리를 취득시키는 취득시효와 일정한 기간 권리를 행사하지 않는 자에게 그 권리를 소멸시키려는 소멸시효가 있다.

> 시효제도의 근거
> 1. 사회질서와 법률생활의 안정
> 2. 증거보전의 곤란 구제
> 3 권리위에 잠자는 자는 보호받지 못한다.

2 소멸시효와 제척기간의 비교

구분	소멸시효	제척기간
소급효	소급	불소급
중단제도	인정	불인정
정지제도	인정	불인정
법원의 직권고려 여부	당사자의 원용 필요	직권 고려
이익의 포기	시효 완성 후의 이익포기 가능	불인정
기간의 단축여부	단축, 경감은 가능	불가능

3 소멸시효의 대상

> • 부동산매수인이 목적 부동산을 인도받아 계속 점유하는 경우에는 그 소유권이전등기청구권의 소멸시효가 진행하지 않는다(대판[전합] 1976.11.6. 76다148).
> • 부동산의 매수인이 그 부동산을 인도받은 이상 이를 사용·수익하다가 그 부동산에 대한 보다 적극적인 권리 행사의 일환으로 다른 사람에게 그 부동산을 처분하고 그 점유를 승계하여 준 경우에도 그 이전등기청구권의 행사 여부에 관하여 그가 그 부동산을 스스로 계속 사용·수익만 하고 있는 경우와 특별히 다를 바 없으므로 위 두 어느 경우에나 이전등기청구권의 소멸시효는 진행되지 않는다고 보아야 한다(대판[전합] 1999.3.18. 98다32175).

1. 소멸시효에 걸리는 권리

원칙적으로 소유권을 제외한 모든 재산권이 소멸시효의 대상이 된다. 채권은 물론 지상권·지역권 같은 용익물권은 소멸시효에 걸린다. 그리고 재산적 성격을 가지는 공법상의 권리도 소멸시효에 걸린다.

2. 소멸시효에 걸리지 않는 권리

(1) 소유권과 그 파생 권리인 물권적 청구권, 상린권, 공유물분할청구권

(2) 담보물권 : 부종성 때문에 피담보채권이 존재하는 한 담보물권만이 소멸시효에 걸리는 일은 없다.

(3) 형성권 : 형성권은 제척기간의 대상이 되는 권리로서, 그 성질상 불행사라는 사실상태가 있을 수 없으므로 소멸시효에 걸리지 않는다.

(4) 지적소유권·광업권·어업권 등

(5) 점유권

(6) 비재산권 : 다만, 가족법상의 권리 중에서도 재산적 색채가 강한 것(부부간의 재산에 관한 권리, 상속재산에 관한 권리 등)은 소멸시효에 걸린다.

4 소멸시효기간

1. 일반채권은 10년, 상행위로 인한 채권은 5년의 소멸시효에 걸린다.

2. 3년의 단기소멸시효에 걸리는 채권(민법 제163조)

(1) 이자, 부양료, 급료, 사용료 기타 1년 이내의 기간으로 정한 금전 또는 물건의 지급을 목적으로 한 채권

(2) 의사, 조산원, 간호원 및 약사의 치료, 근로 및 조제에 관한 채권

(3) 도급받은 자, 기사 기타 공사의 설계 또는 감독에 종사하는 자의 공사에 한 채권

(4) 변호사, 변리사, 공증인, 공인회계사 및 법무사에 대한 직무상 보관한 서류의 반환을 청구하는 채권

(5) 변호사, 변리사, 공증인, 공인회계사 및 법무사의 직무에 관한 채권

(6) 생산자 및 상인이 판매한 생산물 및 상품의 대가

(7) 수공업자 및 제조자의 업무에 관한 채권

3. 1년의 단기소멸시효에 걸리는 채권(민법 제164조)

(1) 여관, 음식점, 대석(貸席), 오락장의 숙박료, 음식료, 대석료, 입장료, 소비물의 대가 및 체당금의 채권

(2) 의복, 침구, 장구 기타 동산의 사용료의 채권

(3) 노역인, 연예인의 임금 및 그에 공급한 물건의 대금채권

(4) 학생 및 수업자의 교육, 의식 및 유숙에 관한 교주, 숙주, 교사의 채권

4. 판결 등에 의하여 확정된 채권(민법 제165조)

(1) 단기시효채권이어도 판결에 의하여 확정되면 그 소멸시효기간이 10년으로 된다. 재판상의 화해, 조정 기타 판결과 동일한 효력이 있는 것에 의하여 확정된 채권도 마찬가지이다.

(2) 확정판결로 주채무의 소멸시효기간이 10년으로 연장되어도, 보증채무의 소멸시효기간이 10년으로 연장되지는 않는다.

소멸시효의 기산점

1. 확정기한부 채권 : 기한이 도래한 때
2. 불확정기한부 채권 : 기한이 객관적으로 도래한 때
3. 기한을 정하지 않은 채권 : 채권이 성립한 때
4. 정지조건부 채권 : 조건이 성취된 때
5. 부작위채권 : 위반행위를 한 때
6. 동시이행항변권이 붙은 채권 : 이행기가 도래한 때
7. 채무불이행으로 인한 손해배상채권 : 채부불이행이 발생한 때(판례)

파트1 경영학
파트2 경제학
파트3 법학
파트4 행정학
파트5 공기업 기출문제

대표기출유형

다음 중 1년의 단기소멸시효에 걸리는 채권이 아닌 것은?

① 의사, 조산사, 간호사 및 약사의 치료, 근로 및 조제에 관한 채권
② 여관, 음식점, 대석, 오락장의 숙박료, 음식료, 대석료, 입장료, 소비물의 대가 및 체당금의 채권
③ 의복, 침구, 장구 기타 동산의 사용료의 채권
④ 노역인, 연예인의 임금 및 그에 공급한 물건의 대금채권

정답 ①

해설 의사, 약사 등의 치료 및 조제에 관한 채권은 3년의 단기소멸시효를 가진다(민법 제163조 제2호).

테마 14

채권자대위권

> 채권자대위권이란 채권자가 자기의 채권을 보전하기 위하여 자기 이름으로 채무자의 권리를 행사할 수 있는 권리이다(민법 제404조 제1항).

> 채무자의 무자력을 요건으로 하지 않는 경우
> 1. 의료인이 그의 치료비청구권을 보전하기 위하여 채무자인 환자가 국가에 대하여 갖는 국가배상청구권을 대위행사하는 경우
> 2. 임대차보증금반환채권의 양수인이 임대인의 임차인에 대한 임차가옥명도청구권을 대위행사하는 경우

1 요건

1. 채권자가 자기의 채권을 보전할 필요가 있을 것

(1) 채권보전의 필요성

① 금전채권 : 원칙적으로 채무자의 무자력을 요건으로 하나, 예외적으로 판례는 채무자의 무자력을 요구하고 있지 않다.

② 특정채권 : 등기청구권이나 방해배제청구권 등과 같이 채무자의 자력과 무관한 특정채권의 보전을 위한 대위의 경우에는 채무자의 무자력은 요건이 아니다.

(2) 피보전채권(채권자의 채권)

① 채권자대위권을 행사하려면 피보전채권이 존재하여야 한다. 재판상 대위의 경우 피보전채권이 존재하지 않으면 부적법각하한다(판례).

② 피보전채권이 채무자의 제3채무자에 대한 권리보다 먼저 성립하여야 하는 것은 아니다.

③ 피보전채권은 보전의 필요성이 인정되고 이행기가 도래한 것이면 족하고, 제3채무자에게 대항할 수 있는 것임을 요하지 않는다.

④ 널리 청구권을 의미하며 물권도 청구권도 포함된다.

2. 채무자가 스스로 그의 권리를 행사하지 않을 것

(1) 채무자가 스스로 권리를 행사한 이상은 채권자대위권을 행사할 수 없다.

(2) 채무자가 그 권리를 행사한 때에는 그 권리행사가 부적절하여도 채권자는 대위권을 행사할 수 없다.

3. 채권자의 채권이 이행기에 있을 것

(1) 채권의 이행기가 도래하기 전에는 원칙적으로 대위권의 행사가 허용되지 않는다.

(2) 예외적으로 재판상 대위(법원의 허가)나 보존행위는 이행기 전이라도 가능하다(민법 제404조 제2항).

2 채권자대위권의 객체

1. 대위권의 객체가 되는 권리

청구권에 한하지 않고 형성권, 채권자대위권, 채권자취소권, 토지거래허가 신청절차에 협력의무의 이행청구권, 등기청구권도 대위의 목적이 된다.

2. 대위의 객체가 될 수 없는 권리

(1) 행사상 일신전속권

① 순수한 비재산적 권리 : 친권, 이혼청구권, 부양청구권 등

② 인격적 권리 : 부부계약취소권, 인격권침해로 인한 위자료청구권

(2) 압류금지채권 : 공무원연금청구권

(3) 소송상 개개의 행위 : 공격방어방법의 제출, 상소의 제기, 집행방법에 대한 이의, 가집행 결정에 대한 이의 신청, 경락허가 결정에 대한 항고

3 행사의 효과

1. 통지의 효과

(1) 채무자가 채권자대위권 행사의 사실을 통지를 받은 후에는 그 권리를 처분하여도 이로써 채권자에게 대항하지 못한다(민법 제405조 제2항).

(2) 그러나 제3채무자는 채무자에 대한 변제, 상계 또는 동시이행의 항변 등을 이유로 대위채권자에게 대항할 수 있다(판례).

2. 효과의 귀속

(1) 채권자대위권의 행사의 효과는 채무자에게 귀속한다. 즉, 채무자의 일반재산이 증가되어 총채권자의 공동담보가 된다.

(2) 대위채권자가 제3채무자로부터 직접 변제를 수령할 수도 있다. 다만, 이 경우에도 그 수령한 것을 채무자에게 인도하고, 채무자로부터 임의변제를 받거나 또는 강제집행을 하여야 한다.

3. 대위소송판결의 효력

(1) 채무자가 소송참가를 하였거나 소송고지를 받은 경우에는 판결의 효력이 채무자에게도 당연히 미친다.

(2) 소송참가를 하지 않고 소송고지도 받지 않은 경우에도, 대위소송이 제기된 사실을 채무자가 알았을 경우에는 그 판결의 효력은 채무자에게 미친다(판례).

대표기출유형

다음 중 채권자대위권의 객체가 될 수 있는 것은?

① 물권적 청구권　　② 연금청구권

③ 압류가 금지된 채권　　④ 인격침해에 대한 위자료 청구권

정답 ①

해설 채권자가 채무자의 권리를 행사함으로 인하여 채권자의 채권을 보전할 수 있는 채무자의 권리는 일반적으로 대위권의 객체가 된다. 따라서 물권적 청구권을 포함한 재산적 청구권은 모두 채권자대위권의 객체가 될 수 있다.

테마 15

연대채무

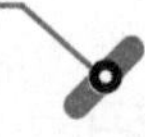

📋 연대채무의 의의
수인의 채무자가 동일한 내용의 급부에 관하여 각각 독립해서 전부의 급부를 하여야 할 채무를 부담하고 그 중 1인의 채무자가 전부의 급부를 하면 모든 채무자의 채무가 소멸하는 다수당사자의 채권관계이다(민법 제413조).

1 성립

1. 법률행위에 의한 발생(약정연대채무)

연대채무는 계약이나 단독행위(유언)에 의하여 발생할 수 있다.

2. 법률의 규정에 의한 발생(법정연대채무)

(1) 법인의 불법행위 관련자의 책임(민법 제35조 제2항)

(2) 공동차주, 공동임차인의 의무(민법 제616조, 제654조)

(3) 일상가사에 관한 부부의 책임(민법 제832조)

2 대외적 효력

1. 이행의 청구

채권자는 어느 연대채무자에 대하여 또는 동시나 순차로 모든 연대채무자에 대하여 채무의 전부나 일부의 이행을 청구할 수 있다(민법 제414조).

2. 채무자 1인에 대하여 생긴 사유의 효력

(1) 절대적 효력이 있는 사유 : 변제, 대물변제, 변제의 제공, 공탁, 이행의 청구, 경개, 상계, 채권자지체

(2) 부담부분에 한하여 절대적 효력을 갖는 사유 : 면제, 혼동, 소멸시효, 상계권자 이외의 자에 의한 상계

(3) 상대적 효력이 있는 사유 : 이행의 청구 이외의 사유에 의한 시효의 중단 · 정지, 채무자의 고의 · 과실, 채무불이행, 확정판결

3 대내적 효력(구상관계)

1. 연대채무자 사이의 부담부분

특약이 없는 경우 연대채무자의 부담부분은 균등한 것으로 추정한다(민법 제424조).

2. 구상권의 내용

(1) 구상권이 성립하기 위해서는 어느 연대채무자가 변제 기타의 출재로 공동면책을 얻어야 한다. 따라서 면제나 시효의 완성은 자기의 출재가 없으므로 구상권이 발생하지 않는다. 그러나 공동면책이 있으면 언제나 출재한 금액에 관하여 부담부분의 비율로 구상이 가능하다.

(2) 구상권은 면책된 날 이후의 법정이자 및 피할 수 없는 비용 기타 손해배상을 포함한다(민법 제425조 제2항).

(3) 다른 연대채무자에 대한 구상권의 통지는 구상권의 발생요건이 아니라, 구상요건에 지나지 않는다.

3. 구상권의 제한

(1) 사전통지를 게을리한 경우 : 어느 연대채무자가 다른 연대채무자에게 통지하지 아니하고 변제 기타 자기의 출재로 공동면책이 된 경우에 다른 연대채무자가 채권자에게 대항할 수 있는 사유가 있었을 때에는 그 부담부분에 한하여 이 사유로 면책행위를 한 연대채무자에게 대항할 수 있고 그 대항사유가 상계인 때에는 상계로 소멸할 채권은 그 연대채무자에게 이전된다(민법 제426조 제1항).

(2) 사후통지를 게을리한 경우 : 어느 연대채무자가 변제 기타 자기의 출재로 공동면책되었음을 다른 연대채무자에게 통지하지 아니한 경우에 다른 연대채무자가 선의로 채권자에게 변제 기타 유상의 면책행위를 한 때에는 그 연대채무자는 자기의 면책행위의 유효를 주장할 수 있다(민법 제426조 제2항).

연대채무자 또는 연대보증인 중 1인이 채무의 일부를 변제한 경우에 당사자 사이에 특별한 합의가 없는 한 그 변제된 금액은 민법 제479조의 법정충당 순서에 따라 비용, 이자, 원본의 순서로 충당되어야 하므로 지연손해금 채무가 원본채무보다 먼저 충당된다. 채권의 목적을 달성시키는 변제와 같은 사유는 연대채무자 또는 연대보증채무자 전원에 대하여 절대적 효력을 가지므로 어느 채무자의 변제 등으로 다른 채무자와 공동으로 부담하는 부분의 채무가 소멸되면 그 채무소멸의 효과는 다른 채무자 전원에 대하여 미친다(대판 2013.3.14. 2012다85281).

상환무자력자가 있는 경우의 구상

1. 무자력자의 부담부분의 부담 : 연대채무자 중 상환할 자력이 없는 자가 있는 때에는 그 채무자의 부담부분은 구상권자 및 다른 자력이 있는 채무자가 그 부담부분에 비례하여 분담한다. 그러나 구상권자에게 과실이 있는 때에는 다른 연대채무자에 대하여 분담을 청구하지 못한다(민법 제427조 제1항).
2. 연대의 면제와 무자력자의 부담부분 : 상환할 자력이 없는 채무자의 부담부분을 분담할 다른 채무자가 채권자로부터 연대의 면제를 받은 때에는 그 채무자의 분담할 부분은 채권자의 부담으로 한다(민법 제427조 제2항).

대표기출유형

연대채무에 관한 다음 설명 중 가장 틀린 것은?

① 어느 연대채무자에 대하여 소멸시효가 완성한 때에는 그 부담부분에 한하여 다른 연대채무자도 의무를 면한다.
② 연대채무자의 부담부분은 균등한 것으로 추정한다.
③ 상계할 채권이 있는 연대채무자가 상계하지 아니한 때에는 다른 연대채무자가 그 채권전부에 관하여 상계할 수 있다.
④ 어느 연대채무자에 대한 이행의 청구는 다른 연대채무자에게도 효력이 있다.

정답 ③

해설 상계할 채권이 있는 연대채무자가 상계하지 아니한 때에는 그 채무자의 부담부분에 한하여 다른 연대 채무자가 상계할 수 있다(민법 제418조 제2항).

오답풀이

① 민법 제421조 ② 민법 제424조 ④ 민법 제416조

테마 16

보증채무의 효력

1 보증채무의 대외적 효력

1. 채권자의 권리

주채무와 보증채무의 이행기가 모두 도래한 경우 채권자는 주채무자와 보증인에게 동시나 순차로 전부나 일부의 이행청구를 할 수 있다.

2. 보증인의 권리

(1) 부종성에 기한 권리

① 주채무자의 항변권 원용 : 보증인은 주채무자의 항변으로 채권자에게 대항할 수 있으며, 주채무자의 항변포기는 보증인에게 효력이 없다(민법 제433조).

② 주채무자의 상계권 원용 : 보증인은 주채무자의 채권에 의한 상계로 채권자에게 대항할 수 있다(민법 제434조).

③ 주채무자의 취소권 · 해제권 존재시 이행거절권 : 주채무자가 채권자에 대하여 취소권 또는 해제권이나 해지권이 있는 동안은 보증인은 채권자에 대하여 채무의 이행을 거절할 수 있다(민법 제435조).

(2) 보충성에 기한 권리 : 최고 · 검색의 항변권

① 의의 : 채권자가 보증인에게 채무의 이행을 청구한 때 보증인이 주채무자의 변제자력과 집행용이를 증명하여 주채무자에게 먼저 청구할 것(최고의 항변권)과 그 재산에 관하여 먼저 집행할 것(검색의 항변권)을 항변할 수 있는 권리이다(민법 제437조).

② 행사효과 : 보증인의 항변에 불구하고 채권자의 해태로 인하여 채무자로부터 전부나 일부의 변제를 받지 못한 경우에는 채권자가 해태하지 아니하였으면 변제받았을 한도에서 보증인은 그 의무를 면한다(민법 제438조).

3. 주채무자 또는 보증인에 관하여 생긴 사유의 효력

(1) 주채무자에 관하여 생긴 사유의 효력

① 주채무의 소멸에 관한 사유는 보증인에게도 효력이 있다(절대적 효력).

② 주채무의 책임이 한정되는 경우(상속의 한정승인, 강제화의에 의한 일부면제) : 보증채무에 영향없고 보증인은 전 채무를 이행할 책임을 진다.

(2) 보증인에 관하여 생긴 사유의 효력 : 원칙적으로 주채무에 영향이 없다(상대적 효력).

2 보증채무의 대내적 효력(구상관계)

1. 수탁보증인의 구상권

(1) 면책행위에 대한 구상권 : 주채무자의 부탁으로 보증인이 된 자가 과실없이 변제 기타의 출재로 주채무를 소멸하게 한 때에는 주채무자에 대하여 구상권이 있다. 구상권의 범위는 연대채무와 동일하다(민법 제441조).

Ⓔ 보증채무의 의의
주된 채무자가 그의 채무를 이행하지 않을 경우에 이를 이행해야 할 채무로써 채권자와 보증인 사이의 보증계약에 의하여 성립하는 채무이다(민법 제428조 제1항).

Ⓔ 주채무가 시효로 소멸한 때에는 보증인도 그 시효소멸을 원용할 수 있으며, 주채무자가 시효의 이익을 포기하더라도 보증인에게는 그 효력이 없다(대판 1991.1.29. 89다카1114).

Ⓔ 최고 · 검색의 항변권을 가지지 않는 경우
보증인이 연대보증인인 때(민법 제437조 단서), 주채무자가 파산선고를 받은 때, 주채무자의 행방을 알 수 없을 때, 보증인이 항변권을 포기한 때

Ⓔ 주채무자에 대한 시효중단의 사유가 없는 이상, 연대보증인 겸 물상보증인에 대한 시효중단의 사유가 있다 하여 주채무까지 시효중단되었다고 할 수 없다(대판 1994.1.11. 93다21477).

Ⓔ 사전구상에 대한 채무자의 보호
보증인이 사전구상권을 행사하여 주채무자가 보증인에게 배상하는 경우에 주채무자는 자기를 면책하게 하거나 자기에게 담보를 제공할 것을 보증인에게 청구할 수 있고 또는 배상할 금액을 공탁하거나 담보를 제공하거나 보증인을 면책하게 함으로써 그 배상의무를 면할 수 있다(민법 제443조).

(2) 사전구상권 인정 : 주채무자의 부탁으로 보증인이 된 자는 다음의 경우에 주채무자에 대하여 미리 구상권을 행사할 수 있다(민법 제442조).

① 보증인이 과실없이 채권자에게 변제할 재판을 받은 때
② 주채무자가 파산선고를 받은 경우에 채권자가 파산재단에 가입하지 아니한 때
③ 채무의 이행기가 확정되지 아니하고 그 최장기도 확정할 수 없는 경우에 보증계약 후 5년을 경과한 때
④ 채무의 이행기가 도래한 때

(3) 구상권의 제한

① 보증인이 사전통지를 게을리한 경우 : 보증인이 주채무자에게 통지하지 아니하고 변제 기타 자기의 출재로 주채무를 소멸하게 한 경우에 주채무자가 채권자에게 대항할 수 있는 사유가 있었을 때에는 이 사유로 보증인에게 대항할 수 있고 그 대항사유가 상계인 때에는 상계로 소멸할 채권은 보증인에게 이전된다(민법 제445조 제1항).
② 보증인이 사후통지를 게을리한 경우 : 보증인이 변제 기타 자기의 출재로 면책되었음을 주채무자에게 통지하지 아니한 경우에 주채무자가 선의로 채권자에게 변제 기타 유상의 면책행위를 한 때에는 주채무자는 자기의 면책행위의 유효를 주장할 수 있다(민법 제445조 제2항).
③ 주채무자가 수탁보증인에 대한 면책통지를 게을리한 경우 : 주채무자가 자기의 행위로 면책하였음을 그 부탁으로 보증인이 된 자에게 통지하지 아니한 경우에 보증인이 선의로 채권자에게 변제 기타 유상의 면책행위를 한 때에는 보증인은 자기의 면책행위의 유효를 주장할 수 있다(민법 제446조).

부탁 없는 보증인의 구상권

1. 주채무자의 의사에 반하지 않는 경우 : 주채무자의 부탁없이 보증인이 된 자가 변제 기타 자기의 출재로 주채무를 소멸하게 한 때에는 주채무자는 그 당시에 이익을 받은 한도에서 배상하여야 한다(민법 제444조 제1항).
2. 주채무자의 의사에 반한 경우 : 주채무자의 의사에 반하여 보증인이 된 자가 변제 기타 자기의 출재로 주채무를 소멸하게 한 때에는 주채무자는 현존 이익의 한도에서 배상하여야 한다(민법 제444조 제2항).
3. 부탁 없는 보증인도 수탁보증인과 마찬가지로 사전과 사후에 면책통지를 하지 아니하면 구상권이 제한된다. 그러나 주채무자는 부탁 없는 보증인에게 사후의 통지 의무도 부담하지 않는다.

대표기출유형

보증채무의 대외적 효력에 관한 설명으로 옳지 않은 것은? (단, 다툼이 있는 경우에는 판례에 의한다)

① 주채무자가 채권자에 대하여 해지권이 있는 동안에는 보증채무에 대하여 채무의 이행을 거절할 수 있다.
② 최고 · 검색의 항변권은 보증채무의 부종성에 근거한 것이다.
③ 보증채무 성립 후 보증인이 최고 · 검색의 항변권을 포기하면 보증연대로 전환된다.
④ 보증인의 최고나 검색의 항변에도 불구하고 채권자의 해태로 인하여 주채무자로부터 전부나 일부의 변제를 받지 못한 경우 보증인은 채권자가 해태하지 않았으면 변제받았을 한도에서 그 의무를 면한다.
⑤ 주채무자의 항변의 포기는 보증인에게 효력이 없다.

정답 ②

해설 보증인의 최고 · 검색의 항변권은 보증채무의 보충성에 기하여 인정되는 권리이다.

테마 17 변제

> 변제
> 채무의 내용인 급부가 실현되는 것을 말한다.

1 변제자

1. 채무자

채무자는 변제의 의무를 지는 동시에 변제할 권리도 동시에 갖는다. 변제를 할 수 있는 자는 보통 채무자이나 제3자도 할 수 있다.

2. 제3자의 채무변제

(1) 원칙 : 채무자 이외의 제3자도 원칙적으로 변제할 수 있다. 그러나 일정한 제한이 있다.

(2) 제한

① 채무의 성질에 의한 제한(민법 제469조 제1항 단서)

② 의사표시에 의한 제한(민법 제469조 제1항 단서)

③ 이해관계 없는 제3자(민법 제469조 제2항) : 이해관계 없는 제3자는 채무자의 의사에 반하여 변제하지 못한다.

> 채권자가 원칙적인 변제수령자이다. 다만, 채권자라도 압류·가압류 등에 의하여 지급이 금지된 경우와 파산한 채권자는 수령이 제한된다.

2 변제수령자

1. 표현수령권자에 대한 변제

(1) 채권의 준점유자(민법 제470조)

① 채권의 준점유자란 변제자의 입장에서 볼 때 일반의 거래관념상 채권을 행사할 정당한 권한을 가진 것으로 믿을 만한 외관을 가지는 자이다.

㉠ 채권양도가 무효 또는 취소된 경우에 채권의 사실상 양수인, 채권의 표현상속인

㉡ 예금통장과 인장을 가진 자

㉢ 무효인 채권압류 및 전부명령을 받은 자

㉣ 위조된 영수증을 제시하여 변제받은 자

② 준점유자의 변제는 변제자가 선의·무과실에 한하여 효력이 있다.

(2) 영수증 소지자(민법 제471조) : 영수증 소지자가 변제를 받을 권한이 없는 경우에도 변제자가 선의·무과실인 경우 변제의 효력이 있다.

(3) 증권적 채권증서의 소지인(민법 제518조, 제524조, 제525조) : 변제자가 악의 또는 중과실이 없는 경우에 그 변제는 유효하다.

2 권한 없는 자에 대한 변제

변제받을 권한 없는 자에 대한 변제도 채권자가 이익을 받은 한도에서는 효력이 있다(민법 제472조).

3 변제의 목적물 · 시기

1. 변제의 목적물

(1) 특정물의 인도 : 이행기의 현상대로 그 물건을 인도하여야 한다(민법 제462조).

(2) 타인의 물건의 인도 : 채무의 변제로 타인의 물건을 인도한 채무자는 다시 유효한 변제를 하지 아니하면 그 물건의 반환을 청구하지 못한다(민법 제463조).

(3) 양도무능력자의 인도 : 양도할 능력없는 소유자가 채무의 변제로 물건을 인도한 경우에는 그 변제가 취소된 때에도 다시 유효한 변제를 하지 아니하면 그 물건의 반환을 청구하지 못한다(민법 제464조).

(4) (2)와 (3)의 경우에 채권자가 변제로 받은 물건을 선의로 소비하거나 타인에게 양도한 때에는 그 변제는 효력이 있다. 이로 인하여 채권자가 제3자로부터 배상의 청구를 받은 때에는 채무자에 대하여 구상권을 행사할 수 있다(민법 제465조).

2. 변제의 시기

(1) 원칙 : 변제기에 변제하여야 함이 원칙이다.

(2) 변제기 전의 변제 : 당사자의 특별한 의사표시가 없으면 변제기 전이라도 채무자는 변제할 수 있다. 그러나 상대방의 손해는 배상하여야 한다(민법 제468조).

변제의 장소

1. 지참채무의 원칙
   채무변제는 채권자의 현주소에서 함이 원칙이다. 그러나 영업에 관한 채무의 변제는 채권자의 현영업소에서 하여야 한다(민법 제467조 제2항).
2. 특정물의 인도장소
   채무의 성질 또는 당사자의 의사표시로 변제장소를 정하지 아니한 때에는 채권성립당시에 그 물건이 있던 장소에서 하여야 한다(민법 제467조 제1항).

변제비용의 부담

1. 원칙
   다른 의사표시가 없으면 채무자의 부담으로 한다. 그러나 채권자의 주소이전 기타의 행위로 인하여 변제비용이 증가된 때에는 그 증가액은 채권자의 부담으로 한다(민법 제473조).
2. 예외
   채권자지체로 인하여 그 목적물의 보관 또는 변제의 비용이 증가된 때에는 그 증가액은 채권자의 부담으로 한다(민법 제403조).

파트1 경영학
파트2 경제학
파트3 법학
파트4 행정학
파트5 공기업 기출문제

대표기출유형

변제에 관한 다음 설명 중 옳지 않은 것은?

① 특정물의 인도가 채권의 목적인 때에는 채무자는 이행기의 현상대로 그 물건을 인도하여야 한다.
② 변제비용은 다른 의사표시가 없으면 채무자의 부담으로 한다.
③ 영수증을 소지한 자에 대한 변제는 그 소지자가 변제를 받을 권한이 없는 경우에는 효력이 없다.
④ 변제의 제공은 그 때로부터 채무불이행의 책임을 면하게 한다.

정답 ③

해설 영수증을 소지한 자에 대한 변제는 그 소지자가 변제를 받을 권한이 없는 경우에도 효력이 있다. 그러나 변제자가 그 권한없음을 알았거나 알 수 있었을 경우에는 그러하지 아니하다(민법 제471조).

오답풀이

① 민법 제462조 ② 민법 제473조 ④ 민법 제461조

테마 18 죄형법정주의의 내용

> 죄형법정주의
> 1. 일정한 행위를 범죄로 하고 이에 대하여 일정한 형벌을 부과하기 위하여는 반드시 행위시 이전에 명확히 제정·공포된 성문의 법률을 필요로 한다는 원칙을 말한다.
> 2. 범죄에 대한 법정주의와 형벌에 대한 법정주의의 양자를 내포하고 있으며 보통 '법률 없으면 범죄 없고 형벌도 없다'라는 명제로 표현되기도 한다.
> 3. 국가형벌권의 확장과 자의적 행사로부터 시민의 자유를 보장하기 위한 형법의 최고원리이며, 형법의 보장적 기능도 이에 의하여 비로소 그 효과를 달성할 수 있다.

1 관습형법금지의 원칙(법률주의, 성문법주의)

1. 개념

범죄와 형벌은 성문의 법률에 규정되어야 하고, 관습법에 의해 가벌성을 인정하거나 형을 가중해서는 안된다는 원칙을 말한다. 즉, 관습법은 형법의 법원이 될 수 없다.

2. 적용범위

(1) 금지되는 경우 : 관습형법금지의 원칙은 처벌하거나 형을 가중하는 관습법의 금지를 의미한다. 즉 관습법에 따라 형법각칙에 새로운 구성요건을 인정하거나 기존의 형벌 내지 보안처분을 가중하여 처벌하는 것은 인정되지 않는다.

(2) 허용되는 경우 : 관습법에 의하여 형의 감경 또는 구성요건을 축소하거나, 관습법에 의한 위법성조각사유, 책임조각사유, 인적처벌조각사유 등은 범죄자에게 유리한 것이므로 허용된다.

2 소급효금지의 원칙

1. 의의

형벌법규는 그 시행 이후에 이루어진 행위에 대해서만 적용되고, 사후입법에 의하여 형법의 효력을 소급시켜서는 아니된다는 원칙이다.

2. 적용범위

(1) 사후입법에 의한 처벌의 금지
- ① 행위시에 죄가 되지 아니하는 행위는 사후입법에 의하여 처벌받지 아니한다.
- ② 행위자에게 유리한 경우에는 허용된다.

(2) 판례의 변경 : 대법원은 피고인에게 불리하게 변경된 판례의 소급적용을 인정한다.

3 유추해석금지의 원칙

1. 의의

법률에 직접적인 규정이 없는 사항에 관하여 그것과 유사한 성질을 갖는 다른 사항에 관한 법률을 적용하는 것은 금지되어야 한다는 원칙을 말한다.

2. 적용범위

(1) 유추해석의 금지 : 유추해석의 금지는 범죄와 그 결과에 대한 형벌법규의 모든 요소에 대하여 적용된다. 따라서 각칙상의 구성요건과 총칙규정의 모든 제재에 대하여 유추해석은 허용되지 않는다.

(2) 유추해석의 허용 : 유추해석도 피고인에게 유리한 경우에는 허용되고, 소송법규정은 원칙적으로 유추해석이 허용된다.

(3) 확장해석 : 구성요건상의 어의의 한계 내에 속하는 확장해석은 허용되나, 구성요건상의 어의의 한계를 벗어난 유추해석은 금지된다(통설).

4 명확성의 원칙

형법은 범죄의 구성요건과 그 법적 결과를 구체적으로 명확하게 규정해야 한다. 범죄와 형벌이 명확해야 법관의 자의로부터 국민의 자유와 권리를 보장할 수 있고, 국민에게 예측가능성을 보장할 수 있다.

5 적정성의 원칙

형벌법규의 내용이 기본적 인권을 실질적으로 보장할 수 있도록 실질적 정의에 부합하도록 적정해야 한다는 원칙이다. 즉 필요 없으면 형벌 없고, 불법 없으면 형벌 없고, 책임 없으면 형벌 없다.

대표기출유형

죄형법정주의에 대한 설명으로 옳은 것은?

① 죄형법정주의는 형법의 보장적 기능보다는 보호적 기능의 실현과 관계가 깊다.
② 성인범에 대하여 상대적 부정기형을 도입하면 명확성의 원칙에 반한다.
③ 위법성조각사유 등과 같이 피고인에게 유리한 규정을 제한적으로 유추 · 적용하는 것은 유추해석금지원칙에 반한다는 것이 판례의 입장이다.
④ 범죄 후 형을 폐지하거나 형을 종전보다 가볍게 형벌법규를 개정하면서 그 부칙으로 폐지 또는 개정된 법의 시행 전의 범죄에 대해서는 종전의 형벌법규를 적용하도록 규정하는 것은 죄형법정주의에 반한다는 것이 판례의 입장이다.

정답 ③

해설 유추해석은 피고인에게 유리한 경우에 허용된다.

오답풀이

① 죄형법정주의는 형법의 보장적 기능의 실현과 관계가 깊다.
② 절대적 부정기형은 명확성의 원칙에 반하지만 상대적 부정기형은 명확성의 원칙에 반하지 않는다.
④ 범죄 후 형을 폐지하거나 형을 종전보다 가볍게 형벌법규를 개정하면서 그 부칙으로 폐지 또는 개정된 법의 시행 전의 범죄에 대해서는 종전의 형벌법규를 적용하도록 규정하더라도 헌법상의 형벌불소급의 원칙이나 신법우선주의에 반한다고 할 수 없다(대판 1999.7.9. 99도1695).

테마 19

상법상 회사의 종류

> 상법에서는 회사를 합명회사, 합자회사, 유한책임회사, 주식회사, 유한회사의 5가지로 분류하고 있다(상법 제170조).

1 합명회사

1. 구성

합명회사 사원의 수는 2인 이상이며, 사원의 출자목적물은 재산(금전 또는 현물) · 노무 · 신용이고, 그 이행 방법 및 시기에 대하여는 제한이 없다.

2. 사원

(1) 사원은 원칙적으로 회사의 업무집행권과 대표권을 가지며, 그 지위를 양도하고자 하는 경우에는 다른 사원 전원의 동의를 받아야 한다.

(2) 사원은 회사의 채무에 대해 직접 · 연대 · 무한대의 책임을 진다.

2 합자회사

1. 합자회사의 설립

1인 이상의 무한책임사원과 1인 이상의 유한책임사원을 구성하고, 정관을 작성한 다음, 법인설립등기와 법인설립신고, 사업자등록을 마치면 모든 합자회사의 설립행위가 완료된다.

2. 사원의 책임

(1) 무한책임사원은 회사채권자에 대하여 직접 · 연대하여 무한의 책임을 지는 반면, 유한책임사원은 회사에 대해 일정 출자의무를 부담할 뿐 그 출자가액에서 이미 이행한 부분을 공제한 가액을 한도로 하여 책임을 진다(상법 제279조).

(2) 무한책임사원은 정관에 다른 규정이 없는 때에는 각자가 회사의 업무를 집행할 권리와 의무가 있으며, 유한책임사원은 대표권한이나 업무집행권한은 없지만 회사의 업무와 재산상태를 감시할 권한을 갖는다(상법 제273조, 제277조, 제278조).

> 유한책임회사는 공동기업이나 회사의 형태를 취하면서도 내부적으로는 사적자치가 폭넓게 인정되는 조합의 성격을 갖고, 외부적으로는 사원의 유한책임이 확보되는 기업 형태에 대한 수요를 충족하기 위해 상법에 도입된 회사형태로서 사모(私募)투자펀드와 같은 펀드나 벤처기업 등 새로운 기업에 적합한 회사형태이다.

3 유한책임회사

1. 구성

(1) 유한책임회사는 1인 이상의 유한책임사원으로 구성된다.

(2) 유한책임사원은 회사채권자에 대하여 출자금액을 한도로 간접 · 유한의 책임을 진다(상법 제287조의7).

2. 유한책임회사 설립

1인 이상의 사원을 구성하고, 정관을 작성한 후, 출자의무를 이행한 다음, 법인설립등기와 법인설립신고, 사업자등록을 마치면 모든 유한책임회사의 설립행위가 완료된다.

> 주식회사는 1인 이상의 사원(주주)으로 구성된다. 주식회사의 주주는 회사채권자에게 아무런 직접적인 책임을 부담하지 않고 자신이 가진 주식의 인수가액 한도 내에서 간접 · 유한의 책임을 진다.

4 주식회사

1. 기관

(1) 주식회사는 의사결정기관으로 주주총회를 두어 정기적으로 이를 소집해야 하고, 업무집행기관으로 이사회 및 대표이사를 두어 회사의 업무를 집행한다.

(2) 이사의 직무집행을 감사하고, 회사의 업무와 재산상태를 조사하기 위해 감사 등의 감사기관을 둔다.

2. 설립

(1) 주식회사를 설립하기 위해서는 1인 이상의 발기인이 정관을 작성해야 하며, 1인 이상의 유한책임사원으로 구성된다.

(2) 발기인은 회사 설립 시 정관에 근거하여 발행하는 주식의 총수를 인수하거나 주식인수인을 모집하여 인수가액을 금융기관에 납입해야 한다.

5 유한회사

1. 조직

(1) 유한회사의 조직형태는 주식회사와 유사하지만, 주식회사와 달리 이사회가 없고 사원총회에서 업무집행 및 회사대표를 위한 이사를 선임한다.

(2) 선임된 이사는 정관 또는 사원총회의 결의로 특별한 정함이 없으면 각각 회사의 업무를 집행하고 회사를 대표하는 권한을 가진다.

2. 사원

(1) 유한회사는 1인 이상의 사원으로 구성된다. 유한회사의 사원은 주식회사와 마찬가지로 회사채권자에게 직접적인 책임을 부담하지 않고 자신이 출자한 금액의 한도에서 간접 · 유한의 책임을 진다.

(2) 사원의 지위의 양도에는 원칙적으로 사원총회의 특별결의를 요한다.

대표기출유형

다음에서 설명하는 상법상의 회사는?

> 초기 상용화에 어려움을 겪는 벤처기업이나 사모투자펀드, 법무법인, 회계법인 등의 간편한 설립을 지원하기 위해 2012년에 도입된 회사의 유형으로, 내부적으로는 출자한 사원 전원의 경영권을 인정하는 등의 폭넓은 사적 자치가 인정되는 조합의 실질을 갖추면서 동시에 외부적으로는 유한책임을 지는 사원들로 구성하는 회사이다.

① 합명회사　　② 합자회사

③ 유한책임회사　　④ 주식회사

정답 ③

해설 유한책임회사는 내부적으로는 조합의 성격을 가지고, 외부적으로는 유한회사의 성격을 가지는 유형의 회사로, 벤처기업이나 사모투자펀드 등의 설립 지원을 위해 2012년 상법 개정으로 추가된 회사의 유형이다.

20 행정심판과 행정소송의 비교

1 공통점

1. 일정한 요건을 갖춘 당사자의 신청(쟁송제기)을 전제로 절차가 개시된다.
2. 행정청의 처분 또는 부작위를 쟁송대상으로 한다(쟁송대상의 개괄주의).
3. 법률상 이익이 있는 자에게만 원고적격(청구인적격)이 인정되고, 행정청이 피고(피청구인)가 된다.
4. 일정한 기간 내에 쟁송을 제기해야 하는 제한을 받는다(행정심판은 취소심판과 거부처분에 대한 의무이행심판에서, 행정소송은 취소소송에서).
5. 당사자와 구별되는 제3자적 기관에 의하여 판정된다.
6. 쟁송제기가 있어도 처분의 효력이 정지되지 않는다(집행부정지의 원칙).
7. 심리절차에 있어 대심구조(對審構造)를 취하며, 청구의 변경이 인정되고, 직권심리와 구술심리가 인정되고, 불고불리의 원칙 및 불이익변경금지의 원칙이 적용되며, 이해관계인(제3자)과 관계행정청의 쟁송참가가 인정된다.
8. 사정재결 · 사정판결이 인정된다(행정심판의 경우 사정재결은 취소심판과 의무이행심판에서, 행정소송의 경우 사정판결은 취소소송에서).
9. 재결이나 판결에 확정력 · 기속력 등의 일정한 효력이 부여된다.

2 차이점

1. 주된 기능

상대적으로 행정심판은 행정의 자율적 통제에, 행정소송은 국민의 권익구제에 중점이 있다.

2. 판정기관

행정심판은 행정기관이, 행정소송은 법원이 판정기관이다.

3. 성질

행정심판은 형식적 의미의 행정(실질적 의미의 사법)이며 약식쟁송이나, 행정소송은 형식적 의미의 사법(실질적 의미의 사법)이며 정식쟁송이다.

4. 쟁송의 종류

(1) 행정심판법은 주관적 쟁송인 항고심판 3가지(취소심판, 무효등확인심판, 의무이행심판)만을 규정하고 있다.

(2) 행정소송법은 주관적 쟁송으로 항고소송 3가지(취소소송, 무효등확인소송, 부작위위법확인소송) 이외에 당사자소송과 객관적 쟁송(민중소송과 기관소송)도 규정하고 있다.

(3) 행정소송법은 의무이행을 구하는 소송에 관한 규정은 두고 있지 않다.

행정쟁송
행정상의 법률관계에 관한 분쟁 또는 의문이 있는 경우에 이해관계인의 쟁송제기에 의하여 일정한 판정기관이 심리 · 판단하는 절차를 말하며, 행정심판제도와 행정소송제도가 있다.

행정쟁송의 기능
- 행정쟁송제도는 위법 · 부당한 행정작용의 시정(사후적인 행정통제)을 통하여 행정의 적법성 및 합목적성을 확보하고, 침해된 국민의 권익을 구제하는 기능을 한다.
- 상대적으로 행정심판은 자율적인 행정통제에, 행정소송은 국민의 권익구제에 중점이 있다.

쟁송대상에 의한 구분
- 항고쟁송 : 행정청이 우월한 지위에서 행한 행위의 시정을 구하는 쟁송을 말한다(예 처분의 취소쟁송 · 무효확인쟁송).
- 당사자쟁송 : 대등한 당사자 간에 공법상 법률관계의 형성 또는 존부(存否)에 관한 분쟁의 판정을 구하는 쟁송을 말한다(예 토지수용위원회에의 재결신청, 손실보상금청구소송, 공무원지위확인소송).

5. **판정대상**

행정심판은 처분 · 부작위의 위법여부뿐 아니라 합목적성여부(부당여부)도 판정대상으로 하나, 행정소송은 처분 · 부작위의 위법여부만을 판정대상으로 한다.

6. **쟁송제기기간**

(1) 행정심판은 처분이 있음을 안 날로부터 90일, 처분이 있은 날로부터 180일 이내에 제기하여야 한다.

(2) 행정소송은 처분이 있음을 안 날로부터 90일, 처분이 있은 날로부터 1년 이내에 제기하여야 한다.

7. **심리절차**

행정심판은 구술심리 또는 서면심리에 의하고 비공개주의를 원칙으로 하나, 행정소송은 구술심리주의와 공개주의를 원칙으로 한다.

8. **판정내용**

행정심판에서는 소극적 변경과 적극적 변경이 모두 가능하나, 행정소송에서는 소극적 변경(일부취소)만 가능하고 적극적 변경은 할 수 없다.

9. **판정의 실효성 확보수단**

행정심판에서는 재결청의 직접처분권이 인정되나, 행정소송에서는 간접강제제도만 인정된다.

행정심판전치주의

과거에는 행정소송(항고소송)의 제기에 앞서 전심절차로서 행정심판을 반드시 거치도록 하는 필수적 행정심판전치주의를 취하고 있었으나, 1994년 행정소송법 개정으로 특별한 규정이 없는 한 행정심판을 거치지 않고 행정소송을 제기할 수 있는 임의적 행정심판전치주의를 원칙으로 하고 있다.

대표기출유형

행정심판의 청구기간 및 행정소송의 제기기간에 관한 설명으로 옳지 않은 것은?

① 행정심판은 처분이 있음을 알게 된 날부터 90일 이내에 청구하여야 한다.
② 행정심판은 처분이 있었던 날부터 150일이 지나면 청구하지 못한다.
③ 취소소송은 처분등이 있음을 안 날부터 90일 이내에 제기하여야 한다.
④ 취소소송은 처분등이 있은 날부터 1년을 경과하면 이를 제기하지 못한다.

정답 ②

해설 행정심판은 처분이 있었던 날부터 180일이 지나면 청구하지 못한다(행정심판법 제27조 제3항).

법학 1회 실전모의고사

문항수 | 10문항

▸ 정답과 해설 58쪽

01. 다음 빈칸에 공통적으로 들어갈 내용은? (단, 다툼이 있는 경우 판례에 의한다)

> (　　　)행위의 추인은 (　　　)인에 의하여 행하여진 불확정한 행위에 관하여 그 행위의 효과를 자기에게 직접 발생케 하는 것을 목적으로 하는 의사표시이며, (　　　)인 또는 상대방의 동의나 승낙을 요하지 않는 단독 행위로서 추인은 의사표시의 전부에 대하여 행하여져야 하고, (　　　)행위의 일부에 대하여 추인을 하거나 그 내용을 변경하여 추인을 하였을 경우에는 상대방의 동의를 얻지 못하는 한 무효이다.

① 특별대리　② 소송대리　③ 복대리
④ 쌍방대리　⑤ 무권대리

02. 민법상 소멸시효, 무효 및 취소에 대한 설명으로 알맞은 것은? (단, 다툼이 있는 경우 판례에 의한다)

① 이자, 부양료, 급료, 사용료 기타 1년 이내의 기간으로 정한 금전 또는 물건의 지급을 목적으로 한 채권은 정해진 1년간 행사하지 아니하면 소멸시효가 완성된다.

② 압류, 가압류 및 가처분은 권리자의 청구에 의하여 또는 법률의 규정에 따르지 아니함으로 인하여 취소된 때에는 시효 중단의 효력이 없다.

③ 법률행위의 일부분이 무효인 때에는 그 무효부분이 없더라도 법률행위를 하였을 것이라고 인정되는 것과 관계없이 항상 그 전부를 무효로 한다.

④ 취소된 법률행위는 처음부터 무효이므로 제한 능력자는 그 행위로 인하여 받은 이익이 현존하더라도 이를 상환할 책임을 지지 않는다.

⑤ 상속재산에 속한 권리나 상속재산에 대한 권리는 상속인의 확정, 관리인의 선임 또는 파산선고가 있는 때로부터 1년 내에는 소멸시효가 완성하지 아니한다.

03. 〈보기〉에서 채권보전에 대한 설명으로 옳은 것을 모두 고르면? (단, 다툼이 있는 경우 판례에 의한다)

보기

A. 내용증명의 발송은 소멸시효를 중단시킬 필요가 있을 때 사용할 수 있다.
B. 채권자는 재판 외에서도 채무자를 대위하여 채권의 추심, 등기의 신청, 담보권의 실행, 강제집행 등을 할 수 있다.
C. 확정일자는 일자의 확정에 대한 공증력이 있으므로 경우에 따라서는 제3자에 대한 대항력을 생기게 할 수 있다.

① A ② A, B ③ A, C
④ B, C ⑤ A, B, C

04. 민법상 채권회수를 위한 법적 절차 중에서 채무자 또는 제3자의 동의나 협력을 요하는 경우는?

① 신규 담보물의 추가 확보 ② 가압류
③ 강제경매 신청 ④ 지급명령 신청
⑤ 다른 채권자의 강제집행절차에의 참가

05. 다음 중 전부명령에 대한 설명으로 적절한 것은? (단, 다툼이 있는 경우 판례에 의한다)

① 전부명령이 있을 경우 채권자는 채무자의 동의를 얻어 피압류채권을 처분할 수 있다.
② 전부명령을 얻더라도 채무 면제의 효력이 발생하지는 않는다.
③ 물품대금청구채권은 전부명령의 대상이 될 수 있으나 부동산 소유권이전 등기 청구권은 그 대상이 될 수 없다.
④ 피전부채권이 전부명령 발효 당시에 존재하지 아니한 때라도 전부명령 그 자체는 유효하므로 채무 변제의 효과는 발생한다.
⑤ 제3채무자의 자력이 충분한 경우에는 전부명령이 있더라도 다른 채권자를 배제하고 우선 변제를 받을 수 없다.

06. 다음 〈보기〉에서 민법상 보증채무에 대한 설명으로 옳은 것을 모두 고르면? (단, 다툼이 있는 경우 판례에 의한다)

보기

A. 보증채무는 물적 담보제도와 함께 채권의 담보수단으로 널리 활용되고 있으며, 보증인의 일반재산이 강제집행의 대상이 되지는 않는다는 점에서 '인적담보'라고 부른다.
B. 보증채무는 주채무가 민사채무이고 보증채무가 상시채무인 경우에도 보증채무의 소멸시효는 주채무에 따라 결정된다.
C. 보증채무는 주채무의 이행을 담보하는 것이므로 보증채무가 성립하기 위해서는 원칙적으로 주채무가 먼저 유효하게 성립하여 존재하여야 한다.
D. 보증은 반드시 그 의사가 보증인의 기명날인 또는 서명이 있는 서면으로 표시될 필요는 없으며, 보증의 의사가 전자서명 등 전자적 형태로 표시되더라도 유효한 것으로 본다.
E. 주채무자가 채무의 이행을 하지 않는 것이 보증인에 대한 청구의 요건이 되므로 채권자는 변제기가 도래하면 반드시 주채무자와 보증인에게 순차로 채무의 이행을 청구해야 하며 동시에 채무의 이행을 청구할 수는 없다.

① 1개 ② 2개 ③ 3개
④ 4개 ⑤ 5개

07. 상법상 상행위에 대한 설명으로 적절한 것은? (단, 다툼이 있는 경우 판례에 의한다)

① 상인 갑(甲)이 비(非)상인 을(乙)로부터 영업자금을 차용하는 경우 이 소비대차는 갑에게는 상행위가 되지만 을에 대해서는 상행위가 되지 않으므로 상인 갑에게만 상법이 적용된다.
② 상사채권의 소멸시효는 원칙적으로 5년이지만 거래 당사자 중 일방이 비(非)상인인 경우에는 민법상 채권의 소멸시효인 10년을 적용하는 것이 원칙이다.
③ 상거래의 신속과 안전을 기하기 위하여 상법상 모든 상행위의 대리에 있어서는 대리인이 본인을 표시하지 않더라도 그 행위는 본인에 대해서 효력을 발생한다. 또한 상대방이 본인을 위한 것임을 알지 못한 때에는 대리인에 대하여 이행의 청구를 할 수 없다.
④ 일반상사유치권은 유치목적물과 피담보채권 사이의 개별적인 관련성을 요하지 않는다는 점에서 담보목적물의 범위가 민사유치권에 비해 확대되어 있다.
⑤ 상법상 보증인이 상인인 경우에는 그 보증이 상행위이거나 또는 주재무가 상행위로 인한 것이 아니더라도 연대보증 의사표시 여부와 관계없이 항상 그 보증은 연대보증이 된다.

08. 다음 〈보기〉의 빈칸 A ~ C에 들어갈 내용이 적절하게 짝지어진 것은?

보기

- (A)의 경우 사원이 1인이 된 때가 회사의 해산 사유가 된다.
- (B)이란 회사가 해산한 후 그 재산적 권리의무를 정리한 뒤 회사의 법인격을 소멸시키는 것을 말한다.
- 주식회사가 합병하는 경우에 합병결의에 반대하는 주주에게는 자기 소유 주식을 회사로 하여금 매수하게 하는 (C)이 인정되고 있다.

	A	B	C
①	주식회사	합병	우선매수권
②	주식회사	청산	주식매수청구권
③	합명회사	청산	주식매수청구권
④	합자회사	청산	우선매수권
⑤	합명회사	합병	주식매수청구권

09. 상법상 주식회사 주주총회의 결의 대상에 해당되지 않은 것은?

① 감사의 선임
② 주식배당의 결정
③ 이사의 보수 결정
④ 정관의 변경
⑤ 이사의 경업거래의 승인

10. 환어음, 약속어음, 수표의 차이점에 대한 설명으로 옳지 않은 것은?

① 환어음에는 인수제도가 있으나 수표에는 인수제도가 없다.
② 약속어음은 지급약속증권이고 환어음은 지급위탁증권이다.
③ 환어음의 1차적인 경제적 기능은 지급기능인 데 반하여, 수표의 1차적인 경제적 기능은 신용 및 추심기능이다.
④ 환어음의 기본당사자는 발행인, 수취인, 지급인이나, 약속어음의 기본 당사자는 발행인과 수취인이다.
⑤ 수표에는 참가제도가 인정되지 않지만 환어음에는 참가제도가 인정된다.

법학 2회 실전모의고사

문항수 | 30문항

▸정답과 해설 60쪽

01. **민법상 주소 및 부재에 대한 설명으로 옳지 않은 것은?**

① 우리나라 민법은 하나의 주소만을 인정하는 단일주의를 채택하고 있다.

② 국내의 주소 없는 자에 대하여는 국내에 있는 거소를 주소로 본다.

③ 종래의 주소나 거소를 떠난 자가 재산관리인을 정하지 아니한 때에는 법원은 이해관계인이나 검사의 청구에 의하여 재산관리에 관하여 필요한 처분을 명하여야 한다.

④ 법원이 선임한 재산관리인은 관리할 재산목록을 작성하여야 한다.

⑤ 법원은 그 선임한 재산관리인으로 하여금 재산의 관리 및 반환에 관하여 상당한 담보를 제공하게 할 수 있다.

02. **민법상 법인 아닌 사단의 법률관계에 대한 설명으로 옳지 않은 것은? (단, 다툼이 있는 경우 판례에 의한다)**

① 문중 또는 종중과 같이 법인 아닌 사단 또는 재단에 있어서도 취득시효 완성으로 인한 소유권을 취득할 수 있다.

② 이사의 결원으로 인하여 법인에 발생할 손해를 방지하기 위하여 임시이사를 선임할 수 있도록 한 민법 제63조는 법인 아닌 사단에 유추 적용될 수 있다.

③ 법인 아닌 사단의 대표자가 직무에 관하여 타인에게 손해를 가한 경우 그 사단은 민법 제35조 제1항의 유추적용에 의하여 그 손해를 배상할 책임이 있다.

④ 비법인사단의 경우에는 대표자의 대표권 제한에 관하여 민법 제60조의 규정을 준용할 수 있다.

⑤ 법인이 아닌 사단의 사원이 집합체로서 물건을 소유할 때에는 총유로 한다.

03. 〈보기 1〉은 재단법인의 정관보충에 대한 민법규정이다. 빈칸에 들어갈 수 있는 것을 〈보기 2〉에서 모두 고르면?

보기 1

재단법인의 설립자가 그 (   )을(를) 정하지 아니하고 사망한 때에는 이해관계인 또는 검사의 청구에 의하여 법원이 이를 정한다.

보기 2

ㄱ. 명칭
ㄴ. 목적
ㄷ. 자산
ㄹ. 사무소소재지
ㅁ. 이사임면의 방법

① ㄱ, ㄴ, ㄷ
② ㄱ, ㄴ, ㅁ
③ ㄱ, ㄹ, ㅁ
④ ㄴ, ㄹ, ㅁ
⑤ ㄷ, ㄹ, ㅁ

04. 민법상 법인의 기관에 대한 설명으로 옳지 않은 것은? (단, 다툼이 있는 경우 판례에 의한다)

① 법인은 이사를 두어야 한다.
② 이사의 선임행위는 위임과 유사한 계약의 성질을 갖는다.
③ 이사는 선량한 관리자의 주의로 그 직무를 행하여야 한다.
④ 법인의 정관에 법인 대표권의 제한에 관한 규정이 있으나 그와 같은 취지가 등기되어 있지 않다면 법인은 그와 같은 정관의 규정에 대하여 제3자에 대하여 대항할 수 없다. 다만 제3자가 악의인 경우에는 그러하지 아니하다.
⑤ 법인은 정관 또는 총회의 결의로 감사를 둘 수 있다.

05. 민법상 종물에 대한 설명으로 옳지 않은 것은? (단, 다툼이 있는 경우 판례에 의한다)

① 종물은 주물의 상용에 이바지하는 관계에 있어야 한다.
② 원칙적으로 종물이 되기 위해서는 독립성이 있어야 한다.
③ 주유소에 설치된 주유기는 주유소 건물의 종물이다.
④ 부동산은 종물이 될 수 없다.
⑤ 종물은 주물의 처분에 따른다.

06. 다음은 시효정지에 대한 민법규정이다. 빈칸에 들어갈 말로 적절한 것은?

> 재산을 관리하는 아버지, 어머니 또는 후견인에 대한 제한능력자의 권리는 그가 능력자가 되거나 후임 법정대리인이 취임한 때부터 (　　) 내에는 소멸시효가 완성되지 아니한다(민법 제180조 제1항).

① 1개월　② 2개월　③ 3개월
④ 4개월　⑤ 6개월

07. 다음은 보통실종에 대한 민법규정이다. 빈칸에 들어갈 말로 적절한 것은?

> 부재자의 생사가 (　　)간 분명하지 아니한 때에는 법원은 이해관계인이나 검사의 청구에 의하여 실종선고를 하여야 한다(민법 제27조 제1항).

① 1년　② 3년　③ 5년
④ 10년　⑤ 30년

08. 민법상 형성권에 대한 설명으로 옳지 않은 것은? (단, 다툼이 있는 경우 판례에 의한다)

① 형성권은 권리에 대응하는 의무가 없다.
② 형성권 행사의 의사표시는 상대방의 동의나 승낙을 요하지 않는다.
③ 착오로 인한 의사표시의 취소권은 재판 외 행사가 가능한 것이 원칙이다.
④ 형성권 행사의 의사표시는 철회할 수 없다.
⑤ 甲, 乙 사이에 결손금배상채무의 액수를 확정하는 합의가 있은 후 甲은 합의가 강박에 의하여 이루어졌다는 이유를 들어, 乙은 착오에 의하여 합의를 하였다는 이유를 들어 각기 위 합의를 취소하는 의사표시를 하였다면 비록 위 합의에 각각 주장하는 바와 같은 취소사유가 있다고 인정되지 않는다 하더라도 甲, 乙 쌍방이 모두 위 합의를 취소하는 의사표시를 한 이상 위 합의는 취소되어 그 효력을 상실한다.

09. 민법상 무효 중 일단 무효이나 후에 추인 등에 의해 소급적 또는 비소급적으로 유효로 될 수 있는 상태는?

① 절대적 무효 ② 상대적 무효 ③ 당연무효
④ 재판상 무효 ⑤ 유동적 무효

10. 다음 중 민법상 소급효가 인정되지 않는 것은?

① 제한능력을 이유로 재산법의 법률행위를 취소하는 경우
② 착오를 이유로 재산법익 법률행위를 취소하는 경우
③ 사기를 이유로 재산법익 법률행위를 취소하는 경우
④ 시기 있는 법률행위에 기한이 도래한 경우
⑤ 실종선고의 취소의 경우

11. 다음 〈보기〉가 설명하고 있는 민법상의 조건으로 적절한 것은?

보기

- 조건이 당사자의 의사와는 전혀 관계없이 자연적 사실이나 제3자의 의사나 행위에 의존하는 조건을 말한다.
- "내일 비가 오면…", "내일 친구 甲이 전화를 하면…" 등이 이에 해당한다.

① 순수수의조건 ② 단순수의조건 ③ 우성조건
④ 혼성조건 ⑤ 특별조건

12. 기한 및 기간에 대한 설명으로 옳지 않은 것은?

① 기한이란 법률행위의 효력의 발생이나 소멸을 장래의 확실한 사실에 의존하게 하는 법률행위의 부관을 말한다.
② 기한은 채무자의 이익을 위한 것으로 추정한다.
③ 원칙적으로 기한의 이익은 포기할 수 없다.
④ 기간을 시, 분, 초로 정한 때에는 즉시로부터 기산한다.
⑤ 연령계산에는 출생일을 산입한다.

13. 민법상 소멸시효 및 제척기간에 대한 설명으로 옳지 않은 것은? (단, 다툼이 있는 경우 판례에 의한다)

① 시효제도란 일정한 사실상태가 오랫동안 지속된 때에는 그 상태가 진실한 권리관계에 합치하는가의 여부에 관계없이 그 사실상태를 존중하여 권리관계를 발생시키거나 소멸시키는 제도를 말한다.
② 제척기간이란 일정한 권리에 관하여 법률이 정하고 있는 권리의 존속기간을 말한다.
③ 소멸시효에 의한 권리소멸은 장래에 향하여 효력이 생긴다.
④ 제척기간에 있어서는 소멸시효와 달리 기간의 중단이 없다.
⑤ 소멸시효의 이익은 미리 포기하지 못한다.

14. 민법상 소멸시효의 대상에 대한 설명으로 옳지 않은 것은? (단, 다툼이 있는 경우 판례에 의한다)

① 소유권은 소멸시효의 대상이 아니다.
② 점유권 및 유치권은 소멸시효의 대상이 아니다.
③ 저당권 등 담보물권은 피담보채권이 존속하는 한 독립하여 소멸시효에 걸리지 않는다.
④ 매매계약의 합의해제에 따른 부동산의 원상회복청구권은 소멸시효의 대상이 된다.
⑤ 소유권이전등기청구권은 채권적 청구권이므로 10년의 소멸시효에 걸리지만 매수인이 매매목적물인 부동산을 인도받아 점유하고 있는 이상 매매대금의 지급 여부와는 관계없이 그 소멸시효가 진행되지 아니한다.

15. 민법상 1년의 단기소멸시효가 적용되는 채권이 아닌 것은?

① 여관, 음식점, 대석, 오락장의 숙박료, 음식료, 대석료, 입장료, 소비물의 대가 및 체당금의 채권
② 의복, 침구, 장구, 기타 동산의 사용료의 채권
③ 노역인, 연예인의 임금 및 그에 공급한 물건의 대금채권
④ 학생 및 수업자의 교육, 의식 및 유숙에 관한 교주, 숙주, 교사의 채권
⑤ 변호사, 변리사, 공증인, 공인회계사 및 법무사의 직무에 관한 채권

16. 민법상 소멸시효의 중단에 대한 설명으로 옳지 않은 것은? (단, 다툼이 있는 경우 판례에 의한다)

① 반소도 본소와 마찬가지로 시효중단의 효력이 있다.

② 재판상의 청구가 시효중단의 사유가 되려면 그 청구가 채권자 또는 그 채권을 행사할 권능을 가진 자에 의하여 이루어져야 한다.

③ 채권양도 후 채권양도의 대항요건을 갖추지 못한 상태에서 채권의 양수인이 채무자를 상대로 재판상 청구를 한 경우 이는 시효중단 사유인 재판상 청구에 해당할 수 없다.

④ 응소도 일정한 요건을 갖춘 경우 재판상 청구에 포함하여 시효중단 사유가 될 수 있다.

⑤ 시효의 중단은 당사자 및 그 승계인 간에만 효력이 있다.

17. 민법상 불공정한 법률행위에 대한 설명으로 옳지 않은 것은? (단, 다툼이 있는 경우 판례에 의한다)

① 불공정 법률행위는 무효로 한다.

② 불공정한 법률행위가 되기 위해서는 급부와 반대급부 사이에 현저한 불공정이 있어야 한다.

③ 불공정한 법률행위가 되기 위해서는 불공정행위가 궁박, 경솔, 무경험으로 인한 것이어야 한다.

④ 불공정한 법률행위의 요건 중 궁박은 경제적 궁박을 말하며, 정신적 궁박은 포함되지 않는다.

⑤ 채권포기에 관하여도 불공정한 법률행위 규정이 적용될 수 있다.

18. 민법상 통정허위표시에 무효로 대항할 수 없는 선의의 제3자에 해당하지 않는 경우는? (단, 다툼이 있는 경우 판례에 의한다)

① 가장매매의 매수인으로부터 그 목적물을 매수한 자

② 가장의 저당권에 기한 저당권 실행이 경매절차에서 경락을 받은 자

③ 허위표시의 당사자로부터 계약이전을 받은 자

④ 전세권설정계약이 통정허위표시인 경우 그 허위의 전세권부채권에 대해 가압류한 자

⑤ 허위표시에 의한 주채무에 대해 보증하고 그 보증채무를 이행한 보증인

19. 민법상 착오의 유형 중 의사표시에 대응하는 내심의 의사는 존재하지만 그 내심의 의사를 형성하는 과정에서 잘못 인식한 사실을 바탕으로 하여 의사를 형성하는 것은?

① 동기의 착오 ② 표시상의 착오 ③ 내용의 착오
④ 동일성의 착오 ⑤ 기명날인의 착오

20. 대리권에 관한 설명으로 옳지 않은 것은? (단, 다툼이 있는 경우 판례에 의한다)

① 법정대리권은 본인의 의사에 의하지 않고 법률에 의해 발생한다.
② 임의대리권은 본인이 대리인에게 대리권을 수여함으로써 발생한다.
③ 위임(기초적 내부관계)과 대리권수여는 별개의 독립된 행위가 아니다.
④ 수권행위는 원칙적으로 방식에 제한이 없는 불요식 행위이다.
⑤ 부동산의 소유자로부터 매매계약을 체결할 대리권을 수여받은 대리인은 특별한 사정이 없는 한 그 매매계약에서 약정한 바에 따라 중도금이나 잔금을 수령할 권한도 있다.

21. 민법이 대리권의 소멸사유로 규정하고 있지 않은 것은?

① 본인의 사망 ② 본인의 성년후견의 개시
③ 대리인의 사망 ④ 대리인의 성년후견의 개시
⑤ 대리인의 파산

22. 민법상 무권대리에 대한 본인의 추인에 관한 설명으로 옳지 않은 것은? (단, 계약의 무권대리를 전제하며, 다툼이 있는 경우 판례에 의한다)

① 무권대리에 대한 본인의 추인권은 일종의 형성권이다.
② 본인의 추인은 무권대리행위의 직접 상대방에게 해야 하므로 직접 상대방으로부터 권리 또는 법률관계를 승계한 자에 대하여는 추인할 수 없다.
③ 무권대리행위에 대한 본인의 추인은 특별한 방식을 요구하지 않으므로 묵시적인 방법으로 할 수 있다.
④ 본인의 일부 추인이나 내용을 변경한 추인은 상대방의 동의를 얻지 못하는 한 무효이다.
⑤ 원칙적으로 추인은 다른 의사표시가 없는 때에는 계약 시에 소급하여 그 효력이 생긴다.

23. 민법상 표현대리에 대한 설명으로 옳지 않은 것은? (단, 다툼이 있는 경우 판례에 의한다)

① 표현대리의 본질은 유권대리이다.

② 제3자에 대하여 타인에게 대리권을 수여함을 표시한 자는 그 대리권의 범위 내에서 행한 그 타인과 제3자 간의 법률행위에 대하여 책임이 있다. 그러나 제3자가 대리권 없음을 알았거나 알 수 있었을 때에는 그러하지 아니하다.

③ 대리인이 그 권한 외의 법률행위를 한 경우에 제3자가 그 권한이 있다고 믿을 만한 정당한 이유가 있는 때에는 본인의 그 행위에 대하여 책임이 있다.

④ 대리권의 소멸은 선의의 제3자에게 대항하지 못한다. 그러나 제3자가 과실로 인하여 그 사실을 알지 못한 때에는 그러하지 아니하다.

⑤ 표현대리행위가 성립하는 경우에 본인은 표현대리행위에 기하여 전적인 책임을 져야 하는 것이고 상대방에게 과실이 있다고 하더라도 과실상계의 법리를 유추적용하여 본인의 책임을 감경할 수 없는 것이다.

24. 민법상 보증채무에 대한 설명으로 옳지 않은 것은? (단, 다툼이 있는 경우 판례에 의한다)

① 보증인은 주채무자가 이행하지 아니하는 채무를 이행할 의무를 가진다.

② 보증채무는 주채무에 부종하므로 주채무와 별개의 독립된 채무가 아니다.

③ 보증은 장래의 채무에 대하여도 할 수 있다.

④ 주채무자에 대한 채권을 양도하면 당사자 사이에 별도의 특약이 없는 한 보증인에 대한 채권도 함께 양도한다.

⑤ 주채권에 분리하여 보증채권만 양도하기로 하는 약정은 효력이 없다.

25. 민법상 보증채무의 성립에 대한 설명으로 옳지 않은 것은? (단, 다툼이 있는 경우 판례에 의한다)

① 보증의 의사가 전자적 형태로 표시된 경우에도 효력이 있다.

② 채권자는 보증계약을 체결할 때 보증계약의 체결 여부 또는 그 내용에 영향을 미칠 수 있는 주채무자의 채무 관련 신용정보를 보유하고 있거나 알고 있는 경우에는 보증인에게 그 정보를 알려야 한다.

③ 채권자는 보증인의 청구가 있으면 주채무의 내용 및 그 이행여부를 알려야 한다.

④ 채권자는 보증계약을 체결한 후에 주채무자가 원본, 이자, 위약금, 손해배상 또는 그밖에 주채무에 종속한 채무를 3개월 이상 이행하지 아니하는 경우, 지체 없이 보증인에게 그 사실을 알려야 한다.

⑤ 채무자가 보증인을 세울 의무가 있는 경우에는 그 보증인은 행위능력 및 변제자력이 있는 자로 하여야 한다.

26. 민법상 보증채무에 대한 설명으로 옳지 않은 것은? (단, 다툼이 있는 경우 판례에 의한다)

① 보증채무는 주채무의 이자, 위약금, 손해배상 기타 주채무에 종속한 채무를 포함한다.

② 보증인의 부담이 주채무의 목적이나 형태보다 중한 때에는 주채무의 한도로 감축한다.

③ 보증채무는 주채무에 부종하므로 보증인은 그 보증채무에 관한 손해배상을 예정할 수 없다.

④ 보증인이 보증채무 자체를 이행지체한 경우 보증인은 보증한도액과 별도로 보증채무 자체의 이행지체에 따른 지연배상을 부담한다.

⑤ 어느 한 사람이 같은 채권의 담보를 위하여 연대보증계약과 물상보증계약을 체결한 경우 부종성을 인정할 특별한 사정이 없는 한 위 두 계약은 별개의 계약이므로 보증책임의 범위가 담보부동산의 가액범위 내로 제한된다고 할 수 없다.

27. 보증채무효력에 대한 설명으로 옳지 않은 것은? (단, 다툼이 있는 경우 판례에 의한다)

① 보증인은 주채무의 항변으로 채권자에게 대항할 수 있다.

② 주채무가 소멸시효 완성으로 소멸한 경우에는 보증채무도 부종성에 따라 당연히 소멸한다.

③ 주채무자의 항변포기는 보증인에게 효력이 없다.

④ 보증인은 주채무자의 채권에 의한 상계로 채권자에게 대항할 수 없다.

⑤ 주채무자가 채권자에 대하여 취소권 또는 해제권이나 해지권이 있는 동안은 보증인은 채권자에 대하여 채무의 이행을 거절할 수 있다.

28. 민법이 수탁보증인이 사전구상권을 행사할 수 있는 경우로 규정하고 있지 않은 것은?

① 보증인이 과실 없이 채권자에게 변제할 재판을 받은 때

② 주채무자가 파산선고를 받은 경우에 채권자가 파산재단에 가입하지 아니한 때

③ 채무의 이행기가 확정되지 아니하고 그 최장기도 확정할 수 없는 경우에 보증계약 후 5년을 경과한 때

④ 채무의 이행기가 도래한 때

⑤ 과실 없이 변제 기타의 출재로 주채무를 소멸하게 한 때

29. **신의성실의 원칙에 대한 설명으로 옳지 않은 것은? (단, 다툼이 있는 경우 판례에 의한다)**

① 신의성실의 원칙에 반하는 것 또는 권리남용은 강행규정에 위배되는 것이므로 당사자의 주장이 없더라도 법원은 직권으로 판단할 수 있다.

② 신의성실의 원칙은 약관조항에 관한 수정해석의 기능을 한다.

③ 강행법규에 위반하는 법률행위를 스스로 행한 사람이 강행법규 위반을 이유로 그 행위의 무효를 주장하는 것은 원칙적으로 신의칙에 반한다.

④ 계약해제권과 같은 형성권에 대해서도 실효의 법리가 적용될 뿐이다.

⑤ 모순행위 금지원칙이란 어떤 행위를 한 자가 후에 그와 모순되는 권리행사를 함으로써 상대방의 신뢰를 해치는 경우에 그 후행행위의 효력을 인정하지 않는 원칙을 말한다.

30. **민법상 능력에 대한 설명으로 옳지 않은 것은? (단, 다툼이 있는 경우 판례에 의한다)**

① 사람은 생존한 동안 권리와 의무의 주체가 된다.

② 사람은 19세로 성년에 이르게 된다.

③ 태아는 손해배상의 청구권에 관하여는 이미 출생한 것으로 본다.

④ 태아는 태아인 동안에 법정대리인에 의한 수증행위를 할 수 없다.

⑤ 법정대리인이 범위를 정하여 처분을 허락한 재산은 미성년자가 임의로 처분할 수 있다.

법학 3회 실전모의고사

문항수 | 30문항

▸ 정답과 해설 66쪽

01. 소멸시효에 대한 설명으로 옳은 것은? (단, 다툼이 있는 경우 판례에 의한다)

① 시효는 일정한 기간을 요건으로 하여 일정한 법률효과를 발생시키는 법률사실이다.

② 담보물권도 권리이므로 독자적으로 소멸시효에 걸린다.

③ 권리가 불확정기한부인 경우에는 소멸시효의 기산점은 기한이 객관적으로 도래한 것을 안 때로부터이다.

④ 부동산의 매수인이 그 부동산을 인도받은 이상 이를 사용 · 수익하다가 그 부동산에 대한 적극적인 권리행사의 일환으로 다른 사람에게 그 부동산을 처분하고 그 점유를 승계하여 준 경우에는 그 이전등기청구권의 행사 여부에 관하여 그가 그 부동산을 스스로 계속 사용 · 수익만 하고 있는 경우와 특별히 다를 바 없으므로 위 두 어느 경우에나 이전등기청구권의 소멸시효는 진행되지 않는다고 보는 것이 판례이다.

⑤ 천재 기타 사변으로 인하여 소멸시효를 중단할 수 없을 경우에 그 사유가 종료한 때로부터 6월 내에 시효가 완성되지 않는다.

02. 법인의 능력에 대한 설명으로 옳은 것은? (단, 다툼이 있는 경우 판례에 의한다)

① 판례는 민법 제34조 정관에 정한 목적의 범위는 정관에 구체적으로 명시된 사항에 한정된다.

② 판례는 목적 수행에 필요한지 여부는 행위자의 주관적 의사에 의하여 판단하여야 한다고 본다.

③ 대표권이 없는 이사의 행위에 의해서는 법인의 불법행위가 성립하지 않는다.

④ 대표기관의 행위가 법인의 목적범위 외이어서 법인의 불법행위로 인정되지 않는 경우에는 대표기관만이 책임을 지나 그 사항의 의결에 찬성한 이사 기타 대표자도 공동불법행위가 성립한 때에는 예외적으로 연대하여 배상할 책임을 진다.

⑤ 법인의 손해배상책임이 대표기관의 과실이 아닌 고의에 의한 불법행위에 기한 것이라면 손해배상에 피해자측의 과실이 있었다 하더라도 과실상계의 법리는 적용되지 않는다.

03. 법인의 기관에 대한 설명으로 옳은 것은? (단, 다툼이 있는 경우 판례에 의한다)

① 수인의 이사가 있는 경우 그 가운데의 일부의 자와 법인의 이익이 상반되는 때에는 특별대리인을 선임하여야 한다.

② 사단법인의 사원의 지위는 제3자의 권리를 해하지 않는 한 양도 또는 상속할 수 있다.

③ 법인의 임시이사와 특별대리인은 모두 사원총회에서 임명한다.

④ 사원총회의 소집은 1주간 전에 그 회의목적을 기재한 통지가 사원에게 도달하여야 하며 기타 정관에 정한 방법이어야 한다.

⑤ 사원총회는 최고의결기관이므로 정관으로 이사 그 밖의 임원에게 위임한 사항에 대하여도 결의할 수 있다.

04. 부재와 실종에 대한 설명으로 옳은 것은? (단, 다툼이 있는 경우 판례에 의한다)

① 법원이 선임한 부재자의 재산관리인은 그 부재자의 사망이 확인되면 관리인으로서의 권한을 잃는다.

② 부재자의 재산관리인의 대리권의 범위는 친권자의 대리권의 범위와 같다.

③ 실종자가 생환한 때에는 실종선고의 효력은 상실된다.

④ 실종선고로 인하여 개시된 재산상속에 대한 승인 · 포기는 실종선고의 취소에 의하여 당연히 소급적으로 실효한다.

⑤ 실종선고가 취소된 경우에 실종선고를 직접원인으로 하여 취득한 자는 그 받은 이익이 현존하는 한도에서 반환할 의무가 있다.

05. 제한능력자와 거래한 상대방 보호에 대한 설명으로 옳은 것은? (단, 다툼이 있는 경우 판례에 의한다)

① 상대방은 제한능력자가 능력자가 되기 전에도 그에게 1개월 이상의 기간을 정하여 그 취소할 수 있는 행위를 추인할 것인지 여부의 확답을 청구할 수 있다.

② 추인여부의 최고를 받은 제한능력자의 법정대리인이 한 확답이 그 정한 기간 내에 상대방에게 도달하지 아니한 경우에는 그 행위를 추인한 것으로 본다.

③ 제한능력자의 단독행위는 추인이 있을 때까지 선의의 상대방만 거절할 수 있다.

④ 피한정후견인이 위조한 동의서를 상대방에게 제시하면서 법률행위를 한 경우에는 민법 제17조 제1항에 의하여 취소권을 잃게 된다.

⑤ 매도인인 제한능력자가 매매목적물의 성능에 관해서 매수인에게 거짓말을 한 경우에는 제한능력자는 취소권을 가진다.

06. 불공정한 법률행위에 대한 설명으로 옳지 않은 것은? (단, 다툼이 있는 경우 판례에 의한다)

① 증여와 같이 대가적 의미의 출연이 없는 무상행위에 대해서는 불공정한 법률행위에 관한 민법 제104조의 적용이 없다는 것이 판례이다.

② 불공정한 법률행위가 성립하기 위한 요건인 궁박, 경솔, 무경험은 모두 구비되어야 하는 요건이 아니라 그중 일부만 갖추어도 충분하다.

③ 급부의 불균형 여부를 판단하는 시기는 그 법률행위를 하는 때이다.

④ 불공정한 법률행위에서 대리인에 의한 법률행위의 경우 궁박은 본인을 기준으로, 경솔과 무경험은 대리인을 기준으로 판단하여야 한다는 것이 판례의 태도이다.

⑤ 불공정한 법률행위는 피해자가 그 무효임을 알고 추인한 때에는 그때로부터 유효한 법률행위가 된다.

07. 대리권에 대한 설명으로 옳은 것은? (단, 다툼이 있는 경우 판례에 의한다)

① 인감증명서만을 교부하였다면 어떤 대리권을 부여하기 위한 행위로 볼 수 있다는 것이 판례이다.

② 대리인과 본인 간의 내부적인 권리의무관계를 발생케 하는 계약을 내부관계설정계약이라고 하는데 이에는 위임, 조합, 도급, 고용 등이 있다.

③ 채무의 이행에는 자기대리, 쌍방대리가 허용되는데 여기서의 이행은 채무자가 스스로 하는 이행만이 포함되고 제3자가 이행하는 경우에는 포함되지 않는다.

④ 본인이 자기대리나 쌍방대리를 허락한 경우에는 자기대리나 쌍방대리가 허용되는데 이 경우 본인의 허락은 명시적 허락에 한한다.

⑤ 민법 제127조는 대리권이 본인의 사망, 대리인의 사망이나 한정후견의 개시 또는 파산으로 소멸된다고 규정하고 있다.

08. 신의성실의 원칙에 대한 설명으로 옳지 않은 것은? (단, 다툼이 있는 경우 판례에 의한다)

① 강행법규 위반 사실을 알면서 스스로 그러한 계약을 체결한 당사자가 후에 그 행위가 강행법규 위반으로 무효라고 주장하는 것은 신의성실의 원칙에 위배된다고 본다.

② 신의칙의 기능 중 하나는 법률 및 법률행위 해석의 기준이 되는데 이를 고려의 명제라고 한다.

③ 신의성실의 원칙에 반하거나 권리남용이 되는 경우에는 당사자의 주장이 없더라도 법원은 직권으로 판단할 수 있다.

④ 사용자는 근로계약에 수반되는 신의칙상 부수적 의무로서 피용자가 노무를 제공하는 과정에서 생명, 신체 건강을 해치는 일이 없도록 물적 환경을 정비하는 등 필요한 조치를 강구할 보호의무를 부담하고 이러한 보호의무를 위반함으로써 피용자가 손해를 입은 경우 이를 배상할 책임이 있다.

⑤ 계약 성립 후 현저한 사정의 변경이 발생하였고 그러한 사정의 변경이 해제권을 취득하는 당사자에게 책임없는 사유로 생긴 것으로서 계약내용대로의 구속을 인정한다면 신의칙에 현저히 반하는 결과가 생기는 경우에 사정의 변경으로 인한 계약해제가 인정되는데 여기의 사정에는 상대방에게 알려진 일방당사자의 주관적 사정은 포함되지 않는다.

09. 비법인사단에 대한 설명으로 옳지 않은 것은? (단, 다툼이 있는 경우 판례에 의한다)

① 종중의 성립을 위하여 서면으로 된 종중규약 및 명칭이 있어야 하며 종중 대표자가 선임되어 있는 등 조직을 갖추어야 한다.

② 비법인사단의 실체를 갖춘 아파트 부녀회의 수익금이 아파트 부녀회 회장의 개인명의의 예금계좌에 입금되어 있는 경우 위 수익금의 관리 · 사용권을 승계한 아파트입주자 대표회의가 수익금의 지급을 청구할 수 있는 상대방은 아파트부녀회이다.

③ 종중 구성원의 자격을 성년남자만으로 제한하는 종래의 관습법은 이제 더 이상 법적 효력을 가질 수 없게 되었으므로 공동선조와 성과 본을 같이하는 후손은 성별의 구별없이 성년이 되면 당연히 종중의 구성원이 된다.

④ 종중회의의 소집의 통지는 국내에 거주하고 소재가 분명하여 연락통지가 가능한 모든 종중원에게 개별적으로 통지하여야 하나 그 방법은 반드시 서면으로 할 필요는 없다.

⑤ 판례는 사채권자로 구성된 청산위원회를 비법인사단으로 인정하고 있다.

10. 제한능력자에 대한 설명으로 옳지 않은 것은? (단, 다툼이 있는 경우 판례에 의한다)

① 피성년후견인이 성년후견인의 동의를 얻어서 한 법률행위는 취소할 수 있다.

② 가정법원은 피한정후견인이 한정후견인의 동의를 받아야 하는 행위의 범위를 결정할 수 있다.

③ 성년후견선고는 질병, 장애, 노령 그 밖의 사유로 인한 정신적 제약으로 사무를 처리할 능력이 지속적으로 결여된 사람이 그 대상이 된다.

④ 피한정후견인이 일용품의 구입 등 일상생활에 필요하고 그 대가가 과도하지 아니한 법률행위를 한정후견인의 동의없이 한 경우에는 한정후견인은 이를 취소할 수 없다.

⑤ 가정법원은 성년후견개시의 심판을 할 때 본인의 의사에 반하여 할 수 있다.

11. 권리에 대한 설명으로 옳은 것은? (단, 다툼이 있는 경우 판례에 의한다)

① 물권은 물건을 객체로 하지만 권리가 객체로 될 수도 있다.

② 권리와 의무는 서로 대응하므로 형성권도 그에 대응하는 의무가 존재한다.

③ 사원권에는 자익권과 공익권이 있다. 이 중에서 공익권은 사단시설이용권과 이익배당청구권 등이 있다.

④ A는 B를 기망하여 시가 2천만 원 상당의 부동산을 1천만 원에 B에게 매도한 경우, B는 사기에 의한 의사표시를 이유로 이 매매계약을 취소하여 무효로 할 수 있는 권리를 가지고 있는데, 이 권리는 항변권이다.

⑤ 부당이득반환청구권, 임차인의 매수청구권, 임대차에 의한 방해배제청구권은 청구권이다.

12. 법률행위의 목적에 대한 설명으로 옳지 않은 것은? (단, 다툼이 있는 경우 판례에 의한다)

① 배임행위에 적극 가담한 제2매수인에게 소유권이전등기가 경료된 경우 불법원인급여에 해당하는 매도인이 부당이득의 반환을 청구할 수 없지만 그는 소유권에 기하여 제2매수인에 대하여 등기의 말소 및 당해 부동산의 반환을 구할 수 있다.

② 판례는 동기가 표시된 경우뿐만 아니라 동기가 상대방에게 알려진 경우에도 법률행위의 동기가 반사회적인 경우에는 무효가 된다고 한다.

③ 판례는 민법 제103조에서의 선량한 풍속 기타 사회질서에 포함되는 강행규정도 있고 포함되지 않는 강행규정도 있다고 본다.

④ 반사회적 법률행위에 해당하여 무효인 이중매매계약의 제2양수인으로부터 그 부동산을 전득한 제3자는 비록 선의라 하더라도 이중매매계약의 유효를 주장할 수 없다.

⑤ 소송에서 사실대로 증언해 줄 것을 조건으로 통상적으로 용인할 수 있는 수준을 초과하는 급부를 받기로 한 경우, 그 약정은 무효이다.

13. 부동산과 동산에 대한 설명으로 옳지 않은 것은? (단, 다툼이 있는 경우 판례에 의한다)

① 건물은 토지와는 별개의 물건이다.

② 토지의 일부는 분필절차 전에는 양도, 용익물권설정, 시효취득의 대상이 되지 않는다.

③ 건물의 개수는 건물의 물리적 구조뿐만 아니라 거래관념을 고려하여 설정하여야 한다.

④ 아무런 권원없이 타인의 토지에서 경작한 농작물은 명인방법을 갖추지 않았다고 하더라도 경작자에게 소유권이 있다는 것이 판례의 태도이다.

⑤ 입목에 관한 법률에 의하여 등기된 수목의 집단은 토지에 부착되어 있더라도 독립의 부동산이다.

14. 보증채무의 구상관계에 대한 설명으로 옳지 않은 것은? (단, 다툼이 있는 경우 판례에 의한다)

① 사후구상권의 소멸시효는 사전구상권이 발생되었는지 여부와는 관계없이 사후구상권 그 자체가 발생되어 이를 행사할 수 있을 때로부터 진행된다.

② 부탁받은 보증인은 위임관계와 마찬가지로 원칙적으로 사전구상권이 인정된다.

③ 주채무자의 부탁없이 보증인이 된 자가 변제 기타 자기의 출재로 주채무를 소멸하게 한 때에는 주채무자는 그 당시에 이익을 받은 한도에서 배상하여야 한다.

④ 보증인이 변제 기타 자기의 출재로 면책되었음을 주채무자에게 통지하지 아니한 경우에 주채무자가 선의로 채권자에게 변제 기타 유상의 면책행위를 한 때에는 주채무자는 자기의 면책행위의 유효를 주장할 수 있다.

⑤ 어느 연대채무자나 어느 불가분채무자를 위하여 보증인이 된 자는 다른 연대채무자나 다른 불가분채무자에 대하여 그 부담부분에 한하여 구상권이 있다.

15. 법률행위의 해석에 대한 설명으로 옳지 않은 것은? (단, 다툼이 있는 경우 판례에 의한다)

① 법률행위의 해석은 법률행위의 내용을 명확히 하는 것이다.

② 낙찰대금에서 배당을 받지 못한 세입자가 임대인의 아들을 찾아가 임대보증금을 어떻게 할 것인지 따지자 '자신이 책임지고 해결하겠으니 걱정하지 말고 기다리라'고 한 경우, 그 말의 객관적 의미는 임대차보증금반환의무를 법적으로 부담하겠다는 취지는 아니라고 해석하는 것이 판례이다.

③ 당사자들이 공통적으로 의사표시를 명확하게 인식하고 있다면 그것이 당사자가 표시한 문언과 다르더라도 당사자들의 공통적인 인식에 따라 의사표시를 해석하여야 한다.

④ 법률행위의 내용이 불공정한 경우에는 법률행위의 보충적 해석을 통해 그 내용을 수정 · 부인할 수 있다.

⑤ 규범적 해석은 표시상의 효과의사를 밝혀서 표시행위의 객관적 내용을 확정하는 해석이다.

16. 허위표시에 대한 설명으로 옳지 않은 것은? (단, 다툼이 있는 경우 판례에 의한다)

① 부부간의 부동산매매라고 하더라도 특단의 사정이 없는 한 허위표시로 볼 수는 없다.

② 허위표시 자체는 민법 제746조의 불법은 아니므로 이행한 경우에는 불법원인급여에 적용되지 않는다.

③ 채무자의 법률행위가 통정허위표시인 경우에도 채권자취소권의 대상이 되고 한편 채권자취소권의 대상으로 된 채무자의 법률행위라도 통정허위표시의 요건을 갖춘 경우에는 무효라고 보는 것이 판례이다.

④ 선의의 제3자는 민법 제108조 제2항에 의하여 권리를 취득하므로 이에 제3자로부터 다시 권리를 취득한 자(전득자)는 악의이더라도 권리를 취득한다.

⑤ 채권의 가장양도에서의 채무자는 민법 제108조 제2항 소정의 제3자에 해당하지 않는다.

17. 표현대리(표견대리)에 대한 설명으로 옳지 않은 것은? (단, 다툼이 있는 경우 판례에 의한다)

① 표현대리는 일반적 권리외관이론에 그 근거를 두고 있는 제도이다.

② 대리인이 대리권 소멸 후 복대리인을 선임하여 복대리인으로 하여금 상대방과 사이에 대리행위를 하도록 한 경우에는 민법 제129조의 표현대리가 성립할 수 있다.

③ 사실혼 부부간에는 일상가사에 관한 상호대리권이 없어 민법 제126조의 권한을 넘은 표현대리가 인정되지 않는다.

④ 표현대리권을 기본대리권으로 하는 월권행위를 한 경우 민법 제126조 월권표현대리도 성립할 수 있다고 보는 것이 통설이다.

⑤ 표현대리의 요건이 충족되었다고 해도 무권대리로 전환되는 것은 아니다.

18. 민법의 법원(法源)에 대한 설명으로 옳은 것은? (단, 다툼이 있는 경우 판례에 의한다)

① 성문법과 관습법의 효력상의 우월에 관하여 변경적 효력설을 취하는 경우 기존의 성문법과 다른 관습법이 성립한 경우에 양자 사이의 효력의 우열은 특별법은 일반법에 우선한다는 원칙에 따라 설정한다.

② 상사에 관하여는 상법에 규정이 없고 상관습법에 있는 경우에는 민법이 우선 적용된다.

③ 법원조직법 제8조가 있기 때문에 판례를 법원으로 보는 것이 통설, 판례이다.

④ 종래 대법원에서 관습법으로 확인된 관습은 다른 법률에 의하여 변경 · 폐지되거나 그와 모순 · 저촉되는 새로운 내용의 관습법이 확인되기 전까지는 관습법으로서의 구속력을 가지는 것이므로, 판례변경을 통하여 관습법으로서 효력여부를 거절할 수는 없다.

⑤ 관습법이 성립하기 위하여 관행이 존재하고 그 관행이 법적 확신을 취득하여야 할 뿐만 아니라 그 관행이 전체 법질서에 반하지 않는 것으로서 정당성과 합리성을 갖추어야 한다.

19. 무권대리에 대한 설명으로 옳은 것은? (단, 다툼이 있는 경우 판례에 의한다)

① 무권대리행위의 상대방이 계약 당시 무권대리임을 안 경우에는 본인에 대하여 추인여부의 확답을 최고할 수 없다.

② 무권대리인이 체결한 계약의 이행을 본인이 상대방에게 청구한 경우 이를 추인한 것은 아니다.

③ 무권대리인이 상대방에 대하여 민법 제133조의 책임을 지는 것은 상대방의 이익을 보호하고 대리제도의 신용을 유지하기 위하여 무권대리인에게 부과된 법정 무과실책임이라고 보는 설에 따르면, 민법 제135조는 사적 자치에 기한 규정이다.

④ 무권대리행위의 상대방이 철회를 하면 이때 본인은 그 무권대리행위를 추인할 수 없게 된다. 다만, 상대방은 무권대리인에게 민법 제133조의 무권대리책임은 물을 수 있다.

⑤ 자(子)가 본인인 그의 부(父)의 대리인이라고 사칭하여 무권대리행위를 하고 그 부가 그 무권대리행위를 추인 또는 추인거절하기 전에 사망하여 자가 부를 상속한 경우 상속인은 추인을 거절하지 못하므로 무권대리행위는 상속으로 당연히 유효하게 된다.

20. **민법상 조건과 기한에 대한 설명으로 옳지 않은 것은? (단, 다툼이 있는 경우 판례에 의한다)**

① 조건이 선량한 풍속 기타 사회질서에 위반한 것일 때에는 그 법률행위는 조건 없는 법률행위로 본다.

② 당사자가 조건성취의 효력을 그 성취 전에 소급하게 할 의사를 표시한 경우에는 그 의사에 의하여 소급효가 인정된다.

③ 상가분양계약에서 중도금지급기일을 '1층 골조공사 완료 시'로 하는 것은 불확실기한이다.

④ 민법은 당사자의 특약이나 법률행위의 실정에 비추어 반대의 취지가 명백하지 않은 한 기한은 채무자의 이익을 위한 것으로 추정한다.

⑤ 불특정사실이 발생한 때를 이행기한으로 정한 경우에는 그 사실의 발생이 불가능한 것으로 확정한 때에는 기한은 도래한 것으로 본다.

21. **주물과 종물에 대한 설명으로 옳지 않은 것은? (단, 다툼이 있는 경우 판례에 의한다)**

① 주물 · 종물에 관한 민법 제100조 제2항은 임의규정이므로 당사자의 특약으로 주물 또는 종물만을 처분할 수 있다.

② 호텔과 객실 내에 있는 텔레비전, VTR 등은 호텔 이용자의 상용에 공여되고 있더라도 호텔 그 자체의 효용과 직접 관계가 없는 물건으로 호텔의 종물이 아니다.

③ 주물과 종물은 법률적 운명을 같이하므로 1개의 물건이 된다.

④ 판례는 종물을 독립한 동산에 한정하지 않는다.

⑤ 주물 · 종물 이론은 물건 상호 간의 관계에서는 물론이고 권리 상호 간의 관계에서도 성립한다.

22. 비진의의사표시에 대한 설명으로 옳지 않은 것은? (단, 다툼이 있는 경우 판례에 의한다)

① 어떠한 의사표시가 비진의의사표시로서 무효라고 주장하는 경우 그 증명책임은 주장자에게 있다.

② 노동자가 사용자의 의사에 따라 일괄하여 사직서를 작성하여 제출할 당시에 그 사직서에 기하여 의원면직으로 처리될지도 모른다는 점을 인식하였더라도 이것만으로는 내심에 사직의 의사가 있다고 할 수는 없을 것이다.

③ 대리권이 남용된 배임적 대리행위의 효력에 관하여 판례는 진의 아닌 의사표시의 효력에 관한 제107조 제1항 단서를 유추적용하고 있다.

④ 판례는 비록 재산을 강제로 뺏긴다는 것이 표의자의 본심으로 잠재되어 있었다 하여도, 표시자가 강박에 의하여서나 증여를 하기로 하고 그에 따른 증여의 의사표시를 하였다면 증여의 내심의 효과의사가 결여된 것이라고 할 수 있다고 한다.

⑤ 계약체결의 요건을 규정하고 있는 강행법규에 위반한 계약은 무효이므로 그 경우에 계약상대방이 선의 · 무과실이더라도 민법 제107조의 비진의표시의 법리 또는 표현대리 법리가 적용될 여지는 없다.

23. 법률행위에 대한 설명으로 옳지 않은 것은? (단, 다툼이 있는 경우 판례에 의한다)

① 권리에 대한 처분권한이 없는 무권리자도 의무부담행위를 할 수 있다.

② 요식행위에서 방식이 결여되면 법률효과가 생기지 않는다.

③ 불법행위도 법률행위이다.

④ 유언과 재단법인설립행위는 상대방 없는 단독행위이다.

⑤ 채권양도, 지식재산권의 양도 등은 준물권행위이다.

24. 법률행위의 무효와 취소에 대한 설명으로 옳은 것은? (단, 다툼이 있는 경우 판례에 의한다)

① 토지매매계약을 체결하려면 행정관청의 허가를 받아야 하는 바 그 허가를 받지는 않았지만 이를 전제로 체결한 토지매매계약은 유동적 무효이므로 토지매매계약 후에 허가를 받으면 그 매매계약은 그때부터 유효로 된다.

② 통정허위표시로 무효인 법률행위는 추인할 수 있다.

③ 하나의 법률행위의 일부분에만 취소사유가 있는 경우, 그 법률행위가 가분적이거나 그 목적물의 일부가 특정될 수 있다면 그 나머지 부분이라도 이를 유지하려는 현실의 의사가 있는 경우 그 일부만의 취소도 가능하다.

④ 무효인 행위의 추인은 새로운 법률행위를 한 것으로 보는 데 그치지 않고 무효행위 그 자체가 유효로 되는 것이다.

⑤ 취소의 경우에는 선의의 제3자에게 대항할 수 없는 경우가 있으나 무효의 경우에는 언제나 선의의 제3자에 대하여도 주장할 수 있다.

25. 의사표시의 효력발생에 대한 설명으로 옳은 것은? (단, 다툼이 있는 경우 판례에 의한다)

① 표의자가 그 통지를 받은 후 사망하거나 행위능력을 상실하면 그 의사표시는 무효이다.

② 상대방 있는 의사표시는 상대방에게 도달한 때에 그 효력이 생긴다는 민법상 규정은 강행규정이다.

③ 상대방이 그 내용을 알았을 때 그 의사표시가 상대방에게 도달한 것이다.

④ 총회소집의 통지에도 도달주의가 적용된다.

⑤ 보통우편의 방법으로 발송되었다는 사실만으로는 그 우편물이 상당한 기간 내에 도달하였다고 주장할 수 없고 송달의 효력을 주장하는 측에서 증거에 의하여 이를 증명하여야 한다.

26. 보증계약에 대한 설명으로 옳지 않은 것은? (단, 다툼이 있는 경우 판례에 의한다)

① 보증채무는 채권자와 보증인 사이에 맺어지는 보증계약에 의하여 성립한다.
② 장래의 채무에 대하여 보증할 수 있다.
③ 보증은 불확정한 다수의 채무에 대해서도 할 수 있다. 이 경우 보증하는 채무의 최고액을 서면으로 특정하여야 한다.
④ 보증계약에서 보증기간의 약정이 없는 때에는 그 기간은 3년으로, 다시 이 기간은 갱신할 수 있다.
⑤ 채무자가 보증인을 세울 의무가 있는 경우에 변제자력이 없는 자가 보증인이 되었다 할지라도 그 보증계약은 유효하다.

27. 보증채무의 성질에 대한 설명으로 옳지 않은 것은? (단, 다툼이 있는 경우 판례에 의한다)

① 보증채무는 주채무자와는 별개의 독립한 채무이다.
② 주채무의 내용에 변경이 생기면 보증채무의 내용도 변경된다.
③ 보증인은 주채무자가 가지는 항변권으로써 채권자에게 대항할 수 있다.
④ 주채무가 소멸하면 그 이유가 무엇이냐를 묻지 않고서 보증채무도 소멸한다.
⑤ 대체적 급부를 목적으로 하는 채무에 관하여 보증한 경우에는 주채무가 불이행으로 손해배상채무로 변하는 것을 정지조건으로 하여 보증을 한 것으로 해석된다.

28. 보증채무의 대외적 효력에 대한 설명으로 옳지 않은 것은? (단, 다툼이 있는 경우 판례에 의한다)

① 주채무자가 채권자에 대하여 해지권이 있는 동안에는 보증채무에 대하여 채무의 이행을 거절할 수 있다.
② 최고 · 검색의 항변권은 보증채무의 부종성에 근거한 것이다.
③ 보증채무 성립 후 보증인이 최고 · 검색의 항변권을 포기하면 보증연대로 전환된다.
④ 보증인의 최고나 검색의 항변에도 불구하고 채권자의 해태로 인하여 주채무자로부터 전부나 일부의 변제를 받지 못한 경우, 보증인은 채권자가 해태하지 않았으면 변제받았을 한도에서 그 의무를 면한다.
⑤ 주채무자의 항변의 포기는 보증인에게 효력이 없다.

29. 특수한 보증에 대한 설명으로 옳지 않은 것은? (단, 다툼이 있는 경우 판례에 의한다)

① 계속적 거래관계에 대한 근보증의 성립시기는 그 보증의 의사표시를 한 시점이다.

② 연대보증인이 동일 채무의 담보를 위하여 근저당설정계약을 체결한 경우 특별한 사정이 없는 한 연대보증책임의 범위는 근저당권의 채권최고액의 범위 내로 제한된다.

③ 신원보증인은 피용자의 고의 또는 중과실로 인한 행위로 인하여 설정한 손해에 대하여 배상할 책임이 있다.

④ 근보증의 주채무와 근저당권의 피담보채무가 동일한 채무인 경우 근저당권의 설정으로 변제받은 금액은 근보증의 보증한도액에서 공제되어야 한다.

⑤ 피용자의 업무 또는 업무수행의 장소를 변경함으로써 신원보증인의 책임이 가중되거나 업무 감독이 곤란하게 될 경우에는 사용자는 지체 없이 신원보증인에게 통지하여야 한다.

30. 복대리에 대한 설명으로 옳은 것은? (단, 다툼이 있는 경우 판례에 의한다)

① 복대리인은 본인의 이름으로 선임한 자이기에 대리인의 복대리인 선임행위는 대리행위이다.

② 본인과 복대리인 사이에도 본인과 대리인 사이에 존재하는 내부관계가 인정된다.

③ 법정대리인이 부득이한 사유로 복대리인을 선임한 경우에는 법정대리인에게 복대리인의 선임과 감독에 고의 · 과실이 없더라도 손해배상책임을 진다.

④ 복대리인도 복임권을 가지는 바 이때 복대리인은 법정대리인의 복임권과 같은 범위에서 복임권을 가진다.

⑤ 대리와 목적인 법률행위의 성질상 대리인 자신에 의한 처리가 필요하지 아니한 경우 본인이 복대리 금지의 의사를 명시하지 아니하였더라도 복대리인의 선임에 관하여 묵시적인 승낙을 한 것은 아니다.

법학 4회 실전모의고사

문항수 | 50문항

▸ 정답과 해설 76쪽

01. 법의 체계에 대한 설명 중 옳지 않은 것은?

① 민법은 사법에 속하고 실체법이다.
② 경제법은 사회법에 속하고 경제관계에 관한 실체법이다.
③ 형법은 공법에 속하고 실체법이다.
④ 민사소송법은 사법에 속하고 절차법이다.

02. 추정과 간주에 대한 설명으로 옳은 것은?

① 사실의 확정에 있어서 추정보다는 간주의 효력이 훨씬 강하다.
② 민법에서 '~한 것으로 본다'라고 규정하고 있으면 이는 추정규정이다.
③ 민법 제28조는 '실종선고를 받은 자는 전조의 기간이 만료한 때에 사망한 것으로 추정한다'라고 규정하고 있다.
④ 간주는 편의상 잠정적으로 사실의 존부를 인정하는 것이므로 간주된 사실과 다른 사실을 주장하는 자가 반증을 들면 간주의 효과는 발생하지 않는다.

03. 권리와 의무에 대한 설명으로 옳지 않은 것은?

① 일정한 물건을 직접 배타적으로 지배하여 재산적 이익을 향수하는 권리를 물권이라 한다.
② 권리는 일정한 이익을 누리는 법적인 힘 혹은 자격이라고 정의되므로 일정한 이익을 누릴 수 있도록 법의 보호를 받는 지위가 바로 권리이다.
③ 공법관계에 의해서 발생하는 권리를 공권, 사법관계에 의해서 발생하는 권리를 사권이라 한다.
④ 의무는 권리를 수반하는 것이므로 의무 없이는 권리가 없고, 권리 없이는 의무도 없다.

04. 근대 입헌주의 헌법의 특징이 아닌 것은?

① 기본적 인권의 보장원리
② 사회적 법치주의
③ 권력분립주의
④ 의회주의

05. 헌법의 개정절차에 대한 내용으로 옳지 않은 것은?

① 헌법개정은 국회재적의원 과반수 또는 대통령의 발의로 제안된다.
② 제안된 헌법개정안은 대통령이 20일 이상의 기간 이를 공고하여야 한다.
③ 국회는 헌법개정안이 공고된 날로부터 30일 이내에 의결하여야 하며 국회의 의결은 재적의원 3분의 2 이상의 찬성을 얻어야 한다.
④ 헌법개정안은 국회가 의결한 후 30일 이내에 국민투표에 부쳐 국회의원선거권자 과반수의 투표와 투표자 과반수의 찬성을 얻어야 한다.

06. 연방국가에 대한 설명으로 옳은 것은?

① 연방헌법은 주(州)들 간 조약규범으로서 잠정적 성격을 가진다.
② 주(州)도 주권을 갖는다고 보는 것이 우리나라의 통설이다.
③ 국가인 이상 연방국가의 통치권은 단일불가분의 성격을 가진다.
④ 연방은 주(州)의 국제법 위반의 책임까지 부담한다.

07. 현행 헌법 전문(前文)에 명시된 표현으로 옳지 않은 것은?

① 복수정당제의 보장
② 3 · 1운동으로 건립된 대한민국임시정부의 법통 계승
③ 사회적 폐습과 불의의 타파
④ 세계평화와 인류공영에 이바지

08. 경제에 관한 헌법의 규정과 부합하지 않는 것은?

① 농지의 소작제도, 임대차 및 위탁경영은 금지된다.
② 국가는 시장의 지배와 경제력의 남용을 방지할 수 있다.
③ 국가는 소비자보호운동을 법률이 정하는 바에 의하여 보장한다.
④ 국가는 대외무역을 육성하며 이를 규제 · 조정할 수 있다.

09. 정당에 대한 설명으로 틀린 것은?

① 정당의 설립은 자유이다.
② 복수정당제는 보장된다.
③ 정당은 그 목적 · 조직과 활동이 민주적이어야 한다.
④ 헌법재판소는 직권으로 정당을 해산할 수 있다.

10. 선거권 및 피선거권에 대한 설명으로 옳지 않은 것은?

① 19세 이상의 국민은 대통령 및 국회의원의 선거권이 있다.
② 선거일 현재 10년 이상 국내에 거주하고 있는 40세 이상의 국민은 대통령의 피선거권이 있다.
③ 25세 이상의 국민은 국회의원의 피선거권이 있다.
④ 선거일 현재 계속하여 60일 이상 해당 지방자치단체의 관할구역에 주민등록이 되어 있는 주민으로서 25세 이상의 국민은 그 지방의회의원 및 지방자치단체의 장의 피선거권이 있다.

11. 공직선거법상 재선거사유에 해당되지 않은 것은?

① 당해 선거구의 후보자가 없는 때
② 당선인이 없는 때
③ 임기 중에 사망하거나 사퇴한 때
④ 선거의 전부무효의 판결 또는 결정이 있는 때

12. 기본권의 주체에 대한 설명으로 옳지 않은 것은? (단, 다툼이 있는 경우 판례에 따른다)

① 법인 아닌 사단 · 재단이라고 하더라도 대표자의 정함이 있고 독립된 사회적 조직체로서 활동하는 때에는 성질상 법인이 누릴 수 있는 기본권을 침해당하게 되면, 그 이름으로 헌법소원심판을 청구할 수 있다.

② 국립대학인 서울대학교는 다른 국가기관 내지 행정기관과는 달리 공권력의 행사자의 지위와 함께 기본권의 주체라는 지위도 가진다.

③ 대한민국의 국적을 보유하고 있지 않은 외국인은 우리나라의 헌법재판소에 자신의 기본권 침해를 이유로 헌법소원심판을 청구할 수 없다.

④ 국가나 국가기관 또는 국가조직의 일부나 공법인은 기본권의 수범자이지 기본권의 주체로서 그 소지자가 아니므로, 원칙적으로 헌법소원심판 청구인적격이 인정되지 아니한다.

13. 현행 헌법상 개별적 법률유보사항이 아닌 것은?

① 언론 · 출판의 자유에 대한 제한 ② 신체의 자유에 대한 제한

③ 재산권의 제한 ④ 단체행동권의 제한

14. 인간의 존엄과 가치 · 행복추구권에 관한 설명 중 옳지 않은 것은?

① 헌법재판소 결정에 의하면 개인의 인격권 · 행복추구권은 개인의 자기운명결정권이 전제되는 것이고 이 자기운명결정권에는 성적(性的) 자기결정권이 포함되어 있는 것이다.

② 여기서는 사회구속성을 전제로 한 인간을 의미하는 것으로 보아야 한다.

③ 행복추구권은 다른 기본권에 대한 보충적 기본권으로서의 성격을 지닌다.

④ 헌법재판소 결정에 의하면 일반적 행동자유권은 행복추구권에 포함되어 있지 않다.

15. 평등원칙 및 평등권에 대한 설명으로 옳지 않은 것은? (단, 다툼이 있는 경우 판례에 의한다)

① 행위규범으로서의 평등원칙은 입법자에게 객관적으로 같은 것은 같게, 다른 것은 다르게, 규범의 대상을 실질적으로 평등하게 규율할 것을 요구하고 있다.

② 평등위반 여부를 심사함에 있어 엄격한 심사척도에 따라 비례심사를 할 것인지, 완화된 심사척도에 따라 자의심사를 할 것인지는 입법자에게 인정되는 입법형성권의 정도에 따라 달라진다.

③ 남자에 한하여 병역의무를 부과하는 법률조항이 평등권을 침해하는지 여부는 엄격한 심사척도에 따라 비례원칙 위반여부에 의하여 판단하여야 한다.

④ 중혼의 취소청구권자로 직계존속과 4촌 이내의 방계혈족을 규정하면서도 직계비속을 제외하는 민법 규정에 대한 평등원칙 위반 여부는 자의금지원칙 위반 여부를 심사하는 것으로 족하다.

16. 헌법 제23조가 보장하는 재산권의 개념에 포함되는 것은? (단, 다툼이 있는 경우 판례에 의한다)

① 의료보험수급권

② 약사의 한약조제권

③ 의료보험조합의 적립금

④ 지방세수입의 감소분

17. 국회의 특별정족수에 대한 연결이 옳지 않은 것은?

① 헌법개정안 의결 – 재적의원 3분의 2 이상의 찬성

② 계엄해제 요구 – 재적의원 과반수의 출석과 출석의원 과반수의 찬성

③ 국정조사 요구 – 재적의원 4분의 1 이상의 찬성

④ 법률안 재의결 – 재적의원 과반수의 출석과 출석의원 3분의 2 이상의 찬성

18. **대통령의 지위에 대한 설명으로 옳지 않은 것은?**

① 대통령선거에 있어서 최고득표자가 2인 이상인 때에는 국회의 재적의원 과반수가 출석한 공개회의에서 다수표를 얻은 자를 당선자로 한다.

② 우리나라는 대통령의 사고와 궐위를 판단·확인할 국가기관이 헌법이나 법률상 규정되어 있지 않다.

③ 대통령선거의 선거일은 그 임기만료일 전 70일 이후 첫 번째 수요일이다.

④ 대통령의 궐위로 인하여 선출된 후임자의 임기는 전임자의 잔임기간이다.

19. **헌법재판소에 대한 설명으로 옳지 않은 것은?**

① 헌법재판소는 9인의 재판관으로 구성하며 재판관은 대통령이 임명한다.

② 헌법재판소의 장은 국회의 동의를 얻어 재판관 중에서 대통령이 임명한다.

③ 헌법재판소 재판관은 탄핵 또는 금고 이상의 형의 선고에 의하지 아니하고는 파면되지 아니한다.

④ 헌법재판소에서 법률의 위헌결정, 탄핵의 결정, 정당해산의 결정 또는 헌법소원에 관한 인용결정을 할 때에는 재판관 과반수의 찬성이 있어야 한다.

20. **신의성실의 원칙 및 권리남용에 대한 설명으로 옳지 않은 것은? (단, 다툼이 있는 경우 판례에 따른다)**

① 신의성실의 원칙은 계약법의 영역에 한정되지 않고 모든 법률관계를 규제·지배하는 원리이다.

② 신의성실의 원칙에 반하는 것 또는 권리남용은 당사자의 주장이 없으면 법원이 직권으로 판단할 수 없다.

③ 대리권한 없이 타인의 부동산을 매도한 자가 그 부동산을 상속한 후 소유자의 지위에서 자신의 대리행위가 무권대리로 무효임을 주장하여 등기말소 등을 구하는 것은 금반언원칙이나 신의칙상 허용될 수 없다.

④ 토지소유자가 그 점유자에 대하여 부당이득반환청구권을 장기간 적극적으로 행사하지 아니하였다는 사정만으로는 부당이득반환청구권이 이른바 실효의 원칙에 따라 소멸하였다고 볼 수 없다.

21. 민법상 권리능력 및 행위능력에 대한 설명으로 타당한 것은?

① 행위능력은 모든 자연인에게 인정된다.
② 민사상 미성년자는 만 20세 미만인 자를 의미한다.
③ 미성년자가 법정대리인의 동의 없이 행한 법률행위를 미성년자는 취소할 수 없다.
④ 대표자 또는 관리인이 있는 비법인사단은 권리능력은 없지만 민사소송법상 당사자능력이 인정된다.

22. 제한능력자의 상대방 보호방법 중 그 성격이 다른 것은?

① 취소권의 단기소멸
② 최고권(촉구권)
③ 철회권
④ 거절권

23. 물건에 관한 설명이 잘못된 것은?

① 토지 및 그 정착물은 부동산이고, 부동산 이외의 물건은 동산이다.
② 부동산은 혼화 · 가공이 인정되나, 동산은 혼화 · 가공이 인정되지 않는다.
③ 물건의 소유자가 그 물건의 상용에 공하기 위하여 자기소유인 다른 물건을 이에 부속하게 한 때에는 그 부속물은 종물이다.
④ 종물은 주물의 처분에 따른다.

24. 법률행위의 해석에 있어서 가장 먼저 적용되는 기준은?

① 임의법규
② 사실인 관습
③ 조리
④ 당사자의 의도

25. 반사회적 법률행위에 대한 설명으로 옳은 것은?

① 반사회적 법률행위의 무효는 선의의 제3자에게 대항하지 못한다.
② 첩 계약의 대가로 아파트 소유권을 이전하여 주었다면 부당이득을 이유로 그 반환을 청구할 수 있다.
③ 해외파견된 근로자가 귀국일로부터 일정기간 소속회사에 근무하여야 한다는 사규나 약정은 반사회적 법률행위에 해당하지 않는다.
④ 명의수탁자가 신탁재산을 처분하는 경우에는 그 매수인이 수탁자의 배임행위에 적극 가담하더라도 그 처분행위는 유효하다.

26. 무효와 취소에 대한 설명으로 옳지 않은 것은?

① 일단 성립한 법률행위는 취소가 있기 전까지 유효하다는 점에서 무효와 다르다.
② 취소의 의사표시는 취소권을 가진 자만이 행사할 수 있다는 점에서 무효와 다르다.
③ 취소할 수 있는 법률행위를 추인하면 그 법률행위는 확정적으로 유효가 된다.
④ 취소를 하면 법률행위는 취소한 때로부터 무효인 것으로 본다.

27. 선의취득에 대한 설명으로 옳은 것은? (단, 다툼이 있는 경우 판례에 의한다)

① 민법상 선의취득제도는 부동산에 대해서도 인정된다.
② 양수인이 선의인 경우에는 과실이 있더라도 선의취득할 수 있다.
③ 무효인 매매계약에 의해 동산의 점유를 취득한 자는 선의취득을 하지 못한다.
④ 양수인이 유실물을 공개시장에서 매수한 때에는 그가 선의인 한, 과실 여부와 관계없이 유실자는 양수인이 지급한 대가를 변상하고 그 물건의 반환을 청구할 수 있다.

28. 공유에 대한 설명으로 틀린 것은?

① 공유자의 지분은 균등한 것으로 추정한다.
② 공유자는 그 지분의 비율로 공유물의 관리비용 기타 의무를 부담한다.
③ 공유자가 1년 이상 공유물의 부담의무에 대한 이행을 지체한 때에는 다른 공유자는 상당한 가액으로 지분을 매수할 수 있다.
④ 공유자는 공유물의 분할을 청구할 수 있으며 분할청구권을 제한하는 약정은 무효이다.

29. 제한물권에 대한 내용으로 틀린 것은?

① 제한물권은 소유권이 가지는 전면적 권능 중 일부를 목적으로 하는 부분적 지배권이며 그 대상에 따라 용익물권과 담보물권으로 나누어진다.
② 용익물권은 물건이 가지는 사용가치의 지배를 목적으로 하는 물권으로서 민법상으로는 지상권 · 지역권 · 전세권의 3가지가 있다.
③ 민법은 동산용익물권을 인정하고 있다.
④ 담보물권은 물건이 가지는 교환가치의 지배를 목적으로 하는 물권으로서 민법상으로는 유치권 · 질권 · 저당권의 3가지가 있다.

30. 채무불이행에 대한 설명으로 옳은 것은?

① 채무자가 채무의 내용에 따른 이행을 하지 않는 경우에는 채권자는 강제이행을 청구할 수 있고 채무자가 그러한 강제이행을 거절하는 경우에 한하여 손해배상을 청구할 수 있다.
② 채무불이행은 채무자의 고의 또는 과실에 의하여 발생한 것이므로 채권자에게 과실이 있는 경우라도 채권자의 과실은 참작되지 않는다.
③ 채권자가 채무자의 이행을 받을 수 없거나 받지 아니하는 때에는 채권자의 수령의무위반에 대한 책임을 묻는 경우도 있다.
④ 채무불이행에 대하여 채권자가 계약을 해제하게 되면 손해배상은 청구할 수 없다.

31. 채권의 소멸에 관한 설명으로 틀린 것은? (단, 다툼이 있는 경우 판례에 따른다)

① 채권의 목적 달성으로 인한 소멸원인으로는 변제, 대물변제, 공탁, 상계 등이 있다.
② 채권의 준점유자에 대한 변제는 변제자가 선의이며 과실 없는 때에 한하여 효력이 있다.
③ 변제와 채권증서의 반환은 동시이행관계에 있다.
④ 채무가 고의의 불법행위로 인한 것인 때에는 그 채무자는 상계로 채권자에게 대항하지 못한다.

32. 주택임대차에 대한 설명으로 틀린 것은?

① 주택임차권의 대항력은 주택의 인도와 주민등록을 마친 당일부터 발생한다.
② 대항요건 및 확정일자를 갖춘 임차인은 임차주택과 별도로 그 대지만이 경매될 경우에도 그 대지의 환가대금에 대하여 우선변제권을 행사할 수 있다.
③ 대항요건을 갖추고 확정일자를 받은 임차인은 민사집행법에 의한 경매 또는 국세징수법에 의한 공매시 그 주택의 환가대금에서 후순위권리자 기타 채권자보다 우선하여 보증금을 변제받을 권리가 있다.
④ 보증금이 일정액 이하인 이른바 소액임차인이 그 주택에 대한 경매신청의 등기 전에 대항요건을 갖춘 경우 보증금 중 일정액을 다른 담보물권자보다 우선하여 변제받을 권리가 있다.

33. 소의 취하에 대한 설명으로 옳지 않은 것은?

① 상대방이 본안에 관하여 준비서면을 제출하기 전에 상대방의 동의 없이는 소를 취하할 수 없다.
② 소는 판결이 확정될 때까지 그 전부나 일부를 취하할 수 있다.
③ 본안에 대한 종국판결이 있은 뒤에 소를 취하한 사람은 같은 소를 제기하지 못한다.
④ 변론준비기일에 말로 소를 취하할 수 있다.

34. 송달에 관한 설명으로 틀린 것은?

① 기일통지서 또는 출석요구서의 송달은 원본에 의한다.

② 판결서는 등본을 송달한다.

③ 근무장소 외의 송달할 장소에서 송달받을 사람을 만나지 못한 때에는 그 사무원, 피용자 또는 동거인으로서 사리를 분별할 지능이 있는 사람에게 서류를 교부할 수 있다.

④ 서류를 넘겨받을 사람이 정당한 사유 없이 송달받기를 거부하는 때에는 송달할 장소에 서류를 놓아 둘 수 있다.

35. 절대적 상고이유가 아닌 것은?

① 임의관할에 관한 규정에 어긋난 때

② 법률에 따라 판결법원을 구성하지 아니한 때

③ 법률에 따라 판결에 관여할 수 없는 판사가 판결에 관여한 때

④ 법정대리권 · 소송대리권 또는 대리인의 소송행위에 대한 특별한 권한의 수여에 흠이 있는 때

36. 죄형법정주의에 대한 설명으로 옳은 것은?

① 죄형법정주의는 형법의 보장적 기능보다는 보호적 기능의 실현과 관계가 깊다.

② 성인범에 대하여 상대적 부정기형을 도입하면 명확성의 원칙에 반한다.

③ 위법성조각사유 등과 같이 피고인에게 유리한 규정을 제한적으로 유추 · 적용하는 것은 유추해석금지원칙에 반한다는 것이 판례의 입장이다.

④ 범죄 후 형을 폐지하거나 형을 종전보다 가볍게 형벌법규를 개정하면서 그 부칙으로 폐지 또는 개정된 법의 시행 전의 범죄에 대해서는 종전의 형벌법규를 적용하도록 규정하는 것은 죄형법정주의에 반한다는 것이 판례의 입장이다.

37. **형법의 적용범위에 대한 설명으로 옳은 것은?**

① 범죄행위가 신 · 구법에 걸쳐 행해진 경우 형법 제1조 제1항의 행위시법은 신법이다.

② 형법 제1조 제2항의 '범죄 후 법률의 변경'이라고 할 때의 '범죄 후'는 구성요건적 결과의 발생 후를 지칭한다.

③ 형법 제1조 제2항의 '범죄 후 법률의 변경'이라고 할 때의 '법률'은 국회에서 제정된 이른바 '형식적 의미의 법률'을 의미한다.

④ 재판확정 후 법률의 변경에 의하여 형이 구법보다 경하게 된 때에는 형법 제1조 제3항에 따라 형의 집행이 면제된다.

38. **다음 〈보기〉에서 반의사불벌죄(反意思不罰罪)에 해당하는 것은 몇 개인가?**

보기

㉠ 폭행죄	㉡ 과실치상죄
㉢ 사자명예훼손죄	㉣ 출판물에 의한 명예훼손죄
㉤ 강간죄	㉥ 비밀침해죄

① 1개 ② 2개
③ 3개 ④ 4개

39. **정당방위, 긴급피난, 자구행위에 관한 설명으로 옳지 않은 것은?**

① 정당방위는 보호되는 법익에 제한이 없는 반면, 자구행위는 보호되는 법익이 자기의 청구권에 한정된다.

② 긴급피난은 엄격한 이익형량의 원칙이 적용되나, 자구행위는 엄격한 이익형량의 원칙이 적용되지 않는다.

③ 과잉자구행위가 야간 기타 불안스러운 상태하에서 공포, 경악, 흥분 또는 당황으로 인한 때에는 벌하지 아니한다.

④ 정당방위에 있어 원칙적으로 침해법익과 보호법익 간의 형량은 고려할 필요가 없다.

40. 형법상 책임이 조각되는 사유가 아닌 것은?

① 심신상실자의 행위　② 14세 미만인 자의 행위
③ 피해자 승낙에 의한 행위　④ 강요된 행위

41. 명예훼손죄에 대한 설명으로 옳지 않은 것은?

① 명예훼손죄의 보호법익은 사람의 인격 또는 행동에 대한 사회적 평가, 즉 외적 명예라는 것이 판례의 태도이다.
② 명예의 주체에는 자연인은 포함되나 법인은 포함되지 않는다.
③ 특정된 한 사람에게 사실을 적시한 경우 그 내용이 결과적으로 불특정 또는 다수인에게 전파될 가능성이 있으면 공연성을 인정할 수 있다는 것이 판례의 태도이다.
④ 행위자가 허위의 사실을 진실하다고 믿고 이를 적시한 경우에는 단순명예훼손죄가 성립한다.

42. 다음 〈보기〉에서 엄격한 증명을 요하는 대상으로만 묶은 것은?

보기

㉠ 공소범죄사실	㉡ 정상에 관한 사실
㉢ 처벌조건인 사실	㉣ 소송법적 사실
㉤ 형의 가중 · 감면의 이유되는 사실	㉥ 증거의 증명력을 탄핵하는 사실

① ㉠, ㉢, ㉤　② ㉠, ㉢, ㉥
③ ㉡, ㉣, ㉤　④ ㉡, ㉣, ㉥

43. 상법의 각종 법원(法源) 및 상사적용법규를 그 적용순위에 따라 옳게 나열한 것은?

① 상사자치법(정관) → 상법전 → 상관습법 → 민법전
② 상사특별법 → 상법전 → 상사자치법(정관) → 상관습법
③ 상사특별법 → 상관습법 → 상법전 → 민법전
④ 상법전 → 상사자치법(정관) → 상관습법 → 민법전

44. 다음 중 상업등기에 대한 설명으로 틀린 것은?

① 등기한 사항에 변경이 있거나 그 사항이 소멸한 때에는 당사자는 지체없이 변경 또는 소멸의 등기를 하여야 한다.
② 고의 또는 과실로 인하여 사실과 상위한 사항을 등기한 자는 그 상위를 선의의 제3자에게 대항하지 못한다.
③ 등기할 사항은 이를 등기하지 아니하면 선의의 제3자에게 대항하지 못한다.
④ 본점의 소재지에서 등기할 사항은 다른 규정이 없으면 지점의 소재지에서 등기할 필요가 없다.

45. 상법 제46조 소정의 기본적 상행위에 해당되지 않은 것은?

① 동산, 부동산, 유가증권 기타 재산의 매매 및 임대차
② 오로지 임금을 받을 목적으로 물건을 제조하거나 노무에 종사하는 자의 행위
③ 제조, 가공 또는 수선에 관한 행위
④ 전기, 전파, 가스 또는 물의 공급에 관한 행위

46. 상법상 회사의 종류에 대한 설명으로 틀린 것은?

① 상법상 회사에는 합명회사, 합자회사, 유한책임회사, 주식회사, 유한회사의 5종류가 있다.

② 합명회사는 회사채권자에 대하여 직접 연대하여 무한책임을 지는 무한책임사원만으로 구성되는 회사이다.

③ 합자회사의 무한책임사원은 출자를 함과 아울러 업무집행권과 대표권을 가지나, 유한책임사원은 업무집행이나 대표행위를 하지 못하며 감시권을 가지는 데 그친다.

④ 유한회사는 회사에 대하여 일정한 출자의무만을 지는 유한책임사원으로 구성되는 회사이므로 사원 지분의 양도는 정관으로 제한되지 않는다.

47. 상법상 자본에 대한 설명으로 틀린 것은?

① 회사가 보유하여야 할 책임재산의 최저한도를 의미한다.

② 발행주식의 액면총액이다.

③ 주주의 출자로서 구성된다.

④ 유한회사의 출자 1좌의 금액은 5천 원 이상으로 균일하게 하여야 한다.

48. 주주에 대한 설명으로 옳지 않은 것은? (단, 다툼이 있는 경우 판례에 의한다)

① 회사설립 당시 주식을 인수하고 일시차입금에 의한 가장납입의 방식으로 주금을 납입한 가장납입 주주는 회사에 주금 상당액을 납입하여야 주주로서의 권리를 행사할 수 있다.

② 타인의 승낙을 얻어 그 명의로 주식을 인수하여 주식대금을 납입한 경우에는 실제로 주식을 인수하여 그 대금을 납입한 명의차용자만이 주주가 된다.

③ 주주의 자격에는 원칙적으로 제한이 없으므로 무능력자나 외국인도 주주가 될 수 있다.

④ 주식의 이전은 명의개서를 하여야 회사에 대항할 수 있으므로 주식이 양도되었더라도 양수인이 명의개서를 하지 않고 있다면 회사와의 관계에서는 양도인이 주주이다.

49. 주주총회의 특별결의사항이 아닌 것은?

① 이사 또는 감사의 해임
② 청산인의 선임
③ 영업의 전부 또는 중요한 일부의 양도
④ 정관의 변경

50. 주주의 의결권 행사에 대한 설명으로 잘못된 것은?

① 주주가 2 이상의 의결권을 가지고 있는 때에는 이를 통일하여 행사하여야 한다.
② 주주총회의 결의에 관하여 특별한 이해관계가 있는 자는 의결권을 행사하지 못한다.
③ 총회의 결의에 있어서 의결권 없는 주식의 수는 발행주식총수에 산입하지 않는다.
④ 주주는 대리인으로 하여금 그 의결권을 행사하게 할 수 있다. 이 경우에는 그 대리인은 대리권을 증명하는 서면을 총회에 제출하여야 한다.

법학

5회 실전모의고사

문항수 | 10문항

▸정답과 해설 84쪽

01. 항만법상 항만시설 중 기본시설에 해당하지 않는 것은?

① 항만시설용 부지 ② 방파제 등 외곽시설 ③ 운하 등 임항교통시설
④ 선착장 등 계류시설 ⑤ 선회장 등 수역시설

02. 항만법상 항만에 관한 설명 중 옳지 않은 것은?

① 해양수산부장관은 항만을 무역항과 연안항으로 구분하여 지정한다.
② 해양수산부장관은 무역항을 국가관리무역항과 지방관리무역항으로 대통령령에 따라 세분할 수 있다.
③ 국가는 지방관리무역항의 개발을 우선적으로 지원하여야 한다.
④ 해양수산부장관은 연안항을 국가관리연안항과 지방관리연안항으로 대통령령에 따라 세분할 수 있다.
⑤ 국가관리연안항이란 국가안보 또는 영해관리에 중요하거나 기상악화 등 유사시 선박의 대피를 주목적으로 하는 항만을 말한다.

03. 항만법상 항만기본계획에 관한 설명 중 옳지 않은 것은?

① 해양수산부장관은 항만의 개발을 촉진하고 항만을 효율적으로 운영하기 위하여 항만기본계획을 10년 단위로 수립하여야 한다.
② 해양수산부장관은 항만기본계획이 수립된 날부터 2년마다 그 타당성을 검토하여야 하며 필요한 경우 항만기본계획을 변경할 수 있다.
③ 해양수산부장관은 합리적인 항만기본계획을 수립하기 위하여 개발 시기 및 규모 등의 산정에 필요한 조사·연구를 전담할 기관을 지정할 수 있다.
④ 해양수산부장관은 급격한 경제상황의 변동 등으로 항만기본계획을 변경할 필요가 있을 경우에는 항만기본계획을 변경할 수 있다.
⑤ 항만기본계획에는 항만의 연계수송망 구축에 관한 사항이 포함되어야 한다.

04. 항만법상 항만시설관리권에 관한 설명 중 옳지 않은 것은?

① 항만시설관리권이란 항만시설을 유지 · 관리하고 그 항만시설의 사용자로부터 사용료를 받을 수 있는 권리를 말한다.

② 항만시설관리권은 물권으로 본다.

③ 항만시설관리권에 저당권이 설정되어 있을지라도 그 저당권자의 동의가 없이 이를 처분할 수 있다.

④ 항만시설관리권이나 항만시설관리권을 목적으로 하는 저당권의 설정 · 변경 · 소멸 및 처분의 제한에 관한 사항은 해양수산부에 갖추어 두는 항만시설관리권 등록원부에 등록함으로써 그 효력이 생긴다.

⑤ 항만시설관리권의 등록에 관한 송달은 민사소송법을 준용하고, 이의비용은 비송사건절차법을 준용한다.

05. 항만법상 항만배후단지에 관한 설명 중 옳은 것은?

① 해양수산부장관은 항만배후단지의 개발이 필요하다고 인정되는 항만을 대상으로 항만배후단지 개발 종합계획을 5년마다 수립하여야 한다.

② 무역항에서 1종 항만배후단지와 2종 항만배후단지가 인접하여 지정된 경우에는 1종 항만배후단지개발사업의 시행자를 2종 항만배후단지개발사업의 시행자로 우선하여 지정하여야 한다.

③ 해양수산부장관이 항만배후단지를 지정하거나 지정한 내용을 변경한 경우에는 대통령령으로 정하는 사항을 관보나 특별시 · 광역시 · 도 또는 특별자치도의 공보에 고시하거나, 관계 서류의 사본을 관할 시장 · 군수 또는 구청장이 요구 시 보내야 한다.

④ 해양수산부장관은 항만배후단지개발사업의 시행자로 하여금 도로, 공원, 녹지, 그 밖에 대통령령으로 정하는 공공시설을 설치하게 하거나 기존의 공원 및 녹지를 보존하게 하여야 한다.

⑤ 해양수산부장관은 1종 및 2종 항만배후단지를 관리하기 위하여 1종 및 2종 항만배후단지관리기관을 각각 지정할 수 있다.

06. 항만법상 항만정책심의회에 관한 설명 중 옳은 것은?

① 항만법에 규정된 사항을 심의하기 위하여 해양수산부장관 소속으로 중앙항만정책심의회를 둘 수 있다.

② 지방항만정책심의회는 위원장 1명을 포함한 40명 이내의 위원으로 구성한다.

③ 중앙항만정책심의회는 위원장 1명을 포함한 15명 이내의 위원으로 구성한다.

④ 해양수산부장관은 항만정책심의회에 분과심의회로 항만분과심의회, 항만재개발분과심의회, 마리나분과심의회를 둘 수 있다.

⑤ 중앙심의회 또는 분과심의회의 위원장은 그 소관 사항의 심의에 필요한 경우에는 해당 안건과 관련된 지방자치단체의 장이 지명하는 사람이 출석하여 발언하게 할 수 있다.

07. 항만재개발법상 항만재개발사업에 관한 설명 중 옳지 않은 것은?

① 해양수산부장관은 노후하거나 유휴 상태에 있는 항만과 그 주변지역의 효과적인 개발과 지속가능한 이용을 위하여 대통령령으로 정하는 바에 따라 10년마다 항만재개발기본계획을 수립하여야 한다.

② 해양수산부장관은 항만재개발기본계획을 수립한 경우에는 대통령령으로 정하는 바에 따라 이를 고시하고 관계 중앙행정기관의 장 및 시 · 도지사에게 통보하여야 한다.

③ 항만재개발사업구역은 항만구역의 전부 또는 일부와 그 주변지역을 대상으로 하되, 주변지역은 항만재개발사업에 포함되는 항만구역 면적의 100분의 50을 초과할 수 없다.

④ 사업구역에 있는 국가 또는 지방자치단체 소유의 토지로서 항만재개발사업에 필요한 토지는 해당 재개발사업실시계획에서 정한 목적 외의 용도로 처분할 수 없다.

⑤ 사업시행자는 사업구역의 일부를 자연친화적으로 개발하거나 입체적으로 개발하기 위하여 필요한 경우에는 조성되지 아니한 상태의 토지(원형지)를 받아 국가기관 등에게 원형지를 공급하여 개발하게 할 수 있다.

08. 항만공사법상 항만공사에 관한 설명 중 옳지 않은 것은?

① 국가는 항만공사의 책임경영 체제를 확립하기 위하여 항만공사의 자율적 운영을 보장한다.

② 항만공사의 설립 절차 등에 필요한 사항은 해양수산부장관이 정하여 고시한다.

③ 항만공사는 항만구역 외에서 항만이용자의 편의를 위한 근린생활시설 및 복리시설 등의 건설 및 운영에 관한 사업을 수행한다.

④ 항만공사는 등기가 필요한 사항에 관하여는 그 등기를 하여야 하며 등기를 한 후가 아니면 선의의 제3자에게 대항하지 못하므로 등기를 하지 않더라도 악의의 제3자에게는 대항할 수 있다.

⑤ 공사는 출자받은 항만시설관리권을 분할 또는 통합하거나 제3자에게 양도·출자 및 저당권의 목적으로 사용하는 경우에는 해양수산부장관 또는 지방자치단체의 장의 승인을 받아야 한다.

09. 항만공사법상 항만위원회에 관한 설명 중 옳지 않은 것은?

① 항만위원회는 해양수산부장관이 임명하는 15명 이내의 비상임위원으로 구성한다.

② 위원회의 위원장은 위원 중에서 호선한다.

③ 위원회는 위원장이나 재적위원 4분의 1 이상의 요구로 소집하고 재적위원 과반수의 찬성으로 의결한다.

④ 사장 및 감사는 위원회의 회의에 출석하여 발언할 수 있다.

⑤ 정당의 당원은 항만위원회의 위원이 될 수 없다.

10. 항만공사법상 임원에 관한 설명 중 옳지 않은 것은?

① 항만공사는 사장 및 감사를 포함한 5명 이내의 임원을 둔다.

② 감사는 임원추천위원회가 복수로 추천한 사람 중에서 해양수산부장관이 기획재정부장관과 협의하여 임명한다.

③ 임원추천위원회는 위원회가 선임한 사람과 위원회의 일부 위원으로 구성한다.

④ 사장의 임기는 3년으로 하고 사장을 제외한 임원의 임기는 2년으로 하며 1년 단위로 연임할 수 있다. 이 경우 임명권자는 직무수행 실적의 평가 결과와 그 밖의 직무수행 실적을 고려하여 연임 여부를 결정한다.

⑤ 공사의 이익과 사장의 이익이 상반되는 사항에 대하여는 사장이 공사를 대표하지 못하며 정관이 정한 임원이 공사를 대표한다.

법학 6회 실전모의고사

문항수 | 10문항

▸ 정답과 해설 86쪽

01. 항만법상 항만시설은 항만구역 안의 시설과 항만구역 밖의 시설로서 해양수산부장관이 지정 · 고시한다. 다음 항만시설 중 기능시설에 해당하는 것을 모두 고르면?

> ㉠ 항만시설용 부지
> ㉡ 대합실, 여객승강용 시설
> ㉢ 고정식 또는 이동식 하역장비
> ㉣ 돌핀 · 선착장 · 램프 등 계류시설
> ㉤ 철도 · 궤도 · 운하 등 임항교통시설
> ㉥ 보관창고, 집배송장, 복합화물터미널

① ㉡　② ㉠, ㉤　③ ㉠, ㉡, ㉢
④ ㉡, ㉤, ㉥　⑤ ㉡, ㉢, ㉤, ㉥

02. 항만법상의 항만에 대한 설명으로 옳지 않은 것은?

① 항만이란 선박의 출입, 사람의 승선 · 하선, 화물의 하역 · 보관 및 처리, 해양친수활동 등을 위한 시설과 화물의 조립 · 가공 · 포장 · 제조 등 부가가치 창출을 위한 시설이 갖추어진 곳을 말한다.
② 해양수산부장관은 항만을 무역항과 연안항으로 구분하여 지정한다.
③ 국가관리무역항이란 국내외 육 · 해상운송망의 거점으로서 광역권의 배후화물을 처리하거나 주요 기간산업 지원 등으로 국가의 이해에 중대한 관계를 가지는 항만을 말한다.
④ 국가관리연안항이란 지역산업에 필요한 화물의 처리, 여객의 수송 등 편익 도모, 관광활성화 지원을 주목적으로 하는 항만을 말한다.
⑤ 국가는 국가관리무역항의 개발을 우선적으로 지원하여야 한다.

03. 항만법상 중앙항만정책심의회(중앙심의회)에 관한 설명으로 옳지 않은 것은?

① 중앙항만정책심의회는 위원장 1명을 포함한 40명 이내의 위원으로 구성한다.
② 중앙심의회의 위원장은 해양수산부장관이 된다.
③ 위촉된 위원의 임기는 2년으로 한다.
④ 중앙심의회 또는 분과심의회의 위원장은 그 소관 사항의 심의에 필요한 경우에는 해당 안건과 관련된 지방자치단체의 장이 지명하는 사람이 출석하여 발언하게 할 수 있다.
⑤ 중앙심의회 또는 분과심의회의 회의는 재적위원 과반수의 출석으로 개의(開議)하고, 출석위원 과반수의 찬성으로 의결한다.

04. 항만법상 항만의 관리와 사용에 관한 설명으로 옳지 못한 것은?

① 해양수산부장관은 무역항과 연안항을 관리한다.
② 누구든지 정당한 사유 없이 항만에서 다량의 토석(土石)이나 쓰레기를 버리는 등 항만의 깊이에 영향을 줄 우려가 있는 행위를 하여서는 아니 된다.
③ 정부는 항만을 환경친화적으로 관리 · 운영하기 위하여 항만구역에 대한 환경실태조사를 실시할 수 있다.
④ 해양수산부장관은 항만을 관리 · 운영하기 위하여항만별로 항만대장을 작성하여 갖추어 두어야 한다.
⑤ 갑문, 운하, 하역장비, 그 밖에 조작이 필요한 항만시설 중 시설장비를 사용 · 관리하는 자가 해당 시설장비를 설치하거나 철거하려는 경우에는 사전 또는 사후에 해양수산부장관에게 신고하여야 한다.

05. 항만법상 항만배후단지에 관한 설명 중 옳지 않은 것은?

① 해양수산부장관은 항만배후단지의 개발에 필요하다고 인정하는 항만을 대상으로 항만배후단지 개발 종합계획을 5년마다 수립하여야 한다.
② 항만배후단지 1종 항만배후단지, 2종 항만배후단지로 구분하여 해양수산부장관이 지정한다.
③ 해양수산부장관은 항만배후단지개발사업의 시행자로 하여금 도로, 공원, 녹지 그 밖에 대통령령으로 정하는 공공시설을 설치하게 할 수 있다.
④ 항만배후단지로 지정 · 고시된 날로부터 5년의 범위에서 대통령령으로 정하는 기간 이내에 항만배후단지의 전부 또는 일부에 대하여 항만배후단지개발사업 실시계획을 수립하지 아니한 경우에는 그 기간이 끝난 날로부터 한 달 뒤 그 지역에 대한 항만배후단지의 지정이 해제된 것으로 본다.
⑤ 해양수산부장관은 1종 항만배후단지의 관리에 관한 기본적 사항을 정한 1종 항만배후단지관리지침을 작성하여 고시하여야 한다.

06. 항만재개발법상 항만재개발사업에 관한 설명 중 옳지 않은 것은?

① 해양수산부장관은 노후하거나 유휴상태에 있는 항만과 그 주변지역의 체계적인 개발과 지속가능한 발전을 위하여 대통령령으로 정하는 바에 따라 10년마다 항만재개발기본계획을 수립하여야 한다.

② 해양수산부장관은 수립된 재개발사업계획에 따라 항만재개발사업구역을 지정한다.

③ 사업시행자는 항만개발사업으로 조성된 토지 · 건축물 또는 공작물 등을 공급받거나 이용하려는 자로부터 대통령령으로 정하는 바에 따라 그 대금의 전부 또는 일부를 미리 받을 수 있다.

④ 해양수산부장관은 항만재개발기본계획을 수립하는 경우에는 대통령령으로 정하는 바에 따라 중앙심의회를 통하여 주민 및 관계전문가 등의 의견을 들어야 한다.

⑤ 해양수산부장관은 항만재개발기본계획이 수립된 날부터 5년마다 그 타당성을 검토하여야 하며 필요한 경우 항만재개발기본계획을 변경할 수 있다.

07. 항만법상 공용부담 및 손실보상에 관한 설명으로 옳지 않은 것은?

① 항만배후단지개발사업의 시행자는 해 뜨기 전 또는 해 진 후에는 해당 토지의 소유자 또는 점유자의 승낙 없이 택지 또는 담으로 둘러싸인 타인의 토지에 출입할 수 없다.

② 항만배후단지개발사업의 시행자는 사업실시계획의 승인을 받은 경우 사업이 예정된 공유수면에 출입하거나 이를 일시 사용할 수 있다.

③ 해양수산부장관은 재해(災害)로 항만시설의 위험을 방지하기 위하여 특별히 필요하다고 인정되면 공작물이나 그 밖의 장애물을 변경 또는 제거하거나 흙, 돌, 나무, 운반도구, 공작물을 사용하거나 수용할 수 있다.

④ 공용부담으로 발생한 손실을 보상하는 경우 그 손실로 입은 자와 협의하여야 한다.

⑤ 해양수산부장관과 관계 행정기관의 장 및 관할 시 · 도지사는 사업구역과 인근 지역의 토지 및 건물 등 부동산의 가격안정을 위하여 필요한 조치를 하여야 한다.

08. 항만공사법상 항만공사에 관한 설명으로 옳지 않은 것은?

① 항만공사는 법인으로 한다.

② 항만공사는 해당 항만의 여건을 고려하여 대통령령으로 정하는 바에 따라 항만별로 설립하여야 하므로 2개 이상의 인접한 항만을 관할하는 공사를 설립할 수 없다.

③ 공사는 사업수행을 위하여 필요한 경우에는 항만위원회의 의결을 거쳐 지사 또는 분사무소를 둘 수 있다.

④ 공사는 등기가 필요한 사항에 관하여는 그 등기를 한 후가 아니면 제3자에게 대항하지 못한다.

⑤ 항만시설의 신설 · 개축 · 유지 · 보수 및 준설(浚渫) 등에 관한 공사의 시행 및 항만의 경비 · 보안 · 화물관리 · 여객터미널 등 항만의 관리 · 운영에 관한 사업을 수행한다.

09. 항만공사법상 항만위원회에 관한 설명 중 옳지 않은 것은?

① 항만공사의 항만위원회는 해양수산부장관이 임명하는 15명 이내의 비상임위원으로 구성한다.

② 항만공사는 경영목표 · 예산 · 자금계획 · 사업계획 및 운영계획, 결산, 잉여금의 처분을 심의 · 의결하기 위하여 항만위원회를 둔다.

③ 항만위원회는 위원회에서 재적의원 3분의 1 이상의 요구로 소집하고, 출석위원 과반수의 찬성으로 의결한다.

④ 항만위원회의 위원장의 임기는 2년으로 하며, 1년 단위로 연임할 수 있다.

⑤ 항만위원회는 공사의 사장이 법령이나 정관을 위반하는 행위를 하거나 그 직무를 게을리하는 등 기관장으로서의 직무수행에 현저한 지장이 있다고 판단되는 경우, 의결을 거쳐 해양수산부장관에게 공사의 사장 해임을 요청할 수 있다.

10. 항만공사법상 임원추천위원회에 관한 설명 중 옳지 않은 것은?

① 임원후보자를 추천하기 위하여 공사에 임원추천위원회를 둔다.

② 임원추천위원회는 위원회가 선임한 사람과 위원회의 일부 위원으로 구성한다.

③ 임원추천위원회는 재적의원 과반수의 찬성으로 의결한다.

④ 임원추천위원회의 위원장은 추천위원회의 위원인 위원회의 위원 중에서 추천위원회 위원의 호선(互選)으로 선출한다.

⑤ 임원추천위원회는 임원의 임기 만료, 그 밖의 사유로 인하여 임원을 새로 선임할 필요가 있는 경우에는 지체 없이 임원추천위원회를 소집 · 의결하여야 한다.

[고시넷 **공기업 사무직 통합전공** 핵심이론 + 문제풀이]

유형별 출제비중

분석

공기업 직무수행능력평가로 출제되는 행정학은 현대 경영 · 행정이론의 발전사, 리더십과 조직이론, 정책이론, 정책결정 모형, 예산관리에 관한 원리원칙 및 모델 등의 행정이론이 주로 출제된다. 여기에 공기업에 따라 행정학 문제에 행정법이 포함하는 경우에는 헌법이나 국가공무원법 등의 조문을 직접 인용하여 정부조직이나 예산제도에 관한 법률에 관한 문제가 구성된다.

공기업 NCS
직무수행능력평가[통합전공]

파트 4

행정학

테마 01

과학적 관리론

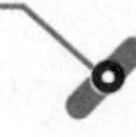

> 과학적 관리론의 성립배경
> 19세기 초에는 급격한 산업혁명의 진행과 함께 과다한 경쟁으로 독점기업이 형성되고, 공황에 의한 공장폐쇄, 조업단축, 파산, 임금인하 등의 상황이 끊임없이 전개되어 도처에서 파업과 노동운동이 전개되었다. 이러한 사회적 배경은 과거의 생산과 관리방식에 대한 비판을 가하게 되었고 그 개선의 필요성을 강조하였다.

1 과학적 관리론의 의의

1. 19세기 말 이후 주로 미국에서 발전되어 온 산업경영 및 관리의 합리화와 능률화를 위한 지식·기술의 체계로, 절약과 능률을 실현할 수 있는 표준적인 업무절차를 만들어 업무의 생산성·능률성을 향상시키고자 하는 방법에 관한 관리기술이다.
2. 테일러(Taylor)에 의해 체계화되었기 때문에 흔히 Taylor System이라고 한다.

2 과학적 관리의 전제

1. 과학적 분석에 의하여 유일 최선의 방법을 발견할 수 있다.
2. 과학적 방법에 의하여 생산성을 향상시키면 노동자와 사용자를 다같이 이롭게 하고 나아가 공익을 보호할 수 있다.
3. 조직 내의 인간은 경제적 유인에 의해 동기가 유발되는 타산적 존재이다.
4. 조직의 목표는 명확하게 알려져 있고 업무는 반복적이다.

3 과학적 관리의 원리

1. 업무기준을 과학적으로 설정하여야 한다.
2. 근로자들을 과학적 방법으로 선발하고 훈련하여야 한다.
3. 과학적으로 설계된 업무와 과학적으로 선발되고 훈련된 인력을 적정하게 결합시켜야 한다.
4. 관리자와 근로자는 책임을 적절히 분담하고 업무의 과학적 수행을 보장하기 위해 지속적이고 긴밀하게 서로 협조해야 한다.

4 과학적 관리론의 내용

1. 합리적·경제적 인간의 가정

과학적 관리론은 합리적·경제적 인간(Rational Economic Man)을 전제로 한 기계적·제도적인 관리를 주장하였다.

2. 과학적 관리의 목표

과학적 관리론은 생산성의 향상을 통해 노동자의 높은 임금과 고용주의 단위당 낮은 노무비를 추구하기 때문에 개인목표와 조직목표의 양립성을 인정한다.

3. 과학적 관리론의 5대 기본원리

(1) 모든 근로자에게 명확하게 정한 충분한 과업을 부여해야 한다.
(2) 근로자가 과업을 확실히 수행할 수 있도록 표준적 여건을 마련해 주어야 한다.
(3) 근로자가 과업을 달성한 경우 성공에 대한 높은 지불을 하여야 한다.
(4) 근로자가 과업을 달성하지 못한 경우 손실을 주어야 한다.
(5) 과업은 일류의 근로자만이 달성할 수 있을 정도이어야 한다.

4. 과학적 기법의 개발과 적용

(1) 유일 최선의 방법 탐구를 위한 동작연구(Motion Study)와 시간연구(Time Study)

(2) 능률급(能率給) 체계의 개발 : 업무수행동기가 금전적 유인에 의해 유발된다는 전제하에 생산성과 임금을 연계시키는 임금체계를 개발하였다.

(3) 십장제(什長制, Functional Foremanship) : 계층제 하에서 근로자에 대한 통제를 효율화하는 방안으로 개발된 전문화된 감독체제이다.

(4) 기타 : 권한과 책임의 명확한 규정, 계획과 집행의 분리, 기능적 조직의 구성, 기준설정에 따른 통제, 예외에 의한 관리의 원리 등이 있다.

5 과학적 관리론이 행정학에 미친 영향

1. 행정을 관리현상으로 인식함으로써 고전적 행정이론의 확립에 기여
2. 정치 · 행정이원론, 기술적 · 능률적 행정학의 성립에 기여
3. 직위분류제 확립의 이론적 기초 제시(조직의 구조 · 분업화 · 직제에 관심)
4. 합리적 · 경제적 인간관의 정립에 기여
5. 행정의 과학화를 촉진하는 계기
6. 1940년대의 관리과학의 성립에 기여

동작연구와 시간연구

1. 동작연구(Motion Study) : 동작의 낭비를 제거함으로써 인체를 가장 적정하고 능률적으로 사용할 수 있도록 하려는 연구이며 인체를 분석의 대상으로 삼는다.
2. 시간연구(Time Study) : 작업현장에서 실제로 작업하는 데 소요되는 시간의 양을 측정하려는 연구이다.
3. 양자의 결합 : 동작연구에서 가장 능률적인 동작의 배합이 결정되면 시간연구에 의해 그러한 동작에 소요되는 시간을 산정하고 그에 따라 직무별 시간기준과 하루하루의 작업할당량을 결정한다.

파트1 경영학
파트2 경제학
파트3 법학
파트4 행정학
파트5 공기업 기출문제

대표기출유형

다음 중 과학적 관리론의 기본원리의 내용으로 옳지 않은 것은?

① 노동자가 과업 달성에 성공했을 경우에는 그에 상응하는 고액의 임금을 지불할 것
② 노동자가 과업을 완료하기 위하여 필요한 조건을 표준화할 것
③ 과업은 누구든지 수행할 수 있도록 쉬운 내용일 것
④ 각 노동자에게 명확하고 용이하게 달성할 수 있는 일일과업을 부여할 것

정답 ③

해설 과학적 관리론에서 과업은 일류의 근로자만이 달성할 수 있을 정도를 기준으로 설정한다.

테마 02

인간관계론

1 인간관계론의 의의

1. 인간의 감정적 · 정서적 · 사회적 요인에 입각하여 민주적으로 인간을 관리함으로써 생산성 · 능률성을 향상시키려는 이론적 체계이며 오늘날 행태과학(Behavioral Science)으로 발전되었다.
2. 과학적 관리론과 대비하여 인간관계론은 인간을 감정 · 정서 · 비합리성 · 사회성을 지닌 존재로 간주하고 그들의 관리에 있어서 민주화 내지 인간화를 강조하는 점에 특색이 있다.

2 호손실험의 주요 연구결과

구분	내용	결과
제1단계	조명도 실험	물리적 작업조건과 생산성간에는 관계가 없음.
제2단계	계전기조립작업 실험	감정적 · 심리적 요인과 생산성은 관계가 있음.
제3단계	면접 실험	인간관계의 중요성을 발견함.
제4단계	뱅크선작업 실험	비공식적 조직의 존재, 집단규범의 중요성을 발견함.

용 호손효과(Hawthorne Effect)
실험집단으로 선정된 근로자들이 특별히 선정되어 인정과 관심의 대상이 되었다고 느끼기 때문에 생산량이 증가하는 등 관찰자의 존재 자체가 행동의 동기를 유발하게 되는 현상을 설명하는 개념이다.

3 인간관계론의 주요 특징

1. 사회적 규범에 의한 생산량 결정

조직의 능률은 구성원의 사회적 능력이나 집단규범(사회적 규범)에 의하여 결정된다.

2. 비경제적 요인의 중시

구성원의 동기부여와 직무만족을 결정하는데 있어서 비경제적 보상과 제재가 주요하다. 칭찬이나 인정여부와 같은 요소가 구성원의 행태에 영향을 주고 이는 경제적 보상체계의 효과를 크게 제약한다.

3. 집단구성원으로 행동

조직구성원은 개인으로서가 아니라 비공식집단의 구성원으로서 행동하거나 반응한다.

4. 비공식집단 중심의 사기 형성

구성원 사이의 인간관계는 일련의 비합리적 또는 감정적 자극이나 기준에 따라 사기에 강하게 작용한다.

5. 의사소통 · 리더십 · 참여의 중요성

의사소통의 원활화, 민주적 리더십의 발휘, 참여의 확대에 의한 심리적 욕구의 충족 등은 능률향상에 크게 기여하므로 이를 위한 관리자의 적극적 역할이 강조된다.

4 행정에 대한 인간관계론의 영향

1. 조직관의 변화

공식적 조직보다 비공식적 조직 및 소집단에 대한 관심이 증대하였다.

2. 인간관의 변화

구성원을 사회적 인간으로 파악하였기에 관리전략도 맥그리거의 Y이론, 아지리스의 성숙인간관에 따른 전략이 중시되었다.

3. 행정의 인간화 · 민주화 · 적극적 인사행정

인사행정 분야의 경우 직위분류제의 원칙이 완화되고 직업공무원제 및 계급제의 필요성이 강조되었으며, 공무원의 능력발전이 중시됨에 따라 인사상담제도 · 고충처리제도 · 제안제도 등이 도입되었다. 또한 조직관리에도 민주적 리더십 · 하의상달 등이 중시되었다.

4. 중간관리층의 역할 중시

조직의 중추로써 최고관리층과 하위관리층 및 실무층을 연결하는 수직적 통로의 기능과 횡적 협조를 확보하게 하는 수평적 통로의 기능을 수행하는 중간관리층을 중시하였다.

5. 집단 중심의 사기 중시

개인의 사기보다 집단 및 조직 전체의 사기를 중시하였고, 경쟁에 의한 생산성 향상보다는 집단의 사기와 협동에 의한 생산성 향상을 강조하였다.

인간관계론에 대한 비판
- 이원론적 조직 · 인간관과 감정논리의 지나친 중시
- 관리자를 위한 인간조종기술의 정밀화에 주력
- 인간관리의 기술적 한계
- 사회적 인간관의 지나친 강조
- 폐쇄체제이론(환경에 대한 인식부족)
- 연구대상으로서 관리층의 제외
- 생산성과 구성원 권익의 실질적 향상 곤란
- 경험적 입증의 미약
- 관리의 방향상실
- 가부장적 지배 초래

대표기출유형

다음 중 인간관계론의 특성 및 한계점에 대한 설명으로 옳지 않은 것은?

① 생산성의 수준은 비공식조직의 사회적 규범에 의해 규정된다.
② 구성원의 동기부여와 관련해 합리적 · 경제적 동기요인을 강조했다.
③ 대규모 조직의 비인격성 문제를 해결하기 위해 등장한 관리기법이다.
④ 과학적 관리법과 마찬가지로 외부환경변수를 고려하지 않은 폐쇄체제적 관점이다.

정답 ②

해설 구성원의 동기부여와 직무만족을 결정하는데 있어서 비경제적 보상과 제재가 주요하며, 구성원간에 성립하는 인간관계가 일련의 비합리적 또는 감정적 자극이나 기준에 따라 사기에 강하게 작용한다.

테마 03

인간관계론과 과학적 관리론의 비교

1 유사점

1. **조직목표와 개인목표의 양립성 인정** : 과학적 관리론과 인간관계론은 조직목표인 생산성 향상과 개인목표인 구성원의 욕구충족간에 근본적인 모순이 없으며 양립될 수 있다고 보았다.
2. **폐쇄체제이론** : 과학적 관리론은 공식구조를 중시하였고 인간관계론은 비공식구조를 중시하였으나 양자는 조직의 외부환경문제보다는 어디까지나 조직의 내부문제를 연구하는데 초점을 맞추었다. 즉 과학적 관리론이나 인간관계론은 조직내부 지향적 · 미시적 입장에 있으므로 환경을 고려하지 않은 폐쇄체제이론이다.
3. **수단화된 인간가치** : 과학적 관리론과 인간관계론은 관리자의 역할 · 지위의 우위를 인정하고, 일선직원을 효과적으로 다루기 위한 기술적 성격(작업층 관리를 위한 술책)을 띠고 있다.
4. **능률성과 생산성 향상 추구** : 과학적 관리론이 기계적 능률관에 입각하였고, 인간관계론이 사회적 능률관에 입각하고 있다는 차이에도 불구하고 양자는 조직의 능률성과 생산성 향상을 지향하고 있다는 점에서 유사점이 있다.

   (팁) 과학적 관리론은 경제적 능률성을 추구하고 인간관계론은 사회적 능률성(민주성)을 중시하였으나 이들이 추구한 궁극적인 목적은 조직의 능률성과 생산성 향상이었다.

5. **동기부여방식의 외재성** : 과학적 관리론이 인간의 경제적 욕구충족을 중시하였고, 인간관계론이 사회 · 심리적 욕구충족을 중시하였음에도 불구하고 양자는 동기부여방식에 있어 내재적 요인보다는 외재적 요인을 중시하였다는 유사점이 있다.
6. **관리층을 연구대상에서 제외** : 과학적 관리론과 인간관계론은 주로 작업계층을 연구대상으로 하여 조직의 생산성 향상을 위한 동기부여방식을 연구하였다.

2 차이점

1. **조직관** : 과학적 관리론은 조직을 합리적 · 기계적 모형으로 인식하며 공식적 조직을 중시하였으나, 인간관계론은 조직을 비합리적 모형으로 인식하며 비공식조직과 소집단을 중시하였다.
2. **인간관** : 과학적 관리론은 인간을 합리적 · 경제적 인간으로 인식하여 경제적 욕구충족을 중시하였으나, 인간관계론은 인간을 사회적 인간으로 인식하여 사회 · 심리적 욕구충족을 중시하였다.
3. **능률관** : 과학적 관리론은 기계적 · 단기적 · 공리적 능률관에 입각하였으나, 인간관계론은 사회적 · 장기적 · 인간적 능률관에 입각하였다.
4. **관리방식** : 과학적 관리론은 권위적 리더십이나 맥그리거의 X이론적 입장에 있으나, 인간관계론은 민주적 리더십이나 맥그리거의 Y이론적 입장에 있다.
5. **조직목표와 개인목표간의 균형** : 과학적 관리론은 조직목표와 개인목표간의 균형은 자연히 이루어진다고 보았으나, 인간관계론은 조직목표와 개인목표간의 균형은 의식적으로 성립되어야 한다고 보았다.

〈과학적 관리론과 인간관계론의 차이점〉

구분	과학적 관리론	인간관계론
인간관	합리적 · 경제적 인간관	사회 · 심리적 인간관
관리전략	맥그리거의 X이론	맥그리거의 Y이론
조직관	기계적 · 합리적 모형	자연체계적 모형
구조	공식적 구조중시	비공식적 구조중시
추구이념	경제적 능률성	사회적 능률성(민주성)
리더십	권위적 리더십	민주적 리더십
주요 연구	시간연구, 동작연구	호손실험
보상체계	경제적 · 물질적 보상	비경제적 인간적 보상
공헌	조직의 능률성 향상에 기여	조직의 민주화에 기여

3 상호보완관계

인간관계론은 과학적 관리론을 대체하는 것이 아니라 과학적 관리론의 한계를 보완하는데 의의가 있다. 과학적 관리론은 능률성을, 인간관계론은 민주성을 지향하므로 행정의 양대 이념적 측면에서도 보완관계에 있다. 행정에 있어서 공식조직과 비공식조직, 인간의 합리적 측면과 비합리적 측면을 상호대립적으로 보지 않고 종합적 차원에서 다루어야 한다는 시각을 제공하는 면에서도 양자는 보완관계에 있다고 볼 수 있다.

대표기출유형

다음 중 과학적 관리론과 인간관계론에 대한 설명으로 옳지 않은 것은?

① 과학적 관리론은 조직의 목표와 개인의 목표가 자동으로 일치하나, 인간관계론은 자동으로 일치되지 않으므로 보다 적극적인 관리가 필요하다고 본다.

② 과학적 관리론은 폐쇄체제적 접근이나, 인간관계론은 개방체제적 접근을 중시한다.

③ 과학적 관리론은 인간을 합리적 경제인으로 보나, 인간관계론은 사회적 존재로 본다.

④ 과학적 관리론은 기계적 능률성을 중시하나, 인간관계론은 사회적 능률성을 중시한다.

정답 ②

해설 과학적 관리론과 인간관계론은 모두 폐쇄체제적 접근을 중시한다.

테마 04

비교행정론

1 비교행정의 개념

1. 광의의 비교행정이란 광의로 여러 다양한 문화와 국가배경에 적용되는 행정이론과 이를 검증하고 확장할 수 있는 실제적 자료의 집합체라고 정의할 수 있다.
2. 비교행정은 이질적인 문화권과 국가배경을 지닌 여러 다양한 행정체제의 모든 실제적인 자료를 활용하여 행정현상의 변수와 이동성을 발견하고 여러 행정체제에 적용할 수 있는 행정이론을 검증 · 확장하기 위한 일련의 행정에 관한 연구와 분석활동을 의미한다.

2 비교행정의 발달배경

1. 행정학의 과학화를 위한 노력

제2차 세계대전 후 신생국 행정에 실제로 적용시켜 본 결과 특수한 문화권내에서의 경험만을 바탕으로 한 행정이론에는 보편타당성이 결여되어 있음을 인식하였다. 따라서 다양한 문화권의 국가에 적용할 수 있는 행정이론을 모색하게 된 것이 비교행정의 연구를 자극하게 되었다.

2. 후진국 원조의 필요성

제2차 세계대전 후 후진국에 대한 미국의 경제 · 군사 · 기술원조제공의 효과성을 높이기 위해서는 행정이론이 선진국 · 후진국 모두에게 타당하게 적용될 수 있는 보편성을 확보할 필요가 있었다. 그리고 기술원조계획에 많은 학자들이 참여하여 외국행정을 경험할 수 있었기에 비교행정 연구가 촉진되었다.

3. 비교정치론의 영향

제2차 세계대전 후 비교정치론은 종래의 접근방법에 있어서 제도론적 접근방법을 지양하고 기능적 접근방법으로 전환하였으며, 연구의 주요 관심도 서구 중심으로부터 신생국으로 연구의 초점이 이동하였다.

4. 유럽학자들의 학문적 영향

관료제 사회학이 제2차 세계대전 후 Philip Selznick, Reinhard Bendix와 같은 학자들에 의하여 행정학에 도입되어 비교행정론에 영향을 미쳤다.

5. 비교행정연구회의 활동

미국행정학회 산하에 비교행정연구회(Comparative Administration Group ; CAG)가 설치되고 포드재단의 재정적 지원을 받아 F. W. Riggs의 주도 아래 괄목할 만한 활동으로 비교행정의 연구에 공헌하였다.

3 선진국 행정체제의 특징

1. 전문직업주의

공직이 고도로 전문화 · 전문직업화 되고 있으며 모집의 능력기준, 교육훈련의 공통적 배경, 직무수행에 대한 긍지 등에 전문직업화가 반영되고 있다.

2. 행정인의 행정 · 정치체제에 대한 충성

행정인은 소속하는 행정 · 정치체제를 받아들이고 충성을 바치도록 요구되며 합리성 · 규율 · 책임 · 보편주의 등 민주적 관료제의 규범을 준수하여야 한다.

3. 행정기능과 정치기능의 분화

균형적인 정치발전으로 정치과정에서 관료제가 담당하는 역할이 매우 명확하고 행정기능의 한계가 분명하다. 관료제가 정치결정과정에 깊이 개입되고 있으나 주로 정책결정기능보다 정책집행기능에 그 역할이 한정된다.

4. 공선정치인(公選政治人)의 존중

행정관료는 유권자를 주권자로 여기며 선거에 의하여 정책결정직을 맡은 정치인의 입장을 존중하여 스스로를 정치기관의 수단으로 생각한다.

5. 사회집단과의 자유로운 상호교류

행정인은 정당 · 노동조합 · 직업단체 · 문화단체 등 자발적 결사와 자유롭게 공공연히 상호교류한다.

6. 정부기능의 한계성 인식

정부기능은 무한정한 것이 아니라 엄연히 한계가 있다고 인식된다.

7. 정책결정의 합리성 · 세속성(전통적 엘리트의 비중 약화)

정책결정의 절차는 대체로 합리적이며 전통적 엘리트의 비중이 약화되어 세속적 성격을 띠고 있다.

8. 행정조직의 기능적 분화

행정조직의 기능이 고도로 분화되고 있고 역할배분도 능력 · 실적을 기준으로 하고 있다.

더 발전도상국 행정체제의 특징
- 적응능력의 결여
- 가치관 · 행태의 경직성
- 인사관리의 비합리성
- 일반행정가의 우월화
- 대내적 민주화와 권한위임의 제약
- 형식주의와 법규만능주의
- 자기봉사적 이익집단화 · 권력집단화
- 유능한 인재의 부족
- 행정체제의 모방적 성격
- 권위주의적 · 가부장적 성격
- 부패의 제도화

대표기출유형

다음 중 비교행정론에 영향을 미친 요인으로 볼 수 없는 것은?

① 비교정치론의 과학적 연구방법의 채택　② 보편타당한 행정이론 도출을 위한 노력
③ 제도론적 접근방법　④ 선진국의 후진국에 대한 경제원조

정답 ③

해설 비교정치론은 종래의 접근방법에 있어서 제도론적 접근방법을 지양하고 기능적 접근방법으로 전환하였으며, 연구의 주요관심도 서구 중심으로부터 신생국으로 연구의 초점이 이동하였다.

테마 05

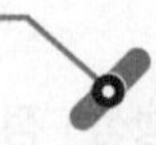

총체적 품질관리(TQM)

1 총체적 품질관리(TQM)의 의의

고객만족을 서비스 질의 제1차적 목표로 삼고 조직구성원의 광범위한 참여하에 조직의 과정 · 절차를 지속적으로 개선하여 장기적인 전략적 품질관리를 위한 관리철학 내지 관리원칙을 의미한다.

2 TQM의 주요 원칙

1. **고객만족** : 고객만족을 제1차적 목표로 삼고 서비스 질의 궁극적인 척도로 삼는다.
2. **고객의 범위확대** : 고객은 조직 내의 구성원(피고용자)과 조직 밖의 소비자(공급자, 납세자, 계약자, 규제자, 소비자 등)를 포함한다.
3. **고객요구에 기초한 조직의 사명** : 확대된 고객의 요구조건에 바탕을 두고 조직의 사명에 대한 공통의 목적 내지 비전을 개발한다.
4. **고객에 대한 장기적 헌신 만족** : 모든 고객에 장기적 헌신을 주는 행동에 대하여 보상하고, 모든 수준에서의 과정개선노력을 북돋운다.
5. **훈련과 자기개선노력** : 고객의 요구에 적응하고 앞서 나가도록 감독과 리더십에 있어서의 자기개발과 훈련을 제공한다.
6. **개인적 참여의 보장** : 과정개선팀을 설립하고 개인적 참여를 보장한다.
7. **피고용자의 충성 · 신뢰 · 참여** : 피고용인의 충성과 신뢰 그리고 팀 참여를 인식하고 지원하며 용인한다.
8. **변화에 대한 장애 제거** : 변화에 대한 두려움을 제거하고 서비스에 있어서의 자부심을 개발하는데 대한 장벽을 제거한다.
9. **적절한 도구와 훈련의 제공** : 확대된 고객의 요구에 일치하는 기능을 수행하도록 직원들에게 적절한 도구와 훈련을 제공한다.
10. **공공조직의 변화** : 위의 목적을 성공적으로 집행하기 위하여 공공조직을 변화시킨다.

3 TQM의 주요 내용

1. **고객이 질의 최종결정자** : 행정서비스가 너무 복잡하거나 비싸고 고객의 마음을 끌지 못하면 정상적인 서비스도 높은 질을 가진다고 평가되지 못한다.
2. **산출과정의 초기에 질이 정착** : 서비스의 질은 산출의 초기단계에 반영되면 추후단계의 비효율을 방지할 수 있고 고객만족을 도모할 수 있다.
3. **서비스의 변이성 방지** : 서비스의 질이 떨어지는 것은 서비스의 지나친 변이성에 기인하므로 서비스가 바람직한 기준을 벗어나지 않도록 해야 한다.
4. **전체구성원에 의한 질의 결정** : 서비스의 질은 구성원의 개인적 노력이 아니라 체제 내에서 활동하는 모든 구성원에 의하여 좌우되므로 MBO 등의 개인적 성과측정은 적절하지 않다.

5. **투입과 과정의 계속적인 개선** : 서비스의 질은 고객만족에 초점을 두므로 정태적이 아니라 계속 변동되는 목표이며 산출이 아니라 투입과 과정의 계속적인 개선에 주력해야 한다.

6. **구성원의 참여 강화** : 서비스의 질은 산출활동을 하는 구성원의 투입과 그 과정의 끊임없는 개선에 의존하므로 실책이나 변화에 대한 두려움이 없는 구성원의 참여강화가 중요하며 계층수준과 기능단위간의 의사소통 장벽이 없어야 한다.

7. **조직의 총체적 헌신의 요구** : 높은 질을 가진 서비스를 산출하고 서비스를 개선하는데 초점을 맞춘 조직문화를 관리자가 창출하는 경우에만 질을 얻게 되며 총체적인 헌신이 쇠퇴하면 질은 급격하게 떨어지고 조직은 경쟁에서 처지기 시작한다.

4 전통적 관리와 TQM의 비교

구분	전통적 관리	TQM
고객욕구측정	전문가들이 측정	고객에 초점을 두어 규명
자원 통제	시행착오나 낭비의 허용	무가치한 업무 과오 불허
품질 관리	사후 수정 중심	사전 예방 중심
의사 결정	불확실한 직감에 근거	통계적 자료와 과학적 절차에 근거
조직 구조	수직적 · 집권적 구조	수평적 · 분권적 구조

TQM의 효용

1. TQM은 오늘날 조직개혁이론이나 행정개혁이론이 추구하는 가치들을 반영하는 관리모형으로서 그 필요성과 효용이 높다는 평가를 받고 있다.
2. TQM이 추구하는 고객중심주의, 통합주의, 인간주의, 총체주의, 과학주의, 무결점주의는 오늘날 조직사회의 요청에 부응하는 것이다.
3. TQM의 이러한 지향성은 환경적 격동성, 경쟁의 격화, 조직의 인간화 · 탈관료화에 대한 요청, 소비자 존중의 요청 등 오늘날 우리가 경험하는 일련의 상황적 조건 · 추세에 부응 또는 대응하는 것이다.

다음 중 중 총체적 품질관리(TQM)의 특징과 거리가 먼 것은?

① 수직적 조직구조　　② 지속적 개선활동
③ 조직 구성원의 전원참여　　④ 고객 지향적 서비스 품질 제고

정답 ①

해설 총체적 품질관리(TQM)는 Y이론에 입각한 관리방식으로 구조면에서 보다 분권적이고 수평적인 계층제를 강조한다.

테마 06 목표관리

> 目 목표관리의 개념
> 목표관리(目標管理) 또는 목표에 의한 관리(MBO)는 전통적인 상사위주의 지시적 관리가 아니라 부하의 참여를 통하여 목표를 설정·이해·평가함으로써 관리의 효율화를 기하려는 관리방식이다.

1 목표관리의 의의

목표관리(MBO ; Management By Objectives)는 참여의 과정을 통해 조직단위와 구성원들을 위하여 생산활동의 단기적 목표를 명확하고 체계있게 설정하고 그에 따라 생산활동을 수행하도록 하며 활동의 결과를 평가 · 환류시키는 관리체제라고 할 수 있다. 따라서 MBO는 민주적 · 참여적 · Y이론적 · 의도적인 관리방법이라고 할 수 있다.

2 목표관리의 구성요소

1. **목표설정** : 목표라 함은 주로 측정가능한 비교적 단기적인 생산작용목표를 말한다. MBO의 지지자들은 개인이나 집단이 구체적인 목표를 가지면 목표가 일반적이거나, 모호하거나, 또는 목표가 설정되어 있지 않을 때보다 임무수행을 더 잘 할 수 있다고 한다.
2. **참여** : MBO에서는 참여의 과정을 통한 목표설정을 매우 강조하기 때문에 참여관리라고도 한다. 상사와 부하가 참여하여 목표를 설정할 때 목표는 실현성을 가지며 보다 쉽게 수용된다. MBO에서는 부하가 수행할 목표는 상관과 부하의 협의를 거쳐 설정한다.
3. **환류** : MBO에서는 활동의 과정과 결과를 평가하고 이를 환류시킨다. 명확한 환류는 집단의 문제해결능력을 증진시키고 개인의 직무수행능력을 향상시킨다. 또한 평가와 환류는 해당자가 무엇을 수행하려는가(목표)에 비추어 이루어져야 한다.

3 목표관리의 과정

1. 목표의 설정과 행동계획의 입안

조직이 실제로 달성하고자 하는 목표를 설정하는 창조적 단계이다. 목표의 설정은 상사와 부하가 협의를 통해서 이루어진다.

2. 업무수행 및 중간평가

목표가 설정된 후에는 실행계획을 입안함과 아울러 행동으로 옮긴다.

3. 결과의 평가

목표의 성취도는 측정 · 평가되어야 한다. 평가과정은 중간평가와 최종평가로 나눌 수 있다.

4. 환류

업무수행의 결과가 평가되면 이를 환류시켜 원래의 공통적인 상위목표에 비추어 본다.

4 목표관리의 유용성

1. **조직의 민주적 관리** : MBO는 집단구성원의 참여에 의하여 목표를 달성하고 결과를 평가하므로 민주적 관리에 기여한다.
2. **조직의 효율성 제고** : MBO는 조직의 목표를 명확히 하고 그 목표에 따라 조직활동을 하게 되므로 조직의 효율화에 공헌한다.

3. **조직발전(OD)의 전략** : MBO는 참여적 방법에 의하여 민주적으로 관리가 이루어짐으로써 조직발전(OD)의 기법으로서 유용하며 구성원의 사기를 진작시킨다.

4. **역할 간의 갈등 해소** : MBO는 목표와 평가방법 등을 분명히 함으로써 역할의 모호성과 역할갈등을 해소시키는데 기여한다.

5. **관료제의 부정적 속성 제거** : MBO는 분권화와 참여관리를 촉진하기 때문에 관료제의 부정적 속성인 경직성 · 집권성을 제거하는데 기여한다.

5 목표관리의 한계점

1. 행정조직이 추구하는 목표는 다원적 · 무형적 성격이 강하므로 명확하고 측정가능한 계량적 목표설정이 어렵다.
2. 시간이 많이 걸리고 과중한 서류작업에 시달리게 된다.
3. 불확실하고 불리한 환경 속에서는 의도된 목표의 달성이 어렵다.
4. 단기적 · 계량적 목표에 치중한 나머지 장기적 · 질적 목표를 등한시하게 된다.
5. 권위주의적이고 집권적인 조직에서는 참여관리가 어렵다.
6. 공공조직에서는 실적이나 성과의 측정이 어렵다.

파트1 경영학
파트2 경제학
파트3 법학
파트4 행정학
파트5 공기업 기출문제

대표기출유형

다음 중 MBO에 대한 설명으로 옳지 않은 것은?

① 목표를 명확하게 설정하고, 그에 따른 업적을 측정 · 평가하여 관리의 효율화를 기하는 방법이다.
② 관료제의 부정적 속성을 제거할 수 있으며, 역할 간의 갈등을 해소시킨다.
③ 서류작업이 단순하고 절차가 간편하다는 장점이 있다.
④ 권위적이고 집권적인 조직에 적응이 곤란하다는 단점이 있다.

정답 ③

해설 목표관리제는 과중한 서류작업과 많은 시간이 소요된다는 한계가 있다.

테마 07 정책의 유형

1 Almond와 Powell의 분류

1. **추출정책**(Extractive Performance) : 자원을 민간부문에서 추출하는 내용을 지닌 정책으로, 조세·병역·노역 등과 같이 국내적·국제적 환경에서 물적·인적자원을 추출하는 것과 관련된 정책이다.
2. **규제정책**(Regulatory Performance) : 개인이나 집단의 행동에 대하여 정부가 가하는 통제와 관련된 정책이다.
3. **분배정책**(Distributive Performance) : 정부가 각종의 물품·서비스·명예·지위·기회 등을 사회 내의 개인이나 집단에게 배분하는 문제와 관련된 정책이다.
4. **상징정책**(Symbolic Performance) : 정치지도자들이 역사, 용기, 과감성, 지혜, 평등, 자유, 민주주의 등의 이념에 대해 호소하거나 미래의 업적 또는 보상을 약속하는 것과 같은 내용으로 정부가 사회나 국제적 환경에 유출시키는 상징과 관련된 정책이다. 엘리트에 의한 가치의 확인, 국기게양, 군대의식, 왕족이나 고관의 방문, 정치지도자들에 의한 정책의 천명 등이 이에 해당한다.

Ⓔ 정책의 일반적 정의
정책이란 바람직한 사회상태를 이룩하려는 정책목표와 이를 달성하기 위해 필요한 정책수단에 대하여 권위있는 정부기관이 공식적으로 결정한 기본방침이라고 할 수 있다. 즉 정책이란 정부 및 공공기관이 공익을 위하여 내리는 행동경로 또는 행동지침이라고 할 수 있다.

2 Lowi와 Salisbury의 분류

1. **분배정책**(Distributive Policy)
   국민들에게 권리나 이익 또는 서비스를 배분하는 내용을 지닌 정책이다. 하천·항만사업, 농민에 대한 서비스 제공, 연구개발사업 등의 내용을 지닌 정책이 여기에 해당된다.
2. **재분배정책**(Redistributive Policy)
   재배분정책은 고소득층으로부터 저소득층으로의 소득이전을 목적으로 하는 정책으로 계급정책(Class Policy)이라고도 부른다. 즉 정부가 부나 재산·소득·권리 등을 사회내의 계층이나 집단사이에 재분배하는 정책이다. 누진과세정책·사회보장정책 등이 여기에 해당한다.
3. **구성정책**(Constitutional Policy)
   선거구의 조정, 정부의 새로운 기구나 조직의 설립뿐만 아니라 공직자 보수와 군인 퇴직연금에 관한 정책을 포함하여 정치체제에서 투입을 조직화하고 체제의 구조와 운영에 관련된 정책이다.
4. **규제정책**(Regulatory Policy)
   개인이나 일부집단에 대해 재산권 행사나 행동의 자유를 구속하고 억제하여 반사적으로 다른 사람들을 보호하려는 목적을 지닌 정책이다. 여기서의 규제는 정부가 강제력을 행사하여 개인, 집단, 사회를 통제하기 위한 방법의 하나로 Replay와 Franklin은 규제정책을 보호적 규제정책과 경쟁적 규제정책으로 나누었다.

Ⓔ 정책과정
1. H. D. Lasswell : 라스웰은 정책과정으로 ㉠ 정보단계, ㉡ 건의단계, ㉢ 처방단계, ㉣ 발동단계, ㉤ 적용단계, ㉥ 평가단계, ㉦ 종결단계 등의 7단계를 들고 있다.
2. C. O. Jones : Lasswell의 영향을 받은 존스는 정책과정을 ㉠ 문제정의단계, ㉡ 형성·합법화단계, ㉢ 집행단계, ㉣ 평가단계, ㉤ 종결단계 등의 5단계로 구분하고 있다.
3. J. E. Anderson : Lasswell의 영향을 받은 앤더슨은 정책과정을 ㉠ 정책의제설정단계, ㉡ 정책형성단계, ㉢ 정책채택단계, ㉣ 정책집행단계, ㉤ 정책평가 등의 5단계를 제시하고 있다.

구분	내용
보호적 규제정책 (Protective Regulatory Policy)	• 사적인 활동을 제약하는 조건을 설정함으로써 일반대중을 보호하려는 것이며 대중에게 해로운 것(공해, 허위광고)은 금지되고, 도움이 되는 것(대출금리의 공표) 등은 요구된다. • 소비자나 사회적 약자, 일반대중을 보호하기 위하여 개인이나 집단의 권리행사, 또는 행동의 자유를 구속 · 통제하는 정책이다. • 독과점기업을 규제하는 공정거래법, 근로조건과 노동자의 단체행동을 규제하는 근로기준법, 음식물의 위생상태를 규제하는 식품위생법 등이 여기에 해당된다.
경쟁적 규제정책 (Competitive Regulatory Policy)	• 많은 수의 경쟁자들 중에서 몇몇 개인이나 집단에게 일정한 재화나 용역을 공급할 수 있도록 제한하려는 정책이다. • 승리한 경쟁자에게 공급권을 부여하는 대신에 공공이익을 위하여 서비스 제공의 일정한 측면을 규제하려는 것이다. • 라디오나 TV방송권을 부여하면서 대신에 방송윤리규정을 준수하도록 하는 것이나 항공노선 취항권을 부여하면서 서비스에 대한 여러 가지 규정을 지키도록 하는 것이 여기에 해당된다.

5. 자기규제정책(Self-Regulatory Policy)

(1) 규제대상이 되는 개인이나 집단에게 규제기준을 설정할 권한을 부여하고 나아가 집행까지도 위임하는 경우를 말한다.

(2) 교사 · 의사 등과 같은 전문직업인의 면허 등을 그 전문직업인 집단에게 부여하는 경우라든가, 변호사협회 등과 같은 전문직업단체가 회원의 행동을 규제할 준법률적 권한이 부여되는 것과 관련되는 정책이 여기에 해당한다.

(3) 자기규제정책은 어떤 집단이나 활동에 통제를 가한다는 점에서 규제정책과 같으나, 규제를 받는 집단이 자기의 이익보호나 증진을 위하여 스스로 그 정책을 지지한다는 점에서 다르다.

파트1 경영학
파트2 경제학
파트3 법학
파트4 행정학
파트5 공기업 기출문제

대표기출유형

정책과 그 유형별 사례를 연결한 것으로 옳은 것은?

① 상징정책 – 의약분업 실시 ② 재분배정책 – 신공항 건설
③ 구성정책 – 중앙인사위원회 설치 ④ 추출정책 – 부(負)의 소득세제 실시

정답 ③

해설 구성정책은 정부기관의 신설이나 변경, 선거구 조정 등과 같이 정치체제의 구조와 운영에 관련된 정책을 말하는데, 중앙인사위원회의 설치는 정부기관의 신설에 해당하므로 구성정책에 해당한다.

테마 08

기획의 유형

기획은 그 기준에 따라 여러 가지로 분류할 수 있다. 다만 이러한 여러 가지 기획의 유형은 각각 독립되어 있는 것이 아니라 상호 밀접한 관련을 갖고 있는 것이다.

1 기간에 의한 유형

구분	내용
장기계획 (Long-Range Plan)	• 보통 10년 내지 20년을 기간으로 잡는 계획 • 조직이 나아갈 방향을 제시하는 것으로서 정책에 대한 장기적인 전망, 즉 중 · 단기계획의 지침
중기계획 (Middle-Range Plan)	• 장기계획에 의거 2년 내지 5년을 기간으로 설정하는 계획 • 장기계획과 단기계획 간에 중간목표를 설정하는 교량적 역할 • 정권의 임기와 관련하여 국민에 대한 정부공약의 성격
단기계획 (Short-Range Plan)	• 당해연도의 예산에 반영되는 계획 • 1년 내외를 기간으로 잡는 계획

2 조직계층에 의한 유형

구분	내용
정책기획 (Policy Planning)	• 정부의 광범위하고 기본적인 정치적 · 경제적 · 사회적 목표를 설정하는 종합적 기획 • 행정조직계층의 상위관리계층에서 수립되는 기획으로서, 정부활동에 관한 일반적 테두리(General Outlines)를 설정하는 기획 • 정부의 광범위하고 기본적인 정치적 · 경제적 · 사회적 목표를 설정하는 가치판단이 관련되는 기획
운영기획 (Program Planning, 사업기획)	• 정책기획이나 전략기획의 테두리 안에서 행정조직계층의 하위관리계층에서 수립되는 기획으로, 정책기획에서 설정한 목표를 실천에 옮기기 위한 기획 • 행정기관이 구체화해야 할 특수한 목적과 이를 구현하기 위한 세부적 절차를 준비하는 데 목적이 있는 기획

3 대상에 의한 유형

1. 물적 계획(Physical Plan)

자연자원, 토지, 시설, 공간 등을 대상으로 하는 계획

2. 경제계획(Economic Plan)

(1) 국민경제의 발전을 위한 계획

(2) 대부분의 발전도상국가가 채택

3. 사회계획(Social Plan)

(1) 경제 · 사회 · 문화 · 노동 등에 관한 여러 정책을 포함하는 미래사회의 발전계획

(2) 사회복지에 중점을 두는 계획

4. 방위계획(Defense Plan)

전시에 국토방위와 관련되는 계획

4 고정성 여부에 의한 유형

고정계획 (Fixed Plan)	계획기간이 고정되어 있는 계획
연동계획 (Rolling Plan)	• 일종의 계속적인 계획으로 장기계획과 단기계획을 결합 • 방대한 인적 자원과 물적 자원 요구 • 계획집행상의 신축성을 유지하기 위해 매년 계획내용을 수정 · 보완하여 계획기간을 계속적으로 1년씩 늦추어 가면서 동일한 연한의 계획기간을 갖는 계획

5 지역적 수준에 의한 유형

국제계획	• 주로 2개 이상의 국가에 걸친 경제지역의 개발에 관한 계획 • 제2차 세계대전 후 경제적 · 사회적 분야에서 다각적인 국제협력이 촉진됨에 따라 대두
국토계획	• 국가적인 단위의 국토 및 자연자원을 종합적으로 개발하기 위한 계획 • 천연자원의 보호 및 이용계획, 공공시설적정화계획
지역계획	특정 지역의 개발을 목적으로 하는 계획
도시계획	• 도시의 건전한 발전과 더불어 도시구역 내의 토지의 이용가치를 높여 도시로서의 기능을 충분히 발휘하게 하려는 계획 • 교통 · 위생 · 보안산업 · 치안 및 문화시설에 관한 계획

대표기출유형

다음 〈보기〉에서 설명하고 있는 것은?

보기

• 점증주의전략에 입각하여 계획의 이상과 현실을 조화시키려는 것이다.
• 일종의 계속적인 계획으로서 장기계획과 단기계획을 결합시키는 데 이점이 있다.
• 방대한 인적자원과 물적자원이 요구된다.
• 계획집행상의 신축성을 유지하기 위해 매년 계획내용을 수정 · 보완하여 계획기간을 계속적으로 1년씩 늦추어 가면서 동일한 연한의 계획기간을 가진다.
• 목표를 명확하게 부각시키기가 어려워 선거 공약으로는 적합하지 않다.

① 정책기획(Policy Planning) ② 연동계획(Rolling Plan)
③ 고정계획(Fixed Plan) ④ 운영기획(Program Planning)

정답 ②

해설 장기계획과 단기계획을 결합하여 계획내용을 지속적으로 수정 · 보완해 나가는 계획유형인 연동계획에 대한 설명이다.

테마 09

조직의 유형

조직의 유형 연구
조직을 유형별로 분류하는 것은 조직이론의 발전으로 연구대상이 넓어짐에 따라 다양한 각종 조직을 유형화한 다음 그것들을 서로 비교 연구하여 사회조직에 적용될 수 있는 보편적 이론을 발전시키고자 하는 것이다. 조직의 유형을 연구하는 것을 비교조직론이라고 부르는 것은 이 때문이다.

1 파슨즈의 분류(사회적 기능에 의한 분류)

1. **경제적 생산조직(Economic Production Organization)** : 사회의 적응기능을 수행하는 경제적 생산지향의 조직으로 사기업 · 공기업 등이 여기에 해당된다.
2. **정치조직(Political Organization)** : 사회자원을 동원하여 사회의 목표달성을 수행하는 조직으로 정부기관이나 은행과 같이 권력배분을 담당하는 조직이 여기에 해당된다.
3. **통합조직(Integrative Organization)** : 사회의 갈등을 조정하고 사회의 일탈을 방지하는 기능을 수행하는 조직으로 사법기관 · 경찰서 · 정당 · 정신병원 등이 여기에 해당된다.
4. **유형유지조직(Pattern-Maintenance Organization)** : 사회체제의 독특한 문화와 가치를 보존하고 문화형태의 전승이나 교육적 기능을 수행하는 조직으로 교회 · 학교 · 문화기관 등이 여기에 해당된다.

2 에치오니의 분류(복종관계에 의한 분류)

1. **강제적 조직(Coercive Organizations)** : 강제를 주요한 권력수단으로 하며, 대부분의 조직구성원들이 고도의 소외감을 느끼는 조직이다. 강제수용소 · 포로수용소 · 교도소 · 감금적 정신병원 등이 여기에 속한다.
2. **공리적 조직(Utilitarian Organizations)** : 보수를 주요 권력의 수단으로 하며, 조직구성원들이 타산적 이해관계에 따라 관여하는 조직이다. 사기업 · 경제단체 · 농민단체 · 평시의 군대조직 등이 이에 속한다.
3. **규범적 조직(Normative Organizations)** : 규범을 주요 권력수단으로 하며, 조직구성원들이 조직에 대하여 높은 일체감을 갖는 조직이다. 종교조직 · 이데올로기적 정치조직 · 일반종합병원 · 대학 · 자발적 결사 등이 여기에 속한다.

3 리커트의 분류(참여도에 의한 분류)

1. **수탈적 권위체제(Exploitive Authoritative System)** : 조직의 최고책임자가 단독으로 모든 결정권을 행사하고, 구성원의 이익은 고려되지 않는다.
2. **온정적 권위체제(Benevolent Authoritative System)** : 주요정책은 고위층에서 결정하되 하급자는 위에서 정한 지침의 테두리 내에서 결정을 내릴 수 있으나 최종확정에 앞서 상급자의 동의를 거쳐야 한다.
3. **협의체제(Consultative System)** : 주요정책은 위에서 결정하지만 한정된 범위의 특정사항에 관한 결정은 하급자가 할 수 있다.
4. **참여집단체제(Participative Group System)** : 조직의 구성원이 결정에 광범위하게 참여할 수 있는 체제를 말한다.

4 민츠버그의 분류(조직특징에 의한 분류)

구분	의의	사례
단순구조 (Simple Structure)	상대적으로 소규모조직이지만 조직환경이 매우 동태적이고, 조직기술은 정교하지 않으며, 엄격한 통제가 요구된다.	신생조직, 위기에 처한 조직 등
기계적 관료제 (Machine Bureaucracy)	일반적으로 조직규모가 크고, 조직환경이 안정되어 있으며, 표준화된 절차에 의하여 업무가 수행된다.	은행, 우체국, 대량생산제조업체 등
전문관료제 (Professional Bureaucracy)	전문적·기술적 훈련을 받은 조직구성원에 의하여 표준화된 업무가 수행되는 전문가 중심의 분권화된 조직이며, 조직환경이 상대적으로 안정되어 있고 외부통제가 없다.	대학, 종합병원, 컨설팅회사 등
사업부제 구조 (Divisional Structure)	독자적 구조를 가진 분립된 조직으로, 중간관리층이 핵심적 역할을 한다.	대기업, 대학분교 등
애드호크라시 (Adhocracy)	고정된 계층구조를 갖지 않고 공식화된 규칙이나 표준적 운영절차가 없으며, 조직구조가 매우 유동적이고 환경도 동태적이다.	첨단기술연구소, 우주센터 등

기타 유형

1. Blau와 Scott의 분류(수혜자에 의한 분류)
   ① 호혜적 조직
   ② 사업조직
   ③ 서비스조직
   ④ 공익조직
2. Katz와 Kahn의 분류
   ① 생산조직 또는 경제조직
   ② 형상유지조직
   ③ 적응조직
   ④ 관리·정치조직
3. Robbins의 조직유형론
   ① 관료제 조직
   ② 애드호크라시 조직
   ③ 기타 조직 : 단순조직, 기능조직, 부국조직, 부문조직, 대학조직
4. Robert W. Keidel의 조직의 유형론
   ① 자율적 조직
   ② 통제적 조직

파트1 경영학 파트2 경제학 파트3 법학 파트4 행정학 파트5 공기업 기출문제

대표기출유형

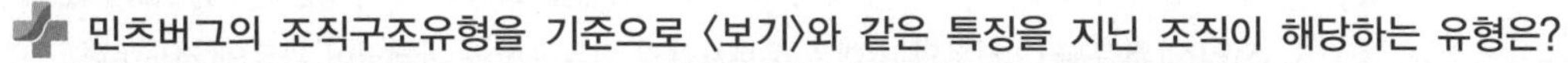

민츠버그의 조직구조유형을 기준으로 〈보기〉와 같은 특징을 지닌 조직이 해당하는 유형은?

보기

표준화를 특징으로 하며, 과업이 철저히 분화되어 있고, 일상적이며 반복적으로 업무를 수행하며, 공식화의 정도가 높고, 의사결정은 명령계통에 따라 이루어지며, 계선과 막료의 활동이 구분되어 있는 관리구조를 지닌 조직

① 기계적 관료제　　② 애드호크라시
③ 전문관료제　　④ 사업부제 구조

정답 ③

해설 전문관료제는 수평·수직적으로 분권화된 조직형태로서, 복잡하고 안정적인 환경에 적합하다.

테마 10 관료제

ⓔ 대부분의 학자들은 관료제를 계층제적 형태를 띠면서 합리적·법적 지배가 제도화되어 있는 대규모 조직으로 파악하고 있다. 그러므로 관료제는 국가행정조직뿐만 아니라 노동조합·교회·사기업 등 비국가 조직에서도 찾아볼 수 있다.

1 관료제(Bureaucracy)의 이념형(理念型)

1. 관료제는 단일의 의사결정센터를 지닌 대규모 조직을 의미한다. 특히 베버의 관료제이론의 특색은 이념형(Ideal Type)이라는 점이다.
2. 베버의 관료제의 이념형은 법의 지배, 문서주의, 비사인주의, 계층제, 권한과 책임의 명확화 등을 그 특징으로 한다.

2 권위의 종류

1. **전통적 권위** : 전통적 권위란 전통의 신성성에 근거를 둔 권위이다. 사람들은 권위의 소유자에 대하여 과거부터 내려오는 전통 때문에 복종하게 된다. 이럴 때 전통의 신성성에 의하여 권위가 부여된 자의 지배를 전통적 지배라고 한다.
2. **카리스마적 권위** : 카리스마적 권위란 어떤 인물이 지니는 초인적인 힘 또는 자질에 대한 신앙에 근거를 둔 권위이다. 사람들은 이와 같은 개인의 비범한 능력에 복종하게 되는 것이다. 지도자의 비범한 능력에 의해서 지배하는 것을 카리스마적 지배라고 한다.
3. **합법적 권위** : 합법적 권위란 그 근거가 법에 기초하고 있는 권위를 말한다. 개인은 그가 지닌 법적 지위에 의해 권위를 부여받고, 그 권위를 행사하며, 사람들은 형식적인 합법성에 복종하게 된다. 이와 같이 법규에 의해서 지배하는 것을 합리적·합법적 지배라고 한다. 그런데 바로 이러한 합법적 권위에 의한 지배가 제도화되어 있는 조직을 Max Weber는 관료제라고 한다.

ⓔ 관료제의 성립기반
- 화폐경제의 성립·발달
- 합법적이고 합리적인 권위의 보편화
- 자본주의 경제체제의 성립
- 역할분할의 보편화
- 성취주의의 보편화
- 선의의 경쟁을 통한 자원확보

3 베버의 관료제의 특징

1. **법규의 지배** : 관료제의 성립기초는 합법적으로 제정된 법규에 의해서 확정되어 있으며, 또한 특정업무 범위에 관한 원칙이 법규나 행정적 규칙에 의하여 정해져 있다.
2. **권한의 명확화** : 관료제의 직무 및 권한의 배분, 관료의 자격요건 등이 규칙에 의하여 부여된다.
3. **계층제의 원칙** : 직책과 권한에 따라서 형성된 계층제(階層制)의 원칙이 적용되며, 조직내부의 직위간에는 명령복종관계가 확립되고 있다.
4. **몰주관성(비사인주의, Impersonalism)** : 관료의 직무수행은 개인의 주관이나 자의를 배제하고 규칙 그 자체에 충실한 몰주관적(沒主觀的) 성격을 띠며 직무수행의 몰주관성을 확보하기 위해서 공사의 구별, 문서주의 및 관료의 전문자격을 요구하는 비사인주의(非私人主義)에 따른다.
5. **전임직(專任職)** : 직무의 수행은 복무시간의 의무규정과 관계없이 관료의 전노동력을 요구한다.
6. **고용관계의 자유계약성** : 근대 관료제에 있어서는 적어도 형식적으로는 고용계약이 쌍방의 자유의사에 의해서 이루어진다.
7. **문서주의** : 업무의 처리가 문서에 의하여 이루어진다는 것이다.
8. **급료의 지불** : 조직 내에서 일하는 사람은 노력의 대가로 반드시 급료를 규칙적으로 지불받아야 한다. 따라서 가족집단이나 자원봉사단체와 같이 무료 봉사하는 경우에는 관료제라고 할 수 없다.

4 관료제의 순기능과 역기능

순기능	역기능
• 객관화(감정적 행동의 최소화) • 능력 차이의 반영 • 정보의 여과(구성원 간의 종적 · 횡적 의사전달의 질서확보) • 갈등조정의 역할 • 책임이행의 확보 • 성취주의(능력 · 자격 · 성취성을 강화하는 민주적 기구장치) • 사고의 합리화 • 사회 각 부문의 균형적 발전의 조장 • 효율적인 집행체제 • 권력욕의 충족	• 동조과잉 또는 형식주의 • 문서주의(번문욕례) • 전문화로 인한 훈련된 무능 • 인간성의 상실 • 독선관료주의 • 무사안일주의 • 변화에 대한 저항 • 할거주의 • 책임의 회피와 분산 • 권한의 확장 • 인간발전의 저해 • 환경변화에 대한 적응성의 부족 • 수단과 목표의 전도

대표기출유형

다음 중 관료제의 순기능에 해당하는 것으로 옳은 것은?

① 정보의 여과
② 환경변화에 대한 대응능력
③ 인간감정의 중시
④ 적극적 존재로서 인간 파악

정답 ①

해설 관료제는 공식적인 계층제를 통하여 정보를 여과하고 불필요한 것을 제거하는 기능을 수행한다.

오답풀이

②, ④ 관료제는 환경변화에 대한 대응능력이 약하며, 인간을 수동적인 존재로 파악하는 한계를 지니고 있다.

③ 관료제는 인간의 감정적 행동을 최소화하여 감정주의, 파벌주의, 사인주의를 최소화할 수 있다.

테마 11

학습조직

1 학습조직의 의의

1. 학습조직(學習組織)은 조직의 모든 구성원들이 끊임없이 학습하고 학습과정을 의식적으로 관리하는 조직을 말한다.
2. 학습조직은 새로운 지식과 이해를 통하여 행동을 수정하고 변신을 추구하는 조직이다.

2 학습조직과 조직학습

1. 조직학습은 조직이 학습하는 것이고, 학습조직은 조직학습을 잘하는 조직이라고 일반적인 정의를 할 수 있다.
2. 조직학습은 개인차원의 학습을 능가하는 집합체적 학습이다. 조직구성원들이 함께 배우고 함께 변동하는 과정인 것이다.
3. 조직학습은 새로운 지식을 획득 · 창출하고 그에 따라 행동을 변동시키는 과정이다. 변동의 대상에는 개인행동뿐만 아니라 조직의 체제와 집합적 행동양식이 포함된다.

3 학습조직화에 필요한 요건

1. 피터 센게는 자기완성, 사고의 틀, 공동의 비전, 집단적 학습, 시스템 중심의 사고 등에 관한 다섯 가지 수련을 제시하였다.
2. 가빈은 다섯 가지 핵심활동으로 체계적인 문제해결, 새로운 접근방법의 실험, 스스로의 경험과 역사로부터의 학습, 다른 사람들의 경험과 우수사례로부터의 학습, 조직 전체에 걸친 신속하고 능률적인 지식이전 등을 열거하였다.
3. 데프트는 학습조직의 조건으로 일의 흐름을 중시하는 수평적 구조, 업무수행자의 높은 자율성(Empowered Roles), 정보공유의 강조, 협동적 전략, 적응성이 높은 문화 등 다섯 가지를 열거하였다.

📖 학습조직의 설계원리
1. 지속적인 학습기회의 창출
2. 탐구심과 대화의 증진
3. 협력과 팀 학습의 조장
4. 학습을 촉진하고 공유할 수 있는 체제의 구축
5. 공통적 비전을 가질 수 있도록 사람들에게 권한의 부여
6. 조직과 환경의 연결

4 학습조직의 특징

1. 문제지향적 학습

학습조직에서의 학습과정은 업무에 관한 문제지향적 학습이며, 특히 행동, 성찰, 사고, 결정의 과정을 반복하는 순환학습의 성격을 가진다.

2. 집합적 학습

학습조직의 한 부서나 집단에 국한된 것이 아니라 부서간과 집단간에 학습이 일어난다. 그 과정에서 형성되는 다차원적인 팀(Multidimensional Team)은 학습조직의 중요한 초석이 된다.

3. 의식적 학습

학습조직은 의식적 학습을 자극한다. 의식적 학습은 상호질문을 통한 방법적 학습으로 구체적인 문제가 해결되는 방법에 관한 합의를 중시한다.

📖 학습조직의 효용
1. 품질향상
2. 고객만족
3. 경쟁우위 확보
4. 신속한 변동대응성
5. 진실한 조직활동
6. 주인의식 있는 직원의 양성
7. 첨단기술의 발전과 세계화에 대한 대응

4. 병렬적 학습

(1) 학습조직에서는 규칙, 통찰력 및 원리의 모든 수준에서 학습이 이루어진다.

(2) 학습조직은 의식적으로 대립과 역설을 허용하고, 갈등을 회피해야 하는 위협이 아니라 규칙, 통찰력, 원리에 관한 지속적인 토론을 자극할 수 있는 도전으로 간주한다.

(3) 학습조직은 다양성을 특징으로 한다. 조직은 주위환경의 다양성에 반응할 수 있도록 다양해야 하며, "다양성만이 다양성을 극복할 수 있다(Only variety can beat variety)"는 원리가 적용된다.

5. 학습방법의 학습

(1) 학습조직은 학습하는 방법을 학습하는 메타학습을 통해 잠재력을 개발한다. 이러한 잠재력의 근원은 특히 학습하는 이유와 방법 그리고 학습내용에 관한 지식에서 비롯된다.

(2) 학습조직은 구성원들이 스스로 성인이라고 간주하는 철학에 기초해있다. 즉 자신의 활동과 기능에 대한 책임을 지는 의지와 용기를 가지고 있는 것이다.

6. 학습조직의 초점

(1) 학습조직은 환경과 조직의 관계에 초점을 둔다.

(2) 학습조직은 바람직한 미래를 창조하기 위하여 위험을 부담하는 적극적인 자세를 강조한다.

(3) 학습조직은 개인의 학습은 물론 집단 및 조직 수준에서의 학습을 강조하며 학습을 공유하고 활용하는 체제를 갖고 있다.

(4) 학습조직은 학습에 있어서 모든 조직 수준의 구성원들의 참여를 촉진하고 학습을 보상하는 체제를 가진다.

(5) 학습조직은 조직의 기본적인 가정은 물론 행동에 초점을 둔다.

(6) 학습조직은 학습의 장기적인 결과와 업무에 미치는 효과를 고려한다.

(7) 학습조직은 일상적인 경험으로부터 학습의 기회를 포착한다.

(8) 학습조직은 환류와 표출의 조직문화를 형성한다.

학습조직의 설계원리
- 지속적인 학습기회의 창출
- 탐구심과 대화의 증진
- 협력과 팀 학습의 조장
- 학습을 촉진하고 공유할 수 있는 체제의 구축
- 공통적 비전을 가질 수 있도록 사람들에게 권한의 부여
- 조직과 환경의 연결

대표기출유형

다음 중 학습조직에 대한 설명으로 틀린 것은?

① 학습조직은 학습을 위한 기회와 자원을 제공한다.
② 학습조직의 영위의 주체는 개인이다.
③ 학습조직은 학습효과에 따른 자주적인 변화를 추구하는 조직이다.
④ 학습조직은 유기적이며, 분권화된 조직형태를 갖는다.

정답 ②

해설 학습조직의 기본구성단위는 팀으로, 수평적 조직구조를 위한 조직의 평면화와 관계기관의 통폐합을 통해서 자기진화적 학습조직화를 지향한다.

테마 12

공기업의 분류

1 공기업의 정의

1. **경영학적 정의** : 경영학에서는 국가 또는 지방자치단체와 같은 공공단체가 출자자가 되어 경영상의 책임을 지고 있는 기업형태라고 정의하고 있다.
2. **경제학적 정의** : 경제학에서는 공공단체가 소유하거나 지배하며 그 생산물이 판매되는 생산주체라고 정의하고 있다.
3. **법학적 정의** : 법학에서는 국가 또는 지방자치단체가 직접적으로 사회적 공공복리를 위하여 경영하는 기업이라고 정의하고 있다.
4. **행정학적 정의** : 행정학에서는 공기업을 국가 또는 지방자치단체가 수행하는 사업중 기업적인 성격을 지닌 것이라고 정의하고 있다.

2 조직형태에 의한 공기업의 분류

구분	정부부처형(준정부기관)	주식회사형(시장형 공기업)	공사형(준시장형 공기업)
독립성 여부	없음.	있음.	
설치근거	정부조직법, 정부기업예산법	특별법 또는 회사법	
출자재원	전액 정부출자	정부+민간 공동출자	전액 정부출자
추구이념	공공성 > 기업성	공공성 < 기업성	공공성 + 기업성
직원의 신분	공무원	회사원	
예산회계	정부기업예산법(특별회계), 국가재정법, 국고금관리법	공공기관 운영에 관한 법률(독립채산제)	
예산의 성립	국회의 의결	이사회의 의결(국회의결 불필요)	
특징	저요금정책, 관료주의적	대륙계, 개도국형(과도기형)	영미형(이상형)
조직유형	독임형(이사회 없음)	합의제(의결기관)와 독임형(집행기관)으로 분리된 이중 기관제	

3 사업의 성격에 의한 공기업의 분류

1. **공익사업(Public Utilities)**

   국민생활에 필수 불가결한 것으로서 국가 또는 공공단체의 소유 · 지배를 필요로 하는 독점적인 성격을 가진 재화 · 서비스에 관한 사업을 말한다. 전기 · 수도 · 가스사업 등에 관한 공기업이 그 예이다.

2. **교통 · 통신사업(Transport and Communications)**

   철도 · 전차 · 해운 · 전신 · 전화 · 우편에 관한 사업을 말한다.

3. 금융 · 보험사업(Banking, Credit and Insurance)

각 국가의 중앙은행 · 특수은행이나 보험사업은 경제정책 · 사회정책상의 이유로 국가에 의하여 운영되고 있다. 우리나라의 한국산업은행 · 중소기업은행 · 한국주택은행 등이 그 예이다.

4. 다목적개발사업(Multi-purpose Development Projects)

특정 지역의 다목적개발을 위한 사업이 공기업으로 운영되기도 한다. 미국의 테네시계곡개발공사(TVA), 영국의 신도시건설을 담당하는 개발공사(Development Corporations), 우리나라의 소양강댐 건설사업 등이 그 예이다.

5. 신산업(New Industries)

개발도상국가에 있어서 민간자본이 부족하고 민간기업인들의 경험부족으로 신산업에 투자하지 못하는 경우, 정부가 개척자의 역할을 담당하기 위하여 공기업으로 운영하는 경우가 많다.

6. 문화활동사업(Cultural Activities)

정부에서 설립 · 보조하는 예술 · 방송 · 국립극장 등의 문화활동사업이 여기에 해당한다.

대표기출유형

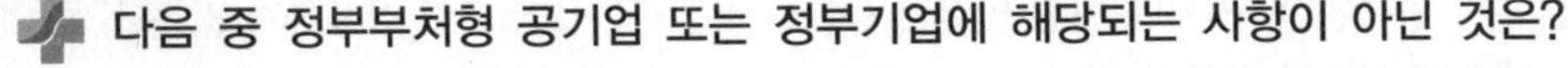

다음 중 정부부처형 공기업 또는 정부기업에 해당되는 사항이 아닌 것은?

① 독립채산제 채택
② 정부기업예산법의 적용 대상
③ 감가상각 실시
④ 발생주의회계방식 적용

정답 ①

해설 정부부처형 공기업은 정부기업예산법의 적용을 받아 특별회계로 운영된다. 독립채산제는 주식회사형과 공사형이 채택하고 있다.

테마 13

매슬로우의 욕구단계이론

[6] 매슬로우(Abraham H. Maslow)는 인간의 동기적 욕구를 계층의 형식으로 배열할 수 있다고 하여 욕구계층이론을 전개하였다. 매슬로우는 인간의 욕구를 5단계의 욕구계층으로 나누고 인간의 동기는 다섯 가지 욕구의 계층에 따라 순차적으로 발로되며, 인간의 욕구는 하위욕구로부터 상위욕구로 성장·발달한다는 우성의 원리를 주장한다. 또한 하위의 욕구가 충족되어야 다음 단계의 상위의 욕구가 나타난다고 한다.

1 인간의 욕구단계

욕구계층	의의	해당 욕구의 일반적 범주	욕구충족과 관련된 조직요소
생리적 욕구 (Physiological Needs)	인간의 욕구 중에서 최하위에 있는 가장 기초적인 욕구로서, 생존을 위해 반드시 충족시켜야 하는 욕구	갈증, 식욕, 성욕, 잠	식당, 쾌적한 작업환경 등
안전욕구 (Safety Needs)	위험과 사고로부터 자신을 방어, 보호하고자 하는 욕구	안전, 방어	안전한 작업환경, 신분보장 등
사회적 욕구 (Social Needs)	다수의 집단 속에서 동료들과 서로 교류하는 관계를 유지하고 싶어 하는 욕구	애정, 소속감	결속력이 강한 근무집단, 형제애 어린 감독, 직업의식으로 뭉친 동료집단 등
존경에 대한 욕구 (Esteem Needs)	남들로부터 존경과 칭찬을 받고 싶고, 자기 자신에 대한 가치와 위신을 스스로 확인하고 자부심을 갖고 싶은 욕구	자기존중, 위신	사회적 인정, 직급, 타인이 인정해주는 직무 등
자기실현욕구 (Self-Actualization Needs)	자신의 능력을 최대한 발휘하고 이를 통해 성취감을 맛보고자 하는 자기완성욕구	성취	도전적인 직무, 창의력을 발휘할 수 있는 기회, 자신이 정한 목표 달성 등

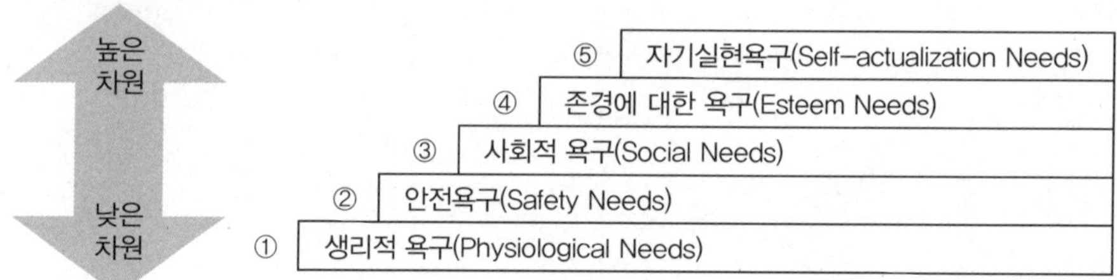

2 주요 명제

1. 인간은 무엇인가 부족한 존재이다. 따라서 인간은 항상 무엇인가를 필요로 하며 이를 원하게 된다. 또한 어떤 욕구가 충족되면 새로운 욕구가 발생하여 이를 추구하게 된다.
2. 일단 충족된 욕구는 더 이상 인간의 동기를 유발하는 요인으로 작용하지 않는다. 즉 충족되지 못한 욕구만이 행동의 동기로 작용한다.
3. 인간의 욕구는 계층적인 단계로 구성되어 있으며, 낮은 차원의 욕구에서 보다 높은 차원의 욕구로 욕구수준이 상승한다.

3 한계

1. 매슬로우의 이론은 복합적인 인간의 욕구를 체계적으로 분석하였다는 점에서는 높이 평가받고 있으나, 지나친 획일성으로 개인의 차이 내지 상황의 특징을 경시하고 있다는 비판을 받고 있다.
2. 실증적 연구에 의한 뒷받침이 미비하고 욕구의 측정수단의 적절성 여부에 대한 의문이 있으며, 이론 구성의 측면에 있어서도 형이상학적이고 검증될 수 없다는 이론상의 약점 역시 지적되고 있다.
3. 자아실현의 욕구는 개념적인 정의가 불명확해서 과학적인 검증이 불가능할 뿐 아니라 모든 인간이 지니고 있는 보편적 욕구라고 보기 어렵다는 비판이 있다.
4. 낮은 계층의 욕구가 충족되면 그 욕구는 동기요인으로 작용하지 않는다는 명제를 부정하는 주장이나 연구결과도 다수 존재하고 있으며, 다섯 단계로 분류된 욕구체계가 지나치게 세분화되었다는 비판도 있다.

대표기출유형

매슬로우의 욕구단계이론에 관한 설명 중 잘못된 것은?

① 존경에 대한 욕구는 사람이 스스로 자긍심을 가지고 싶어 하고, 다른 사람들이 자기를 존중해 주기 바라는 욕구이다.

② 욕구의 발로는 순차적이고, 높은 단계의 욕구가 우선 충족되어야 낮은 단계의 욕구가 발로될 수 있다.

③ 인간은 다섯 가지의 욕구를 가지고 있는데 이들은 우선순위의 계층을 이루고 있다.

④ 욕구의 계층은 생리적 욕구, 안전욕구, 사회적 욕구, 존경에 대한 욕구, 자아실현욕구로 구성되어 있다.

⑤ 어떤 욕구가 충족되면 그 욕구의 강도는 약해지며, 충족된 욕구는 일단 동기유발요인으로서의 의미를 상실한다.

정답 ②

해설 매슬로우의 욕구단계이론에서는 낮은 단계의 욕구가 완전히 충족되어야 다음으로 높은 단계의 욕구가 나타난다고 보았다.

동기부여이론의 개념

1 동기부여이론

1. 의의

(1) 동기부여(Motivation)는 조직구성원들에게 바람직한 행동을 유발하고, 일정한 방향으로 유도해 나가는 과정을 의미한다.

(2) 머레이(Murray)는 동기부여란 타인의 행동을 유발하고 행동의 방향을 주며 이를 통합시키는 내적인 요인으로 정의하였고, 쿤츠(Koontz)는 동기부여란 인간을 소망스러운 방향으로 행동하도록 유도하는 것이라고 정의하였다.

(3) 동기부여는 개인의 특성만으로 발생하는 것이 아닌, 각자 처한 상황과 그 상황 사이의 상호작용의 결과이다.

(4) 동기부여이론은 조직에서 사람이 무엇 때문에, 어떤 조건하에 자발적으로 열심히 일을 하며 자신이 하는 일로부터 재미를 느끼고 보람을 얻을 수 있는가에 대한 연구하는 것으로, 개인 행위관리의 핵심주제가 된다.

2. 동기부여의 요소

(1) 강도(Intensity) : 목표를 위해 얼마나 열심히 노력하는가?

(2) 방향(Direction) : 조직의 목표와 이익에 얼마나 일치하는가?

(3) 지속성(Persistence) : 노력이 얼마나 오래 유지되는가?

3. 동기 연구의 이론적 접근

(1) 쾌락이론 : 개인은 항상 쾌락과 만족을 찾고, 고통과 외로움을 피하기 위해 행동한다.

(2) 본능이론 : 인간의 심리적 관점에서 접근하여 호기심, 애정, 공포 등의 선천적 본능과 무의식적 동기를 강조한다.

(3) 동인이론 : 후천적 학습과 경험을 통해 만족스러운 결과를 추구하는 과정에서 동기가 발생한다.

2 일반적 분류방법

1. 내용이론(Content Theories)

(1) 개인의 행동을 작동시키고 에너지를 일정한 방향으로 조정하고 유지시키는 내적 요인에 초점을 두는 욕구와 동기 자체에 관한 이론으로서, 인간과 환경(외부)의 상호작용을 밝히려 하지 않고 동기유발의 실체를 밝히려고 한다.

(2) 인간이 어떤 자극을 선택하고 변경하도록 행동을 일으키고 활성화시키는 인간내부적 실체가 무엇인가를 밝히고자 하는 동기이론이다.

2. 과정이론(Process Theories)

동기가 유발되는 과정을 분석하는 이론이며, 인간과 외부환경의 상호작용을 밝히려 하는 동기발생과정에 관한 이론으로서 외부환경적 요소가 인간의 자극선택과정(동기)에 어떻게 영향을 주는가를 밝히고자 하는 이론이다.

내용이론	합리적 · 경제인모형	X이론, 과학적 관리론
	사회인모형	Y이론, 인간관계론
	성장이론	인간의 성장 중시(X이론 → Y이론), 고급욕구 중시, 행태론 • H. Murray의 명시적 욕구이론 • C. P. Alderfer의 ERG이론 • D. McClelland의 성취동기이론 • D. McGregor의 X · Y이론 • R. Likert의 관리체제이론 • C. Argyris의 성숙 · 미성숙이론 • A. H. Maslow의 욕구단계설(욕구계층이론) • F. Herzberg의 욕구충족요인이원론(동기 · 위생요인이론)
	복잡인모형	욕구의 복합성과 개인차를 고려하는 일종의 Z이론이나 상황적응론 • E. H. Schein의 복잡인모형 • W. G. Ouchi의 Z이론 • J. R. Hackman & G. Oldham의 직무특성이론
과정이론	기대이론	• V. Vroom의 선호기대이론 • L. Porter & E. Lawler의 업적만족이론 • E. Berner의 의사거래분석 • J. Atkinson의 기대모형 • B. S. Georgopoulos의 통로 · 목적이론
	형평성이론	• J. S. Adams의 형평성이론
	목표설정이론	• E. A. Locke의 이론
	학습이론 (강화이론)	• 자율규제이론 • E. L. Thordike & B. F. Skinner의 강화이론

대표기출유형

다음 중 동기부여이론에서 성격이 서로 다른 것끼리 연결된 것은?

① 기대이론 – 형평성이론　　② 욕구계층이론 – X · Y이론
③ 자율규제이론 – 사회적 학습이론　　④ 목표설정이론 – 동기 · 위생요인이론

정답 ④

해설 목표설정이론은 과정이론, 성취동기이론은 내용이론에 해당한다.

테마 15

직업공무원제도

■ 직업공무원제도
젊은 인재들을 공직에 유치하여 정년 퇴임까지 장기간에 걸쳐 근무하도록 조직, 운영하는 인사제도이다.

1 직업공무원제도의 특징

1. 계급제

(1) 원칙적으로 젊은 인재를 최하위 직급으로 임용하여, 장기간에 걸쳐 근무하도록 하면서 단계적으로 승진시키는 구조를 가진다.

(2) 임용부터 이미 계급이 정해진 상태로 상위 계급으로의 이동이 폐쇄적으로 그 차등이 심하다.

(3) 상위계급은 내부 승진으로 충원되며, 수평적 외부임용은 원칙적으로 허용되지 않는다.

2. 일반행정가(Generalist)주의

(1) 특정 직무에 요구되는 지식과 기술, 경력을 가진 사람을 요구하는 것이 아닌, 공직에서 경험과 지식을 쌓아 국가 혹은 정부의 시각에서 업무를 처리할 수 있는 기본적 소양을 가진 인재를 요구한다.

(2) 일반행정가는 넓은 이해력과 조정능력, 업무의 통합능력을 요구한다.

3. 신분보장원칙

헌법 제7조 ① 공무원은 국민전체에 대한 봉사자이며, 국민에 대하여 책임을 진다.
② 공무원의 신분과 정치적 중립성은 법률이 정하는 바에 의하여 보장된다.

(1) 중대한 위법행위가 없는 한 공무원은 이직이나 정년퇴직 전까지 그 신분을 보장받으며, 조직 개편으로 직위가 없어지더라도 다른 직위에 임명된다.

(2) 공직의 안전성을 통해 행정의 일관성과 계속성의 확보에 기여한다.

(3) 정치의 압력으로부터 공무원의 권익을 보장하게 하여 대통령과 소수 권력에 대한 충성이 아닌 전체 국민에 대한 봉사자로서 정치적 중립을 지킬 수 있도록 한다.

2 직업공무원제의 확립요건

1. 실적주의의 확립과 젊은 인재의 채용

직업공무원제가 확립되고 발전되기 위해서는 그 기반으로서 먼저 실적주의가 확립되어 있어야 한다. 가능한 한 학교를 갓 나온 젊은 인재를 채용하여 평생에 걸쳐 최고직까지 승진할 수 있게 하여야만 직업공무원으로서 오래 근무할 가능성이 많아진다.

2. 공직에 대한 높은 사회적 평가

관직을 특권적 향유나 치부수단으로 보는 전근대적 · 반민주적인 사고방식이 아니라, 민주적 공직관에 입각한 공공봉사로서 공직이 높은 사회적 평가를 받아야 한다.

3. 보수의 적정화와 적절한 연금제도의 확립

공무원이 생활에 대한 불안감 없이 근무할 수 있도록 보수를 민간 임금수준과 물가변동에 대응할 수 있게 적정화시켜야 하며 장기근무자에 대한 근속가봉액의 차를 높여야 한다. 퇴직 후의 생계에 대한 불안감을 갖지 않고 장기근무를 할 수 있도록 합리적인 연금제도가 실질적으로 확립되어야 하며, 이로써 공무원의 높은 근무의욕을 고취하고 직업화를 촉진시킬 수 있다.

4. 재직자훈련에 의한 능력발전

재직자훈련을 활성화하여 공무원의 능력과 자질을 발전시키고 잠재력을 개발시키며 적절한 동기부여에 의한 자기실현욕구의 충족이 이루어질 수 있어야 한다.

확립방안	저해요소
• 공직에 대한 사회적 평가의 제고 • 재직자에 대한 능력발전 • 보수의 적정화 및 적절한 연금제도의 확립 • 폐쇄형 충원제도의 확립 • 승진 · 전보 · 전직제도의 합리적 운영 • 실적주의의 확립 및 철저한 신분보장 • 젊고 유능한 인재의 등용 • 직급별 인력수급계획의 수립	• 개방형 인사제도 • 대표관료제의 대두 • 후기관료제모형 • 정년단축과 계급정년제

대표기출유형

다음 중 직업공무원제를 확립하는 데 저해요인으로 작용할 수 있는 것은?

① 유능한 인재를 일찍부터 공직에 유인하여 공직의 우수성을 확보한다.
② 직업에 대한 강한 윤리성을 갖추도록 하여 부패에 개입되지 않도록 한다.
③ 행정의 민주성을 확보할 수 있도록 충원의 개방성을 확보한다.
④ 행정서비스가 지속적으로 이루어질 수 있도록 공직의 안정성을 특정 당파의 이익에 영향을 받지 않도록 공직의 중립성을 보장한다.

정답 ③

해설 충원의 개방성은 개방형 인사제도로서 직업공무원제의 저해요소로 작용할 수 있다.

테마 16

계급제와 직위분류제

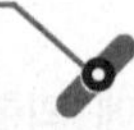

㉮ 공무원제도의 계급제
계급제란 사람을 중심으로 공직을 분류하는 제도이다. 즉 공무원의 능력·자격·학력을 기준으로 하여 공무원을 계급(예컨대 사무관·서기관·이사관)으로 분류하는 제도를 말하며 신분상의 지위·자격에 중점을 둔다.

1 계급제의 장·단점

1. 계급제의 장점

(1) 넓은 시야를 가진 유능한 인재의 등용 : 계급제에서는 담당할 직무의 내용과는 관계없는 일반적 교양·능력을 가진 사람을 채용할 수 있다.

(2) 인사행정의 신축성과 적응성의 유지 : 계급제에 있어서는 인사배치가 용이하다.

(3) 행정조정의 원활화 : 계급제 하에서의 공무원은 일반적 능력과 교양을 갖고 있기 때문에 직위분류제에서 나타나는 전문가간의 의사소통의 곤란, 할거주의 등의 단점을 극복하여 타협과 조정을 쉽게 해준다.

(4) 직업공무원제의 발전 : 계급제 하에서는 직위의 종류에 구애됨이 없이 승진할 수 있으므로 공무원의 적응력·창의력을 발전시킬 수 있고, 또한 장기간에 걸친 복무로 조직에의 충성심이 높아지므로 직업공무원제의 확립에 크게 이바지 할 수 있다.

(5) 신분보장의 강화 : 계급제하에서는 직책과 관계없이 신분을 유지하므로 공무원의 신분보장이 강하고 안정감을 줄 수 있다.

2. 계급제의 단점

(1) 행정의 전문화 곤란 : 계급제는 전문가보다는 일반적 교양, 능력을 가진 사람을 채용하고 일반행정가를 양성하기 때문에 행정의 전문화가 어렵다.

(2) 보수의 공정성·객관성확보 곤란(직무급 수립의 곤란) : 계급제는 사람중심의 분류이므로 수행하는 일과 보수는 별개이다.

(3) 계급간의 배타성 : 계급제는 계급간 학력과 사회성분에서 차이가 있고 폐쇄적인 성격을 띠고 있어서 상호 배타적이다.

(4) 권한과 책임의 불명확 : 계급제는 직무의 내용이 자세하게 기술되어 있지 않기 때문에 직위분류제 만큼 권한과 책임이 명확하지 않다.

(5) 인사배치기준의 설정 곤란 : 계급제 하에서는 채용시험·전직·승진 등 인사배치의 기준과 근무성적평정의 기준을 명확히 설정하기 어렵다.

㉮ 직위분류제란 직무를 중심으로 직무의 종류·곤란성·책임도에 따라 분류하는 제도이다.

2 직위분류제의 장·단점

1. 직위분류제의 장점

(1) 보수체제의 합리화(보수결정의 합리적 기준제시) : 공무원에 대한 보수의 결정시 가장 합리적인 기준은 동일직무에 대한 동일보수의 원칙이다.

(2) 인사행정의 기준제공(임용·인사배치의 기준제시) : 직위가 요구하는 직무의 성질·내용에 따라 공무원을 임용·배치함으로써 직위가 요구하는 능력과 자격을 가진 자만이 보임되게 하여 인사행정의 기준을 제공한다.

(3) 행정의 전문화·분업화 촉진 : 공무원의 전보·승진이 동일한 직렬 내에서 이루어지므로 동일한 직책을 장기간 담당하게 되어 각 분야의 전문가를 양성하고 분업화를 촉진시킨다.

(4) 훈련수요의 명확화 : 훈련이 필요한 구체적 내용을 제시하여 합리적인 교육훈련계획을 수립·실시할 수 있다.

(5) 근무성적평정의 기준 설정 : 직무의 내용을 구체적으로 명시하므로 공무원의 능력평정의 기준을 확립하기 쉬우며 직무수행능력을 정확히 평정하는데 도움을 준다.

(6) 정원관리의 합리화 · 사무관리의 개선 촉진 : 구성원의 업무분담을 합리화하고 업무처리과정의 간소화를 촉진시킴으로써 정원관리를 합리화할 수 있다.

(7) 권한 · 책임한계의 명확화 : 직무와 책임을 중심으로 한 공직분류방법이므로 업무수행에 있어서 권한과 책임의 한계가 명확하다.

(8) 공정성 확보 및 사기의 앙양 : 공정한 급여제도, 적정한 승진기회, 공정한 근무성적평정기준 등을 특징으로 하므로 공무원의 사기앙양에 도움을 준다.

(9) 인력수급계획의 체계적 수립 : 행정전문화를 위한 인력의 수급계획을 가능하게 한다.

2. 직위분류제의 단점

(1) 유능한 일반행정가 확보의 곤란 : 일반교양과 폭넓은 능력을 갖춘 유능한 일반행정가의 확보 · 육성이 어렵다.

(2) 인사배치의 신축성 결여 : 동일한 직렬에 따라서 승진 · 전직 · 전보가 이루어지므로 인사배치의 신축성이 결여된다.

(3) 능력발전과 창의력 계발의 곤란 : 공무원이 특정 직위와 관련되므로 장기적인 능력발전이 어려워 직업공무원제의 확립에 지장을 준다.

(4) 신분의 불안정성 : 공무원의 신분이 특정 직위 · 직무와 연결되어 있기 때문에 기구개혁 등에 의한 영향을 직접 받아 신분보장이 위협받기 쉽다.

(5) 횡적 협조와 협동 · 조정의 곤란 : 직책에 따른 전문화로 말미암아 전문가간의 의사소통이나 협조 · 조정이 곤란하다.

대표기출유형

다음 중 계급제와 직위분류제를 비교한 설명으로 옳지 않은 것은?

① 계급제가 직위분류제보다 탄력적 인사관리에 더 유리하다.
② 직위분류제가 계급제보다 전문행정가의 양성에 더 유리하다.
③ 직위분류제가 계급제보다 직업공무원제도 확립에 더 유리하다.
④ 직위분류제가 계급제보다 직무급의 결정에 더 타당한 자료를 제공할 수 있다.

정답 ③

해설 직위분류제는 개방형으로서 공무원의 신분보장이 약해 폐쇄형을 기반으로 하는 계급제보다 직업공무원제 확립에 불리하다.

테마 17

공직부패

공직부패의 개념

1. 공직부패란 공직자가 공권력을 남용하거나 또는 공직에 있음을 기화로 해서 사익을 추구 및 확장하는 행위이다.
2. 공직부패의 요건으로는 직무를 중심으로 또는 공직에 있는 것을 기화로 일어나야 하고, 취득되는 사익은 공무원 개인의 이익만이 아니라 가족·친지 또는 자기와 특별관계가 있는 집단의 이익도 포함되며, 직무와 관련해서 사익을 취득한다는 것을 의식하고 있어야 한다.

1 부패의 발생 원인

부패가 발생하는 원인으로 전근대적 행정행태와 가치관의 작용, 국민통제력의 취약성, 정부 주도의 발전사업 추진, 정치·사회의 혼란과 신분불안, 인사관리의 비합리성과 보수수준의 비현실성, 내부통제의 무력화와 관리·통제기준의 비현실성·이중성 등을 들 수 있다.

2 부패의 영향

1. 부패의 부정적 영향(역기능)

부패의 부정적인 영향으로는 사회기강의 해이, 가진 자 위주의 봉사, 공무원간의 갈등 조장, 인플레의 조장, 행정비의 인상과 국고의 손실 등을 들 수 있다.

2. 부패의 긍정적 영향(순기능)

부패의 긍정적인 측면을 다루는 학자들은 부패가 행정능률을 향상시키고, 소득을 재분배하며, 자본형성에 기여하며, 권력행사자간의 갈등을 완화시키는 순기능이 있다고 본다.

3 부패의 유형

구분	유형 및 의의
내부부패와 외부부패	• 내부부패 : 관료 내부에서 공무원과 공무원 간에 이루어지는 부패 • 외부부패 : 관료와 국민 간에 이루어지는 부패
권력형 부패와 생계형 부패	• 권력형 부패(정치적 부패) : 상층부에서 정치인들이 정치권력을 부당하게 행사하여 막대한 이익을 얻는 부패 • 생계형 부패(행정적 부패) : 하급행정관료들이 생계유지 차원에서 저지르는 부패로, 민원부서 하급자들의 작은 부패
제도적 부패와 우발적 부패	• 제도적 부패 : 부패공직자가 죄의식도 느끼지 못하면서 조직의 옹호를 받도록 체제화·문화화된 부패로, 공모에 의한 조직부패 • 우발적 부패 : 구조화되지 않은 일시적 부패로, 관료 개인의 윤리적 일탈로 인한 개인부패
용인가능성 정도에 따른 부패	• 흑색부패 : 국가사회에 명백하고 심각하게 피해를 주는 부패로, 구성원 모두가 처벌을 원하는 부패 • 백색부패 : 국가사회에 심각한 정도의 피해를 주지 않거나 사익을 추구하려는 의도가 없는 선의의 부패로, 구성원 다수가 어느 정도 용인하는 관례화된 부패 • 회색부패 : 법률로 규정하는 것에 있어 논란이 되는 사안 등 사회체제에 중대한 영향을 미칠 수 있는 잠재력을 가진 부패로, 사회구성원 중 일부 집단은 처벌을 원하지만 다른 일부 집단은 처벌을 원하지 않는 부패

일반적 유형	• 직무유기형 부패 : 자신의 직무를 게을리 하는 데서 오는 부작위적 부패로, 관료 개인의 부패 • 후원형 부패 : 관료가 정실이나 학연 등을 토대로 불법적으로 특정 단체나 개인을 후원하는 부패 • 사기형 부패 : 공금의 유용이나 횡령, 회계부정 등 거래를 하는 상대방 없이 공무원에 의해 일방적으로 이루어지는 부패 • 거래형 부패 : 뇌물을 매개로 이권이나 특혜를 불법적으로 제공하는 가장 전형적인 부패

4 부패에 대한 대책

1. **생활급의 지급** : 공무원이 생계의 위협을 받지 않음은 물론 문화인으로 생활할 수 있는 급여를 지급하여야 한다.
2. **절차의 간소화** : 복잡한 절차나 까다로운 수속은 부패의 소지가 되므로 이를 간소화해야 한다.
3. **연고주의의 불식** : 연고주의를 배격하고 성취주의를 보편화하여야 한다.
4. **제도의 정비와 실천** : 부패를 방지할 수 있는 법과 제도를 정비하고 실천하여야 한다.
5. **관주도발전의 지양** : 행정이 경제발전 위주의 국가발전전략을 수행하는 과정에서 정경유착과 같은 부패가 발생하므로 이를 지양하고 간접유도형의 전략을 수행하여야 한다.
6. **기타** : 내부통제의 강화와 내부고발제도의 보호, 공직자재산공개제도, 정치엘리트의 강력하고 지속적인 부패척결조치, 처우개선과 인사관리의 합리성 및 공정성 확보, 봉사지향적 가치관의 확립, 민주통제의 강화, 행정기능의 한계성 인식 등을 들 수 있다.

대표기출유형

다음 중 부패의 유형에 대한 설명으로 옳지 않은 것은?

① 공무원과 기업인 간의 뇌물과 특혜의 교환은 거래형 부패에 해당된다.

② 민원처리과정에서 소위 급행료가 당연시되는 관행은 제도화된 부패에 해당된다.

③ 공금횡령이나 회계부정은 거래를 하는 상대방 없이 공무원에 의해 일방적으로 발생하는 백색부패에 해당된다.

④ 과도한 선물의 수수와 같이 공무원윤리강령에 규정될 수는 있지만, 법률로 규정하는 것에 대하여 논란이 있는 경우는 회색부패에 해당된다.

정답 ③

해설 공금의 유용이나 횡령, 회계부정은 사기형 부패에 해당된다.

테마 18

예산의 원칙

예산의 개념

- 형식적 개념 : 정부가 일정한 형식에 따라 편성하고 국회의 심의·의결을 거쳐 확정된 1회계연도의 재정계획을 말한다. 국회의 심의·의결을 거친 예산에 의하여 정부는 예산을 집행할 수 있으며 일단 확정된 예산은 임의로 변경할 수 없다.
- 실질적 개념 : 일정 기간에 있어서의 국가의 수입·지출의 예정적 계산을 말한다.

신임예산

예산의 특성상 그 지출액과 지출시기의 예측이 어렵거나 국가 보안상의 이유로 지출내역을 공개하기 어려운 경우 해당 예산의 총액만을 의결하고 그 구체적인 사용은 해당 행정부가 결정하도록 하는 예산으로, 국가정보원의 예산 편성이 여기에 해당한다.

1 전통적 예산원칙(노이마르크의 원칙)

예산원칙	의의	예외
공개성의 원칙	예산의 편성·심의·의결과 예산의 집행 등 예산과정의 주요한 단계는 국민에게 공개되어야 한다는 원칙	신임예산, 국방비, 외교활동비, 정보비
명료성(명확성)의 원칙	예산은 모든 국민이 이해할 수 있도록 편성하여야 한다는 원칙	총액(총괄)계상예산, 안전보장 관련 예비비(예산회계에 관한 특례법)
사전의결(절차성)의 원칙	예산은 행정부가 집행하기에 앞서 미리 의회의 심의·의결을 거쳐야 한다는 원칙	준예산, 긴급재정경제처분, 예비비 지출, 전용, 사고이월, 선결처분
엄밀성(정확성)의 원칙	예산과 결산은 일치하여야 한다는 원칙	불용액, 이월, 계속비
한정성(한계성)의 원칙	예산은 사용목적(질적 한정성)·범위(양적 한정성) 및 기간(시간적 한정성)에 있어서 명확한 한계가 있어야 한다는 원칙	• 질적 한정성 : 이용, 전용 • 양적 한정성 : 예비비 • 시간적 한정성 : 이월(명시이월, 사고이월), 계속비, 국고채무부담행위, 과년도수입, 과년도지출, 조상충용
단일성의 원칙	예산은 구조면에서 가급적으로 단일하여야 한다는 원칙	특별회계, 기금, 추가경정예산
통일성(국고통일)의 원칙	특정한 세입과 특정한 세출을 직접 연관시켜서는 안된다는 원칙	특별회계, 기금, 목적세, 수입대체경비, 수입금마련지출제도
완전성(포괄성, 총계예산)의 원칙	국가의 모든 세입·세출은 모두 예산에 계상하여야 한다는 원칙	외국차관의 전대, 현물출자, 순계예산, 기금, 초과수입을 초과지출에 충당할 수 있는 수입대체경비, 출연금이 지원된 국가연구개발사업의 개발성과물 사용에 따른 대가

2 현대적 예산원칙(스미스의 원칙)

1. 행정부 계획의 원칙

예산은 행정부의 감독하에 행정부의 정책과 계획이 반영되어야 한다는 원칙이다.

2. 행정부 책임의 원칙

행정부는 예산이 허용한 범위 내에서 가급적으로 경제적·효율적으로 예산을 집행할 책임이 있다는 원칙이다.

3. 보고의 원칙

예산의 편성 · 심의 · 집행은 정부 각 기관으로부터 제출되는 재정보고 및 업무보고에 기초를 두어야 한다는 원칙이다.

4. 적절한 수단구비의 원칙

행정부가 예산에 관한 책임을 완수하기 위해서는 중앙예산기관뿐만 아니라 예산의 배정, 예비비 제도 등 적절한 행정상의 수단을 필요로 한다는 원칙이다.

5. 다원적 절차의 원칙

정부가 수행하는 사업이나 활동은 그 목적이나 종류 그리고 형태의 특성상 획일적인 예산절차로는 원활한 수행이 어렵기 때문에 예산운영의 효과성을 높이기 위해서는 사업이나 활동별로 예산 절차를 달리할 필요가 있다는 원칙이다.

6. 재량의 원칙

입법부가 명세예산을 의결할 경우 상황변화에 따른 행정부의 적절한 대처와 효과적이고 능률적인 예산운영을 어렵게 하므로 의회는 총괄예산으로 통과시켜 행정부에 재량권을 주어야 한다는 원칙이다.

7. 시기 신축성의 원칙

예산은 의회가 결정하고 그 집행시기는 경제환경의 변화에 대응할 수 있도록 행정부에 부여해야 한다는 원칙이다.

8. 상호 교환적 예산기구의 원칙

중앙예산기관과 각 부처의 예산담당기관 사이에는 기능적인 관계가 확립되고 활발한 의사소통이 이루어져야 한다는 원칙이다.

대표기출유형

다음 중 예산의 이용, 예비비, 계속비는 공통적으로 어떤 예산원칙에 대한 예외인가?

① 포괄성의 원칙　② 단일성의 원칙　③ 한정성의 원칙
④ 통일성의 원칙　⑤ 완전성의 원칙

정답 ③

해설 예산의 이용, 예비비, 계속비는 모두 한정성(한계성)의 원칙에 대한 예외이다.

- 이용 : 입법 과목에 대하여 목적을 변경하는 것이므로 질적 한정성(목적 외 사용금지)의 원칙에 대한 예외
- 예비비 : 초과 지출을 허용하는 경비이므로 양적 한정성(초과사용금지)의 원칙에 대한 예외
- 계속비 : 수년 간 지속되는 사업에 대하여 연도를 경과하여 사업비를 계속 편성하는 경비이므로 시간적 한정성(회계연도 독립)의 원칙에 대한 예외

계획예산제도

> 역사
> 1. 계획예산제도는 1954년 랜드연구소(Rand Corporation)가 개발한 것을 1963년 국방성예산에 부분적으로 도입하고, 1965년에는 미연방정부에 도입하였다.
> 2. 계획예산제도는 1973년 연방정부의 MBO로 대체됨으로써 쇠퇴하기에 이르렀다.

1 계획예산제도(PPBS)의 개념

1. 장기적인 계획수립과 단기적인 예산편성을 프로그램 작성을 통하여 유기적으로 연결시킴으로써 자원배분에 관한 의사결정을 일관성있게 합리적으로 하려는 예산제도이다.
2. 목표달성을 위한 장기적인 계획수립(Planning)을 하고, 장기계획을 실행하기 위하여 선택된 각각의 세부사업계획(Programming)에 대하여 구체적인 활동을 배당하고, 채택된 세부사업계획을 실행하기 위하여 초년도분의 자금을 배정(Budgeting)함으로써 자원배분에 관한 의사결정을 합리화하려는 제도(System)이다.
3. 국가의 목표달성에 있어서 여러 대안들 중에서 가장 알맞는 대안을 찾아야 할 정책결정자에게 의사결정과정에서 종래의 정치적인 방법을 배제하고 자료와 분석기법에 의존하게 하려는 예산제도이다.

2 계획예산제도의 요소

1. 목표의 구조화

조직의 목표는 가능한 한 수치화된 목표로 설정하여, 목표의 효과적 달성을 위한 활동을 표시할 수 있도록 한다.

2. 대안의 체계적인 검토

비용편익분석 등의 계량적인 기법을 활용하여 목표를 달성하는 가장 효율적인 대안을 선정한다.

3. 장기적 계획의 설정

계획예산은 장기적 계획을 위한 예산의 설정으로 미래의 비용을 포함한 예산계획이 설정되어야 한다.

3 계획예산과정

1. 계획(Planning)

조직목표와 그 우선순위를 결정하고 목표달성을 위한 여러 대안을 평가 · 선택한다.

2. 구조화(Programming)

장기계획을 실행하기 위한 구체적 활동으로서의 실시계획(프로그램)은 어떻게 할 것인가를 결정하며 각 프로그램에 의하여 예측 가능한 기간에 걸쳐 달성시켜야 할 목표수준과 소요비용을 시간적으로 결부시켜 실현가능성을 검토한다.

3. 예산 편성(Budgeting)

채택된 프로그램을 실시하는 데 필요한 1개연도분의 실행예산을 편성한다.

4 계획예산제도의 장 · 단점

장점	단점
• 계획과 예산의 일치 • 의사결정의 일원화 · 합리화 • 장기적 시계의 제공 • 예산의 절약과 능률화 • 자원배분의 합리화 • 조직의 통합적 운영	• 목표의 명확한 제시 및 파악 곤란 • 지나친 중앙집권화 초래 및 계량화의 곤란 • 환산작업의 곤란과 문서의 과다 • 의회의 지위가 약화될 가능성(의회통제의 곤란) • 간접비 배분의 문제와 자원 배분시 비교의 곤란 • 목표설정의 정치성 • 과도한 절약

5 목표관리제(MBO)와 계획예산제도의 비교

공통점	차이점
• Y이론적 관리전략 • 조직목표와 개인목표의 조화 • 평가 · 환류기능의 강화 • 조직의 효과성 · 융통성 제고 • 조직의 변화와 쇄신 추구 • 인간의 발전 중시 • 갈등의 순기능과 건설적 해결의 중시	• MBO는 상향적, PPBS는 하향적 • MBO는 내부인사가 주관, PPBS는 외부인사가 참여 • MBO는 일반관리기술, PPBS는 형태과학지식 • MBO는 단기계획, PPBS는 장기계획 • MBO는 분권적 기법, PPBS는 집권적 기법 • MBO는 부분적 분석, PPBS는 종합적 분석 • MBO는 산출량, PPBS는 비용편익분석에 치중

대표기출유형

다음 중 계획예산제도(PPBS)의 장점이 아닌 것은?

① 장기적 시각과 객관적인 분석도구를 통해 예산집행의 효율성을 도모할 수 있다.
② 정치적 타협으로 다원주의적 이해관계에서의 목표가 명확하게 설정된다.
③ 예산 지출에 대한 최종결과를 검토할 수 있다.
④ 기획에 대한 책임소재의 명확성을 도모할 수 있다.

정답 ②

해설 계획예산제도에서는 목표의 다원성, 목표설정의 정치적 성격, 목표에 대한 의견의 불일치 등으로 인하여 정부의 목표가 다양해서 목표를 정확히 설정할 수 없다.

테마 20

지방자치단체의 기관

■ 지방행정의 지도이념
1. 민주성
2. 능률성
3. 합법성
4. 합목적성
5. 공정성
6. 신뢰성
7. 효과성
8. 종합성과 다원성
9. 생산성

1 지방자치단체의 기관구성 유형

1. 기관통합형

(1) 지방자치단체의 의결기관과 집행기관을 모두 의회에서 담당하는 형태

(2) 책임정치와 행정의 안전성 확보 가능

(3) 견제와 균형 결여, 행정의 전문성 결여, 행정의 정치화 가능성

2. 기관분립형

(1) 의사결정기능의 의회와 집행기능의 집행기관이 분리

(2) 견제와 균형 원리 실현, 행정의 전문화/능률화 유리

(3) 의회와 집행기관의 잦은 마찰, 주민의사 반영 통로 미흡

3. 우리나라의 기관구성

지방자치단체의 의사를 내부적으로 결정하는 최고의결기관으로서 지방의회를 두면서 외부적으로 지방자치단체의 대표로서 지방자치단체의 의사를 표명하고, 그 사무를 통합관리하는 집행기관으로 단체장을 두고 있는 기관분립형을 채택하고 있다.

2 지방의회

1. 지방의회의 지위

주민대표기관, 의결기관, 입법기관, 비판 · 감시기관으로서의 지위

2. 지방의회의 필수적 의결사항

사무소의 소재지 변경/신설, 행정사무조사권의 발동, 채무이행지체행위, 채무면제 및 효력 변경, 계속비, 행정협의회의 설립규약, 지방자치단체조합의 설립규약

3. 청원에 관한 지방자치단체장에 대한 의견제시

지방의회가 채택한 청원으로서 그 지방자치단체의 장이 처리함이 타당하다고 인정되는 청원은 의견서를 첨부하여 지방자치단체의 장에게 이송한다.

4. 행정사무 감사 및 조사권

- 행정사무감사 제도는 집행기관 등이 처리한 행정업무 전반에 대한 포괄적인 확인 · 감사제도로서 특정의 문제사안에 대한 구체적 조사 규명제도인 행정사무조사제도와 구분한다.
- 행정사무 감사는 매년 1회 시 · 도에 있어서는 14일, 시 · 군 · 자치구는 9일의 범위 내에서 실시한다.

5. 의원의 권한과 의무

- 권한 : 회의소집요구권, 발의권, 출석권 · 발언권 · 표결권
- 의무 : 공익우선, 성실, 청렴, 품위유지, 지위남용 금지, 겸직 · 겸업 금지 등

3 집행기관

1. **의의** : 지방자치단체라는 법인의 의사를 자기 이름으로 집행하는 기관

2. **지방자치단체장**

(1) 단체장의 이중적 지위
- 지방자치단체의 수장 : 지방자치단체의 대표 사무 총괄
- 국가의 보통행정기관 : 지방자치단체의 장이 국가(또는 상급자치단체)의 행정사무(기관위임사무)를 수임 · 처리하는 한도안

(2) 지방자치단체장의 권한 : 사무의 관리 및 집행권, 규칙제정권, 사무의 위임, 소속행정기관 및 하급지관에 대한 지휘 · 감독권, 직원에 대한 지휘 · 감독권, 기관 및 시설의 설치권

(3) 지방의회에 대한 견제권한
- 의회 부의 안건의 공고권
- 의안 발의권
- 예산안의 편성 및 제출권
- 조례의 공포권
- 재의 요구권
- 선결처분권

3. **지방자치단체 소속 행정기관**

(1) 직속기관 : 지방자치단체의 조례로 설치되는 경찰기관(특별자치도 한정), 소방기관, 교육훈련기관, 보건진료기관, 시험연구기관 등

(2) 사업소, 행정소

(3) 합의제행정기관

(4) 자문기관 : 소관 사무에 대한 자문을 위한 심의회, 위원회

파트1 경영학
파트2 경제학
파트3 법학
파트4 행정학
파트5 공기업 기출문제

대표기출유형

다음 중 우리나라 지방자치에 대한 설명으로 옳지 않은 것은?

① 지방의회는 지방자치단체장에 대한 불신임의결권을 갖고 있지 않다.
② 지방자치단체장은 선결처분권을 갖는다.
③ 우리나라 지방자치제도는 기관통합형의 특성을 보인다.
④ 지방자치단체장은 지방의회의 의결에 대한 재의요구권을 갖는다.

정답 ③

해설 우리나라는 지방자치단체의 의사를 내부적으로 결정하는 최고의결기관으로서 지방의회를 두면서 외부적으로 지방자치단체의 대표로서 지방자치단체의 의사를 표명하고, 그 사무를 통합관리하는 집행기관으로 단체장을 두는 기관분립형의 특성을 보인다.

테마 21

주민자치와 단체자치

> 用 주민자치(住民自治)
> 지방적 사무를 중앙정부에 의존하지 않고 그 지방주민이 스스로 대표자를 선출하거나 직접 자신들의 의사를 표명하는 등 주민의 참여에 의해서 자치사무를 처리한다.

> 用 단체자치(團體自治)
> 국가로부터 독립한 지방공공단체가 국가와는 별개의 법인격 및 자치권을 가지고 자주적으로 그 의사를 결정하고 실현하는 형태의 자치이다.

1 주민자치와 단체자치의 비교

1. 자치의 의미

주민자치는 지방자치의 기본이 자기통치사상에 따라 지역의 모든 사무처리는 중앙의 간섭을 배제하고 주민 자신이 자주적으로 처리한다는 정치적 의미의 자치행정이나, 단체자치는 국가로부터 독립된 법인격을 가진 단체의 행정인 법률적 의미의 자치행정이다.

2. 인정주체

주민자치는 주민이 자치권을 인정하나, 단체자치는 국가가 자치권을 인정한다.

3. 자치권의 범위

자치권이 주민으로부터 주어진 주민자치는 자치단체가 행사할 범위가 광범위하나, 자치권이 국가로부터 주어진 단체자치는 자치권의 범위가 주민자치에 비해 협소하다.

4. 중시하는 권리

주민자치는 지방자치단체와 주민과의 관계를 중시하여 지방행정에의 주민참여가 활발하나, 단체자치는 국가와 지방자치단체 사이의 상관관계를 중시하여 국가로부터 독립성이 강조되며 주민참여는 주민자치에 비하여 미약하다.

5. 이념

주민자치는 지역주민들이 사무를 대표자를 통해 또는 스스로 처리하는 자기책임성에 입각한 민주주의이념을 실현하는 것인데 비하여, 단체자치는 자치단체가 그 자신의 의사와 목적을 가지고 국가의 간섭을 배제하며 행정을 수행한다는 지방분권의 이념을 나타낸 것이다.

6. 권한부여방식

주민자치는 지방자치단체의 권한을 특별법에 의하여 부여하는 개별적 수권형이고, 단체자치는 헌법이나 법률로 일괄적으로 부여하는 포괄적 수권형이다.

7. 중앙통제방식

주민자치는 외부통제인 입법통제와 사법통제에 중점을 두는데 비하여, 단체자치는 내부통제인 행정통제에 중점을 둔다.

8. 중앙과 지방의 관계

주민자치는 중앙정부와 지방정부가 상호 기능적 협력관계를 유지하나, 단체자치는 중앙정부가 국가권력으로 자치단체를 지휘 · 감독하는 권력적 감독관계에 중점을 둔다.

9. 지방정부형태

주민자치는 의결기관인 동시에 집행기관을 겸하는 기관통합형을 채택하나, 단체자치는 의결기관과 집행기관을 분리하는 기관대립형을 채택한다.

10. 자치단체의 성격과 사무구분

주민자치는 지방정부가 처리하는 사무를 자치사무와 위임사무로 구별할 필요가 없으므로 단일적 성격을 가지나, 단체자치는 자치사무와 위임사무를 구별하여 지방정부가 자치사무를 처리할 때는 자치단체의 성격을 갖지만 국가의 위임사무를 처리할 때는 국가의 하급행정기관으로서의 성격을 띤다.

11. 지방세

주민자치는 국세와 지방세를 명확히 구분하여 자치단체는 독립세로서의 지방세를 독자적으로 부과 · 징수하는데 비하여, 단체자치는 중앙정부가 조세를 부과 · 징수하여 그 세입 중의 일정한 비율을 자치단체의 재원으로 하는 부가세주의를 채택한다.

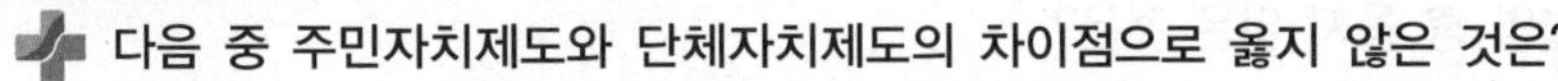

다음 중 주민자치제도와 단체자치제도의 차이점으로 옳지 않은 것은?

① 자치권의 인식에서 주민자치는 고유권으로, 단체자치는 전래권으로 본다.
② 이념에서 주민자치는 지방분권의 이념을, 단체자치는 민주주의이념을 실현하려는 것이다.
③ 사무구분에서 주민자치는 자치사무와 위임사무로 구분하지 않지만, 단체자치는 이를 구분한다.
④ 자치의 중점에서 주민자치는 자치정부에의 주민참여로, 단체자치는 지방자치단체의 중앙정부로부터 독립이다.
⑤ 지방세제에서 주민자치는 독립세주의를, 단체자치는 부가세주의를 취한다.

정답 ②

해설 주민자치는 지역주민들이 사무를 대표자를 통하여 또는 스스로 처리하는 자기책임성에 입각한 민주주의이념을 실현하는 것인데 비하여, 단체자치는 지방자치단체가 그 자신의 의사와 목적을 가지고 국가의 간섭을 배제하여 행정을 수행한다는 지방분권의 이념을 나타낸 것이다.

행정학 1회 실전모의고사

문항수 | 30문항

▸ 정답과 해설 88쪽

01. 다음 중 정부규제는 쉽사리 사라지지 않을 뿐만 아니라 규제가 또 다른 규제를 낳는다는 법칙을 일컫는 말은?

① 파킨슨의 법칙
② 피터의 법칙
③ 머피의 법칙
④ 타르 베이비 효과

02. 인간관계론과 과학적 관리론에 대한 설명 중 옳지 않은 것은?

① 인간관계론이 사회적 욕구를 강조한다면, 과학적 관리론은 보수를 강조한다.
② 인간관계론이 공식적 구조를 중시한다면, 과학적 관리론은 비공식적 구조를 중시한다.
③ 인간관계론과 과학적 관리론 모두 생산성 향상이 주된 목적이다.
④ 인간관계론과 과학적 관리론 모두 인간의 피동성을 전제로 한다.

03. 롤스의 정의론에 대한 설명 중 옳지 않은 것은?

① 정의의 제1원리가 제2원리에 우선하고, 제2원리 중에서는 차등원리가 기회균등의 원리에 우선한다.
② 원초적 상태에서 구성원들이 합의하는 규칙 또는 원칙이 공정할 것이라고 전제한다.
③ 타고난 차이 때문에 사회적 가치의 획득에서 불평등이 생겨나는 것은 사회적 정의에 어긋난다.
④ 전통적 자유주의와 사회주의의 양극단을 지양하고 자유와 평등의 조화를 추구하는 중도적 입장을 취하고 있다.

04. 다음 중 정책네트워크(Policy Network)의 유형에 관한 설명으로 옳지 않은 것은?

① 정책커뮤니티(Policy Community)란 정책결정에 참여하는 집단이 비교적 제한적이고 정책결정이 비교적 안정적이며 계속성을 지니는 경우를 말한다.

② 하위정부는 모든 정책분야에 걸쳐서 가능한 것이 아니라 대통령의 관심이 덜하거나 영향력이 비교적 적은 분배정책분야에서 주로 형성되고 있다.

③ 철의 삼각(Iron Triangle)은 하위정부와 같은 뜻으로 사용되는 개념으로서 의회의 상임위원회(분과위원회) 및 행정부처와 이익집단 간의 관계에 있어 통합성이 지극히 높으며 일종의 동맹관계를 형성하고 있다고 하여 사용되는 개념이다.

④ 이슈네트워크는 헤클로(H. Heclo)가 하위정부나 철의 삼각을 비판하기 위하여 제기한 개념으로서 미국에서 이익집단이 수적으로 크게 늘어나고 다원화됨에 따라 하위정부식 정책결정이 용이해졌다고 주장한다.

05. 정책결정에 있어서 점증모형에 관한 설명 중 적절하지 않은 것은?

① 점증모형의 궁극적 논의는 정치적 과정의 합리화문제로 귀착된다.

② 정책은 관련되는 이해집단의 정치적 · 경제적 세력관계를 반영하고 있는 것으로 본다.

③ 미국과 같은 다원적 민주사회에 있어서의 정책결정과정을 설명하는 데 특히 유용한 접근방법이다.

④ 정책문제에 대한 정치적 접근방법은 불합리성을 내포하기 쉬우므로 합리적인 정책분석을 통하여 현실을 개선해 나가야 한다고 본다.

06. 다음 중 정책집행의 하향식 접근과 상향식 접근에 대한 설명으로 옳지 않은 것은?

① 상향식 접근은 정책문제를 둘러싸고 있는 행위자들의 동기, 전략, 행동, 상호작용 등에 주목하며 일선공무원들의 전문지식과 문제해결능력을 중시한다.

② 상향식 접근은 집행이 일어나는 현장에 초점을 맞추고 그 현장을 미시적이고 현실적이며 상호작용적인 차원에서 관찰한다.

③ 하향식 접근은 정책결정을 정책집행보다 선행하는 것이고 상위의 기능으로 간주한다.

④ 하향식 접근의 대표적인 전방향접근법(Forward Mapping)은 집행에서 시작하여 상위계급이나 조직 또는 결정단계로 거슬러 올라가는 방식이다.

07. 정책평가방법과 관련된 다음 설명 중 옳지 않은 것은?

① 정책평가의 내적 타당성은 정책집행 후의 결과변수상 변화와 정책 사이의 인과관계에 대한 추정의 정확성 정도를 의미한다.

② 정책평가를 위한 비실험적 설계를 하는 경우 다중회귀분석, 인과경로분석, 시계열분석 등의 기법이 사용된다.

③ 두 변수 A와 B의 관계에 있어서 실제로는 관계가 없는 데도 마치 관계가 있는 것처럼 보이는 경우 두 변수의 관계를 허위상관이라 부르고 이때 허위관계에 있는 A를 허위변수라 한다.

④ 실험집단과 통제집단의 성숙효과가 다르게 나타나는 선정과 성숙의 상호작용효과는 준실험에서 나타날 수 있는 단점이다.

08. 다음 중 〈보기〉에 제시된 기획의 과정을 순서대로 바르게 나열한 것은?

보기	
㉠ 대안의 탐색과 평가	㉡ 미래예측 및 목표의 설정
㉢ 기획전제의 설정	㉣ 최종안의 선택
㉤ 정보의 수집 · 분석	

① ㉡ － ㉤ － ㉢ － ㉠ － ㉣
② ㉡ － ㉤ － ㉠ － ㉢ － ㉣
③ ㉠ － ㉤ － ㉡ － ㉢ － ㉣
④ ㉤ － ㉠ － ㉡ － ㉢ － ㉣

09. 조직을 구성하는 원리 중 그 성격이 다른 하나는?

① 명령통일의 원리
② 통솔범위의 원리
③ 명령계통의 원리
④ 전문화의 원리

10. 다음 〈보기〉에서 후기 관료제(탈관료제)의 특성으로 옳은 것을 모두 고르면?

보기

㉠ 상황에 적응하는 유기적 조직
㉡ 분업에 의한 의사결정구조
㉢ 문제해결능력이 있는 자에게 권위 부여
㉣ 규칙과 절차에 의한 업무처리

① ㉠, ㉡ ② ㉡, ㉢
③ ㉠, ㉢ ④ ㉡, ㉣

11. 다음 조직구조에 대한 설명 중 틀린 것을 모두 고르면?

구분		기계적 구조	유기적 구조
장점	㉠	예측가능성	적응성
특징	㉡	• 좁은 직무범위	• 넓은 직무범위
	㉢	• 적은 규칙 · 절차	• 표준운영절차
	㉣	• 분명한 책임관계	• 모호한 책임관계
	㉤	• 분화된 채널	• 계층제
	㉥	• 비공식적 · 인간적 대면관계	• 공식적 · 몰인간적 대면관계
상황 조건	㉦	• 명확한 조직목표와 과제	• 모호한 조직목표와 과제
	㉧	• 분업적 과제	• 분업이 어려운 과제
	㉨	• 단순한 과제	• 복합적 과제
	㉩	• 성과측정이 어려움.	• 성과측정이 가능
	㉪	• 금전적 동기부여	• 복합적 동기부여
	㉫	• 권위의 정당성 확보	• 도전받는 권위

① ㉠, ㉡, ㉫ ② ㉢, ㉤, ㉥, ㉩
③ ㉡, ㉢, ㉤, ㉦, ㉧ ④ ㉣, ㉥, ㉧, ㉨, ㉩, ㉪

12. 다음 중 위원회조직의 장점에 해당하지 않는 설명은?

① 행정의 중립성과 정책의 안정성 · 일관성 · 계속성을 유지할 수 있다.
② 신중 · 공정한 결정을 할 수 있으므로 결정에 대한 신뢰성과 다수의 지지와 수락가능성을 증대시킨다.
③ 이해관계의 조정이 비교적 용이하므로 갈등해소에 도움을 줄 수 있다.
④ 신속하고 소신있는 의사결정이 가능하다.

13. 다음 중 공기업의 민영화에 관한 설명으로 옳지 않은 것은?

① 공기업의 민영화를 통해서 자본시장의 저변을 확대할 수 있다.
② 공기업의 민영화는 공기업의 공공성과 기업성을 조화시키려는 의도이다.
③ 공기업의 민영화 방안 중 국민주(國民株)방식은 경제력 집중의 장애요인을 효과적으로 극복한다는 장점을 가진다.
④ 경제적 자유의 증진, 경영상의 능률성 제고 등이 공기업 민영화의 주된 목적이다.

14. 다음 〈보기〉의 ㉠ ~ ㉣과 토마스가 제시한 대인적 갈등관리방안을 바르게 연결한 것은?

보기

㉠ 상대방의 이익을 희생하여 자신의 이익을 추구하는 경우이다.
㉡ 자신의 이익이나 상대방의 이익 모두에 무관심한 경우이다.
㉢ 자신과 상대방 이익의 중간 정도를 만족시키려는 경우이다.
㉣ 자신의 이익을 희생하여 상대방의 이익을 만족시키려는 경우이다.

	㉠	㉡	㉢	㉣
①	강제	회피	타협	포기
②	경쟁	회피	타협	순응
③	위협	순응	타협	양보
④	경쟁	회피	순응	양보

15. 다음 중 리더십이론에 대한 설명으로 옳지 않은 것은?

① 하우스와 에반스의 통로 · 목표이론(Path-Goal Theory of Leadership)에 의하면 리더는 부하가 바라는 보상(목표)을 받게 해 줄 수 있는 행동(통로)을 명확하게 해주어야 부하의 성과를 높일 수 있다.
② 허쉬와 블랜차드의 3차원 리더십이론에 의하면 리더십의 유형에는 참여형, 지원형, 지시형, 성취형의 네 가지가 있다.
③ 생애주기이론은 추종자의 성숙단계에 따라 효율적인 리더십 스타일이 달라진다는 관점에 입각한 것이다.
④ 인식자원이론은 스트레스를 야기하는 불리한 상황적 조건에 초점을 맞춘 이론이다.

16. 매슬로우의 욕구단계이론에 관한 설명 중 잘못된 것은?

① 존경에 대한 욕구는 사람이 스스로 자긍심을 가지고 싶어 하고 다른 사람들이 자기를 존중해 주기 바라는 욕구이다.

② 매슬로우는 상위 차원의 욕구가 충족되지 못하거나 좌절된 경우 하위욕구를 더 충족시키고자 한다고 주장하였다.

③ 욕구의 계층은 생리적 욕구, 안전욕구, 사회적 욕구, 존경에 대한 욕구, 자아실현욕구로 구성되어 있다.

④ 어떤 욕구가 충족되면 그 욕구의 강도는 약해지며 충족된 욕구는 일단 동기유발요인으로서의 의미를 상실한다.

17. 공공관계(PR)의 개념에 관한 설명 중 옳지 않은 것은?

① PR은 민주주의의 분위기 조성에서 도입된 개념이다.

② PR은 행정을 국민대중에 접근시키는 노력이다.

③ PR은 정부와 국민 간의 신뢰관계를 확보하려는 행정활동으로 수직적 관계를 띤다.

④ PR은 공공기관에 의한 자발적 · 능동적인 정보제공을 주된 내용으로 하고 있다.

18. 다음 중 정부와 NGO의 관계유형에 대한 설명으로 잘못된 것은?

① 사회복지분야나 원조사업 등은 상호의존형이 보다 유리하다.

② 협동형은 재정은 정부, 서비스공급은 NGO로 역할분담을 가정한다.

③ 억압형은 제도적 다원주의를 수용하며, 대항형은 제도적 다원주의를 거부한다.

④ 경쟁형은 제도적 다원주의를 거부하며, 공조형은 제도적 다원주의를 수용한다.

19. 다음 〈보기〉에서 엽관주의에 관한 설명으로 타당하지 않은 것을 모두 고르면?

보기

㉠ 학자에 따라서는 미국에서 발달한 엽관주의(Spoils System)와 영국에서 발달한 정실주의(Patronage System)를 구분하여 정의하기도 한다.
㉡ 엽관주의는 행정이 복잡화될수록 적용가능성이 높다.
㉢ 엽관주의는 19세기 초 정치적으로 자유민주주의가 어느 정도 정착된 영국과 미국에서 발전했다.
㉣ 엽관주의는 정치적 책임의 확보가 곤란해진다.
㉤ 엽관주의는 선거를 통하여 국민에게 책임을 지는 선출직 지도자들의 직업공무원들에 대한 통제를 용이하게 해준다.
㉥ 행정의 전문성 · 능률성 · 안정성 · 계속성을 제고할 수 있다.
㉦ 오늘날 엽관주의는 종래와 같이 광범위하게 이용되지는 않으며 정책결정을 담당하는 고위직이나 특별한 신임을 요하는 직위 등에 한하여 한정적으로 허용되고 있다.

① ㉠, ㉢, ㉤
② ㉡, ㉣, ㉦
③ ㉠, ㉣, ㉥
④ ㉡, ㉣, ㉥

20. 다음 글의 빈칸에 들어갈 말로 적절한 것은?

정치적 갈등문제의 해결을 위해 많은 일을 해야 할 국회 행정직공무원 선발시험과목으로서 물리, 화학, 기계, 전기분야의 교과목을 채택하였다면 이는 시험의 효용성 중에서 특히 (　　)가(이) 떨어지는 것으로 파악될 수 있다.

① 타당성
② 신뢰도
③ 난이도
④ 객관성

21. 다음 중 공무원교육훈련방법에 대한 설명으로 옳지 않은 것은?

① 강의는 교육내용을 다수의 피교육자에게 단시간에 전달하는 데 효과적인 방법이다.

② 감수성훈련은 어떤 사건의 윤곽을 피교육자에게 알려주고 그 해결책을 찾게 하는 방법이다.

③ 시뮬레이션은 업무수행 중 직면할 수 있는 어떤 상황을 가상적으로 만들어 놓고 피교육자가 그 상황에 대처해 보도록 하는 방법이다.

④ 역할연기는 실제 직무상황과 같은 상황을 실연시킴으로써 문제를 빠르게 이해시키고 참여자들의 태도변화와 민감한 반응을 촉진시킨다.

22. 다음 중 국가공무원법상 징계의 종류에 해당되지 않은 것은?

① 해직
② 정직
③ 감봉
④ 견책

23. 다음 예산원칙 중 현대적 예산원칙에 해당하는 것은?

① 정확성의 원칙
② 공개성의 원칙
③ 명확성의 원칙
④ 계획과 책임의 원칙

24. 다음 〈보기〉에서 행정부 우위의 예산원칙만 모두 고른 것은?

보기

㉠ 통일성의 원칙	㉡ 단일성의 원칙
㉢ 사전의결의 원칙	㉣ 다원적 절차의 원칙
㉤ 한정성의 원칙	㉥ 시기신축성의 원칙
㉦ 보고의 원칙	㉧ 명료성의 원칙

① ㉠, ㉣, ㉥ ② ㉣, ㉥, ㉦

③ ㉠, ㉥, ㉦ ④ ㉡, ㉢, ㉤

25. 다음 중 일몰법과 영기준예산제도에 대한 설명으로 옳지 않은 것은?

① 일몰법과 영기준예산제도는 자원부족시대에 대비하는 감축관리를 강조하고 있다는 점에서 공통점을 지닌다.

② 일몰법은 정책과 관련된 입법적 과정이며, 영기준예산제도는 행정부 예산제도로 행정적 과정과 관련이 크다.

③ 일몰법과 영기준예산제도는 사업의 능률성과 효과성을 검토하여 사업의 계속 여부를 결정하기 위한 재심사의 성격을 가진다.

④ 일몰법은 조직의 최상위계층부터 중 · 하위계층 모두와 관련되어 있는 반면, 영기준예산제도는 조직의 최상위계층과 관련이 있다.

26. 성과주의예산제도의 장점에 대한 설명으로 옳지 않은 것은?

① 정부사업의 목적에 대해 의회와 국민의 이해를 증진시킨다.

② 예산집행의 신축성과 자원배분의 합리화를 기할 수 있다.

③ 정책이나 계획의 수립 및 입법부의 엄격한 회계적 통제가 용이하다.

④ 실적분석을 통해 얻은 자료를 다음 회계연도 예산에 직접 반영할 수 있다.

27. 다음 중 예산집행의 절차에 관한 설명으로 타당한 것은?

① 수입은 법령이 정하는 바에 따라 징수·수납하여야 하며 수입의 회계연도 소속 구분은 현금주의에 따른다.

② 선금급이란 채무금액이 확정되기 전에 채무금액을 개략적으로 계산하여 미리 채무금액을 지급하는 것으로 채무금액이 확정되면 이를 정산하여야 한다.

③ 지출원인행위를 위임받은 공무원을 지출관이라 하고 지출행위를 위임받은 공무원을 재무관이라고 한다.

④ 지출관리기관 중 기획재정부장관은 지출에 관한 사무를 총괄하고 중앙관서의 장은 그 소관에 속하는 지출원인행위와 지출에 관한 사무를 관리한다.

28. 다음 중 주민자치제도와 단체자치제도의 차이점으로 잘못된 것은?

① 자치권의 인식에서 주민자치는 고유권으로, 단체자치는 전래권으로 본다.

② 이념에서 주민자치는 지방분권의 이념을, 단체자치는 민주주의 이념을 실현하려는 것이다.

③ 사무구분에서 주민자치는 자치사무와 위임사무로 구분하지 않지만, 단체자치는 이를 구분한다.

④ 자치의 중점에서 주민자치는 자치정부에의 주민참여, 단체자치는 지방자치단체의 중앙정부로부터 독립이다.

29. 다음 중 지방자치단체의 조례와 규칙에 대한 설명으로 타당하지 않은 것은?

① 조례와 규칙은 지방의회의 의결을 거쳐야 한다.

② 지방자치단체의 장은 이송 받은 조례안에 대하여 이의가 있으면 20일 이내에 이유를 붙여 지방의회로 환부(還付)하고 재의(再議)를 요구할 수 있다.

③ 지방자치단체는 조례를 위반한 행위에 대하여 조례로써 1,000만 원 이하의 과태료를 정할 수 있다.

④ 조례나 규칙을 제정 · 개정하거나 폐지할 경우 조례는 지방의회에서 이송된 날부터 5일 이내에, 규칙은 공포예정 15일 전에 시 · 도지사는 행정안전부장관에게, 시장 · 군수 및 자치구의 구청장은 시 · 도지사에게 그 전문(全文)을 첨부하여 각각 보고하여야 하며 보고를 받은 행정안전부장관은 이를 관계 중앙행정기관의 장에게 통보하여야 한다.

30. 다음 중 옴부즈만제도의 설치와 운영에 관한 설명으로 타당한 것은?

① 본래 의회에 소속하였으나 대부분 행정부 소속으로 전환되고 있다.

② 기존의 행정결정이나 행정행위를 직접 무효화시키거나 취소할 수 없다.

③ 시민의 고발에 의해 활동을 개시하며 자기직권으로는 조사활동을 할 수 없다.

④ 옴부즈만이 고발할 수 있는 행위는 불법행위에 국한되며 의회는 옴부즈만의 활동을 지휘 · 감독할 수 있다.

행정학 2회 실전모의고사

문항수 | 30문항

▸정답과 해설 93쪽

01. 정부실패에 대한 설명으로 옳은 것은?

① 정부활동의 비용은 수익자부담의 원칙이 적용되기 때문에 불필요한 정부활동에 많은 자원이 소요된다.

② 정부실패를 야기하는 수요측면의 특성에는 정부산출의 정의 · 측정 곤란, 독점적 생산 및 생산기술의 불확실성, 최저선(Bottom Line)과 종결메커니즘의 결여, 손익분기점의 결여 등이 있다.

③ X－비효율은 정부의 자원배분이 정치적 과정이기 때문에 정부와 민간 사이에 자원배분의 비효율성이 야기된다는 것을 의미한다.

④ 미국이나 영국에서는 신보수주의정권의 등장과 함께 정부실패에 기반한 행정개혁이 추진되었다.

02. 신행정론(NPA)과 신공공관리론(NPM)이 강조한 내용 가운데 유사한 점들을 비교한 항목 중 옳지 않은 것은?

	신행정론	신공공관리론
①	관료제능력에 의문 제기	정부실패에 대한 대응 필요
②	사회적 형평성의 제고 필요	소외계층에 대한 배려 필요
③	시민들에 대한 관심 제고	고객주권주의
④	참여와 민주화 촉진	분권화와 참여의 활성화

03. 공유지의 비극에 대한 설명으로 옳은 것은?

① 순수공공재가 시장에서 공급되지 않음을 설명하고 있다.

② 인간은 모두 자신의 이익을 극대화하기 위해 활동한다고 전제하고 있다.

③ 형평적 분배가 비효율적인 자원배분을 야기할 수 있음을 설명하고 있다.

④ 공동소유자원의 경우 전체적으로는 이익이나 개인적으로는 손해를 볼 수 있음을 설명하고 있다.

04. 정책의제의 형성 또는 설정에 대한 설명으로 옳지 않은 것은?

① 콥과 엘더의 체제의제(Systemic Agenda)는 공중의제(Public Agenda)에 해당한다.
② 공식의제(Official Agenda)란 일반 대중의 주목을 받으며 정부가 문제를 해결하는 것이 마땅한 것으로 인정되는 사회문제를 말한다.
③ 사회적 이슈(Social Issue)란 문제의 성격이나 해결방법에 대해 집단 간의 의견일치가 어려워 논쟁의 대상이 되는 사회문제를 말한다.
④ 콥과 엘더가 말하는 가의제(Pseudo Agenda)란 정책결정자가 불만세력을 무마시키기 위해 표면적으로만 관심을 표명한 왜곡된 의제를 말한다.

05. 다음 정책결정의 이론모형에 관한 설명으로 옳지 않은 것은?

① G. T. Allison의 정책모형 중 모형 I의 정책결정단위는 행위자로서의 정부단일체이다.
② 회사모형은 반복적 업무를 신속하고 신뢰성 있게 처리하기 위해 표준운영절차를 운용한다.
③ 혼합주사모형은 합리모형과 만족모형을 혼합한 제3의 접근방법을 말한다.
④ 쓰레기통모형은 실제의 정책결정이 일정한 규칙에 따르는 것이 아니라 쓰레기통처럼 혼합된 상태에서 이루어진다고 보는 이론이다.

06. 다음 중 델파이 기법에 대한 설명으로 올바르지 않은 것은?

① 응답자의 익명성이 보장된다.
② 주제에 대한 지속적인 관심과 사고를 촉진시킨다.
③ 전문가들의 의견에 의존하는 직관적 미래예측방법의 하나이다.
④ 객관성이 유지됨에 따라 설문방식에 따른 응답의 조작가능성이 배제된다.

07. 다음 〈보기〉에서 델파이 기법에 대한 설명으로 옳은 것을 모두 고르면?

보기

㉠ 문제해결의 아이디어를 제공하는 사람들 간에 서로 대면접촉을 하지 않는다.
㉡ 익명성이 유지되는 사람들이 각각 독자적으로 형성한 판단을 조합, 정리한다.
㉢ 다른 사람의 아이디어에 자기 의견을 첨가해 새로운 아이디어를 도출한다.
㉣ 익명성이 보장되도록 개인의 의견을 컴퓨터를 통하여 입력하고 각 개별 의견에 대하여 컴퓨터를 통하여 표결한다.
㉤ 구성원 간의 성격마찰, 감정대립, 지배적 성향을 가진 사람의 독주, 다수의견의 횡포 등을 피할 수 있다.

① ㉠, ㉡, ㉤
② ㉠, ㉢, ㉣
③ ㉡, ㉢, ㉣
④ ㉢, ㉣, ㉤

08. 다음 중 조직의 구성원리에 대한 설명으로 잘못된 것은?

① 계층제의 원리는 직무를 권한과 책임의 정도에 따라 등급화하고 상하계층 간에 지휘와 명령복종관계를 확립하여 구성원의 귀속감과 참여감을 증진시키는 순기능을 가지고 있다.
② 전문화(분업)의 원리는 업무를 종류와 성질별로 구분하여 구성원에게 가급적 한 가지의 주된 업무를 분담시켜 조직의 능률을 향상시키려는 것이나, 업무수행에 대한 흥미상실과 비인간화라는 역기능을 가지고 있다.
③ 조정의 원리는 공동목적을 달성하기 위하여 구성원의 행동통일을 기하도록 집단적 노력을 질서있게 배열하는 과정이며 전문화에 의한 할거주의, 비협조 등을 해소하는 순기능을 가지고 있다.
④ 통솔범위의 원리는 1인의 상관 또는 감독자가 효과적으로 직접 감독할 수 있는 부하의 수에 관한 원리로서 계층의 수가 많아지면 통솔범위가 축소된다는 것이다.

09. 베버의 관료제에 대한 비판인 관료제의 병폐에 대한 설명으로 옳은 것을 〈보기〉에서 모두 고르면?

보기

㉠ 조직구성원은 한 가지의 지식 또는 기술에 관하여 훈련받고 기존 규칙을 준수하도록 길들여지기 때문에 변동된 조건하에서는 대응이 어렵게 된다.
㉡ 권한과 능력의 괴리, 상위직으로 갈수록 모호해지는 업적평가기준, 조직의 공식적 규범을 엄격하게 준수해야 한다는 압박감 등으로 조직구성원들이 불안해지므로 더욱 더 권위주의적인 행태를 가지게 된다.
㉢ 상관의 계서적 권한과 부하의 전문적 권력이 이원화됨에 따라 조직 내에서 갈등이 발생하게 되어 조직구성원들의 불만이 증대된다.
㉣ 집권적이고 권위주의적인 통제와 법규우선주의, 그리고 몰인격적(Impersonal) 역할관계는 조직구성원의 사회적 욕구충족을 저해하며 그들의 성장과 성숙을 방해한다.

① ㉠, ㉣
② ㉠, ㉡, ㉢
③ ㉡, ㉢, ㉣
④ ㉠, ㉡, ㉢, ㉣

10. 다음 중 목표관리제(MBO)가 성공하기 쉬운 조직은?

① 집권화되어 있고 계층적 질서가 뚜렷하다.
② 성과와 관련 없이 보수를 균등하게 지급한다.
③ 목표를 계량적으로 측정하기가 용이하다.
④ 업무환경이 가변적이고 불확실성이 크다.

11. 계선조직과 막료조직에 대한 설명으로 옳지 않은 것을 〈보기〉에서 모두 고르면?

보기

㉠ 막료조직은 구체적인 집행권과 명령권을 행사한다.
㉡ 조직상 최고책임자를 정점으로 수직적 상하관계를 이루고 있는 것은 계선조직이다.
㉢ 막료조직은 조직 내에서 권고, 자문, 조사, 연구활동을 통하여 국민에게 간접적으로 봉사한다.
㉣ 정책보좌기능의 역할이 증대될 때에는 계선조직의 중요성도 커지는 경향이 있다.
㉤ 계선조직과 막료조직의 갈등을 해결하기 위해서는 공동의 교육훈련, 인사교류 등이 필요하며 권한과 책임을 명확히 하는 것이 중요하다.

① ㉠, ㉡
② ㉡, ㉢
③ ㉠, ㉣
④ ㉣, ㉤

12. 인간관에 대한 다음 설명 중 옳지 않은 것은?

① 인간을 어떻게 이해하고 해석하느냐에 따라 조직의 관리전략이 달라진다.
② 테일러의 과학적 관리론의 입장은 전형적으로 Y이론의 범주에 속한다.
③ 인간의 행위는 경제적 욕구보다 사회심리적 욕구에 의해서 좌우되고 결정된다는 가정은 Y이론에 해당한다.
④ 인간은 X이론 또는 Y이론에서처럼 단순하게 어느 한쪽에 치우친다고 보기보다는 어느 정도는 양면성을 다 가지고 있다고 볼 수 있다.

13. 다음 중 교육훈련이 실시되는 장소에 따른 분류에서 직장훈련(OJT)의 장점이 아닌 것은?

① 사전에 예정된 계획에 따라 실시하기가 용이하다.
② 상사나 동료 간의 이해와 협동정신을 강화 · 촉진시킨다.
③ 피훈련자의 습득도와 능력에 맞게 훈련할 수 있다.
④ 훈련으로 구체적인 학습 및 기술향상의 정도를 알 수 있으므로 구성원의 동기를 유발할 수 있다.

14. 행정개혁의 한 수단으로 공공부문에 도입된 TQM(총체적 품질관리)의 효과성을 높이기 위한 전략으로 옳지 않은 것은?

① 공공부문의 품질개선 노력들을 체계적으로 지원할 기구나 조직을 설치한다.
② 개혁 차원에서 효과성을 극대화하기 위해 수직적 명령계통을 최대한 활용한다.
③ 품질경영의 철학을 이해할 수 있는 지도자들의 적극적인 관심과 이해 및 노력이 필요하다.
④ 우수부서 및 직원에 대해 각종 인사 및 경제적인 보상을 해준다.

15. 다음 중 변혁적 리더십의 기능에 해당되지 않은 것은?

① 임무에 대한 미래의 비전을 제시하여 자신감을 불어 넣는다.
② 개인의 다양성과 창의성을 존중하고 지원하며 도덕적 · 모범적 행동으로 존경과 신뢰를 얻는다.
③ 조직과 개인의 공생적 관계를 형성한다.
④ 추종자들과 합리적 · 공리적 교환관계를 설정한다.

16. 다음 중 동기부여이론에 대한 설명으로 옳지 않은 것은?

① 매슬로우는 개인의 욕구는 학습되는 것이므로 개인마다 그 욕구의 계층에 차이가 많이 난다고 주장했다.

② 알더퍼의 ERG이론은 매슬로우의 이론과 달리 순차적인 욕구발로뿐만 아니라 욕구좌절로 인한 욕구발로의 후진적 · 하향적 퇴행을 제시하고 있다.

③ 허즈버그의 욕구충족요인이원론은 직무요소와 동기 및 성과 간의 관계가 충분히 분석되어 있지 않다는 비판점이 있다.

④ 로크의 목표설정이론은 인간의 행동이 의식적인 목표와 성취의도에 의해 결정된다고 가정한다.

17. 동기이론과 관련한 설명으로 알맞지 않은 것은?

① 매슬로우는 욕구의 강도와 단계에 따라 인간이 자신의 일정한 욕구를 충족, 유지해 나간다고 주장한다.

② 허즈버그의 동기요인과 위생요인에서 동기요인에는 매슬로우의 자아실현욕구가 포함된다.

③ 알더퍼의 ERG이론에서 성장욕구에는 매슬로우의 애정욕구가 포함된다.

④ 브룸은 동기부여가 보상의 내용이나 실체보다는 조직구성원이 보상에 대해서 얼마나 매력을 느끼고 있는가에 달려있다고 본다.

18. 다음 중 전자정부의 개념정의에 있어서 효율성모델과 민주성모델에 대한 비교설명으로 옳지 않은 것은?

① 효율성모델의 사회발전관은 기술결정론인 데 반하여, 민주성모델은 사회결정론으로 볼 수 있다.
② 효율성모델은 국민편의의 극대화와 정책의 투명화 · 전문화 과정 등을 통한 정부 내부의 생산성 제고를 꾀하며, 민주성모델은 행정과정상의 민주성 증진에 초점을 둔다.
③ 효율성모델은 전자정부를 광의로 해석한 것이며, 민주성모델은 협의로 해석한 것이다.
④ 효율성모델은 행정전산망을 확충하거나 행정민원 해결을 강조하는 데 반하여, 민주성모델은 전자민주주의와의 연계를 중요시한다.

19. 적극적 인사행정에 관한 다음 설명 중 타당하지 않은 것은?

① 행정정보체계는 인사정책결정의 합리성과 능률성 향상에 기여할 수 있다.
② 행정의 전문성을 제고하기 위해서는 공무원 신분을 보장함으로써 외부전문가가 공직에 진출하도록 유도하는 직업공무원제가 확립되어야 한다.
③ 적극적 인사행정에는 정치적 임용 허용, 인사권의 분권화 등이 포함된다.
④ 적극적 모집이란 잠재능력을 가진 유능한 젊은 인재가 민간부문보다 공직을 지망하도록 적극적으로 유인을 제공하는 인사정책이다.

20. 다음 중 직무분석과 직무평가에 대한 설명으로 옳은 것은?

① 직무분석은 직군과 직렬을 설정하는 것으로 수직적이다.
② 직무평가가 직무분석보다 먼저 이루어진다.
③ 직무분석이 수평적 · 횡적 분류라면 직무평가는 수직적 · 종적 분류이다.
④ 직무분석에서 직급 · 등급을 결정하며 직무평가에서 직군 · 직렬을 결정한다.

21. 다음 중 소속 집단의 한 가지 특정 이미지를 기초로 평가, 속단하는 오류는?

① 상동적 태도(Stereotyping)
② 총계적 오차(Total Error)
③ 근접효과(Recency Effect)
④ 관대화 경향(Tendency Of Leniency)

22. 다음 중 부패의 유형에 관한 설명으로 옳지 않은 것은?

① 생계형 부패를 작은 부패(Petty Corruption)라고 부르기도 한다.
② 공금횡령, 개인적 이익의 편취, 회계부정 등은 사기형 부패에 해당한다.
③ 선의의 목적으로 행해지는 부패를 회색부패(Gray Corruption)라고 한다.
④ 일탈형 부패는 부패의 제도화 정도에 따른 유형구분으로서 개인부패에서 많이 발생한다.

23. 다음 예산원칙 중 예산의 이용, 예비비, 계속비는 공통적으로 어떤 예산원칙에 대한 예외인가?

① 포괄성의 원칙
② 단일성의 원칙
③ 한정성의 원칙
④ 통일성의 원칙

24. 다음 중 예산의 종류에 대한 설명으로 옳은 것은?

① 수정예산이란 예산의 집행과정 중 편성상의 오류가 발견된 경우 수정하여 집행하는 예산을 말한다.
② 추가경정예산이란 예산심의가 종료된 후 발생한 변화에 대처하기 위하여 연 1회 편성하는 예산이다.
③ 가예산이란 법정기일 내 예산이 성립하지 못한 경우 전년도 예산에 준하여 집행하는 것을 허용하는 현행 제도이다.
④ 준예산이란 법정기일 내 예산안이 성립하지 못한 경우 잠정적으로 필요한 경비의 지출을 가능하게 하는 제도이다.

25. 우리나라의 예산과정에 대한 〈보기〉의 설명 중 옳은 것만을 모두 고르면?

보기

㉠ 결산은 정부의 예산집행의 결과가 정당할 때 집행책임을 해제하는 법적 효과를 가진다.
㉡ 결산심의에서 위법하거나 부당한 지출이 지적되면 그 정부활동은 무효나 취소가 된다.
㉢ 국회심의과정에서 증액된 부분은 부처별 한도액 제한을 받는다.
㉣ 국회심의 후의 예산은 당초 행정부 제출예산보다 증액되기도 한다.
㉤ 예산집행의 신축성을 확보하기 위한 장치로는 회계연도 개시 전 예산배정, 국고채무부담행위 등이 있다.

① ㉠, ㉢, ㉣　　② ㉠, ㉣, ㉤
③ ㉡, ㉢, ㉤　　④ ㉡, ㉣, ㉤

26. 다음 중 우리나라 국회의 예산심의의 특징을 바르게 설명한 것은?

① 상임위와 예결위 중심이 아니라 본회의 중심으로 예산이 심의된다.
② 우리나라는 예산결산특별위원회가 상설화되어 있지 못해 충분한 예산심의가 힘들다.
③ 국회의 예산심의과정은 행정부에 대해 재정동의권을 부여하는 재정민주주의의 실현과정이다.
④ 위원회에서 평균 10% 이상을 삭감하여 통과시킨다.

27. 다음 중 집권화와 분권화에 관한 설명으로 가장 옳지 않은 것은?

① 분권화는 한마디로 비능률성을 가져오는 경향이 높다.
② 평상시에는 분권적이던 조직도 위기가 발생하면 집권화되는 경향이 있다.
③ 과학 · 기술의 발달은 그 종류에 따라 집권화를 촉진시키기도 하고 분권화를 촉진시키기도 한다.
④ 조직의 업무와 관련해서 상황적 불확실성이나 가변성이 많으면 많을수록 분권화가 촉진되는 경향이 있다.

28. 다음 〈보기〉에서 지방의회의 기능(권한)으로 옳은 것만을 모두 고르면?

보기

㉠ 규칙제정권
㉡ 청원의 수리와 처리
㉢ 중요재산의 취득 · 처분
㉣ 재의요구권 및 제소권

① ㉠, ㉡
② ㉠, ㉢
③ ㉡, ㉢
④ ㉡, ㉣

29. 다음 중 행정책임에 대한 설명으로 옳은 것은?

① 행정책임의 구성요소들 사이의 상대적 비중은 시대에 따라 조금씩 달라진다.

② 비난 내지 제재를 받을 만한 임무를 수난으로서의 책임 혹은 수난적 책임이라고 하는데 이것은 영어의 Responsiveness에 해당한다.

③ 프리드릭은 공무원의 책임 있는 행동을 보장하기 위해 외부적으로 공무원 개개인에게 통제를 행사해야 한다고 주장했다.

④ 법치국가에서와 달리 행정국가에서는 기능적 책임이 별 의미가 없다.

30. 다음 중 감축관리에 대한 설명으로 적절하지 않은 것은?

① 일몰법의 도입으로 기관활동의 시한부를 정해두면 감축관리를 도모할 수 있다.

② 신규채용을 동결하면 관료조직의 저항은 감소하지만 목표달성에 효과적으로 대응할 수 없다.

③ 축소할 부서를 미리 정해 놓고 비슷한 비율로 줄이면 효율성은 감소되지만 피해는 최소화할 수 있다.

④ 비록 규모는 작지만 경쟁력을 갖춘 정부 구현을 목표로 한다.

행정학 3회 실전모의고사

문항수 | 50문항

▸ 정답과 해설 99쪽

01. 다음 〈보기〉에서 정치와 행정의 관계에 관한 설명으로 잘못된 것을 모두 고르면?

보기

㉠ 효율성을 확보하는 과정이 정치이며, 민주성을 확보하는 과정은 행정이다.
㉡ 정치와 행정의 상호관계는 시대적 상황에 따라 정치우위론, 행정우위론 등으로 변천 · 발전되어 왔다.
㉢ 정부행정의 능률성 확보에 영향을 미친 과학적 관리론은 정치행정이원론에 해당한다.
㉣ 정치행정이원론은 정부행정의 운영에 있어 능률성에 입각하여 합리화해야 할 필요성이 제기됨에 따라 대두되었다.
㉤ 미국의 경우 1930년대까지는 정치행정일원론이 지배적이었으나 그 이후에는 정치행정이원론이 지배적이었다.

① ㉠, ㉤
② ㉡, ㉣
③ ㉢, ㉣
④ ㉣, ㉤

02. 다음 중 공공선택론(Public Choice Theory)의 접근방법에 관한 설명으로 옳지 않은 것은?

① J. Buchanan과 G. Tullock이 대표적인 학자이다.
② 인간은 모든 대안들에 대하여 등급을 매길 수 있는 합리적인 존재라고 가정한다.
③ 정당 및 관료는 공공재의 소비자이고 시민 및 이익집단은 공공재의 생산자로 가정한다.
④ 방법론적 개인주의에 입각하고 있으며 인간은 철저하게 자기이익을 추구한다고 가정한다.

03. 가치에 대한 다음 설명 중 옳지 않은 것은?

① 정부가 직업훈련을 통해서 훈련생을 많이 배출하는 것은 능률성이 높은 것이지 효과성이 높은 것은 아니다.

② 형평성이라는 개념은 신행정론의 등장과 더불어 강조되기 시작했으나 오래 전부터 사용된 사회적 정의(Social Justice)의 개념과 유사하다.

③ 행정을 통해서 이루고자 하는 궁극적 가치를 본질적 가치라고 할 때 대표적인 것에는 공익, 정의, 형평성, 합법성 등이 있다.

④ 본질적 가치를 실현하게 하는 수단적 행정가치에는 대표적으로 능률성과 효과성 등이 있다.

04. 다음 중 시장실패와 정부실패를 해결하기 위한 정부의 대응방식에 대한 설명으로 적절하지 않은 것은?

① 공공재의 존재에 의해서 발생하는 시장실패는 공적 공급의 방식으로 해결하는 것이 적합하다.

② 시장실패 극복을 위한 정부의 역할은 공적 공급, 공적 유도, 정부규제 등으로 구분할 수 있다.

③ 자연독점에 의해서 발생하는 시장실패는 공적 유도(보조금) 방식의 해결이 적합하다.

④ 파생적 외부효과로 인한 정부실패는 정부보조 삭감 또는 규제완화의 방식으로 해결하는 것이 적합하다.

05. 다음 행정의 기업가적 정치상황과 규제에 대한 설명 중 옳지 않은 것은?

① 기업가적 정치인은 규제를 위해 적극적인 역할을 수행하는 기업인, 공기업 임원, 공무원 등이다.

② 정부규제로는 환경오염 규제, 자동차 안전 규제, 산업안전 규제, 위해성 물품 등에 대한 위생규제 등을 들 수 있다.

③ 정부규제가 도입되기 위해서는 특별한 계기나 공익집단의 활동이 필요하다.

④ 규제가 도입되면 규제기관과 피규제기관과의 대립관계가 형성된다.

06. 다음 〈보기〉에서 신공공관리론의 특성 및 주장으로 옳은 것을 모두 고르면?

보기

㉠ 일은 더 잘하고 비용은 덜 드는 정부를 지향한다.
㉡ 정부운영에 있어 경쟁보다는 분배 · 참여 · 평등의 원리를 강조한다.
㉢ 정치 · 경제 · 사상적으로는 신자유주의적(Neo−Liberalism) 관점이다.
㉣ 정부는 노 젓는 일보다는 방향 잡는 일에 더 많은 노력을 하여야 한다.
㉤ 정책결정기능과 사업적 성격이 강한 정책집행기능은 서로 분리하여 별개의 기관들이 각각을 담당하게 하는 것이 바람직하다.

① ㉠, ㉡, ㉤
② ㉠, ㉢, ㉣, ㉤
③ ㉡, ㉢, ㉣
④ ㉡, ㉢, ㉣, ㉤

07. 다음 중 신공공서비스론에 관한 설명으로 적절하지 않은 것은?

① 신공공서비스론에서는 시장메커니즘보다 공동체가치를 중시하는 공공책임성의 강화를 중요하게 여긴다.
② 신공공서비스론의 이론적 · 학문적 뿌리는 시민행정학, 인간중심 조직이론, 신행정학, 포스트모던 행정학 등이라고 할 수 있다.
③ 덴하르트는 기업가적 신관리주의가 평등성 · 공정성 · 대표성 · 참여 등의 가치를 약화시킨다고 하였다.
④ 신공공서비스론은 규범적 가치에 관한 이론 제시뿐만 아니라 이러한 가치들을 구현하는 데 필요한 구체적 처방을 제시하고 있다는 점에서 의미가 있다.

08. **형평성(Equity)의 개념 및 종류에 대한 설명으로 옳지 않은 것은?**

① 소득계층이 높은 사람들이 보다 많은 세금을 부담해야 한다는 것은 수직적 형평성의 원칙에 따른 것이다.

② 헌법상의 평등에서부터 혜택을 받은 자가 비용을 부담해야 한다는 수익자부담의 원칙에 이르기까지 다양한 의미를 갖고 있다.

③ 수평적 형평성은 각기 다른 입장에 있는 사람들에게 모두 그 사정에 맞게 서비스를 제공하거나 비용을 부담하게 하는 것이다.

④ 누구나 건강의 문제가 없다면 병역의무의 기회가 균등하게 주어져야 한다는 것은 사전적 형평성의 문제이고 결과적으로 군복무를 한 사람과 하지 않은 사람 사이의 문제는 사후적 형평성의 문제이다.

09. **정책문제에 대한 설명으로 옳은 것을 〈보기〉에서 모두 고르면?**

보기

㉠ 정책문제는 사익성을 띤다.
㉡ 정책문제는 객관적이고 자연적이다.
㉢ 정책문제는 역사적 산물인 경우가 많다.
㉣ 정책문제는 정태적 성격을 가진다.
㉤ 정책문제는 복잡 다양하며 상호의존적이다.

① ㉠, ㉡　　② ㉠, ㉢

③ ㉢, ㉣　　④ ㉢, ㉤

10. **무의사결정론에 대한 설명으로 옳지 않은 것은?**

① 무의사결정은 특정한 사회적 쟁점이 공식적 정책과정에 진입하지 못하도록 막는 엘리트집단의 행동이다.

② 무의사결정은 정책의제설정단계뿐만 아니라 정책결정이나 집행단계에서도 나타날 수 있다.

③ 무의사결정론은 고전적 다원주의를 비판하며 등장한 이론으로 신다원주의론이라 불린다.

④ 무의사결정론은 정치권력이 두 얼굴을 가지고 있다고 주장한다.

11. 다음 중 정책결정모형에 관한 설명으로 옳지 않은 것은?

① 만족모형은 정책결정자나 정책분석가가 절대적 합리성을 가지고 있고 주어진 상황하에서 목표의 달성을 극대화할 수 있는 최선의 정책대안을 찾아낼 수 있다고 본다.
② 혼합모형은 합리모형의 이상주의적 특성에서 나오는 단점과 점증모형의 지나친 보수성이라는 약점을 극복할 수 있는 전략으로 제시된 모형이다.
③ 쓰레기통모형은 조직화된 무정부상태 속에서 나타나는 몇 가지 흐름에 의하여 정책결정이 우연히 이루어진다고 보는 정책모형이다.
④ 최적모형은 정책결정을 체계론적 시각에서 파악하고 정책성과를 최적화하려는 정책결정모형이다.

12. 다음 〈보기〉에서 정책참여자 중 공식적 참여자만을 모두 고른 것은?

보기

㉠ 대법원	㉡ 정당
㉢ 대통령 비서실장	㉣ 사법부

① ㉠, ㉡, ㉢, ㉣
② ㉠, ㉡, ㉢
③ ㉡, ㉢, ㉣
④ ㉠, ㉢, ㉣

13. 나카무라와 스몰우드가 제시한 정책집행 성공의 판단기준에 대한 설명으로 옳지 않은 것은?

① 정책목표가 얼마나 충실히 달성되었는지를 측정하는 정책목표달성도
② 정책집행에 의해 이익과 손해를 보는 여러 관련 집단의 만족도와 정책지지도
③ 정책이 가난한 사람들의 삶의 질을 얼마나 향상시켰는지를 평가하는 형평성
④ 정책을 직접 전달받는 고객의 요구에 정책이 얼마나 부응하고 있는지를 평가하는 정책수혜집단의 요구대응성

14. 다음 중 정책의제설정이론에 대한 설명으로 옳지 않은 것은?

① H. A. Simon의 의사결정론은 왜 특정의 문제가 정책문제로 채택되고 다른 문제는 제외되는가에 대한 설명에 한계가 있다.

② 무의사결정론은 사회문제에 대한 정책과정이 진행되지 못하도록 막는 행동 등을 설명하는 이론으로 엘리트이론의 관점을 반영하는 것이다.

③ 체제이론에서는 체제의 능력을 과시하기 위해 다수의 사회문제를 정책문제로 채택한다고 본다.

④ 다원론에서는 어떤 사회문제로 인하여 고통을 받고 있는 집단이 있으면 이들의 지지를 필요로 하는 누군가에 의해 그 사회문제가 정책문제로 채택된다고 본다.

15. 다원주의국가에서 공공정책과정의 특징에 대한 설명으로 옳은 것은?

① 정책결정과정은 점증모형보다 합리모형에 크게 의존하고 있다.

② 정책의제설정과정은 외부주도모형보다 동원모형에 주로 의존하고 있다.

③ 정책대상집단의 영향력 행사는 정책집행단계에 집중되며 정책결정단계에서는 거의 행사되지 않는다.

④ 정책결정과정에서는 철의 삼각(Iron Triangle)과 같은 고정적 관계보다는 이슈연결망(Issue Networking)과 같은 가변적 관계가 증가하고 있다.

16. 학업성취도 영향요인을 분석하기 위한 〈보기〉와 같은 회귀분석에서 사용된 다양한 독립변수 중에서 정책변수로 고려될 수 없는 것은?

보기

학생들의 학업열성과 학업성취도에 대한 학교의 영향을 분석한 콜만 보고서(Coleman Report)에 따르면 학급의 학생 수, 학생 1인당 예산, 도서관이나 실험실 시설, 교사의 봉급, 교과과정의 질 등 종래 교육정책결정자들이 중요하게 생각했던 요인들이나 학생들의 성별 등은 학업열성이나 학업성취도에 영향을 미치지 않으며 학생들의 가정환경과 학급동료의 가정환경이 중요한 것으로 나타났다. 이런 분석결과를 바탕으로 강제버스통학정책이 실시되었다.

① 학생들의 가정환경

② 학급당 학생들의 인종구성비율

③ 학생 1인당 예산

④ 교과과정의 질

17. 정책결정을 담당하고 있는 정부가 유전자치료방법을 개발하기 위해 국립보건기구나 의과대학에 연구를 의뢰하는 경우가 있다. 나카무라와 스몰우드가 제시한 정책집행유형 중 이와 관련된 유형의 기본전제로서 적합하지 않은 것은?

① 정책집행자는 과업을 수행할 능력과 의사를 가지고 있다.
② 정책결정자는 지식이나 확실성의 결여로 목표를 명확하게 수립하지 못한다.
③ 정책집행자는 정책목표달성에 필요한 정책수단 확보를 위해 정책결정자와 흥정한다.
④ 정책결정자는 추상적이고 일반적인 목표를 지지한다.

18. 다음 중 계층화 분석법(AHP)에 대한 설명으로 옳지 않은 것은?

① 기본적으로 시스템이론에 기초를 두고 있다.
② 불확실성을 나타내는 데 확률 대신에 우선순위를 사용한다.
③ 두 대상의 상호비교가 불가능한 경우에도 사용할 수 있다는 장점을 지니고 있다.
④ 1970년대 사티에 교수에 의해 개발되어 광범위한 분야의 예측에 활용되어 왔다.

19. 네트워크 조직(Network Organization)에 관한 설명으로 옳은 것은?

① 자원의 흐름을 관리하는 데 시장기구보다는 행정과정에 더 의존한다.
② 구성요소들은 상호의존성을 지니지만 정보는 공유하려 하지 않고 서로의 협동에도 한계를 유지한다.
③ 여러 지점에 걸쳐 널려 있는 여러 조직들의 다양한 자산들을 집합적으로 활용한다.
④ 네트워크조직들은 그들 간에 체결된 계약상의 규정대로 행위를 하고 다른 자발적인 행위는 하지 않는다.

20. 행정연구에 관한 혼돈이론의 주요 특징으로 타당하지 않은 것은?

① 통합적 접근
② 자기조직화 능력
③ 부정적 엔트로피
④ 반관료주의적 처방

21. 다음 중 지식정보화 시대에 필요한 학습조직의 특성에 대한 설명으로 옳은 것을 모두 고르면?

> ㉠ 조직의 기본구성단위는 팀으로, 수직적 조직구조를 강조한다.
> ㉡ 불확실한 환경에 요구되는 조직의 기억과 학습의 가능성에 주목한다.
> ㉢ 리더에게는 구성원들이 공유할 수 있는 미래비전 창조의 역할이 요구된다.
> ㉣ 체계화된 학습이 강조됨에 따라 조직구성원의 권한은 약화된다.

① ㉠, ㉡
② ㉠, ㉣
③ ㉡, ㉢
④ ㉢, ㉣

22. 다음 중 고전적 조직이론의 특징에 대한 설명으로 옳지 않은 것은?

① 기계론적인 조직관에 입각하고 있다.
② 과학적 관리론과 밀접한 관련을 가지고 있다.
③ 공사행정이원론, 정치행정이원론에 입각하고 있다.
④ 공식적인 조직구조를 강조한다.

23. 통솔범위의 결정요인에 대한 설명으로 옳지 않은 것은?

① 감독자가 보좌관이나 참모들로부터 지원을 많이 받으면 통솔범위가 넓어진다.
② 신설조직보다 기성조직이나 안정된 조직의 감독자가 더 많은 부하를 통솔할 수 있다.
③ 공간적 요인으로 분산된 장소보다 동일한 장소에서 많은 부하를 통솔할 수 있다.
④ 업무의 성질상 복잡한 전문적 · 지적 업무를 담당하는 부하를 감독하는 것보다 동질적이고 단순한 업무를 담당하는 부하를 감독하는 경우에 통솔범위가 좁아진다.

24. 다음 중 조직모형에 대한 설명으로 옳지 않은 것은?

① 매트릭스구조는 이중적 권한체계를 통하여 불안정하고 급변하는 조직환경에 대응하고자 고안된 조직구조이다.

② 사업구조는 각 기능의 조정이 사업부서 외부에서 이루어지므로 기능구조보다 집권적인 조직구조를 갖고 있다.

③ 네트워크구조는 핵심기능을 제외한 기능들을 외부기관과의 계약관계를 통하여 수행하는 조직구조이다.

④ 팀구조는 특정한 업무과정에서 일하는 개인을 팀으로 구성해 의사소통과 조정을 쉽게 하는 조직구조이다.

25. 전통적 관료제이론을 비판하고 수정 · 반대하는 탈관료제이론의 연구에 대한 설명으로 옳지 않은 것은?

① 골렘비에브스키는 관리이론을 압력이론과 견인이론으로 구분하고 견인이론이란 이끌어주는 이론으로 X이론과 같은 관리방식이라고 주장하였다.

② 베니스의 이론은 적응적 · 유기적 구조로서 현대의 불확실환경에서 적응적 조직은 임시체제(Adhocracy)라고 하였다.

③ 연합적 이념형은 1960년대 말의 신행정론을 배경으로 산업화 이후의 사회에 적합한 조직구조의 관리방식이라고 하였다.

④ 나이스비트는 미래에는 정보화 사회가 도래할 것이라고 예측하고 컴퓨터네트워크를 통하여 정보를 공유함으로써 경계가 허물어지고 통합적 조직인 네트워크 조직이 형성된다고 하였다.

26. 다음 중 목표관리제(MBO)와 조직발전(OD)에 대한 설명으로 바르지 않은 것은?

① MBO는 체제모형을 취하지만 OD는 목표모형을 취한다.

② MBO는 계선실무자, 즉 내부인사가 주관하는 데 비하여 OD는 외부전문가 등의 참여가 이루어진다.

③ MBO와 OD의 공통점에는 평가 · 환류기능의 강화, 조직과 개인목표의 조화, 조직의 효과성 · 융통성 제고, Y이론적 관리전략 등이 있다.

④ MBO는 집단구성원의 참여에 의하여 목표를 달성하고 결과를 평가하므로 민주적 관리에 기여하고 구성원의 사기를 높이며 OD의 기법으로서도 유용하다.

27. 다음 중 조직구조모형에 관한 설명으로 옳은 것은?

① 유기적 구조의 조직은 좁은 통솔범위, 엄격한 명령체제를 중심으로 움직인다.

② 사업구조는 학습조직을 강조하며 분권적 의사결정을 한다.

③ 매트릭스구조에서의 상관은 부하에 대해 완전한 통제력을 갖지 못하며 대면협력 · 갈등조정의 관리능력이 필요하다.

④ 네트워크구조는 기능구조와 사업구조의 결합을 시도하는 조직구조로 기술적 전문성과 신속한 대응성을 특징으로 한다.

28. 다음 중 미국의 독립규제위원회에 관한 설명으로 옳지 않은 것은?

① 사법적 기능을 단독제에 맡기는 것이 부적당하여 설치한 것으로 준입법적 · 준사법적 기능을 수행하며 위원의 신분이 보장된다.

② 규제적 업무는 정치적 영향을 받지 말아야 하기 때문에 설치한 것으로 정치적인 세력으로부터 독립되어 있다.

③ 합의제를 택함으로써 균형 · 신중 · 공평을 기할 수 있다.

④ 일이 신속하게 처리되고 광범위한 집단이익을 반영할 수 있다.

29. 다음 중 조직군생태이론(Population Ecology)의 입장을 바르게 설명하고 있는 것은?

① 조직구조의 변화는 기본적으로 환경이 변함에 따라 적자생존의 법칙에 의하여 한 종류의 조직형태가 다른 종류의 조직형태로 대체되면서 진행되는 것이다.

② 조직의 효과성을 향상시키기 위한 유일한 최상의 방법은 없으며 조직의 성과는 조직의 내부구조가 환경과 이질동상의 관계를 확립할 때 증가한다.

③ 사회에서 공유되고 일반적으로 통용되고 있는 가치나 절차가 조직형태에 반영되므로 일관성 있는 조직구조와 형태를 유지하는 것이 효과성 향상을 위한 관건이다.

④ 조직의 변화는 조직 내 특정인들의 의사결정의 산물로서 환경의 제약에 대한 조직 내부로부터의 자발적인 적응이다.

30. 다음 중 네트워크 조직의 특징에 대한 설명으로 옳은 것은?

① 구성단위들의 업무성취에 관한 과정적 자율성이 낮고 조직의 경계가 고정적이다.
② 정체성이 약해 응집력이 있는 조직문화를 갖기 어렵다.
③ 외부기관과의 협력이 강화되기 때문에 대리인문제의 발생가능성이 낮다.
④ 생산과 서비스제공, 제품포장, 유통 등의 기능을 하나의 조직 내에서 직접 수행한다.

31. 최고관리층의 기능과 자질에 대한 설명으로 적절하지 않은 것은?

① 귤릭은 최고관리층의 기능을 POSDCoRB로 규명하였다.
② 최고관리층은 전문성, 성실성, 지도성 등의 자질이 있어야 한다.
③ 최고관리층은 목표설정과 정책결정, 조정, 통제 그리고 자원동원 등의 기능을 가진다.
④ 디목은 발전행정과 관련된 최고관리층의 기능규명에서 현장, 시간, 구조, 인간, 생산, 과정 등의 변수를 고려해야 한다고 주장하였다.

32. 다음 〈보기〉의 조직의 갈등관리에 관한 설명 중 적절하지 않은 것을 모두 고르면?

보기

㉠ 회피란 상대방의 이익을 희생하여 자신의 이익을 추구하는 대인적 갈등관리방안이다.
㉡ 전통적 입장에서는 갈등을 부정적으로만 인식하여 갈등의 원인을 찾아내서 그것을 제거하는 것이 조직 · 집단의 성과를 개선하는 방법이라고 생각했다.
㉢ 논제가 사소하고 다른 논제가 더 급할 경우에는 타협에 의해 갈등을 처리하는 것이 바람직한 방법이다.
㉣ 행태주의적 입장에서 갈등은 조직 내에서 필연적으로 발생할 수밖에 없는 현상이며 완전히 제거한다는 것은 불가능하고 때로는 집단의 성과를 향상시킨다고 보았다.

① ㉠, ㉢　② ㉡, ㉣
③ ㉢, ㉣　④ ㉠, ㉡, ㉢, ㉣

33. 다음 리더십과 권위에 관한 다음 설명 중 올바른 것은?

① 리더십의 유형이 조직의 구조, 상급자와 하급자 간의 관계, 상급자의 권한 등에 의해 결정된다고 하는 것은 행동유형론이다.

② 상황이론은 조직의 구조와 생산성에 대한 관심도에 따라 리더십이 달라진다는 이론으로 리더십의 유형을 민주형, 방임형, 권위형으로 구분한다.

③ 효과적인 리더십의 조건으로 조직구성원과 생산성에 대한 관심도를 중심으로 설명하는 것은 관리망이론이다.

④ 절대수용의 영역(Zone of Indifference), 거부의 영역(Zone of Rejection), 수용의 영역(Zone of Acceptance)으로 구분하는 것은 전통적 권위이론이다.

34. 다음 중 욕구충족요인의 이원론에 대한 설명으로 옳지 않은 것은?

① 조직구성원에게 만족을 주는 요인과 불만족을 주는 요인을 상호간 독립되어 있는 것으로 간주하여 만족의 반대는 불만족이 아니라 만족이 없는 상태이며 불만족의 반대는 만족이 아니라 불만족이 없는 상태로 규정한다.

② 위생요인이 충족되지 않을 경우 조직구성원에게 불만족을 주지만 위생요인이 충족되더라도 조직구성원의 직무수행동기를 유발시키는 것은 아니다.

③ 동기요인은 직무와 조직구성원 사이의 관계에 관한 요인으로 보다 나은 직무수행과 노력을 위한 동기부여의 요인이 된다.

④ 조직의 방침과 관행은 동기요인의 하나로 볼 수 있다.

35. 다음 중 포도덩굴 커뮤니케이션으로 불리는 비공식적 의사소통의 특징으로 옳지 않은 것은?

① 왜곡된 정보를 전달할 가능성이 있다.

② 공식적 의사소통의 결함을 보완할 수 있다.

③ 많은 조직에서 실제 의사결정과정에 활용된다.

④ 공식적 권위를 유지 · 향상시키는 데 기여한다.

36. 다음 〈보기〉에서 비정부조직에 대한 설명으로 올바르지 않은 것을 모두 고르면?

보기

㉠ 비정부조직은 정부영역이 아닌 시장영역의 주요행위자이다.
㉡ 비정부조직의 특징에는 공익성, 연대성, 자율성, 국제성 등이 있다.
㉢ 비정부조직은 공공목적의 달성을 위해 설립되는 비자발적인 임시조직이다.
㉣ 비정부조직 내에서 개인은 다양한 개인들의 자유로운 의사소통을 통해 사회적 합의를 이끌어 낼 수 없는 이기적인 주체이다.
㉤ 정보통신의 혁명으로 인해 NGO의 형성 및 발전이 더욱 촉진되었다.

① ㉠, ㉢, ㉣ ② ㉡, ㉣, ㉤
③ ㉢, ㉣, ㉤ ④ ㉠, ㉣, ㉤

37. 다음 〈보기〉에서 우리나라의 공공기관의 정보공개에 관한 법률에 대한 설명으로 옳은 것을 모두 고르면?

보기

㉠ 헌법상의 알 권리를 구체화하기 위하여 1996년에 제정되었다.
㉡ 공공기관에 의한 자발적 · 능동적인 정보제공을 주된 내용으로 하고 있다.
㉢ 외국인은 행정정보의 공개를 청구할 수 없다.
㉣ 직무를 수행한 공무원의 성명 · 직위는 공개할 수 있다.
㉤ 정보공개법은 특수한 이익을 보호하지 않는다.
㉥ 공공기관은 부득이한 사유가 없는 한 정보공개청구를 받은 날부터 10일 이내에 공개 여부를 결정해야 한다.
㉦ 정보공개에 드는 비용은 행정청이 부담한다.
㉧ 정보공개청구에서 청구인이 청구를 한 지 14일 이내에 공개 여부를 결정해야 한다.

① ㉠, ㉡, ㉤ ② ㉠, ㉣, ㉥
③ ㉡, ㉢, ㉦ ④ ㉢, ㉤, ㉧

38. 다음 중 엽관주의에 대한 설명으로 옳지 않은 것은?

① 엽관주의는 정당의 유지, 정당원의 통제를 위해 필요한 제도이다.
② 공직 경질을 통하여 관료제의 특권화와 침체를 방지할 수 있다.
③ 정책의 일관성이나 행정의 안정성을 저해할 수 있다.
④ 전문가의 임용으로 행정의 전문성을 북돋울 수 있다.

39. 직위분류제를 도입하기 위한 직무평가에 활용되는 평가방법 중 계량적 방법끼리 바르게 묶은 것은?

① 서열법, 점수법
② 서열법, 분류법
③ 점수법, 요소비교법
④ 분류법, 요소비교법

40. 우리나라의 개방형 직위임용제도에 대한 설명으로 옳지 않은 것은?

① 전문성과 효율적인 정책수립이 요구되는 직위를 대상으로 하기 때문에 민간전문가 중에서 선발한다.
② 개방형 직위는 소속 장관별로 고위공무원단 직위의 20% 범위에서 정하도록 되어 있다.
③ 지금까지의 계급제 중심의 공직제도와는 달리 직무 중심의 직위분류제적 제도로서 공무원의 전문성을 강화하고 경쟁력을 제고하려는 데 그 취지가 있다.
④ 선발시험위원회에서 임용후보자를 소속 장관에게 복수추천하고 소속 장관은 이들의 우선순위를 정하여 임용후보자 중에서 임용한다.

41. 다음 중 계급제의 특징으로 옳지 않은 것은?

① 계급제 국가는 고급공무원의 수를 적게 하고 사회적 지위 · 보수면에서 특별한 대우를 하는 엘리트화 경향이 뚜렷하다.

② 전문적 지식을 중요시하여 개방형 인사를 채택하며 동일직무에 대한 동일보수원칙을 확립하는 데 기여한다.

③ 4대 계급제를 채택하고 교육제도와 밀접한 관련성을 가지며 계급 간의 차별이 심하여 하위계급에서 상위계급으로의 승진이 어렵다.

④ 직종의 구분과 직위의 전문화를 전제로 하지 않기 때문에 인사권자는 융통성 있는 인사배치를 할 수 있다.

42. 직무평가의 방법 중 〈보기〉에서 설명하고 있는 장점을 가진 것은?

보기

- 한정된 평가요소만을 사용하는 것이 아니라 분류대상직위의 직무에 공통적이며 중요한 특징을 평가요소로 사용하기 때문에 관계인들이 평가결과를 쉽게 수용한다.
- 체계적이고 과학적인 방법에 의하여 작성된 직무평가기준표를 사용하기 때문에 평가결과의 타당성과 신뢰성이 인정된다.

① 서열법
② 점수법
③ 분류법
④ 요소비교법

43. 다음은 인력계획과정의 내용을 제시한 것이다. 순서에 맞춰 적절하게 나열한 것은?

㉠ 조직목표의 설정
㉡ 실제적 인력수요 결정
㉢ 인력확보방안의 실행
㉣ 인력총수요예측
㉤ 인력확보방안의 결정
㉥ 통제자료의 준비
㉦ 인력총공급예측
㉧ 평가 및 환류

① ㉠-㉡-㉤-㉣-㉢-㉥-㉦-㉧
② ㉠-㉦-㉣-㉡-㉤-㉥-㉢-㉧
③ ㉠-㉦-㉣-㉡-㉤-㉢-㉥-㉧
④ ㉠-㉣-㉦-㉡-㉤-㉢-㉥-㉧

44. 다음 〈보기〉의 ㉠ ~ ㉣에 해당하는 공무원평정제도를 바르게 연결한 것은?

보기

㉠ 고위공무원단제도의 도입에 따라 고위공무원으로서 요구되는 역량을 구비했는지를 사전에 검증하는 제도적 장치이다.
㉡ 직무분석을 통해 도출된 성과책임을 바탕으로 성과목표를 설정 · 관리 · 평가하고 그 결과를 보수 혹은 처우 등에 적용하는 제도를 말한다.
㉢ 조직구성원들과 원만한 관계를 증진시키도록 동기를 부여함으로써 조직 내 상하 간, 동료 간 의사소통을 원활히 한다.
㉣ 공무원의 근무실적, 직무수행능력 등을 평가하여 승진 및 보수결정 등의 인사관리자료를 얻는 데 활용한다.

	㉠	㉡	㉢	㉣
①	다면평가제	역량평가제	직무성과관리제	근무성적평정제
②	역량평가제	직무성과관리제	다면평가제	근무성적평정제
③	역량평가제	근무성적평정제	다면평가제	직무성과관리제
④	다면평가제	직무성과관리제	역량평가제	근무성적평정제

45. 다음 중 액션 러닝(Action Learning)에 대한 설명으로 옳지 않은 것은?

① 조직구성원이 팀을 구성하여 동료와 촉진자의 도움을 받아 가상의 문제를 해결함으로써 학습을 하는 훈련방법이다.
② 동료들과의 건설적인 대화를 통해 팀원들의 노력으로 해결방안을 탐색하는 학습과정을 강조한다.
③ 구성요소는 과제, 학습팀, 촉진자, 질의와 성찰과정, 실행의지, 학습의욕이다.
④ 액션 러닝의 원리는 L(학습)=Q1(학습활동 이전에 학습자가 갖는 문제의식)+P(가공한 지식)+Q2(학습활동 이후 현장 적용 이전에 갖는 학습자의 문제의식)이다.

46. 다음 중 국가공무원법상 직제와 정원의 개폐 또는 예산의 감소 등에 의해 공무원의 신분을 박탈하고 공직으로부터 배제할 수 있는 직권면직제도에 대한 설명으로 잘못된 것은?

① 휴직기간이 끝나거나 휴직사유가 소멸된 후에도 직무에 복귀하지 아니하거나 직무를 감당할 수 없음에 따른 직권면직일은 휴직기간이 끝난 날 또는 휴직사유가 소멸한 날로 한다.

② 전직시험에서 2번 이상 불합격한 자로서 직무수행능력이 부족하다고 인정된 때에는 직권으로 면직시킬 수 있다.

③ 폐직(廢職) 또는 과원(過員)이 됨에 따라 소속 공무원을 면직시킬 때에는 면직기준을 정하여야 한다.

④ 대기명령을 받은 자가 그 기간에 능력 또는 근무성적의 향상을 기대하기 어렵다고 인정됨에 따라 면직시킬 경우에는 징계위원회의 동의를 받아야 한다.

47. 현행 공무원의 노동조합 설립 및 운영 등에 관한 법률상 공무원노동조합에 대한 설명으로 옳지 않은 것은?

① 6급 이하의 일반직공무원 및 이에 상당하는 별정직공무원의 경우 법령에 의해 금지된 자를 제외하고는 노동조합에 가입할 수 있다.

② 정책결정에 관한 사항 등 근무조건과 직접 관련되지 아니하는 사항은 단체교섭을 할 수 없다.

③ 노동조합 전임자는 임용권자의 동의를 받아 노동조합업무에만 종사할 수 있다.

④ 단체교섭이 결렬된 경우에 지방공무원노동조합은 해당 지방노동위원회에 조정을 신청할 수 있다.

48. 다음 중 예산의 경제적 기능에 대한 설명으로 적절하지 않은 것은?

① 시장경제에서 결정된 분배상태가 바람직하지 못할 때 이를 시정하는 기능이다.

② 각 부처의 모든 사업계획과 행정활동에 대한 중앙예산기관의 사정(査定)기능이다.

③ 불경기로 실업이 증가할 때 실업률을 감소시키기 위해 총지출을 증가시키는 기능이다.

④ 시장경제를 통해서 생산되지 않는 재화나 용역을 공급하기 위하여 자원을 할당하는 기능이다.

49. 다음 추가경정예산에 관한 내용으로 바르지 않은 것은?

① 정부가 예산성립 이전에 생긴 사유로 인하여 이미 성립한 예산을 변경할 필요가 있을 때 편성하는 예산을 말한다.

② 추가예산은 그 편성 · 제안 · 의결 및 공포에 있어 본예산과는 형식상 구분된다.

③ 일단 추가예산이 의결되어 공포되면 본예산을 보충적으로 변경시켜 전체로서 시행한다.

④ 경정예산은 본예산의 세출을 삭감하거나 세출금액 범위 내에서 조정하기 위하여 편성하는 것을 말한다.

50. 다음 〈보기〉에서 성과주의예산제도에 관한 설명으로 옳은 것을 모두 고르면?

보기

㉠ 예산의 배정과정에서 필요사업량이 제시되므로 예산과 사업을 연계시킬 수 있다.

㉡ 사업의 대안들을 제시하도록 하고 가장 효과적인 프로그램에 대해 재원배분을 선택하도록 한다.

㉢ 장기적인 계획과의 연계보다는 단위사업만을 중시하기 때문에 전략적인 목표의식이 결여될 수 있다.

㉣ 예산서에는 사업의 목적과 목표에 대한 기술서가 포함되며 재원은 활동단위를 중심으로 배분된다.

① ㉠, ㉡　　② ㉠, ㉢, ㉣

③ ㉠, ㉡, ㉢　　④ ㉡, ㉢, ㉣

유형별 출제비중

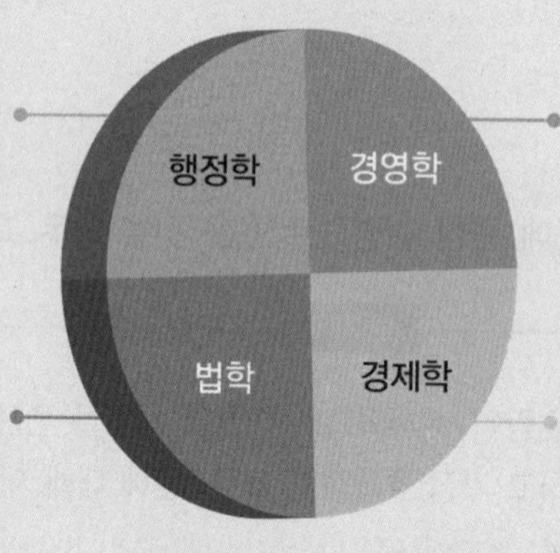

정치행정이원론, 뉴거버넌스론, 신제도주의, 로위의 정책유형, 정부예산, 직업공무원제와 계급제, 예산의 형식, 행정심판과 행정소송

기업의 사회적 책임, 리더십이론, 프로티언 경력, 품질경영, 마케팅 표본추출, 옵션투자, 기업회계기준서, 재무제표 해석, 감가상각

대한민국헌법, 민법총론, 채권법, 물권법, 회사법, 소송법, 행정절차법, 국가공무원법, 지방자치법

고전학파와 케인즈학파, IS-LM 모형, 완전경쟁시장과 독점시장, 소비이론, 비교우위론, 거래적 화폐수요이론, 투자안 평가, 중앙은행의 재정정책

분석

공기업 직무수행능력평가 과목에서의 경영학 및 경제학은 각 기업들마다 출제의 범위에서 큰 격차를 보인다. 특히 시험범위에 재무관리나 회계가 포함되어 있는 경우 상당수의 기업이 시험과목 공고에서 별도로 안내하고 있으므로 경영학 및 경제학 필기시험을 대비하기 전 반드시 입사를 희망하는 기업의 출제범위를 사전에 확인하는 것이 좋다. 법학은 금융권 기업의 경우에는 특히 채권법과 상법(회사법)을 중점적으로 출제하며, 행정학의 경우 행정학 이론과 함께 행정절차와 인사이동 등을 규정하는 헌법과 국가공무원법 등의 행정 관련 법률의 조문을 인용하는 문제들이 주로 출제된다. 그 외에 2021년 제정된 행정기본법이 여타 행정학 시험에 도입되고 있어 행정학과 행정법에 대비해야 하는 공기업 전공시험에서도 이에 관한 대비가 필요하다.

공기업 NCS

직무수행능력평가[통합전공]

파트 5

최근 주요 공기업 기출문제

구분	영역	총 문항 수
1회	경영학, 경제학, 법학, 행정학	60문항
2회	경영학, 경제학, 법학, 행정학	60문항
3회	경영학, 경제학	40문항
4회	경영학, 경제학	70문항

통합전공 1회 기출문제

★ 경영학, 경제학, 법학, 행정학 관련 문제로 구성하였습니다.

문항수 | 60문항

▸ 정답과 해설 108쪽

01. 다음 재산권에 관한 설명 중 옳지 않은 것은? (단, 견해가 대립하면 판례에 의한다)

① 재산권의 행사는 공공복리에 적합하도록 하여야 한다.

② 민법 제440조에서 주채무자(主債務者)에 대한 시효중단의 효력이 보증채무에 미치게 하는 것은 재산권을 침해하지 않는다.

③ 공공필요에 의한 재산권의 수용 · 사용 또는 제한 및 그에 대한 보상은 법률로써 하되, 정당한 보상을 지급하여야 한다.

④ 임대차 목적물인 상가건물이 대규모점포의 일부인 경우에는 임차인의 권리금 회수기회를 보호하지 않는 것은 대규모점포 상가임차인들의 재산권 등을 침해한다.

02. 다음 중 헌법재판소의 인용결정에 재판관 6인 이상의 찬성이 반드시 필요하지 않는 결정은? (단, 다툼이 있는 경우 판례에 의한다)

① 국가기관 상호간, 국가기관과 지방자치단체간 및 지방자치단체 상호간의 권한쟁의에 관한 심판의 결정

② 정당해산의 결정

③ 탄핵의 결정

④ 법률의 위헌결정

03. 다음 국회에 관한 설명 중 옳지 않은 것은?

① 국회는 의장 1인과 부의장 2인을 선출한다.

② 국회는 국무총리 또는 국무의원의 해임을 대통령에게 건의할 수 있다.

③ 국회의 임시회는 대통령 또는 국회재적의원 5분의 1 이상의 요구에 의하여 집회된다.

④ 한 회계연도를 넘어 계속하여 지출할 필요가 있을 때에는 정부는 연한을 정하여 계속비로서 국회의 의결을 얻어야 한다.

04. 다음 여행계약에 관한 설명 중 옳지 않은 것은? (단, 다툼이 있는 경우 판례에 의한다)

① 여행자는 약정한 시기에 대금을 지급하여야 한다.
② 여행자는 여행을 시작하기 전에는 손해배상의 책임 없이 언제든지 계약을 해지할 수 있다.
③ 여행에 하자가 있는 경우에는 여행자는 여행주최자에게 하자의 시정 또는 대금의 감액을 청구할 수 있다.
④ 여행업자는 기획여행에서 여행자의 안전을 확보하기 위해 기획여행계약의 부수의무로 신의칙상 주의의무를 가진다.

05. 다음 소멸시효에 관한 설명 중 옳은 것은? (단, 다툼이 있는 경우 판례에 의한다)

① 여관의 숙박료채권은 3년의 단기소멸시효 규정이 적용된다.
② 면책적 채무인수는 소멸시효의 중단사유인 채무승인에 해당하지 않는다.
③ 부동산등기청구권에서 매수인이 목적 부동산을 인도받아 계속 점유하는 경우 그 기간동안 소유권이전등기청구권의 소멸시효가 진행된다.
④ 불법행위에 기한 손해배상채권에서 소멸시효의 기산점이 되는 '불법행위를 한 날'이란 가해행위가 있었던 날이 아니라 그로 인해 현실적으로 손해의 결과가 발생한 날을 의미한다.

06. 다음 공동소유에 관한 설명 중 옳지 않은 것은? (단, 다툼이 있는 경우 판례에 의한다)

① 합유자는 전원의 동의 없이 합유물에 대한 지분을 처분할 수 있다.
② 물건이 지분에 의하여 수인의 소유로 된 때에는 공유로 한다.
③ 공유자의 지분은 균등한 것으로 추정한다.
④ 공유자는 전원의 동의 없이 공유물에 대한 지분을 처분할 수 있다.

07. 다음 상업사용인에 관한 설명 중 옳지 않은 것은? (단, 다툼이 있는 경우 판례에 의한다)

① 상인은 지배인을 선임하여 본점 또는 지점에서 영업을 하게 할 수 있다.

② 상인은 지배인의 선임과 그 대리권의 소멸에 관하여 그 지배인을 둔 본점 또는 지점소재지에서 등기하여야 한다.

③ 영업의 특정한 종류 또는 특정한 사항에 대한 위임을 받은 사용인은 이에 관한 재판외의 모든 행위를 할 수 있다.

④ 부분적 포괄대리권을 가진 상업사용인이 특정된 영업이나 특정된 사항에 속하지 아니하는 행위를 한 경우, 영업주가 책임에 관하여 민법상의 일반대리의 법리에 의해 그 사용인에게는 권한이 있음이 추정된다.

08. 다음 중 상법상 인정되는 회사가 아닌 것은? (단, 다툼이 있는 경우 판례에 의한다)

① 유한책임회사 ② 합자회사
③ 무한회사 ④ 주식회사

09. 다음 무효 및 취소에 관한 설명 중 옳지 않은 것은? (단, 다툼이 있는 경우 판례에 의한다)

① 개발부담금 부과처분을 하면서 납부고지서에 납부기한을 법정납부기한보다 단축하여 기재한 경우, 그 부과처분은 위법하지 않다.

② 사망한 매수인을 대상으로 한 농지소재지관서의 증명은 무효이다.

③ 교육감이 당해 교육위원회의 결의에 의한 위임 없이 유치원 설립인가를 한 처분은 무효사유이다.

④ 헌법재판소의 위헌결정 전에 행정처분의 근거되는 당해 법률이 위배된다는 사유는 당연무효사유가 된다.

10. 다음 중 항고소송에 포함되지 않는 것은? (단, 다툼이 있는 경우 판례에 의한다)

① 무효등 확인소송 ② 취소소송
③ 당사자소송 ④ 부작위위법확인소송

11. 다음에서 설명하는 국제계약사업의 유형은?

> 하청생산 기업이 주문자의 상표를 부착하여 주문자에게 납품하는 방식으로써 신발, 의류, 가전제품 등과 같이 브랜드가 필요한 완제품 생산에 주로 이용된다. 상표와 같은 무형자산에 투자하지 않으면서 생산능력으로 해외시장에 진출할 수 있는 장점이 있으나, 단가가 낮아 재산성에 한계가 있을 수 있다.

① 국제라이선싱
② 턴키 플러스
③ BOT 방식
④ OEM

12. 테일러(Taylor)의 과학적 관리법에 관한 설명으로 가장 적절하지 않은 것은?

① 인간을 합리적 존재로 인식하고 사회적인 관계를 통해 동기가 부여된다고 보았다.
② 분업의 원리에 입각한 직능조직을 제시하였다.
③ 과업관리의 목표는 고임금, 저노무비의 실현이다.
④ 직무연구에 따라 설정된 과업을 수행할 종업원을 과학적인 선발과 훈련을 통하여 직무에 배치하였다.

13. 다음 중 포디즘(포드 시스템)에 관한 설명으로 옳은 것을 모두 고르면?

> ㄱ. 포드는 생산의 표준화와 이동조립법을 활용하여 원가절감을 실현하고자 한다.
> ㄴ. 포디즘은 저가격, 저임금의 원리를 지향하였다.
> ㄷ. 포드는 대량생산을 실현하기 위해 제품의 단순화, 부품의 표준화, 공장의 전문화를 원칙으로 하였다.
> ㄹ. 다품종 대량생산체제는 포드 시스템의 기본 전제이다.
> ㅁ. 포디즘의 대량생산체제는 시장의 수요변동에 대한 탄력적 대응이 부족하다.

① ㄱ, ㄷ, ㅁ
② ㄱ, ㄹ, ㅁ
③ ㄴ, ㄷ, ㄹ
④ ㄴ, ㄹ, ㅁ

14. 센게(Senge)의 학습조직모형에서 기존의 단편적이고 평면적인 문제해결방식에서 벗어나 조직을 전체적인 유기체로 파악하고 종합적으로 대처하는 능력은?

① 사고의 틀(Mental Model)
② 팀 학습(Team Learning)
③ 시스템 사고(System Thinking)
④ 비전 공유(Shared Vision)

15. 다음 중 마이클 포터(M. Porter)의 가치사슬에서 본원적 활동(Primary Activity)에 해당하지 않는 것은?

① A/S활동(after service)
② 기술개발활동(R&D)
③ 입고물류(inbound logistics)
④ 출고물류(outbound logistics)

16. 포터의 산업구조분석 모형에서 다음 중 수익률이 가장 높은 경우는?

	기업의 수	제품차별화	전환비용	규모의 경제
①	많음	높음	낮음	무
②	많음	낮음	낮음	무
③	적음	낮음	높음	유
④	적음	높음	높음	유

17. 다음에서 설명하는 관세효과는?

> 관세가 부과되면 국내소비자의 실질소득은 감소하고 국내생산자의 소득은 증가한다. 이것은 관세부과로 인한 (국내)소비자잉여는 감소하고, (국내)생산자잉여는 증가하는 효과라고도 할 수 있다.

① 보호효과
② 소득재분배효과
③ 소비효과
④ 국제수지효과

18. 다음 중 민츠버그(H. Mintzberg)가 설명한 경영자의 역할이 아닌 것은?

① 자원공급자역할(Resource Provider Role)
② 대인관계역할(Interpersonal Role)
③ 정보전달자역할(Informational Role)
④ 의사결정자역할(Decision Role)

19. 예측(Forcasting)은 크게 정성적 방법(Qualitative Method)과 정량적 방법(Quantitative Method)으로 구분된다. 다음에서 설명하는 것은 정성적 기법 중 무엇에 해당하는가?

> 미래 상황에 대하여 전문가로 구성된 위원회를 조직하고 통신 수단을 통한 개별적 질의를 통하여 의견을 수집한 후, 이를 종합하고 분석 및 정리하여 의견이 일치할 때까지 개별적인 질의 과정을 되풀이하는 방법이다.

① 델파이법
② 시장조사법
③ 판매원 추정법
④ 패널조사법

20. 다음에서 가격결정 시 고려 요인에 대한 설명으로 올바른 것은?

① 공헌이익(Contribution Margin)은 판매가격에서 고정비를 차감하고 남은 액수를 의미한다. 공헌이익이라고 부르는 이유는 이 액수가 제품 생산의 변동비를 회수하는 것에 공헌하기 때문이다.
② 경쟁자의 원가와 가격은 가격결정에 있어서 크게 중요한 부분은 아니지만, 이를 고려할 경우 서비스에서는 원가 추정이 쉽고, 유형제품의 경우 원가를 추정하는 것이 불가능하다.
③ 가격 결정에 있어서 가격의 객관적 크기 뿐 아니라 그 가격의 제시 방법도 소비자에게 영향을 줄 수 있다. 가격에 대해 소비자가 보이는 반응과 관련한 개념들로는 준거가격, 유보가격, 최저수용가격, 손실회피성, 베버의 법칙과 JND, 가격－품질 연상이 있다.
④ 마케팅 목표와 상품의 포지셔닝(Positioning)은 가격 결정에 있어서 고려되는 요인의 하나로, 예를 들어 마케팅 목표가 '수확'일 경우 상대적으로 낮은 가격 수준에서 결정되어야 하며, 마케팅 목표가 '성장'일 경우 상대적으로 높은 가격 수준에서 결정되어야 한다. 제품의 고급 브랜드화 등의 포지셔닝에서는 낮은 가격대로 책정되어야 한다.

21. 체제론적 접근방법에 관한 설명으로 옳지 않은 것은?

① 체제는 유기체로서 자기 고유의 속성을 유지하려는 성향을 가지며, 자기 유지에 혼란을 주는 요소가 들어오면 이것을 균형화시켜 본래의 자기 상태로 돌아가려고 한다.

② 체제는 정태성과 현상 유지적 성격을 띠고 있어, 목적성을 띤 변화나 정치 · 사회의 변화 또는 발전을 적절하게 설명하지 못한다.

③ 체제는 상호작용하는 여러 구성요소로 이루어져 있고, 환경과 구별되는 경계가 있으며 이것이 체제와 외부를 구분한다고 본다.

④ 행정의 환경에 대한 체제의 독립변수적 역할을 강조하며, 따라서 급격한 변동을 겪고 있는 개발도상국의 행정 현상을 설명하는 데 적합하다.

22. 헤디(F. Heady)가 제시한 비교행정 연구를 위한 접근방법에 해당하지 않는 것은?

① 실증적 접근방법(Positivistic Approach)

② 수정된 전통적 접근방법(Modified Traditional Approach)

③ 발전 지향적 접근방법(Development-oriented Approach)

④ 일반체계적 접근방법(General System Approach)

23. 역사적 신제도주의에 대한 설명으로 가장 옳은 것은?

① 제도가 형성되면 안정성과 경로의존성을 갖는다고 본다.

② 게임이론, 주인-대리인 이론, 거래비용이론 등과 직접 관련되어 있다.

③ 조직이 외부로부터의 사회적 정당성을 획득하기 위해 제도를 채택한다고 본다.

④ 제도를 공식적인 체제, 구조, 법규범, 조직으로만 본다.

24. **신공공관리론 분야의 대표적인 저작인 오스본(D. Osborne)과 게블러(T. Gaebler)의 「정부재창조론」에서 제시된 기업가적 정부에 대한 설명으로 옳지 않은 것은?**

① 기업가적 정부는 경쟁 원리의 도입을 통해 행정서비스 공급의 경쟁력을 제고해야 한다.

② 기업가적 정부는 서비스를 직접 생산하고 공급하는 역할보다는 촉매작용자, 중개자, 그리고 촉진자의 역할을 수행해야 한다.

③ 기업가적 정부는 업무 성과를 제고하기 위해 투입이 아니라 산출이나 결과 등의 성과 기준으로 자원을 분배해야 한다.

④ 기업가적 정부는 목표나 임무에 의한 관리보다는 법규나 규정을 중심으로 조직을 운영하고 결과를 중시해야 한다.

25. **경찰기관이 범죄활동을 조사하고 범죄자를 체포하는 공공서비스의 성과지표를 투입, 과정, 산출, 결과의 4가지 유형으로 구분할 때, 다음 중 결과와 관련된 지표에 해당하는 것은?**

① 범죄율 감소

② 경찰의 담당 사건 수

③ 범인 체포 건수

④ 범죄조사 활동에 투입된 경찰 · 차량 규모

26. **리더십 이론에 대한 설명으로 가장 옳은 것은?**

① 허시와 블랜차드(Hersey & Blanchard)는 직원 지향적 리더십이 가장 효과적이라고 주장하였다.

② 변혁적 리더십은 이를 달성하기 위한 리더의 카리스마, 영감, 지적 자극, 개인적 배려를 그 행동요건으로 한다

③ 오하이오 주립대학의 연구에서는 낮은 구조주도와 배려를 보이는 리더가 효과적이라고 하였다.

④ 서번트 리더십은 무엇인가 가치있는 것을 교환함으로써 추종자에게 영향력을 행사하는 리더십이다.

27. 다음에서 설명하고 있는 현상은 무엇인가?

> 정기국회가 끝나면 국회의원들은 각 지역구에 얼마만큼의 예산을 가져왔는지 현수막을 내건다.

① 교차투표
② 포크배럴
③ 로그롤링
④ 중위투표자 정리

28. 다음 중 정책집행의 과정을 설명하는 매틀랜드(Matland)의 정책집행모형의 구성에 해당하지 않는 것은?

① 실험적 집행
② 관리적 집행
③ 상징적 집행
④ 협상적 집행

29. 다음에서 설명하는 제도는 무엇인가?

> 공직자는 자신이 수행하는 직무가 자신의 재산상의 이해와 관련되어 공정한 직무수행이 어려운 상황이 야기되지 않도록 직무수행의 적정성을 확보해 공익을 우선으로 성실히 직무를 수행해야 한다.

① 재산공개제도
② 백지신탁제도
③ 선물신고제도
④ 고지거부제도

30. 다음 중 2021년 전부개정된 「지방자치법」의 개정 사항에 해당하지 않은 것은?

① 지방의원 겸직신고 의무화
② 지방자치단체의 장의 직 인수위원회 제도화
③ 경계변경 시 관계 지방의회 의견 청취
④ 지방의회의 인사권 독립

31. ○○기업은 본사를 A 신도시로 이전하기 위해 지난 해 빌딩 B를 3억 원에 살 수 있는 옵션(Option)을 3천만 원에 샀다. 그런데 본사이전을 추진하던 중 A 신도시에서 3억 2천만 원에 유사한(거의 동일한) 빌딩 C를 살 수 있다는 것을 알게 되었다. 빌딩 B의 현재 가격이 3억 5천만 원이라고 할 때 다음 설명 중 가장 적절한 것은?

① 빌딩 B의 경제적 비용이 2억 7천만원으로 빌딩 C의 경제적 비용 3억 원보다 적으므로 빌딩 B를 구입해야 한다.

② 빌딩 B의 경제적 비용이 3억 원으로 빌딩 C의 경제적 비용 3억 2천만 원보다 작으므로 빌딩 B를 구입해야 한다.

③ 빌딩 B의 경제적 비용이 3억 3천만 원으로 빌딩 C의 경제적 비용 3억 2천만 원보다 크므로 빌딩 C를 구입해야 한다.

④ 빌딩 B의 경제적 비용이 3억 3천만 원으로 빌딩 C의 경제적 비용 3억 5천만 원보다 작으므로 빌딩 B를 구입해야 한다.

32. 어느 상품에 대한 소비자 A와 소비자 B의 수요곡선이 아래와 같을 때, 다음 중 시장 수요곡선을 나타낸 식으로 가장 적절한 것은? (단, 시장에는 소비자 A와 소비자 B만 있다고 가정한다)

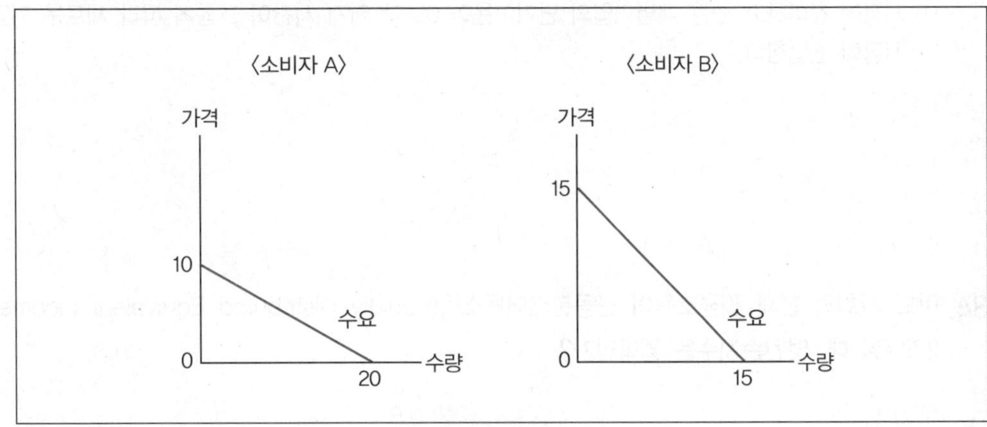

① $0 \leq Q < 5$일 때 $P = 15 - Q$ $\quad$ $5 \leq Q \leq 35$일 때 $P = \frac{35}{3} - \frac{1}{3}Q$

② $0 \leq Q < 5$일 때 $P = 10 - \frac{1}{2}Q$ $\quad$ $5 \leq Q \leq 35$일 때 $P = 35 - 3Q$

③ $0 \leq Q < 10$일 때 $P = 10 - \frac{1}{2}Q$ $\quad$ $10 \leq Q \leq 35$일 때 $P = 35 - 3Q$

④ $0 \leq Q < 10$일 때 $P = 15 - Q$ $\quad$ $10 \leq Q \leq 35$일 때 $P = \frac{35}{3} - \frac{1}{3}Q$

33. 아래의 그림과 같이 완전경쟁시장이 점 E에서 장기균형상태에 있다. 다른 모든 조건은 일정할 때, 재화의 생산요소 가격이 하락하였다. 다음의 설명 중 가장 적절한 것은? (단, 시장 내 모든 기업들의 조건은 동일하다)

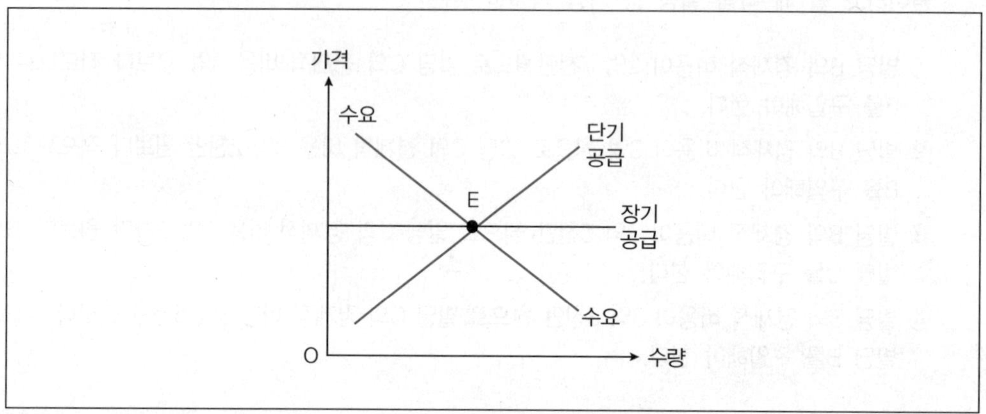

③ 새로운 장기시장 균형거래량은 E점에서의 거래량보다 증가한다.

④ 새로운 장기시장 균형거래량은 E점에서의 거래량보다 감소한다.

② 시장에 참여하고 있는 개별기업의 단기이윤이 0보다 작아져 시간의 흐름에 따라 기존의 기업이 시장에서 퇴출한다.

① 시장에 참여하고 있는 개별기업의 단기이윤이 0보다 커져 시간이 흐름에 따라 새로운 기업이 시장에 진입한다.

34. 어느 사회의 현재 평균소득이 균등분배대등소득(Equally Distributed Equivalent Income)의 2.5배일 때, 앳킨슨지수는 얼마인가?

① 0.4 ② 0.5

③ 0.6 ④ 0.7

35. 재화 X의 시장 수요함수와 시장 공급함수가 아래와 같이 주어졌다. 정부에서 재화 X를 소비하고 있는 소비자들을 위하여 가격 상한제를 시행하며 가격상한을 16으로 정했다. 정부의 가격상한제 시행이 재화 X 시장에 미치는 효과에 대한 다음의 설명 중 가장 적절한 것은?

- 시장 수요함수 : $Q_D = 30 - 0.5P$
- 시장 공급함수 : $Q_S = -20 + 2P$

① 사회적 총잉여가 80만큼 감소한다.
② 소비자잉여가 16만큼 증가한다.
③ 생산자잉여가 96만큼 감소한다.
④ 시장 거래량은 4만큼 증가한다.

36. 어떤 폐쇄경제의 상황이 다음과 같을 때, 투자(I)에서 민간저축(S_P)을 뺀 값은?

- 소득 $Y = 10,000$
- 소비 $C = 6,000$
- 투자 $I = 3,000 - 200r$ (단, r은 이자율이다)
- 조세 $T = 2,500$
- 정부지출 $G = 2,000$

① 1,500 ② 1,000
③ 500 ④ 0

37. 화폐의 중립성이 성립하는 경제에서 중앙은행이 통화량을 늘리는 경우 다음 중 옳지 않은 것을 모두 고르면? (단, 다른 모든 조건은 일정하다)

ㄱ. 실질이자율이 하락한다.
ㄴ. 명목임금이 상승한다.
ㄷ. 생산 및 고용이 증가한다.

① ㄱ, ㄴ
② ㄱ, ㄷ
③ ㄴ, ㄷ
④ ㄱ, ㄴ, ㄷ

38. GDP의 구성항목에 대한 설명으로 가장 적절한 것은?

① 가계에서 구입하는 신규주택은 투자에 포함된다.
② 기업의 자체적인 재고 구입은 투자에 포함되지 않는다.
③ 정부가 국가직 공무원에게 지급하는 월급과 실업급여는 정부지출에 포함된다.
④ 기업이 외국에서 생산된 재화를 구입하면 순수출이 감소하므로 GDP도 증가한다.

39. 화폐당국이 거액의 재정 지출을 충당하기 위해 통화를 대량으로 발행하여 발생하는 초인플레이션(Hyperinflation) 현상에 따른 환율의 변동에 관한 설명으로 가장 적절한 것은? (단, 환율은 자국통화표시 방식으로 표현된다)

① 명목환율과 실질환율 모두 변화가 없다.
② 명목환율은 변화가 없지만 실질환율은 상승한다.
③ 명목환율은 상승하지만 실질환율은 변화가 없다.
④ 명목환율과 실질환율 모두 상승한다.

40. 경제가 아래 그림의 점 A에서 장기균형상태에 있다고 할 때, 기업들이 새로운 자본 설비에 막대한 투자함에 따라 새로운 장기균형상태로 가는 과정으로 가장 적절한 것은? (단, Y_N은 자연산출량, AD는 총수요, SRAS는 단기 총공급곡선, LRAS는 장기 총공급곡선을 의미한다)

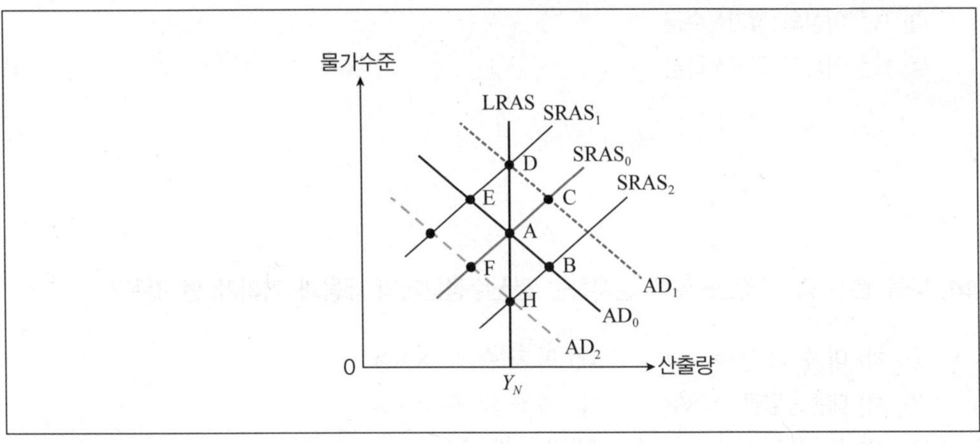

① A → F → H
② A → B → H
③ A → E → D
④ A → C → D

41. 다음 중 유형자산을 내용연수 동안 합리적이고 체계적인 방법으로 감가상각하는 회계처리를 정당화시키는 개념과 가장 관련이 깊은 것은?

① 계속성의 원칙
② 실현주의
③ 화폐단위의 가정
④ 계속기업의 가정

42. 다음 내용은 '재무보고를 위한 개념체계'의 어떤 질적 특성에 대한 설명인가?

> 재무보고는 경제적 현상을 글과 숫자로 나타내는 것이다. 이러한 재무정보가 유용하기 위해서는 나타내고자 하는 현상의 실질을 충실하게 표현해야 한다. 많은 경우에 경제적 현상의 실질과 그 법적 형식은 같다. 만약 같지 않다면 법적 형식에 따른 정보만 제공해서는 경제적 현상을 충실하게 표현할 수 없을 것이다. 즉, 법적인 형식보다 경제적 실질을 우선하는 관점에서 재무보고를 한다고 이해하면 된다.

① 중요성
② 표현충실성
③ 비교가능성
④ 검증가능성

43. 다음 중 한국채택국제회계기준에 따라 현재가치로 평가해야 할 항목은?

① 이연법인세부세
② 특수관계재화의 장기성 금전소비대차거래
③ 1년 이상의 장기선수금
④ 1년 이상의 장기선급금

44. 다음 분개 중 회계인도말에 실시하는 결산수정분개의 내용과 거리가 먼 것은?

① 차) 미 수 이 자 ××× / 대) 이 자 수 익 ×××
② 차) 대손충당금 ××× / 대) 매 출 채 권 ×××
③ 차) 선수임대료 ××× / 대) 임 대 료 ×××
④ 차) 이 자 비 용 ××× / 대) 미지급이자 ×××

45. 한국채택국제회계기준 제1002호 '재고자산'에 관한 설명으로 옳지 않은 것은?

① 통상적으로 상호 교환될 수 없는 재고자산항목의 원가와 특정 프로젝트별로 생산되고 분리되는 재화 또는 용역의 원가는 개별법을 사용하여 결정한다.
② 재고자산의 취득원가는 실제 발생한 원가 즉, 역사적 원가에 기초한다. 그러나 실제원가와 유사하다면 편의상 표준원가법이나 소매재고법 등의 원가측정방법도 사용할 수 있다.
③ 재고자산의 매입원가는 매입가격에 수입관세와 제세금(과세당국으로부터 추후 환급받을 수 있는 금액은 제외), 매입운임, 하역료 그리고 완제품, 원재료 및 용역의 취득과정에 직접 관련된 기타 원가를 가산한 금액이다. 단, 매입할인, 리베이트 및 기타 유사한 항목은 매입원가를 결정할 때 차감한다.
④ 개별법이 적용되지 않는 재고자산의 단위 원가는 선입선출법, 가중평균법, 후입선출법 중 합리적인 방법을 사용하여 결정한다. 성격과 용도 면에서 유사한 재고자산에는 동일한 단위원가 결정방법을 적용하여야 하며, 성격이나 용도 면에서 차이가 있는 재고자산에는 서로 다른 단위원가 결정방법을 적용할 수 있다.

46. 다음의 (주)민국의 회계처리에 대한 설명으로 옳지 않은 것은?

> (주)민국은 20X1년 초 내용연수 4년, 잔존가치 ₩0인 기계장치(정액법 적용)를 ₩3,400,000에 구매하였다. 동 기계장치가 정상적으로 작동되는지 시험하는 과정에서 ₩400,000의 원가가 발생하였으며, 동 기계장치의 설치 전문가에게 ₩200,000의 수수료를 지불하였다.
>
> 20X1년 말과 20X2년 말에 추정한 회수가능가액은 다음과 같으며, 회수가능가액과 그 변동은 기계의 손상과 그 회복을 원인으로 한다.

구분	20X1년 말	20X2년 말
사용가치	₩800,000	₩1,200,000
순공정가치	₩900,000	₩1,100,000

① 20X1년도에 인식할 감가상각비는 ₩1,000,000이다.

② 20X1년도에 인식할 손실차손은 ₩2,100,000이다.

③ 20X2년도에 인식할 기계의 순장부가액은 ₩1,200,000이다.

④ 20X2년도에 인식할 손익차손환입액은 ₩400,000이다.

47. (주)한국의 주식발행에 대한 설명으로 옳은 것은?

> (주)한국은 20X1년 초 현금을 납입 받고 보통주 100주를 발행하였는데 주식발행과 직접 관련된 원가 ₩1,000이 발생하였다. (동 주식의 액면 금액은 ₩500/1주이고, ₩600/1주에 발행하였으며, 기초 주식할인발행차금은 없다)

① 주식발행과 직접 관련된 원가는 당기비용으로 인식한다.

② 자본잉여금은 ₩9,000 증가한다.

③ 자본은 ₩60,000 증가한다.

④ 자본금은 ₩59,000 증가한다.

48. 다음의 (주)한국이 발행한 사채로 인하여 만기까지 인식해야 할 이자비용의 총액은?

> (주)한국은 20X1년 초에 만기 3년, 표시이자율 8%, 액면가액 ₩100,000인 사채를 ₩95,000에 발행하였으며, 유효이자율법에 따라 이자수익을 인식한다.

① ₩5,000 ② ₩22,000
③ ₩24,000 ④ ₩29,000

49. 다음 설명 중 옳지 않은 것은?

① 부동산 개발업자가 분양 목적으로 보유하고 있는 땅은 재고자산이다.
② 동물원의 사자는 생물자산이다.
③ 경비회사의 경비견은 유형자산이다.
④ 임대 목적으로 보유하는 기계장치는 유형자산이다.

50. (주)중부의 재무상태표가 다음과 같을 때, 유동비율은 얼마인가?

재무상태표

(주)중부 20X1.12.31. (단위 : 억)

현금발현금성자산	20	매입채무	20
매출채권	35	단기차입금	20
미수금	15	미지급금	5
상품	20	사채	35
기계장치	90	자본금	100
특허권	40	이익잉여금	40
계	220	계	220

① 100% ② 158.35%
③ 180% ④ 200%

51. 다음 중 자원의 최적 배분에 대한 설명으로 가장 적절하지 않은 것은?

① 파레토(Vilfredo Pareto)는 국가경제의 모든 사람이 자원 배분 B보다 배분 A에서 더 행복하다면 배분 A가 배분 B보다 사회적으로 더 우월하다고 판정했다.

② 자본주의 시장 경제에서는 모든 재화의 시장이 독과점상태에 있으면 사회적으로 최적인 자원배분을 이룰 수 있다.

③ 자원은 기술적 효율성에 더해 사회적 필요를 최대한 충족시킬 수 있도록 배분되어야 경제적 효율성(Economic Efficiency)을 달성할 수 있다고 본다.

④ 자원을 소모해 생산한 제품이 효용성이 떨어지는 물자라면 아무리 기술적 효율성의 조건을 충족했다 하더라도 자원을 낭비한 것으로 본다.

52. 투자는 이익을 획득하기 위해 특정 행위나 사업에 필요한 자본을 부여하는 행위이다. 다음에서 설명하는 투자자 유형으로 가장 적절한 것은?

> ⓐ : 글로벌 금융가에서 제로 금리와 글로벌 투자 상승을 이용해 이익을 얻으려는 유로 캐리 트레이드 투자자이다. 즉, 유로 캐리트레이드 자금으로 유입 금융기관들이 저금리로 조달하여 신흥국의 고금리 통화로 운용함으로써 금리 및 환차익을 통해 수익을 얻는 것을 의미한다.
>
> ⓑ : 기술력을 보유하고 있으나 자금이 부족한 초기 창업단계의 기업에게 자금과 경영 컨설팅을 제공해주는 개인투자자를 의미한다.

	ⓐ	ⓑ
①	스미스 부인	전문 투자자
②	스미스 부인	엔젤 투자자
③	소피아 부인	전문 투자자
④	소피아 부인	엔젤 투자자

53. 다음에서 설명하는 인사평가 방법으로 가장 적절한 것은?

> ⓐ : □□기업은 최근 기획팀과 홍보팀의 인사평가를 위해 전통적인 인사평가 기법을 활용하기로 결정하였다. A부터 E까지 총 5개의 인사평가 등급을 구분하고, A등급(10%), B등급(20%), C등급(40%), D등급(20%), E등급(10%) 수준을 유지하는 선으로 각 조직원에 대한 평가를 실시하였다.
>
> ⓑ : △△기업은 입사한지 1년이 된 영업사원들을 대상으로 고객 서비스 응대 정도를 평가해 연봉을 협상하기로 결정하였다. 이를 위해 고객의 의견을 적극적으로 경청하는 정도, 고객에게 친절하게 피드백하는 정도 등 핵심적인 행위사례를 기준으로 10점 척도로 평가를 실시하였다.

	ⓐ	ⓑ
①	행위기준척도법	평정척도법
②	서열법	강제할당법
③	역량 행정척도법	서열법
④	강제할당법	평정척도법

54. 다음 중 조직의 역량을 종합적으로 분석할 수 있는 맥킨지의 7S 모델 요소로 가장 적절하지 않은 것은?

① 제도(System)는 최고 경영자의 리더십과 업무처리 관행을 평가한다.

② 공유가치(Shared Values)는 조직 내에서의 종류, 조직의 존재 이유와 비전 등을 평가한다.

③ 구성원(Staff)은 인력 보 및 양성, 역량 강화 등을 평가한다.

④ 전략(Strategy)은 자원의확 집중과 경제 우위의 원천을 평가한다.

55. 성실교섭의무에 위반된다고 주장하는 다음의 사례 중 실제 위반되는 사례를 모두 고르면?

노동조합과 사용자는 단체교섭과 단체협약의 체결에서 성실하게 이를 이행하고, 정당한 사유 없이 이를 거부할 수 없는 의무인 성실교섭의무를 지니고 있다.

ⓐ : ○○기업의 사용자 측은 노동조합 측이 처음부터 합의 달성에 대한 의사가 없음을 공표하는 교섭 태도를 유지하고 있기 때문에 성실교섭의무에 위반된다고 주장한다.

ⓑ : □□기업이 사용자 측은 노동조합이 노동조건 개선을 목적으로 설비 과정의 부분적 휴식을 요구하는 과정에서 합리성을 의심하게 되는 내용에 대한 충분한 설명을 하지 않았다고 판단해 성실교섭의무에 위반했다고 주장한다.

ⓒ : △△기업의 노동조합은 사용자 측이 사전협정에서 결정한 절차를 중대하게 위반했기 때문에 성실교섭의무에 위반했다고 주장한다.

ⓓ : ☆☆기업의 사용자와 노동조합은 약 1년간 이어진 교섭 과정에서 한 번도 의견이 일치하지 않아 주장의 불일치가 지속적으로 이어지고 있어 성실교섭의무에 위반한다고 주장한다.

① ⓐ, ⓑ
② ⓑ, ⓒ
③ ⓐ, ⓑ, ⓒ
④ ⓐ, ⓑ, ⓒ, ⓓ

56. 다음 중 노사관계상 법률 위반에 대한 예방활동을 실시하는 기관들에 대한 설명으로 가장 적절하지 않은 것은?

① 노무법인은 노동쟁의를 조정하고 부당노동행위, 부당해고, 차별 등의 구제(시범)신청 사건 등을 심판하는 권한을 수행하는 독립적 합의제 행정기관이다. 기본적으로 노-사-공익의 삼자 구성을 조직 원리로 하는 기관이다.

② 법무법인은 소속 변호사들을 중심으로 조직적 법률 서비스를 제공한다. 단 한 번의 자결 의회로 고객이 추구하는 바를 완벽하게 처리하는 원스톱(one stop) 법률 서비스를 목적으로 운영한다.

③ 고용노동부는 근로 조건의 기준, 노사관계의 조정, 고용정책 등에 대한 사무를 수행하는 중앙행정기관이다. 고용정책을 총괄하며, 고용보험, 직업능력개발훈련, 근로자 복지후생과 같이 고용과 노동에 관한 사무 등 고용과 노동에 관한 사무를 관장한다.

④ 법원은 일제의 법률상의 쟁송을 심판하고 등기, 호적, 공탁 등에 관한 사무를 관장하고 감독한다. 법률이 민법에 위반되는 여부가 제판의 전제가 되는 경우에는 법원은 헌법재판소에 재정하여 그 심판에 의해 재판하게 된다.

57. 다음에서 설명하는 용어에 대한 설명으로 가장 적절하지 않은 것은?

> 일정 시점의 재무 상태를 나타내는 회계 보고서로 기업이 그 시점까지 자금을 어디서 얼마만큼 조달해 투자하였는가를 보여주며 다음과 같은 정보를 제공한다.
> - 기업의 총자산 규모가 얼마나 되는가?
> - 기업의 안정성은 어떠한가?
> - 기업의 재무구조가 양호한 편인가?
> - 기업의 재무상태가 적정한 유동성을 확보하고 있는가?

① 자산, 부채, 자본의 상태가 기록되어 있다.
② 총부채액은 항상 총자본액보다 낮아야 한다.
③ 상법에서는 기업에 대하여 의무적으로 작성하도록 규정하고 있다.
④ 기업의 자본잠식 여부를 확인할 수 있다.

58. 다음에서 설명하는 부채가 올바르게 짝지어진 것은?

> ⓐ : □□기업은 작년에 재무상태표를 작성한 20X1년 5월 3일을 기산일로 하여 1년 이내에 변제하기로 한 차입금에 대한 계산을 진행하고 있다.
> ⓑ : ☆☆기업은 10년 뒤 퇴직할 직원들을 위해 퇴직금을 미리 충당금 형태로 계상해 둔 부채를 가지고 있다. 퇴직금과 관련된 지출을 미리 추정할 수 있기 때문에 결산 기간 시점에서 예상 퇴직금 비용 금액을 예측할 수 있다.

	ⓐ	ⓑ
①	미지급법인세	퇴직급여충당부채
②	미지급법인세	매입채무
③	단기차입금	매입채무
④	단기차입금	퇴직급여충당부채

59. 다음에서 설명하는 자산이 올바르게 짝지어진 것은?

> ⓐ : 1년 안에 현금으로 바꿀 수 있는 자산으로, 예금 통장 내 입금되어 있는 돈이나 창고 내 각종 재고품들이 이에 속한다. 즉, 기업이 원할 경우 즉각적 현금화가 가능한 재산으로 당좌자산과 재고자산으로 분류된다.
>
> ⓑ : 사업에 투입하는 자산으로 토지, 건물, 기계장치, 차량운반구 등과 같은 자산과 더불어 재고자산, 매출채권 등이 포함되는 자산이다. 영업순환과정상의 매출채권과 재고자산을 더한 후 여기에 매입채무를 차감한 금액이다.

	ⓐ	ⓑ
①	유동자산	영업자산
②	유동자산	무형자산
③	유형자산	무형자산
④	유형자산	영업자산

60. 다음에서 설명하는 금융비용이 올바르게 짝지어진 것은?

> ⓐ : 자본구조의 구성, 즉 부채와 자기자본의 구성에 상관없이 기업이 총 투자한 금액 대비 세금 납부 전 기업의 총수익에 대한 비율
>
> ⓑ : 기업이 자본을 이용해 얼마만큼의 이익을 냈는지를 나타내는 지표로 자본총액 대비 당기 순이익에 대한 비율

	ⓐ	ⓑ
①	총자본이익률	자기자본이익률
②	자기자본이익률	금융비용부담률
③	매출액경상이익률	금융비용부담률
④	금융비용부담률	자기자본이익률

통합전공 2회 기출문제

★ 경영학, 경제학, 법학, 행정학 관련 문제로 구성하였습니다.

문항수 | 60문항

▸ 정답과 해설 123쪽

01. 다음 사례에서 발생하는 유통의 기능을 〈보기〉에서 모두 고르면?

> 감자를 재배하는 A 씨는 매점상인 B 씨에게 자신의 밭에 심은 감자를 1,000만 원에 판매하였다. B 씨는 구매한 감자를 중앙 도매시장으로 가져가 경매를 통해 도매인인 C 씨에게 1,500만 원에 판매하였다.

보기

a. 정보 불일치를 해소하는 기능
b. 소유권을 이전시키는 기능
c. 장소적 불일치를 해소하는 기능
d. 품질적 거리를 조절하는 기능

① a, b ② b, c
③ b, d ④ c, d

02. 다음 마이클 포터의 산업의 경쟁강도분석에 관한 내용 중 적절하지 않은 것은?

① 산업 내 경쟁업체가 많을수록 수익률은 낮아진다.
② 구매자의 교섭력이 낮을수록 수익률은 낮아진다.
③ 해당 산업의 진입장벽이 낮을수록 수익률은 낮아진다.
④ 산업 내 대체품이 적을수록 수익률은 높아진다.

03. 다음 직무와 관련된 내용 중 적절하지 않은 것은?

① 직무평가는 기업 내 각 직무 간의 상대적 가치에 따라 임금격차를 결정하게 해 준다.

② 직무평가의 결과로 작성되는 직무기술서는 직무의 성격, 내용 등과 직무에서 기대되는 결과 등을 간략하게 정리해 놓은 문서다.

③ 직무분석에 필요한 정보를 알기 위해 면접, 관찰 또는 중요사건기록 등의 방법을 활용한다.

④ 직무를 수행하는 종업원들에게 의미를 부여하고 만족을 높이기 위해 직무순환, 직무확대, 직무충실화 등을 실시한다.

04. 다음 마케팅 커뮤니케이션에 관한 내용 중 적절하지 않은 것은?

① 인적판매는 비용이 높지만 즉각적 피드백이 가능하다.

② PR은 신뢰도는 높지만 내용을 통제할 수 없다.

③ 판매촉진은 상품의 단기적인 판매증진에 효과적이다.

④ 인적판매나 중간상을 대상으로 한 판매촉진은 대표적인 풀(Pull) 전략이다.

05. 다음 중 현대적 마케팅의 특징과 가장 거리가 먼 것은?

① 마케팅의 관건은 소비자의 만족을 극대화시키는 것이다.

② 전사적이며 통합적인 마케팅을 지향한다.

③ 판매와 촉진이 핵심적인 마케팅 수단이다.

④ 구매자 중심의 순환적 마케팅을 지향한다.

06. 허즈버그의 2요인이론에 대한 설명으로 적절하지 않은 것은?

① 동기요인은 만족감을 높이는 요인이다.
② 동기요인이 발생하지 않는다면 불만족감을 유발하게 된다.
③ 위생요인이 충족되는 것은 단지 불만족 요인을 제거하는 것일 뿐이다.
④ 위생요인을 적절한 수준으로 유지하여 불만을 느끼지 않도록 하여야 한다.

07. 다음 사례를 구매의사결정과정에 따라 차례대로 나열한 것은?

> a. 구매하지 않은 브랜드의 소비자평가가 낮게 나왔다는 기사를 찾아보았다.
> b. 인터넷을 통해 소파광고를 유심히 살펴보았다.
> c. 나의 소파가 너무 낡았다는 생각이 들었다.
> d. 가구점에 갔지만 구매하고자 하는 제품이 없어 다른 제품을 구매하였다.
> e. 저렴한 제품보다는 디자인이 독특한 제품을 구매하기로 결정하였다.

① b－c－a－d－e　　② c－d－e－b－a
③ c－b－e－d－a　　④ e－a－c－b－d

08. 다음 중 주식회사의 주주와 채권자에 대한 설명으로 틀린 것은?

① 주주는 의결권을 가지고 있으나, 채권자는 경영에 참여할 수 없다.
② 주주는 기업에 대해 무한책임을 지지만 채권자는 빌려준 자금의 범위 내에서는 책임을 진다.
③ 기업의 법적인 소유자는 주주이며, 주주와 채권자는 기업에 대한 자금의 공급자이다.
④ 회사가 파산했을 경우 채권자는 주주에 우선하여 자기의 몫을 찾아갈 수 있으나 주주는 여러 청구권자들에게 지불된 후 남는 금액만을 갖는 잔여청구권자이다.

09. 생산되는 제품 100만 개당 불량품의 개수를 3.4개 이하로 생산할 수 있는 공정능력으로, 품질개선을 목적으로 모토로라에 의해 개발된 개념은?

① FMS
② ERP
③ 6시그마
④ 종합적 품질경영

10. 다음의 특징을 갖는 조직구조는?

> 특정한 목표를 달성하기 위하여 일시적으로 구성되는 조직구조로 목표가 달성되면 해체된다. 기동성이 높고, 탄력성이 좋다. 관리자의 지휘 능력에 크게 의존하며, 팀의 조직구성원과 소속 부문 간의 관계 조정에 어려움이 따른다.

① 네트워크 조직
② 기능식 조직
③ 사업부제 조직
④ 프로젝트 조직

11. 다음 설명에 해당하는 법칙은?

> • 공급은 스스로 수요를 창출한다.
> • 경제 전체로 볼 때 수요부족에 따른 초과 공급이 발생하지 않는다.
> • 공급자가 벌어들인 재화가 저장의 수단으로 사용된다는 평가가 있다.

① 파레토 법칙
② 파킨슨의 법칙
③ 롱테일 법칙
④ 세이의 법칙

12. 생산가능곡선(Production Possibility Curve)에 대한 설명 중 틀린 것은?

① 생산가능곡선이 원점에 대하여 오목한 것은 기회비용이 체감함을 의미한다.
② 생산가능곡선 바깥쪽에 있는 점은 현재의 기술수준과 주어진 생산요소로는 도달 불가능한 점이다.
③ 생산가능곡선 내부에 있는 점은 노동력이 실업 상태이거나 자본이 유휴상태를 의미한다.
④ 생산가능곡선상의 어떤 점에서 생산이 이루어질 것인지는 사회구성원들의 선호에 의해 결정된다.

13. 소비자이론에 대한 설명 중 틀린 것은?

① 현시선호이론의 주요 가정은 효용의 측정이 불가능하다는 것이다.
② 기대효용이론은 주로 보험시장이나 도박 등을 분석하는 데 사용된다.
③ 서로 다른 사람의 무차별곡선은 서로 교차할 수 있다.
④ 무차별곡선이론은 기수적 효용을 가정하며, 한계효용이론은 서수적 효용을 가정한다.

14. 완전경쟁시장에 대한 설명 중 틀린 것은?

① 판매자와 구매자 모두 가격설정자이다.
② 기업의 진입, 퇴거가 자유롭다.
③ 개별기업의 수요곡선은 수평이며 한계수입곡선이다.
④ 기업의 이윤극대화를 위해서는 한계수입과 한계비용이 같아야 한다.

15. 효율적 자원배분 및 후생에 대한 설명 중 틀린 것은?

① 무차별곡선이 원점에 대해 볼록한 형태이어야만 후생경제학의 제2정리가 성립한다.

② 일정한 조건이 충족될 때 완전경쟁시장에서의 일반균형은 파레토 효율적이다.

③ 후생경제학 제1정리는 효율적 자원배분이 완전경쟁인 경우에 달성될 수 있음을 보여 준다.

④ 차선의 이론에 따르면 효율적 자원배분을 위한 모든 조건이 충족하지 못한 경우, 더 많은 조건을 충족할수록 더 효율적인 자원배분이 된다.

16. 소비함수이론에 대한 설명 중 틀린 것은?

① 생애주기가설은 소비가 현재소득뿐 아니라 미래소득에도 영향을 받는다는 사실을 이론화했다는 점에서 항상소득가설과 흡사하다.

② 항상소득가설에 의하면 임시소득이 증가할 때 임시소비의 증가로 이어진다.

③ 생애주기가설에 의하면 이자율이 하락하면 소비가 증가한다.

④ 상대소득가설에서는 소비는 자신의 소득뿐만 아니라 타인의 소비행위에도 영향을 받는다.

17. 다음에서 설명하는 실업에 대한 대책으로 옳은 것은?

• 사회적 비용이 상대적으로 적게 유발되는 실업이다. • 항상 존재하기 때문에 인위적으로 줄일 수 없는 실업이다. • 일자리에 대한 탐색과정이 필요하기 때문에 탐색적 실업이라고 한다.

① 산업구조 변화예측에 따른 인력수급정책을 마련한다.

② 통화증가율을 낮추는 정책을 실시한다.

③ 정부의 대규모 공공투자 확대로 일자리를 창출한다.

④ 구인, 구직 정보제공시스템의 효율성을 제고한다.

18. 다음에서 설명하는 정부의 재정정책의 예로 옳지 않은 것은?

> • 정부가 재량적인 정책을 실시하지 않더라도 자동적으로 경기진폭을 줄여 주는 기능을 갖고 있는 제도적 장치이다.
> • 경기변동이 발생하면 자동적으로 정부지출, 조세수입이 변화하여 경기의 진폭을 완화시켜 주는 장치를 말한다.

① 부가가치세 ② 소득세
③ 실업보험 ④ 사회보장이전지출

19. 리카도의 비교우위론에 대한 설명 중 틀린 것은?

① 교역조건은 두 나라의 국내가격비 사이에서 결정된다.
② 절대열위에 있는 산업이라도 비교우위를 가질 수 있다.
③ 경제규모가 큰 나라일수록 무역에 따른 이득이 커진다.
④ 두 상품에 대한 비교생산비가 동일한 경우에는 무역이 발생하지 않는다.

20. 중앙은행에서 시행하는 일반적인 정책수단에 대한 설명으로 옳지 않은 것은?

① 국공채 매입을 통해서 시중에 통화량을 줄이는 효과를 기대할 수 있다.
② 국공채를 매입하려는 목적은 국내 경제의 활성화를 위해서이다.
③ 법정지급준비율을 인상하게 되면 물가상승을 둔화시킬 수 있다.
④ 재할인율정책은 예금은행이 초과지급준비금을 보유한 상태라면 큰 효과를 거두기 힘들다.

21. 다음 빈칸에 들어갈 용어로 적절한 것은?

> 일정 기간 동안 기업에서 얻은 경영성과를 나타내는 회계보고서를 (   )라고 한다.

① 포괄손익계산서　② 자본변동표
③ 현금흐름표　④ 대차대조표

22. 다음과 같이 결산일에 보험료의 미경과분을 계상하지 않았다면, 이를 계상했을 때 당기순이익의 변동은?

> • 5월 1일 1년분 보험료 ₩240,000을 현금으로 납부하였다.
> • 12월 31일 결산일에 보험료 미경과분을 계상하지 않았다.

① ₩100,000 증가　② ₩140,000 증가
③ ₩100,000 감소　④ ₩140,000 감소

23. 다음 중 정보이용자가 과거, 현재 또는 미래의 사건을 평가하거나 과거의 평가를 확인 또는 수정하도록 도와줄 수 있는 정보의 질적 특성은?

① 검증가능성　② 적시성
③ 목적적합성　④ 비교가능성

24. 재무상태표를 작성할 때 부채부분에서 단기차입금을 장기차입금과 구분하여 기재하는 방식과 관련된 것은?

① 발생주의 ② 현금주의
③ 유동성과 비유동성 ④ 상계금지원칙

25. 다음 재고자산에 관한 설명 중 옳지 않은 것은?

① 원가흐름의 가정은 실제 물량흐름과 일치하는 방법을 선택하여 적용하여야 한다.
② 실사법은 장부정리가 간편하고 외부보고목적에 충실하다는 장점이 있다.
③ 재고자산의 순실현가능가치가 취득원가에 미달하는 경우 동 미달액은 손익계산서에 당기 비용으로 인식하고 재고자산평가충당금의 과목으로 하여 재고자산의 차감계정으로 표시한다.
④ 기말 재고수량이 장부수량에 미달하는 경우 동 수량부족분에 해당하는 취득원가는 재고자산감모손실의 과목으로 하여 당기비용으로 처리한다.

26. 다음의 자료와 회계등식을 이용하여 계산한 기말자본총계는? (단, 회계기간 중에는 손익거래와 배당지급 이외에 자본총계에 영향을 미치는 거래나 사건은 발생하지 않았다)

기초자산	기초부채	기말부채	총수익	총비용
₩100,000	₩30,000	₩50,000	₩80,000	₩40,000

① ₩60,000 ② ₩70,000
③ ₩110,000 ④ ₩160,000

27. ○○운송은 20X1년 1월 1일에 영업용 차량운반구(내용연수 4년, 잔존가치 ₩0, 정액법 상각)를 ₩400,000에 취득하여 사용하고 있으며, 재평가모형 적용 시 기존의 감가상각누계액을 전부 제거하는 재평가모형을 사용한다. 또한 차량운반구를 사용함에 따라 재평가잉여금의 일부를 이익잉여금으로 대체하는 회계처리방법을 채택하고 있다. 20X1년 말과 20X2년 말 차량운반구의 공정가치는 각각 ₩390,000과 ₩100,000이었다면, ○○운송이 20X2년도 포괄손익계산서에 비용으로 인식할 금액은 얼마인가?

① ₩190,000　② ₩200,000
③ ₩270,000　④ ₩320,000

28. 다음 회계순환과정을 순서대로 바르게 배열한 것은?

㉠ 수정후시산표	㉡ 결산수정분개
㉢ 수정전시산표	㉣ 재무제표 작성
㉤ 장부마감	

① ㉡-㉢-㉣-㉠-㉤　② ㉡-㉣-㉠-㉤-㉢
③ ㉢-㉠-㉤-㉣-㉡　④ ㉢-㉡-㉠-㉤-㉣

29. 다음 중 사채와 충당부채에 관한 설명으로 옳지 않은 것은?

① 충당부채의 인식요건 중 자원의 유출가능성이 높다는 것은 발생확률이 50% 초과인 경우를 말한다.
② 유효이자율법을 적용하는 경우 사채할인발행차금 상각액은 기간의 경과에 따라 감소하지만, 사채할증발행차금 상각액은 기간의 경과에 따라 증가한다.
③ 사채의 표시이자율이 발행일의 시장이자율보다 낮다면 사채는 할인발행된다.
④ 사채를 발행하는 과정에서 발생하는 부대비용은 사채할증발행차금에서 차감한다.

30. 다음 중 기업회계기준서 제1115호 '고객과의 계약에서 생기는 수익'에서 고객과의 계약에 해당되는 기준에 해당하지 않는 것은?

① 계약에 상업적 실질이 있다.
② 이전할 재화나 용역과 관련된 각 당사자의 권리를 식별할 수 있다.
③ 고객에게 이전할 재화나 용역에 대하여 받을 권리를 갖게 될 대가의 회수가능성이 낮다.
④ 계약 당사자들이 계약을 서면으로 승인하고 각자의 의무를 수행하기로 확약한다.

31. 다음 중 헌법상 저항권에 관한 설명으로 적절하지 않은 것은? (단, 다툼이 있는 경우 판례와 통설에 의한다)

① 저항권의 주체는 국민으로, 여기에는 개개인으로서의 국민은 물론이고 단체 · 정당 등도 포함된다.
② 저항권은 민주적 · 법치국가적 기본질서에 바탕한 입헌주의적 헌법체제를 수호하기 위함을 그 목적으로 한다.
③ 저항권은 기존 질서의 유지회복을 목적으로 한다는 점에서 기존 헌법질서를 파괴하고 새로운 헌법질서 수립을 목적으로 하는 혁명권과 구별된다.
④ 저항권의 행사는 그 목적달성을 위해 필요 최소한으로만 이루어져야 하며, 어떠한 경우에도 폭력적 방법으로는 행사될 수 없다.

32. 다음 중 헌법상의 국민의 권리와 의무에 관한 설명으로 옳지 않은 것은?

① 형사피고인은 유죄의 판결이 확정될 때까지는 무죄로 추정된다.
② 언론 · 출판에 대한 허가나 검열과 집회 · 결사에 대한 허가는 인정되지 아니한다.
③ 사회적 특수계급의 제도는 법률과 적법한 절차에 의하지 아니하고는 인정되지 않는다.
④ 피고인의 자백이 고문 · 폭행 · 협박 · 구속의 부당한 장기화 또는 기망 기타의 방법에 의하여 자의로 진술된 것이 아니라고 인정될 때 또는 정식재판에 있어서 피고인의 자백이 그에게 불리한 유일한 증거일 때에는 이를 유죄의 증거로 삼거나 이를 이유로 처벌할 수 없다.

33. 다음 중 헌법상 국회의 의결에 관한 설명으로 옳지 않은 것은?

① 국채를 모집하거나 예산 외에 국가의 부담이 될 계약을 체결하려 할 때에는 정부는 미리 국회의 의결을 얻어야 한다.

② 정부는 회계연도마다 예산안을 편성하여 회계연도 개시 90일 전까지 국회에 제출하고, 국회는 회계연도 개시 30일 전까지 이를 의결하여야 한다.

③ 국회는 헌법 또는 법률에 특별한 규정이 없는 한 재적의원 과반수의 출석과 출석의원 과반수의 찬성으로 의결한다. 가부동수인 때에는 국회의장이 정한다.

④ 국회에서 의결된 법률안은 정부에 이송되어 15일 이내에 대통령이 공포한다.

34. 다음 중 민법상 법률행위의 대리에 관한 설명으로 옳지 않은 것은? (단, 예외적 사정은 고려하지 않으며, 다툼이 있는 경우 판례에 의한다)

① 법정대리에 대해서는 대리권 남용의 이론이 적용되지 않는다.

② 불법행위의 대리는 허용되지 않는다.

③ 대리권은 수권자인 본인의 사망으로 소멸한다.

④ 소송위임은 단독 소송행위로서 그 기초 관계인 의뢰인과 변호사 사이의 사법상의 위임계약과는 그 성격이 다르며, 의뢰인과 변호사 사이의 권리와 의무는 수권행위가 아닌 위임계약에 의하여 발생한다.

35. 민법상 판결에 의하여 확정된 채권의 소멸시효는 몇 년인가?

① 1년 ② 3년 ③ 10년 ④ 20년

36. 다음 중 점유권에 관한 설명으로 옳지 않은 것은? (단, 다툼이 있는 경우 판례에 의한다)

① 지상권, 전세권, 질권, 사용대차, 임대차, 임치 기타의 관계로 타인으로 하여금 물건을 점유하게 한 자는 간접으로 점유권이 있다.

② 점유보조자는 점유권이 없는 자이므로 점유보호청구권을 행사할 수 없다.

③ 점유보조자는 점유자를 위해 자력구제권을 행사할 수 있다는 것이 일반적 견해이다.

④ 건물의 소유자가 아닌 건물점유자도 특별한 사정이 없는 한 건물의 부지를 점유한다고 보아야 한다.

37. 다음에서 설명하고 있는 행정법의 일반원칙은?

> • 참새를 잡으려고 대포를 쏘아서는 안 된다는 법언과 관련이 깊다.
> • 경찰권을 제한하는 원칙으로 출발하였으나 오늘날에는 모든 행정영역에 적용된다.

① 비례의 원칙
② 부당결부금지의 원칙
③ 실효의 원칙
④ 신뢰보호의 원칙

38. 다음 중 행정법상 허가에 관한 설명으로 옳지 않은 것은? (단, 다툼이 있는 경우 판례와 통설에 의한다)

① 불특정 다수인을 상대방으로 하는 허가는 할 수 없다.
② 허가를 요하는 행위를 허가 없이 한 경우 강제집행의 대상이 될 수 있다.
③ 허가는 행정처분의 형식으로만 가능하고, 법규의 형식으로 행하는 이른바 법규허가는 허용되지 않는다.
④ 허가는 일반적, 상대적 금지를 해제하여 자연적 자유를 회복시켜 주는 것으로 명령적 행위에 해당한다.

39. 다음 중 상법상 주식회사의 주식과 주권에 관한 설명으로 옳지 않은 것은?

① 주주의 책임은 그가 가진 주식의 인수가액을 한도로 한다.
② 액면주식 1주의 금액은 100원 이상으로 하여야 한다.
③ 가설인의 명의로 주식을 인수하거나 타인의 승낙 없이 그 명의로 주식을 인수한 자는 주식인수인으로서의 책임이 있다.
④ 회사가 다른 회사의 발행주식총수의 100분의 1을 초과하여 취득한 때에는 그 다른 회사에 대하여 지체없이 이를 통지하여야 한다.

40. 다음 중 상법상 주식회사의 기관에 관한 설명으로 옳지 않은 것은? (단, 예외적 사정은 판단하지 않는다)

① 발행주식총수의 100분의 3 이상에 해당하는 주식을 가진 주주는 회의의 목적사항과 소집의 이유를 적은 서면 또는 전자문서를 이사회에 제출하여 임시총회의 소집을 청구할 수 있다.
② 주주총회를 소집할 때에는 주주총회일의 1주 전에 각 주주에게 서면으로 통지를 발송하거나 각 주주의 동의를 받아 전자문서로 통지를 발송하여야 한다.
③ 총회의 의장은 정관에서 정함이 없는 때에는 총회에서 선임한다.
④ 회사는 이사회의 결의로 회사를 대표할 이사를 선정하여야 한다.

41. 다음 중 행정규제 및 행정지도에 관한 설명으로 옳지 않은 것은? (단, 다툼이 있는 경우 통설에 의한다)

① 행정규제는 법령 등에 근거한 행정작용이다.
② 경제적 규제는 시장경제의 활성화 이후 지속되어 온 전통적 규제이다.
③ 사회적 규제는 경제적 규제에 비해 규제의 대상과 효과가 광범위하다.
④ 행정지도는 권고, 조언 등과 같이 법적 구속력을 수반하는 행위를 말한다.

42. 다음 중 행정의 가치에 관한 설명으로 옳지 않은 것은?

① 행정가치는 행정수요에 따라 유동적이고, 다양하다.
② 행정가치는 가치 상호 간의 우선순위를 정립해 주는 역할을 한다.
③ 민주성과 책임성은 행정의 본질적 가치로 분류한다.
④ 일반적으로 민주성과 생산성의 가치는 상충관계에 있다.

43. 다음 정책평가의 타당성 저해요인 중 외적 타당도 저해요인에 해당하는 것은?

① 선발요소　　② 호손효과
③ 오염효과　　④ 성숙효과

파트1 경영학
파트2 경제학
파트3 법학
파트4 행정학
파트5 공기업 기출문제

44. 학습조직에 관한 설명 중 적절하지 않은 것은?

① 조직의 보상체계는 개인별 성과급 위주로 구성되어 있다.
② 불확실한 환경에 필요한 신축성을 제고하기 위해 네트워크 조직과 가상조직을 활용한다.
③ 문제해결을 위한 조직의 공식자료는 항상 조직구성원이 접근 가능해야 하며, 조직구성원 간의 광범위한 의사소통을 장려한다.
④ 부서 간 경계를 최소화하는 조직문화를 중시하며, 구성원 상호 간의 동정과 지원의 정서를 강조한다.

45. 리더십 연구의 접근방법 중 위인들에 관한 연구에서 출발하여 주로 리더 개인의 속성 · 자질에 대해 연구한 것으로, 리더가 처한 상황에 따라 효과가 다르게 나타나고 리더십의 전체 과정에 대한 이해가 어렵다는 비판을 받는 것은?

① 행태론적 접근방법
② 신속성론적 접근방법
③ 특성론적 접근방법
④ 상황론적 접근방법

46. 다음 중 대표관료제에 관한 설명으로 적절하지 않은 것은?

① 행정의 전문성과 생산성을 향상시킬 수 있다는 장점이 있다.
② 소극적 대표는 출신성분이 관료의 태도를 결정한다는 전제를 가진다.
③ 관료들이 출신 집단의 가치와 이익을 정책에 반영할 것이라는 가정을 기반으로 한다.
④ 국민의 다양한 요구에 대한 정부의 대응력을 향상시키고, 정책에 대한 관료의 책임성을 제고시킨다.

47. 다음 중 행동강령의 특성으로 적절하지 않은 것은?

① 포괄적이고 보편적인 내용에 대한 규정을 담고 있다.
② 윤리강령을 더욱 구체화한 것이다.
③ 사전적 · 예방적 기능을 주된 목적으로 한다.
④ 규범성을 지향하고 타율성을 추구한다.

48. 예산의 형식에 대해 법률주의와 대비되는 예산주의에 관한 설명으로 적절한 것은?

① 영구세주의가 적용된다.
② 미국, 영국, 프랑스 등에서 채택하고 있다.
③ 세입과 세출이 모두 법적 구속력을 가진다.
④ 예산안에 대해 대통령이 거부권을 행사할 수 있다.

49. 다음 중 조세지출예산제도에 관한 설명으로 적절하지 않은 것은?

① 재정부담의 형평성과 투명성을 향상한다.
② 불공정한 조세지출을 폐지할 수 있다.
③ 조세지출내역을 세수 인상을 위한 정책 자료로 활용할 수 있다.
④ 조세지출에 대한 신축성이 향상되어 환경 변화에 따른 능동적 대처가 가능하다.

50. 다음 중 지방자치단체의 사무에 관한 설명으로 옳지 않은 것은?

① 원칙적으로 자치사무에 관한 경비 부담은 지방자치단체가 진다.
② 자치사무는 일반적으로 법령에 "지방자치단체는 …을 하여야 한다."고 규정하고 있다.
③ 지방의회는 자치사무와 달리 단체위임사무 및 기관위임사무에 관한 조례제정권이 없다.
④ 기관위임사무는 일반적으로 지방의 이해관계보다 전국 단위의 이해관계에 관한 사무를 그 내용으로 한다.

51. 다음은 직위분류제의 수립과 관련된 내용이다. 이를 바탕으로 한 질문에 대한 대답으로 옳지 않은 것은?

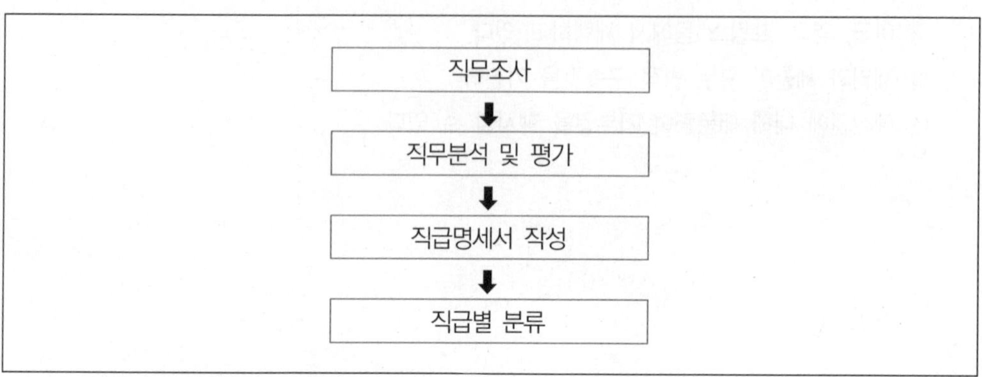

①	Q : 직무조사란 무엇인가요? A : 직무의 내용, 책임도, 곤란도, 자격요건 등에 관한 자료들을 수집하는 것입니다.
②	Q : 직무평가의 방법 중 비계량적 방법에는 어떤 것들이 있나요? A : 직무평가의 비계량적 방법에는 서열법과 요소비교법이 있습니다.
③	Q : 직급명세서는 어떤 용도로 활용될 수 있을까요? A : 직급명세서는 채용 · 승진 · 보수 등 인사관리의 기초 자료로 사용됩니다.
④	Q : 직위분류제 채택 시의 단점은 뭐가 있을까요? A : 인사관리의 탄력성과 신축성 확보가 곤란할 수 있습니다.

[52 ~ 53] 다음 단체교섭과 관하여 이어지는 질문에 답하시오.

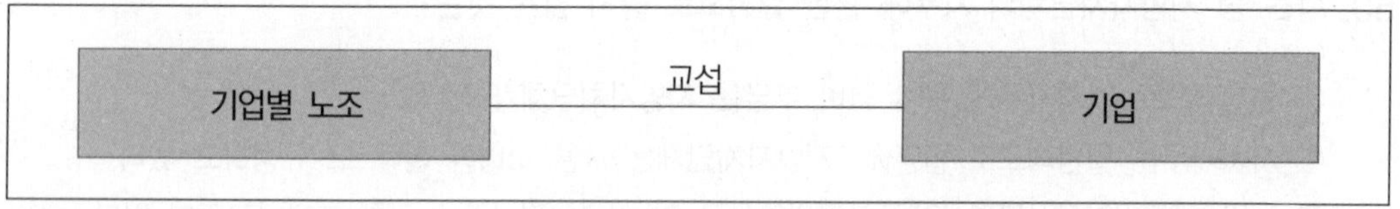

52. 다음 중 위와 같은 교섭방식에 관하여 잘못 설명한 사람은?

① A : 이러한 교섭방식은 각 기업의 경영실적과 기타 근로 조건의 특수성을 잘 반영할 수 있습니다.

② B : 유사산업 내의 기업 간의 임금 및 근로조건에 상당한 격차가 발생할 수 있습니다.

③ C : 이러한 교섭방식은 조합이기주의를 막을 수 있는 방식이기도 합니다.

④ D : 이러한 교섭방식은 교섭수준과 관련하여 기업 또는 사업장 수준에서 이루어지는 교섭이기 때문에 가장 분권화된 교섭형태라 할 것입니다.

53. 다음은 위의 교섭방법에 따라 체결된 단체협약의 일부이다. 이에 대한 해석으로 옳지 않은 것은? (단, 다툼이 있는 경우 다수설과 판례에 의한다)

> 〈단체협약〉
>
> **제1조(유일교섭단체)** 회사는 조합이 전 조합원을 대표하여 임금 및 근로 조건, 조합 활동의 권리, 기타 사항에 관하여 교섭하는 유일한 교섭 단체임을 인정하고, 여타 어떠한 노동단체도 인정치 않는다. 단, 교섭권을 상급단체에 위임할 때는 그러하지 아니한다.
>
> **제7조(조합 전임자)** ① 회사는 조합의 임원, 간부 또는 조합원 중에서 조합 대표가 추천하는 1명이 조합 활동에 전임함을 인정하며 직무 대리에 대하여는 직무 대리 기간 중 전임을 인정한다.
>
> ② 제1항의 경우 회사는 조합 전임자에 대하여 그 기간 동안 임금을 지급한다.
>
> **제53조(임금의 원칙)** ① 사용자는 종업원의 인간다운 생활을 보장할 수 있는 생계비를 기준으로 하는 임금을 지급하고, 매 1년 단위로 물가변동 등에 따른 실질임금수준 확보에 최선을 다한다.
>
> ② 사용자는 조합원에 대한 보수관계규정(보수에 관한 규정, 복지후생에 관한 규정, 퇴직금 지급에 관한 규정)과 기타 임금과 관계있는 제반사항의 제정 및 변경을 하고자 할 경우에는 조합과 합의하여야 한다.
>
> 부칙
>
> **제1조(협약의 유효기간)** 본 협약의 유효기간은 체결일로부터 3년으로 한다. 다만 기간이 만료되어도 갱신체결이 완료되지 않았을 경우 협약의 효력은 새로운 협약 체결 때까지 계속된다.

① 만일 복수노조가 있는 회사의 경우 제1조의 내용은 여타 노조에 대한 단체교섭권을 침해하게 되어 위법하다고 할 것이다.

② 제7조 제2항은 노동조합 및 노동관계조정법에 따르면 적법한 내용이다.

③ 제53조는 단체협약의 규범적 부분에 해당한다.

④ 단체협약의 유효기간을 정한 부칙 제1조는 강행규정을 위반한 내용이다.

54. 회사에서 발생한 갈등상황의 해결에 있어 다음 갈등 대처에 관련한 토마스의 분류에서 a에 속하는 사람이 선택할 전략으로 적절한 것은?

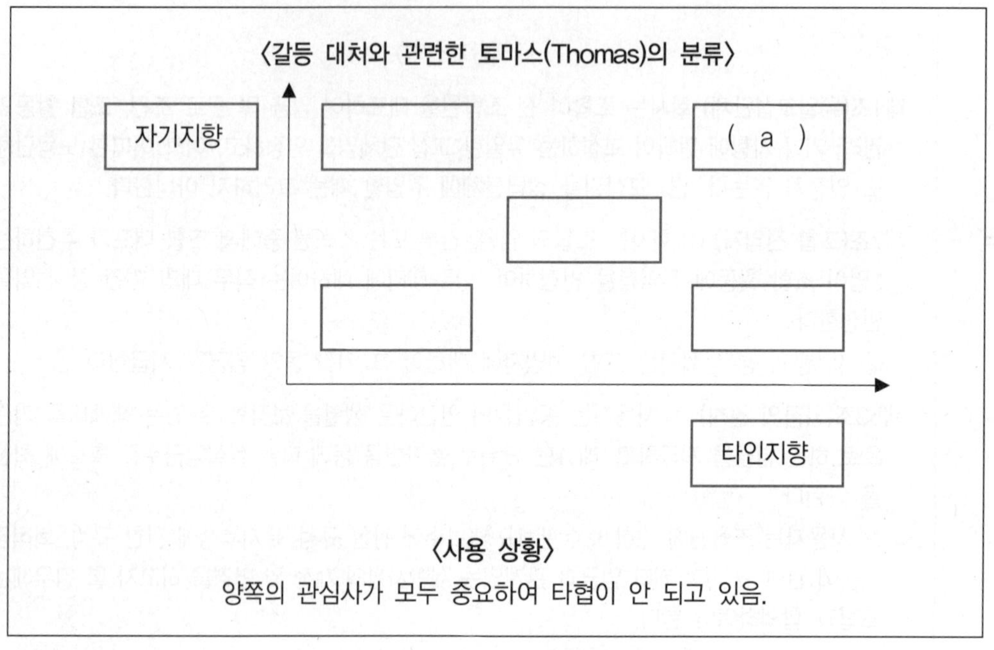

〈사용 상황〉

양쪽의 관심사가 모두 중요하여 타협이 안 되고 있음.

① 협동전략　　② 경쟁전략

③ 순응전략　　④ 회피전략

55. 다음 사례에 관한 설명으로 적절하지 않은 것은? (단, 각 지문은 별개의 상황이며, 제시되지 않은 예외적 사정은 고려하지 않고, 다툼이 있는 경우 판례에 의한다)

甲과 乙이 202X. 4. 1. 乙 소유의 X 토지에 대해 매매대금 2억 원으로 하여 매매계약을 체결하면서 아래와 같은 계약서를 작성하였다.

－매매 계약서－

(1) 매매 계약의 당사자 : 매도인 乙, 매수인 甲

(2) 매매 계약의 목적물 : ○○시 ○○읍에 있는 乙 소유 X 토지

(3) 대금 지급 방법 등

1) 계약금 : 2천만 원은 매매계약 당일인 202X. 4. 1.에 지급한다.

2) 중도금 : 8천만 원은 202X. 5. 1.에 지급한다.
3) 잔금 : 1억 원은 202X. 6. 1.에 지급한다.
4) 기타 : 甲의 잔금 지급을 상환으로 乙은 X 토지를 인도하고 소유권이전등기에 필요한 서류를 넘긴다.

① 甲이 중도금지급일 이전인 202X. 4. 20.에 乙에게 중도금을 미리 지급하려고 하였으나 乙이 이를 거부하고 202X. 4. 21. 乙이 甲을 상대로 계약금의 배액을 제공하면서 매매계약을 해제하였다면 그 해제는 적법하다.
② 甲이 202X. 5. 1. 까지 중도금을 지급하지 않아 乙이 甲에게 이행을 최고하였는데, 이에 甲이 계약금을 포기하고 매매계약을 해제하였다면 그 해제는 적법하다.
③ 甲이 202X. 5. 1. 까지 중도금을 지급하지 않는다면 乙이 아직 X 토지를 甲에게 인도하지 않고 있더라도 乙은 중도금 지급 지체에 따른 지연이자를 손해배상으로 청구할 수 있다.
④ 잔금지급일인 202X. 6. 1.이 지났음에도 甲이 잔금을 지급하지 않고 있고, 乙 역시 소유권이전등기에 필요한 서류를 교부하지 않고 X 토지도 인도하지 않고 있다면 甲과 乙은 위 채무에 대한 이행지체책임을 지지 않는다.

56. 다음 20X1년 말 ○○물산의 자산에 관한 자료에서 20X1년 말 ○○물산의 재무상태표에 표시되는 현금 및 현금성자산은?

현금보유액	₩50,000
타인발행수표	₩60,000
양도성예금증서(120일 만기)	₩100,000
당좌차월	₩40,000
기일도래 공사채이자표	₩10,000
환매채(90일 환매조건)	₩800,000
1년 이내 만기도래 정기예금	₩60,000

① ₩110,000　② ₩850,000
③ ₩920,000　④ ₩960,000

57. 20X9년 (주)중부는 갑 주식 100주를 취득하고 이를 단기매매항목으로 분류하였다. 그 후 회사가 보유한 갑 주식에 대한 내용이 다음과 같을 때, 갑 주식이 (주)중부의 20X9년도 당기순이익에 미친 영향을 계산하면 얼마인가?

일자	내용	취득금액	비고
10월 31일	100주 취득	주당 ₩720	유상취득
11월 25일	20주 취득	없음.	무상주 주당 공정가치 ₩600
12월 14일	60주 처분	주당 ₩700	
12월 31일	60주 보유		주당 공정가치 ₩580

① ₩1,200　　② ₩2,400

③ ₩4,800　　④ ₩7,200

58. 다음 재무상태표의 A, B에 들어갈 수 있는 계정과목을 〈보기〉에서 모두 고르면?

〈재무상태표〉

○○기업　　20X9년 12월 31일　　(단위 : 천 원)

자산	금액	부채 및 자본	금액
현금 및 현금성자산	900,000	(A)	1,000,000
매출채권	350,000	(B)	660,000
상품	640,000	자본금	630,000
토지	400,000		
	2,290,000		2,290,000

보기

a. 단기차입금　　b. 기계장치

c. 매입채무　　d. 선급보험료

① a, c　　② a, d

③ b, c　　④ c, d

59. 다음 자료를 통해 20X9년 중 A 회사가 발행한 보통주의 1주당 발행가액을 구하면?

• 아래는 A 회사의 20X9년 자본의 변동을 나타내는 자료이다.

구분	20X9. 01. 01.	20X9. 12. 31.
자본금		
자본금(보통주)	₩100,000,000	₩200,000,000
자본금(우선주)	₩60,000,000	₩120,000,000
자본잉여금		
주식발행초과금(우선주)	₩40,000,000	₩80,000,000
자본조정		
주식할인발행차금(보통주)	-	(₩40,000,000)

• A 회사는 20X9년 중 보통주 10,000주와 우선주 5,000주를 추가 발행하였다.

① ₩4,000
② ₩6,000
③ ₩8,000
④ ₩16,000

60. 다음은 미국의 SUN그룹과 ○○무역과의 거래 자료이다. 해당 거래에 대해 ○○무역이 8월 20일에 인식하여야 할 외환차손익은? (단, 해당 제품은 선적지 인도기준이다)

• 8월 20일(환율 : 1,150원/$) 미국의 SUN그룹에 수출(선적)했던 제품에 대한 외상매출금이 보통예금 계좌에 입금되었다. 해당 거래와 관련된 내용은 다음과 같다.
• 외상매출금 : $200,000
• 계약일자 : 7월 11일(환율 : 1,050원/$)
• 선적일자 : 7월 25일(환율 : 1,100원/$)
• 도착일자 : 8월 2일(환율 : 1,200원/$)

① 외환차손 10,000,000원
② 외환차손 20,000,000원
③ 외환차익 10,000,000원
④ 외환차익 20,000,000원

통합전공 3회 기출문제

★ 경영학, 경제학 관련 문제로 구성하였습니다.

문항수 | 40문항

▸정답과 해설 133쪽

01. ○○공사 기획팀은 BCG 매트릭스를 활용하여 전략사업단위를 평가하기 위한 회의를 열었다. 다음 중 옳지 않은 말을 한 사람은?

박 팀장 : 오늘 회의에서는 BCG 매트릭스를 기반으로 사업 전략을 제시하도록 합시다.
배 대리 : 시장성장률과 사업의 강점을 축으로 구성된 매트릭스를 말씀하시는 거죠?
보 과장 : 물음표 사업부는 많은 현금을 필요로 하므로 경쟁력이 없을 것으로 판단되는 사업단위는 회수나 철수 등의 정책을 취해야 합니다.
손 차장 : 시장점유율이 매우 큰 별 사업부는 유지전략이 사용될 수 있지만, 시장점유율이 크지 않으면 육성전략이 사용될 수도 있습니다.
이 차장 : 황금젖소 사업부는 저성장시장에 있으므로 신규설비투자를 멈추고 유지정책을 사용해야 합니다.
현 대리 : 개 사업부는 시장전망이 좋지 않으니 회수나 철수정책을 사용해야 합니다.

① 배 대리 ② 보 과장 ③ 손 차장
④ 이 차장 ⑤ 현 대리

02. 다음 중 통계적 품질관리에 대한 설명으로 옳지 않은 것은?

① 통계적 품질관리를 위한 관리도를 작성하기 위해서 생산되는 제품의 샘플링 테스트가 필요하다.
② 프로세스능력비율은 공정의 변동폭이 규격공차의 비율 내에 있는가를 확인하는 비율이다.
③ 관리도는 통계적 기법을 통해 공정이 안정 상태에 있는지를 판단하는 것이 특징이다.
④ p-관리도는 길이, 넓이, 무게 등 계량적으로 측정 가능한 연속적 품질 측정치를 이용하는 관리도이다.
⑤ R-관리도는 프로세스의 변동성이 사전에 설정한 관리상하한선 사이에 있는가를 판별하기 위해 사용한다.

03. PERT/CPM의 확률적 모형에서 각 활동에 소요되는 예상 시간은 낙관적 시간, 비관적 시간, 최빈 시간의 세 가지로 추정한다. 각 활동시간이 베타분포를 따른다고 가정하고 어떤 활동의 낙관적 시간은 2일, 비관적 시간은 8일, 최빈 시간은 5일로 추정된다고 할 때, 그 기대시간은?

① 3일 ② 5일 ③ 10일
④ 15일 ⑤ 30일

04. 다음 중 인사평가 및 선발을 위한 평가도구에 관한 설명으로 옳은 것은?

① 인사평가의 신뢰성은 특정한 평가도구가 얼마나 평가목적을 잘 충족시키느냐에 관한 것이다.
② 인사평가의 신뢰성을 파악하기 위해서는 관대화 경향, 중심화 경향, 후광효과, 최근효과, 대비효과를 지표로 측정하여야 한다.
③ 신입사원의 입사 시험성적과 입사 후 직무태도를 비교하여 상관관계를 조사하는 방법은 선발도구의 동시타당성을 조사하는 방법이다.
④ 시험-재시험 방법, 내적 일관성 측정방법, 양분법은 선발도구의 타당성을 측정하는 데 사용되는 방법이다.
⑤ 중심화 경향은 평가자가 피평가자의 중심적인 행동특질로 피평가자의 나머지 특질을 평가하는 경향이다.

05. 다음 중 생산능력에 대한 설명으로 옳은 것은?

① 실제 산출량이 일정하다면 생산능력의 효율성은 유효생산능력이 클수록 커진다.
② 수요의 변화에 따라 재고를 변동시키는 전략을 수요추종전략이라고 한다.
③ 최적조업도는 단위당 평균원가가 최소로 되는 산출량이다.
④ 다른 조건이 동일하면 자본집약도가 높은 기업일수록 여유생산능력을 크게 유지하는 것이 바람직하다.
⑤ 유효능력(Effective Capacity)은 설비의 설계명세서에 명시되어 있는 생산능력으로 설비운영의 내·외적 요인에 영향을 받지 않고 생산 가능한 능력이다.

06. 다음 중 조직기술에 관한 설명으로 옳은 것은?

① 페로우(Perrow)는 과업의 불확실성과 기술의 복잡성, 기술의 개방성에 따라 부서단위 기술을 분류하였다.

② 페로우의 기술 분류에서 일상적 기술을 가진 부서는 공학적 기술을 가진 부서에 비해 공식화와 집권화의 정도가 상대적으로 낮다.

③ 우드워드(Woodward)는 생산규모와 기술의 효율성에 따라 생산기술을 단위소량생산기술, 대량생산기술, 연속공정생산기술, 대량주문생산기술의 네 가지로 분류하였다.

④ 우드워드의 기술 분류에서 연속공정생산기술은 산출물에 대한 예측가능성이 높고 기술의 복잡성이 높다는 특징을 가진다.

⑤ 톰슨(Thompson)의 이론에 따르면 집합적 상호의존성은 집약형 기술을 사용하여 독립적으로 달성한 성과의 합이 조직 전체의 성과가 되는 것이다.

07. 다음 중 동기부여 이론에 대한 설명으로 옳은 것은?

① 강화이론에서 벌과 부정적 강화는 바람직하지 못한 행동의 빈도를 감소시키지만 소거와 긍정적 강화는 바람직한 행동의 빈도를 증가시킨다.

② 브룸(Vroom)의 기대이론은 개인과 개인 또는 개인과 조직 간의 교환관계에 초점을 둔다.

③ 브룸의 기대이론에 따르면 자기효능감이 클수록 과업성취에 대한 기대와 보상의 유의성과 수단성이 커진다.

④ 아담스(Adams)의 공정성이론은 절차적 공정성과 상호작용적 공정성을 고려한 이론이다.

⑤ 아담스의 공정성이론에 의하면 개인이 지각하는 산출(Output)에는 직장에서 받은 급여와 유무형의 혜택들이 포함된다.

08. 품질경영에 대한 다음 설명 중 옳은 것은?

① TQM은 최고책임자의 강력한 리더십에 의해 추진되는 장기적 품질혁신 프로그램이다.

② 관리도에서 관리한계선의 폭이 좁을수록 생산자위험이 낮아진다.

③ 싱고(Shingo) 시스템은 통계적 품질관리(SQC) 기법을 활용한 경영기법이다.

④ ISO 12000 시리즈는 품질 프로그램에 대한 일련의 표준으로 유해물질의 생성과 처리 및 처분에 대한 자료의 추적을 포함하고 있다.

⑤ SERVQUAL은 기업이 제공하는 서비스가 기업의 입장에서 얼마나 자체품질기준에 부합되는지를 측정하는 도구이다.

09. 다음 중 지각과 귀인에 대한 설명으로 옳지 않은 것은?

① 강제할당법은 중심화 오류를 감소시키는 방안이다.

② 상관편견은 피평가자가 가진 다른 특질들끼리 관계가 있는 것으로 생각하여 유사하게 평가하려는 경향이다.

③ 켈리(Kelly)의 귀인모형에 따르면 특이성과 합의성이 낮고 일관성이 높은 경우 내적귀인을 하게 된다.

④ 자존적 편견은 사건의 결과를 성공을 위한 학습으로 지각하여 실패를 행위자 자신의 탓으로 돌리는 귀인오류이다.

⑤ 근원적 귀인오류는 사건의 원인에 대해 외적 요인을 무시하고 행위자의 내적 요인으로 귀인하는 오류이다.

10. 다음 중 프로젝트 네트워크 분석에 대한 설명으로 옳지 않은 것은 모두 몇 개인가?

> ㉠ 프로젝트 네트워크를 작성하고 분석하기 위해서는 활동들의 목록, 활동들의 소요시간, 활동여유시간에 관한 정보들이 사전에 준비되어야 한다.
>
> ㉡ 주경로는 모든 경로 중 소요시간이 가장 긴 경로를 의미하며, 하나 이상의 경로가 주경로가 될 수 있다.
>
> ㉢ 주경로에 있는 활동들의 활동여유시간은 모두 0이 되며, 주경로에 속하지 않는 활동들의 활동여유시간은 0보다 작다.
>
> ㉣ 프로젝트가 예상 완료시간에 끝나기 위해서는 모든 경로상의 활동들이 지체 없이 이루어져야만 한다.

① 0개 ② 1개 ③ 2개

④ 3개 ⑤ 4개

11. 자본시장에서 CAPM이 성립한다고 가정할 때, 무위험자산의 수익률은 연 7.0%, 시장포트폴리오의 기대수익률은 연 12.0%, 시장포트폴리오의 연 수익률의 표준편차는 4.0%, 주식 A의 베타계수는 2.0, 주식 A의 연 수익률의 표준편차는 12.5%라면, 이를 근거로 CML와 SML을 도출하기 위한 다음 설명 중 옳은 것은 모두 몇 개인가?

(가) SML을 이용하여 비효율적 개별자산의 균형수익률을 구할 수 있다.
(나) CML상의 시장포트폴리오는 어떤 비효율적 포트폴리오보다 위험보상비율이 크다.
(다) SML과 CML은 기대수익률과 총 위험의 상충관계를 공통적으로 설명한다.
(라) 주식 A와 동일한 기대수익률을 갖는 효율적 포트폴리오의 표준편차는 10%이므로 주식 A와 시장포트폴리오 간의 상관계수는 0.80이다.
(마) 주식 A의 베타계수가 일정한 경우, 잔차의 분산이 감소하면 균형하의 주식 A의 기대수익률은 감소한다.

① 1개　② 2개　③ 3개
④ 4개　⑤ 5개

12. (주)대한의 주식베타는 3이고 법인세율은 50%이다. (주)대한과 부채비율 이외의 모든 것이 동일하고 부채 없이 자기자본만으로 자본을 구성하고 있는 (주)민국의 주식베타가 2이고 기업가치는 150억 원이라면, CAPM과 MM이론이 성립한다는 가정하에 하마다모형을 이용해 구한 (주)대한의 가치는 얼마인가? (단, 근사치로 계산한다)

① 140억 원　② 160억 원　③ 180억 원
④ 200억 원　⑤ 220억 원

13. 다음 중 옵션 투자전략에 대한 설명으로 옳지 않은 것은?

① 박스 스프레드(Box Spread) 전략은 콜옵션을 이용한 강세 스프레드와 풋옵션을 이용한 약세 스프레드를 결합한 전략이다.

② 풋-콜 패리티(Put-call Parity) 전략을 이용하면 만기시점의 기초자산 가격과 관계없이 항상 행사가격만큼 얻게 되어 가격변동위험을 완전히 없앨 수 있다.

③ 기초자산 가격 변동에 따른 손익을 곡선의 형태로 실현하기 위해서는 수평 스프레드를 이용하면 된다.

④ 기초자산 가격이 큰 폭으로 변동할 것으로 예상되지만 방향을 알지 못하는 경우 스트랭글(Strangle)을 매입하면 된다.

⑤ 콜옵션을 매입해야 하는 방비 콜(Covered Call) 전략과 달리 보호 풋(Protective Put) 전략은 헤지(Hedge) 전략으로 볼 수 있다.

14. 다음 설명 중 옳지 않은 것은 모두 몇 개인가?

> ㉠ 태도를 구성하는 세 가지 요소는 환경적, 인지적, 행위적 요소이다.
> ㉡ 어떤 가치관이 조직구성원들 사이에 지속적으로 존재하게 될 때 그것은 하나의 문화적 요소가 될 수 있다.
> ㉢ 레빈(Lewin)의 이론에 따르면 태도는 해빙, 변화, 재동결의 단계를 거쳐서 변화하게 되는데 추진력과 저항력 사이의 균형이 깨지는 단계는 해빙단계이다.
> ㉣ 타인을 존중하는 개인의 성향은 Big 5의 성격유형 중 성실성에 속하며 개인의 직무성과와 가장 관련이 높다.
> ㉤ MBTI(Myers-Briggs Type Indicator)에서는 개인이 정보를 수집하는 방식과 판단하는 방식 두 가지에 근거하여 성격유형을 분석하고 성격유형에 적합한 직업을 제시하고 있다.

① 0개　　② 1개　　③ 2개
④ 3개　　⑤ 4개

15. 의사결정에 관한 다음 설명 중 옳은 것을 모두 고르면?

㉠ 명목집단법을 적용할 때는 구성원 간의 토론과 토론사회자의 역할이 중요하다. ㉡ 개인의사결정은 집단의사결정보다 시간과 비용이 절약될 수 있다. ㉢ 응집성이 강한 집단에서 집단구성원들이 집단의 결정을 현실적으로 평가하려는 노력을 묵살하는 경향을 집단응집성이라 한다. ㉣ 구성원을 두 그룹으로 나누어 찬성과 반대를 토론하게 한 다음, 각 대안의 장 · 단점을 모두 파악하여 의사결정을 하는 방법은 변증법적 토의법이다.

① ㉠, ㉢ ② ㉡, ㉢ ③ ㉡, ㉣
④ ㉡, ㉢, ㉣ ⑤ ㉠, ㉡, ㉢, ㉣

16. 한국○○공사 △△지사에서 SWOT 분석에 대해 이야기를 나누고 있다. 다음 대화 중 옳지 않은 발언을 한 사람은?

신 대리 : SWOT 분석이란 외부환경의 관점에서 현재 기업이 가지고 있는 자원과 역량을 분석하는 계량적 방법(Quantitative Method)입니다. 지 차장 : 이해를 돕기 위해 SWOT 분석의 예를 몇 가지 제시해 볼까요? 박 대리 : SWOT 분석 결과 현재 SO 위치에 속해 있는 경우, 비슷한 시장의 관련 기업들을 인수하여 사업을 확장할 수 있습니다. 안 대리 : SO 위치에 속해 있는 경우, 해외시장 진출 전략을 수립하는 방안도 적절합니다. 조 과장 : 현재 WO 위치에 속해 있는 경우, 다른 기업을 벤치마킹하여 부족한 역량을 학습할 수 있습니다. 최 대리 : 현재 ST 위치에 속해 있는 경우, 안정화 전략을 취해야 합니다.

① 신 대리 ② 박 대리 ③ 안 대리
④ 조 과장 ⑤ 최 대리

17. 리더십이론에 대한 다음의 설명 중 옳지 않은 것은?

① 상황이론에 따르면 이상적인 리더십 스타일은 상황에 종속된다.

② 피들러(Fiedler)는 리더십의 상황요인으로 부하와 상사 간의 관계, 과업구조와 직위권력을 제시하고 있다.

③ 허쉬(Hersey)와 블랜차드(Blanchard)의 상황이론에 의하면 부하의 성숙도가 매우 낮고, 책임을 지려고 하지 않는 경우는 위임형 리더십 스타일이 적합하다.

④ 블레이크와 머튼의 관리격자 이론에 따르면 (9, 9)형 리더십이 가장 이상적인 리더십이다.

⑤ 리더십 대체이론(Substitutes for Leadership)에 따르면 집단의 높은 응집력은 리더의 관계지향적 행위를 대체할 수 있다.

18. 다음과 같이 네 개의 순차적인 과업을 통해 제품이 완성되는 조립라인이 있다. 조립라인 균형을 고려하였을 때 다음 중 옳지 않은 것은?

과업	Ⓐ	→	Ⓑ	→	Ⓒ	→	Ⓓ
수행기간	15초		30초		20초		15초

① 최소 주기시간은 30초이다.

② 주기시간을 30초로 결정한다면 총 유휴시간(Total Idle Time)은 40초이다.

③ 주기시간을 30초로 결정한다면 이론적 최소 작업장 수는 4개이다.

④ 주기시간을 30초로 결정한다면 생산라인의 효율(Efficiency)은 약 67%이다.

⑤ 주기시간을 30초로 결정한다면 8시간 동안 총 900개의 수요를 충족시키는 데 문제가 없다.

19. 소비자 태도에 대한 다음 설명 중 옳지 않은 것은 모두 몇 개인가?

㉠ "이 옷 자체는 좋지만, 내가 구매해서 입으면 어울리지 않을 것 같다."라는 태도는 피시바인의 다속성 태도모델(Multi-attribute Attitude Model)로 설명 가능하다.
㉡ 태도는 관찰될 수 있으나 일관적이지 않고 학습되지 않는다.
㉢ 피시바인 모델의 오차항은 정규분포를 따른다.
㉣ 피시바인의 다속성 태도모델은 합리적 행동이론(Theory of Reasoned Action)에 토대를 두고 개발된 것이다.
㉤ 자사상표에 대한 소비자들의 태도가 부정적일 때 소비자들이 좋아하는 연예인을 광고에 출연시킴으로써 태도변화를 시도하는 것은 정교화가능성모형으로 설명이 가능하다.

① 1개 ② 2개 ③ 3개
④ 4개 ⑤ 5개

20. 기초자산의 현재가격이 20,000원이고 이에 대한 콜옵션의 현재가격이 4,000원이다. 콜옵션의 델타가 0.8일 때 기초자산 가격이 18,000원이 되면 콜옵션의 가격은 얼마가 되는가?

① 2,400원 ② 3,600원 ③ 4,000원
④ 4,800원 ⑤ 5,600원

21. 현재 (주)한국의 주식 가격은 20,000원이고 주가는 1년 후 70%의 확률로 20% 상승하거나 30%의 확률로 40% 하락하는 이항모형을 따른다. (주)한국의 주식을 기초자산으로 하는 만기 1년, 행사가격 18,600원의 유럽형 콜옵션이 현재 시장에서 거래되고, 무위험이자율이 연 8%라면 콜옵션의 현재가치는?

① 1,200원 ② 2,430원 ③ 3,500원
④ 3,780원 ⑤ 5,400원

22. 어느 두 자산 A, B로 최소분산포트폴리오를 구성하고자 한다. 두 자산의 기대수익률과 표준편차가 다음과 같을 때, 최소분산포트폴리오를 구성하기 위한 자산 B에 대한 투자비율은 얼마인가? (단, 두 자산 간의 상관계수는 0이다)

자산	기대수익률	표준편차
A	5%	10%
B	10%	30%

① 10%　② 30%　③ 50%
④ 70%　⑤ 90%

23. 다음 표는 ○○은행의 현재 시장가치 기준 자산 · 부채와 듀레이션이다. 아래 ㉠ ~ ㉤의 설명 중 옳은 것의 개수는?

자산	금액	듀레이션	부채 · 자본	금액	듀레이션
현금	200억 원	0년	고객예금	300억 원	1년
고객대출	500억 원	1.2년	발행사채	300억 원	4년
회사채	300억 원	6.0년	자기자본	400억 원	-

㉠ 자산의 듀레이션은 2.4년이다.
㉡ 듀레이션 갭은 0.9년이다.
㉢ 부채의 듀레이션은 자산의 듀레이션보다 크다.
㉣ 순자산가치 면역전략은 듀레이션 갭이 0이 되도록 하는 포트폴리오 관리 기법이다.
㉤ 금리가 하락하면 자산가치의 증가분이 부채가치의 증가분보다 크다.

① 1개　② 2개　③ 3개
④ 4개　⑤ 5개

※ 문제 24 ~ 32는 한국채택국제회계기준(K-IFRS)을 따른다.

24. 회계정책 및 회계추정의 변경에 관한 설명으로 옳은 것은?

① 소급법은 재무제표의 비교가능성은 유지되지만 신뢰성은 저하시키는 방법이다.
② 전기오류의 수정은 오류가 발견된 기간의 당기손익으로 보고한다.
③ '일반적으로 인정되는 회계원칙'이 아닌 회계정책에서 '일반적으로 인정되는 회계원칙'의 회계정책으로 변경하여 적용하는 것은 회계추정의 변경이다.
④ 과거에 발생한 중요하지 않았던 거래와 기타 사건에 대해 새로운 회계정책을 적용하는 경우는 회계정책의 변경에 해당한다.
⑤ ○○공사 직원 출퇴근용 차량을 새로 구입하여 운영하기로 한 경우, 이 차량에 적용될 감가상각방법을 공사가 이미 보유하고 있는 업무용 차량에 대한 감가상각방법과 달리 적용하는 경우는 회계정책의 변경으로 본다.

25. 어느 건물의 공정가치변동이 다음과 같을 때, 20X9년 12월 31일 동 건물에 원가모형을 적용할 경우 (주)대한의 20X9년 당기순이익이 ₩800,000이라면 재평가모형을 적용할 경우의 20X9년 당기순이익은? (단, 감가상각은 정액법으로 한다)

(주)대한은 20X8년 말에 취득한 건물(취득원가 ₩2,000,000, 내용연수 10년, 잔존가치 ₩0)을 투자부동산으로 분류하고 공정가치모형을 적용하였다. 이후 20X9년 9월 1일부터 해당 건물 전부를 본사사옥으로 전환하면서 20X9년 9월 1일 동 건물의 잔존내용연수를 8년, 잔존가치를 ₩0으로 추정하였다.

구분	20X8년 12월 31일	20X9년 9월 1일	20X9년 12월 31일
공정가치	₩2,000,000	₩2,400,000	₩2,000,000

① ₩500,000　② ₩600,000　③ ₩700,000
④ ₩800,000　⑤ ₩1,000,000

26. (주)백색은 20X1년부터 판매한 제품의 결함에 대해 1년간 무상보증을 실시하여 판매한 제품 중 10%의 보증요청이 있을 것으로 예상하였다. (주)백색은 제품보증활동에 대한 수익을 별도로 인식하지 않고 제품보증비용을 인식하며, 개당 보증비용은 20X1년 말과 20X2년 말에 각각 ₩1,300과 ₩1,500으로 추정되었다. 판매량과 보증비용 지출액에 관한 자료가 다음과 같을 때, 20X2년 말 재무상태표상의 제품보증충당부채는 얼마인가? (단, 모든 보증활동은 현금지출로 이루어졌다)

연도	판매량	보증비용 지출액
20X1년	200개	₩10,000
20X2년	300개	₩15,000(전기 판매분) ₩20,000(당기 판매분)

① ₩10,000　② ₩25,000　③ ₩26,000
④ ₩35,000　⑤ ₩35,000

27. 다음 중 자본에 대한 설명으로 옳은 것은 모두 몇 개인가?

> ㉠ 무상증자의 경우 자본총액과 자본금은 변동이 없다.
> ㉡ 주식배당의 경우 자본총액은 감소하나 자본금은 증가한다.
> ㉢ 중간배당도 이익배당이므로 이익준비금을 적립한다.
> ㉣ 기업이 자기주식을 취득하면 자본이 증가한다.
> ㉤ 결손보전을 목적으로 하는 형식적 감자에 의한 자본금의 감소가 이월결손금보다 크면 감자차익이 발생한다.

① 1개　② 2개　③ 3개
④ 4개　⑤ 5개

28. 20X1년 1월 1일 (주)아이에프는 제품 50개를 1년에 걸쳐 고객에게 개당 ₩200에 판매하기로 약속하였고 각 제품에 대한 통제는 한 시점에 이전된다. 이후 20X1년 5월 1일 기존 계약 수량 50개 중 20개에 대한 통제를 고객에게 이전한 상태에서 동일한 제품 10개를 개당 ₩40에 고객에게 추가 납품하기로 계약을 변경하였다. 이후 20X1년 5월 1일부터 10월 31일까지 기존 계약 수량 중 12개와 추가 계약수량 중 8개의 통제를 고객에게 이전하였다면, 해당 거래에 관해 (주)아이에프가 20X1년 1월 1일부터 10월 31일 사이에 인식할 총 수익은 얼마인가? (단, 추가계약된 제품은 구별되는 재화에 해당하며, 추가제품의 계약금액은 개별 판매가격을 반영하지 않는다)

① ₩1,600 ② ₩4,000 ③ ₩6,720
④ ₩7,200 ⑤ ₩8,000

29. (주)엠씨는 20X2년 1월 1일 신사옥 건설을 시작하여 20X3년 9월 30일에 완공하였다. (주)엠씨의 신사옥 건설에 관한 지출액과 그 차입금 내역이 다음과 같을 때, 20X2년에 자본화할 차입원가는 얼마인가? (단, 전기 이전에 자본화한 차입원가는 연평균 지출액 계산 시 포함하지 아니하며, 연평균 지출액과 이자비용은 월할 계산한다)

〈지출액〉

20X2년 1월 1일 : ₩300,000 / 20X3년 1월 1일 : ₩500,000

〈차입금 내역〉

차입금	차입일	차입금액	상환일	이자율
A	20X2. 1. 1.	₩200,000	20X3. 12. 31.	연 10%
B	20X2. 1. 1.	₩100,000	20X3. 6. 30.	연 5%

차입금 A는 일반목적차입금이며, 차입금 B는 사옥건설을 위하여 개별적으로 차입(특정차입금)하였다.

① ₩20,000 ② ₩22,500 ③ ₩27,500
④ ₩37,500 ⑤ ₩52,500

30. 기업회계기준서 제1012호 법인세에 대한 다음 설명 중 옳은 것은?

① 이연법인세 자산과 부채는 미래가치로 할인한다.

② 모든 가산할 일시적 차이에 대하여 이연법인세부채를 인식하는 것을 원칙으로 한다.

③ 당기법인세자산과 부채는 기업이 인식된 금액에 대한 법적으로 집행가능한 상계권리를 가지고 있는 경우 또는 순액으로 결제하거나 자산을 실현하고 부채를 결제할 의도가 있는 경우에 상계한다.

④ 이연법인세자산의 일부 또는 전부에 대한 혜택이 사용되기에 충분한 과세소득이 발생할 가능성이 더 이상 높지 않다면 이연법인세자산의 장부금액을 감액시킨다. 감액된 금액은 사용되기에 충분한 과세소득이 발생할 가능성이 높아지더라도 다시 환입하지 아니한다.

⑤ 당기에 취득하여 보유 중인 토지에 재평가모형을 적용하여 토지의 장부금액이 세무기준액보다 높은 경우에는 이연법인세부채를 인식하며, 이로 인한 이연법인세효과는 당기손익으로 인식한다.

31. 다음은 (주)백제의 전환사채와 관련된 자료이다. 20X3년 1월 1일 전환사채의 전환으로 인한 (주)백제의 주식발행초과금 증가액이 ₩30,000이라면, 전환된 전환사채의 비율은?

(1) (주)백제는 20X1년 초 다음 조건으로 전환사채(액면금액 ₩100,000)를 발행하였다.
- 표시이자 : 연 10%(매년 말 지급)
- 전환조건 : 사채액면 ₩2,000당 1주의 보통주(주당액면 ₩1,000)로 전환교부
- 만기일 : 20X3. 12. 31.
- 투자자가 만기시점까지 전환권을 행사하지 않으면 만기시점에 액면금액의 112%를 지급한다.

(2) 20X2년 말 재무상태표에 표시된 전환사채 장부금액은 ₩107,000이고 전환권대가는 ₩3,000이었다.

(3) (주)백제는 전환사채 발행시점에서 인식한 자본요소(전환권대가) 중 전환된 부분은 주식발행초과금으로 대체하는 회계처리를 한다.

① 10%　② 30%　③ 50%
④ 70%　⑤ 90%

32. (주)실전의 20X2년 1월 1일 현재 보통주자본금은 ₩850,000(주당 액면금액은 ₩1,000)이며 자기주식과 우선주자본금은 없다. 가중평균주식수를 월할계산했을 때 20X2년 당기 희석주당이익이 ₩500이라고 할 때, 다음을 참고하여 20X2년 (주)실전의 당기순이익을 구하면? (단, 법인세 효과는 고려하지 않는다)

- 20X2년 기초미행사 신주인수권은 750개(신주인수권 1개당 보통주 1주 인수)
- 20X2년 10월 1일 신주인수권 600개가 행사됨.
- 20X2년 신주인수권 행사가격 : 주당 ₩6,000
- 20X2년 기준 보통주 평균시가 : 주당 ₩10,000

① ₩475,000 ② ₩525,000 ③ ₩575,000
④ ₩612,500 ⑤ ₩725,000

33. 가격탄력성에 대한 다음 대화에서 올바른 말을 하고 있는 사람은 모두 몇 명인가?

임 팀장 : 수요의 가격탄력성이 비탄력적인 경우 가격을 올리면 기업의 매출액은 증가하게 되겠군.
이 부장 : 어떤 재화의 구매자에게 종량제가 부과되더라도 결과적으로는 구매자와 판매자가 공동으로 절반씩 부담하겠지.
최 차장 : 재화의 대체재가 적을수록 수요의 가격탄력성은 높아지겠네.
홍 과장 : 가격에 상관없이 매달 10kg의 사과를 구매하는 소비자 수요의 가격탄력성은 완전 비탄력적이라고 봅니다.
김 대리 : 수요의 가격탄력성이 클수록 물품세 부과로 인한 경제적 순손실(Deadweight Loss)은 커지겠는걸.
박 사원 : 우하향하는 직선의 수요곡선상에서 수요량이 많아질수록 수요의 가격탄력성은 커지겠네요.

① 2명 ② 3명 ③ 4명
④ 5명 ⑤ 6명

34. 시장형태에 따른 특징에 대한 다음 설명 중 옳은 것은 모두 몇 개인가?

> ㉠ 장기균형에서 완전경쟁기업의 이윤은 0인 반면, 독점적 경쟁기업과 독점기업의 이윤은 0보다 크다.
> ㉡ 완전경쟁시장에서 개별 공급자가 직면하는 수요곡선은 수평선으로 그려진다.
> ㉢ 독점적 경쟁기업이 직면하는 수요곡선이 비탄력적일수록 이윤이 커질 가능성이 높다. 따라서 독점적 경쟁기업은 비가격전략을 사용하여 제품을 차별화한다.
> ㉣ 독점기업의 시장수요곡선은 우하향하며, 항상 수요의 가격탄력성이 탄력적인 구간에서 재화를 생산한다.
> ㉤ 쿠르노 모형에서 각 기업은 상대방의 가격을 고정된 것으로 보고 자신의 가격을 결정한다.

① 1개 ② 2개 ③ 3개
④ 4개 ⑤ 5개

35. 효용을 극대화하는 어느 소비자의 효용함수가 $u(x,\ y)=2x+3y$(x는 X재 소비량, y는 Y재 소비량)이며, 현재 20만 원을 가지고 개당 4천 원의 Y재만을 소비하고 있다. 그런데 이 소비자가 새로 오픈한 회원제 마트에 회원으로 가입하면 X재를 천 원에 구입할 수 있을 때 이 소비자가 회원으로 가입하기 위해 지불할 수 있는 회원비는 최대 얼마인가?

① 50,000원 ② 75,000원 ③ 100,000원
④ 125,000원 ⑤ 150,000원

36. 다음 소득분배의 불평등을 측정하는 방법에 관한 설명 중 옳은 것을 모두 고르면?

> ㉠ 10분위 분배율의 값이 클수록 소득분배가 평등하다는 것을 의미한다.
> ㉡ 로렌츠 곡선이 대각선에 가까워질수록 소득분배는 불평등하다.
> ㉢ 지니 계수의 값이 클수록 소득분배가 평등하다는 것을 의미한다.
> ㉣ 완전균등한 소득분배의 경우 앳킨슨 지수값은 0이다.

① ㉠　　② ㉢　　③ ㉡, ㉢
④ ㉠, ㉣　　⑤ ㉡, ㉢, ㉣

37. 다음 중 소비이론에 대한 설명으로 옳은 것은?

① 케인즈(Keynes)의 절대소득가설에 따르면 소비는 가처분소득에 의해 결정되며 소비곡선은 우상향의 직선으로 그려진다.
② 케인즈의 절대소득가설에 따르면 소비의 이자율탄력성은 1이다.
③ 쿠즈네츠(Kuznets)의 실증분석에 따르면 장기적으로는 평균소비성향이 한계소비성향보다 커진다.
④ 듀젠베리(Duesenberry)의 상대소득가설은 소비의 가역성과 소비의 상호의존성을 가정한다.
⑤ 프리드먼(Friedman)의 항상소득가설에 따르면 임시소득에 의해 현재소득이 일시적으로 항상소득 이상으로 증가하면 평균소비성향은 일시적으로 상승하게 된다.

38. $IS-LM$ 모형에서의 IS곡선에 대한 설명으로 옳지 않은 것은?

① 한계소비성향이 클수록 IS곡선의 기울기는 완만해진다.
② 피구(Pigou) 효과는 IS곡선의 기울기를 가파르게 한다.
③ IS곡선 상방의 한 점은 생산물 시장이 초과공급 상태임을 의미한다.
④ 정부지출과 조세가 동액만큼 증가하더라도 IS곡선은 우측으로 이동한다.
⑤ M(수입)은 소득의 증가함수이므로 개방경제하의 IS곡선은 폐쇄경제하의 IS곡선보다 가파르다.

39. 다음 신고전학파와 새케인즈학파에 대한 설명 중 옳지 않은 것은 몇 개인가?

> ㉠ 통화주의자들은 안정적 화폐수요를 위한 준칙에 의한 통화정책을 주장한다.
> ㉡ 합리적 기대이론의 정책무력성 명제는 예상되지 못한 정책의 효과가 없다고 주장한다.
> ㉢ 합리적 기대이론에 따르면 예측된 정부정책의 변화는 실질변수에 영향을 미치지 않는다.
> ㉣ 합리적 기대이론에 따르면 예측오차는 절대 발생하지 않는다.
> ㉤ 래퍼 곡선(Leffer Curve)은 세율을 낮추어도 조세수입이 증가할 수 있다는 이론적 근거를 제시하며 신고전학파의 공급중시 경제학과 관련이 있다.
> ㉥ 신고전학파는 예상치 못한 경제안정화정책은 일시적으로 유효할 수 있다는 점을 인정한다.
> ㉦ 새케인즈학파 경제학은 물가, 임금의 경직성에 합리적 기대이론을 수용하면서, 정책의 효과가 최소한 단기적으로는 존재한다고 주장한다.

① 1개　② 2개　③ 3개　④ 4개　⑤ 5개

40. 솔로우(Solow) 성장모형에서 1인당 생산함수는 $y = k^{\frac{1}{2}}$ 이다. 감가상각률이 0.1, 인구증가율과 기술진보율은 모두 0인 이 경제의 균제상태의 1인당 자본량이 4라면, 이 경제의 저축률은 얼마인가? (단, y는 1인당 생산, k는 1인당 자본스톡이다)

① 0.05　② 0.1　③ 0.2　④ 0.4　⑤ 0.5

통합전공 4회 기출문제

★ 경영학, 경제학 관련 문제로 구성하였습니다.

문항수 | 70문항

▸ 정답과 해설 144쪽

01. 다음 주식회사에 대한 설명 중 적절하지 않은 것은?

① 주식회사의 출자는 모두 균일한 주권으로 분할된다.

② 주식회사는 자본의 증권화제도로 투자의 회수가 용이하다.

③ 주식회사의 출자자인 주주는 모두 유한책임사원이다.

④ 주식회사의 이사회는 주주를 대신하여 회사를 직접 경영한다.

⑤ 주식회사는 정관을 통해 법인의 조직 및 활동 등 규칙을 정한다.

02. 다음 중 기업의 사회적 책임의 범위에 대한 단계별 순서로 적절한 것은?

① 주주와 경영진－종업원－이해관계자－사회 전체

② 종업원－이해관계자－사회 전체－주주와 경영진

③ 종업원－이해관계자－주주와 경영진－사회 전체

④ 사회 전체－종업원－이해관계자－주주와 경영진

⑤ 이해관계자－종업원－사회 전체－주주와 경영진

03. 다음 중 내용이론에 해당하는 동기부여이론으로만 묶인 것은?

① X이론, 목표설정이론

② Y이론, 목표설정이론

③ ERG이론, 기대이론

④ 성취동기이론, 공정성이론

⑤ 욕구단계이론, 2요인이론

04. 다음 중 태도에 관한 설명으로 적절하지 않은 것은?

① 태도란 어떤 대상이나 사람, 사건 등에 대해 호의적이거나 비호의적으로 평가하는 것이다.

② 기본적으로 사람은 여러 대상에 대한 태도를 조화시키는 동시에 자신의 합리성을 입증하려고 하는 성향을 갖는다.

③ 태도의 인지적 요소는 인간이 가진 사고나 신념 등으로 구성된다.

④ 태도의 정서적 요소는 어떤 대상에 대한 특정한 방식으로 행동하려는 의도를 의미한다.

⑤ 인지부조화는 둘 이상의 태도 또는 태도와 행동 사이의 불일치를 의미한다.

05. 다음 중 서번트 리더십의 특징으로 적절하지 않은 것은?

① 구성원들이 스스로 판단하고 책임지도록 한다.

② 어떤 의사결정을 할 때 구성원에게 미치는 영향을 먼저 고려한다.

③ 구성원에 대한 존중과 수용적 태도를 유지한다.

④ 구성원의 입장에서 상황과 견해를 이해하려고 노력한다.

⑤ 구성원의 경험을 기반으로 현재와 미래의 결과를 예측한다.

06. 다음 중 자원기반관점에서 기업이 보유한 지식자원에 대한 설명으로 적절하지 않은 것은?

① 자원기반관점은 자원의 이질성과 비이동성을 가정한다.

② 자원은 기업이 가치를 창출할 수 있도록 하여야 한다.

③ 자원은 희소성보다 수익성이 높아야 한다.

④ 자원은 일반성보다 모방불가능성이 중요하다.

⑤ 자원은 대체불가능성을 가지고 있어야 한다.

07. 다음 보상시스템에 대한 설명 중 적절하지 않은 것은?

① 기본급은 임금과 봉급으로 구분된다.
② 보너스와 커미션은 인센티브로서 직접보상에 해당된다.
③ 소득보호는 간접보상으로 휴가, 배심원 의무, 카운슬링 등을 포함한다.
④ 저축과 자사주, 연금은 이연급으로서 직접보상에 해당된다.
⑤ 각종 공제는 간접보상으로 휴양시설, 재무설계 등을 포함한다.

08. 다음 SWOT 분석에 대한 설명 중 적절하지 않은 것은?

① 약점(W)은 조직이 잘하지 못하는 활동이나 필요하지만 소유하지 못한 자원을 포함한다.
② 기회(O)는 내 · 외부 환경요인에서 조직에 긍정적인 경향들을 포함한다.
③ SO 전략은 내부의 강점을 이용해 외부의 기회를 포착하는 전략이다.
④ WT 전략은 내부의 약점과 외부의 위협을 최소화하여 사업을 축소하거나 철수하는 전략이다.
⑤ ST 전략은 내부의 강점을 활용하여 외부의 위험을 회피하는 전략이다.

09. 테일러의 과학적 관리법에 대한 설명으로 옳은 것은?

① 보상은 생산성과 연공, 팀워크와 능력에 비례하여 주어져야 한다고 주장하였다.
② 임파워먼트(Empowerment)와 상향적 커뮤니케이션을 강조하였다.
③ 동작연구, 감정연구, 인간관계연구가 활발히 진행되었다.
④ 능률적 작업과 생산성 향상을 주 목표로 하였다.
⑤ 직무설계가 전문화, 분권화, 개성화, 자율화되었다.

10. 다음 중 매트릭스 조직에 대한 설명으로 적절하지 않은 것은?

① 사업부를 형성할 때 제품을 근간으로 사업부를 조직한다.
② 인적자원을 효율적으로 사용할 수 있다는 이점이 있다.
③ 조직이 명령일원화 원칙에 위배될 수 있다는 문제점이 존재한다.
④ 소수의 제품라인을 가지고 있는 중규모 조직에 적합하다.
⑤ 하나 또는 다수의 프로젝트를 수행할 수 있도록 서로 다른 기능별 부문으로부터 전문가들을 할당한다.

11. 다음 글이 설명하는 구조조정의 유형은?

> 기업들이 자신의 경영활동을 근본적으로 다시 고려해야 함을 강조하는 개념으로, 과격하게 비즈니스 시스템 전체를 재구성해야 한다고 본다. 프로세스를 근본 단위로 업무, 조직, 기업 문화까지 전부문에 대하여 성취도를 대폭적으로 증가시키고자 한다.

① 리엔지니어링 ② 재무구조조정 ③ 사업구조조정
④ 아웃소싱 ⑤ 벤치마킹

12. 다음 중 SERVQUAL의 항목으로 적절하지 않은 것은?

① 확신성(Assurance) ② 공감성(Empathy) ③ 유사성(Similarity)
④ 유형성(Tangibles) ⑤ 대응성(Responsiveness)

13. 다음 중 마케팅 표본추출을 위한 비확률 표본추출방법으로만 묶인 것은?

① 체계적 표본추출, 군집표본추출
② 단순무작위표본추출, 할당표본추출
③ 단순무작위표본추출, 편의표본추출
④ 판단표본추출, 군집표본추출
⑤ 편의표본추출, 판단표본추출

14. 다음 중 CIM에 대한 설명으로 적절하지 않은 것은?

① 로봇이나 기계, 제품디자인과 같은 제조관련 부문이 통합된 컴퓨터 시스템을 의미한다.
② CIM을 통해 통합정보체계를 구축할 수 있다.
③ CIM을 사용하는 조직의 구조는 좁은 감독범위를 갖는다.
④ CIM을 사용하는 조직의 구조는 자기통제적 특징을 가진다.
⑤ CIM을 사용하는 조직은 집권화되어 전반적으로 기계적 조직에 가까운 형태를 보인다.

15. 다음 중 프로티언 경력(Protean Career)에 대한 설명으로 적절한 것은?

① 경력 관리의 책임이 조직에 있다.
② 심리적 계약관계가 유연하다.
③ 노하우(Know-How)를 중심으로 경력을 쌓는다.
④ 승진과 급여의 인상을 경력목표로 삼는다.
⑤ 승진을 통한 상위계층으로의 이동이 핵심가치로 작용한다.

16. 다음 인적자원의 수요예측에 대한 설명 중 적절하지 않은 것은?

① 시계열분석은 과거 자료의 변화 패턴을 탐지하여 미래 자료를 예측하는 방법이다.
② 생산성 비율분석은 1인당 부가가치 증가율 등을 구해 인력수요를 예측하는 방법이다.
③ 시나리오기법은 과거의 인적자원 선발과정을 통해 현재의 수요를 예측하는 방법이다.
④ 전문가예측기법은 인적자원관리자들의 경험과 판단에 기초해 수요를 예측하는 방법이다.
⑤ 회귀분석은 인적자원 수요에 영향을 미친다고 밝혀진 과거의 원인변수를 사용해 결과변수를 예측하는 방법이다.

17. 다음 인력선발에 대한 설명 중 적절하지 않은 것은?

① 인력선발은 지원자 중 직무를 성공적으로 수행할만한 자격을 갖춘 인재를 결정하는 것이다.
② 조직은 제공할 비용보다 훨씬 높은 수익을 가져다 줄 인재를 선발해야 한다.
③ 조직은 회사의 목표나 분위기에 어울리는 인재를 선발해야 한다.
④ 조직은 지원자의 자격별로 차별화된 기회를 부여해야 한다.
⑤ 조직은 신뢰성을 가진 선발도구를 통해 종업원을 선발해야 한다.

18. 다음 인사평가 방법에 대한 설명 중 적절하지 않은 것은?

① 행동평가는 구성원의 일반적인 활동방법 등을 평가하는 방법이다.
② 특성평가는 구성원의 성적이나 조직에 대한 충성도 등의 개인적 특성을 평가하는 방법이다.
③ 순위산정식은 단순서열화와 교대순위매김으로 구분된다.
④ 쌍대비교법은 사전에 일정한 범위와 수를 결정해 두고 구성원 비율에 따라 강제로 할당해 비교하는 방법이다.
⑤ 평가센터법은 다수의 대상자를 특정한 장소에 모아 두고 여러 종목의 평가도구를 동시에 적용하여 종합적으로 평가하는 방법이다.

19. 다음 인력개발의 타당성에 대한 설명 중 적절하지 않은 것은?

① 인력선발의 타당성은 같은 것을 일관성 있게 측정할 수 있는 선발도구의 능력을 말한다.
② 기준 관련 타당성은 선발도구를 통해 얻은 예측치와 기준치 간의 관련성을 의미한다.
③ 동시타당성은 현재의 구성원을 대상으로 선발도구를 적용해 예측치를 얻고 동시에 직무성과와 비교하는 방법이다.
④ 내용타당성은 측정대상의 주제를 선발도구가 내포하고 있는 정도를 의미한다.
⑤ 구성타당성은 선발도구의 적격성 여부를 가리기 위한 타당성을 의미한다.

20. 다음 소비재의 특징에 관한 설명 중 적절하지 않은 것은?

① 편의품은 빈번하게 즉시, 그리고 최소한의 노력으로 구매되는 제품이다.
② 선매품은 선택과 구매과정에서 고객이 적합성, 품질, 가격 등을 기준으로 비교하는 제품이다.
③ 선매품은 광범위한 유통망을 가지고 있다.
④ 전문품은 충분한 수의 구매자들이 구매에 특별한 노력을 기울이는 제품이다.
⑤ 전문품은 제조업체와 유통업체에 의해 특정 고객층을 겨냥해 신중한 촉진활동이 이루어진다.

21. 다음 가격결정방법에 대한 설명 중 적절하지 않은 것은?

① 경쟁자의 가격을 기준으로 가격을 결정하는 방법은 경쟁기준법이다.
② 고객이 지각한 가치를 기준으로 가격을 결정하는 방법은 경쟁기준법이다.
③ 원가를 기반으로 가격을 결정하는 방법은 원가기준법이다.
④ 판매자가 목표하는 이익을 달성하도록 하는 가격을 결정하는 방법은 목표수익률법이다.
⑤ 지각된 가치기준법은 비교기준이 될 준거제품을 설정한 후 고객이 얻게 될 경제적 편익 증가분을 화폐단위로 계산하여 가격을 설정한다.

22. 다음 프로스펙트 이론에 대한 설명 중 적절하지 않은 것은?

① 가치판단의 출발점이 어디인가는 가치 결정에 중요한 역할을 수행한다.
② 개인이 준거점을 어디에 두는가에 의해 평가대상의 가치가 결정된다고 본다.
③ 이익이나 손실의 가치가 작을수록 변화에 민감해져 작은 변화가 큰 가치 변동을 가져오게 된다.
④ 손실은 같은 금액의 이득보다 훨씬 더 낮게 평가된다.
⑤ 복수이득분리의 법칙과 복수손실통합의 법칙을 설명한다.

23. 다음 BCG 매트릭스에 대한 설명 중 옳지 않은 것은?

① BCG 매트릭스를 통해 현금흐름 관점에서 균형포트폴리오를 만들 수 있다.
② 별(Star)의 경우 고성장 분야이면서 동시에 점유율도 높은 사업이다.
③ 물음표(Question Mark)는 고성장 사업이지만 점유율이 낮은 사업이다.
④ BCG 매트릭스는 상대적 시장점유율과 절대적 시장점유율을 기준으로 사업부를 구분한다.
⑤ 상대적 시장점유율은 자사의 시장점유율과 장내 1위 경쟁사의 시장점유율의 비를 100으로 곱한 수치이다.

24. 다음 전략적 제휴에 대한 설명 중 적절하지 않은 것은?

① 기능별 제휴는 지분 분배 후 그 기업이 수행하는 여러 가지 업무분야 중 일부에서 협조관계를 갖는다.
② 제품스왑은 판매제휴로 OEM 방식이 이에 포함된다.
③ 기술라이선싱은 한 기업이 다른 기업에게 생산기술을 공유하는 형태를 의미한다.
④ 합작투자는 법률적으로 모기업으로부터 독립된 법인체를 설립한다.
⑤ 합작투자는 연구개발, 판매, 생산에서 이루어질 수 있다.

25. 다음 중 위험에 대한 태도에 관한 설명으로 적절하지 않은 것은?

① 가장 합리적인 투자자는 위험회피형 투자자이다.
② 투자자산 선택 시 위험회피형은 상대적으로 기대수익률이 작지만 위험이 적은 자산을, 위험선호형은 상대적으로 기대수익률이 크고 위험이 큰 자산을 선택한다.
③ 위험중립형 투자자는 투자자산 선택 시 위험의 크기와는 관계없이 오로지 기대수익에 의해서만 의사결정을 한다.
④ 위험선호형 투자자는 수익률이 불확실할수록 가치를 더 크게 평가한다.
⑤ 위험선호형 투자자는 투자수익이 증가함에 따라 동일한 투자수익에 대한 효용이 체증한다.

26. 투자안 평가를 위한 현금흐름 추정 시 추정원칙에 관하여 옳지 않은 것은?

① 이자비용은 물론 배당지급액도 현금흐름 추정 시에 고려하지 않는다.
② 순운전자본이 감소하였다면 감소분만큼 현금이 유입된 것으로 파악하여야 한다.
③ 감가상각비는 현금흐름에 포함하지 않으므로 감가상각으로 인한 법인세 절감효과 또한 현금 흐름에 포함되지 않는다.
④ 비유동자산을 처분할 때 얻게 되는 현금유입은 비유동자산처분손익에 따른 세금효과를 반영하여야 한다.
⑤ 투자안의 현금흐름을 추정할 때 기회비용은 현금유출에 포함시키지만 매몰비용은 제외한다.

27. 다음 중 보몰의 거래적 화폐수요이론에 대한 설명으로 옳지 않은 것을 모두 고르면?

ㄱ. 거래적 화폐수요는 이자율의 감소함수이다.
ㄴ. 한 번에 인출하는 금액이 작아지면 거래비용이 감소한다.
ㄷ. 화폐수요에 있어서 규모의 불경제가 존재한다.
ㄹ. 거래비용이 증가하면 화폐수요는 증가한다.
ㅁ. 한 번에 인출하는 금액이 커지면 화폐수요도 커진다.

① ㄱ, ㄴ　② ㄴ, ㄷ　③ ㄴ, ㄹ
④ ㄹ, ㅁ　⑤ ㄴ, ㄷ, ㅁ

28. 아래 그래프는 포트폴리오의 기대수익률과 위험을 나타낸 포트폴리오 결합선이다. 주식 X의 기대수익률이 20%, 주식 Y의 기대수익률이 10%일 때 다음 중 옳지 않은 것은?

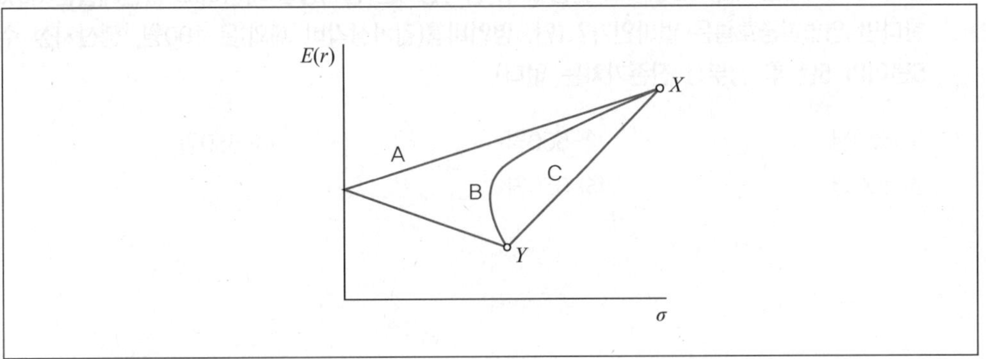

① 포트폴리오의 결합선을 통해 상관계수와 투자비율을 조정한다면 위험이 없는 포트폴리오를 만들 수 있음을 알 수 있다.

② 포트폴리오의 분산투자효과는 A에서 가장 크다.

③ 상관계수의 크기는 C에서 가장 크다.

④ X와 Y로 구성된 포트폴리오가 C선상에 위치하고 기대수익률이 15%라면 X의 투자비중은 40%이다.

⑤ 2개의 주식으로 분산투자한 포트폴리오가 C선상에 위치한다면 2개의 주식의 가격변동률은 완전히 같다.

29. 시장수익률과 개별자산의 수익률과의 관계를 나타내는 회귀선을 증권특성선이라고 한다. 다음 증권특성선에 관한 설명 중 옳지 않은 것은?

① 베타(β)는 증권특성선의 기울기를 의미한다.

② 어떤 개별자산의 증권특성선이 $R_i = 0.2 + 1.2R_M + e_i$이라고 할 때 시장 수익률이 1%p 변할 때 개별자산의 수익률은 1.4%p 변동한다.

③ 결정계수가 클수록 증권특성선이 주식수익률의 변동성을 설명하는 정도가 높다.

④ 증권특성선을 도출하기 위해서 회귀선과 실제 관측치 간 차이를 제곱하고 이를 최소화시키는 기울기와 절편을 찾아낸다.

⑤ 회귀선과 실제 관측치 간 차이를 제곱하는 이유는 제곱하지 않고 합하게 되면 항상 0이 되기 때문이다.

30. (주)T사는 자사의 전기자동차에 들어갈 첨단부품 생산시설을 설치하기 위해 1,000원의 자금을 투자했고 투자자금은 모두 자기자본이다. 이 생산시설에서 매년 100개의 첨단부품을 생산할 수 있고 판매가격은 대당 20원으로 결정했다. 감가상각은 정액법을 사용하고 법인세율은 50%라고 한다면 영업현금흐름은 얼마인가? (단, 영업비용(감가상각비 제외)은 100원, 생산시설 수명은 5년이며 5년 후 장부상 잔존가치는 없다)

① 450원
② 500원
③ 550원
④ 600원
⑤ 650원

31. 다음 투자안 평가방법에 관한 설명 중 적절한 것은?

① 투자안의 할인율이 NPV를 0으로 만드는 할인율보다 클 경우 PI는 0보다 작아진다.
② IRR은 해당 투자안의 특성에 의해 나타나는 것이므로 IRR을 계산할 때 자본비용과는 관계없이 계산한다.
③ 회계적이익률법은 회계적이익률이 자본비용보다 크다면 투자안을 채택하고 그렇지 않으면 기각한다.
④ 회계적이익률법은 기업에서 발생하는 현금흐름을 고려하여 분석하는 방법이지만 시간적 가치를 고려하지 않는다는 단점이 있다.
⑤ 두 투자안이 곡선이 서로 교차한다면 교차지점에서의 할인율이 내부수익률이 된다.

32. 다음 채권수익률과 만기에 대한 설명 중 옳지 않은 것은?

① 채권의 만기가 길어질수록 이자율변동에 따른 채권가격의 변동이 커진다.
② 채권의 액면이자율과 채권수익률이 동일하다면 채권가격은 채권의 액면가와 같다.
③ 채권수익률이 하락할 것으로 예상된다면 액면이자율이 높고 장기채인 채권을 구입한다.
④ 듀레이션은 그 채권의 만기보다 항상 짧거나 같다.
⑤ 이표채를 만기까지 보유했을 때 얻을 수 있는 연평균 투자수익률이 상승한다면 듀레이션은 작아진다.

33. 다음 자본시장선과 증권시장선에 관한 설명 중 옳지 않은 것은?

① 효율적 투자선과 자본시장선이 접하는 점이 바로 최적포트폴리오이다.
② 자본시장선의 경우 위험에 대한 척도는 총위험이다.
③ 시장포트폴리오(m)의 자본시장선의 기울기는 $\frac{E(R_m)-R_f}{\sigma_m}$이다.
④ 증권시장선보다 아래에 위치한 자산은 고평가된 자산이다.
⑤ 증권시장선보다 위에 위치한 자산의 기대수익률은 하락할 것이다.

34. 다음 채권가격에 관한 설명 중 옳지 않은 것은?

① 시장이자율이 상승하게 되면 채권가격은 하락하고 재투자수익률은 상승한다.
② 액면가가 10,000원이고 액면이자율이 10%이며 시장이자율이 12%라면, 채권가격은 액면가보다 작다.
③ 액면가는 10,000원이고 만기가 3년인 할인채는 향후 채권수익률에 변화가 없다면 채권가격은 상승한다.
④ 액면이자율이 10%, 만기수익률은 8%, 만기가 3년인 채권의 가격은 1년 후 현재가격보다 상승한다.
⑤ 액면가 100만 원, 액면이자율 10%, 채권수익률 10%, 1년에 한 번 이자가 지급되는 만기 3년인 채권에 투자자가 이 채권을 사기 위해 투자한 금액이 100만 원이라면 만기까지 보유했을 때 받을 금액은 모두 130만 원이다.

35. (주)AA기업이 금년에 1,000원의 배당을 실시하였고 매년 10%의 비율로 배당금은 증가하며, 요구수익률은 연 20%라고 할 때, 주식의 가치는 얼마인가?

① 10,000원 ② 10,500원 ③ 11,000원
④ 11,500원 ⑤ 12,000원

36. (주)AA기업의 영업투하자본은 1,000원이고, 세후순영업이익은 100원이다. 이 기업의 가중평균자본비용을 6%라고 한다면 경제적부가가치는 얼마인가?

① 30 ② 40 ③ 45
④ 50 ⑤ 60

37. 다음 자료에서 가치가 가장 큰 것은 무엇인가? (단, 이자율은 6%이다)

구분	복리 이자요소	현재가치 이자요소	연금의 복리이자요소	연금의 현재가치이자요소
이자율	6%	6%	6%	6%
5년	1.338	0.747	5.637	4.212

① 60,000원을 지금 받을 때의 현재가치
② 5년 후에 100,000원을 받을 때의 현재가치
③ 매년 10,000원씩 5년간 적금을 가입하고 5년 후에 받을 때의 미래가치
④ 매년 20,000원씩 5년간 연금을 받는 대신 현재 일시불로 받을 때의 가치
⑤ 매년 3,000원을 영구히 받을 때의 현재가치

38. 자본으로만 구성된 (주)AA기업의 가중평균자본비용은 7.5%이고 타인자본비용은 3.5%이다. (주)AA기업은 자기자본과 타인자본을 같은 비중으로 조달하는 것이 목표라고 한다면 (주)AA기업의 자기자본비용은 얼마인가? (단, 법인세율은 50%이다)

① 9.25% ② 11% ③ 11.5%
④ 13% ⑤ 13.25%

39. 다음 손익분기점과 자본분기점을 나타낸 그래프에 대한 설명으로 옳지 않은 것은?

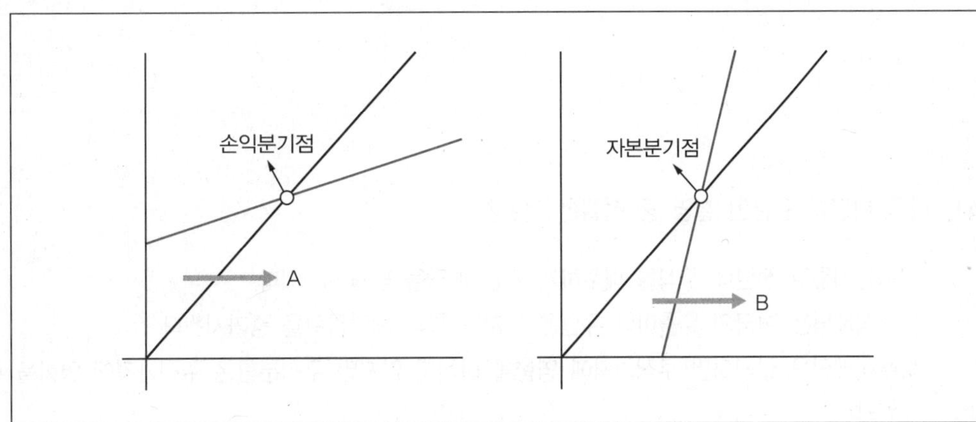

① A는 영업손실이 발생하는 부분이다.
② 손익분기점이 발생하는 이유는 고정비용 때문이다.
③ 손익분기점에서의 판매량은 고정비를 단위당 판매가로 나누어 구한다.
④ 자본분기점을 중심으로 왼쪽은 자기자본으로 조달하고 오른쪽은 타인자본으로 조달하는 부분이다.
⑤ B는 자기자본으로만 조달하는 것이 더 높은 주당순이익을 가져다주는 것을 보여주고 있다.

40. 다음 자본구조이론에 관한 설명 중 적절하지 않은 것은?

① 세금이 없다고 가정한 MM의 자본구조이론에 의하면 부채비율이 증가할수록 총자본비용이 증가한다.

② 세금이 존재한다고 가정한 MM의 수정자본구조이론에서는 타인자본을 많이 사용할수록 기업의 가치는 증가한다고 주장한다.

③ 파산비용이론에 의하면 기업이 부채를 사용하기 시작하면서 파산비용이 증가하게 된다.

④ 대리비용이론에 따르면 자기자본의 비중이 높아짐에 따라 자기자본의 대리인비용이 증가한다.

⑤ 정보비대칭이론에서는 최적자본구조가 존재한다고 주장한다.

41. 다음 배당과 관련된 설명 중 적절한 것은?

① 배당기준일 전날에 주식을 매수하게 되면 배당을 받을 수 있다.

② 주식배당은 현금의 유출이나 유입은 있지만 향후 배당압력을 증가시킨다.

③ 주식배당을 실시하면 주식가격에 영향을 미치지 않지만 주식분할은 주식가격에 영향을 주게 된다.

④ 주식분할을 할 경우 액면가가 하향조정되어 배당수입을 감소시키게 된다.

⑤ 자사주매입을 하게 되면 기업 내 현금의 감소로 주식가격이 하락하게 된다.

[42 ~ 43] 다음 (주)A의 재무제표를 이용하여 이어지는 질문에 답하시오.

재무상태표			
유동자산	(　　)	유동부채	200
당좌자산	(　　)	비유동부채	300
재고자산	300		
		자본금	300
비유동자산	500	자본잉여금	100
		이익잉여금	100

손익계산서	
매출액	2,000
매출원가	1,000
판관비	500
이자비용	100
법인세(25%)	(　　)
당기순이익	(　　)

– 총발행주식수 10주, 주가 150
– 표준비율은 유동비율 180%, 자기자본비율 50%, 총자산회전율 4회, 재고자산회전율 5회

42. 재무제표에 따른 (주)A의 비유동비율은?

① 25% ② 50% ③ 100%
④ 200% ⑤ 250%

43. 위 재무제표를 통해 (주)A를 분석한 내용 중 옳지 않은 것은?

① 단기채무지급능력은 상대적으로 양호하다.
② 재무구조는 상대적으로 건전하다.
③ 자신의 투자가 상대적으로 비효율적이다.
④ 매출액에 비해 과다한 재고자산을 보유하고 있다.
⑤ 경쟁기업의 PER가 10배라면 (주)A는 상대적으로 저평가된 기업이다.

44. 다음은 (주)BB기업의 공통형 재무상태표이다. (주)BB기업의 비유동장기적합률은?

과목	구성비율
자산	100
유동자산	40
비유동자산	
부채	50
유동부채	20
비유동부채	
자본	

① 60%　② 65%　③ 70%　④ 75%　⑤ 80%

45. M&A의 방어전략에 관한 내용 중 옳지 않은 것은?

① 황금낙하산이란 기업이 매수되어 경영자가 해임될 경우 거액의 퇴직금을 지급하는 것이다.
② 차등의결권주란 최대주주나 경영진이 실제 보유한 지분보다 많은 의결권을 행사할 수 있도록 하는 것이다.
③ 황금주는 목표기업의 주식을 매집한 후 그 기업으로 하여금 프리미엄 가격에 그 주식을 되사게 만들어 이익을 얻는 것이다.
④ 역공개매수란 적대적 인수기업이 공개매수를 해 올 때 인수대상기업이 오히려 적대적 인수기업의 주식을 매수함으로써 정면대결을 하는 전략이다.
⑤ 매입정지협정이란 적대적 인수를 시도할 것으로 예상되는 특정 주주와 앞으로 일정 기간 동안 자사주를 매입하지 않도록 약정을 맺는 것이다.

46. 재무관리의 기본적인 명제에 관한 설명으로 옳지 않은 것은?

① 자본시장에서 자산가격에 영향을 미치는 모든 정보는 신속하고 정확하게 자산가격에 반영된다.
② 회계상 이익이 아닌 현금흐름을 기준으로 가치평가를 한다.
③ 주주와 경영자는 기업의 목표를 달성하기 위해 서로 협력한다.
④ 다른 조건이 동일하다면 미래의 소비보다는 현재의 소비를 선호한다.
⑤ 다른 조건이 같다면 안전한 현금흐름이 위험한 현금흐름보다 가치가 더 크다.

47. 이자율평가설(금리평가설)에 대한 설명으로 옳지 않은 것은?

① 일물일가의 법칙을 전제로 한다.
② 상대적으로 금리가 높은 국가라면 선물환율이 할증되어 거래된 것이다.
③ 한국의 금리가 미국의 금리보다 높다면 원달러선물환율은 하락할 것이다.
④ 상대적으로 금리가 낮은 국가라면 미래의 통화가치는 상승할 것이다.
⑤ 금리가 낮은 국가에 투자한다면 금리가 높은 국가와의 차이만큼 수익률이 낮겠지만 외환시장에서 선물환할증에 의한 보상을 받을 것이다.

48. 다음 중 매출원가에 영향을 미칠 수 있는 거래로 적절한 것은?

① 유형자산을 장부금액보다 낮은 가격으로 처분하였다.
② 자사 주식을 매입하였다.
③ 주주총회 의결에 따라 주주들에게 배당금을 지급하였다.
④ 거래처로부터 상품 구매 시 운임을 부담하였다.
⑤ 제품 구매의 이행을 위한 계약금을 받았다.

49. **비용의 성격별 분류와 기능별 분류에 대한 설명으로 옳은 것은?**

① 비용의 성격별 분류란 매출원가법(Cost of Sales Method)이라고도 하는데, 비용을 매출원가, 물류원가, 관리활동원가 등과 같이 분류하는 방법이다.

② 비용의 기능별 분류는 성격별 분류보다 미래현금흐름을 예측하는 데 더 유용하다.

③ 비용의 성격별 분류는 기능별 분류보다 재무제표 이용자에게 더욱 목적적합한 정보를 제공할 수 있다.

④ 비용을 성격별로 분류하는 경우, 비용을 기능별 분류로 재배분할 필요가 없기 때문에 적용이 간단하다.

⑤ 비용의 성격별 분류는 기능별 분류에 비해 비용을 배분하는 데 있어 자의성과 상당한 정도의 판단이 개입될 수 있다.

50. **(주)ABC기업의 유동비율은 130%, 자기자본이익률(ROE)은 12%이다. 만약 은행에서 자금을 빌려 단기차입금으로 처리한 경우, 유동비율과 자기자본이익률에 미치는 영향을 바르게 짝지은 것은?**

	유동비율	자기자본이익률(ROE)
①	영향 없음.	영향 없음.
②	감소	영향 없음.
③	감소	감소
④	증가	감소
⑤	증가	증가

51. 다음 재무상태표 항목 중에서 유동부채에 속하는 계정항목의 합계는?

매입채무	₩1,500	당좌차월	₩200
장기차입금	₩500	선수수익	₩1,000
장기미지급금	₩500	매출채권	₩1,000
미수수익	₩100	미지급비용	₩300

① ₩2,000 ② ₩2,500 ③ ₩2,800
④ ₩3,000 ⑤ ₩3,500

52. (주)A는 (주)B에게 컨설팅용역을 3년간 제공하기로 하는 계약을 20X1년 초에, 총 계약금 ₩5,000,000으로 체결하였다. 3년간의 컨설팅용역과 관련된 원가 자료는 다음과 같을 때, (주)A가 3년의 계약기간 동안 인식할 용역이익은? (단, 용역수익 인식은 진행기준을 적용한다)

구분	20X1년	20X2년	20X3년
당기발생 용역원가	₩600,000	₩900,000	₩1,700,000
용역완료 시까지 추가소요 용역원가	₩2,400,000	₩1,500,000	-

① ₩600,000 ② ₩1,400,000 ③ ₩1,800,000
④ ₩2,000,000 ⑤ ₩3,200,000

53. (주)A는 20X3년도 장부가 마감되기 전에 다음과 같은 오류를 발견하였다. 20X2년과 20X3년도의 오류수정 후 20X3년 말 이익잉여금은 얼마인가? (단, 해당 오류는 중요하며, 법인세의 영향은 고려하지 않는다)

(주)A는 20X1년부터 20X3년까지 매년 말 다음과 같이 기말 재고자산을 과대 또는 과소계상하였다. 오류수정 전 20X2년과 20X3년의 당기순이익은 ₩20,000, ₩30,000이며, 20X3년의 기말이익잉여금은 ₩50,000이다.

20X1년도	20X2년도	20X3년도
₩2,000 과대계상	₩1,000 과소계상	₩3,000 과대계상

① ₩46,000
② ₩48,000
③ ₩50,000
④ ₩52,000
⑤ ₩54,000

54. (주)A와 (주)B는 다음과 같이 유형자산을 서로 교환하였다. 동 교환거래는 공정가치 차이만큼 현금을 수수하는 조건이고, (주)A가 (주)B로부터 현금을 수령하였다고 가정할 경우, (주)A가 인식할 취득자산(B－기계)의 취득원가(㉠)와 (주)B가 인식할 유형자산처분손실액(㉡)을 바르게 짝지은 것은? (단, 기계장치의 교환시점에서 (주)A의 공정가치가 (주)B의 공정가치보다 더 명백하며, 이 교환은 상업적 실질이 있는 거래이다)

구분	(주)A－기계	(주)B－기계
취득금액	₩700,000	₩600,000
장부금액	₩550,000	₩350,000
공정가치	₩450,000	₩300,000

	㉠	㉡
①	₩450,000	₩50,000
②	₩450,000	₩300,000
③	₩300,000	₩50,000
④	₩300,000	₩150,000
⑤	₩300,000	₩300,000

55. 주당이익에 관한 설명으로 옳은 것은?

① 희석주당이익 계산 시 당기 중에 발행된 희석성 잠재적보통주는 그 발행일에 전환된 것으로 보고 보통주식수에 가산한다.

② 전환우선주의 조기전환을 유도하기 위하여 추가 지급한 대가의 공정가치는 기본주당이익 계산 시 당기순이익에 가산한다.

③ 채무상품의 전환으로 인하여 보통주를 발행하는 경우 유통보통주식수 계산의 기산일은 보통주의 발행일이다.

④ 일정기간이 경과한 후 보통주를 발행하기로 한 계약의 경우 기간 경과의 조건이 있으므로 조건부발행보통주로 본다.

⑤ 기본주당이익을 계산하기 위한 보통주식수를 계산할 때 공정가치보다 낮은 금액으로 유상증자를 할 경우 발행주식수 전체를 기초시점부터 가중 평균한다.

56. 재무보고를 위한 개념체계에 대한 설명으로 옳지 않은 것은?

① 재무보고를 위한 개념체계에서는 기업의 경제적 자원과 청구권 및 기업의 경제적 자원과 청구권의 변동에 대한 정보를 이용하여 미래 순현금유입액뿐만 아니라 기업의 수탁책임 이행 여부도 평가할 수 있다고 설명하고 있다.

② 재무제표는 일반적으로 보고기업이 계속기업(Going Concern)이며, 예측 가능한 미래에 영업을 계속할 것이라는 가정하에 작성된다. 따라서 기업을 청산하거나 거래를 중단하려는 의도가 없다고 가정하며, 만약 그럴 의도나 필요가 있다면 재무제표는 계속기업과는 다른 기준에 작성되어야 한다.

③ 보고기업은 재무제표를 작성해야 하거나 작성하기로 선택한 기업을 말한다. 보고기업은 단일의 실체이거나 어떤 실체의 일부일 수 있으며, 둘 이상의 실체로 구성될 수도 있다. 보고기업이 반드시 법적 실체일 필요는 없다.

④ 연결재무제표는 단일의 보고기업으로서의 지배기업과 종속기업의 자산, 부채, 자본, 수익 및 비용에 대한 정보를 제공한다. 이 정보는 지배기업의 현재 및 잠재적 투자자, 대여자와 그 밖의 채권자가 지배기업에 유입될 미래현금흐름에 대한 전망을 평가하는 데 유용하다.

⑤ 연결재무제표는 특정 종속기업의 자산, 부채, 자본, 수익 및 비용에 대한 별도의 정보를 제공하도록 만들어져 있다.

57. 다음은 (주)A의 상품과 관련된 자료이다. (주)A가 당기에 인식해야 할 총비용은?

- 기초상품재고액 ₩100,000
- 당기상품매입액 ₩700,000
- 장부상 기말재고수량 220개(₩1,100/개)
- 기말상품 실지재고수량 200개
- 기말상품 순실현가능가치 ₩1,000/개

※ 수량감모분 중 40%는 원가성이 있으며, 정상감모분은 매출원가에 가산한다.

① ₩580,000 ② ₩588,000 ③ ₩592,000
④ ₩600,000 ⑤ ₩700,000

58. (주)A는 보유하고 있는 토지에 대하여 20X1년부터 매년 말 재평가 모형을 적용하여 평가하고 있다. 다음은 (주)A가 보유하고 있는 토지의 재평가 직전 장부금액과 공정가치에 대한 자료이다. (주)A가 20X4년 말 상기 토지로 인해 보고할 기타포괄손익누계액은?

구분	장부금액	공정가치
20X1년 말	₩180,000	₩200,000
20X2년 말	₩200,000	₩170,000
20X3년 말	₩170,000	₩250,000
20X4년 말	₩250,000	₩210,000

① ₩10,000 ② ₩20,000 ③ ₩30,000
④ ₩40,000 ⑤ ₩50,000

59. (주)A는 기중에 자기주식 20주를 유상으로 ₩40,000에 취득하였고, 이 중 10주를 현금 ₩30,000에 처분하였다. 이 주식거래로 인한 (주)A의 자본 변동은? (단, 자기주식에 대하여 원가법을 적용하고 있으며, 기초 자기주식처분손익은 없다)

① ₩10,000 감소 ② ₩20,000 증가 ③ ₩30,000 감소
④ ₩40,000 증가 ⑤ ₩50,000 감소

60. 다음은 (주)A의 20X1년 말 수정전시산표와 결산정리사항이다. 결산정리사항을 반영한 20X1년 말 재무상태표상의 자산총액은?

수정전시산표			
과목	금액(₩)	과목	금액(₩)
현금	92,000	매입채무	32,000
매출채권	65,000	손실충당금	2,000
상품	5,000	단기차입금	35,000
매입	100,000	미지급금	50,000
건물	300,000	미지급비용	10,000
임차료	10,000	감가상각누계액	30,000
급여	7,500	자본금	250,000
보험료	3,500	이익잉여금	40,000
이자비용	5,000	매출	135,000
		임대료수익	4,000
차변합계	588,000	대변합계	588,000

〈결산정리사항〉

- 20X1년 말 재고자산은 ₩3,500이다.
- 장부의 건물은 20X0년 초에 취득하였고, 정액법(내용연수 10년, 잔존가치 ₩0)으로 상각한다. 단, 건물은 원가모형을 적용한다.
- 보험료 기간 미경과액은 ₩1,650이다.
- 20X1년 말 현재 매출채권의 회수가능액을 ₩60,000으로 추정하였다.

① ₩427,150　② ₩457,350　③ ₩499,050

④ ₩523,150　⑤ ₩559,150

61. (주)A는 20X1년 초에 다음과 같은 리스계약을 체결하고 기계장치를 리스하였다. 또한 (주)A는 고정리스료를 매년 초에 지급하며, 리스종료일에 (주)A가 동 리스자산을 ₩50,000의 행사가격으로 매수할 수 있는 권리를 가지며, 매수선택권을 행사할 가능성이 상당히 확실하다고 가정한다. 이 경우 (주)A의 리스부채 최초 측정금액은 얼마인가?

- 리스기간 : 20X1년 1월 1일 ~ 20X5년 12월 31일
- 리스료 : 연간 고정리스료 ₩100,000
- 할인율 : 내재이자율을 쉽게 산정할 수 없으며, (주)A의 증분차입 이자율은 연 5%이다.
- 연금현가계수(n=5, r=5%)=4.32948
- 현가계수(n=5, r=5%)=0.78353
- 연금현가계수(n=4, r=5%)=3.54595
- 현가계수(n=4, r=5%)=0.82270

① ₩354,595 ② ₩378,353 ③ ₩391,765
④ ₩411,350 ⑤ ₩432,948

62. (주)한국의 20X1년 1월 1일 유통보통주식수는 20,000주이며, 20X1년 중 보통주식수의 변동내역은 다음과 같을 때 20X1년도 기본주당순이익 계산을 위한 가중평균유통보통주식수는? (단, 가중평균 유통보통주식수는 월할 계산한다)

- 4월 1일 : 1,000주 유상증자 심사(발행가격 공정가치)
- 5월 1일 : 10% 무상증자 실시
- 7월 1일 : 자기주식 100주 취득
- 9월 1일 : 자기주식 60주 재발행
- 12월 1일 : 자기주식 24주 소각

① 22,218주 ② 22,215주 ③ 22,228주
④ 22,225주 ⑤ 22,238주

63. (주)A는 20X1년 초에 기계장치를 ₩850,000에 취득(내용연수 4년, 잔존가치 ₩50,000)하고, 원가모형을 적용하였다. 20X2년 말에 처음으로 손상징후가 있었으며, 기계장치의 순공정가치와 사용가치는 각각 ₩320,000, ₩350,000이었다. 20X2년 말에 인식할 손상차손은? (단, 감가상각방법은 정액법으로 한다)

① ₩100,000　② ₩120,000　③ ₩130,000
④ ₩150,000　⑤ ₩180,000

64. '고객과의 계약에서 생기는 수익' 기준서의 계약원가에 대한 설명으로 옳지 않은 것은?

① 계약체결 증분원가는 무조건 자산으로 인식하는 것이 아니라, 회수될 것으로 예상되는 경우에 자산으로 인식한다.
② 계약체결 증분원가는 판매수수료와 같이 고객과 계약을 체결하기 위해 들인 원가로서 계약을 체결하지 않았다면 들지 않았을 원가를 의미한다.
③ 계약이행원가가 다른 기준서의 적용 범위에 포함되지 않는다면 원가가 계약이나 구체적으로 식별할 수 있는 예상 계약에 직접 관련되거나 원가가 미래의 수행의무를 이행(또는 계속 이행)할 때 사용할 기업의 자원을 창출하거나 가치를 높인다고 예상된다면 이를 자산으로 인식하고 그렇지 않으면 비용으로 인식한다.
④ 계약이행원가란 계약체결 후 그 계약을 이행하는 데 드는 원가를 의미하며, 해당 원가가 재고자산, 유형자산 등의 다른 기업회계기준서의 적용범위에 포함되는 경우에는 그 원가는 해당 기준서를 우선 적용하여 회계처리한다.
⑤ 계약을 이행하는 과정에서 낭비된 재료원가, 노무원가, 그 밖의 자원의 원가로서 계약가격에 반영되지 않은 원가는 발생시점에 비용으로 인식하는 원가의 예시이다.

65. 개념체계에서 언급된 재무제표 요소의 측정기준에 대한 설명으로 옳지 않은 것은?

① 현행가치 측정치는 측정일의 조건을 반영하기 위해 갱신된 정보를 사용하여 자산, 부채 및 관련 수익과 비용의 화폐적 정보를 제공한다. 이러한 갱신에 따라 자산과 부채의 현행가치는 이전 측정일 이후의 변동, 즉 현행가치에 반영되는 현금흐름과 그 밖의 요소의 추정치 변동을 반영한다.

② 공정가치는 측정일에 시장참여자 사이의 정상거래에서 자산을 매도할 때 받거나 부채를 이전할 때 지급하게 될 가격이다.

③ 현금흐름기준 측정을 별도의 측정기준 범주로 보기 때문에 특정 측정기준을 적용한 측정치를 추정하기 위해 사용할 수 있다.

④ 사용가치와 이행가치는 미래현금흐름에 기초하기 때문에 자산을 취득하거나 부채를 인수할 때 발생하는 거래원가는 포함하지 않는다. 그러나 사용가치와 이행가치에는 기업이 자산을 궁극적으로 처분하거나 부채를 이행할 때 발생할 것으로 기대되는 거래원가의 현재가치가 포함된다.

⑤ 부채의 현행원가는 측정일 현재 동등한 부채에 대해 수취할 수 있는 대가에서 그 날에 발생할 거래원가를 차감한다.

66. 다음은 (주)A의 매출채권과 재고자산 자료이다. (주)A의 매출채권회전율과 재고자산회전율이 각각 8회, 10회인 경우 매출총이익은? (단, 재고자산회전율은 매출원가를 기준으로 한다)

과목	기초	기말
매출채권	₩15,000	₩20,000
재고자산	₩6,000	₩10,000

① ₩10,000 ② ₩21,000 ③ ₩45,000

④ ₩60,000 ⑤ ₩80,000

67. 보고기간후사건에 대한 설명으로 옳지 않은 것은?

① 보고기간 후에 발생한 자산 가격이나 환율의 비정상적 변동은 재무제표의 수정을 요하지 않는 보고기간후사건의 예이다.

② 보고기간 후에 발생한 사건에만 관련되어 제기된 주요한 소송의 개시는 재무제표의 수정을 요하지 않는 보고기간후사건의 예이다.

③ 보고기간 말 이전에 구입한 자산의 취득원가나 매각한 자산의 대가를 보고기간 후에 결정하는 경우는 재무제표의 수정을 요하는 보고기간후사건의 예이다.

④ 유동부채로 분류된 차입금에 대해서 특정사건(장기로 차환, 장기차입약정 위반사항의 해소, 보고기간 후 적어도 12개월 이상 장기차입약정 위반사항을 해소할 수 있는 유예기간을 대여자로부터 부여받는 경우)이 보고기간 말과 재무제표 발행승인일 사이에 발생하는 경우는 재무제표의 수정을 요하는 보고기간후사건이다.

⑤ 재무제표가 부정확하다는 것을 보여 주는 부정이나 오류를 발견하는 경우는 재무제표의 수정을 요하는 보고기간후사건의 예이다.

68. 회계정책의 변경에 대한 설명으로 옳지 않은 것은?

① 회계정책은 기업이 임의로 변경할 수 없으며, 한국채택국제회계기준에서 허용하는 경우 이외에 기업이 회계정책을 바꾸는 것이 매우 제한되어 있다.

② 과거에 발생한 거래와 실질이 다른 거래, 기타 사건 또는 상황에 대하여 다른 회계정책을 적용하는 경우는 회계정책의 변경에 해당하지 않는다.

③ 과거에 발생하지 않았거나 발생하였어도 중요하지 않았던 거래, 기타 사건 또는 상황에 대하여 새로운 회계정책을 적용하는 것은 회계정책의 변경에 해당하지 않는다.

④ 회계정책의 변경에 있어서 특정기간에 미치는 영향이나 누적효과를 실무적으로 결정할 수 없는 경우를 제외하고는 경과규정이 없는 한국채택국제회계기준을 최초 적용하는 경우에 발생하는 회계정책의 변경이나 자발적인 회계정책의 변경은 해당 경과규정에 따라 회계처리한다.

⑤ 비교표시되는 하나 이상의 과거기간의 비교정보에 대해 특정기간에 미치는 회계정책 변경의 영향을 실무적으로 결정할 수 없는 경우, 실무적으로 소급적용할 수 있는 가장 이른 회계기간의 자산 및 부채의 기초장부금액에 새로운 회계정책을 적용하고, 그에 따라 변동하는 자본 구성요소의 기초금액을 조정한다.

69. 정부보조금의 회계처리와 정부지원의 공시에 대한 설명으로 옳지 않은 것은?

① 기업의 영업활동과 관련하여 과거나 미래에 일정한 조건을 충족하였거나 충족할 경우 기업에게 자원을 이전하는 형식의 정부지원을 정부보조금이라 하며, 여기에 합리적으로 가치를 산정할 수 없는 정부지원과 기업의 정상적인 거래와 구분할 수 없는 정부와의 거래는 제외한다.

② 개발지역에 기반시설을 제공하거나 경쟁자에게 거래상 제약을 부과하는 등 일반적인 거래조건에 영향을 주는 행위를 통해 간접적으로만 제공하는 효익은 제1020호 정부보조금의 회계처리와 정부지원의 공시 기준서가 적용되는 정부지원이 아니다.

③ 공정가치로 측정되는 비화폐성 보조금을 포함한 정부보조금은 이에 부수되는 조건의 준수, 보조금의 수취 모두에 대한 합리적인 확신이 있을 때까지 인식하지 아니한다.

④ 수익접근법에 의한 정부보조금 회계처리는 보조금을 당기에 손익으로 인식하며, 자본접근법에 의한 정부보조금 회계처리는 보조금을 하나 이상의 회계기간에 걸쳐 당기손익으로 인식한다.

⑤ 과거기간에 발생한 비용이나 손실에 대한 보전으로 정부보조금을 수취하게 되는 경우 이러한 정부보조금은 수취할 권리가 발생하는 기간에 그 효과를 명확하게 이해할 수 있도록 하는 공시와 함께 당기손익으로 인식한다.

70. (주)A의 20X1년도 현금흐름표는 간접법을 적용하였으며 다음 추가 자료를 이용한 결과 영업활동으로 인한 현금흐름은 ₩2,000,000이었다. 20X1년도 당기순이익을 계산한 값은 얼마인가?

매출채권 증가	₩30,000	재고자산 증가	₩80,000
매입채무 감소	₩60,000	미지급비용 증가	₩40,000
감가상각비	₩50,000		

① ₩1,980,000　② ₩2,040,000　③ ₩2,080,000
④ ₩2,110,000　⑤ ₩2,120,000

통합전공

감독관 확인란	

1회 기출문제

성명표기란

초성	중성	종성
㉠ ㉡ ㉢ ㉣ ㉤ ㉥ ㉦ ㉧ ㉨ ㉩ ㉪ ㉫ ㉬ ㉭	ㅏ ㅑ ㅓ ㅕ ㅗ ㅛ ㅜ ㅠ ㅡ ㅣ ㅐ ㅒ ㅔ ㅖ ㅘ ㅙ ㅚ ㅝ ㅞ ㅟ ㅢ	㉠ ㉡ ㉢ ㉣ ㉤ ㉥ ㉦ ㉧ ㉨ ㉩ ㉪ ㉫ ㉬ ㉭ ㄲ ㄸ ㅃ ㅆ ㅉ ㄺ ㄻ

수험번호

⓪	⓪	⓪	⓪	⓪	⓪
①	①	①	①	①	①
②	②	②	②	②	②
③	③	③	③	③	③
④	④	④	④	④	④
⑤	⑤	⑤	⑤	⑤	⑤
⑥	⑥	⑥	⑥	⑥	⑥
⑦	⑦	⑦	⑦	⑦	⑦
⑧	⑧	⑧	⑧	⑧	⑧
⑨	⑨	⑨	⑨	⑨	⑨

(주민등록 앞자리 생년제외) 월일

⓪	⓪	⓪	⓪
①	①	①	①
②	②	②	②
③	③	③	③
④	④	④	④
⑤	⑤	⑤	⑤
⑥	⑥	⑥	⑥
⑦	⑦	⑦	⑦
⑧	⑧	⑧	⑧
⑨	⑨	⑨	⑨

수험생 유의사항

※ 답안은 반드시 컴퓨터용 사인펜으로 보기와 같이 바르게 표기해야 합니다.
〈보기〉 ① ② ③ ❹ ⑤

※ 성명표기란 위 칸에는 성명을 한글로 쓰고 아래 칸에는 성명을 정확하게 표기하십시오. (맨 왼쪽 칸부터 성과 이름은 붙여 씁니다)

※ 수험번호/월일 위 칸에는 아라비아 숫자로 쓰고 아래 칸에는 숫자와 일치하게 표기하십시오.

※ 월일은 반드시 본인 주민등록번호의 생년을 제외한 월 두 자리, 일 두 자리를 표기하십시오.
〈예〉 1994년 1월 12일 → 0112

문번	답란	문번	답란	문번	답란
1	① ② ③ ④	21	① ② ③ ④	41	① ② ③ ④
2	① ② ③ ④	22	① ② ③ ④	42	① ② ③ ④
3	① ② ③ ④	23	① ② ③ ④	43	① ② ③ ④
4	① ② ③ ④	24	① ② ③ ④	44	① ② ③ ④
5	① ② ③ ④	25	① ② ③ ④	45	① ② ③ ④
6	① ② ③ ④	26	① ② ③ ④	46	① ② ③ ④
7	① ② ③ ④	27	① ② ③ ④	47	① ② ③ ④
8	① ② ③ ④	28	① ② ③ ④	48	① ② ③ ④
9	① ② ③ ④	29	① ② ③ ④	49	① ② ③ ④
10	① ② ③ ④	30	① ② ③ ④	50	① ② ③ ④
11	① ② ③ ④	31	① ② ③ ④	51	① ② ③ ④
12	① ② ③ ④	32	① ② ③ ④	52	① ② ③ ④
13	① ② ③ ④	33	① ② ③ ④	53	① ② ③ ④
14	① ② ③ ④	34	① ② ③ ④	54	① ② ③ ④
15	① ② ③ ④	35	① ② ③ ④	55	① ② ③ ④
16	① ② ③ ④	36	① ② ③ ④	56	① ② ③ ④
17	① ② ③ ④	37	① ② ③ ④	57	① ② ③ ④
18	① ② ③ ④	38	① ② ③ ④	58	① ② ③ ④
19	① ② ③ ④	39	① ② ③ ④	59	① ② ③ ④
20	① ② ③ ④	40	① ② ③ ④	60	① ② ③ ④

gosinet (주)고시넷

잘라서 활용하세요.

통합전공

감독관 확인란	

2회 기출문제

성명표기란

수험번호

⓪	⓪	⓪	⓪	⓪	⓪
①	①	①	①	①	①
②	②	②	②	②	②
③	③	③	③	③	③
④	④	④	④	④	④
⑤	⑤	⑤	⑤	⑤	⑤
⑥	⑥	⑥	⑥	⑥	⑥
⑦	⑦	⑦	⑦	⑦	⑦
⑧	⑧	⑧	⑧	⑧	⑧
⑨	⑨	⑨	⑨	⑨	⑨

(주민등록 앞자리 생년제외) 월일

⓪	⓪	⓪	⓪
①	①	①	①
②	②	②	②
③	③	③	③
④	④	④	④
⑤	⑤	⑤	⑤
⑥	⑥	⑥	⑥
⑦	⑦	⑦	⑦
⑧	⑧	⑧	⑧
⑨	⑨	⑨	⑨

수험생 유의사항

※ 답안은 반드시 컴퓨터용 사인펜으로 보기와 같이 바르게 표기해야 합니다.
〈보기〉 ① ② ③ ❹ ⑤

※ 성명표기란 위 칸에는 성명을 한글로 쓰고 아래 칸에는 성명을 정확하게 표기하십시오. (맨 왼쪽 칸부터 성과 이름은 붙여 씁니다)

※ 수험번호/월일 위 칸에는 아라비아 숫자로 쓰고 아래 칸에는 숫자와 일치하게 표기하십시오.

※ 월일은 반드시 본인 주민등록번호의 생년을 제외한 월 두 자리, 일 두 자리를 표기하십시오.
〈예〉 1994년 1월 12일 → 0112

문번	답란				문번	답란				문번	답란			
1	①	②	③	④	21	①	②	③	④	41	①	②	③	④
2	①	②	③	④	22	①	②	③	④	42	①	②	③	④
3	①	②	③	④	23	①	②	③	④	43	①	②	③	④
4	①	②	③	④	24	①	②	③	④	44	①	②	③	④
5	①	②	③	④	25	①	②	③	④	45	①	②	③	④
6	①	②	③	④	26	①	②	③	④	46	①	②	③	④
7	①	②	③	④	27	①	②	③	④	47	①	②	③	④
8	①	②	③	④	28	①	②	③	④	48	①	②	③	④
9	①	②	③	④	29	①	②	③	④	49	①	②	③	④
10	①	②	③	④	30	①	②	③	④	50	①	②	③	④
11	①	②	③	④	31	①	②	③	④	51	①	②	③	④
12	①	②	③	④	32	①	②	③	④	52	①	②	③	④
13	①	②	③	④	33	①	②	③	④	53	①	②	③	④
14	①	②	③	④	34	①	②	③	④	54	①	②	③	④
15	①	②	③	④	35	①	②	③	④	55	①	②	③	④
16	①	②	③	④	36	①	②	③	④	56	①	②	③	④
17	①	②	③	④	37	①	②	③	④	57	①	②	③	④
18	①	②	③	④	38	①	②	③	④	58	①	②	③	④
19	①	②	③	④	39	①	②	③	④	59	①	②	③	④
20	①	②	③	④	40	①	②	③	④	60	①	②	③	④

통합전공

감독관 확인란	

3회 기출문제

성명표기란

ㄱ	ㅏ	ㄱ	ㄱ	ㅏ	ㄱ	ㄱ	ㅏ	ㄱ	ㄱ	ㅏ	ㄱ
ㄴ	ㅑ	ㄴ	ㄴ	ㅑ	ㄴ	ㄴ	ㅑ	ㄴ	ㄴ	ㅑ	ㄴ
ㄷ	ㅓ	ㄷ	ㄷ	ㅓ	ㄷ	ㄷ	ㅓ	ㄷ	ㄷ	ㅓ	ㄷ
ㄹ	ㅕ	ㄹ	ㄹ	ㅕ	ㄹ	ㄹ	ㅕ	ㄹ	ㄹ	ㅕ	ㄹ
ㅁ	ㅗ	ㅁ	ㅁ	ㅗ	ㅁ	ㅁ	ㅗ	ㅁ	ㅁ	ㅗ	ㅁ
ㅂ	ㅛ	ㅂ	ㅂ	ㅛ	ㅂ	ㅂ	ㅛ	ㅂ	ㅂ	ㅛ	ㅂ
ㅅ	ㅜ	ㅅ	ㅅ	ㅜ	ㅅ	ㅅ	ㅜ	ㅅ	ㅅ	ㅜ	ㅅ
ㅇ	ㅠ	ㅇ	ㅇ	ㅠ	ㅇ	ㅇ	ㅠ	ㅇ	ㅇ	ㅠ	ㅇ
ㅈ	ㅡ	ㅈ	ㅈ	ㅡ	ㅈ	ㅈ	ㅡ	ㅈ	ㅈ	ㅡ	ㅈ
ㅊ	ㅣ	ㅊ	ㅊ	ㅣ	ㅊ	ㅊ	ㅣ	ㅊ	ㅊ	ㅣ	ㅊ
ㅋ	ㅐ	ㅋ	ㅋ	ㅐ	ㅋ	ㅋ	ㅐ	ㅋ	ㅋ	ㅐ	ㅋ
ㅌ	ㅒ	ㅌ	ㅌ	ㅒ	ㅌ	ㅌ	ㅒ	ㅌ	ㅌ	ㅒ	ㅌ
ㅍ	ㅔ	ㅍ	ㅍ	ㅔ	ㅍ	ㅍ	ㅔ	ㅍ	ㅍ	ㅔ	ㅍ
ㅎ	ㅖ	ㅎ	ㅎ	ㅖ	ㅎ	ㅎ	ㅖ	ㅎ	ㅎ	ㅖ	ㅎ
	ㅘ		ㄲ	ㅘ	ㄲ	ㄲ	ㅘ	ㄲ	ㄲ	ㅘ	ㄲ
	ㅙ		ㄸ	ㅙ	ㄸ	ㄸ	ㅙ	ㄸ	ㄸ	ㅙ	ㄸ
	ㅚ		ㅃ	ㅚ	ㅃ	ㅃ	ㅚ	ㅃ	ㅃ	ㅚ	ㅃ
	ㅝ		ㅆ	ㅝ	ㅆ	ㅆ	ㅝ	ㅆ	ㅆ	ㅝ	ㅆ
	ㅞ		ㅉ	ㅞ	ㅉ	ㅉ	ㅞ	ㅉ	ㅉ	ㅞ	ㅉ
	ㅟ			ㅟ	ㄺ		ㅟ	ㄺ		ㅟ	ㄺ
	ㅢ			ㅢ	ㄻ		ㅢ	ㄻ		ㅢ	ㄻ

수험번호

⓪	⓪	⓪	⓪	⓪	⓪
①	①	①	①	①	①
②	②	②	②	②	②
③	③	③	③	③	③
④	④	④	④	④	④
⑤	⑤	⑤	⑤	⑤	⑤
⑥	⑥	⑥	⑥	⑥	⑥
⑦	⑦	⑦	⑦	⑦	⑦
⑧	⑧	⑧	⑧	⑧	⑧
⑨	⑨	⑨	⑨	⑨	⑨

(주민등록 앞자리 생년제외) 월일

⓪	⓪	⓪	⓪
①	①	①	①
②	②	②	②
③	③	③	③
④	④	④	④
⑤	⑤	⑤	⑤
⑥	⑥	⑥	⑥
⑦	⑦	⑦	⑦
⑧	⑧	⑧	⑧
⑨	⑨	⑨	⑨

수험생 유의사항

※ 답안은 반드시 컴퓨터용 사인펜으로 보기와 같이 바르게 표기해야 합니다.
〈보기〉 ① ② ③ ❹ ⑤

※ 성명표기란 위 칸에는 성명을 한글로 쓰고 아래 칸에는 성명을 정확하게 표기하십시오. (맨 왼쪽 칸부터 성과 이름은 붙여 씁니다)

※ 수험번호/월일 위 칸에는 아라비아 숫자로 쓰고 아래 칸에는 숫자와 일치하게 표기하십시오.

※ 월일은 반드시 본인 주민등록번호의 생년을 제외한 월 두 자리, 일 두 자리를 표기하십시오.
〈예〉 1994년 1월 12일 → 0112

문번	답란	문번	답란	문번	답란
1	① ② ③ ④ ⑤	16	① ② ③ ④ ⑤	31	① ② ③ ④ ⑤
2	① ② ③ ④ ⑤	17	① ② ③ ④ ⑤	32	① ② ③ ④ ⑤
3	① ② ③ ④ ⑤	18	① ② ③ ④ ⑤	33	① ② ③ ④ ⑤
4	① ② ③ ④ ⑤	19	① ② ③ ④ ⑤	34	① ② ③ ④ ⑤
5	① ② ③ ④ ⑤	20	① ② ③ ④ ⑤	35	① ② ③ ④ ⑤
6	① ② ③ ④ ⑤	21	① ② ③ ④ ⑤	36	① ② ③ ④ ⑤
7	① ② ③ ④ ⑤	22	① ② ③ ④ ⑤	37	① ② ③ ④ ⑤
8	① ② ③ ④ ⑤	23	① ② ③ ④ ⑤	38	① ② ③ ④ ⑤
9	① ② ③ ④ ⑤	24	① ② ③ ④ ⑤	39	① ② ③ ④ ⑤
10	① ② ③ ④ ⑤	25	① ② ③ ④ ⑤	40	① ② ③ ④ ⑤
11	① ② ③ ④ ⑤	26	① ② ③ ④ ⑤		
12	① ② ③ ④ ⑤	27	① ② ③ ④ ⑤		
13	① ② ③ ④ ⑤	28	① ② ③ ④ ⑤		
14	① ② ③ ④ ⑤	29	① ② ③ ④ ⑤		
15	① ② ③ ④ ⑤	30	① ② ③ ④ ⑤		

잘라서 활용하세요.

통합전공

감독관 확인란	

4회 기출문제

성명표기란

수험번호

(주민등록 앞자리 생년제외) 월일

문번	답란	문번	답란	문번	답란	문번	답란
1	① ② ③ ④ ⑤	21	① ② ③ ④ ⑤	41	① ② ③ ④ ⑤	61	① ② ③ ④ ⑤
2	① ② ③ ④ ⑤	22	① ② ③ ④ ⑤	42	① ② ③ ④ ⑤	62	① ② ③ ④ ⑤
3	① ② ③ ④ ⑤	23	① ② ③ ④ ⑤	43	① ② ③ ④ ⑤	63	① ② ③ ④ ⑤
4	① ② ③ ④ ⑤	24	① ② ③ ④ ⑤	44	① ② ③ ④ ⑤	64	① ② ③ ④ ⑤
5	① ② ③ ④ ⑤	25	① ② ③ ④ ⑤	45	① ② ③ ④ ⑤	65	① ② ③ ④ ⑤
6	① ② ③ ④ ⑤	26	① ② ③ ④ ⑤	46	① ② ③ ④ ⑤	66	① ② ③ ④ ⑤
7	① ② ③ ④ ⑤	27	① ② ③ ④ ⑤	47	① ② ③ ④ ⑤	67	① ② ③ ④ ⑤
8	① ② ③ ④ ⑤	28	① ② ③ ④ ⑤	48	① ② ③ ④ ⑤	68	① ② ③ ④ ⑤
9	① ② ③ ④ ⑤	29	① ② ③ ④ ⑤	49	① ② ③ ④ ⑤	69	① ② ③ ④ ⑤
10	① ② ③ ④ ⑤	30	① ② ③ ④ ⑤	50	① ② ③ ④ ⑤	70	① ② ③ ④ ⑤
11	① ② ③ ④ ⑤	31	① ② ③ ④ ⑤	51	① ② ③ ④ ⑤		
12	① ② ③ ④ ⑤	32	① ② ③ ④ ⑤	52	① ② ③ ④ ⑤		
13	① ② ③ ④ ⑤	33	① ② ③ ④ ⑤	53	① ② ③ ④ ⑤		
14	① ② ③ ④ ⑤	34	① ② ③ ④ ⑤	54	① ② ③ ④ ⑤		
15	① ② ③ ④ ⑤	35	① ② ③ ④ ⑤	55	① ② ③ ④ ⑤		
16	① ② ③ ④ ⑤	36	① ② ③ ④ ⑤	56	① ② ③ ④ ⑤		
17	① ② ③ ④ ⑤	37	① ② ③ ④ ⑤	57	① ② ③ ④ ⑤		
18	① ② ③ ④ ⑤	38	① ② ③ ④ ⑤	58	① ② ③ ④ ⑤		
19	① ② ③ ④ ⑤	39	① ② ③ ④ ⑤	59	① ② ③ ④ ⑤		
20	① ② ③ ④ ⑤	40	① ② ③ ④ ⑤	60	① ② ③ ④ ⑤		

수험생 유의사항

※ 답안은 반드시 컴퓨터용 사인펜으로 보기와 같이 바르게 표기해야 합니다.
〈보기〉 ① ② ③ ❹ ⑤

※ 성명표기란 위 칸에는 성명을 한글로 쓰고 아래 칸에는 성명을 정확하게 표기하십시오. (맨 왼쪽 칸부터 성과 이름은 붙여 씁니다)

※ 수험번호/월일 위 칸에는 아라비아 숫자로 쓰고 아래 칸에는 숫자와 일치하게 표기하십시오.

※ 월일은 반드시 본인 주민등록번호의 생년을 제외한 월 두 자리, 일 두 자리를 표기하십시오.
〈예〉 1994년 1월 12일 → 0112

gosinet (주)고시넷

gosinet (주)고시넷

통합전공

감독관 확인란	

기출문제_연습용

성명표기란

수험번호

⓪	⓪	⓪	⓪	⓪	⓪
①	①	①	①	①	①
②	②	②	②	②	②
③	③	③	③	③	③
④	④	④	④	④	④
⑤	⑤	⑤	⑤	⑤	⑤
⑥	⑥	⑥	⑥	⑥	⑥
⑦	⑦	⑦	⑦	⑦	⑦
⑧	⑧	⑧	⑧	⑧	⑧
⑨	⑨	⑨	⑨	⑨	⑨

(주민등록 앞자리 생년제외) 월일

⓪	⓪	⓪	⓪
①	①	①	①
②	②	②	②
③	③	③	③
④	④	④	④
⑤	⑤	⑤	⑤
⑥	⑥	⑥	⑥
⑦	⑦	⑦	⑦
⑧	⑧	⑧	⑧
⑨	⑨	⑨	⑨

문번	답란	문번	답란	문번	답란	문번	답란
1	① ② ③ ④ ⑤	21	① ② ③ ④ ⑤	41	① ② ③ ④ ⑤	61	① ② ③ ④ ⑤
2	① ② ③ ④ ⑤	22	① ② ③ ④ ⑤	42	① ② ③ ④ ⑤	62	① ② ③ ④ ⑤
3	① ② ③ ④ ⑤	23	① ② ③ ④ ⑤	43	① ② ③ ④ ⑤	63	① ② ③ ④ ⑤
4	① ② ③ ④ ⑤	24	① ② ③ ④ ⑤	44	① ② ③ ④ ⑤	64	① ② ③ ④ ⑤
5	① ② ③ ④ ⑤	25	① ② ③ ④ ⑤	45	① ② ③ ④ ⑤	65	① ② ③ ④ ⑤
6	① ② ③ ④ ⑤	26	① ② ③ ④ ⑤	46	① ② ③ ④ ⑤	66	① ② ③ ④ ⑤
7	① ② ③ ④ ⑤	27	① ② ③ ④ ⑤	47	① ② ③ ④ ⑤	67	① ② ③ ④ ⑤
8	① ② ③ ④ ⑤	28	① ② ③ ④ ⑤	48	① ② ③ ④ ⑤	68	① ② ③ ④ ⑤
9	① ② ③ ④ ⑤	29	① ② ③ ④ ⑤	49	① ② ③ ④ ⑤	69	① ② ③ ④ ⑤
10	① ② ③ ④ ⑤	30	① ② ③ ④ ⑤	50	① ② ③ ④ ⑤	70	① ② ③ ④ ⑤
11	① ② ③ ④ ⑤	31	① ② ③ ④ ⑤	51	① ② ③ ④ ⑤		
12	① ② ③ ④ ⑤	32	① ② ③ ④ ⑤	52	① ② ③ ④ ⑤		
13	① ② ③ ④ ⑤	33	① ② ③ ④ ⑤	53	① ② ③ ④ ⑤		
14	① ② ③ ④ ⑤	34	① ② ③ ④ ⑤	54	① ② ③ ④ ⑤		
15	① ② ③ ④ ⑤	35	① ② ③ ④ ⑤	55	① ② ③ ④ ⑤		
16	① ② ③ ④ ⑤	36	① ② ③ ④ ⑤	56	① ② ③ ④ ⑤		
17	① ② ③ ④ ⑤	37	① ② ③ ④ ⑤	57	① ② ③ ④ ⑤		
18	① ② ③ ④ ⑤	38	① ② ③ ④ ⑤	58	① ② ③ ④ ⑤		
19	① ② ③ ④ ⑤	39	① ② ③ ④ ⑤	59	① ② ③ ④ ⑤		
20	① ② ③ ④ ⑤	40	① ② ③ ④ ⑤	60	① ② ③ ④ ⑤		

수험생 유의사항

※ 답안은 반드시 컴퓨터용 사인펜으로 보기와 같이 바르게 표기해야 합니다.
〈보기〉 ① ② ③ ❹ ⑤

※ 성명표기란 위 칸에는 성명을 한글로 쓰고 아래 칸에는 성명을 정확하게 표기하십시오. (맨 왼쪽 칸부터 성과 이름은 붙여 씁니다)

※ 수험번호/월일 위 칸에는 아라비아 숫자로 쓰고 아래 칸에는 숫자와 일치하게 표기하십시오.

※ 월일은 반드시 본인 주민등록번호의 생년을 제외한 월 두 자리, 일 두 자리를 표기하십시오.
〈예〉 1994년 1월 12일 → 0112

잘라서 활용하세요.

통합전공

감독관 확인란	

기출문제_연습용

성명표기란

ㄱ ㄴ ㄷ ㄹ ㅁ ㅂ ㅅ ㅇ ㅈ ㅊ ㅋ ㅌ ㅍ ㅎ ㄲ ㄸ ㅃ ㅆ ㅉ ㄺ ㄻ

ㅏ ㅑ ㅓ ㅕ ㅗ ㅛ ㅜ ㅠ ㅡ ㅣ ㅐ ㅒ ㅔ ㅖ ㅘ ㅙ ㅚ ㅝ ㅞ ㅟ ㅢ

수험번호

⓪ ① ② ③ ④ ⑤ ⑥ ⑦ ⑧ ⑨

(주민등록 앞자리 생년제외) 월일

⓪ ① ② ③ ④ ⑤ ⑥ ⑦ ⑧ ⑨

문번	답란	문번	답란	문번	답란	문번	답란
1	① ② ③ ④ ⑤	21	① ② ③ ④ ⑤	41	① ② ③ ④ ⑤	61	① ② ③ ④ ⑤
2	① ② ③ ④ ⑤	22	① ② ③ ④ ⑤	42	① ② ③ ④ ⑤	62	① ② ③ ④ ⑤
3	① ② ③ ④ ⑤	23	① ② ③ ④ ⑤	43	① ② ③ ④ ⑤	63	① ② ③ ④ ⑤
4	① ② ③ ④ ⑤	24	① ② ③ ④ ⑤	44	① ② ③ ④ ⑤	64	① ② ③ ④ ⑤
5	① ② ③ ④ ⑤	25	① ② ③ ④ ⑤	45	① ② ③ ④ ⑤	65	① ② ③ ④ ⑤
6	① ② ③ ④ ⑤	26	① ② ③ ④ ⑤	46	① ② ③ ④ ⑤	66	① ② ③ ④ ⑤
7	① ② ③ ④ ⑤	27	① ② ③ ④ ⑤	47	① ② ③ ④ ⑤	67	① ② ③ ④ ⑤
8	① ② ③ ④ ⑤	28	① ② ③ ④ ⑤	48	① ② ③ ④ ⑤	68	① ② ③ ④ ⑤
9	① ② ③ ④ ⑤	29	① ② ③ ④ ⑤	49	① ② ③ ④ ⑤	69	① ② ③ ④ ⑤
10	① ② ③ ④ ⑤	30	① ② ③ ④ ⑤	50	① ② ③ ④ ⑤	70	① ② ③ ④ ⑤
11	① ② ③ ④ ⑤	31	① ② ③ ④ ⑤	51	① ② ③ ④ ⑤		
12	① ② ③ ④ ⑤	32	① ② ③ ④ ⑤	52	① ② ③ ④ ⑤		
13	① ② ③ ④ ⑤	33	① ② ③ ④ ⑤	53	① ② ③ ④ ⑤		
14	① ② ③ ④ ⑤	34	① ② ③ ④ ⑤	54	① ② ③ ④ ⑤		
15	① ② ③ ④ ⑤	35	① ② ③ ④ ⑤	55	① ② ③ ④ ⑤		
16	① ② ③ ④ ⑤	36	① ② ③ ④ ⑤	56	① ② ③ ④ ⑤		
17	① ② ③ ④ ⑤	37	① ② ③ ④ ⑤	57	① ② ③ ④ ⑤		
18	① ② ③ ④ ⑤	38	① ② ③ ④ ⑤	58	① ② ③ ④ ⑤		
19	① ② ③ ④ ⑤	39	① ② ③ ④ ⑤	59	① ② ③ ④ ⑤		
20	① ② ③ ④ ⑤	40	① ② ③ ④ ⑤	60	① ② ③ ④ ⑤		

수험생 유의사항

※ 답안은 반드시 컴퓨터용 사인펜으로 보기와 같이 바르게 표기해야 합니다.
〈보기〉 ① ② ③ ❹ ⑤

※ 성명표기란 위 칸에는 성명을 한글로 쓰고 아래 칸에는 성명을 정확하게 표기하십시오. (맨 왼쪽 칸부터 성과 이름은 붙여 씁니다)

※ 수험번호/월일 위 칸에는 아라비아 숫자로 쓰고 아래 칸에는 숫자와 일치하게 표기하십시오.

※ 월일은 반드시 본인 주민등록번호의 생년을 제외한 월 두 자리, 일 두 자리를 표기하십시오.
〈예〉 1994년 1월 12일 → 0112

gosinet
(주)고시넷

대기업·금융

2024 고시넷 대기업 20대기업 인적성검사 온·오프라인 통합 기본서
2023 고시넷 대기업 LG그룹 온라인 인적성검사 최신기출유형 모의고사 6회
2024 고시넷 대기업 SK그룹 종합역량검사 온라인 SKCT 최신기출유형 모의고사 4회
2024 고시넷 대기업 현대자동차 모빌리티 기술인력 생산직 최신기출유형 모의고사
2024 고시넷 대기업 KT그룹 온라인 인적성검사 종합인적성검사 최신기출유형 모의고사 5회

2024 고시넷 대기업 포스코그룹 온라인 인적성검사 최신 기출유형 모의고사 5회
2024 고시넷 대기업 포스코 생산기술직 온라인 인적성검사 최신기출유형 모의고사 4회
2024 고시넷 대기업 삼성 고졸채용 온라인 GSAT 5급 최신기출유형 모의고사
2024 고시넷 대기업 이랜드그룹 인적성검사 최신 기출유형 모의고사 4회
2024 고시넷 대기업 KCC 온라인 인적성검사 최신 기출유형 모의고사 5회

2023 고시넷 대기업 효성그룹 인적성검사 최신 기출유형 모의고사 3회
2023 고시넷 대기업 샘표식품 인적성검사 최신 기출유형 모의고사 4회
2023 고시넷 대기업 삼양그룹 온라인 인적성검사 최신 기출유형 모의고사 3회
2024 고시넷 대기업 S-OIL 에쓰오일 온라인 인적성검사 최신 기출유형 모의고사 5회
2024 고시넷 대기업 S-OIL 생산직 온라인 필기시험 최신기출유형 모의고사 4회

2024 고시넷 대기업 MG새마을금고 NCS 기출예상모의고사 8회
2024 고시넷 대기업 지역신협 인적성검사 최신 기출유형 모의고사 5회
2024 고시넷 대기업 지역수협 인적성검사 경영학, 수협법 최신 기출유형 모의고사 4+2회
2024 고시넷 대기업 SK하이닉스 고졸/전문대졸 Maintenance/Operator 필기시험 SKCT

2024 NCS 고시넷 금융권 NH농협은행 NCS 직무상식 온라인 필기시험 최신기출유형 모의고사 6급
고시넷 금융권 금융상식 경제상식 은행 필기시험 (경영상식 포함) 2024 개정판
2024 고시넷 NCS 지역농협 6급 통합기본서
고시넷 농·축협 지역농협 6급 NCS 오픈봉투모의고사 5회

저마다의 일생에는,

특히 그 일생이 동터 오르는 여명기에는

모든 것을 결정짓는 한 순간이 있다.

그 순간을 다시 찾아내는 것은 어렵다.

그것은 다른 수많은 순간들의 퇴적 속에

깊이 묻혀있다.

- 장 그르니에, 섬 LES ILES

2024 | NCS | 직무수행능력평가

고시넷 공기업

공기업 통합전공

사무직 핵심이론 + 문제풀이

(경영학/경제학/행정학/법학)

최신 공기업 출제경향 완벽 반영

모의고사 20회분 수록

정답과 해설

(주)고시넷

스마트폰에서 검색 고시넷

고시넷 공기업

모듈형/피듈형 NCS 베스트셀러

350여 공공기관 및 출제사 최신 출제유형

NCS 완전정복 초록이 시리즈

산인공 모듈형 + 응용모듈형
필수이론, 기출문제 유형

고시넷 NCS
초록이 ① 통합기본서

고시넷 NCS
초록이 ② 통합문제집

2024 | NCS | 직무수행능력평가

고시넷 공기업

공기업 통합전공

사무직 핵심이론 + 문제풀이

(경영학/경제학/행정학/법학)

최신 공기업 출제경향 완벽 반영

모의고사 20회분 수록

정답과 해설

(주)고시넷

통합전공

정답과 해설

파트1 경영학

1회 실전모의고사

▸문제 78쪽

01	②	02	①	03	②	04	④	05	④
06	④	07	②	08	①	09	③	10	③
11	①	12	④	13	②	14	④	15	③
16	②	17	③	18	④	19	①	20	①
21	④	22	③	23	③	24	②	25	③
26	④	27	④	28	②	29	①	30	②
31	④	32	④	33	①	34	③	35	①
36	④	37	④	38	①	39	④	40	④
41	③	42	④	43	④	44	④	45	④
46	②	47	④	48	③	49	③	50	②

01

| 정답 | ②

| 해설 | 합리적 의사결정 모형은 모든 대안을 검토하여 가장 합리적인 대안을 도출하는 합리성 모델에 해당한다.

| 오답풀이 |

① 합리적 의사결정 모형의 가정에는 문제의 명확성, 선택 대안에 대한 완전한 지식, 명확한 우선순위, 선호의 불변성, 시간 및 비용 제한이 없음, 최대의 결과 추구가 있다.

③ 제한된 합리성 모형에 따르면 최적안을 선택하는 의사결정은 만족하는 대안을 선택하는 의사결정에 필요한 복잡한 과정과 그에 따른 시간, 노력을 줄이기 위해 최적의 결과는 아니지만 만족스러운 대안을 선택하게 된다.

④ 집단의사결정의 단점으로는 의사결정을 위한 시간 소모, 집단 내 동조압력, 일부 구성원에 의한 지배, 책임에 대한 모호성이 있다.

02

| 정답 | ①

| 해설 | 적대적 M&A를 시도하는 사람이나 기업이 단독으로 필요한 주식을 취득하기가 현실적으로 한계가 있을 때 자기에게 우호적인 제3자를 찾아 도움을 구하게 되는데 이를 흑기사라고 부른다. 즉, 흑기사는 경영권 탈취를 돕는 제3자를 말한다.

03

| 정답 | ②

| 해설 | SWOT 분석의 외부환경과 내부역량을 분석하여 기업이 처한 상황에 적절한 전략을 개발하는 것이 목적이다.

04

| 정답 | ④

| 해설 | 호황이나 불황에 관계없이 실제로 현금을 창출할 수 있는 사업은 Cash Cow(황금젖소)이다. Cash Cow는 자금이 많이 요구되는 물음표(Question Mark)에 투자하여 성장성이 높을 때 연구개발에 투자하여 Star(별)을 만든다.

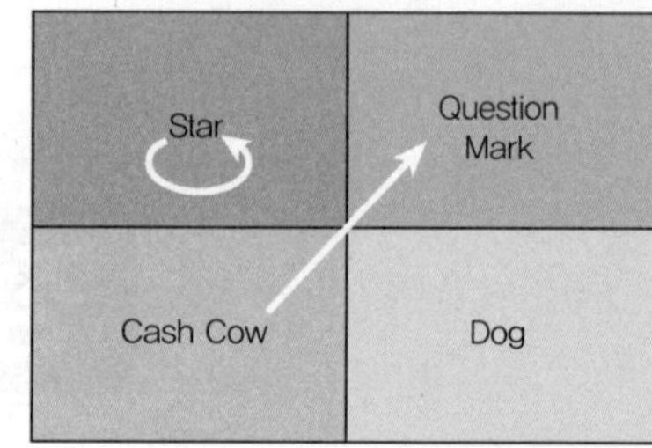

05

| 정답 | ④

| 해설 | U-Commerce는 PC, 이동 통신 단말기, TV, 자동차 등 모든 기기나 장비를 전자 상거래의 도구로 통합해 활용하는 상거래로, 기존의 E-Commerce, M-Commerce, T-Commerce 등 모든 종류의 전자상거래를 포괄하는 새로운 상위 개념이다. 특히 E-Commerce에 비해 무제한적

이고, 포괄적이며, 장소에 구애받지 않는 전자상거래라는 특징을 가진다.

06

| 정답 | ④

| 해설 | 직접금융시장은 기업과 같이 자금의 수요자가 발행하는 증권을 자금의 공급자가 직접 매수하여 자금을 이동시키는 방법으로, 이때 금융기관은 단순한 중개자이며, 자금운용의 책임은 투자자에게 있다. 한편 간접금융시장은 자금의 공급자와 수요자 사이에 은행 등 금융회사가 일반인으로부터 예금을 받아 필요한 사람에게 대출해 주는 은행 대출이 대표적인 형태이며, 이때 자금은 금융기관의 자기 책임하에 운용되므로 손실에 대한 투자자의 위험이 제한적이다.

| 오답풀이 |

① 돈 맡길 곳을 찾는 자금공급자와 빌려올 곳을 찾는 자금수요자가 모여서 거래가 형성되는 시장을 금융시장이라 한다.

② 단기금융시장과 대응시켜 자본시장을 장기금융시장이라고 하거나, 자본시장과 대응시켜 단기금융시장을 화폐시장이라고 부르기도 한다.

③ 증권시장은 증권이 발행되고 유통되는 일련의 과정이 일어나는 장소로 발행시장과 유통시장으로 구분된다.

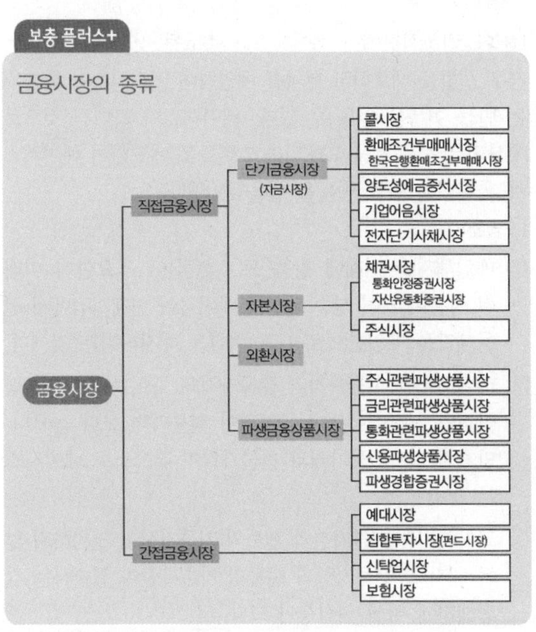

07

| 정답 | ②

| 해설 | 단일 투자안의 경우 수익성지수법은 수익성지수가 1보다 큰 경우 투자안을 채택한다.

| 오답풀이 |

① 회수기간법은 모든 미래현금수지에 대해 동일한 가중치를 부여하고 있기 때문에 화폐의 시간가치를 무시하고 있고 자본회수기간 이후의 현금흐름을 전혀 고려하지 않는다.

③ 내부수익률이란 투자로부터 기대되는 현금유입의 현재가치와 현금유출의 현재가치를 일치시켜주는 할인율을 의미하며, 내부수익률은 내용연수 동안의 모든 현금흐름을 고려할 수 있다.

④ 순현재가치란 투자안으로부터 기대되는 미래 현금흐름 유입액을 위험을 고려한 할인율(자본비용)로 할인한 현재가치에서 현금유출의 현재가치를 차감한 값을 의미한다.

08

| 정답 | ①

| 해설 | 할인율을 r이라고 할 때 t기간동안 발생한 현금유입 CI_t의 현재가치는 $\sum_{t=0}^{T}\frac{CI_t}{(1+r)^t}$로 구한다. 따라서 할인율이 20%일 때 1년 후 600만 원, 2년 후 720만 원의 현금유입이 발생하는 투자안의 현재가치는 $\frac{600}{(1+0.2)}+\frac{720}{(1+0.2)^2}$=1,000(만 원)이다.

09

| 정답 | ③

| 해설 | 효율적 시장가설은 현재의 주식가격이 기업이윤에 대한 모든 정보를 포함하고 있다는 이론이다. 효율적 시장가설은 합리적 기대가설에 기반을 둔다.

10

| 정답 | ③

| 해설 | 자본자산가격결정모형에서는 합리적 투자자를 위험회피형 투자자들로 가정한다.

11

| 정답 | ①

| 해설 | 적극적 채권투자전략은 투자자가 가진 우월한 정보나 예측을 기반으로 시장의 평균수익을 초과하는 투자수익을 지향하는 전략으로 금리예측전략, 수익률곡선타기(Riding Yield Curve)전략, 채권스왑(채권교체매매), 투자시한분석(Horizon Analysis) 등이 있다.

보충 플러스+

적극적 투자전략

- 채권스왑 : 우수한 성과를 얻기 위해서 일정한 예상하에 포트폴리오를 구성하는 채권을 타채권으로 교체하는 전략을 말한다.
- 투자시한분석 : 투자기간 동안의 각 채권의 자본이득과 이자수익을 고려하여 총투자수익률을 계산한 후 이를 바탕으로 투자대상을 선정하는 전략이다.
- 수익률곡선타기전략 : 현재 우상향 수익률곡선이 앞으로도 변하지 않을 것으로 예상하는 경우, 시간이 흐름에 따라 채권의 만기는 짧아지고 그에 따라 채권의 만기수익률은 하락하여 채권의 가격이 상승할 것으로 예상할 수 있다.
- 상황대응면역전략 : 유리한 상황에서는 적극적 투자전략을 구사하다가 상황이 불리해지면 면역전략으로 전환하는 전략을 말한다.

12

| 정답 | ④

| 해설 | 풋옵션은 상품이나 유가증권 등 기초자산을 미리 정해진 가격으로 팔 수 있는 권리를 말한다.

| 오답풀이 |

① 콜옵션은 정해진 가격에 자산을 매입할 수 있는 권리를 의미한다.

② 선도거래는 미래 특정지점에 정해진 조건으로 기초자산을 거래하는 계약으로, 특정 가격에 거래를 하는 권리가 아닌 거래계약이라는 점에서 옵션거래와 차이가 있다.

13

| 정답 | ②

| 해설 | 선물거래는 거래소를 통한 표준화된 거래의 형태로 진행된다는 점에서 선도거래와 차이를 보인다. 장외거래, 당사자 간 직접거래, 낮은 유동성은 선도거래의 특성이다.

14

| 정답 | ④

| 해설 | 스트래들(Straddle)은 행사가격과 만기일이 같은 풀옵션과 풋옵션을 결합하는 전략이다.

| 오답풀이 |

① 스트립(Strip)은 만기일이 같고 행사가격이 동일한 풋옵션 2단위에 콜옵션 1단위를 결합하는 전략이다.

② 스트랩(Strap)은 만기일이 같고 행사가격이 동일한 콜옵션 2단위와 풋옵션 1단위를 결합하는 전략이다.

③ 스트랭글(Strangle)은 옵션거래에서 동일만기의 풋옵션과 콜옵션을 동시에 매입 또는 발행하되 풋옵션과 콜옵션의 행사가격이 상이한 결합을 말한다.

15

| 정답 | ③

| 해설 | 정상시장에서 베이시스가 축소될 것으로 예상되는 경우 선물을 매도하고 현물을 매입하여 베이시스가 확대되는 만큼 이득을 얻을 수 있다. 베이시스가 확대될 것으로 예상되는 경우 선물을 매입하고 현물을 매도하여 베이시스가 확대되는 만큼 이득을 얻을 수 있다.

| 오답풀이 |

① 매입헤지란 미래에 상품(또는 현물)이 필요한데 미래 그 상품이 가격 상승 위험에 대비하여 현재시점에서 선물계약을 매입함으로써 그 위험을 헤지하려는 것이다.

② 베이시스란 선물가격과 현물가격의 차이를 말하며, 정상적인 시장에서는 선물가격이 현물가격 보다 높으나, 만기일에는 선물가격과 현물가격이 같으므로 베이시스는 0이다.

④ 교차헤지란 현물자산과 선물의 기초자산이 일치하지 않는 헤지로, 현물자산과 선물의 기초자산이 일치하는 직접헤지에 비해 위험성이 크다.

16

| 정답 | ②

| 해설 | 제품/시장 매트릭스는 마케터(기업) 중심의 방법이다. 상표전환 매트릭스, 지각도, 수요의 교차탄력성은 고객 중심적인 방법이다.

17

| 정답 | ③

| 해설 | 시장세분화 시 동일한 세분 시장 내에 있는 소비자들은 동질성이 극대화되도록 해야 하며, 세분시장 사이의 소비자들은 이질성이 극대화되도록 설정해야 한다.

18

| 정답 | ④

| 해설 | 제품 사용자에 의한 포지셔닝은 제품이 표적시장 내의 특정 사용자 계층에 적합하다고 소비자에게 인식시키는 방법이다.

19

| 정답 | ①

| 해설 | 생산량이 축적될수록 제로원가와 유통비용이 빨리 하락할 경우 고가의 가격정책을 앞세우는 스키밍 가격전략보다는 저가의 제품으로 시장 내 점유율을 빠르게 확보하는 시장침투전략을 선택하는 것이 적절하다.

20

| 정답 | ①

| 해설 | 베버의 법칙(Weber's law)은 소비자가 가격변화에 대하여 주관적으로 느끼는 크기로서, 낮은 가격의 상품은 조금만 올라도 구매자가 가격인상을 느끼지만 높은 가격의 상품은 어느 정도 오르더라도 구매자가 가격인상을 느끼지 못하는 현상을 뜻한다.

| 오답풀이 |

② 유인가격(Loss Leader)은 원가보다 싸게 팔거나 일반 판매가 보다 훨씬 싼 가격으로 판매하는 상품을 말한다.

③ 유보가격은 구매자가 어떤 상품을 구매 시 지불 가능한 최고금액을 말한다.

④ 가격 · 품질연상효과(Price-Quality Association)는 가격인상이 품질향상이란 인식을 유발시키는 것을 말한다.

21

| 정답 | ④

| 해설 | 라인 확장은 제품범주 내에서 새로운 형태, 컬러, 사이즈, 원료, 향의 신제품에 기존 브랜드명을 함께 사용하는 것이고, 기존브랜드와 다른 상품범주에 속하는 신상품에 기존브랜드를 붙이는 것을 브랜드 확장(카테고리 확장)이라고 한다.

22

| 정답 | ③

| 해설 | 촉진믹스의 요소로는 광고, PR, 판매촉진, 인적판매가 있다.

23

| 정답 | ③

| 해설 | 고객의 상품정보 제공에 대한 요구가 크다는 것은 고객이 제품이나 서비스에 대한 상세한 정보를 원하는 것으로 이런 경우는 유통단계를 줄이는 것이 유리하다.

| 오답풀이 |

① 고객이 작은 단위로 구매를 원하면(최소판매단위에 대한 유통 서비스 요구가 클수록) 작은 포장단위로 물건을 중간상에게 전달해야하고, 고객이 큰 단위로 구매를 원하면 유통단계를 줄여야 한다.

② 고객의 공간편의성 제공요구가 크다는 것은 멀리 있으면 고객이 찾아갈 의사가 없다는 것으로 유통단계를 늘려야 한다.

④ 고객의 배달기간에 대한 서비스요구가 크다는 것은 고객이 오래 기다릴 수 없다는 의미이므로 고객의 집 근처에서 바로 받아가게 해야 한다.

24

|정답| ②

|해설| 빈도분석은 일반적으로 특정 질문에 대한 빈도분포를 통해 산포도를 작성하여, 사회의 가치와 내용을 파악하거나 조사연구나 실험연구에서 표본의 특성을 알아보기 위해 사용한다.

25

|정답| ③

|해설| 전술은 콘셉트에 해당되는 전략이 누구에게 어떤 가치를 줄 것인가를 생각하는 부분이며, 이러한 전략은 마케팅믹스를 통해서 현실화된다. 따라서 마케팅믹스는 전술에 해당된다.

26

|정답| ④

|해설| 같은 세분시장 내에 속한 고객끼리는 최대한 동질적이야 하며, 서로 다른 세분시장에 속한 고객들끼리는 최대한 이질적이어야 한다.

|오답풀이|

② 세분시장에 속하는 고객들에게 효과적이고 효율적으로 접근할 수 있도록 설계해야 한다.

③ 세분시장의 규모는 수익을 내기에 충분하여야 한다.

27

|정답| ④

|해설| 내부 벤치마킹은 자신의 사업단위나 지점에 대한 벤치마킹이다. 회사 내에서 다른 사업단위, 위치, 부서에서 동일한 활동을 갖고 있는 조직에 적용될 수 있다.

28

|정답| ②

|해설| 품질보증의 발전단계는 검사 중심 → 공정 중심 → 설계 중심 → 사회적 책임으로 구성한다.

29

|정답| ①

|해설| 소극적 강화는 바람직한 행동에 따라 불편한 자극을 제거해 행위를 강화시키는 것이다.

|오답풀이|

③ 연속강화법은 목표로 한 행동이 나타날 때마다 강화를 주는 것으로 처음 학습할 때 효과적이다.

30

|정답| ②

|해설| 셀프 리더십은 자율적 리더십 또는 자기 리더십이라고 하며 자신을 사랑하고 자신을 이끌어가는 방법으로, 자신에게 스스로 영향력을 행사함으로써 자신의 생각과 행동을 변화시키는 과정이라 할 수 있다.

31

|정답| ④

|해설| 비교우위는 두 국가 간에 상대적인 효율성이 높은 상품이나 산업을 의미하는 국가수준의 우위적 요소를 의미하는 것으로 기업측면의 전략적 우위가 아니라는 점에서 경쟁우위와는 구별되는 개념이다.

32

|정답| ④

|해설| 코틀러의 마케팅 효과성 평가모델은 마케팅 성과를 고객 철학, 마케팅 조직의 통합성, 마케팅 정보의 충분성, 전략적 지향성 및 운영효율성의 다섯 가지 차원으로 기업 내부의 마케팅 역량과 실행단계를 평가한다.

33

| 정답 | ①

| 해설 | 급격한 물가상승은 시장의 불안정성에 의해 실물자산보다 안정적인 채권의 선호도가 올라가 주가하락의 요인으로 작용할 수 있다.

34

| 정답 | ③

| 해설 | 거래소를 통해 거래절차가 진행되는 장내파생상품은 계약 조건이 정형화, 표준화되어 있다.

35

| 정답 | ①

| 해설 | 주식이 시장에서 거래되려면 각각의 시장이 규정하고 있는 상장 요건을 갖추고 금융 감독 당국의 허가를 받아야 하는데, 상장 요건은 유가증권 시장이 가장 까다롭고 코넥스 시장이 가장 덜 까다롭다. 상장 요건은 부실기업들의 주식이 거래되는 것을 막아 투자자들을 보호하기 위한 장치로, 코넥스 시장의 상장 요건이 덜 까다로운 것은 새로 창업되는 기업들이 자본시장에서 보다 손쉽게 자금을 조달하는 것을 돕기 위한 것이다.

36

| 정답 | ④

| 해설 | 자산배분 수립과정은 (E)고객정보수집, 재무목표와 우선순위 파악 → (B)투자제약조건, 위험허용도, 투자기간 등 결정 → (C)투자지침서 작성 → (D)전략적, 전술적 자산배분 → (A)투자성과 점검 및 투자수정 순으로 진행한다.

37

| 정답 | ④

| 해설 | 구매 시점(Point of Purchase) 광고는 구매처 내 제품이 위치한 곳을 표시하여 소비자가 제품에 용이하게 접근하도록 하고, 제품이 위치한 곳 바로 앞에서는 제품의 정보를 제공하여 소비자의 구매결정을 유도하는 광고전략을 의미한다.

38

| 정답 | ①

| 해설 | 표적집단면접법은 정성적 조사방식의 하나로 참가자들의 토론으로 콘셉트의 적절성을 평가할 수 있다.

| 오답풀이 |

② 쌍대비교법은 두 개의 아이디어 중 하나를 선택하도록 설문하는 평가방식이다.

③ 영화관 테스트는 영화관에서 광고물을 재생하고 평가를 조사하는 방식으로 주로 최종광고제작물을 평가하는 데 사용된다.

④ DAR(일일 후 회상조사)는 광고 표시 하루 뒤에 광고 메시지를 설문해 광고 집행 후 소비자의 반응을 확인하는 조사방식이다.

39

| 정답 | ④

| 해설 | 브랜드 플랫폼(Brand Platform)은 브랜드의 비전(Vision)과 브랜드의 존재 가치를 정의하여 브랜드를 통해 달성하고자 하는 중장기적 지향과제를 정의하는 것으로, 브랜드 자산가치의 측정의 수단으로는 적절하지 않다.

보충 플러스+

브랜드 자산가치를 측정하는 방법

1. 마케팅적 접근 : 비교를 통한 측정, 컨조인트 분석에 의한 측정, 초과가치 분석을 통한 측정
2. 재무적 접근 : 취득원가에 기초한 측정, 매출액 배수를 이용한 측정, 무형자산의 가치추정을 통한 측정
3. 통합적 접근 : 인터브랜드의 측정(브랜드 강도에 브랜드 이익을 곱하여 측정)

40

| 정답 | ④

| 해설 | 직접적인 마케팅의 지원보다는 공중 전체를 대상으로 기업의 전반적인 이미지와 위상을 높이고 신뢰를 획득하는 보편적 PR 방법은 CPR(Corporate PR)이다.

41

| 정답 | ③

| 해설 | 자금을 운용할 때 일반적으로 수익성, 안정성, 유동성을 균형 있게 고려해야 한다. 유연성은 자금조달 시에 고려해야할 사항으로, 기업마다 자금을 운용하는 기준에 다소 차이가 있지만, 일반적으로 안정성과 유동성의 확보가 수익성보다 우선된다.

42

| 정답 | ④

| 해설 | 고정예산은 특정 조업을 기준으로 한 총액 예산개념으로 기준 조업도 수준에서 실제원가와 예산원가를 비교평가하는 것이며, 변동예산은 일정범위 내의 조업도의 변동에 따른 것으로 단위당예산의 개념으로 실제원가를 실제조업도 수준의 예산원가와 비교하는 것이다.

43

| 정답 | ④

| 해설 | $\text{ROE}=\frac{\text{순이익}}{\text{자기자본}}$으로, 매출액 순이익률×총자산 회전율×(1+부채비율)으로 구할 수 있다. 따라서 △△기업의 ROE는 $0.05\times1.2\times2=0.12$, 즉 12%이다.

44

| 정답 | ④

| 해설 | 금융자산의 신용이 손상되지는 않았지만 신용위험이 발생한 경우 금융자산과 신용이 손상된 금융자산으로 구분하여 기대신용 손실을 추정하고 이를 손실충당금으로 인식하도록 규정하고 있다.

45

| 정답 | ④

| 해설 | 세금은 부동산 시장의 중요한 변수 중 하나이다.

46

| 정답 | ②

| 해설 | 유형자산은 정상적인 영업 활동 과정에서 사용할 목적으로 장기간 보유하고 있는 물리적 실체가 있는 자산을 의미하며 건물, 구축물, 차량운반구, 공구와 기구, 비품, 시설장치 등이 있다.

| 오답풀이 |

① 당좌자산은 1년 이내에 판매절차 없이 현금화가 가능한 유통자산으로 외상매출금, 선급금, 선급비용, 부가세대급금이 있다.

③ 비유동부채는 만기일 1년 이상의 부채로 사채, 장기차입금, 장기성 매입채무 등이 있다.

④ 유동부채는 만기일이 1년 미만인 부채로 매입채무(외상매입금, 지급어음), 단기차입금(당좌차월포함), 미지급금, 선수금, 예수금, 미지급 비용, 미지급 법인세, 유동성장기부채 선수수익, 부채성 충당금(단기성) 등이 있다.

47

| 정답 | ④

| 해설 | 선입선출법에 의한 종합원가계산제도를 채택하고 있으므로 기초재공품을 우선 가공한 후, 당기 착수물량을 가공한다. 따라서 문제에서 완성도 20%의 기초재공품 400개의 나머지 80%인 320개를 우선 가공한 다음 당기 착수물량을 가공한다. 이때 당기완성품이 1,800개이므로 당기 착수물량은 기초재공품 400개를 제외한 1,400개가 된다. 여기에 기말에 600개의 50%인 300개의 가공이 더 진행되었으므로, 가공비의 완성품환산량은 총 320+1,400+300=2,020(개)이다.

48

| 정답 | ③

| 해설 | 단계배분법으로 보조부문원가를 제조부문으로 배부하면서 동력부문원가를 먼저 배분한다고 하였으므로, 동력부문원가를 먼저 배분한 뒤 수선부문에서 동력부문으로 배부되는 부분은 검토하지 않는다. 따라서 절단부문으로 배부되는 용역제공 중 동력부문에서 배부되는 원가는 500,000원의 40%인 200,000원이며, 수선부문에서 절단부문으로 배부되는 원가는 400,000원의 $\frac{35}{70}$인 200,000원이다.

49

| 정답 | ③

| 해설 | 유럽형 콜옵션은 만기일에서만 옵션을 행사할 수 있으므로 옵션의 가치는 만기일 기준에서만 검토한다. 따라서 12,000원 주식을 10,000원에 살 수 있는 옵션 가치는 2,000원이다.

50

| 정답 | ②

| 해설 | 제품을 검사하여 불량품을 찾아내는 활동을 위한 원가는 평가원가이다.

| 오답풀이 |

① 제약이론에 따르면 장기적으로는 병목공정처리능력을 확충하여 기업 전체 생산력을 높이는 방안을 모색한다.

2회 실전모의고사

▸문제 92쪽

01	②	02	②	03	④	04	④	05	②
06	②	07	③	08	①	09	④	10	②
11	③	12	④	13	③	14	①	15	③
16	②	17	③	18	④	19	②	20	③
21	③	22	④	23	①	24	③	25	②
26	④	27	②	28	④	29	③	30	①
31	①	32	①	33	②	34	③	35	④
36	④	37	④	38	②	39	①	40	③
41	①	42	②	43	②	44	④	45	③
46	②	47	①	48	①	49	④	50	③

01

| 정답 | ②

| 해설 | 포트폴리오 이론은 시장점유율의 형성에 영향을 주는 요소로 산업성장률만을 검토한다는 점에서 현실과의 차이점이 발생한다는 한계점을 가진다.

보충 플러스+

사업포트폴리오 이론의 한계점

- 가정의 비현실성 : 상대적 시장점유율을 산업성장률 외 다른 요인을 고려하지 않음.
- 사업부 사이의 연관 문제 : 사업단위들 간의 상호의존성 미고려
- 외부자원 조달의 제약 : 외부자원의 공급 미고려
- 주관의 개입 가능성 : 객관적 평가가 되도록 요인 · 변수 선택에 신중을 기해야 함.
- 평가기준 설정 · 제품시장의 명확한 정의가 어려움.

02

| 정답 | ②

| 해설 | 맥그리거는 인간의 본질과 행동에 관한 경영자의 기본 가정을 X이론과 Y이론의 두 유형으로 개념화하였으며 여기서 X이론은 전통적이고 전제적인 경영자의 인간관, Y이론이란 진취적이고 협동적인 인간관으로 구분된다.

03

| 정답 | ④

| 해설 | 제한된 합리성은 현실세계에서 이루어지는 의사결정을 설명한 모델로 사이먼이 주장하였다.

보충 플러스+

버나드의 조직이론
1. 조직을 2인 이상의 힘과 활동을 의식적으로 조정하는 협동체계라고 정의한다.
2. 조직의 균형유지와 조직과 조직 구성원 간의 균형 유지를 위한 협력관계에 따라서 조직의 유효성이 결정된다.
3. 권한은 명령에 응하는 하급자의 수용의사에 달려 있다는 권한수용설을 주장하며, 권한이 조직의 직능에서 유래함을 설명하였다.

04

| 정답 | ④

| 해설 | 블루오션과 레드오션 산업은 양분하여 구분하기는 어렵다. 블루오션 사업이 진입자들이 누적되어 레드오션 사업이 될 수 있고, 반대로 레드오션의 산업을 블루오션으로 진화시킬 수도 있다.

05

| 정답 | ②

| 해설 | 모듈러 생산(MT)은 여러 가지로 조합시킬 수 있는 표준화된 부품을 제조하여 최소 종류의 부품으로 많은 종류의 제품 · 장치의 생산을 겨냥한 생산 방식을 말한다.

| 오답풀이 |

① 집단관리법(GT)(=집단가공법=유사부품가공법)은 제품의 생산과정에서 부품의 형상 치수 혹은 가공법이 유사한 것을 그룹화하여 각 그룹에 대하여 부품설계를 일괄적으로 하거나, 적합한 기계를 할당시키고, 공통의 공구, 기계 작업방법을 이용하여 합리적인 생산을 하는 기법을 말한다.

③ 컴퓨터 통합생산(CIM)은 생산－판매－기술의 3분야를 통합한 것으로, 주문을 받는 단계에서부터 생산품을 시장으로 내보내는 단계까지 공정 시스템을 컴퓨터로 종합 처리하여 시간을 단축하고 다품종 소량 생산에 대응하는 자동화 생산 시스템이다.

④ 셀형 제조방식(CMS)은 GT의 개념을 생산공정에 연결시켜 생산의 유연성을 높이고 생산성을 향상시키려는 기법으로 한 종류 또는 많은 종류의 기계가 하나의 셀(Cell)을 단위로 해서 집단화되는 공정의 한 형태를 말한다.

06

| 정답 | ②

| 해설 | 지수평활법은 최근의 자료일수록 더 큰 비중을, 오래된 자료일수록 더 작은 비중을 두어 아래수요를 예측한다.

| 오답풀이 |

① 가중이동평균법은 시계열 분석에서 이동평균의 개념을 확장하여, 평균을 구하는데 있어 가장 최근에 주어지는 위치값에 가중값을 부여하여 예측치가 수요변동을 빨리 따라갈 수 있게 한다.

③ 추세요인은 시계열 데이터가 상향 또는 하향방향으로 중장기적으로 변화하고 있는 형태를 의미한다.

④ 시계열분석은 시간의 경과에 따른 어떤 변수의 변화경향을 분석하여 그것을 토대로 미래의 상태를 예측하려는 비인과적 기법이다. 즉 시간을 독립변수로 하여 과거로부터 현재에 이르는 변화를 분석함으로써 미래를 예측하려는 동태적인 분석방식이다.

07

| 정답 | ③

| 해설 | JIT 시스템은 생산에 있어서 최소한의 생산준비시간으로 생산효율을 극대화하고 자원의 낭비가 발생하는 요소를 제거하는 것을 목표로 한다.

보충 플러스+

JIT(Just In Time)
- 생산성을 위한 짧은 준비 시간
- 소수의 협력적 공급업자
- 낭비적인 요소를 제거하려는 생산관리 시스템으로 재고의 극소화
- 팀 중심적인 노동력
- 통제중심적이며 시각적 통제를 강조

08

| 정답 | ①

| 해설 | 매트릭스 조직은 기능별 조직의 전문성과 사업별 조직의 대응성을 입체적으로 결합한 조직이다. 기능부서의 전문성과 제품라인의 혁신성(대응성)을 동시에 충족하는 장점이 있는 반면, 명령의 이원화로 구성원의 역할이 모호해지고 갈등을 초래할 수 있는 단점이 있다.

09

| 정답 | ④

| 해설 | 맥클리랜드의 성취동기이론은 매슬로우의 다섯 단계의 욕구(생존 욕구, 안전의 욕구, 애정과 공감의 욕구, 존경의 욕구, 자아실현의 욕구) 중에서 자아실현의 욕구, 사회적 욕구, 존경의 욕구 세 가지만을 대상으로 하여 연구를 한 것이다.

10

| 정답 | ②

| 해설 | M&A 방어를 위한 수단으로 우리사주조합의 지분율을 높이는 것이 있다.

| 오답풀이 |

④ 시장의 평가가 적대적 M&A를 강행한 것에 호의적인 분위기라면 피인수기업 주주는 손실이 아니라 이익을 볼 수도 있다.

11

| 정답 | ③

| 해설 | MBO는 개인별 보상체계로 연계되어 연봉제 등 성과중심의 인사관리가 가능하다.

12

| 정답 | ④

| 해설 | 채찍효과는 하류의 고객주문 정보가 상류로 전달되면서 정보가 왜곡되고 확대되는 현상을 말한다.

| 오답풀이 |

③ 피기백 방식(Piggyback System)은 컨테이너를 적재한 트레일러나 트럭, 선박에 실린 화물을 그대로 철도화차에 실어 수송하는 복합 수송의 한 방법이다.

13

| 정답 | ③

| 해설 | 경로－목표이론에 따르면 부하들이 과업수준이 낮을 때 지시적 리더가 효과적이지만 부하직원들의 업무능력이 많거나 능력수준이 높을 때 성취지향적 리더가 효과적이다.

| 오답풀이 |

② 블레이크와 머튼은 완전형(9,9) 모델을 이상적인 리더십 스타일로 보았고, 리더십 관리격자 이론의 큰 특징은 최고의 리더십 스타일을 제시하였다는 점이다.

14

| 정답 | ①

| 해설 | 사전에 정한 비율에 따라 피고과자를 평가등급 단위로 강제로 할당하는 것은 강제할당법에 관한 설명이다. 서열법은 피고과자의 능력과 업적에 대해 순위를 매기는 방법이다.

15

| 정답 | ③

| 해설 | 균형성과표(BSC)는 재무적 시각뿐만 아니라 비재무적 시각에서 기업의 성과를 보다 균형있게 평가한다.

| 오답풀이 |

①, ② 균형성과표는 하버드 비즈니스 스쿨의 로버트 카플란 교수와 경영 컨설턴트인 데이비드 노턴이 공동으로 개발하여 1992년에 최초로 제시한 이론으로 재무, 고객, 내부 프로세스, 학습 · 성장 등 4분야에 대해 측정지표를 선정해 평가한 뒤 각 지표별로 가중치를 적용해 산출한다.

④ 균형성과표는 단기적 목표와 장기적 목표 간의 균형을 강조하는 것으로, MBO(단기목표)를 보완하기 위한 평가라고 볼 수 있다.

16

| 정답 | ②

| 해설 | 애프터 마케팅은 고객이 구입한 제품에 대해 가치를 느끼고 기업과의 관계를 지속적으로 유지함으로써 충성고객으로 이끌어내는 마케팅이다.

| 오답풀이 |

① 내부마케팅은 외부적인 마케팅 전략을 펼치기 이전에 내부적으로 기업구성원과 기업간의 적절한 마케팅 의사전달체계를 유지하는 기업 활동이다.

③ 감성 마케팅은 제품의 기본적 편익이나 기능보다는 그 제품이 갖고 있는 상징(Symbol), 메시지, 이미지를 중시하는 마케팅이다.

④ 후행적 마케팅은 생산이 이루어진 후의 마케팅 활동(경로, 가격, 판촉)을 말한다.

17

| 정답 | ③

| 해설 | 비율척도(Ratio Scale)는 가장 높은 수준의 포괄적인 정보를 제공하는 척도로 서로의 구분, 크기의 비교, 비율, 그리고 특성들 간의 수학적 연산이 가능한 척도이며 절대영점을 갖는다.

| 오답풀이 |

① 명목척도(Nominal Scale)는 측정 대상의 특성만 구분하기 위하여 숫자나 기호를 할당한 것으로 분류가 목적인 척도로 특성 간의 양적인 분석을 할 수 없고 특성간 대소의 비교도 할 수 없다.

② 서열척도(Ordinal Scale)는 측정 대상의 분류뿐만 아니라 측정 대상을 크기에 따라 순서적으로 배열할 수 있는 측정방법이다. 측정 대상의 상대적 크기(강도)를 말할 수 있다.

③ 등간척도(Interval Scale)는 명목척도와 서열척도의 특성을 모두 갖고 있으면서 크기의 정도를 말할 수 있는 측정척도이다.

18

| 정답 | ④

| 해설 | 속성에 대한 평가는 제품 선택에 영향을 미치는 여러 속성들이 있을 때 이 속성들이 소비자 자신에게 중요한 정도라고 할 수 있으며 각 소비자의 욕구에 따라 가중치는 달라진다.

19

| 정답 | ②

| 해설 | 다. 시장세분화를 통하여 규모의 경제가 발생하지 않고 도리어 비용에 증가하게 된다. 규모의 경제는 시장을 세분화하지 않을 경우에 더 크게 발생한다.

20

| 정답 | ③

| 해설 | 브랜드는 오히려 소비자들로 하여금 제품 구매시 사고비용을 감소시킨다.

21

| 정답 | ③

| 해설 | 직장 내 교육(JIT)은 일상업무활동 중 상황에 따라 일하는 방식이나 업무 지식 등을 교육하고 단계적으로 능력계발을 행하여 인재를 육성하는 방법이다.

22

| 정답 | ④

| 해설 | CRM은 고객에 대한 매우 구체적인 정보를 바탕으로 개개인에게 적합하고 차별적인 제품 및 서비스를 제공하는 것이다. 이를 통해 고객과의 개인적인 관계를 지속적으로 유지하고 단골고객과 1 : 1 커뮤니케이션을 가능하게 해 주는 것이다.

23

| 정답 | ①

| 해설 | 차별화된 산업일수록 수익률이 높고 차별화가 적은 산업, 즉 일상재에 가까운 산업일수록 수익률이 낮아지게 된다.

24

| 정답 | ③

| 해설 | 시장세분화의 극대화는 성숙기의 특징에 해당하는 내용이다. 성숙기에는 제품수명주기에서 시장이 포화상태에 있고 신규고객의 수가 감소하여 경쟁이 가장 치열한 단계로, 이에 대응하기 위해 시장세분화가 극대화되고 브랜드 모델을 다양화하는 전략을 수립하게 된다.

25

| 정답 | ②

| 해설 | 선발진입제란 경쟁사보다 시장에 먼저 진입하는 전략을 말하며, 조기에 시장에 진입하는 경우에는 후발주자의 시장진입에 따라 손실을 볼 수 있다는 위험이 있다.

| 오답풀이 |

③ 원가 측면의 경쟁우위는 대부분 시장 진입 초기에 확보된다. 일반적으로 생산 등에서 나타나는 경험효과는 시장의 도입기에 대부분 발생한다. 따라서 시장 선발자는 경쟁자가 진입할 시점에 이르러서는 이미 원가를 낮춘 상태에 도달하는 경우가 많다.

26

| 정답 | ④

| 해설 | 마케팅의 목표는 마케팅개념을 구성하는 네 가지 중요한 요소인 고객지향성, 경쟁의 고려, 통합적 마케팅, 수익성과 연관된다.

27

| 정답 | ②

| 해설 | 시스템은 서로 독립적으로 있는 것이 아니라 여러 독립된 구성인자가 유기적으로 연결되어 상호작용하며 환경에의 적응성을 높이는 작용을 하므로 하위시스템들은 서로 독립적이지 않고 상호 관련되어 있으며 개방시스템의 속성을 지니고 있다.

28

| 정답 | ④

| 해설 | 번스와 스토커(T. Burns & G. M. Stalker)는 안정적인 환경에서는 기계적 조직이 더 효과적이고, 격동적인 환경에서는 유기적 조직이 더 효과적이라고 주장하였다.

29

| 정답 | ③

| 해설 | 기계적 관료제는 단순하고 안정적 환경하에서 작업과정의 표준화를 중시하는 대규모 조직이다.

| 오답풀이 |

① 사업부제에 대한 설명으로 중간관리자를 핵심 부문으로 하는 대규모 조직이다.

② 임시특별조직에 대한 설명으로 비정형적인 과제나 동태적이고 복잡한 환경에 적합한 조직이다.

④ 단순 구조에 대한 설명으로 권력이 최고관리층으로 집권화되는 구조이다.

30

| 정답 | ①

| 해설 | 후방통합의 경우 시장비용을 절감할 수 있다.

보충 플러스+

수직적 통합

1. 장점
   ① 생산비용 절감
   ② 시장비용 절감
   ③ 품질통제
2. 단점
   ① 비효율적인 생산비용 발생 가능성
   ② 경쟁 위험요소 증가
   ③ 계열사슬의 진부화

31

| 정답 | ①

| 해설 | BPR(Business Process Reengineering)은 프로세스별로 기업의 업무를 고객만족의 관점에서 근본적으로 재설계하는 것을 말한다. 다양한 컴퓨터 정보시스템이 도입되면서 BPR이 매우 용이해져서 반복적이고 불필요한 과정들을 제거하기 위해 작업 수행의 여러 단계들이 통합되고 단순화된다.

32

| 정답 | ①

| 해설 | 디마케팅(Demarketing)은 Decrease와 Marketing의 합성어로 기업들이 의도적으로 고객의 상품 구매를 줄임으로써 수익의 극대화를 노리는 마케팅 전략이다.

33

| 정답 | ②

| 해설 | 추구편익, 사용상황, 사용량, 상표애호도 또는 태도로 나누는 것은 행동적 시장세분화에 따른 분류이다.

34

| 정답 | ③

| 해설 | 서비스는 일시적으로 제공되는 편익으로서 생산하여 그 성과를 저장하거나 다시 판매할 수 없다.

35

| 정답 | ④

| 해설 | 후광효과(Halo Effect, 현혹효과)는 한 대상의 두드러진 특성이 그 대상의 다른 세부 특성을 평가하는 데에도 영향을 미치는 현상이다.

| 오답풀이 |

① 최근효과(Recency Effect)는 가장 나중에 제시된 정보가 가장 잘 기억에 남는 현상을 일컫는다.

② 백로효과(Snob Effect)는 특정상품에 많은 사람이 몰려 희소성이 떨어질 때 차별화를 위해 다른 상품을 구매하려는 현상을 말한다.

③ 초기효과(Primacy Effect)는 일반적으로 처음 주어진 정보로 판단하는 지각의 오류의 경향을 말한다.

36

| 정답 | ④

| 해설 | 피터 드러커는 경영 목표 및 관리자의 역할로 조직구성원에게 동기를 부여하고 의사소통을 하는 것, 인재에게 동기부여를 하고 개발하는 것을 주장하였다.

37

| 정답 | ④

| 해설 | 연속생산공정은 과업의 형태가 반복적이다.

보충 플러스+

연속생산공정
- 제품별 배치
- 고도의 표준화
- 소품종 대량생산
- 짧은 거리와 낮은 운반비
- 고정비는 높고 변동비는 낮음.
- 생산원가는 낮음(효율성은 높음).
- 유연성은 매우 떨어짐.
- 단순작업이 많은 반복적 비숙련공

38

| 정답 | ②

| 해설 | ABC 재고관리는 재고품목을 금전적 가치에 따라 세 단계로 구분하고 이들을 차별적으로 관리한다.

39

| 정답 | ①

| 해설 | 순현재가치법(NPV)은 투자안으로부터 유입되는 현금이 자본비용과 동일한 수익률로 재투자함을 가정하는 한편 내부수익률법(IRR)은 내부수익률로 재투자함을 가정한다. 그런데 실제 투자환경에서 환경의 변화로 인해 내부수익률이 일정하게 유지된다고 보기 어렵다는 점에서 내부수익률법보다 순현재가치법이 재투자율의 가정에서 더 합리적이라고 볼 수 있다.

40

| 정답 | ③

| 해설 | CAPM의 상황에서는 무위험자산이 존재하며 무위험이자율로 얼마든지 차입 또는 대출이 가능하다고 가정한다.

41

| 정답 | ①

| 해설 | 주식투자에 대한 요구수익률은 다른 자산 대신 주식에 투자하기로 결정하기 위해 요구되는 최소한의 수익률로, 주식투자에 대한 요구수익률이 하락할 때 현재가치는 상승하고, 주식투자에 대한 요구수익률이 상승할 때 하락한다.

| 오답풀이 |

② 주식시장 참여자들은 계속적으로 정보를 받고 그들의 예상을 수정하며 이에 따라 주식 가격은 자주 변화한다.

③ 단기에는 앞으로 매출과 당기순이익이 늘어날 것이라는 기대감에 투자자들은 주식을 사게 되고 이에 주가가 상승하게 된다.

④ 배당평가모형(Dividends Valuation Model)은 주식의 내재가치를 미래 현금흐름의 현재가치로 정의된다. 즉 주식의 내재적 가치는 영속적인 배당수입에 대한 현재가치라고 할 수 있다.

42

| 정답 | ②

| 해설 | 선물시장에서의 거래량의 양적 증가는 현물시장의 유동성을 증가시키는 긍정적인 역할을 하여 선물거래가 현물시장의 유동성 및 시장 깊이를 증대시킨다.

| 오답풀이 |

① 선물거래의 특성은 선도거래가 가지고 있는 채무불이행 위험 내지 신용위험을 여러 가지 장치를 통해서 대부분 제거할 수 있다.

보충 플러스+

선물거래의 경제적 기능

1. 가격예시기능
2. 가격변동위험의 회피기능
3. 금융시장의 효율적인 자원배분
4. 현물거래의 활성화
5. 새로운 금융서비스 제공

43

| 정답 | ②

| 해설 | 부채를 많이 사용한 기업은 자본적 투자활동에서 경영자의 단기지향성으로 인하여 위험한 투자안을 선택할 가능성이 높다.

| 오답풀이 |

③, ④ NPV는 투자안으로부터 기대되는 미래 현금흐름 유입액을 위험을 고려한 할인율(자본비용)로 할인한 현재가치에서 현금유출의 현재가치를 차감한 값을 의미하며, 투자안의 NPV가 0보다 크면 채택하고, 0보다 작으면 기각하는 것이 원칙이나 투기성 투자로 인한 결정을 할 수 있다.

44

| 정답 | ④

| 해설 | 일반적으로 자본비용은 그 위험에 따라 크기가 달라지며 주식의 경우 사채보다 위험이 더 크므로 자기자본비용이 타인자본비용보다 커진다.

45

| 정답 | ③

| 해설 | 재고자산은 취득원가와 순실현가능가치 중 낮은 금액으로 측정하는 저가법을 적용한다. 즉 재고자산의 측정에 있어서 취득원가 이하의 순실현가능가치로 감액하여 측정한다.

46

| 정답 | ②

| 해설 | 수익의 이연(선수수익의 계상)이란 당기에 수익으로 이미 받은 금액 중 차기에 속할 부분에 대해서는 그 수익계정에서 차감하고 일시적인 부채를 표시하는 계정으로 대체하여 차기로 이월하는 것을 말한다. 이때의 부채를 선수수익이라고 하는데, 선수수익에는 선수임대료, 선수이자 등이 있으며, 재무상태표의 부채로 계상된다. 선수수익은 수익을 부채로 이연한 것으로서 차기 이후에 속하는 수익이다. 기업회계기준에 의하면 단기선수수익은 유동부채에 속한다.

47

| 정답 | ①

| 해설 | 유동성선호를 반영하여 화폐의 시간가치를 나타내는 척도는 시장이자율이다. 시장이자율은 시간이 다른 화폐의 상대적 가치를 나타내는 것으로서 미래가치를 현재가치로 또는 현재가치를 미래가치로 평가하기 위한 기준이 된다.

보충 플러스+

화폐의 시간가치
어떤 한 단위의 화폐단위가 시간적 요인에 따라 다른 가치를 가지게 된다는 개념이다.

48

| 정답 | ①

| 해설 | EVA는 재무상태를 정확하게 나타내 줄 뿐 고객만족도나 내부평가, 성장성에 대해서는 알 수 없다.

| 오답풀이 |

②, ③ EVA는 손익계산서의 당기순이익과는 달리 그 계산과정에서 타인자본비용과 자기자본비용을 모두 고려하여 기업의 진정한 경영성과를 측정하는 지표이다.

④ EVA는 세후 영업이익에서 자본비용을 차감한 잔액이며, 현금흐름의 현재가치에 의한 투자수익이 자본비용을 초과하는 크기의 합계로 계산하는데 자본비용은 주주·채권자 등 투자자가 제공한 자본에 대한 비용이며, 외부차입에 의한 타인 자본비용과 주주 등의 이해관계자가 제공한 자기자본비용의 가중평균값을 말한다.

49

| 정답 | ④

| 해설 | 총위험 중 체계적 위험이 차지하는 비율을 결정계수라 하며 결정계수는 0과 1 사이의 값을 가진다.

50

| 정답 | ③

| 해설 | 사채발행차금의 상각액은 유효이자율법을 적용하면 할인발행이나 할증발행은 매년 증가한다.

3회 실전모의고사

▸ 문제 106쪽

01	①	02	④	03	②	04	①	05	③
06	⑤	07	⑤	08	⑤	09	④	10	⑤
11	⑤	12	③	13	③	14	⑤	15	③
16	①	17	⑤	18	③	19	⑤	20	③
21	②	22	①	23	⑤	24	①	25	⑤
26	②	27	①	28	①	29	②	30	②

01

| 정답 | ①

| 해설 | 사원총회는 회사의 의사를 결정하는 최고기관이며 필요기관이다.

| 오답풀이 |

② 감사는 임의기관이다. 유한회사는 정관에 의하여 1인 또는 수인의 감사를 둘 수 있다(상법 제568조 제1항).

③ 사원의 책임은 본법에 다른 규정이 있는 경우 외에는 그 출자금액을 한도로 한다(상법 제553조).

④ 유한회사에는 1인 또는 수인의 이사를 두어야 한다(상법 제561조).

⑤ 유한회사는 주식회사에 비하면 폐쇄적이다.

02

| 정답 | ④

| 해설 | 합명회사는 무한책임사원으로만 구성되어 있다.

| 오답풀이 |

① 합자회사는 무한책임사원과 유한책임사원으로 구성되어 있다.

②, ③, ⑤ 유한회사와 주식회사, 유한책임회사는 유한책임사원으로만 구성되어 있다.

03

| 정답 | ②

| 해설 | 조기수용층을 주 고객으로 하면서 시장에서 제품이 비중이 증가하면서 순이익이 발생하는 시기는 제품수명주기의 성장기에 해당한다.

구분	도입기	성장기	성숙기	쇠퇴기
매출액	낮음	급성장	최대 매출	낮음.
주요고객	혁신층	조기 수용층	중간 다수층	후발 수용층
경쟁자	거의 없음.	점차 증가	점차 감소	감소
가격	원가 가산가격	시장 침투가격	경쟁 대응가격	가격인하

04

| 정답 | ①

| 해설 | 후광효과는 어떤 대상이나 사람에 대한 일반적인 견해가 그 대상이나 사람의 구체적인 특성을 평가하는 데 영향을 미치는 현상이다.

| 오답풀이 |

② 중심화 경향은 지나치게 부정적이거나 긍정적인 판단을 유보하고 중간정도로 판단하는 것이다.

③ 최근효과는 평가 시점에서 가까운 시점에 발생한 사건에 대하여 높은 가중치를 두는 경향이다.

④ 관대화 경향은 실제 업적이나 능력보다 높게 평가하는 경향이다.

05

| 정답 | ③

| 해설 | 직무충실화란 계획, 통제 등의 관리기능의 일부를 종업원에게 위임하여 작업상의 책임과 능력을 발휘할 수 있는 여지를 늘리고, 도전적이고 보람있는 일이 되도록 직무를 구성하여 생산성을 향상시키고자 하는 방법이다.

06

|정답| ⑤

|해설| 기업의 사회적 책임 중에서 가장 기본적인 수준의 책임은 경제적 책임으로, 특정 기업의 이윤극대화는 다른 기업의 생존과 연관이 있기 때문에 기업의 생존은 기업이 가져야 할 가장 중요한 요소이다.

07

|정답| ⑤

|해설| 디마케팅(Demarketing)은 수요가 공급을 초과할 경우 수요를 일시적 또는 영구적으로 줄이는 마케팅을 말한다.

08

|정답| ⑤

|해설| 컨퍼런스 콜(Conference Call)은 기업 내 임원이 투자자나 애널리스트 등을 대상으로 전화나 화상통화를 통해 기업 실적과 현황 등에 대한 문답을 진행하는 행사로, 이는 기업의 투자자를 대상으로 하는 기업 내 홍보활동인 IR(Investor Relations)에 해당한다.

09

|정답| ④

|해설| $\text{총자산순이익률} = \dfrac{\text{당기순이익}}{\text{자산총계(총자산)}}$

$= \left(\dfrac{\text{당기순이익}}{\text{매출액}}\right) \times \left(\dfrac{\text{매출액}}{\text{총자산}}\right)$

$= \text{매출액순이익률} \times \text{총자산회전율}$

따라서 $\text{총자산회전율} = \dfrac{\text{총자산순이익률}}{\text{매출액순이익률}}$ 로 구할 수 있다.

즉 총자산순이익률이 20%, 매출액순이익률이 8%라면 총자산 회전율은 $\dfrac{20}{8} = 2.5$(회)이다.

10

|정답| ⑤

|해설| 마케팅 구성 요소의 4P로는 제품(Product), 가격(Price), 유통(Place), 촉진(Promotion)이 있다.

11

|정답| ⑤

|해설| 조직구조 설계에 미치는 영향요인(상황요인)은 다음과 같다.

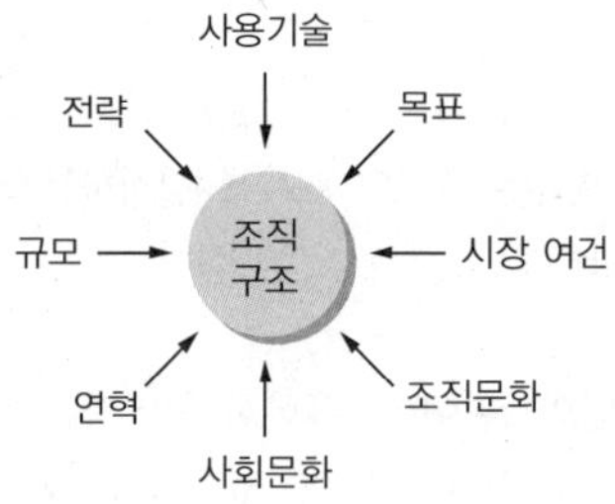

12

|정답| ③

|해설| JIT(적기공급생산)은 혼류생산방식으로 대폭적인 리드타임 단축, 납기준수, 재고감소, 생산성 향상, 불량감소를 목표로 하는 생산효율의 증가를 목적으로 한다.

|오답풀이|

① CIM(컴퓨터 통합생산 시스템)은 생산－판매－기술의 3 분야를 통합한 것으로, 주문을 받는 단계에서부터 생산품을 시장으로 내보내는 단계까지 공정 시스템을 컴퓨터로 종합 처리하여 시간을 단축하고 다품종 소량 생산에 대응하는 자동화 생산 시스템이다.

② FMS(유연생산 시스템)은 생산성을 감소시키지 않으면서 여러 종류의 제품을 가공 처리할 수 있는 유연성이 큰 자동화 생산 라인을 말한다. 구체적으로는 머시닝 센터, 로봇, 자동 창고, 무인 운송기, 제어용 컴퓨터 등으로 구성되는 자동 조립 가공 라인을 가리킨다.

④ CAD(컴퓨터지원설계)는 공장자동화를 이루기 위한 기술 중 하나를 말한다.

13

| 정답 | ③

| 해설 | 무형자산은 영업활동을 목적으로 사용할 수 있는 실체가 없는 자산으로 대표적으로 특허권, 상표권, 개발비, 어업권 등이 있다.

14

| 정답 | ⑤

| 해설 | 마이클 포터가 제시한 산업구조분석모형을 구성하는 다섯 가지 요소(Five Forces)는 다음과 같다.

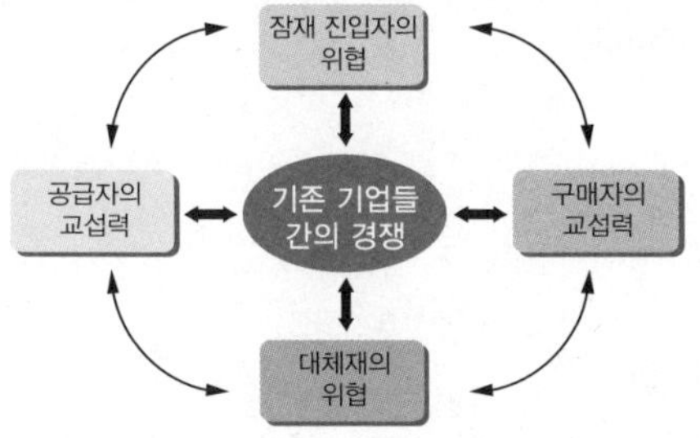

15

| 정답 | ③

| 해설 | c. 목표를 설정하는 과정에 하급자가 참여한다.

d. 목표는 구체적이고 명확하여야 한다.

e. 최고경영층이 주요한 전략적 목표를 설정한 후 부하들과 함께 다음 단계의 목표를 설정하는 것으로 시작한다.

| 오답풀이 |

a. 구성원들이 목표를 잘 수행할 수 있도록 계속적인 피드백을 한다.

b. 달성하기 쉬운 정도의 목표를 설정한다.

16

| 정답 | ①

| 해설 | 황금젖소(Cash Cow)는 시장성장률은 낮지만, 시장점유율은 높아 투자에 비해 수익이 좋고, 기존의 투자에 의해 수익이 계속적으로 실현되므로 자금의 원천사업이 된다.

17

| 정답 | ⑤

| 해설 | 델파이 기법은 어떤 문제에 대하여 관련 전문가들의 의견을 여러 차례 교환하고 수렴하는 방식으로 진행하는 의사결정법으로 해당 전문가들이 직접 모이지 않고 우편이나 전자메일 등 통신수단을 이용하여 의견을 제시하기 때문에 시간과 비용이 많이 소요되고 그만큼 결과 도출도 신속하지 못하다는 단점이 있다.

18

| 정답 | ③

| 해설 | 마이클 포터의 가치사슬 분석에서 본원적 활동(Primary Activities)은 제품이나 서비스의 가치창출에 직접 기여하는 활동으로 물류투입, 운영활동, 물류산출, 마케팅과 판매 등이 여기에 해당한다. R&D(연구개발)는 가치창출에 직접 기여하지는 않으나 본원적 활동의 발생을 지원하는 지원 활동(Support Activities)에 해당한다.

19

| 정답 | ⑤

| 해설 | 라이프스타일은 소비자들의 개성, 취미와 함께 심리분석적 변수에 해당한다. 인구통계적 변수에는 소비자들의 성별, 연령, 소득, 직업, 교육수준 등이 있다.

20

| 정답 | ③

| 해설 | 다각적 합병(Conglomerate Merger)은 생산이나 판매면에서 상호관련성이 전혀 없거나 업종이 서로 다른 기업 간의 합병을 말한다. 다각적 합병은 경영다각화를 통한 위험 분산, 인적 자원의 효율적 활용 등을 주요 목적으로 한다.

| 오답풀이 |

① 수직적 합병(Vertical Merger)은 생산과정이나 유통경로상의 전 · 후방에 있는 기업이 설립되어 이에 참여하는 모든 기업의 권리와 의무를 이전 받는 형태의 합병이다.

② 수평적 합병(Horizontal Merger)은 동종산업에 속해 있는 기업들 간의 합병이다.

21

| 정답 | ②

| 해설 | 무차별곡선과 효율적 투자선의 접점에서 투자 가능한 포트폴리오 중 투자자에게 최대의 효용을 가져다주는 최적포트폴리오가 존재한다.

| 오답풀이 |

① 상관계수가 1이면 완전한 양의 상관관계라 하며, 상관계수가 −1이면 완전한 음의 상관관계라 한다. 상관계수가 완전 음(−)일 때 위험분산효과가 가장 크고, 완전한 정(+)의 상관관계에서는 수익과 손실이 같이 일어나서 위험분산효과는 발생하지 않는다.

③ 상관관계가 적을수록 포트폴리오 위험이 줄어들기 때문에 포트폴리오의 효과도 크게 나타난다.

④ 포트폴리오에 포함된 자산수가 늘어남에 따라 포트폴리오 위험에 대한 개별자산위험의 영향력이 감소한다.

⑤ 포트폴리오의 기대수익률은 개별 주식의 기대수익률에 대하여 투자비율을 가중치로 해서 가중평균하여 구한다.

22

| 정답 | ①

| 해설 | 레버리지효과는 타인으로부터 빌린 자본을 지렛대 삼아 자기자본이익률을 높이는 것을 말하며 지렛대효과라고도 한다. 차입금 등의 금리비용보다 높은 수익률이 예상될 때에는 타인자본을 적극적으로 끌어들여 투자를 하는 것이 유리하다.

23

| 정답 | ⑤

| 해설 | 아담스의 공정성 이론은 인지부조화이론에 기초하여 개인들이 자신의 투입 대 산출의 비율을 타인과 비교해서 현격한 차이가 날 때 불공정을 느끼며, 이때 공정성을 추구하는 과정에서 동기부여가 작용하게 된다는 이론이다.

24

| 정답 | ①

| 해설 | 정보보안의 기본목표는 정보의 기밀성, 무결성, 가용성, 인증성, 신뢰성을 들 수 있다.

25

| 정답 | ⑤

| 해설 | 공리적 접근법은 다른 사람에 대한 행동과 의사결정이 최대다수의 최대행복의 제공이라는 목표를 달성하는데 얼마나 효과가 있는가 하는 측면에서 기업윤리를 판단하는 것을 말한다.

26

| 정답 | ②

| 해설 | 수평적 다각화 전략은 기업이 기존 고객의 요구를 이해하고 있다는 점을 이용하여 기술적으로 기존 제품과 관계는 없으나 기존 고객에게 호소할 수 있는 제품으로 다각화하는 전략을 의미한다.

27

| 정답 | ①

| 해설 | 매슬로우의 욕구단계설에서는 인간의 욕구는 1. 생리적 욕구 2. 안전의 욕구 3. 사회적 욕구 4. 자기존중의 욕구 5. 자아실현의 욕구 순으로 구분하였으며 이 욕구는 동시에 생기는 것이 아니라 하위욕구가 충족되어야 상위 욕구가 발생한다고 주장하였다.

28

| 정답 | ①

| 해설 | 공정성 이론은 동기부여가 되는 과정을 설명한 과정이론이다.

29

| 정답 | ②

| 해설 | 전술적 계획은 기업의 포괄적 계획인 전략적 계획을 바탕으로 어떤 제품 혹은 서비스로 시장에 진출하여 경쟁 기업과의 경쟁우위를 달성하고, 그 과정에서의 기업 전반의 자원배분 및 기능통제에 관한 계획을 설정하는 것을 의미한다.

| 오답풀이 |

① 전략적 계획은 기업이 장기적으로 경쟁력을 강화하기 위한 목적으로 설정하는 기업의 목표 설정과 그에 관한 포괄적 계획을 의미한다.

③ 운영적 계획은 전술적 계획을 바탕으로 각 부문별, 프로젝트 단위로 설정하는 단기적 계획으로, 주로 하위경영자에 의해 수립된다.

보충 플러스+

계획의 종류

구분	전략적 계획	전술적 계획
의사결정 종류	혁신적	일상적
의사결정 환경	불확실	확실
계획주체	중간관리자 및 최고경영자	종업원 및 중간관리자
기간	장기적	단기적
목적	장기적인 생존 및 성장	전략적 계획의 집행

30

| 정답 | ②

| 해설 | 단위당 가공원가는 단위당 직접노무비와 단위당 제조간접비의 합으로 구한다. 따라서 문제의 단위당 가공원가는 150+200=350(원)이다.

4회 실전모의고사

▸문제 114쪽

01	①	02	④	03	②	04	②	05	④
06	④	07	③	08	④	09	④	10	④
11	①	12	②	13	③	14	③	15	②

01

| 정답 | ①

| 해설 | 사전통제는 경영 활동이 이루어지기 전이나 문제 발생 전 그것이 발생하는 것을 피하기 위한 예방적 조치로서 예방통제라고도 한다.

| 오답풀이 |

② 진행통제는 목표가 달성 되도록 지속적으로 그 과정마다 진행 상황을 검토하는 것이다.

③ 사후통제는 계획 기간이 만료된 후에 결과를 측정하고 평가하여 수정 조치를 하는 것이다.

④ 내부통제는 경영활동을 일정한 시스템을 통해 주로 계수적인 방식으로 통제 내지 관리하는 종합적 관리방식이다.

02

| 정답 | ④

| 해설 | 벤치마킹의 한 유형인 기능 벤치마킹은 업종에 관계없이 가장 우수한 실무를 보이는 기업을 대상으로 한다. 즉, 벤치마킹은 이질적인 조직을 대상으로 할 수도 있다.

03

| 정답 | ②

| 해설 | 제품 · 시장믹스 전략은 시장 기회를 포착하기 위해 시장을 기존의 시장과 새로운 시장, 그리고 제품을 기존의 제품과 새로운 제품으로 분류해 놓고 나서 전략을 수립하는 방법이다. 제품수명주기는 기업이 시장에 출시한 제품이 도입−성장−성숙−쇠퇴의 단계를 거치는 주기로서 각 단계에 따라 그 제품의 매출액과 순이익이 달라진다.

04

| 정답 | ②

| 해설 | 비전은 미션의 하위개념으로 달성하고자 하는 수준이나 대상, 지향점을 의미하고, 미션은 비전의 상위개념으로 존재적 의미, 사명을 의미한다.

05

| 정답 | ④

| 해설 | 기업의 사회적 책임이란 경제적 효율성과 시장경쟁력 강화를 위한 기업활동의 단계를 넘어 사회로부터 기업활동에 대한 정당성을 획득하기 위한 사회적 기업활동으로, 기업활동에 의해 발생하는 환경문제, 사회적 불공평성 등의 사회경제적 문제를 해결하고 기업의 마케팅전략과 연계하는 사회공헌활동을 실천하도록 기업에게 책임을 부과한다.

06

| 정답 | ④

| 해설 | 분업이란 각 노동자가 일정한 작업에 종사하여 그 노동에만 전문화하는 일을 의미한다.

| 오답풀이 |

① 협업은 동일생산과정 또는 관련된 생산과정에서 다수의 노동자가 계획적으로 협력하는 노동 형태를 의미한다.

③ 과업은 특정한 목적을 달성하기 위해 수행되는 하나의 구체적이고 명확한 작업 활동을 의미한다.

07

| 정답 | ③

| 해설 | 청산인은 회사의 채무를 완제한 후가 아니면 회사재산을 사원에게 분배하지 못한다(상법 제260조). 따라서 사채는 주식에 우선하며 주식 중에서도 우선주와 같이 우선적 권리가 부여된 순서에 따라 분배한다.

| 오답풀이 |

① 이사는 주주로 구성되는 주주총회에서 선임한다(상법 제382조 제2항).

② 채권의 종류에 따라 다르다.

④ 일반적으로 투자금은 기업의 차입금으로 계상하게 된다.

08

| 정답 | ④

| 해설 | 마케팅은 소비자의 욕구를 파악하고 그들의 요구에 맞는 제품이나 서비스를 제공하는 과정을 의미한다.

| 오답풀이 |

② 시장조사는 보통 새로운 제품이나 서비스를 개발하기 이전에 사람들이 요구하고 필요로 하는 것을 찾기 위하여 시장의 크기나 특성, 잠재력을 조사하는 것이다.

③ 판매는 고객이 원하는 제품과 서비스를 제공, 고객은 그 대가를 기업에 지불하는 과정을 의미한다.

09

| 정답 | ④

| 해설 | 기업의 경영활동에 직접 영향을 주는 환경요인으로는 소비자, 경쟁기업, 정부, 금융기관 등이 있다.

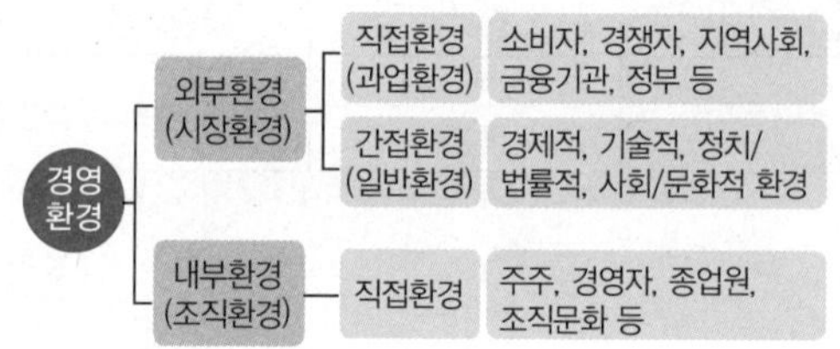

10

| 정답 | ④

| 해설 | 조직이 성숙 단계에 이르면 기존의 조직문화는 조직을 저해하는 요인이 될 수 있다.

11

| 정답 | ①

| 해설 | 투자성과표는 재무제표의 일반적 구성에 포함되지 않는다.

보충 플러스+

재무제표의 종류

재무상태표	일정시점 현재 기업실체가 보유하고 있는 경제적 자원인 자산과 경제적 의무인 부채, 그리고 자본에 대한 정보를 제공하는 재무보고서
손익계산서	일정기간 동안 소유주와의 자본거래를 제외한 모든 원천에서 순자산이 증가하거나 감소한 정도와 그리고 그 내역에 대한 정보를 제공하는 재무보고서
이익잉여금 처분계산서	기업의 이익처분에 관한 내용을 나타내는 재무보고서
현금흐름표	일정기간 동안 기업실체의 현금유입과 현금유출에 대한 정보를 제공하는 재무보고서
자본변동표	일정시점 현재 기업실체의 자본의 크기와 일정기간 동안 기업실체의 자본의 변동에 관한 정보를 나타내는 재무보고서

12

| 정답 | ②

| 해설 | 선물(Futures)거래는 상품이나 금융자산을 사전에 정한 가격으로 특정 시점에 이를 매매할 것을 약정하는 것을 의미한다.

| 오답풀이 |

① 교환사채 거래는 채무금을 대신하여 이를 현재 회사가 보유한 증권으로 교환할 수 있는 권리가 포함된 채권을 거래하는 것을 의미한다.

③ 스왑거래는 특정 시점에 거래 상호가 보유한 금융자산 혹은 금융부채를 교환할 것을 내용으로 하는 거래계약을 의미한다.

④ 워런트 거래는 특정 주가 및 주가지수를 미리 정하여 특정 시점에 이를 기준으로 주식을 매매할 수 있는 권리인 주식워런트증권(ELW)을 거래하는 것을 의미한다.

13

| 정답 | ③

| 해설 | 재무담당 임원의 권한과 책임 설정은 재무관리가 아닌 인적자원관리에 해당한다.

보충 플러스+

재무관리

- 재무관리의 의의
  기업의 자금 흐름과 관련하여 기업의 경영활동에 소요되는 자금의 조달과 운용에 관한 활동을 계획, 조정, 통제함으로써 기업 목표를 달성하려는 일련의 활동을 말한다.
- 재무관리의 목표
  - 기업 가치의 극대화 : 기업이 투자한 자산이 앞으로 그 기업에 최대의 이익을 실현하도록 하여 기업의 가치를 극대화하는 것이다.
  - 경영자 이익의 극대화 : 경영자는 주주의 이익을 극대화함으로써 경영자 자신의 이익도 증가시킬 수 있다.
  - 자기자본가치의 극대화 : 자기자본이 가지고 있는 가치는 주식의 형태로 거래되므로 자기자본가치의 극대화는 곧 주식 가치의 극대화를 의미한다.

14

| 정답 | ③

| 해설 | 콤비나트(Kombinat)는 기술적 연관이 있는 여러 생산부문이 근접 입지하여 형성된 기업의 지역적 결합체로, 울산석유화학단지와 같이 여러 개의 생산부문이 유기적으로 결합된 다각적 결합공장 혹은 공장집단은 여기에 해당한다.

15

| 정답 | ②

| 해설 | 유보이익이란 사업에 재투자하기 위해 기업이 보유하고 있는 순이익의 누적액을 말하며, 기업이 보유하고 있는 순이익분은 미래의 수익을 늘리기 위해 추가적인 자산 구입에 사용될 수도 있다.

| 오답풀이 |

① 배당정책이란 기업이익을 출자자인 주주에게 분배하는 부분과 사내에 유보하는 부분으로 어떻게 분할하느냐를 결정짓는 경영정책의 일종이다.

③ 배당이란 기업활동의 성과물인 이익을 보유주식에 따라 주주들에게 나눠주는 것을 말한다.

5회 실전모의고사

▸문제 118쪽

01	③	02	③	03	①	04	②	05	③
06	⑤	07	⑤	08	④	09	③	10	②
11	③	12	④	13	①	14	②	15	②
16	⑤	17	①	18	④	19	④	20	③
21	③	22	③	23	②	24	③	25	②
26	②	27	④	28	②	29	⑤	30	②

01

| 정답 | ③

| 해설 | 데이터베이스 마케팅은 고객과 관련된 다양한 정보들을 수집 · 정리한 데이터를 바탕으로 하며, 정보통신기술을 활용하여 고객에 대한 과학적인 정보를 수집 · 정리 · 평가에 활용하고자 하는 마케팅으로 원투원(One-to-One) 마케팅이라고도 한다.

02

| 정답 | ③

| 해설 | 서비스의 품질평가는 서비스의 이질성으로 인하여 개인적 선호경향을 기초로 기대감이 형성되고 개별적인 감성 차이 때문에 서비스의 품질에 대한 평가가 달라지므로 제품의 품질평가보다 어렵다.

03

| 정답 | ①

| 해설 | 타당성 검토란 회사에서 계획한 사업이 기술적으로 혹은 경제적으로 시행이 가능한지의 여부를 조사 및 검토하는 과정을 의미한다.

| 오답풀이 |

② 시장성 검토는 국내외 동향, 잠재 수요, 시장규모, 유통 구조 등을 검토하는 과정이다.

③ 경제성 검토는 투자비용분석, 자금조달, 수익전망, 손익분기점 분석 등을 검토하는 과정이다.

⑤ 기술 검토는 생산 가능여부, 생산 규모, 원재료 조달 등을 검토하는 과정이다.

04

| 정답 | ②

| 해설 | 진정한 고객만족을 이끌어내기 위해서는 내부 마케팅이 외부 마케팅에 앞서 이루어져야 한다.

| 오답풀이 |

① 내부 마케팅은 조직 내의 인적자원을 대상으로 한 마케팅활동을 의미하고, 외부 마케팅은 일반적으로 알고 있는 대중에 대한 마케팅 활동이다.

③ 고객생애가치는 소비자가 평생에 걸쳐 구매할 것으로 예상되는 이익 흐름에 대한 현재가치를 말하며 장기적인 관점에서 판매자가 수익성을 극대화하기 위해 사용하는 개념이다.

05

| 정답 | ③

| 해설 | 인사고과의 기준이 되는 평가요소는 모든 피고과자에게 공통적인 것이어야 한다. 즉 직무특성에 따라 업적, 능력, 태도 등의 고과요소가 다른 가중치를 가지고서 평가되어야 한다.

06

| 정답 | ⑤

| 해설 | 블레이크와 머튼의 관리격자모델에서는 생산에 대한 관심(과업성취)과 인간에 대한 관심(인간관계개선)이라는 두 가지 기준을 토대로 다음과 같이 분류한다.

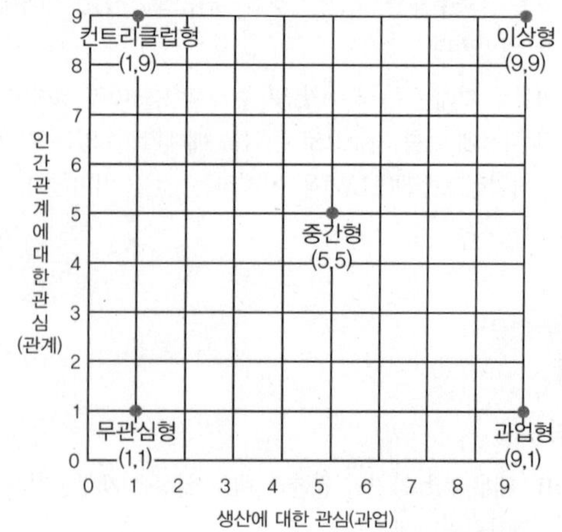

따라서 인간에 대한 관심은 높고 과업에 대한 관점은 낮은 리더십은 컨트리클럽형이다.

07

| 정답 | ⑤

| 해설 | 일반적으로 행동의 수정을 강화하는 데 긍정적 강화, 소극적 강화, 소거, 벌이라는 네 가지 방법이 있다.

08

| 정답 | ④

| 해설 | 직무평가란 직무의 분석결과에 나타난 정보자료(직무기술서 · 직무명세서)를 중심으로 각 직무의 중요성 · 복잡성 · 난이도 · 위험성 · 책임성 등을 종합적으로 평가하여 각 직무의 상대적 가치를 결정하고 등급을 분류하는 과정이다.

09

| 정답 | ③

| 해설 | 직무충실화는 허즈버그의 2요인이론에 이론적 바탕을 두고 있다.

10

| 정답 | ②

| 해설 | 직무급은 직무의 난이도에 따라 보상이 결정되는 제도로 담당자의 직무에 대한 태도와 직무적성, 직무성과와 임금은 관계가 없다. 즉 동일직무에 동일임금이다.

11

| 정답 | ③

| 해설 | 긴급률은 현재부터 납기일까지 남아 있는 시간을 잔여처리 시간으로 나눈 것으로, 긴급률이 1보다 크면 여유가 있음을 나타내고 1보다 작으면 예정보다 뒤진 것을 의미한다.

12

| 정답 | ④

| 해설 | 단기금융시장은 1년 미만의 만기가 짧은 금융상품이 거래되는 시장으로 머니마켓이라고 하며 콜 시장, 기업어음, 환매채, CD, 상업어음, 재정증권시장 등이 있다.

| 오답풀이 |

① 금융거래는 자금공급자로부터 자금수요자로 자금이 이동하며 형태에 따라 직접금융과 간접금융으로 구분된다.

② 기업은 주로 자금의 수요자이지만 때로는 공급자일 때도 있다.

13

| 정답 | ①

| 해설 | NPV법은 투자의 한계수익률을 고려한 분석기법이고, IRR법은 투자의 평균수익률을 고려한 분석기법이다.

| 오답풀이 |

② 단일투자안을 평가할 경우 NPV법은 투자안의 NPV가 0보다 크면 채택하고, IRR법은 투자안의 IRR이 자본비용보다 크면 채택하므로 투자평가에 있어서 NPV법과 IRR법은 결론이 동일하다.

④ NPV는 절대금액으로 표시되지만 IRR은 백분율로 표시되므로, 투자규모가 상이한 경우 NPV법과 IRR법이 상이한 결과를 가져올 수도 있다.

⑤ 순현가법과 내부수익률법에 의한 투자안의 평가결과가 서로 상이한 결과가 발행하는 원인은 서로 가정하고 있는 재투자 수익률의 차이에 있다.

14

| 정답 | ②

| 해설 | 현금 출자로 사업을 개시하는 것은 비용의 발생-자산의 감소에 해당한다.

| 오답풀이 |

① 자산의 증가-자산의 감소에 해당한다.

③ 자산의 증가-자본의 증가에 해당한다.

④ 자산의 증가-수익의 발생에 해당한다.

⑤ 자산의 증가-자산의 감소에 해당한다.

15

| 정답 | ②

| 해설 | 유동성비율은 유동부채에 대해서 유동자산이 차지하는 비율을 나타내며, 유동자산을 유동부채로 나누어 계산한다.

16

| 정답 | ⑤

| 해설 | 하루에 8시간씩 200일을 작업하면 1인당 연 근무시간은 8×200=1,600(시간), 연봉 6,000만 원이므로, 시급은 6,000(만 원)÷1,600=37,500(원)이다.

5명의 연 근무시간은 1,600×5=8,000(시간)이고, 7,000시간 작업을 했으므로, 1,000시간을 미사용하였다.

따라서 미사용활동원가는 37,500(원)×1,000=37,500,000(원)이다.

17

| 정답 | ①

| 해설 | 포드 시스템은 대량생산 시스템이라고 하며 부품의 표준화, 제품의 단순화, 작업의 단순화 등으로 생산의 표준화를 이루고 컨베이어 시스템에 의한 이동조립방법을 채택했다.

18

| 정답 | ④

| 해설 | 시스템이론은 조직을 여러 구성인자가 유기적으로 상호 작용하는 결합체로 보았다.

| 오답풀이 |

① 인간관계론은 조직 내 인간 상호 간의 관계를 중요시하며 특히 조직 가운데에서 공식조직보다는 비공식조직에 더 비중을 두고 있다.

② 지식경영은 기업의 내 · 외부로부터의 지식을 체계적으로 축적하고 활용하여 기업가치를 향상시키는 경영기법을 말한다.

③ 상황이론은 조직구조의 변경을 환경과 상황변수에 따라 탄력적으로 적용하는 것으로 급변하는 현대 사회의 환경변화에 적응하기 위해 창시되었다.

19

| 정답 | ④

| 해설 | 안정적 현금확보가 가능한 사업인 황금젖소(Cash Cow)는 시장성장률은 낮지만 시장점유율은 높다.

20

| 정답 | ③

| 해설 | 경영전략은 대개 기업 전체를 대상으로 하고 주로 최고경영자의 입장에서 수립하며 파급효과가 크다.

21

| 정답 | ③

| 해설 | 노동조합은 기업의 내부 이해관계자이고, 나머지는 외부 이해관계자이다.

보충 플러스+

- 기업의 외부 이해관계자 : 주주 또는 출자자(소유주), 정부, 금융기관, 세무서, 국세청, 고객과 일반대중, 채권자 등
- 기업의 내부 이해관계자 : 경영의 주체로서 경영자, 종업원

22

| 정답 | ③

| 해설 | 고객을 직접 응대하는 직업의 외양, 서비스를 제공하는 기업의 물리적 환경 등은 서비스 품질의 유형성(Tangibles)에 해당한다.

23

| 정답 | ②

| 해설 | 선택이란 지각자가 관심있는 것은 지각을 하고 관심 밖에 있는 것은 지각하지 않는 것을 의미한다. 따라서 사람들은 똑같은 것을 다르게 지각한다.

24

| 정답 | ③

| 해설 | 브룸의 기대이론에 따르면 자기효능감이 높고 목표의 난이도가 낮을 때 기대가 커진다.

25

| 정답 | ②

| 해설 | 사업부조직은 사업부 간의 중복으로 예산낭비, 사업부 간 이기주의의 초래 등 문제점이 발생할 수 있다.

26

| 정답 | ②

| 해설 | 머레이의 명시적 욕구이론에 따르면 욕구는 태어날 때 주어지는 것이 아니라 성장하고 배우면서 학습하는 것이라고 주장하였다.

27

| 정답 | ④

| 해설 | 브레인스토밍 기법에 대한 설명이다.

| 오답풀이 |

② 팀빌딩 기법은 집단이 과제를 달성하는 방식을 개선하도록 도움을 주고 집단구성원들이 대인기술과 문제해결 기술을 강화하도록 도움을 주는 광범위한 계획적 활동이다.

③ 명목집단 기법은 자기의 생각과 해결안을 가능한 한 많이 기록하며 참가자들은 돌아가면서 자신의 해결안을 집단을 대상으로 설명하며 발표가 끝나면 제시된 의견들의 우선순위를 묻는 비밀투표를 실시하여 최종적으로 해결안을 선택한다.

⑤ 델파이 기법은 몇 명의 전문가들이 독립적인 의견을 우편으로 수집하고 요약하여 다시 배부한 다음 서로가 합의를 볼 때까지 피드백을 하는 것으로 직접 만나서 결정하지 않는다.

28

| 정답 | ②

| 해설 | 중간상은 생산자에게 적정 이윤을 보장하지는 못한다.

29

| 정답 | ⑤

| 해설 | 베버의 법칙이란 소비자는 가격변화에 대하여 주관적으로 평가하며, 낮은 가격의 상품은 조금만 올라도 구매자가 가격인상을 알아차리지만 높은 가격의 상품은 어느 정도 오르더라도 구매자가 가격인상을 알아차리지 못한다는 것을 의미한다.

| 오답풀이 |

① 유보가격은 구매자가 어떤 상품을 구매 시 지불 가능한 최고금액을 말한다.

② 준거가격은 구매자가 가격이 비싼지 싼지를 판단하는 데 기준으로 삼는 가격을 말하며 유보가격과 최저 수용가격의 사이에 존재한다.

③ JND(Just Noticeable Difference)는 가격변화를 느끼게 만드는 최소의 가격변화폭을 의미하며 가격 인상 시 JND 범위 안에서 인상하고, 가격 인하 시 JND 범위 밖으로 인하한다.

④ 관습가격은 시장에서 제품에 대해 오랫동안 고정되어 있는 가격을 뜻한다.

30

| 정답 | ②

| 해설 | 제품수명주기상 성장기에는 수요량이 급증하고 이익이 많아지는 단계로, 생산이 대규모로 이루어지면서 경로가 확대되며 경쟁회사가 생겨난다.

파트2 경제학

1회 실전모의고사

▸문제 224쪽

01	④	02	①	03	②	04	④	05	③
06	③	07	③	08	④	09	④	10	④
11	④	12	①	13	④	14	②	15	②
16	④	17	④	18	②	19	③	20	①
21	①	22	③	23	④	24	④	25	③
26	④	27	③	28	②	29	①	30	③
31	③	32	③	33	④	34	②	35	④
36	④	37	③	38	②	39	③	40	②
41	②	42	③	43	②	44	③	45	④
46	③	47	①	48	①	49	②	50	③

01

| 정답 | ④

| 해설 | 구성의 오류는 부분적으로는 타당하지만 전체적으로 타당하지 않은 경우에도 전체적으로 타당하다고 추론함으로써 발생하는 오류이다. 절약의 역설, 가수요가 이에 해당한다.

| 오답풀이 |

① 실증경제학은 경제현상을 있는 사실 그대로 탐구하여 경제적 현상들 사이에 존재하는 인과관계를 발견하고 경제현상의 변화를 예측하는 것이다.

② 규범경제학은 가치판단에 따라 어떠한 경제 상태가 바람직한가를 탐구하는 것이다.

③ 인과의 오류는 어떠한 것이 다른 것보다 먼저 발생했다고 하여 전자가 후자의 원인이라고 단정하는 오류로서 단순한 선후관계를 인과관계로 착각하는 것이다.

02

| 정답 | ①

| 해설 | 물가상승률이란 물가가 전년 대비 올해 얼마나 상승했는지를 나타내는 지표로서 유량(Flow) 개념이다.

03

| 정답 | ②

| 해설 | 생산가능곡선 내부의 점은 현재의 기술수준과 주어진 생산요소로 최대 생산량을 달성하지 못하고 있는 비효율적인 상태를 의미하며, 생산가능곡선 외부의 점은 현재 보유한 자원과 기술수준으로는 달성할 수 없는 생산 조합이다.

04

| 정답 | ④

| 해설 | 독점시장에서 독점기업은 가격설정자로 행동하나 이윤극대화 판매량은 시장의 수요로 결정한다. 독점시장에서의 이윤극대화 조건은 한계수익(MR)이 한계비용(MC)보다 높다면, 한 단위 생산에 추가적인 이윤이 더 크므로 생산을 늘려야 하고, 한계수익보다 한계비용이 높다면 한 단위 생산에 추가적으로 발생하는 비용이 더 크므로 생산을 줄여야 한다. 따라서 MR과 MC가 만나는 점이 이윤극대화 지점이 된다. 독점시장에서는 P가 MR보다 크므로, $P > MR = MC$가 도출된다.

| 오답풀이 |

② 독점시장에서는 개별기업의 수요－공급곡선이 곧 산업 전체의 수요－공급곡선이 된다. 따라서 일반적으로 볼 수 있는 우하향의 수요곡선이 나타난다. 수요곡선이 우하향하므로 독점시장에서의 한계수익(MR)은 체감한다.

③ 완전경쟁시장하의 개별기업의 관점에서는 수요곡선이 수평선을 이룬다. 즉 공급의 가격탄력성이 완전탄력적이다.

05

| 정답 | ③

| 해설 | 수요의 가격탄력성$=\frac{\text{수요량의 변화율}}{\text{가격의 변화율}}$이므로

$0.5=\frac{a}{6} \Rightarrow \mathrm{a}=3(\%)$이다.

또한 수요의 소득탄력성$=\frac{\text{수요량의 변화율}}{\text{소득의 변화율}}$이므로

$1.4=\frac{b}{5} \Rightarrow \mathrm{b}=7(\%)$이다.

따라서 $\mathrm{a}+\mathrm{b}=10$이다.

06

| 정답 | ③

| 해설 | 최고가격제를 실시하면 공급 부족이 생겨 소비자들은 상품을 원하는 만큼 구입할 수 없다. 이런 상태에서는 소비자들이 최고가격보다 높은 가격을 지불하고서라도 상품을 구입하려 하기 때문에 암시장이 형성되는 문제가 발생할 수 있다.

| 오답풀이 |

① 유효한 최고가격에서는 초과수요가 존재한다.

② 최고가격은 시장균형가격 이하에서 설정되어야 효과적이다.

④ 최저가격제는 공급자를 보호하기 위해 마련된 제도이며, 최저임금제가 대표적인 예이다.

07

| 정답 | ③

| 해설 |

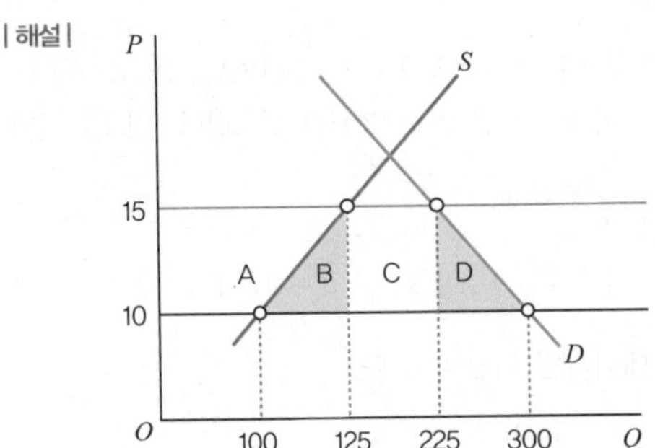

1) 관세부과 전 : 국제가격은 $P_0=10$이므로 수요곡선과 공급곡선에 각각 대입하면 국내수요는 300, 국내 공급은 100이고 수입은 200이다.

2) 관세부과 후 : 관세 후 가격이 $P_1=15$이므로 수요곡선과 공급곡선에 각각 대입하면 국내수요는 225, 국내공급은 125이고 수입은 100이다.

3) 경제적 순손실은 B+D만큼 발생한다.

$$B+D=\frac{1}{2}\times(25+75)\times 5=250(\text{달러})$$

08

| 정답 | ④

| 해설 | A 기업이 협찬 공세를 펼 경우 B 기업이 협찬 공세를 하면 30의 보수를 얻지만 협찬 중단을 하면 15의 보수를 얻으므로 협찬 공세가 유리하다. 또 A 기업이 협찬 중단을 할 경우 B 기업은 협찬 공세(보수 5)보다 협찬 중단(보수 15) 전략이 더 낫다. 따라서 두 기업은 동시에 협찬 공세를 펴거나 협찬 중단을 펴는 전략을 택하게 된다.

09

| 정답 | ④

| 해설 | 수요가 증가하게 되면, 수요곡선은 우측으로 이동하게 된다. 하지만 열등재는 소득이 증가할수록 수요가 감소하는 재화나 서비스이다. 따라서 수요곡선은 좌측으로 이동하게 된다.

10

| 정답 | ④

| 해설 | 수요곡선이 $P=100-2Q$이고, 공급곡선이 $P=70+4Q$일 때 두 곡선이 만나는 지점에서 균형가격과 균형거래량이 형성된다.

$100-2Q=70+4Q$

$6Q=30$

따라서 균형거래량 $Q=5$, 균형가격 $P=100-2\times5=90$이다.

11

| 정답 | ④

| 해설 | 생산자와 소비자가 부담하는 조세부담의 크기는 수요와 공급의 가격탄력성에 따라 다음과 같이 결정된다.

	탄력적	비탄력적
수요의 가격 탄력성	생산자가 더 많은 세금부담	소비자가 더 많은 세금부담
공급의 가격 탄력성	소비자가 더 많은 세금부담	생산자가 더 많은 세금부담

| 오답풀이 |

① 수요와 공급이 탄력적일수록 주세부과에 따른 사회적인 후생손실이 증가한다.

12

| 정답 | ①

| 해설 | 가격소비곡선(PCC)은 해당 재화의 가격변화에 따른 다른 재화의 최적소비점을 이은 곡선이다. 가격소비곡선의 형태는 수요의 가격탄력성에 의하여 결정되며, 탄력성이 1인 경우 수평인 그래프가 도출된다. 수요의 가격탄력성이 1인 경우에는 가격이 1% 감소하면 구입량이 1% 증가하므로 수요곡선은 우하향의 직선이 된다.

13

| 정답 | ④

| 해설 | 현시선호이론은 시장에서 표출된 소비자의 구체적 구매 행위를 관찰하여 소비자의 선택원리를 파악하는 것으로, 객관적으로 관찰된 소비자의 구매행위로부터 우하향의 수요곡선을 도출한다.

| 오답풀이 |

③ 현시선호의 강공리에 대한 설명이다.

보충 플러스+

현시선호의 약공리와 강공리

현시선호이론은 소비자들이 일관성 있게 행동한다는 가정에서 도출되었다.

- 현시선호의 약공리 : 직접현시선호관계로 도출되어, 재화 A가 B에 대하여 직접적으로 현시선호되면 B가 A보다 직접적으로 현시선호되면 안 된다.
- 현시선호의 강공리 : 간접현시선호관계로 도출되어, 재화 A가 B에 대하여 간접적으로 현시선호되면 B가 A보다 간접적으로 현시선호되면 안 된다.

14

| 정답 | ②

| 해설 | 가격차별이 발생하기 위해서는 상품의 시장 간 재판매가 불가능해야 한다.

보충 플러스+

가격차별 발생 조건

1. 판매자가 시장지배력을 가지고 있어야 한다.
2. 시장은 분리가 가능해야 한다.
3. 각 시장의 수요의 가격탄력성이 서로 달라야 한다.
4. 시장 간에 재판매가 불가능해야 한다.
5. 시장분리비용이 시장분리에 따른 이익보다 적어야 한다.

15

| 정답 | ②

| 해설 | 두 국가가 보호무역을 선택하는 것은 내쉬균형의 상태이다.

| 오답풀이 |

① 중국이 자유무역을 선택하면 한국은 보호무역을 선택하고 중국이 보호무역을 선택해도 한국은 보호무역을 선택하므로 보호무역을 선택하는 것이 한국의 우월전략이다.

16

| 정답 | ④

| 해설 | 효용함수가 $U(X, Y)=\min\{2X, 3Y\}$로 주어져 있을 때 소비자 균형은 $2X=3Y$가 성립한다. 이것을 정리하면 $Y=\frac{2}{3}X$이다.

예산 제약식은 $P_X \times X+P_Y \times Y=M$이며, 여기에 $Y=\frac{2}{3}X$를 대입하면 다음과 같다.

$$P_X \times X+P_Y \times \frac{2}{3}X=M$$

이를 수요함수 X에 대해 정리하면 다음과 같다.

$$3P_X \times X+2P_Y \times X=3M$$

$$(3P_X+2P_Y) \times X=3M$$

$$\therefore X=\frac{3M}{3P_X+2P_Y}$$

17

| 정답 | ④

| 해설 | 독점기업이 직면하는 수요곡선은 우하향이므로 가격을 인상하면 판매량은 감소한다.

| 오답풀이 |

① 법인세는 생산과 관계없이 부과하는 것이므로, 독점기업에 법인세 부과는 MC곡선은 이동하지 않고 AC곡선만 상방이동한다. 따라서 생산량과 가격결정에 영향을 미치지 못한다.

18

| 정답 | ②

| 해설 | 특허권이 소멸되면 경쟁시장으로 바뀌게 되고 완전경쟁시장에 가까워져 한계비용이 수평선을 그린다.
특허권이 소멸된 이후는 새로운 기업들이 진입하여 가격이 떨어지고, 생산량 역시 경쟁 생산량에서 생산을 하게 된다.

19

| 정답 | ③

| 해설 | 독점적 경쟁시장에서 이윤극대화를 추구하는 기업의 장기균형 생산량은 평균비용 최소점의 좌측에서 생산하므로 과잉설비를 보유하게 된다.

| 오답풀이 |

① 초과이윤이 발생하면 다른 기업의 진입이 이루어지므로 독점적 경쟁기업은 장기에는 정상이윤만 획득한다.

② $P > MC$이므로 재화생산이 비효율적인 수준에서 이루어지고 이에 따라 사회적 후생손실이 발생한다.

④ 독점적 경쟁의 경우에는 제품차별화를 통하여 다양한 재화의 생산이 이루어진다.

20

| 정답 | ①

| 해설 | 완전경쟁시장의 생산량을 1이라고 하면, 쿠르노 복점은 $\frac{2}{3}$, 독점은 $\frac{1}{2}$이 된다.

완전경쟁시장의 균형은 $P = MC = AC$이므로,

$10 = 40 - 2Q \Rightarrow 2Q = 30 \Rightarrow Q = 15$이다.

따라서 쿠르노 복점 총생산량은 $15 \times \frac{2}{3} = 10$이다.

21

| 정답 | ①

| 해설 | 총생산물이 극대일 때 한계생산물(MP)이 0이 된다.

| 오답풀이 |

② 대체탄력성이 클수록 등량곡선의 곡률이 작아지고 대체탄력성이 낮아질수록 곡률이 커진다.

22

| 정답 | ③

| 해설 | A 그룹의 한계수입 MR_a, 한계비용 MC, B 그룹의 한계수입 MR_b, 한계비용 MC라고 하면, 이윤극대화 조건은 $MR_a = MC$, $MR_b = MC$이므로 $MR_a = MR_b$ 식이 성립한다.

$$MR_a = P_a\left(1 - \frac{1}{\varepsilon_a}\right),\ MR_b = P_b\left(1 - \frac{1}{\varepsilon_b}\right)$$

[ε : 가격탄력도]

$$MR_a = MR_b \Rightarrow P_a\left(1 - \frac{1}{\varepsilon_a}\right) = P_b\left(1 - \frac{1}{\varepsilon_b}\right)$$

[ε_a : 2, ε_b : 4, P_b=5,000원]

$$P_a\left(1 - \frac{1}{\varepsilon_a}\right) = P_b\left(1 - \frac{1}{\varepsilon_b}\right)$$

$$P_a\left(1 - \frac{1}{2}\right) = 5{,}000\left(1 - \frac{1}{4}\right)$$

$$\frac{1}{2}P_a = 5{,}000 \times \frac{3}{4}$$

$$\therefore\ P_a = 5{,}000 \times \frac{3}{4} \times 2 = 7{,}500(\text{원})$$

23

| 정답 | ④

| 해설 | 한계비용곡선이 평균가변비용곡선 아래에 있는 경우 최저점 이전은 음(−)의 기울기를 가지고, 최저점은 0, 최저점이 지나면서 양(+)의 기울기를 갖는다.

24

| 정답 | ④

| 해설 | 가구당 설치비용과 한계비용을 구하면 다음과 같다.

우물의 수	설치 총비용	가구당 설치비용	가구당 한계비용	가구당 한계이득
2개	\$800	$\frac{800}{400}=2$	–	\$4
3개	\$1,200	$\frac{1,200}{400}=3$	1	\$3
4개	\$1,600	$\frac{1,600}{400}=4$	1	\$2
5개	\$2,000	$\frac{2,000}{400}=5$	1	\$1

따라서 가구당 한계비용과 한계이득이 일치하는 5개를 설치하는 것이 가장 효율적이다.

25

| 정답 | ③

| 해설 | 임금이 적당히 높을 땐 수익을 더 얻기 위해 노동시간을 늘리다가 기준점 이상으로 임금이 상승하면 여가를 즐기기 위하여 일정 근무시간 외의 노동을 기피하게 된다. 따라서 소득효과가 대체효과보다 크기 때문에 임금과 노동공급이 음(−)의 관계를 보이는 후방굴절 노동공급곡선이 도출된다. 즉, 대체효과가 소득효과보다 크면 노동공급곡선이 우상향하지만 소득효과가 대체효과보다 크면 노동공급곡선이 후방으로 굴절한다.

26

| 정답 | ④

| 해설 | 효율성임금이론에 의하면 근로자에게 시장의 임금수준보다 높은 임금을 지불하는 것이 기업주에게도 이득이 된다고 한다.

| 오답풀이 |

① 높은 임금을 지급할수록 노동자의 근로의욕이 높아져서 생산성이 향상된다.

② 높은 실질임금인 효율성임금을 지급하면 역선택, 도덕적 해이 등을 방지할 수 있어 노동자의 생산성이 향상된다.

③ 사용자들이 근로자의 생산성을 높이기 위해 시장의 실질 임금보다 높은 임금을 지급하는 것을 효율성임금이라고 한다.

27

| 정답 | ③

| 해설 | 외부성이란 어떤 경제주체의 생산 혹은 소비활동과 관련해 다른 주체에게 의도하지 않은 혜택(편익)이나 손해(비용)를 발생시키는 것을 말한다. 다른 경제주체에게 유리한 영향을 미치는 경우를 외부경제, 불리한 영향을 미치는 경우를 외부불경제라고 한다.

28

| 정답 | ②

| 해설 | 순수 공공재는 등량소비성이라는 성격으로 모든 사람이 언제라도 동일한 소비를 할 수 있다. 그러나 공공재를 공급할 때 모든 시민이 편익까지 동일하게 향유하는 것은 아니며 조세를 부담한 만큼 편익을 누리지 못하므로 조세저항을 하게 된다.

| 오답풀이 |

① 공공재의 비배제성으로 각 개인들이 대가를 지불하지 않고 공공재를 소비하려고 하는 무임승차자의 문제가 발생할 수 있으며 효율적인 생산량보다 과소생산된다.

③ 공공재의 비경합성으로 시장수요곡선은 개별수요곡선의 수직합으로 도출한다.

29

| 정답 | ①

| 해설 | $Q=\frac{K}{5}=\frac{L}{2}=200$이므로 $L=400$, $K=1,000$이다. 따라서 최소생산비 $C=wL+rK=2L+3K=(2\times400)+(3\times1,000)=3,800$(만 원)이다.

30

| 정답 | ③

| 해설 |

	제곱합	자유도	평균제곱	검정통계량
회귀	SSR	1	$\frac{SSR}{1}=MSR$	$\frac{MSR}{MSE}$
잔차	SSE	$n-2$	$\frac{SSE}{n-2}=MSE$	
계	SST	$n-1$		

표에서 관측값이 16개이므로 $n=16$이다. 따라서 $\text{B}=n-2=14$, $\text{A}=\frac{45}{1}=45$, $\text{C}=\frac{210}{14}=15$이다.

31

| 정답 | ③

| 해설 | 잠재 GDP보다 실제 GDP가 큰 경우 인플레이션 갭이라고 하고 반대로 적었을 경우를 디플레이션 갭이라고 한다.

| 오답풀이 |

② GNI는 국민을 기준으로 따져 국내 또는 해외에서 그 나라 국민이 발생시킨 소득이고, GDP는 한 나라의 국경 안에서 일정한 기간 동안에 생산된 재화와 용역의 부가가치 또는 모든 최종재의 시장가치이다.

④ GNI=GDP+국외순수취 요소소득 (국외수취 요소소득 −국외지급 요소소득)

32

| 정답 | ③

| 해설 | 소비자물가지수는 원자재와 자본재를 제외한 가계의 소비지출대상인 모든 재화와 서비스를 대상으로 한다.

| 오답풀이 |

①, ② 생산자물가지수와 소비자물가지수는 모두 라스파이레스 방식으로 작성된다. 라스파이레스 방식으로 작성된 물가지수는 물가변화를 과대평가하는 경향이 있다.

33

| 정답 | ④

| 해설 | 프리드먼의 항상소득가설에 따르면 일시적인 경제정책의 효과로는 소득의 절대치에 영향을 주지 않는다. 따라서 일시적으로 세율을 인하하는 것으로는 소비가 거의 증가하지 않는다.

| 오답풀이 |

① 프리드먼은 실제소득과 항상소득과의 차이를 임시소득이라고 부른다.

② 소비는 항상소득의 일정비율이므로 항상소득에 의해 결정된다.

34

| 정답 | ②

| 해설 | 본원통화는 중앙은행을 통해 시장에 나온 현금을 의미한다. 만일 중앙은행이 시장에 본원통화를 공급할 경우 이자율이 하락하여, 기업의 신규투자가 늘어나게 된다. 즉 기업의 신규투자는 본원통화의 증감에 영향을 받는 요소이며, 기업의 신규투자가 본원통화의 증감에 영향을 주는 요소로는 보기 어렵다.

| 오답풀이 |

③ 국제수지가 흑자를 기록할 경우 국내에 외환유입량이 증가하며, 유입된 외환이 중앙은행을 통해 원화로 교환되면서 본원통화의 공급이 증가하게 된다.

④ 중앙은행이 민간 소유의 유가증권을 매입하면 중앙은행의 자산이 유가증권을 통해 시장으로 이동하므로 본원통화가 증가하게 된다.

35

| 정답 | ④

| 해설 | 국가가 경제 활동에 개입해 통제하거나 개인에게 소유권을 줘 개인이 관리하도록 해야 한다.

| 오답풀이 |

① 사례는 공유지의 비극에 관한 것으로 ㉠은 공유지다.

② 한 사람의 추가적인 소비가 다른 개인의 소비가능성을 감소시키는 특성을 경합성이라 한다. 너 나 할 것 없이 물고기를 최대한 많이 잡았다 하였으므로 경합성은 증가했다.

36

| 정답 | ④

| 해설 | 기사에서 말하는 '돈맥경화'란 피가 몸속에서 제대로 순환하지 않는 동맥경화에 비유하여 개인의 자금 사정이 원활하지 않거나 돈이 시중에 돌지 않는 상태를 뜻하는 말로 사용된다. 경제불황, 노령화 등 여러 사회적 요인으로 인해 투자나 소비가 줄어들고 돈이 회전하는 속도가 떨어지는 현상을 반영한다. 경기 부진으로 가계는 소비를 줄이고 기업은 투자를 축소하여 현금 보유를 늘린다.

37

| 정답 | ③

| 해설 | 고전학파 모형은 세이의 법칙을 수용하지만 케인즈학파는 세이의 법칙을 배척한다.

38

| 정답 | ②

| 해설 | 현금선호비율의 감소는 현금-예금 비율을 증가시켜 통화승수를 감소시킨다.

| 오답풀이 |

① 예금이자율의 상승은 현금-예금 비율을 감소시켜 통화승수를 증가시킨다.

③ 전자화폐의 사용 증가는 현금-예금 비율을 감소시켜 통화승수를 증가시킨다.

39

| 정답 | ③

| 해설 | 시장 내 통화량이 증가하면 통화의 가치가 하락하면서 이자율이 하락한다. 이에 따라 시장이 수익률이 낮아진 예금보다는 수익률이 높은 주식의 수요가 증가하여 주식의 가격이 상승하는 원인이 된다.

40

| 정답 | ②

| 해설 | 실제지급준비금은 예금액 대비 실제 보유하고 있는 지급준비금이고, 초과지급준비금은 법정지급준비금을 초과하는 부분을 말한다. 실제지급준비금=예금액-대출액=100만-50만=50(만 원), 법정지급준비금=100×0.2=20(만 원)이므로, 초과지급준비금=실제지급준비금-법정지급준비금=50-20=30(만 원)이다.

41

| 정답 | ②

| 해설 | 대부자금설에 의하면 국민소득이 증가하는 경우에 총저축은 증가하고 이자율은 하락한다.

42

| 정답 | ③

| 해설 | 한계소비성향은 0과 1사이의 값이므로 정부지출(G)과 조세(T)가 동액만큼 증가하면 IS곡선은 오른쪽으로 이동하고, 화폐량을 증가시키면 LM곡선은 우측으로 이동한다.

$Y=G+T$만 가정하면

$G=\dfrac{1}{1-c}$이고, $T=-\dfrac{c}{1-c}$이다.

(c : 한계소비성향)

$$Y=G+T=\left(\frac{1}{1-c}\right)+\left(-\frac{c}{1-c}\right)$$

$$=\frac{1}{(1-0.75)}-\frac{0.75}{(1-0.75)}=4-3=1$$

⇒ 증가

$1>c$이기 때문에 정부가 조세를 늘리고 정부지출도 그만큼 늘리는 경우 전체 지출이 늘어나는 효과가 발생하고 IS곡선도 우측으로 이동한다.

43

| 정답 | ②

| 해설 | 헥셔－오린 정리는 비교우위는 각국의 생산요소 부존량의 차이 때문이며, 생산요소의 상대가격이 국제 간에서 균등화하는 경향이 있다고 설명하는 이론이다. 양국간 생산요소의 이동은 불가능하고 상품의 이동만이 가능하며 그에 따른 비용(운송비, 관세 등)은 존재하지 않는다.

44

| 정답 | ③

| 해설 | 단기에 총공급곡선이 우상향하는 이유는 다음과 같다.

1. 화폐환상(노동자오인모형, 비대칭정보모형) : 노동자들이 물가에 대한 정보가 부족하여 물가가 변화하더라도 의사결정에 이를 충분히 반영하지 못하는 화폐환상을 가진다.
2. 임금의 경직성(비신축적 임금) : 단기적으로 노동자들은 그들의 명목임금이 낮아지는 것을 용납하지 않으며 노동계약은 일정단위(1년)로 체결되므로 명목임금의 경직성이 존재한다.
3. 비신축적가격모형(물가의 경직성) : 재화의 가격이 물가변동수준보다 느리게 변화한다.

45

| 정답 | ④

| 해설 | 수요견인 인플레이션은 총수요가 총공급을 초과하면서 발생하는 현상으로 주로 경기호황과 함께 나타나는 것이다. 수요견인 인플레이션은 국민소득이 늘어나면서 총수요(소비, 투자, 정부 지출, 순수출)의 증가가 총공급을 초과하게 되면 발생한다.

46

| 정답 | ③

| 해설 | 임금과 이윤의 상승제한은 케인즈학파에 의하여 제안되었으며, 이를 소득정책이라 한다.

보충 플러스+

인플레이션의 억제방법
- 수요견인 인플레이션 : 통화량 억제(고전학파, 통화주의학파), 긴축재정정책(케인스학파)
- 비용인상 인플레이션 : 소득정책(케인스학파)

47

| 정답 | ①

| 해설 | 금융통화위원회가 증감여부를 결정하면 통화량을 조정할 수 있으므로 금융정책이 내부시차가 짧다. 재정정책은 국회의 논의와 의결을 거쳐야 하므로 재정정책의 경우에는 내부시차가 금융정책보다 훨씬 길다.

48

| 정답 | ①

| 해설 | 환율이 상승하면 달러표시 수출품의 가격하락으로 수출이 증가하므로 수출업자에게 유리하다.

49

| 정답 | ②

| 해설 | 경기종합지수는 각종 경제지표들의 전월대비 증감률을 합성하여 지수 형태로 작성한 종합경기지표이다. 경기종합지수의 구성은 다음과 같다.

- 선행종합지수 : 미래 경기 동향을 예측하는 지표로 구인구직비율, 총유동성, 소비자 기대지수 등이 속한다.
- 동행종합지수 : 현재 경기상태를 나타내는 지표로 판매액지수, 취업자 수, 생산지수 등이 속한다.
- 후행종합지수 : 사후에 경기 변동을 확인하는 지표로 상용근로자 수, 제품재고지수, 유통수익률, 가계소비지출 등이 속한다.

50

| 정답 | ③

| 해설 | 통화안정증권을 발행하여 매각하면 매각대금이 중앙은행으로 들어가므로 통화량이 감소한다.

2회 실전모의고사

▸문제 238쪽

01	③	02	⑤	03	①	04	⑤	05	①
06	④	07	④	08	④	09	⑤	10	④
11	②	12	②	13	②	14	③	15	③
16	⑤	17	⑤	18	④	19	①	20	⑤
21	③	22	④	23	⑤	24	④	25	①
26	①	27	①	28	⑤	29	②	30	④

01

|정답| ③

|해설| 나. 노동의 한계생산곡선은 노동의 평균생산이 극대화되는 지점을 통과한다.

다. 한계비용은 노동의 한계생산과 역의 관계에 있다. 따라서 한계생산이 증가할 때 한계비용은 감소하고 한계생산물이 최대일 때 한계비용은 최소이다.

마. 평균가변비용과 노동의 평균생산이 서로 역의 관계이다. 따라서 평균생산물이 증가(감소)하면 평균가변비용은 감소(증가)하고, 평균생산물이 최대일 때 평균가변비용은 최소가 된다.

02

|정답| ⑤

|해설| 조세부담률이란 경상GDP에서 조세수입이 차지하는 비중을 의미하는 것으로 개인의 조세부담률은 각자의 소득수준, 소비행태, 재산보유상황 등에 따라 달라진다.

|오답풀이|

② $T=-100+0.2\times500=0$

③ $T=-100+0.2\times1,000=-100+200=100$

④ 소득이 1,000인 경우 세금이 100원이므로, 평균세율은 100÷1000=0.1(=10%)이다. 또한, 소득이 1,000인 경우 세금(=−100+0.2×2000=−100+400)이 300원이므로, 평균세율은 300÷2000=0.15(=15%)이다.

03

|정답| ①

|해설| 예상된 인플레이션하에서 예상 인플레이션율만큼 명목이자가 상승하여 실질이자가 변하지 않는 것을 피셔효과라고 한다.

04

|정답| ⑤

|해설| 프리드먼의 항상소득가설에 따르면 단기적인 세율 변경에 의한 소득변화는 소득의 일시적 변화인 임시소득의 변동에 불과하며, 이는 소득의 절대총량인 항상소득에는 영향을 주지 않는다고 설명한다.

	소비 증가	소득 증가	총수요 증가	정책 효과
일시적인 세율인하 ⇒ 임시소득 증가	소폭	대폭	소폭	무력
영구적인 세율인하 ⇒ 항상소득 증가	대폭	소폭	대폭	효과적

05

|정답| ①

|해설| 소비측면에서 X재의 가격이 상승(하락)하면 X재의 수요가 감소(증가)하지만 Y재의 수요가 증가(감소)하면 두 재화는 대체관계에 있다. Y재의 가격이 하락하면 Y재의 수요량이 증가하고 X재의 수요량도 증가하면 두 재화는 보완관계에 있다.

06

|정답| ④

|해설| 유동성 함정에 갇히게 되면 통화정책의 효과는 시장에서 나타나지 않게 되고 상대적으로 재정정책이 더 효과적인 수단이 될 수 있다.

|오답풀이|

③ 유동성 함정에서는 화폐공급이 증가하더라도 증가한 통화량이 모두 화폐수요로 흡수되므로 이자율이 변하지 않는다.

07

| 정답 | ④

| 해설 | 기펜재(Giffen Goods)는 소득효과가 대체효과보다 크기 때문에 가격이 하락할 때 수요량이 감소하게 되는 열등재이고, 가격이 하락하면 수요량도 함께 줄어드는 재화이다. 즉 수요량의 변화와 가격의 변화가 같은 방향으로 움직인다.

08

| 정답 | ④

| 해설 | 물품세가 부과될 경우 수요와 공급이 탄력적일수록 조세부과 시 거래량이 크게 감소하므로 자중손실(사회적인 후생손실)이 증가한다.

| 오답풀이 |

① 수요가 탄력적일수록 소비자 부담이 작고, 공급이 탄력적일수록 생산자 부담이 작아진다.

09

| 정답 | ⑤

| 해설 | 거래적 화폐수요와 예비적 화폐수요는 소득에 의존하며, 투기적 화폐수요는 이자율에 의존한다.

10

| 정답 | ④

| 해설 | 수요량은 일정한 기간 동안에 구매력을 갖추고 주어진 가격수준에서 상품을 사고자 하는 최대 수량을 의미하므로 유량이다.

11

| 정답 | ②

| 해설 | 콥－더글라스 생산함수 $Q=AL^{a}K^{b}$에서 a와 b는 각각 생산기술에 의한 노동투입량과 자본투입량의 상수를 의미하며, 이때 $a+b=1$이면 1차 동차함수가 되어 오일러의 법칙이 성립하게 되며, 노동과 자본은 각각의 생산성만큼 노동은 임금으로, 자본은 이윤으로 돌려받게 된다. 문제에서 $a=0.4$, $b=0.6$이므로 노동은 전체의 40%의 생산성에 기여하여 그만큼의 소득을 임금의 형태로 분배받으며, 자본은 전체의 60%의 생산성에 기여하여 그만큼의 소득을 이윤의 형태로 생산된다.

| 오답풀이 |

다. 오일러의 법칙에 따르면 노동과 자본에게 각각 한계생산(MP) 만큼 분배하면 총생산이 부족없이 나누어진다.

마. 노동과 자본의 생산기여도는 각각 40%, 60%로 서로 다르다.

12

| 정답 | ②

| 해설 | 내부수익률이 자금조달비용인 이자율보다 높다면 투자를 하고, 내부수익률이 자금조달비용인 이자율보다 낮다면 투자를 포기하게 된다.

이때 투자비용$=\dfrac{\text{예상수입}}{(1+\text{내부수익률})}$이므로, 문제에서 $100=\dfrac{110}{(1+\mathrm{m})}$, m(내부수익률)$=0.1=10\%$이다. 따라서 투자를 결정하게 되는 이자율의 기준을 10%이다.

13

| 정답 | ②

| 해설 | 시중금리는 통상 중앙은행의 기준금리와 조달금리에 마진율을 더한 형태로 코픽스금리 등을 고려하여 각 은행이 결정한다.

| 오답풀이 |

① 기준금리는 한국은행이 금융기관과 환매조건부증권 매매, 자금조정 예금 및 대출 등의 거래를 할 때 기준이 되는 정책금리이다.

③ 기준금리에 신용도 등의 차이에 따라 달리 덧붙이는 금리를 가산금리(또는 스프레드)라고 한다.

④ 기준금리는 초단기금리인 콜금리에 즉시 영향을 미치고 장단기 시장금리, 예금 및 대출 금리 등의 변동으로 이어져 궁극적으로는 실물경제 활동에 영향을 미친다.

⑤ 한국은행 금융통화위원회는 물가 동향, 국내외 경제 상황, 금융시장 여건 등을 종합적으로 고려하여 연 8회 기준금리를 결정하고 있다.

14

| 정답 | ③

| 해설 | 무차별곡선은 한계대체율(MRS)이 일정한 선형이다.

$$MRSxy = -\frac{\triangle Y}{\triangle X} = \frac{MUx}{MUy} = \frac{b}{a}$$

| 오답풀이 |

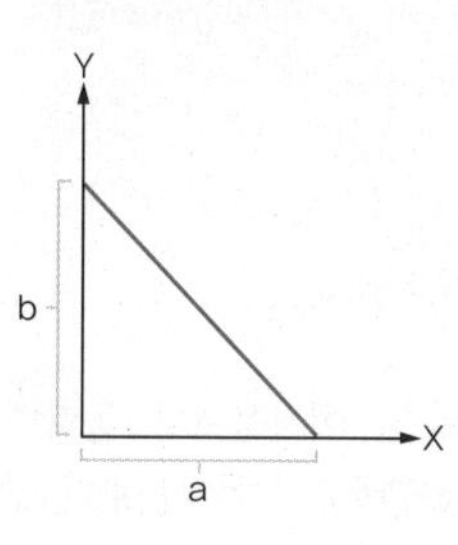

U(X, Y)=aX+bY(a,b>0)

① 이 효용함수는 선형 효용함수이다.

② 두 재화 X, Y를 완전대체재로 간주한다.

④ 무차별곡선 우하향 직선의 그래프이다.

15

| 정답 | ③

| 해설 | $\text{실업률(\%)} = \left(\frac{\text{실업자}}{\text{경제활동인구}}\right) \times 100$

$$= \frac{\text{실업자}}{(\text{실업자} + \text{취업자})} \times 100$$

구직을 포기한 사람을 구직단념자라고 하며, 구직단념자는 실업자로 분류되지 않고 비경제활동인구에 포함되어 실업률을 감소시킨다.

16

| 정답 | ⑤

| 해설 | 가, 나, 다, 라 모두 맞는 선지이다.

보충 플러스+

새케인즈 경제학파

- 합리적 기대이론을 분석의 틀로 수용하되 임금과 물가의 경직성에대한 미시경제학적 설명을 제시하는 새로운 이론 체계를 구축한다.
- 정보가 완전히 갖춰져 있지 못하기 때문에 가격이 경직성을 갖게 된다.
- 불완전경쟁이 존재하기 때문에 가격이 경직적일 수 있다고 설명한다.
- 메뉴비용(Menu Cost)의 발생으로 가격이 경직성을 가질 수 있다고 본다.

17

| 정답 | ⑤

| 해설 | 총예금창조액(총신용창조액)

$$= \frac{1}{\text{지급준비율}} \times \text{본원적 예금}$$

$$= \frac{1}{0.1} \times 100 = 1{,}000\text{(억 원)}$$

18

| 정답 | ④

| 해설 | 총비용함수 $TC = \frac{1}{3Q^3} - 7Q^2 + 100Q + 50$

가. 단기생산함수이다.

다. 한계비용(MC)은 총비용함수(TC)를 미분하면 된다.

$$MC = \frac{dTC}{dQ} = Q^2 - 14Q + 100$$

마. 총가변비용은 $\frac{1}{3}Q^3 - 7Q^2 + 100Q$이고, 총고정비용은 50원이다.

| 오답풀이 |

라. 평균비용(AC)은 총비용함수(TC)를 Q로 나누면 된다.

$$AC = \frac{TC}{Q} = \frac{1}{3}Q^2 - 7Q + 100 + \frac{50}{Q}$$

19

| 정답 | ①

| 해설 | 일반적으로 물가가 하락하면 개인이 보유한 화폐의 실질구매력이 커지므로 개인의 실질자산이 증가하는데, 실질자산이 증가하면 소비가 증가하므로 총수요가 증가한다.

20

| 정답 | ⑤

| 해설 | 정부지출승수= $\frac{1}{(1-\text{한계소비성향})}$ 이므로 한계소비성향이 0.8일 때 정부지출승수는 $\frac{1}{1-0.8}=5$가 된다.
한계소비성향이 0.9일 때 정부지출승수는 $\frac{1}{1-0.9}=10$이 된다.

| 오답풀이 |

① 정부지출(G)이 100증가하면, Y=C+G에 대입한다. Y=0.8Y+100, Y=500이 된다.

② 정부지출이 증가하면 총수요가 증가하고, 조세감축 역시 총수요 증가의 원인이 된다.

③ AE=C=0.8(Y−T)를 풀면, Y=0.8(Y−100), Y=−400이 된다.

21

| 정답 | ③

| 해설 | 노동시장에서 고용량이 불변이므로 총산출량도 변하지 않기 때문에 총공급곡선이 수직선으로 나타난다. 고전학파는 자발적 실업만 존재하고 완전고용 및 완전국민소득수준이 그대로 유지된다고 한다.

22

| 정답 | ④

| 해설 | 가. 공공재는 사유재와 달리 소비자들의 선호가 드러나지 않기 때문에 시장 메커니즘에 의한 공급은 거의 불가능하다.

| 오답풀이 |

마. 공공재는 효율적인 생산량보다 과소 생산된다.

23

| 정답 | ⑤

| 해설 | 투표의 순서에 따라 다른 결과가 나오는 현상을 투표의 역설 또는 투표의 순환이라 한다. 투표의 순서에 따라서 결과는 달라지기 때문에 의사진행조작이 가능하다.

24

| 정답 | ④

| 오답풀이 |

다. 모든 재화와 서비스의 생산량을 포함한다.

마. 최종생산물의 시장가치로 평가한다.

25

| 정답 | ①

| 해설 | 독점기업은 이윤극대화를 위해 $MR=MC$인 지점에서 생산량과 가격을 결정한다.
따라서 총수입(TR)은 $TR=P\times Q=(500-Q)\times Q=500Q-Q^2$이다.

미분하여 한계수입(MR)을 구하면 $MR=\frac{dTR}{dQ}=500-2Q$이다. 이때 $MR=MC$이므로 $500-2Q=100$, $Q=200$

Q 값을 수요함수 $P=500-Q$에 대입하면 책정가격 P를 구할 수 있다.

$P=500-200=300$

그런데 단위당 종량세 100원이 부과된다면, 기업의 $MC=100+100$이 된다.

$MR=MC$이므로 $500-2Q=200$, $Q=150$

$Q=150$일 때 $P=500-Q=500-150=350$(원)이 된다.

따라서 세금이 부과되기 전 가격 300원과 부과된 후 가격 350원을 비교해 보면 가격 상승의 크기는 50원이다.

26

| 정답 | ①

| 해설 | 사적 한계비용은 재화를 생산하는 비용을 의미하며, 사회적 한계비용은 생산자가 사적으로 드는 비용에 다른 사람의 고통이라는 비용을 더한 것을 의미한다. 즉, 일반적으로 정의되는 한계비용이 사적 한계비용이고, 여기에 제3자가 받는 외부효과를 더한 것이 사회적 한계비용이다.

27

| 정답 | ①

| 해설 | 한계대체율과 가격비가 일치해야 한다.

28

| 정답 | ⑤

| 해설 | 정부지출은 시장실패 시 이루어져야 하며 공공재, 소득분배의 불공평을 시정하기 위한 경우가 시장실패에 해당한다.

| 오답풀이 |

① 가치재는 바람직한 양보다 적게 소비되는 경향이 있어 주로 정부가 해당 재화나 서비스의 소비를 권장하기 위해 공급한다. 교육, 의료, 운동 등이 가치재의 대표적인 예다.

29

| 정답 | ②

| 해설 | 의존효과는 소비자의 욕망이 자주적, 합리적 판단에 의하지 않고 소비재를 생산하는 기업의 강력한 선전광고나 판매망에 의해서 만들어진다는 것이다.

30

| 정답 | ④

| 해설 | 2022년 대한민국 예산규모는 약 607조 7천억 원이다.

3회 실전모의고사

▸문제 248쪽

01	⑤	02	④	03	④	04	⑤	05	①
06	①	07	②	08	④	09	②	10	③
11	④	12	④	13	①	14	①	15	④
16	③	17	②	18	⑤	19	①	20	④
21	⑤	22	④	23	②	24	①	25	①
26	③	27	③	28	④	29	③	30	④
31	⑤	32	⑤	33	③	34	①	35	①
36	③	37	②	38	②	39	⑤	40	①

01

| 정답 | ⑤

| 해설 | 기회비용체증의 법칙은 생산자가 자신에게 주어진 일정량의 자원을 효율적으로 사용해 여러 재화를 생산할 때 어느 한 재화의 생산을 늘려나갈수록 그 재화 생산의 기회비용이 점차 높아지는 현상을 말한다.

02

| 정답 | ④

| 해설 | 생산가능곡선상의 모든 점들은 자원이 최대한 활용되어 최적의 생산물을 생산하고 있는 상태를 의미한다.

| 오답풀이 |

①, ② 두 개의 재화만 생산하는 경제의 생산가능곡선이 원점에 대하여 오목한 경우 한 재화의 생산을 줄이고 다른 재화의 생산을 늘릴 때 한계변환율은 체증한다.

③ 생산가능곡선 위의 점은 생산의 효율성을 달성한 상태를 의미한다.

⑤ 생산가능곡선은 기술수준의 향상, 기술의 진보, 노동력의 증가(인구 증가), 자본량의 증가, 천연자원 발견, 교육수준의 향상, 자원부존량의 증가 등에 따라서 바깥쪽으로 확장된다.

03

| 정답 | ④

| 해설 | Y재 수량으로 계산된 X재의 상대가격은 기회비용과 같으므로 교역조건은 0.5와 1사이에서 결정된다. Y재 수량으로 계산된 X재의 상대가격이 $\frac{4}{3}$로 주어지면 갑은 특화할 수 없다.

| 오답풀이 |

②, ⑤ 기회비용을 계산해 보면 다음과 같다.

	X재	Y재
갑	$\frac{4}{4}=1$	$\frac{4}{4}=1$
을	$\frac{10}{20}=0.5$	$\frac{20}{10}=2$

갑은 을에 비하여 Y재에 생산에 비교우위, 을은 갑에 비하여 X재의 생산에 비교우위에 있다.

04

| 정답 | ⑤

| 해설 | 시장은 대부분 효율성을 달성하지만 예외적으로 시장실패가 발생하기도 한다.

05

| 정답 | ①

| 해설 | 생산비용함수 $C=\frac{1}{2}Q^2+10$을 Q에 대하여 미분하면 Q는 한계비용(MC)이 된다.

완전경쟁시장에서는 $MR=MC$에서 균형을 이루므로, $P=MR=MC$와 같다.

시장가격(P)이 20이므로, $P=MC=Q=20$이다. 따라서 평균비용$(AC)=\frac{총비용(TC)}{Q}=\frac{\frac{1}{2}Q^2+10}{Q}$이므로

$Q=\frac{1}{2}Q+\frac{10}{Q}=\frac{1}{2}\times 20+\frac{10}{20}=10.5$이다.

06

| 정답 | ①

| 해설 | 각 경기자가 상대방의 전략을 주어진 것으로 보고 자신에게 최적인 전략을 선택할 때 이 최적전략의 짝을 내쉬균형이라고 부른다. 내쉬균형은 여러 개가 존재할 수 있다.

| 오답풀이 |

② 순수전략 내쉬균형과 혼합전략 내쉬균형이 같이 존재하는 경우도 있다.

③ 모든 경기자가 순수전략만을 사용하는 경우에는 내쉬균형이 존재하지 않는 게임이라 할지라도 혼합전략을 사용한다면 내쉬균형이 존재할 수 있다.

07

| 정답 | ②

| 해설 | $Q_D=1{,}000-P \Rightarrow P=1{,}000-Q$

$TR=P\times Q=(1{,}000-Q)\times Q=1{,}000Q-Q^2$

미분하여 MR을 구하면 다음과 같다.

$MR=\frac{dTR}{dQ}=1{,}000-2Q$

$TC=\frac{1}{2}Q^2+100$을 미분하여 MC를 구하면 다음과 같다.

$MC=\frac{dTC}{dQ}=Q$

따라서 균형은 $MR=MC$이므로

$1{,}000-2Q=Q$

$3Q=1{,}000$

$Q=\frac{1{,}000}{3}$

$P=1{,}000-\frac{1{,}000}{3}=\frac{2{,}000}{3}$이다.

따라서 가격(P)은 $\frac{2{,}000}{3}$이고, 한계비용($MC=Q$)은 $\frac{1{,}000}{3}$이다.

08

| 정답 | ④

| 해설 | 최저임금이 오를 때 실업이 가장 많이 증가하는 유형은 노동에 대한 수요가 탄력적인 비숙련노동자이다.

09

| 정답 | ②

| 해설 | 수요곡선이 단위탄력적일 경우는 수요량의 변화율과 가격변화율이 같으므로 총지출은 불변이다.

보충 플러스+

수요의 가격탄력성

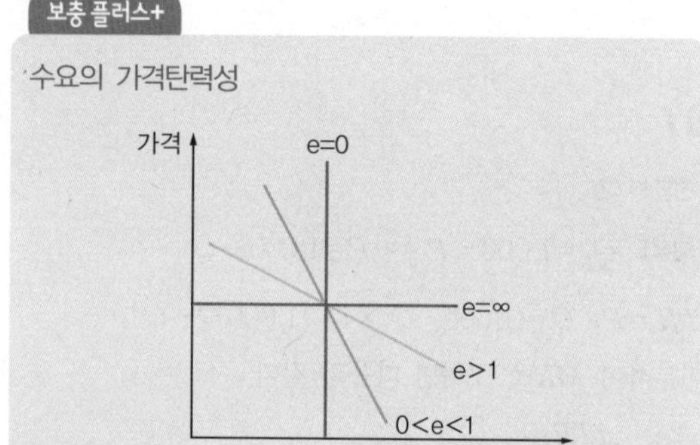

10

| 정답 | ③

| 해설 | 수요곡선이 비탄력적인 경우 소비자가 더 많은 세금을 부과한다.

보충 플러스+

가격탄력성과 조세부담
- 수요가 탄력적인 경우 : 생산자가 더 많은 세금부담
- 수요가 비탄력적인 경우 : 소비자가 더 많은 세금부담
- 공급이 탄력적인 경우 : 소비자가 더 많은 세금부담
- 공급이 비탄력적인 경우 : 생산자가 더 많은 세금부담

11

| 정답 | ④

| 해설 | 일반균형이 성립하려면 개인의 선호 형태가 나타나 있어야 한다.

12

| 정답 | ④

| 해설 | 라. 외부성이 발생해도 만일 이에 대한 정부개입 비용이 다른 대안에 비하여 높거나 시장치유로 인한 편익보다 낮을 경우 정부개입의 타당성은 상실된다.

| 오답풀이 |

마. 외부효과가 발생하면 시장은 자원을 효율적으로 배분하지 못한다. 부정적 외부효과가 발생하면 생산량이 사회적으로 바람직한 수준보다 과다하게 생산되고, 긍정적 외부효과가 발생하면 생산량은 과소하게 생산된다.

13

| 정답 | ①

| 해설 | $P_a=100-Q$, $P_b=200-Q$에서 시장 전체의 합을 구하면 $P_a+P_b=300-2Q$이다.

적정 공급량은 $P=MC(=100)$인 점에서 수요량 Q만큼 이루어지므로

$300-2Q=100$

따라서 적정공급량은 수요량과 같은 $Q=100$이다.

14

| 정답 | ①

| 해설 | 희소성의 법칙은 인간의 욕망은 무한한 데 반해 이를 충족시켜줄 수 있는 재화나 용역 등의 경제적 자원은 제한되어 있기 때문에 경제문제가 발생한다는 법칙이다.

| 오답풀이 |

② 수확 체감의 법칙은 자본과 노동 등 생산요소를 추가적으로 계속 투입해 나갈 때 어느 시점이 지나면 새롭게 투입하는 요소로 인해 발생하는 수확의 증가량은 감소한다는 법칙이다.

③ 수확 체증의 법칙은 투입된 생산요소가 증가할수록 산출량이 기하급수적으로 증가한다는 법칙이다.

④ 이윤 극대화의 원칙은 기업은 수입과 비용의 차액인 이윤을 극대화하는 것을 행동원리로 한다는 근대경제학의 사고방식이다.

⑤ 규모의 불경제는 모든 생산 요소가 똑같은 비율로 변동할 때 총생산량이 생산 요소의 증가율보다 더 작은 비율로 증가하는 현상이다.

15

| 정답 | ④

| 해설 | • 회계적 이윤=경제적 이윤+암묵적 비용=경제적 이윤+(귀속비용+정상이윤)

• 경제적 이윤=회계적 이윤−암묵적 비용=(총수입−명시적 비용)−암묵적 비용=(총수입−명시적 비용)−(귀속비용+정상이윤)

16

| 정답 | ③

| 해설 | 작년 재고를 올해 판매하였다고 하더라도 그 판매량은 올해의 GDP에 포함되지 않는다.

| 오답풀이 |

① GNP=GDP+(국외수취요소소득−국외지불요소소득)
=GDP+국외순수취요소소득

② NNP(국민순생산)=GNP−감가상각비(재투자)
=부가가치의 합계

17

| 정답 | ②

| 해설 | 정부의 확대 재정정책은 자국의 통화가치를 감소시킨다.

18

| 정답 | ⑤

| 해설 | 20X8년 인플레이션

$$=\frac{(\text{20X8년 물가지수}-\text{20X2년 물가지수})}{\text{20X2년 물가지수}}\times 100$$

$$=\frac{(150-100)}{100}\times 100=50(\%)$$

| 오답풀이 |

① 기준연도는 지수가 100이다.

② 20X5년도 소비자물가지수

$$=\frac{(40\times 20+10\times 30)}{(40\times 10+10\times 15)}\times 100$$

$$=\frac{1100}{550}\times 100=200$$

③ 20X8년 소비자물가지수

$$=\frac{(40\times 15+10\times 22.5)}{(40\times 10+10\times 15)}\times 100$$

$$=\frac{825}{550}\times 100=150$$

④ 20X5년 인플레이션

$$=\frac{(\text{20X5년 물가지수}-\text{20X2년 물가지수})}{\text{20X2년 물가지수}}\times 100$$

$$=\frac{(200-100)}{100}\times 100=100(\%)$$

19

| 정답 | ①

| 해설 | 가. 관세부과로 교역량은 감소하고 교역조건은 개선되며, 국내생산이 증가한다.

나. 소국이 관세를 부과하면 교역량은 감소하고 교역조건의 개선은 이루어지지 않고 자원배분의 왜곡만 발생하므로 사회후생이 감소한다.

마. 생산보조금을 지급하는 등 전략적 무역정책을 통하여 사회후생이 증가할 수 있다.

| 오답풀이 |

다. 소국의 경우에는 관세부과 시 반드시 후생손실이 발생하나, 대국의 경우에는 사회후생이 증가할 수도 있다.

라. 관세가 부과되면 소비자잉여는 (−)이나 생산자잉여는 (+)이며, 소비자가 손해를 보는 것보다는 생산자가 차지하는 이익이 더 적다.

20

| 정답 | ④

| 해설 | $AD=C+I+G+(X-M)$이므로 해외경제 호황으로 외국의 소득이 증가하면 국내 재화와 서비스에 대한 수요(수출)가 증가해서 총수요가 증가한다.

| 오답풀이 |

① $AD=C+I+G+(X-M)$이므로 정부가 정부지출과 조세를 동일한 금액만을 증가시키면 IS곡선은 우측으로 이동한다.

⑤ $AD=C+I+G+(X-M)$이므로 순수출($X-M$)의 증가는 총수요를 증가시킨다.

21

| 정답 | ⑤

| 해설 | 폐쇄경제체제 하의 확대재정정책 효과는 다음과 같다.

- 조세감면 → 가처분소득 증가 → 소비 증가 → 국민소득 증가
- 구축효과 발생 → 국민소득 증가 → 통화수요 증가 → 이자율 상승 → 민간 소비 및 투자수요 감소

다만 문제에서 소비가 이자율의 영향을 받지 않는다고 하였으므로 구축효과로 인한 투자 감소 효과만 나타난다.

22

| 정답 | ④

| 해설 | 실질환율=명목환율×$\frac{\text{외국물가}}{\text{국내물가}}$(외국의 상대물가수준)이므로 명목적 통화가치의 하락은 물가 변경에 따라 실질환율에 영향을 준다.

| 오답풀이 |

② 명목적 통화가치가 하락(원화가치 하락)하면 환율이 상승하고 명목적 통화가치가 상승(원화가치 상승)하면 환율이 하락한다.

⑤ 명목환율은 교환비율만을 나타낼 뿐 서로 다른 국가 간 제품경쟁력을 측정하는 데에는 한계가 있다. 구매력평가이론은 통화의 가치가 그 통화의 구매력에 있다면 자국 통화와 외국 통화 사이의 교환 비율인 환율은 각 통화의 구매력의 비율에 의하여 결정되어야 한다는 것이다. 일반적으로 통화의 구매력은 물가수준에 의하여 나타낼 수 있으므로 환율은 양국의 물가수준에 의해서 결정된다는 것이다. 따라서 명목환율은 양국 간 물가의 비율($\frac{\text{국내물가}}{\text{해외물가}}$)로 정의된다.

23

| 정답 | ②

| 해설 | 양적완화정책은 비전통적인 통화정책이다.

24

| 정답 | ①

| 해설 | 인구증가율이 높아지면 1인당 자본량과 1인당 소득수준 모두 하락한다. 인구 증가율이 높아지더라도 균제상태이기 때문에 총소득 증가율과 인구 증가율이 일치하므로 총소득 증가율은 상승하고 1인당 소득 증가율은 0이 된다. 1인당 자본량의 감소는 자본의 한계생산성을 증가시킨다.

25

| 정답 | ①

| 해설 | 순수출=저축−투자이므로, 저축이 투자를 초과하는 경우 순수출은 양(+)이다.

총수요(Y)=내수소비(C)+기업투자(I)+정부지출(G)+순수출($X-M$)

| 오답풀이 |

② 총수요(Y)가 (내수소비+기업투자+정부지출)보다 클 경우 순수출($X-M$)은 음(−)이다.

③ 통화가치가 하락하면 수출이 증가하고 수입은 감소하므로 순수출은 증가하게 된다.

④ 확대재정정책은 정부지출을 늘리는 것이므로 순수출을 감소시킨다.

⑤ 순수출=저축−투자이므로, 순수출이 음(−)일 경우 투자가 저축을 초과하는 경우이다.

26

| 정답 | ③

| 해설 | 자연실업률은 국가나 경제상황에 따라 다르다.

보충 플러스+

자연실업률

- 노동의 초과공급이 0인 실업률 : 현재의 임금수준에서 이론적으로는 (경기적 실업 없이) 마찰적 실업과 구조적 실업만 존재하는 상황으로 노동의 수급이 균형을 이루는 상태에서의 균형실업률을 의미
- 자연실업률$(\frac{U}{L})=\frac{s}{(f+s)}\times 100$
  (L : 경제활동인구, U : 실업인구, f : 실업인구 중 구직률, s : 취업인구 중 실직률)
- 실제실업률 > 자연실업률 : 노동의 초과공급
- 실제실업률 < 자연실업률 : 노동의 초과수요

27

| 정답 | ③

| 해설 | 최저임금과 노동자의 총소득과의 관계는 임금탄력성$(=\frac{\text{노동수요량변화율}}{\text{임금변화율}})$에 의하여 결정된다. 임금탄력성이 탄력적(>1)이라면 임금의 증가보다 노동수요량 감소가 더 크기 때문에 노동자들의 총소득은 감소하고, 임금탄력성이 비탄력적(<1)이라면 노동자의 총소득이 증가할 수 있다.

28

| 정답 | ④

| 해설 | 규모의 경제는 국내(내수)시장보다 수출시장을 통해서 더 활용할 수 있다.

29

| 정답 | ③

| 해설 | 조세감면이 이루어질 경우 민간의 가처분소득이 증가하므로 민간소비가 증가하게 되어 저축이 감소하게 된다. 저축이 감소하면 대부자금의 공급이 감소하므로 이자율이 상승하게 되며 이에 따라 민간투자가 감소하는 구축효과가 발생한다.

30

| 정답 | ④

| 해설 | 독점기업은 수요곡선이 주어지면 이윤이 극대화가 되도록 수요곡선상의 한 점을 선택하여 가격과 생산량을 정하므로 공급곡선이 존재하지 않는다.

31

| 정답 | ⑤

| 해설 | 교역 상대국이 호황으로 소득이 증가하면 국내 재화와 서비스에 대한 수요(수출)가 증가해서 총수요가 증가한다.

32

| 정답 | ⑤

| 해설 | 국민소득계정에 포함되지 않는 사항은 다음과 같다.

- 비시장거래 재화 · 용역 : 주부의 가사노동, 지하경제(밀수, 도박), 여가
- 가격변동에 따른 자본이득 : 주식 · 부동산 · 채권 등의 전매차익
- 이전성 거래 : 국공채이자, 연금, 상속, 증여, 탈세, 보조금

33

| 정답 | ③

| 해설 | 사과 수요의 교차탄력성은 다음과 같다.

$$\frac{20}{200}\div\frac{200}{1000}=\frac{0.1}{0.2}=\frac{1}{2}$$

보충 플러스+

교차탄력성
타재화의 가격변동에 따르는 일정재화의 수요량변동의 정도
교차탄력성 $= \frac{dQx}{GQx} \div \frac{dPy}{Py}$
(단, x는 일정재화, y는 타재화)
수요의 교차탄력성>0 : 대체재
수요의 교차탄력성<0 : 보완재
수요의 교차탄력성=0 : 독립재

34

| 정답 | ①

| 해설 | $\frac{M_x}{P_x} = \frac{M_y}{P_y}$ 즉, 소비자균형은 한계효용균등의 원리가 성립되어야 한다.

35

| 정답 | ①

| 해설 | 한계기술대체율은 등량곡선의 기울기로 측정되며 MP_L과 MP_K의 비율로 나타낸다. 즉, $MRTS_{LK} = -(\frac{\Delta K}{\Delta L}) = \frac{MP_L}{MP_K}$이다.

생산함수가 $Q=2LK$에서 $MP_L=2K$, $MP_K=2L$, $MRTS_{LK}=\frac{MP_L}{MP_K}=\frac{2K}{2L}=\frac{K}{L}$이므로 노동과 자본 투입량을 같은 양으로 늘리면 $MRTS_{LK}$는 변하지 않는다.

36

| 정답 | ③

| 해설 | 완전경쟁시장에서 기업의 단기공급곡선은 생산중단점보다 위쪽에 위치한 한계비용곡선과 일치하게 된다.

37

| 정답 | ②

| 해설 | 완전경쟁시장은 완전동질상품을 공급하는 수많은 기업체를 가정하고, 독점적 경쟁시장의 기업들은 소비자의 성향에 따라 제품을 차별화한다.

38

| 정답 | ②

| 해설 | 공공재는 한 사람의 소비가 다른 사람의 소비량을 제한하지 못하는 비경합성과 그 이용 대가를 지불하지 않는 무임승차를 차단하기 어려운 비배제성을 특징으로 하는 재화이다. 공공재의 공급을 시장에 방임할 경우에는 사회적으로는 분명 유익한 공공재 생산을 위해 자원이 배분(유입)될 가능성은 극히 희박하다.

39

| 정답 | ⑤

| 해설 | 이윤극대화를 추구하는 기업이 요소시장이 완전경쟁이면 한계생산물가치와 한계수입생산물이 일치한다. 한계생산물가치 > 한계수입생산물이면 요소가격을 증대시킴으로써 이윤증대가 가능하다.

| 오답풀이 |

①, ② 생산요소의 추가적인 고용으로부터 얻을 수 있는 수입과 요소가격이 일치하는 수준까지 지불한다.

40

| 정답 | ①

| 해설 | 비대칭정보란 거래의 한쪽이 다른 한쪽보다 더 많거나 더 좋은 정보를 가지는 상황을 가리킨다. 독점적 착취란 불완전 경쟁상태를 이용하여 공급이나 수요를 독점하여 다른 생산자나 소비자의 잉여부분을 독차지하는 것이다.

| 오답풀이 |

② 도덕적 해이란 경제주체의 부주의한 행동으로 보험계약 이후 시점에 발생하는 정보비대칭성의 문제이다.

③ 역선택이란 상대방의 특성을 알지 못하는 상황에서 불리한 거래상대자를 맞아들이는 것으로 보험시장에서의 역선택현상은 보험계약 이전 시점에 발생하는 정보비대칭성의 문제이다.

④ 선별장치는 정보가 부족한 경제주체가 정보가 많은 경제주체로부터 정보를 추출하고 심사해서 정보비대칭 상황을 완화하는 과정이다.

⑤ 신호발송은 정보가 많은 경제주체가 정보가 부족한 경제주체에게 신호를 보냄에 따라 정보격차를 없애거나 줄일 수 있다는 것이다.

4회 실전모의고사

▸ 문제 262쪽

01	④	02	③	03	①	04	③	05	③
06	②	07	④	08	④	09	③	10	③
11	③	12	③	13	③	14	①	15	②
16	④	17	③	18	②	19	③	20	③

01

| 정답 | ④

| 해설 | 무역수지 흑자를 기록하면 시장 내 외화공급이 증가하여 외환공급곡선이 우측으로 이동하면서 환율이 하락한다.

02

| 정답 | ③

| 해설 | 마찰적 실업은 노동자가 보다 나은 직장을 얻기 위해 정보를 수집함으로써 일시적으로 생기는 실업을 뜻한다. 따라서 일자리에 관한 정보를 제공하는 정보망의 확충 등을 통해 직업탐색시간이 감소되면 마찰적 실업이 가장 크게 감소할 것이다.

| 오답풀이 |

① 경기적 실업은 경기변동에 따라 발생하는 실업이다.

② 구조적 실업은 산업구조가 변하고 기술혁신이 이루어짐에 따라 발생하는 만성적이고 장기적인 실업이다.

④ 잠재적 실업은 실질적으로는 실업상태에 있으나 표면적으로는 직업을 갖고 있어서 실업자로 노출되지 않는 실업이다.

⑤ 계절적 실업은 어떠한 산업의 생산이 계절적으로 변동했기 때문에 일어나는 단기적인 실업이다.

03

| 정답 | ①

| 해설 | 거래비용은 기업 간 거래 과정에서 발생하는 비용으로 거래 전에 정보 수집이나 협상을 위해서 소요되는 비용과

계약 준수에 대한 감시 비용이나 재계약 비용 따위를 포함한다.

| 오답풀이 |

② 기회비용은 어떤 자원이나 재화를 이용하여 생산이나 소비를 하였을 경우 다른 것을 생산하거나 소비했었다면 얻을 수 있었던 가장 큰 이익이다.

③ 매몰비용은 지출한 비용 중 회수할 수 없는 비용이다.

④ 경제적 비용은 명시적 비용에 잠재적 비용을 더한 비용으로 기업가가 보유하는 생산 요소에 대한 기회비용인 잠재적 비용을 고려한다는 점에서 회계적 비용과 구분된다.

⑤ 명시적 비용은 기업이 생산 요소와 그 외의 비품 구입에 실제로 지불한 비용으로 회계적 비용이라고도 한다.

04

| 정답 | ③

| 해설 | 규모의 경제는 투입규모가 커질수록 장기평균비용이 줄어드는 현상을 말하며 생산량을 증가시킴에 따라 평균비용이 감소하는 현상을 의미한다. 규모의 경제가 실현되는 산업들은 전기, 철도, 가스 등과 같이 고정비용이 매우 크고 가변비용이 상대적으로 아주 작은 산업들이다.

| 오답풀이 |

⑤ 범위의 경제에 대한 설명이다.

05

| 정답 | ③

| 해설 | 매몰비용은 지불하고 난 뒤 회수할 수 없는 비용이다. 이미 지불한 매몰 비용은 선택으로 발생하는 비용이 아니므로 선택할 때 고려해서는 안 된다. 합리적 선택을 하려면 선택으로 인해 새롭게 발생하는 비용과 편익만 비교해야 한다.

06

| 정답 | ②

| 해설 | 독점시장의 이윤극대화 조건은 다음과 같다.

$MR = MC \Rightarrow MR = MC_1 = MC_2 (P > MC)$

$MC_1 = MC_2$와 $Q_1 + Q_2 = 90$에서

$Q_1 = 90 - Q_2$

$80 + 3Q_1 = 70 + Q_2$

$\Rightarrow 80 + 3(90 - Q_2) = 70 + Q_2$

$\Rightarrow 4Q_2 = 280 \quad \therefore Q_2 = 70$

$\therefore Q_1 = 90 - Q_2 = 90 - 70 = 20$

따라서 두 공장의 생산량은 순서대로 20, 70이다.

07

| 정답 | ④

| 해설 | 이윤=총수입(TR)−총비용(TC)

$= P \times Q - ATC \times Q$

따라서 가격(P)과 평균비용(ATC)이 같으면 이윤이 0이 된다.

$$평균비용(ATC) = \frac{총비용(TC)}{Q} = \frac{(\sqrt{Q} + 650)}{Q} = \frac{(\sqrt{100} + 650)}{100} = 6.6$$

평균비용(ATC)과 가격(P)이 같아야 되므로 가격은 6.6이다.

08

| 정답 | ④

| 해설 | 소비자잉여는 소비자가 지불할 용의가 있는 최대가격과 실제 지불한 가격 간의 차이를 말한다.

갑 : 구입하지 않을 것이므로 소비자잉여는 없다.

을 : 5,000−5,000=0

병 : 7,000−5,000=2,000

정 : 8,000−5,000=3,000

따라서 사회 전체의 소비자잉여는 2,000+3,000=5,000(원)이다.

09

| 정답 | ③

| 해설 | 생산물시장과 요소시장이 모두 완전경쟁일 경우의 이윤극대화 요건은 다음과 같다.

$$W = MPL \times P \Rightarrow P = \frac{W}{MPL} = \frac{800}{4} = 200$$

10

| 정답 | ③

| 해설 | 두 기업의 총비용함수가 $40Q$이므로 두 기업의 한계비용(MC)은 40으로 동일하다. 두 기업의 비용조건이 동일한 경우 쿠르노 모형의 균형은 완전경쟁 생산량의 $\frac{2}{3}$이다. 완전경쟁의 이윤극대화조건을 대입해 보면 $P=MC$ → $100-Q=40$ 이므로 $Q=60$이 된다.

한편 완전경쟁의 경우 $Q=60$이므로 쿠르노 모형에서의 생산량은 완전경쟁의 $\frac{2}{3}$인 40단위가 되므로, $Q=40$을 수요함수에 대입하면 $P=60$이 된다.

11

| 정답 | ③

| 해설 | 영구채의 가격$=\frac{\text{고정이자}}{\text{수익률}}$이므로 수익률$=\frac{\text{고정이자}}{\text{영구채의 가격}}$이다. 이에 따라 각 영구채권 가격별 수익률은 다음과 같다.

- 800만 원인 영구채권의 수익률 : $\frac{40}{800}=0.05(5\%)$
- 1,000만원인 영구채권의 수익률 : $\frac{40}{1,000}=0.04(4\%)$

따라서 1%p 하락한다.

12

| 정답 | ③

| 해설 | 총수요=소비(C)+투자(I)+정부지출(G)+순수출($X-N$)이므로 이자율이 상승하면 투자와 소비가 줄어 총수요가 감소하게 된다.

13

| 정답 | ③

| 해설 | 생산자물가지수는 소비자물가지수의 포괄범위보다 넓어 전반적인 상품의 수급동향이 반영된 물가지수이다.

14

| 정답 | ①

| 해설 | 규모에 따른 수확불변은 노동 · 자본 등 생산요소를 모두 N배 더 투입했을 때 산출이 N배만큼 늘어나는 것을 의미한다.

만약 생산요소들을 N배 더 투입했을 때 산출이 N배 이상 늘어난다면 규모에 따른 수확체증이 발생했다고 한다. 이 경우 생산 규모를 늘릴수록 생산물 1단위당 투입되는 생산요소의 양이 줄어들기 때문에 그만큼 단위당 생산비용이 감소한다. 규모의 경제가 발생하는 것이다.

자연독점은 이 현상이 확실해서 신규 진입자가 존재할 수 없고 하나의 독점기업만 존재하는 경우를 가리킨다. 전력, 상수도, 전화, 철도산업이 대표적인 자연독점의 사례다.

15

| 정답 | ②

| 해설 | $0.2=\frac{0.04}{(f+0.04)} \Rightarrow f=0.16(16\%)$이므로

평균실업기간$=\frac{1}{\text{구직률}}=\frac{1}{0.16}=6.25$(개월)이다.

보충 플러스+

자연실업률
노동시장이 균형을 이루고 있어 취업자와 실업자의 수가 변하지 않는 상태에서의 실업률을 말하며 균형실업률이라고도 한다.
취업자 : E, 실업자 : U
실업자 중 취업하는 비율 : 구직률 f
취업자 중 실직하는 비율 : 실직률 s
자연실업률 : $u_N = \frac{U}{U+E} = \frac{U}{U+\frac{f}{s}U} = \frac{s}{f+s}$
평균실업기간 : $\frac{1}{\text{구직률}}$

16

| 정답 | ④

| 해설 | 실질환율$=\frac{(\text{명목환율}\times\text{외국물가})}{\text{국내물가}}$

- 한국의 물가 : 103%(1.03)
- 일본의 물가 : 105%(1.05)
- 명목환율 : 103%(1.03)
  - 기존 실질환율$=1\times\frac{1}{1}=1$
  - 실질환율$=1.03\times\frac{1.05}{1.03}=1.05$

따라서 실질환율은 5% 상승한다.

17

| 정답 | ③

| 해설 | 교역조건이란 수출상품 1단위와 교환되는 수입상품의 수량을 말한다. 즉, 수입상품의 개수로 표시한 수출상품 한 단위의 교환가치를 의미한다.

다. 대국의 경우 수출편향적인 경제성장이 이루어지면 국제시장에서 초과 공급이 이루어져 교역조건이 악화된다.

라. 대국의 경우 수출보조금이 지급되면 수출이 증가하므로 수출품의 국제가격이 하락하여 교역조건이 악화된다.

| 오답풀이 |

가. 수입품에 대한 선호가 감소할 경우 수입물량이 감소하고 이로 인해 수입품의 국제가격이 하락하기 때문에 교역조건이 개선된다.

나. 대국이 수입품에 대해 관세를 부과하면 수입물량이 감소해서 국제시장에 수입품의 초과공급이 발생하고 이때 수입품의 국제가격이 하락하기 때문에 교역조건이 개선된다.

18

| 정답 | ②

| 해설 | 수요함수 $Q=140-2P$, 공급함수 $Q=-10+P$에서 관세부과 후의 수입량 계산은 다음과 같다.

$140-2P-(-10+P)=45 \Rightarrow 3P=105 \Rightarrow P=35$

관세부과 이후의 가격은 35이고 국제가격은 30이므로 관세는 5가 된다.

19

| 정답 | ③

| 해설 | 기준금리 인상 ⇒ 자본유입 ⇒ 외환공급 ⇒ 외환공급곡선 우측이동 ⇒ 환율하락(평가절상)

20

| 정답 | ③

| 해설 | • 가격탄력성$=\frac{\text{수요량의 변화율(\%)}}{\text{가격의 변화율(\%)}}$

$$=-\frac{\frac{\Delta Q}{Q}}{\frac{\Delta P}{P}}=-\frac{(Q1-Q0)}{Q0}\div\frac{(P1-P0)}{P0}$$

$$=-\frac{(1{,}000-900)}{1{,}000}\div\frac{100-120}{100}$$

$$=\frac{100}{1000}\div\frac{20}{100}=0.1\times5=0.5$$

따라서 가격탄력성은 비탄력적이다.

- 생산자 수익은 다음과 같다.

A : 1,000×100=100,000

B : 900×120=108,000

따라서 생산자 수익은 증가하였다.

5회 실전모의고사

▸문제 268쪽

01	①	02	①	03	②	04	④	05	④
06	②	07	③	08	③	09	④	10	②
11	②	12	①						

01

|정답| ①

|해설| X재의 가격 상승 → X재의 수요 감소

→ ┌ 대체재 : 수요 증가 → 가격 상승
  └ 보완재 : 수요 감소 → 가격 하락

02

|정답| ①

|해설| 수요의 가격탄력성 $= -\dfrac{\text{수요량 변화율}}{\text{가격 변화율}}$ 이므로

$0.9 = -\dfrac{x}{2}$, $x = -1.8$이다.

수요의 소득탄력성 $= \dfrac{\text{수요량 변화율}}{\text{소득 변화율}}$ 이므로

$0.5 = \dfrac{y}{4}$, $y = 2$이다.

따라서 에너지수요량의 전체 변화율은 $-1.8 + 2 = 0.2$이다.

03

|정답| ②

|해설| • 수요의 소득탄력성 $= \dfrac{\text{수요량 변화율}}{\text{소득 변화율}}$

(소득탄력성>0 ⇒ 정상재, 소득탄력성<0 ⇒ 열등재)

소득↑ ⇒ 수요량↑ ⇒ 소득탄력성>0 ⇒ 정상재

소득↑ ⇒ 수요량↓ ⇒ 소득탄력성<0 ⇒ 열등재

• 수요의 교차탄력성 $= \dfrac{\text{X재 수요량 변화율}}{\text{Y재 가격 변화율}}$

(교차탄력성>0 ⇒ 대체재, 교차탄력성<0 ⇒ 보완재, 교차탄력성=0 ⇒ 독립재)

X재 가격↑ ⇒ 수요량↓ ⇒ Y재 소득탄력성>0 ⇒ 정상재

X재의 가격 상승 → X재의 수요 감소 →

교차탄력성>0 ⇒ 대체재 : 수요 증가 → 가격 상승

교차탄력성<0 ⇒ 보완재 : 수요 감소 → 가격 하락

04

|정답| ④

|해설| 탄력성과 세금의 경제적 순손실의 크기는 다음과 같다.

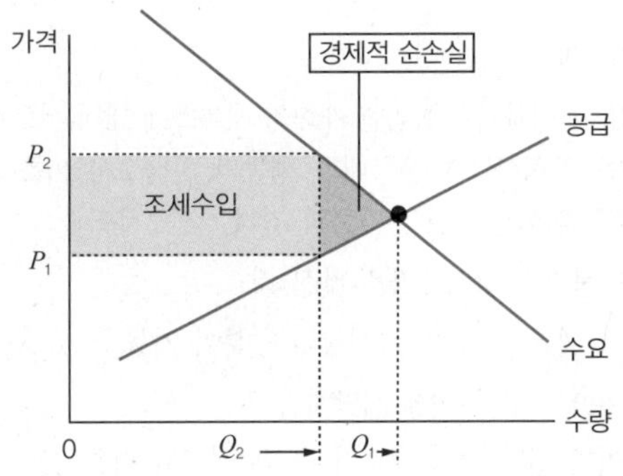

1. 경제적 순손실의 크기는 수요와 공급의 가격탄력성에 의해 결정된다.
2. 수요와 공급의 가격 탄력성이 클수록 세금부과로 거래량이 크게 감소하므로 경제적 순손실이 증가한다.

05

|정답| ④

|해설| 나, 라의 경우 수요를 증가시킨다.

|오답풀이|

가. 수요를 감소시킨다.

다. 공급을 증가시킨다.

06

| 정답 | ②

| 해설 | 소득의 불균등도는 로렌츠 곡선, 지니 계수, 10분위 분배율 등으로 측정할 수 있다. 로렌츠 곡선은 가로축에 가구의 누적 백분율을, 세로축에 소득의 누적 백분율을 표시해 얻는다. 이 곡선이 45도 대각선에 가까울수록 소득 분배가 평등하며 멀어질수록 불평등하다. 로렌츠 곡선을 이용해 만든 소득분배지표가 지니 계수다. 지니 계수는 0과 1 사이 값을 가지며, 0에 가까울수록 소득 분배가 평등하게 이뤄졌다고 판단한다. 소득 불평등을 해소하기 위해서는 소득금액이 커질수록 높은 세율을 적용하는 누진세를 강화할 필요가 있다.

07

| 정답 | ③

| 해설 | 가격차별은 동일한 재화와 서비스에 대해 서로 다른 가격을 책정하는 이윤극대화 행동의 하나로서 이를 위한 유리한 환경의 조건은 다음과 같다.

- 판매자가 시장지배력을 가질 것
- 서로 다른 고객 또는 시장의 구분이 가능
- 상이한 시장 사이에 재판매 불가
- 상이한 시장 간의 수요의 가격탄력도가 다를 것

08

| 정답 | ③

| 해설 | 생산물의 종류 증가는 규모의 경제가 아닌 범위의 경제에 대한 설명이다.

| 오답풀이 |

① 고정비용이 매우 크고 가변비용이 상대적으로 아주 작은 산업인 전기, 철도, 가스 등에서 발생한다.

②, ④ 규모의 경제란 생산규모가 커지면 평균비용이 점차 감소하는 것으로 기업이 생산량을 증가시킬 때 생산요소의 투입비율이 변하는 것까지 포함해서 장기평균비용이 낮아지는 것을 의미한다.

09

| 정답 | ④

| 해설 | 지니 계수가 작년보다 낮아졌다고 했으므로 소득분배가 평등해진 것이다. 이는 로렌츠 곡선이 45도선에 가까워진 것을 의미하며, 이 경우 10분위 분배율은 작년보다 커져야 한다.

10

| 정답 | ②

| 해설 | 투자의 이자율 탄력성이 낮을수록 *IS*곡선의 기울기가 커지고 구축효과는 작아진다.

| 오답풀이 |

① *LM*곡선의 기울기가 커질수록 화폐수요의 이자율탄력성이 작아지므로 구축효과는 커진다.

③ 화폐수요의 이자율탄력성이 작을수록 구축효과는 커진다.

④ 한계소비성향이 클수록 IS곡선이 완만해지고 구축효과는 커진다.

11

| 정답 | ②

| 해설 | 한계수입은 생산물 한 단위를 더 생산하는 데 총수입이 얼마나 변하는지를 나타낸다.

$\frac{\text{총수입 증가분}}{\text{생산량 증가분}}$ 으로 구한다. 총수입은 판매량×개당 가격으로 구한다. 제시된 기업이 4(개)를 판매하는 데 드는 총비용은 4개×1,400원=5,600(원)이다. 3개를 판매할 때의 총비용은 3(개)×1,700(원)=5,100(원)이다. 따라서 4개째를 생산할 때의 한계수입은 $\frac{5,600-5,100}{1}$=500(원)이다.

12

| 정답 | ①

| 해설 | '명목이자율=실질이자율+예상인플레이션율'에서 명목이자율이 일정하고 인플레이션율이 상승하면 실질이자율은 하락하고, 기대 인플레이션율이 높아지면 민간은 화폐보유를 줄이려 한다.

6회 실전모의고사

▸ 문제 272쪽

01	④	02	③	03	④	04	②	05	③
06	④	07	④	08	②	09	②	10	③
11	④	12	③	13	⑤	14	⑤	15	②
16	③	17	①	18	⑤	19	④	20	④
21	④	22	⑤	23	①	24	④	25	②
26	①	27	②	28	⑤	29	④	30	③

01

| 정답 | ④

| 해설 | ㄴ. 통화량은 한 나라의 경제에서 일정 시점에 유통되고 있는 화폐(또는 통화)의 존재량이다.

ㄷ. 물가지수는 일정시점의 물가를 기준으로 그 후 비교시점의 물가변동을 백분율로 표시한 것이다.

| 오답풀이 |

ㄱ. GDP(Gross Domestic Product, 국내총생산)는 한 국가의 영역 내에서 모든 경제주체가 일정기간 동안 생산한 재화 및 서비스의 부가가치를 시장가격으로 평가하여 합산한 것이다.

02

| 정답 | ③

| 해설 | 국내총생산(GDP ; Gross Domestic Product)은 일정 기간 동안에 한 나라(한 지역) 안에서 생산된 최종생산물의 시장가치의 합을 말한다.

ㄷ. 판매되지 않은 재고증가분은 생산연도의 GDP에 포함되므로 판매되지 않은 재고증가분이 발생하면 GDP가 증가하게 된다.

| 오답풀이 |

ㄱ. 중고자동차의 거래는 국내총생산에 포함되지 않는다.

ㄴ. 주가 상승은 생산이 아니므로 GDP에 영향을 주지 않는다.

03

| 정답 | ④

| 해설 | 엄격한 자기자본비율 규제는 금융위기 시 발생 가능한 막대한 비용부담을 사전에 방지할 수 있다는 점에서 장점이 있으나 대출금리 상승을 초래해 경제활력을 저해할 수 있다는 단점이 있으므로 적정한 수준의 자기자본비율이 중요하다.

04

| 정답 | ②

| 해설 | 시중의 예금은행이 보유한 국채를 중앙은행이 매입하면 중앙은행의 국채매입자체가 신용창조가 발생되지는 않지만, 이를 발생하는 첫 계기를 마련해 주며, 예금은행 조직 전체로 볼 때는 신용창조가 발생한다.

$$\text{대출가능금액} = \frac{1}{\text{지급준비율}} \times \text{본원적 예금이므로}$$

$$\text{대출가능총액} = \frac{1}{0.2} \times 10,000 = 50,000(\text{원})\text{이다.}$$

05

| 정답 | ③

| 해설 | 구축효과는 국가나 정부의 민간부문에 대한 경제활동의 개입이 강화되면 민간부문의 경제활동이 위축되는 현상으로, 정부지출 증가로 인한 총수요증가효과가 이자율 상승으로 인한 민간투자의 감소로 상쇄되는 것을 말한다.

| 오답풀이 |

② 한계생산성은 어떠한 요소의 투입이 고정된 상태에서 어느 한 요소의 1단위 추가 투입에 대한 증가량을 의미한다.

⑤ 리카도 대등정리는 정부의 지출 수준이 일정할 때 조세 또는 채권을 활용하여 정부지출에 변화를 주어도 민간의 경제활동에 아무런 영향을 끼칠 수 없다는 이론이다.

06

| 정답 | ④

| 해설 | 유동성 함정의 상황일 경우 양적 완화가 총수요를 증대시키지 않는다.

| 오답풀이 |

① 화폐수요의 이자율 탄력성이 무한대인 경우에 발생한다.

② 채권의 가격이 매우 높아서 추가적인 통화공급이 투기적 화폐수요로 모두 흡수된다.

③ 이자율이 매우 낮아 향후 이자율이 상승할 것으로 예상될 경우 유동성 함정이 발생할 수 있다.

07

| 정답 | ④

| 해설 | 균형국민소득은 총수요곡선과 총공급곡선이 교차할 때이므로, 두 식을 연립하여 푼다.

$800+\dfrac{4,000}{P}=1,000+P-20$

양변에 P를 곱해서 정리하면

$P^2+180P-4,000=0$

$(P-20)(P+200)=0$

$P=20$ 또는 $P=-200$이다.

음수 값을 버리면 P는 음수가 될 수 없으므로, $P=20$을 총공급곡선이나 총수요곡선에 대입하면 다음과 같다.

$y=1,000+20-20=1,000$

08

| 정답 | ②

| 해설 | GDP 디플레이터$=\dfrac{\text{명목 GDP}}{\text{실질 GDP}}\times 100$이므로

명목 GDP$=\dfrac{\text{실질 GDP}\times\text{GDP 디플레이터}}{100}$이다.

명목 GDP는 $\dfrac{80\times 125}{100}=100$이다.

09

| 정답 | ②

| 해설 | 소비자물가지수는 물가상승기에 실제물가의 상승 정도를 과대평가하는 경향이 있다.

10

| 정답 | ③

| 해설 | ㄱ. 경기적 실업이 0으로 감소하면 실업률이 0보다 커도 완전고용이라고 한다.

ㄴ. 실망노동자 효과란 경기불황으로 인해 실업자가 구직 활동을 포기함으로써 실업률을 감소시키는 효과를 가리키는 말이다.

| 오답풀이 |

ㄷ. 실업률$=\dfrac{\text{실업자 수}}{\text{경제활동인구}}\times 100$이다.

경제활동인구는 만 15세 이상의 국민 중 일할 의사와 능력을 동시에 가진 사람을 말하며, 근로능력이 있더라도 일자리를 구하려는 의사가 없으면 경제활동인구에서 제외된다. 따라서 실업자수에 변동이 없고 경제활동인구가 많아지면 실업률은 감소한다.

11

| 정답 | ④

| 해설 | 기대물가상승률이 상승하면 필립스 곡선은 오른쪽으로 이동한다.

| 오답풀이 |

③ 이력가설(이력효과, 기억효과)은 경제 환경의 일시적인 변화가 경제에 영속적인 영향을 미치는 현상을 의미하는 것으로, 이력현상이 나타나는 경우에는 시간이 경과함에 따라 물가에 대한 예상오차가 시정되어도 실업률이 자연실업률로 돌아가는 것이 아니라 자연실업률 자체가 높아진다는 것이다.

12

| 정답 | ③

| 해설 | 밀턴 프리드만은 인플레이션은 화폐량이 생산량보다 상당히 빠르게 증가할 때 발생하는 화폐적 현상이며 화폐의 움직임이 주요변수이고 생산량의 움직임은 보조 변수라고 한다.

13

| 정답 | ⑤

| 해설 | ㄱ. 고전학파의 경우 공급곡선이 수직이라고 주장한다. 그러면 정부지출을 늘려 수요곡선을 증가시켜도 물가만 상승하고 산출은 증가하지 않는다.

14

| 정답 | ⑤

| 해설 | 서비스업생산지수는 경기동행지수이다.

15

| 정답 | ②

| 해설 | 후방산업이란 해당산업의 원자재와 중간 공급하는 산업으로, 후방연관효과는 새로운 산업의 수립으로 인해 그 산업에 투입물을 공급하는 산업들의 발전이 유발되는 효과이다.

| 오답풀이 |

① 전방산업은 최종 소비자와 가까운 업종으로, 전방연관효과는 어떠한 산업이 발전하면 그 산업의 생산물을 중간 투입물로 사용하는 다른 산업이 발전하는 효과이다.

③ 승수효과는 정부 지출의 증가와 같이 어떠한 변화가 촉매제 역할을 하여 최종적으로 총 변화량을 몇 배의 큰 폭으로 증가시키는 결과이다.

④ 악대차효과는 밴드왜건효과, 편승효과라고도 하는데, 어떠한 재화의 수요가 많아지면 이에 따라 다른 사람들도 소비하는 현상이다.

⑤ 먼델-토빈효과는 총공급곡선이 우상향하는 경우 통화량의 증가가 실질 이자율의 하락을 통해 투자, 생산, 소비 등 경제의 실물 부문에 영향을 미치는 현상을 뜻한다.

16

| 정답 | ③

| 해설 | 전용수입은 어떤 생산요소가 현재의 용도에 계속 고용되기 위해서 최소한 지불되어야 하는 금액으로, 요소공급에 따른 기회비용을 의미한다.

| 오답풀이 |

① 경제적 지대는 공급이 제한되어 있거나 공급탄력성이 극히 낮은 생산 요소인 토지, 노동, 자본 등에 발생하는 추가적 소득이다.

② 준지대는 내구자본설비에서 얻어지는 초과이윤이다.

④ X-비효율성은 알 수 없는 이유로 생산이 생산가능곡선상 안쪽에서 이루어지는 상황을 의미한다. 기술적으로는 최대한의 생산이 가능하지만 특정할 수 없는 이유로 그것이 이루어지지 않는 것이다. 반대 개념으로 X-효율성이 있다.

⑤ 이전지출은 생산 활동과 무관하게 아무런 대가 없이 지급하는 소득의 이전으로 실업수당, 재해보상금, 사회보장기부금 등을 의미한다.

17

| 정답 | ①

| 해설 | 10분위 분배율은 가장 불평등한 경우 0의 값을 가지고 가장 평등한 경우 2의 값을 가진다.

| 오답풀이 |

② 소득5분위 배율은 이론상 1부터 무한대까지의 수치를 가질 수 있는데, 소득5분위 배율의 값이 클수록 소득분배의 불평등 정도는 커지게 된다.

③ 완전평등선(대각선)과 로렌츠 곡선 사이의 면적이 클수록 불평등도가 커진다.

④ 지니 계수는 0부터 1까지의 수치로 표현되며 값이 0(완전평등)에 가까울수록 평등하고 1(완전불평등)에 근접할수록 불평등하다.

⑤ 애킨슨 지수는 0과 1 사이의 값을 가지며 그 값이 작을수록 평등하다.

18

| 정답 | ⑤

| 해설 | 애로우의 사회후생함수에서는 무관한 대안으로부터의 종속성이 아니라 무관한 대안으로부터의 독립성을 내용으로 한다.

19

| 정답 | ④

| 해설 | ㄴ. 신호발송이란 정보를 가지고 있는 주체가 자신에 관한 정보를 상대방에게 알리려고 노력하는 행위이다.

ㄷ. 도덕적 해이는 적절한 유인설계를 통해 어느 정도 해결 가능하다는 것이 경제학의 기본 관점이다.

| 오답풀이 |

ㄱ. 역선택은 감추어진 특성 때문에 일어나지만 도덕적 해이는 감추어진 행동 때문에 일어난다.

20

| 정답 | ④

| 해설 | 공유지와 같은 공유자원은 경합성은 있고 배제성이 없는 재화이고, 공공재는 경합성도 없고 배제성도 없는 재화이다. 여기서 경합성이란 한 사람이 공유자원을 사용하면 다른 사람이 제한을 받게 된다는 것이다.

| 오답풀이 |

① 공유지의 비극이란 경합성은 있고 배제성이 없는 공유재와 같은 자원의 과도한 사용으로 인하여 나타나는 문제를 말한다.

② 공유지의 비극은 외부효과 때문에 발생한다.

⑤ 공유지의 비극을 방지하려면 공유지의 소유권을 확립해야 한다. 그러면 자원을 낭비하는 일이 줄어든다.

21

| 정답 | ④

| 해설 | 소비자의 효용이 극대화되기 위해서는 한계효용균등의 법칙이 성립하여야 하므로, X재와 Y재의 소비에 따른 $\frac{M_X}{P_X}$와 $\frac{M_Y}{P_Y}$를 계산하면 다음과 같다. X재의 가격은 1,000원이고, Y재의 가격은 2,000원이며, 길동이의 월소득은 11,000원이다.

수량	1개	2개	3개	4개	5개	6개
$\frac{M_X}{P_X}$	600/1,000=0.6	550/1,000=0.55	500/1,000=0.5	450/1,000=0.45	400/1,000=0.4	350/1,000=0.35
$\frac{M_Y}{P_Y}$	1,000/2,000=0.5	900/2,000=0.45	800/2,000=0.4	700/2,000=0.35	600/2,000=0.3	500/2,000=0.25

한계효용균등의 법칙 $\left(\frac{M_X}{P_X}=\frac{M_Y}{P_Y}\right)$이 성립하는 경우는 X재 3개와 Y재 1개, X재 4개와 Y재 2개, X재 5개와 Y재 3개, X재 6개와 Y재 4개인 경우이다. X재의 가격은 1,000원, Y재의 가격은 2,000원이고, 길동이의 월소득은 11,000원이므로 X재 5개와 Y재 3개를 소비할 때 효용을 극대화할 수 있다.

22

| 정답 | ⑤

| 해설 | ㄱ, ㄷ. 범위의 경제(Economies of Scope)는 한 기업이 여러 가지 재화를 동시에 생산하는 것이 여러 기업이 각각 한 가지의 재화를 생산할 때보다 생산비용이 적게 든다는 것으로 생산가능곡선이 원점에 대해 오목한 형태로 도출된다.

ㄴ. 범위의 경제는 생산요소의 공동이용, 기업운영상의 효율성, 생산물의 특성 등의 이유로 발생한다.

23

| 정답 | ①

| 해설 | 개별기업은 가격수용자의 지위를 갖는다.

보충 플러스+

완전경쟁시장의 성립조건

- 다수의 구매자와 공급자 존재 : 기업의 가격 · 시장지배력이 없으며 가격수용자로 행동
- 재화의 동질성 : 품질, 판매조건 등에 있어 동질적인 재화의 생산
- 시장진입과 퇴거의 자유 : 자원의 완전이동성 보장
- 시장에 관한 완전한 정보 : 미래에 대한 불확실성이 없다고 가정하므로, 일물일가의 법칙 성립

24

| 정답 | ④

| 해설 | 완전가격차별은 소비자잉여가 모두 생산자잉여로 이전되는 분배문제를 일으키지만 동시에 독점으로 인해 발생한 사중손실을 제거해 사회전체의 잉여는 증가하는 결과를 가져와 효율성이 증가한다.

25

| 정답 | ②

| 해설 | 내쉬균형(Nash Equilibrium)은 게임이론에서 경쟁자 대응에 따라 최선의 선택을 하면 서로가 자신의 선택을 바꾸지 않는 균형상태를 말한다. A가 E 전략을 선택하면 B는 M 전략을, A가 M 전략을 선택하면 B는 M 전략을 택한다. B가 E 전략을 선택하면 A는 M 전략을, B가 M 전략을 선택하면 A는 M 전략을 택한다. 따라서 A, B 둘 다 M을 택하는 전략 [M, M]이 내쉬균형이다.

26

| 정답 | ①

| 해설 | 구성의 오류(Fallacy of Composition)는 부분적 성립의 원리를 전체적 성립으로 확대 추론함에 따라 발생하는 오류로 절약의 역설, 가수요가 여기에 해당한다.

27

| 정답 | ②

| 해설 | 수요함수와 공급함수를 연립해서 풀면 다음과 같다.

$40-2P=P-5$

$3P=45$

$\therefore P=15$

이를 수요함수나 공급함수에 대입하면 균형거래량 Q는 10이다.

28

| 정답 | ⑤

| 해설 | 수요의 소득탄력성 $=\dfrac{\text{수요량의 변화율}}{\text{소득의 변화율}}$

$$=\frac{\frac{\Delta Q}{Q}}{\frac{\Delta M}{M}}=\frac{\Delta Q}{\Delta M}\times\frac{M}{Q}$$

$Q_x=\alpha P_x^{\ \beta}P_y^{\ \gamma}M^{\delta}$인 식을 M에 대하여 편미분하면

순환지수 $\dfrac{\Delta Q_x}{\Delta M}=\alpha P_x^{\ \beta}P_y^{\ \gamma}\delta M^{\delta-1}$이다.

수요의 소득탄력성 $=\dfrac{\Delta Q_x}{\Delta M}\times\dfrac{M}{Q}$

$$=\alpha P_x^{\ \beta}P_y^{\ \gamma}\delta M^{\delta-1}\times\frac{M}{\alpha P_x^{\ \beta}P_y^{\ \gamma}M^{\delta}}$$

$$=\delta$$

29

| 정답 | ④

| 해설 | ㄱ. 종량세를 부과하면 공급곡선이 부과된 세금의 규모만큼 위로 이동한다. 그리고 수요곡선과 만나는 새로운 균형점에서 새로운 균형가격과 균형판매량이 결정된다. 종량세 금액이 인상된다면 공급곡선은 더 위로 이동하게 될 것이고 균형가격 또한 더 상승을 하게 될 것이다.

30

| 정답 | ③

| 해설 | 최저가격제 실시 전에 비해 생산자잉여는 최저가격 수준과 기울기(b)에 의하여 증가할 수도 있고 감소할 수도 있다.

파트3 법학

1회 실전모의고사

▸문제 324쪽

01	⑤	02	②	03	⑤	04	①	05	③
06	②	07	④	08	③	09	⑤	10	③

01

|정답| ⑤

|해설| 무권대리행위의 추인은 무권대리인에 의하여 행하여진 불확정한 행위에 관하여 그 행위의 효과를 자기에게 직접 발생케 하는 것을 목적으로 하는 의사표시이며, 무권대리인 또는 상대방의 동의나 승낙을 요하지 않는 단독행위로서 추인은 의사표시의 전부에 대하여 행하여져야 하고, 그 일부에 대하여 추인을 하거나 그 내용을 변경하여 추인을 하였을 경우에는 상대방의 동의를 얻지 못하는 한 무효이다(대판 1982.1.26. 81다카549).

02

|정답| ②

|해설| 압류, 가압류 및 가처분은 권리자의 청구에 의하여 또는 법률의 규정에 따르지 아니함으로 인하여 취소된 때에는 시효 중단의 효력이 없다(민법 제175조).

|오답풀이|

① 이자, 부양료, 급료, 사용료 기타 1년 이내의 기간으로 정한 금전 또는 물건의 지급을 목적으로 한 채권은 정해진 3년간 행사하지 아니하면 소멸시효가 완성된다(민법 제163조 제1호).

③ 법률행위의 일부분이 무효인 때에는 그 전부를 무효로 한다. 그러나 그 무효부분이 없더라도 법률행위를 하였을 것이라고 인정될 때에는 나머지 부분은 무효가 되지 아니한다(민법 제137조).

④ 취소된 법률행위는 처음부터 무효인 것으로 본다. 다만 제한능력자는 그 행위로 인하여 받은 이익이 현존하는 한도에서 상환(償還)할 책임이 있다(민법 제141조).

⑤ 상속재산에 속한 권리나 상속재산에 대한 권리는 상속인의 확정, 관리인의 선임 또는 파산선고가 있는 때로부터 6월 내에는 소멸시효가 완성하지 아니한다(민법 제181조).

03

|정답| ⑤

|해설| A. 내용증명 그 자체로서는 직접적인 법률적 효력은 발생하지 않으나 채권이 소멸시효에 임박하였을 때에는 시효를 중단시킬 필요가 있다. 이와 같은 경우에 시효를 중단시키기 위해서는 최고를 한 후 6월 이내에 소송을 제기하여야 중단효과가 발생하는데, 그 최고를 증명할 수 있는 방법이 내용증명에 의한 방법이다.

B. 채권자가 채무자를 대위하여 채권의 추심, 등기의 신청, 담보권의 실행, 소송의 제기, 강제집행 등을 할 수 있는 채권자대위권은 재판상, 재판 외 모두 행사할 수 있다.

C. 지명채권의 양도를 채무자에게 대항하기 위해서는 양도인이 채무자에게 통지하거나 채무자가 이를 승낙하여야 하고, 채무자 이외의 제3자에게 대항하기 위하여는 위 통지나 승낙을 확정일자 있는 증서에 의하여야 한다(민법 제450조).

04

|정답| ①

|해설| 채권이 존재한다고 해서 채권자가 임의로 신규 담보물을 추가할 수 없고, 담보물의 추가 확보는 소유자의 동의가 있어야 가능하다.

05

|정답| ③

|해설| 전부명령은 압류된 채권을 지급에 갈음하여 압류채권자에게 이전시키고 그것으로 채무자가 채무를 변제한 것으로 간주하는 것이어서 전부명령의 대상인 채권은 금전채권으로 한정되는 것이다(대판 2004.8.20. 2004다24168).

| 오답풀이 |

① 전부명령이 있는 때에는 압류된 채권은 지급에 갈음하여 압류채권자에게 이전된다(민사집행법 제229조 제3항).

② 전부명령이 확정된 경우에는 전부명령이 제3채무자에게 송달된 때에 채무자가 채무를 변제한 것으로 본다. 다만 이전된 채권이 존재하지 아니한 때에는 그러하지 아니하다(민사집행법 제231조).

④ 전부채권이 전부명령 발효 당시에 아예 불성립 또는 부존재하였다면 변제의 효과는 발생하지 아니한다.

⑤ 전부명령은 압류된 금전채권을 집행채권의 변제에 갈음하여 압류채권자에게 이전시키는 집행법원의 명령으로, 제3채무자의 자력이 충분한 경우에는 다른 채권자를 배제하고 우선 변제를 받을 수 있다.

06

| 정답 | ②

| 해설 | A와 C는 모두 옳은 설명이다.

| 오답풀이 |

B. 보증채무는 주채무와는 별개의 독립한 채무이므로 보증채무와 주채무의 소멸시효기간은 채무의 성질에 따라 각각 별개로 정해진다(대판 2014.6.12. 2011다76105).

D. 보증은 그 의사가 보증인의 기명날인 또는 서명이 있는 서면으로 표시되어야 효력이 발생한다. 다만 보증의 의사가 전자적 형태로 표시된 경우에는 효력이 없다(민법 제428조의2 제1항).

E. 채권자는 변제기가 도래하면 주채무자와 보증인에게 동시 또는 순차로 채무의 이행을 청구할 수 있다.

07

| 정답 | ④

| 해설 | 민사상의 유치권 성립에는 피담보채권과 유치목적물 사이에 개별적 관련성이 있어야 한다. 그러나 상사유치권의 경우 개별적 관련성을 요하지 않고 영업을 통하여 관련되어 있으면 족하다.

| 오답풀이 |

① 당사자 중 그 1인의 행위가 상행위인 때에는 전원에 대하여 본법을 적용한다(상법 제3조).

② 당사자 쌍방에 대하여 모두 상행위가 되는 행위로 인한 채권뿐만 아니라 당사자 일방에 대한 상행위에 해당하는 행위로 인한 채권도 상법 제64조 소정의 5년의 소멸시효기간이 적용되는 상사채권에 해당한다(대판 1998. 7.10. 98다10793).

③ 상행위의 대리인이 본인을 위한 것임을 표시하지 아니하여도 그 행위는 본인에 대하여 효력이 있다. 그러나 상대방이 본인을 위한 것임을 알지 못한 때에는 대리인에 대하여도 이행의 청구를 할 수 있다(상법 제48조).

⑤ 보증인이 있는 경우에 그 보증이 상행위이거나 주채무가 상행위로 인한 것인 때에는 주채무자와 보증인은 연대하여 변제할 책임이 있다(상법 제57조 제2항).

08

| 정답 | ③

| 해설 | A. 합명회사의 경우 사원이 1인이 된 때가 회사의 해산 사유가 된다(상법 제227조 제3호).

B. 회사 등의 법인 조합이 해산(解散)에 의하여 모든 법률관계를 종료시키고 그 재산관계를 정리하여 이를 분배함을 목적으로 하는 절차를 청산이라고 한다.

C. 주식회사의 합병에서 합병에 반대하는 주주가 합병승인결의 전에 회사에 대해 서면으로 결의를 반대하는 의사를 통지한 때는 승인의 결의가 이루어진 경우에도 회사에 대해 자기소유의 주식을 매수청구하는 권리를 주식매수청구권이라고 한다.

09

| 정답 | ⑤

| 해설 | 이사는 '이사회'의 승인이 없으면 자기 또는 제삼자의 계산으로 회사의 영업부류에 속한 거래를 하거나 동종영업을 목적으로 하는 다른 회사의 무한책임사원이나 이사가 되지 못한다(상법 제397조 제1항).

10

| 정답 | ③

| 해설 | 환어음은 송금 · 추심 및 신용의 기능을 가짐에 반하여, 수표는 신용기능을 가지지 않고 주로 지급수단으로서 이용된다는 점에 근본적 차이가 있다.

| 오답풀이 |

② 지급을 약속하는 증권을 약속어음이라 하고, 제3자에게 지급을 위탁하는 증권을 환어음이라 한다.

④ 환어음과 수표에는 발행인 · 수취인 · 지급인의 세 당사자가 있어야 함에 반하여, 약속어음에는 발생인과 수취인의 두 당사자만 있으면 된다.

2회 실전모의고사

▸ 문제 328쪽

01	①	02	④	03	③	04	④	05	④
06	⑤	07	③	08	⑤	09	⑤	10	④
11	③	12	③	13	③	14	④	15	⑤
16	③	17	④	18	③	19	①	20	③
21	②	22	②	23	①	24	②	25	①
26	③	27	④	28	⑤	29	③	30	④

01

| 정답 | ①

| 해설 | 주소는 동시에 두 곳 이상 있을 수 있다(민법 제18조 제2항).

| 오답풀이 |

② 민법 제20조

③ 민법 제22조 제1항

④ 민법 제24조 제1항

⑤ 민법 제26조 제1항

02

| 정답 | ④

| 해설 | 비법인사단의 경우에는 대표자의 대표권 제한에 관하여 등기할 방법이 없어 민법 제60조의 규정을 준용할 수 없다(대판 2003.7.22. 2002다64780).

| 오답풀이 |

① 문중 또는 종중과 같이 법인 아닌 사단 또는 재단에 있어서도 취득시효 완성으로 인한 소유권을 취득할 수 있다(대판 1970.2.10. 69다2013).

② 민법 제63조는 법인 아닌 사단이나 재단에도 유추 적용할 수 있다(대결 2009.11.19. 2008마699 전원합의체).

③ 대판 2003.7.25. 2002다27088

⑤ 민법 제275조

03

| 정답 | ③

| 해설 | 재단법인의 설립자가 그 명칭(ㄱ), 사무소소재지(ㄹ) 또는 이사임면의 방법(ㅁ)을 정하지 아니하고 사망한 때에는 이해관계인 또는 검사의 청구에 의하여 법원이 이를 정한다(민법 제44조).

04

| 정답 | ④

| 해설 | 이사의 대표권은 정관에 의하여 제한할 수 있으나 (민법 제59조 제1항 단서), 이사의 대표권에 대한 제한은 등기하지 아니하면 제3자에게 대항하지 못한다(민법 제60조). 제3자의 범위에 관하여 대법원 판례는 선의 · 악의를 불문한다(대판 1992.2.14. 91다24564).

| 오답풀이 |

① 민법 제57조

② 이사의 선임행위는 법인과 이사 사이의 위임과 유사한 계약이다.

③ 민법 제61조

⑤ 민법 제66조

05

| 정답 | ④

| 해설 | 종물은 독립한 물건이면 동산이든 부동산이든 관계없다.

06

| 정답 | ⑤

| 해설 | 재산을 관리하는 아버지, 어머니 또는 후견인에 대한 제한능력자의 권리는 그가 능력자가 되거나 후임 법정대리인이 취임한 때부터 6개월 내에는 소멸시효가 완성되지 아니한다(민법 제180조).

07

| 정답 | ③

| 해설 | 부재자의 생사가 5년간 분명하지 아니한 때에는 법원은 이해관계인이나 검사의 청구에 의하여 실종선고를 하여야 한다(민법 제27조 제1항).

08

| 정답 | ⑤

| 해설 | 갑, 을 사이에 결손금배상채무의 액수를 확정하는 합의가 있은 후 갑은 합의가 강박에 의하여 이루어졌다는 이유를 들어, 을은 착오에 의하여 합의를 하였다는 이유를 들어 각기 위 합의를 취소하는 의사표시를 하였으나 위 합의에 각각 주장하는 바와 같은 취소사유가 있다고 인정되지 아니하는 이상 갑, 을 쌍방이 모두 위 합의를 취소하는 의사표시를 하였다는 사정만으로는 위 합의가 취소되어 그 효력이 상실되는 것은 아니다(대판 1994.7.29. 93다58431).

09

| 정답 | ⑤

| 해설 | 토지거래허가구역 안에서 허가를 받을 것을 전제로 하여 체결된 계약은 확정적으로 무효가 아니라 허가를 받기까지 유동적 무효의 상태에 있고 그 후 허가를 받게 되면 그 계약은 소급해서 유효한 것으로 되고, 불허가가 된 때에는 무효로 확정된다(대판 1991.12.24. 90다12243).

| 오답풀이 |

① 절대적 무효 : 누구에게나 그 효과를 주장할 수 있는 무효(민법 제103조, 제104조)

② 상대적 무효 : 특정인에 대하여서는 주장할 수 없는 무효(민법 제107조 제2항, 제108조 제2항)

③ 당연무효 : 법률행위를 무효로 하기 위하여 어떤 행위나 절차를 필요로 하지 않는 무효

④ 재판상 무효 : 법률관계를 획일적으로 확정하기 위해서 소(訴)에 의해서만 이를 주장할 수 있는 무효

10

| 정답 | ④

| 해설 | 시기 있는 법률행위는 기한이 도래한 때로부터 그 효력이 생긴다(제152조 제1항).

소급효 있는 행위	소급효 없는 행위
• 제한능력을 이유로 법률행위의 취소(제10조 제1항, 제13조 제4항) • 실종선고의 취소(제29조) • 착오에 의한 의사표시의 취소(제109조) • 사기 · 강박에 의한 의사표시의 취소(제110조) • 무권대리행위의 추인(제133조)	• 미성년자의 영업허락의 취소(제8조 제2항) • 부재자재산관리명령의 취소(제22조) • 법인설립허가의 취소(제38조) • 무효행위의 추인(제139조) • 기한부 법률행위의 효력(제152조)

11

| 정답 | ③

| 해설 | 당사자의 의견과 관계없는 사실에 의한 조건은 우선 조건이라고 한다.

보충 플러스+

조건의 종류

수의조건	순수수의조건	당사자의 일방에만 의존하는 조건 예 내 마음이 내키면...
	단순수의조건	결국은 당사자의 일방의 의사로 결정되지만 그 외에 의사결정에 기한 사실상태의 성립도 있어야만 하는 경우의 조건 예 내가 영국에 여행하면...
비수의조건	우성조건	조건의 성부가 당사자의 의사와는 관계없이 자연적 사실이나 제3자의 의사나 행위에 의하여 결정되는 조건 예 내일 비가 오면...
	혼성조건	조건의 성부가 당사자 일방의 의사뿐만 아니라 그밖에 제3자의 의사에 의하여 결정되는 조건 예 네가 그녀와 결혼하면...

12

| 정답 | ③

| 해설 | 기한의 이익은 이를 포기할 수 있다. 그러나 상대방의 이익을 해하지 못한다(민법 제153조 제2항).

| 오답풀이 |

① 기한은 확실한 사실에 의존하고, 조건은 불확실한 사실에 의존하는 부관이다.

② 민법 제153조 제1항

④ 민법 제156조

⑤ 민법 제158조

13

| 정답 | ③

| 해설 | 소멸시효는 그 기산일에 소급하여 효력이 생긴다(민법 제167조).

| 오답풀이 |

①, ② 시효제도와 제척기간에 관한 설명이다.

④ 제척기간은 속히 권리관계를 확정시키는 것이므로 시효제도와는 달리 중단이라는 것이 없다.

⑤ 민법 제184조 제1항

14

| 정답 | ④

| 해설 | 매매계약이 합의해제된 경우에도 매수인에게 이전되었던 소유권은 당연히 매도인에게 복귀하는 것이므로 합의해제에 따른 매도인의 원상회복청구권은 소유권에 기한 물권적 청구권이라고 할 것이고 이는 소멸시효의 대상이 되지 아니한다(대판 1982.7.27. 80다2968).

15

| 정답 | ⑤

| 해설 | ⑤는 3년의 단기소멸시효(민법 제163조)에 해당한다.

3년의 단기소멸시효 (민법 제163조)	1년의 단기소멸시효 (민법 제164조)
1. 이자, 부양료, 급료, 사용료 기타 1년 이내의 기간으로 정한 금전 또는 물건의 지급을 목적으로 한 채권 2. 의사, 조산사, 간호사 및 약사의 치료, 근로 및 조제에 관한 채권 3. 도급받은 자, 기사 기타 공사의 설계 또는 감독에 종사하는 자의 공사에 관한 채권 4. 변호사, 변리사, 공증인, 공인회계사 및 법무사에 대한 직무상 보관한 서류의 반환을 청구하는 채권 5. 변호사, 변리사, 공증인, 공인회계사 및 법무사의 직무에 관한 채권 6. 생산자 및 상인이 판매한 생산물 및 상품의 대가 7. 수공업자 및 제조자의 업무에 관한 채권	1. 여관, 음식점, 대석, 오락장의 숙박료, 음식료, 대석료, 입장료, 소비물의 대가 및 체당금의 채권 2. 의복, 침구, 장구 기타 동산의 사용료의 채권 3. 노역인, 연예인의 임금 및 그에 공급한 물건의 대금채권 4. 학생 및 수업자의 교육, 의식 및 유숙에 관한 교주, 숙주, 교사의 채권

16

| 정답 | ③

| 해설 | 채권의 양수인이 채권양도의 대항요건을 갖추지 못한 상태에서 채무자를 상대로 재판상의 청구를 한 경우 비록 대항요건을 갖추지 못하여 채무자에게 대항하지 못한다고 하더라도 채권의 양수인이 채무자를 상대로 재판상의 청구를 하였다면 이는 소멸시효 중단사유인 재판상의 청구에 해당한다(대판 2005.11.10. 2005다41818).

| 오답풀이 |

① 재판상 청구는 자기 권리를 재판상 청구하는 것을 말하며 본소이든 반소이든 상관없다.

② 재판상의 청구는 시효기간이 경과하고 있는 권리의 주체가 소를 제기하는 것을 말한다.

④ 시효를 주장하는 자가 원고가 되어 소를 제기한 데 대하여 피고로서 응소하여 그 소송에서 적극적으로 권리를 주장하고 그것이 받아들여진 경우도 마찬가지로 시효중단사유의 하나로 규정하고 있는 재판상의 청구에 포함된다.(대판 1993.12.21. 92다47861)

⑤ 민법 제169조

17

| 정답 | ④

| 해설 | 궁박이란 벗어날 길이 없는 어려운 상태를 말하며 경제적 궁박에 특히 한정되지 않는다.

보충 플러스+

민법 제104조(불공정한 법률행위) 당사자의 궁박, 경솔 또는 무경험으로 인하여 현저하게 공정을 잃은 법률행위는 무효로 한다.

18

| 정답 | ③

| 해설 | 허위표시의 상대방은 선의의 제3자에 해당되지 않는다.

| 오답풀이 |

① 대판 1996.4.26. 94다12074

② 대판 1957.3.23. 4289민상580

④ 대판 2004.5.28. 2003다70041

⑤ 대판 2000.7.6. 99다51258

19

| 정답 | ①

| 해설 | 동기의 착오는 표시에 대응하는 내심의 의사가 존재하지만 그 내심의 의사를 결정할 때의 동기 내지 내심의 의사를 결정하는 과정에 착오가 있는 경우이다.

| 오답풀이 |

② 표시상의 착오는 표시행위 자체를 잘못하여 내심적 효과의사와 표시상의 의사에 불일치가 생기는 경우이다.

③ 내용의 착오는 표시행위 자체에서 착오는 없지만 표시행위의 내용적 의미를 잘못 이해한 경우이다.

④ 동일성의 착오는 계약의 상대방 혹은 계약의 객체에 대한 착오이다.

⑤ 신원보증서류에 서명날인한다는 착각에 빠진 상태로 연대보증의 서면에 서명날인한 경우와 같은 행위는 강학상 기명날인의 착오(또는 서명의 착오), 즉 어떤 사람이 자신의 의사와 다른 법률효과를 발생시키는 내용의 서면에 그것을 읽지 않거나 올바르게 이해하지 못한 채

기명날인을 하는 이른바 표시상의 착오에 해당한다(대판 2005.5.27. 2004다43824).

20

| 정답 | ③

| 해설 | 위임(기초적 내부관계)과 대리권수여는 별개의 행위이다.

| 오답풀이 |

⑤ 대판 1992.4.14. 91다43107

21

| 정답 | ②

| 해설 | 대리권은 본인의 사망, 대리인의 사망, 성년후견의 개시 또는 파산으로 소멸한다(민법 제127조).

22

| 정답 | ②

| 해설 | 추인은 무권대리인, 무권대리행위의 직접 상대방 및 그 무권대리행위로 인한 권리 또는 법률관계의 승계인에 대하여도 할 수 있다(대판 1981.4.14. 80다2314).

| 오답풀이 |

① 대판 1995.11.14. 95다28090

③ 무권대리행위의 추인에 특별한 방식이 요구되는 것이 아니므로 명시적인 방법뿐만 아니라 묵시적인 방법으로도 할 수 있다(대판 1981.4.14. 80다2314).

④ 대판 1982.1.26. 81다카549

⑤ 민법 제133조 본문

23

| 정답 | ①

| 해설 | 유권대리에 있어서는 본인이 대리인에게 수여한 대리권의 효력에 의하여 법률효과가 발생하는 반면 표현대리에 있어서는 대리권이 없음에도 불구하고 법률이 특히 거래상대방 보호와 거래안전유지를 위하여 본래 무효인 무권대리행위의 효과를 본인에게 미치게 한 것으로서 표현대리가 성립된다고 하여 무권대리의 성질이 유권대리로 전환되는 것은 아니므로 양자의 구성요건 해당사실 즉, 주요사실은 다르다고 볼 수밖에 없으니 유권대리에 관한 주장 속에 무권대리에 속하는 표현대리의 주장이 포함되어 있다고 볼 수 없다(대판 1983.3.27. 83다카1489).

| 오답풀이 |

② 민법 제125조

③ 민법 제126조

④ 민법 제129조

⑤ 대판 1996.7.12. 95다49554

24

| 정답 | ②

| 해설 | 보증채무는 주채무와는 별개의 독립한 채무이지만 주채무에 부종한다.

| 오답풀이 |

① 민법 제428조 제1항

③ 민법 제428조 제2항

④ 주채무자에 대한 채권이 이전하는 때에는 보증인에 대한 채권도 원칙적으로 이전한다.

⑤ 주채권과 보증인에 대한 채권의 귀속주체를 달리하는 것은 주채무자의 항변권으로 채권자에게 대항할 수 있는 보증인의 권리가 침해되는 등 보증채무의 부종성에 반하고, 주채권을 가지지 않는 자에게 보증채권만을 인정할 실익도 없기 때문에 주채권과 분리하여 보증채권만을 양도하기로 하는 약정은 그 효력이 없다(대판 2002.9.10. 2002다21509).

25

| 정답 | ①

| 해설 | 보증은 그 의사가 보증인의 기명날인 또는 서명이 있는 서면으로 표시되어야 효력이 발생한다. 다만 보증의 의사가 전자적 형태로 표시된 경우에는 효력이 없다(민법 제428조의2 제1항).

| 오답풀이 |

② 민법 제436조의2 제1항

③ 민법 제436조의2 제3항

④ 민법 제436조의2 제2항 제1호

⑤ 민법 제431조 제1항

26

| 정답 | ③

| 해설 | 보증인은 그 보증채무에 관한 위약금 기타 손해배상액을 예정할 수 있다(민법 제429조 제2항).

| 오답풀이 |

① 민법 제429조 제1항

② 민법 제430조

④ 보증채무는 주채무와는 별개의 채무이기 때문에 보증채무 자체의 이행지체로 인한 지연손해금은 보증의 한도액과는 별도로 부담하여야 한다(대판 1998.2.27. 97다1433; 대판 2014.2.27. 2013다76567).

⑤ 대판 1990.1.25. 88다카26406

27

| 정답 | ④

| 해설 | 보증인은 주채무자의 채권에 의한 상계로 채권자에게 대항할 수 있다(민법 제434조).

| 오답풀이 |

① 민법 제433조 제1항

② 주채무자에 대한 시효의 중단은 보증인에 대하여 그 효력이 있다(민법 제440조).

③ 민법 제433조 제2항

⑤ 민법 제435조

28

| 정답 | ⑤

| 해설 | 수탁보증인의 구상권에 해당한다. 즉 주채무자의 부탁으로 보증인이 된 자가 과실 없이 변제 기타의 출재로 주채무를 소멸하게 한 때에는 주채무자에 대하여 구상권이 있다(민법 제441조 제1항).

29

| 정답 | ③

| 해설 | 강행법규를 위반한 자가 스스로 그 약정의 무효를 주장하는 것이 특별한 사정이 없는 한 권리남용에 해당되거나 신의성실 원칙에 반한다고 할 수 없다(대판 2018.4.26. 2017다288757).

| 오답풀이 |

① 대판 1995.12.22. 94다42129

② 신의성실의 원칙은 확정되어 있는 법률행위의 내용을 수정하는 기능이 있다(대판 2017.4.13. 2016다274904).

④ 해제권을 갖는 자가 상당한 기간이 경과하도록 이를 행사하지 아니하여 상대방으로서도 이제는 그 권리가 행사되지 아니할 것이라고 신뢰할 만한 정당한 사유를 갖기에 이르러 그 후 새삼스럽게 이를 행사하는 것이 법질서 전체를 지배하는 신의성실의 원칙에 위반하는 것으로 인정되는 결과가 될 때에는 이른바 실효의 원칙에 따라 그 해제권의 행사가 허용되지 않는다고 보아야 할 것이다(대판 1994.11.25. 94다12234).

⑤ 신의성실의 원칙에서 파생되는 원칙으로 자신의 선행행위와 모순되는 후행행위는 허용되지 않는다는 원칙을 말하며 금반언원칙(禁反言原則)이라고도 한다.

30

| 정답 | ④

| 해설 | 유증과 수증에 관하여 태아는 이미 출생한 것으로 본다(민법 제1064조, 제1000조 제3항).

| 오답풀이 |

① 민법 제3조

② 민법 제4조

③ 민법 제762조

⑤ 민법 제6조

3회 실전모의고사

▸ 문제 338쪽

01	④	02	③	03	①	04	④	05	④
06	⑤	07	②	08	①	09	①	10	⑤
11	①	12	①	13	②	14	②	15	④
16	①	17	③	18	⑤	19	①	20	①
21	③	22	④	23	③	24	③	25	⑤
26	⑤	27	⑤	28	②	29	②	30	②

01

| 정답 | ④

| 해설 | 대판 1999.3.18. 98다32175

| 오답풀이 |

① 시효는 일정한 기간을 요건으로 하여 일정한 법률효과를 발생시키는 법률요건이다.

② 담보물권(유치권 · 질권 · 저당권)은 피담보채권이 존속하는 한 독립하여 소멸시효에 걸리지 않는다.

③ 불확정기한부 권리는 기한이 객관적으로 도래한 때부터 소멸시효가 진행하며, 채권자가 기한이 객관적으로 도래한지 모른다고 할지라도 소멸시효는 진행하게 된다.

⑤ 천재 기타 사변으로 인하여 소멸시효를 중단할 수 없을 때에는 그 사유가 종료한 때로부터 1월 내에는 시효가 완성하지 아니한다(민법 제182조).

02

| 정답 | ③

| 해설 | 대표권이 없는 이사는 법인의 기관이기는 하지만 대표기관은 아니기 때문에 그들의 행위로 인하여 법인의 불법행위가 성립하지 않는다(대판 2005.12.23. 2003다30159).

| 오답풀이 |

①, ② 정관에 명시된 목적 자체에는 포함되지 않는 행위라 할지라도 목적수행에 필요한 행위인가의 여부는 문제된 행위가 정관기재의 목적에 현실적으로 필요한 것이었던가 여부를 기준으로 판단할 것이 아니라 그 행위의 객관적 성질에 비추어 추상적으로 판단할 것이다(대판 1987.10.13. 86다카1522).

④ 법인의 목적범위가 아닌 경우 대표기관의 행위라 하여도 법인은 책임을 지지 않으며 개인의 행위로 판단하며 개인을 상대로 불법행위 책임을 묻게 된다. 그러나 법인의 목적범위 외의 행위로 인하여 타인에게 손해를 가한 때에는 그 사항의 의결에 찬성하거나 그 의결을 집행한 사원, 이사 및 기타 대표자가 연대하여 배상하여야 한다(민법 제35조 제2항).

⑤ 법인에 대한 손해배상책임원인이 대표기관의 고의적인 불법행위라고 하더라도 피해자에게 그 불법행위 내지 손해발생에 과실이 있다면 법원은 과실상계의 법리에 좇아 손해배상의 책임 및 그 금액을 정함에 있어 이를 참작하여야 한다(대판 1987.11.24. 86다카1834).

03

| 정답 | ①

| 해설 | 법인과 이사의 이익이 상반하는 사항에 관하여는 이사는 대표권이 없다. 이 경우에는 전조의 규정에 의하여 특별대리인을 선임하여야 한다(민법 제64조).

| 오답풀이 |

② 사단법인의 사원의 지위는 양도 또는 상속할 수 없다(민법 제56조).

③ 법원은 이해관계인이나 검사의 청구에 의하여 임시이사와 특별대리인을 선임하여야 한다(민법 제63조, 제64조).

④ 총회의 소집은 1주간 전에 그 회의의 목적사항을 기재한 통지를 발하고 기타 정관에 정한 방법에 의하여야 한다(민법 제71조)고 규정하여 발신주의를 취하고 있다.

⑤ 사단법인의 사무는 정관으로 이사 또는 기타 임원에게 위임한 사항 외에는 총회의 결의에 의하여야 한다(민법 제68조).

04

| 정답 | ④

| 해설 | 실종선고가 취소되면 처음부터 실종선고가 없었던 것으로 된다. 즉 실종선로로 생긴 법률관계는 소급적으로 무효가 된다. 그러나 실종선고 후 그 취소 전에 선의로 한 행위의 효력에 영향을 미치지 아니한다(민법 제29조 제1항).

| 오답풀이 |

① 법원이 선임한 부재자의 재산관리인은 그 부재자의 사망이 확인된 후라 할지라도 위 선임결정이 취소되지 않는 한 그 관리인으로서의 권한이 소멸되는 것은 아니다(대판 1971.3.23. 71다189).

② 재산관리인은 재산관리권만 있고 그 이외의 권리는 없는 반면에, 친권자는 보호·교양의 권리의무, 거소지정권, 징계권, 자의 특유재산과 그 관리권(민법 제913조~제916조) 등이 인정된다.

③ 민법 제28조는 '실종선고를 받은 자는 민법 제27조 제1항 소정의 생사불명기간이 만료된 때에 사망한 것으로 본다'고 규정하고 있으므로 실종선고가 취소되지 않는 한 반증을 들어 실종선고의 효과를 다툴 수는 없다(대판 1995.2.17. 94다52751).

⑤ 실종선고의 취소가 있을 때에 실종의 선고를 직접원인으로 하여 재산을 취득한 자가 선의인 경우에는 그 받은 이익이 현존하는 한도에서 반환할 의무가 있고, 악의인 경우에는 그 받은 이익에 이자를 붙여서 반환하고 손해가 있으면 이를 배상하여야 한다(민법 제29조 제2항).

05

| 정답 | ④

| 해설 | 대판 1971.6.22. 71다940

| 오답풀이 |

① 제한능력자의 상대방은 제한능력자가 능력자가 된 후에 그에게 1개월 이상의 기간을 정하여 그 취소할 수 있는 행위를 추인할 것인지 여부의 확답을 촉구할 수 있다(민법 제15조 제1항 전문).

② 법정대리인이 그 정해진 기간 내에 확답을 발송하지 아니하면 그 행위를 추인한 것으로 본다(민법 제15조 제2항 후문).

③ 제한능력자의 단독행위는 추인이 있을 때까지 상대방이 거절할 수 있다(민법 제16조 제2항).

⑤ 제한능력자가 속임수로써 자기를 능력자로 믿게 한 경우에는 그 행위를 취소할 수 없다(민법 제17조 제1항).

06

| 정답 | ⑤

| 해설 | 무효인 법률행위는 추인하여도 그 효력이 생기지 아니한다. 그러나 당사자가 그 무효임을 알고 추인한 때에는 새로운 법률행위로 본다(민법 제139조).

| 오답풀이 |

① 민법 제104조가 규정하는 현저히 공정을 잃은 법률행위라 함은 자기의 급부에 비하여 현저하게 균형을 잃은 반대급부를 하게 하여 부당한 재산적 이익을 얻는 행위를 의미하는 것이므로, 증여계약과 같이 아무런 대가관계 없이 당사자 일방이 상대방에게 일방적인 급부를 하는 법률행위는 그 공정성 여부를 논의할 수 있는 성질의 법률행위가 아니다(대판 2000.2.11. 99다56833).

② 민법 제104조에 규정된 불공정한 법률행위는 객관적으로 급부와 반대급부 사이에 현저한 불균형이 존재하고 주관적으로 그와 같이 균형을 잃은 거래가 피해 당사자의 궁박, 경솔 또는 무경험을 이용하여 이루어진 경우에 성립하는 것으로서, 약자적 지위에 있는 자의 궁박, 경솔 또는 무경험을 이용한 폭리행위를 규제하려는 데에 그 목적이 있고 불공정한 법률행위가 성립하기 위한 요건인 궁박, 경솔, 무경험은 모두 구비되어야 하는 요건이 아니라 그중 일부만 갖추어져도 충분하다(대판 2011.1.27. 2010다53457).

③ 불공정한 법률행위에 해당하는지는 법률행위가 이루어진 시점을 기준으로 약속된 급부와 반대급부 사이의 객관적 가치를 비교·평가하여 판단하여야 할 문제이다(대판 2013.9.26. 2010다42075).

④ 대리인에 의하여 법률행위가 이루어진 경우 그 법률행위가 민법 제104조의 불공정한 법률행위에 해당하는지 여부를 판단함에 있어서 경솔과 무경험은 대리인을 기준으로 하여 판단하고, 궁박은 본인의 입장에서 판단하여야 한다(대판 2002.10.22. 2002다38927).

07

| 정답 | ②

| 해설 | 내부관계설정계약을 기초적 내부관계를 발생케 하는 행위라고 하며 수권행위와 구별된다.

| 오답풀이 |

① 인감증명서는 인장사용에 부수해서 그 확인방법으로 사용되며, 인장사용과 분리해서 그것만으로서는 어떤 증명방법으로 사용되는 것이 아니므로 인감증명서만의 교부는 일반적으로 어떤 대리권을 부여하기 위한 행위라고 볼 수 없다(대판 1978.10.10. 78다75).

③ 이미 확정되어 있는 법률관계를 단순히 결제하는 데 불과하고 새로운 이해관계를 창설하는 것이 아닌 채무의 이행에는 자기대리, 쌍방대리가 허용되며 여기서의 이행은 제3자가 이행하는 경우도 포함된다.

④ 본인이 자기대리나 쌍방대리를 허락한 경우에는 명시적 허락에 한하지 않는다.

⑤ 대리권은 본인의 사망, 대리인의 사망, 성년후견의 개시 또는 파산에 해당하는 사유가 있으면 소멸된다(민법 제127조).

08

| 정답 | ①

| 해설 | 강행법규를 위반한 자가 스스로 그 약정의 무효를 주장하는 것이 신의칙에 위배되는 권리의 행사라는 이유로 그 주장을 배척한다면 이는 오히려 강행법규에 의하여 배제하려는 결과를 실현시키는 셈이 되어 입법 취지를 완전히 몰각하게 되므로 달리 특별한 사정이 없는 한 위와 같은 주장이 권리남용에 해당되거나 신의성실 원칙에 반한다고 할 수 없다(대판 2018.4.26. 2017다288757).

| 오답풀이 |

② 고려의 명제란 법률관계에 참여한 모든 자는 상대방의 이익을 고려할 의무를 진다는 원칙을 말한다.

③ 신의성실의 원칙에 반하는 것 또는 권리남용은 강행규정에 위배되는 것이므로 당사자의 주장이 없더라도 법원은 직권으로 판단할 수 있다(대판 1995.12.22. 94다42129).

④ 사용자는 근로계약에 수반되는 신의칙상의 부수적 의무로서 피용자가 노무를 제공하는 과정에서 생명, 신체, 건강을 해치는 일이 없도록 인적 · 물적 환경을 정비하는 등 필요한 조치를 강구하여야 할 보호의무를 부담하고 이러한 보호의무를 위반함으로써 피용자가 손해를 입은 경우 이를 배상할 책임이 있다(대판 2000.5.16. 99다47129).

⑤ 사정변경을 이유로 한 계약해제는 계약성립 당시 당사자가 예견할 수 없었던 현저한 사정의 변경이 발생하였고 그러한 사정의 변경이 해제권을 취득하는 당사자에게 책임 없는 사유로 생긴 것으로서 계약 내용대로의 구속력을 인정한다면 신의칙에 현저히 반하는 결과가 생기는 경우에 계약준수 원칙의 예외로서 인정된다. 그리고 여기에서의 변경된 사정이라 함은 계약의 기초가 되었던 객관적인 사정으로서 일방당사자의 주관적 또는 개인적인 사정을 의미하는 것은 아니다(대판 2013.9.26. 2012다13637).

09

| 정답 | ①

| 해설 | 종중은 공동선조의 후손 중 성년 이상의 남자를 종원으로 하여 구성되는 종족의 자연발생적 집단이므로 그 성립을 위하여 특별한 조직행위를 필요로 하는 것이 아니고, 다만 그 목적인 공동선조의 분묘수호, 제사봉행, 종원 상호 간의 친목을 규율하기 위하여 규약을 정하는 경우가 있고 또 대외적인 행위를 할 때는 대표자를 정할 필요가 있는 것에 지나지 아니하며 반드시 특별한 명칭의 사용 및 서면화된 종중규약이 있어야 하거나 종중의 대표자가 선임되어 있는 등 조직을 갖추어야 성립하는 것은 아니다(대판 1996.3.12. 94다56999).

| 오답풀이 |

② 법인 아닌 사단의 실체를 갖춘 아파트 부녀회의 수익금이 아파트 부녀회 회장의 개인 명의의 예금계좌에 입금되어 있는 경우 위 수익금의 관리 · 사용권을 승계한 아파트입주자 대표회의가 수익금의 지급을 청구할 상대방은 회장 개인이 아니라 아파트 부녀회이다(대판 2006.12.21. 2006다52723).

③ 종중이란 공동선조의 분묘수호와 제사 및 종원 상호간의 친목 등을 목적으로 하여 구성되는 자연발생적인 종족집단이므로 종중의 이러한 목적과 본질에 비추어 볼 때 공동선조와 성과 본을 같이 하는 후손은 성별의 구별 없이 성년이 되면 당연히 그 구성원이 된다고 보는 것이 조리에 합당하다(대판 2005.7.21. 2002다1178 전원합의체).

④ 종중총회는 특별한 사정이 없는 한 족보에 의하여 소집통지 대상이 되는 종중원의 범위를 확정한 후 국내에 거주하고 소재가 분명하여 통지가 가능한 모든 종중원에게

개별적으로 소집통지를 함으로써 각자가 회의와 토의 및 의결에 참가할 수 있는 기회를 주어야 하고 일부 종중원에게 소집통지를 결여한 채 개최된 종중총회의 결의는 효력이 없으나 그 소집통지의 방법은 반드시 직접 서면으로 하여야만 하는 것은 아니고 구두 또는 전화로 하여도 되고 다른 종중원이나 세대주를 통하여 하여도 무방하다(대판 2007.9.6. 2007다34982).

⑤ 특정 채무자에 대한 채권자들을 구성원으로 하여 회장 1명을 두는 위원회를 구성하되 채무자의 재산을 인수, 그 경영 및 관리에 의하여 나오는 이윤으로 일정기간 각 구성원의 채권액의 일정비율에 해당하는 채권의 변제에 분배충당하고 그 충당이 되지 아니할 경우 파산선고를 구하여 채권을 실행할 목적으로 하는 규약에 의하여 된 것이라면 위 위원회는 그 구성원들이 공동으로 채권을 실행하려는 목적이 있고 또한 그 공동목적을 위한 사회적 기능이 있는 사단성이 인정되는 바이므로 본법 소정 비법인사단으로서의 당사자능력이 있다 할 것이다(대판 1968.7.16. 68다736).

10

| 정답 | ⑤

| 해설 | 가정법원은 성년후견개시의 심판을 할 때 본인의 의사를 고려하여야 한다(민법 제9조 제2항).

| 오답풀이 |

① 피성년후견인의 법률행위는 취소할 수 있다(민법 제10조 제1항).

② 가정법원은 피한정후견인이 한정후견인의 동의를 받아야 하는 행위의 범위를 정할 수 있다(민법 제13조 제1항).

③ 가정법원은 질병, 장애, 노령, 그 밖의 사유로 인한 정신적 제약으로 사무를 처리할 능력이 지속적으로 결여된 사람에 대하여 본인, 배우자, 4촌 이내의 친족, 미성년후견인, 미성년후견감독인, 한정후견인, 한정후견감독인, 특정후견인, 특정후견감독인, 검사 또는 지방자치단체의 장의 청구에 의하여 성년후견개시의 심판을 한다(민법 제9조 제1항).

④ 한정후견인의 동의가 필요한 법률행위를 피한정후견인이 한정후견인의 동의 없이 하였을 때에는 그 법률행위를 취소할 수 있다. 다만 일용품의 구입 등 일상생활에 필요하고 그 대가가 과도하지 아니한 법률행위에 대하여는 그러하지 아니하다(민법 제13조 제4항).

11

| 정답 | ①

| 해설 | 물권의 객체는 물건이지만 예외적으로 준점유, 재산권을 목적으로 하는 권리질권 등은 권리를 물권의 객체로 하는 경우도 있다.

| 오답풀이 |

② 형성권은 권리자의 일방적 의사표시에 의하여 새로운 법률관계의 형성, 즉 권리의 발생 · 변경 · 소멸이라는 일정한 법률효과를 발생시키는 권리로서 권리에 대응하는 의무가 없다.

③ 사원권은 법인의 목적을 달성하기 위하여 사원에게 인정되는 의결권, 업무집행권과 같은 공익권과 사원 자신의 경제적 이익을 직접적으로 확보하기 위해 인정되는 사단시설이용권, 이익배당청구권, 잔여재산분배청구권과 같은 자익권으로 나눌 수 있다.

④ 항변권이란 청구권의 행사를 특정한 조건이 성취될 때까지 일시적으로 거부하여 연기의 효과를 발생시키는 권리이다. 이에는 보증인의 항변권(민법 제437조, 제438조), 동시이행의 항변권(제536조), 최고의 항변권, 검색의 항변권 등이 있다.

⑤ 부당이득반환청구권, 임대차에 의한 방해배제청구권은 청구권이고 임차인의 매수청구권은 청구권이라고 호칭되나 실질은 형성권이다.

12

| 정답 | ①

| 해설 | 이중양도가 민법 제103조에 해당하여 절대적으로 무효가 되면 불법원인급여(민법 제746조)에 해당하여 급여를 한 사람은 그 원인행위가 법률상 무효라 하여 상대방에게 부당이득반환청구를 할 수 없음은 물론 급여한 물건의 소유권은 여전히 자기에게 있다고 하여 소유권에 기한 반환청구도 할 수 없다. 따라서 급여한 물건의 소유권은 급여를 받은 상대방에게 귀속된다(대판 1979.11.13. 79다483 전원합의체). 반사회적인 이중매매의 경우에 제1의 매수인은 매도인을 대위하여 제2의 매수인에 대해 등기의 말소를 청구할 수 있다(대판 1983.4.26. 83다카57).

| 오답풀이 |

③ 다수설과 판례는 강행규정을 다시 효력규정과 단속규정으로 분류하여 효력규정을 위반하면 무효가 되나 강행규정 중 일정한 행위를 단속할 목적으로 만들어진 단속규정을 위반한 행위는 일정한 제재를 가할 뿐 그 효력에는 영향을 미치지 아니한다.

④ 부동산의 이중매매가 반사회적 법률행위에 해당하는 경우에는 이중매매계약은 절대적으로 무효이므로 당해 부동산을 제2매수인으로부터 다시 취득한 제3자는 설사 제2매수인이 당해 부동산의 소유권을 유효하게 취득한 것으로 믿었더라도 이중매매계약이 유효하다고 주장할 수 없다(대판 1996.10.25. 96다29151).

⑤ 어떠한 사실을 알고 있는 사람과의 사이에 소송에서 사실대로 증언하여 줄 것을 조건으로 어떠한 급부를 할 것을 약정한 경우 증인은 법률에 의하여 증언거부권이 인정되지 않는 한 진실을 진술할 의무가 있는 것이고, 이러한 당연한 의무의 이행을 조건으로 상당한 정도의 급부를 받기로 하는 약정은 증인에게 부당하게 이익을 부여하는 것이라고 할 것이고, 그러한 급부의 내용이 통상적으로 용인될 수 있는 수준(예컨대 증인에게 일당 및 여비가 지급되기는 하지만 증인이 증언을 위하여 법원에 출석함으로써 입게 되는 손해에는 미치지 못하는 경우 그러한 손해를 전보하여 주는 경우 정도)을 넘어서 어느 당사자가 그 증언이 필요함을 기화로 증언하여 주는 대가로 용인될 수 있는 정도를 초과하는 급부를 제공받기로 한 약정은 반사회질서적인 금전적 대가가 결부된 경우로 그러한 약정은 민법 제103조 소정의 반사회질서행위에 해당하여 무효로 된다(대판 1994.3.11. 93다40522).

13

| 정답 | ②

| 해설 | 1필의 토지의 일부는 분필절차 전에는 양도하거나 제한물권을 설정할 수 없다. 그러나 용익물권설정은 분필절차 전에도 1필의 토지의 일부에 설정할 수 있다.

| 오답풀이 |

① 건물은 토지의 정착물이면서 독립된 별개의 부동산으로 취급된다. 독립된 부동산으로서의 건물이라고 하기 위하여는 최소한의 기둥과 지붕 그리고 주벽이 이루어지면 된다(대판 2003.5.30. 2002다21592, 21608).

③ 건물의 개수는 토지와 달리 공부상의 등록에 의하여 결정되는 것이 아니라 사회통념 또는 거래관념에 따라 물리적 구조, 거래 또는 이용의 목적물로서 관찰한 건물의 상태 등 객관적 사정과 건축한 자 또는 소유자의 의사 등 주관적 사정을 참작하여 결정되는 것이다(대판 1997.7.8. 96다36517).

④ 타인의 농지를 가사 · 권원없이 경작을 하였다 하여도 그 경작으로 인한 입도는 그 경작자의 소유에 귀속된다(대판 1967.7.11. 67다893).

⑤ 입목이란 토지에 부착된 수목의 집단으로서 그 소유자가 이 법에 따라 소유권보존의 등기를 받은 것을 말하며(입목에 관한 법률 제2조 제1항 제1호), 입목은 부동산으로 본다(동법 제3조 제1항).

14

| 정답 | ②

| 해설 | 민법은 부탁받은 보증인에게는 민법 제442조 제1항의 사유나 약정으로 정한 경우에 사전구상권이 발생한다(대판 1992.9.25. 91다37553).

| 오답풀이 |

① 사후구상권과 사전구상권은 발생원인을 달리하고 그 법적 성질도 달리하는 별개의 독립된 권리라고 할 것이므로 그 소멸시효는 각각 별도로 진행되는 것이고 따라서 사후구상권의 소멸시효는 사전구상권이 발생되었는지 여부와는 관계없이 사후구상권 그 자체가 발생되어 이를 행사할 수 있는 때로부터 진행된다(대판 1992.9.25. 91다37553).

③ 민법 제444조 제1항

④ 민법 제445조 제2항

⑤ 민법 제447조

15

| 정답 | ④

| 해설 | 보충적 해석은 어떤 사항에 대해 의사표시가 없는 경우 가정적 의사로써 그 흠결을 보충하는 것이다.

| 오답풀이 |

① 법률행위의 해석은 당사자가 그 표시행위에 부여한 객관적인 의미를 명백하게 확정하는 것이다(대판 2009.5.14. 2008다90095, 90101).

② 낙찰대금에서 배당을 받지 못한 세입자가 임대인의 아들을 찾아가 임대차보증금을 어떻게 할 것인지 따지자 자신이 책임지고 해결하겠으니 걱정하지 말고 기다리라고 한 경우 그 말의 객관적 의미는 임대차보증금반환의무를 법적으로 부담할 수는 없지만 사정이 허락하는 한 그 이행을 사실상 하겠다는 취지라고 해석할 수 있다(대판 1999.11.26. 99다43486).

③ 당사자들이 공통적으로 의사표시를 명확하게 인식하고 있다면 그것이 당사자가 표시한 문언과 다르더라도 당사자들의 공통적인 인식에 따라 의사표시를 해석하여야 한다. 그러나 의사표시를 한 사람이 생각한 의미가 상대방이 생각한 의미와 다른 경우에는 의사표시를 수령한 상대방이 합리적인 사람이라면 표시된 내용을 어떻게 이해하였다고 볼 수 있는지를 고려하여 의사표시를 객관적·규범적으로 해석하여야 한다(대판 2017.2.15. 2014다19776, 19783).

⑤ 규범적 해석이란 의사표시 해석에 있어서 당사자의 진정한 의사를 알 수 없다면 의사표시의 요소가 되는 것은 표시행위로부터 추단되는 효과의사, 즉 표시상의 효과의사이고 표의자가 가지고 있던 내심적 효과의사가 아니므로 당사자의 내심의 의사보다는 외부로 표시된 행위에 의하여 추단된 의사를 가지고 해석하는 것이다(대판 2002.2.26. 2000다48265).

16

| 정답 | ①

| 해설 | 특별한 사정 없이 동거하는 부부간에 있어 남편이 처에게 토지를 매도하고 그 소유권이전등기까지 경료한다 함은 이례에 속하는 일로서 가장매매라고 추정하는 것이 경험칙에 비추어 타당하다(대판 1978.4.25. 78다226).

| 오답풀이 |

② 허위표시는 당사자 사이에서는 언제나 무효이고(민법 제108조 제1항), 이미 급부를 이행한 경우에는 허위표시로 이익을 얻은 자는 부당이득반환의 의무를 지게 된다(민법 제741조 이하). 단지 허위표시 그 자체가 불법은 아니므로 민법 제746조는 적용되지 않는다.

③ 대판 1998.2.27. 97다50985

④ 선의의 제3자로부터 권리를 전득한 자는 전득 시에 악의일지라도 선의의 제3자의 권리를 승계하므로 소유권을 취득한다.

17

| 정답 | ③

| 해설 | 사실상의 부부관계를 맺고 실질적인 가정을 이루어 대외적으로도 부부로 행세하여 왔다면 원고와 위 소외인 사이에 일상가사에 관한 사항에 관하여 상호대리권이 있다고 보아야 한다(대판 1980.12.23. 80다2077)고 하여 민법 제126조의 권한을 넘은 표현대리를 인정한다.

| 오답풀이 |

① 표현대리의 법리는 거래의 안전을 위하여 어떠한 외관적 사실을 야기한 데 원인을 준 자는 그 외관적 사실을 믿음에 정당한 사유가 있다고 인정되는 자에 대하여는 책임이 있다는 일반적인 권리외관이론에 그 기초를 두고 있다(대판 1998.5.29. 97다55317).

② 대리인이 대리권 소멸 후 복대리인을 선임하여 복대리인으로 하여금 상대방과 사이에 대리행위를 하도록 한 경우에도 상대방이 대리권 소멸 사실을 알지 못하여 복대리인에게 적법한 대리권이 있는 것으로 믿었고, 그와 같이 믿은 데 과실이 없다면 민법 제129조에 의한 표현대리가 성립할 수 있다(대판 1998.5.29. 97다55317).

④ 대리권이 소멸되어 민법 제129조에 의하여 표현대리로 인정되는 경우에 그 표현대리의 권한을 넘는 대리행위가 있을 때에는 민법 제126조에 의한 표현대리가 성립할 수 있다(대판 1979.3.27. 79다234).

⑤ 표현대리의 요건을 충족하게 되면 대리인이 권한을 넘은 대리행위에 의해서 이루어진 법률행위의 효력이 본인에게 미친다.

18

| 정답 | ⑤

| 해설 | 관습법이란 사회의 거듭된 관행으로 생성한 사회생활규범이 사회의 법적 확신과 인식에 의하여 법적 규범으로 승인·강행되기에 이른 것을 말하고, 그러한 관습법은

법원으로서 법령에 저촉되지 아니하는 한 법칙으로서의 효력이 있는 것이고 또 사회의 거듭된 관행으로 생성한 어떤 사회생활규범이 법적 규범으로 승인되기에 이르렀다고 하기 위하여는 헌법을 최상위 규범으로 하는 전체 법질서에 반하지 아니하는 것으로서 정당성과 합리성이 있다고 인정될 수 있는 것이어야 한다. 그렇지 아니한 사회생활규범은 비록 그것이 사회의 거듭된 관행으로 생성된 것이라고 할지라도 이를 법적 규범으로 삼아 관습법으로서의 효력을 인정할 수 없다(대판 2005.7.21. 2002다1178).

| 오답풀이 |

① 변경적 효력설은 성문법에 규정이 있는 경우에도 그와 다른 내용의 관습법이 성립될 수 있는 견해로서 기존의 성문법과 다른 관습법이 성립한 경우에 양자 사이의 효력의 우열은 '특별법은 일반법에 우선한다'는 원칙이 아니라 '신법우선의 원칙'이 적용된다.

② 상사에 관하여 본법에 규정이 없으면 상관습법에 의하고 상관습법이 없으면 민법의 규정에 의한다(상법 제1조).

③ 상급법원 재판에서의 판단은 해당 사건에 관하여 하급심을 기속하기 때문에(법원조직법 제8조) 판례를 법원으로 보지 않는 것이 통설, 판례이다.

④ 사회의 거듭된 관행으로 생성된 사회생활규범이 관습법으로 승인되었다고 하더라도 사회 구성원들이 그러한 관행의 법적 구속력에 대하여 확신을 갖지 않게 되었다거나 사회를 지배하는 기본적 이념이나 사회질서의 변화로 인하여 그러한 관습법을 적용하여야 할 시점에 있어서의 전체 법질서에 부합하지 않게 되었다면, 그러한 관습법은 법적 규범으로서의 효력이 부정될 수밖에 없다(대판 2005.7.21. 2002다1178).

19

| 정답 | ①

| 해설 | 대리권 없는 자가 한 계약은 본인의 추인이 있을 때까지 상대방은 본인이나 그 대리인에 대하여 이를 철회할 수 있다. 그러나 계약당시에 상대방이 대리권 없음을 안 때에는 그러하지 아니하다(민법 제134조).

| 오답풀이 |

② 취소할 수 있는 법률행위에 관하여 전조의 규정에 의하여 추인할 수 있는 후에 이행의 청구가 있으면 추인한 것으로 본다. 그러나 이의를 보류한 때에는 그러하지 아니하다(민법 제145조 제2호).

③ 법정 무과실책임이라고 보는 설에 따르면 민법 제135조는 사적 자치에 기인한 규정이 아니라 상대방보호와 거래안전을 꾀하고 대리제도의 신용을 유지하기 위하여 정책적으로 부과하는 규정으로 본다.

④ 상대방이 철회를 하면 무권대리인과 맺은 계약은 확정적으로 무효가 되며 본인은 그 무권대리행위를 추인할 수 없게 되고, 상대방도 철회한 후에는 무권대리인에게 책임을 물을 수 없게 된다.

⑤ 대리권한 없이 타인의 부동산을 매도한 자가 그 부동산을 상속한 후 소유자의 지위에서 자신의 대리행위가 무권대리로 무효임을 주장하여 등기말소 등을 구하는 것이 금반언원칙이나 신의칙상 허용될 수 없다(대판 1994.9.27. 94다20617).

20

| 정답 | ①

| 해설 | 조건이 선량한 풍속 기타 사회질서에 위반한 것인 때에는 그 법률행위는 무효로 한다(민법 제151조 제1항).

| 오답풀이 |

② 당사자가 조건성취의 효력을 그 성취 전에 소급하게 할 의사를 표시한 때에는 그 의사에 의한다(민법 제147조 제3항).

③ 중도금 지급기일을 '1층 골조공사 완료 시'로 정한 것은 중도금 지급의무의 이행기를 장래 도래할 시기가 확정되지 아니한 때, 즉 불확정기한으로 이행기를 정한 경우에 해당한다(대판 2005.10.7. 2005다38546). '1층 골조공사 완료 시'는 그 실현시기가 확정되지 않았지만 장래 반드시 실현될 것이므로 불확실(불확정)기한이다.

④ 기한은 채무자의 이익을 위한 것으로 추정한다(민법 제153조 제1항).

⑤ 당사자가 불확정한 사실이 발생한 때를 이행기한으로 정한 경우에 있어서 그 사실이 발생한 때는 물론 그 사실의 발생이 불가능하게 된 때에도 이행기한은 도래한 것으로 보아야 한다(대판 1989.6.27. 88다카10579).

21

| 정답 | ③

| 해설 | 주물은 물건의 소유자가 그 물건의 상용에 제공하기 위하여 자기소유인 다른 물건을 이에 부속시킨 때 그 기본이 되는 물건이고, 종물은 그 부속시킨 물건으로 주물과 함께 1개의 물건이 아니라 별개의 물건이며, 처분 시 종물은 주물의 처분에 따른다(민법 제100조 제2항).

| 오답풀이 |

① 종물은 주물의 처분에 수반된다는 민법 제100조 제2항은 임의규정이므로 당사자는 주물을 처분할 때에 특약으로 종물을 제외할 수 있고 종물만을 별도로 처분할 수도 있다(대판 2012.1.26. 2009다76546).

② 주물의 소유자나 이용자의 상용에 공여되고 있더라도 주물 그 자체의 효용과 직접 관계가 없는 물건은 종물이 아니다.

④, ⑤ 종물과 주물의 관계에 관한 법리는 물건 상호 간의 관계뿐 아니라 권리 상호 간에도 적용되는 것이지만 어떤 권리를 다른 권리에 대하여 종된 권리라고 할 수 있으려면 종물과 마찬가지로 다른 권리의 경제적 효용에 이바지하는 관계에 있어야 한다(대판 2014.6.12. 2012다92159, 92166).

22

| 정답 | ④

| 해설 | 비진의의사표시에 있어서의 진의란 특정한 내용의 의사표시를 하고자 하는 표의자의 생각을 말하는 것이지 표의자가 진정으로 마음속에서 바라는 사항을 뜻하는 것은 아니라고 할 것이므로, 비록 재산을 강제로 뺏긴다는 것이 표의자의 본심으로 잠재되어 있었다 하여도 표의자가 강박에 의하여서나마 증여를 하기로 하고 그에 따른 증여의 의사표시를 한 이상 증여의 내심의 효과의사가 결여된 것이라고 할 수는 없다(대판 2002.12.27. 2000다47361).

| 오답풀이 |

① 어떠한 의사표시가 비진의 의사표시로서 무효라고 주장하는 경우에 그 입증책임은 그 주장자에게 있다(대판 1992.5.22. 92다2295).

② 진의 아닌 의사표시인지의 여부는 효과의사에 대응하는 내심의 의사가 있는지 여부에 따라 결정되는 것인바 근로자가 사용자의 지시에 좇아 일괄하여 사직서를 작성, 제출할 당시 그 사직서에 기하여 의원면직처리될지 모른다는 점을 인식하였다고 하더라도, 이것만으로 그의 내심에 사직의 의사가 있는 것이라고 할 수 없다(대판 1991.7.12. 90다11554).

③ 진의 아닌 의사표시가 대리인에 의하여 이루어지고 그 대리인의 진의가 본인의 이익이나 의사에 반하여 자기 또는 제3자의 이익을 위한 배임적인 것임을 그 상대방이 알았거나 알 수 있었을 경우에는 민법 제107조 제1항 단서의 유추해석상 그 대리인의 행위에 대하여 본인은 아무런 책임을 지지 않는다고 보아야 하고, 그 상대방이 대리인의 표시의사가 진의 아님을 알았거나 알 수 있었는가의 여부는 표의자인 대리인과 상대방 사이에 있었던 의사표시 형성 과정과 그 내용 및 그로 인하여 나타나는 효과 등을 객관적인 사정에 따라 합리적으로 판단하여야 한다(대판 2001.1.19. 2000다20694).

⑤ 계약체결의 요건을 규정하고 있는 강행법규에 위반한 계약은 무효이므로, 그 경우에 계약상대방이 선의·무과실이더라도 민법 제107조의 비진의표시의 법리 또는 표현대리 법리가 적용될 여지는 없다(대판 2016.5.12. 2013다49381).

23

| 정답 | ③

| 해설 | 행위는 그 법률요건에 따라 법률행위, 준법률행위, 불법행위, 부당이득 등으로 구분하며 그 중에서 법률행위는 의사표시를 요소로 한다.

| 오답풀이 |

① 권리에 대한 처분권이 없는 무권리자도 부담행위를 할 수 있다. 따라서 타인의 물건을 매매한 경우에 그 매매계약은 유효하다(민법 제569조).

② 요식행위는 법률행위의 성립요건이고, 성립요건이 결여되면 법률행위는 불성립 또는 부존재하게 되어 법률효과가 생기지 않는다.

④ 상대방 있는 단독행위로는 동의, 철회, 상계, 추인, 해제, 해지, 취소, 채무면제 등이 있고, 상대방 없는 단독행위로는 유언, 유증, 권리의 포기, 재단법인설립행위 등이 있다.

⑤ 준물권행위란 물권 이외에 권리의 변동을 직접 발생시키는 법률행위를 말하며 채권양도·채권면제 등이 있다.

24

| 정답 | ③

| 해설 | 법률행위가 가분적이거나 그 목적물의 일부가 특정될 수 있다면 그 나머지 부분이라도 이를 유지하려는 당사자의 가정적 의사가 인정되는 경우, 그 일부만의 취소도 가능하다고 할 것이고 그 일부의 취소는 법률행위의 일부에 관하여 효력이 생긴다(대판 2002.9.10. 2002다21509).

| 오답풀이 |

① 허가받을 것을 전제로 한 거래계약일 경우에는 일단 허가를 받을 때까지는 법률상 미완성의 법률행위로서 소유권 등 권리의 이전에 관한 계약의 효력이 전혀 발생하지 않음은 확정적 무효의 경우와 다를 바 없지만 일단 허가를 받으면 그 계약은 소급하여 유효한 계약이 된다(대판 1996.11.22. 96다31703).

②, ④ 무효인 법률행위는 추인하여도 그 효력이 생기지 아니한다. 그러나 당사자가 그 무효임을 알고 추인한 때에는 새로운 법률행위로 본다(민법 제139조).

⑤ 절대적 무효인 경우(의사무능력자 행위, 제103 · 104조 위반행위 등)는 선의의 제3자에게도 대항할 수 있으나, 상대적 무효의 경우(비진의 표시, 통정허위표시 등)는 선의의 제3자 등 특정인에게 무효를 주장할 수 없는 경우도 있다.

25

| 정답 | ⑤

| 해설 | 내용증명우편이나 등기우편과는 달리 보통우편의 방법으로 발송되었다는 사실만으로는 그 우편물이 상당한 기간 내에 도달하였다고 추정할 수 없고, 송달의 효력을 주장하는 측에서 증거에 의하여 이를 입증하여야 한다(대판 2009.12.10. 2007두20140).

| 오답풀이 |

① 의사표시자가 그 통지를 발송한 후 사망하거나 제한능력자가 되어도 의사표시의 효력에 영향을 미치지 아니한다(민법 제111조 제2항).

② 도달주의 규정은 임의 규정이므로 당사자의 약정에 의하여 달리 정할 수 있다.

③ 상대방이 있는 의사표시는 상대방에게 도달한 때에 그 효력이 생긴다(민법 제111조 제1항).

④ 총회의 소집은 1주간 전에 그 회의의 목적사항을 기재한 통지를 발하고 기타 정관에 정한 방법에 의하여야 한다(민법 제71조)고 규정하여 발신주의를 취하고 있다.

26

| 정답 | ⑤

| 해설 | 채무자가 보증인을 세울 의무가 있는 경우에는 그 보증인은 행위능력 및 변제자력이 있는 자로 하여야 한다(민법 제431조 제1항).

| 오답풀이 |

① 보증채무는 채권자와 보증인 사이의 낙성, 불요식의 계약에 의하여 성립한다.

② 근보증은 채권자와 주채무자 사이의 특정한 계속적 거래계약뿐 아니라 그 밖에 일정한 종류의 거래로부터 발생하는 채무 또는 특정한 원인에 기하여 계속적으로 발생하는 채무에 대하여도 할 수 있다(대판 2013.11.14. 2011다29987).

③ 민법 제428조의3 제1항

④ 보증기간의 약정이 없는 때에는 그 기간을 3년으로 본다. 보증기간은 갱신할 수 있으며, 보증기간의 약정이 없는 때에는 계약체결 시의 보증기간을 그 기간으로 본다(보증인 보호를 위한 특별법 제7조 제1항, 제2항).

27

| 정답 | ⑤

| 해설 | 보증채무의 내용은 원칙적으로 주된 채무와 동일한 내용을 가진다. 따라서 주채무는 원칙적으로 대체적 급부를 내용을 하여야 하지만 불대체적 급부를 목적으로 하는 채무에 대해서도 주채무의 불이행으로 손해배상청구권으로 변경하는 것을 정지조건으로 하여 보증할 수도 있다.

| 오답풀이 |

① 대판 2002.8.27. 2000다9734

② 보증인의 부담이 주채무의 목적이나 형태보다 중한 때에는 주채무의 한도로 감축한다(민법 제430조).

③ 보증인은 주채무자의 항변으로 채권자에게 대항할 수 있다(민법 제433조 제1항).

④ 주채무가 소멸하면 보증채무도 당연히 소멸한다. 판례에 따르면 보증채무에 대한 소멸시효가 중단되는 등의 사유로 완성되지 아니하였다고 하더라도 주채무에 대한 소멸시효가 완성된 경우에는 시효완성의 사실로 주채무가 소멸되므로 보증채무의 부종성에 따라 보증채무 역시 당연히 소멸되는 것이 원칙이다(대판 2018.5.15. 2016다211620).

28

| 정답 | ②

| 해설 | 보증인의 최고 · 검색의 항변권은 보증채무의 보충성에 기하여 인정되는 권리이다.

| 오답풀이 |

① 주채무자가 채권자에 대하여 취소권 또는 해제권이나 해지권이 있는 동안은 보증인은 채권자에 대하여 채무의 이행을 거절할 수 있다(민법 제435조).

③ 보증인이 주채무자와 연대해 채무를 부담하는 연대보증의 경우, 항변권을 포기한 경우에는 최고 · 검색의 항변권을 행사할 수 없으므로 채권자가 보증인에게 먼저 채무이행을 청구한 경우라도 그 채무를 이행해야 한다.

④ 보증인의 항변에 불구하고 채권자의 해태로 인하여 채무자로부터 전부나 일부의 변제를 받지 못한 경우에는 채권자가 해태하지 아니하였으면 변제받았을 한도에서 보증인은 그 의무를 면한다(민법 제438조).

⑤ 주채무자의 항변포기는 보증인에게 효력이 없다(민법 제433조 제2항).

29

| 정답 | ②

| 해설 | 동일한 사람이 동일 채권의 담보를 위하여 연대보증계약과 근저당설정계약을 체결한 경우라 하더라도 위 두 계약은 별개의 계약이므로 연대보증책임의 범위가 근저당권의 채권최고액의 범위 내로 제한되기 위하여는 이를 인정할 만한 특별한 사정의 존재가 입증되어야 하는 것이다(대판 1993.7.13. 93다17980).

| 오답풀이 |

① 보증은 그 의사가 보증인의 기명날인 또는 서명이 있는 서면으로 표시되어야 효력이 발생한다(민법 제428조의 2 제1항).

③ 신원보증법 제6조 제1항

④ 근보증의 주채무와 근저당권의 피담보채무가 동일한 채무인 이상 근보증과 근저당권은 특별한 사정이 없는 한 동일한 채무를 담보하기 위한 중첩적인 담보로서 근저당권의 실행으로 변제를 받은 금액은 근보증의 보증한 도액에서 공제되어야 한다(대판 2004.7.9. 2003다27160).

⑤ 신원보증법 제4조 제1항 제2호

30

| 정답 | ②

| 해설 | 복대리인은 본인이나 제3자에 대하여 대리인과 동일한 권리의무가 있다(민법 제123조 제2항).

| 오답풀이 |

① 복대리인은 대리인이 본인의 이름으로 선임하는 것이기 때문에 대리인의 복대리인 선임행위는 대리행위가 아니다.

③ 법정대리인은 그 책임으로 복대리인을 선임할 수 있다. 그러나 부득이한 사유로 인한 때에는 본인에게 대하여 그 선임감독에 관한 책임이 있다(민법 제122조, 민법 제121조 제1항).

④ 통설은 복대리인의 복임권에 대하여 복대리인 선임의 실제상의 필요성을 고려하여 이를 긍정한다. 다만, 복대리인은 그 성질상 항상 임의대리인이므로 본인의 승낙이 있거나 부득이한 사유가 있는 때에 한하여 복대리인을 선임할 수 있다.

⑤ 대리의 목적인 법률행위의 성질상 대리인 자신에 의한 처리가 필요하지 아니한 경우에는 본인이 복대리 금지의 의사를 명시하지 아니하는 한 복대리인의 선임에 관하여 묵시적인 승낙이 있는 것으로 보는 것이 타당하다(대판 1996.1.26. 94다30690).

4회 실전모의고사

▸문제 352쪽

01	④	02	①	03	④	04	②	05	③
06	④	07	①	08	①	09	④	10	②
11	③	12	③	13	①	14	④	15	③
16	①	17	②	18	④	19	④	20	②
21	④	22	①	23	②	24	④	25	③
26	④	27	③	28	④	29	③	30	③
31	③	32	①	33	①	34	②	35	①
36	③	37	①	38	③	39	③	40	③
41	②	42	①	43	①	44	④	45	②
46	④	47	④	48	①	49	②	50	①

01

| 정답 | ④

| 해설 | 민사소송법은 공법에 속하고 절차법이다. 공법에는 헌법 · 형법 · 행정법 · 형사소송법 · 민사소송법 등이 있다.

보충 플러스+

실체법과 절차법

실체법이란 권리와 의무의 성질 · 종류 · 내용 및 권리와 의무의 발생 · 변경 · 소멸 등의 실체적 사항을 규정하는 법을 말하며, 민법 · 상법 · 형법 기타 행정법규 등 대부분의 법이 이에 속한다. 절차법이란 실체법상의 권리 · 의무의 실질적 내용을 재판에 의하여 구체적으로 실현하는 절차를 규정하는 법을 말하며, 민사소송법 · 형사소송법 · 민사집행법 · 행정소송법 · 비송사건절차법 · 채무자회생 및 파산에 관한 법률 등이 이에 속한다.

02

| 정답 | ①

| 해설 | 간주는 추정과 달리 취소절차를 거쳐야만 전복시킬 수 있는 것으로 추정보다 사실확정의 효력이 더 강하다.

| 오답풀이 |

② 민법에서 '~한 것으로 본다'라고 규정하고 있으면 이는 간주규정이다. 즉 '간주한다', '의제한다', '본다'라는 표현은 모두 같은 의미이다.

③ 민법 제28조는 '실종선고를 받은 자는 전조의 기간이 만료한 때에 사망한 것으로 본다'라고 규정하고 있다.

④ 추정이란 편의상 잠정적으로 사실의 존부를 인정하는 것이므로 추정된 사실과 다른 사실을 주장하는 자가 반증을 들면 추정의 효과는 발생하지 않는다.

03

| 정답 | ④

| 해설 | 권리와 의무가 항상 서로 대응하여 존재하는 것은 아니므로 권리만 있고 의무가 없는 경우(예 취소권, 동의권, 해제권)도 있고, 권리는 없고 의무만 있는 경우(예 법인의 등기의무, 자동차의 우측통행의무)도 있다.

04

| 정답 | ②

| 해설 | 사회적 법치주의는 현대 복지국가 헌법의 특징이다.

보충 플러스+

근대 입헌주의 헌법과 현대 복지국가 헌법의 특징

근대 입헌주의 헌법	현대 복지국가 헌법
• 기본권의 보장(자유권 중심) • (형식적)국민주권주의 • 권력분립주의 • 의회주의 • 형식적 법치주의 • 성문헌법 • 경성헌법	• 기본권보장의 실질화(사회적 기본권 및 실질적 평등 보장) • 국민주권주의의 실질화 • 권력분립의 완화 • 행정국가화 경향 • 실질적(사회적) 법치주의 • 국제평화주의 • 헌법재판제도의 도입 • 정당제도의 헌법상 수용

05

| 정답 | ③

| 해설 | 국회는 헌법개정안이 공고된 날로부터 60일 이내에 의결하여야 한다(헌법 제130조 제2항).

보충 플러스+

헌법개정절차

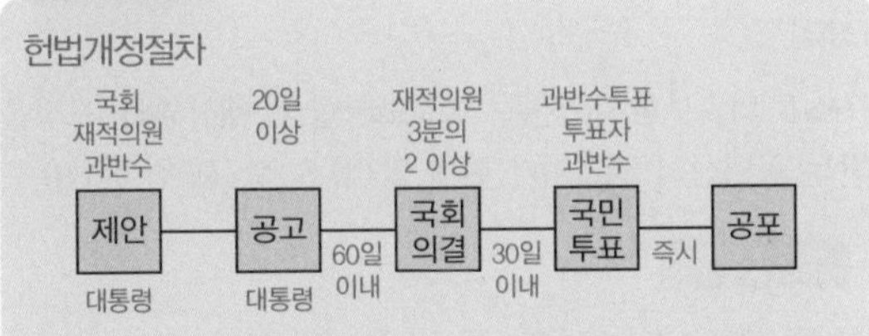

06

| 정답 | ④

| 해설 | 연방이 국제법의 주체이자 국제법적 책임의 주체가 되기 때문이다.

| 오답풀이 |

① 연방헌법은 영구적 성격을 가진다.

② 주(州)가 주권을 갖는지 여부에 대해 견해가 대립하는데, 주권을 갖는다고 보는 견해가 통설은 아니다.

③ 연방과 주(州)가 통치권을 분할한다.

07

| 정답 | ①

| 해설 | 복수정당제의 보장은 헌법 제8조에 규정되어 있다.

08

| 정답 | ①

| 해설 | 농지는 경자유전의 원칙에 입각하여 소작제도는 절대적으로 금지되나, 농업생산성의 제고와 농지의 합리적인 이용을 위하거나 불가피한 사정으로 발생하는 농지의 임대차와 위탁경영은 법률이 정하는 바에 의하여 인정된다(헌법 제121조).

| 오답풀이 |

② 헌법 제119조 제2항

③ 헌법 제124조

④ 헌법 제125조

09

| 정답 | ④

| 해설 | 정당의 목적이나 활동이 민주적 기본질서에 위배될 때에는 정부는 헌법재판소에 그 해산을 제소할 수 있고, 정당은 헌법재판소의 심판에 의하여 해산된다(헌법 제8조 제4항). 따라서 헌법재판소는 직권으로 정당을 해산할 수 없다.

| 오답풀이 |

①, ② 헌법 제8조 제1항

③ 헌법 제8조 제2항

10

| 정답 | ②

| 해설 | 선거일 현재 5년 이상 국내에 거주하고 있는 40세 이상의 국민은 대통령의 피선거권이 있다(공직선거법 제16조 제1항).

| 오답풀이 |

① 공직선거법 제15조 제1항

③ 공직선거법 제16조 제2항

④ 공직선거법 제16조 제3항

11

| 정답 | ③

| 해설 | 선거에 의한 선출된 자가 임기 중 사망하거나 사퇴한 경우에는 해당 궐위를 메우기 위한 보궐선거를 개시한다.

보충 플러스+

재선거사유(공직선거법 제195조 제1항)

㉠ 당해 선거구의 후보자가 없는 때

㉡ 당선인이 없거나 지역구자치구 · 시 · 군의원선거에 있어 당선인이 당해 선거구에서 선거할 지방의회의원정수에 달하지 아니한 때

㉢ 선거의 전부무효의 판결 또는 결정이 있는 때

㉣ 당선인이 임기개시전에 사퇴하거나 사망한 때

㉤ 당선인이 임기개시전에 제192조(피선거권상실로 인한 당선무효 등) 제2항의 규정에 의하여 당선의 효력이 상실되거나 같은 조 제3항의 규정에 의하여 당선이 무효로 된 때

㉥ 제263조(선거비용의 초과지출로 인한 당선무효) 내지 제265조(선거사무장 등의 선거범죄로 인한 당선무효)의 규정에 의하여 당선이 무효로 된 때

12

| 정답 | ③

| 해설 | 외국인은 외국인에게도 인정되는 기본권을 침해받은 경우에는 우리나라의 헌법재판소에 자신의 기본권 침해를 이유로 헌법소원심판을 청구할 수 있다(헌재 1994.12.29. 93헌마120 참조).

| 오답풀이 |

① 헌재 1991.6.3. 90헌마56

② 헌재 1992.10.1. 92헌마68 등

④ 헌재 1994.12.29. 93헌마120

13

| 정답 | ①

| 해설 | 헌법이 직접 특정의 기본권 제한을 명시적으로 규정한 개별적 헌법유보사항에 해당한다.

| 오답풀이 |

②, ③, ④ 헌법이 특정의 기본권 조항을 법률이 정하는 바에 따라 제한할 수 있음을 명시한 개별적 법률유보사항에 해당한다.

14

| 정답 | ④

| 해설 | 행복추구권은 그의 구체적인 표현으로서 일반적인 행동자유권과 개성의 자유로운 발현권을 포함한다(헌재 2003.10.30. 2002헌마518).

15

| 정답 | ③

| 해설 | 대한민국 국민인 남자에 한하여 병역의무를 부과한 이 사건 법률조항은 헌법이 특별히 양성평등을 요구하는 경우나 관련 기본권에 중대한 제한을 초래하는 경우의 차별취급을 그 내용으로 하고 있다고 보기 어려우며, 징집대상자의 범위 결정에 관하여는 입법자의 광범위한 입법형성권이 인정된다는 점에 비추어 이 사건 법률조항이 평등권을 침해하는지 여부는 완화된 심사기준에 따라 판단하여야 한다(헌재 2010.11.25. 2006헌마328).

16

| 정답 | ①

| 해설 | 의료보험수급권은 의료보험법상 재산권의 보장을 받는 공법상의 권리이다(헌재 2000.6.29. 99헌마289).

보충 플러스+

헌법 제23조가 보장하는 재산권의 범위

재산권의 범위에 속하는 것	재산권의 범위에 속하지 않는 것
㉠ 환매권 ㉡ 상속권 ㉢ 연금수급권, 의료보험수급권 ㉣ 실용신안권 ㉤ 관행어업권 ㉥ 임금 내지 퇴직금 채권 ㉦ 건설업영업권 ㉧ 정리회사의 주식 ㉨ 정당한 지목을 등록함으로써 토지소유자가 누리게 될 이익 ㉩ 공유수면매립을 위해 투입된 토사 등 물건의 소유권	㉠ 단순한 기대이익이나 반사적 이익, 경제적인 기회 ㉡ 약사의 한약조제권 ㉢ 강제집행권 ㉣ 의료보험조합의 적립금 ㉤ 개발이익 ㉥ 폐기물재생처리업자의 영업권 ㉦ 생활무능력자의 공적부조에 따라 급부를 받을 권리 ㉧ 교원이 계속 재직하면서 재화를 획득할 수 있는 기회 ㉨ 치과전문의로서 재직하여 받을 수 있는 추가적 급료 ㉩ 시혜적 입법의 시혜대상이 될 경우 얻을 수 있는 재산상 이익의 기대 ㉪ 체육시설업에 대한 사업계획 승인권

17

| 정답 | ②

| 해설 | 계엄의 해제를 요구할 때에는 재적의원 과반수의 찬성이 필요하다(헌법 제77조 제5항).

보충 플러스+

국회의 의결정족수

재적의원 과반수의 출석과 출석의원 과반수 찬성	일반의결 정족수
재적의원 2/3 이상 찬성	헌법개정안 의결, 의원의 제명, 대통령 탄핵소추의결
재적의원 과반수 출석과 출석의원 2/3 이상 찬성	법률안의 재의결

재적의원 과반수 찬성	헌법개정안 발의, 대통령 탄핵소추발의, 의장·부의장의 선거, 계엄해제요구, 국무총리 등 해임의결, 국무총리 등 탄핵소추의결
재적의원 과반수 출석에 출석의원 다수의 찬성	임시의장선거
재적의원 1/3 이상 찬성	국무총리·국무위원 해임건의, 국무총리 등 탄핵소추발의
재적의원 1/4 이상 찬성	임시회소집요구, 국정조사요구

18

| 정답 | ④

| 해설 | 대통령의 궐위로 인하여 선출된 후임자의 임기는 전임자의 잔임기간이 아니라 당선일로부터 새로이 5년의 임기가 개시된다.

| 오답풀이 |

① 헌법 제67조 제2항

③ 공직선거법 제34조 제1항

19

| 정답 | ④

| 해설 | 법률의 위헌결정, 탄핵의 결정, 정당해산의 결정, 헌법소원의 인용결정에는 재판관 6인 이상의 찬성이 있어야 한다(헌법 제113조 제1항).

| 오답풀이 |

① 헌법 제111조 제2항

② 헌법 제111조 제4항

③ 헌법 제112조 제3항

20

| 정답 | ②

| 해설 | 신의성실의 원칙에 반하는 것 또는 권리남용은 강행규정에 위배되는 것이므로 당사자의 주장이 없더라도 법원은 직권으로 판단할 수 있다(대판 1989.9.29. 88다카17181).

| 오답풀이 |

③ 대판 1994.9.27. 94다20617

④ 대판 2002.1.8. 2002다60019

21

| 정답 | ④

| 해설 | 법인이 아닌 사단이나 재단은 대표자 또는 관리인이 있는 경우에는 그 사단이나 재단의 이름으로 당사자가 될 수 있다(민사소송법 제52조).

| 오답풀이 |

① 행위능력은 모든 자연인에게 인정되는 것이 아니다. 민법상 제한능력자에는 미성년자, 피성년후견인, 피한정후견인 등이 있다.

② 민사상 미성년자는 19세 미만인 자를 의미한다(민법 제4조).

③ 미성년자가 법정대리인의 동의 없이 행한 법률행위는 법정대리인뿐만 아니라 미성년자도 취소할 수 있다(민법 제5조).

22

| 정답 | ①

| 해설 | 취소권의 단기소멸은 제한능력뿐만 아니라 사기·강박·착오 등을 이유로 취소 가능한 경우에 이를 취소할 수 없는 것으로 하여 상대방을 보호하는 일반적 보호방법이다.

23

| 정답 | ②

| 해설 | 동산은 혼화·가공이 인정되나(민법 제258조, 제259조), 부동산은 혼화·가공이 인정되지 않는다.

| 오답풀이 |

① 민법 제99조 제1항, 제2항

③ 민법 제100조 제1항

④ 민법 제100조 제2항

24

| 정답 | ④

| 해설 | 법률행위의 해석은 당사자의 의도 → 사실인 관습 → 임의법규 → 조리(신의성실의 원칙)의 순서에 따라 합리적으로 해석한다.

25

| 정답 | ③

| 해설 | 해외파견된 근로자가 귀국일로부터 일정기간 소속회사에 근무하여야 한다는 사규나 약정은 민법 제103조 또는 제104조에 위반된다고 할 수 없고, 일정기간 근무하지 않으면 해외 파견 소요경비를 배상한다는 사규나 약정은 근로계약기간이 아니라 경비반환채무의 면제기간을 정한 것이므로 근로기준법 제21조에 위배하는 것도 아니다(대판 1982.6.22. 82다카90).

| 오답풀이 |

① 반사회적 법률행위와 같은 절대적 무효의 경우에는 선의의 제3자라 할지라도 보호받지 못한다(민법 제103조).

② 불법원인급여에 해당하는 경우에는 반환청구하지 못하므로 첩 계약의 대가로 아파트 소유권을 이전하여 주었다면 부당이득을 이유로 반환청구 할 수 없다(민법 제746조).

④ 명의수탁자가 신탁재산을 처분하는 경우에 그 매수인이 수탁자의 배임행위에 적극 가담한 경우라면, 부동산의 이중매매 법리와 유사하게 그 처분행위는 무효가 된다(대판 1991.4.23. 91다6221).

26

| 정답 | ④

| 해설 | 법률행위가 취소되면 그 법률행위는 처음부터 무효인 것으로 본다(민법 제141조 본문).

| 오답풀이 |

① 무효는 누구의 주장을 기다릴 필요 없이 처음부터 당연히 효력이 발생하지 않는다.

② 취소할 수 있는 법률행위는 제한능력자, 착오로 인하거나 사기 · 강박에 의하여 의사표시를 한 자, 그의 대리인 또는 승계인만이 취소할 수 있다(민법 제140조).

③ 취소할 수 있는 법률행위를 추인하면 그 이후에는 더 이상 취소할 수 없고 유효한 법률행위로 확정된다(민법 제143조 제1항). 반면 무효인 법률행위는 추인하여도 그 효력이 생기지 않는 것이 원칙이다(민법 제139조).

27

| 정답 | ③

| 해설 | 거래행위 자체는 유효하여야 한다. 즉 선의취득의 양도인이 무권리자라고 하는 점을 제외하고는 아무런 흠이 없는 거래행위이어야 한다(대판 1995.6.29. 94다22071). 따라서 무효인 매매계약에 의해 동산의 점유를 취득한 자는 선의취득을 하지 못한다.

| 오답풀이 |

① 민법상 부동산에 대한 선의취득이 인정되지 않는다.

② 양수인은 평온 · 공연 · 선의 · 무과실로 취득하여야 한다.

④ 민법 제251조는 민법 제249조와 제250조를 전제로 하고 있는 규정이므로 양수인(선의취득자)은 선의 · 무과실이어야 유실자에게 대가변상청구를 할 수 있다(대판 1991.3.22. 91다70).

28

| 정답 | ④

| 해설 | 공유자는 5년 이내의 기간으로 분할하지 아니할 것을 약정할 수 있다(민법 제268조 제1항 단서).

| 오답풀이 |

① 민법 제262조 제2항

② 민법 제266조 제1항

③ 민법 제266조 제2항

29

| 정답 | ③

| 해설 | 민법은 동산용익물권을 인정하지 않고 부동산에 관하여서만 인정한다.

30

| 정답 | ③

| 해설 | 채권자지체는 채무자가 이행기에 채무의 내용에 좇은 이행의 제공을 하였음에도 불구하고 채권자가 이를 수령하지 않거나 필요한 협력을 하지 않음으로써 채무자가 이행을 완료할 수 없게 되는 경우를 말한다.

| 오답풀이 |

① 채무자가 임의로 채무를 이행하지 아니한 때에는 채권자는 그 강제이행을 법원에 청구할 수 있고 이러한 강제이행은 손해배상의 청구에 영향을 미치지 아니한다(민법 제389조 제1항, 제4항).

② 채무불이행에 관하여 채권자에게 과실이 있는 때에는 법원은 손해배상의 책임 및 그 금액을 정함에 이를 참작하여야 한다(민법 제396조).

④ 계약의 해지 또는 해제는 손해배상의 청구에 영향을 미치지 아니한다(민법 제551조).

31

| 정답 | ③

| 해설 | 채권증서 반환청구권은 채권 전부를 변제한 경우에 인정되는 것이고, 영수증 교부의무와는 달리 변제와 동시이행관계에 있지 않다(대판 2005.8.19. 2003다22042).

| 오답풀이 |

② 민법 제470조

④ 민법 제496조

32

| 정답 | ①

| 해설 | 임대차는 그 등기(登記)가 없는 경우에도 임차인(賃借人)이 주택의 인도(引渡)와 주민등록을 마친 때에는 그 '다음 날'부터 제3자에 대하여 효력이 생긴다. 이 경우 전입신고를 한 때에 주민등록이 된 것으로 본다(주택임대차보호법 제3조 제1항).

| 오답풀이 |

② 대판 1996.6.14. 96다7595

③ 주택임대차보호법 제3조의2 제2항

④ 주택임대차보호법 제8조 제1항

33

| 정답 | ①

| 해설 | 소의 취하는 상대방이 본안에 관하여 준비서면을 제출하거나 변론준비기일에서 진술하거나 변론을 한 뒤에는 상대방의 동의를 받아야 효력을 가진다(민사소송법 제266조 제2항). 따라서 상대방이 본안에 관하여 준비서면을 제출하기 전에는 상대방의 동의 없이 소를 취하할 수 있다.

| 오답풀이 |

② 민사소송법 제266조 제1항

③ 민사소송법 제267조 제2항(재소의 금지)

④ 민사소송법 제266조 제3항

34

| 정답 | ②

| 해설 | 판결서는 정본으로 송달한다(민사소송법 제210조 제2항).

| 오답풀이 |

① 민사소송법 제167조

③ 민사소송법 제186조 제1항

④ 민사소송법 제186조 제3항

35

| 정답 | ①

| 해설 | 절대적 상고이유(민사소송법 제424조 제1항)는 다음과 같다.

㉠ 법률에 따라 판결법원을 구성하지 아니한 때

㉡ 법률에 따라 판결에 관여할 수 없는 판사가 판결에 관여한 때

㉢ 전속관할에 관한 규정에 어긋난 때

㉣ 법정대리권 · 소송대리권 또는 대리인의 소송행위에 대한 특별한 권한의 수여에 흠이 있는 때

㉤ 변론을 공개하는 규정에 어긋난 때

㉥ 판결의 이유를 밝히지 아니하거나 이유에 모순이 있는 때

36

| 정답 | ③

| 해설 | 유추해석금지의 원칙은 모든 형벌법규의 구성요건과 가벌성에 관한 규정에 준용되는데, 위법성 및 책임의 조각사유나 소추조건 또는 처벌조각사유인 형면제 사유에 관하여 그 범위를 제한적으로 유추적용하게 되면 행위자의 가벌성의 범위는 확대되어 행위자에게 불리하게 되는 바, 이는 가능한 문언의 의미를 넘어 범죄구성요건을 유추적용하는 것과 같은 결과가 초래되므로 죄형법정주의의 파생원칙인 유추해석금지의 원칙에 위반하여 허용될 수 없다(대판 1997.3.20. 96도1167).

| 오답풀이 |

① 죄형법정주의는 형법의 보장적 기능의 실현과 관계가 깊다.

② 절대적 부정기형은 명확성의 원칙에 반하지만 상대적 부정기형은 명확성의 원칙에 반하지 않는다.

④ 범죄 후 형을 폐지하거나 형을 종전보다 가볍게 형벌법규를 개정하면서 그 부칙으로 폐지 또는 개정된 법의 시행 전의 범죄에 대해서는 종전의 형벌법규를 적용하도록 규정하더라도 헌법상의 형벌불소급의 원칙이나 신법우선주의에 반한다고 할 수 없다(대판 1999.7.9. 99도1695).

37

| 정답 | ①

| 해설 | 실행행위가 신 · 구법에 걸쳐 행하여진 경우에는 실행행위는 신법 시행 시에 종료된 것이므로 신법이 행위시법으로서 적용된다(대판 1992.12.8. 92도407).

| 오답풀이 |

② 형법 제1조 제2항의 '범죄 후'란 실행행위 종료 후 재판의 확정 전을 지칭하며 결과발생은 포함하지 않는다.

③ 형법 제1조 제2항의 '범죄 후 법률의 변경'이라고 할 때의 '법률'은 가벌성의 존부와 정도를 규율하는 총체적인 법상태를 의미하므로 형식적 의미의 법률뿐만 아니라 명령 · 규칙도 포함한다.

④ 재판확정 후 법률의 변경에 의하여 그 행위가 범죄를 구성하지 아니한 때에는 형사소송법 제1조 제3항에 따라 형의 집행을 면제하나 형이 경하게 된 때에는 이에 관한 규정이 없어 종전의 형을 그대로 집행한다.

38

| 정답 | ③

| 해설 | 반의사불벌죄는 ㉠, ㉡, ㉣ 3개이다.

| 오답풀이 |

㉢, ㉥은 친고죄에 해당한다.

39

| 정답 | ③

| 해설 | 정당방위나 긴급피난의 경우와는 달리 자구행위에 대해서는 형법 제21조 제3항(불가벌적 과잉방위)이 준용되지 않는다. 즉 정당방위와 긴급피난은 불가벌적 과잉행위(형법 제21조 제3항, 제22조 제3항)가 인정되지만 자구행위는 임의적 감면사유로서의 과잉자구행위만 인정될 뿐 불가벌적 과잉자구행위가 인정되지 않는다.

40

| 정답 | ③

| 해설 | 피해자의 승낙에 의한 행위는 위법성조각사유이다. 위법성조각사유로서 총칙에는 정당행위 · 정당방위 · 긴급피난 · 자구행위 · 피해자의 승낙이 있고 각칙에는 명예훼손죄에 있어서의 사실의 증명 및 공공의 이익이 있다.

| 오답풀이 |

①, ②, ④ 형사미성년자(14세 미만자), 심신상실자, 강요된 행위는 책임조각사유이다.

41

| 정답 | ②

| 해설 | 명예의 주체에는 자연인뿐만 아니라 사자, 법인, 기타의 단체도 포함된다.

| 오답풀이 |

③ 판례는 전파가능성설에 입각하고 있다.

④ 형법 제15조 제1항에 의하여 중한 죄로 벌할 수 없으므로 단순명예훼손죄가 성립한다.

42

| 정답 | ①

| 해설 | 엄격한 증명의 대상이 되는 것은 ㉠, ㉢, ㉤이고 자유로운 증명의 대상이 되는 것은 ㉡, ㉣, ㉥이다.

43

| 정답 | ①

| 해설 | 상법 제1조는 '상사에 관하여 본법에 규정이 없으면 상관습법에 의하고 상관습법이 없으면 민법의 규정에 의한다'고 규정하고 있다. 이를 토대로 상법의 각종 법원(法源) 및 상사적용법규의 적용순서를 일괄하여 표시하면 다음과 같다.

상사자치법(정관) → 상사특별법 · 상사조약 → 상법전 → 상관습법 → 민사특별법 → 민법전 → 민사관습법 → 조리

44

| 정답 | ④

| 해설 | 본점의 소재지에서 등기할 사항은 다른 규정이 없으면 지점의 소재지에서도 등기하여야 한다(상법 제35조).

45

| 정답 | ②

| 해설 | 기본적 상행위는 영업으로 하는 행위로 임금을 받을 목적으로 물건을 제조하거나 노무에 종사하는 행위는 상행위에 해당하지 않는다(상법 제46조).

| 오답풀이 |

① 상법 제46조 제1호, 제2호

③ 상법 제46조 제3호

④ 상법 제46조 제4호

46

| 정답 | ④

| 해설 | 유한회사의 사원은 그 지분의 전부 또는 일부를 양도하거나 상속할 수 있다. 다만 정관으로 지분의 양도를 제한할 수 있다(상법 제556조).

① 상법 제170조 ② 상법 제212조 제1항

③ 상법 제273조, 제278조

47

| 정답 | ④

| 해설 | 유한회사의 출좌 1좌의 금액은 100원 이상으로 균일하게 하여야 한다(상법 제546조).

48

| 정답 | ①

| 해설 | 회사설립 당시 주식을 인수하고 일시차입금에 의한 가장납입의 방식으로 주금을 납입한 가장납입도 유효하다는 것이 판례이므로 가장납입 주주는 주금상당액을 납입하지 않더라도 주주로서의 권리를 행사할 수 있다. 다만 회사는 주주를 위하여 체당한 것으로 보아 주주에게 상환청구를 할 수 있다.

| 오답풀이 |

② 대판 1986.7.22. 85다카239

49

| 정답 | ②

| 해설 | 주주총회에서 청산인을 선임 · 해임하는 경우에는 보통결의에 의한다(상법 제531조 제1항, 제539조 제1항).

50

| 정답 | ①

| 해설 | 주주가 2 이상의 의결권을 가지고 있는 때에는 이를 통일하지 아니하고 행사할 수 있다. 이 경우 주주총회일의 3일 전에 회사에 대하여 서면 또는 전자문서로 그 뜻과 이유를 통지하여야 한다(상법 제368조의2 제1항).

| 오답풀이 |

② 상법 제368조 제4항 ③ 상법 제371조 제1항

④ 상법 제368조 제3항

5회 실전모의고사

▸문제 368쪽

01	①	02	③	03	②	04	③	05	①
06	⑤	07	⑤	08	④	09	③	10	⑤

01

| 정답 | ①

| 해설 | 기본시설(항만법 제2조 제5호 가목)

1. 항로 · 정박지 · 선유장 · 선회장 등 수역시설
2. 방파제 · 방사제 · 파제제 · 방조제 · 도류제 · 갑문 · 호안 등 외곽시설
3. 도로 · 교량 · 철도 · 궤도 · 운하 등 임항교통시설
4. 안벽 · 물양장 · 잔교 · 부잔교 · 돌핀 · 선착장 · 램프 등 계류시설

02

| 정답 | ③

| 해설 | 국가는 국가관리연안항의 개발을 우선적으로 지원하여야 한다(항만법 제3조 제4항).

| 오답풀이 |

① 항만법 제3조 제1항

② 항만법 제3조 제2항

④ 항만법 제3조 제3항

⑤ 항만법 제3조 제3항 제1호

03

| 정답 | ②

| 해설 | 해양수산부장관은 항만기본계획이 수립된 날부터 5년마다 그 타당성을 검토하여야 하며 필요한 경우 항만기본계획을 변경할 수 있다(항만법 제7조 제1항).

| 오답풀이 |

① 항만법 제5조 제1항

③ 항만법 제5조 제3항

④ 항만법 제7조 제2항

⑤ 항만법 제6조 제1항 제7호

04

| 정답 | ③

| 해설 | 저당권이 설정된 항만시설관리권은 그 저당권자의 동의가 없으면 처분할 수 없다(항만법 제24조 제3항).

| 오답풀이 |

① 항만법 제24조 제1항

② 항만법 제24조 제2항

④ 항만법 제25조 제1항

⑤ 항만법 제25조 제5항

05

| 정답 | ①

| 해설 | 항만법 제44조 제1항

| 오답풀이 |

② 무역항에서 1종 항만배후단지와 2종 항만배후단지가 인접하여 지정된 경우에는 1종 항만배후단지개발사업의 시행자를 2종 항만배후단지개발사업의 시행자로 우선하여 지정할 수 있다(항만법 제50조 제2항).

③ 해양수산부장관이 항만배후단지를 지정하거나 지정한 내용을 변경한 경우에는 대통령령으로 정하는 사항을 관보나 특별시 · 광역시 · 도 또는 특별자치도의 공보에 고시하고, 관계 서류의 사본을 관할 시장 · 군수 또는 구청장(자치구의 구청장을 말한다. 이하 같다)에게 보내야 한다(항만법 제51조 제5항).

④ 해양수산부장관은 항만배후단지개발사업의 시행자로 하여금 도로, 공원, 녹지, 그 밖에 대통령령으로 정하는 공공시설을 설치하게 하거나 기존의 공원 및 녹지를 보존하게 할 수 있다(항만법 제52조).

⑤ 해양수산부장관은 1종 항만배후단지를 관리하기 위하여 1종 항만배후단지관리기관을 지정해야 한다(항만법 제66조 제1항).

06

| 정답 | ⑤

| 해설 | 항만법 시행령 제4조 제6항

| 오답풀이 |

① 해양수산부장관 소속으로 중앙항만정책심의회를 둔다(항만법 제4조 제1항). 즉 두어야 한다.

② 중앙항만정책심의회는 위원장 1명을 포함한 45명 이내의 위원으로 구성한다(항만법 시행령 제4조 제1항).

③ 지방항만정책심의회는 위원장 1명을 포함한 15명 이내의 위원으로 구성한다(항만법 시행령 제8조 제1항).

④ 해양수산부장관은 중앙심의회에 항만분과심의회, 항만재개발분과심의회, 마리나분과심의회를 둔다(항만법 시행령 제7조). 즉 두어야 한다.

07

| 정답 | ⑤

| 해설 | 사업시행자는 사업구역의 일부(해당 사업구역 전체 면적의 3분의 1 이내로 한정한다)를 자연친화적으로 개발하거나 입체적으로 개발하기 위하여 필요한 경우에는 조성되지 아니한 상태의 토지의 공급계획을 작성하여 해양수산부장관의 승인(해양수산부장관이 사업시행자인 경우는 제외한다)을 받아 국가기관, 지방자치단체, 항만공사, 공공기관 중 대통령령으로 정하는 기관에 해당하는 자에게 원형지를 공급하여 개발하게 할 수 있다(항만재개발법 제28조 제1항).

| 오답풀이 |

① 항만재개발법 제5조 제1항

② 항만재개발법 제6조 제1항

③ 항만재개발법 제12조 제2항

④ 항만재개발법 제29조

08

| 정답 | ④

| 해설 | 공사는 등기가 필요한 사항에 관하여는 그 등기를 한 후가 아니면 제3자에게 대항하지 못한다(항만공사법 제7조 제3항).

| 오답풀이 |

① 항만공사법 제3조

② 항만공사법 제4조 제3항

③ 항만공사법 제8조 제1항 제6호

⑤ 항만공사법 제6조 제6항

09

| 정답 | ③

| 해설 | 항만위원회는 위원장이나 재적위원 3분의 1 이상의 요구로 소집하고, 위원장이 회의를 주관한다(항만공사법 제14조 제1항). 위원회는 재적위원 과반수의 찬성으로 의결한다(항만공사법 제14조 제2항).

| 오답풀이 |

① 항만공사법 제11조 제1항

② 항만공사법 제11조 제4항

④ 항만공사법 제14조 제3항

⑤ 항만공사법 제13조 제1항 제2호

10

| 정답 | ⑤

| 해설 | 공사의 이익과 사장의 이익이 상반되는 사항에 대하여는 사장이 공사를 대표하지 못하며, 감사가 공사를 대표한다(항만공사법 제19조).

| 오답풀이 |

① 항만공사법 제16조 제1항

② 항만공사법 제16조 제3항

③ 항만공사법 제16조의2 제2항

④ 항만공사법 제18조 제1항

6회 실전모의고사

▸문제 372쪽

01	③	02	④	03	②	04	⑤	05	④
06	④	07	③	08	②	09	③	10	⑤

01

| 정답 | ③

| 해설 | ㉠, ㉡, ㉢은 기능시설, ㉣, ㉤은 기본시설, ㉥은 지원시설에 해당한다(항만법 제2조 제5호).

보충 플러스+

나. 기능시설(항만법 제2조 나목)
1. 선박의 입항 · 출항을 위한 항로표지 · 신호 · 조명 · 항무통신(港務通信)에 관련된 시설 등 항행 보조시설
2. 고정식 또는 이동식 하역장비, 화물 이송시설, 배관시설 등 하역시설
3. 대합실, 여객승강용 시설, 소하물 취급소 등 여객이용시설
4. 창고, 야적장, 컨테이너 장치장 및 컨테이너 조작장, 사일로, 저유시설(貯油施設), 가스저장시설, 화물터미널 등 화물의 유통시설과 판매시설
5. 선박을 위한 연료공급시설과 급수시설, 얼음 생산 및 공급 시설 등 선박보급시설
6. 항만의 관제(管制) · 정보통신 · 홍보 · 보안에 관련된 시설
7. 항만시설용 부지
8. 「어촌 · 어항법」 제2조 제5호 나목의 기능시설[제21조 제3호에 따른 어항구(漁港區)(이하 이 조에서 "어항구"라 한다)에 있는 것으로 한정한다]
9. 「어촌 · 어항법」 제2조 제5호 다목의 어항편익시설(어항구에 있는 것으로 한정한다)
10. 방음벽 · 방진망(防塵網) · 수림대(樹林帶) 등 공해방지시설

02

| 정답 | ④

| 해설 | 국가관리연안항은 국가안보 또는 영해관리에 중요하거나 기상악화 등 유사시 선박의 대피를 주목적으로 하는 항이고, 지방관리연안항은 지역산업에 필요한 화물의 처리, 여객의 수송 등 편익 도모, 관광 활성화 지원을 주목적으로 하는 항만이다(항만법 제3조 제3항).

| 오답풀이 |

① 항만법 제2조 제1호
② 항만법 제3조 제1항
③ 항만법 제3조 제2항 제1호
⑤ 항만법 제3조 제4항

03

| 정답 | ②

| 해설 | 중앙심의회의 위원장은 해양수산부차관이 된다(항만법 시행령 제4조 제2항).

| 오답풀이 |

① 항만법 시행령 제4조 제1항
③ 항만법 시행령 제4조 제3항
④ 항만법 시행령 제4조 제6항
⑤ 항만법 시행령 제4조 제5항

04

| 정답 | ⑤

| 해설 | 갑문, 운하, 하역장비, 그 밖에 조작이 필요한 항만시설 중 대통령령으로 정하는 항만시설을 사용 · 관리하는 자(해양수산부장관은 제외한다. 이하 "시설장비관리자"라 한다)가 해당 시설장비를 설치하거나 철거하려는 경우에는 미리 관리청에 신고하여야 한다(항만법 제31조 제1항).

| 오답풀이 |

① 항만법 제20조 제1항
② 항만법 제28조 제1항 제2호
③ 항만법 제52조
④ 항만법 제49조

05

| 정답 | ④

| 해설 | 항만배후단지로 지정 · 고시된 날부터 5년의 범위에서 대통령령으로 정하는 기간 이내에 항만배후단지의 전부

또는 일부에 대하여 항만배후단지개발사업 실시계획을 수립하지 아니한 경우에는 그 기간이 끝난 날의 다음 날에 그 지역에 대한 항만배후단지의 지정이 해제된 것으로 본다(항만법 제49조 제1항).

| 오답풀이 |

① 항만법 제44조 제1항

② 항만법 제45조

③ 항만법 제52조

⑤ 항만법 제65조 제1항

06

| 정답 | ④

| 해설 | 해양수산부장관은 사업계획을 수립하려는 경우 대통령령으로 정하는 바에 따라 공청회 등을 통하여 주민 및 관계 전문가 등의 의견을 들어야 한다(항만재개발법 제9조 제5항).

| 오답풀이 |

① 항만재개발법 제5조 제1항

② 항만재개발법 제12조 제1항

③ 항만재개발법 제27조

⑤ 항만재개발법 제7조 제1항

07

| 정답 | ③

| 해설 | 해양수산부장관은 재해(災害)로 항만시설의 위험이나 항만 사용의 위험을 방지하기 위하여 특별히 필요하다고 인정되면 그 항만 인근에 거주하는 사람이나 재해의 현장에 있는 사람에게 노무의 제공을 요청하거나 재해 현장에 필요한 토지 · 가옥 · 선박, 그 밖의 공작물을 일시 사용할 수 있으며, 공작물이나 그 밖의 장애물을 변경 또는 제거하거나 흙, 돌, 나무, 운반도구, 그 밖의 물건(공작물은 제외한다)을 사용하거나 수용할 수 있다(항만법 제88조).

| 오답풀이 |

① 항만법 제87조 제4항

② 항만법 제87조 제6항

④ 항만법 제93조 제2항

⑤ 항만법 제92조 제1항

08

| 정답 | ②

| 해설 | 공사는 해당 항만의 여건을 고려하여 대통령령으로 정하는 바에 따라 항만별로 설립한다. 다만, 항만시설의 개발 및 관리 · 운영의 효율성 등을 위하여 필요한 경우에는 2개 이상의 인접한 항만을 관할하는 공사를 설립할 수 있다(항만공사법 제4조 제2항).

| 오답풀이 |

① 항만공사법 제4조 제1항

③ 항만공사법 제5조 제2항

④ 항만공사법 제7조 제3항

⑤ 항만공사법 제8조 제1항 제1호

09

| 정답 | ③

| 해설 | 위원회는 위원장이나 재적위원 3분의 1 이상의 요구로 소집하고, 위원장이 회의를 주관한다. 위원회는 재적위원 과반수의 찬성으로 의결한다(항만공사법 제14조 제1항, 제2항).

| 오답풀이 |

① 항만공사법 제11조 제1항

② 항만공사법 제10조

④ 항만공사법 제12조 제1항

⑤ 항만공사법 제11조의2 제1항

10

| 정답 | ⑤

| 해설 | 위원회는 임원의 임기 만료, 그 밖의 사유로 인하여 임원을 새로 선임할 필요가 있는 경우에는 지체 없이 임원추천위원회를 구성하여야 한다(항만공사법 시행령 제6조의2 제1항).

| 오답풀이 |

① 항만공사법 제16조의2 제1항

② 항만공사법 제16조의2 제2항

③ 항만공사법 시행령 제6조의2 제4항

④ 항만공사법 제16조의2 제5항

파트4 행정학

1회 실전모의고사

▸문제 420쪽

01	④	02	②	03	①	04	④	05	④
06	④	07	③	08	①	09	④	10	③
11	②	12	④	13	②	14	②	15	②
16	②	17	③	18	③	19	④	20	①
21	②	22	①	23	④	24	②	25	④
26	③	27	④	28	②	29	①	30	②

01

| 정답 | ④

| 해설 | 타르 베이비 효과는 규제가 새로운 규제를 낳게 되는 현상을 의미한다. 즉 잘못 이루어진 정부의 규제는 또 다른 규제를 가져오게 된다는 것으로 어떤 하나의 규제가 시행되었을 때 예기치 못한 문제점이 나타나게 되어 규제기관은 문제해결을 위해서 또 다른 규제를 시행하게 된다.

| 오답풀이 |

① 파킨슨의 법칙은 공무원의 수는 해야 할 업무의 경중이나 그 유무에 관계없이 일정 비율로 증가한다는 것이다.

② 피터의 법칙은 조직 내 상위 직급은 무능한 인물로 채워질 수밖에 없다는 것으로, 유능한 사람이 승진하다보면 일을 감당할 수 없는 위치에 도달해 결국 무능한 지경에 이르게 된다는 이론이다.

02

| 정답 | ②

| 해설 | 인간관계론이 비공식적 구조를 중시한다면, 과학적 관리론은 공식적 구조를 중시한다.

03

| 정답 | ①

| 해설 | 정의의 제1원리가 제2원리에 우선하고, 제2원리 중에서는 기회균등의 원리가 차등원리에 우선되어야 한다.

04

| 정답 | ④

| 해설 | 헤클로(H. Heclo)는 미국에서 이익집단이 수적으로 크게 늘어나고 다원화됨에 따라 하위정부식 정책결정이 오히려 더 어려워졌다고 주장했다. 헤클로는 보다 참여적인 정치형태로의 변화, 이익집단의 폭발, 의회의 파편화가 나타남으로써 안정적인 하위체제가 깨지고 있다며 하위정부모형을 비판하면서 정책이슈를 중심으로 유동적이며 개방적인 참여자들 간의 상호작용현상을 묘사하기 위한 모형으로 이슈네트워크를 제안하였다.

05

| 정답 | ④

| 해설 | 점증모형(현실적 · 실증적 접근방법)은 정책결정자는 현실을 긍정하고 약간 향상된 정책에 만족하고 결정한다는 이론이다. 이는 현실적 · 실증적 접근방법에 입각하여 다원적 · 귀납적이며 정치적 합리성을 추구하나 귀납적 보수주의에 빠지기 쉬우며 기본적인 쇄신 · 혁신을 설명하기에는 곤란하다는 비판을 받고 있다.

06

| 정답 | ④

| 해설 | 하향식 접근인 전방향접근법은 정책의 결정자가 집행의 모든 과정을 통제할 수 있다고 보는 방식으로 최고결정자로부터 하위계층으로 내려가면서 통제와 순응을 강조한다.

07

| 정답 | ③

| 해설 | 변수 A와 B의 관찰된 관계가 허위관계인지 여부를 판단하기 위해서는 이들 변수 간의 관계를 설명하는 '제3의 변수'가 존재하는지 여부를 확인하여야 하는데 이 제3의 변수에는 허위변수와 혼란변수가 있다.

| 오답풀이 |

② 비실험적 설계를 하는 경우에 변수에 대한 통제가 어렵기 때문에 다중회귀분석 등 통계적인 분석을 통해 연구의 타당성을 높이고자 한다.

08

| 정답 | ①

| 해설 | 기획의 과정은 다음과 같다.

- 미래예측 및 목표의 설정 : 목표를 가능한 한 구체적 · 양적으로 명확하게 제시
- 정보의 수집 · 분석 : 기획대상에 관한 지식 · 정보를 수집하여 해결하려는 문제와 어떤 상호관련성이 있는지 분석 · 정리
- 기획전제의 설정 : 미래에 대한 가정
- 대안의 탐색과 평가 : 가용자원의 동원가능성, 계획안의 질적 요인, 기본정책에의 부합 여부 등을 고려하여 대안을 평가
- 최종안의 선택 : 대안의 탐색과 평가를 통해 가장 합리적인 대안 선택

따라서 ㉡-㉤-㉢-㉠-㉣ 순이 옳다.

09

| 정답 | ④

| 해설 | 조직의 구성원리는 하나의 조직을 가장 합리적으로 구성하고 능률적으로 운영하는 데 필요한 원칙으로 다음과 같이 분류할 수 있다.

- 분업에 관한 원리 : 한 가지 주된 업무를 반복적으로 수행하게 함으로써 조직의 능률을 향상시키는 것을 목적으로 하는 원리
  - 전문화의 원리
  - 부성화(업무집단화)의 원리
  - 참모조직의 원리
  - 동질성의 원리
- 조정에 관한 원리 : 조직의 공동목표를 달성하기 위하여 행동의 통일을 이루기 위한 원리
  - 계층제의 원리
  - 통솔범위의 원리
  - 명령통일의 원리
  - 명령계통의 원리
  - 조정의 원리

10

| 정답 | ③

| 해설 | ㉢ 분업에 의한 의사결정구조나, ㉣ 규칙과 절차에 의한 업무처리는 전통적 관료제의 특성에 해당된다.

11

| 정답 | ②

| 해설 | ㉢ 기계적 구조－표준운영절차, 유기적 구조－적은 규칙 · 절차

㉤ 기계적 구조－계층제, 유기적 구조－분화된 채널

㉥ 기계적 구조－공식적 · 몰인간적 대면관계, 유기적 구조－비공식적 · 인간적 대면관계

㉧ 기계적 구조－성과측정이 가능, 유기적 구조－성과측정이 어려움.

12

| 정답 | ④

| 해설 | 위원회조직은 서로 다른 주장으로 권태감을 느끼거나 강경한 의견에 압도되는 경향이 있으며 대인관계를 고려하여 반대 입장을 취하지 않음으로써 타협적 결정이 내려질 가능성이 크다.

13

| 정답 | ②

| 해설 | 공기업의 민영화는 경제적 효율성(기업성)을 증대시킬 수는 있겠지만 공공재에 대한 공급이 불충분해지고 정부가 책임을 회피할 수도 있는 등 공공성은 오히려 약화될 소지가 많다.

14

| 정답 | ②

| 해설 | 토마스의 갈등관리방안은 다음과 같다.

- 경쟁 · 강제 : 한쪽이 이익을 얻는 반면 다른 쪽이 손해는 보는 승패(Win-lose)전략(㉠)
- 회피 : 갈등이 없었던 것처럼 행동하여 가능한 한 갈등을 무시(㉡)
- 타협 : 양쪽이 조금씩 서로 양보하고 절충안을 찾는 방법(㉢)
- 순응 : 원활한 인간관계의 유지를 위해 자신의 욕구 충족은 포기하고 상대방의 주장 수용(㉣)
- 협력 · 협동 : 양쪽의 이익과 관심사를 모두 만족시키는 것으로 승승(Win-win)전략

15

| 정답 | ②

| 해설 | 리더의 행태를 참여적 행태, 지원적 행태, 지시적 행태, 성취지향적 행태로 분류하는 것은 통로 · 목표이론이다.

16

| 정답 | ②

| 해설 | 매슬로우의 욕구계층이론에서는 욕구의 후진적 · 퇴행적 진행을 고려하지 못한다. 즉 욕구는 순차적으로 유발되는 것이지 상위 차원의 욕구가 충족되지 못하거나 좌절될 경우 하위욕구를 충족시키고자 하지 않는다.

17

| 정답 | ③

| 해설 | 공공관계(PR ; Public Relations, 행정PR)의 개념은 다음과 같다.

- 의의 : 민주주의의 분위기 조성에서 도입된 개념으로 정부의 업적을 국민에게 알리고 그것을 국민이 인정함으로써 정부와 국민 간의 신뢰관계를 확보하려는 행정활동이며 정부와 국민 쌍방의 이익을 위한 것이다.
- 특징 : 수평성, 의무성, 교류성, 객관성, 공익성, 교육성, 합리적 이성에 호소, 추종 · 모방
- 목적
  - 정부에 대한 국민의 이해 증진
  - 새로운 정책에 대한 지지의 확보
  - 정부활동에 대한 국민의 참여 유도
  - 국민에 대한 계몽 · 교육

18

| 정답 | ③

| 해설 | 억압형은 다원주의 거부형이다.

보충 플러스+

J. M. Coston의 정부와 NGO의 관계유형

구분	내용
제도적 다원주의 거부형	• 억압형 : 정부가 NGO를 인정하지 않는다. • 적대형 : NGO를 등록 · 규제대상으로 보므로 정부와 NGO 간에 대항관계를 가진다. • 경쟁형 : 정부가 NGO와 원하지 않는 경쟁관계를 가진다.
제도적 다원주의 수용형	• 용역형 : NGO가 정부서비스를 위탁받아 제공한다. • 제3자형 : 비교우위에 따라 정부와 NGO 간에 분업관계를 가진다. • 협력형 : 기본적으로 정부와 NGO가 정보를 공유한다. • 보충형 : 정부와 NGO 간에 기술적 · 재정적 · 지리적 보충관계를 가진다. • 공조형 : 정부와 NGO 간에 상호협조적 관계를 가진다.

19

| 정답 | ④

| 해설 | ㉡ 엽관주의는 입법국가시대의 행정의 단순성 때문에 등장한 제도이다. 행정의 복잡화와 전문화 추세에 행정경험이 부족한 사람이 정치적으로 임용될 경우에는 행정의 능률이 저하되므로 행정이 복잡화될수록 적용가능성은 낮아지게 된다.

㉣ 엽관주의란 정당에의 충성도와 공헌도를 관직의 임용기준으로 삼는 임용제도로 국민의 요구에 대한 관료적 대응성을 향상시키고 행정의 민주화에 기여한다. 즉 정치적 책임성의 확보를 위한 장치이다.

ⓑ 엽관주의는 정권이 바뀔 때마다 공무원이 교체됨으로써 행정의 계속성 · 안정성 · 지속성이 위협받게 되며 전문성과 능률성이 떨어진다는 문제점이 있다.

20

| 정답 | ①

| 해설 | 국회 행정직공무원들에게 필요한 능력은 국회의정 활동을 뒷받침하는 행정적 능력이다. 물리, 화학, 기계, 전기 등은 이러한 행정적 능력을 측정하는 데 적합하지 못하므로 시험의 타당성이 결여된 것으로 파악할 수 있다.

- 타당성 : 시험이 측정하려는 내용을 얼마나 정확하게 측정하고 있는가의 정도로 근무성적과 시험성적의 비교(예측적 타당성검증방법, 동시적 타당성검증방법)를 통해 검증한다.

21

| 정답 | ②

| 해설 | 사건처리연습에 대한 설명으로 어떤 사건의 윤곽을 피교육자에게 알려주고 그 해결책을 찾게 하여 피훈련자의 정보활용능력을 기르기 위한 훈련방법이다.

보충 플러스+

감수성훈련(Sensitivity Training)
실험실훈련, T-그룹(Training Group) 등으로 불리는 조직발전을 도모하려는 교육전략이다. 외부환경으로부터 차단된 상황에서 서로 모르는 10명 내외의 이질적인 소집단을 만들어 인위적인 개입 없이 피훈련자들끼리 서로 자연스럽게 자신의 느낌을 말하고 다른 사람이 자신을 어떻게 생각하는지 귀담아 듣는 것으로 대인적인 지각과 수용능력을 제고함으로써 집단의 기능을 이해하고 대인관계의 원만화, 가치관과 태도변화를 꾀하는 훈련기법이다.

22

| 정답 | ①

| 해설 | 공무원 징계의 종류 및 효력은 다음과 같다(국가공무원법 제79조 · 제80조, 공무원연금법 제64조 제1항 제3호).

종류	효력
견책	훈계
감봉	1개월 이상 3개월 이하 보수의 3분의 1을 삭감
정직	1개월 이상 3개월 이하 직무 중지, 보수 전액 삭감
강등	직급 1단계 하향, 3개월 직무 중지, 보수 전액 삭감
해임	3년간 임용 불가, 사유에 따라 퇴직 연금 삭감 가능
파면	5년간 임용 불가, 퇴직 연금 2분의 1 삭감

23

| 정답 | ④

| 해설 | 스미스의 현대적 예산원칙(행정부 중심의 관리지향적 · 적극적 예산원칙)은 다음과 같다.

예산원칙	의의
행정부 계획의 원칙	예산과 계획은 표리관계에 있으므로 예산에는 행정부의 계획이 충실히 반영되어야 한다는 원칙
행정부 책임의 원칙	행정부는 예산이 허용한 범위 내에서 가급적 경제적 · 효율적으로 예산을 집행할 책임이 있다는 원칙
보고의 원칙	예산의 편성 · 심의 · 집행은 정부 각 기관으로부터 제출되는 재정보고 및 업무보고에 기초를 두어야 한다는 원칙
적절한 수단 구비의 원칙	행정부가 예산에 관한 책임을 완수하기 위해서는 중앙예산기관뿐만 아니라 예산의 배정, 예비비제도 등 적절한 행정상의 수단을 필요로 한다는 원칙
다원적 절차의 원칙	예산운영의 효과성을 높이기 위해서는 사업이나 활동별로 예산절차를 달리할 필요가 있다는 원칙
행정부 재량의 원칙	예산을 세목이 아닌 총괄예산으로 통과시켜 행정부에 재량권을 주어야 한다는 원칙
시기 신축성(탄력성)의 원칙	예산은 의회가 결정하여 주고 집행의 시기는 경제사정의 변동에 적응할 수 있도록 행정부에 부여해야 한다는 원칙
상호교류적 예산 기구의 원칙	중앙예산기관과 각 부처의 예산담당기관 사이에는 기능적인 관계가 확립되고 활발한 의사소통이 이루어져야 한다는 원칙

24

| 정답 | ②

| 해설 | 행정부 우위의 예산원칙(현대적 예산원칙)은 복잡하고 전문적인 현대사회의 문제를 해결해야 할 책임을 지게 됨으로써 효율적인 행정관리를 위하여 도입된 예산원칙을 말한다.

25

| 정답 | ④

| 해설 | 영기준예산제도는 조직의 최상위계층부터 중 · 하위계층 모두와 관련되어 있는 반면, 일몰법은 조직의 최상위계층과 관련이 있다.

보충 플러스+

일몰법과 영기준예산제도의 비교

구분	일몰법	영기준예산제도
사용처	입법부의 예산심의 (입법적 과정)	행정부의 예산편성 (행정적 과정)
목적	사업성과 제고, 행정책임, 규제완화	효율적인 자원배분, 회계책임성 확보
기능	행정감독	예산심의
운영단계	상위정책결정자를 위한 정책도구	중 · 하위관리자를 위한 관리도구
관심의 초점	법과 사업의 종결(자동적 종결)	예산의 관리기능 (영기준 적용)
시계	거시적 (다년도의 광범위한 정책활동)	미시적 (1년 단위의 예산활동)
적용범위	예산, 법규, 사업	예산 (경직성 경비 제외)
참여범위	일반 시민	관리자와 참모

26

| 정답 | ③

| 해설 | 성과주의예산제도는 입법부의 엄격한 회계적 통제가 어렵다는 단점이 있다.

성과주의예산제도의 장단점은 다음과 같다.

장점	단점
• 일반 국민이나 입법부가 정부사업의 목적을 이해하기 쉽다. • 정책이나 계획의 수립이 용이하고, 입법부의 예산심의가 간편하다. • 행정부의 예산편성과 집행의 관리가 용이하다. • 예산집행의 신축성과 자원배분의 합리화를 기할 수 있다. • 행정통제를 합리화시키며 실적의 평가에 도움을 주고 장기계획의 수립 · 실시에 유용하다. • 실적분석을 통해 얻은 자료를 다음 회계연도 예산에 직접 반영할 수 있다.	• 업무측정단위의 선정이 어렵다. • 단위원가의 산출이 곤란하다. • 모든 사업을 계량화하지 못한다. • 사업의 우선순위분석이나 정책의 선택에 도움을 주지 못한다. • 정책이나 사업계획에 중점을 두므로 입법부의 엄격한 예산통제가 곤란하다. • 총괄예산계정에는 적합하지 못하며 성과별 분류의 대상은 부 · 국 수준이라고 할 수 있다. • 회계책임의 한계가 모호하여 공금관리가 곤란하게 될 우려가 있다.

27

| 정답 | ④

| 해설 | 기획재정부장관이 중앙관서의 장에게 예산을 배분하면 중앙관서의 장이 산하기관의 장에게 예산을 다시 배분한다.

| 오답풀이 |

① 수입은 법령이 정하는 바에 따라 징수 · 수납하여야 하며 수입의 회계연도 소속 구분은 발생주의에 따른다.

② 선금급이란 이행기가 도래하기 전에 미리 지급하는 것을 말한다. 채무금액이 확정되기 전에 채무금액을 개략적으로 계산하여 미리 채무금액을 지급하는 것은 개산급이다.

③ 지출원인행위를 위임받은 공무원을 재무관이라 하고 지출행위를 위임받은 공무원을 지출관이라고 한다.

28

| 정답 | ②

| 해설 | 주민자치는 지역주민들이 사무를 대표자를 통하여 또는 스스로 처리하는 자기책임성에 입각한 민주주의 이념을 실현하는 것인데 비하여 단체자치는 지방자치단체가 그 자신의 의사와 목적을 가지고 국가의 간섭을 배제하여 행정을 수행한다는 지방분권의 이념을 나타낸 것이다.

29

| 정답 | ①

| 해설 | 조례는 지방의회의 의결사항이나, 규칙은 지방자치단체장의 권한에 속한다. 지방자치단체의 장은 법령이나 조례가 위임한 범위에서 그 권한에 속하는 사무에 관하여 규칙을 제정할 수 있다(지방자치법 제23조).

30

| 정답 | ②

| 해설 | 옴부즈만은 행정결정이나 행정행위를 무효로 하거나 취소할 수 있는 권한은 없으며 사정권고를 통해 간접적인 통제를 수행한다.

| 오답풀이 |

① 옴부즈만의 독립성 확보와 실효성을 담보하기 위해 입법부 소속으로 전환되고 있으며 의회에서 선출된다.

③ 옴부즈만은 시민의 민원제기가 없는 경우에도 신문기사 등을 근거로 직권조사권한을 가지지만 행사되는 경우는 드물다.

④ 옴부즈만은 불법행위뿐만 아니라 부당한 행위에 대해서도 고발할 수 있으며 의회의 지휘와 감독을 받지 않는 독립적인 기관이다.

2회 실전모의고사

▸ 문제 432쪽

01	④	02	②	03	②	04	②	05	③
06	④	07	①	08	①	09	④	10	③
11	③	12	②	13	①	14	②	15	④
16	①	17	③	18	③	19	②	20	①
21	①	22	③	23	③	24	④	25	②
26	③	27	①	28	③	29	①	30	③

01

| 정답 | ④

| 해설 | 1980년대 미국이나 영국에서 각각 레이건 정부나 대처 정부 등과 같은 신보수주의정권의 등장으로 정부실패에 기반한 행정개혁이 추진되었다.

| 오답풀이 |

① 정부활동의 비용은 조세부담의 원칙이 적용되기 때문에 불필요한 정부활동에 자원이 소요되기도 하고 비효율적으로 많은 자원이 낭비되기도 한다.

② 정부실패를 야기하는 공급측면의 특성에 해당한다.

③ 정부와 민간 사이에 자원배분의 비효율성이 야기된다는 것은 배분적 비효율성에 대한 설명이다. X-비효율이란 경쟁이 없기 때문에 정부운영측면에서 비효율성이 야기된다는 것을 말한다.

02

| 정답 | ②

| 해설 | 사회적 형평성을 강조하고 소외계층에 대한 배려를 주장한 이론은 신행정론이다. 신공공관리론은 복지부문의 감축과 민영화정책의 추진 등 작은 정부의 지향을 주장하였다.

03

| 정답 | ②

| 해설 | 공유지의 비극(Tragedy of Commons)은 개인적 합리성과 집단적 합리성 간의 갈등을 나타내는 말이다. 즉 인간은 기본적으로 자신의 이익을 극대화하기 위하여 이기적인 행동을 하게 되는데 이러한 개인적 합리성의 추구는 결과적으로 집단적 합리성을 저해하게 되어 집단의 비극을 가져온다는 것이다.

04

| 정답 | ②

| 해설 | 일반 대중의 주목을 받을 만한 가치가 있으며 정부가 문제해결을 하는 것이 정당한 것으로 인정되는 사회문제는 공중의제(Public Agenda) 또는 체제의제(Systemic Agenda)이다. 공식의제(Official Agenda)는 정부의제(Governmental Agenda)와 같은 의미로 사용되는데 정부의 공식적인 의사결정에 의하여 그 해결을 위해서 심각하게 고려하기로 밝힌 문제를 말한다.

05

| 정답 | ③

| 해설 | 혼합주사모형은 합리모형과 점증모형을 절충한 이론으로, 전체적인 결정에는 합리모형을, 부분적 결정에는 점증모형을 적용한 모형으로 상황에 따른 융통성을 강조한다.

06

| 정답 | ④

| 해설 | 델파이 기법은 전문가들에게 의견을 묻는 설문지의 구성방식에 따라 응답이 달라질 여지가 있기 때문에 응답의 조작 가능성이 존재한다.

보충 플러스+

델파이 기법

질적 예측방법으로 여러 전문가의 의견을 모으고 교환하여 발전시켜 미래를 예측한다. 1948년 미국 랜드연구소에서 개발되어 군사, 교육, 연구개발, 정보처리 등 여러 분야에서 사용된 이 기법은 다양한 분야의 미래 예측에 이용되고 있다

[전통적 델파이 기법과 정책 델파이 기법의 비교]

구분	전통적 델파이 기법	정책 델파이 기법
의의	일반적인 문제에 대한 예측	정책문제에 대한 예측
응답자	관치행정 (중앙집권)	정책전문가와 이해관계자 등 다양하게 구성
익명성	철저한 익명성 보장	선택적 익명성 보장 (초기에만 익명성 보장)
통계처리	의견의 평균값(중윗값) 중시	의견일치나 갈등을 부각시키는 통계처리

07

| 정답 | ①

| 해설 | ㉢ 브레인스토밍(Brainstorming)에 대한 설명이다. 브레인스토밍은 참가자들이 될 수 있는 대로 많은 독창적 의견을 내도록 해야 한다. 또한 다른 사람의 아이디어에 자기 의견을 첨가해 새로운 아이디어를 도출하거나 여러 아이디어를 종합하여 새로운 아이디어를 이끌어 내는 편승기법의 활용도 가능하다.

㉣ 전자적 회의방법(Electronic Meeting)에 대한 설명이다. 전자적 회의방법은 명목집단기법에 컴퓨터기술을 접목시킨 집단적 의사결정방법으로 익명성을 보장하기 때문에 참여자들은 정직하고 솔직하게 의견을 개진할 수 있고 신속한 회의진행을 가능하게 하며 토론이 비조직적으로 방만하게 진행되는 것을 방지할 수 있다.

08

| 정답 | ①

| 해설 | 계층제는 하급구성원의 의사결정 참여를 제한하므로 귀속감이나 참여감이 떨어진다.

보충 플러스+

계층제의 기능

순기능	역기능
• 상의하달 및 하의상달 등 공식적 의사전달의 경로 • 권한위임 및 상하 간 권한 배분의 기준 및 경로 • 행정목표의 설정과 업무배분의 경로 • 조직 내 분쟁의 조정과 해결 등 내부통제의 수단 • 명령 · 지시 등 공식적 권위 행사의 수단 • 질서유지 및 조직의 통일성 · 일체화의 수단	• 상하 간의 수직적 원리가 강화되어 조직의 경직성을 초래하고 하급구성원의 근무의욕 저하 • 계층의 수가 많아짐에 따라 의사소통의 왜곡가능성 증대 • 변동하는 환경에 조직이 신축성 있게 적응하지 못하고 보수화 경향 • 하급구성원의 창조력 및 귀속감 · 참여감 저하 • 동태적인 인간관계의 형성 방해

09

| 정답 | ④

| 해설 | ㉠은 전문화로 인한 훈련된 무능, ㉡은 불안심리로 인한 권위주의화(독선관료주의), ㉢은 권력구조의 이원화, ㉣은 인간성의 상실, 인간발전의 저해에 대한 설명으로 모두 관료제의 병폐(역기능)에 해당한다.

10

| 정답 | ③

| 해설 | 목표관리제는 단기적이고 계량적인 목표를 추구하므로 목표를 계량적으로 측정하기가 용이할 때 성공하기 쉽다.

| 오답풀이 |

① 목표관리제는 직원에게 권한을 부여해야 하므로 집권적 조직에는 맞지 않고 분권화된 비계층제적 조직에 더 적합하다.

② 보수를 균등하게 지급하는 것이 아니라 목표달성결과에 따라 보수를 차등 지급하는 조직에 더 적합하다.

④ 업무환경이 가변적이고 불확실성이 큰 조직에서는 목표를 자주 수정해야 하므로 적용가능성이 낮아진다.

11

| 정답 | ③

| 해설 | ㉠ 구체적인 집행권과 명령권을 행사하는 것은 막료조직이 아니라 계선조직의 특징이다. 막료조직은 집행권과 명령권이 없다.

㉣ 정책의 중요성으로 인한 정책보좌기능의 역할이 증대되는 경우에는 막료조직의 중요성이 커진다.

12

| 정답 | ②

| 해설 | 맥그리거의 X이론은 테일러의 과학적 관리론의 경제적 욕구를 전제로 하는 인간관리방법을 말한다. 또한 샤인의 경제적 · 합리적 인간관에 연결되고 권위형 리더십과 통제형 인간관리를 강조하고 있다.

13

| 정답 | ①

| 해설 | 사전에 예정된 계획에 따라 실시하기가 용이한 방법은 교육원훈련(Off-JT)이다.

보충 플러스+

직장훈련(OJT)과 교육원훈련(Off-JT)의 장단점

구분	직장훈련(OJT)	교육원훈련(Off-JT)
장점	• 고도의 기술성 · 전문성 · 정밀성을 요구하는 훈련에 적합 • 훈련효과의 즉각적인 파악 가능 및 훈련대상자의 능력과 습득 정도에 맞춰 훈련하기 때문에 동기부여에 효과적 • 훈련하면서 업무수행이 가능하기 때문에 경제적 · 능률적 • 상관과 부하직원과의 이해와 협조정신을 통한 원만한 인간관계 유지	• 체계적인 훈련이 가능하기 때문에 신규채용자에게 적합 • 현장의 업무수행과는 관계없이 예정된 계획에 따라 실시 가능 • 동시에 많은 인원을 훈련할 수 있는 경제적 · 전문적 훈련 • 일상업무에서 벗어나 훈련에 전념할 수 있기 때문에 훈련의 효과 우수

단점	• 다수의 직원에 대한 동시훈련 불가능 • 통일된 내용 및 동일수준의 훈련 유지 곤란 • 직속상관의 능력이 부족할 경우 전문적인 지식 · 기술습득 불가 • 고급공무원의 훈련에는 부적합	• 일방주입식 교육화 우려 • 훈련참가자들의 참여기회가 적고, 실무와 동떨어진 교육진행 우려 • 훈련비참가자의 업무부담이 크고 훈련비용이 많이 소요

14

| 정답 | ②

| 해설 | 현대행정의 개혁수단으로서의 TQM은 조직구성원의 광범위한 참여하에 조직의 과정 · 절차를 지속적으로 개선해 나가는 분권적 · 수평적 전략을 추구한다. 전통적 행정이 계층제를 통한 규제와 통제 위주의 수직적 관리방식이었다면 현대행정은 분권화를 통한 경쟁과 시장유인을 중시하면서 고객지향적 행정서비스의 제공을 강조하고 있다.

15

| 정답 | ④

| 해설 | 통제 · 억압과 보상 등 합리적 교환관계는 능률 및 안정을 지향하는 거래적 리더십에 대한 내용이다.

16

| 정답 | ①

| 해설 | 맥클리랜드는 개인의 행동을 동기화시키는 잠재력을 지니고 있는 욕구는 학습되는 것이므로 개인마다 그 욕구의 계층에 차이가 있다고 주장하며 개인의 동기는 개인이 사회 · 문화적 환경과 상호작용하는 과정에서 취득된다고 보면서 학습을 통하여 개인의 동기가 개발될 수 있다는 전제를 기초로 하여 조직 내 성취욕구의 중요성을 강조하는 성취동기이론을 제시하였다.

17

| 정답 | ③

| 해설 | 알더퍼는 매슬로우의 욕구단계이론을 3단계로 통합하여 제시하였는데, 알더퍼의 ERG이론에서 성장욕구는 매슬로우의 자기실현욕구와 연관된다. 매슬로우의 애정욕구는 사회적 욕구에 해당하는 범주로서 존경에 대한 욕구와 함께 ERG이론의 대인관계욕구에 포함된다.

18

| 정답 | ③

| 해설 | 효율성모델은 전자정부를 정부 내부의 생산성 제고라는 측면의 협의로 해석한 것이며, 민주성모델은 행정과 정상의 민주성 증진이라는 측면의 광의로 해석한 것이다.

19

| 정답 | ②

| 해설 | 직업공무원제하에서는 일반적으로 계급제에 입각한 폐쇄형 충원방식을 채택하고 있기 때문에 공직의 중간계층에 특정 분야의 외부전문가를 채용하기가 어렵다.

보충 플러스+

적극적 인사행정

- 의의 : 실적주의(능률성)와 엽관주의(민주성)의 조화와 인간관계론적 인사행정을 추구하는 것. 즉 실적주의 및 과학적 인사관리만을 고집하지 않고 엽관주의를 신축성 있게 수용하며 인사관리에 있어서 인간관계론적 요소를 중시하는 인사제도로서 실적주의 인사행정의 소극성 · 비융통성 및 지나친 집권성을 배제하고 적극적이고 신축적이며 분권적인 인사행정을 지향한다.
- 특징
  - 적극적인 모집방법(개방형 임용제)을 통해 사회 내의 유능한 인재를 발굴 · 채용한다.
  - 고위정책결정직에 정치적 임명이 가능하도록 신축성을 부여한다.
  - 고위공무원단제도
  - 행정상의 책임과 능률을 위하여 인사집행권자의 권한을 강화한다.
  - 교육훈련 · 승진 · 전보 등의 방법을 통하여 공무원의 능력발전에 힘쓴다.

- 인사행정의 권한을 중앙인사기관에서 각 부로 분권화시킨다.
- 공무원 권익 보호를 위하여 공무원단체를 인정한다.
- 직위분류제의 요소를 강조한다.
- 공무원에 대한 사회적 평가를 제고시킨다.

20

| 정답 | ①

| 해설 | 직무분석(Job Analysis)이란 직무에 관한 정보 · 자료를 조사 · 검토하여 직무를 종류에 따라 직군 · 직렬로 수직적 분류를 하는 것이고, 직무평가(Job Evaluation)란 직무의 종류가 동일하거나 유사한 각 직위의 수준인 등급을 수평적으로 결정하는 절차를 말한다.

| 오답풀이 |

② 직무분석이 직무평가보다 먼저 이루어진다.

③ 직무분석이 수직적 · 종적 분류라면 직무평가는 수평적 · 횡적 분류이다.

④ 직무분석에서 직군 · 직렬을 결정하며 직무평가에서 직급 · 등급을 결정한다.

21

| 정답 | ①

| 해설 | 상동적 태도란 피평가자들이 속한 집단의 특성에 근거하여 피평가자를 판단하는 오류로 편견이나 고정관념에 의한 착오를 말한다.

| 오답풀이 |

② 총계적 오차는 근무성적평정을 할 때 피평정자의 평점 기준이 경우에 따라 불규칙하여 생기는 오류이다.

③ 근접효과는 평정대상 기간 중 평정시점과 근접한 사건이나 실적일수록 평정에 더 크게 반영되는 경향을 말한다.

④ 관대화 경향은 근무성적평정 시에 평정자가 피평정자의 수행 또는 성과를 실제보다 더 높게 평가하는 오류로서 비공식적 유대 관계의 영향을 받는 경우 등에 따라 나타난다.

22

| 정답 | ③

| 해설 | 선의의 목적으로 행해지는 부패를 백색부패(White Corruption)라고 한다. 백색부패는 국가사회에 심각한 정도의 피해를 주지 않거나 사익을 추구하려는 의도가 없는 선의의 부패로 구성원 다수가 어느 정도 용인하는 관례화된 부패를 말한다.

| 오답풀이 |

① 생계형 부패는 하급 행정관료들이 생계유지를 목적으로 저지르는 부패로 민원부서 하급자들의 행정적 부패나 작은 부패를 말한다.

② 사기형 부패는 공금의 유용이나 횡령, 회계부정 등 거래를 하는 상대방 없이 공무원에 의해 일방적으로 이루어지는 부패를 말한다.

④ 일탈형 부패는 우발적 부패라고도 하며 구조화되지 않은 일시적 부패로 관료 개인의 윤리적 일탈로 인한 개인부패를 말한다.

23

| 정답 | ③

| 해설 | • 이용 : 입법과목에 대하여 목적을 변경하는 것이므로 질적 한정성(목적 외 사용금지)의 원칙에 대한 예외

• 예비비 : 초과지출을 허용하는 경비이므로 양적 한정성(초과사용금지)의 원칙에 대한 예외

• 계속비 : 수년간 지속되는 사업에 대하여 연도를 경과하여 사업비를 계속 편성하는 경비이므로 시간적 한정성(회계연도 독립)의 원칙에 대한 예외

24

| 정답 | ④

| 해설 | 준예산이란 회계연도가 개시될 때까지 예산이 국회에서 의결되지 못한 경우에 예산이 의결될 때까지 정부가 전년도 예산에 준하여 경비를 지출할 수 있는 예산이다.

| 오답풀이 |

① 수정예산은 정부가 예산안을 국회에 제출한 이후 환경변화로 인해 국회의결 이전에 기존 예산안의 내용 일부를 수정하여 제출하는 예산안이다.

② 추가경정예산은 예산이 국회를 통과한 이후 예산집행과정에 다시 제출되는 예산으로 횟수에는 제한이 없다.

③ 전년도 예산에 준하여 집행하는 것은 준예산이다. 가예산은 부득이한 사유로 인하여 회계연도 개시일까지 본예산이 의결되지 못한 때 1개월 이내의 예산만 의결하여 집행하도록 해주는 예산으로 제1공화국에서 채택되어 1960년까지 존속하였다.

25

| 정답 | ②

| 해설 | ㉡ 결산심의에서 위법하거나 부당한 지출이 지적되더라도 정치적 책임의 의미만 있을 뿐이지 그 정부활동이 무효나 취소가 되지는 않는다.

㉢ 국회심의과정에서 증액된 부분은 부처별 한도액 제한을 받지 않는다.

26

| 정답 | ③

| 해설 | 예산심의는 행정부가 작성한 예산안을 입법부가 심의하여 확정하는 과정으로 재정민주주의의 실현과정이다.

| 오답풀이 |

① 각 상임위원회의 예비심사를 거친 후 예산결산특별위원회의 종합심사가 끝나면 본회의의 의결을 얻도록 되어 있으나 본회의에서는 큰 수정이 없는 것이 일반적이다.

② 예산결산특별위원회는 상설화된 특별위원회이다.

④ 국회는 예산심의에 있어서 일반적으로 큰 수정을 가하지 않는다.

보충 플러스+

우리나라 예산심의의 특징

- 영국 · 미국과는 달리 예산이 법률이 아닌 의결 형식이다.
- 국회는 행정부의 동의 없이 증액하거나 새로운 비목을 설치할 수 없다.
- 단원제 국회로 되어 있어 예산심의에 충분한 기간을 할애하지 못한다.
- 예산심의에 있어서 상설위원회인 예산결산특별위원회의 역할이 중요시된다.
- 국회는 예산심의에 있어서 큰 수정을 가하지 않는다(통상 3% 이하의 삭감).
- 예산심의과정에 여론의 투입이 취약하고 투명성이 낮다.
- 예산처리가 소극적이며 예산과 무관한 정책질의가 많다.
- 예산결산특별위원회에서 실수계수조정이 이루어진다.

27

| 정답 | ①

| 해설 | 분권화라고 반드시 비능률을 가져온다고 볼 수는 없다.

보충 플러스+

집권화와 분권화의 촉진요인

집권화의 촉진요인	분권화의 촉진요인
• 권위주의적 문화 • 소규모 조직 및 신설 · 영세 조직 • 하위층 조직의 무능 • 위기의 존재 및 신속한 결정 • 상위자의 능력이 강하고 일인지배체제일 경우	• 상급자의 업무부담 감소와 하급자의 책임감 강화 • 관리자의 양성과 하위계층의 사기앙양 • 민주적 통제의 강화와 지방실정에의 적응 • 다원주의와 평등의식의 생활화 • 오래되고 규모가 큰 조직 • 유능한 공무원의 확보와 재정자립도가 높은 경우 • 주변환경의 불확실성이나 가변성이 높은 경우

28

| 정답 | ③

| 해설 | ㉠ 규칙제정권(지방자치법 제23조)과, ㉣ 재의요구권 및 제소권(지방자치법 제107조)은 지방자치단체장의 권한에 해당한다.

29

| 정답 | ①

| 해설 | 행정책임이란 행정인 또는 행정기관이 주권자인 국민의 기대, 요망에 부응하여 공익, 직업윤리, 법령과 행정목표, 정책이나 사업계획 등 일정한 기준에 따라 행동하여야 할 의무를 말하는데 구성요소들 사이의 상대적 비중은 시대와 환경의 변화에 따라 조금씩 달라진다.

| 오답풀이 |

② 수난적 책임은 자기에게 주어진 비난 혹은 제재를 감수할 것을 뜻하는 책임으로 영어의 Accountability(법적 책임)에 해당한다. Responsiveness는 정치 · 행정체제가 환경의 요구에 대해 얼마나 민감하게 반응하는가를 가리키는 개념인 대응성을 의미한다.

③ 프리드릭은 외재적 책임보다는 내재적 책임을 중시하여 개개인의 행정인이 자기의 전문직업의 표준과 이념에 합치하는 것을 책임이라고 인식하였다.

④ 기능적 책임 또는 직업적 책임이란 행정인이 전문직업인으로서 주어진 임무를 직업윤리와 전문적 · 기술적 기준에 따라 성실히 수행하였는가 하는 기술적 차원에서의 책임으로서 행정국가하에서는 행정의 전문화 · 복잡화 등으로 인하여 그 중요성이 더욱 증대되고 있다.

30

| 정답 | ③

| 해설 | 감축관리는 단순한 기구축소나 예산절약이 아니라 조직 전체의 효과성을 향상시키려는 것으로서 계속적인 정책과 조직의 재조정 또는 재형성의 과정이다. 즉 한정된 자원의 총 효과성을 높이기 위해서 바람직하지 못한 정책과 조직을 종결시키고 바람직한 새로운 정책과 조직을 탄생시키려는 의지의 행위인 것이다. 따라서 축소할 부서를 미리 정해 놓고 비슷한 비율로 줄여나가는 것은 감축관리의 취지에 부합하지 않는다.

3회 실전모의고사

▸문제 444쪽

01	①	02	③	03	③	04	③	05	①
06	②	07	④	08	③	09	④	10	③
11	①	12	④	13	③	14	③	15	④
16	①	17	③	18	③	19	③	20	③
21	③	22	③	23	④	24	②	25	①
26	①	27	③	28	④	29	①	30	②
31	②	32	①	33	③	34	④	35	④
36	①	37	②	38	④	39	③	40	①
41	②	42	②	43	④	44	②	45	①
46	②	47	④	48	②	49	①	50	②

01

| 정답 | ①

| 해설 | ㉠ 본질적으로 정치는 정책의 결정을, 행정은 정책의 집행과 관리를 의미하므로 정치는 민주성을 확보하는 과정에 해당하며 행정은 효율성을 확보하는 과정에 해당한다.

㉤ 미국의 경우 19세기 말부터 1930년대까지는 정치행정이원론이 지배적이었으나 1930년대 이후 대공황을 극복하는 과정에서부터 정치행정일원론이 지배적으로 자리 잡게 되었다.

02

| 정답 | ③

| 해설 | 공공선택론은 행정을 공공재의 공급과 소비관계로 파악하여 정당 및 관료는 공공재의 공급자이고 시민 및 이익집단은 공공재의 소비자로 가정한다.

보충 플러스+

공공선택론
정부를 공공재의 생산자로 보고 시민을 소비자로 규정하여 시민의 편익을 극대화할 수 있는 서비스의 공급과 생산은 공공부문의 시장경제화를 통해 가능하다고 주장하는 이론을 말한다.

03

| 정답 | ③

| 해설 | 행정이 추구하는 가치를 본질적 가치와 수단적 가치로 구분할 때 본질적 가치에는 공익, 정의, 형평성, 자유, 평등이 있고, 수단적 가치에는 합리성, 합법성, 능률성, 효과성, 민주성, 책임성 등이 있다.

| 오답풀이 |

① 능률성은 투입 대비 산출의 개념이고 효과성은 목표달성 정도를 의미한다. 훈련생을 단순히 많이 배출하는 것은 능률성과 관계된다. 만약 훈련결과 자질이 향상된 훈련생을 배출했다고 한다면 효과성이 높은 것이 된다.

② 형평성(Equity)의 개념은 일반적으로 공정성(Fairness) 또는 사회적 정의(Social Justice)의 개념과 같은 의미로 쓰인다.

04

| 정답 | ③

| 해설 | 시장실패 및 정부실패의 유형과 정부의 대응방식은 다음과 같이 정리할 수 있다.

유형		정부의 대응방식
시장실패	공공재의 존재	공적 공급(조직)
	외부효과의 발생	공적 유도(보조금), 정부규제(권위)
	자연독점	공적 공급(조직), 정부규제(권위)
	불완전 경쟁	정부규제(권위)
	정보의 비대칭성	공적 유도(보조금), 정부규제
정부실패	사적 목표의 설정(내부성)	민영화
	X-비효율, 비용체증	민영화, 정부보조 삭감, 규제완화
	파생적 외부효과	정부보조 삭감, 규제완화
	권력의 편재(포획, 지대추구)	민영화, 규제완화

따라서 자연독점에 의한 시장실패는 공적 공급(조직) 또는 정부규제(권위) 방식으로 해결하는 것이 적합하다.

05

| 정답 | ①

| 해설 | 기업가적 정치인은 규제를 위해 적극적인 역할을 수행하는 공익운동가, 언론인, 정치가 등이다.

06

| 정답 | ②

| 해설 | ㉡ 신공공관리론(NPM)은 정부운영에 있어 분배 · 참여 · 평등보다는 경쟁의 원리를 강조한다.

07

| 정답 | ④

| 해설 | 신공공서비스론은 규범적 가치에 대한 이론은 제시했지만 이를 실천하기 위한 구체적인 처방을 제시하지 못했다.

보충 플러스+

전통적 행정이론과 신공공관리론 및 신공공서비스론의 비교

구분	전통적 행정이론	신공공관리론	신공공서비스론
이론과 인식의 토대	초기의 사회과학	경제이론 · 실증적 사회과학에 기초한 정교한 토의	민주주의이론과 실증주의 · 해석학 · 비판이론 · 포스트모더니즘 · 담론이론 · 조직인본주의 · 신행정학 등을 포괄하는 다양한 접근
합리성 모형과 행태 모형	개괄적 합리성, 행정인	기술적 · 경제적 합리성, 경제인 또는 자기이익에 기초한 의사결정자	전략적 합리성, 정치적 · 경제적 · 조직적 합리성에 대한 다원적 검증
공익에 대한 입장	법률로 표현된 정치적 결정	개인들의 총이익	공유가치에 대한 담론의 결과
관료의 반응 대상	고객과 유권자	고객	시민

정부의 역할	노젓기(정치적으로 결정된 단일목표에 초점을 맞춘 정책의 입안과 집행)	방향잡기(시장의 힘을 활용한 촉매자)	봉사(시민과 지역공동체 내의 이익을 협상하고 중재, 공유가치의 창출)
정책 목표의 달성 기제	기존의 정부기구를 통한 프로그램	개인 및 비영리기구를 활용해 정책목표를 달성할 기제와 유인체제 창출	동의된 욕구를 충족시키기 위한 공공기관, 비영리기관, 개인들의 연합체 구축
책임에 대한 접근 양식	계층제적(행정인은 민주적으로 선출된 정치지도자에 반응)	시장지향적(개인 이익의 총화는 시민 또는 고객집단에게 바람직한 결과 창출)	다면적(공무원은 법, 지역공동체 가치, 정치규범, 전문적 기준 및 시민들의 이익에 참여)
행정 재량	관료에게 제한된 재량만 허용	기업적 목적을 달성하기 위해 넓은 재량 허용	재량은 필요하지만 제약과 책임 수반
기대하는 조직 구조	조직 내에 상명하복으로 움직이는 관료적 조직과 고객에 대한 규제와 통제	기본적 통제를 수행하는 분권화된 공조직	조직 내외적으로 공유된 리더십을 갖는 협동적 구조
관료의 동기 유발	임금과 편익, 공무원보호	기업가정신, 정부규모를 축소하려는 이데올로기적 욕구	공공서비스, 사회에 기여하려는 욕구

08

| 정답 | ③

| 해설 | 수평적 형평성은 같은 것은 같게 취급한다는 원칙이다. 수직적 형평성은 다른 것은 다르게 취급한다는 원칙으로 각기 다른 입장에 있는 사람들에게 모두 그 사정에 맞게 서비스를 제공하거나 비용을 부담하게 하는 것이다. 즉 사회적 약자에게 더 많은 기회와 혜택을 부여함으로써 궁극적으로는 동일한 결과를 실현시키려는 행정이념이다.

09

| 정답 | ④

| 해설 | 수많은 사회문제 중에서 공적 문제로 취급되어 정부의 정책적 고려의 대상이 되어야 할 문제를 의미하는 것으로 그 내용이 중요할수록, 선례가 있어 일상화될수록, 이해관계집단과 관련이 있을수록 정책의제로 채택될 가능성이 높다.

| 오답풀이 |

㉠ 정책문제는 공익성(공공성)을 띤다.

㉡ 정책문제는 주관적이고 인공적이다.

㉣ 정책문제는 동태적 성격을 가진다.

10

| 정답 | ③

| 해설 | 무의사결정론(Non-Decision Making)은 권력의 두 얼굴모형을 이용하여 지배엘리트가 자신의 이익에 도전하는 현재적 · 잠재적 도전이 이슈화되지 못하도록 억압하기 때문에 무의사결정이 발생한다고 설명하는 것으로 신엘리트주의적 입장을 취하고 있다.

11

| 정답 | ①

| 해설 | 만족모형은 완전무결한 합리성이 아닌 제한된 합리성에 기초하고 있다. 현실의 인간은 지식 · 학습능력 · 기억능력 · 계산능력에 있어서 제약을 받고 있기 때문에 최적의 대안을 선택할 수 없으며 어느 정도 만족스러운 대안이 나오면 그 수준으로 결정할 수밖에 없다는 것이다.

12

| 정답 | ④

| 해설 | ㉡ 정당은 여당이든 야당이든 간에 일반적으로 정책결정의 비공식적 참여자로 분류된다.

보충 플러스+

정책결정의 참여자 구분

공식적 참여자	비공식적 참여자
• 중앙정부의 참여자 – 대통령 – 입법부 – 행정기관과 관료 • 지방정부의 참여자 – 지방자치단체장 – 지방의회 – 지방공무원 – 국가 일선행정기관	• 이익집단 • 정당 • 전문가집단 • 시민단체

13

| 정답 | ③

| 해설 | 나카무라와 스몰우드는 정책집행 성공의 판단기준에서 형평성은 고려하지 않았다.

보충 플러스+

정책집행유형별 성공의 판단기준

유형	성공의 판단기준
고전적 기술자형	효과성(목표달성도), 능률성
지시적 위임가형	능률성, 효과성
협상자형	주민만족도(일반주민의 지지가 중요)
재량적 실험가형	수익자 대응성
관료적 기업가형	체제 유지

14

| 정답 | ③

| 해설 | 체제이론은 체제를 지키는 문지기(Gate-Keeper, 대통령 · 국회의원을 비롯한 고위정책결정자)가 사회문제 중에서 일부만 정책문제로 채택하고 나머지는 버리는 역할을 수행한다는 이론으로 체제의 과중한 부담을 줄이기 위해 소수의 사회문제만 정책문제로 채택하는데 이때 문지기가 선호하는 문제가 정책문제로 채택된다고 보는 입장이다.

| 오답풀이 |

① 사이먼의 의사결정론은 의사결정활동이 주의집중활동(Attentive Direction), 설계(Design), 선택(Choice)의 세 가지 국면을 지닌다고 보고 이 중에서 주의집중활동이 정책의제설정과 밀접하게 관련되어 있다는 것이지만 특정의 문제가 왜 정책문제로 채택되고 다른 문제는 제외되는가에 대한 설명에 한계가 있다.

② 무의사결정론은 정치권력은 두 가지 얼굴을 가지고 있는데 하나는 정책문제를 해결하기 위해 정책결정에 영향력을 행사하는 것이고 다른 하나는 정책결정과정에 선행하는 정책문제의 채택과정(정책의제설정과정)에서 영향력을 행사하여 엘리트에게 불리한 문제는 무의사결정을 한다는 것이다.

④ 다원론은 어떤 사회문제로 인해 고통을 받고 있는 집단이 있으면 이들의 지지를 필요로 하는 누군가에 의해 그 사회문제가 정책문제로 채택된다는 것으로 정치적 영향력이나 권력이 사회 각 계층에 널리 분산되어 있기 때문에 어떤 문제든지 정치체제로 침투할 수 있다고 보는 이론이다.

15

| 정답 | ④

| 해설 | 다원주의(Pluralism)는 이익집단들이 자발적으로 무수히 조직되어 상호간의 자유로운 경쟁을 통해서 그들 각각의 이해관계를 실현하는 이익대표체계이다. 이러한 체계 하에서는 정부의 역할이 최소화되어 정부는 무수한 이익집단들 간의 경쟁의 결과를 반영하여 정책을 수립한다.

| 오답풀이 |

① 다원주의국가에서 정책결정과정은 합리모형보다는 점증모형에 의존한다.

② 동원모형은 권위주의국가에서 주로 사용하는 방법이다. 다원주의국가에서 정부는 다양한 집단들 간에 공정한 타협이 이루어지도록 조정자역할에 머물거나 게임의 법칙을 집행하는 심판자역할을 할 것으로 기대되므로 다양한 집단들이 정책의제설정과정을 주도하는 외부주도모형이 더 적합하다.

③ 정책대상집단의 영향력 행사는 주로 정책집행단계에 집중되지만 한정되는 것이 아니라 정책결정단계에서부터 정책평가과정에 이르기까지 전과정에서 이루어진다.

16

| 정답 | ①

| 해설 | 학생들의 가정환경은 학생들 개개인들이 처한 환경으로서 독립변수는 될 수 있지만 정책결정자가 마음대로 개선하거나 다룰 수 있는 정책변수로 고려되기는 힘들다.

보충 플러스+

- 독립변수 : 결과변수에 영향을 미치는 모든 원인변수
  - 정책변수(Policy Variable) : 정책결정자가 정책대안으로 채택하여 개선하거나 다룰 수 있는 조작 가능한 변수
  - 환경변수(Environment Variable) : 정책결정자가 조작할 수 없는 변수, 즉 제약조건

17

| 정답 | ③

| 해설 | 재량적 실험가형에 대한 설명이다. 정책목표달성에 필요한 수단을 확보하기 위해 정책결정자와 협상하는 경우는 관료적 기업가형에 가깝다.

18

| 정답 | ③

| 해설 | 계층화 분석법은 쌍대비교의 원리에 따라 두 가지 대안의 상호비교를 통하여 우선순위를 파악해 나가는 기법으로 두 대상 간의 상호비교가 불가능한 경우에는 사용할 수 없다는 단점을 지니고 있다.

19

| 정답 | ③

| 해설 | 네트워크 조직은 핵심기능을 수행하는 소규모의 조직을 중심에 놓고 다수의 협력업체들을 네트워크로 묶어 업무를 수행하는 조직이다.

| 오답풀이 |

① 네트워크 조직은 정보통신망에 의해 조정되므로 직접 감독에 필요한 많은 지원 및 관리인력이 불필요하게 된다. 즉 자원의 흐름을 관리하는 데 행정과정에 크게 의존하지 않게 된다.

② 네트워크 조직은 구성요소(조직) 간의 상호의존성과 협동이 중시된다.

④ 네트워크 조직에서 협력업체들은 하위조직이 아니며 별도의 독립된 조직들로 각 조직은 자발적인 행위의 주체이다.

20

| 정답 | ③

| 해설 | 부정적 엔트로피는 체제이론의 특징에 해당한다.

보충 플러스+

혼돈이론의 주요 특징

- 통합적 접근 : 복잡한 현상을 있는 그대로 파악하려는 접근방법
- 자기조직화 능력 : 조직의 항상성을 유지하면서도 변화와 창조를 계속하는 능력
- 대상체제의 복잡성 : 행정조직은 제세력과 상호작용하는 복잡한 체제를 지니고 있다는 것
- 발전의 조건 : 혼돈은 발전의 원동력이자 불가피하게 수반되는 긍정적인 것
- 반관료주의적 처방 : 관료제의 경직성을 쇄신하는 것

21

| 정답 | ③

| 해설 | ㉠ 학습조직의 기본구성단위는 팀으로, 수평적 조직구조를 강조한다.

㉣ 학습조직에서는 체계화된 학습이 강조됨에 따라 조직구성원의 권한은 강화된다.

22

| 정답 | ③

| 해설 | 고전적 조직이론은 공조직과 사조직의 관리는 동일하다는 공사행정일원론에 입각하고 있다.

23

| 정답 | ④

| 해설 | 업무의 성질상 복잡한 전문적 · 지적 업무를 담당하는 부하를 감독하는 것보다 동질적이고 단순한 업무를 담당하는 부하를 감독하는 경우에 통솔범위가 넓어진다. 그리고 감독자의 능력이 우수하고 부하들이 유능하고 잘 훈련된 경우에도 통솔범위가 확대된다.

24

| 정답 | ②

| 해설 | 사업구조는 각 기능의 조정이 사업부서 내에서 이루어지므로 기능구조보다 분권적인 조직구조를 갖고 있다.

25

| 정답 | ①

| 해설 | 골렘비에브스키는 압력이론과 견인이론으로 구분하고 압력이론은 X이론과 같은 관리방식이며 견인이론은 조직인이 일에 대한 보람과 만족을 느끼게 하고 이끌어주는 이론이라고 하였다.

26

| 정답 | ①

| 해설 | MBO는 목표모형을 취하지만 OD는 체제모형을 취한다.

27

| 정답 | ③

| 해설 | 매트릭스구조에서는 명령체계가 이원화되어 있어서 부하에 대한 완전한 통솔력을 발휘하기 힘들다. 따라서 상관에게는 이러한 조직구조상의 특수성에서 오는 갈등과 혼란을 조정할 수 있는 리더십이 필요하게 된다.

| 오답풀이 |

① 기계적 구조에 대한 설명이다.

② 유기적 구조에 대한 설명이다.

④ 매트릭스구조에 대한 설명이다.

28

| 정답 | ④

| 해설 | 독립규제위원회는 신속한 업무처리가 어렵다는 단점이 있다. 광범위한 집단이익을 반영하기 위해 설치한 것은 자문위원회에 대한 설명이다. 자문위원회는 특정한 개인이나 조직의 목적을 위해 설치된 합의제기관이다.

29

| 정답 | ①

| 해설 | 제한된 자원은 하나의 적소가 지원할 수 있는 개체군의 수를 구속하기 때문에 일부의 개체군과 조직은 도태되어 소멸하게 되나 다른 것들은 선택되어 생존하게 된다. 따라서 환경이 조직을 선택한다는 이론이다.

보충 플러스+

조직군생태이론

- 생태학적 개념에 입각한 이론으로 조직을 환경적 요인에 의하여 상당한 정도로 결정되는 시스템으로서 본다.
- 조직은 자체적인 관성, 즉 구조적인 타성으로 인하여 환경에 적응 또는 변화하기가 쉽지 않다.
- 조직변화에 대한 내적 제약요인으로 매몰비용, 정보부족, 주어진 정치적 구조 및 오래된 조직역사 등이 있다.
- 조직의 성공은 조직의 생존으로 정의될 수 있으며 특히 생존의 분석에 있어서는 분류(Classification)와 선택(Selection)이라는 두 가지 상호 관련되는 이슈를 강조하고 있다.

30

| 정답 | ②

| 해설 | 네트워크 조직은 조직 경계의 모호성으로 인해 응집력 있는 조직 문화 형성이 곤란하고 구성원의 조직에 대한 충성을 기대하기 어렵다.

| 오답풀이 |

① 네트워크 조직은 구성단위들의 업무성취에 관한 과정적 자율성이 높고 이들에 대한 통제는 자율규제적 · 결과지향적이다. 또한 경직적인 구조가 아니라 단위조직 간의 협조에 의하여 움직이는 협력적 연계장치로 구성된 조직이므로 조직 간의 경계는 고정적이기보다 유동적이다.

③ 네트워크 조직은 계약관계에 있는 외부기관에 대한 직접적인 통제가 곤란하기 때문에 대리인문제의 발생가능

성이 높아 조정 및 감시비용이 증가한다는 단점이 있다.

④ 네트워크 조직은 각 조직들 간의 수평적 협력관계를 바탕으로 하여 핵심기능 외에는 모두 외부에 위탁하는 구조를 지니는 조직이므로 하나의 조직 내에서 모든 기능을 직접 수행하지는 않는다.

31

| 정답 | ②

| 해설 | 중간관리층에 대한 설명이다.

보충 플러스+

최고관리층

- 의의 : 행정관리의 계층적 구조에 있어서 최상층에 위치하며 조직 전체를 종합적으로 판단하고 행정의 주요정책과 기본방침을 결정하는 계층
- 역할
  - 전체적인 조직활동의 지도 · 통합 · 조정 · 통제
  - 행정기능 · 정치적 기능 · 대표적 기능의 수행
  - 행정의 기본목표를 설정하고 정책대안의 분석 · 평가 · 선택
  - 시민이나 전문가의 의견 · 건의를 광범위하게 받아들여 정책의 우선순위 결정
  - 우수한 인재의 능력개발과 정보관리체제의 효율화를 위해 노력
  - 쇄신적 · 비정형적 정책결정에 주력
- 능력 · 자질
  문제의 해결능력 / 자원의 동원능력 / 지도력 · 추진력 / 지적 유연성과 정서적 안정성 / 고도의 통찰력 · 판단력 · 창의력 / 정치적 리더십
- 귤릭의 POSDCoRB(최고관리층의 기능)
  - Planning(기획)
  - Organizing(조직)
  - Staffing(인사)
  - Direction(지휘)
  - Coordination(조정)
  - Reporting(보고)
  - Budgeting(예산)

32

| 정답 | ①

| 해설 | ㉠ 회피란 자신의 이익이나 상대방의 이익 모두에 무관심한 대인적 갈등관리방안이다. 상대방의 이익을 희생하여 자신의 이익을 추구하는 대인적 갈등관리방안은 경쟁에 해당한다.

㉢ 논제가 사소하고 다른 논제가 더 급할 경우나 사람들을 진정시키고 생각을 가다듬게 할 필요가 있을 때에는 회피에 의한 갈등처리방식이 바람직하다.

33

| 정답 | ③

| 해설 | 블레이크와 머튼의 관리망이론은 리더의 인간에 대한 관심과 생산에 대한 관심을 중심으로 구분하여 설명하고 있다.

| 오답풀이 |

① 리더십의 유형이 조직의 구조, 상급자와 하급자 간의 관계, 상급자의 권한 등에 의해 결정된다고 하는 것은 F. E. Fiedler의 상황론이다.

② 조직의 구조와 생산성에 대한 관심도에 따라 리더십이 달라지며 리더십의 유형을 민주형, 방임형, 권위형으로 구분하는 것은 행태론(Behavioral Theory)이다.

④ 절대수용의 영역(Zone of Indifference), 거부의 영역(Zone of Rejection), 수용의 영역(Zone of Acceptance)으로 구분하는 것은 현대적인 리더십이론이다. 전통적인 권위이론은 단순한 리더이기보다는 위인으로서 보통 사람과는 다른 비범한 자질을 부각시킨다.

34

| 정답 | ④

| 해설 | 조직의 방침과 관행은 동기요인이 아니라 조직구성원에게 불만족을 주는 위생요인과 관련된다.

35

| 정답 | ④

| 해설 | 포도덩굴 커뮤니케이션, 즉 소문은 일정한 공식적인 경로 없이 자유롭게 이루어지는 비공식적 의사소통으로 상관의 공식적 권위를 손상할 우려가 있다.

36

| 정답 | ①

| 해설 | ㉠ 비정부조직은 자율적인 영역인 시민사회의 주요 행위자이다.

㉢ 비정부조직은 공공목적의 달성을 위해 설립되는 자발적인 공식조직이다.

㉣ 비정부조직 내에서 개인은 이기적인 주체가 아니라 공동체적인 주체로서 다양한 개인들의 자유로운 의사소통을 통해 사회적 합의를 이끌어 낼 수 있다.

37

| 정답 | ②

| 해설 | ㉡ 공공기관에 의한 자발적 · 능동적인 정보제공을 주된 내용으로 하는 것은 행정PR이다. 정보공개는 청구인의 정보공개청구에 의해 의무적으로 제공하는 것이다.

㉢ 외국인인 경우 국내에 일정한 주소를 두고 거주하거나 학술 · 연구를 위하여 일시적으로 체류하는 사람, 국내에 사무소를 두고 있는 법인 또는 단체에 해당하는 자는 정보공개청구를 할 수 있다(공공기관의 정보공개에 관한 법률 시행령 제3조).

㉤ 공공기관의 정보공개에 관한 법률은 국민의 알 권리를 보장하고 국정에 대한 국민의 참여와 국정운영의 투명성을 확보함을 목적으로 하기 때문에 이와 관련되지 않은 개인의 특수한 이익은 보호된다.

㉦ 정보의 공개 및 우송 등에 드는 비용은 실비의 범위에서 청구인이 부담한다. 다만 공개를 청구하는 정보의 사용 목적이 공공복리의 유지 · 증진을 위하여 필요하다고 인정되는 경우에는 비용을 감면할 수 있다(공공기관의 정보공개에 관한 법률 제17조 제1항 · 제2항).

㉧ 공공기관은 정보공개의 청구를 받으면 그 청구를 받은 날부터 10일 이내에 공개 여부를 결정하여야 한다(공공기관의 정보공개에 관한 법률 제11조 제1항).

38

| 정답 | ④

| 해설 | 엽관주의는 비전문가를 임용하여 행정의 전문성을 저해한다.

39

| 정답 | ③

| 해설 | 직무평가의 방법은 다음과 같다.

구분		정의
비계량적 방법	서열법	직무를 구성요소별로 나누지 않고 전체적 · 종합적으로 평가하여 상대적 중요도에 의해 서열을 부여하는 자의적 방법
	분류법(등급법)	사전에 작성된 등급기준표에 의해 직무의 책임과 곤란도를 결정해 나가는 방법
계량적 방법	점수법	직위의 직무구성요소를 구분하여 정의하고 각 요소별로 직무평가기준표에 의하여 평가한 점수를 종합하는 방식
	요소비교법	직무를 평가요소별로 나누어 계량적으로 평가하되 기준직위를 선정하여 이와 대비시키는 방법

40

| 정답 | ①

| 해설 | 개방형 임용제도는 공직 내부나 외부에서 적격자를 임용한다.

41

| 정답 | ②

| 해설 | 계급제는 폐쇄형 인사를 채택하며, 동일직무에 대한 동일보수원칙을 확립하는 데 기여하는 것은 직위분류제이다.

42

| 정답 | ②

| 해설 | 점수법은 각 직무를 기초적인 요소의 척도에 따라 계량적으로 계측하는 방법으로 가장 많이 사용되는 방법이다.

43

| 정답 | ④

| 해설 | 인력계획과정은 다음과 같다.

- 인력수요예측단계 : 정부조직의 목표에 따라 일정기간 후에 정부조직이 필요하게 될 인력총수요예측, 기존인력정책에 따라 공급될 수 있는 기존인력총공급예측, 인력총수요예측과 기존인력총공급예측을 비교하여 새로운 인력수요예측인 순수요예측 등을 하는 단계
- 인력공급대안결정단계 : 미래에 발생할 인력수요에 대응하기 위한 인력공급방안을 마련하는 단계
- 시행단계 : 인력공급이 효율적으로 이루어질 수 있는가를 인사행정활동과 연계시키는 데 중점을 두고 인력공급방안을 실제로 집행하는 단계
- 평가단계 : 인력계획과정에서 작용하는 각종 요인과 성과를 분석 · 평가하여 그 결과를 다음 인력계획에 환류시키는 단계

이에 따라 ㉠-㉣-㉦-㉡-㉤-㉢-㉥-㉧ 순이 적절하다.

44

| 정답 | ②

| 해설 | ㉠은 고위공무원단에 대한 역량평가제, ㉡은 4급 이상 공무원에 대한 직무성과관리제, ㉢은 다면평가제, ㉣은 근무성적평정제에 대한 설명이다.

45

| 정답 | ①

| 해설 | 조직구성원이 팀을 구성하여 동료와 촉진자의 도움을 받아 실제업무의 문제를 해결함으로써 학습을 하는 훈련방법으로 '행함으로써 배운다(Learning by Doing).'라는 학습원리를 근간으로 4 ~ 6명을 한 팀으로 구성, 실천현장에서 발생하는 문제를 팀학습을 통해서 다양한 아이디어를 도출, 이를 실제 적용하는 과정에서 발생하는 학습을 강조하는 전략이다.

46

| 정답 | ②

| 해설 | 전직시험에서 3번 이상 불합격한 자로서 직무수행능력이 부족하다고 인정된 때에 직권으로 면직시킬 수 있다(국가공무원법 제70조 제1항).

47

| 정답 | ④

| 해설 | 단체교섭이 결렬된 경우에는 당사자 어느 한쪽 또는 양쪽은 중앙노동위원회에 조정을 신청할 수 있다(공무원의 노동조합 설립 및 운영 등에 관한 법률 제12조 제1항).

48

| 정답 | ②

| 해설 | 중앙예산기관은 예산을 검토하는 과정에서 매년 각 부처의 모든 활동 · 사업계획 · 관리방법 등을 사정하게 되는데 이러한 활동은 예산의 관리적 기능을 의미한다.

보충 플러스+

예산의 기능
- 정치적 기능 : 의회의 행정부에 대한 재정통제기능, 정치적 집단 간의 이익조절기능
- 법적 기능(입법적 기능) : 재정권부여기능
- 경제적 기능 : 경제안정화기능, 경제성장촉진기능, 소득재분배기능, 자원배분기능
- 관리적 기능 : 중앙예산기관의 사정기능

49

| 정답 | ①

| 해설 | 추가경정예산이란 정부가 예산성립 후에 생긴 사유로 인하여 이미 성립한 예산을 변경할 필요가 있을 때 편성하는 예산을 말한다(헌법 제56조).

50

| 정답 | ②

| 해설 | ㉡ 계획예산제도(PPBS)에 관한 설명이다.

파트5 최근 주요 공기업 기출문제

1회 기출문제

▸문제 464쪽

01	④	02	①	03	①	04	②	05	④
06	①	07	④	08	③	09	④	10	③
11	④	12	①	13	①	14	④	15	②
16	④	17	②	18	①	19	①	20	③
21	④	22	①	23	①	24	④	25	①
26	②	27	②	28	②	29	②	30	①
31	③	32	①	33	④	34	①	35	①
36	③	37	②	38	①	39	③	40	②
41	④	42	②	43	②	44	②	45	④
46	④	47	②	48	④	49	②	50	④
51	②	52	④	53	④	54	①	55	③
56	①	57	②	58	③	59	④	60	①

01

|정답| ④

|해설| 임대차 목적물인 상가건물이 대규모점포의 일부인 경우 임차인의 권리금 회수기회를 보호하는 상가건물 임대차보호법 제10조의4를 적용하지 않도록 하는 것은 대규모점포 상가임대인의 재산권을 침해하지 않는다(헌재 2020. 7. 16. 2018헌바242 등 전원재판부).

|오답풀이|

① 헌법 제23조 제2항

② 주채무자에 대한 시효의 중단은 보증인에게도 그 효력이 있다(민법 제440조). 채권자의 정리절차참가로 인한 시효중단의 효력이 민법 제440조에 의하여 정리회사의 보증인에게 미치는 것은 보증인의 재산권을 침해하는 것으로 볼 수 없다(헌재 1996. 8. 29. 93헌바6 전원재판부).

③ 헌법 제23조 제3항

02

|정답| ①

|해설| 헌법재판소의 재판부는 종국심리에 관여한 재판관 과반수의 찬성으로 사건에 관한 결정을 한다. 단, 법률의 위헌결정, 탄핵의 결정, 정당해산의 결정, 헌법소원에 대한 인용결정, 종전에 헌법재판소가 판시한 헌법 또는 법률의 해석 적용에 관한 의견을 변경하는 경우에는 재판관 6명 이상의 찬성이 있어야 한다(헌법재판소법 제23조 제2항).

03

|정답| ①

|해설| 국회의 임시회는 대통령 또는 국회재적의원 4분의 1 이상의 요구에 의하여 집회된다(헌법 제47조 제1항).

|오답풀이|

② 헌법 제48조

③ 헌법 제63조 제1항

④ 헌법 제55조

04

|정답| ②

|해설| 여행자는 여행을 시작하기 전에는 언제든지 계약을 해제할 수 있다. 다만, 여행자는 상대방에게 발생한 손해를 배상하여야 한다(민법 제674조의3).

|오답풀이|

① 민법 제674조의5

③ 민법 제674조의6 제1항

④ 여행업자는 기획여행계약의 상대방인 여행자에 대해 기획여행계획상의 부수의무로서 계약 내용의 실시에 관하여 조우할 지도 모르는 위험을 미리 제거할 수단을 강구하거나 여행자에게 그 뜻을 고지하여 여행자 스스로 그 위험을 수용할지 여부에 관하여 선택의 기회를 주는 등의 합리적 조치를 취할 신의칙상의 주의의무를 진다(대판 1998.11.24. 98다25061).

05

| 정답 | ④

| 해설 | 소멸시효의 기산점이 되는 '불법행위를 한 날'은 손해의 결과발생이 현실적인 것으로 되었다고 할 수 있을 때로 보아야 한다(대판 1990. 1. 12. 88다카25168).

| 오답풀이 |

① 여관의 숙박료채권은 1년간 행사하지 아니하면 소멸시효가 완성된다(민법 제164조 제1호).

② 면책적 채무인수는 소멸시효의 중단사유인 채무승인에 해당한다. 면책적 채무인수가 있은 경우 인수채무의 소멸시효기간은 채무인수와 동시에 이루어진 소멸시효 중단사유, 즉 채무승인에 따라 채무인수일로부터 새로이 진행된다(대판 1999. 7. 9. 99다12376).

③ 부동산에 대한 점유취득시효 완성을 원인으로 하는 소유권이전등기권의 청구권은 채권적 청구권으로서 취득시효가 완성된 점유자가 그 부동산에 대한 점유를 상실한 때로부터 10년간 이를 행사하지 아니하면 소멸시효가 완성한다(대판 1995. 12. 5. 95다24241).

06

| 정답 | ①

| 해설 | 합유자는 전원의 동의없이 합유물에 대한 지분을 처분하지 못한다(민법 제273조 제1항).

| 오답풀이 |

② 민법 제262조 제1항

③ 민법 제262조 제2항

④ 공유자는 그 지분을 처분할 수 있고 공유물 전부를 지분의 비율로 사용, 수익할 수 있다(민법 제263조). 다만 공유물 자체는 다른 공유자의 동의 없이 처분하거나 변경하지 못한다(민법 제264조).

07

| 정답 | ④

| 해설 | 부분적 포괄대리권을 가진 상업사용인이 특정된 영업이나 특정된 사항에 속하지 않은 행위를 한 경우 영업주가 책임을 지기 위해서는 민법상의 표현대리의 법리에 의하여 그 상업사용인과 거래한 상대방이 그 상업사용인에게 권한이 있다고 믿을 만한 정당한 이유가 있어야 한다(대법원 1999. 7. 27. 99다12932).

| 오답풀이 |

① 상법 제10조

② 상법 제13조

③ 상법 제15조 제1항

08

| 정답 | ③

| 해설 | 회사는 합명회사, 합자회사, 유한책임회사, 주식회사와 유한회사의 5종으로 한다(상법 제170조).

09

| 정답 | ④

| 해설 | 일반적으로 법률이 헌법에 위반된다는 사정이 헌법재판소의 위헌결정이 있기 전까지는 객관적으로 명백한 것이라고 할 수는 없으므로 헌법재판소의 위헌결정 전에 행정처분의 근거되는 당해 법률이 헌법에 위반된다는 사유는 특별한 사정이 없는 한 그 행정처분소송의 취소소송의 전제가 될 수 있을 뿐 당연무효사유는 아니라고 봄이 상당하다(대판 1994. 10. 28. 92누9463).

| 오답풀이 |

① 개발부담금의 납부기한은 관련 법률의 규정에 따라 정해지고 납부고지서의 기재는 그 날짜를 그대로 기재하는 것에 불과하므로 납부기한을 잘못 기재한 것만으로는 납부기한이 단축되는 효력이 발생하는 것이 아니고, 따라서 처분에 대한 불복 여부의 결정과 불법신청에 지장을 주었다고 단정하기 어려우므로 그 처분이 위법하게 되는 것은 아니다(대판 2002. 7. 23. 2000두9946).

② 대판 1964. 9. 22. 64다142

③ 교육감이 당해 교육위원회의 결의에 의한 위임 없이 유치원 설립인가를 한 처분은 당연무효이다(대판 1969. 3. 4. 68누210).

10

| 정답 | ③

| 해설 | 항고소송은 다음과 같이 구분한다(행정소송법 제4조).

1. 취소소송 : 행정청의 위법한 처분등을 취소 또는 변경하는 소송
2. 무효등 확인소송 : 행정청의 처분등의 효력 유무 또는 존재여부를 확인하는 소송
3. 부작위위법확인소송 : 행정청의 부작위가 위법하다는 것을 확인하는 소송

11

| 정답 | ④

| 해설 | OEM(Original Equipment Manufacturer)은 주문자가 의뢰한 내용에 따라 제품을 생산하고, 여기에 주문자의 상표를 부착하여 이를 납품하는 방식의 제품계약 혹은 이러한 방식의 제품 생산을 주로 하는 업체를 의미한다. 주로 선진국 업체가 자사 제품의 가격경쟁력을 확보하기 위해 낮은 인건비의 개발도상국의 생산업체를 대상으로 진행한다.

| 오답풀이 |

① 국제라이선싱은 국내기업이 로열티, 수수료를 대가로 다른 국가의 기업에 무형자산을 제공하는 계약협정을 의미한다.

② 턴키 플러스(Turn－key Plus)는 주문자가 사업자에게 생산설비를 설립하게 하고 그 설비가 가동되어 생산이 개시되는 시점에서 소유권을 넘겨받는 방식의 턴키(Turn－key) 방식에 주문자가 이를 지속적으로 생산할 수 있도록 하는 경영관리, 기술지원, 종업원의 훈련 등의 서비스까지가 포함되는 방식으로, 주로 발전소 등의 시설 건설에 주로 사용된다.

③ BOT(Build－Operate－Transfer) 방식은 주문자가 사업자에게 시설 설립을 의뢰하고 그 대가로 사업자에게 일정 기간 동안 해당 시설의 소유권을 인정하는 방식으로 주로 사회기반시설의 건설을 위한 국가의 민간투자사업의 방식 중 하나로 사용된다.

12

| 정답 | ①

| 해설 | 테일러의 과학적 관리법은 업무의 생산성과 능률성을 위한 과학적 분석에만 집중하고 인간의 업무수행동기에 있어서의 경제적 유인만을 고려하여 인간의 사회성이 미치는 영향을 간과하였다는 한계를 지닌다.

13

| 정답 | ①

| 해설 | ㄱ. 포드 시스템은 생산의 표준화와 컨베이어 시스템을 통한 이동조립방식을 통해 원가절감을 구현했다.

ㄷ. 포드 시스템을 구현하기 위한 요소로 작업의 단순화(Simplification), 부품의 표준화(Standardization), 생산의 전문화(Specialization)의 3S를 제시한다.

ㅁ. 포드 시스템은 생산 설비를 갖추고 이를 가동하기 위한 긴 준비기간을 요구한다는 점에서 외부환경의 변화에 유동적으로 대처하지 못한다는 한계를 가진다.

| 오답풀이 |

ㄴ. 포드 시스템은 기업은 낮은 가격으로 좋은 품질의 제품을 제공하는 사회의 봉사기관이라는 경영이념을 바탕으로 저가격 고임금의 원리를 실현하였다.

ㄹ. 포드 시스템은 소품종 대량생산을 전제로 한다.

14

| 정답 | ④

| 해설 | 피터 센게(Peter Senge)는 그의 저서 〈제5경영(The Fifth Discipline)〉를 통해 학습보직의 성립에 필요한 다섯 가지 훈련법인 MPTSS를 제시하였다. 그 중 시스템적 사고(System Thinking)은 문제를 하나의 시스템의 일부로 인식하고, 전체적인 맥락에서의 사건을 판단하고 내부에서의 상호관계를 이해하여 문제를 해결하고자 하는 개념이다.

보충 플러스+

학습조직을 위한 다섯 가지 훈련법(MPTSS)

1. 사고의 틀(Mental Model) : 사람들의 생각과 관점, 그리고 그것이 자신의 선택에 미치는 영향을 인식하고, 자신의 내면에 있는 정신적 이미지를 성찰하고 이를 새롭게 하는 과정을 의미한다.
2. 자기완성(Personal Mastery) : 개인은 목표를 설정하고 역량을 확대하는 방법을 학습하고, 조직은 개인이 선택한 목표를 향해 개발하는 여건을 조성해야 한다.
3. 팀 학습(Team Learning) : 집단 구성원들과의 대화와 사고를 통해 개인의 능력을 뛰어넘는 능력을 갖춘다.
4. 시스템 사고(System Thinking) : 문제를 하나의 시스템으로 인식하고 그 연관관계를 이해하며, 나아가 시스템을 더 효과적으로 만드는 능력을 함양한다.
5. 비전 공유(Shared Vision) : 조직의 구성원들이 가진 공동의 목표와 원칙을 공유하고 이를 통해 공감대를 형성하는 과정을 의미한다.

15

| 정답 | ②

| 해설 | 마이클 포터의 가치사슬(Value Chain)은 회사의 활동을 제품과 서비스의 가치창출에 직접적으로 관련된 활동인 본원적 활동(Primary Activity)과, 이러한 활동이 발생하도록 인프라를 제공하는 지원활동(Support Activity)으로 구분하였다. 이중 본원적 활동은 물류투입, 운영활동, 물류산출, 마케팅 및 판매, 서비스 등이 해당한다. 기술개발활동(R&D)는 마이클 포터의 가치사슬에서 지원활동으로 분류된다.

16

| 정답 | ④

| 해설 | 포터의 산업구조분석 모형에 따르면 기업의 수는 적고, 제품차별화의 정도는 높고, 전환비용이 높고, 규모의 경제가 형성되어 있을수록 기업의 수익률이 높아진다고 보았다.

기업의 수가 적다는 것은 그만큼 경쟁기업의 수가 적고 소수의 기업이 시장을 독점하는 구조를 쉽게 형성할 수 있다는 의미고, 제품차별화의 정도가 높다는 것은 시장 내에 독점적인 지위를 차지할 수 있다는 의미이다. 또한 전환비용이 높다는 것은 구매자들이 공급업체를 바꾸는데 드는 비용이 높아 구매자의 교섭력이 낮다는 의미이며, 규모의 경제가 형성되어 있다는 것은 잠재적 진입자가 시장에 진입하기 위해 넘어야 할 진입장벽이 높아 이미 시장에 진출한 기업들을 위협하지 못한다는 의미로 해석한다.

17

| 정답 | ②

| 해설 | 관세를 부과하면 그만큼 제품의 가격이 상승하여 소비자는 같은 제품을 더 높은 가격을 지불해야 하며, 이는 곧 소비자의 잉여가 감소하고 생산자의 잉여가 증가하는 효과를 가져오게 되는데, 이를 관세의 소득재분배효과라고 한다.

| 오답풀이 |

① 관세 부과는 제품의 가격을 상승시켜 소비자의 소비를 억제하는 소비제한효과를 발생시킨다.

② 관세 부과는 수입품의 가격을 상승시켜 소비자가 수입품의 소비를 줄이는 국제수지의 개선효과를 기대할 수 있게 한다.

③ 관세 부과를 통해 수입품의 가격이 상승하면, 관세를 적용받지 않는 국내산업의 이익이 증가하는 국내산업보호효과가 발생하게 된다.

18

| 정답 | ①

| 해설 | 민츠버그는 경영자가 수행해야 할 역할로 대인관계역할, 정보역할, 의사결정역할을 제시하였다.

대인관계역할(Interpersonal Role)은 경영자가 외부로는 조직을 대표(Figure Head)하고, 내부로는 조직의 리더(Leader)로 경영목표를 위해 종업원들을 이끌고, 기업 내외의 이해관계를 연결(Liaison)하는 역할을 수행하는 것을 의미한다.

정보전달자역할(Informational Role)은 외부환경의 정보를 수집(Monitor)하고, 이를 조직 구성원들에게 전달(Disse-minator)하며, 반대로 기업 내부의 사실을 기업 외부에게 알리는 대변인(Spokesperson)의 역할을 수행하는 것을 의미한다.

의사결정자역할(Decision Role)은 기업의 경영활동에 대한 결정자(Entrepreneur)로 기업 내의 자원을 배분(Resource Allocator)하고, 기업 내부 갈등을 중재(Negotiatior)하는 역할을 수행하는 것을 의미한다.

19

| 정답 | ①

| 해설 | 델파이법(Delphi Method)은 전문가로 구성된 임의의 집단을 구성하여 이들의 의견을 개별적으로 수집하여 미래를 예측하는 정성적 분석 기법으로, 특히 불확실한 중장기적 미래 예측이나 예측에 필요한 데이터가 부족할 경우에 주로 이용된다. 델파이법은 전문가의 의견을 취합하는 과정에서 전문가와 직접 만나지 않고 통신수단을 통해 의견을 수집하고, 설문 대상이 되는 전문가들의 의견 공유를 제한한 상태에서 의견을 수집한다는 특징을 가진다.

20

| 정답 | ③

| 해설 | 준거가격, 유보가격, 최저수용가격, 손실회피성, 베버의 법칙, JND, 가격－품질 연상은 모두 상품 가격에 대한 소비자의 주관적인 인식과 관련된 개념들이다.

준거가격이란 소비자가 제품의 통상 가격으로 인식하는 가격, 유보가격은 소비자가 해당 상품을 구매하기 위해 지불할 수 있는 가격의 상한선을 의미한다. 손실회피성(Loss Aversion)은 소비자가 이익보다 손실을 더 크게 인식한다는 개념이다. 베버의 법칙은 가격이 비싼 제품과 값싼 제품은 수치상으로는 동일한 가격 변동이 발생하더라도 소비자가 가격 변동을 체감하는 정도가 다름을 의미하며, JND (Just Noticible Difference, 최소식별차)는 소비자가 이러한 가격의 변동을 인식하는 최소 수치를 의미한다. 그리고 가격－품질 연상(Price－quality Association)은 소비자가 가격과 제품의 품질을 연결하여 인식하는 것으로 고가의 제품일수록 제품의 품질이 좋을 것이며, 반대로 저가의 제품일수록 낮은 품질의 제품일 것임을 연상하는 소비자의 인식을 의미한다.

| 오답풀이 |

① 공헌이익(Contribution Margin)은 제품의 판매가격에서 변동비를 차감한 금액을 의미한다. 즉 공헌이익은 기업이 획득한 이익 중 제품 생산여부에 관계없이 고정적으로 지출되는 비용인 고정비를 회수하는 것에 공헌하는 이득이다.

② 경쟁자의 원가와 가격은 제품의 가격결정에 큰 영향을 미친다. 또한 무형제품(서비스)는 유형제품에 비해 원가를 추정하기가 어려워 가격의 측정이 어렵다.

④ 제품의 고급 브랜드화 전략을 사용하기 위해서는 제품의 가격을 높게 책정해야 한다. 이는 소비자가 제품이 비쌀수록 제품이 고급품임을 인식하는 가격－품질 연상에 근거한다.

21

| 정답 | ④

| 해설 | 행정의 체제론적 접근방법에서의 행정체제는 유기체와 같이 환경과의 상호작용을 통해 여기에 적응하고 진화하는 변화의 과정을 거치되, 그런 체제 자체를 구성하는 제도와 가치는 유지하고 이에 대한 안정을 추구하는 항상성과 정태성을 가지며, 체제의 근간을 흔드는 외부요소에 대해서는 균형화를 통해 원래의 상태로 돌아가는 성질을 가진다고 본다.

다만 체제론적 접근방법은 체제가 그 자체로 독립변수가 되어 환경과 무관하게 자체적으로 내부목적성을 가지고 변화하는 현상이나 정치 · 사회의 큰 변화에 따라 행정구조가 급격히 변화하는 현상을 설명하지 못하며, 특히 개발도상국의 급변하는 행정체제를 설명하지 못한다는 한계를 가진다.

22

| 정답 | ①

| 해설 | 헤디(F. Heady)가 제시한 비교행정연구의 접근방법으로는 다음과 같다.

1. 수정된 전통적 접근방법 : 종래의 전통적 접근방법의 수정으로 각 국가의 행정현상을 단순비교하는 방법
2. 발전 지향적 접근방법 : 행정이 국가발전에 기여하는 과정을 규명하는 방법
3. 일반체계적 접근방법 : 각 국가의 행정현상을 비교할 수 있는 일반화된 행정모델의 개발에 집중하는 방법

4. 중범위 이론 접근방법 : 광범위한 행정의 실증적 연구를 위해 연구대상과 그 범위를 축소, 집중하여 연구하는 방법

23

| 정답 | ①

| 해설 | 제도의 형성에 영향을 미치는 정치의 특이성과 그 불평등성에 주목하는 역사적 신제도주의에서의 제도는 안정성과 경로의존성을 가지고 있어 기존의 제도에 대항하는 새로운 제도가 형성될 때 기존의 제도와 이를 형성한 권력관계는 이에 저항하고, 이 때문에 기존의 제도가 의도하지 않은 결과가 발생하거나 제도가 문제해결에 역기능적으로 작용하게 되는 제도의 비효율성을 강조한다.

다만 사회경제적 위기나 군사적 갈등, 역사적 우연성 등이 작용하여 발생한 사회적으로 중요한 분기점에 이르렀을 때 제도는 급격한 변화를 일으키며, 이렇게 형성된 새로운 제도는 다시 다른 사건이 일어나기 전까지는 계속 기존의 형태를 유지하려고 한다고 본다. 이를 단절적 균형(Punctuated Equilibrium)이라고 한다.

24

| 정답 | ④

| 해설 | 기업가적 정부는 공공부문에 경쟁원리를 적용하여 정부를 하나의 기업으로 인식하고 공공관리에 기업경영의 원리를 대입하는 행정이론이다. 기업가적 정부에서의 정부는 기업과 동일하게 경쟁관계를 통해 발전해야 하며 정부 역시 기업과 같이 수익목표를 설정하고 이를 관리하고 달성하는 과정을 거쳐야 한다고 본다. 기업가적 정부에서의 정부는 기업과 동일하게 정부행정을 통해 수익을 추구하고 비용을 절감하는 방안을 모색해야 하며, 이를 위해 시장경쟁력을 갖추기 위한 구조와 운영의 효율성을 위해 레드 테이프(Red Tape)로 대표되는 불필요한 규칙과 절차의 제거와 관료제의 철폐를 강조한다.

| 오답풀이 |

② 기업가적 정부에서 정부의 역할은 서비스의 직접생산, 직접명령과 규제를 통해 시장에 직접 개입(Rowing)하는 것이 아닌 조정자, 중재자의 역할(Steering)을 수행하는 작은 정부, 그리고 시장경제를 활성화시키는 촉매 역할을 수행한다.

③ 기업가적 정부에서의 정부는 자원의 분배에 있어 자원의 투입과 그 과정이 아닌, 이를 통해 획득할 수익 창출이라는 성과 중심과 결과론적 관점에서 자원을 분배해야 한다.

25

| 정답 | ①

| 해설 | 공공서비스 성과지표의 결과(Outcome) 지표는 공공서비스를 통해 궁극적으로 추구하고자 한 효과의 달성 정도를 측정하는 것을 의미한다. 선택지의 내용에서는 범죄활동을 조사하고 범인을 체포함을 통해 궁극적으로 목표한 범죄율 감소 효과가 얼마나 발생했는가를 측정하는 것이 결과 지표에 해당한다.

| 오답풀이 |

② 공공서비스의 구체적인 활동과 노력을 측정하는 과정(Process) 지표에 해당한다.

③ 제공한 공공서비스를 통해 생산된 구체적인 결과물을 측정하는 산출(Output) 지표에 해당한다.

④ 공공서비스를 위해 투입된 자원으로 투입(Input) 지표에 해당한다.

26

| 정답 | ②

| 해설 | 변혁적 리더십은 리더의 카리스마와 영감적 동기부여를 통해 스스로의 의식수준을 끌어올리도록 하는 리더십으로, 이를 위해 리더는 부하들이 업무수행에 끊임없이 의문을 제기하고 새로운 방식을 사용할 수 있도록 하는 지적 자극과 부하들의 욕구와 능력을 끌어올릴 수 있도록 하는 잠재력을 개발하기 위한 개별화된 배려를 제공한다.

| 오답풀이 |

① 허시와 블랜차드의 리더십 상황이론에서는 조직의 유형, 구체적으로 부하들의 능력과 동기에 따라 그에 맞는 네 종류의 리더십 스타일을 제시하였다.

③ 오하이오 대학의 리더십 연구는 리더십의 요인으로 구조주도와 배려를 제시하고 이 두 가지 요소를 모두 높은 수준으로 갖춘 리더십을 가장 이상적인 형태로 보았다.

④ 서번트 리더십(Servant Leadership)은 리더가 부하를 위한 헌신을 통해 부하들의 성장을 지원하고 공감대와 신뢰를 형성하는 리더십을 의미한다. 부하들의 바람직한 행동에 따른 보상이라는 교환·거래관계에 따른 리더십은 거래적 리더십에 대한 설명이다.

27

| 정답 | ②

| 해설 | 포크배럴(Pork Barrel)은 국회의원이 자신이 속한 선거구 내 지지층을 확보하기 위해 중앙정부로부터 지방보조금을 끌어오기 위한 불필요한 사업을 내걸어 재정의 낭비를 초래하는 것을 소금에 절인 돼지고기 통을 가지고 싸우는 노예들의 모습에 빗대어 표현한 용어이다.

| 오답풀이 |

① 교차투표(Cross-voting)는 의회에 제출된 의안에 대해 의원들이 정당의 이념과 무관하게 찬반을 선택하여 그 결과가 정당간의 대립구도가 아닌 형태로 형성되는 현상으로, 주로 정당의 통제력이 약해 당 내 다수의 파벌들이 형성된 경우에 나타난다.

③ 로그롤링(Log-rolling)은 자신의 이권이 걸린 의안을 통과시키기 위해 직접 관련이 없는 다른 투표권자가 제시한 의안을 지지해 줄 것을 조건으로 득표수를 끌어올리는 투표거래, 투표담합행위를 의미한다.

④ 중위투표자 정리(Median Voter Theorem)는 정당이 투표에 승리하기 위해서는 중위투표자를 포섭해야 하므로 이를 위해 특정 진영의 이념을 반영한 극단적인 선거공약이 아닌 중도적 성향의 선거공약들만이 제시하여 결과적으로는 중위투표자가 원하는 정책들이 선택되는 현상을 의미한다.

28

| 정답 | ②

| 해설 | 정책집행의 과정에 관해 매틀랜드(Matland)는 정책의 모호성과 정책갈등을 기준으로 관리적(행정적) 집행, 정치적 집행, 실험적 집행, 상징적 집행으로 구분하였다.

보충 플러스+

매틀랜드의 정책집행모형

1. 관리적(행정적 집행) : 정책의 모호성과 정책갈등이 모두 낮은 경우로, 정책을 집행하는 자원만 있다면 특별한 마찰없이 정책이 집행되며, 대체로 정책의 결과로 산출된 결과의 관리에 집중하게 된다.
2. 정치적 집행 : 정책의 모호성은 낮으나 정책갈등이 높은 경우로, 정책의 목표에 대해서는 이견이 없으나 이를 집행하는 수단의 선택에서 갈등이 발생하고 그 과정에서 매수, 담합, 날치기 등의 극단적인 집행과정이 수반되기도 한다.
3. 실험적 집행 : 정책의 모호성이 높으나 정책갈등이 낮은 경우로, 정책에 따른 결과가 불확실한 상황에서 실험적으로 정책을 집행한다.
4. 상징적 집행 : 정책의 모호성과 정책갈등이 모두 높은 경우로, 정책의 실질성보다는 그 정책이 가지는 가치원칙에 초점이 맞춰진다.

갈등 / 모호성	낮음	높음
낮음	관리적(행정적) 집행	협상적 집행
높음	실험적 집행	상징적 집행

29

| 정답 | ②

| 해설 | 백지신탁제도는 공직자가 업무수행 과정에서 자신과의 이해관계의 충돌을 사전에 방지하기 위해 자신의 직무와 관련한 주식을 처분하거나 수탁기관에 조건 없이 신탁하는 공직자윤리법 관련 제도로, 주로 정책의 최종결정권을 가진 고위 공직자들에게 적용된다.

| 오답풀이 |

① 공직자 재산공개제도는 공직자의 부정한 재산증식을 감시하고 이를 예방하기 위해 공직자 본인과 그 직계존비속의 재산을 공개하도록 하는 제도로, 공직자의 직무윤리 확보를 목적으로 시행하는 규정에는 해당하나 자신이 수행하는 직무와 자신의 재산과의 이해관계의 문제를 사전에 예방하기 위한 목적과는 거리가 멀다.

③ 선물신고제도는 공직자가 외교나 국제 관례를 이유로 자신의 직무와 관련하여 외국(인)으로부터 선물을 받은 경우 이를 사후에 지체없이 신고하도록 하여 국가나 지방자치단체에 귀속시기커나 매각을 추진하도록 하는 제도를 의미한다.

④ 고지거부제도는 재산공개의 대상이 된 공직자의 직계존비속이 독립적인 생계를 유지하게 되어 공직자의 부양을 받지 않는 관계가 될 경우 그 재산의 고지를 거부할 수 있도록 하는 제도를 의미한다.

30

| 정답 | ①

| 해설 | 지방의회의원은 지방자치법상 겸직이 금지된 직을 제외한 다른 직을 가진 경우에는 임기 개시 후 1개월 이내(임기 중 취임시 취임 후 15일 이내)에 해당 사실을 지방의회 의장에게 서면으로 신고해야 한다(지방자치법 제43조 제3항). 다만 해당 내용은 2021년 지방자치법 전면 개정 이전의 구 지방자치법 제35조 제3항을 통해 이미 규정되어 있었던 사항이므로 적절하지 않다.

2021년 지방자치법 개정을 통해 지방의회의원이 해당 지방자치단체가 출자·출연하였거나 해당 지방자치단체로부터 사무를 위탁받아 수행하는 기관·단체 등에 대한 겸직 금지를 명시하고(동조 제5항), 지방의회의 의장이 겸직신고의 내용을 연 1회 이상 공개(동조 제4항), 겸직행위 위반에 따른 사임 권고 규정을 신설(동조 제6항)하였다.

| 오답풀이 |

② 기존의 지방자치단체 내에서 구체적인 설립 근거 없이 임의로 설치되어 운영됐던 지방자치단체의 장의 직 인수위원회가 2021년 지방자치법 개정으로 그 설치와 운영에 관한 규정이 신설(지방자치법 제105조)되어 인수위원회가 설치 및 운영이 제도화되었다.

③ 2021년 지방자치법 개정에 따라 관할구역의 경계변경으로 관할구역 내 주민생활에 불편이 있는 등의 문제가 발생할 경우, 관할구역의 지방자치단체의 장은 행정안전부장관에 관할구역 경계변경에 따른 조정을 신청하도록 하고, 지방자치단체의 장에게 행정안전부장관의 요청에 따라 경계변경자율협의체를 구성해야 한다. 또한 만일 경계변경자율협의체를 구성되지 못하거나 협의체에서 경계변경의 합의를 하지 못한 경우, 행정안전부장관은 직접 지방자치단체중앙분쟁조정위원회의 심의·의결에 따라 조정할 수 있도록 하였다. 이때 위원회가 경계변경에 관한 사항을 심의할 때에는 관계 지방의회의 의견을 들어야 한다(지방자치법 제6조 제8항).

④ 2021년 지방자치법 개정에 따라 지방자치단체 소속 공무원은 지방의회의 사무처장·국장·과장 및 직원의 업무를 겸할 수 없게 되었고, 지방의회 내에 지방공무원에 해당하는 정책지원 전문인력을 둘 수 있게 하고 해당 직원에 대한 인사권을 지방의회의 의장에게 부여하여 지방의회가 내부인사권을 가질 수 있도록 하였다. 지방의회의 의장은 지방공무원법의 적용을 받는 지방의회의 사무직원을 지휘·감독하고 법령과 조례·의회규칙에 따라 그 임면·교육·훈련·복무·징계등의 사항을 처리한다(지방자치법 제103조 제2항).

31

| 정답 | ③

| 해설 | ○○기업이 빌딩 B를 구입할 경우에는 기업이 구매한 옵션을 포함하여 총 3억 3천만 원으로 빌딩을 구매해야 하며, 빌딩 C를 구입할 경우 기업이 보유하고 있는 옵션을 행사하지 않고 그대로 3억 2천만 원에 구입하게 된다. 따라서 ○○기업은 그대로 3억 2천만 원에 빌딩 C를 구입하는 것이 가장 적절하다.

32

| 정답 | ①

| 해설 | 시장 전체의 수요를 기준으로 $0 \leq P < 10$에는 소비자 A와 B 모두의 수요가 존재하지만, $10 \leq P \leq 15$일 때에는 소비자 B만의 수요만 존재한다. 즉 $0 \leq P < 10$에서의 시장수요곡선은 소비자 B의 수요의 수평합이지만, $10 \leq P \leq 15$에서의 시장수요곡선은 소비자 B의 수요곡선인 $P=15-Q$와 동일하다. 소비자 A와 소비자 B의 수요의 수평합은 (P, Q)=(10, 5), (0, 35) 두 점을 지나는 직선으로, 이를 식으로 나타내면 $P=\frac{35}{3}-\frac{1}{3}Q$이다.

즉 시장수요곡선은 $0 \leq P < 10$일 때 $P=\frac{35}{3}-\frac{1}{3}Q$, $10 \leq P \leq 15$일 때 $P=15-Q$이다. 이를 그래프로 나타내면 다음과 같다.

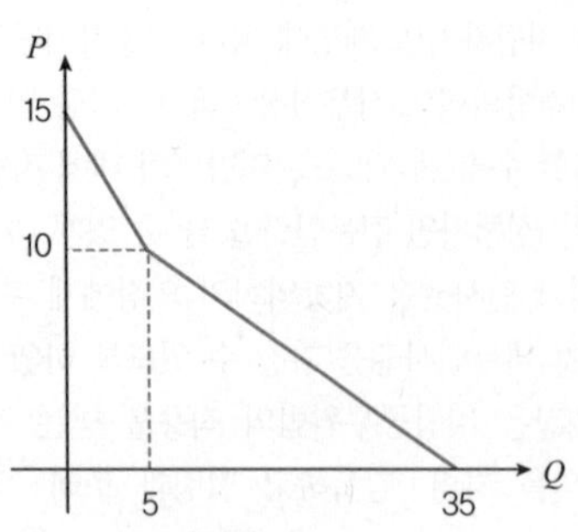

따라서 이를 Q를 기준으로 정리하면 $0 \le Q < 5$일 때 $P = 15 - Q$, $5 \le Q \le 35$일 때 $P = \frac{35}{3} - \frac{1}{3}Q$이 된다.

33

| 정답 | ④

| 해설 | 시장의 진입과 퇴출이 자유로운 완전경쟁시장이 장기균형상태에 있다는 것은 이윤이 0인 지점에서 균형을 이루고 있다는 것을 의미한다. 그런데 이때 재화의 생산요소 가격이 하락할 경우 초과이윤이 발생하면서 이를 본 새로운 기업들이 시장에 진입하게 되고, 그만큼 증가한 공급량에 따라 다시 이윤이 0인 지점인 새로운 균형가격을 형성하게 된다.

34

| 정답 | ①

| 해설 | 사회의 불평등도 지수를 측정하는 앳킨슨 지수는 현재의 평균소득이 이상적 소득균형상태인 균등분배대등소득과 얼마나 차이가 나는가, 즉 $1 - \frac{\text{현재의 평균소득}}{\text{균형분배대등소득}}$으로 구한다. 즉 현재의 평균소득이 균형분배대등소득(EDE)의 2.5배라면 앳킨슨 지수는 $1 - \frac{1}{2.5} = 0.4$이다.

35

| 정답 | ①

| 해설 | 재화 X의 시장 수요함수와 시장 공급함수가 만나는 지점인 $P = 20$, $Q = 20$에 균형점이 형성된 가운데 가격상한제를 실시하여 $P = 16$로 내리게 될 경우의 그래프는 다음과 같다.

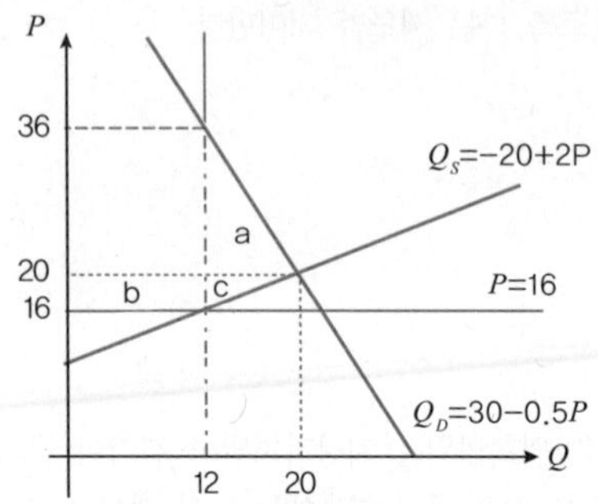

이에 따라 소비자잉여와 생산자잉여의 합인 사회적 총잉여가 감소하는 자중손실(Deadweight Loss)가 발생하게 되는데, 문제의 자중손실은 위 그래프에서의 삼각형 a+c의 면적이다. 따라서 가격상한제 실시 후 사회적 총잉여는 $20 \times 8 \div 2 = 80$만큼 감소하게 된다.

| 오답풀이 |

② 가격상한제 실시 후의 소비자잉여는 위 그래프의 사각형 b의 면적만큼 증가하고, 동시에 삼각형 a의 면적만큼 감소한다. 따라서 가격상한제 실시 후 소비자잉여는 $(12 \times 4) - (16 \times 8 \div 2) = 48 - 64 = -16$, 즉 16만큼 감소한다.

③ 가격상한제 실시 후의 생산자잉여는 위 그래프의 사각형 b와 삼각형 c의 면적의 합만큼 감소한다. 따라서 가격상한제 실시 이후 생산자 잉여는 $-\{(12 \times 4) + (4 \times 8 \div 2)\} = -(48 + 16) = -64$, 즉 64만큼 감소한다.

36

| 정답 | ③

| 해설 | • 민간저축

$S_P = Y - T - C = 10{,}000 - 2{,}500 - 6{,}000 = 1{,}500$

• 정부저축

$S_G = T - G = 2{,}500 - 2{,}000 = 500$

따라서 총저축 $S = Sp + Sg = 1{,}500 + 500 = 2{,}000$이다. 그런데 폐쇄경제에서 투자 $I = S$이므로 $I = 2{,}000$, 따라서 $I - Sp = 2{,}000 - 1{,}500 = 500$이다.

보충 플러스+

폐쇄경제에서의 투자와 저축

폐쇄경제에서는 외부에서 유입되는 자본이 존재하지 않으므로, 투자에 필요한 자금은 온전히 저축에 의존하게 된다. 즉 폐쇄경제에서는 장기적으로 투자=저축이 성립한다. 이를 식으로 정리하면 다음과 같다.

소득을 Y, 소비를 C, 투자를 I, 정부지출을 G, 국제무역을 NX이라고 할 때, $Y=C+I+G+NX$가 성립한다.

그러나 폐쇄경제에서는 국제무역이 존재하지 않으므로 $Y=C+I+G$가 성립한다. 이를 I를 기준으로 정리하면 $I=Y-C-G$가 된다.

한편 민간저축 $S_P=Y-T-C$, 정부저축 $S_G=T-G$이므로 총저축 $S=S_P+S_G=Y-T-C+T-G=Y-C-G$

이를 정리하면 $I=S=Y-C-G$, 즉 폐쇄경제에서의 투자=저축이 된다.

37

| 정답 | ②

| 해설 | 화폐의 중립성(Neutrality of Money)이란 통화량의 변동은 화폐단위로 측정되는 명목변수에만 영향을 끼치며 실물로 측정하는 실질변수 즉 실질GDP, 실질임금, 실질이자율, 실업률 등에는 영향을 주지 않는다는 고전파 거시경제이론의 내용이다. 따라서 선택지 중 실질변수에 해당하는 ㄱ. 실질이자율과 ㄷ. 생산 및 고용은 통화량에 영향을 받지 않는다.

| 오답풀이 |

ㄴ. 명목임금은 명목변수에 해당한다. 고전학파의 견해에서는 화폐량이 증가하면 물가가 상승하여 실질임금이 감소하나, 노동수요가 증가하면서 명목임금이 증가하게 되므로 결국 실질임금은 변하지 않는다고 본다.

38

| 정답 | ①

| 해설 | 기존주택의 거래는 매매차익으로 분류되나, 신규주택의 구입은 유형자산투자로 분류한다.

| 오답풀이 |

② GDP의 분류에서 당해 생산된 제품 중 판매가 되지 않아 발생한 재고의 증가는 기업이 투자를 목적으로 재고를 구입한 것으로 보고 이를 재고투자로 분류한다.

③ 정부가 지급하는 공무원의 급여는 정부지출에 해당하나, 실업급여는 이전지출에 해당하여 정부지출에 포함되지 않는다.

④ 순수출은 수출에서 수입을 뺀 금액으로, 만일 외국에서 재화를 구입하면 수입이 증가하므로 순수출이 감소하게 되나, 동시에 그만큼의 소비가 증가하게 되어 GDP는 변하지 않는다.

39

| 정답 | ③

| 해설 | 초인플레이션(Hyperinflation)은 화폐당국이 거액의 재정 지출을 위해 화폐를 대량으로 발행하면서 일반적인 경제정책으로는 통제할 수 있는 수준을 넘어 몇 백 퍼센트 이상의 급격한 물가상승이 발생하는 것으로, 주로 천문학적 수치의 숫자가 찍힌 화폐가 발행되는 현상으로 대표된다.

초인플레이션 상태에서는 화폐에 대한 신용도가 급락하여 화폐가 발행되는 대로 바로 대체화폐나 실물로 교환되면서 화폐의 가치가 급격하게 하락하고, 이에 따라 외국의 화폐와의 교환비율인 명목환율은 급증하게 된다. 다만 화폐가 아닌 상품의 교환비율을 기준으로 하는 실질환율에는 직접적인 영향을 주지 않는다.

40

| 정답 | ②

| 해설 | 신규기업들의 시장 진입이나 기존 기업의 시장 퇴출 없는 균형상태인 장기균형상태에서 만일 새로운 자본 설비가 등장하게 되면 생산의 효율이 증가하게 되면서 공급량이 증가하여 단기총공급곡선이 $SRAS_0$에서 $SRAS_2$로 오른쪽으로 이동하면서 균형점이 A에서 B로 이동한다. 이때 기업들은 적은 노동과 자본으로 더 많은 제품을 생산할 수 있게 되므로 생산의 효율을 위해 인력을 감축시키고, 이는 곧 수요의 감소로 이어진다. 이에 총수요곡선이 AD_0에서 AD_2로 이동함에 따라 균형점이 B에서 H로 이동하게 되면서 다시 자연산출량 위에서의 장기균형상태로 돌아오게 된다.

41

| 정답 | ④

| 해설 | 유형자산의 내용연수는 해당 유형자산이 그 가치를 완전히 상실하여 폐기될 때까지의 추정기간으로, 유형자산을 연 단위의 내용연수 동안 감가상각으로 가치를 감소시키는 회계처리를 한다. 그런데 이와 같은 장기간의 회계처리를 진행하기 위해서는 해당 유형자산을 보유하고 있는 기업이 감가상각이 진행되는 동안 계속 존립하고, 그와 같은 방법으로 회계처리를 할 것이다는 기본적인 가정을 요구한다. 계속기업의 가정(Going－concern Assumption)이란 기업이 예측 가능한 기간 동안에는 청산하거나 영업을 중단하지 않고 계속해서 존립할 것이며, 회계처리는 기업이 계속 존립할 것을 가정하여 자산과 부채를 평가하고 연속적인 회계처리를 진행하는 것을 의미한다.

| 오답풀이 |

① 계속성의 원칙이란 한번 설정한 회계처리의 방법과 추정은 기간별 비교를 위해 정당한 이유 없이 이를 변경해서는 안된다는 원칙을 의미한다.

② 실현주의(수익실현의 원칙)란 회계의 기록에 있어서 수익은 그것이 실현된 시점에서 이를 수익으로 인식해야 한다는 원칙을 의미한다.

④ 화폐단위의 가정이란 모든 경제적 거래는 화폐로 측정할 수 있으며, 해당 화폐의 가치는 안정적이라는 가정 하에 화폐단위를 사용한 회계정리를 하는 것을 의미한다.

42

| 정답 | ②

| 해설 | 문제의 내용은 K－IFRS 제1000호 제2장 '유용한 재무정보의 질적 특성' 중 문단 2.12의 '표현충실성'에 대한 내용이다. 재무보고서는 경제적 현상의 실질을 충실히 표현해야 하며, 이를 위해 재무보고서의 서술은 완전하고, 중립적이고 오류가 없어야 하며, 추정치를 사용해야 할 경우에는 그 사용이 합리적이고, 명확하고 정확하게 기술되어 설명되어야 한다.

| 오답풀이 |

① 중요성은 개별 기업의 재무보고서의 관점에서 해당 정보와 관련된 항목의 성격이나 규모 또는 모두를 근거로 해당 기업에 특유한 측면의 목적적합성을 의미한다(K－IFRS 제1000호 문단 2.11).

③ 비교가능성은 이용자들이 항목간의 유사성과 차이점을 식별하고 이해할 수 있도록 하는 질적 특성을 의미한다(K－IFRS 제1000호 문단 2.24).

④ 검증가능성은 정보가 나타내고자 하는 경제적 현상을 충실히 표현하는지를 이용자들이 검증 및 확인할 수 있고 그 내용의 합의에 이를 수 있다는 수준에 있음을 의미한다(K－IFRS 제1000호 문단 2.30).

43

| 정답 | ②

| 해설 | 장기연불조건의 거래, 장기금전대차 거래 기타 이와 유사한 거래 중 명목가액과 현재가치의 차이가 중요한 경우에는 이를 현재가치로 평가한다. 여기서의 장기연불조건의 거래란 재고 또는 일반유형자산의 매매, 용역의 수수와 관련된 대가의 지급이 1년 이상의 장기간에 걸쳐 이루어지는 장기미지급금, 장기미수금 등이며, 장기금전대차란 금전대차에 따른 원금의 회수가 1년 이상의 장기로 이루어지는 장기차입금, 장기대여금 등을 의미한다.

| 오답풀이 |

①, ③, ④ 장기성 채권은 현재가치에 의해 평가하지만 이연법인세대차, 보증금, 장기선급금 및 장기선수금, 전세권, 회원권, 임차보증금 등은 현재가치로 평가하지 않는다.

44

| 정답 | ②

| 해설 | 대손충당금은 결산수정분개가 아닌 결산시에 설정한다. 결산수정분개에서 수정분개되는 계정은 미수수익, 미지급비용, 선수수익, 선급비용, 재고자산인 소모품, 유형자산의 감가상각 등이 있다.

| 오답풀이 |

① 이자수익 중 아직 현금으로 수령하지 않은 미수수익에 대한 수정분개에 해당한다.

③ 미리 현금으로 수령한 선수임대료로 발생한 선수수익에 대한 수정분개에 해당한다.

④ 이자비용 중 아직 현금으로 지급하지 않은 미지급비용에 대한 수정분개에 해당한다.

45

| 정답 | ④

| 해설 | 개별법이 적용되지 않는 재고자산의 단위원가는 선입선출법이나 가중평균법을 사용하여 결정한다(K-IFRS 제1002호 문단 25). 한국채택국제회계기준에서는 재고자산 중 가장 최근의 품목이 우선 판매되는 것으로 처리하는 후입선출법을 실제 재고자산의 흐름을 신뢰성있게 표현하지 않는 방법으로 보고 채택하지 않는다.

| 오답풀이 |

① K-IFRS 제1002호 문단 23

② 표준원가법이나 소매재고법 등의 원가측정방법은 그러한 방법으로 평가한 결과가 실제 원과와 유사한 경우에 편의상 사용할 수 있다(K-IFRS 제1002호 문단 21)

③ K-IFRS 제1002호 문단 11

46

| 정답 | ④

| 해설 | 20X1년 초에 취득한 내용연수 4년, 잔존가치 ₩0의 기계장치의 취득가액은 매입가액 ₩3,400,000에 시험과정에서 발생한 원가 발생과 설치수수료로 구성된 부대비용 ₩600,000을 합하여 총 ₩4,000,000이다. 따라서 20X1년 말에 인식할 감가상각비는 ₩4,000,000 × $\frac{1}{4}$ =1,000,000이므로 이를 제한 장부금액은 ₩3,000,000이다.

그런데 20X1년 말에 측정한 사용가치가 ₩800,000, 순공정가치가 ₩900,000이므로, 20X1년 말의 회수가능액은 둘 중 더 높은 금액인 ₩900,000으로 추정하며 이를 순장부가액으로 한다. 따라서 20X1년 말에 인식할 손실차손은 ₩3,000,000−900,000=2,100,000이다.

이후 20X2년 말에는 순장부가액 ₩900,000을 남은 내용연수 3년, 잔존가치 ₩0으로 계산했을 때의 감가상각비는 ₩900,000 × $\frac{1}{3}$ =300,000으로 이를 제한 장부가액은 ₩600,000이다. 그런데 20X2년 말의 회수가능액은 ₩1,200,000으로 회복된 것으로 추정하며, 이를 순장부가액으로 한다. 따라서 20X2년 말에 인식한 손익차손환입액은 ₩1,200,000−600,000=600,000이다. 한편 손익차손환입액의 한도는 20X2년 말 기준으로 손익차손을 인식하지 않았을 때의 감가상각 후 장부금액인 ₩2,000,000으로 문제의 손익차손환입액이 그 한도 이하이므로 달리 검토하지 않는다.

47

| 정답 | ②

| 해설 | 신주를 발행했을 때에 발생하는 거래원가는 해당 자본거래가 없었다면 회피할 수 있었던 것이므로, 만일 주식발행초과금이나 주식할인발행차금이 없다면 해당 원가 발생시 자본에서 차감하여 회계처리한다(K-IFRS 제1032호 문단 37).

따라서 문제에서 기초 주식할인발행차금이 없으므로 거래원가는 그대로 자본에서 차감되어, 보통주 100주를 주당 ₩600에 발행했을 때 증가하는 자본은 ₩600×100=60,000에 원가 ₩1,000을 제한 총 ₩59,000이 된다.

한편 주식발행대금에서 주식발행비를 차감한 주식의 순발행가액이 그 액면가액을 초과하는 주식발행초과금이 발생할 경우 그 초과금을 자본잉여금으로 인식하여 자본준비금으로 적립하한다. 즉 문제에서 자본잉여금은 새로 발행된 주식의 순발행가액인 ₩59,000에서 그 액면가액인 ₩50,000을 제한 ₩9,000만큼 증가하게 된다.

| 오답풀이 |

① 만일 주식발행 중 중도에 포기한 경우 해당 자본거래의 원가는 비용으로 인식하나(K-IFRS 제1032호 문단 37) 문제에서는 그러한 언급이 없으므로 거래원가는 자본에서 차감한다.

④ 액면주식의 신주발행에 의한 자본금의 증가는 발행된 주식의 액면가만큼 증가하므로, 문제에서의 자본금은 ₩50,000 증가한다.

48

| 정답 | ④

| 해설 | 사채를 할인발행한 경우 사채 발행시 액면가액과 실제 발행액의 차액인 사채할인발행차금이 발생하는데, 유효이자율법은 이 차액을 이자비용으로 포함하여 만기일까지 매년 이를 이자비용에 포함시켜 상환시점에서는 장부가액과 액면가액을 일치시키는 것이다. 이를 위해 매년 할인발행된 사채에 따른 액면이자에 사채할인발행차금을 상각하기

위한 금액을 합한 금액만큼으로 이자비용이 설정되며, 만기까지 인식해야 할 이자비용의 총액은 액면가액상의 이자와 사채할인발행차금의 합이 된다.

문제에서 발행된 사채는 만기 3년에 표기이자율 8%, 액면가액 ₩100,000이므로 만기일에 상환해야 할 장부상의 금액은 3년간 발생하는 액면가액상 이자인 ₩24,000을 포함하여 총 ₩124,000이다. 즉 유효이자율법에 따를 경우 ₩95,000으로 할인발행된 사채와 그 이자를 포함한 총 금액이 만기일에 ₩124,000이 되도록 매년 액면이자에 사채할인발행차금 ₩5,000을 상각하기 위한 상각액을 포함하여 이자비용이 설정되며, 결과적으로 만기까지의 이자비용의 총액은 3년간 발생하는 액면가액상의 이자의 합 ₩24,000에 사채할인발행차금 ₩5,000의 합인 ₩29,000이 된다.

49

| 정답 | ②

| 해설 | 생물자산이란 수확물을 취수하는 농림 · 어업활동을 목적으로 관리되는 살아있는 동식물을 의미한다. 동물원의 사자와 같은 관람용 동물은 유형자산으로 분류한다.

| 오답풀이 |

① 부동산 개발업자가 분양 목적으로 보유하는 부동산은 분양을 사업 목적으로 보유하는 건설용지로 재고자산으로 분류한다.

③ 경비회사의 경비견은 생물이나 유형자산으로 분류한다.

④ 타인에 대한 임대 또는 관리 목적으로 보유하는 물리적 형태가 있는 자산은 유형자산으로 분류한다.

50

| 정답 | ④

| 해설 | 유동비율(%)은 기업의 단기부채에 대한 지급능력을 측정하는 것으로 유동자산÷유동부채×100로 구한다.

문제의 재무상태표에서 유동자산에 해당하는 것은 현금성자산, 매출채권, 미수금, 상품이며 유동부채에 해당하는 것은 매입채무, 단기차입금, 미지급금이다. 기계장치는 유형자산, 특허권 등의 산업재산권은 무형자산으로 비유동자산에 해당하며, 사채는 비유동부채, 자본금과 이익잉여금은 자본에 해당한다.

따라서 (주)중부의 유동비율은 $\frac{20+35+15+20}{20+20+5}\times 100$ $=\frac{90}{45}\times 100=200(\%)$이다.

51

| 정답 | ②

| 해설 | 자본주의 시장 경제에서 사회적으로 최적인 자원배분은 모든 재화에 대한 시장이 존재하는 완전경쟁시장 하에 최적으로 분배된 파레토 효율적인 자원배분과 사회후생의 요건이 충족되는 접점에서 발생한다. 시장의 독과점 등의 시장실패는 시장의 비효율성을 발생시킨다.

| 오답풀이 |

① 파레토는 경제적 효율성의 기준을 사회적 필요로 규정하고, 국가경제의 자원 배분 수단을 결정함에 있어서 국가경제의 모든 사람이 더 행복한 것이 사회적으로 더 우월하다고 보았는데 이를 파레토 우월(Pareto−Superior)이라 한다.

③, ④ 자원을 소모해 생산된 제품의 효율성, 즉 경제적 효율성(Economic Efficiency) 기술적 효율성 뿐만 아니라 사회적 필요성을 동시에 충족해야 한다.

52

| 정답 | ④

| 해설 | ⓐ 캐리트레이드는 저금리 통화로 고금리 통화를 운용하여 금리나 환차익을 얻는 것으로, 이를 이용해 2000년대 초중반 저금리 엔화를 통해 외화자산의 투자에 나선 일본의 소규모 주부 투자자들인 와타나베 부인(Mrs. Watanabe) 이후로 캐리트레이드를 통해 시장에 대규모로 유출입되는 자금을 유로화는 소피아 부인(Mrs. Sophia), 달러화는 스미스 부인(Mrs. Smith) 등으로 부른다.

ⓑ 엔젤 투자자(Angel Investor)는 기술력이 있으나 창업자금이 부족한 초기 단계의 벤처기업에 투자자금을 제공하는 등의 재정지원을 통해 벤처기업의 사업 성공으로 수익을 달성하는 개인투자자를 의미한다.

53

| 정답 | ④

| 해설 | ⓐ : 사전에 정한 비율에 따라 등급을 설정하여 평가점수를 강제로 할당하여 서열을 결정하는 강제할당법에 대한 내용이다.

ⓑ : 고객의 의견을 경청하는 행동, 고객에게 친절하게 피드백하는 행동 등 업무의 성과에 관해 평가기준이 되는 바람직한 행동규범을 정하고 이를 기준으로 점수 등 계량화가 가능한 형태로 평가를 하는 평정척도법을 의미한다.

| 오답풀이 |

① 행위기준척도법은 평가의 기준이 되는 행동의 달성 횟수 등의 정량화된 행동평가기준에 따라 평가를 하는 방법을 의미한다.

② 서열법은 직무 수행의 난이도를 기준으로 직무의 가치를 평가하는 방법을 의미한다.

③ 역량행정척도법은 업무수행능력을 결정하는 업무역량의 요건을 사전에 설정하고 이를 기준으로 피평가자가 가진 업무의 역량을 측정하는 것을 의미한다.

54

| 정답 | ①

| 해설 | 맥킨지의 7S 모델 중 경영자의 리더십과 업무처리의 방법에 관한 사항은 스타일(Style)의 요소에 해당한다. 제도(System)는 조직이 운영되는 절차운영의 효율성을 평가한다.

55

| 정답 | ③

| 해설 | ⓐ 성실교섭의무는 노동조합과 사용자가 신의에 따라 성실히 교섭하고 단체협약을 체결해야 하며 그 권한을 남용하지 않고, 정당한 이유 없이 교섭 또는 단체협약의 체결을 거부하거나 해태하지 않아야 하는 쌍방의무를 의미하며, 처음부터 합의 달성의 의사가 없음을 공표하는 합의태도로 일관하는 것은 단체교섭을 처음부터 거부하는 행위로 이는 성실교섭태도에 위반한다고 볼 수 있다.

ⓑ 성실교섭의무에는 교섭사항에 대한 설명의무와 자료제공의무를 포함한다. 즉 노동조합은 교섭내용에 대한 교섭요구안을 사용자를 포함하여 교섭의 참가자들에게 충분히 설명할 의무를 지며, 이를 위반하는 것은 성실교섭의무의 위반으로 볼 수 있다.

ⓒ 성실교섭의무에는 사용자가 교섭에 응할 의무뿐만 아니라 그 교섭의 과정에서 성실하게 노력할 의무를 포함한다. 한편 사전협정은 단체교섭을 진행하기 전에 진행하는 교섭담당자, 출석인원, 일시, 장소 등에 대한 협정으로, 만일 사용자 측의 이러한 사전협정에 대한 중대한 위반은 성실교섭의무 위반으로 볼 수 있으며, 사전협정에 대한 중대하게 위반하여 단체교섭을 요구할 경우 상대는 이를 정당하게 거부할 권한을 가진다.

| 오답풀이 |

ⓓ 성실교섭의무는 교섭과정에서 일방의 불성실한 교섭태도로 단체교섭의 진행에 중대한 위해를 끼치는 것을 방지하기 위한 의무사항으로, 교섭의 방법 및 절차가 정상적으로 진행되고 있는 중이라면 그 과정에서 의견이 일치하지 않았다는 이유로 이를 성실교섭의무의 위반이라고 보기는 어렵다.

56

| 정답 | ①

| 해설 | 노-사-공으로 구성되어 노동쟁의를 조정하고 노사관계에 관한 각종 사건들의 심판하는 권한을 수행하는 합의제 행정기관은 노동위원회에 대한 설명이다. 노무법인은 기업의 노무 관리업무와 노동자의 권리 및 구제 관련 업무를 처리하기 위해 공인노무사들을 중심으로 구성하는 영리법인을 의미한다.

57

| 정답 | ②

| 해설 | 문제에서 설명하는 것은 재무제표이다. 재무제표란 기업의 재무상태와 재무성과를 체계적으로 표현한 것으로 기업의 자산 · 부채 · 자본 · 수익과 비용 · 출자와 배분 · 현금흐름에 관한 정보를 제공한다.

재무제표를 통해 기업의 총자산과 이를 구성하는 부채와 자본의 금액을 파악할 수 있다. 즉 기업의 부채(타인자본)는 자기자본과 함께 기업의 자산을 구성하는 요소로, 반드시 총부채액이 총자본액보다 낮아야 하는 것은 아니다. 통상 자기자본 대비 부채(타인자본)의 비율인 부채비율은 200%까지를 적정 부채비율로 보며, 그 외에도 대출금을 기반으로 사업을 운영하는 건설업 등의 경우에는 적정부채비율의 기준이 높게 설정되어 있는 등 총부채액이 차지하는 비중에 따른 기업의 평가는 기업의 주요 사업 등에 따라 다르게 평가해야 한다.

| 오답풀이 |

③ 기업은 매 결산기마다 대차대조표(재무상태표), 손익계산서를 포함한 재무제표를 작성할 것을 상법으로 규정하고 있다(상법 제447조 제1항).

④ 자본잠식이란 자본총계가 기업을 설립하기 위해 투자한 자본금보다 적은 상태로, 기업의 적자가 누적되어 기업이 가진 부채에 따른 지출을 자본금으로 충당하고 있는 상태를 의미한다. 기업의 자본잠식 여부는 재무제표에 포함된 재무상태표를 통해 자본총액과 자본금을 비교하여 확인할 수 있다.

58

| 정답 | ③

| 해설 | ⓐ : 단기차입금은 현금을 차입하여 발생한 채무 중 그 만기일이 1년 이내의 단기간으로 설정된 차입금을 의미한다.

ⓑ : 퇴직급여충당부채란 회사가 종업원이 퇴직할 때 지불해야 할 퇴직금을 충당하기 위해 설정하는 부채를 의미한다. 회사는 종업원이 언제 퇴직할 지는 예측할 수 없으나, 1년 이상 근무한 종업원에 대한 퇴직금의 지불은 확정되어 있으므로, 이를 위해 기업은 사업연도 종료일 기준으로 모든 임직원이 퇴직할 경우 지불해야 할 퇴직금을 기준으로 하는 예상지출액을 추정하여 필요한 퇴직급여충당금과 이를 위한 부채액을 산정한다.

59

| 정답 | ④

| 해설 | ⓐ 유동자산이란 현금을 포함하여 1년 이내에 현금으로 환산할 수 있을 정도로 환산이 용이하여 그 가치가 안정되어 있는 자산으로 예금, 주식, 매출채권, 재고자산, 만기 1년 이내의 단기금융상품 등이 여기에 해당한다.

ⓑ 영업자산이란 영업활동을 하는 과정에서 발생하는 자산으로 영업순환과정상의 매출채권과 재고재산을 더한 후 매입채무를 차감하여 구한다.

60

| 정답 | ①

| 해설 | ⓐ 총자본이익률(Return of Investment, ROI)은 부채를 포함하여 사업을 위해 투자한 총자본에서 세금공제 전의 총수익이 차지하는 비율로, 총자본을 기준으로 기업의 포괄적인 자산운용효율을 측정한다.

ⓑ 자기자본이익률(Return of Equity, ROE)은 총자본에서 부채를 제외한 자기자본에서 당기순이익이 차지하는 비율로, 기업이 가진 순수한 자기자본의 자산운용효율을 측정한다.

| 오답풀이 |

② 금융비용부담률은 매출액에서 이자비용 등의 금융비용이 차지하는 비율로, 기업이 가진 자금차입의 부담 정도를 측정한다.

③ 매출액경상이익률은 기업의 매출액에서 영업외이익을 포함한 영업이익인 경상이익이 차지하는 비율로, 매출액에서 토지매각에 따른 이익 등을 제외하고 기업의 통상적인 영업이 차지하는 비중을 측정한다.

2회 기출문제

▸문제 486쪽

01	②	02	②	03	②	04	④	05	③
06	②	07	③	08	②	09	③	10	④
11	④	12	①	13	④	14	①	15	④
16	②	17	④	18	①	19	③	20	①
21	①	22	①	23	③	24	③	25	①
26	③	27	②	28	④	29	②	30	③
31	④	32	③	33	③	34	①	35	③
36	④	37	①	38	①	39	④	40	②
41	④	42	③	43	②	44	①	45	③
46	①	47	④	48	①	49	④	50	③
51	②	52	③	53	②	54	①	55	③
56	③	57	③	58	①	59	②	60	③

01

| 정답 | ②

| 해설 | b. 재화를 생산자로부터 소비자에게 사회적으로 유통시켜 인격적으로 이전시키는 인격적 통일 기능으로, 다수 유통기관의 활동과 수집, 구매, 분산과 판매, 매매거래와 소유권 이전 등의 기능에 의해 이루어진다.

c. 재화의 생산과 소비 사이의 공간적, 장소적 불일치를 극복하고 사회적 유통을 조성하는 장소적 통일 기능으로, 운송이 그 역할을 담당한다.

| 오답풀이 |

a. 생산자와 소비자 간의 정보를 수집하고 전달하여 상호 의사소통을 원활하게 해 주는 시장정보 기능으로, 물류비용을 절감하고 고객서비스를 향상시키는 역할을 한다. 문제에서는 정보의 전달에 관한 내용이 제시되어 있지 않다.

d. 생산자가 공급하는 물품과 소비자가 수요하는 물품이 품질적으로 적합하지 않을 때 가공을 통해 이들 사이에 품질적 거리를 조절해 주는 품질적 통일 기능이다. 문제에서는 유통가공에 관한 내용의 제시되어 있지 않다.

02

| 정답 | ②

| 해설 | 구매자가 자사보다 교섭력이 클수록 구매자는 자신에게 유리한 가격을 주문하게 되고 이에 따라 자사의 수익률은 낮아진다.

03

| 정답 | ②

| 해설 | 직무분석의 결과로 작성되는 문서에는 직무기술서와 직무명세서가 있다. 직무기술서는 직무의 성격, 내용, 수행 방법 등과 직무에서 기대되는 결과 등을 간략하게 정리해 놓은 문서이며, 직무명세서는 특정한 직무를 만족스럽게 수행하는 데 필요한 작업자의 지식, 기능, 기타 특성 등을 명시해 놓은 문서이다.

04

| 정답 | ④

| 해설 | 인적판매나 중간상을 대상으로 한 판매촉진은 푸시(Push) 전략이 주로 사용되는 프로모션 믹스이다. 광고, PR, 소비자를 대상으로 한 판매촉진이 풀(Pull) 전략에 해당한다.

05

| 정답 | ③

| 해설 | 현대적 마케팅은 마케팅 조사, 마케팅 계획과 같은 선행적 마케팅을 지향한다. 판매와 촉진은 후행적 마케팅 활동에 해당한다.

06

| 정답 | ②

| 해설 | 허즈버그의 2요인이론은 인간의 욕구 가운데는 동기요인(만족요인)과 위생요인(불만요인) 2가지가 있으며, 이 두 요인은 상호 독립되어 있다는 이론이다. 따라서 동기요인이 충족되지 않아도 불만으로 이어지지 않는다.

07

| 정답 | ③

| 해설 | 소파가 너무 낡았다고 생각(c, 욕구인식) → 인터넷을 통해 소파에 대한 정보 탐색(b, 정보탐색) → 디자인이 독특한 제품을 구매하기로 결정(e, 대안평가) → 구매하고자 하는 제품이 없어 다른 제품을 구매(d, 구매) → 구매하지 않은 브랜드의 소비자평가가 낮게 나왔다는 기사를 찾아봄(a, 구매 후 행동)

따라서 c−b−e−d−a 순이 적절하다.

08

| 정답 | ②

| 해설 | 주식회사의 출자자인 주주는 회사의 소유권자로 유한책임사원과 같이 출자금의 한도 내에서 채무의 지급책임을 진다. 이에 반해 채권자는 기업에 책임을 지는 관계가 아닌 기업에게 책임을 요구하는 관계에 있다.

| 오답풀이 |

① 주식회사의 주주는 주식을 통해 회사를 직접 소유하고 의결권을 통해 회사의 경영에 참여하나, 주식회사의 채권자는 오직 채무관계를 통해 금전적 이득을 취하기 위한 타인 관계에 불과하다.

③ 주식회사의 주주와 채권자는 모두 자금 출자를 통해 회사에 자금을 공급한다는 공급자라는 점에서 공통점이 있다.

④ 주식회사의 청산시 청산인은 회사의 채무를 완제한 후가 아니면 회사재산을 사원에게 분배하지 못한다(「상법」 제542조, 동법 제260조 준용). 즉 파산한 회사에 대한 권리청구에 대해 회사의 사원인 주주는 우선청구권을 가진 채권자에 비해 청구우선순위에서 후순위에 위치할 뿐만 아니라 세금을 포함한 각종 비용을 모두 지불한 후에 남은 금액에 대해 권리를 청구할 수 있는 잔여청구권자의 지위에 있다.

09

| 정답 | ③

| 해설 | 6시그마에 대한 설명으로, 공정평균이 규격의 중심에서 '1.5×공정표준편차'만큼 벗어났다고 가정했을 때 100만 개당 3.4개 정도의 불량이 발생하는 수준을 의미한다.

| 오답풀이 |

① FMS(Flexible Manufacturing System)는 개별 자동화 체계와 기술이 하나의 생산시스템 내에서 통합된 공장자동화 생산형태로서 다품종 소량생산을 가능하게 하는 시스템이다.

② ERP(Enterprise Resource Planning)는 전사적 자원관리로 구매, 생산, 물류, 회계 등의 업무 기능 전체의 최적화를 도모하고 경영의 효율화 추구를 위한 관리방안이다. 좁은 의미로는 ERP 개념을 실현하기 위한 '통합형 업무 패키지 소프트웨어' 자체를 말하기도 한다.

④ TQM(Total Quality Management, 종합적 품질경영)은 장기적인 전략적 품질 관리를 하기 위한 관리원칙으로 조직구성원의 광범위한 참여하에 조직의 과정 · 절차를 지속적으로 개선한다. 총체적 품질관리를 뜻하는 말로 고객만족을 서비스 품질의 제1차적 목표로 삼는다.

10

| 정답 | ④

| 해설 | 프로젝트 조직에 대한 설명이다.

| 오답풀이 |

① 네트워크 조직은 조직의 자체 기능은 핵심 역량 위주로 합리화하고 여타 기능은 외부 기관들과 계약 관계를 통해 수행하는 조직구조 방식이다.

② 기능식 조직은 직능식 조직이라고도 하며, 관리자의 업무를 전문화하고 부문마다 다른 관리자를 두어 작업자를 전문적으로 지휘 · 감독하는 방식이다.

③ 사업부제 조직은 제품별, 지역별, 고객별 각 사업부의 본부장에게 생산, 구매, 판매 등 모든 부문에 걸쳐 대폭적인 권한이 부여되며, 독립채산적인 관리단위로 분권화하여 이것을 통괄하는 본부를 형성하는 분권적인 관리 형태다.

11

| 정답 | ④

| 해설 | 세이의 법칙(Say's Law)은 공급이 수요를 창출해 낸다는 법칙으로서 전체적으로 봤을 때 일단 공급이 이루어지면 그만큼의 수요가 자연적으로 생겨나므로 유효수요

부족에 따른 공급과잉이 발생하지 않으며, 결과적으로 시장은 언제나 균형 상태를 유지한다는 것이다.

| 오답풀이 |

① 파레토 법칙은 소득분포에 관한 통계적 법칙으로, 전체 결과의 80%가 전체 원인의 20%에서 일어나는 현상을 말한다.

② 파킨슨의 법칙은 관료조직의 인력, 예산, 하위조직 등이 업무량과 무관하게 점차 비대해지는 현상을 말한다,

③ 롱테일 법칙은 소득 분포에서 하위 80%에 속하는 다수가 상위 20%에 속하는 소수보다 뛰어난 가치를 만들어 낸다는 이론으로 파레토 법칙과 상반된다.

12

| 정답 | ①

| 해설 | 일반적으로 생산가능곡선은 우하향하고, 원점에 대하여 오목한 형태이다. 원점에 대하여 오목하다는 것은 한 재화의 생산량이 증가할수록 포기해야 하는 다른 재화의 양이 늘어난다는 의미로, 기회비용은 체증한다.

13

| 정답 | ④

| 해설 | 기수적 효용은 객관적으로 측정 가능한 어떤 수준의 효용이 존재한다고 생각하는 것이며, 서수적 효용은 숫자를 단지 선호의 강도 차이라고 생각하여 순서를 구분하기 위한 지표로만 사용하는 것이다.

한계효용이론은 효용의 절대적 크기 측정이 가능하다는 것을 전제로 소비자의 행위를 분석하며, 무차별곡선이론은 효용의 절대적 크기를 측정하는 것이 불가능하기 때문에 선호의 서수적 배열을 조사함으로써 소비자의 행위를 분석한다.

| 오답풀이 |

① 현시선호이론은 효용의 측정이 불가능하다는 전제하에 성립된 이론으로, 단순히 시장에서 관찰 가능한 소비자의 구체적인 구매행위를 기초로 하여 주어진 가격과 소득 조건하에서 만족 극대화를 추구하는 소비자의 선택 원리를 다루는 이론이다.

② 기대효용이론은 결과의 불확실성이 존재하는 상황에서 소비자 행동을 분석하는 이론으로 주로 보험시장이나 도박 등을 분석하는 데 활용된다.

③ 한 사람의 서로 다른 효용을 주는 무차별곡선은 교차할 수 없으나, 사람마다 두 재화에 대한 선호도가 다르기 때문에 서로 다른 두 사람의 무차별곡선은 교차할 수 있다.

14

| 정답 | ①

| 해설 | 완전경쟁시장은 동질적인 상품을 생산하는 매우 많은 수의 기업들로 이루어진 시장으로, 다수의 소비자와 생산자가 시장 내에 존재하여 소비자와 생산자 모두 가격에 영향력을 행사할 수 없는 가격수용자(Price Taker)이다. 완전경쟁시장의 개별 경제주체들은 가격 등 시장에 관한 완전한 정보를 보유하고 있으며 진입과 퇴출이 자유롭다.

15

| 정답 | ④

| 해설 | 차선의 이론은 후생경제학 분야의 한 이론으로, 경제가 최선에 이르는 데 필요한 조건이 하나 이상 충족되지 못한다면 만족되는 조건의 수가 많아진다 할지라도 경제후생은 더 나아지지 않는다는 이론이다.

16

| 정답 | ②

| 해설 | 프리드먼의 항상소득가설에 의하면 소득은 정기적이고 확실한 항상소득과 변동성이 큰 임시소득으로 구분할 수 있는데, 항상소득이 늘어나면 소비도 증가하지만 임시소득은 저축으로 돌려지는 경향이 강해 소비에 영향을 주지 못한다.

17

| 정답 | ④

| 해설 | 마찰적 실업은 새로운 일자리를 찾거나 직장을 옮기는 과정에서 일시적으로 발생하는 실업으로, 노동시장에서 구직자와 구인자 사이에 일시적인 노동에 대한 수요와 공급의 불일치가 발생하는 것이다. 이를 줄이기 위해서는 일자리에 관한 정보를 알려 주는 센터나 시스템 등을 효율적으로 운영하여 근로자와 기업 사이에 원활한 정보교환이 이루어지도록 해야 한다.

18

| 정답 | ①

| 해설 | 경기침체나 경기호황 때 정부가 의도적으로 정부지출과 세율을 변경시키지 않더라도 자동적으로 재정지출과 조세수입이 변하여 경기침체나 경기호황의 강도를 완화시켜 주는 것을 자동안정화장치라고 한다. 대표적인 예로 소득세와 실업보험, 사회보장이전지출 등을 들 수 있다.

19

| 정답 | ③

| 해설 | 자유무역이 이루어질 때 교역조건은 경제규모가 큰 나라의 국내가격비에 근접할 것이므로 경제규모가 큰 나라일수록 무역에 따른 이득이 작아진다. 예를 들어 대국과 소국이 무역을 할 경우 국제가격은 대국의 국내가격비와 같아지므로 무역의 이득은 전부 소국에 귀속된다.

20

| 정답 | ①

| 해설 | 중앙은행이 국공채를 매입하게 되면 본원통화가 증가하며 신용창조과정을 통해 시중에 통화량이 늘어나게 된다.

21

| 정답 | ①

| 해설 | 기업의 일정 기간 동안의 경영성과를 나타내는 재무보고서를 포괄손익계산서라고 한다.

| 오답풀이 |

② 자본변동표는 기업의 일정 기간 동안의 자본의 변동에 관한 정보를 나타내는 재무보고서이다.

③ 현금흐름표는 기업의 일정 기간 동안의 현금의 유입과 유출을 나타내는 재무보고서이다.

④ 대차대조표(재무상태표)는 기업의 일정 시점의 재무 상태를 나타내는 재무보고서이다.

22

| 정답 | ①

| 해설 | 보험료 미경과분을 계상하지 않았다는 것은 당기비용으로 처리한 비용 중 아직 기간이 지나지 않은 5개월분의 보험료가 포함되어 있다는 의미로, 이를 계상하면 5개월분의 보험료 ₩100,000이 당기순이익에 더해진다.

23

| 정답 | ③

| 해설 | 회계정보의 목적적합성은 의사결정을 함에 있어서 이와 같은 정보가 없는 경우와 비교하여 보다 유리한 차이를 낼 수 있음을 의미한다. 목적적합한 회계정보는 의사결정시점에서 과거 및 현재사건의 평가 또는 미래사건의 예측에 도움을 주거나, 과거의 평가를 확인 또는 수정함으로써 이용자의 경제적 의사결정에 영향을 미친다.

| 오답풀이 |

① 회계정보의 검증가능성이란 합리적이고 독립된 다수의 관찰자들이 동일한 사건이나 거래를 보고 동일한 방법으로 측정하였다면 유사한 결론에 도달하여야 한다는 것이다.

② 회계정보의 적시성이란 의사결정자가 회계정보를 의사결정에 반영할 수 있도록 그 정보가 적시에 제공되어야 한다는 것이다.

④ 회계정보의 비교가능성이란 기업의 재무상태, 경영성과, 현금흐름 및 자본변동의 추세분석을 용이하게 하기 위하여 회계정보는 각 기간별로 비교가 가능하여야 하며 기업 간의 비교 역시 가능하도록 작성되어야 한다는 것이다.

24

| 정답 | ③

| 해설 | 단기차입금은 만기가 1년 이하인 차입금, 장기차입금은 1년을 초과하는 차입금을 의미하며, 이는 각각 손실 위험이 높고 낮음에 따라 유동부채와 비유동부채로 분류된다. 만기가 짧은 단기차입금은 그만큼 손실의 가능성이 낮은 유동부채이며, 만기가 긴 장기차입금은 그만큼 손실의 가능성이 높은 비유동부채에 해당한다.

25

| 정답 | ①

| 해설 | 모든 재고자산을 개별로 구분 표기하는 개별법 이외에는 실제 물량흐름은 일일이 검토하지 않고 재고자산의 취득 단가가 일정한 흐름을 가질 것이라는 원가흐름의 가정하에 판단한다.

| 오답풀이 |

② 실사법(실제재고조사법)은 판매 혹은 사용 시 기록을 하지 않고, 기간 말에 재고를 조사하여 보관 중의 손실 등의 파악을 통해 정상적인 재고량을 파악하는 방식으로, 장부정리가 간편하고 실제 재고수량을 기준으로 평가되어 공시되므로 외부보고목적에 충실하다는 특징을 가진다.

③ 재고자산의 순실현가능가치가 취득원가에 미달되는 경우, 그 평가손실액(미달액)은 기간 내 비용으로 인식하고, 재고자산평가충당금 계정의 재고자산평가손실로 기록한다.

④ 재고자산감모손실은 상품 보관과정에서 발생한 상품 파손, 마모, 도난 등을 이유로 실제 재고수량이 장부상의 재고수량보다 적은 경우에 발생하는 손실을 의미하며, 장부상으로는 손실액만큼의 당기비용으로 처리한다.

26

| 정답 | ③

| 해설 | 기밀자본은 기초자본과 당기순이익의 합으로 구할 수 있다.

- 당기순이익=총수익－총비용=80,000－40,000 =40,000
- 기초자본=기초자산－기초부채=100,000－30,000 =70,000
- 기말자본=기초자본+당기순이익=70,000+40,000 =110,000

27

| 정답 | ②

| 해설 | 20X2년도 포괄손익계산서에 비용으로 인식될 금액은 20X2년의 감가상각누계액과 손상차손누계액의 합이다. 단, 재평가모형 적용 시 기존의 감가상각누계액은 전부 제거되므로, 20X2년의 감가상각누계액은 20X2년의 감가상각비와 동일하다.

- 20X2년 감가상각비$=\frac{390,000}{3}=130,000$
- 20X2년 장부금액=20X2년 취득원가－20X2년 감가상각비－재평가잉여금=390,000－130,000－90,000= 170,000
- 20X2년 손상차손누계액=20X2년 장부금액－20X2년 회수가능액(공정가치)= 170,000－100,000=70,000
- 20X2년의 당기비용 합계=20X2년 감가상각누계액(=감가상각비)+20X2년 손상차손누계액=130,000+70,000 =200,000

28

| 정답 | ④

| 해설 | 회계의 순환과정은 거래의 식별 및 측정 → 분개 → 전기 → 수정전시산표 작성(㉢) → 결산수정분개 및 전기(㉡) → 수정후시산표 작성(㉠) → 장부마감(㉤) → 재무제표 작성(㉣) 순서로 이루어진다.

29

| 정답 | ②

| 해설 | 유효이자율법에 의한 사채할인발행차금 및 사채할증발행차금 상각액은 기간의 경과에 따라 매년 증가한다.

| 오답풀이 |

① 충당부채의 인식요건 중 자원이 유출될 가능성이 높다는 것은 그 사건이 발생할 가능성이 발생하지 않을 가능성보다 높은 경우, 즉 확률적으로 발생확률이 50%를 초과할 경우를 의미한다.

③ 사채의 표시이자율보다 시장이자율이 더 높은 경우 사채발행자는 채권자에게 시장이자율을 보장하기 위해 사채를 할인발행하게 된다.

④ 사채인수수수료, 사채권인쇄비, 인지세 등의 사채를 발행하는 과정에서 발생하는 부대비용(사채발행비)은 사채할인발행차금에 가산하거나 사채할증발행차금에서 차감한다.

30

| 정답 | ③

| 해설 | 다음 기준을 모두 충족하는 때에만 기업회계기준서의 적용범위에 해당하는 고객과의 계약으로 회계처리한다(K-IFRS 제1115호 문단 9).

1. 계약 당사자들이 계약을 (서면으로, 구두로, 그 밖의 사업 관행에 따라) 승인하고 각자의 의무를 수행하기로 확약한다.
2. 이전할 재화나 용역에 관련된 각 당사자의 권리를 식별할 수 있다.
3. 이전할 재화나 용역의 지급조건을 식별할 수 있다.
4. 계약에 상업적 실질이 있다(계약의 결과로 미래 현금흐름의 위험, 시기, 금액이 변동될 것으로 예상된다).
5. 고객에게 이전할 재화나 용역에 대하여 받을 권리를 갖게 될 대가의 회수가능성이 높다.

31

| 정답 | ④

| 해설 | 저항권은 공권력의 행사자가 민주적 기본질서를 침해하거나 파괴하려는 경우 이를 회복하기 위하여 국민이 공권력에 대하여 폭력 · 비폭력, 적극적 · 소극적으로 저항할 수 있다는 국민의 권리이자 헌법수호제도를 의미한다(헌재 2014.12.19. 2013헌다1 전원재판부).

32

| 정답 | ③

| 해설 | 사회적 특수계급의 제도는 인정되지 아니하며, 어떠한 형태로도 이를 창설할 수 없다(헌법 제11조 제2항).

| 오답풀이 |

① 헌법 제27조 제4항

② 헌법 제21조 제2항

④ 헌법 제12조 제7항

33

| 정답 | ③

| 해설 | 국회는 헌법 또는 법률에 특별한 규정이 없는 한 재적의원 과반수의 출석과 출석의원 과반수의 찬성으로 의결한다. 가부동수인 때에는 부결된 것으로 본다(헌법 제49조).

| 오답풀이 |

① 헌법 제58조

② 헌법 제54조 제2항

④ 헌법 제53조 제1항

34

| 정답 | ①

| 해설 | 대리권의 남용은 대리인이 대리권한 내에서 수권자가 아닌 자신 혹은 제3자의 이익을 위해 대리권을 행사하는 것으로, 법률의 규정을 통해 당연히 발생하는 법정대리의 경우에도 예를 들어 친권자가 미성년자의 부동산을 임의로 처분하는 경우(대판 2011.12.11. 2001다64669) 등에서 대리권의 남용 이론이 적용될 수 있다.

| 오답풀이 |

② 대리인이 그 권한 내에서 본인을 위한 것임을 표시한 의사표시는 직접 본인에게 대하여 효력이 생긴다(민법 제114조 제1항). 즉 민법상의 대리는 의사표시에 관한 것으로 사실행위와 불법행위의 대리는 성립하지 않는다.

③ 대리권은 본인의 사망, 대리인의 사망 · 성년후견의 개시 또는 파산으로 소멸한다(민법 제127조).

④ 대판 1997.12.12. 95다20775

35

| 정답 | ③

| 해설 | 판결에 의하여 확정된 채권은 단기의 소멸시효에 해당한 것이라도 그 소멸시효는 10년으로 한다(민법 제165조 제1항).

36

| 정답 | ④

| 해설 | 미등기건물을 양수하여 건물에 관한 사실상의 처분권을 보유하게 됨으로써 양수인이 그 건물부지 역시 아울러 점유하고 있다고 볼 수 있는 등의 다른 특별한 사정이 없는 한 건물의 소유명의자가 아닌 자로서는 실제로 그 건물을 점유하고 있다고 하더라도 그 건물의 부지를 점유하는 자로는 볼 수 없다(대판 2003.11.13. 2002다57935).

| 오답풀이 |

① 민법 제194조

②, ③ 가사상, 영업상 기타 유사한 관계에 의해 타인의 지시를 받아 물건에 대한 사실상의 지배를 하는 점유보조자는 간접점유자와 달리 점유권을 가지고 있지 않으므로 점유보호청구권을 행사할 수 없다. 다만 점유권 침탈에 대한 긴급구제책인 자력구제권의 경우에는 예외로 점유보조자가 점유자를 위해 이를 행사할 수 있다고 보는 것이 통설이다.

37

| 정답 | ①

| 해설 | 비례의 원칙(과잉금지의 원칙)은 행정목적을 실현함에 있어서 그 목적과 수단이 합리적인 비례관계에 있어야 한다는 행정법의 원칙이다. 행정기관의 조치는 그 목적에 적합해야 하며, 필요 최소한으로 이루어져야 하며, 그로 인해 발생하는 이익과 불이익을 비교하여 불이익이 더 크다면 이를 취하여서는 안 된다.

38

| 정답 | ①

| 해설 | 통행금지의 해제 등 불특정 다수를 대상으로 하는 허가 역시 가능하다.

| 오답풀이 |

③ 허가는 언제나 행정처분의 형식으로 이루어지며, 법규에 의한 허가는 허용되지 않는다.

④ 허가는 법규에 의해 금지한 것을 특정 대상에게 해제하는 것으로 자연적 자유를 회복시키는 행위로 명령적 행위로 보는 것이 통설이다(다만 제한을 해제하여 적법한 권리행사를 가능하게 한다는 점에서 형성적 행위로 보는 견해도 있다).

39

| 정답 | ④

| 해설 | 회사가 다른 회사의 발행주식총수의 10분의 1을 초과하여 취득한 때에는 그 다른 회사에 대하여 지체없이 이를 통지하여야 한다(상법 제342조의3).

| 오답풀이 |

① 상법 제331조

② 상법 제329조 제3항

③ 상법 제332조 제1항

40

| 정답 | ②

| 해설 | 주주총회를 소집할 때에는 주주총회일의 2주 전에 각 주주에게 서면으로 통지를 발송하거나 각 주주의 동의를 받아 전자문서로 통지를 발송하여야 한다(상법 제363조 제1항).

| 오답풀이 |

① 상법 제366조 제1항

③ 상법 제366조의2 제1항

④ 상법 제389조 제1항

41

| 정답 | ④

| 해설 | 행정지도는 일정한 행정목적을 실현하기 위해 권고, 권유 등의 형태로 국민에게 임의적인 협력을 요청하는 비권력적 사실행위로 법적 구속력을 가지지 않는다.

| 오답풀이 |

① 행정규제는 국가나 지방자치단체가 특정한 행정 목적을 실현하기 위하여 국민의 권리를 제한하거나 의무를 부과하는 것으로서 법령 등이나 조례·규칙에 규정되는 사항을 말한다(행정규제기본법 제2조 제1항 제1호).

② 경제적 규제는 경제 질서를 세우기 위해 정부가 시장에 개입해 기업의 경제적 활동을 규제하는 규제로 시장경제의 역사와 함께 존재해 오고 있다.

③ 특정 산업을 대상으로 하는 경제적 규제에 비해 바람직한 사회 질서를 세우기 위한 기업의 사회적 행동을 규제하는 사회적 규제는 모든 산업에 대해 적용된다는 점에서 그 효과의 범위가 더욱 넓다.

42

| 정답 | ③

| 해설 | 행정의 본질적 가치는 공익성, 정의, 복지, 형평성, 평등, 자유 등이 있으며, 민주성과 책임성은 행정의 수단적 가치에 해당한다.

43

| 정답 | ②

| 해설 | 정책평가의 타당성 저해요인 중 외적 타당도의 저해요인으로는 호손효과(Hawthorne Effect), 다수처리에 의한 간섭, 표본의 대표성 부족, 크리밍 효과 등이 있다. 호손효과는 자신이 실험 대상으로 관찰받고 있음을 인지하는 것만으로 실험 결과에 영향을 주는 것을 말한다.

44

| 정답 | ①

| 해설 | 학습조직은 탈관료제를 지향하는 수평적 조직구조와 조직 내 정보의 공유와 소통을 통한 협력으로 성장하는 조직의 구성을 지향한다. 따라서 개인별 성과급 위주의 보상체계는 학습조직의 성격과는 어울리지 않는다.

45

| 정답 | ③

| 해설 | 특성론적 접근방법은 리더십에 대한 연구 초기의 접근 방식으로, '성공한 리더에게는 남들이 가지지 않은 타고난 특성이 있다'는 전제하에 훌륭한 리더십의 자질을 지닌 위인들이 가진 신체적 특성, 성장환경, 성격 등에서의 공통된 특성을 분석해 이를 리더십의 요건으로 이해하고자 하는 리더십 이론이다.

46

| 정답 | ①

| 해설 | 대표관료제(Representative Bureaucracy)는 조직의 구성에 있어 직업, 계급, 지역 등의 기준에 따라 분리된 집단의 구성원들을 균일하게 선발하여, 이러한 관료들이 각자 자신들이 대표하고 있는 집단의 가치를 대변함으로써 다양한 관점에서의 접근과 기회의 평등을 구현하는 제도이다. 이는 각계각층의 다양한 요구를 모두 수용하는 다양성과 대표성, 형평성을 모두 충족할 수 있다는 이점을 가지나 그 과정에서 행정의 전문성과 생산성이 저하되고 역차별의 가능성이 존재한다는 등의 비판을 받는다.

47

| 정답 | ④

| 해설 | 행동강령은 윤리강령을 보다 구체화한 것으로, 기본적으로는 규범성을 지향하면서 실천을 통한 목적 달성의 실천성, 자발적 수용과 실천을 강조하는 자율성, 바람직한 행동방향을 제시하는 방향성, 사전예방적 기능을 강조하는 예방지향성을 그 특성으로 한다.

48

| 정답 | ①

| 해설 | 예산주의는 예산의 의결을 입법이 아닌 별도의 형식으로 결정하는 것으로 한국 · 일본 · 스위스 등이 이를 채택하고 있다. 예산주의에서의 세입은 예산이 아닌 별도의 조세법률에 따라 발생하고, 그 법률이 개정될 때까지 해당 내용의 효력이 지속되는 영구세주의를 채택하고 있다. 세입은 단순 참고자료에 불과하나, 세출은 법률에 준하는 효력을 가진다. 예산안에 대해 대통령의 거부권 행사가 불가능하다.

49

| 정답 | ④

| 해설 | 조세지출예산제도는 정부가 국회에 예산안을 제출할 때 조세지출, 조세감면에 관한 내역을 예산 형식으로 공표하는 제도로, 재정부담의 투명성을 제고하고 이를 통해 불필요한 조세감면을 축소하면서 불공정한 조세지출을 적발해 낼 수 있다는 이점을 가진다. 다만 조세지출운영과정에서 의회가 조세지출을 심의하고 세입을 통제하게 되어 행정부의 재량권이 축소되므로 조세지출운영의 신축성이 저해된다는 단점이 있다.

50

| 정답 | ③

| 해설 | 기관위임사무에 대해 지방의회에는 조례제정권이 없고 다만 개별 법령에서 조례에 입법위임을 하는 부분에 한하여 그 법령의 취지 내에서의 조례를 제정할 수 있다. 단체위임사무는 기관위임사무와 달리 지방의회가 이에 대한 조례제정권을 가진다.

| 오답풀이 |

① 자치사무의 경비는 지방자치단체가 부담하며, 국가는 이를 보조금의 형태로 지원한다.

④ 기관위임사무는 국가 혹은 광역지방자치단체가 법령에 의해 지방자치단체에게 그 사무를 위임하는 것으로 그 특성상 주로 전국 단위의 이해관계가 큰 사무를 그 내용으로 한다.

51

| 정답 | ②

| 해설 | 직무평가의 방법 중 비계량적인 방법으로는 서열법과 분류법이 있다. 요소비교법은 중심이 되는 몇 개의 기준직무를 선정하고 각 직무의 평가요소를 기준직무의 평가요소와 비교하여 직무의 상대적 가치를 결정하는 것으로 점수법과 함께 계량적 직무평가법에 해당한다.

52

| 정답 | ③

| 해설 | 기업별 노조는 개별 기업 단위로 결성되는 노동조합의 형태로, 같은 기업 내 비조합원을 배척하는 조합이기주의의 문제점을 가진다. 반면 산업별 노동조합은 특정한 산업에 종사하는 모든 노동자들이 소속되어 있어 비조합원을 배척하는 문제가 상대적으로 적다.

53

| 정답 | ②

| 해설 | 노동조합의 업무에만 종사하는 자인 전임자는 그 전임기간 동안 사용자로부터 어떠한 급여도 지급받아서는 아니 된다(노동조합 및 노동관계조정법 제24조 제2항).

| 오답풀이 |

① 하나의 사업 또는 사업장에서 근로자가 설립하거나 가입한 노동조합이 2개 이상인 경우 교섭대표노동조합을 정하여 교섭을 요구하여야 한다(노동조합 및 노동관계조정법 제29조의2 제1항). 즉 복수노조가 있는 회사라면 문제의 단체협약의 내용에서는 유일노동조합이 아닌 교섭대표노동조합에 대한 사용자의 동의에 관한 내용이 들어가는 것이 적절하다.

③ 단체협약의 규범적 부분은 단체협약의 내용 중 임금, 근로시간, 재해보상 등의 근로조건, 기타 근로자의 대우에 관한 사항을 의미한다.

④ 단체협약에는 2년을 초과하는 유효기간을 정할 수 없다(노동조합 및 노동관계조정법 제32조 제1항).

54

| 정답 | ①

| 해설 | 토마스의 조직갈등관리유형은 갈등에 반응하는 방식에 따라 경쟁형, 협력형, 타협형, 회피형, 적응형으로 구분한다. 이 중 a에 들어갈 유형은 협력형으로, 갈등 당사자의 관심사가 모두 중요하여 통합적인 해결책이 필요할 때 양쪽 모두가 만족할 수 있는 갈등해소책인 윈-윈 전략을 적극적으로 탐구하는 유형에 해당한다.

55

| 정답 | ③

| 해설 | 매수인이 선이행하여야 할 중도금 지급을 하지 아니한 채 잔대금 지급일을 경과한 경우에는 매수인의 중도금 및 이에 대한 지급일 다음 날부터 잔대금 지급일까지의 지연손해금과 잔대금의 지급채무는 매도인의 소유권이전등기의무와 특별한 사정이 없는 한 동시이행관계에 있다(대판 1991.3.27. 90다19930).

| 오답풀이 |

①, ② 매매의 당사자 일방이 계약당시에 금전 기타 물건을 계약금, 보증금 등의 명목으로 상대방에게 교부한 때에는 당사자 간에 다른 약정이 없는 한 당사자의 일방이 이행에 착수할 때까지 교부자는 이를 포기하고 수령자는 그 배액을 상환하여 매매계약을 해제할 수 있다(민법 제565조 제1항).

④ 쌍무계약인 매매계약에서 매수인이 선이행의무인 잔금지급의무를 이행하지 않던 중 매도인도 소유권이전등기의무의 이행을 제공하지 아니한 채 소유권이전등기의무의 이행기를 도과한 경우, 여전히 선이행의무로 하기로 약정하는 등 특별한 사정이 없는 한 매도인과 매수인 쌍방의 의무는 동시이행관계에 놓이게 된다(대판 1999.7.9. 98다13754, 13761). 즉 동시이행의 항변권에 의해 甲과 乙 중 어느 한 쪽이 잔금 지급 혹은 소유권 이전을 하지 않는 한 이행지체책임은 발생하지 않는다.

56

| 정답 | ③

| 해설 | 현금 및 현금성자산은 현금과 만기 3개월 이내의 단기금융상품, 당좌예금과 보통예금으로, 문제에서는 현금보유액, 타인발행수표, 기일도래 공사채이자표와 90일 환매의 환매채가 이에 해당한다. 따라서 50,000+60,000+10,000+800,000=920,000이다.

57

| 정답 | ③

| 해설 | (주)중부가 10월 31일 주당 ₩720에 100주를 유상취득(총 ₩72,000)한 후, 11월 25일에는 20주를 무상주로 취득하여 취득한 주식 총 120주의 공정가치가 ₩600으로 조정되었다(120×600=72,000으로 가치는 동일하다). 이후 12월 14일에 60주를 주당 ₩700에 처분하면서 주당 ₩100씩 총 ₩6,000의 처분수익을 얻게 되었고, 12월 31일에는 주당 공정가치가 ₩600에서 ₩580으로 하락하면서 주당 ₩20씩 ₩1,200의 손실이 발생하게 되었다.

따라서 갑 주식으로 인한 (주)중부의 20X1년 당기순이익은 6,000−1,200=4,800이 된다.

58

| 정답 | ①

| 해설 | a. 단기차입금과 c. 매입채무는 만기 1년 이내의 유동부채이므로 재무상태표의 부채 및 자본 항목에 들어갈 수 있다.

| 오답풀이 |

b. 기계장치와 d. 선급보험료(선급비용)는 모두 자산에 해당한다.

59

| 정답 | ②

| 해설 | 자본금 증가량은 발행한 주식 수×발행한 주식의 1주당 액면가로, A 회사는 20X9년 보통주 10,000주를 발행하여 자본금이 ₩100,000,000 상승한 것을 통해 20X9년 A 회사가 발매한 보통주의 액면가는 ₩10,000임을 알 수 있다.

주식할인발행차금은 주식회사가 액면가보다 낮은 가격에 신주를 발행했을 때와 액면가로 주식을 발행했을 때의

자본금의 차액이다. 즉 20X9년 A 회사는 액면가보다 낮은 가격에 신주를 발행하였고, 그 차액이 ₩40,000,000이므로 실제 A 회사는 20X9년 1주당 ₩6,000의 주식을 10,000주 발행하였다.

60

| 정답 | ③

| 해설 | 외환차손익은 외화자산 또는 외화부채를 가지고 있을 경우, 이를 상환받거나 상환할 때 발생 당시의 환율과 상환 당시의 환율과의 장부가액의 차이를 의미한다.

선적지 인도기준은 선적 시 상품의 소유권이 매입자에게 이전되는 것이므로 수익의 인식시점 역시 선적일을 기준으로 하며, 외환차손익의 판단기준은 선적일자인 7월 25일의 환율 1,100원/$로 판단한다.

즉 선적일 당시의 제품의 금액은 200,000($)×1,100(원/$)=220,000,000(원)이며, 보통예금계좌에 입금된 8월 20일의 금액은 200,000×1,150=230,000,000(원)이므로 회사는 외환차익 10,000,000원이 발생하였다.

3회 기출문제

▸ 문제 508쪽

01	①	02	④	03	②	04	②	05	③
06	④	07	⑤	08	⑤	09	④	10	④
11	③	12	④	13	⑤	14	④	15	③
16	①	17	③	18	③	19	⑤	20	①
21	③	22	⑤	23	④	24	①	25	①
26	②	27	②	28	④	29	②	30	②
31	③	32	③	33	②	34	④	35	④
36	④	37	①	38	②	39	①	40	③

01

| 정답 | ①

| 해설 | 성장－점유율 분석이라고도 하는 BCG 매트릭스는 시장점유율과 성장률을 축으로 별, 현금젖소, 물음표, 개 4개의 사업으로 나누어 사분면 내에 표시하고 이를 기준으로 미래의 전략방향과 자원배분 방안을 결정하는 분석 방법이다.

02

| 정답 | ④

| 해설 | p－관리도는 제품의 불량여부를 결정하는 불량관리도로 이항분포에서 사용된다.

넓이, 무게, 길이와 같이 계량화할 수 있는 연속적 품질 측정치로는 R－관리도, X－관리도, X－R 관리도 등이 이용된다.

03

| 정답 | ②

| 해설 | PERT/CPM에서 낙관치(t_0)와 비관치(t_p)의 발생확률은 같고, 최빈치(t_m)의 발생확률은 두 발생확률의 4배로 가정한다. 그리고 PERT/CPM에서의 기대시간치(t_e)는 이들의 산술평균, 즉 $t_e = \frac{t_0 + 4t_m + t_p}{6}$ 이다.

낙관적 시간은 2일, 비관적 시간은 8일, 최빈 시간(정상시간치)은 5일로 추정된다면 기대시간치는 $\frac{2+4\times5+8}{6}=$ 5(일)이다.

04

| 정답 | ②

| 해설 | 인사평가의 신뢰성이란 평가척도가 얼마나 정확하게 측정되었는지에 관한 것으로, 평가척도의 신뢰성이나 평가자가 가진 오류에 의해 저해된다. 관대화 경향, 중심화 경향, 후광효과, 최근효과는 모두 평가자의 주관적 판단에 의해 발생하는 오류로, 이러한 효과가 얼마나 발생하였는가를 분석하여 인사평가의 신뢰성을 측정할 수 있다.

| 오답풀이 |

① 평가도구가 평가의 목적을 달성하는 것과 얼마나 관련되어 있는가의 여부는 인사평가의 타당성에 관한 내용이다.

③ 신입사원의 입사시험 성적과 입사 후의 직무태도를 비교하는 것은 선발도구가 지원자의 실제 직무능력과 어느 정도의 연관을 가지는가, 즉 선발도구의 예측타당성에 관한 사항이다.

④ 시험-재시험 방법, 내적 일관성 측정방법, 양분법은 선발도구가 얼마나 일관된 측정결과를 도출하는가를 판별하는 선발도구의 신뢰성에 관한 내용이다.

⑤ 인사평가에서의 중심화 경향(Central Tendency Error)은 평가자가 잘 알지 못하는 차원의 내용을 평가함에 있어서 평가에 따른 위험을 회피하기 위해 피평가자들을 모두 중간점수로 평가하는 것이다.

05

| 정답 | ③

| 해설 | 최적조업도는 기업의 산출량 단위당 평균비용(원가)이 최저가 되는 산출량(조업도)을 의미한다.

| 오답풀이 |

① 생산능력의 효율성은 생산의 유효능력에 비해 실제로 어느 정도의 생산량을 달성하였는가를 측정하는 것으로 실제생산량에 비례하고 유효능력에 반비례한다.

② 수요의 추종전략(Chase Strategy)은 생산요구량의 변화에 따라 생산인력 등의 생산능력을 변화시켜 생산량을 맞추는 전략이다.

④ 적은 생산량으로 높은 부가가치를 생산하는 자본집약적인 사업일수록 여유생산능력은 낮게 유지하는 것이 바람직하다.

⑤ 유효능력은 제품 생산에 있어서 주어진 요건들을 반영하여 달성할 수 있는 최대 생산량이다. 설비운영의 내·외적 요인에 영향을 받지 않은 상태에서의 생산능력은 설계능력(Design Capacity)이다.

06

| 정답 | ④

| 해설 | 우드워드의 생산기술 분류에서 연속공정생산기술은 생산기술의 복잡성이 높아 생산의 전 과정이 기계화되어 있으므로 산출물의 예측가능성이 매우 높다.

| 오답풀이 |

① 페로우는 과업의 다양성과 문제분석의 가능성에 따라 기술을 네 가지로 분류하였다.

② 페로우의 기술 분류 중 일상적 기술은 과업의 다양성이 낮고 문제분석의 가능성이 높아 집권화된 의사결정과 관리가 가능하며, 업무의 공식화과 표준화가 용이하다.

③ 우드워드는 생산기술의 복잡성에 따라 생산기술을 단위소량생산기술, 대량생산기술, 연속공정생산기술로 분류하였다.

⑤ 톰슨이 정의한 조직구조의 상호작용유형에서 집합적 상호의존성은 독립적으로 존재하는 기업 내 부서들이 중개형 기술로 연결되어 있는 조직구조이다.

07

| 정답 | ⑤

| 해설 | 아담스의 공정성이론은 자신의 투입(Input)과 이에 따라 도출되는 산출(Output)과의 교환관계를 타인과 비교했을 때의 공정성의 정도에 따라 만족도를 결정한다는 이론이다. 여기서의 투입이란 개인이 작업을 위해 제공하는

지식, 노력 등을 말하며 산출은 개인이 직장으로부터 얻는 급여나 혜택 등을 의미한다.

| 오답풀이 |

① 강화이론에서 바람직한 행동의 빈도를 증가시키는 기능을 수행하는 것은 긍정적 강화와 부정적 강화이며, 소거와 벌은 바람직하지 못한 행동의 빈도를 감소시키는 기능을 한다.

② 브룸의 기대이론에서는 개인이 투입한 기대와 노력의 결과에 따른 주관적 가치판단으로 개인의 동기가 부여된다고 보았다. 개인과 개인, 개인과 조직 간의 교환관계에 초점을 두는 이론은 아담스의 공정성이론에 해당한다.

③ 자기효능감(Self-efficacy)은 일을 성공적으로 수행할 수 있을 것이라는 스스로에 대한 믿음으로 브룸의 기대이론과는 무관하다.

④ 아담스의 공정성이론은 조직의 공정성을 판단함에 있어서 개인이 느끼는 공정성에 대한 지각이 작용한다는 것으로, 개인은 절차적 공정성, 상호작용적 공정성과 무관하게 분배적 공정성에 측면에서 공정성 여부를 판단한다는 이론이다.

08

| 정답 | ⑤

| 해설 | SERVQUAL 모형은 기업의 서비스 품질을 신뢰성, 확신성, 유형성, 공감성, 대응성의 5개 영역 22개 항목의 품질기준으로 측정하여 분석하는 도구이다.

| 오답풀이 |

① 전사적 품질경영(TQM, Total Quality Management)은 모든 구성원의 참여로 이루어지는 장기적 · 조직적 품질개선을 의미한다.

② 관리도에서 관리한계선의 폭이 좁아지면 양품이 샘플링검사로 불합격판정을 받게 되는 생산자위험이 커지며, 반대로 불량품이 샘플링검사에서 합격판정을 받게 되는 소비자위험은 낮아진다.

③ 싱고 시스템은 오류를 사전에 방지하기 위해 잘못된 조작을 하면 작동하지 않도록 하는 디자인인 포카요케(Poka-yoke)와 10분 미만의 공구 교체 시스템(SMED)으로, 전사적 품질경영인 적시생산시스템(JIT, Just In Time)과 관련된 생산기법이다.

④ 품질경영에 대한 국제표준은 ISO 9000 시리즈에 대한 설명이다.

09

| 정답 | ④

| 해설 | 자존적 편견(Self-serving Bias)은 자존의 욕구에 의해 성공은 자신의 능력, 즉 내적 요인에 따른 결과이며 실패는 환경의 문제, 즉 외적 요인의 탓이라고 생각하는 귀인오류이다.

| 오답풀이 |

① 강제할당법은 피평가자들의 성적을 사전에 정한 비율로 강제로 할당하는 것으로, 모든 피평가자들을 중간 점수로 판단하는 중심화 오류를 감소시키는 방안으로 이용할 수 있다.

② 상관편견(Correlational Bias)은 평가자가 서로 다른 특질을 같은 것으로 이해하고 이를 유사한 선상에 두고 피평가자를 평가하려는 것이다. 예를 들어 학업 성적이 좋은 학생은 책임감이 있다고 판단하거나, 창의력과 기획력을 같은 능력으로 이해하는 것 등이 있다.

③ 켈리의 귀인모형에 따르면 다른 사건과의 결과를 비교하는 특이성과 다른 사람의 결과와 비교하는 합의성이 낮으면 내적으로 귀속하고, 특이성과 합의성이 높으면 외적으로 귀속하게 된다. 반대로 다른 시점과의 결과와 비교하는 일관성이 높으면 내적으로 귀속하고, 낮으면 외적으로 귀속하게 된다.

⑤ 근원적 귀인오류(Fundamental Attribution Error)는 행위자의 행동이나 문제의 오류를 환경 등의 외적 요인에서 찾지 않고 행위자의 성격, 능력 등의 내적 요인에서 찾는 것을 의미한다.

10

| 정답 | ④

| 해설 | ㉠ 활동여유시간은 프로젝트 네트워크를 분석하기 전에는 알 수 없다.

㉢ 주경로상에 있는 활동들의 활동여유시간은 모두 0이 되며, 주경로에 속하지 않은 활동들의 활동여유시간은 0보다 크다.

㉣ 프로젝트 네트워크에서의 예상 완료시간은 주경로에 위치한 활동의 예상 완료시간을 기준으로 설정되므로, 주경로에 위치하지 않은 활동에서는 활동여유시간이 발생하여, 해당 기간 내에서의 지연은 어느 정도 허용된다.

11

| 정답 | ③

| 해설 | (가) 증권시장선(SML, Security Market Line)은 자본시장선(CML)과 달리 효율적 포트폴리오뿐만 아니라 개별 주식과 비효율적 포트폴리오의 균형수익률도 측정할 수 있다.

(나) 자본시장선(CML)상의 포트폴리오는 체계적 위험만으로 이루어진 효율적 포트폴리오로 자본배분선 중 기울기, 즉 위험보상비율이 가장 큰 선이다.

(다) 기본적으로 위험과 수익률 간에는 상충관계가 존재한다. 즉 수익률을 높이기 위해서는 그에 따른 위험을 부담해야 하며, CAPM에 따르면 포트폴리오의 수익률을 높이기 위해서는 체계적 위험을 증가시켜야 한다.

12

| 정답 | ④

| 해설 | 하마다모형이 성립한다는 것은 부채를 가진 상태의 베타를 βL, 무부채상태의 베타를 βU, 부채비율을 $\frac{B}{S}$, 세율을 tc라고 했을 때 $\beta L = \beta U + \beta U \times \left(\frac{B}{S}\right) \times (1 - tc)$이 성립한다는 의미이다. 문제의 내용을 하마다모형에 대입하면 $3 = 2 + 2 \times \left(\frac{B}{S}\right) \times 0.5$, $\frac{B}{S} = 1$이 된다. 여기에 기업의 가치를 구하기 위해 수정된 MM이론 제1명제 $V_L = V_U + B \times t$를 대입하면, 기업의 가치는 $V_L = 150 + 0.5\,V_L \times 0.5$, 즉 $V_L = 200$(억 원)이다.

13

| 정답 | ⑤

| 해설 | 콜옵션을 매도하여 가격 상승의 이익을 고정함으로써 주가 하락의 손실을 방지하는 방비 콜과 주가 하락을 풋으로 얻는 이익으로 상쇄하는 보호 풋 모두 가격변동의 위험을 제거하는 헤지 전략이다.

| 오답풀이 |

① 박스 스프레드는 콜강세 스프레드와 풋약세 스프레드를 동시에 취하여 두 스프레드의 비용과 수익을 상쇄하여 그 차익을 획득하는 전략이다.

② 풋-콜 패리티는 동일한 행사가격과 만기를 가진 콜옵션과 풋옵션의 가격은 균형하에 일정한 관계를 가진다는 것으로, 이를 이용해 무위험 포트폴리오를 구성할 수 있다.

③ 수평 스프레드(Horizontal Spread)는 만기일을 제외한 다른 조건이 같은 옵션 둘을 매입/매도하는 전략으로, 만기가 긴 옵션의 시간가치를 추정하여 가격의 변동에 관계없이 시간가치의 잠식효과에만 집중하는 전략이다. 시간에 따른 수익률의 변화는 수익률곡선(Yield Curve), 즉 곡선의 형태로 나타나므로 수평 스프레드의 손익 변동 역시 곡선의 형태로 그려진다.

④ 스트랭글은 행사가가 다른 콜옵션과 풋옵션을 동시에 매수/매도하는 것이다. 이 중 스트랭글을 매입하는 롱 스트랭글(Long Strangle)은 가격의 변동이 그 방향에 관계없이 매수한 콜옵션과 풋옵션의 행사가 차이보다 더 크게 변동될 경우 이익이 발생한다.

14

| 정답 | ④

| 해설 | ㉠ 태도를 구성하는 세 가지 요소는 인지적(Cognitive), 감정적(Affective), 행동적(Behavioral) 요소이다.

㉣ Big 5 성격유형에서 타인을 존중하는 것과 관련 있는 개인의 성향은 친화성(Agreeableness)이다.

㉤ MBTI(Myers-Briggs Type Indicator)에서는 개인이 정보를 수집하는 방식, 판단하는 방식, 정보를 인식하는 방식, 생활양식에 근거하여 성격유형을 나누고 있다.

15

| 정답 | ③

| 해설 | ㉡ 개인의사결정의 장점은 집단의사결정보다 시간과 비용이 절약될 수 있다는 것이다.

㉣ 변증법적 토의법은 전체 구성원들을 각 대안에 대해 찬성과 반대라는 두 집단으로 나누어 각 대안을 토의하는 방식이다.

| 오답풀이 |

㉠ 명목집단법은 여러 대안들에 대해 토론이나 비평과 같은 조직구성원들 간의 구두 의사소통을 제한하고 문서화된 의사소통만을 허용하는 기법이다.

㉢ 집단응집성(Group Cohesiveness)은 집단구성원들이 그 집단에 매력을 느끼고 그 안에 머무르도록 작용하는 자발적인 힘의 총체를 말한다.

16

| 정답 | ①

| 해설 | SWOT 분석이란 기업의 내부환경을 분석해 강점과 약점을 발견하고, 외부환경을 분석해 기회와 위협을 찾아내 이를 토대로 강점은 살리고 약점은 보완, 기회는 활용하고 위협은 억제하는 마케팅 전략을 수립하는 것이다. 이 중 강점과 약점은 경쟁기업과 비교할 때 소비자로부터 강점, 약점으로 인식되는 것이 무엇인지, 기회와 위협은 외부환경에서 유리한 기회, 불리한 위협은 무엇인지를 찾아내 기업 마케팅에 활용하는 것이다.

17

| 정답 | ③

| 해설 | 허쉬(Hersey)와 블랜차드(Blanchard)의 상황이론에 의하면 위임형(Delegating) 리더십은 준비성의 정도가 높은 상황, 즉 부하들의 능력이 탁월하고 적절한 책임을 지려고 하는 태도에 대한 신뢰도가 높은 경우에 사용되는 유형으로 지원과 지시가 거의 필요 없는 모범적인 스타일이다. 한편 부하의 성숙도가 매우 낮고 부하들이 주어진 과업에 대한 책임을 질 능력도 없고 책임을 지려고 하는 의지도 없는 경우에 사용되는 유형은 지시형(Telling) 리더십이다.

18

| 정답 | ③

| 해설 | 주기시간이 30초로 주어지면, 작업장의 수는 $\frac{15+30+20+15}{30} \fallingdotseq 2.7$로 약 3개가 필요하다.

| 오답풀이 |

① 가장 느린 공정이 생산능력을 좌우하므로 주기시간은 30초이다.

② 주기시간이 30초이고 총 라인은 4개이므로 총 유휴시간은 $(30\times4)-(15+30+20+15)=40$(초)이다.

④ 생산라인의 효율은 $\frac{\text{총 수행시간}}{\text{총 주기시간}}\times100$이므로,

$\frac{80}{120}\times100 \fallingdotseq 66.7$(%)로, 약 67%이다.

⑤ 생산량은 2(개/분)×60(분)×8(시간)=960(개)이다.

19

| 정답 | ⑤

| 해설 | ㉠ 제품을 선택함에 있어서 제품이 가진 속성에 대한 주관적인 평가와 함께 '나에게 어울리지 않을 것이다'라는 제품을 선택했을 때의 결과까지를 함께 고려하는 것은 피시바인의 확장모델로 설명한다.

㉡ 태도는 관찰될 수 없으며 가치관만큼은 아니지만 어느 정도 지속적이고 학습될 수 있다.

㉢ 피시바인 모델에서 오차항은 존재하지 않는다.

㉣ 피시바인 확장모델(Fishbein's Extended Model)은 합리적 행동이론을 그 내용으로 한다.

㉤ 소비자들이 좋아하는 연예인을 광고모델로 사용하여 제품의 부정적 인식을 전환시키는 것은 하이더의 균형이론에 대한 설명이다. 정교화가능성 모델은 유명 연예인 광고가 제품에 대한 부정적 인식을 전환하는 것보다는 제품을 깊게 인식하지 않는 저관여제품에서 효과적으로 작용한다고 설명한다.

20

| 정답 | ①

| 해설 | 콜옵션의 델타는 기초자산 가격의 변화에 콜옵션의

가격이 영향을 받는 정도를 나타낸다. 기초자산의 현재가격이 20,000원에서 18,000원으로 2,000원이 감소하였고, 콜옵션의 델타가 0.8이므로 콜옵션은 2,000×0.8=1,600(원)만큼 하락한다. 따라서 기초자산 변경 후 콜옵션의 가격은 4,000－1,600=2,400(원)이다.

21

| 정답 | ③

| 해설 | 현재 20,000원의 주식 가격이 1년 후 70%의 확률로 20% 상승, 즉 $20,000\times\frac{120}{100}=24,000$(원)이 되는 유럽형 콜옵션의 행사가격이 18,600원이라면 콜옵션의 가치는 그 차액인 5,400원이 되며, 그 기대가치는 5,400× 0.7=3,780(원)이다(30% 확률로 40% 하락하는 경우의 콜옵션의 가치는 0이다). 여기에 무위험이자율이 연 8%이므로 콜옵션의 현재가치는 $\frac{3,780}{1.08}=3,500$(원)이다.

22

| 정답 | ⑤

| 해설 | 최소분산포트폴리오(Minimum Variance Portfolio)는 결합포트폴리오 중 분산이 최소가 되는 포트폴리오를 의미한다. 2개의 자산으로 이루어진 최소분산포트폴리오에서 자산 A에 대한 투자비율은

$W_A=\frac{{\sigma_B}^2-\sigma_{AB}}{{\sigma_A}^2+{\sigma_B}^2-2\sigma_{AB}}$($\sigma_A$, σ_B는 각각 자산 A와 B의 표준편차, σ_{AB}는 두 자산 간의 상관계수)이다.

따라서 자산 B에 대한 투자비율은

$\frac{30^2-0}{10^2+30^2-0}=\frac{900}{1,000}=0.9$, 즉 90%이다.

23

| 정답 | ④

| 해설 | ㉠ 자산의 듀레이션 $D_A=0\times0.2+1.2\times0.5+6\times0.3=2.4$(년)이다.

㉡ 부채의 듀레이션 $D_L=1\times\frac{1}{2}+4\times\frac{1}{2}=2.5$(년)이다.

따라서 자본의 듀레이션 갭은 $DGAP_K=D_A-D_L\times\frac{L}{A}=2.4-2.5\times0.6=0.9$(년)이다.

㉢ 부채의 듀레이션은 2.5년으로 자산의 듀레이션 2.4년보다 크다.

㉣ 순자산가치 면역전략은 자산과 부채의 듀레이션을 일치시켜(듀레이션 갭을 0으로 만들어) 금리 변동에 따른 순자산가치의 변동위험을 제거하는 포트폴리오 구성 전략이다.

| 오답풀이 |

㉤ 듀레이션은 자산가치의 민감도를 의미한다. 즉 금리가 하락하면 자산가치와 부채가치가 동시에 증가하는데, 문제에서는 자산의 듀레이션보다 부채의 듀레이션이 더 크므로 부채의 증가가 자산의 증가보다 더 커지게 된다.

24

| 정답 | ①

| 해설 | 소급법은 전진법과 달리 회계정보의 기간별 비교가능성은 확보하나, 재무제표의 신뢰성을 저하시킨다.

| 오답풀이 |

② 전기오류의 수정은 오류가 발견된 기간의 당기손익으로 보고하지 않는다. 따라서 과거 재무자료의 요약을 포함한 과거기간의 정보는 실무적으로 적용할 수 있는 최대한 앞선 기간까지 소급재작성한다(K－IFRS 제1008호 문단 46).

③ 잘못된 회계원칙의 적용을 일반적으로 인정되는 회계원칙으로 변경하는 것은 오류수정에 해당한다. 회계추정의 변경은 새로운 정보의 획득, 새로운 상황의 전개 등에 따라 지금까지 사용해 오던 회계적 추정치를 바꾸는 것이며, 이는 오류수정에 해당하지 않는다(K－IRFS 제1008호 문단 5).

④ 과거에 발생하지 않았거나 발생하였어도 중요하지 않았던 거래, 기타 사건 또는 상황에 대하여 새로운 회계정책을 적용한 경우는 회계정책의 변경에 해당하지 않는다(K－IFRS 제1008호 문단 16).

⑤ 감가상각의 방법을 변경하는 것은 회계정책의 변경이 아닌 회계추정의 변경에 해당한다. 회계정책의 변경은

일반적으로 인정되는 회계원칙에서 다른 일반적으로 인정되는 회계원칙으로 수정하는 것이다.

25

| 정답 | ①

| 해설 | 20X8년 말 취득한 건물을 취득원가 ₩2,000,000에 내용연수 10년, 잔존가치 ₩0의 정액법으로 감가상각했을 때 감가상각비는 ₩200,000이므로, 20X9년 말 원가모형의 장부금액은 ₩1,800,000이다. 그런데 20X9년의 공정가치가 ₩2,000,000으로 측정되었으므로 ₩200,000의 재평가이익이 발생하게 된다. 즉 원가모형에 따라 회계처리했을 때의 20X9년 당기순이익 ₩800,000에는 재평가이익 ₩200,000과 그 외의 순이익 ₩600,000으로 구성되어 있다고 해석할 수 있다.

그런데 20X9년 9월 1일 문제의 건물을 본사 사옥으로 전환하면서 공정가치 ₩2,400,000, 잔존내용연수 8년, 잔존가치 ₩0으로 재평가하였다. 이를 정액법으로 감가상각할 경우의 감가상각비는 ₩300,000이므로 20X9년 말 재평가모형에서의 장부금액은 ₩2,100,000이다. 그런데 20X9년 말 건물의 공정가치가 ₩2,000,000으로 측정되었으므로 ₩100,000의 재평가손실이 발생하게 된다.

즉 원가모형이 아닌 재평가모형을 적용할 경우, 20X9년 말에는 ₩200,000의 재평가이익이 아닌 ₩100,000의 재평가손실이 적용되므로 20X9년 당기순이익은 ₩500,000이 된다.

26

| 정답 | ②

| 해설 | 제품판매에 대한 대가와 보증용역제공에 대한 대가를 구분하여 인식하지 않는다면 판매금액 전체를 재화의 판매로 보고, 향후 발생하는 보증용역지출분을 제품보증충당부채로 인식하게 된다.

제품보증비용은 개당 보증비용×판매량×보증요청비율이며, 이에 따라 20X1년의 제품보증비용은 1,300×200×0.1=26,000이 된다. 여기에 보증비용지출액 ₩10,000을 제한 나머지 ₩16,000이 20X1년의 제품보증충당부채가 된다. 이를 정리하면 다음과 같다.

20X1년 제품보증충당부채			
제품보증	10,000	기초	0
환입	0	제품보증비용	26,000
기말	16,000		

20X2년에는 20X1년의 충당부채금액이 이월되며, 같은 방법으로 제품보증비용을 구한다. 이때 제품의 무상보증기간이 1년이므로 전기판매분에 대해서는 이월된 충당부채금액에서 미사용잔액은 당기 중에 환입된다. 이월된 ₩16,000에서 20X2년 전기 보증비용 지출액 ₩15,000을 제한 나머지 ₩1,000이 환입된다. 이를 정리하면 다음과 같다.

20X2년 제품보증충당부채			
제품보증	35,000	기초	16,000
환입	1,000	제품보증비용	45,000
기말	25,000		

따라서 20X2년 말의 제품보증충당부채는 ₩25,000이다.

27

| 정답 | ②

| 해설 | ㉢ 중간배당은 영업년도 중간에 주주들에게 이익을 배당하는 것으로, 이에 따라 해당 영업년도 결산기에 이익준비금을 적립한다.

㉤ 이월결손금을 지우기 위해 자본금을 줄이는 형식적 감자(무상감자)에서 결손을 지우고 남은 돈은 감자차익이 된다.

| 오답풀이 |

㉠ 무상증자는 자본잉여금으로 자본금을 증가시키는 것으로, 자본금이 증가하는 만큼 자본잉여금이 감소하여 자본총액은 불변한다.

㉡ 주식배당은 이익잉여금으로 자본금을 증가시키는 것으로, 자본금이 증가하는 만큼 이익잉여금이 감소하여 자본총액은 불변한다.

㉣ 기업이 자기지분상품을 재취득하는 경우에는 이러한 지분상품(자기주식)은 자본에서 차감한다(K-IFRS 제1032호 문단 33). 즉 자기주식의 취득(자사주매입)은 자본을 환급하는 것이므로 회사 자본을 감소시킨다.

28

| 정답 | ④

| 해설 | 계약변경이 별도 계약으로 회계처리하는 계약변경이 아닐 경우, 계약변경일에 아직 이전되지 않은 약속한 재화나 용역이 그 전에 이전한 재화나 용역과 구별된다면 그 계약변경은 기존 계약을 종료하고 새로운 계약을 체결한 것으로 회계처리한다. 나머지 수행의무 또는 단일 수행의무에서 구별되는 나머지 재화나 용역에 배분되는 대가는 고객이 약속한 대가와 계약변경의 일부로 약속한 대가의 합계로 한다(K-IFRS 제1115호 문단 21).

문제에서 추가 납품계약을 하기 전까지 기존 계약수량 50개 중 20개는 개당 200의 수익으로 인식하고, 미이전수량 30개와 추가 계약제품 10개는 개당 $\frac{30\times200+10\times40}{40}=160$의 수익으로 인식한다. 추가계약 이후로 10월 31일까지 총 20개의 통제를 고객에게 이전하였으므로, (주)아이에프가 해당 거래에 관해 20X1년 1월 1일부터 10월 31일까지 인식할 총 수익은 $200\times20+160\times20=7,200$이다.

29

| 정답 | ②

| 해설 | 특정차입금의 자본화 차입원가는 특정차입금의 차입원가에서 일시적 운용수익을 제한다. 즉 $\left(\text{특정차입금 차입액}\times\text{연이자율}\times\frac{\text{자본화기간}}{12}\right)-\left(\text{일시투자액}\times\text{연이자율}\times\frac{\text{자본화기간}}{12}\right)$으로 구한다. 문제에서는 일시적 운용수익이 없으므로 해당 부분은 검토하지 않는다.

한편 일반목적차입금은 적격자산의 취득을 위해 직접 차입한 차입금이 아니므로 차입원가를 직접 자본화할 수 없다. 따라서 일반목적차입금의 차입원가는 일반차입금을 평균적으로 사용하였다고 가정하여, 여기에 적격자산에 대한 지출액을 제한 값에 자본화이자율을 곱하여 산출한다. 단, 일반목적차입금은 회계기간에 발생한 실제 이자를 초과할 수 없다. 여기서 자본화이자율이란 회계기간에 존재한 기업의 모든 차입금에서 발생한 차입원가를 가중평균하여 산정한다.

문제에서 20X2년 평균지출액은

$300,000\times\frac{9}{12}+500,000\times\frac{9}{12}=600,000$

특정차입금의 자본화 차입원가는

$100,000\times0.05\times\frac{6}{12}=2,500$이다.

자본화 이자율은 $\frac{100,000\times0.05}{100,000}=0.05$

일반목적차입금의 자본화 차입원가는

$(600,000-100,000)\times0.05=25,000$이다.

그러나 일반목적차입금은 20X2년 일반차입금 발생이자인 $200,000\times0.1=20,000$을 초과할 수 없으므로, 일반목적차입금의 자본화 차입원가는 20,000이다.

따라서 20X2년의 자본화 차입원가는 두 차입원가의 합인 $2,500+20,000=22,500$이 된다.

30

| 정답 | ②

| 해설 | 모든 가산할 일시적 차이에 대하여 이연법인세부채를 인식한다. 단, 영업권을 최초로 인식할 때나 자산 또는 부채가 최초로 인식되는 거래가 사업결합거래가 아니고 거래 당시 회계이익이나 과세소득에 영향을 미치지 않는 거래로 발생하는 이연법인세부채는 인식하지 아니한다(K-IFRS 제1012호 문단 15).

| 오답풀이 |

① 이연법인세 자산과 부채는 할인하지 아니한다(K-IFRS 제1012호 문단 53).

③ 당기법인세자산과 당기법인세부채를 상계하기 위해서는 기업이 인식한 금액에 대한 법적으로 집행가능한 상계권리를 가지고 있으면서, 동시에 기업이 순액으로 결제하거나 자산을 실현하는 동시에 부채를 결제할 의도가 있어야 한다(K-IFRS 제1012호 문단 71).

④ 이연법인세자산의 일부 또는 전부에 대한 혜택이 사용되기에 충분한 과세소득이 발생할 가능성이 더 이상 높지 않다면 이연법인세자산의 장부금액을 감액시킨다. 감액된 금액은 사용되기에 충분한 과세소득이 발생할 가능성이 높아지면 그 범위 내에서 환입한다(K-IFRS 제1012호 문단 56).

⑤ 유형자산의 재평가로 인해 발생하는 장부금액의 변동은 이연법인세부채를 발생시킨다. 단, 이는 기타포괄손익으로 인식한다(K-IFRS 제1012호 문단 62, AA11).

31

| 정답 | ③

| 해설 | 전환 시 증가하는 주식발행초과금=(전환사채 장부가액+전환권대가−총발행가능자본금)×전환비율

20X2년 말 전환사채 장부가액은 ₩107,000이고 전환권대가는 ₩3,000이며, 전환사채의 액면금액 ₩100,000을 ₩2,000당 주당액면 ₩1,000의 보통주로 전환하는 것이 전환조건이므로 총발행자본금은 ₩50,000이다.

따라서 30,000=(107,000+3,000−50,000)×전환비율이 되므로 전환비율은 0.5, 즉 50%이다.

32

| 정답 | ③

| 해설 | $\text{희석주당이익}=\dfrac{\text{당기순이익}}{\text{유통보통주식수}+\text{희석주식수}}$

$\text{기초주식수}=\dfrac{850,000}{1,000}=850$

기초미행사 신주인수권이 750개, 신주인수권 1개당 보통주 1개를 인수하고 신주인수권의 행사가격이 주당 6,000, 보통주 평균시가가 주당 10,000이므로 희석증권의 주식수는 $750-750\times\dfrac{6,000}{10,000}=750-450=300$이다.

신주인수권의 행사부분은 그 행사일로부터 기말까지 유통보통주식수에 포함되므로, 유통보통주식수는 $850+300\times\dfrac{600}{750}\times\dfrac{3}{12}=850+60=910$이다.

희석주식수는 기초부터 기말까지의 신주인수권 미행사부분과 신주인수권 행사 이전의 신주인수권 행사 부분의 합이므로 $300\times\dfrac{150}{750}\times\dfrac{12}{12}+300\times\dfrac{600}{750}\times\dfrac{9}{12}=60+180=240$이다.

이를 희석주당이익을 구하는 식에 대입하면

$500=\dfrac{\text{당기순이익}}{910+240}$이므로, 당기순이익은 $500\times1,150=575,000$이다.

33

| 정답 | ②

| 해설 | • 임 팀장 : 수요의 가격탄력성이 비탄력적이면 가격의 변동률보다 수요량의 변동률이 작아지게 된다. 따라서 가격이 상승하면 매출액은 증가하게 된다.

• 홍 과장 : 가격의 변화에 관계없이 매달 10kg의 사과를 일정하게 구매하는 소비자의 수요는 완전비탄력적이다.

• 김 대리 : 수요와 공급의 가격탄력성이 클수록 세금 부과에 따른 경제적 순손실은 커진다.

| 오답풀이 |

• 이 부장 : 종량제란 사용량에 비례하여 요금이 결정되는 방식으로, 특정 재화의 이용료를 구매자가 사실상 전담하는 방식이다.

• 최 차장 : 대체재가 많을수록 수요는 탄력적이다.

• 박 사원 : 수요곡선이 우하향하는 직선인 경우, 수요가 커질수록 수요의 가격탄력성은 점점 작아진다.

34

| 정답 | ④

| 해설 | ㉠ 완전경쟁시장에서는 기업의 이윤이 0이 될 때까지 동일한 수준의 기업이 무한히 진입하게 되므로 장기균형에서 기업의 이윤은 0이 된다. 한편 독점적 경쟁기업은 단기적으로는 초과이윤, 장기적으로는 정상이윤을 얻으며 독점기업은 단기와 장기 모두 초과이윤을 획득한다.

㉡ 같은 수준의 같은 생산물을 생산하는 무한히 많은 공급자로 구성된 완전경쟁시장은 가격수용자이므로 공급자의 수요곡선은 시장이 결정한 균형가격의 높이를 가진 수평선의 형태를 가진다.

㉢ 독점적 경쟁기업의 수요곡선은 상품의 상호 간의 대체성이 높아 우하향의 탄력적인 형태를 가진다. 수요곡선이 비탄력적일수록 기업이 가지는 시장수요의 지배력이 크다는 의미이므로, 독점적 경쟁기업은 시장수요의 지배력을 가져오고 독점적 지위를 획득하기 위해 치열한 비가격경쟁으로 제품을 차별화하게 된다.

㉣ 독점시장이 직면하는 수요곡선은 우하향하며, 독점시장의 한계수입이 0보다 클 때 수요의 가격탄력성은 언제나

1보다 더 큰 값을 가진다. 즉, 독점기업은 항상 수요곡선의 탄력적인 구간에서 재화를 생산한다.

| 오답풀이 |

ⓜ 쿠르노 모형에서 각 기업은 상대방의 생산량을 고정된 것으로 보고 자신의 가격을 결정한다.

35

| 정답 | ④

| 해설 | Y재의 가격이 4천 원이며 효용을 극대화하는 소비자가 20만 원을 모두 Y재 소비에 사용하고 있으므로 $x=0$일 때 $y=50$이 된다. 이때의 효용 u_y는 $0+(3\times50)=150$이다.

그런데 회원제 마트에 회원으로 가입하면 X재를 천 원에 구입할 수 있게 될 때 효용을 극대화하는 소비자는 회원비가 어느 정도냐에 따라 Y재를 구매하기 위해 지불했던20만 원을 모두 회원비와 X재 소비에 사용하는 선택을 하게 되며, 소비자는 회원비를 포함하여 X재의 구매 효용이 150 미만이 될 때까지 회원비를 지불할 것이다.

만일 회원비가 0원일 경우, 가격이 천 원인 X재만을 소비하게 된다면 $y=0$일 때 $x=200$이 되며, 이때의 효용 u_x는 $(2\times200)+0=400$이 되며, 효용이 150이 되게 하는 x의 값은 $2x=150$, 즉 75이다. 따라서 소비자는 X재가 천 원이라면 X재를 75,000원만큼 구매하기 위해 회원제 마트에 회원비 125,000원까지를 지불할 것이다.

36

| 정답 | ④

| 해설 | ㉠ 최하위 40%의 소득점유율을 최상위 20%의 소득점유율로 나누어 산출하는 10분위 분배율은 0부터 2까지의 값을 가지며, 그 값이 2에 가까울수록 소득분배가 평등함을 나타낸다.

㉣ 사회후생함수를 기준으로 불평등지수를 구하는 앳킨슨 지수가 0이라는 것은 현재의 평균소득이 이상적인 균등분배상태인 균형분배 대등소득과 동일하다는 의미로, 그 사회는 완전히 이상적으로 균등한 소득분배의 상태를 가지고 있음을 뜻한다.

| 오답풀이 |

㉡ 인구의 누적점유율과 소득의 누적점유율과의 관계를 그래프로 표시한 로렌츠 곡선(Lorenz Curve)에서의 대각선은 완전균등분배선으로, 로렌츠 곡선이 여기에 가까울수록 소득분배가 평등하다는 의미이다.

㉢ 그래프상에서 완전균등분배선과 로렌츠 곡선이 그리는 도형의 넓이인 지니 계수(Gini Coefficient)는 0부터 1까지의 값을 가지며, 그 값이 1에 가까울수록 소득분배가 불평등함을 의미한다.

37

| 정답 | ①

| 해설 | 케인즈의 절대소득가설은 소비는 가처분소득에 의해 결정된다는 소비이론으로, 소비곡선은 가처분소득이 증가함에 따라 소비가 함께 증가하는 우상향의 직선으로 그려진다.

| 오답풀이 |

② 케인즈의 절대소득가설에서 소비는 이자율에 영향을 받지 않는다고 보았다.

③ 쿠즈네츠의 실증분석에 따르면 장기적인 관점에서 평균소비성향은 일정하며, 평균소비성향과 한계소비성향은 일치하게 된다.

④ 듀젠베리의 상대소득가설은 소득이 증가함에 따라 한번 높아진 소비수준은 그 후에 소득이 감소하더라도 크게 낮아지지 않는 소비행동의 비가역성과 소비가 타인의 소비행태와 소비수준에 영향을 받는 소비의 상호의존성(외부성)을 가정한다.

⑤ 프리드먼의 항상소득가설에서 소비는 항상소득에만 의존하므로 현재소득이 임시소득에 의해 일시적으로 항상소득 이상으로 상승하게 되더라도 소비에는 영향을 주지 않는다고 보았다.

38

| 정답 | ②

| 해설 | 피구 효과에 따르면 물가가 하락하면 소비자의 실질적인 자산이 증가하여 그에 따라 소비가 증가하게 되어 *IS* 곡선을 오른쪽으로 이동시키는 효과를 가진다.

| 오답풀이 |

① 한계소비성향이 커질수록 IS곡선은 완만해지고, 한계저축성향이 커질수록 IS곡선은 가팔라진다.

③ IS곡선 상방은 생산물 시장의 초과공급 상태, 하방은 생산물 시장의 초과수요 상태를 의미한다.

④ 정부지출이 커지면 IS곡선은 오른쪽으로 이동하며, 조세가 감소하면 IS곡선은 왼쪽으로 이동한다. 다만 정부지출승수$\left(\frac{1}{1-b}\right)$가 조세승수$\left(\frac{-b}{1-b}\right)$보다 더 크므로 정부지출과 조세가 동액으로 증가하면 IS곡선은 오른쪽으로 이동한다.

⑤ 개방경제는 폐쇄경제보다 한계수입성향이 더 크므로 IS곡선의 기울기가 더욱 가파른 형태로 그려진다.

39

| 정답 | ①

| 해설 | ㉣ 합리적 기대이론은 예상에 대한 예측오차의 존재 자체를 부정하지는 않는다. 이는 정보의 불완전성에 의한 비체계적인 예측오차이며, 평균적으로는 경제를 정확히 예측하며 합리적 기대하에서 평균적인 기대오차는 없다고 보았다.

| 오답풀이 |

㉠ 통화주의자는 통화경제에 정부의 개입은 최소화되어야 하며, 통화당국은 정해진 법칙에 따라 통화량을 일정하게 증가시키기만 하면 된다는 준칙에 의한 통화정책을 주장했다.

㉡, ㉢ 합리적 기대이론은 사람들은 현재 사용 가능한 모든 정보를 기반으로 합리적으로 현상을 판단하고 미래를 예측하므로, 정부의 경제정책의 변화 역시 사람들이 이를 합리적으로 예상하여 행동하기 때문에 정부의 경제정책은 물가 상승 이외에는 아무런 효과를 발휘할 수 없다는 신고전학파의 정책무력성 명제를 주장했다.

㉤ 래퍼 곡선은 세율에 따라 변화하는 조세 수입을 그리는 곡선으로, 조세수입이 극대화하는 지점보다 더 높은 세율을 부과하고 있다면 세율을 낮추는 것이 조세수입의 증가로 이어질 수 있다고 보며, 이는 감세를 통한 기업 등 경제주체의 유인으로 공급의 확충을 주장하는 공급중시 경제학(공급경제학)과 관련을 가진다.

㉥ 신고전학파는 예상치 못한 경제안정화정책이 일시적으로는 유효할 수 있다고 보았다. 다만 이는 어디까지나 일시적인 현상에 불과하며 물가 상승 외의 실질적인 변화는 주지 못한다고 주장한다.

㉦ 새케인즈학파는 케인즈 경제학에 대한 신고전학파의 비판에 대해 합리적 기대의 존재를 인정하면서 단기적 관점에서 정보는 불균형적으로 제공되며 시장 구조는 불완전하고 가격은 경직적이므로, 단기적으로는 경제정책이 유효하다고 보았다.

40

| 정답 | ③

| 해설 | 솔로우 성장모형에서 생산함수를 $y=f(k)$, 저축률을 s, 감가상각률을 δ, 1인당 자본량을 k라고 할 때 경제가 균제상태(안정상태)라면 $sf(k)=\delta k$가 성립한다. 따라서 $s\times 4^{\frac{1}{2}}=0.1\times 4$이므로, 저축률($s$)은 0.2가 된다.

4회 기출문제

▸문제 526쪽

01	④	02	①	03	⑤	04	④	05	①
06	③	07	③	08	②	09	④	10	①
11	①	12	③	13	⑤	14	⑤	15	②
16	③	17	④	18	④	19	①	20	③
21	②	22	④	23	④	24	①	25	②
26	③	27	②	28	④	29	⑤	30	③
31	①	32	③	33	①	34	④	35	③
36	②	37	④	38	⑤	39	③	40	①
41	④	42	③	43	④	44	④	45	③
46	③	47	③	48	④	49	④	50	②
51	④	52	③	53	②	54	④	55	①
56	⑤	57	④	58	③	59	③	60	⑤
61	⑤	62	①	63	①	64	③	65	③
66	④	67	④	68	④	69	④	70	③

01

| 정답 | ④

| 해설 | 이사회는 주식회사의 의사결정에 참여하고 경영진을 감독하는 기능을 수행한다. 주식회사를 직접 경영하는 전문경영인(CEO)은 이사회와는 별개의 기관이다.

| 오답풀이 |

①, ② 주식회사의 출자는 모두 균일한 주권으로 분할되며, 이를 자본의 증권화제도라고 한다. 주식은 이를 표시하는 기능을 하며, 매매거래가 자유롭다는 특징을 가진다.

③ 주식회사의 주주는 회사에 대해 그 주식의 인수가액만을 한도로 출자의무를 부담하며 회사의 채무에 대해 직접 책임지지 않는 유한책임을 진다.

⑤ 법인의 정관은 법인의 조직 목적, 명칭, 법인의 사무집행 등을 규정한다.

02

| 정답 | ①

| 해설 | 기업의 사회적 책임(CSR, Corporate Social Responsibility)은 기업의 활동에서 환경, 윤리, 지역사회 공헌 등 사회 전체의 이익을 동시에 추구하는 기업의 윤리경영을 의미한다. 사회적 책임은 사회경제적 관점에서 주주와 경영진 → 종업원 → 이해관계자 → 사회 전체의 총 4단계로 구분된다.

03

| 정답 | ⑤

| 해설 | 동기부여의 내용이론은 개인의 행동을 작동시키고 그 방향을 유지시키는 내적 요인에 관한 이론으로, 매슬로우의 욕구단계이론, 알더퍼의 ERG이론, 허즈버그의 2요인이론, 맥클리랜드의 성취동기이론 등이 있다.

04

| 정답 | ④

| 해설 | 태도의 정서적 요소는 태도에 따라 발현되는 '좋다', '싫다' 등의 감정과 느낌에 관한 요소를 의미한다. 어떤 대상에 대해 특정한 방식으로 행동하려는 의도는 태도의 행동적 요소에 관한 설명이다.

05

| 정답 | ①

| 해설 | 서번트 리더십은 구성원들에 대한 리더의 봉사와 자기희생을 기반으로 구성원들의 적극적 행동을 유도하는 리더십이다. 구성원들이 스스로 판단하고 책임질 수 있게 하여 구성원들을 셀프리더로 키우는 리더십은 슈퍼리더십이다.

06

| 정답 | ③

| 해설 | 자원기반관점(RBV, Resource Based View)은 기업이 보유한 자원은 이질적이고 이동이 쉽지 않으므로 기업은 지속적인 경쟁우위를 확보하는 수단으로 가치성(Valuable), 희소성(Rare), 모방불가능성(Inimitable), 대체

불가능성(Not Substitutable)의 요소를 가진 자원을 보유해야 한다고 보는 이론이다.

07

| 정답 | ③

| 해설 | 소득보호는 근로자가 재해 등을 당했을 때 소득의 일정 부분을 보장받는 간접보상으로 우리나라의 4대 보험이 이에 해당한다. 휴가, 배심원 의무, 카운슬링은 간접보상 중 일/생활 균형(Work/Life Balance)에 해당한다.

08

| 정답 | ②

| 해설 | 기업환경을 분석하는 기법인 SWOT 분석 중 기회(O)는 외적 환경요인 중 기업에 긍정적으로 작용하는 요소를 의미한다. 기업의 내적 환경요인에서 기업에 긍정적으로 작용하는 요소는 강점(S)이다.

09

| 정답 | ④

| 해설 | 테일러는 동작연구와 시간연구를 통한 능률적 작업과 생산성 향상을 주장하였으나 종업원의 인간성을 무시한 것과 경영관리가 아닌 생산관리에 국한하였다는 비판을 받는다.

10

| 정답 | ①

| 해설 | 매트릭스 조직(Matrix Structure)은 전문 인력을 기본업무 기준으로 조직되는 기본 부서와 프로젝트 단위로 조직되는 임시 부서의 이중적 구조로 배치하는 조직이다. 제품을 근간으로 사업부를 구성하는 조직은 사업부 조직(Divisional Structure)이다.

11

| 정답 | ①

| 해설 | 리엔지니어링(Reengineering)은 비용 · 품질 · 서비스를 획기적으로 향상시키기 위해 기업의 업무수행방식을 근본적으로 재설계하는 기업혁신기법이다.

| 오답풀이 |

② 재무구조조정은 자본을 마련해서 사용하는 것에 이르기까지 최적의 자본 상태를 유지하고 운영하여, 기업의 가치를 크게 만드는 기본적인 조정 과정이다.

③ 사업구조조정은 인적, 물적 자원의 분배를 최적화하여 부가 가치 및 경쟁력을 극대화하려고 해당 사업 영역을 조정하는 것이다.

④ 아웃소싱은 기업의 일부 프로세스를 제3자에게 위탁해 처리하는 것이다.

⑤ 벤치마킹은 개인, 기업, 정부 등이 성과를 제고하기 위해 특정 대상이나 사례와의 비교 분석을 통해 필요한 전략을 찾는 행위이다.

12

| 정답 | ③

| 해설 | SERVQUAL 모형에서 서비스 품질의 5가지 차원은 서비스의 외관에 관한 유형성(Tangibles), 고객과 약속한 서비스를 정확하게 제공하는 신뢰성(Reliability), 고객에게 서비스를 신속히 제공하는 대응성(Responsiveness), 서비스 제공자의 지식과 태도로 믿음을 전달하는 확신성(Assurance), 개인적 · 인간적으로 고객을 배려하는 공감성(Empathy)으로 구성된다.

13

| 정답 | ⑤

| 해설 | 비확률 표본추출방법은 1차 자료의 수집을 위한 표본을 추출하는 방법 중 표본프레임이 없어 모집단 내에서 대상들이 선택될 확률에 대한 사전계산이 불가능한 경우 사용한다. 비확률 표본추출법으로는 편의표본추출법, 판단표본추출법, 할당표본추출법이 있다.

| 오답풀이 |

단순무작위표본추출법, 체계적 표본추출법, 군집표본추출법은 확률 표본추출방법에 해당한다.

14

| 정답 | ⑤

| 해설 | CIM(Computer Integrated Manufacturing)은 생산 공정에 컴퓨터를 활용하여 생산-판매-기술을 통합하여 생산 공정을 자동화하고 공정 시스템을 통합관리하여 다품종 소량 생산에 대응하도록 하는 생산시스템이다. CIM을 사용하는 조직은 감독의 범위가 좁고, 권한계층이 적고, 전문화의 정도가 낮고 분권화된 유기적 조직에 가까운 형태를 가진다.

15

| 정답 | ②

| 해설 | 1976년 홀(Hall)이 제시한 프로티언 경력(Protean Career)은 종래의 전통적 경력의 개념과 달리 개인의 가치지향과 자기목표의 달성과 그 과정에서의 경험을 경력으로 인정하는 개념으로, 개인이 주체가 되어 본인의 관심사나 능력, 가치, 환경에 따라 형성한 경력을 의미한다. 프로티언 경력에 따르면 고용관계의 심적 매개체는 피고용인의 조직에 대한 헌신이 아닌 고용인과 피고용인 간의 유연한 심리적 계약관계로 형성된다.

| 오답풀이 |

① 경력 관리의 주체는 조직이 아닌 개인이다.

③ Learn-How를 중심으로 경력을 구축한다.

④ 개인의 심리적 성공을 경력의 목표로 한다.

⑤ 개인의 성장에 따른 경력의 축적을 그 핵심가치로 한다.

16

| 정답 | ③

| 해설 | 인적자원의 수요예측에서의 시나리오기법은 전문가 집단이 현재와 미래에 발생할 환경적 변수를 예측하여 인력수요를 예측하는 질적 예측기법으로, 주로 미래의 환경변화가 매우 불안정할 것임이 예상될 경우에 사용한다.

17

| 정답 | ④

| 해설 | 인력선발에서 조직은 모든 지원자들에게 동등한 기회를 부여해야 하는 형평성의 원칙에 따라야 한다. 조직은 다른 조건이 동일하다면 지원자들의 인종, 성별, 노동조합 가입 등을 이유로 선발에서 불합리한 차별을 두어서는 안 된다.

18

| 정답 | ④

| 해설 | 쌍대비교법은 평가대상 중 둘을 짝지어 비교하는 과정을 되풀이하여 순위를 결정하는 인사평가 방법이다. 사전에 정한 단계구조에 따라 구성원들을 강제로 할당하는 방법은 강제할당법이다.

19

| 정답 | ①

| 해설 | 인력선발의 타당성은 측정자가 인력선발도구를 통해 도출한 측정치가 실제 직무능력을 얼마나 반영해 내는가를 판단하는 측정결과와 실제 업무능력과의 관련성을 의미한다. 같은 측정대상에 대해 일관된 측정결과를 도출해내는 선발도구의 능력은 인력선발의 신뢰성을 의미한다.

20

| 정답 | ③

| 해설 | 선매품(Shopping Product)은 소비자가 정보 수집과 대안 검토 등의 구체적인 구매 계획을 통해 구매하는 제품이다. 광범위하게 유통되고 낮은 수준의 구매검토를 거쳐 구매하는 편의품(Convenience Product)과 달리 선매품은 좁은 유통망과 선별된 유통점을 통해 공급된다.

| 오답풀이 |

④ 전문품(Specialty Product)은 특정 소비자 집단의 특정한 선호에 의해 구입되는 제품으로, 소비자들이 다른 제품과의 비교 등의 과정을 통해 제품을 선택하는 노력을 하지 않는 대신, 해당 제품을 구매하기 위한 경로 탐색 등의 노력을 기울인다.

21

| 정답 | ②

| 해설 | 경쟁기준법은 시장 경쟁자의 가격을 기준으로 가격을 설정하는 방법으로 고객의 측면을 고려하지 않고 가격을 설정한다.

고객이 지각한 가치를 기준으로 경쟁제품의 특성과 자사의 원가를 고려하여 가격을 결정하는 방법은 지각된 가치기준법(Perceived Value Pricing)이다.

| 오답풀이 |

④ 목표수익률법(Target－return Pricing)은 목표로 하는 투자수익을 달성하는 가격을 설정하는 방법이다.

⑤ 지각된 가치기준법은 비교기준이 될 준거제품을 선정한 후, 준거제품 대신 자사의 제품을 선택했을 때의 경제적 편익의 증가분을 화폐단위로 계산하여 이를 기준으로 가격수준을 결정한다.

22

| 정답 | ④

| 해설 | 프로스펙트 이론에 따르면 개인은 같은 가격의 손실을 같은 금액의 이득보다 훨씬 강하게 평가한다고 보는데, 이를 손실회피성(Loss Aversion)이라고 한다.

| 오답풀이 |

①, ② 프로스펙트 이론에 따르면 개인은 가치변동을 인식함에 있어서 변동의 출발점인 준거점을 기준으로 판단한다고 보는데, 이를 준거점 의존성이라고 한다.

③ 개인은 같은 가격의 변동이라도 큰 가격에서의 변동보다 적은 금액에서의 변동에서 가치변동을 더 크게 인식하는데, 이를 민감도 체감성이라고 한다.

⑤ 복수이득분리의 법칙에서 이득은 여러 번에 걸쳐 나누어 표시하는 것이, 복수손실통합의 법칙에서 손실은 하나에 묶어서 표시하는 것이 효과적이라는 법칙으로, 이는 프로스펙트 이론의 가치함수를 통해 도출된다.

23

| 정답 | ④

| 해설 | BCG 매트릭스는 상대적 시장점유율과 시장성장률을 기준으로 사업부를 구분한다.

| 오답풀이 |

① BCG 매트릭스를 통해 황금젖소(Cash Cow) 사업으로 창출한 현금이 물음표(Question Mark) 사업을 별(Star) 사업으로 혹은 같은 황금젖소 사업으로 육성하기 위해 이동하는 현금흐름의 균형포트폴리오를 제시할 수 있다.

24

| 정답 | ①

| 해설 | 기능별 제휴는 참여기업의 지분 분배 없이 기업의 연구개발, 생산, 마케팅, 기술 등에 관한 각각의 일부 분야에 한해 공동 프로젝트나 컨소시엄 등의 형태로 제한적인 제휴관계를 맺는 것을 의미한다.

| 오답풀이 |

② 제품스왑(Product Swap)은 타사의 생산품에 자사의 브랜드를 붙여 판매하는 판매제휴로, 기술을 가진 주문자가 제품 생산을 발주하고 낮은 인건비를 이용할 수 있는 위탁생산자가 생산한 제품에 발주자의 상표를 붙여 판매하는 OEM(Original Equipment Manufacturer) 방식이 해당한다.

③ 기술라이선싱은 특정한 산업재산권을 가진 기업이 제3자가 대가를 지불하고 이를 이용할 수 있도록 하는 기술도입계약을 체결하는 것을 의미한다.

④, ⑤ 합작투자(조인트 벤처, Joint Venture)는 다수의 협력사들이 각자의 지분 투자를 통해 해외 현지에 독립된 기업을 신설하여 해외진출을 하는 방식의 기업 간 전략적 제휴를 의미하며, 그 목적에 따라 핵심사업, 판매, 생산, 연구개발 등에서 다양하게 이루어진다.

25

| 정답 | ②

| 해설 | 위험회피형은 투자에 따른 위험을 선호하지 않는 투자유형으로, 다른 조건이 일정하면 위험이 적은 투자유형을 선택하며, 위험을 부담하는 투자에 관해 위험에 대한 대가(위험프리미엄, Risk Premium)를 적극적으로 요구하는

유형의 투자자이다. 투자에 대한 위험이 큰 대신 이에 상응하는 기대수익률이 충분히 크다면 위험회피형 투자자도 공격적 투자자가 되어 위험이 큰 투자자산을 선택한다. 기대수익률이 커짐에도 위험이 적은 자산을 선택하는 경우를 보수적 투자자라고 하며, 두 경우 모두 위험회피형 투자자로 분류한다.

| 오답풀이 |

① 경제학에서는 위험회피형 투자자를 가장 합리적 투자자로 가정한다.

③ 위험중립형 투자자는 위험의 크기와 관계없이 자신이 세워 놓은 기대수익률에만 의지하여 의사결정을 한다.

④ 위험선호형 투자자는 기대수익률에 관계없이 위험의 크기, 즉 수익률의 불확실성이 클수록 투자가치를 더 높게 판단한다.

⑤ 위험선호형 투자자는 투자수익이 증가함에 따라 한계효용이 체증하고, 반대로 위험회피형 투자자는 투자수익이 증가함에 따라 한계효용이 체감한다.

26

| 정답 | ③

| 해설 | 감가상각은 현금유출을 수반하지 않는 비용으로 현금흐름에 포함되지 않으나, 감가상각으로 인해 절감된 법인세는 현금흐름의 증가에 해당하므로 이를 감안하여 추정해야 한다.

| 오답풀이 |

① 이자비용과 배당금은 현금흐름을 현재가치로 할인하는데 사용되는 할인율에 반영되므로 별도로 고려하지 않는다.

② 유동자산에서 유동부채를 차감한 금액인 순운전자본의 감소와 대상기간의 마지막에 남아있는 순운전자본은 현금유입으로 처리한다.

④ 자산을 매각함에 있어서 그 자산의 처분에 따른 손익(장부가격과 매각가격의 차액)에 법인세율을 적용한 세금효과는 현금흐름에 반영한다.

⑤ 현금흐름의 추정에서 기회비용과 그 부수효과는 현금흐름에 반영되나, 매몰비용은 과거의 의사결정으로 이미 발생한 비용이므로 인식하지 않는다.

27

| 정답 | ②

| 해설 | ㄴ. 한 번에 인출하는 금액이 적으면 거래가 자주 이루어지므로 거래비용이 증가한다.

ㄷ. 화폐수요에 있어서 제곱근에 비례하므로 소득이 4배 증가하면 화폐수요는 2배 증가한다. 따라서 규모의 경제가 존재한다.

보충 플러스+

보몰의 화폐수요함수

$$M^d = \sqrt{\frac{bY}{2r}}$$

(b : 은행방문에 따른 거래비용, Y : 소득, r : 이자율)

1. 소득의 증가함수이다. → 제곱근에 비례하므로 소득이 4배 증가하면 화폐수요는 2배 증가한다.
2. 거래비용(b)의 증가함수이다. → 전자결제는 화폐수요를 줄인다.
3. 이자율의 감소함수이다.
4. 물가가 상승하면 명목화폐수요도 증가한다.

28

| 정답 | ④

| 해설 | 포트폴리오의 기대수익률은 각 주식의 투자비율에 기대수익률을 곱한 값을 합산하여 구한다. 즉 X의 투자비율을 r이라고 하면 $0.15=0.2r+0.1(1-r)$이 성립한다. 따라서 X의 투자비중은 0.5, 즉 50%이다.

| 오답풀이 |

① X와 Y의 상관계수가 −1인 A의 경우에는 X와 Y의 투자비율을 조정함으로써 위험(σ)을 0으로 만들 수 있다.

② 위험분산효과는 개별증권 간의 상관계수가 작을수록 커지고 상관계수가 완전 음의 상관관계일 때 위험은 최소가 되므로, 상관계수의 크기 $\rho_{XY}=-1$인 A 지점에서 분산투자효과가 가장 크게 나타난다.

③ 상관계수의 크기 ρ_{XY}는 A에서 −1, B에서 0, C에서는 1이므로 C가 가장 크다.

⑤ C에서는 상관계수의 크기 $\rho_{XY}=1$이므로 두 주식의 가격변동률은 같아진다.

29

| 정답 | ⑤

| 해설 | 회귀선을 도출하는 최소자승법에서 회귀선과 실제 관측치 간 차이값은 양수와 음수가 복합되어 있어 계산의 편의를 위해 차이값을 제곱하여 이를 합산한다. 다만 그 차이값의 합이 항상 0이 되지는 않는다.

| 오답풀이 |

① 자본자산가격결정모형(CAPM)에서 자산 i의 수익률을 회귀분석으로 추정하는 증권특성선은 $R_i = \alpha_i + \beta_i RM$ (a_i : 상수항, β_i : 자산의 베타계수)로 표시한다. 즉 베타(β)는 증권특성선(SCL)의 기울기를 의미한다.

② 자산 i의 자산수익률 $R_i = 0.2 + 1.2R_M + e_i$ (R_M : 시장수익률, e_i : 오차항)일 때, 시장수익률이 1%p 변할 때 개별자산의 수익률은 0.2+1.2=1.4(%p) 변동하게 된다.

③ 결정계수는 총위험에서 체계적 위험이 차지하는 비율로, 이 값이 클수록 회귀식이 종속변수의 변동성을 설명하는 정도가 높아진다.

④ 회귀선을 도출하기 위한 방법 중 최소자승법(Least Squared Method)에 대한 설명이다. 최소자승법은 회귀선과 관측치들 간의 차이(잔차)를 제곱하여 이를 모두 더한 값이 최소가 되는 최적의 직선식으로 증권특성선을 도출해낸다.

30

| 정답 | ③

| 해설 | 첨단부품 100개를 대당 20원에 판매하였으므로 매출은 2,000원에서 생산시설을 설치하기 위한 투자비용 1,000원을 제한 1,000원이며, 여기에 법인세율 50%를 반영하여 매출에 의한 현금유입은 500원이 된다.

생산시설에 대한 감가상각에서 시설의 수명은 5년이므로 정액법을 적용할 경우 감가상각비는 $1,000 \times \frac{1}{5} = 200$(원)이다. 영업현금흐름에서는 감가상각비를 적용하지 않으나, 법인세가 존재할 경우 감가상각비의 적용에 따른 세액 절감은 현금흐름에 있어서 현금유입으로 인식한다. 즉 감가상각에 따라 절감된 법인세는 200×0.5=100(원)이다.

영업비용은 100원이고 법인세율이 50%이므로 영업비용에 의해 50원의 현금유출이 발생한 것으로 본다.

따라서 영업현금흐름은 500+100−50=550(원)이다.

31

| 정답 | ①

| 해설 | 순현재가치(NPV)를 0으로 만드는 할인율은 내부수익률(IRR)을 의미한다. 만일 투자안의 할인율이 내부수익률보다 클 경우 NPV가 0보다 작아지게 되므로 $\frac{\text{초기투자액}+\text{NPV}}{\text{초기투자액}}$인 수익성지표(PI) 역시 0보다 작아진다.

| 오답풀이 |

② 독립적인 투자안의 경우 IRR이 자본비용보다 크면 채택, 상호배타적인 투자안의 경우 IRR이 자본비용보다 크면서 동시에 가장 큰 투자안일 경우에 채택하게 된다.

③ 회계적이익률(ARR)법은 연평균순이익을 연평균투자액으로 나눈 회계적이익률과 기업에서 정한 목표이익률과 비교하여 투자안을 평가하는 방식을 의미한다.

④ 회계적이익률법은 현금흐름이 아닌 회계적 이익에 기초하여 투자안을 평가한다.

⑤ 두 투자안을 NPV와 할인율 기준으로 곡선을 그릴 때의 두 곡선의 접점, 즉 두 투자안의 NPV가 일치할 때의 할인율은 교차율, 혹은 피셔의 수익률이라고 한다. 내부수익률은 투자로부터 얻게 되는 현금유입액의 현재가치와 현금유출액의 현재가치가 일치할 때의 할인율을 의미한다.

32

| 정답 | ③

| 해설 | 채권수익률이 하락하면 채권가격이 상승하게 되므로 채권만기가 길고 듀레이션이 큰 장기채와 액면이자율이 낮은 채권을 구매하는 것이 유리하다.

| 오답풀이 |

① 채권의 만기가 길어질수록 이자율을 변동시키는 변수가 작용하는 기간이 길어져 그만큼 채권가격의 변동이 커지게 된다.

② 액면이자율과 채권수익률이 동일하다면 채권가격은 이자지급횟수와 관계없이 항상 액면가로 평가받게 되는데, 이러한 채권을 액면가채권(Par Value Bond)이라고 한다.

④ 듀레이션은 만기 이전에 발생하는 현금흐름을 반영한 채권의 평균회수기간으로, 만기 이전에 현금흐름이 발생하는 이표채권의 듀레이션은 항상 채권의 발행만기보다 짧으며, 현금흐름이 만기시점에 단 한번 존재하는 할인채는 듀레이션과 만기가 같다.

⑤ 이표채를 만기까지 보유했을 때 얻을 수 있는 연평균투자수익률인 시장만기수익률이 높아질수록 듀레이션은 작아진다.

33

| 정답 | ①

| 해설 | 마코위츠의 포트폴리오모형에서 최적포트폴리오는 효율적 투자선과 무차별곡선이 접하는 지점을 의미한다.

| 오답풀이 |

② 자본시장선에서의 위험도의 척도인 σ는 총위험을 의미한다.

③ 자본시장선(CML)은 $R_f + \frac{E(R_m) - R_f}{\sigma_m} \cdot \sigma_p$로 구한다($E(R_m)$: 시장포트폴리오 m의 기대수익률, R_f : 무위험이자율, σ_m : 시장포트폴리오 m의 총위험). 즉 자본시장선의 기울기는 $\frac{E(R_m) - R_f}{\sigma_m}$이다.

④ 증권시장선보다 아래에 위치한 자산은 과대평가된 자산(Overvalued Stock)을 의미한다.

⑤ 증권시장선보다 위에 위치한 자산은 과소평가된 자산(Undervalued Stock)을 의미한다. 베타값에 비해 기대수익률이 높게 책정된 이러한 자산에는 투자자들의 몰림과 자산의 가격이 상승함에 따라 기대수익률이 점점 하락하게 된다.

34

| 정답 | ④

| 해설 | ④의 채권은 액면이자율이 만기수익률보다 더 높은 할증채이다. 액면가격과 채권가격이 다르게 발행된 할증채와 할인채는 만기일에 가까워질수록 채권가격이 점차 액면가에 가까워지는 현상(Pull to Par)이 발생하는데, 이에 따라 채권발행 당시 액면가보다 채권가격이 더 높은 할증채는 다른 변수가 없다면 만기일에 가까워질수록 채권의 가격이 하락하게 된다.

| 오답풀이 |

① 시장이자율은 채권가격과 반대의 관계를 가지며 채권 만기 이후에 다시 같은 채권에 투자할 때의 수익률인 재투자수익률은 시장이자율의 등락에 따른다.

② 액면이자율이 시장이자율보다 낮으므로 할인채에 해당한다. 할인채의 채권가격은 액면가보다 작게 형성된다.

③ 할인채는 다른 변수가 없다면 만기일에 가까워질수록 채권가격이 상승하게 된다.

⑤ 액면이자율과 채권수익률이 동일한 액면가채권의 가격은 이자지급횟수와 관계없이 항상 액면가로 평가받게 되므로 매년 이자지급에 있어서 액면가 100만 원의 액면이자율 10%가 적용된다. 따라서 만기에는 원금 100만 원과 이자 30만 원을 합해 총 130만 원이 지급된다.

35

| 정답 | ③

| 해설 | 배당평가모형에서 현재 D만큼의 배당을 실시하는 기업의 요구수익률이 k, 배당이 매년 $g\%$ 만큼 성장할 경우의 주식의 이론적 가치는 $\frac{D(1+g)}{(k-g)}$로 구한다.

따라서 (주)AA기업의 주식의 가치는 $\frac{1{,}000 \times 1.1}{0.2 - 0.1}$ $= 11{,}000$(원)이다.

36

| 정답 | ②

| 해설 | 경제적부가가치(EVA)는 세후영업이익에서 자본비용(WACC)을 제한 것으로, 여기서 자본비용은 투하자산과

가중평균자본비용의 곱으로 구한다. 따라서 (주)AA기업의 경제적부가가치는 100-(1,000×0.06)=40이다.

37

| 정답 | ④

| 해설 | 연금의 현재가치(PVA)는 매기 말 발생하는 일정한 현금흐름과 연금의 현재가치요소($PVIFA$)의 곱과 같다. 매년 C만큼의 금액을 이자율 r만큼 n년 간 연금으로 예금할 경우 연금의 현재가치는

$$P_0 = C\left[(1+r)^n - \frac{1}{r(1+r)^n}\right] = C \times PVIFA(r,\ n)$$

이므로, ④의 연금의 현재가치(PVA)는 20,000×4.212=84,240(원)이다.

| 오답풀이 |

① 60,000원의 현재가치는 60,000원이다.

② 매기 적용되는 이자율을 r이라고 할 때, n기간 후의 일정 금액 P_n에 대한 현재가치 P_0는 $\frac{P_n}{(1+r)^n} = P_n \times PVIF(r,n)$로 구한다. 즉 현금흐름의 현재가치는 미래의 금액에 현재가치요소($PVIF$)의 곱과 같으므로 100,000×0.747=74,700(원)이다.

③ 연금의 미래가치(FVA)는 매 기간 현금흐름의 미래가치를 모두 합한 금액으로, 매기 말 발생하는 일정한 현금흐름과 연금의 복리이자요소($CVIF$)의 곱과 같다. 즉 매년 C만큼의 금액을 이자율 r만큼 n년간 연금으로 예금할 경우 연금의 미래가치는

$P_n = C\left[(1+r)^n - \frac{1}{n}\right] = C \times CVIF(r,\ n)$이므로, 연금의 미래가치는 10,000×5.637=56,370(원)이다.

⑤ 영구연금의 현재가치(PVP)는 연금의 현재가치 공식에서 n이 무한대로, $\frac{1}{(1+r)^n}$은 0에 수렴하므로 $PVP = \frac{C}{r}$로 구한다. 따라서 영구연금의 현재가치는 $\frac{3{,}000}{0.06} = 50{,}000$(원)이다.

38

| 정답 | ⑤

| 해설 | 기업의 가중평균자본비용(WACC)은 자기자본비용 $\times \frac{자기자본}{총자본}$ + 타인자본비용 $\times \frac{타인자본}{총자본} \times$(1-법인세)로 구한다. 자기자본과 타인자본을 같은 비중으로 조달한다고 하였으므로 $\frac{자기자본}{총자본} = \frac{타인자본}{총자본} = \frac{1}{2}$이다.

따라서 자기자본비용을 K_e라고 할 때, $7.5 = K_e \times \frac{1}{2} + 3.5 \times \frac{1}{2} \times (1-0.5)$가 성립하므로, $K_e = 7.5 \times 2 - 1.75 = 13.25$(%)이다.

39

| 정답 | ③

| 해설 | 손익분기점에서의 판매량은 고정비를 단위당 공헌이익으로 나누어 구하며, 이때의 단위당 공헌이익은 단위당 판매가에서 단위당 변동비를 차감한 값이다.

| 오답풀이 |

① A는 비용이 수익보다 높아 영업손실이 발생하는 지점이다.

② 손익분기점의 비용선은 이익선에 비해 기울기가 완만하지만, 고정비용으로 인해 매출액이 0인 지점에서도 비용이 0을 초과하는 지점에서부터 형성된다. 따라서 특정 지점을 지나기 전까지는 매출보다 비용이 더 높고, 특정 지점을 지나서부터 매출이 비용을 추월하게 되는 그래프가 그려지는데, 이때의 지점을 손익분기점이라 한다.

④ 자본분기점을 중심으로 왼쪽은 자기자본의 비중이 더 높은 자본조달계획안이 더 많은 주당이익을 가져다주는 지점이며, 오른쪽은 자기자본에 비해 타인자본을 더 많이 조달하는 방식이 더 많은 주당이익을 가져다주는 지점이다.

⑤ B는 타인자본보다 자기자본의 비중이 더 높은 자본조달계획안이 더 많은 주당이익을 가져다주는 지점의 영업이익지점이다.

40

| 정답 | ①

| 해설 | 세금이 없다고 가정한 MM의 자본구조이론에서는 부채비율이 증가할수록 주주들이 요구하는 수익률에 부채비율이 상승하는 만큼의 위험프리미엄을 반영할 것을 요구하여 요구수익률, 즉 자기자본비용이 상승한다. 그러나 자기자본비용이 상승하는 만큼 현금흐름이 함께 증가하게 되어 총자본비용은 불변한다고 보았다.

| 오답풀이 |

② 세금을 고려한 MM의 수정자본구조이론에서는 기업이 타인자본을 사용할 경우 그만큼 법인세가 감소하는 절세효과로 인해 기업가치가 상승한다고 하였다.

③ 파산비용이론에 따르면 부채가 증가하면 법인세가 감소하는 절세효과에 의해 기업의 가치가 증가함과 동시에 파산비용이 증가한다고 하였다.

④ 대리비용이론에 따르면 자기자본이 높아질수록 경영자가 기업의 이익과 무관하게 기업의 재산을 사적으로 소비하는 특권적 소비가 증가하게 되어 자기자본에 대한 대리비용이 높아진다고 하였다.

⑤ 정보비대칭이론 중 신호표시이론(Signaling Approach)에 따르면, 기업이 자금을 부채로 조달할 경우 부채의 증가에 따른 기업의 가치 감소가 발생하는 만큼 상대적으로 정보가 부족한 일반투자자들이 해당 기업이 조달한 부채의 정도만큼 기업의 부채상환능력이 있음을 인식하여 기업의 가치를 높게 평가하여, 이를 이용한 최적의 자본구조를 도출할 수 있다고 본다.

41

| 정답 | ④

| 해설 | 주식분할은 기업의 전체 가치의 변동 없이 주식의 수가 증가하므로 1주당 가치를 감소시킨다.

| 오답풀이 |

① 주주가 배당을 받기 위해서는 주식배당일까지 주식을 소유해야 하는데, 주식을 매수한 경우 그 매수일을 포함하여 3거래일 후에 주주명부에 등재되므로 배당기준일 전날에 주식을 매수할 경우 해당 배당기준일에 따른 배당은 받을 수 없다.

② 주식배당은 주주에게 배당금 명목으로 주식을 분배하는 것으로 배당에 따른 현금의 변동을 발생시키지 않으나, 주식배당으로 인한 주식 수의 증가로 장래의 배당압력이 더 커지게 된다.

③ 주식배당은 일반투자자들이 해당 기업이 현금배당을 실시할 수 없는 상황으로 인식하게 되어 주가 하락의 원인이 될 수 있다. 또한 배당기준일 이후 전년도 결산을 받게 될 수 없는 주식의 권리가치를 반영하여 주가가 일시적으로 감소하는 배당락(Ex-dividend)이 발생하기도 한다.

⑤ 기업이 자기 주식을 매입하는 자사주매입을 실시할 경우 기업의 가치가 하락하나 주식의 수가 그만큼 함께 감소하므로 주당순이익을 향상시켜 주가를 상승시킨다.

42

| 정답 | ③

| 해설 | 비유동비율은 자기자본 중 비유동자산이 차지하는 비율로, 자기자본은 자본금, 자본잉여금, 자본조정, 기타포괄손익누계액, 이익잉여금으로 구성되어 있다. 따라서 문제의 재무제표상에서의 비유동자산은 500, 자기자본은 300+100+100=500이므로 비유동비율은 $\frac{500}{500} \times 100 =$ 100(%)이다.

43

| 정답 | ④

| 해설 | 재고자산회전율은 기업이 가진 재고자산이 어느 정도의 속도로 판매되고 있는가에 대한 활동성지표로, 이는 $\frac{\text{매출액}}{\text{평균재고자산}}$으로 산출한다. 재고자산회전율이 높을수록 기업이 재고자산을 빠르게 판매하고 있으며, 기업의 제품에 대한 수요가 우수함을 의미한다.

문제에서 (주)A의 재고자산회전율은 $\frac{2,000}{300} \fallingdotseq 6.6$(회)로 표준비율인 5회에 비해 높아 재고재산회전율이 우수함을 알 수 있으며 과다한 재고자산을 보유하고 있다고 보기 어렵다.

| 오답풀이 |

① 기업의 단기부채에 대한 지급능력을 측정하는 유동비율은 유동부채 대비 유동자산의 비율로 산출한다. 유동비율이 100%를 초과한다는 것은 유동자산이 유동부채에 비해 많아 기업이 가진 유동자산으로 기업이 가진 단기채무를 지급할 수 있다는 의미이다.

② 재무구조의 건전성을 측정하는 지표 중 자기자본비율(BIS Ratio)은 총자산에서 자기자본이 차지하는 비율로, 일반적으로 자기자본비율이 50% 이상일 때 자본이 부채보다 더 많아 기업의 자산이 건전하다고 평가한다.

③ 총자산회전율은 기업이 가진 자산으로 얼마큼의 매출을 창출하고 있는지에 대한 활동성 지표로, $\frac{\text{매출액}}{\text{자산총계}}$로 산출한다. 총자산회전율이 높을수록 기업이 자산을 효율적으로 이용하여 더 많은 매출을 창출하고 있음을 나타내며, 총자산회전율이 낮을수록 기업이 자산을 비효율적으로 이용하고 있다는 의미로 해석한다.

총자산회전율은 $\frac{2,000}{800}=2.5$(회)로 표준비율인 4회보다 낮다. 이는 곧 기업이 판매하는 제품의 수요에 비해 자산의 투자가 제대로 이루어지지 않고 있음을 의미한다.

⑤ 경쟁기업의 PER가 10배라면 경쟁기업이 (주)A에 비해 10배의 가치로 평가된다는 의미이다. 이는 (주)A는 경쟁기업에 비해 상대적으로 저평가되고 있다는 의미로 해석할 수 있다.

44

| 정답 | ④

| 해설 | 비유동자산을 취득하기 위해 조달한 고정성 자본을 나타내는 비유동장기적합률은 $\frac{\text{비유동자산}}{\text{비유동부채}+\text{자기자본}}\times 100$으로 산출한다.

제시된 공통형 재무상태표에서 자산은 부채와 자본으로 구성되므로 자본의 구성비율은 50, 비유동부채의 구성비율은 30, 비유동자산의 구성비율은 60이다. 따라서 (주)BB기업의 비유동장기적합률은 $\frac{60}{30+50}\times 100=75$(%)이다.

45

| 정답 | ③

| 해설 | 황금주(Gold Share)는 회사의 주주총회의 의결사항에 대한 절대적 거부권을 행사하는 권한을 가진 주식으로, 적대적 M&A에 있어서 황금주를 가진 경영권자의 인수 반대의사를 이용하는 경영권 방어전략이다. 기업의 주식을 대량으로 매입한 후 대주주들의 경영권을 위협하여 매입자가 M&A를 포기하는 대가로 대주주들에게 해당 주식을 시가보다 더 비싸게 매각하여 그 차익을 챙기는 것은 그린메일(Green Mail)에 대한 설명이다.

46

| 정답 | ③

| 해설 | 소유와 경영의 분리에 의해 주주로부터 경영권을 위임받은 전문경영자는 자신의 이익에 합치되지 않는다면 주주의 이익에 반하는 행동을 할 수 있으며, 이로 인해 주주가 경영자를 감시하기 위해 지불해야 하는 대리비용이 발생한다.

| 오답풀이 |

① 재무관리에서 자본시장은 모든 정보가 신속하게 반영되며, 주가는 기업의 가치를 반영하는 효율적 자본시장임을 전제한다.

② 재무관리에 있어서 기업의 재무의사결정은 회계상의 이익이 아닌 현금흐름을 기준으로 한다.

④ 재무관리에서 소비자들은 화폐의 시간적 가치에 의해 미래의 소비보다 현재의 소비를 선호하는 시차선호(Time Preference)를 보인다.

⑤ 재무관리에 있어서 안전한 현금흐름은 위험한 현금흐름보다 더 높은 가치를 가지므로, 투자자는 위험한 현금흐름에 대해 그에 상응하는 위험프리미엄을 요구한다.

47

| 정답 | ③

| 해설 | 이자율평가설에 의할 때 만일 한국의 금리가 미국의 금리보다 높다면, 국가 간의 투자에 있어서 금리가 높은 한국의 원화의 평가가 상승하며, 그만큼의 원화대비 달러가

평가절하된다. 따라서 이를 반영하여 상승한 원달러선물환율이 적용된다.

| 오답풀이 |

① 이자율평가설은 금융시장에서 자금이동에 따른 거래비용 등의 제약이 없어 일물일가법칙이 성립하는 완전한 금융시장임을 전제로 한다.

② 금리가 높은 국가에 대한 투자는 그만큼 높아진 화폐의 가치를 반영하여 선물환율이 할증된 상태로 거래되어 실제적으로는 금리나 낮은 국가와 동일한 금리가 적용된 것과 같은 거래효과가 나타나게 된다.

④ 이자율평가설(금리평가설)에서의 국내이자율은 외국이자율+환율의 예상 상승률로 산출한다. 즉 금리가 낮은 국가는 환율의 상승폭이 낮거나 환율이 하락할 것으로 예측됨을 의미하며, 환율 하락은 곧 통화가치의 상승을 의미한다.

⑤ 금리가 낮은 국가에 대한 투자는 금리가 높은 국가에 비해 낮은 수익률을 받게 되나, 금리가 낮은 만큼의 외국환의 평가절상을 통해 수익률의 차이를 보상받는 형태로 상대적으로 금리가 높은 국가와 같은 금리가 적용된 것과 같은 거래효과가 나타나게 된다.

48

| 정답 | ④

| 해설 | 매출원가는 도 · 소매업의 경우 상품을 매입하여 마진을 붙여 판매하는 과정의 상품매출원가, 제조업의 경우에는 제조간접비를 통해 제품을 완성해 판매하는 과정에서 발생한 제조원가로, 여기에는 제조기업의 경우 직접재료비뿐만 아니라 노무비, 제조간접원가 등이 모두 포함되며, 도 · 소매업의 경우 상품의 매입원가와 그 매입과정에서 발생하는 매입운송비와 상품의 보관비용, 금융비용 등을 포함한다.

49

| 정답 | ④

| 해설 | 비용의 성격별 분류는 각 비용을 성격별로 나열하고 이를 기능별로 재분류하는 과정을 거치지 않는다는 점에서 적용이 간단하다는 이점이 있다.

| 오답풀이 |

① 비용의 기능별 분류법은 비용을 매출원가, 물류원가, 관리비 등으로 분류하는 방법으로, 비용에서 매출원가를 분리해서 표시한다는 점에서 매출원가법이라고도 한다.

② 비용의 성격별 분류는 당기손익에 포함된 비용을 통합하여 공시하므로 미래의 현금흐름을 예측할 때 유용하다.

③ 재무제표의 이용자에게는 비교분석이 용이한 비용의 기능별 분류가 더욱 목적적합한 정보를 제공할 수 있다.

⑤ 비용의 기능별 분류는 비용을 재분류하여 공시하는 방식이므로 회사가 이를 분류하는 과정에서 자의적 판단이 개입될 수 있다.

50

| 정답 | ②

| 해설 | 단기차입금은 부채 중에서도 유동부채에 해당하며, 유동비율은 $\frac{\text{유동자산}}{\text{유동부채}} \times 100$, 자기자본이익률(ROE)은 $\frac{\text{순이익}}{\text{자기자본}} \times 100$으로 산출한다. 따라서 단기차입금이 증가하면 유동비율은 감소한다. 부채의 증가에 따른 자본의 증가는 자기자본이 아닌 타인자본의 증가에 해당하므로 자기자본이익률에는 영향을 주지 않는다.

51

| 정답 | ④

| 해설 | 부채 중 결산일로부터 1년 이내에 만기일이 도래하는 유동부채에는 매입채무, 미지급금, 단기차입금, 미지급비용, 선수금, 선수수익, 예수금, 당좌차월, 당기법인세부채 등이 있다.

장기차입금, 지급기일이 1년을 초과하는 장기미지급금은 비유동부채로 분류하며, 미수수익과 매출채권은 유동자산 중 당좌자산에 해당한다.

따라서 문제의 재무상태표에서 유동부채에 속하는 계정항목은 매입채무, 당좌차월, 선수수익, 미지급비용이며 그 합계는 1,500+200+1,000+300=3,000이다.

52

| 정답 | ③

| 해설 | 용역재공거래는 생산기간 중 수익을 인식하는 진행기준에 따라 수익을 인식한다.

- 20X1년의 진행률 : $\frac{600,000}{600,000+2,400,000}\times100=20(\%)$
- 20X1년의 용역수익 : 5,000,000×0.2=1,000,000
- 20X1년의 용역이익 : 1,000,000−600,000=400,000
- 20X2년의 진행률 : $\frac{600,000+900,000}{600,000+900,000+1,500,000}\times100=50(\%)$
- 20X2년의 용역수익 : (5,000,000×0.5)−1,000,000 =1,500,000
- 20X2년의 용역이익 : 1,500,000−900,000=600,000
- 20X3년의 진행률 : 100%
- 20X3년의 용역수익 : 5,000,000−1,000,000 −1,500,000=2,500,000
- 20X3년의 용역이익 : 2,500,000−1,700,000 =800,000

따라서 (주)A가 3년간 인식할 용역이익의 합은 400,000+600,000+800,000=1,800,000이다.

53

| 정답 | ②

| 해설 | 재고자산에서 발생한 오류의 경우 20X1년에 발생한 오류는 20X2년에 자동조정되었으나, 20X2년의 오류는 20X3년 장부 마감 전에는 수정되지 않은 상태이므로 두 오류만이 적용되어 총 2,000 과대계상이 발생한다. 따라서 20X3년 기말이익잉여금 50,000에서 과대계상을 수정한 후인 50,000−2,000=48,000이다.

54

| 정답 | ④

| 해설 | ㉠ 동종자산의 교환의 경우 취득한 유형자산의 취득원가는 제공한 자산의 장부금액으로 인식하며, 교환 후에 지급된 비용이 있다면 취득원가에 포함시킨다. 따라서 (주)A가 인식할 취득자산은 (주)A가 제공한 기계의 장부금액 550,000에 현금으로 제공받은 공정가치의 차액 450,000−300,000=150,000을 제한 300,000이다.

㉡ 동종자산의 교환의 경우 처분한 자산은 이를 처분손익으로 인식하지 않는다. 따라서 (주)B가 인식할 유형자산처분손실액은 자산의 교환과정에서 (주)A에게 현금으로 제공한 공정가치의 차액인 150,000이다.

55

| 정답 | ①

| 해설 | 희석주당이익을 계산하기 위한 보통주식수에는 희석성 잠재적보통주가 모두 전환될 경우 발행되는 보통주의 가중평균유통보통주식수를 가산한다. 이때 희석성 잠재적 보통주는 회계기간의 기초에 전환된 것으로 보되, 당기에 발행된 것은 그 발행일에 전환된 것으로 본다(K−IFRS 제1033호 문단 36).

| 오답풀이 |

② 전환우선주가 조기전환을 유도하기 위해 처음의 전환조건에서 추가적인 대가를 지급한 경우에는 이를 전환우선주에 대한 이익배분으로 보고 기본주당이익을 계산할 때 보통주에 귀속되는 당기순손익에서 차감한다(K−IFRS 제1033호 문단 17).

③ 채무상품의 전환으로 인해 보통주를 발행하는 경우 가중평균유통보통주식수를 산정하기 위한 보통주유통일수의 계산의 기산일은 최종이자발생일의 다음 날로 한다(K−IFRS 제1033호 문단 21).

④ 조건부발행보통주는 필요조건이 충족된 날에 발행한 날에 발행한 것으로 보고 기본주당이익의 계산하기 위한 보통주식수에 포함한다. 다만 단순히 일정기간이 경과한 후 보통주를 발행하기로 하는 계약은 계약의 불확실성이 없으므로 이를 조건부발행보통주로 보지 아니한다(K−IFRS 제1033호 문단 24).

⑤ 공정가치보다 낮은 금액으로 유상증자를 한 경우 공정가치와 동일한 금액으로 유상증자에 비해 더 많은 주식수가 발행되므로, 이를 기준으로 초과발행된 주식을 무상증자로 간주하고 이를 구분해야 한다. 따라서 무상증자로 간주된 주식의 수를 계산한 후, 이를 유상증자 전 보통주식수와 공정가치와 동일한 유상증자를 했을 때의 주식수에 안분한 후 가중평균한 가중평균유통보통주식수를 산출한다.

56

| 정답 | ⑤

| 해설 | 연결재무제표는 특정 종속기업의 자산, 부채, 자본, 수익 및 비용에 대한 별도의 정보를 제공하도록 만들어지지 않으며, 종속기업 자체의 재무제표가 이를 제공한다(K-IFRS 제1000호 문단 3.16).

| 오답풀이 |

① K-IFRS 제1000호 문단 1.18

② K-IFRS 제1000호 문단 3.9

③ K-IFRS 제1000호 문단 3.10

④ K-IFRS 제1000호 문단 3.15

57

| 정답 | ④

| 해설 |

(단위 : 원)

기초지급액	100,000	판매금액	580,000
당기상품매입	700,000	감모손실	20,000
		정상감모	12,000
		비정상감모	8,000
		기말재고액	200,000
	800,000		800,000

• 판매금액은 800,000−(200×1,100)=580,000이다.

• 기말상품재고액은 기말상품 실지재고수량×기말상품 순실현가능가치=200×1,000=200,000이다.

• 장부수량과 실지재고수량의 차이에 따른 감모손실의 경우 수량감모분 중 원가성이 있는 부분인 정상감모는 매출원가에 포함하고 그 외의 비정상감모는 당기비용으로 처리한다. 재고자산평가손실은 장부상금액과 순실현가 중 낮은 금액을 기준으로 하는 저가법에 따라 (주)A의 감모손실로 인해 매출이익으로 처리된 정상감모는 (220−200)×0.4×1,000=8,000, 당기비용으로 처리된 비정상감모는 (220−200)×0.6×1,000=12,000이다.

따라서 당기에 인식해야 하는 총비용은 580,000+20,000=600,000이다.

58

| 정답 | ③

| 해설 | 20X1년부터 매년 말 재평가모형을 적용하여 재평가한 공정가치를 장부금액으로 수정하고 있으므로, 매년 공정가치에서 장부금액을 제한 재평가손익을 누계액으로 합산한다.

• 20X1년 말 재평가손익 : 200,000−180,000=20,000

• 20X2년 말 재평가손익 : 170,000−200,000=−30,000

• 20X3년 말 재평가손익 : 250,000−170,000=80,000

• 20X4년 말 재평가손익 : 210,000−250,000=−40,000

따라서 20X4년 말 보고할 기타포괄손익누계액은 20,000−30,000+80,000−40,000=30,000이다.

59

| 정답 | ③

| 해설 | • 기업이 자사주를 매입할 때 기업이 취득하는 자기주식은 자산이 아닌 미발행주식과 같은 것으로 인식한다. 즉 자기주식을 취득하면 그 매입대금만큼의 자본이 감소하는 자본조정이 일어난다.

• 자사주를 처분할 경우 이로 인한 자산의 변동은 발생하지 않으나, 처분 결과 자기주식처분이익이 발생할 경우 이는 자본잉여금에 해당하여 자본의 증가로 인식한다. 자기주식에 관해서 원가법이 적용된다고 하였으므로 취득한 주식의 평가액은 그 취득가액인 주당 ₩2,000이다. 따라서 취득한 자기주식을 10주 처분하여 발생한 자기주식처분이익 30,000−(10×2,000)=10,000만큼의 자본증가가 발생한다.

따라서 주식거래로 인한 (주)A의 자본은 40,000−10,000=30,000만큼 감소하였다.

60

| 정답 | ⑤

| 해설 | 수정전시산표의 차변을 구성하는 자산과 비용 중 해당하는 항목은 당좌자산인 현금과 매출채권, 재고자산인 매입과 상품, 비유동자산인 건물로 총합은 ₩562,000이다. 여기에 결산정리사항을 반영하여 변동된 자산총액을

구한다.

- 재고자산이 ₩3,500이므로 상품 ₩5,000에서 ₩1,500만큼의 재고자산의 감모가 발생했다.
- 건물에 대해 감가상각비가 추가로 발생한다. 문제의 수정전시산표가 작성된 20X1년 말은 20X0년 말에 이미 ₩30,000만큼의 감가상각이 1회 발생한 상태이다. 20X1년 말 수정전시산표에는 20X1년의 감가상각이 아직 적용되어 있지 않으므로 ₩30,000의 감가상각을 반영한다.
- 기간의 미경과액(선급보험료) ₩1,650의 계상이 누락되었다.
- 매출채권의 회수가능액이 ₩60,000이므로 수정전시산표의 매출채권과의 차액인 대손상각비 ₩5,000이 발생한다. 다만 손실충당금 ₩2,000이 있으므로 이를 우선 상계하고, 나머지 금액인 ₩3,000을 차변에 대손상각비, 대변에 대손충당금에 추가로 반영한다.

따라서 결산정리사항을 반영한 수정분개사항은 다음과 같다.

(차) 재고자산감모손실 1,500	(대) 재고자산 1,500
(차) 감가상각비 30,000	(대) 감가상각누계액 30,000
(차) 선급보험료 1,650	(대) 보험료 1,650
(차) 손상차손 3,000	(대) 대손충당금 3,000

이 중 자산에 영향을 주는 수정분개사항은 비용에 해당하는 감가상각비를 제외한 재고자산감모손실, 선급보험료, 손상차손이다. 재고자산감모손실과 손상차손으로 자산이 감소하였고, 선급보험료 계상이 누락되어 자산이 과소계상되었으므로 이를 조정한다. 따라서 20X1년 말 결산정리사항을 반영한 자산의 총액은 562,000－1,500＋1,650－3,000＝559,150이다.

61

| 정답 | ⑤

| 해설 | 리스부채의 최초 측정금액에서 내재이자율을 산정하기 곤란하다면 증분차입이자율을 기준으로 한다. 연간 고정리스료 ₩100,000을 리스기간 5년, 이자율 연 5%로 지급하므로 리스부채의 최초 측정금액은 100,000×4.32948＝432,948이다.

62

| 정답 | ①

| 해설 | 가중평균유통보통주식수는 회계기간 중에 유통보통주식수가 변동되는 경우 적절히(유통기간으로) 가중평균해야 하며, 유통기간에 따른 가중치는 그 회계기간의 총 일수에 대한 특정 보통주의 유통일수의 비율로 산정하는데, 이는 가중평균에 대한 합리적 근사치도 사용될 수 있다. 다만 문제에서는 월할 계산으로 할 것을 지시하였으므로 이에 따른다.

가중평균유통보통주식수를 구하기 위해 변동내역에 따른 유통보통주식수를 가중평균하면 다음과 같다.

$$20{,}000\text{주}\times\frac{12}{12}+1{,}000\text{주}\times\frac{9}{12}+2{,}100\text{주}\times\frac{8}{12}+100\text{주}\times\frac{6}{12}+60\text{주}\times\frac{4}{12}-24\text{주}\times\frac{1}{12}$$

$$=20{,}000\text{주}+750\text{주}+1{,}400\text{주}+50\text{주}+20\text{주}-2\text{주}$$

$$=22{,}218\text{주}$$

63

| 정답 | ①

| 해설 | 손상징후가 발생한 경우, 우선 감가상각을 계상한 후 회수가능액과 장부금액을 비교하여 그 차이를 손상차손으로 인식한다.

₩850,000의 내용연수 4년, 잔존가치 ₩50,000의 정액법에 의한 20X2년의 감가상각비를 계상한 후의 자산가치는 $850{,}000-\left\{(850{,}000-50{,}000)\times\frac{2}{4}\right\}=450{,}000$이다.

한편 회수가능액은 순공정가치와 사용가치 중 높은 쪽인 사용가치 ₩350,000을 기준으로 하므로 20X2년 말에 인식할 손상차손은 450,000－350,000＝100,000이다.

64

| 정답 | ③

| 해설 | 고객과의 계약이행원가가 다른 기업회계기준서의 적용범위에 포함되지 않는다면, 다음의 조건을 모두 만족해야만 비로소 자산으로 인식할 수 있다(K－IFRS 제1115호 문단 95).

1. 원가가 계약이나 구체적으로 식별할 수 있는 예상 계약에 직접 관련된다.
2. 원가가 미래의 수행의무를 이행하거나 계속 이행할 때 사용할 기업의 자원을 창출하거나 가치를 높인다.
3. 원가는 회수될 것으로 예상된다.

| 오답풀이 |

① 고객과의 계약체결 증분원가가 회수될 것으로 예상된다면 이를 자산으로 인식한다(K-IFRS 제1115호 문단 91).

② K-IFRS 제1115호 문단 92

④ K-IFRS 제1115호 문단 96

⑤ K-IFRS 제1115호 문단 98 (2)

65

| 정답 | ③

| 해설 | 현금흐름기준 측정은 그 자체로 측정기준이 되지 않는다. 다만 기업이 부채를 이행하지 못할 가능성의 영향을 배제하기 위해 수정된 이행가치와 같은 수정된 측정기준을 적용하는 등의 용도로, 현금흐름기준 측정기준을 특정 측정기준을 적용한 측정치를 추정하기 위해 사용할 수는 있다(K-IFRS 제1000호 문단 BC6.13).

| 오답풀이 |

① K-IFRS 제1000호 문단 6.10

② K-IFRS 제1000호 문단 6.12

④ K-IFRS 제1000호 문단 6.18

⑤ K-IFRS 제1000호 문단 6.21

66

| 정답 | ④

| 해설 | 매출채권회전율 $= \frac{\text{매출액}}{\text{매출채권}}$, 재고자산회전율 $= \frac{\text{매출원가}}{\text{재고자산}}$이다. 여기서 매출채권과 재고자산은 기초와 기말의 평균으로 구한다.

매출액 = 매출채권 × 매출채권회전율이므로

$\frac{15,000+20,000}{2} \times 8 = 140,000$,

매출원가 = 재고자산 × 재고자산회전율이므로

$\frac{6,000+10,000}{2} \times 10 = 80,000$이다.

따라서 (주)A의 매출총이익은 140,000 − 80,000 = 60,000이다.

67

| 정답 | ④

| 해설 | 유동부채로 분류된 차입금의 경우 장기로 차환 혹은 장기차입약정 위반사항이 해소되거나 보고기간 후 적어도 12개월 이상 장기차입약정 위반사항을 해소할 수 있는 유예기간을 대여자로부터 부여받은 경우, 이는 재무제표의 수정을 요하지 않는 보고기간후사건에 해당되어 재무제표 수정 없이 주석에 공시하도록 한다(K-IFRS 제1001호 문단 76).

| 오답풀이 |

① K-IFRS 제1010호 문단 22 (7)

② K-IFRS 제1010호 문단 22 (10)

③ K-IFRS 제1010호 문단 9 (3)

⑤ K-IFRS 제1010호 문단 9 (5)

68

| 정답 | ④

| 해설 | 회계정책의 변경에 있어서 특정기간에 미치는 영향이나 누적효과를 실무적으로 결정할 수 없는 경우를 제외하고 경과규정이 없는 한국채택국제회계기준을 최초 적용하는 경우에 발생하는 회계정책의 변경이나 자발적인 회계정책의 변경은 소급적용한다(K-IFRS 제1008호 문단 19, 문단 23).

| 오답풀이 |

① 기업은 한국채택국제회계기준에서 회계정책을 변경할 것을 요구하거나 회계정책의 변경을 반영한 재무제표가 거래, 기타 사건 또는 상황이 재무상태, 재무성과 또는

현금흐름에 미치는 영향에 대하여 신뢰성 있고 더 목적적합한 정보를 제공하는 경우에 한하여 회계정책을 변경할 수 있으며(K-IFRS 제1008호 문단 14), 그렇지 않은 경우에는 기업은 동일 기간 내에 그리고 기간 간에 동일한 회계정책을 적용해야 한다.

② K-IFRS 제1008호 문단 16 (1)

③ K-IFRS 제1008호 문단 16 (2)

⑤ K-IFRS 제1008호 문단 24

69

| 정답 | ④

| 해설 | 정부보조금의 회계처리에 관하여 수익접근법은 정부보조금을 하나 이상의 회계기간에 걸쳐 당기손익으로 인식하고, 자본접근법은 정부보조금을 당기손익 이외의 항목으로 인식한다(K-IFRS 제1020호 문단 13).

| 오답풀이 |

①, ② K-IFRS 제1020호 문단 3

③ K-IFRS 제1020호 문단 7

⑤ K-IFRS 제1020호 문단 22

70

| 정답 | ③

| 해설 | 간접법에 따른 현금흐름표의 당기순이익의 조정은 자산의 증가는 차감하고, 부채의 증가는 가산한다. 그리고 영업현금흐름과 관련이 없는 수익은 차감하고, 비용은 가산하는 방식으로 이루어진다.

- 매출채권의 증가와 재고자산의 증가는 영업자산의 증가에 해당한다.
- 매입채무의 감소는 부채의 감소에 해당한다.
- 미지급비용의 증가와 감가상각비는 영업현금흐름과 관련없는 비용 발생에 해당한다.

따라서 현금흐름표에서 문제의 추가 자료를 반영한 (주)A의 20X1년도 당기순이익을 X라고 했을 때

$X-30,000-80,000-60,000+40,000+50,000$
$=2,000,000$이다.

따라서 20X1년도 당기순이익은 2,080,000이다.

Memo

미래를 창조하기에 꿈만큼 좋은 것은 없다.
오늘의 유토피아가 내일 현실이 될 수 있다.

There is nothing like dream to create the future.
Utopia today, flesh and blood tomorrow.
빅토르 위고 Victor Hugo

고시넷 금융권 직무평가 최신판

금융상식 경제상식 경영상식

지역농협 6급
인적성&직무능력평가

NH농협은행 6급
온라인 필기시험

MG 새마을금고
기출예상모의고사

지역신협 인적성검사
최신 기출유형 모의고사

지역수협 인적성검사
최신 기출유형 모의고사

공기업
통합전공
핵심이론
문제풀이
[사무직]